colonnes 789 à 808 lacérées
constaté le 21-6-1946
GF

DICTIONNAIRE

DE

LA NOBLESSE.

TOME HUITIÈME.

A Arras, de l'Imprimerie de H. Schoutheer, rue des Trois-Vifages, n° 53.

DICTIONNAIRE

DE LA

NOBLESSE

CONTENANT

Les Généalogies, l'Hiftoire & la Chronologie
des Familles nobles de la France, l'explication de leurs Armes
et l'état des grandes Terres du Royaume, poffédées à titre de Principautés, Duchés
Marquifats, Comtés, Vicomtés, Baronies, &c., par création
héritages, alliances, donations, fubftitutions
mutations, achats ou autrement.

On a joint à ce Dictionnaire

LE TABLEAU GENEALOGIQUE ET HISTORIQUE

DES MAISONS SOUVERAINES DE L'EUROPE

ET UNE NOTICE DES FAMILLES ETRANGERES, LES PLUS ANCIENNES, LES
PLUS NOBLES ET LES PLUS ILLUSTRES

PAR

DE LA CHENAYE-DESBOIS ET BADIER

TROISIÈME ÉDITION

entièrement refondue, réimprimée conformément au texte des Auteurs
& augmentée d'une TABLE GÉNÉRALE de tous les noms
de familles, de terres, de fiefs, d'alliances cités dans le cours de l'ouvrage, ainfi que d'un ARMORIAL
repréfentant les blafons de Maifons dont les généalogies font comprifes
dans cette édition.

TOME HUITIÈME.

A PARIS

Chez SCHLESINGER frères, libraires-éditeurs

Rue de Seine, 12

MDCCCLXVI

DICTIONNAIRE

DE

LA NOBLESSE.

ÈVRE (le), en Normandie: Famille divifée en plufieurs branches, qui font celles de *la Maillardière, du Perron* (mentionnées tom. VII, col. 865), *& de la Boderie.* Nous ne parlerons ici, d'après *Moréri,* que de celle de *la Boderie,* fortie de Nicolas le Fèvre, frère de Marguerin.

Jacques le Fèvre (defcendu de Nicolas), Seigneur de la Boderie, eut d'*Anne de Montbrey,* fa femme, trois fils & des filles: les garçons furent Guy, dont nous allons parler, Nicolas & Antoine, mentionnés après leur frère aîné. Cette *Anne de Montbrey* eft fortie des Barons *de Montbrey,* autrefois Barons de Préaux, qui étoient d'une branche cadette de la Maifon *d'Héricy,* Bailliage de Cotentin.

Guy le Fèvre de la Boderie, né le 9 Août

1541, a donné beaucoup d'ouvrages au Public, fur lefquels on peut confulter Moréri. Il vint à Paris, d'où il paffa à Lyon, à Mâcon & en Bretagne. On conjecture, par une pièce de vers qu'il a adreffée à Marguerite de France, Reine de Navarre, qu'il embraffa l'état Eccléfiaftique; car il y marque que, quoiqu'il n'afpire ni à un Evêché, ni à une Abbaye, il avoit lieu néanmoins d'attendre une honnête récompenfe de fes travaux. Il avoit fait une étude particulière des langues favantes, & l'on voit, tant par fes ouvrages, que par le témoignage de plufieurs Savans de fon tems, outre la langue Latine & le François qui étoit fa langue naturelle, l'Italien & l'Efpagnol, il avoit fort bien étudié le Grec, l'Hébreu, le Chaldéen, l'Arabe & le Syriaque; il eut beaucoup de part à la fameufe *Polyglotte* d'Anvers, confiée aux foins d'*Arias Montanus.* On prétend que le Pape Pie IV, pour le récompenfer de la part qu'il avoit eue à cet ouvrage, voulut l'attirer à Rome & le faire Cardinal. Il figura en caractères Hébreux la version Syriaque du nouveau testament, & en fit ensuite une traduction latine qu'il finit en 1567. Il tomba malade à Louvain. Plusieurs Savans placent sa mort en 1598. Voyez Moréri, à son article tom. V, édition de 1759, pag. 133 & suiv.

NICOLAS LE FÈVRE, son frère, s'appliqua de même à l'étude des langues Orientales, & seconda, avec son frère, *Arias Montanus*, pendant l'impression de la Bible d'Anvers. Les titres de sa Maison & de ses papiers ayant été pillés à la prise de Falaise, il obtint des Lettres-Patentes pour informer, & une sentence pour être maintenu dans sa qualité d'ancienne noblesse. En 1605, il eut des Lettres du Roi pour changer le nom de LE FÈVRE en celui *de la Boderie*, ce qui fut entériné en la Chambre des Comptes de Paris. Il eut de *Passart Gaucourt*, son épouse, d'une famille illustre de Picardie :

1. NICOLAS, qui, après avoir voyagé dans presque toutes les Cours de l'Europe, se fit Capucin, & donna au Couvent de Falaise 3000 livres ;
2. MATHIEU, lequel servit aux sièges de la Rochelle & de Pignerol, & se distingua à la bataille de Nordlingen. Sa dextérité à manier les cœurs & sa capacité pour les affaires, le firent choisir pour accompagner le Marquis *de Feuquières*, son parent, dans ses Ambassades en Suède & en Allemagne. Il fut long-tems résident à la Cour du Landgrave de *Hesse*. Etant veuf & âgé, il entra dans l'Etat Ecclésiastique, fut ordonné Prêtre, & mourut à la Terre de *la Boderie*. Il avoit épousé la Demoiselle *de Gréfil*, dont il eut cinq enfans :

NICOLAS, l'un d'eux, voyagea dans le Nord & jusqu'en Laponie. Il alla avec M. *de Pomponne*, son parent, en 1666 & 1669, aux Ambassades de Suède & de Hollande. Il avoit composé des Mémoires de son tems, & surtout de ses voyages, mais on ignore ce qu'ils sont devenus. Il n'est point parlé des autres enfans de MATHIEU.

ANTOINE LE FÈVRE DE LA BODERIE, troisième fils de JACQUES & d'*Anne de Montbrey*, a le titre de Maître-d'Hôtel du Roi, d'Agent pour Sa Majesté en Flandre & dans les Pays-Bas, dans une troisième piece que Jean Vau-

quelin de la Fresnaye lui adressa, liv. 5, de ses Satyres. NICOLAS DE LA BODERIE, son frère, alors à Rome à la suite de l'Ambassadeur de France (le Marquis de Pisani), s'étant retiré, ANTOINE fut chargé seul des affaires de l'Ambassade. En 1597, il fut Ambassadeur auprès de l'Archiduc à Bruxelles, & ce fut lui qui découvrit les intelligences du Maréchal de Biron. Il étoit Ambassadeur extraordinaire de de la Cour de France, vers JACQUES Ier, Roi d'Angleterre, dans les dernières années du règne de HENRI IV, & au commencement de celui de LOUIS XIII. On a imprimé, en 1733, à Amsterdam, 2 volumes in-8°, le recueil des lettres qui lui furent écrites durant son Ambassade par HENRI IV, MM. de Villeroy & de Puisieux, & par quelques autres, en particulier par LOUIS XIII, & par la Reine, mère de ce Prince, Régente du Royaume après la mort de HENRI IV. Il décéda sur la fin de 1615, n'étant âgé que de 60 ans, entre les bras de son gendre Arnauld d'Andilly. Il avoit épousé la sœur du Marquis *de Feuquières*, Gouverneur de Verdun, dont il eut deux filles, l'une morte fort jeune, l'autre mariée, à l'âge de 14 ans, à *Arnauld d'Andilly*. ANTOINE LE FÈVRE DE LA BODERIE a donné une traduction françoise qui a pour titre : *Traité de la Noblesse, où il est discouru de la vraie noblesse & des qualités requises aux vrais Gentilshommes.* Il a fait aussi plusieurs pièces de vers françois ; mais il étoit meilleur politique & plus habile Négociateur que Poète. Voyez son éloge dans Moréri, après ses deux frères.

Les armes : *d'azur, à 3 maillets d'or, emmanchés d'argent.*

FÈVRE (LE) D'ORMESSON, D'EAUBONNE & DE LÉZEAU, famille considérable différente des précédentes, distinguée dans la Robe par les grands hommes qu'elle a produits, dont il est parlé dans Moréri, tom. V, édit. de 1759. Elle a formé plusieurs branches, savoir : celle des Seigneurs d'*Eaubonne*, celle des Seigneurs d'*Ormesson* & d'*Amboile*, celle des Seigneurs d'*Ormesson*, Baron du *Cheray* ; celle des Seigneurs d'*Estréelles*,&, celle des Seigneurs de *Lézeau*. Elle remonte, comme nous l'avons déjà dit, d'après Piganiol de la Force, dans le tom. V de notre premiere édition in-8, p. 90 & suiv., à

*I. ADAM LE FÈVRE, qui épousa, en 1450,

Charlotte de Soyecourt, ce qui eſt certifié par le contrat de mariage de JEAN, ſon fils, qui ſuit :

II. JEAN LE FÈVRE, Ecuyer, Secrétaire du Roi, Maiſon & Couronne de France, ſe maria, en 1509, à *Madeleine Gaudard*, fille de *Jacques Gaudard*, Ecuyer. Il en eut ſix enfans, mais nous n'avons connoiſſance que de :

III. OLIVIER LE FÈVRE, Seigneur d'Ormeſſon & d'Eaubonne, d'abord Conſeiller du Roi, enſuite Contrôleur-Général de ſes Finances, puis Préſident en la Chambre des Comptes, mort le 26 Mai 1600, âgé de 74 ans, & enterré aux Minimes de Chaillot. Il avoit épouſé, le 18 Juillet 1559, *Anne d'Aleſſo*, morte le 8 Novembre 1590, à l'âge de 50 ans, fille de *Jean*, Seigneur de Lézeau & d'Eragny, Conſeiller du Roi & Maître ordinaire en la Chambre des Comptes, & de *Marie de la Sauſſaye*, nièce de *Jean de Morvilliers*, Evêque d'Orléans & Garde des Sceaux de France, & petite-nièce de *Saint-François-de-Paule*. De ce mariage vinrent :

1. OLIVIER, qui ſuit ;
2. ANDRÉ, auteur de la branche des Seigneurs d'*Ormeſſon* & d'*Amboile*, mentionnée ci-après ;
3. Et NICOLAS, auteur de celle des Seigneurs de *Lézeau*, rapportée à ſon rang.

BRANCHE
*des Seigneurs d'*EAUBONNE.

IV. OLIVIER LE FÈVRE, IIᵉ du nom, Seigneur d'Eaubonne, Conſeiller du Roi, Maître des Requêtes de ſon Hôtel, puis Préſident en la Chambre des Comptes, mort le 13 Juin 1614, âgé de 51 ans, avoit épouſé, au mois de Février 1591, *Marie Hennequin*, fille de *Pierre*, Seigneur de Boinville, Préſident à Mortier au Parlement de Paris, & de *Marie Brulart*, fille de *Jacques*, Baron de Heltz, Conſeiller au même Parlement, & d'*Iſabelle le Picard*. Elle ſe remaria à *Anne de la Marck*, Comte de Braiſne, duquel elle n'eut qu'une fille morte en bas âge. Les enfans de ſon premier mari furent :

1. ANDRÉ, Seigneur d'Eaubonne, Boisbouzon, &c., né au mois d'Octobre 1596, Conſeiller au Parlement de Paris, mort ſans alliance, en Mai 1652 ;
2. JEAN, qui ſuit ;
3. & 4. JEANNE & MARIE, Religieuſes à Saint-Marcel-lès-Paris ;

5. Et MARGUERITE, née le 17 Juin 1609, Religieuſe à Poiſſy.

V. JEAN LE FÈVRE, Seigneur d'Eaubonne & de Boisbouzon, Conſeiller du Roi & Maître ordinaire de la Chambre des Comptes, mort au mois de Mars 1657, âgé de 57 ans 3 mois, & inhumé aux Minimes de la Place-Royale, avoit épouſé *Catherine de Verthamon*, morte en Octobre 1673, fille de *François*, Seigneur de Bréau, Conſeiller d'Etat ordinaire, & de *Marie de Verſoris*, dont :

1. ANDRÉ, Seigneur d'Eaubonne, Maître des Requêtes en la Chambre des Comptes, mort ſans alliance, le 21 Janvier 1676 ;
2. JEAN-FRANÇOIS, Docteur de Sorbonne, mort le 2 Juillet de la même année ;
3. JEAN-BAPTISTE, Seigneur d'Anot, né en 1644, Avocat au Parlement, & mort Capucin en 1707 ;
4. GERVAIS, qui ſuit ;
5. & 6. JEAN & OLIVIER, morts jeunes ;
7. MARIE, Religieuſe bienfaitrice aux Carmélites du Faubourg Saint-Jacques, morte en 1667 ;
8. MARGUERITE, Abbeſſe perpétuelle des filles de Sainte-Claire à Paris ;
9. MARIE, Religieuſe au même Couvent, morte en 1673 ;
10. Et ANTOINETTE, morte le 29 Décembre 1708, mariée, le 22 Juillet 1675, à *Urbain-Pierre le Goux de la Berchère*, Chevalier, Conſeiller du Roi en ſes Conſeils, Maître des Requêtes de ſon Hôtel, Seigneur de la Berchère, Marquis d'Intéville, Comte de la Rochepot, Baron de Thoiſy, &c., fils de *Pierre le Goux de la Berchère*, Préſident au Parlement de Bourgogne, & de *Louiſe Joly*.

VI. GERVAIS LE FÈVRE, Seigneur d'Eaubonne, reçu Conſeiller au Parlement, le 17 Mai 1674, mort le 26 Novembre 1726, âgé de 78 ans, avoit épouſé, le 5 Août 1680, *Agnès-Catherine de Pomereu*, fille d'*Auguſte-Robert de Pomereu*, Seigneur dudit lieu, de la Bretèche, Prévôt des Marchands de la ville de Paris, Conſeiller d'Etat ordinaire & du Conſeil Royal des Finances, & d'*Agnès Leſné*, fille de *N... Leſné*, Maître des Requêtes ordinaire en la Chambre des Comptes. De ce mariage ſortirent 13 enfans, dont ſix ſont morts jeunes & les ſept autres furent :

1. ANDRÉ-ROBERT, qui ſuit ;
2. PIERRE-GERVAIS, né le 15 Août 1685, Chanoine de l'Egliſe de Paris en 1716, Docteur de Sorbonne ;

3. MICHEL-GERVAIS, né le 27 Juillet 1687, re-çu Chevalier de Malte, le 11 Novembre 1709;

4. BONAVENTURE, né en 1694, reçu Chevalier de Malte, le 11 Juin 1710;

5. GENEVIÈVE-AGNÈS, née le 21 Novembre 1686, mariée, le 28 Octobre 1711, à *Louis-Maximilien Titon*, Seigneur de Villege-non, Marquis d'Ogon, &c., Conseiller au Parlement de Metz & Directeur-Général des armes de Sa Majesté;

6. MARIE-CATHERINE, née en 1693, Religieuse aux Cordelières du Faubourg Saint-Ger-main;

7. Et AGNÈS, née en 1696, Religieuse.

VII. ANDRÉ-ROBERT LE FÈVRE D'EAUBONNE, Seigneur de Rizeis, né le 12 Mai 1681, Con-seiller au Parlement de Paris, le 1er Juillet 1705, Maître des Requêtes, le 12 Décembre 1709, Intendant de Soissons, en 1715, Pré-sident au Grand-Conseil, le 22 Avril 1720, mort le 25 Mai 1735, avoit épousé, le 4 Jan-vier 1706, *Marie-Catherine Petit-Pied*, fille unique de *Pierre Petit-Pied*, Avocat & Procureur du Roi au Bureau des Tréforiers de France Généraux des Finances de Paris, & de *Catherine Boucher*. De ce mariage font issus:

1. ANDRÉ-GERVAIS, né le 8 Octobre 1706;

2. ANDRÉ-DENIS, mort jeune;

3. ANDRÉ, qui suit;

4. Et CATHERINE-AGNÈS, née le 7 Juillet 1712, morte le 1er Juillet 1734.

VIII. ANDRÉ LE FÈVRE, Comte d'Eaubon-ne, Seigneur de Longueval, Bazoches, &c., né le 1er Novembre 1716, a épousé, 1º le 19 Janvier 1745, *Marie-Françoise le Maître*, fille de *Henri-Louis le Maître*, Seigneur de Bellejamme, Conseiller au Parlement, mort en 1735, & de *Marie-Madeleine de Bullion*; « & 2º *Marie d'Audigné*, d'une ancienne & illustre Maison d'Anjou. Du premier lit il a eu un fils mort en bas âge.»

BRANCHE
*des Seigneurs d'*ORMESSON *& d'*AMBOILE.

IV. ANDRÉ LE FÈVRE, Seigneur d'Ormesson, second fils d'OLIVIER, Ier du nom, & d'*Anne d'Alesso*, fut Conseiller au Grand-Conseil, le 9 Décembre 1598, Maître des Requêtes, le 22 Janvier 1605, honoraire le 23 Janvier 1635, Intendant de Lyon, Directeur des Fi-nances, Conseiller d'Etat, Conseiller d'hon-neur au Parlement; devenu Doyen du Conseil d'Etat, « porta en cette qualité la parole au nom du Roi, le 18 Novembre 1663, au renou-vellement d'alliance avec les Suisses fait en l'Eglise de Paris, à la place du Chancelier de France, qui étoit indisposé. » Il mourut le 2 Mars 1665, à 88 ans, après avoir servi plus de 60 ans trois de nos Rois dans leurs Con-seils; il a été inhumé à Saint-Nicolas-des-Champs. Il avoit épousé, le 10 Juillet 1604, *Anne le Prévost*, fille de *Nicolas*, Seigneur d'Amboile, Maître des Comptes, & de *Ma-rie le Mayrat*, fille de *Louis le Mayrat* & de *Marie Molé*. Elle mourut au mois de Juillet 1652, laissant outre plusieurs enfans morts en bas âge:

1. ANDRÉ, Conseiller au Parlement de Paris, le 7 Janvier 1633, mort sans alliance, en 1658;

2. NICOLAS, Religieux Minime, mort en 1679;

3. OLIVIER, qui suit;

4. SIMON, auteur de la branche des Seigneurs d'*Estréelles*, rapportée ci-après;

5. MARIE, alliée, en 1626, à *Philippe de Cou-langes*, Maître des Comptes, morte au mois de Juillet 1654, mère de *Philippe-Emmanuel de Coulanges*, Conseiller au Parlement, puis Maître des Requêtes, « cé-lèbre par ses chansons, mort sans enfans; mais il a eu du premier mariage avec *Ma-rie-Angélique Dugué*, deux filles, savoir: *Anne-Marie*, mariée à *Louis Turpin de Crissé*, Colonel des Hussards de son nom, Inspecteur-Général des Hussards, & Grand'-Croix de l'Ordre Royal & Militaire de Saint-Louis (voyez TURPIN); & *Marie-Made-leine de Coulanges*, femme de *Guillaume de Harronis*, Maître des Requêtes & In-tendant de Champagne; »

6. 7. 8. 9. & 10. MADELEINE, ANNE, ISABELLE, FRANÇOISE & N... LE FÈVRE, Religieuses aux Annonciades de Paris.

V. OLIVIER LE FÈVRE, Ier du nom de sa bran-che, Seigneur d'Ormesson, d'Amboile, &c., né le 28 Décembre 1616, Conseiller au Par-lement, le 23 Août 1636, Maître des Requê-tes, le 19 Février 1643, Intendant d'Amiens & de Soissons, en 1662, l'un des six Maîtres des Requêtes, Commissaires à la Chambre de Justice, mourut le 4 Novembre 1686. « Il fut Rapporteur du procès de M. Fouquet, Surin-tendant des Finances. Personne n'ignore l'in-tégrité qu'il fit paroître dans l'instruction & jugement de cette affaire, & le sacrifice qu'elle lui fit faire de la dignité de Chancelier qui lui avoit été promise, comme on le voit dans le Journal manufcrit qu'il a laiffé du procès de M. Fouquet. Une fi grande probité & fon intelligence fupérieure dans les affaires lui avoient acquis une eftime fi générale, que les Princes & les plus grands Seigneurs le choififfoient pour arbitre, & fe foumettoient à fon jugement dans les affaires les plus importantes. Louis XIV lui rendit la même juftice; lorfqu'on lui préfenta fon petit-fils, il lui dit qu'il l'exhortoit à être auffi honnête homme que le Rapporteur de M. Fouquet.» Il avoit époufé, au mois de Juillet 1640 *Marie de Fourcy*, morte le 11 Août 1685, fille de *Henri de Fourcy*, Seigneur de Cheffy, Préfident en la Chambre des Comptes, & Surintendant des batimens, & de *Marie de la Grange-Trianon*, dont:

1. ANDRÉ, qui fuit;
2. OLIVIER-FRANÇOIS-DE-PAULE, mort fans lignée;
3. CLAUDE-FRANÇOIS-DE-PAULE, Prêtre & Docteur de Sorbonne, ci-devant Doyen & Grand-Vicaire de la Cathédrale de Beauvais, mort le 3 Février 1717, dont la mémoire eft encore en bénédiction dans ce Diocèfe, l'ayant long-tems gouverné en l'abfence du Cardinal de Janfon;
4. SIMON, Chanoine Régulier de Sainte-Geneviève, mort Prieur de l'Abbaye-aux-Bois, en 1694;
5. ANTOINE-FRANÇOIS-DE-PAULE, auteur de la branche des Seigneurs d'*Ormeffon*, Barons *du Cheray*, rapportée ci-après;
6. CHARLES, Chevalier de Malte, reçu Page du Roi dans fa Petite-Ecurie, le 13 Mars 1669, mort en Octobre 1687, après avoir tenu galère;
7. «JEAN-BAPTISTE, mort fans alliance le 18 Juillet 1708;»
8. MARIE, morte en bas âge en 1709;
9. Et FRANÇOISE, Abbeffe de l'Abbaye Royale de Pont-aux-Dames, le 20 Août 1700, morte le 17 Janvier 1726.

VI. ANDRÉ LE FÈVRE-D'ORMESSON, IIe du nom de fa branche, Seigneur d'Amboile, Avocat du Roi au Châtelet de Paris, le 11 Février 1666, puis Confeiller au Grand-Confeil, le 19 Décembre 1671, Maître des Requêtes en Janvier 1676, Commiffaire de la Chambre-Ardente, en 1679, Intendant de Lyon en 1682, & mort avant fon père le 10 Août 1684, «avec la même réputation d'intégrité, d'habileté dans les affaires & de favoir en tous genres. Il avoit été formé aux Belles-Lettres & à la connoiffance du Droit par

le célèbre Abbé Fleury, qui compofa pour fon inftruction l'*Hiftoire du Droit François*, imprimée à la tête des *Inftitutions* d'Argou, & plufieurs autres ouvrages.» Il avoit époufé, le 15 Février 1676, *Eléonore le Maître*, morte en Mars 1681, veuve de *François le Ray*, Seigneur de Beaupré, d'Athis, Guinécourt, &c., Confeiller au Parlement de Paris, & fille de *Jérôme le Maître*, Seigneur de Bellejamme, Préfident aux Enquêtes du Parlement, & de *Marie-Françoife Feydeau*, dont:

1. OLIVIER, mort en bas âge;
2. HENRI-FRANÇOIS-DE-PAULE, qui fuit;
3. Et ANNE-FRANÇOISE, née le 15 Mai 1678 ou 1679, morte le 1er Décembre 1735. Elle avoit époufé, le 4 Octobre 1694, FRANÇOIS-HENRI d'Agueffeau, Marquis de Frefne, Seigneur de Collanges & autres lieux, alors Confeiller du Roi en fes Confeils & Avocat-Général au Parlement de Paris, puis Procureur-Général au même Parlement, enfuite élevé à la dignité de Chancelier de France en Février 1717, Commandeur des Ordres du Roi en 1736, mort à Auteuil, le 9 Février 1735, âgé de 57 ans, «après s'être démis de la dignité de Chancelier, Magiftrat illuftre par fes vertus, fes talents fupérieurs pour l'éloquence, fa connoiffance profonde de toutes les fciences & prefque de toutes les langues.» (Voyez D'AGUESSEAU.

VII. HENRI-FRANÇOIS-DE-PAULE LE FÈVRE, Baron de la Queue, Seigneur d'Ormeffon, d'Amboile, &c., né le 1er Mars 1681, Subftitut du Procureur-Général le 2 Août 1701, Confeiller au Parlement le 12 Mars 1704, Maître des Requêtes le 14 Mai 1707, Confeiller au Confeil des Finances pendant la Régence, Plénipotentiaire pour régler les limites de la Lorraine en 1718, enfuite Intendant des Finances le 27 Mars 1722, Confeiller d'Etat ordinaire le 25 Juin 1730, puis Confeiller au Confeil Royal des Finances en Mars 1742, «chargé par un Brevet du Roi de rendre compte à Sa Majefté des placets pour obtenir des places de Demoifelles dans la Maifon Royale de Saint-Cyr, & chargé de la direction du temporel de ladite Maifon.» Il eft mort le 20 Mars 1756, dans la 76e année de fon âge, Doyen des fix Intendants des finances, «avec la réputation d'un Magiftrat auffi recommandable que fes ancêtres par fes vertus, fon efprit de droiture & fa modeftie, & par les marques de confiance particulières dont il fut honoré par Louis XV, & dès fa jeuneſſe par feu M. le Duc de Bourgogne. » Il avoit époufé, le 4 Novembre 1705, *Catherine de la Bourdonnaye*, morte le 11 Mars 1758, fille d'*Yves-Marie de la Bourdonnaye*, Seigneur de Cottyon, Maître des Requêtes, Intendant de Juſtice dans la Province de Guyenne, puis dans la Généralité d'Orléans, & de *Catherine de Ribeyre*, dont:

1. Henri-François-de-Paule, né le 29 Octobre 1709, Confeiller au Parlement, mort fans alliance le 15 Mai 1731;
2. Marie-François-de-Paule, qui fuit;
3. Louis-François-de-Paule, né le 7 Mars 1713, Chevalier, puis Grand Croix de l'Ordre de Malte, Commandeur de Villedieu-la-Montagne, de Louviers & de Vaumion, & Grand-Hofpitalier de la Langue françoife, fait Brigadier de Cavalerie le 10 Mai 1748, ancien Exempt de la feconde Compagnie des Gardes-du-Corps du Roi, appelé le *Commandeur d'Ormeſſon*;
4. Antoine-François-de-Paule, né le 28 Octobre 1713, Chevalier de Malte non profès en 1732, Enfeigne de Vaiſſeau du Roi, Aide-Major de la Marine à Breſt & fur la Flotte du Roi, mort à Léogane dans l'Isle de Saint-Domingue en 1741;
5. Autre Louis-François-de-Paule, né le 27 Juillet 1718, Avocat du Roi au Châtelet le 13 Décembre 1738, Avocat-Général au Grand-Confeil le 15 Mars 1741, & au Parlement en Décembre fuivant, défigné Préfident à Mortier le 10 Mai 1751, nommé en 1754 à la place du Préfident Chauvelin, décédé à Soiſſons, & reçu le 10 Mai 1755 en cette qualité, & Doyen des Préfidens à Mortiers en 1780. Il a époufé, le 14 Février 1748, *Marie-Anne-Geneviève Lucas de Muyn*, fille d'*Antoine-Jean*, Confeiller en la Grand'Chambre du Parlement, & d'*Anne-Madeleine Loyſeau*, dont:
   1. Anne-Louis-François-de-Paule, né le 26 Février 1753, reçu Confeiller au Parlement de Paris le 6 Septembre 1770, « & en furvivance de la charge de Préfident à Mortier de fon père le 15 Mars 1779, a époufé, le 17 du même mois *Anne-Louiſe-Reine-Jeanne Lyon-Baillon*, fille de *M. Baillon* Intendant de Lyon, & de *Reine-Jeanne de Kervenoſail*; »
   2. Et Marie-Geneviève, née le 3 Janvier 1749, mariée, le 17 Mars 1779, à *Jean-Charles*, Comte d'*Afpremont*, Meſtre-de-Camp d'une Compagnie de Chevaux-Légers, Brigadier des Armées du Roi en 1780; il eſt de la Maifon d'Afpremont en Lorraine, qui a poſſédé le Comté d'Afpremont en fouveraineté. »

6. Autre Henri-François-de-Paule, né le 12 Octobre 1724, Docteur en Sorbonne, Abbé de Bolbonne en 1748, Prieur d'Ozay et Chanoine honoraire de l'Eglife de Paris en 1754, décédé en Octobre 1776;
7. Marie-Catherine le Fèvre d'Ormeſſon, née le 15 Décembre 1706, mariée, le 17 Juillet 1724, à *Charles-Amable-Honoré Barentin*, Confeiller au Parlement, puis Maître des Requêtes, Intendant à la Rochelle en 1737, & enfuite à Orléans, mort Confeiller d'Etat, le 9 Juin 1762. De ce mariage font iſſus:

   « *Charles-François-de-Paule Barentin*, né le 17 Juillet 1736, Confeiller au Parlement de Paris en 1758, & enfuite Avocat-Général du Parlement, aujourd'hui premier Préfident de la Cour des Aides, marié, en 1766, à *Albertine Maſſon de Meslay*, dont il a un fils & une fille;
   Et *Marie-Charlotte Barentin*, née le 25 Octobre 1726, Religieufe aux Filles-Bleues. »

8. Et Catherine, née le 22 Mars 1715.

VIII. Marie-François-de-Paule le Fèvre d'Ormesson, Baron de la Queue, Seigneur d'Ormeſſon, d'Amboile, Noizeau, Chenevières, &c., né le 18 Octobre 1710, Confeiller aux Requêtes du Palais de Paris le 16 Mars 1731, Maître des Requêtes le 18 Juin 1733, Préfident au Grand-Confeil le 22 Janvier 1738, Intendant des Finances le 29 Avril 1740, en furvivance de fon père, « ayant obtenu féance au Confeil le 26 Mai 1744, Confeiller d'Etat le 29 Mai 1758; chargé de rendre compte au Roi des placets pour obtenir des places de Demoifelles dans la Maifon Royale de Saint-Cyr, & de la direction du temporel de cette Maifon, par un Brevet femblable à celui de fon père, auquel il avoit été adjoint en cette fonction le 5 Mai 1752; a obtenu, par Lettres-Patentes de 1758, l'érection de fes terres de la Queue, Amboile, Noizeau, Chenevières, &c., réunies en Marquifat en fa faveur, fous le titre de *Marquifat d'Ormeſſon*; fut Confeiller Royal du Commerce en Octobre 1762, puis au Confeil des Finances en 1767. Il eſt mort en 1775, » & avoit époufé, le 2 Mai 1740, *Anne-Louiſe du Tillet*, née le 2 Juin 1718, fa coufine iſſue de germaine, fille de *Jean-*

Baptiſte-Charles du Tillet, Marquis de la Buſſière, Préſident en la ſeconde Chambre des Enquêtes du Parlement de Paris, puis Conſeiller d'honneur au même Parlement, mort en 1744, & de JEANNE LE FÈVRE D'OR-MESSON DU CHERAY, morte auſſi la même année. De ce mariage ſont iſſus:

1. HENRI-FRANÇOIS-DE-PAULE, qui ſuit;
2. ANNE-CATHERINE, née le 4 Avril 1741, Cha-noineſſe de Montigny en Franche-Comté, puis Abbeſſe dudit lieu, morte en Janvier 1766;
3. Et HENRIETTE-LOUISE, née le 19 Janvier 1747, mariée, 1º le 4 Mars 1766, à *Anne-Charles-Marie de la Bourdonnaye* de Bref-ſac, Conſeiller au Parlement de Paris le 4 Avril 1765, puis Maître des Requêtes, mort le 8 Mai 1767; & 2º le 6 Février 1769, à *Anne-André-Marie de Cruſſol d'Uʒès*, Comte de Montauſier, Colonel du Régiment d'Orléans, « dont deux filles mortes en bas âge, & une troiſième vivante en 1780. »

IX. HENRI-FRANÇOIS-DE-PAULE LE FÈVRE D'ORMESSON, né le 8 Mai 1751, Conſeiller au Parlement de Paris le 26 Juillet 1768, Maître des Requêtes en 1770, & Intendant des Fi-nances, d'abord en ſurvivance, « enſuite par la mort de ſon père, juſqu'à la ſuppreſſion de cet office en 1777, Conſeiller d'Etat en 1778, char-gé de rendre compte au Roi des placets pour obtenir les places de Demoiſelles dans la Mai-ſonRoyale de Saint-Cyr, & de la Direction du temporel de cette Maiſon, » a épouſé, le 18 Avril 1773 (contrat ſigné par le Roi & la Fa-mille Royale), N... le Pelletier, fille de M. *le Pelletier*, Maître des Requêtes, & Inten-dant de Soiſſons. De ce mariage ſont iſſus une fille morte en bas âge, un fils & une autre fille qui vivent.

BRANCHE
*des Seigneurs d'*ORMESSON, *Barons*
DU CHERAY.

VI. ANTOINE-FRANÇOIS-DE-PAULE LE FÈVRE D'ORMESSON, cinquième fils d'OLIVIER LE FÈ-VRE, Seigneur d'Ormeſſon, & de *Marie de Fourcy*, Seigneur du Cheray, « des Tournelles & d'Ormeſſon, près de Mormans en Brie, différente de la terre d'Ormeſſon, près de Saint-Denis, qui appartient à la branche aî-née des Seigneurs d'Ormeſſon, ci-deſſus rap-portée, » fut reçu Conſeiller au Grand-Conſeil le 26 Mars 1678, Maître des Requêtes le 4 Septembre 1684, Commiſſaire aux Grands

Jours pour la réformation de la Juſtice en 1688, puis nommé Intendant à Rouen & en Auvergne en 1697, à Soiſſons en 1705, où ſa mémoire eſt encore en vénération par ſa pro-bité & ſes grandes charités, mourut le 21 Fé-vrier 1712. Il avoit épouſé, le 21 Décembre 1682, *Jeanne le Fèvre de la Barre*, morte le 4 Juillet 1735, fille d'*Antoine le Fèvre*, Seigneur de la Barre, Maître des Requêtes & Intendant de Paris, & en même temps de Bourbonnois & d'Auvergne, puis Gouver-neur & Lieutenant-Général du Canada, & Lieutenant-Général des Armées du Roi, & de *Marie Mandat*, dont:

1. OLIVIER-FRANÇOIS-DE-PAULE, qui ſuit;
2. ANDRÉ-FRANÇOIS-DE-PAULE, Seigneur du Cheray, la Sacière & les Tournelles, né le 28 Mars 1693, Conſeiller aux Requêtes du Palais le 6 mai 1716, enſuite Conſeiller ho-noraire en la Grand'Chambre, mort le 25 Octobre 1761. Il avoit épouſé, le 10 Juillet 1724, *Geneviève Bourgoing*, fille de *Lam-bert Bourgoing*, Seigneur de la Grange-Batelière, Conſeiller au Parlement de Pa-ris, Doyen de la première Chambre des Enquêtes, & de *Henriette des Ecouttes*;
3. Et JEANNE, née en Juillet 1685, morte le 25 mars 1744, mariée, le 3 Avril 1708, à *Jean du Tillet*, « Marquis de la Buſſière, Seigneur de Pontchevron, Nogent, Ara-blais, la Broſſe, Chailly, Sérigny, &c., Pré-ſident en la ſeconde Chambre des Enquê-tes, puis Conſeiller d'honneur au Parlement, mort le 9 Octobre 1744, la même année que ſa femme, dont poſtérité. »

VII. OLIVIER-FRANÇOIS-DE-PAULE LE FÈVRE D'ORMESSON, Seigneur du Cheray, né le 20 Septembre 1686, Conſeiller au Parlement de Paris le 23 Janvier 1709, Maître des Requê-tes le 8 Janvier 1713, Intendant en Franche-Comté en 1718, où il mourut le 21 Mars de la même année, avoit épouſé, le 11 Juillet 1714, *Marie-Claude de Cahouet*, fille de *Claude de Cahouet*, de Beauvais, Seigneur des Ormes, Préſident des Tréſoriers de Fran-ce à Orléans, & de *Marie Fontaine des Mon-tées*; elle s'eſt remariée, en Décembre 1721, à *Antoine-François de Chabannes*, Seigneur de la Paliſſe, Comte de Pionſac, Major des Gardes-Françoiſes, & Lieutenant-Général des Armées du Roi, Gouverneur de Verdun & Grand'Croix de l'Ordre Royal & Militaire de Saint-Louis. Elle eſt morte le 29 Septem-bre 1744, laiſſant de ſon premier mari:

1. OLIVIER, qui fuit;

2. Et MARIE-MARGUERITE, née le 13 Mars 1717, mariée, le 30 Mai 1736, à *Michel-Anne-Sébastien de Rosmadec*, Marquis de Goulaines, le Plessis-lès-Ferrières & l'Epineuil, d'une des plus illustres Maisons de Bretagne.

VIII. OLIVIER LE FÈVRE D'ORMESSON, Seigneur d'Ormesson, du Cheray, de Boisbouzon, &c., né le 19 Septembre 1715, mourut sans alliance le 6 Janvier 1764, & cette branche s'est éteinte dans sa personne.

BRANCHE
des Seigneurs d'ESTRÉELLES.

V. SIMON LE FÈVRE D'ORMESSON, Seigneur d'Estréelles & des Agneaux, quatrième fils d'ANDRÉ, & d'*Anne le Prevost*, reçu Conseiller au Grand-Conseil le 7 Septembre 1643, mort en Décembre 1660, avoit épousé, en 1656, *Anne le Mayrat*, fille de *Jean*, Seigneur de Droup, Barberoy, Traneault, &c., Conseiller au Grand-Conseil, & de *Marie Angenoust*, laquelle se remaria avec *Thomas Bailly*, Maître des Comptes, & mourut le 25 Janvier 1709, âgée de 69 ans. Elle a eu de son premier mari:

1. SIMON LE FÈVRE, Seigneur d'Estréelles & des Agneaux, mort en Décembre 1677, sans alliance;

2. Et MARIE, femme de *François Feydeau*, Seigneur du Plessis, Maître des Requêtes, morte le 5 Novembre 1704, à 47 ans; de ce mariage il a eu plusieurs fils, « dont un a laissé de son union avec ANTOINETTE LE FÈVRE DE LA BARRE, une fille Religieuse, Abbesse de Villancourt à Abbeville en 1780; une autre fille, mariée à N... LE FÈVRE DU QUESNOY, en Normandie; & un fils, Officier aux Gardes-Françoises, mort sans alliance. »

BRANCHE
des Seigneurs de LÉZEAU.

IV. NICOLAS LE FÈVRE, troisième fils d'OLIVIER LE FÈVRE, Ier du nom, Seigneur d'Eaubonne & d'Ormesson, & d'*Anne d'Alesso*, Seigneur de Lézeau, fut reçu au Grand-Conseil le 30 Décembre 1602, puis Président aux Requêtes du Palais, & Maître des Requêtes le 24 Avril 1618, Conseiller d'Etat en 1657, mort Doyen des Conseillers d'Etat le 1er Novembre 1680, âgé de plus de 100 ans, & enterré au petit Saint-Antoine. Il avoit épousé, en Janvier 1609, *Marie Hinselin*, morte en Mars 1678, fille de *Pierre Hinselin* Correcteur des Comptes, & de *Marie Net* ou *Netz*, dont:

1. PIERRE, Seigneur de Lézeau, né le 26 Juillet 1614, Conseiller en la Cour des Aides en 1636, mort en Mai 1686, sans alliance;

2. NICOLAS, Chanoine de l'Eglise de Paris, & Abbé de Clairefontaine, mort en Décembre 1677;

3. CLAUDE, Seigneur de Gémigny, Bussy-Saint-Georges, &c., mort sans alliance en Octobre 1683;

4. ANDRÉ, Seigneur de Lincourt, Prieur de Saint-Sixte, Montonnac & Pugny, mort en Janvier 1678;

5. JEAN, mort en bas âge;

6. Et MARIE, femme, en 1654, de *Jean Angot*, Seigneur de la Motte, Conseiller au Parlement de Rouen, auquel elle porta la terre de Lézeau, & dont la postérité subsiste en Normandie, dans les Seigneurs de Lézeau, Diocèse de Séez, élection d'Argentan, « lesquels ont pris les armes & livrée des LE FÈVRE D'EAUBONNE & d'ORMESSON, & dans la branche de FLERS. »

Les armes: *d'azur, à 3 lis de jardin d'argent, fleuris d'or, tigés & feuillés de sinople, 2 & 1.*

FÈVRE (LE), Seigneur de la Malmaison & de la Barre. ANTOINE LE FÈVRE, Seigneur de la Malmaison, mort Doyen de la Cour des Aides de Paris le 30 Mai 1713, avoit épousé *Anne-Marguerite Auzannet*, morte le 23 Janvier 1716, laissant postérité. Leur fils aîné, ANTOINE LE FÈVRE DE LA MALMAISON, Chevalier profès de l'Ordre de Saint-Jean de Jérusalem, du Grand-Prieuré de France, Commandeur d'Auxerre, est mort en 1737.

Les armes: *d'azur, au chevron d'or, accompagné en chef de deux étoiles, & en pointe d'une fleur de souci, feuillée & tigée, le tout d'or.*

FÈVRE (LE), Chevalier, Seigneur, Marquis de Montaigu, la Brisette, du Quesnoy, de la Grimonnière, &c., Province de Normandie, Election de Valognes; Famille distinguée par ses alliances, qui a donné un Evêque de Coutances dans

JACQUES LE FÈVRE DU QUESNOY, Abbé Commendataire de Saint-Sauveur-le-Vicomte, Ordre de Saint-Benoît, Diocèse de Coutances, mort dans son Abbaye le 9 Septembre 1764, âgé de 57 ans.

N... LE FÈVRE, dit le Commandeur du Quesnoy, Chevalier profès de l'Ordre de Malte, est aussi de cette famille; il y a aussi CHARLES LE FÈVRE, Marquis DU QUESNOY, qui porte la Croix quoique marié, & a nombre d'enfans de *Jeanne Feydeau*. Il est Seigneur en partie de Saint-Sauveur & réside dans les terres de sa femme en Champagne.

D'une autre famille est N... LE FÈVRE DE GIVRY, veuve de *Pierre du Quesnoy*, Secrétaire du Roi, Receveur-Général des finances de la Généralité de Montauban, qui est morte à Paris le 11 Mai 1754, âgée de 58 ans, laissant *Marie-Anne Geneviève du Quesnoy*, mariée, le 13 Mai 1749, à *Léonard-François*, Marquis *de Chevriers*, fils unique de *Claude-Joseph-François*, & de *Madeleine-Elisabeth de l'Hôpital*.

Les armes: *d'azur, à la fasce d'or, accompagnée de 2 croix fleurdelisées de même en chef, & d'une rose d'argent en pointe.*

FÈVRE-COMPIGNY (LE). NICOLAS LE FÈVRE, Seigneur de Compigny, des Bordes, de Briotte & de Baby, près Bray-sur-Seine, Capitaine d'Infanterie dans le Régiment de Toulongeon, Lieutenant de Roi au Gouvernement de Senlis, & Maître-d'Hôtel de Sa Majesté, obtint des Lettres-Patentes au mois de Mai 1625, qui lui permirent de changer son nom de LE FÈVRE en celui de COMPIGNY. Il épousa, le 5 Juillet 1601, *Françoise de Melun*, née le 30 Août 1575, morte le 18 Janvier 1641, inhumée dans le Chœur de l'Eglise de Baby, fille de *Philippe*, Seigneur de Buignon, & de *Françoise de Grailly*.

Les armes: *d'or, à une croix de gueules, cantonnée aux 1 & 4 d'un croissant d'azur, & aux 2 & 3 d'une étoile de même.*

FÈVRE DE LA FALUÈRE (LE). N... LE FÈVRE, Trésorier de France à Tours, épousa N... *de la Cicorie*, de laquelle il eut:

1. RÉNÉ LE FÈVRE, Seigneur de la Faluère, Président en la quatrième Chambre des Enquêtes du Parlement de Paris, puis premier Président du Parlement de Bretagne;
2. N... LE FÈVRE DE LA FALUÈRE, Doyen des Conseillers du même Parlement;
3. Et PIERRE LE FÈVRE, Seigneur de la Faluère, qui fut reçu Conseiller au Grand-Conseil, le 7 Mars 1647. Il étoit Chanoine de Saint-Martin de Tours, & Prévôt de Miley. Il mourut honoraire à Tours, le 28 Juillet 1688.

CLAUDE LE FÈVRE DE LA FALUÈRE, Seigneur

de la Jallange, fils de N... LE FÈVRE DE LA FALUÈRE, Conseiller au Parlement de Bretagne, & de N... *de la Barre*, fut reçu Conseiller au Grand-Conseil, le 27 Juin 1682, & mourut Doyen du Conseil, le 1er Mai 1741, âgé de 87 ans. Il avoit épousé *Perine de Janvier*, morte en 1708, dont:

1. CLAUDE, Conseiller au Parlement de Bretagne, le 13 Janvier 1708;
2. Et NICOLAS, Seigneur de Noisay, marié, le 27 Septembre 1737, à *Marie-Constance Chancel*, fille de N... *Chancel*, Seigneur de la Grange, & de *Jeanne-Marie du Cluzel de la Chabrerie*.

Les armes: *d'azur, à 3 bandes d'or.* (C'est ce que nous savons sur cette famille, faute de Mémoire.)

FÈVRE DE SAINT-LUC (LE). NICOLAS LE FÈVRE, Seigneur de Saint-Luc, Benoît, la Chapelle, &c. Lieutenant-Général d'Epée au Bailliage & Présidial de Troyes, & Maître des Eaux & Forêts, mourut le 8 Juillet 1730, âgé de 62 ans. (*Mercure* de Juillet 1730, page 1687.)

FÈVRE DES LONDES (LE). De cette Famille est

N... LE FÈVRE DES LONDES, Subdélégué de Valognes, ancien Secrétaire du Roi, lequel a un fils unique,

N..... LE FÈVRE DES LONDES, nommé le *Sieur de Virandeville*, marié à N... *le Fèvre*, fille de feu N... *le Fèvre de la Grimonnière*, Ecuyer.

Les armes: *d'argent, à 2 chevrons de gueules.*

FÈVRE DU MOUCHEL (LE), Famille de Normandie, maintenue dans sa noblesse le 23 Juin 1667. Suivant l'*Histoire de Rouen*, THOMAS & PAUL LE FÈVRE, Sieurs du Mouchel & du Favet, seuls fils & héritiers de feu GABRIEL LE FÈVRE, Sieur du Grand-Hamel, obtinrent des Lettres de confirmation d'ancienne noblesse en 1625, qui furent registrées en la Cour des Aides le 13 Janvier 1626.

GILLES LE FÈVRE, Sieur du Mouchel, fils de THOMAS, dit du *Grand-Hamel*, Echevin de Rouen, obtint des Lettres de Noblesse en 1650. C'est ce que nous savons sur cette famille, n'ayant point reçu de Mémoire.

Les armes: *de sable, au chevron d'argent, brisé par le flanc droit, accompagné de trois croissans d'argent, 2 & 1.*

FÈVRE (LE), en Bretagne : *d'or, au chevron de gueules, chargé de 3 molettes d'or, accompagnées en chef de 3 tourteaux d'azur, & en pointe d'une roue de fortune aussi d'azur.*

FÈVRE (LE), en Champagne : *d'azur, à 3 pals d'or, celui du milieu chargé de 3 roses de gueules.*

FÈVRE (LE), en Champagne : *d'azur, à 3 croix pattées d'or.*

FÈVRE (LE), en Dauphiné, dont les armes font : *d'azur, au lion d'or, couronné du même.*

FEYDEAU, ancienne Nobleſſe diſtinguée dans l'Epée & dans la Robe, qui a donné de nos jours un Garde des Sceaux de France : il en eſt fait mention dans le *Mercure Galant,* du mois de Mai 1695, pag. 273 & ſuiv., à l'occaſion du mariage de MARIE - THÉRÈSE FEYDEAU DE BROU, fille de feu DENIS FEYDEAU, Chevalier, Seigneur de Brou, Préſident au Grand-Conſeil, avec le Préſident de Meſmes. Un Mémorial très-bien rédigé ſur les titres, actes, pièces & originaux des dépôts royaux & publics, en 1766, nous apprend qu'après de longues & laborieuſes recherches, on a reconnu que les incurſions des Anglois en France dans les XIIIᵉ & XIVᵉ ſiècles, ont ravagé & brûlé le Château de FEYDEL (que l'on nommoit *Feydelo,* en la Baſſe-Marche), dans lequel étoient les anciens titres & actes de cette famille ; & il ſemble qu'elle auroit impoſé ſon nom à ce Château, ou l'auroit retenu de cette ancienne Baronnie ſituée à quatre lieues de Felletin. Les déſaſtres de ces incurſions & ceux des guerres civiles, ne permettent pas de remonter à l'époque de ſon origine & de ſon ancienneté, par de ſuffiſantes preuves, au-deſſus de HUGUES FEYDEAU, depuis lequel la filiation eſt ſuivie.

I. HUGUES FEYDEAU, Damoiſeau, Seigneur & Baron de Feydel en Baſſe-Marche, près de Felletin & de Néoux, par ſa femme, décéda, ſuivant des Mémoires domeſtiques, vers le milieu du XIIIᵉ ſiècle, où il eſt fait mention d'un contrat de dix livres de rente conſtituées par *Alix de Néoux,* ſa veuve, dont il eut pluſieurs enfans, entr'autres

Louis, qui ſuit ;

Et THOMAS, auteur d'une branche qui a ſub-

ſiſté juſqu'au Xᵉ degré, qu'elle s'eſt éteinte dans la perſonne de

CHARLES FEYDEAU, Capitaine d'Infanterie.

II. LOUIS FEYDEAU, *Bachelet,* commanda neuf Écuyers. Ce degré eſt prouvé par une quittance, du 13 Août 1345, qu'il donna à *Jean Chauvel,* de la ſomme de 16 livres qu'il reçut, tant pour lui que pour un Ecuyer de ſa Compagnie ; par un ordre des Maréchaux de France, du 15 Janvier 1380, adreſſé aux Tréſoriers de guerre, de lui payer la montre de ſes neuf Ecuyers à Limoges ; & par une autre quittance, du 20 Juin 1391, de la ſomme de 135 livres, ſur ſes gages & ceux de ſept Ecuyers de ſa Compagnie, pour avoir ſervi aux guerres de la Guyenne. Il eut de ſon mariage avec *Marguerite d'Archiac,* Dame de Vivonne :

III. HUGUES FEYDEAU, IIᵉ du nom, Chevalier, Baron de Feydel, Seigneur de Néoux & autres lieux, qui rendit foi & hommage, le 27 Mai 1415, à JACQUES DE BOURBON, Comte de la Marche, de ſes Terres, qui relevoient en plein fief du Comté de la Marche. Il épouſa *Yolande de Chalus,* & en eut :

1. ALBERT, qui ſuit ;
2. CATHERINE, mariée, par contrat du 3 Avril 1414, en préſence d'*Yolande de Chalus,* ſa mère, & d'ALBERT, ſon frère ; car ſon père étoit mort ;
3. Et MARIE, alliée, le 21 Août 1430, à *Guillaume Aubert,* Damoiſeau, fils de PIERRE. Sa mère & ſon frère ALBERT aſſiſtèrent auſſi à ce contrat de mariage.

IV. ALBERT FEYDEAU, Chevalier, Baron de Feydel, Seigneur de Néoux, Leſſonne & autres lieux, paſſa un bail à mi-fruit pour 29 années, le Samedi avant l'Annonciation 1434, & rendit, le Samedi avant l'Annonciation, en 1437, foi & hommage à JACQUES DE BOURBON, Comte de la Marche, Prince du Sang, pour raiſon de ſa Baronnie de Feydel & Seigneurie de Néoux, relevans en plein fief du Comté de la Marche. Il paſſa un bail à aſcenſement perpétuel de la Seigneurie de la Chazette, pardevant *Pierre Rigaudy,* Notaire au Comté de la Marche, le 24 Juin 1447. De *Marguerite Charpentier,* Dame des Eſcotais, ſon épouſe, fille de *Jean-Baptiſte,* Ecuyer, Seigneur des Eſcotais, & d'*Eliſabeth de Vinzi,* il eut :

THOMAS, qui ſuit ;

Et GUILLAUME, Ecuyer, lequel fut ſi grièvement

bleſſé aux guerres de Guyenne, que ſes infirmités l'obligèrent de quitter le ſervice. Il s'adonna aux Belles-Lettres. Son père lui donna la Maiſon & terre de Courtion, qu'il ſubſtitua juſqu'à la troiſième génération, comme il paroît par le contrat de mariage de GUILLAUME FEYDEAU, IIe du nom, avec *Marie de Cailly*, du 4 Décembre 1580, dont il ſera parlé ci-après.

V. THOMAS FEYDEAU, Chevalier, Seigneur de Feydel, Néoux, Leſſonne, la Chaſſagne & autres fiefs, vendit, par contrat du 23 Mai 1472, à *Berthomé Chauveau*, le lieu & village de Sonne; & conſtitua 23 ſols de rente, par acte paſſé en la Sénéchauſſée de Limoges le 8 Mars 1463, au profit des Prêtres & Religieux du Monaſtère de Felletin. Cet acte en latin eſt cité aux preuves pour Malte de LOUIS FEYDEAU en 1647. Il fit encore une fondation à l'Egliſe de Felletin, par contrat du 16 Janvier 1493. Les ravages commis de ſon tems par les Anglois dans ſes terres & domaines, le réduiſirent dans la plus grande détreſſe. FEYDEL, qu'il habitoit avec ſa femme & ſes enfans, fut brûlé à raſe terre. Il s'en ſauva la nuit, nu en chemiſe, vendit très-difficilement, & à vil prix, quelques-uns de ſes domaines, ne put ſavoir ce qu'étoient devenus ſon épouſe & deux de ſes enfans, qui, ſelon les apparences, périrent dans les flammes. Les autres échappèrent à ces malheurs, & s'établirent à Paris & ailleurs. Il avoit épouſé noble *Aimée Bardon du Meage*. Les enfans qui lui reſtèrent furent:

1. JACQUES, qui ſuit;
2. GUILLAUME, Conſeiller en la Grand'Chambre du Parlement, que le Roi LOUIS XII envoya ſon Ambaſſadeur dans pluſieurs Cours de l'Europe, & que ce Prince employa à l'établiſſement ſédentaire & perpétuel de l'Echiquier à Rouen en 1499. Il décéda à Paris au mois de Juin 1520, & fut inhumé dans l'Egliſe de St.-Etienne-du-Mont, où l'on voit ſon épitaphe;
3. Autre GUILLAUME, Chanoine de Notre-Dame de Paris;
4. ANTOINE, auteur de la branche des Seigneurs de *Rochefort*, rapportée ci-après;
5. PAUL, reçu Chevalier de l'Ordre de Saint-Jean de Jéruſalem, dit de Rhodes, lorſque cette Ville fut inveſtie par les Turcs. Il fut tué dans une ſortie pendant le ſiège, au mois d'Août 1522;
6. MICHEL FEYDEAU, dont il ſera parlé à la fin de la Généalogie après la branche des Seigneurs de *Rochefort*;

7. PIERRE, Ecuyer, chef des branches des Seigneurs de *Chevrey*, de *Cluſor*, de l'*Eſpau*, de *Véʒures*, de *Demoux* & de *la Pommeraye* en Bourbonnois. Ces branches n'ayant fourni aucun Memoire, titres, actes, pièces ni documens pour rédiger leur filiation, nous nous contentons de les citer, ne pouvant entrer dans le détail de ce qui les concerne;

8. & 9. HENRI & une fille, âgés d'environ 8 à 10 ans, qui périrent dans l'incendie du Château de FEYDEL avec leur mère.

VI. JACQUES FEYDEAU, Chevalier, Seigneur de la Borde & de Rochefort par ſa femme, demeurant dans la Marche, épouſa, par contrat paſſé à Felletin le 4 Août 1496, *Jacquette Chauveau*, fille de *Raymond Chauveau*, Ecuyer, Seigneur de la Borde, & de noble Dame *Catherine Teſſier*. Il fut donataire uſufruitier d'une maiſon fiſe à Paris, rue Sainte-Avoye, par acte que lui en fit *Jacques Chauveau*, frère de ſa femme. De ce mariage vinrent:

1. JEAN, Ecuyer, Seigneur de Noncelier, auteur de la branche des Seigneurs de ce nom reſtée en Bourbonnois;
2. JOSEPH, qui ſuit;
3. GUILLAUME, tige de la branche des Seigneurs d'*Erouville*, rapportée ci-après;
4. Et GABRIEL, Ecuyer, Chantre de l'Egliſe de Saint-Mâlo.

VII. JOSEPH FEYDEAU, Chevalier, Seigneur de Prunelay, fut préſent au contrat de mariage d'ANTOINE FEYDEAU, Conſeiller au Parlement de Paris, ſon neveu, fils de GUILLAUME, ſon frère. Il mourut le 21 Septembre 1591, & avoit épouſé *Marie Millet*, morte le 22 Juin 1612, dont:

DENIS, qui ſuit;
Et ANTOINE FEYDEAU, Chevalier, Seigneur de Bois-le-Vicomte & Mitry; marié, par contrat paſſé à Chartres devant *le Monier*, Notaire, le 29 Octobre 1560, à *Louiſe Pajot*, de laquelle il eut:

MARIE, alliée, par contrat paſſé le 16 Avril 1622, à *Timoléon de Daillon*, Comte du Lude, Marquis d'Illiers, dont un fils mort ſans poſtérité de ſes deux femmes, & deux filles: *Françoiſe de Daillon*, mariée à *Louis de Bretagne*, Marquis d'Avaugour; & *Charlotte-Marie de Daillon*, mariée à *Gaſton-Jean-Baptiſte*, Duc *de Roquelaure*, Pair de France, fils d'*Antoine*, Maréchal de France.

VIII. DENIS FEYDEAU, Chevalier, Seigneur

de Brou, Prunelay, la Villeneuve, Calende, &c. Conseiller du Roi en tous ses Conseils d'Etat & Privé, épousa, 1° par contrat passé à Nantes devant *Massé* & *Gueville*, Notaires, le 21 Septembre 1595, *Marguerite le Maire*, morte le 9 Octobre 1613; & 2° le 8 Février 1615, *Gabrielle Hennequin*, morte le 15 Février 1657, & inhumée à Saint-Merry, fille d'*Oudart Hennequin*, Chevalier, Seigneur de Chantereine, Maître des Comptes, & de *Madeleine du Bouchet*. Il eut de son premier mariage les enfans ci-après, dont il fut élu tuteur par Sentence du Châtelet du 8 Janvier 1614, savoir:

1. HENRI, qui suit;
2. CHARLES, auteur de la branche des Seigneurs de *Calende*, rapportée ci-après;
3. FRANÇOIS, Abbé de Bernay, Prieur de Maupas, Conseiller au Parlement de Paris, où il fut reçu le 21 Juillet 1651;
4. MARIE, alliée, par contrat passé le 3 Mai 1612, avec *Pierre de Maupeou*, Chevalier, Président en la Chambre des Comptes de Paris, par Lettres du mois de Novembre 1623;
5. MARGUERITE, mariée, par contrat passé le 7 Avril 1619, avec *Claude Anjoran*, Ecuyer, Seigneur de Claye;
6. CATHERINE, femme, par contrat du 13 Septembre 1615, de *Guillaume Lefrat*, Chevalier, Seigneur de Laneraut, Président en la troisième Chambre des Enquêtes du Parlement de Paris, cité aux preuves de Malte 1673;
7. MADELEINE, Religieuse à Saint-Antoine-des-Champs;
8. ISABELLE, mariée à *Antoine le Camus*, Chevalier, Seigneur d'Emery, Président en la Chambre des Comptes de Paris, puis Contrôleur-Général des Finances. Sa mère mourut en la mettant au monde.

Et du second lit:

9. FRANÇOIS, Abbé de Bernay, Prieur de Maupas & de Villenaux, Conseiller au Parlement de Paris.

IX. HENRI FEYDEAU, Chevalier, Seigneur de Brou, la Villeneuve, Prunelay, &c., d'abord Conseiller au Grand-Conseil, par Lettres du 27 Février 1620, puis Conseiller au Parlement de Paris, par autres Lettres du 4 Mars 1622, mourut Doyen de Grand'Chambre. Il avoit épousé, par contrat passé au Châtelet de Paris, le 10 Février 1630, *Marie Rouillé de Meslay*, fille de *Jacques Rouillé*, Ecuyer, Seigneur de Meslay, & de *Margue-*

rite de Baigneaux. Après la mort de son mari, elle accepta la garde-noble de ses enfans, savoir:

1. DENIS, qui suit;
2. HENRI, d'abord Aumonier du Roi, ensuite Evêque d'Amiens, Prélat recommandable par sa piété, sa régularité & l'étendue de son esprit, mort en 1706, regretté des Grands & de ses Diocésains, & inhumé dans la Cathédrale, où l'on voit son épitaphe;
3. Et MARIE, femme de *Charles Quentin de Richebourg*, Chevalier, Baron de Saint-Ange, Maître des Requêtes, dont *Marie-Jeanne Quentin de Richebourg*, mariée, le 16 Juin 1680, à *Urbain le Fèvre de Caumartin*, Chevalier, Comte de Moret, &c. mort le 21 Mai 1709, Maître des Requêtes, Intendant des Finances & Conseiller d'Etat.

X. DENIS FEYDEAU, IIe du nom, Chevalier, Seigneur de Brou, Prunelay, la Villeneuve, successivement Maître des Requêtes ordinaire de l'Hôtel du Roi; Conseiller au Parlement de Paris en survivance de son père; en exercice le 21 Juillet 1654; Intendant de Montauban, puis de Rouen en 1686; Président au Grand-Conseil en 1690, mourut le 10 Novembre 1691. Il avoit épousé, par contrat passé à Paris, devant *le Moyne*, & son confrère, Notaires au Châtelet, le 13 Avril 1671, *Marie-Anne Voisin*, fille de feu *Charles Voisin*, Chevalier, Seigneur de la Breffetière, Conseiller au Parlement de Paris, & de *Marguerite Marcel*, Dame de Bouqueval. De ce mariage sortirent:

1. HENRI-PAUL-AUGUSTIN, Prêtre & Docteur de la Faculté de Théologie de Paris, Conseiller au Parlement, Abbé de Josaphat & Diacre de Chartres. Il a été Supérieur, Administrateur & principal Fondateur de la maison des pauvres enfans orphelins de la Paroisse Saint-Sulpice, qu'il a comblée de ses bienfaits pendant sa vie, par le désir qu'il avoit de contribuer au maintien & affermissement de cet utile établissement, qu'il a doté de 2500 livres de rente; il est mort en 1738;
2. PAUL-ESPRIT, qui suit;
3. Et MARIE-THÉRÈSE, alliée, le 23 Mai 1695, à *Jean-Antoine de Mesmes*, Chevalier, Comte d'Avaux, Marquis de Saint-Etienne, Vicomte de Neufchâtel, Seigneur de Cramayel; d'abord Conseiller au Parlement de Paris, puis Président à Mortier; Commandeur des Ordres du Roi en 1703; premier Président en 1712, mort à Paris le 23 Août 1723. De ce mariage vinrent: *Marie-Anne-*

Antoinette de Mesmes, épouse de Guy-Nicolas de Durfort, Duc de Quintin-Lorges ; & Henriette-Antoinette de Mesmes, mariée, par contrat passé les 16 Juillet & 1 Août 1715, à Louis-Hector, Chevalier, Comte de Gelas, Vicomte de Lautrec, Colonel de Dragons, Brigadier des Armées du Roi, & Lieutenant-Général de la Haute-Guyenne.

XI. PAUL-ESPRIT FEYDEAU, Chevalier, Seigneur de Brou, Prunelay, la Villeneuve, Pomponne, &c., né le 17 Mai 1683, successivement Conseiller au Parlement de Paris le 18 Mars 1705 ; Maître des Requêtes de l'Hôtel du Roi le 12 Février 1710 ; Intendant d'Alençon & Bretagne en Juin 1721 ; Conseiller en tous ses Conseils d'Etat & Privé, par Lettres du 11 Décembre 1725 ; Intendant de Justice, Police & Finance, Fortifications & vivres en la Généralité de Strasbourg le 14 Août 1728 ; de l'armée d'Alsace, sous le Maréchal Duc de Berwick, le 15 Septembre 1733 ; de l'armée du Rhin, sous le même Maréchal, le 1er Avril 1734 ; & sous le Maréchal de Coigny, le 1er Mai 1735 ; nommé Intendant de Paris le 13 Octobre 1742 ; Conseiller au Conseil Royal des Finances le 20 Novembre 1744 ; Conseiller au Conseil des dépêches le 13 Octobre 1751 ; & Garde des Sceaux de France le 27 Septembre 1762, serment prêté le 1er Octobre 1762, dont il s'est démis le 9 Octobre 1763, est mort le 3 Août 1767, & a été inhumé à Saint-Merry. Il avoit épousé, 1° par contrat passé à Paris le 27 Septembre 1712, Louise-Antoinette de la Bourdonnaye-de-Coëtion, morte le 9 Mars 1720, sans enfans, fille d'Yves-Marie de la Bourdonnaye, Chevalier, Seigneur de Coëtion, Intendant d'Orléans, Conseiller d'Etat, & de Catherine de Ribeyre ; & 2° par contrat passé le 31 Décembre 1729, par devant Laleu, & son confrère, Notaires au Châtelet de Paris, & signé par le Roi, les Reine, les Princes & Princesses du Sang, &c., Marie-Anne le Jay, fille de Claude le Jay, Baron de Tilly, Seigneur de Troffy, Capitaine aux Gardes, Gouverneur pour le Roi de la ville d'Aire, en Artois, & de Marie Pajot. Les enfans issus de ce second mariage sont :

1. ANTOINE-PAUL-JOSEPH, qui suit ;
2. ANNE-MARIE-HENRIETTE, alliée, par contrat passé le 13 Avril 1749, devant Bronod, & son confrère, Notaires au Châtelet de Paris (signé par le Roi, la Reine, la Famille Royale, les Princes & Princesses du Sang,

Seigneurs, Ministres de la Cour, parens & amis des deux contractans), avec Joseph, Chevalier, Marquis de Mesmes, Seigneur de la Chauffée, Sénéchal d'Epée, Gouverneur des Ville & Comté de Marsan, Maréchal-des-Camps & Armées du Roi, fils de Jean-Marie de Mesmes, Chevalier, Seigneur de Passience, Gouverneur du Château de la ville du Mont-de-Marsan, Commandeur de l'Ordre de Saint-Jacques de Calatrava, & d'Anne de Perez, dont un fils né en 1751. Voyez MESMES ;

3. HENRIETTE-FLORE, mariée, par contrat passé le 13 Août 1752, aussi devant Bronod, & son confrère, Notaires (signé par le Roi, la Reine, la Famille Royale, les Princes & Princesses du Sang, &c.), avec François-Bernard de Saffenay, Chevalier, Vicomte de Châlon, Seigneur de Saffenay, Bourgerot, Chemenot, &c. Conseiller du Roi en tous ses Conseils, Président à Mortier au Parlement de Bourgogne, fils de feu Jean-Bernard de Saffenay, Chevalier, Vicomte de Châlon, & de Judith Joly, lors veuve, laquelle fonda de procuration, pour assister, en son nom, à ce mariage, Joseph Durey, Chevalier, Marquis du Terail, Maréchal-des-Camps & Armées du Roi, & Lieutenant-Général du Verdunois, dont quatre garçons & deux filles ;

4. Et LOUISE-JULIE FEYDEAU, mariée, par contrat passé le 29 Avril 1753, & signé, comme ceux de deux sœurs, par le Roi, la Reine, la Famille Royale, &c., avec Jean-Nicolas de Boullogne, Chevalier, Conseiller du Roi en tous ses Conseils, Maître des Requêtes & Intendant des Finances, en exercice depuis la mort du père, dont deux garçons, l'aîné baptisé le 27 Octobre 1758, & le second en 1763.

XII. ANTOINE-PAUL-JOSEPH FEYDEAU, Chevalier, Marquis de Brou, né le 3 Octobre 1731, Avocat du Roi au Châtelet de Paris, Conseiller au Parlement, avec dispense d'âge, le 18 Janvier 1751 ; nommé l'un des Commissaires pour l'examen des affaires du Bureau de Chancellerie & Librairie le 24 Mars 1755 ; Intendant de Rouen le 23 Juin suivant ; obtint, par Lettres données à Versailles en Juillet 1762, l'érection en Marquisat de ses Terres & Seigneuries de Brou, de Calende, Pompónne, Forets, Bordeaux, la Villeneuve-aux-Anes, &c., pour en jouir par lui & ses enfans mâles, nés & à naître, & ce en considération de ses services & de ceux de ses ancêtres. Il est mort le 9 Juin 1762, âgé de 31 ans, & avoit épousé, le 21 Mars 1751, devant *Melin* & son confrère, Notaires au Châtelet de Paris, & signé par le Roi, la Reine, la Famille Royale, &c., *Justine-Jo-sèphe Boucot*, mineure émancipée, fille de *Jacques Boucot*, Chevalier de l'Ordre de Saint-Michel, Ecuyer, Seigneur de Dormans, & d'*Elisabeth-Justine-Michelle de Roissy*, laquelle s'est remariée, le 21 Décembre 1763, à *Nicolas-Aloph-Félicité*, Chevalier, Comte de *Rouault*, Capitaine-Lieutenant des Gen-darmes de Flandre. Elle a eu de son premier mari :

1. CHARLES-HENRI, Chevalier, Marquis de Brou, baptisé à Saint-Roch le 26 Août 1754, Avocat du Roi au Châtelet ;
2. ANNE-JUSTINE, baptisée aussi à Saint-Roch le 25 Décembre 1751, & mariée, le 23 Mai 1769, à *René-Ange-Augustin de Maupeou*, ancien Président à Mortier au Parlement, fils de M. le Chancelier actuel ;
3. Et ANTOINETTE-PAULINE-CATHERINE, bap-tisée à la même Paroisse le 14 Janvier 1753, mariée, en 1771, à *N... de Saulx-Tavannes*, fille de *N... de Saulx-Tavannes*, Chevalier des Ordres du Roi, & Chevalier d'honneur de Madame la Dauphine.

SECONDE BRANCHE.
Seigneurs de CALENDE.

IX. CHARLES FEYDEAU, Chevalier, Seigneur de Calende & autres lieux, second fils de DENIS, Ier du nom, & de *Marguerite le Maire*, sa première femme, Conseiller du Roi en tous ses Conseils, Maître en sa Chambre des Comptes de Paris, par Lettres du 25 Sep-tembre 1632, mort en Juin 1650, âgé de 43 ans, avoit épousé *Anne Charpentier*, fille de *Michel*, Président au Parlement de Metz, la-quelle eut, par acte du 19 Juillet 1650, la garde-noble de ses enfans mineurs. Elle étoit veuve, en premières noces, de *N... Miron*, Président des Requêtes, & Ambassadeur en Suisse. Les enfans de son second mari furent :

1. HENRI, qui suit ;
2. FRANÇOIS, auteur de la branche des Sei-gneurs *du Plessis*, rapportée ci-après ;
3. MICHEL-DENIS, Chanoine régulier de l'Or-dre de Sainte-Croix, Prieur de Saint-Ursin ;
4. DENIS, mort sans alliance, âgé de 21 ans ;
5. GABRIELLE, Religieuse à Saint-Avoye ;
6. Et MADELEINE, Religieuse à Fontaine-les-Nonnains.

X. ANTOINE FEYDEAU, Chevalier, Seigneur de Calende, Conseiller au Grand-Conseil,

Commissaire en la Chambre Royale de l'Ar-senal pour la réunion des hôpitaux & mala-dreries à l'Ordre de Notre-Dame du Mont-Carmel & de Saint-Lazare, Président en la quatrième Chambre des Enquêtes du Parle-ment le 19 Juillet 1687, mourut le 7 Mars 1726, âgé de 81 ans. Il avoit épousé, en 1672, *Marie Fraguier*, morte en Août 1709, fille de *Fran-çois*, Chevalier, Seigneur de Lomprié, Quin-cy & autres lieux, Conseiller au Parlement de Paris, mort Doyen de Grand'Chambre, & de *Marie-Béat Basle-d'Avrilly*, dont :

1. ALEXANDRE-FRANÇOIS, Conseiller au Grand-Conseil mort sans alliance ;
2. HENRI-CHARLES, qui suit ;
3. Et DENIS-JOSEPH, Conseiller au Parlement de Paris le 27 Janvier 1705, mort sans al-liance le 22 Février 1722.

XI. HENRI-CHARLES FEYDEAU, Chevalier, Seigneur de Calende, Président en la troi-sième Chambre des Enquêtes du Parlement, où il fut reçu le 27 Mai 1702, mort le 6 Sep-tembre 1715, âgé de 36 ans, avoit épousé, le 1er Mai 1705, *Marie-Louise Croiset*, morte le 27 Février 1768, âgée de 84 ans, fille de *Louis-Alexandre Croiset*, Chevalier, Mar-quis d'Estiaux, Président aux Enquêtes du même Parlement, & de *Catherine Rossignol*, dont :

1. MARIE-LOUISE, alliée, le 11 Avril 1726, à *Jacques-Louis le Pelletier*, Seigneur de Montmeillan, Président aux Enquêtes du Parlement, dont un fils ;
2. Et HENRIETTE, née posthume, morte le 1er Septembre 1756, femme, du 14 Août 1731, d'*Armand-Paul de Fieubet*, Chevalier, Sei-gneur de Sivry, Guidon de la Compagnie des Gendarmes de la Garde, puis Enseigne, Mestre-de-Camp de Cavalerie, & Brigadier des Armées du Roi, dont un fils mort à 18 ans, & *Catherine-Henriette de Fieubet*, mariée, en 1752, à *Mathias-Raoul*, Comte de Gaucourt, Maréchal-de-Camp.

TROISIÈME BRANCHE.
Seigneurs du PLESSIS.

X. FRANÇOIS FEYDEAU, Chevalier, Seigneur du Plessis, second fils de CHARLES, Seigneur de Calende, & d'*Anne Charpentier*, Con-seiller en la Cour des Aides le 1er Avril 1672, & au Parlement le 1er Août 1675, Maître des Requêtes en Mars 1684, mort Intendant de Pau en Béarn le 25 Mars 1692, âgé de 46 ans, 8 mois, comme on le voit par son épitaphe dans l'Eglife de Pau, où eft fon maufolée, avoit époufé, en 1674, *Marie le Fèvre d'Ormeſſon*, morte le 5 Novembre 1704, fille de *Simon le Fèvre*, Seigneur d'Eſtréelles, Conſeiller au Grand-Conſeil, & d'*Anne le Mayrat de Drou*. Il en eut :

1. FRANÇOIS-DE-PAULE, Seigneur du Pleſſis-Saint-Antoine, Conſeiller au Parlement le 14 Janvier 1699, mort le 6 Février 1721. Il avoit époufé, le 15 Avril 1709, *Gabrielle-Catherine de Montholon*, fille de *Charles-François de Montholon*, Seigneur d'Aubervilliers, Conſeiller au Grand-Conſeil, puis premier Préſident au Parlement de Normandie, & de *Marie-Anne de la Guillaumie*, dont :

ANNE, morte jeune.

2. CHARLES-SIMON, mort fans alliance ;
3. ANDRÉ-DENIS, qui fuit ;
4. HENRI, Préſident en la quatrième Chambre des Enquêtes le 1er. Février 1722, mort fans alliance le 6 Janvier 1737 ;
5. MARIE-ANNE, née le 28 Septembre 1679, Religieufe-Urfuline à Sainte-Avoye ;
6. MADELEINE, née le 15 Février 1682 ;
7. Et MARIE-ANTOINETTE, née le 6 Octobre 1684, mariée à *Antoine Dumas*, Conſeiller au Parlement, mort en 1727.

XI. ANDRÉ-DENIS FEYDEAU, Chevalier, Seigneur d'Eſtréelles, né le 18 Janvier 1686, Ecuyer du Roi, mort le 29 Juin 1739, avoit époufé *Antoinette le Fèvre de la Barre*, laquelle fe remaria à *François-Charles de Bragelongne*, Capitaine aux Gardes. Elle eut de fon premier mari :

1. CHARLES-FRANÇOIS, Seigneur de Bourdenay, Officier aux Gardes, mort en 1762 ;
2. JEANNE, mariée, en Normandie, à *Charles le Fèvre*, Marquis du Quefnoy ;
3. Et ANNE-MARGUERITE, Religieufe à Pont-aux-Dames, puis nommée Abbeffe de Villancourt à Abbeville.

QUATRIÈME BRANCHE.
Seigneurs d'EROUVILLE.

VII. GUILLAUME FEYDEAU, Ier du nom, Chevalier, Seigneur de la Borde & de Rochefort, troiſième fils de JACQUES, & de *Jacquette Chauveau*, fit donation à JEAN FEYDEAU, fon frère, Ecuyer, par acte du 7 Octobre 1536, de fa part & portion dans les biens délaiſſés par leurs père & mère ; & il fit ériger, de concert avec fon époufe, un monument funèbre pour GUILLAUME FEYDEAU, fon oncle & parrain de fa femme, Conſeiller au Parlement & Ambaſſa-

deur pour le Roi Louis XIII en pluſieurs Cours de l'Europe. Il avoit époufé, par contrat paſſé à Paris le 6 Mai 1537, devant *Borreau* & *Martin*, Notaires au Châtelet, *Renée de Villiers*, fille de *Nicolas*, Ecuyer, & de *Sufanne de Varade*. Ses enfans furent :

1. ANTOINE, qui fuit ;
2. CHARLES, Chanoine de Saint-Mâlo ;
3. Et GUILLAUME, Seigneur de Marville, auteur de la branche de ce nom, rapportée ci-après.

VIII. ANTOINE FEYDEAU, Ier du nom, Chevalier, Seigneur de Vaugien, Conſeiller au Parlement par proviſions du Roi CHARLES IX, du 20 Septembre 1572, reçu le 3 Février 1573, exerça cet office fous les Rois CHARLES IX, HENRI III, HENRI IV & LOUIS XIII, pendant l'efpace de 41 ans ; & pour les importans fervices qu'il rendit dans ces tems nébuleux, il obtint des Lettres d'honneur de LOUIS XIII le 20 Mars 1614. Il renonça, par acte du 18 Avril 1592, à la fucceſſion de *Renée de Villiers*, fa mère, & époufa, 1°. par contrat paſſé à Chartres le 29 Octobre 1560, devant *le Monnier*, Notaire Royal audit lieu, aſſiſté de JOSEPH FEYDEAU, fon oncle, *Claude de Meſtivier* ; & 2°. par contrat paſſé à Paris le 5 Octobre 1594, devant *Léonor de Saint-Leu* & *Nicolas le Camus*, Notaires au Châtelet, *Efther Bailly*, morte le 18 Octobre 1638, fille de feu *Claude Bailly*, vivant Ecuyer, Sieur de Rilly, & de Noble Dame *Léone Lombart*. Ladite Dame *Bailly*, veuve de fon mari, eut la garde-noble de fes enfans mineurs qu'elle en eut, par Sentence du Châtelet de Paris du 12 Juin 1615. Du premier lit vinrent :

1. ANTOINE, qui fuit ;
2. CLAUDE, Chevalier, Seigneur d'Erouville, Conſeiller du Roi, Correcteur en la Chambre des Comptes de Paris, par Lettres du 17 Février 1623, dont il prêta ferment le 6 Avril fuivant. Il mourut fans enfans de fon mariage avec *Louife Vivien*, fille de *Louis*, Seigneur de Saint-Marc, & donna la Terre d'Erouville à ANTOINE FEYDEAU, fils de fon frère aîné ;
3. ANNE, femme d'*Etienne Roujoux*, Ecuyer.

Et du fecond lit :

4. PIERRE, auteur de la branche des Seigneurs de *Vaugien* & de *Courcelles*, rapportée ci-après ;
5. JACOB, Chanoine de l'Eglife de Paris ;
6. LOUIS, Conſeiller-Clerc en la Grand'Cham-

bre du Parlement, où il fut reçu le 12 Juillet 1641, mort le 9 Juin 1673 ;

7. FRANÇOISE, mariée à *Charles Renouard*, Ecuyer, Seigneur d'Onay, Contrôleur de l'extraordinaire des guerres, dont une fille mariée au Préfident *Miron* ;

8. MARGUERITE, mariée à *Louis de Machault*, Maître des Requêtes & Préfident au Grand-Conſeil ;

9. Et CATHERINE, mariée à *N...* *Freſon*, Ecuyer, Correcteur en la Chambre des Comptes de Paris.

IX. ANTOINE FEYDEAU, IIᵉ du nom, Chevalier, Seigneur de Levreux, acquit, avec ſes frères & ſœurs, de Noel Henri, divers héritages, par contrat paſſé devant *Berlau*, Notaire, le 18 Octobre 1599. Il fut Contrôleur-Provincial des guerres, & ſe fit Eccléſiaſtique après la mort de ſa femme, *Madeleine de Bordeaux*, fille de *Guillaume de Bordeaux*, & de *N... Compans*, qu'il avoit épouſée le 24 Février 1609, dont il eut :

1. ANTOINE, Seigneur d'Erouville, par la donation que lui en fit CLAUDE FEYDEAU, ſon oncle, mort en 1694, ſans poſtérité de ſon mariage avec *N... Paſſart*, fille de *N... Paſſart* ;

2. DENIS, tué au ſiège de Montmédy, ſans alliance ;

3. ROBERT, Seigneur d'Erouville, Chanoine de l'Egliſe de Chartres, mort en 169... ;

4. Et CATHERINE, mariée à *Claude Charrières*, dont un fils, Maître des Comptes ; & une fille mariée à *N... de Turpin-Criſſé*, qui a recueilli les biens de cette branche.

CINQUIÈME BRANCHE.
Seigneurs de VAUGIEN.

IX. PIERRE FEYDEAU, Chevalier, Seigneur de Vaugien & autres lieux, fils aîné d'ANTOINE, Iᵉʳ du nom, & d'*Eſther Bailly*, ſa ſeconde femme, rendit, par acte fait & paſſé devant *Charles Richer*, Notaire au Châtelet de Paris, le 10 Décembre 1635, foi & hommage au Duc de Chevreuſe, Pair de France, de ſes Terres & Seigneuries de Vaugien, Sergut, Eſtaux, Malnouſſe & en partie de Saint-Remy, & de Moiſery, relevans en plein Fief du Duché de Chevreuſe, & épouſa, par contrat paſſé à Paris, le 29 Avril 1625, devant *Jean Pourcel* & *Jean Demas*, Notaires, *Catherine Vivien*, fille de feu *Louis Vivien*, Ecuyer, Seigneur de Saint-Marc & de la Grange-Batellière, & d'*Eliſabeth Binet-de-Montifray*. De ce mariage vinrent :

1. DENIS, Chevalier, Seigneur de Vaugien, Correcteur en la Chambre des Comptes de Paris, qui partagea noblement avec ſes frères & ſœurs, par acte paſſé devant le Commiſſaire *le Laboureur*, le 22 Juin 1658, les biens de la ſucceſſion de *Catherine Vivien*, leur mère, au jour de ſon décès. Il mourut le 10 Octobre 1682, & avoit épouſé, par contrat du 5 Juin 1665, *Catherine Foreſt*, fille de *Jean*, laquelle ſe remaria en 1684, à *Bruno Riquety*, Seigneur de Mirabeau, Capitaine aux Gardes, & mourut le 28 Septembre 1686, ayant eu de ſon premier mari :

> LOUISE-MADELEINE, alliée, en Octobre 1683, à *Nicolas Bertin*, Maître des Requêtes, Seigneur de Vaugien, par ſa femme & de Saint-Remy, près de Chevreuſe, mort le 4 Janvier 1742, âgé de 87 ans, & elle, en 1729, & inhumée à Saint-Louis-en-l'Isle, dont des enfans.

2. VICTOR, Chanoine de l'Egliſe de Paris, mort le 1ᵉʳ Avril 1680 ;

3. LOUIS, né le 17 Décembre 1647, reçu Chevalier de l'Ordre de Saint-Jean de Jéruſalem en 1648, mort Grand-Bailli de la Morée, le 7 Janvier 1723, & inhumé à Saint-Jean-de-Latran ;

4. PIERRE, qui ſuit ;

5. CHARLES, reçu Chevalier de Malte en 1666. Il quitta la Croix, & ſe maria en Bretagne, étant Capitaine au Régiment de Piémont, dont :

> N... FEYDEAU, Lieutenant au Régiment des Gardes-Françoiſes, marié en Bretagne, qui a eu deux garçons : l'un Chevalier, Seigneur du Pleſſis ; l'autre, Enſeigne des Vaiſſeaux du Roi.

6. Et CATHERINE FEYDEAU, mariée à *Charles du Merle*, Chevalier, Seigneur du Pleſſis-Orbec, Blancbuiſſon, &c., fils de *Jean*, & de *Louiſe d'Orbec*, dont un fils, Chevalier de Malte, & trois autres enfans.

X. PIERRE FEYDEAU, IIᵉ du nom, Chevalier, Seigneur de Courcelles & autres lieux, Capitaine au Régiment de la Ferté, a épouſé *Marie Phélippe*, Dame de Courcelles près de Vaugien, fils de *N... Phélippe-de-Courcelles*, Conſeiller au Châtelet, dont :

1. CHARLES, qui ſuit ;

2. PIERRE-NICOLAS, Lieutenant des Vaiſſeaux du Roi, tué ſur mer en 1707, ſans alliance ;

3. CATHERINE-MADELEINE, mariée à *Florent-Philippe Aubé*, Seigneur de Bracquemont ;

4. 5. & 6. MARIE-GABRIELLE, GENEVIÈVE & LOUISE, la dernière, Religieuſe à Gif.

XI. Charles Feydeau, Chevalier, Seigneur de Courcelles, Capitaine au Régiment de Champagne, Chevalier de l'Ordre de Notre-Dame du Mont-Carmel, & de Saint-Lazare de Jérusalem, Ecuyer de feu Madame la Dauphine, épousa *Louise-Françoise de Rebancourt*, de laquelle sont issus :

Pierre-Louis, Capitaine au Régiment de Limousin ;

Et cinq filles, savoir: Louise, Madeleine-Françoise, Marie-Louise, Louise-Pélagie & Catherine-Charlotte.

SIXIÈME BRANCHE.
Seigneurs de Marville.

VIII. Guillaume Feydeau, IIᵉ du nom, Chevalier, Seigneur de Marville, troisième fils de Guillaume Iᵉʳ, Seigneur de la Borde & de Rochefort, & de *Renée de Villiers*, épousa, par contrat passé sous le contre-scel du Bailliage, Prévôté & Châtellenie de Boiscommun, devant *Etienne Massicouenne*, Notaire Royale ès-dites ville, Prévôté & Châtellenie dudit Boiscommun, le 24 Décembre 1580, *Marie de Cailly*, fille de feu *Jacques de Cailly*, Ecuyer, Seigneur de la Mothe-Ruilly, & de *Bernarde Moreau*. On lui renouvela dans ce contrat de mariage la propriété de la Maison de *Courtion*, qui avoit été substituée au second mâle jusqu'au troisième degré par le testament d'Albert Feydeau, son trisaïeul. ll eut de son mariage :

1. Guillaume, Seigneur de Sauville, mort sans postérité de son épouse *Anne Vaillant de Guelis*, laquelle se remaria à *Etienne Parfait* ;
2. Antoine, tué au siège de Montauban ;
3. Charles, qui suit ;
4. Et Marguerite, femme de *Jacques de la Bruyère*, Ecuyer, Receveur des Finances à Soissons.

IX. Charles Feydeau, Chevalier, Seigneur de Marville, Conseiller du Roi en tous ses Conseils, rendit foi & hommage, le 24 Juillet 1632, à noble *Pierre Briçonnet*, Ecuyer, de son Fief, Terre & Seigneurie de Marville, relevant en plein Fief du Château de Cormes, & épousa, en présence de ses parens & amis, & de ceux de sa prétendue, par contrat passé à Paris, le 22 Février 1622, devant *Demas & Coutenot*, Notaires au Châtelet, *Susanne Dufour*, fille de *François*, Ecuyer, & de feu *Susanne Rouillé*, dont :

Claude, qui suit ;

Tome VIII.

Et Charles, Conseiller au Parlement de Metz, mort sans alliance.

X. Claude Feydeau, Chevalier, Seigneur de Marville, Lieutenant au Régiment des Gardes-Françoises, par Brevet de 1655, partagea avec Charles, son frère puîné, les successions de leurs père & mère, par acte passé le 18 Août 1664, devant *le Semelier & Séjournant*, Notaires au Châtelet de Paris, & rendit foi & hommage de son Fief, Terre & Seigneurie de Marville, à Jean Midon, Ecuyer, Seigneur de Lauroy, & du Fief & Château de Cormes; il fut représenté par *Pierre*, Notaire au Châtelet d'Orléans, fondé de sa procuration spéciale à cet effet, passée devant *des Prés & Thibert*, Notaires au Châtelet de Paris, le 18 Août 1678. Il est mort au mois de Mai 1723, & avoit épousé, par contrat passé à Paris devant *le Masle*, Notaire au Châtelet, le 19 Janvier 1702, *Bonne Courtin*, Dame de Bois-Barry, morte au Château de Dampierre près de Gien, le 9 Octobre 1735, âgée de 72 ans, fille majeure de *Louis Courtin*, Chevalier, Seigneur de Bois-Barry, Procureur-Général de la Cour des Aides de Dauphiné, en 1642, puis du Parlement de Rouen, en 1645, Maître des Requêtes en 1661, d'une noble & ancienne famille du Maine, & de *Bonne Moussu de la Huraudière*, Dame de Bourdillon en Brie. De ce mariage sont nés :

1. Claude-Henri, qui suit ;
2. Bonne-Louise, alliée, le 25 Février 1719, à *Louis-Alexandre Croiset*, IIᵉ du nom, Marquis d'Estiaux, Conseiller au Parlement, morte le 9 Septembre 1719, & elle, le 14 Septembre 1725, âgée de 22 ans, dont un fils ;
3. Et Claude-Angélique, non mariée, vivante en 1773.

XI. Claude-Henri Feydeau, Chevalier, Seigneur de Marville, Comte de Gien, Marquis de Dampierre, &c. Conseiller au Parlement le 30 Août 1726, Maître des Requêtes le 2 Mars 1736, Président au Grand-Conseil le 25 Janvier 1738, nommé Lieutenant-Général de Police de la Ville, Prévôté & Vicomté de Paris, en Décembre 1739, reçu en Janvier suivant, Conseiller d'Etat en 1747, premier Président au Grand-Conseil pendant l'année 1748, Conseiller au Conseil Royal en 1766, & nommé Directeur-Général des Œconomats en Juin 1773, est veuf depuis le 9 Mars 1754, de *Louise-Adelaïde Hérault*,

C

née le 21 Avril 1726, morte âgée de 32 ans (sœur de la défunte Comtesse de Polastron), qu'il avoit épousée le 23 Juillet 1738, fille de *René Hérault*, Seigneur de Fontaine-l'Abbé, Procureur-Général au Grand-Conseil, Maître des Requêtes, puis Lieutenant-Général de Police, Conseiller d'Etat, mort Intendant de Paris en Août 1740, & de *Marie-Marguerite Durey*. Son contrat de mariage fut signé par le Roi, la Reine, la Famille Royale, les Princes & Princesses du Sang, le Cardinal de Fleury, M. d'Aguesseau, Chancelier de France, les Ministres & autres Seigneurs de la Cour, &c. Les enfans sortis de cette alliance sont :

1. CLAUDE-JEAN-BAPTISTE FEYDEAU, né le 20 Février 1743, décédé au mois de Juin suivant, âgé de 4 mois, & enterré à Nogent-sur-Marne ;
2. ESPRIT-CHARLES-HENRI FEYDEAU DE MARVILLE, né le 17 Novembre 1746, décédé en Mai 1749, présenté à Saint-Sulpice & inhumé aux Augustins de la Place des Victoires ;
3. JEANNE-LOUISE-BONNE-ADÉLAÏDE, née le 9 Mai 1739, décédée sans alliance au mois d'Août 1754, au Couvent de Bellechasse, Faubourg Saint-Germain, où elle est inhumée ;
4. Et ADÉLAÏDE-LOUISE-OLYMPE, née le 30 Mai 1744, morte âgée de 10 ans, au mois de Septembre 1754, présentée à Saint-Sulpice & inhumée aux Augustins de la Place des Victoires.

SEPTIÈME BRANCHE.
Seigneurs de ROCHEFORT.

VI. ANTOINE FEYDEAU, Chevalier, Seigneur de Rochefort, quatrième fils de THOMAS, Chevalier, Seigneur de Feydel, & d'*Aimée Bardon du Meage*, fut homme d'armes des Ordonnances dans la Compagnie du Connétable de Saint-Paul, & eut part à la faveur de S. A. S. PIERRE II, Duc de Bourbonnois & d'Auvergne, Comte de Clermont, Forest, la Marche, &c. Prince du Sang, Chambrier de France, & Régent du Royaume. Il s'établit à Moulins en Bourbonnois, dont il fut Châtelain, & de sa femme, qu'on ne connoît point faute de Mémoire compétent, fourni par cette branche, il eut :

VII. ANDRÉ FEYDEAU, Chevalier, Seigneur de Rochefort, Châtelain de Moulins, qui épousa 1° *Anne Silhot*, & 2° *Antoinette Gi-*

rard, dont il n'eut point d'enfans. Ceux du premier lit furent :

1. GILBERT, qui suit ;
2. CHARLES, Chevalier de Saint-Jean de Jérusalem, dit de Malte, où il fut reçu en 1550, comme il appert par la lettre de S. E. M. le Bailli de Froulay, Ambassadeur de la Religion en France ;
3. PIERRE, décédé en bas âge ;
4. Et CLAUDE, rapporté ci-après.

VIII. GILBERT FEYDEAU, Chevalier, Seigneur de Rochefort & autres Terres, Châtelain de Moulins après son père, épousa 1° *Isabelle Papon* ; & 2° SUSANNE FEYDEAU, sa cousine. Il eut du premier lit :

Deux filles.

Et du second lit :

JEANNE-ANTOINETTE, mariée à *Jean Cardier*, Ecuyer ;

Et CATHERINE, alliée à *Michel de la Plan*, Ecuyer.

VIII. CLAUDE FEYDEAU, quatrième fils d'ANDRÉ, & d'*Anne Silhot*, sa première femme, Chevalier, Seigneur de Rochefort, Châtelain de Moulins, épousa *Madeleine le Clerc*, & en eut :

1. PIERRE, Chevalier, dans les enfans duquel s'est éteinte sa postérité ;
2. CLAUDE, mort de ses blessures à l'armée ;
3. Et ANDRÉ, Chevalier, Lieutenant d'Infanterie, qui passa en Amérique avec Brevet de Capitaine, & mourut à Léogane.

MICHEL FEYDEAU, tige de la huitième branche au VI° degré, Chevalier, Lieutenant-Général & Président de la Haute-Marche, puis Conseiller au Parlement de Bordeaux, sixième fils de THOMAS FEYDEAU, & d'*Aimée Bardon du Meage*, fut Secrétaire des Commandemens de S. A. S. le Duc de Bourbonnois, & épousa *Jeanne de Fromont*, fille de *Jean de Fromont*, Secrétaire du Roi ; dont :

JEAN FEYDEAU, qui eut six enfans décédés sans postérité ;

Et MARIE FEYDEAU, alliée à *Henri Pastoureau*, Conseiller au Parlement.

Il y a une branche, résidante dans la Basse-Marche, connue sous le nom de Saint-Christophe : le Seigneur de Saint-Christophe a trois fils au service, & deux filles ; l'aîné est Officier dans le Corps des Grenadiers de France ; les deux autres sont Officiers dans le Régiment de Médoc, Infanterie.

JEAN FEYDEAU, Lieutenant-Général de la Baſſe-Marche étoit un des auteurs de cette branche.

Il y a encore pluſieurs autres branches établies dans la Baſſe-Marche & ailleurs, ſur leſquelles on ne pourroit donner qu'une notice imparfaite, n'ayant pas fourni de Mémoires, pièces, titres & documens ſuffiſans pour dreſſer leur filiation.

Les armes : *d'azur, au chevron d'or, accompagné de trois coquilles du même.* Supports : *deux ſauvages au naturel. L'écu ou bouclier timbré d'un caſque d'argent damaſquiné d'or, taré de front à cinq grilles auſſi d'or, accompagné de ſes lambrequins.* Couronne *de Marquis.* Cimier : *un ſauvage au naturel.* Le Garde des Sceaux portoit : *l'écu timbré d'un caſque d'or, taré de front, damaſquiné d'azur; la viſière aux trois quarts ouverte & ſans grilles, l'écu couronné d'une couronne ducale, ſommé d'un mortier de toile d'or brodé de même & rebraſſé d'hermines.*

Les principales alliances de cette ancienne Nobleſſe ſont avec *Archiac, de Daillon du Lude, Saulx-Tavannes, Turpin-Criſſé, Fèvre d'Ormeſſon, Maupeou, Meſmes, Montholon, Charpentier,* &c.

FEYDEAU, dans la Baſſe-Marche, autre famille du même nom, qui eſt Noble d'ancienne extraction, connue ſous le nom de FEYDEAU-RESONNEAU.

Les Seigneurs de *Reſonneau* portent pour armes : *ſemé de France, c'eſt-à-dire, d'azur, l'écu ou écuſſon parſemé de fleurs-de-lis d'or, ſans nombre.*

* FEZENSAC & FEZENSAQUET. Le Comté de *Fezenſac*, du tems des Romains, étoit compris dans la Novempopulanie ou troiſième Aquitaine. De la domination des Romains il paſſa ſous celle des Goths, & ſucceſſivement ſous celle des François & des Gaſcons. Il eſt confiné à l'Orient, par la Seigneurie de l'Iſle, & la Vicomté de Gimoez; au midi par les Comtés de Comminges & d'Aſtarac; au couchant & au ſeptentrion par le Comté de Bigorre & la Gaſcogne. *Garcie Sanchès,* dit *le Courbé,* troiſième Duc de Gaſcogne, donna en partage le Comté de *Fezenſac* à *Guillaume Garcie,* ſon ſecond fils. Le Comté de *Fezenſac* avoit alors plus d'étendue que nous ne lui en donnons aujour-

d'hui, & la ville d'Auch en étoit la Capitale, & Vic-Fezenſac, la ville principale. Ce même *Guillaume Garcie,* premier Comte de *Fezenſac,* mort en 920, partagea également ſes Etats à ſes deux fils *Othon* & *Bernard,* dit *le Louche.* Le premier eut le Comté de *Fezenſac,* & le ſecond le Comté d'Armagnac. La poſtérité d'*Othon* s'eſt éteinte dans *Béatrix,* II° du nom, Comteſſe de *Fezenſac,* morte, ſans enfans, vers l'an 1140, & ce Comté eſt retourné aux deſcendans de *Bernard,* Comte d'Armagnac. Ce Comté perdit ſa prééminence, entrant dans celui d'Armagnac, qui l'a conſervé juſqu'à préſent dans les aſſemblées des Etats du pays. Voy. MONTESQUIOU.

Pour *Fezenſaquet,* qui eſt une Vicomté ſituée dans le Haut-Armagnac, elle fut donnée, en 1183, à *Gaſton d'Armagnac,* Iᵉʳ du nom, ſecond fils de *Géraud,* Vᵉ du nom. *Géraud d'Armagnac,* IIᵉ du nom, Vicomte de *Fezenſaquet,* arrière-petit-fils de *Gaſton* Iᵉʳ, épouſa *Anne de Montlezun,* morte en 1403, héritière du Comté de Pardiac. De ce mariage vinrent deux fils. L'aîné porta le titre de Comte d'Armagnac, après la mort de ſa mère; mais *Bernard* VII, Comte d'Armagnac, Connétable de France, le même qui fut aſſaſſiné à Paris en 1418, déclara la guerre à *Géraud* IIᵉ, Vicomte d'Armagnac, & le fit périr inhumainement, ainſi que ſes deux fils; enſuite il s'empara de la Vicomté de *Fezenſaquet* & du Comté de Pardiac, qu'il réunit à l'Armagnac. Par la mort de *Jacques d'Armagnac,* les Comtés de Pardiac & de la Marche furent réunis à la Couronne.

* FIENNES. Cette Maiſon ancienne & illuſtre a tiré ſon nom de la terre de *Fiennes,* anciennement *Filnes, Fieulnes & Fieules,* l'une des douze Baronnies du Comté de Guines. On lit dans le *Dictionnaire des Gaules,* tom. III, p. 132, qu'il y a une autre Terre du nom de *Fiennes,* qui fut érigée en *Marquiſat,* par Lettres du mois de Février 1643, en faveur de *Dominique d'Eſtampes,* fils de *Jacques,* Seigneur de Valençay, Chevalier des Ordres du Roi, & neveu de *Léonor* & d'*Achille d'Eſtampes,* dont le premier fut Archevêque & Duc de Reims, & l'autre créé Cardinal en 1643. Cette branche d'*Eſtampes-Valençay,* continuée par *Jean-Hippolyte,* troiſième fils de *Dominique,* s'eſt éteinte depuis quelques années.

Quant à la Généalogie de la Maison de *Fiennes*, la voici d'après l'*Histoire des Grands-Officiers de la Couronne*, tom. VI, p. 167.

I. EUSTACHE, Seigneur & Baron DE FIENNES, époufa *Adèle de Selveſſe*, Dame d'Ardres, fille d'*Erard de Furnes*, & d'*Adèle de Selveſſe*, Dame d'Ardres, nièce de *François*, Evêque de Thérouanne, dont :

   1. CONON, qui fuit ;
   2. Et N... DE FIENNES, qui eut de fa femme *Adélaïs* :

     CONON & VARIN DE FIENNES.

II. CONON, Seigneur & Baron DE FIENNES, vivoit ès-années 1099, 1107 & 1112. Des Mémoires lui donnent pour femme *Alix de Bournonville*, dont :

   1. EUSTACHE, qui fuit ;
   2. ROGER, mentionné avec fes frères dans des titres de l'Abbaye, d'Andres & de Saumer-aux-Bos ;
   3. & 4. ANSELME & GUILLAUME, nommés dans une Charte d'*Etienne*, Comte de Boulogne & de Mortain, de l'an 1140.

III. EUSTACHE, IIe du nom, Seigneur DE FIENNES, furnommé *le Vieux*, fonda l'Abbaye de Beaulieu en Boulonnois. Il eut de fa femme, dont le nom eft ignoré :

   1. EUSTACHE, Seigneur DE FIENNES, dit *le Jeune*, mort fans enfans de *Marguerite de Guines*, fille d'*Arnoul de Gand*, Comte de Guines, & de *Mahaud de Saint-Omer*. Sa veuve fe remaria à *Roger*, Châtelain de Courtray ;
   2. ENGUERRAND, qui fuit ;
   3. RAOUL, Seigneur de Flamerfelle, qui n'eut point d'enfans d'*Adélaïs de Campagne*, Dame d'Ardres, veuve d'*Euſtache*, Seigneur de Cauquielle, & fille aînée de *Henri*, Seigneur d'Ardres, & d'*Adélaïs de Conteville* ;
   4. Et ADÉLAÏS, mariée à *Baudouin de Campagne*, Seigneur de Hames, frère de *Henri de Campagne*.

IV. ENGUERRAND, Seigneur DE FIENNES après fon frère, donna à l'Abbaye d'Andres toute la dîme qu'il avoit acquife dans la Paroiffe de Landréon, & fit confirmer ce don par *Ide*, Comteffe *de Boulogne* en 1193. Il foufcrivit auffi à la confirmation que cette Comteffe fit à cette Abbaye d'une dîme dans la Paroiffe de Calquelle, qu'*Arnoul de Halles* y avoit donnée. Il fuivit avec THOMAS, fon fils, *Philippe d'Alface*, Comte de Flandre, lorfqu'il paffa à la Terre-Sainte en 1207. S'étant en-

gagé trop avant dans un combat, on ne le vit plus depuis, fuivant la Chronique d'Andres. Il eut de fa femme *Sibylle de Tingry*, fœur & héritière de *Guillaume*, dit *Farramus*, Seigneur de Tingry :

   1. GUILLAUME, qui fuit ;
   2. THOMAS, qui fut à la Terre-Sainte avec fon père ;
   3. Et EUSTACHE.

V. GUILLAUME, Seigneur DE FIENNES, Baron de Tingry, fut Pleige & caution, en 1220, envers le Roi PHILIPPE-AUGUSTE pour *Renaud*, Comte de Dammartin & de Boulogne, fon beau-frère, au fujet du mariage de *Mahaut de Boulogne*, fa fille, avec PHILIPPE DE FRANCE. Il vivoit encore en 1233, & eut de fon époufe, *Agnès de Dammartin*, fœur de *Renaud*, Comte de Boulogne, & de *Simon de Dammartin*, Comte de Ponthieu, & fille d'*Albéric II*, Comte de Dammartin, & de *Mahaud*, fa femme :

   1. ENGUERRAND, qui fuit ;
   2. BAUDOUIN, nommé avec fes frères dans un Arrêt du Parlement de l'an 1269, concernant les biens de la Comteffe de Boulogne ;
   3. MICHEL, nommé dans le même Arrêt ;
   4. Et MAHAUD, femme, en 1220, de *Baudouin*, IIIe du nom, Comte de Guines, Seigneur d'Ardres, Châtelain de Bourbourg, fils aîné d'*Arnoul II*, Comte de Guines, & de *Béatrix*, Châtelaine de Bourbourg.

VI. ENGUERRAND, Seigneur DE FIENNES, IIe du nom, Baron de Tingry & de Ruminghen, étoit mort en 1265, & avoit époufé *N... de Condé*, fille de *Jacques*, Seigneur *de Condé*, de Bailleul & de Moreaumez, dont :

   1. GUILLAUME, qui fuit ;
   2. ROBERT, auteur de la branche des Seigneurs de *Heuchin*, rapportée ci-après ;
   3. ENGUERRAND ;
   4. Et MAHAUD, femme de *Honfroy de Bohun*, Comte de Herford, Connétable d'Angleterre, mort en 1298.

VII. GUILLAUME, Baron DE FIENNES & de Tingry, IIe du nom, fe trouva, en 1267, à la Chevalerie de PHILIPPE DE FRANCE, fils du Roi SAINT LOUIS, & en eut les livrées. Il vendit, du confentement de fa femme, en 1272, la Seigneurie de Louplande, & plufieurs terres fituées au Maine, à *Pierre de la Broſſe*, Chevalier & Chambellan de PHILIPPE LE HARDI. De fon mariage avec *Madeleine de Brienne*, Dame de Louplande, &c., il eut :

1. JEAN, qui fuit;
2. ROBERT, Seigneur de Roubecq, qui foufcrivit à l'affiette de 5000 livres de douaire,
que JEAN, fon frère, fit à fa femme au mois
de Février 1307. ROBERT eut deux enfans
naturels :

     GUILLAUME & CATHERINE, auxquels il fit
     quelques legs par fon teftament de 1345.

3. ISABEAU, femme de *Guillaume de Mortagne;*
4. Et YOLANDE, Dame de Hucqueliers, d'Annequin & de Pernes, que fon frère lui donna
en partage, avec tout ce qu'il avoit dans la
ville de Franc l'an 1309, & qu'il voulut reprendre depuis; mais elle y fut maintenue
par Arrêt de l'an 1319, & elle étoit morte le
17 Avril 1323.

VIII. JEAN, Baron DE FIENNES & de Tingry, Seigneur de Ruminghen, Châtelain de
Bourbourg, fut élu chef de la Nobleffe d'Artois pour faire la guefre à la Comteffe Mahaud. Il fut fait prifonnier au Louvre avec le
Comte de Flandre en 1322, & fervit depuis
le Roi dans fes guerres fur les frontières de
Flandre en 1328. Après la mort de fa femme,
arrivée en 1323, il avoit donné à l'Abbaye
de Saumer-aux-Bos, tant pour le repos de
fon âme que pour être participant aux prières
des Religieux de cette Abbaye, une rente de
grain qu'il prenoit fur leur grange, par Lettres du Mercredi d'après la Saint-Denis 1333.
Il eut de fa femme *Ifabelle de Flandre,* fixième
fille de *Guy de Dampierre,* Comte de Flandre, & d'*Ifabelle de Luxembourg,* fa feconde
femme :

1. ROBERT, qui fuit;
2. JEANNE, mariée, 1º en Décembre 1319, à
Jean de Châtillon, Comte de Saint-Paul,
Seigneur de Bouchain, de Dourlens & de
Luceu, fils de *Guy,* Grand-Bouteillier de
France, & de *Marie de Bretagne;* & 2º en
1344, à *Jean de Mortagne,* Seigneur de
Landas & de Bouvignies. Elle eut de fon
premier mari *Mahaud de Châtillon,* laquelle
porta la terre de *Fiennes* dans la Maifon
de *Luxembourg,* par fon mariage avec *Guy
de Luxembourg,* Comte de Ligny, d'où,
après plufieurs générations, elle a paffé dans
celle d'*Egmond,* par le mariage de *Françoife de Luxembourg,* Comteffe de Gavre,
Dame de Fiennes, héritière de fa branche
avec *Jean,* Comte d'*Egmond,* Chevalier de
la Toifon-d'Or, mort en 1528, & elle en
1557, dont, par achat, elle a paffé dans la
Maifon d'*Eftampes-Valençay;*
3. Et MAHAUD, mariée à *Jean,* Sire de Bour-

nonville, fils de *Hugues,* Sire de *Bournonville,* & d'*Yolande de Lianes.*

On donne encore pour fille à JEAN, Baron
DE FIENNES,

     JEANNE DE FIENNES, qu'on dit femme, mais
     fans en rapporter de preuves, de *Jean d'Ef-
     touteville,* Seigneur de Torcy.

IX. ROBERT, Seigneur DE FIENNES, dit *Moreau,* Châtelain de Bourbourg, Sire de Tingry, de Belles, de Ruminghen, de Souverain-
Moulin, rendit de grands fervices aux Rois
PHILIPPE DE VALOIS, JEAN & CHARLES V, qui
l'employèrent en plufieurs grandes négociations. Il fut établi, le 7 Octobre 1347, Capitaine de Saint-Omer, avec 60 hommes d'armes, qui confiftoient en 8 Chevaliers & 52
Ecuyers, fervit dans la guerre de Picardie &
fur les frontières de la Normandie fous Geoffroy de Charny, depuis le mois d'Août 1350
jufqu'au mois d'Octobre 1352. Le Roi JEAN
l'honora de la charge de Connétable de France,
après la mort du Connétable d'Athènes, tué
à la bataille de Poitiers. Il fut, en 1358, Lieutenant de Roi & du Régent en Picardie, prit
la Ville & le Château de Saint-Valery au
mois d'Avril 1359, avec quelques autres fortereffes ; paffa enfuite en Champagne, en
Brie & en Bourgogne, remit fous l'obéiffance
du Roi plufieurs places, entr'autres la ville
d'Auxerre ; & lorfque le Roi d'Angleterre
vint mettre le fiège devant Paris la même
année, il vint fervir fous le Régent avec 11
Chevaliers & 42 Ecuyers de fa Compagnie,
& alla enfuite en Angleterre par ordre du
Dauphin, au mois d'Avril 1360, pour parler
au Roi. De retour, il fut en Languedoc,
comme Lieutenant de Roi, reprit la ville du
Pont-Saint-Efprit en 1361, obligea les ennemis à quitter le pays, fe trouva au Sacre
du Roi CHARLES V en 1364, paffa en Bourgogne en 1366 pour en faire fortir les Compagnies des Routiers qui le pourfuivirent jufqu'à Autun, fe démit, à caufe de fa grande
vieilleffe, de la charge de Connétable en faveur de Bertrand du Guefclin, vers la fin de
Septembre 1370. Il avoit fondé le Couvent
des Frères-Prêcheurs de la ville de Lille en
1368, après avoir obtenu l'amortiffement des
héritages qu'il y donna. Il n'eut point d'enfans de fes deux femmes. La première fut
Béatrix, Dame de Gavre, Comteffe de Fauquembergues, Châtelaine de Saint-Omer, aux
droits de laquelle fon mari fut Seigneur de

ces terres. Elle étoit fille unique de *Raffe*, Seigneur *de Gavre*, & d'*Eléonor*, Châtelaine de *Saint-Omer*, Comteffe de Fauquembergues. La feconde fut *Marguerite de Melun*, veuve de *Miles de Noyers*, Comte de Joigny, & fille de *Jean*, IIᵉ du nom, Vicomte de Melun, Comte de Tancarville, & de *Jeanne Crefpin*, Dame de Varenguebec, d'Etrépagny & de Néaufles.

BRANCHE
des Seigneurs de HEUCHIN.

VII. ROBERT DE FIENNES, Seigneur de Heuchin, fecond fils d'ENGUERRAND, IIᵉ du nom, Seigneur de Fiennes, & de N... *de Condé*, eut pour femme N..., Dame *du Bois*. Il eut de fon mariage :

1. ROBERT, qui fuit ;
2. HENRI, qui quitta le furnom de fa Maifon pour prendre celui de DU BOIS, dont la poftérité fera rapportée après fon ainé ;
3. Et PAUL, allié à une Dame, nommée *Marie*.

VIII. ROBERT DE FIENNES, IIᵉ du nom, Seigneur de Heuchin, s'allia à N... *de Jauffe*, & en eut :

1. ROBERT DE FIENNES, Seigneur de Heuchin, mort fans poftérité de fon mariage avec *Marie de Montagny* ;
2. Et JACQUES, Seigneur des Plagnes, marié à *Barbe de Reyneval*.

VIII. HENRI DE FIENNES, Iᵉʳ du nom, fecond fils de ROBERT, Seigneur de Heuchin, fut Seigneur du Bois, d'Efquerdes, par fa mère, & quitta le furnom de fa Maifon, comme on l'a dit ci-devant, pour prendre celui de DU BOIS. Il eut de *Marie de Saint-Venant*, fon époufe :

1. HENRI, qui fuit ;
2. Et TRISTAN, auteur de la branche des Seigneurs de *Raincheval*, rapportée ci-après.

IX. HENRI, Seigneur DU BOIS, IIᵉ du nom, époufa *Jacqueline de Beauffremont*, dont :

1. SOHIER, qui fuit ;
2. Et COLLARD, dit *Gaffelin*, marié à *Marguerite de Melun*.

X. SOHIER DU BOIS, dit *de Fiennes*, Seigneur du Bois, dit *Morelet*, époufa *Marie d'Azincourt*, & en eut :

XI. JEAN, Seigneur DU BOIS, d'Efquerdes, de Vermelles, Baron d'Efnes, Chevalier, époufa *Jeanne de Lens*, Dame d'Annequin, fille & héritière de *Baudouin de Lens*, Sei-

gneur d'Annequin, en 1362, & de *Marguerite d'Azincourt*. Ses enfans furent :

1. JEAN, qui fuit ;
2. Et BAUDOUIN, tige de la branche des Seigneurs de *Boyeffles*, rapportée ci-après.

XII. JEAN, Seigneur DU BOIS, de Vermelles & d'Annequin, IIᵉ du nom, portoit pour armes : *écartelé, aux 1 & 4 d'argent, au lion de fable brifé d'une bordure de gueules ; aux 2 & 3 écartelé d'or & de fable*, qui eft LENS. Il eut de *Catherine de Poix*, fon époufe, Dame de Bientque :

1. PHILIPPE, qui fuit ;
2. BÉATRIX, Dame du Val, femme de *Julien de Gavre*, Seigneur de Steenkercke ;
3. Et JEANNE, mariée à *Jean*, Seigneur de Noyelles & de Calonne.

XIII. PHILIPPE, Seigneur DU BOIS & d'Annequin, fe maria à *Marguerite de la Trémoille*, fille de *Jean*, Baron de Dours & d'Ingoutfen, & de *Jeanne de Créquy*, fa feconde femme, laquelle fe remaria à *Jacques de Crévecœur*, & eut de fon premier mari :

XIV. JEAN, IIIᵉ du nom, Seigneur DU Bois, d'Annequin & de Noyelles (qu'il acheta en 1468, de Hugues Carnin), de Raincheval & Baron d'Efnes, époufa, 1º le 17 Octobre 1451, *Catherine de Caumefnil*, Dame de Tanques & de Caumefnil ; & 2º en 1480, *Jeanne du Bois*, Dame de la Bourfe. Il eut du premier lit :

1. JEAN, qui fuit ;
2. ANTOINE, Seigneur de Chaumont-en-Baffigny, Abbé Commendataire de Saint-Lucien de Beauvais, Evêque de Béziers fous le Pape INNOCENT VIII, dont il prit poffeffion le 22 Septembre 1490. Il reçut le Roi FRANÇOIS Iᵉʳ à fon entrée dans Béziers en 1523, & mourut fort âgé en 1534 ;
3. CATHERINE, Dame de Tanques, de Caumefnil & de Béthencourt, marié à *Artus de Moreuil*, Seigneur du Frefnoy & de Baudricourt, Gouverneur de Thérouanne, fils naturel de *Valéran de Soiffons*, Seigneur de Moreuil, Bailli d'Amiens & Chambellan du Duc de Bourgogne, & de *Jeannette de la Forge*. Il fut légitimé par Lettres données à Lyon au mois de Mai 1496, & étoit Capitaine de Thérouanne en 1523 ;
4. MARGUERITE, Dame de Barlin, feconde femme de *Jean*, IIᵉ du nom, Seigneur de *Roye*, de Muret & de Buzancy, Confeiller & Chambellan du Roi, après la mort duquel elle fe remaria, en 1499, à *Olivier de la*

Vernade, Seigneur de la Baftie, dont elle n'eut point d'enfans ;

5. ANNE, Dame de Lenchoult & du Hem, mariée à *Jean d'Ognies*, Seigneur de Coupigny, d'Amour & du Loquin.

Et du fecond lit :

6. CHARLES, dont la poftérité fera rapportée après fon aîné ;

7. Et BARBE, mariée 1º à *François*, premier Comte *de la Rochefoucauld*, mort en 1516, veuf de *Louife de Cruffol*, & fils de *Jean*, Seigneur *de la Rochefoucauld*, & de *Marguerite de la Rochefoucauld-Barbezieux*; & 2º à *Guillaume de Humières*. Seigneur de Laffigny, veuf de *Henriette de Rubempré*, & fils de PHILIPPE, IIº du nom, Seigneur de Humières, & de *Blanche de Favy*, Dame de Ribécourt, de Ronquerolles & de Laffigny. Elle eut de fon premier mari, entr'autres enfans, *Louis de la Rochefoucauld*, tige de la branche des Seigneurs de *Montendre*. Voyez ROCHEFOUCAULD (LA).

XV. JEAN, IVᵉ du nom, Seigneur DU BOIS, hérita de fon oncle, le Maréchal *de Crévecœur*, & fut Seigneur de Tanques, de Béthencourt, de Caumefnil, d'Efquerdes, & Grand-Bailli de Saint-Omer en 1487. Il eft qualifié *Chevalier*, Confeiller & Chambellan du Roi, & Capitaine de 30 lances fournies, dans une quittance de 300 livres, pour fon état de Capitaine, de l'année commencée le 1ᵉʳ Janvier 1494, & finie le 31 Décembre de la même année. Il époufa, 1º le 9 Février 1493, *Louife de Crévecœur*, fille d'*Antoine*, Seigneur de Crévecœur, de Thiennes & de Thoix, Bailli d'Amiens, Chevalier de l'Ordre du Roi, fon Confeiller & Chambellan, Gouverneur & Sénéchal d'Artois, Grand-Louvetier de France, & de *Marguerite de la Trémoille*, Dame de Dours & d'Ingoutfen. *Louife de Crévecœur*, apporta à fon mari les terres du Tronquay & de Frétoy, & étoit morte au mois de Janvier 1498; & 2º *Guyotte de Brimeu*, fille de *Guy de Brimeu*, Comte de Meghen, Seigneur d'Humbercourt, Chevalier de la Toifon-d'Or, & d'*Antoinette de Rambures*. De l'une de fes deux femmes vint :

ANNE DU BOIS, morte en 1516, fans avoir été mariée.

XV. CHARLES DU BOIS, fils de JEAN III, & de *Jeanne du Bois*, Dame de la Bourfe, fa feconde femme, recueillit la fucceffion de fon frère aîné, & fut Seigneur du Bois, d'Efquerdes, &c. Il tefta le 3 Avril 1548, &

époufa *Claude de Lannoy*, Dame de Noyelles-lès-Annequin, fils de *Jean*, Seigneur de Mingoval & d'Andreignies, & de *Philippe de Plaines*, fa feconde femme. De ce mariage vinrent :

1. EUSTACHE, qui fuit ;

2. GUISLAIN, Seigneur de Lumbres, mort fans avoir été marié, & enterré dans l'Eglife de Notre-Dame de Paris ;

3. PHILIPPE, Seigneur de Bientque, mort auffi fans alliance, & enterré dans l'Eglife de Saint-Bavon à Gand ;

4. ANTOINE, Seigneur de Vermelles ;

5. JEANNE, Dame de Noyelles, mariée à *Jean d'Eftourmel*, Seigneur de Vendreville ;

6. Et MARGUERITE, Religieufe de Sainte-Claire à Saint-Omer.

XVI. EUSTACHE DE FIENNES, quitta, comme fes frères & fœurs, le furnom de DU BOIS, avec la bordure de fes armes, & reprit celui de FIENNES. Il fut Seigneur d'Efquerdes, époufa 1º *Gilette de Renel*, fille de *Louis de Renel*, Seigneur d'Audregny, & de *Louife de Lannoy*; & 2º le 8 Juin 1555, *Jeanne de Sainte-Aldégonde*, fille de *Jean de Sainte-Aldégonde*, Seigneur de Noircarmes, & de *Marie de Rubempré*, Dame de Bourghelles, dont

1. CHARLES-GUILLAUME, mort âgé de 16 ans ;

2. GUISLAIN, qui fuit ;

3. Et PHILIPPE, mort fans enfans.

XVII. GUISLAIN DE FIENNES, Comte de Chaumont-en-Baffigny, Vicomte de Früges, Baron d'Efnes, Seigneur d'Efquerdes, de Heuchin, &c., créé Chevalier, par Lettres du Roi d'Efpagne, expédiées à Madrid, le 31 Décembre 1596, époufa, 1º le 15 Novembre 1587, *Jeanne de Longueval*, fille aînée de *Maximilien de Longuéval*, Comte de Bucquoy, Seigneur de Vaux ; & 2º *Françoife de Faye*, fille de N... *de Faye*, Seigneur d'Epeffes. Il eut du premier lit :

1. MARC, qui fuit ;

2. LÉANDRE, Seigneur de Bientque, marié à *Catherine de Six*, Dame de Thieffries ;

3. ANDRONIC, Gentilhomme de l'Empereur ;

4. CANDIDE, Chanoineffe de Sainte-Waudru à Mons en Hainaut, puis mariée à *Lancelot de Deffus-le-Mouftier*, Seigneur de la Motte.

Et du fecond lit :

5. CHARLES, Chevalier de Malte, Prieur de Laon, mort à 8 ans, & enterré à Efnes ;

6. VÉDASTE, Religieux de l'Ordre des Carmes-Déchauffés ;

7. Françoise, Dame d'honneur de la Reine d'Angleterre;
8. Et Jeanne, Dame de Monarde.

XVIII. Marc de Fiennes, Vicomte de Fruges, Baron d'Efnes, Seigneur d'Efquerdes, de Heuchin & de Lumbres, eut de l'Archiduc Albert, Gouverneur des Pays-Bas, une Commiffion de Capitaine de Cuiraffiers, le 24 Mai 1620. Il époufa, le 29 Janvier 1624, Madeleine d'Ognies, fille aînée d'Eustache d'Ognies, Seigneur de Grufon, Gouverneur d'Oftende, puis de Hefdin, & de N... Baudrain de Mauville. Ses enfans furent:

1. Charles, qui fuit;
2. Maximilien, rapporté après la poftérité de fon aîné;
3. Et N... mariée à N... Comte de Saint-Venant.

XIX. Charles de Fiennes, Vicomte de Fruges, &c., eut de fa femme, dont le nom eft inconnu:

1. Marc, mort fans avoir été marié;
2. N... qui fuit;
Et plufieurs filles.

XX. N... de Fiennes, dit le Chevalier de Fiennes, Comte de Chaumont, Vicomte de Fruges, Baron d'Efnes, &c., n'étoit point marié en 1714.

XIX. Maximilien de Fiennes, Comte de Lumbres, fecond fils de Marc, & de Madeleine d'Ognies, eft mort Maréchal-des-Camps & Armées du Roi, au mois de Juillet 1714. Il avoit époufé, le 30 Octobre 1662, Catherine-Cécile de Guernonval, Dame de Belquin, de la Motte & de Colomby, veuve du Comte de la Tour Saint-Quentin en Franche-Comté, tué au fiège d'Arras, en 1654, & fille de N... de Guernonval, Seigneur de Belquin, dont:

1. Maximilien-François, qui fuit;
2. Joseph, Abbé de Notre-Dame de Campagne, de Notre-Dame des Alleux, en 1717, & d'Olivet le 8 Février 1721, mort en 1727;
3. Alexis, mort Moufquetaire du Roi;
4. Et Madeleine-Françoise, femme d'Alexandre-François de Croix, Marquis de Heuchin, fils de Pierre-Félix, Chevalier, Seigneur de Heuchin, & de Anne-Eléonore de Sainte-Aldégonde.

XX. Maximilien-François de Fiennes, baptifé le 10 Juin 1669, obtint l'érection de fes terres d'Auftain, de Gournefon & de Chevens en Marquifat fous le nom de Fiennes, en

1698. Il eft mort à Paris, Lieutenant-Général des Armées du Roi, le 26 Avril 1716. Il avoit époufé, en 1700, Louife-Charlotte d'Eftampes de Mauny, morte le 23 Février 1752, fille de Charles, Marquis d'Eftampes, Chevalier des Ordres du Roi, & de Marie Rainier ou Regnier, qui lui a furvécu jufqu'au 27 Février 1752, dont:

1. Charles-Maximilien, qui fuit;
2. Et Louis, mort âgé de 3 mois.

XXI. Charles-Maximilien, Marquis de Fiennes, né au mois de Septembre 1701, Capitaine de Cavalerie dans le Régiment des Cuiraffiers, puis Meftre-de-Camp d'un Régiment de Cavalerie, ci-devant Coffé, en Juin 1735, fait Brigadier des Armées du Roi, le 15 Mars 1740, Maréchal-de-Camp, en Juin 1744, mort le 10 Février 1750, avoit époufé Henriette de Regnier de Boiffeleau, fa coufine maternelle, morte à 32 ans, le 10 Décembre 1729, fille d'Alexandre, Gouverneur de Charleroy, & de Françoife Choart, dont:

1. Christian-Maximilien, Capitaine dans le Régiment de fon père, & Meftre-de-Camp du même Régiment après lui, quand il a été fait Maréchal-de-Camp, & mort fans alliance à Paris, le 22 Avril 1747, âgé de 21 ans;
2. Marie-Charlotte-Eugénie de Fiennes, mariée en Mars 1751, à Edouard Colbert de Maulevrier, né le 5 Février 1706. Elle mourut en couches;
3. Et Adélaïde-Félicité de Fiennes, alliée, le 22 Mai 1752 & veuve le 9 Octobre 1777 de Marie-Joseph, Marquis de Matharel, né en 1720, Chevalier de Saint-Louis, Gouverneur des Villes & Châteaux de Honfleur, Pont-l'Evêque, &c., dont poftérité. Voyez MATHAREL.

BRANCHE
des Seigneurs de Boyeffles.

XII. Baudouin du Bois, fecond fils de Jean, Ier du nom, & de Jeanne de Lens, Dame d'Annequin, fut Seigneur de Boyeffles, vivoit en 1399, & eut de fa femme, dont le nom eft inconnu:

1. Mathieu, qui fuit;
2. Et Jeanne, femme de Jean, Seigneur de Noyelles & de Calonne.

XIII. Mathieu du Bois, dit Galois, Seigneur de Boyeffles, de Tréhoult & de la Bourfe, époufa Taffe de Sains, qui fut mère de:

XIV. PHILIPPE DU BOIS, Seigneur de Boyef-fles. Il se maria avec *Jeanne d'Amiens*, dite de *Regnauville*, dont :

1. PIERRE, qui fuit;
2. Et JEAN, Seigneur de la Bourse, mort sans postérité de *Claire de Mieuvre*, héritière de Blangerval & de la Vacquerie.

XV. PIERRE, dit PORUS DU BOIS, Seigneur de Boyeffles, de Bouvigny & de Regnauville, s'allia, par contrat du 4 Juin 1480, à *Jeanne de Bournonville*, Dame de Mouriez, de Château-Briçon, fille de *Pierre de Bournon-ville*, Seigneur de Mouriez, de Frettemeule, de Grambus & de Château-Briçon, & de *Guyotte d'Ennancourt*. On lui donne pour fille

JEANNE DU BOIS, femme de *Jacques de Recourt*, Seigneur de la Comté.

BRANCHE
des Seigneurs de RAINCHEVAL.

IX. TRISTAN DU BOIS, second fils de HENRI, Ier du nom, Seigneur du Bois, & de *Marie de Saint-Venant*, fut Seigneur de Raincheval. Il est qualifié Chevalier, Conseiller du Roi, & Gouverneur du Bailliage de Tournay & du Tournaisis, dans une quittance de 80 liv. pour 20 jours de ses gages, en date du 20 Novembre 1383, pour aller, du commandement du Roi, en la Compagnie du Duc de Berry, sur le fait du traité ès-frontières de Picardie. Il épousa *Florisse de Tormanil*, de laquelle il eut :

1. MANSART qui fuit;
2. GASSELIN DU BOIS, qui est qualifié *Gasselin du Bos*, Chevalier, Seigneur de Raincheval, Chambellan du Roi, & son Bailli de Sens & d'Auxerre, dans une ordonnance que le Roi lui accorda, par ses Lettres du 24 Avril 1411, de 200 liv. pour ses frais & dépens de la garde d'Amiens, Châteaux & Forteresses, &c. Il eut pour femme *Béatrix de Roye*.

X. MANSART DU BOIS, Seigneur de Rincheval, épousa *Jeanne de Créquy*, dont il eut :

XI. PIERRE DU BOIS, dit *Morelet*, Seigneur de Rincheval. Il eut de son mariage avec *Isabeau*, Dame de *Férencourt* & de Villers-sur-Authie :

1. PHILIPPE, qui fuit;
2. MARGUERITE, Dame de Maurepas, mariée à *Louis de la Viefville*, Seigneur de Sains;
3. Et CHARLOTTE, alliée à *Gilles de Domerval*.

Tome VIII.

XII. PHILIPPE DU BOIS, Seigneur de Raincheval, fut marié à *Isabeau de la Viefville*, & fut le dernier de cette branche.

On trouve encore THONIN DU BOIS, Ecuyer, qui fit montre avec 4 autres Ecuyers de sa compagnie, à Carentan, le 1er Décembre 1388, & un HARDOUIN DU BOIS, *premier valet de Chambre & Garde des affaires & deniers du Roi*, lequel donna quittance de 200 livres, à lui accordées, par Lettres données à Chartres, le 18 Octobre 1440, sur les Etats de Languedoc. J. le Roux, dans son *Théâtre de la Noblesse de Bourgogne, Flandre & Artois*, édition de 1715, p. 117 & 118, parle des Seigneurs du Bois d'Esquerdes; le P. Anselme, à la fin de la première branche, donne le nom de plusieurs Chevaliers & Ecuyers du nom de FIENNES, par ordre de date, n'ayant pu rapporter à qui ils appartenoient, & nous y renvoyons. On peut aussi consulter sur cette Maison, Carpentier, *Histoire du Cambrésis*. — Il est parlé, dans le *Mercure de France*, du mois d'Avril 1770, de MARIE-MADELEINE-FRANÇOISE DE FIENNES LE CARLIER, décédée à Humblières, près de Saint-Quentin en Picardie, le 17 Mars 1770, âgée de près de 75 ans, veuve de *Renée-François de la Noue-Vieuxpont*, Comte de Vair, Capitaine au Régiment des Dragons de la Reine.

Les armes : *d'argent, au lion de sable*.

FIENNES, en Languedoc: *d'or, au lion de gueules, armé & lampassé de sable, à la cotice d'azur, brochant sur le tout*.

FIERLANT (DE), Famille noble de la ville de Bruxelles, de laquelle étoit SIMON DE FIERLANT, Chevalier, Chancelier de Brabant, & Conseiller du Conseil Suprême & d'Etat de S. M. Il épousa *N... Reynegom*, & en eut d'autres enfans:

REGINE-BÉATRIX DE FIERLANT, alliée à *Albert Piermans*, Ier du nom, Ecuyer, Seigneur de Fleschières, dont postérité.

Les armes: *parti d'argent & de gueules, à une quinte-feuille boutonnée de l'un en l'autre*.

FIESQUE, Maison l'une des quatre principales de Gênes, & une des plus illustres de toute l'Italie. Elle a donné deux Papes à l'Eglise, savoir SINIBALDO DE FIESQUE, qui prit le nom d'INNOCENT IV, en 1243, & célébra le premier Concile général de Lyon; & OTTO-

BON DE FIESQUE, élu en 1276, fous le nom d'ADRIEN V. Elle a produit plufieurs Cardinaux, entr'autres LAURENT DE FIESQUE, Archevêque d'Avignon, puis de Gênes, Nonce extraordinaire en France, créé Cardinal en Mai 1706, & plus de cent Archevêques ou Evêques. Des filles ont été mariées à des Princes, comme à des Comtes de Savoie, des Marquis de Montferrat, aux *Vifconti*, Seigneurs de Milan, &c. Il y a eu divers Généraux de la Maifon de FIESQUE, qui fe font diftingués par leurs belles actions. *François Sforce*, Duc de Milan, s'étant rendu maître de Gênes le 16 Avril 1464, en donna le Gouvernement à OBBIETO DE FIESQUE. Cette Maifon perdit beaucoup de fes richeffes & de fa puiffance, par le mauvais fuccès de la conjuration de JEAN-LOUIS, & fe divifa en deux principales branches.

BRANCHE AINÉE,
établie en France.

SCIPION DE FIESQUE, IVe fils de SINIBALDE, Comte de Caftellan, de Lavagne, &c., mort en 1531, & de *Marie de la Rouère*, fut Comte de Lavagne & de Caftellan, Seigneur de Breffuire & de Leuroux, Chevalier de l'Ordre du Roi, Confeiller d'Etat & Chevalier d'honneur de la Reine CATHERINE DE MÉDICIS, à laquelle il appartenoit, parce qu'il avoit époufé *Alphonfe Stroʒʒi*, fille de *Robert*, & de MADELEINE DE MÉDICIS. Il le fut encore des Reines ELISABETH D'AUTRICHE, & LOUISE DE LORRAINE, femme des Rois CHARLES IX & HENRI III; fe trouva au fiège de la Rochelle en 1573, & reçut de ce dernier Prince le collier de l'Ordre du Saint-Efprit, dans le premier Chapitre qu'il célébra, le 31 Décembre 1578. Il mourut à Moulins, en 1598, âgé de 70 ans, & fut enterré à Saint-Euftache à Paris, où l'on voit fon tombeau. Il eut de fon mariage avec *Alphonfe Stroʒʒi:*

FRANÇOIS DE FIESQUE, Comte de Lavagne & de Breffuire, tué au fiège de Montauban, à la tête de fon Régiment, en 1621. Il avoit époufé, en 1609, *Anne le Veneur*, Dame d'Atours de MADAME, Ducheffe d'Orléans, & Gouvernante de MADEMOISELLE: elle étoit fille de *Jacques le Veneur*, Comte de Tillières, Chevalier des Ordres du Roi. De ce mariage vint:

1. CHARLES-LÉON, qui fuit;
2. CLAUDE, Abbé de Lonlai, Comte de Caftellan & Baron de Brion;

3. FRANÇOIS, ou felon le P. Anfelme, JEAN-LOUIS, Chevalier de Malte, tué au fiège de Mardick, le 13 Août 1646;
4. MARIE, femme de *Pierre*, Marquis *de Breauté*, Seigneur de Néville, tué au fiège d'Arras, le 24 Juin 1640; & elle morte en 1680;
5. & 6. Et deux autres filles.

CHARLES-LÉON, Comte DE FIESQUE, fe maria, en 1643, avec *Gillonne d'Harcourt*, veuve de *Louis de Brouilly*, Marquis de Piennes, & fille de *Jacques d'Harcourt*, Marquis de Beuvron, & de *Léonore Chabot-Jarnac*, Comteffe de Cofnac, morte en 1699. Leurs enfans furent:

1. JEAN-LOUIS-MARIE DE FIESQUE, Comte de Lavagne & de Fiefque, à qui le Roi LOUIS XIV fit toucher 300 mille livres des Génois, pour le dédommager en parti du Comté de Lavagne. Il mourut, fans alliance, le 28 Septembre 1708, âgé de 61 ans, & en lui finit la branche des Comtes de Fiefque établie en France;
2. HENRIETTE, morte Religieufe aux Filles de Sainte-Marie à Saint-Denis;
3. MARGUERITE, Religieufe à Jouare;
4. Et N... DE FIESQUE, Abbeffe de Notre-Dame de Soiffons, en 1693. (P. Anfelme, *Hiftoire des Grands-Officiers de la Couronne*, tom. IX, p. 56, & Moréri, que l'on peut confulter pour les Cardinaux que cette Maifon a produits.)

BRANCHE CADETTE,
Revenue à Gênes, où elle continua de produire de grands hommes.

HUGUES DE FIESQUE, qui fervit en France dans les guerres contre les Calviniftes, fe trouva au fiège de Montauban en 1621, & fut fort confidéré du Roi LOUIS XIII. Il alla depuis à la Cour de FERDINAND II, &, étant de retour à Gênes, il fut chargé par la République d'emplois importans. On l'envoya Ambaffadeur en Angleterre, on le fit Général des Galères, puis d'une armée qu'on mit, en 1654, fur mer contre les Corfaires de Barbarie.

Les armes: *bandé d'argent & d'aʒur de 6 pièces.*

FIEUBET, Famille originaire de Touloufe, diftinguée dans la Robe.

I. ETIENNE FIEUBET, Sieur du Caftanet, époufa *Girarde de Gaude*, de laquelle il eut:

II. ARNAUD FIEUBET, fait Sécrétaire des Etats de Languedoc par *Henri de Montmo-*

rency. Il s'allia à *Jeanne de Madron*, fille de *Jean de Madron*, & de *Germaine de Baron*. Il fut père de

III. GASPARD DE FIEUBET, Seigneur de Caftanet, Maître-d'Hôtel du Roi, qui époufa *Claude Ardier*, fille de *Paul Ardier*, Sieur de Beauregard, Tréforier de l'Epargne, & de *Sufanne Phélypeaux*. De ce mariage vinrent :

1. GASPARD, qui fuit ;
2. GUILLAUME, auteur de la feconde branche rapportée ci-après ;
3. Et ANNE, Chevalier de Malte, le 20 Juillet 1635.

IV. GASPARD DE FIEUBET, IIe du nom, Seigneur de Cendray, Baron de Launac, Tréforier de l'Epargne, mort le 12 Août 1647, âgé de 70 ans, avoit époufé *Claude Ardier*, morte en Août 1657, fille de *Jean Ardier*, Préfident en la Chambre des Comptes, & Tréforier de l'Epargne. Ses enfans furent :

1. GASPARD, Seigneur de Cendrey & de Ligny, Confeiller au Parlement de Paris le 8 Mai 1649, Maître des Requêtes le 30 Avril 1654, enfuite Confeiller d'Etat & Chancelier de la Reine ANNE D'AUTRICHE en 1671. Il époufa *Marie Ardier*, fa coufine germaine, morte en Janvier 1685, fille de *Paul Ardier*, Préfident en la Chambre des Comptes, mort en 1671, & de *Louife Allier*. Etant morte fans poftérité en Février 1688, il fe rendit aux Camaldules de Grosbois près de Paris, où il mourut le 10 Septembre 1694, âgé de 67 ans ;
2. ANNE, qui fuit ;
3. LOUISE, mariée à *Jean de Longueil*, Marquis de Maifons, Préfident à Mortier au Parlement de Paris. Elle mourut en Novembre 1698 ;
4. ELISABETH, alliée à *Nicolas de Nicolaï*, premier Préfident de la Chambre des Comptes de Paris, & morte en 1656 ;
5. Et CLAUDE, mariée à *Nicolas Jeannin de Caftille*, Confeiller d'Etat, Tréforier de l'Epargne & Greffier des Ordres du Roi.

V. ANNE DE FIEUBET, Seigneur de Launac, &c., Confeiller au Parlement de Paris en 1665, Maître des Requêtes le 2 Mars 1663, mort honoraire le 22 Mars 1705, âgé de 63 ans, avoit époufé *Elifabeth Blondeau*, morte le 13 Juillet 1705, âgée de 67 ans, fille de *Gilles Blondeau*, Préfident en la Chambre des Comptes, & de *Madeleine le Boults*, dont :

1. PAUL, qui fuit ;

2. N... Seigneur de Marival, mort en Janvier 1686 ;
3. Et GASPARD, Seigneur de Soify, Préfident en la Chambre des Comptes en 1706, mort fans alliance, le 16 Septembre 1722, âgé de 52 ans.

VI. PAUL DE FIEUBET, Seigneur de Cendrey, Neveillon, Launac & Beauregard, Confeiller au Parlement en 1689, Maître des Requêtes en 1690, & Confeiller du Confeil du dedans du Royaume, mort fubitement le 1er Mars 1718, à 54 ans, avoit époufé *Angélique-Marguerite de Fourcy*, morte le 6 Janvier 1720, fille de *Henri de Fourcy*, Confeiller d'Etat, & de *Madeleine Boucherat*, fa feconde femme. Ses enfans font :

1. LOUIS-GASPARD, qui fuit ;
2. ARNAUD-PAUL, rapporté après fon aîné ;
3. MARIE-LOUISE ou ANNE-LOUISE, mariée, le 25 Juillet 1714, à *Pierre Gilbert*, Seigneur de Voifins, Maître des Requêtes, puis Avocat-Général au Parlement de Paris, & Confeiller d'Etat. Elle eft morte laiffant des enfans ;
4. Et ELISABETH-ANTOINETTE, femme, le 20 Août 1722, d'*Antoine-Louis le Fèvre de Caumartin*, Seigneur de Boiffy, Maître des Requêtes, puis Confeiller d'Etat, morte, laiffant des enfans. Voyez LE FÈVRE DE CAUMARTIN.

VII. LOUIS-GASPARD DE FIEUBET, Seigneur de Beauregard, de Vineuil & de Caftanet, né le 15 Août 1690, Confeiller au Parlement de Paris le 18 Janvier 1713, puis Confeiller-Clerc, mort le 27 Février 1762, âgé de 73 ans, avoit époufé, le 24 Mai 1713, *Marie-Anne du Molin*, morte le 23 Août 1719, de la petite-vérole, âgée de 25 ans, & inhumée à Saint-Paul, fille unique de *Pierre du Molin*, Secrétaire du Roi, & de *Marie-Anne de Santilly*. De ce mariage eft iffu pour fils unique :

GASPARD-PIERRE-LOUIS, Seigneur de Vineuil, mort auffi de la petite-vérole le 5 Août 1731, âgé de 17 ans.

VII. ARNAUD-PIERRE DE FIEUBET, Seigneur de Sivry, fecond fils de PAUL, & d'*Angélique-Marguerite de Fourcy*, d'abord Officier dans le Régiment du Roi, enfuite Guidon de la Compagnie des Gendarmes de la Garde du Roi, au mois de Mars 1726, enfuite Enfeigne, Meftre-de-Camp de Cavalerie & Brigadier des Armées du Roi, le 15 Mars 1740, eft mort le 25 Mai 1767, âgé de 67 ans. Il avoit époufé, le 14 Août 1731, *Catherine-Hen-*

riette Feydeau, morte le 1er Septembre 1756, fille de *Henri Feydeau*, Seigneur de Calende, Préfident aux Enquêtes du Parlement de Paris, & de *Marie-Louife Croifet*. De ce mariage font fortis :

1. GASPARD-LOUIS, né le 26 Mai 1732, mort en Mars 1750 ;
2. Et CATHERINE-HENRIETTE, née le 20 Août 1733, mariée, le 2 Mai 1752, à *Mathias-Raoul*, Comte de *Gaucourt*, Capitaine de Dragons & Maréchal-de-Camp.

SECONDE BRANCHE.

IV. GUILLAUME DE FIEUBET, fecond fils de GASPARD & de *Claude Ardier*, Avocat-Général au Parlement de Touloufe le 10 Novembre 1626, Préfident à Mortier au même Parlement en Décembre 1631, mort à 44 ans, étant nommé à la place du premier Préfident du Parlement de Provence, avoit époufé *Marguerite de Saint-Pol*, fille de *Jacques de Saint-Pol*, Maître des Requêtes, dont :

1. GASPARD, qui fuit ;
2. BERNARD, Secrétaire des Commandemens de la Reine ANNE D'AUTRICHE, & Intendant des Finances ;
3. Et N...., femme de *N.....* de *Caffeignan*, Confeiller au Parlement de Touloufe.

V. GASPARD DE FIEUBET, Préfident aux Requêtes du Parlement de Touloufe, à 18 ans, Procureur-Général le 26 Avril 1645, premier Préfident du même Parlement le 21 Juin 1653, mort le 8 Novembre 1686, âgé de 64 ans, avoit époufé 1° *Marguerite de Gameville*, fille de *Philippe de Gameville*, Seigneur de Montpapou, & d'*Anne de Paulo* ; & 2° *Gabrielle-Eléonore de Nogaret de la Valette*, morte, fans enfans, le 2 Décembre 1708, fille de *Jean de Nogaret de la Valette*, Général des Troupes Vénitiennes, & de *Gabrielle d'Aimar*. Il a eu du premier lit :

1. 2. & 3. GUILLAUME & deux autres garçons morts en bas âge ;
4. GASPARD, qui fuit ;
5. MADELEINE, mariée à *Jean-Guy de Maniban*, Préfident à Mortier au Parlement de Touloufe, dont des enfans ;
6. N... DE FIEUBET, morte quelque tems après fon mariage avec *N... de Mauriac*, Confeiller au Parlement de Touloufe ;
7. MARGUERITE, mariée à *François*, Marquis d'*Offun*, dont des enfans ;
8. N... mariée à *N... de Caffeignan de Saint-Félix* ;

9. & 10. Et deux autres filles, Religieufes à la Vifitation.

VI. GASPARD DE FIEUBET, Confeiller au Parlement de Touloufe, Doyen des Requêtes en 1709, eft mort, fans poftérité, en 1711.

Les armes : *d'azur, au chevron d'or, accompagné en chef de 2 croiffans d'argent, & en pointe d'une montagne de même.*

*FIGANIÈRES, en Provence, Bourg auprès de Draguignan. Cette Terre eft poffédée par la Maifon de *Vintimille*, depuis l'an 1543, que *Philibert de Marfeille*, des Comtes de Vintimille, fils de *Gafpard de Marfeille*, des Comtes de Vintimille, Baron d'Ollioules, & d'*Anne d'Arcuffia*, Baronne de Tourves, époufa *Marguerite du Puget*, fille de *Michel du Puget*, Seigneur de Figanières, & de *Melchione de Caftellane-Entrecafteaux-Grignan*, devenue héritière de *Jacques du Puget*, fon frère.

Il eft à remarquer que cette terre n'a jamais été poffédée que par la Maifon du *Puget* & celle de *Vintimille*. *Gafpard de Vintimille*, des Comtes de Marfeille, Baron d'Ollioules, Tourves, Seigneur de Cabriès, Trébilianes, Seyffons, Queilet & autres terres, pofféda celle de Figanières comme héritier de fa mère, & elle devint le partage de *Philibert de Vintimille*, IIe du nom, des Comtes de Marfeille, fon fecond fils, qui époufa, en 1612, *Madeleine de Clapiers*, des Seigneurs du Sambuc. *Gafpard de Vintimille*, IIIe du nom, des Comtes de Marfeille, leur fils (n'ayant point eu d'enfans de *Marguerite de Villeneuve-Saint-Céfaire*, fa première femme, & de *N... de Flotte-d'Agoult-Saint-Auban*, fa feconde, qui, devenue veuve, époufa *Jean de Glandevès*), tefta & donna la terre de Figanières & fes dépendances, à *Marc-Antoine de Vintimille*, des Comtes de Marfeille, quatrième fils de fon coufin germain *François de Vintimille*, chef de la branche de *Vintimille-Seyffons*. *Marc-Antoine de Vintimille* ayant été tué au fiège de Namur, *Jean-Baptifte de Vintimille*, fon frère, des Comtes de Marfeille, Chevalier de Malte, Lieutenant des Galères du Roi, devenu Commandeur de fon Ordre, lui fuccéda comme fubftitué & fon légataire univerfel. *Jean-Baptifte* l'a tranfmife à fon frère aîné *Jofeph-Hubert de Vintimille*, des Comtes de Marfeille, chef de fa branche, Comte de Vintimille.

Gaspard-François-Joseph de Vintimille, des Comtes de Marseille, Comte de Vintimille, chef des noms & armes de sa Maison en France, depuis l'extinction de la branche des Comtes de Vintimille, Barons d'Ollioules, s'est démis de cette terre, par contrat du 1er Février 1765, en faveur de son fils aîné *Charles-François-Gaspard-Fidèle de Vintimille,* des Comtes de Marseille, Marquis de Vintimille, Brigadier des Armées du Roi, à l'occasion de son mariage avec *Marie-Madeleine - Sophie Talbot de Tyrconnell,* seule & unique héritière des deux branches des Comtes & Ducs de Tyrconnell en Angleterre & Irlande, Dame de Compagnie de Madame. Les habitans de *Figanières* ont toujours marqué l'attachement le plus vif pour la Maison dont ils sont vassaux. (*Notice envoyée.*)

FIGUEIREDO, famille ancienne de Portugal, alliée à tout ce qu'il y a de plus illustre dans ce Royaume.

La Maison de *Figueiredo* ne subsiste plus. *Laurent Gomez d'Almada,* qui vivoit du tems des Rois PIERRE Ier & FERDINAND, épousa SENHORINHA RODRIGUEZ DE FIGUEIREDO, dont les descendans ont pris le nom de *Figueiredo.* RODRIGUEZ-ANTOINE DE FIGUEIREDO, Seigneur d'Olla, Commandeur de plusieurs Commanderies dans l'Ordre de Christ, marié à *Louise-Jeanne Coutinho,* qui a été Dame du Palais de la feu Reine MARIE-ANNE D'AUTRICHE, en est issu au Xe degré.

Les armes : *de gueules, à cinq feuilles de figuier de sinople, rehaussé d'or, mises en sautoir.*

FIGUIÈRES, en Provence. HONORÉ DE FIGUIÈRES, de la ville de Manosque, vint s'établir à Aix, où il fut reçu Conseiller du Roi, & Auditeur en la Chambre des Comptes de la même ville le 11 Février 1658. Il épousa *Isabeau de Cornis,* fille d'*Antoine,* & de *Françoise Perrier,* dont il eut :

PAUL DE FIGUIÈRES, reçu Conseiller en la Cour des Comptes le 26 Juin 1684, qui épousa *Madeleine de Moustiers,* fille de *Pierre,* IIe du nom, & d'*Honorée de Margallet,* de laquelle il a eu trois garçons, savoir :

1. JEAN, Conseiller en la Cour des Comptes en 1715, mort sans postérité ;
2. LOUIS SCIPION, reçu dans le même Office en l'an 1726 ;

3. Et N... DE FIGUIÈRES, Chevalier de l'Ordre de Christ en Portugal. Ils vivent l'un & l'autre sans alliance. (*Histoire héroïque de la Noblesse de Provence,* tom. I, pag. 386.)

Les armes : *d'or, au figuier de sinople, au chef d'azur à 3 trois étoiles d'argent.*

FILLATRE (LE), Famille noble en Normandie, Election de Carentan, dont étoit LE FILLATRE, Ecuyer, Seigneur de Marcouville, qui porte pour armes : *d'or, au chevron d'azur, accompagné de trois têtes de serpent de gueules, & surmonté d'un lambel d'azur.*

On trouve un JULIEN LE FILLATRE, de l'Election de Carentan, fils de JACQUES, & ledit JACQUES, fils de CHRISTOPHE, anobli par Charte du mois de Novembre 1581.

FILLATRE (LE), en Normandie, Election de Valognes, qui porte : *d'argent, au hêtre de sinople, soutenu d'un croissant de gueules.* (Il est parlé de ces deux familles par Roissy, sous les années 1581 & 1588.)

Il y a encore, suivant Roissy, une autre famille du nom de LE FILLATRE, de la Sergenterie de Tollevast, Election de Valognes, qui a été anoblie par Charte de l'an 1549.

FILLEUL DE FRENEUSE, en Normandie : Famille maintenue dans sa Noblesse le 22 Janvier 1667.

DURAND FILLEUL, Maire de la ville de Rouen en 1268, cité pour être d'une famille noble & considérable de cette ville, fut père de

VINCENT FILLEUL, qui avoit épousé *Perronelle,* morte en 1296, fut père de :

ENGUERRAND FILLEUL. Ils sont enterrés tous les trois dans l'Eglise de la Sainte-Trinité-du-Mont près de Rouen, où l'on voit leurs tombes & leurs armes anciennes. (Voy. l'*Histoire de Rouen,* tom. V.)

Cette Famille a encore donné plusieurs autres Maires à la ville de Rouen : JEAN FILLEUL le fut en 1289, RAOUL FILLEUL en 1309, JEAN FILLEUL en 1332 & 1341, AMAURY FILLEUL, Seigneur de Freneuse, l'étoit aussi en 1353. Il fut envoyé en ôtage en Angleterre avec *Jean Mustel,* pour la délivrance du Roi JEAN ; ils y sont morts tous les deux. Il eut pour fils :

1. JACQUES, Maire en 1364 ;
2. JEAN, qui vivoit en 1404 ;
3. Et ALISSON, femme de *Robert de Croismare,* Seigneur de Liméfy.

JACQUES FILLEUL, Seigneur de Freneuse,

fit ses preuves de noblesse à Rouen en 1463.

C'est ce que nous pouvons dire sur cette famille, de laquelle nous n'avons point reçu de Mémoire, & dont il est parlé dans l'*Histoire de Rouen*, & dans celle de la *Maison d'Harcourt*, tom. II, pag. 415, & elle portoit anciennement : *d'argent, à une bande de gueules chargée de 3 coquilles d'or*, & ses armes font aujourd'hui : *d'or, au frêne arraché de sinople de 7 branches.*

FILLEUL DES CHESNETS, autre ancienne Famille noble de la même Province, établie depuis fort long-tems dans le Lieuvin. Comme les titres n'en ont pas été communiqués, on fait seulement, par un aveu rendu au Roi le 4 Février 1529, par MICHEL FILLEUL, Ecuyer, fils de MICHEL FILLEUL, aussi Ecuyer, que cette Famille possède depuis plus de 300 ans le fief des *Chesnets*, Paroisse de la Couture de Bernay.

OLIVIER FILLEUL, fils de NICOLAS-OLIVIER FILLEUL, & de *Françoise de Béthencourt*, épousa *Louise-Appoline de Bellemare*, dont il eut :

1. OLIVIER-JOSEPH, qui suit ;
2. Et LOUIS-GABRIEL, Chevalier de Malte, mort Commandeur de Castel près de Bailleul en Flandre, au mois de Juillet 1763.

OLIVIER-JOSEPH FILLEUL, Chevalier, Seigneur des Chesnets, Saint-Martin-le-Vieux & Brucourt, élevé Page de LOUIS XIV, avoit épousé *Marie-Madeleine-Jeanne de la Hogue*, de laquelle il a eu :

1. MARIE-LOUISE, alliée à *François-Gabriel le Fort*, Chevalier, Seigneur de Bonnebosq, &c., qui a servi dans le Régiment du Roi, Infanterie, dont est issue *Marie-Jeanne le Fort ;*
2. LOUISE-GABRIELLE-JEANNE, alliée à *Jean-Baptiste-Pierre Labbey*, Chevalier, Seigneur de la Boissière, &c., mort Conseiller au Parlement de Rouen, laissant deux enfans ;
3. Et APPOLLINE-MADELEINE, alliée à *Marie-Joseph Roch de Gauville*, Seigneur de Roy & Gauville, Brigadier d'Infanterie, &c.

Les armes : *palé, contre-palé d'or & d'azur, à l'orle de gueules chargé de 11 besans d'or.* (Notice envoyée.)

FILLEUL, en Normandie. Election de Domfront, qui porte : *contre-palé d'or & d'azur de six pièces, coupé de même de l'un en l'autre, à la bordure de gueules, chargée de huit besans d'argent.*

FILLEUL, Ecuyer, Seigneur d'Orville, en Normandie, Election de Bernay : *contre-palé d'argent & de sinople de 16 pièces.*

FILLEUL, Ecuyer, Sieur de la Chapelle en Normandie : *d'azur, au lion d'or, à une tierce du même, au franc-canton d'or, brochant.*

FILLON DE VILLEMUR. NICOLAS-FRANÇOIS FILLON DE VILLEMUR, un des 40 Fermiers-Généraux du Roi, & ensuite un des Gardes du Trésor-Royal, a eu de sa femme dont on ignore le nom :

MARIE-LOUISE-FRANÇOISE FILLON DE VILLEMUR, qui épousa, 1° le 11 Janvier 1721, *Louis-Pierre de Houdetot*, Mestre-de-Camp du Régiment d'Artois, &c., fils de *Charles*, Chevalier, Seigneur de Grosménil, &c., & de *Catherine le Breton* ; & 2° au mois de Septembre 1733, *Alphonse-Marie-Louis*, Comte de *Saint-Séverin d'Aragon*, Envoyé du Duc de Parme en France, mort Ministre d'Etat. Du premier lit elle eut deux filles, savoir : *Charlotte-Marie de Houdetot*, qui épousa *N... de Monestay*, Marquis de *Chazeron*, Lieutenant-Général des Armées du Roi ; & *Adelaïde-Louise-Camille de Houdetot*, née le 10 Juin 1725, morte au mois de Mai 1730 ; & du second lit : *Blanche-Alphonsine-Octavie-Marie-Louise-Françoise de Saint-Séverin d'Aragon*, née en Juillet 1736, morte le 20 Janvier 1753, première femme de *Casimir Pignatelli-d'Egmond*, Comte d'Egmond, qu'elle avoit épousé, le 14 Décembre 1750, laissant *Alphonsine-Louise-Julie-Félicie*, mariée, le 21 Juillet 1768, à N... Prince de Pignatelli. Voy. EGMONT.

FILSJEAN : *d'azur, au chevron d'or, accompagné de 3 étoiles de même, au chef d'or, chargé de 3 croix pattées de gueules.*

* FIMARCON ou FIÉMARCON, appelé dans les anciens titres latins *Fieudimarco* ; c'est une petite contrée en Gascogne qui s'étend dans les Diocèses d'Auch, de Condom & de Lectoure, & a pour limites, à l'Orient, la Vicomté de Lomagne ; à l'Occident, le Condomois ; au Midi, le Comté de Gavre ; & au Septentrion, la Vicomté de Bruillois. Elle contient 16 villages, & a 12 lieues de circonférence. Cette contrée fut donnée à

GUILLAUME DE LOMAGNE, fecond fils d'O-
THON, Vicomte de Lomagne, & de *Marthe
de Pardiac*. GUILLAUME, Seigneur de FIMAR-
CON, qui vivoit en 1231, fut père d'OTHON Ier,
& aïeul d'OTHON II, vivant en 1296, dont le
fils BERNARD-TRANCALÉON, Seigneur de FI-
MARCON en 1313, eut de fa première femme
Marthe d'Armagnac, OTHON III, mort fans
enfans; & de fa feconde, *Allemande de Cafe-
nove*, JEAN DE LOMAGNE, qui fuccéda à fon
frère, & mourut en Turquie après l'an 1360.
Il avoit époufé *Géraude de Montlezun*, dont
il eut : ODET DE LOMAGNE, Seigneur de Fimarcon, qui tefta le 16 Juillet 1378, & laiffa
de fa femme, *Catherine de Ventadour*, GÉ-
RAUD, allié, en 1405, à *Cécile de Périlles*,
mère d'ODET II, Seigneur de Fimarcon, qui
tefta en 1478. Il avoit époufé *Marthe de
Comminges*, qui donna à fon fecond fils, ODET
DE LOMAGNE, la Seigneurie de Terride & la
Vicomté de Gimois, dont elle étoit héritière.
De fa poftérité font fortis les Seigneurs de
Baringue, du furnom de Lomagne-Terride.
La Terre de *Fimarcon* fut érigée en *Marquifat* en 1503, & eft du reffort du Parle-
ment de Bordeaux, Sénéchauffée de Gafco-
gne.

JACQUES DE LOMAGNE, frère aîné d'ODET,
tefta en 1505, & laiffa de fa femme *Anne de
la Tour-d'Olliergués*, pour fille unique ANNE
DE LOMAGNE, qui porta la Seigneurie de *Fimarcon*, dans la Maifon de *Narbonne-Lara*,
par fon mariage avec *Aimery de Narbonne*,
Baron de Talleyrand, décédé en 1530. Elle
fut mère de *Bernard de Narbonne*, qui fe
qualifie Marquis de Fimarcon dans un aête
d'hommage de l'an 1533, & qui époufa *Cécile de Mauléon*. Il en eut *Jean de Narbonne*, mari de *Catherine de Narbonne de Sa-
lelles*. Leur fils, *Almaric de Narbonne*, Marquis de Fimarcon, Chevalier de l'Ordre du
Roi, décédé en 1622, laiffa de fa femme, *Marguerite d'Ornezan*, *François*, *Heêtor* &
Charles de Narbonne, fucceffivement Marquis de Fimarcon, lefquels étant morts fans
alliance, le Marquifat de Fimarcon paffa en
1630 à leur fœur, *Paule-Françoife de Narbonne*, mariée, en 1623, à *Paul-Antoine de
Caffagnet*, Seigneur de Tilladet & de Cof-
feins, nommé à l'Ordre du Saint-Efprit, &
mort le 23 Mars 1664, iffu d'une famille noble qui tire fon nom d'une Seigneurie en Armagnac, & de laquelle font fortis deux Che-

valiers des Ordres du Roi. Sa femme, qui lui
furvécut jufqu'au 15 Oêtobre 1687, le fit père
de *Jean-Jacques de Caffagnet*, Marquis de
Fimarcon, Colonel du Régiment d'Anjou,
mort le 28 Janvier 1708, laiffant poftérité de
fes deux femmes. Voyez CASSAGNET &
LOMAGNE.

Les armes de FIMARCON : *d'argent, au lion
de gueules armé, lampaffé & couronné de
fable*.

FITE DE PELLEPORC (LA), en Champa-
gne : *d'azur, au lion d'or, couronné d'argent,
armé & lampaffé de gueules, à la bordure
d'or, chargée de 11 merlettes affrontées de
fable*.

FITIGNY, en Franche-Comté : Famille
dont étoit :

GUILLAUME, Seigneur DE FITIGNY en Comté,
lequel vivoit en 1390, marié à *Marguerite
Aleman*, fille de *Hugonin Aleman*, Seigneur
d'Arbent & de Mornay. Il fut père de JEANNE
DE FITIGNY, alliée, le 12 Août 1421, avec *Jean
d'Andelot*, Seigneur de Preffiat, fils de *Hugues d'Andelot* Seigneur du même lieu, &
de *Jeanne de Mathefelon*.

HUMBERT, Seigneur DE FITIGNY, époufa, le
9 Mars 1480, *Anne Andrevel*, fille de *Claude
Andrevel*, Seigneur de Corfaint, & de *Guillemette de Chandée*.

Les armes : *de gueules à 3 chevrons d'or*.

*FITOLE (LA) en Bigorre, Diocèfe de
Tarbes : Terre & Seigneurie qui donne féance aux Etats de cette Province. Elle fut unie
à celles de *Bordan*, *la Mothe* & *Efpagnette*,
fituées dans le Bigorre, & fut érigée en *Marquifat* fous le nom de *la Fitole*, par Lettres
du mois de Mars 1747, enregiftrées au Parlement de Touloufe le 25 du même mois, au
Bureau de Tarbes, au Parlement de Pau &
au Bureau des Finances de la Généralité
d'Auch, les 2, 9 & 22 Décembre de la même
année, en faveur de *Clément Pujo de la Fitole*,
Lieutenant-Général, Juge-Mage de la Sénéchauffée, & Juge Royal de Bigorre, le cinquième titulaire de père en fils de cette charge, qui fut reçu, en 1751, Préfident à Mortier
au Parlement de Pau, en furvivance de fon
beau-père. Voy. PUJO DE LA FITOLE.

FITZ-ALAN, ancienne Maifon d'Angleterre qui tiroit fon origine d'ALAIN, auquel
GUILLAUME LE CONQUÉRANT, Roi d'Angleterre,

donna la terre d'Ofwaldefter, dont la poftérité prit le nom de *Fitz-Alan*, qui veut dire *Fitz-d'Alain*. L'on n'en rapportera la poftérité, d'après Moréri, que depuis

I. JEAN FITZ-ALAN, Seigneur d'Ofwaldefter, qui mourut en 1239, ayant eu, d'*Ifabelle*, fille de *Guillaume d'Albini*, dont les defcendans ont pris le nom d'*Aubeni*, Comte d'Arundel:

II. JEAN FITZ-ALAN, IIe du nom qui fut, par fa mère, Comte d'Arundel, ville de la province de Suffex, qui n'eft pas grande ni fort peuplée, mais que le nom des Comtes d'Arundel a rendue célèbre. Il mourut en 1267, laiffant de *Mathilde de Verdun:*

III. JEAN FITZ-ALAN, IIIe du nom, Comte d'Arundel, mort en 1270, qui avoit époufé *Ifabelle de Mortimer,* dont il eut:

IV. RICHARD FITZ-ALAN, Comte d'Arundel. Il laiffa d'*Alix*, fille de *N...* Marquis *de Saluces:*

1. RICHARD, qui fuit;
2. MATHILDE, alliée à *Philippe*, Baron *de Burnel;*
3. MARGUERITE, femme de *Guillaume Boleter-Wemme;*
4. Et ELÉONORE FITZ-ALAN, mariée à *Henri*, Baron *de Percy.*

V. RICHARD FITZ-ALAN, IIe du nom, nommé, par quelques-uns, *Edmond*, Comte d'Arundel, eut la tête tranchée le 9 Octobre 1326. Il avoit époufé *Louife de Varennes*, fœur & héritière de *Jean*, Comte *de Varennes* & de Surrei. Ses enfans furent:

1. RICHARD, qui fuit;
2. EDMOND, qui fut d'Eglife;
3. LOUISE, mariée à *Jean de Bohun*, Comte d'Herfort & d'Effex;
4. Et JEANNE FITZ-ALAN, femme de *Warin Gérard*, Baron de l'Isle.

VI. RICHARD FITZ-ALAN, IIIe du nom, Comte d'Arundel, fut Amiral fous le règne d'EDOUARD III, & mourut le 23 Janvier 1375. Il avoit époufé 1° *Ifabelle*, fille de *Hugues Defpenfer*, qu'il répudia, quoiqu'il en eut eu PHILIPPE, qui fut mariée à *Richard de Sergeaux;* & 2° *Eléonore de Lancaftre*, veuve de *Jean de Beaumont*, & fille de *Henri*, Comte *de Lancaftre*, morte en 1375, dont il eut:

1. RICHARD, qui fuit;
2. JEAN, auteur de la branche des Barons de *Maltravers*, rapportée ci-après;

---

3. THOMAS, Evêque d'Ely, puis Archevêque de Cantorbéry, & Chancelier d'Angleterre;
4. LOUISE, mariée à *Thomas Holland*, Comte de Kent;
5. ELÉONORE, morte jeune;
6. JEANNE, mariée à *Humfroy de Bohun*, Comte d'Herfort;
7. Et MARIE, alliée à *Jean*, Baron *de Strange de Blanckmere.*

VII. RICHARD FITZ-ALAN, IVe du nom, Comte d'Arundel, Amiral d'Angleterre, fous le règne de RICHARD II, eut la tête tranchée en 1393. Il avoit époufé, 1° *Elifabeth de Bohun*, fille de *Guillaume*, Comte de Northampton; & 2° *Philippe Mortimer*, fille du Comte de la Marche. Du premier lit vinrent:

1. THOMAS, qui fuit;
2. & 3. RICHARD & GUILLAUME, morts jeunes;
4. ELISABETH, mariée, 1° à *Guillaume de Montagu;* 2° à *Thomas Moubray*, Comte de Nottingham; 3° à *Gérard Usflete*, Chevalier; & 4° à *Robert Coushil*, Chevalier;
5. JEANNE, alliée à *Guillaume de Beauchamp*, Baron de Bergavenni;
6. MARGUERITE, qui époufa *Rolland Lenthall*, Chevalier;
7. LOUISE, mariée à *Jean Charleton*, Baron de Pouvit.

Du fecond lit fortit:

8. JEAN, mort jeune.

VIII. THOMAS FITZ-ALAN, Comte d'Arundel, mourut le 13 Octobre 1415, fans laiffer de poftérité de *Béatrix*, fille naturelle de JEAN, Ier du nom, Roi de Portugal, veuve de *Gilbert Talbot*, qu'il avoit époufée en 1404.

BRANCHE
des Barons de MALTRAVERS, devenus Comtes d'ARUNDEL.

VII. JEAN FITZ-ALAN, fils puîné de RICHARD, IIIe du nom, Comte d'Arundel, & d'*Eléonore de Lancaftre*, fa feconde femme, fut Shérif de Cornouailles fous le règne d'EDOUARD IV. Quand on lui eut prédit qu'il feroit tué fur le fable, il quitta fa maifon qui étoit près de la mer, & fe retira en une autre qu'il avoit au milieu des terres; mais la même année qu'il fut Shérif, le Comte d'Oxford furprit le Mont-Saint-Michel pour la Maifon de Lancaftre, & ayant eu ordre de marcher contre ce Comte, il perdit la vie dans une efcarmouche qui fe donna fur la grève, le 13 Décembre 1380. Il avoit époufé *Eléonore*, fœur &

héritière de *Henri*, Baron *de Maltravers*, dont il eut:

VIII. JEAN FITZ-ALAN, Baron de Maltravers, qui mourut le 29 Avril 1422, ayant eu d'*Eléonore*, fille de *Jean Berkeley-de-Beverston* :

1. JEAN, qui devint Comte d'Arundel, & mourut le 12 Mai 1434, ayant eu de *Mathilde*, fille de *Robert Lovel*, morte en 1436,

HUMFROY, mort jeune.

2. GUILLAUME, qui fuit;
3. Et LOUISE, mariée à *Jacques Butler*, Comte de Wiltshire.

IX. GUILLAUME FITZ-ALAN, Comte d'Arundel, Baron de Maltravers, Jufticier & Connétable de Douvres, mourut en 1487, ayant eu de *Jeanne Nevill*, fille de *Richard*, Comte de Salisbury :

1. THOMAS, qui fuit;
2. 3. 4. & 5. GUILLAUME, GEORGES, JEAN, & MARIE.

X. THOMAS FITZ-ALAN, Comte d'Arundel, &c., mourut le 25 Octobre 1524. Il avoit épousé *Marguerite Widevil*, fille de *Richard*, Comte de Rivers, dont il eut :

1. GUILLAUME, qui fuit;
2. EDMONDE-MARGUERITE, alliée à *Jean de la Pole*, Comte de Lincoln;
3. Et JEANNE, mariée à *Georges Nevill*, Baron de Bergavenny.

XI. GUILLAUME FITZ-ALAN, Comte d'Arundel, Baron de Maltravers, mourut le 23 Janvier 1544. Il avoit épousé, 1º *Anne Percy*, fille de *Henri*, Comte de Northumberland; & 2º *Elifabeth*, fille de *Robert Willoughby*, Baron de Broke, de laquelle il n'eut point d'enfans. Ceux qu'il eut de fa première femme furent:

1. HENRI, qui fuit;
2. ANNE-MARGUERITE-ELISABETH, morte fans alliance;
3. Et CATHERINE, mariée à *Henri Grey*, Marquis de Dorfet.

XII. HENRI FITZ-ALAN, Comte d'Arundel, Baron de Maltravers, mourut le 25 Février 1579. Il avoit épousé 1º *Catherine Grey*, fille de *Thomas*, Marquis de Dorfet; & 2º *Marie*, fille de *Jean Arundel de Lauherne*, veuve de *Robert*, Comte de Suffex, de laquelle il n'eut point d'enfans. Ceux qu'il eut de fa première femme furent :

1. JEAN, mort avant fon père;

Tome VIII.

2. JEANNE, mariée à *Jean*, Baron *de Lumley*;
3. Et MARIE, Comtesse d'Arundel, &c., qui épousa *Thomas Hauyard*, Duc de Norfolk, Chevalier de la Jarretière. Ce fut ce Duc de Norfolk, qui fit placer dans les Jardins du Palais d'Arundel à Londres, les plus curieux monumens de l'antiquité, que l'on appelle les marbres d'Arundel. Voyez Imhoff, en fes *Pairs d'Angleterre*, & le *Dictionnaire Anglois*.

FITZ-GERALD, Famille noble dont étoit JACQUES FITZ-GERALD, Maréchal-des-Camps & Armées du Roi, mort à Brives-la-Gaillarde le 19 Février 1773, dans la 53ᵉ année de fon âge. Faute de Mémoire, nous ne favons rien de plus.

FITZ-JAMES, en Beauvoifis:

JACQUES FITZ-JAMES, Duc de Berwick, Pair d'Angleterre, Duc de Liria & de Xerica au Royaume de Valence, Duc de Warty, ou *Fitz-James* en France, né en 1670, fils naturel de JACQUES II, Roi d'Angleterre, & d'*Arabella Churchill*, fœur de *Jean*, Duc *de Malborough*, Prince de l'Empire, commença à porter les armes dès fa plus tendre jeuneffe, fe trouva en 1686, aux fiège & prife de Bude en Hongrie, & à la bataille gagnée enfuite par les Impériaux fur les Turcs, où il donna des preuves de fa valeur. A fon retour en Angleterre il fut créé par le Roi, fon père, Duc de Berwick, Comte de Tinmouth & Baron de Bofworth; fut nommé, au mois de Mars 1687, Chevalier de l'Ordre de la Jarretière, dont il prit les marques fans avoir été inftallé dans la Chapelle de Windfor; eut un Régiment d'Infanterie & un de Cavalerie, avec le Gouvernement de Porftmouth. Obligé de paffer en France avec le Roi fon père, à caufe des troubles arrivés en Angleterre, il repaffa en Irlande avec le titre de Général d'Armée & de Commandant dans le Royaume, pendant l'abfence du Milord Tirconel, qui en étoit Vice-Roi. Il fe trouva au fiège de Londondery & à la bataille de Boyne, en 1690, où il eut un cheval tué fous lui. Deux ans après, le Roi JACQUES lui donna une Compagnie de fes Gardes-du-Corps. Revenu en France, il fe diftingua aux fièges de Mons, de Charleroy, d'Ath, aux batailles & combats de Leuze, de Steinkerque & de Nerwinde; fut fait prifonnier à cette dernière action, & échangé contre le Duc d'Ormond. Il fut créé Lieutenant-Général des Armées du Roi, par LOUIS XIV, le 31 Mars 1693,

E

pourvû, le 4 Mai 1698, d'un des nouveaux Régimens Irlandois, formés de ceux qui avoient été au Roi d'Angleterre, lequel n'étoit alors que d'un bataillon, & fut augmenté d'un fecond, en 1703; fervit en Flandre en qualité de Lieutenant-Général pendant les campagnes de 1701, 1702 & 1703; obtint des Lettres de naturalité, le 17 Décembre de cette dernière année; eut le titre de Commandant-Général des Troupes envoyées au Roi Catholique, qui le fit Grand d'Efpagne au mois de Février 1704; fe rendit maître dans une feule campagne, des villes & fortereffes Portugaifes de Salvatierra, Segura, Caftelbranco, Portalègre, Caftel-David & autres places, de la plupart defquelles il fit rafer les fortifications. De retour en France, il fut envoyé en 1705, à la tête des Troupes deftinées contre les Fanatiques du Languedoc, avec le titre de Commandant de cette Province, & ayant découvert une confpiration formée, pour introduire les ennemis dans le pays, furprit les Rebelles, fit punir les plus coupables, & rétablit en moins de fix mois la tranquillité dans la Province; la même année, le 14 Novembre, il fe rendit maître de la ville de Nice, obligea le Gouverneur de rendre le Château & la Citadelle, le 4 Janvier 1706, & foumit tout le Comté à l'obéiffance du Roi. Cette belle action lui mérita le bâton de Maréchal de France, dignité à laquelle il fut élevé le 15 Février fuivant. Envoyé une feconde fois pour commander les Troupes du Roi en Efpagne, il prit la ville de Carthagène, le 17 Novembre de la même année 1706, gagna le 25 Avril 1707 la fameufe victoire d'Almanza, fur les Troupes Impériales dont 5000 hommes furent tués, plufieurs bleffés, 9000 faits prifonniers, fans compter 7 ou 800 Officiers, 120 Drapeaux ou Etendards & toute l'Artillerie. Philippe V, pour le récompenfer de cet important fervice lui donna les villes de Liria & de Xérica, dans le Royaume de Naples, en titre de Duché, auxquelles Sa Majefté Catholique attacha une *grandeffe* de la première claffe, pour celui des enfans que le Maréchal Duc de Berwick voudroit nommer. Ce Prince le nomma auffi Chevalier de la Toifon-d'Or & fon Lieutenant-Général en Aragon. Il fervit encore utilement fous les ordres du Duc d'Orléans, depuis Régent du Royaume, à la réduction des Royaumes de Valence & d'Aragon; & à la prife de Lérida. Rappelé par

Louis XIV, qui lui avoit donné le Gouvernement du Limoufin, il eut le commandement de l'Armée fur le Rhin, pour faire tête au Prince Eugène de Savoie, & fe joignit au Duc de Bourgogne, fous les ordres duquel il acheva la campagne. L'année fuivante il entra dans le Dauphiné, & empêcha les progrès du Duc de Savoie, fit en 1710, le commencement de la campagne en Flandre avec le Maréchal de Villars, & paffa de là en Dauphiné, pour prendre le commandement de l'Armée.

Louis XIV, par fes Lettres-Patentes du mois de Mai 1710, enregiftrées le 23 du même mois, érigea en fa faveur, & celle du fils aîné de fon fecond lit & de fes defcendans, & à leur défaut, de fes autres enfans puînés mâles, la Terre de *Warty* près Clermont en Beauvoifis en *Duché-Pairie*, fous le nom de *Fitz-James*. Il prêta ferment, & prit féance au Parlement en cette qualité de *Duc & Pair*, le 11 Décembre de la même année. Ce Maréchal commanda encore l'Armée Françoife en Dauphiné, pendant les campagnes de 1711 & 1712, & à peine arrivé à la Cour, il fut envoyé en Catalogne avec 20,000 hommes, pour faire le blocus de Girone qui fubfiftoit depuis 8 mois; ce qu'il exécuta le 3 Janvier 1713. Déclaré Généraliffime des Troupes Françoifes, deftinées pour faire le fiège de Barcelone, il partit le 23 Juin, & arriva devant la Place le 7 Juillet, & après 62 jours de tranchée ouverte, prit la ville à difcrétion, le 12 Septembre fuivant, ce qui fut fuivi de la réduction du Château de Cardonne. En 1719, il fut nommé du Confeil de la Régence, & la guerre ayant été réfolue contre l'Efpagne, il fut nommé Général de l'Armée, & prit pendant cette campagne les villes de Fontarabie & de Saint-Sébaftien, & le Château d'Urgel. La réduction de Rofes ne lui réuffit pas; le convoi qui lui venoit par mer ayant été difperfé par la tempête. Le Roi, en 1721, lui donna le commandement en chef des Provinces de Guyenne, Béarn, Navarre, pays de Foix, Rouffillon, Limoufin, Auvergne, Bourbonnois, Forez & partie du Vivarais. Enfin, le 2 Février 1724, il fut nommé Chevalier des Ordres, & en 1730, le Roi lui donna le Gouvernement de Strasbourg. Ce grand Capitaine eft mort Général des Troupes de France en Allemagne, où il fut tué d'un boulet de canon en 1734, au fiège de Philippsbourg.

Il avoit époufé, 1° le 26 Mars 1695, *Hono-*

rée de Burck, veuve de Milord *Patrix Sarsfield*, Comte de Lucan, tué à la bataille de Nerwinde, le 29 Juillet 1693; & fille du Comte *de Clanrikard*, & d'*Hélène de Clancarty*; elle mourut à Pézenas en Languedoc, le 16 Janvier 1698; & 2° le 18 Avril 1700, *Anne Bulkeley*, fille de *Henri Bulkeley*, & de *Sophie Stuart*, Dame d'honneur de la Reine d'Angleterre, morte le 12 Juin 1751. Du premier lit il a eu:

1. Jacques-François, auteur de la branche aînée établie en Espagne, connue sous le nom de *Liria*, rapportée ci-après.

Du second lit sont sortis:

2. Jacques, Duc de Fitz-James, Pair de France, né le 15 Novembre 1702, Gouverneur du Haut & Bas-Limousin, & Mestre-de-Camp d'un Régiment d'Infanterie, mort à Paris le 13 Octobre 1721, sans enfans de *Victoire-Félicité de Durfort*, fille de *Jean de Durfort*, Duc de Duras, Lieutenant-Général des Armées du Roi, Chevalier de ses Ordres & Commandant dans la Haute & Basse-Guyenne, & d'*Angélique-Victoire de Bournonville*, qu'il avoit épousée, le 10 Avril 1720. Elle a été remariée, le 23 Avril 1727, avec *Louis-Marie-Augustin d'Aumont de Rochebaron*, Duc d'Aumont, Pair de France, premier Gentilhomme de la Chambre du Roi, & est morte le 16 Octobre 1753. Voyez AUMONT. Le feu Maréchal Duc de Berwick rentra, à la mort de son fils aîné, dans la possession du Duché & du Gouvernement du Limousin, & se fit même recevoir une seconde fois au Parlement;

3. François, né le 9 Janvier 1709, qui fut Duc de Fitz-James après la mort de son frère aîné, & aussi Gouverneur du Haut & Bas-Limousin, en survivance du Maréchal, son père; mais ayant embrassé l'Etat Ecclésiastique en 1727, il renonça à ses dignités. Il a été nommé, en Mai 1728, Abbé de Saint-Victor de Paris, s'est démis du Duché avec conservation des honneurs de la Pairie en 1736, a été nommé Abbé de Bocherville en 1738, sacré Evêque de Soissons le 31 Mai 1739; fait premier Aumônier du Roi le 3 Mars 1742, charge dont il s'est démis le 6 Mars 1748, & est mort le 19 Juillet 1764;

4. Henri, né le 8 Septembre 1711, Gouverneur du Haut & Bas-Limousin, Mestre-de-Camp d'un Régiment d'Infanterie Irlandois, puis Colonel du Régiment de Berwick. Il s'est démis de son Régiment en 1729, & est mort Ecclésiastique en 1731, sans avoir jamais porté le titre de *Duc*,

mais seulement celui de *Comte* ou d'*Abbé de Berwick*;

5. Charles, auteur de la seconde branche établie en France, dont il sera parlé ci-après;

6. Edouard, né le 17 Octobre 1715, appelé le *Comte de Fitz-James*, Colonel du Régiment de Berwick, en 1729, par la démission de son frère Henri; Brigadier le 1er Janvier 1740, Maréchal-de-Camp le 2 Mai 1744, & Lieutenant-Général des Armées du Roi le 10 Mai 1748, mort le 5 Mai 1758;

7. Un fils, mort jeune;

8. Henriette, née le 16 Septembre 1705, & mariée, le 7 Novembre 1722, à *Jean-Baptiste-Louis de Clermont-d'Amboise*, Marquis de Renel & de Montglat, &c., né posthume le 12 Octobre 1702, mort le 18 Septembre 1775, alors Colonel du Régiment de Santerre, Infanterie, & aujourd'hui Lieutenant-Général des Armées du Roi. Elle fut nommée Dame du Palais de feu la Reine, au mois de Mai 1728, & est morte à Chatou près de Paris, le 1er Juin 1739;

9. Laure, née en Août 1710, une des Dames du Palais de feu la Reine, appelée Marquise Douairière de Bouzols, mariée, en 1732, veuve de *Joachim-Louis de Montaigu*, Marquis de Bouzols, Lieutenant-Général pour le Roi en la Province de la Haute-Auvergne, & Gouverneur de Brouage, qu'elle avoit épousé le 11 Mars 1732;

10. Emilie, née le 9 Octobre 1716, veuve de *François-Marie*, Marquis d'*Escars*, né le 6 Octobre 1709, mort en 1759, Maréchal-de-Camp, chef de la Maison d'Escars, marié le 4 Septembre 1736. Voyez ESCARS;

11. Sophie, née en 1717, Religieuse à la Visitation, à Paris, du 19 Août 1739;

12. & 13. Et deux autres filles, mortes jeunes.

BRANCHE AINÉE,
établie en Espagne.

Jacques-François Fitz-Jamés, Duc de Liria & de Xérica, né le 19 Octobre 1696, Grand d'Espagne de la première Classe, Comte de Tinmouth, Baron de Borfworth, Chevalier de l'Ordre de la Toison-d'Or & des Ordres Russes de Saint-André & de Saint-Alexandre, Grand-Alcade & premier Régent perpétuel de la Cité de Saint-Philippe, Chambellan du Roi d'Espagne, &c., fils de Jacques Fitz-James, Duc de Berwick, & d'*Honorée de Burke de Clanrikard*, sa première femme, porta d'abord le titre de Lord, Comte de Tinmouth, & fit sa première campagne à l'âge de 16 ans, sous le Maréchal Duc de Berwick, son père, en Dauphiné, en

1711. Il l'accompagna au siége de Barcelonne en 1714, & ayant apporté à Madrid, le 22 Septembre, le détail de la prise de cette place, il fut honoré, le 29 suivant, du Collier de la Toison-d'Or. Son père s'étant démis en sa faveur des Duchés de Liria & de Xérica, il prit possession des honneurs de la Grandesse au mois d'Octobre 1716, & se qualifia alors Duc de Liria. Il fut fait, au mois de Février 1718, Colonel d'un Régiment d'Infanterie, Irlandoise, essuya depuis quelque disgrace sous le ministère du Cardinal Albéroni, qui le fit reléguer de la Cour; mais ce Cardinal ayant été lui-même disgracié au commencement de 1719, il fut rapelé. Etant Colonel du Régiment d'Infanterie de Limmerick & Brigadier des Armées du Roi Catholique, il fut créé Maréchal-de-Camp au mois de Février 1724. Le Roi d'Espagne le nomma, au mois de Décembre 1726, son Ambassadeur extraordinaire & plénipotentiaire à la Cour de Russie. Il se rendit en Moscovie par l'Italie, & arriva à Vienne le 16 Mai 1727, d'où il se rendit à Pétersbourg, où il eut sa première audience du jeune Czar, le 30 Décembre suivant. Il suivit ce Monarque à Moscou, où il reçut le Cordon de l'Ordre de Saint-André le 28 Mars 1728, & y donna le 27 Juin suivant, à l'occasion des doubles mariages entre les Couronnes d'Espagne & de Portugal, une fête des plus somptueuses, à laquelle le Czar assista avec toute sa Cour. Après la mort du jeune Czar, arrivée la nuit du 29 au 30 Janvier 1730, la Duchesse de Courlande ayant été reconnue pour Souveraine de toute la Russie, il prit d'elle son audience de congé à Moscou le 10 Novembre même année, & en partit le 30 suivant, après avoir reçu de cette Princesse un diamant de grand prix. Il passa par la Pologne, s'arrêta quelques jours à Varsovie, & arriva à Vienne le 23 Janvier 1731, où, en qualité de Ministre plénipotentiaire du Roi d'Espagne auprès de l'Empereur, il signa le 22 Juillet suivant, au nom de son Prince, un traité avec Sa Majesté Impériale & le Roi de la Grande-Bretagne, GEORGES II. Après avoir passé deux ans en cette Cour, il fut rappelé & eut son audience de l'Empereur le 29 Janvier 1733, & reçut, au nom de Sa Majesté Impériale, un diamant de 4 à 5000 écus. Il partit de Vienne le 5 Février suivant, pour retourner en Espagne. Sa Majesté Catholique l'avoit déclaré Lieutenant-Général de ses Armées au mois de Décembre 1732, & il est mort à Naples le 2 Juin 1738. Il avoit épousé, le 31 Décembre 1716, *Catherine de Portugal-Colomb*, fille de *Pierre-Emmanuel-Nugno de Portugal-Colomb*, Duc de Véraguas & de la Véga, Grand d'Espagne, Chevalier de la Toison-d'Or, & de *Thérèse-Marie de Ayala*, & de Tolède. De ce mariage sont issus:

1. JACQUES, né le 11 Octobre 1717, mort peu après;
2. Autre JACQUES, qui suit;
3. PIERRE, rapporté après son frère;
4. BONAVENTURE, né le 21 Avril 1724;
5. CATHERINE, née le 21 Août 1722;
6. Et MARIE, née le 3 Mai 1725, morte en 1744. Elle avoit épousé, le 11 Novembre 1740, *François-Marie Pic*, Duc de la Mirandole, mort le 26 Novembre 1747.

JACQUES FITZ-JAMES, dit *Stuart*, né le 28 Décembre 1718, Duc de Véraguas, a épousé *Marie-Thérèse*, fille du Comte *Emmanuel-Marie de Galbes*, dont:

CHARLES-BERNARD-PASCAL-JANVIER FITZ-JAMES, baptisé le 5 Juillet 1751, appelé *le Marquis de la Jamaïque*, marié, en Octobre 1771, à *Caroline-Auguste de Stolberg-Gedern*, née le 10 Février 1755, fille de *Gustave-Adolphe*, Prince de *Stolberg-Gedern*.

PIERRE FITZ-JAMES, dit *Stuart y Portugal*, né le 17 Novembre 1720 (fils puîné de JACQUES-FRANÇOIS), Marquis de Saint-Léonard en Mai 1764, Premier Ecuyer de Sa Majesté Catholique, Gentilhomme de la Chambre, Lieutenant-Général & Amiral d'Espagne, a épousé l'héritière *de Castelblanco*, dont postérité.

SECONDE BRANCHE, *établie en France.*

CHARLES FITZ-JAMES, né le 4 Novembre 1712, quatrième fils de JACQUES, Duc de Berwick, Pair & Maréchal de France, & d'*Anne Bulkeley*, sa seconde femme, d'abord appelé *Comte*, & aujourd'hui *Duc de Fitz-James*, Mestre-de-Camp du Régiment de Cavalerie de son nom, en 1733, Gouverneur du Limousin en 1734, Duc par démission en Juillet 1736, Brigadier de Cavalerie le 1er Janvier 1740, Maréchal-de-Camp le 2 Mai 1744, Lieutenant-Général des Armées du Roi le 10 Mai 1748, Chevalier de ses Ordres & Commandant en Langue, a épousé, le 1er

Février 1741, *Victoire-Louise-Sophie de Goyon de Matignon*, fille aînée du Marquis de ce nom, Chevalier des Ordres, née le 16 Août 1722, une des Dames du Palais de feu la Reine, & depuis le mois de Juin 1770, une des Dames de Madame la Dauphine, dont :

1. JEAN-CHARLES, qui suit ;
2. EDOUARD, né le 3 Septembre 1750, Chevalier de Malte & Colonel ;
3. LAURE, née le 7 Décembre 1744, mariée, le 25 Septembre 1762, à *Philippe-Gabriel-Maurice d'Alsace-Hénin-Liétard*, Prince de Chimay & d'Empire, Grand d'Espagne de la première Classe, héritier en 1761 de son neveu ;
4. Et ADÉLAIDE, née le 17 Janvier 1746, morte.

JEAN-CHARLES, Comte DE FITZ-JAMES, né le 26 Novembre 1743, a épousé, contrat signé le 31 Décembre 1768, *Marie-Claudine-Sylvie de Thiard*, fille unique de *Charles-Claude*, Comte de Thiard, premier Gentilhomme du Duc d'Orléans, Lieutenant-Général & Capitaine des Gendarmes Dauphins, frère cadet du Marquis de Bissy, & d'*Anne-Elisabeth-Marie-Marthe-Rose Brissard*.

Les armes : *écartelé, aux 1 & 4 contre-écartelé de* FRANCE *&* d'ANGLETERRE ; *au 2 d'or, à un lion de gueules, dans un double trêcheur fleurdelisé de même, qui est d'E-COSSE ; au 3 d'azur, à la harpe d'or, qui est* d'IRLANDE ; *à la bordure renfermant tout l'écu, componnée de 16 pièces ou campons, 8 d'azur, chargés chacun d'une fleur-de-lis d'or, & 8 de gueules, chargés aussi chacun d'un léopard d'or.*

FITZ-PATRICK-D'OSSORY, Famille noble, originaire d'Irlande dont étoit :

Messire FLORENGE DE FITZ-PATRICK-D'OSSORY, marié à *Marie-Alexis Blondeau*, dans l'Eglise paroissiale de Saint-Maurice de Salins, par Messire Bouvier, Chanoine dans cette Eglise. (Les armes de BLONDEAU sont : *d'or, au chevron d'azur, surmonté d'un croissant d'argent, accompagné de 3 œillets de gueules, soutenus & feuillés de sinople.*) De ce mariage vinrent :

1. Messire JACQUES-THOMAS, qui suit ;
2. Et ELISABETH, non mariée.

Messire JACQUES-THOMAS DE FITZ-PATRICK-D'OSSORY, Chevalier, Capitaine au Régiment de Foix, Infanterie, avec Brevet de Lieutenant-Colonel, & de Chevalier de Saint-Louis,

a épousé, à Lorient, *Anne-Brigitte de Saint-John*, dont il a aujourd'hui deux enfans vivans, un garçon & une fille.

Les armes : *de sinople, au sautoir d'argent, le chef cousu d'azur, chargé de trois fleurs-de-lis d'or, mises en fasces ;* elles ont été accordées à BARNABÉ FITZ-PATRICK-D'OSSORY, Favori d'EDOUARD VI, Roi d'Angleterre, envoyé par ce Prince, Ambassadeur vers la Cour de France, où il s'acquitta si dignement de sa négociation, que le Roi de France lui permit de substituer aux *trois tourteaux*, qui étoient au chef de ses armes, *trois fleurs-de-lis d'argent*, que sa famille à adoptées, & porte depuis.

FITZ-ROI. CHARLES II, Roi d'Angleterre, eut de *Barbe Villiers*, sa maîtresse, Duchesse de Cleveland, trois fils naturels & quatre filles, dont nous parlerons ci-après. Elle fit beaucoup de bruit par sa beauté, & étoit fille de *Guillaume Villiers*, Comte de Grandison en Irlande, & femme de *Roger Palmer*, Comte de Castlemain. Elle fut d'abord créée Baronne de Nonsuch, puis Comtesse de Southampton, & enfin Duchesse de Cleveland. Elle mourut à Londres le 3 Octobre 1709, âgée de 72 ans, & laissa :

1. CHARLES, qui suit ;
2. HENRI, mentionné ci-après ;
3. GEORGES FITZ-ROI, lequel fut créé Comte & Duc de Northumberland, Vicomte de Falmouth & Baron de Pontefrach, en 1675, & Chevalier de l'Ordre de la Jarretière en 1684. La Reine ANNE le fit Capitaine de la seconde Compagnie de ses Gardes à Cheval, au mois de Janvier 1712, & le déclara de son Conseil privé le 28 Août 1713. Ayant favorisé l'élection, faite le 6 Février 1715, à Windsor, dont il avoit été Gouverneur, en faveur des deux personnes du parti des *Toris*, pour membres du prochain Parlement, nonobstant l'opposition du Duc de Kent, alors Gouverneur de ce lieu, il fut privé de sa Charge de Capitaine des Gardes-du-Corps par le Roi GEORGES Ier qui lui fit dire qu'il n'avoit plus besoin de son service. Il mourut à Epsom le 9 Juillet 1716, âgé de 50 ans, & fut inhumé dans la Chapelle du Roi HENRI VII, à Westminster. Il avoit épousé, en 1686, *Catherine*, fille de *Roberte Wheatley de Brecknall*, veuve de *Thomas Lucy de Cherleote*, & morte à Londres le 6 Juin 1714, sans enfans.
4. N..., Comtesse *de Sussex* ;

5. N..., Comteffe *de Lichtfiel* ;

6. & 7. Et deux filles, Religieufes en France.

CHARLES FITZ-ROI, fait Chevalier de l'Ordre de la Jarretière en 1672, & Baron de Newberie, Comte de Chichefter, & Duc de Southampton en 1675, prit le titre de Duc de Cléveland après le décès de fa mère en 1709, & mourut à Londres dans un âge avancé le 20 Septembre 1730. Il fut inhumé le 14 Novembre fuivant, dans l'Abbaye de Weftminfter. Il avoit époufé 1° *Marie*, fille de *Henri Wood*, morte fans enfans; & 2° *N...* dont on ignore le nom, laquelle fut Ducheffe Douairière de Cléveland, & fe maria, au mois de Février 1732, avec *Philippe Southcott*, fils d'*Edouard Southcott*, Chevalier Baronet, & coufin germain maternel du Duc de Norfolk, qu'elle avantagea confidérablement par fon contrat de mariage. De fon premier mari elle a eu :

1. GUILLAUME, qui fuit ;
2. CHARLES, mort de la petite-vérole, à Paris au mois d'Août 1723, d'où fon corps fut transporté en Angleterre, & inhumé le 10 Octobre fuivant, dans l'Abbaye de Weftminfter ;

Et quelques filles, dont l'aînée, nommée GRACE FITZ-ROI, a époufé, le 17 Septembre 1725, *Henri Vane.*

CUILLAUME FITZ-ROI, Comte de Chichefter, puis Duc de Cléveland & Southampton, par la mort de fon père, n'étant alors âgé que d'environ 29 ans, & non encore marié, époufa, le 2 Février 1732, *Henriette Finck*, fille de *Daniel Finck*, Comte de Vinchelfex & de Nottingham, Vicomte de Maidftone, mort le 12 Janvier 1730.

HENRI FITZ-ROI, fecond fils naturel du Roi CHARLES II, & de *Barbe Villiers*, Ducheffe de Cléveland, fa Maîtreffe, fut créé Baron de Sudbriri, Vicomte d'Ipfwick, & Comte d'Ewfton en 1672, Duc de Grafton en 1675, & Chevalier de l'Ordre de la Jarretière en 1680. Il fut bleffé à mort au fiège de Corck en Irlande, au commencement du mois d'Octobre 1690, en combattant pour le fervice du Roi GUILLAUME, & mourut peu après de fes bleffures. Il avoit époufé, le 16 Novembre 1679, *Ifabelle Bennet*, fille unique de *Henri*, Comte d'Arlington, & d'*Ifabelle de Naffau-Bewerwaert*. Elle fe remaria avec *Thomas Hanmer*, Chevalier Baronet, membre du Parlement pour le Comté de Suffolck, & elle

mourut à Londres le 18 Février 1723, ayant eu de fon premier mari :

CHARLES FITZ-ROI, né au mois de Novembre 1683, Duc de Grafton, Comte d'Ewfton, Vicomte d'Ipfwick, &c., fait Chevalier de l'Ordre de la Jarretière le 7 Avril 1721, & inftallé le 25 Mai fuivant, depuis Vice-Roi d'Irlande, & nommé, en Avril 1724, Lord-Chambellan de la Maifon du Roi. Il prêta ferment pour cette charge à fon retour d'Irlande, le 27 Mai fuivant. Il fut nommé au mois de Juin 1725, un des Seigneurs jufticiers, établis pour gouverner le Royaume pendant l'abfence du Roi. Il avoit époufé, le 11 Mai 1713, une fœur du Duc *de Beaufort*, fille du feu Marquis de Worcefter, de la Maifon de *Sommerfet*, iffue par bâtardife des Rois d'Angleterre, de la race de Plantageneft. Elle mourut à Londres le 20 Août 1726, d'apoplexie, laiffant trois fils & trois filles, dont la dernière étoit née au mois de Juillet précédent. (Moréri.)

FITZ-WALTER. Les Barons de Fitz-Walter, iffus des anciens Comtes de Clare, eurent pour auteur *Robert de Clare*, troifième fils de *Richard I*[er], Comte de Clare ; il mourut en 1134. Son petit-fils, furnommé fils de *Walter*, comme qui diroit fils de *Gautier*, furnom qu'il tranfmit à fa poftérité, fut Baron de Dunmow, &c., & fe rendit recommandable dans la profeffion des armes. *Walter V*, Baron de Fitz-Walter, le dernier mâle de fa famille, fut fait prifonnier par les François à la bataille de Baugé en Anjou, & mourut en 1432.

FIZET, Famille de Normandie, maintenue dans fa Nobleffe le 21 Août 1668 : *d'azur, à la fafce d'argent, accompagnée en chef de deux étoiles d'or, & en pointe d'une tête de lion auffi d'or.*

* FLACHÈRE, Terre dans le Lyonnois, qui a donné le nom à une branche cadette de la Maifon de *Chevriers*, originaire du Mâconnois. Voy. CHEVRIERS.

* FLACIEU, Seigneurie en Bugey, qui fut érigée en *Baronnie*, par Lettres de la Ducheffe BLANCHE DE SAVOIE, mère & tutrice du Duc CHARLES-JEAN-AMÉDÉE, du 31 Août 1495, en faveur de *Hugonin de Montfalcon*, Seigneur de la Balme-fur-Affens.

FLAGEY, nom d'une branche fortie de la

Maison de Pontaillier, par *Claude de Pontaillier*, Seigneur de *Flagey*, fils de *Guillaume II*, Seigneur de Talmay. Il accompagna Philippe-le-Beau dans son voyage d'Espagne, en 1505, en qualité de Chambellan. *Henri de Pontaillier*, son fils, fut Gentilhomme de la Chambre de l'Empereur Charles-Quint, ensuite son Chambellan, & l'accompagna dans son voyage d'Allemagne; d'*Antoinette*, fille de *Claude de Vergy*, Baron de Champlitte & de Fonvens, il n'eut que des filles. Voy. PONTAILLIER.

FLAHAUT DE LA BILLARDERIE, en Picardie : Famille marquée depuis un tems confidérable par ses services militaires, dont on peut voir la Généalogie imprimée dans le Nobiliaire de cette Province, dressé par le Sieur de Rousseville-Villers, Procureur du Roi de la recherche de la Noblesse de Picardie, sous les ordres de MM. Bignon & Bernage, Intendans de Justice en la Généralité d'Amiens.

César de Flahaut, Chevalier, Seigneur de la Billarderie, Lieutenant-Colonel du Régiment de Cavalerie de Saint-Germain-Beaupré, épousa *Françoise Gaude de Martigneville*, dont :

1. Charles-César, qui suit;
2. Et Jérôme-François, Comte de la Billarderie, Seigneur de Saint-Rémy & de Morlingam, Lieutenant-Général des Armées du Roi, Grand-Croix de l'Ordre de St.-Louis, Major des Gardes-du-Corps de Sa Majesté, & Gouverneur de Saint-Quentin, mort à Paris le 27 Août 1761, dans la 90ᵉ année de son âge. Il fut Capitaine de Cavalerie dans le Régiment de la Vallière avant 1690, nommé Exempt des Gardes-du-Corps, Compagnie de Duras, étant âgé de 28 ans, en 1700, eut un Brevet de Colonel en 1703, fut créé Chevalier de Saint-Louis en 1705, nommé Aide-Major de sa Compagnie en 1707, Brigadier le 29 Mars 1710, Maréchal-de-Camp le 1ᵉʳ Février 1719, Commandeur de l'Ordre de Saint-Louis le 13 Janvier 1720, Major des Gardes-du-Corps le 15 Avril 1729, Lieutenant-Général le 1ᵉʳ Août 1734, & Grand-Croix de l'Ordre de Saint-Louis, avec 6000 liv. de pension en 1738. Il étoit veuf depuis le 21 Mars 1734 de *Marie-Anne Porlier*, de laquelle il a eu entr'autres enfans

Marie-Auguste, restée fille unique, morte à Paris le 3 ou 4 Mai 1738, dans la 34ᵉ année de son âge, étant née le 8 Novembre 1704. (Voy. le *Mercure de France* du mois de Juin de 1743.)

Charles-César de Flahaut, Marquis de la Billarderie, en Boulonnois, Seigneur de St.-Remy-en-l'Eau, &c., frère aîné du précédent, fut fait Cornette de Cavalerie en 1684, Capitaine en 1686, Major en 1693, Lieutenant-Colonel du Régiment de Saint-Germain-Beaupré, devenu Brissac vers 1699, traita en 1702 du Régiment du Châtelet, fut fait Maréchal-Général de la Cavalerie en 1705, Chevalier de St.-Louis la même année, eut en 1706 une Enseigne de Gardes-du-Corps, Compagnie de Noailles, fut fait Brigadier le 29 Janvier 1709, Maréchal-de-Camp le 1ᵉʳ Février 1719, Commandeur de Saint-Louis en Décembre suivant, par expectative, eut une place vacante avec 3000 livres de pension, en Mai 1721, fut fait Grand-Croix de l'Ordre de Saint-Louis, avec 6000 livres, le 6 Décembre 1722, Gouverneur de Saint-Venant en Décembre 1725, de Saint-Quentin en Mai 1731, & Lieutenant-Général le 20 Février 1734. Il est mort à Wissembourg, le 23 Mai 1743, âgé de 74 ans. Il avoit épousé N... Cœur de Nesle, fille de *Louis*, Seigneur de Nesle dans le Vexin-François, elle étoit sœur de la Comtesse de *Balincourt*. Il en a laissé quatre fils :

1. Alexandre-Sébastien, Exempt des Gardes-du-Corps, de la Compagnie de Noailles, puis Enseigne, & fait Brigadier le 10 Février 1759, Gouverneur de Saint-Venant, depuis la mort de son père ; il avoit épousé, en Novembre 1761, N... Richard de Pichon, fille du Fermier-Général;
2. N... de Flahaut, nommé le *Chevalier de la Billarderie*, Exempt des Gardes-du-Corps, de la Compagnie de Villeroy, a été fait Brigadier des Armées du Roi, le 25 Juillet 1762;
3. N... de Flahaut, qui a embrassé l'Etat Ecclésiastique;
4. Et N... de Flahaut, qui n'étoit pas encore pourvu à la mort de son père, en 1743.

Voilà ce que nous pouvons dire sur cette famille n'en ayant pas reçu de Mémoire.

Les armes : *d'argent, à 3 merlettes de sable*.

* FLAMARENS, ancienne Baronnie dans la Lomagne, au bas Comté d'Armagnac. Elle fut le partage des cadets des Vicomtes de Lomagne, & depuis le milieu du XVᵉ siècle, elle est possédée par la Maison de *Grossoles*, établie d'abord en Périgord, puis en Guyenne,

& qui est comptée parmi les premières & les plus distinguées de ces Provinces. Les Seigneurs de *Flamarens*, font une branche cadette de la Maison de *Grossolles*. Voy. GROSSOLLES.

FLAMBARD, en Normandie : Famille noble dont étoit GILLES FLAMBARD DE BERNIÈRES, qui fit ses preuves de Noblesse en l'Election de Bayeux en 1463, selon le rapport de la Roque, *Histoire de la Maison d'Harcourt*, tom. III, p. 781.

Il portoit pour armes : *de sable, à trois besans d'or, 2 & 1; au chef d'or.*

FLAMBARD, autre Famille noble du même nom dans la même Province, Election de Lisieux, dont les armes sont : *d'azur, à la fasce rayonnée d'or du côté du chef, & surmontée de deux étoiles aussi d'or.*

FLAMENC, ancienne Maison qui a donné un Maréchal de France dans la personne de RAOUL FLAMENC, Seigneur de Caux, Ve du nom, qui vivoit dans le XIIIe siècle.

RAOUL DE FLAMENC, Ier du nom, Seigneur de Cany, de Varennes, de Carempuy, de Champion & de Beauvoir, en 1128, est le premier que l'on connoisse. Cette Maison a formé dix degrés, & s'est éteinte dans la personne d'AUBERT DE FLAMENC, Seigneur de Cany & de Varennes, Conseiller & Chambellan du Roi, marié, en 1389, à *Marie d'Enghien*.

La Maison de FLAMENC portoit pour armes : *de sable, à dix losanges d'argent, posées 3, 3, 3 & 1.*

FLANDI, en Dauphiné : *d'or, au chef d'azur, chargé de 3 besans d'argent.*

* FLANDRE, Province, une des dix-sept des Pays-Bas, dont les Souverains ne sont bien connus que depuis le milieu du IXe siècle, & sont devenus dans la suite du nombre des six anciens *Pairs* de France. Dès l'an 475, presque toute la Flandre étoit soumise aux François, & les Romains n'y avoient guère d'autres places que Gand. Vers l'an 489, les habitans de cette Ville & ceux des autres places du pays, qui obéissoient encore aux *Romains*, chassèrent leur garnison & se donnèrent tout-à-fait aux *François*. La ville de Gand fut la dernière qui reconnut la domination des Romains.

Dans les premiers tems de la domination des François en *Flandre*, ce pays se trouvoit gouverné par des petits Souverains qui affectoient l'indépendance. Indigné du procédé de ces Tyrans, CLOVIS fit ce qu'il devoit pour les réduire. Mais trouvant trop de difficulté à les soumettre à son gré, il les fit tous massacrer, & en tua même plusieurs de sa propre main. Dès-lors toute la *Flandre* fut parfaitement soumise au Monarque François.

Les Rois de France, de la première & seconde Race, commettoient des Comtes pour le Gouvernement des Provinces; & l'on remarque que ceux de *Flandre* prirent le nom de *Forestiers*, ce qui prouve que c'étoit encore un pays de bois. La dignité des *Forestiers de Flandre*, aussi bien que celle des *Comtes* de presque toutes les Provinces du Royaume, n'étoit d'abord que *bénéficiaire*, c'est-à-dire simplement *à vie*. CHARLEMAGNE la rendit héréditaire, &, vers l'an 801, ce Prince établit, dit-on, *Lidericq*, surnommé *Harlebecq*, Grand-Forestier & Gouverneur héréditaire de Flandre. Comme le Pays manquoit d'habitans pour en défricher les forêts & en dessécher les marais dont il étoit rempli, le même Empereur y fit transporter soixante mille Saxons.

C'est CHARLES-LE-CHAUVE qui, l'an 863, érigea la *Flandre* en *Comté*, relevant de la Couronne de France, en faveur de

Baudouin Ier, surnommé *Bras-de-Fer*, petit-fils de *Lidericq*. Ce *Baudouin*, devenu gendre de CHARLES-LE-CHAUVE, par JUDITH, sa fille, qu'il avoit enlevée du consentement de cette Princesse, mourut en 877. C'est lui qui fit bâtir le Château de Bruges & de Gand. Avec la *Flandre*, il possédoit aussi l'Artois, &c.

Baudouin IV, dit *le Barbu*, sixième Comte de Flandre, &c., fils d'*Arnoul II*, qui étoit arrière-petit-fils de *Baudouin Ier*, reçut en Fief de l'Empereur HENRI II le pays de Waës, Aloft & les quatre Mestiers ou Districts des villes de Hulst, Axel, Bouchoute & Assin. Il mourut en 1036.

Baudouin V, son fils, dompta & soumit les Frisons, & mourut en 1067 à Lille, où il faisoit sa résidence.

Baudouin VI, fils du précédent, épousa l'héritière du Comté de Hainaut, & mourut en 1070, laissant *Arnoul III*, & *Baudouin*. Le premier fut tué à la bataille de Montcassel, que lui livra, en 1071, *Robert*, son oncle paternel, qui fe prétendoit héritier du Comté de Flandre; & le fecond fe retira dans le Hainaut, qu'il conferva. *Robert Ier*, qui ufurpa le Comté de Flandre & l'Artois, mourut en 1093, & *Baudouin VII*, petit-fils de *Robert Ier*, dit *le Jeune & à la Hache*, fut le douzième Comte de Flandre & d'Artois, de la race de *Baudouin Ier*, après la mort de *Robert II*, fon père, arrivée en 1111. Ce *Baudouin VII* mourut en 1119, fans poftérité, & en lui finit la première race des Comtes de Flandre.

CHARLES DE DANEMARCK, dit *le Bon*, fils de CANUT, Roi de Danemarck, & d'*Adèle de Flandre*, fille de *Robert Ier*, fuccéda en 1119, au Comté de Flandre & d'Artois, du chef de fa mère. Il fut affaffiné dans l'Eglife de St.-Donatien à Bruges, & ne laiffa point d'enfans. Après fa mort *Guillaume Cliton*, fils de *Robert III*, Duc de Normandie, fe porta pour héritier du Comté de Flandre & d'Artois, du chef de fon aïeule *Mahaud de Flandre*, fœur de *Robert Ier*. Il fut invefti par le Roi Louis VI; mais *Thierry d'Alface*, fils de *Gertrude*, qui étoit elle-même fille de *Robert Ier*, lui difputa le Comté, & fut appuyé de tous les Flamands. Il y eut entr'eux une guerre fanglante, qui finit par la mort de *Guillaume Cliton*, mortellement bleffé au fiège d'Aloft, en 1128.

Thierry d'Alface, par fa mort, fut reconnu Comte de Flandre & d'Artois, & mourut en 1168, après en avoir reçu l'inveftiture du Roi Louis VI. *Philippe d'Alface*, Ier du nom, fon fils, fut Comte de Flandre & d'Artois; mais en 1180, il démembra l'Artois, & le donna en dot à *Ifabelle de Hainaut*, fa nièce, qui époufa le Roi PHILIPPE-AUGUSTE. Il fut tué au fiège d'Acre en 1191, fans laiffer d'enfans d'aucune de fes deux femmes, *Elifabeth de Vermandois*, & MAHAUD DE PORTUGAL. *Marguerite d'Alface*, fa fœur, fuccéda au Comté de Flandre en 1191, & mourut en 1194. Elle avoit époufé *Baudouin V*, Comte de Hainaut, qui mourut en 1195. Par ce mariage fans enfans, les Comtés de Flandre & de Hainaut furent de nouveau réunis.

C'eft *Philippe d'Alface* qui changea les *armes gironnées* des anciens Comtes de Flandre, pour prendre *le lion de fable en champ d'or*, en mémoire d'un écuffon pareil qu'il avoit gagné fur un Prince Sarrazin dans un combat.

Baudouin VIII, qui defcendoit en ligne

mafculine au Ve degré de *Baudouin VI*, fut Comte de Flandre. Il laiffa de fon mariage :

1. *Baudouin*, qui lui fuccéda;
2. *Philippe*, Comte de Namur, mort en 1222;
3. *Henri*;
4. *Ifabelle*, femme de PHILIPPE-AUGUSTE;
5. Et *Yolande*, époufe de *Pierre de Courtenay*, Comte d'Auxerre.

Baudouin IX, Comte de Flandre & de Hainaut, fut élu Empereur de Conftantinople après la prife de cette Ville, en 1204; mais l'année fuivante il fut défait & pris par le Roi des Bulgares, qui le fit mourir en 1206. *Henri*, fon frère, fut Empereur après lui, & *Pierre de Courtenay*, qui avoit époufé leur fœur, le fut auffi.

Quant à la Flandre & au Hainaut, ces deux Comtés tombèrent à *Jeanne*, fille aînée de *Baudouin IX*, laquelle avoit pour fœur *Marguerite*, dont il fera parlé ci-après. *Jeanne*, Comteffe de Flandre & de Hainaut, fonda l'Abbaye de Marquette en 1225 ou 1230, & époufa 1° FERDINAND, Prince de Portugal; & 2° THOMAS DE SAVOIE, IIe du nom, Comte de Maurienne. La Comteffe *Jeanne* fe voyant fans enfans de fes deux maris, prit l'habit de Religieufe à Marquette, où elle mourut. *Marguerite*, fa fœur, fuccéda aux Comtés de Flandre & de Hainaut. Elle époufa, 1° *Bouchard*, Seigneur d'*Avefnes*, dont le mariage fut caffé quoiqu'ils euffent eu déjà plufieurs enfans enfemble; & 2° *Guillaume de Dampierre*, fecond fils de *Guy II*, Sire de Bourbon. La mort de *Marguerite* fut fuivie de bien des troubles pour fa fucceffion. Les enfans du premier lit & ceux du fecond fe prétendoient héritiers à titre égal. Le Roi SAINT Louis termina ce différend, & adjugea le Comté de Flandre aux *Dampierre*, & le Comté de Hainaut aux d'*Avefnes*. *Guillaume de Dampierre* mourut en 1251, & la Comteffe, fa femme, en 1275.

Guy de Dampierre, fils aîné de *Guillaume*, & de *Marguerite*, & que quelques écrivains confondent avec *Guillaume*, fon père, fut Comte de Flandre, & mourut prifonnier à Compiègne en 1308, à 80 ans. *Robert III*, dit *de Béthune*, fils de *Guy*, fut Comte de Flandre, & époufa *Yolande*, héritière de Nevers. De ce mariage vint *Louis*, qui époufa, en 1296, *Jeanne de Réthel*, & de Donzy. Il mourut en 1322, avant *Robert III*, fon père, qui décéda la même année. Ce *Louis* eut

pour fils, *Louis Ier*, Comte de Flandre, de
Nevers & de Réthel, qui fut tué à la bataille
de Crécy en 1346, & laiſſa de MARGUERITE DE
FRANCE, *Louis II*, lequel lui ſuccéda. Ce dernier épouſa *Marguerite*, fille du Duc *de Brabant*, & ſœur de *Jeanne*, Ducheſſe *de Brabant*, morte en 1406, la même qui inſtitua
pour héritier de ſon Duché *Antoine de Bourgogne*, ſon neveu, ſecond fils de PHILIPPE
LE HARDI, & de *Marguerite de Flandre*.
Louis II hérita des Comtés de Bourgogne &
d'Artois à cauſe de ſa mère MARGUERITE DE
FRANCE. Il mourut en 1383, laiſſant pour héritière ſa fille unique, *Marguerite*, qui fut
Comteſſe de Flandre, d'Artois & de Bourgogne. Elle épouſa, 1° en 1361, *Philippe Ier*
Duc de Bourgogne, mort ſans poſtérité la
même année; & 2° en 1369, PHILIPPE DE FRAN-
CE, dit *le Hardi*, quatrième fils du Roi JEAN,
& Duc de Bourgogne.

CHARLES DE FRANCE, dit *le Hardi*, arrière-
petit-fils de PHILIPPE LE HARDI, & de *Marguerite de Flandre*, fut Duc de Bourgogne,
Comte de Flandre, &c. Il fut tué devant Nancy, en 1477, laiſſant pour héritière de ſes vaſ-
tes Etats *Marie de Bourgogne*, ſa fille, morte en 1483. Elle avoit épouſé *Maximilien*,
Archiduc *d'Autriche*. De ce mariage vint
PHILIPPE LE BEAU, Roi de Caſtille, Comte de
Flandre, &c., mort à Burgos en 1513. Ce
Prince avoit épouſé *Jeanne*, Infante d'Eſpagne, héritière de FERDINAND LE CATHOLIQUE,
& de la Reine ISABELLE. Il laiſſa entr'autres
enfans, CHARLES-QUINT, & FERDINAND Ier, Empereur. CHARLES-QUINT unit la Flandre & le
reſte des Pays-Bas à la Couronne d'Eſpagne.
Par le traité de Madrid, le Roi FRANÇOIS Ier
renonça, en ſa faveur, à la ſouveraineté du
Comté de Flandre, dont la plus grande partie appartient aujourd'hui à l'Impératrice Reine de Hongrie & de Bohême.

Louis XIII & LOUIS XIV firent long-tems
la guerre à PHILIPPE IV, Roi d'Eſpagne, en
Artois & en Flandre. LOUIS XIII prit
Arras & preſque tout l'Artois, en acheva la
conquête, auſſi bien que celle de pluſieurs
Villes de Flandre, appelée la Flandre Françoiſe. L'Artois & la Flandre Françoiſe lui
furent cédés, par les traités de paix des Pyrénées en 1659, & de Nimègue en 1678. Louis
XIII étoit fondé ſur d'anciens titres de ſouveraineté. A ces titres, LOUIS XIV ajoutoit
le droit qui lui étoit dévolu, par ſon mariage

avec la Princeſſe MARIE-THÉRÈSE D'AUTRICHE.
(Extrait du *Diſtionnaire des Gaules*, tom.
III, pag. 168 & ſuiv.)

* FLAVACOURT, dans le Vexin-François, Dioceſe de Rouen: Terre & Seigneurie
que *Marie de Boves* apporta en dot, l'an
1420, à *Guillaume*, Seigneur *de Fouilleuſe*,
cinquième aïeul de *Philippe de Fouilleuſe*,
en faveur duquel la Seigneurie de *Flavacourt*
fut érigée en *Marquiſat*, par Lettres du mois
de Janvier 1637, enregiſtrées le 22 Janvier
1651. Voyez FOUILLEUSE.

FLAVEAU, Famille noble & ancienne
d'extraction militaire, connue pour telle dès
l'an 1500, originaire de la Province de Poitou
& reconnue auſſi telle, d'un tems immémorial, par les Maréchaux de France, Juges de
la Nobleſſe du Royaume en 1676. Elle eſt
établie préſentement au Pays-Bas, dans le
pays de Liège & le Comté de Namur, a été
reçue à l'Etat noble dudit Comté, & reconn-
nue auſſi pour telle par *Jean-Gilles le Fort*,
Ecuyer, Roi d'armes de Sa Majeſté Impériale,
& Héraut Provincial ſur le diſtriſt du Bas-
Rhin & Pays-Bas, en date du 12 Décembre
1705. Elle eſt décorée du titre de *Baron* par
Diplôme de l'Empereur, du 15 Juin 1710.
La filiation ſuivie de cette Nobleſſe commence à

I. ROBERT DE FLAVEAU, Ecuyer, marié, en
1540, à noble *Martine de la Lande*, dont il
eut:

II. GABRIEL DE FLAVEAU, Seigneur de Boiſ-
garnault, demeurant pour lors à Angles en
Poitou. Il épouſa, le 11 Septembre 1579, *Lucie de Bertelot*, fille de noble *Louis de Bertelot*, & de noble *Renée de Moſſeaux*, demeurant au Château de Serteaux, de laquelle
vint:

III. PIERRE DE FLAVEAU, Exempt des Gardes-du-Corps du Roi, qui s'allia, le 12 Juin
1614, avec *Anne de la Chapelle*, fille de noble *Louis de la Chapelle*, Seigneur de Grange & de Beaufay, & de noble *Catherine du
Monceau*, demeurant au Château de Grange.
De ce mariage ſortit entr'autres enfans:

IV. LOUIS DE FLAVEAU, Seigneur de la Raudière & de la Gérarderie, Capitaine de Cavalerie au Régiment de Clainvilliers, puis Capitaine d'une Compagnie de Chevaux-Légers
de 90 maîtres pour le ſervice de Sa Majeſté
Très-Chrétienne, ſuivant les Lettres-Paten-

tes, délivrées le 8 Avril 1654. Il époufa, le 12 Mars 1643, *Jeanne de Favereau*, fille de noble *Jean de Favereau*, Seigneur de Touches, & de noble *Louife des Alliés*, demeurant à Chaftelleray. Il en eut-entr'autres enfans :

1. JACQUES, qui fuit;
2. Et N... DE FLAVEAU, lequel vint s'établir à Liège, où il époufa une riche héritière de la Maifon de *Schewpenbourg*. Il fut auteur de la feconde branche de FLAVEAU DE LA GÉRARDERIE, actuellement éteinte.

V. JACQUES DE FLAVEAU, né à Pozay-le-Vieil, le 11 Septembre 1646, Seigneur de la Raudière, Capitaine d'Infanterie au fervice de France, fut envoyé Réfident à Liège, où il époufa, le 20 Juin 1676, *Marguerite-Philippine de Corte*, dite *Curtius*, Dame du grand & petit Aaz, Hermée, Wifcherweert, fille unique de *Pierre*, Seigneur des mêmes lieux, & de *Marie-Jeanne de Henry*, Baronne de Louverval, & de Froidmont. De ce mariage vinrent :

1. JACQUES-PHILIPPE-FLORENT, qui fuit;
2. ALBERT DE FLAVEAU-DE-FROIDMONT, mort à Liège, fans poftérité;
3. N... DE FLAVEAU-DE-WISCHERWEERT, mort jeune, Capitaine au fervice de France;
4. HENRI-JOSEPH DE FLAVEAU - DE - HERMÉE, mort auffi fans hoirs à Oran en Afrique, en 1734, étant Colonel au fervice d'Efpagne;
5. Et une fille, mariée à *N... de Hop*, Anglois, frère du Général *Hop*, Ambaffadeur de Sa Majefté Britannique, auprès des Etats-Généraux, en 1750, morte auffi fans enfans.

VI. JACQUES-PHILIPPE-FLORENT, né le 2 Juin 1677, Baron DE FLAVEAU, par Diplôme de l'Empereur, du 15 Juin 1710, de Henry, de la Raudière, Seigneur de la Baronnie de Louverval, de Froidmont, &c., prit le nom & les armes de *Henry*, conformément au teftament de *Philippe de Henry*, Seigneur du Foiteau & de la Baronnie de Louverval, & de Froidmont, du 5 Août 1685. Il fervit en France en qualité de Capitaine, & époufa *Marie-Catherine de Salm*, fille de *Charles-Antoine de Salm*, & d'*Ifabelle de Garravette*, dont :

1. JACQUES-PHILIPPE-MICHEL, qui fuit;
2. HENRI-JOSEPH, Seigneur de la Raudière, Baron de Waleffe, Saint-Pierre, Borlée, &c., député perpétuel aux Etats du Pays de Liège & Comté de Looz, Bourguemef-

tre de la ville de Liège, en 1771, marié à *N... de Piret du Châtelet*, établi à Liège, & fans enfans;
3. CHARLES, Baron de Flaveau, de la Raudière, Chanoine de l'infigne Collégiale de Huy, pays de Liège;
4. Une fille morte en bas âge;
5. Et ALBERTINE, mariée à *Jofeph de Grady*, Seigneur de la Neufville-fur-Meufe, Chevalier du Saint-Empire Romain, morte fans poftérité.

VII. JACQUES - PHILIPPE - MICHEL, né le 12 Juillet 1707, Baron DE FLAVEAU, de Henry, de la Raudière, Seigneur de la Baronnie de Louverval, Froidmont, du grand & petit Aaz, Hermée, &c., reçu membre de l'Etat noble du Comté de Namur, où il eft établi, le 11 Novembre 1739, après avoir fait preuve de fix générations de nobleffe, prefcrites par le nouveau règlement de l'Etat, du 21 Février de la même année, a époufé, le 8 Janvier 1734, *Louife-Martine de Godard*, Dame d'Hermeton, Stahe, Sommières, Houtoir, &c., fille de *Pierre-François-Henri de Godart*, Seigneur d'Hermeton, & de *Marie-Ifabelle de Gal*. Voyez GODART. De ce mariage font iffus :

1. JACQUES-ALBERT-FRANÇOIS-LOUIS, qui fuit;
2. JEAN-PHILIBERT, Seigneur de la Raudière, né le 16 Mars 1741, mort fans poftérité, le 25 Février 1760, en Bohême, étant Enfeigne au Régiment du Comte *Arberg*, au fervice de l'Impératrice-Reine;
3. HENRI-ALBERT-JOSEPH, dit le *Chevalier de Flaveau*, né le 8 Avril 1749;
4. THÉRÈSE - JEANNE - LOUISE, appelée *Mademoifelle d'Hermeton*, née le 1er Novembre 1737;
5. MARIE-JEANNE-HUBERTINE, née le 15 Mars 1740, & Religieufe depuis 1755, au noble Monaftère du Val-Notre-Dame;
6. ANNE-MARIE-LOUISE, née le 29 Décembre 1742;
7. Et MARIE - MARTINE - WALTHÈRE, née le 9 Juillet 1744.

VIII. JACQUES - ALBERT - FRANÇOIS - LOUIS, Baron DE FLAVEAU, de la Raudière, de Henry, Seigneur & Baron de Louverval, de Froidmont, &c., né le 26 Octobre 1734, a fervi l'Impératrice-Reine depuis 1750, jufqu'en 1760, & a fait les campagnes de 1758, 1759 & 1760, en Saxe & en Siléfie, étant au Régiment de S. A. R. le Duc CHARLES DE LORRAINE, Gouverneur - Général des Pays - Bas Autrichiens. Il s'eft marié, le 9 Février 1764, avec *Erneſtine-Henriette-Joſèphe-Michelle de Caſſal-de-Ny*, fille de *Joſeph-Rémy de Caſſal*, Seigneur de Ny, Houmart, Hermann, &c., lequel a ſervi pendant 17 ans dans les Troupes d'Eſpagne, en qualité de Capitaine d'Infanterie, & de *Dieudonnée-Henriette-Michelle d'Ochain de Jemeppe*. (Voyez OCHAIN & CASSAL. Il a eu pour enfans :

1. Marie-Xavier-Albertine-Henriette-Joſèphe, née en Octobre 1766, morte en Avril 1768 ;
2. Marie-Louise-Caroline-Josèphe, née en Janvier 1768, morte au mois de Mars de la même année ;
3. Et Louise-Xavier-Albertine-Josèphe, née le 21 Mars 1773.

Les armes : *écartelé, aux 1 & 4 d'azur, à 3 coquilles de pélerin d'or*, qui eſt de Flaveau ; *& aux 2 & 3 d'azur, à 3 lions d'or*, qui eſt de Henry, armes que les aînés de cette famille ſont obligés de porter. Les cadets ne portent que *d'azur, à 3 coquilles de pélerin d'or*. Couronne de *Comte*. Supports : *deux lions d'or accollés*. (Généalogie rédigée d'après un Mémoire envoyé, dreſſé ſur titres.)

FLAVIGNY, Maiſon connue dès le XIIIᵉ ſiècle.

N... de Flavigny, ſuivant Carpentier, étoit un des premiers parmi la Nobleſſe du Cambréſis. Il fit, en 1235, des dons conſidérables à l'Abbaye de Saint-Aubert de Cambray.

Nicolas de Flavigny étoit Evêque de Beſançon la même année. Mais la filiation n'eſt prouvée que depuis

Etienne de Flavigny, qualifié Chevalier d'honneur du Roi Charles VI, dans un Arrêt du Parlement du 11 Février 1384. Il eut pour fils :

Emery de Flavigny, Ecuyer, Seigneur de Ribauville, Gouverneur de Guiſe, en 1398, pour Louis de France, Duc d'Anjou, & probablement couſin de Philippe de Flavigny, Chevalier, Chambellan du Duc de Bourgogne en 1417. Ledit Emery fut père de

Jacquemard de Flavigny, Seigneur de Ribauville, qui étoit Contemporain de Quentin de Flavigny, Evêque de Beſançon, en 1440, & ne vivoit plus en 1447. Ses enfans furent :

Olivier, qui ſuit ;
Et Jacobéen.

Olivier de Flavigny partagea avec ſon frère, en 1447, la ſucceſſion de leur père ; il eut pour fils :

Claude de Flavigny, qui vivoit en 1490, & fut allié à *Catherine la Perſonne*, fille de *Georges*, Chevalier, Seigneur de Verloing, & d'*Iſabelle*, héritière *de Renanſart*, mentionnée à l'article RENANSART. De ce mariage vint :

Elion de Flavigny, Ecuyer, Seigneur de Ribauville, & Vicomte de Renanſart, marié à *Jacqueline du Puy*, dont il eut :

Noel de Flavigny, Vicomte de Renanſart, &c., Député de la Nobleſſe de la Prévôté de Ribemont aux Etats de Blois. Il épouſa *Jeanne le Febvre de Monceau*, de laquelle ſortit :

Jean de Flavigny, Vicomte de Ribauville & de Renanſart, marié avec *Antoinette d'Amerval*, dont :

Claude de Flavigny, IIᵉ du nom, Vicomte de Ribauville & de Renanſart, Baron d'Aubilly, &c., Gentilhomme ordinaire de la Chambre du Roi & Député de la Nobleſſe de la Prévôté de Ribemont, aux Etats tenus en 1614. Il avoit épouſé *Anne le Picart-de-Sévigny*, dont il eut pour fils aîné :

César-François de Flavigny, Seigneur de Ribauville, Vicomte de Renanſart & de Surfontaine, marié à *Suſanne de Vielchâtel*, fille du Marquis de Montalant, premier Capitaine-Lieutenant des Mouſquetaires, Lieutenant-Général des Armées du Roi & Gouverneur du Barrois, dont ſortit :

Anne-Claude de Flavigny(a), Seigneur de Ribauville, Vicomte de Renanſart & Baron d'Aubilly, qui épouſa *Marie-Anne la Fitte*, fille de *N... la Fitte*, Lieutenant-Général des Armées du Roi, Gouverneur de Guiſe. De ce mariage eſt iſſu :

<hr>

(a) Il eut pour fils puîné N... de Flavigny, connu dans ſa jeuneſſe ſous le nom de *Chevalier de Renanſart*, Capitaine aux Grenadiers de France, Chevalier de Saint-Louis, retiré Lieutenant-Colonel des Grenadiers Royaux à Monampteuil, dont il eſt Seigneur en partie, par ſon mariage contracté, il y a plus de dix ans, avec Demoiſelle de Flavigny, ſa parente, de laquelle il n'eut point d'enfans. Elle étoit ſœur de N... de Flavigny, Vicomte de Monampteuil, Garde-du-Corps du Roi, Compagnie de Noailles, Chevalier de Saint-Louis, &c., marié, en 1775, à Demoiſelle *de Champagne de Morcins*, dont une fille & un fils, qui fait tout l'eſpoir de cette branche.

CÉSAR-FRANÇOIS DE FLAVIGNY, Vicomte de Renanfart & de Surfontaine, allié à *Marie-Agathe de Truffier*, dont :

LOUIS-AGATHON, dit le *Comte de Flavigny*, ci-devant Capitaine de Gendarmerie, Maréchal-des-Camps & Armées du Roi en 1761. Voy. RENANSART. (Extrait du *Dictionnaire des Gaules*, tom. VI, au mot RENANSART.)

FLAVIGNY, en Champagne : *échiqueté d'or & d'azur.*

FLAVIGNY. Cette famille, dont l'origine pofitive fe perd dans l'obfcurité des tems, paroît, par beaucoup de probabilités, originaire de Bourgogne. Si elle n'eft point illuftrée, elle eft du moins diftinguée par des fervices du fecond Ordre, qui ont fignalé dans tous les tems fon zèle pour le Roi & fon dévouement à la patrie. Cette famille a été anoblie par Lettres du Roi HENRI III, du mois d'Août 1586. Sa filiation eft établie depuis GODEFROY DE FLAVIGNY, qui fuit.

I. GODEFROY & RENAULT DE FLAVIGNY, frères, étoient qualifiés, dès l'an 1089, du titre de *Chevalier*, comme il appert par Charte & autres titres, vus en l'Abbaye de Foigny proche le village de Chigny, dont ils étoient Seigneurs. GODEFROY eut pour fils :

II. N.... DE FLAVIGNY, Chevalier, Seigneur de Chigny, qui fut père de

III. EMERY DE FLAVIGNY, Chevalier, Seigneur de Chigny. Il laiffa de fa femme :

IV. JACQUEMART DE FLAVIGNY, Chevalier, Seigneur de Chigny, qui fut dans la fuite Gouverneur de Guife, & cotifé pour fa part de la rançon du roi JEAN, pris à la bataille de Poitiers au Doyenné de Guife, à la fomme de 1000 livres tournois, fomme notable qui, vû le tems, défigne qu'il poffédoit de grands biens. Il fut enterré audit lieu de Guife en la Chapelle de Saint-Jacques, qu'il avoit fait bâtir, & dans laquelle il avoit fait élever un tombeau de marbre à la hauteur de trois pieds, où il eft en portrait, avec fa femme ayant à fes pieds un levrier, & fadite femme, un petit chien entre fes bras, priant à genoux, armé de toutes pièces fauf les armes & les gantelets qui étoient à côté de lui avec fes armoiries, en forme d'un *échiquier d'azur, en champ d'argent, avec un écuffon de gueules pofé en abîme.* Son fils fut :

V. EMERY DE FLAVIGNY, II° du nom, Chevalier, Seigneur de Chigny. Il eut deux garçons :

JEAN, qui fuit ;
Et NICAISE, auteur de la feconde branche rapportée ci-après.

VI. JEAN DE FLAVIGNY, Chevalier, Seigneur de Chigny, laiffa pour fils :

VII. NICAISE DE FLAVIGNY, Chevalier, Seigneur de Chigny, lequel fut père de

VIII. NICOLAS DE FLAVIGNY, Ier du nom, Chevalier, Seigneur de Chigny. Il eut de fon mariage :

IX. NICOLAS DE FLAVIGNY, IIe du nom, Chevalier, Seigneur de Chigny, Joncourt & de Cury. Ses enfans furent :

1. NICOLAS, Official de l'Evêché de Laon, enterré dans la Cathédrale de cette Ville, fur la gauche du Jubé. Sa tombe eft de fonte & les armes de fa Maifon y font gravées ainfi que l'année de fa mort ;
2. PIERRE, qui fuit ;
3. Et MATHIEU, Chevalier, Seigneur de Joncourt, qui fut père de
CLAUDE, mort fans poftérité.

X. PIERRE DE FLAVIGNY, Chevalier, Seigneur de Chigny, eut pour fils :

XI. ANTOINE DE FLAVIGNY, Chevalier, qui fut Seigneur de Chigny, Chevefne, Ailleval & d'Efcury, Terre qui lui fut donnée par *Nicolas de Thumery*, Seigneur dudit lieu, à condition de porter au milieu de l'écuffon de fes armes *trois pucelles renverfées.* Ses enfans furent :

1. EZÉCHIAS, qui fuit ;
2. JUDITH, mariée à *N... de Ronty*, duquel elle eut *François & Benjamin de Ronty*; tous deux Ecuyers ; & *Charlotte de Ronty*, alliée à *N... de la Motte* ;
3. SARA, femme de *N... Dervilly*, duquel elle eut *Ifaac & Etiennette Dervilly*, mariée à *N... de Hames*, Seigneur d'Œuilly & Pagnant, Capitaine au Régiment de Picardie ;
4. Et RACHEL DE FLAVIGNY, alliée, 1° à *N... de la Bove*, Seigneur d'Autremencourt, dont elle eut *Robert de la Bove*; & 2° à *N... de Maubeuge*, dont un garçon & trois filles, favoir : *N... de Maubeuge*, Seigneur de Bois-lès-Pargny ; *Jolaine de Maubeuge*, femme de *N... du Hocquer*; *Antoinette*, alliée à *N... Regnier de Vigneux*; & *Anne de Maubeuge*, auffi mariée.

XII. EZÉCHIAS DE FLAVIGNY, Chevalier, Seigneur de Chigny, eut pour fils :

Jean, Chevalier, Seigneur de Chigny & Ailleval.

SECONDE BRANCHE.

VI. Nicaise de Flavigny, Chevalier, Seigneur en partie de Chigny, fecond fils d'Emery, IIᵉ du nom, fut père de

VII. Jean de Flavigny, Chevalier, dont le fils fut:

VIII. Nicaise de Flavigny, Chevalier, Seigneur de Menbrecourt. Il eut de fa femme:

IX. Guillaume de Flavigny, Iᵉʳ du nom, Chevalier, Seigneur d'Epuizart, qui laiffa pour fils:

X. Julien de Flavigny, Chevalier, Seigneur d'Epuizart. Ses enfans furent:

1. Guillaume, qui fuit;
2. Et Marie, alliée à *Antoine le Doulx*.

XI. Guillaume de Flavigny, IIᵉ du nom, Chevalier, Seigneur d'Epuizart, Confeiller du Roi, partagea noblement les Fiefs provenant de la fucceffion defdits de Flavigny, avec Pierre de Flavigny, fon parent, mentionné au degré X de la branche aînée. Il époufa *Marie de Blois*, & en eut:

1. Claude, qui fuit;
2. Et Balthazar, rapporté après fon frère.

XII. Claude de Flavigny, Chevalier, Seigneur d'Epuizart, Confeiller ès-Confeils du Roi, fut père de quatre garçons & d'une fille, favoir:

1. Pierre, Seigneur d'Epuizart & de Berville, mort, ne laiffant qu'un garçon & une fille:
    Valérien, Prêtre, Doéteur de Sorbonne & Profeffeur du Roi en langue Hébraïque;
    Et Anne de Flavigny, mariée à *N... des Grées*, Ecuyer.
2. Jacques, Suffragant en l'Evêché de Luçon;
3. Charles, Chevalier, Gendarme de la Compagnie du Roi;
4. François;
5. Et Marie, femme de *N... de Simphorien de Saint-Martin*.

XII. Balthazar de Flavigny, fecond fils de Guillaume, IIᵉ du nom, fucceffivement Lieutenant de la Compagnie des Gendarmes d'Ordonnances, & Gouverneur de Nesle, qu'il défendit vaillamment plufieurs fois, fut tué au fiège de Rouen. Il avoit époufé, le 28 Mai 1580, *Marguerite*, fille de *François le*

Coignet, Seigneur de Pontchartrain, Cláyes & Saint-Aubin, & de Dame *Catherine Rapponel*, dont il eut:

1. Jacques, qui fuit;
2. Pierre, Chevalier, Seigneur en partie de Chambry & de Malaize, mort fans poftérité;
3. Et Valentin, auteur de la troifième branche rapportée ci-après.

XIII. Jacques de Flavigny, Chevalier, Seigneur de Chambry & de Malaize, époufa, le 22 Septembre 1629, *Catherine de Havoye*. De ce mariage vinrent:

1. Claude, Chevalier, tué étant Enfeigne au Régiment de Normandie;
2. Et Valentin, qui fuit.

XIV. Valentin de Flavigny, Chevalier, Seigneur de Chambry, Malaize, la Mouilly, & Mocreux, Lieutenant de la Meftre-de-Camp du Régiment de Cavalerie de Manicamp, s'allia, le 19 Septembre 1669, avec *Marie de Liʒine*, Dame du Mefmin & du Chaufour. Ses enfans furent:

1. Claude, qui fuit;
2. Autre Claude, Vicomte d'Acy, Capitaine d'une Compagnie de Cavalerie, allié, en 1683, à *Marie de Hamon*, fille de *N... de Hamon*, Seigneur de la Mivoye, Capitaine d'une Compagnie des Chevaux-Légers au Régiment d'Egouft, & de *N... de Beʒanne*. Il n'eut point de poftérité de fon mariage;
3. Et Marie-Marguerite, femme, en 1669, de *François-Urbain de Gorgiers*, Chevalier, Seigneur d'Eponodon & d'Ethaucourt, & Capitaine d'une Compagnie des Chevaux-Légers au Régiment de Gefvres.

XV. Claude, Marquis de Flavigny, Chevalier, Seigneur de Chambry, Mocreux, Malaize & la Mouilly, Capitaine d'une Compagnie au Régiment de Bridieux, fe maria, par contrat du 4 Avril 1673, avec *Anne-Catherine du Fay d'Athies*, dernière fille d'*André du Fay d'Athies*, Marquis de Silly & de la Neufville, & de *Claudine d'Ambly*, & fœur de MM. les Comte & Marquis de Silly, Lieutenant-Général des Armées du Roi. De cette alliance vint:

XVI. André de Flavigny, Chevalier, Seigneur de Chambry, Malaize, la Mouilly & Mocreux, fucceffivement Capitaine-Major & Lieutenant-Colonel du Régiment de Cavalerie de Saint-Puanges, Chevalier de Saint-Louis, qui époufa, en Septembre 1713, *An-*

toinette-Louiſe de Villebois de Mareuil, dont :

XVII. CLAUDE-ANDRÉ DE FLAVIGNY, Seigneur de Chambry, Malaize, la Mouilly, Mocreux, Revillon & Serval, ſucceſſivement Capitaine-Lieutenant du Régiment de Vienne, Cavalerie, & Chevalier de Saint-Louis. Il a épouſé *Antoinette-Clermonne de Hédouville*, dont :

1. CHRISTOPHE-THÉODORE-ANDRÉ-FRANÇOIS, qui ſuit ;
2. LOUISE-ANTOINETTE-CLERMONNE, dite *Mademoiſelle de Chambry*, mariée, le 9 Janvier1767, à *Alexandre Maréchal*, ci-devant Maître-d'Hôtel de feu Madame la Dauphine ;
3. LOUISE-THOMAS, appelée *Mademoiſelle de Flavigny* ;
4. ELISABETH-CHARLOTTE, dite *Mademoiſelle de Revillen*, ces deux dernières non mariées ;
5. CLAUDINE-CHARLOTTE, appelée *Mademoiſelle de Serval*, mariée, en 1772, au Chevalier de *Hédouville*, ancien Garde-du-Corps & Chevalier de Saint-Louis ;
6. Et MARIE-FRANÇOISE, dite *Mademoiſelle de Flavigny*, non mariée.

XVIII. CHRISTOPHE-THÉODORE-ANDRÉ-FRANÇOIS DE FLAVIGNY, Chevalier, Seigneur de Chambry, Malaize, la Mouilly, Mocreux & Revillon, a épouſé, le 29 Mars1763, *Anne-Félicité Pelletier de Saint-Germier*, dont :

1. LOUIS-FRANÇOIS, né le 27 Juin 1764, Page de S. A. R. Mgr le Comte d'Artois en 1779 ;
2. FRANÇOIS, né le 15 Août 1765, Cadet-Gentilhomme de Rohan-Soubiſe ;
3. ALEXANDRE-ANDRÉ, né le 24 Juillet 1768, Elève de l'Ecole Royale Militaire à Rebec ;
4. Et LOUISE-GABRIELLE, née le 15 Décembre 1766.

TROISIÈME BRANCHE.

XIII. VALENTIN DE FLAVIGNY, troiſième fils de BALTHAZAR, & de *Marguerite le Coignet*, Chevalier, demeurant à Filain, épouſa, le 24 Juillet 1625, *Madeleine-Roberte Dully*, fille de feu *Benjamin Dully*, Vicomte de Laval & de Nouvion, & de *Madeleine de Hamon*, dont :

1. CHRISTOPHE, qui ſuit ;
2. Et JACQUELINE.

XIV. CHRISTOPHE DE FLAVIGNY, Ier du nom, Chevalier, Seigneur de Chacriſe, ſucceſſivement Capitaine au Régiment de Clérambault,

Aide-Major & Major de Dunkerque, épouſa, le 13 Juin 1662, *Catherine Guyon*, fille de N... *Guyon*, Seigneur du Freſne, & Major de Gravelines. Il en eut :

1. FRANÇOIS, qui ſuit ;
2. Et CHRISTOPHE, rapporté après la poſtérité de ſon aîné.

XV. FRANÇOIS DE FLAVIGNY, ſucceſſivement Capitaine au Régiment de Vaubecourt, & Commandant d'une Compagnie franche de la Marine, épouſa 1º *Robertine de Ravandel*; & 2º *Marie-Louiſe-Victoire de Thalas*, à la Grenade, où il paſſa. Du premier lit vint :

N... DE FLAVIGNY, mariée à N... *de Sandras*, Commiſſaire des Guerres, & morte veuve (apparamment en ſecondes noces) de N... *Langlois*.

Et du ſecond lit ſortirent :

1. FRANÇOIS, qui ſuit ;
2. LUCE, mariée à *Louis le Jeune* ;
3. Et LOUISE, femme de *Julien le Jeune*.

XVI. FRANÇOIS DE FLAVIGNY, IIe du nom, ſervit dès ſa jeuneſſe avec diſtinction à la Grenade, & y a épouſé, le 29 Mai 1732, *Marie-Anne Gacherie*, fille de *Pierre Gacherie* & d'*Anne Antoyer*. De ce mariage ſont iſſus :

1. GABRIEL, né le 23 Octobre 1738, qui eſt entré dans la ſeconde Compagnie des Mouſquetaires du Roi ;
2. GUILLAUME-FRANÇOIS, né le 17 Février 1741, qui, après avoir quitté le ſervice, a épouſé *Anne Dupleix de Montaigu* ;
3. Et MARIE-ANNE-LUCE-DÉSIRÉE, alliée, à la Martinique, à *Jean de Lucy*.

XV. CHRISTOPHE DE FLAVIGNY, IIe du nom, ſecond fils de CHRISTOPHE Ier, & de *Catherine Guyon*, eut de ſa femme, dont le nom eſt ignoré, pour ſecond fils :

XVI. JOSEPH DE FLAVIGNY, Capitaine au Régiment de Forez, qui épouſa, le 19 Mars 1701, *Eliſabeth Bourſeau*, ſœur de l'Evêque de Lambeſc, dont :

1. CHRISTOPHE-JOSEPH, né le 2 Mars1702, Chevalier de Saint-Louis, ancien Garde-du-Corps du Roi, vivant, ſans poſtérité, en 1767 ;
2. Et LOUIS, qui ſuit.

XVII. LOUIS DE FLAVIGNY, Capitaine-Lieutenant de la Meſtre-de-Camp au Régiment de Cavalerie d'Aumont, mort à Glandorf en Weſtphalie, le 12 Mars 1742, avoit épouſé *Marguerite-Françoiſe de Villelongue*, petite-fille de *Jean de Villelongue*, Chevalier des Ordres du Roi, Gouverneur de Villefran-che, & petite-nièce du fameux *de Villelon-gue*, de Suède, Comte de la Cerda. Il en a laiffé :

1. GRATIEN-JEAN-BAPTISTE-LOUIS, appelé le *Vicomte de Flavigny*, né le 11 Octobre 1741, Aide-Major du Régiment de Bourges en 1766, Lieutenant-Colonel de Dragons & Chevalier de Saint-Louis, réfidant à Paris, eft marié, par contrat du 12 Mai 1768, à *Sophie-Elifabeth Huguenin*, d'une an-cienne famille patricienne du Vallengin en Suiffe, dont :

    ALEXANDRE-VICTOR-FRANÇOIS, né à Ge-nève le 10 Septembre 1770, admis au nombre des penfionnaires du Collège Mazarin.

2. Et MARIE-SIMONNE-FRANÇOISE, dite *Made-moifelle de Flavigny*, née le 30 Mai 1739.

Les armes comme ci-devant, c'eft-à-dire : *échiqueté d'argent & d'azur, à un écuffon de gueules en cœur, & une bordure de fable.*

*FLAYOSC, en Provence. ARNAUD DE VIL-LENEUVE, IVe du nom, Baron de Trans, dit *le grand*, à caufe qu'il poffédoit 80 Terres, tant en Provence qu'au Royaume de Naples, rendit hommage en 1363, de la Terre de *Flayofc*, dont il acheta une partie de Sei-gneurie que poffédoit *Bertrand de Requifton*. Elle fut donnée en partage à *Antoine de Vil-leneuve*, fon quatrième fils : *Jean de Ville-neuve*, un des defcendans d'*Antoine*, étant mort en 1671, fans enfans mâles, la Terre de *Flayofc* fut vendue à *François du Perrier*, Confeiller au Parlement de Provence, qui la fit ériger en *Marquifat*, par Lettres du mois de Janvier 1678, regiftrées à Aix le 12 No-vembre fuivant. Mais *Alexandre-François de Villeneuve*, frère de *Jean*, fut remis en poffeffion de cette Terre, en vertu d'une fubftitution, & il l'a laiffée à fon fils *Baltha-zar*, père de *Jofeph-Ours de Villeneuve*, Marquis de Flayofc, né en 1721, marié, en 1741, à *Pauline de Villeneuve*, fœur de *Jean-Alexandre-Romé*, Vicomte de Vence, Colo-nel du Régiment Royal Corfe, par Brevet du 1er Février 1749, & de *Julie de Villeneuve*, mariée, le 31 Mai 1746, à *Jules-François de Fauris*, Seigneur de Saint-Vincent, Pré-fident à Mortier au Parlement d'Aix. Leurs enfans font :

    1. ALEXANDRE-GASPARD-BALTHAZAR, né en 1745 ;

    2. CLAUDE-ALEXANDRE-ROMÉ, né en 1746 ;
    3. Et SOPHIE.

FLECELLES. Cette Famille, originaire d'Amiens, & aujourd'hui établie à Paris, a une tige commune avec celle des Marquis de *Brégy*. Ces deux branches portent les mêmes nom & armes, & s'écrit indifféremment *Fle-celles* ou *Fleffelles*. Il eft parlé de cette Fa-mille dans l'*Armorial génér. de France*, reg. V, part. I ; & on lit dans les *Tablettes généalogiques*, part V, pag. 352, que LÉO-NOR DE FLESSELLES, Marquis de Brégy, Vi-comte de Corbeil, Seigneur de Tigery, Lieu-tenant-Général des Armées du Roi, Confeiller d'Etat d'Epée, Ambaffadeur Extraordinaire en Pologne, puis en Suède, acquit la Terre de *Sainte-Sévère*, ancienne Baronnie du Berry. Il étoit petit-fils de JEAN DE FLECEL-LES, Seigneur du Bois, d'Iverny & de Flef-felles près d'Amiens, Vicomte de Corbeil, Se-crétaire du Confeil d'Etat, puis reçu, en 1626, Préfident en la Chambre des Comptes de Paris, & de *Catherine d'Elbène*. LÉONOR DE FLECELLES, mort fans enfans, le 2 Novem-bre 1712, avoit époufé *Charlotte de Sau-maize de Chafan*, Dame d'honneur de la Reine ANNE D'AUTRICHE, & la Baronnie de Sainte-Sévère a paffé, avec fes autres biens, à GERMAIN-CHRISTOPHE DE FLECELLES, Marquis de Brégy, Seigneur de Soignolles & de Cour-témont, fils de JEAN-BAPTISTE DE FLECELLES, & de *Madeleine de Thumery-de-Boiffife*. Il a été fucceffivement Moufquetaire du Roi dans fa feconde Compagnie, Sous-Lieute-nant dans le Régiment du Roi le 10 Mars 1714, Lieutenant le 8 Décembre fuivant, & enfuite Capitaine, Enfeigne de la Compagnie d'hommes d'armes des ordonnances du Roi, fous le titre de *Berry*, le 25 Octobre 1718, nommé en cette dernière qualité Meftre-de-Camp de Cavalerie le 1er Octobre 1719, Mef-tre-de-Camp réformé le 5 Septembre 1722, Capitaine de Cavalerie dans le Régiment de Villars, le 2 Février 1727, Chevalier de St.-Louis le 1er Janvier 1735, & eft mort, fans en-fans, au mois d'Août 1762, de fon mariage, contrat paffé le 10 Août 1721, célébré le 2 Mai 1724, avec *Marguérite-Pierrette*, fille de *Jacques Coquelard*, Seigneur de Préfoffe, Colonel d'Infanterie, Chevalier de Saint-Louis, Commandant pour le Roi dans les Villes & Pays d'Uzès, & d'*Anne de Bournel de Monchy*, & fœur de la Préfidente de Gracy.

Le Marquis de Brégy avoit pour sœur MARGUERITE DE FLECELLES, mariée, au mois d'Août 1717, avec *François Ferrand d'Escotay*, Seigneur d'Avernes, Meftre-de-Camp réformé d'Infanterie, Gouverneur du Navarrins, dont *Claude-Madeleine Ferrand-d'Avernes*, alliée, le 6 Février 1744, à *Joseph-Balthazar des Laurents*, Chevalier, Seigneur de Chantefort, morte environ deux ans après fon mariage, laiffant une fille unique, héritière des biens paternels & maternels.

D'une autre branche eft JACQUES DE FLECELLES, Seigneur de Champgueffier en Brie, fils de JACQUES, Secrétaire du Roi, & d'*Elifabeth Robinet*, de la ville d'Auxerre, sœur de MM. *Robinet*, qui étoient tous enfans, né le 11 Novembre 1730, Confeiller au Parlement de Paris le 25 Janvier 1752, Maître des Requêtes le 30 Janvier 1755, Préfident au Grand-Confeil le 26 Juin 1761, Intendant de Moulins le 30 Août 1762, de Bretagne en 1765, & de Lyon le 11 Novembre 1767. Il a époufé, en Janvier 1759, *Marie-Geneviève-Rofe-Urfule Pajot*, veuve de *Marie-Louis-Bruno-Claude Langlois de Motteville*, Préfident aux Enquêtes du Parlement de Paris, & fille de *Pierre Pajot*, Maître des Requêtes & Intendant d'Orléans, & de *Geneviève-Françoife Verforis*. Il a pour sœur JACQUELINE DE FLECELLES, mariée, en 1755, à *Louis-Guillaume Blair de Boifemont*, Intendant de la Rochelle en 1749, de Valenciennes en 1754, & d'Alface ou de Strasbourg en 1764, puis du Hainaut, & Confeiller d'Etat en Octobre 1767. C'eft ce que nous favons fur cette famille, n'en ayant pas reçu de Mémoire.

Elle porte pour armes : *d'azur, à un lion d'argent; au chef d'or, chargé de trois tourteaux de gueules*.

* FLÉCHÈRES, ancienne Baronnie de la Principauté de *Dombes*, qui a été long-tems poffédée par la Maifon de *Dio*. Voy. DIO.

* FLÉCHIN, en Artois: FRANÇOIS DE FLÉCHIN, Ecuyer, obtint, le 5 Novembre 1709, l'érection en *Marquifat* de la Terre de *Wamin*, en Artois. Il étoit fils d'EDOUARD DE FLÉCHIN, Commandant au Régiment de Rambures, tué au fiège de la Rochelle, ainfi que deux de fes frères.

Les armes: *faffé d'or & de fable de fix pièces*.

FLEMMING ou FLŒMINGE. La Famille des Barons & Comtes de ce nom, fuivant plufieurs auteurs, & d'après eux Moréri, eft une des plus anciennes & des plus confidérables de la Poméranie, & s'eft beaucoup étendue dans d'autres Pays. Il y en a qui, fans doute à caufe de l'analogie du nom, en font monter l'origine aux *Flaminiens*, qui, par leur valeur & leur prudence, rendirent de grands fervices à l'ancienne Rome. Quoi qu'il en foit, la branche reftée en Poméranie a toujours eu rang parmi la première Nobleffe. Outre un grand nombre de privilèges, dont elle jouit depuis un tems immémorial, elle poffède la charge héréditaire de Maréchal du pays. Lorfque le Prince, à qui la Porémanie appartient, vient en perfonne fe faire rendre hommage, le Maréchal reçoit le cheval qu'il monte avec tout fon équipage. Les deux branches principales de cette famille, nommées la *Boukiène* & la *Martintiniène*, font encore floriffantes. Vers la fin du XIVᵉ fiècle, CLARUS FLEMMING paffa en Suède avec le Duc *Eric*, & s'y établit. CHARLES XI, Roi de Suède, éleva un de fes defcendans à la dignité de *Comte*. Il y eut auffi des *Flemming* qui paffèrent en Norwège. Angelus, dans fa *Chronique du Holftein*, fait mention d'un BŒTIUS FLEMMING de Norwège. Vers le milieu du XVIᵉ fiècle, HENRI FLEMMING s'établit dans le territoire de Lauenbourg. Lorfqu'en 1700, AUGUSTE, Roi de Pologne, eut donné à JACQUES-HENRI, Comte DE FLEMMING, la charge vacante de Grand-Ecuyer de Lithuanie, les Polonois firent là-deffus de grandes difficultés dans la Diète tenue en 1701; mais le Comte leur prouva que fa famille étoit établie depuis long-tems en Pologne, en leur faifant voir que depuis 150 ans fon trifaïeul, fon bifaïeul, fon aïeul & le frère de fon bifaïeul, avoient été habitans de ce pays-là. Il leur démontra de plus que dès l'an 1233, fa famille avoit été établie en Pruffe, & par conféquent en Pologne.

Il y a des *Flemming* en Angleterre, mais il n'eft pas démontré qu'ils aient la même tige que ceux de Poméranie. Des *Flemming* d'Angleterre étoit MARIE DE FLEMMING, fille de RICHARD, Seigneur d'Hardach, Capitaine dans le Régiment du Mylord *Galmois*, laquelle époufa, le 10 Février 1510, *René-François du Châtelet*, Marquis dudit lieu, qui s'attacha à la Cour de LÉOPOLD, Iᵉʳ du

G

nom, Duc de Lorraine. Un certificat de Jacques III, Roi de la Grande-Bretagne, juftifie
que Richard de Flemming eft de l'ancienne &
illuftre Maifon du Mylord *de Slaine*, au
Royaume d'Irlande. Marie de Flemming avoit
pour mère *Madeleine d'Orelii*, fille du Marquis de *Klinky*, d'une des plus anciennes
Maifons du Royaume d'Irlande, comme il fe
voit par l'Hiftoire de ce Pays. Cette Marie
de Flemming portoit pour armes : *vairé d'a-*
zur & d'argent, au chef de gueules chargé
de fix billettes d'or, 1, 2 & 3.

Voyez fur les *Flemming* de Poméranie, de
Pruffe, de Pologne, de Suède, de Norwège,
des Pays-Bas & de l'Angleterre, ce qu'en dit
Moréri, d'après différens auteurs.

* FLERS, Terre & Seigneurie en Artois,
érigée en *Baronnie*, par Lettres du mois de
Mai 1662, enregiftrées à Arras, en faveur &
en confidération de l'ancienne Nobleffe de
Noël-Lamoral d'Oftrel, Ecuyer, Seigneur
de Billemont & Haut-Capel. Voy. OSTREL.

* FLERS, autre Baronnie fituée en Normandie, portée en mariage par *Jeanne de*
Grofparmy, à *Henri de Pellevé*, Seigneur
de Tracy, coufin iffu de germain du Cardinal *Nicolas de Pellevé*, Archevêque Duc de
Reims. Voyez PELLEVÉ.

* FLETTRE, Terre & Seigneurie dans les
Pays-Bas, érigée en *Comté*, par Lettres du
Roi Catholique, en faveur de *Jacques de*
Wignacourt, Seigneur de Flettre & Baron
de Cauroy. Voyez WIGNACOURT.

FLEURANCE, Famille établie à Château-
gontier, en Anjou, dont étoit N... de Fleurance, Préfident en la Cour des Monnoies de
Paris, & ci-devant Ecuyer de Madame la
Dauphine, marié à *Jeanne Maffon*, fille de
feu N... *Maffon*, Tréforier-Général de la Marine au département de Provence. Le fixième
aïeul de cet N... de Fleurance étoit Maître-
d'Hôtel du Roi Charles VIII, qui, en 1490,
l'honora de plufieurs commiffions importantes ; & David de Fleurance, fon grand-oncle,
fut fait Gentilhomme ordinaire de Henri IV,
le 4 Novembre 1603, & Précepteur de Louis
XIII en 1612.

FLEURIAU. On trouve la Généalogie de
cette Famille, illuftrée par les grands hommes
qu'elle a produits, dans l'*Hiftoire des Grands-*

Officiers de la Couronne, tom. VI, p. 605.
Elle remonte à

Charles Fleuriau, Ecuyer, Secrétaire du
Roi, originaire de Tours, qui vint s'établir à
Paris en 1634, & réfigna fa charge de Secrétaire du Roi le 25 Juillet 1655. Il mourut le
16 Février 1694, âgé de 90 ans, & fut enterré
dans la baffe Chapelle du Palais à Paris. Il
avoit époufé, 1° le 3 Février 1636, *Margue-*
rite Lambert, fille de *Nicolas Lambert*, Seigneur de Thorigny, Préfident en la Chambre
des Comptes à Paris, & de *Marguerite Guil-*
lemeau ; & 2° *Françoife Guillemin*, qui
mourut le 4 Août 1684, & fut enterrée à
Saint-Gervais à Paris. Elle étoit fille de *Gaf-*
ton-Jean-Baptifte Guillemin, Secrétaire des
commandemens de Gaston de France, Duc
d'Orléans, & de *Marguerite Robillard*. Du
premier lit vint :

1. Marguerite, baptifée le 16 Août 1638,
   morte le 4 Octobre 1671, femme 1° de
   Jean de Fourcy, Seigneur de Cheffy, Confeiller au Grand-Confeil, mort au mois
   d'Octobre 1655 ; & 2° de *Claude le Pelletier*,
   Miniftre d'Etat & Contrôleur-Général des
   Finances.

Du fecond lit fortirent :

2. Charles, mort Jéfuite, à Paris, âgé de 82
   ans ;
3. N..., auffi mort Jéfuite ;
4. Joseph-Jean-Baptiste, qui fuit ;
5. Louis-Gaston, Chanoine de Chartres en
   1684, Tréforier de la Sainte-Chapelle de
   Paris en 1687, Evêque d'Aire en 1698, facré
   le 18 Janvier 1699, puis d'Orléans, le 15
   Août 1706, & Abbé de Saint-Jean d'Amiens,
   mort dans fon Diocèfe, le 10 Juin 1733, âgé
   de 72 ans ;
6. Marie-Madeleine, baptifée le 12 Août
   1654, mariée, au mois d'Octobre 1676, à
   François de Paris, Seigneur de Coutte &
   de Gafville, Secrétaire du Roi. Elle eft morte
   le 6 Avril 1706, & fut enterrée à Saint-Ni-
   colas-du-Chardonnet, mère entr'autres enfans de : 1° *Nicolas-Jofeph de Paris*, Evêque titulaire d'Europé, Prieur de la Valette
   près de Toulon, co-adjuteur d'Orléans, facré
   le 27 Février 1724, depuis Evêque d'Orléans,
   par la mort de Louis-Gaston Fleuriau, fon
   oncle maternel. Il fit fon entrée folennelle
   dans cette Ville à la fin de l'année 1733, &
   mourut dans l'Abbaye de Sainte-Euverte à
   Orléans, où il s'étoit retiré après la démiffion de fon Evêché, le 14 Mai 1756, âgé de
   75 ans ; 2° & de *François de Paris*, Capitaine aux Gardes-Françoifes, & Brigadier.

des Armées du Roi, mort le 12 Avril 1730 ;

7. MARGUERITE-THÉRÈSE, morte le 19 Juin 1730, femme de *Jean-Louis de Laurency*, Marquis de Montbrun, Préſident à Mortier au Parlement de Touloufe ;

8. Et N... FLEURIAU, Religieufe à la Viſitation, rue Saint-Antoine à Paris.

JOSEPH-JEAN-BAPTISTE FLEURIAU, Chevalier, Seigneur d'Armenonville, de Gas, de Houx, de Hanches, de Morville, &c., reçu Conſeiller au Parlement de Metz, en 1686, Intendant des Finances & Conſeiller d'Etat ordinaire en 1690, & Doyen du Conſeil, Bailli & Gouverneur de Chartres, Capitaine-Gruyer des Châteaux de la Muette & Madrid, & du Parc du bois de Boulogne, & Directeur-Général des Finances en 1701, fut pourvu au mois de Janvier 1716, de la charge de Secrétaire d'Etat, ſur la démiſſion volontaire du Marquis de Torcy, dont il prêta ſerment entre les mains du Roi, fut fait Grand-Croix, & Secrétaire de l'Ordre Militaire de Saint-Louis, au mois d'Avril 1719, créé Garde des Sceaux de France, par Lettres du 28 Février 1722, dont il prêta ſerment entre les mains du Roi le 1er Mars ſuivant, ſe démit de ſa charge de Secrétaire d'Etat, le 18 Avril de la même année, en faveur du Comte de Morville, ſon fils, qu'il exerça cependant juſqu'au mois de Mars 1723, le Roi lui en ayant conſervé la ſurvivance. Il a repréſenté & fait les fonctions de Chancelier de France, au Sacre du Roi, le 25 Octobre 1722, s'eſt trouvé au lit de Juſtice pour la majorité de Sa Majeſté, où ſes Proviſions de Garde des Sceaux de France furent enregiſtrées au Parlement le 22 Février 1723. Il prêta ſerment entre les mains du Roi, pour la charge de Grand-Tréforier de ſes Ordres, le 29 Mars 1724, & ſur ſa démiſſion, Sa Majeſté lui en conſerva les honneurs. Enfin il ſe trouva au lit de Juſtice que le Roi tint au Parlement de Paris, le 8 Juin 1725, pour l'enregiſtrement des différens Edits & Déclarations, & ayant remis les Sceaux, le 15 Août 1727, il mourut au Château de Madrid près de Paris, âgé de 68 ans, le 27 Novembre 1728, & fut enterré à Saint-Euſtache, ſa Paroiſſe. Il avoit épouſé, au mois de Décembre 1685, *Jeanne Gilbert*, morte le 26 Novembre 1716, âgée de 56 ans, fille de *Charles Gilbert*, Secrétaire du Roi, & de *Marguerite Robert*, dont :

1. CHARLES-JEAN-BAPTISTE, qui ſuit ;

2. MARIE-JEANNE, née le 28 Mars 1688, mariée, le 16 Avril 1708, à *Jean de Gaſſion*, Marquis de Gaſſion & d'Alluye, Comte de Montboyer, Baron d'Andaux, Maréchal-de-Camp & Lieutenant-Général à la promotion du 1er Août 1734, Gouverneur de Dax, fils de *Pierre*, Marquis de Gaſſion, Préſident à Mortier au Parlement de Pau, & de *Madeleine Colbert de Terron*, dont une fille *Madeleine-Angélique de Gaſſion*, mariée, le 26 Mai 1732, à *Louis-François de Damas*, Comte de Thianges & d'Anlezy, Capitaine de Cavalerie au Régiment de Meſtre-de-Camp Général ;

3. MARGUERITE, née & baptiſée le 31 Mars 1689, & morte le 19 Décembre 1690, enterrée à Saint-Gervais ;

4. Et MARIE-THÉRÈSE, née le 19 Septembre 1698, morte à Paris le 31 Décembre 1753, femme, depuis le 22 Septembre 1717, de *Henri de Fabry de Moncault*, Comte d'Autrey, Colonel du Régiment de la Sarre, Infanterie, & Brigadier des Armées du Roi, mort à Verſailles le 1er Septembre 1730, âgé de 42 ans.

CHARLES-JEAN-BAPTISTE FLEURIAU, Comte de Morville, Seigneur d'Armenonville, né le 30 Octobre 1686, Bailli, Capitaine & Gouverneur de la ville de Chartres, en ſurvivance de ſon père, le 25 Décembre 1702, reçu Avocat du Roi au Châtelet de Paris, le 19 Août 1706, Conſeiller au Parlement de Paris le 16 Janvier 1709, Procureur-Général du Grand-Conſeil par Proviſions du 7 Mars 1711, & reçu le 14 du même mois, fut nommé Ambaſſadeur en Hollande au mois de Janvier 1718, Conſeiller d'honneur au Grand-Conſeil le 8 Mars de la même année, Secrétaire & Grand-Croix de l'Ordre de Saint-Louis, ſur la démiſſion de ſon père, le 24 Avril 1719, plénipotentiaire au Congrès de Cambray. Il prêta ſerment entre les mains du Roi, de la charge de Secrétaire d'Etat au département de la Marine dont ſon père s'étoit démis en ſa faveur à titre de ſurvivance, le 9 Avril 1722 ; fut Conſeiller d'Etat le 11 du même mois, reçu à l'Académie Françoiſe le 22 Juin 1723, Miniſtre des Affaires Étrangères au mois d'Août ſuivant, fait Chevalier de la Toiſon-d'Or par le Roi d'Eſpagne le 22 Octobre 1724, Protecteur de l'Académie des Sciences & des Arts de la ville de Bordeaux au mois d'Octobre 1726, s'eſt démis de ſa charge de Secrétaire & Grand-Croix de l'Ordre de Saint-Louis, & de celle de Secrétaire d'Etat le 19 Août 1727.

Le Roi lui accorda une penfion de 20 mille livres, & il mourut le 3 Février 1732. Il avoit époufé, le 3 Février 1711, *Charlotte-Elifabeth de Vienne*, née le 2 Novembre 1687, morte le 20 Décembre 1761, à 74 ans, fille de *Charles-Louis de Vienne*, Confeiller en la Grand'Chambre du Parlement de Paris, & de *Marguerite-Charlotte de Clerambault*. Leurs enfans font :

1. JEAN-BAPTISTE, qui fuit ;
2. N..., né au mois de Juin 1717, mort jeune ;
3. JACQUETTE-JEANNE-THÉRÈSE, née le 27 Décembre 1712, mariée, le 15 Juillet 1728, avec *Alexandre-Nicolas de la Rochefoucauld-Surgères*, mort Lieutenant-Général des Armées du Roi, & elle le 19 Avril 1769, dont des enfans ;
4. Et CHARLOTTE-MARGUERITE, née le 16, baptifée le 17 Juillet 1725, à Saint-Euftache, mariée, le 22 Décembre 1740, à *Pierre-Emmanuel*, Marquis *de Cruffol de Florenfac*, Colonel du Régiment de l'Isle-de-France, Infanterie, puis Miniftre de France à Parme, Chevalier des Ordres, mort le 5 Janvier 1658, dont deux garçons & une fille. Voyez CRUSSOL.

JEAN-BAPTISTE FLEURIAU, Marquis d'Armenonville, né le 26 Décembre 1711, Colonel du Régiment de Dragons, ci-devant Bunelles, le 14 Décembre 1727, Gouverneur & Bailli de Chartres, Bailli d'Epée de Bar-fur-Seine, Brigadier des Armées du Roi le 15 Mars 1740, eft mort en Bohême le 14 Avril 1742, fans enfans de *Philiberte-Jeanne Amelot de Chaillou*, décédée le 2 Décembre 1764, qu'il avoit époufée le 22 Décembre 1735, fille de *Jean-Jacques Amelot*, Seigneur de Chaillou, Intendant des Finances, Miniftre, & Secrétaire d'Etat, ayant le département des Affaires Étrangères, & d'*Anne-Marie-Pauline Bombarde*, fa première femme.

Les armes : *d'azur, à un épervier d'argent membré, longé & grilletté de même, perché fur un bâton de gueules ; au chef d'or, chargé de 3 glands feuillés & tigés de finople.*

FLEURIGNY. La Maifon de *le Clerc* a ajouté à fon nom celui de *Fleurigny*, depuis l'acquifition que *François le Clerc*, Chambellan & Maître-d'Hôtel ordinaire du Roi, fit, le 16 Décembre 1513, de tous les biens de *Jeanne*, Dame *de Fleurigny*, fa parente. Voyez CLERC DE FLEURIGNY (LE).

FLEURY (DE), en Lorraine, en Champagne & à Paris : Famille divifée en trois branches. De la première eft N... de Fleury, qui eut pour enfans :

1. JOSEPH-ANDRÉ, qui fuit ;
2. CHARLES-MARIE, né le 30 Octobre 1747 ;
3. CLAUDE-MÉRIADEC, né le 17 Août 1750 ;
4. ARMAND-LOUIS, né le 25 Août 1752 ;
5. Et JULIE-THÉRÈSE, née le 8 Février 1741.

JOSEPH-ANDRÉ DE FLEURY, Ecuyer, naquit le 18 Mars 1753.

De la feconde branche eft JEAN-HENRI DE FLEURY, Ecuyer, Seigneur de Bouiolle, de Marfon & de Neuviller-en-Argone, né le 10 Juillet 1718, marié, 1° par contrat du 15 Février 1747, avec *Thérèfe Pefchart*, morte le 10 Février 1746, en couches de deux enfans, décédés auffi peu de jours après, fille de *René Pefchart*, Seigneur d'Ambly, de Tournizet, &c., & de *Thérèfe de Rouyn*, fille d'*Antoine-Nicolas*, Baron de Rouyn, Seigneur de Vaffincourt, Confeiller d'Etat de S. M. Polonoife, & Préfident en fa Chambre du Confeil & des Comptes du Duché de Bar ; & 2° le 13 Juin 1747, avec *Marie-Madeleine de Mortaigne*, fille de *Jean-Chriftophe*, Comte de Mortaigne, & de *Marie-Madeleine de Cuvelier*.

Et de la troifième branche eft CHARLES-LOUIS DE FLEURY, Ecuyer, baptifé le 14 Avril 1677, marié, par contrat du 28 Novembre 1702, avec *Claude-Antoinette Collot*, dont il a eu poftérité.

De cette famille étoit SUSANNE-MARGUERITE DE FLEURY, née le 24 Septembre 1682, fille de HENRI DE FLEURY, Ecuyer, Seigneur de Donnemarie, & d'*Anne Denis*. Elle fut reçue à Saint-Cyr au mois de Mai 1694, après avoir prouvé qu'elle defcendoit de JACQUES DE FLEURY, Seigneur de Sorcy, qui, l'an 1532, époufa *Catherine d'Eftas*. C'étoient le quart-aïeul & la quart-aïeule de la produifante.

Les armes : *d'azur, à trois croix d'or fleuronnées, ayant les pieds fichés, pofées 2 & 1 ; & une étoile auffi d'or, pofée au cœur de l'écu.* Voyez l'Armorial génér. de France, reg. V, part. I.

FLEURY (DE), ancienne & illuftre Nobleffe du Languedoc, dont étoit :

JEAN DE FLEURY, Ecuyer, Seigneur de Dio, de Valquières & de Vernazobre, qui eut de

Diane de la Treilhe de Foʒières, d'une ancienne Nobleſſe de Languedoc :

1. ANDRÉ-HERCULE DE FLEURY, né à Lodève
le 22 Juin 1653, Chanoine de l'Egliſe de
Montpellier en 1668, Aumônier de la Reine, épouſe de Louis XIV, enſuite de ce Monarque en 1692, nommé à l'Evêché de Fréjus en 1698, Précepteur de Louis XV en
1713, Grand-Aumônier de feu la Reine,
Cardinal, Miniſtre d'Etat, l'un des 40 de
l'Académie Françoiſe, honoraire de l'Académie Royale des Sciences & de celle des
Belles-Lettres, mort à Iſſy, près de Paris,
le 29 Janvier 1743, âgé de 89 ans, & ſon
corps tranſporté à Saint-Louis du Louvre,
où l'on voit ſon mauſolée ;

2. GABRIEL DE FLEURY, Baron de Pérignan,
Seigneur de Dio, de Valquières, de Vernazobre & de Prades, mort ſans enfans, après
avoir fait ſon teſtament le 5 Mai 1713 ;

3. MARIE, alliée, le 24 Janvier 1680, avec *Bernardin de Roſſet,* Seigneur, Duc de Fleury ;

4. Et DIANE-MARIE, Supérieure des Urſulines
à Lodève, morte au mois de Janvier 1732.
Voyez ROSSET DE FLEURY.

Les armes : *d'aʒur, à trois roſes d'or.*

FLEURY, en Picardie, qui porte : *d'a-
ʒur, à la croix encrée d'or.*

FLEURY, en Bretagne, qui porte : *d'a-
ʒur, à 3 macles d'or, 2 & 1, au croiſſant d'argent en abîme.*

FLEURY-*en-Bière.* Voy. ARGOUGES.

FLEURY-MÉROGIS, près de Montlhéry. Voy. JOLY.

FLEUTELOT, en Bourgogne : *d'argent,
à trois trèfles de ſable, au chef de gueules,
chargé d'un ſoleil d'or.*

* FLOCELIÈRE (LA), dans le Haut-Poitou, Election de Thouars : Terre & Seigneurie qui entra, ſur la fin du XIIIᵉ ſiècle, dans
la Maiſon de *Surgères,* par l'alliance d'*Olive,* fille unique de *Geoffroy,* Seigneur de *la
Flocelière,* & de *Jeanne de Châteaumur,*
dite *de Belleville,* avec *Guy de Surgères,*
fils de *Hugues de Surgères,* & petit-fils de
Guillaume Maingot, VIᵉ du nom, Sire de
Surgères. La poſtérité de *Guy de Surgères*
finit au commencement du XVIᵉ ſiècle, en la
perſonne de *Réné de Surgères,* Seigneur de
la Flocelière, de Cerizay, & de Belleville-en-
Thouars, qui de ſa femme *Philippe de Belleville,* fille de *Guillaume,* Seigneur de Bel-

leville, & de *Guillemette de Luxembourg-
Fiennes,* laiſſa deux filles, *Renée,* qui ſuit, &
Louiſe, Dame de Belleville, mariée, en 1516,
à *Louis du Bois,* Seigneur des Arpentis.

Renée de Surgères, Dame de *la Flocelie-
re,* de Saint-Pol, de Cerizay, &c., épouſa 1º
François Hamon, Seigneur de Bonnet, Capitaine de Fougères, Vice-Amiral de Bretagne ; & 2º *Péan de Brie,* Seigneur de Ser-
tant. Elle eut de ſon premier mariage *Jean-
Hamon,* Seigneur de la Flocelière, de Cerizay, &c., qui épouſa *Jeanne de Pannèvre,*
Dame de Saint-Martin. De ce mariage ſortit
Robinette Hamon, Dame de la Flocelière &
de Cerizay, mariée, par contrat du 15 Septembre 1567, à *Claude de Maillé,* Seigneur
de Brézé & de Milly, tué à la bataille de Coutras le 20 Octobre 1587. Leur ſecond fils,
Jacques de Maillé, eut en partage la Seigneurie de *la Flocelière,* qui fut érigée en
Marquiſat en ſa faveur, par Lettres-Patentes du mois de Novembre 1616, enregiſtrées
le 17 Mai 1629. Il mourut en 1647, ſans enfans de ſa femme *Julienne d'Angennes.* Le
Maréchal de *Maillé-Bréʒé,* ſon neveu & ſon
héritier, céda le Marquiſat de la Flocelière, à
Julienne d'Angennes, pour ſes droits de repriſes, & elle l'échangea, en 1697, pour la
Terre de *Semploire,* avec *François de Granges de Surgères,* Marquis de Puy-Guyon,
Lieutenant-Général des Armées du Roi, iſſu
de *Geoffroy de Surgères,* fils puîné de *Guillaume Maingot,* IIIᵉ du nom, Sire de Surgères, & de *Berthe de Rançon.* Voyez GRAN-
GES, MAINGOT & SURGÈRES.

FLORAINVILLE, illuſtre Maiſon établie dans le Duché de Bar depuis près de 400
ans, & venue du pays de Luxembourg où eſt
la ville de Florainville qui lui appartenoit,
& dont elle tire ſon nom. Elle s'eſt fondue
dans les Maiſons de *Choiſeul-Meuʒe* & de
Beauvau.

RASSE DE FLORAINVILLE fut attiré dans le
Barrois par MARIE DE FRANCE, Dame de Caſſel & Ducheſſe de Bar. Il y épouſa *Marie,*
Dame *de Faims,* fille d'honneur de cette
Princeſſe, qui, par ſon teſtament du 15 Janvier 1402, lui fit un legs de 400 livres. Elle
eut pour fils :

GÉRARD DE FLORAINVILLE, dit de Faims, dont
il étoit Seigneur, & qui, dès l'an 1404, étoit
Bailli de Bar. Il fut père de

GÉRARD, Chanoine de Verdun, mort en 1435 ;

Et HUSSON, qui fuit.

HUSSON DE FLORAINVILLE, Seigneur de Faims, Bailli de Bar après fon père, tranfmit cette charge à LOUIS, qui fuit, & ROBERT, fon frère, fut Bailli du Clermontois.

LOUIS DE FLORAINVILLE, Seigneur de Faims, Bailli de Bar, eut de *Colette d'Apremont*, fon époufe,

RENÉ DE FLORAINVILLE, Seigneur de Faims, Maître-d'Hôtel de PHILIPPE DE GUELDRES, Reine de Sicile, Ducheffe de Lorraine & de Bar, dès l'an 1504, & Bailli du Clermontois en 1509. Il époufa 1° *Anne de Nouroy*, veuve de *Jean de Savigny*, Seigneur de Leymont, Rafne, Chardogne & Vernancourt, & fille de *Philippe*, Seigneur de Nouroy, & de *Catherine de Ludres*; & 2° *Louife de Beauvau*, Gouvernante des Princeffes de Lorraine, & fille d'*Achille de Beauvau*, Grand-Maître de Lorraine, Gouverneur de Neufchâteau, & de *Jeanne d'Abancourt*. Il eut du premier lit:

1. JEAN, Bailli de Hattonchâtel, marié à *Antoinette de Harchies*, fille de *Jacques*, Seigneur de Harchies, & de *Marie-Ifabelle d'Apremont*, fille de *Robert d'Apremont*, Prince d'Amblife, & de *Jeanne de Quiévrain*, dont il n'eut que:

ANNE, mariée à fon coufin germain RENÉ DE FLORAINVILLE, mentionné ci-après.

2. PHILIPPE, femme de *Michel de Gournay*, Seigneur de Muzy, Maître Echevin de Metz.

Et du fecond lit:

3. CLAUDE, qui fuit.

CLAUDE DE FLORAINVILLE, Seigneur de Faims, Confeiller d'Etat, Bailli de Bar en 1549, & Gouverneur en 1558, époufa *Jacqueline*, fille de *Nicolas de Roucy*, Seigneur de Manre, Termes & Poffeffe, & de *Barbe de Salazar*, dont:

1. RENÉ, qui fuit;
2. Et DIDIER, Abbé de l'Isle-en-Barrois.

RENÉ DE FLORAINVILLE, Seigneur de Faims, Coufance, Coufancelles, Hargeville, Crige-la-Grande, Signéville, de la Tour-de-Maras, Mouzay & Charpentry, Confeiller d'Etat, Bailli de Bar, Capitaine des Gardes du Duc CHARLES III, époufa fa coufine germaine ANNE DE FLORAINVILLE, dont il eut:

1. JEAN, Seigneur de Coufance & Hargeville, Ecuyer d'Ecurie du Duc HENRI, lequel de fa femme *Madeleine de Raigecourt*, fille de *Philippe*, Seigneur d'Anferville, Bailli d'Al-

---

lemagne, & de *Philippe de Gournay*, n'eut que:

JEAN-RENÉ, Chambellan du Duc CHARLES IV, mort fans alliance en 1629;

Et CATHERINE-MARGUERITE, femme de *François de Choifeul*, Baron de Meufe, Marquis de Germay, Seigneur de Sarcy, Colonel d'Infanterie, & premier Gentilhomme de la Chambre du Duc CHARLES IV, mort en 1669.

2. CHARLES, Seigneur de Faims, qui de fa femme *Ifabelle de Mailly*, fille de *François*, Seigneur d'Efcot, & de *Jacqueline d'Anglure*, n'eut que trois filles, favoir:

ANNE, femme de *René de Roucy*, Baron des Termes, Seigneur de Châtel-en-Réthelois & d'Apremont-fur-Aifne;

RENÉE-ELISABETH, Chanoineffe de Sainte-Marie à Metz, mariée à *Antoine de Raigecourt*, Seigneur d'Anferville;

Et FRANÇOISE, auffi Chanoineffe à Ste-Marie, alliée 1° à *Philippe-Egelof de Lutzelbourg*, Grand-Maître de l'Artillerie de Lorraine; & 2° à *Henri de Ludres*, Comte d'Affrique.

3. FRANÇOIS, Seigneur de Coufance, Confeiller d'Etat, Capitaine des Gardes du Duc de Lorraine, fon Grand-Fauconnier, & Gouverneur de Marfal, marié à *Elifabeth de Haraucourt*, dont:

CHRISTINE, Abbeffe de Sainte-Marie à Metz, par Bulles de 1673, morte en 1701.

4. CHARLES, qui fuit;
5. LOUISE, femme de *François de Tavagny*, Seigneur d'Etreval, Confeiller d'Etat, Chambellan du Duc CHARLES IV, & Bailli du Comté de Vaudémont;
6. JEANNE, Abbeffe de Sainte-Haide;
7. RENÉE, Abbeffe de Saint-Dizier;
8. CHRISTINE, femme de *Louis de Kanavitz de Befmes*, Gouverneur de Saint-Dizier;
9. Et ANTOINETTE, femme de *Vary de Savigny*, Seigneur de Laimont, Bailli & Gouverneur de Bar.

CHARLES DE FLORAINVILLE, Seigneur de Faims, Bailli & Gouverneur de Bar après *Vary de Savigny*, fon beau-frère, époufa *Gabrielle de Boffut*, fille de *Charles*, & d'*Ifabelle de Baudoche*, dont il eut:

HENRI DE FLORAINVILLE, Seigneur de Faims, Coufance, & Hargeville, Maréchal-des-Camps & Armées du Roi de France, & Gouverneur de Barbane, époufa *Eve-Françoife de Lutzelbourg*, fille d'*Egelof*, Grand-Maître de l'Artillerie de Lorraine, dont deux filles, favoir:

GABRIELLE, mariée, en 1747, à *Paul de Lu-dres*, Comte d'Affrique ;.

Et CHARLOTTE, femme de *Louis*, Marquis *de Beauvau*, Capitaine des Gardes-du-Corps du Duc de Lorraine, dont elle fut la pre-mière femme. *(Mémoire envoyé.)*

Les armes : *bandé d'argent & d'azur de 8 pièces, chargé d'un lion brochant sur le tout, avec une bordure engrêlée de gueules.* Cimier : *une patte de lion d'argent & une griffe de griffon de même.*

FLORENCE. Les Ducs de Florence, de-puis Grands-Ducs de Toscane, ont commencé à ALEXANDRE DE MÉDICIS, fils naturel du Pape CLÉMENT VII. Il fut fait Duc Souverain hé-réditaire de Florence, par l'Empereur CHAR-LES-QUINT, en 1531. Il mourut le 7 Janvier 1537. *Cosme Ier*, ou *le Grand*, d'abord seule-ment Duc de Florence en 1537, fut depuis revêtu du titre de Grand-Duc de Toscane, par Bulle du Pape, le 17 Août 1569. Il mou-rut le 21 Avril 1574. JEAN GASTON, Grand-Duc de Toscane, étant mort sans postérité le 19 Juillet 1737, FRANÇOIS-ETIENNE, Duc de Lorraine, aujourd'hui Empereur, fut fait Grand-Duc de Toscane, en échange de la Lorraine, par cession de la Reine, aujourd'hui Douairière d'Espagne, comme héritière légi-time.

FLORENT, Famille originaire du lieu de Bédouin, au Comtat-Venaissin, qui a for-mé deux branches, dont l'une fait sa demeure à Carpentras, & l'autre à Arles, depuis quel-ques années.

ANTOINE FLORENT, Ier du nom, qualifié *Damoiseau* dans les Statuts Municipaux de la Communauté de Bédouin, vivoit dans ce Bourg en 1397, & est regardé comme la tige de cette Famille.

ANTOINE DE FLORENT, IIe du nom, descendu de lui par différens degrés, épousa *Marthe N...*, dont il eut :

1. CLAUDE, marié deux fois sans enfans mâles ;
2. DENIS, qui suit.

DENIS FLORENT s'allia, en 1549, avec *Cécile de Boutin*, fille de *Peyron*. De ce mariage vint :

LŒLIUS ou LŒLIO FLORENT, qui épousa, par contrat passé devant *Pierre Fumati*, Notaire à Carpentras, le 1er Mars 1578, *Marie Be-nedicti*, fille d'*André*, Jurisconsulte de cette Ville, & de *Marguerite de la Plane*. Ses en-fans furent :

1. JACQUES, qui continua la branche aînée à Carpentras, où elle existe encore ;
2. FRANÇOIS, Chanoine de l'Eglise de la même Ville ;
3. CHARLES, Chanoine de celle de Vaison, & Prieur de St-Martin de Poitiers ;
4. Et ANDRÉ, auteur de la seconde branche, qui suit.

SECONDE BRANCHE.

ANDRÉ FLORENT, Seigneur de Saint-Estève, servit avec distinction dans le Régiment de Piles, & épousa, par contrat du 7 Avril 1639, passé devant *Juliany*, Notaire à Vaison, *Françoise de Seguins*, fille de *Nicolas*, Sei-gneur en partie de St.-Romans, & de *Diane de Rousset de Saint-Laurent*. Il eut de ce mariage :

1. FRANÇOIS, Chanoine à Vaison ;
2. CHARLES, Officier de Cavalerie au Régi-ment de Doulcet, marié à *Anne-Marie de Véry*, dont il n'eut que des filles ;
3. PAUL, qui suit ;
4. FÉLIX, Seigneur de Torade, Capitaine d'une Compagnie de fusiliers par commission, du 8 Août 1691 ;
5. CLAUDE, Capitaine au Régiment de Rouer-gue, tué au combat d'Altenheim en 1675, sous M. le Vicomte *de Turenne* ;

Et cinq filles, dont deux mariées dans les Mai-sons de *Flotte* & de *Guibert*, deux Religieu-ses, & une morte, sans alliance, en 1733.

PAUL DE FLORENT, Seigneur de St.-Estève, entra d'abord dans la première Compagnie des Mousquetaires, servit ensuite en qualité de Lieutenant dans le Régiment de Doulcet, Cavalerie, & après l'action de Sintzheim, où le Maréchal *de Turenne* défit les Impériaux en 1674, & où il fut blessé d'un coup de feu à la gorge, il obtint une Compagnie de Cavalerie dans le Régiment de Varenne. Il épousa, le 29 Juillet 1702 (*Vieu & Martin*, Notaires aux Baux & à Tarascon), *Reine de Privat*, fille de noble *Charles*, Seigneur de Molières, & de *Metheline de Robin*, dont :

1. FRANÇOIS-XAVIER, qui suit ;
2. Et JOSEPH-ANDRÉ, rapporté après son aîné.

FRANÇOIS-XAVIER DE FLORENT, Seigneur de Saint-Estève, a épousé, par contrat du 13 Janvier 1731, passé devant *Jean Vaugier*, Notaire à Arles, *Marguerite-Henriette de Damian*, fille de *Jean*, Seigneur de Vinsar-gues & de Manville, & d'*Anne d'Antonelle-de-Saint-Léger*, avec laquelle il fait sa deméure ordinaire à Arles. On ignore s'il en a postérité.

JOSEPH-ANDRÉ DE FLORENT, frère du précédent, Officier dans le Régiment Royal-Artillerie en 1757, a épousé, par contrat du 1er Août 1747, passé devant *Renard*, Notaire au Châtelet de Paris, *Marthe Tiffandier*, fille de *Jean-Baptiste Tiffandier*, originaire d'Auvergne, Chevalier de Saint-Louis, Major du Régiment de Guyenne. Nous ignorons s'il en a des enfans. C'est ce que nous savons sur cette Famille, d'après l'*Histoire héroïque de la Noblesse de Provence*, tom. I, pag. 387, n'ayant pas reçu de Mémoire.

Les armes : *d'azur, au sautoir d'or, cantonné de trois étoiles de même, une en chef & une à chaque flanc ; & en pointe, d'une fleur-de-lis aussi d'or, soutenue d'un croissant d'argent.*

FLORIMOND, en Franche-Comté. Ce nom, qui est ancien dans cette Province, remonteroit encore à des tems plus reculés, si les ravages que les guerres y ont, à diverses reprises, occasionnées, & surtout le sac que la ville de Dôle essuya sous LOUIS XI, n'avoient fait perdre à cette Famille des titres antérieurs. On voit, dans l'histoire des Croisades, qu'un *la Roche*, Gentilhomme de Bourgogne, s'établit à Athènes ; & l'*Histoire Ecclésiastique* parle d'un FLORIMOND, Seigneur de Sparte ou Mysitra. Il est vraisemblable que deux Croisés aussi proches voisins étoient à peu près compatriotes. Suivant un double des preuves faites par M. d'Hozier, Juge d'Armes de France, le 7 Septembre 1722, pour Saint-Cyr, la filiation suivie de cette Famille commence à

PHILIPPE FLORIMOND, Conseiller en la Cour Souveraine du Parlement de Dôle, en 1582, lequel épousa *Etiennette Papoilette*, & en eut :

1. CLAUDE, qui suit ;
2. Et JEAN, Prêtre, Chanoine en l'Eglise de Notre-Dame de Dôle, qui fit donation, le 28 Mars 1614, à son frère, de tous ses biens qu'il substitua à ses deux fils, ses neveux.

Noble CLAUDE-FLORIMOND épousa, par contrat passé le 6 Janvier 1599, *Etiennette Sanche*, fille de noble *François Sanche*, Seigneur de Moncour, & de *Jacquette Bélin*. Ses enfans furent :

1. HILAIRE, mort veuf, sans postérité de son

mariage avec *N... de Mantoche*, sœur de la Baronne de *Blitterswyck de Montcley*, qui recueillit sa dot & sa succession. Cette Maison de *Blitterswyck de Montcley* étoit une des plus illustres du pays ;
2. AUGUSTIN, qui suit ;
3. Et FRANÇOISE. Ils furent tous trois, après la mort de leur père, sous la tutelle de leur mère, du consentement de JEAN FLORIMOND, leur oncle, Chanoine en l'Eglise de Dôle. Cet acte de tutelle est du mois d'Août 1616.

Noble AUGUSTIN FLORIMOND se distingua à la défense de Dôle, ainsi qu'il en est fait mention dans l'histoire du siège de cette Ville, en 1636. Il s'allia, par contrat passé le 18 Novembre 1637, à *Alix le Maire*, fille de noble *Pierre le Maire*, Greffier en Chef au Parlement de Dôle, & de *Henriette Caffod*, dont vint entr'autres enfans :

FRANÇOIS-AUGUSTIN DE FLORIMOND, Seigneur de Montmirey, qui épousa, le 2 Mars 1673, *Marguerite Malabrun*, fille de noble, *Antoine Malabrun*, ancien Mayeur & Intendant des Fortifications de la Ville de Dôle, & de *Jeanne Magnin*, qui lui firent une donation en forme de partage, le 10 Septembre 1681. De ce mariage est issu entr'autres enfans :

ANTOINE-JOSEPH DE FLORIMOND, Ecuyer, Seigneur de Montmirey, qui se maria, par contrat du 22 Décembre 1704, avec *Anne-Philippe Monnier*, fille de Messire *Antoine Monnier*, Conseiller, & Maître en la Chambre & Cour des Comptes, Aides, Domaines & Finances du Comté de Bourgogne, & de Dame *Bonaventure Ramel*. Il en a eu 15 enfans, entr'autres :

1. & 2. N... & N... DE FLORIMOND, Capitaines d'Infanterie, l'un desquels, qui avoit été Page de M. le Comte de Toulouse, mourut à la suite du siège de Philippsbourg, des fatigues qu'il y avoit essuyées, & où il avoit servi en qualité d'Ingénieur ;
3. CLAUDE-ALEXIS, institué héritier par testament de son père, mort sans postérité, de son mariage avec *Barbe-Antoinette-Thérèse Perrenot*, nièce & héritière de feu N..., dit le Président *Michotey*, Président à Mortier au Parlement de Besançon ;
4. CLAUDE-ANTOINE, qui suit ;
5. ANNE-FRANÇOISE, Religieuse à l'Abbaye de Saint-Antoine. Elle y est morte Prieure de l'Abbaye de Villiers ;
6. & 7. JEANNE-MADELEINE & MARIE-FRAN-

coise, toutes deux élevées à Saint-Cyr, qui font actuellement Religieuses aux Dames de la Visitation de Salins en Franche-Comté ;

8. Et Hyacinthe-Bonaventure, vivante sans alliance en 1773.

Claude-Antoine, dit le Chevalier de Florimond, né le 13 Février 1726, le seul mâle qui reste de sa famille, substitué à son frère Claude-Alexis, qui est Seigneur des deux Montmirey, Offlanges, Frasne & Pointre en Franche-Comté, est entré Page chez le Comte de Toulouse en 1737, & est Gentilhomme de S. A. S. le Duc de Penthièvre, avec lequel il a fait la plupart de ses campagnes à la guerre. Il l'a suivi en Bretagne & en Italie.

Les armes : *d'azur, au chevron d'or, accompagné en pointe d'une tige de trois roses d'argent, mouvantes sur un tertre de sinople.* Supports : *deux lions d'or, armés & lampassés de gueules.* Couronne de Comte. (*Mémoire envoyé.*)

FLORINIER, en Champagne : *de sable, à 3 roses d'argent, l'une sur l'autre, au pal de gueules brochant sur le tout.*

FLORIS (Saint). Voy. SAINT-FLORIS.

FLOTTE, en Dauphiné. Les différentes branches de la Maison de Flotte, établies en Provence, selon l'auteur de l'*Histoire héroïque de la Noblesse de cette Province*, tom. I, pag. 389, tirent leur origine du Dauphiné, où ceux de ce nom sont connus de toute ancienneté. Le peu de ressemblance qu'il y a entre les armes de ces différentes branches, a fait croire à bien des auteurs qu'elles ne sortoient pas toutes de la même tige ; mais les actes qu'elles conservent sont une preuve du contraire, & les armes différentes ne prouvent rien, chacun en ayant pris à son gré, lorsqu'elles commencèrent à être fixes dans les Familles.

La branche patronimique de cette Maison a toujours gardé : *un lozangé d'argent & de gueules, au chef d'or.*

Celle transplantée à Nice, qui est éteinte depuis près de 300 ans, portoit : *d'or, à un mouton naissant de sable.*

Celle des Seigneurs de Revel, qui a donné de grands hommes dans tous les genres, transplantée en Auvergne, portoit : *un fascé d'or & d'azur de six pièces.*

Celle d'Agoult ou de Seillans, transplantée

Tome VIII.

en Provence, porte : *de gueules, à un lion d'or, lampassé & armé d'argent.*

Celle de Roquevaire, aussi transplantée en Provence, porte : *de gueules, à 3 oriols d'or, posés 2 & 1, surmontés d'un lambel d'argent.*

Chorier, *Histoire du Dauphiné ;* Allard, *Nobiliaire du Dauphiné ;* Duchesne, *Généalogie des Dauphins de Viennois ;* Nostradamus, Bouche, Gaufridi & Louvet, *Histoires de Provence ;* l'*Histoire des Grands-Officiers de la Couronne*, l'*Histoire de Malte*, l'*Histoire héroïque de la Noblesse de Provence,* & beaucoup d'autres ouvrages connus parlent de cette Famille.

Le nom de Flotte est très-ancien ; car on trouve un Arnaud Flotte, Archevêque d'Embrun, sur la fin du IXe siècle ; & un autre Flotte qui assista, dans le même tems, à un Concile tenu à Nîmes, & à un autre tenu à Arles en 890, où Louis, fils de Bozon, fut élu Roi d'Arles, dit Bouche, dans son *Histoire de Provence*, tom. I, pag. 264, 769 & 773. Mais la filiation non interrompue de cette Maison, suivant un Mémoire domestique qui nous a été adressé lors de la première édition de notre Dictionnaire, ne commence qu'à :

I. Henri de Flotte, lequel vivoit en l'an 1080, disent Guichenon & Guy Allard, dans le *Nobiliaire du Dauphiné*, pag. 141, qui citent un cartulaire de la ville d'Embrun. Dans une Charte de 1155, où il est parlé de *Raymond de Barcelone*, Prince d'Aragon & Marquis de Provence, il est dit que ses prédécesseurs avoient inféodé aux ancêtres d'Henri & d'Arnaud de Flotte, frères, les Châteaux de Béziers, Beaufort & Saulzet ; que les enfans d'Henri, dont un s'appeloit Arnaud, en avoient vendu une partie à l'Archevêque d'Embrun, & que le Marquis titulaire de Provence, comme tuteur de *Raymond de Bérenger*, son neveu, ayant confisqué la portion qu'Arnaud, oncle des fils de Henri, avoit en ses Fiefs, pour crime énorme commis par lui (ce qui fût, sans doute, quelques violences faites à l'Archevêque, comme l'ont cru quelques auteurs), donna à l'Archevêque l'investiture tant de la portion des enfans d'Henri, que de celle d'Arnaud, moyennant la somme de 11000 sols Melgoriens (a). Ceci est le précis de la Charte. Henri & Arnaud eurent une

_____

(a) Cette Charte est dans les Archives de l'Eglise Cathédrale d'Embrun, & rapportée tout au

H

fœur, nommée Josseranne de Flotte, mariée à *Bertrand*, IIe du nom, Comte de *Forcalquier*, qui donna aux Chevaliers de Saint-Jean de Jérufalem & aux Templiers, une fort grande quantité de Terres, & notamment la ville de Manofque, dit Bouche, *Histoire de Provence*, tom. II, pag. 138 & fuiv. Arnaud, difent le même auteur & Noftradamus, pag. 125, prit, en 1150, le parti du Comte de Provence, contre la Princeffe de Baux, & il accompagna le Comte de Forcalquier à la Cour de l'Empereur. Il eut pour fils :

II. Arnaud, Ier du nom, qui donna, en 1146, à l'Evêque de Die, la ville de Creft & fes dépendances, & reçut de ce Prélat fa bannière ou étendart. Le P. Columbi qui rapporte cette donation dans fon *Opufcula varia*, pag. 288, le qualifie de *Vir gente nobilis & potens opibus*. Il eft qualifié de *Chevalier*, dans une Charte de 1172, par laquelle le Comte de Forcalquier, fon coufin germain, accorde des privilèges à la Chartreufe de Durbon, & l'on conferve dans les archives de la Maifon de Flotte un titre de 1178, par lequel il approuve & confent à une donation faite par l'Empereur Frédéric, à la même Chartreufe de Durbon. Arnaud eut pour femme *Adélaïs de Comps.*, fœur de *Bertrand de Comps*, Grand-Maître de Rhodes. Ses enfans furent :

1. Arnaud, qui fuit (a) ;
2. Raymond, auteur de la branche des Seigneurs de *la Baume, Revel*, &c., rapportée après celle de fon aîné ;
3. Raibaud, Evêque de Vaifon en 1193. Il affifta à un Concile tenu à Valréas en 1212, & il y fiégeoit encore en 1215 ;
4. Et Mainfroy, qui paroît n'avoir point eu de poftérité. Ces quatre frères avec leur mère, alors veuve, donnèrent, en 1188, le territoire de *Bertaud*, aux Chartreufines. Cette donation eft dans les archives de la Chartreufe de Durbon. Arnaud, Raymond & Raibaud, donnèrent auffi, en 1200, à la Chartreufe de *Bertaud*, un pré & d'autres terres pour bâtir une Eglife & une maifon, & enfin Arnaud fit encore de nouvelles do-

nations à cette même Chartreufe. C'eft ce qu'apprennent d'anciens titres confervés dans les archives de la Maifon de *Flotte*.

III. Arnaud de Flotte, IIe du nom, Seigneur de la Roche & de Jarjayes, fut préfent, en 1202, au contrat de mariage de *Béatrix de Forcalquier*, fa parenté, avec *André de Bourgogne*, Dauphin de Viennois. (Voyez les Archives du Royaume, à Aix, & Bouche, tom. II, p. 179.) Il eut pour enfans :

1. Ozazica, qui fuit ;
2. Pipert, qui fuccéda à Raibaud, fon oncle, dans l'Evêché de Vaifon ; il fiégeoit en 1227, & affifta à l'affemblée des Etats de la Province d'Arles, tenue à Orange ;
3. Arnaud, auteur de la branche des Seigneurs de *Roquevaire*, rapportée après celle de *la Baume* ;
4. Joffren, qualifié de parent du Dauphin, dans des actes de 1246 & 1252 ;
5. Et Durand, qui arma avec Ozazica, fon frère aîné, pour la défenfe du Seigneur de Chabeuil, contre l'Evêque de Valence. (Voyez *Chorier, Hift. généal. de la Maifon de Saffenage*, pag. 87.)

IV. Ozazica de Flotte, Ier du nom, Seigneur de la Roche, de Jarjayes, &c., prêta hommage de fon Château de la Roche, au Dauphin de Viennois, & fut chargé de fa part de moyenner la paix entre ceux de la Maifon de *Saffenage*, en 1250, dit Chorier, p. 42. Il paroît qu'il étoit décédé quand fon frère Arnaud, du confentement de fes neveux, accorda des immunités aux habitans de Jarjayes. Ses enfans furent :

1. Arnaud, qui fuit ;
2. Ozazica ;
3. Arnaud, qui, l'an 1279, fut abfous par l'Archevêque d'Aix de quelques infultes faites aux Chartreufines de Bertaud ;
4. Et N... de Flotte, mariée à *Guillaume de Poitiers*, Comte de Valentinois & Diois. À l'acte d'un traité fait entre fon fils *Aymard* & le Dauphin *Guigues*, qu'elle approuva, pend fon Sceau aux armes de la Maifon de Flotte, ce qui prouve qu'elle étoit fille d'Ozazica, Ier du nom, & non d'*Ozazica*, Prince de Royan, comme on fe l'eft imaginé.

V. Arnaud de Flotte, IIIe du nom, Seigneur de la Roche, &c., eft nommé, en 1278, dans les preuves de l'*Histoire des Dauphins*, parmi les Souverains du pays, avec les Comtes de Valentinois, de Genève & les Seigneurs de Lunel, de Montélimar, du Rouffillon, de

---

long par Guichenon, pag. 213 ; & par Bouche, tom. II, pag. 1.

(a) L'Auteur de l'*Hiftoire héroïque de la Nobleffe de Provence*, imprimée à Avignon en l'année 1757, fait cet Arnaud II, fils d'Arnaud Ier, auteur de la branche des Seigneurs de Roquevaire, mais il fe trompe, car c'eft un autre Arnaud, troifième fils de cet Arnaud, IIe du nom.

la Tour, de Montauban, &c. Il eut un fils, nommé

VI. OZAZICA DE FLOTTE, IIe du nom, Seigneur de la Roche, &c., qui est qualifié dans un acte de 1295 fils & héritier d'ARNAUD III, & majeur de 25 ans. En cette qualité il reconnoit tenir la Terre de la Roche en Fief rendable du Comte de Valentinois, sous la supériorité du Dauphin (a) & il en fit hommage au même Dauphin le 10 Mai 1297. Il suivit l'Empereur ALBERT en Italie, & il signa avec les plus grands Seigneurs du Dauphiné, une ligue offensive & défensive envers & contre tous, excepté l'Empereur, le Roi de Jérusalem & de Sicile, le Dauphin & autres (b), le 9 du mois de Novembre 1309. Il se trouva, en 1315, à la journée de Varey. Ses enfans furent :

1. ARNAUD, qui suit ;
2. ARTAULD, Abbé de Doux ;
3. JEAN, Co-Seigneur d'Argençon, lequel, suivant un acte de l'année 1329, fit hommage de cette Terre. [Voyez les Archives du Royaume de France, registre coté de *Hommagiis*, & marqué d'une croix, fol. 45.)

VII. ARNAUD DE FLOTTE, IVe du nom, Seigneur de la Roche, Montfaléon, Montclus, Argençon, Jarjayes, &c., reconnut, en 1328, au Comte de Valentinois la Terre de la Roche, sous la supériorité du Dauphin ; & en 1332, 1335 & 1337, il en fit hommage au Dauphin, ainsi que de toutes ses autres Terres. En 1342, il en reçut de grands privilèges, savoir : que la supériorité de ses Terres ne pourroit être transmise qu'aux successeurs des Dauphins ; qu'elles passeroient aux femelles aussi bien qu'aux mâles ; que les FLOTTE y mettroient un Juge d'appellations, & qu'ils continueroient de faire la guerre à leurs ennemis. *Henri de Villars*, Régent du Dauphiné, en l'absence du Dauphin *Humbert*, le consulta, en 1346, sur des propositions faites par l'Empereur pendant le voyage d'Outremer du Dauphin ; il fut Bailli du Gapençois & Châtelain du pays ; en cette qualité il transigea avec le Lieutenant du Dauphin, au sujet de la découverte d'un certain trésor, ce qui le brouilla avec le Dauphin, dit l'auteur des

Mémoires pour servir de suite à l'Histoire du Dauphiné ; mais la réconciliation se fit par le moyen de *Béatrix Alleman*, sa femme, fille de *Guigues*, Seigneur de Vaubonois, & parente du Dauphin (c). Il eut de son mariage :

1. OZAZICA, qui suit ;
2. RAYMOND, Seigneur de Jarjayes, auteur de la branche des Co-Seigneurs de *Jarjayes*, rapportée après celle des Seigneurs de *Roquevaire* ;
3. ARNAUD, mort sans postérité ;
4. Et JEAN, Chevalier de l'Ordre de Saint-Jean de Jérusalem.

VIII. OZAZICA DE FLOTTE, IIIe du nom, Seigneur de la Roche, de Montmaur, &c., prêta, en l'an 1368, serment de fidélité au Roi Dauphin, avec les autres Seigneurs du Dauphiné. Il est nommé, dans un acte de 1369, *pacis Conservator inter Reges Franciæ & Provinciæ comitem*. Il se trouva à la bataille de Rosbèque, où il se signala ; & comme la même année, il fut tenu un chapitre général de l'Ordre de Saint-Jean de Jérusalem, dans lequel il fut résolu qu'on assisteroit le Grand-Maître de Heredia, & où il fut délibéré qu'on iroit avec les Chevaliers Teutoniques à la conquête de la Prusse, OZAZICA DE FLOTTE, le Vicomte de Clermont, le Baron de Saffenage & Aymard de la Tour, Seigneur de Vinay, ne voulurent pas (dit l'Historien du Dauphiné, tom. II, p. 377), en 1382, perdre le reste de cette campagne, & ils furent chercher une nouvelle gloire dans cette expédition. OZAZICA laissa de *Matheline de Morges*, sa femme, fille de *Guillaume*, Seigneur de l'Espine, & de *Mabille d'Anduse* :

1. ARNAUD, mort sans postérité, ayant fait sa mère son héritière ;
2. JEAN, qui suit, en faveur de qui sa mère testa le 7 Mai 1406 ;
3. AYMARD, Seigneur de Montclus, aussi mort sans postérité ;
4. Et MARGUERITE, mariée à *Bertrand d'Agoult*, Seigneur de Beaurières.

IX. JEAN DE FLOTTE, Ier du nom, Seigneur de la Roche, Montclus, Montfaléon, Jarjayes, &c., prêta hommage de toutes ces Terres le

---

(a) Voyez les Archives du Royaume de France, caisse de Valentinois.

(b) Archives du Royaume de l'année 1295, caisse de Gapençois.

(c) ARNAUD en étoit parent de plus près par *Béatrix de Forcalquier*, femme du Dauphin *Guigues-André*, qui descendoit de JOSSERANNE DE FLOTTE, femme de *Bertrand*, IIe du nom, Comte de Forcalquier.

26 Novembre 1413. Il eſt qualifié puiſſant Seigneur & héritier de *Matheline de Morges*, ſa mère. Il fut tué avec ſon frère Aymard, à la bataille de Verneuil, en l'an 1424. Il eut d'*Eléonore de Tholon de Saint-Jalle*, ſa femme :

1. Sochon, qui ſuit ;
2. Et Georges, Chevalier de l'Ordre de St.-Jean de Jéruſalem.

X. Sochon de Flotte, qui, le 13 Février 1446, rendit hommage des Seigneuries de la Roche, de Montclus, de la Baſtie, de Montſaléon, Saint-Etienne-en-Dévoluy, Saint-Didier, Argençon, & d'une partie de la Terre de Montmaur, qu'il poſſédoit par indivis avec la Maiſon de Montauban. Voilà les ſeules Terres qui reſtèrent alors dans cette Famille, de 80 ou environ qu'elle avoit poſſédées. Il fut un des zélés partiſans du Dauphin Louis, qu'il accompagna à la guerre de Flandre & à celle contre la Savoie. Ce Prince, pendant ſon voyage de Bourgogne, lui confia le ſoin du Viennois ; enſuite il le fit ſon Maître-d'Hôtel, par Brevet du 17 Février 1446, & Gouverneur de la Côte-Saint-André. Il n'eut qu'un fils avec lequel il préſenta requête au Conſeil pour obliger la veuve de *Raymond de Montauban*, de leur fournir les titres pour la Terre de Montmaur, & la même année il vendit, à Jean Baile, une rente de 58 florins ſur les tailles & ces réels du lieu de Saint-Didier. Sochon avoit épouſé : 1° le 13 Juin 1434, *Marguerite de Montauban*, fille d'*Aymard*, Seigneur de Montmaur, & de *Marguerite de Rame* ; 2° & en 1449, à Avignon, *Honorée de Brancas*. Il n'eut qu'un fils, nommé

XI. Claude de Flotte, Seigneur de la Roche, &c., qui vendit à *Pierre de la Baume de Suze*, une partie des Terres de Montclus, pour le prix de 800 écus d'or. Il eſt fait mention, dans ſon teſtament du 13 Juillet 1495, de ſa femme *Colette de Laudun*, & de ſes enfans, ſavoir :

1. Georges, qui ſuit ;
2. Jean, Seigneur de la Baſtie, Montſaléon, & d'une partie de la Terre de Montclus, auteur de la branche des Seigneurs de *la Baſtie*, &c., rapportée après celle des Co-Seigneurs de Jarjayes ;
3. Gaspard, mort ſans poſtérité ;
4. & 5. Madeleine & Alix.

XII. Georges de Flotte, Seigneur de la Roche, &c. Dans ſon teſtament du 19 Octobre 1531, il eſt fait mention de ſa femme *Marguerite de la Tour-Saſſenage*, & de ſes enfans, qui ſont :

1. Jean, qui ſuit ;
2. Claude, Chevalier de Malte, & Gouverneur de Grenoble ;
3. Antoine, auſſi Chevalier de Malte, Commandeur d'Eſparron & d'Echirolles, Député en 1565, par ſa Religion, pour aller reconnoître le Fort de Saint-Elme, attaqué par les Turcs, & enſuite vers le Roi de France, pour lui apprendre ce qui s'étoit paſſé au ſiège de la ville de Malte. (Voy. l'*Hiſtoire de Malte*, par Boſiot, tom. III, pag. 551 & 718) ;
4. Et Jeanne, mariée 1° à *Honoré de Bonne*, Seigneur d'Auriac & de la Babette ; & 2° à *Antoine Saurel*, Seigneur d'Aſpremont & autres lieux.

XIII. Jean de Flotte, IIe du nom, Seigneur de la Roche, Baron de Montmaur, &c., fit hommage de ſes Terres en 1543. Le Maréchal de Boucicaut, alors Gouverneur du Dauphiné, ayant défendu la chaſſe, Jean de Flotte, malgré la défenſe de ce Maréchal, courut le cerf à grand bruit & avec beaucoup de monde. Boucicaut, irrité de ſa déſobéiſſance, le fit arrêter & enfermer dans une des Tours de la Côte-Saint-André. La Nobleſſe de la Province, prétendant que la chaſſe étoit un de ſes principaux droits, s'aſſembla au nombre de 800 Gentilshommes pour venger cette injure. Ils inveſtirent le Château de Boucicaut, & lui cauſèrent tant de frayeur, qu'il s'enfuit de ſon Gouvernement à la faveur d'une nuit obſcure, & n'y revint plus, dit Chorier, *Hiſt. du Dauphiné*, pag. 378. Jean de Flotte eſt compté parmi les grands hommes de ſon tems : il ſe ſignala dans les guerres de Flandre en 1569, & teſta en faveur de ſes enfans. Il avoit épouſé *Antoinette de Montauban*, fille unique de *Gaſpard*, Baron d'Aix & de Montmaur, Gouverneur du Gapençois, & Colonel d'un Régiment d'Infanterie, & d'*Antoinette de Clermont*. *Gaſpard de Montauban* chargea, par ſon teſtament, les enfans iſſus de ce mariage, et leur poſtérité, de porter ſon nom & ſes armes. Ses enfans furent :

1. Balthazar, qui ſuit ;
2. Jean, Commandeur de l'Ordre de Saint-Jean de Jéruſalem ;
3. Jacques, Chanoine à Gap ;
4. Et Françoiſe, mariée à *Aymard de Poi-*

fieu, Seigneur du Paffage, Chevalier de l'Ordre du Roi, Gentilhomme de fa Chambre, Gouverneur de Valence, & Lieutenant-Général au-delà les Monts.

JEAN DE FLOTTE eut encore, en l'année 1552, de *Jeanne Didier*, Demoifelle libre & non mariée, un fils naturel nommé

JEAN DE FLOTTE, auteur de la branche des Seigneurs de *la Freydière & de Tivolay*. Ce fils naturel qui fe fignala dans le fervice, en commandant en divers tems deux Régimens, fut légitimé & confirmé dans la nobleffe de fa race, par Lettres-Patentes du mois d'Août 1602. Il eut un fils de *Françoife de Rouet de Moras*, fon épouse ; mais cette branche s'eft éteinte dans les enfans de BALTHAZAR, fon fils unique, tous morts fans poftérité.

XIV. BALTHAZAR DE FLOTTE DE MONTAUBAN, Ier du nom, Comte de la Roche, Baron de Montmaur, vendit, en 1576, la Terre de Saint-Etienne-en-Dévoluy, à Gafpard Fléhard, Evêque de Grenoble. Il fut Chevalier de l'Ordre du Roi, Capitaine d'une Compagnie de 50 hommes d'armes de fes ordonnances, Gouverneur de Romans & de Saint-Marcellin, & Meftre-de-Camp d'un Régiment de Cavalerie. Il fe fignala aux journées de Coutras, d'Arques, d'Ivry, Fontaine-Françoife & autres. Sa terre de la *Roche* fut érigée en *Comté* l'an 1592, felon le rapport de Guy Allard, *Nobiliaire du Dauphiné*, pag. 141 ; & en 1661 il étoit Confeiller d'Etat d'Epée & Grand-Ecuyer de Savoie. Il commanda l'armée de France, tantôt en chef, tantôt fous le Maréchal de Bellegarde, dans le Marquifat de Saluces, d'où il chaffa Biragua. Il étoit encore mineur quand il épousa *Ifabeau des Aftards*, de Loudun. Il en eut un fils nommé BALTHAZAR. Ce BALTHAZAR eut trois enfans, le premier JEAN-BAPTISTE, Seigneur de Majeur & Mirabel, au Diocèse de Viviers, & Grand-Maître des Eaux & Forêts en Languedoc, Provence & Dauphiné ; le fecond, HENRI, Seigneur de Montelier ; & le troifième, GUILLAUME, Seigneur de Seneiras ; mais le mariage de BALTHAZAR ayant été diffous & déclaré nul, ces enfans furent déboutés, par deux Arrêts du Parlement de Grenoble, de leurs prétentions fur la Maifon de FLOTTE. On dit leur poftérité éteinte, & fondue dans la Maifon de *Brancas-Villeneuve*. BALTHAZAR Ier fe remaria, le 30 Octobre 1590, à *Marthe de Clermont d'Amboife*, fille d'*Antoine*,

Marquis de Renel, & d'*Anne de Savoie-Tende*, dont l'aïeule étoit *Françoife de Foix*, Comteffe de Tende, qui avoit pour frère utérin *Henri de Saluces*, Baron de Miolans. Les enfans de ce mariage furent :

1. JEAN-GUILLAUME, qui fuit ;
2. JEAN-CHARLES-EMMANUEL, Meftre-de-Camp du Régiment de Cavalerie de la Cornette-Blanche, qu'il mena au fiège de Montauban, fait par le Connétable de *Lefdiguières*.
3. Et FRANÇOIS, Seigneur d'Aurouze. Ces deux derniers font morts fans poftérité.

XV. JEAN-GUILLAUME DE FLOTTE, Comte de la Roche, &c., épousa le 6 Décembre 1633, *Gabrielle Forefta*, fille de *François*, Seigneur de Rougiers, & de *Claudine de Caftellane-Grignan*. Il eut de ce mariage :

1. FRANÇOIS-MARIE, qui fuit ;
2. JEAN-JOSEPH, marié à *Honorée d'Agoult*, Co-Dame de la Baume & des Arnauds, de laquelle terre il fit hommage en l'année 1686. Il en eut :

     PIERRE, Capitaine dans le Régiment d'Aunis.

3. GABRIELLE, mariée, en 1664, à *François des Rollands*, Seigneur de Reilhanette ;
4. Et ALIX, femme de *Jean Roux*, Seigneur de Lamanon.

XVI. FRANÇOIS-MARIE DE FLOTTE, Comte de la Roche, &c., fit hommage de cette terre en 1688, & épousa *Jeanne du Faure de Vercors*, fille de *François* & de *Jeanne de Rochas*, qui defcendoit des Seigneurs d'Aiglun. Il en eut :

1. JOSEPH-BALTHAZAR, qui fuit ;
2. JEAN-FRANÇOIS-GASPARD, Capitaine dans le Régiment de Baffigny ;
3. RAYMOND, Capitaine dans le Régiment de Tallard ;
4. CHARLES, Capitaine dans le Régiment de l'Orléanois ;
5. Et JEAN-FRANÇOIS, Prêtre de l'Oratoire.

XVII. JOSEPH-BALTHAZAR DE FLOTTE, Comte de la Roche, &c., fe maria, le 3 Janvier 1718, avec *Madeleine de la Villette*, fille d'*Antoine-François*, Seigneur de Furmeyer & Co-Seigneur de Veynes, & de *Françoife de Maynier*, qui étoit de la famille des Seigneurs de Rochefort & de Modan. Il décéda en 172., & a laiffé :

1. ANTOINE-JOSEPH-ARNAUD, qui fuit ;
2. 3. & 4. CHARLES-RAYMOND-EMMANUEL, MARTHE-FRANÇOISE, & MARIE-MADELEINE.

Ces enfans plaidoient, lors de ce Mémoire envoyé en 1761, contre la Maifon d'*Agoult*, pour en recouvrer la Baronnie de Montmaur & autres Terres, aliénées par leur bifaïeule *Gabrielle de Forefta*.

XVIII. Antoine-Joseph-Arnaud de Flotte, Comte de la Roche, &c., a époufé, le 31 Mars 1757, N... de *Poncet-de-Laye*. Nous en ignorons la poftérité.

BRANCHE
des Seigneurs de la Baume, *de* Revel, *&c., éteinte.*

III. Raymond de Flotte, fils puîné d'Arnaud, Ier du nom, & d'*Adélaïs de Comps*, donna, comme on l'a dit, en l'an 1188, avec fa mère & fes trois frères, le territoire de Bertaud aux Chartreufines. Il fut préfent, en 1212, à une tranfaction entre la Comteffe de *Forcalquier*, fa parente, & les Moines de Montmajour. Son Château d'Andaon, dans la Viguerie de Graffe, fut donné, en 1230, par le Comte de Provence, à Romieu de Villeneuve, fon premier Miniftre; & en 1244, *Bertrand de Comps*, Grand-Maître de Rhodes, écrivit à ce Romieu de Villeneuve, pour lui recommander les intérêts de Raymond de Flotte, fon neveu, auprès du Comte de Provence, & du Dauphin fon autre neveu. Raymond laiffa:

IV. Raimbaud de Flotte, Ier du nom, qui fit hommage, en 1227, au Dauphin de fon Château de la Baume, & la même année il fut condamné par Sentence à céder au Prieuré d'Afpres la fupériorité de la Baume. Il eut pour enfans:

1. Pierre, qui fuit;
2. Un autre Pierre, auteur du premier rameau de cette branche, éteint dans la perfonne de fon arrière-petite-fille, Guicharde de Flotte, Dame de la Baume, mariée à *Raynaud de Raymond*, qui fit hommage le 18 Décembre 1361, de la terre de la Baume appartenant à fa femme;
3. Raymond, auteur du fecond rameau qui en a produit plufieurs autres, & dont il fera fait mention ci-après;
4. Guigues-Gérard, Bailli de Mâcon en l'an 1295, & du Périgord en 1298, auquel le Roi fit délivrer, en 1300, la fomme de 3000 livres pour les gages des Gendarmes qu'il avoit amenés pour la guerre de Flandre;
5. Et N... de Flotte, mariée, en 1280, à *Pierre Aycelin*, Seigneur de Breffoles, dont 4 garçons, qui furent, l'un *Étienne*, Che-

valier; l'autre *Gilles*, Archevêque de Narbonne & Chancelier de France; le troifième *Hugues*, Cardinal; & le quatrième *Jean*, Evêque de Clermont.

V. Pierre de Flotte, Ier du nom, Seigneur de la Baume, de Revel, de Salmeranges, &c., fut un des plus grands hommes de fon tems. Chorier, l'*Hiftoire des Grands-Officiers de la Couronne*, & celle des *Chanceliers de France*, en parlent avec éloge. En 1294 le Roi lui donna pour récompenfe de fes fervices la terre de Revel en Auvergne, la ville de Salmeranges, la jouiffance de Lumigny en Brie, &c. En 1297 il conclut la trève entre Philippe le Bel & le Roi d'Angleterre. Il fut envoyé la même année à Rome pour la canonifation de Saint Louis, où il refta jufqu'en 1298 avec le Duc de Bourgogne & le Comte de Saint-Paul. A fon retour il fut honoré de la dignité de Chancelier de France, & en 1300 envoyé à Rome en qualité d'Ambaffadeur, où il foutint vivement les intérêts du Roi. Le Pape lui ayant dit qu'il avoit en France le pouvoir temporel comme le fpirituel, Pierre de Flotte répondit à Boniface VIII: *celui du Roi mon maître eft réel, & le vôtre eft verbal*. Et voyant que le Pape perfiftoit toujours en fes menaces: *Souvenez-vous, Saint-Père, que votre épée n'eft que de paroles, & que celle du Roi mon Maître eft d'acier* (a). La Chronique de Nangis dit que Pierre de Flotte, Ier du nom, mourut les armes à la main en 1302, à la bataille de Courtray. Ses enfans furent:

1. Guillaume, qui fuit;
2. Artaud, Abbé de Vézelay en l'an 1316, & principal Confeiller de *Louis*, Comte de Flandre;
3. Françoise, mariée à *Bompar*, Seigneur de Montmorin;
4. Et Guigonne, femme de *Hugues*, Seigneur de Marzé.

VI. Guillaume de Flotte, Ier du nom, Seigneur de Revel, d'Efcole, &c., marcha fur les traces de fon père. En 1316 le Comte de Clermont, Sire de Bourbon, le choifit pour un de fes exécuteurs teftamentaires. En 1317, le 7 Février, il obtint que fon Château de Revel, qui relevoit de Pont-Château, appartenant au Dauphin de Viennois, reffortiroit

---

(a) Voyez l'*Hiftoire des démêlés de Boniface VIII, avec Philippe-le-Bel*, p. 11, & Mezeray, édit. de 1643, tom. I, p. 702.

dorénavant à Riom, ville d'Auvergne. Dans les années 1326, 1328 & 1329, il fut envoyé pour traiter d'accommodement entre le Dauphin & le Comte de Savoie. En 1330 le Roi l'employa au traité de paix fait avec l'Ambaffadeur du Roi d'Angleterre ; en 1336 il conclut un traité d'alliance avec le Roi de Caftille ; en 1339, il fut honoré de la dignité de Chancelier de France, & en cette qualité il obtint, en 1341, droit de marché pour les terres de Tours, de Salmeranges, Plaffac & Lumigny. En 1342 & 1343, il avoit été envoyé par le Roi avec *Louis de Savoie* à Avignon, pour la négociation du Dauphiné, & il fut préfent à la donation qui fut faite de cette Province à la France en 1348. Il fe démit de la dignité de Chancelier de France, & Sa Majefté le gratifia de 3000 livres de rente à prendre fur le Tréfor Royal. En 1350 il négocia le mariage de CHARLES DE FRANCE, fils du Roi, avec CHARLOTTE DE BOURBON ; & enfin en 1352 il fut employé au traité de trève avec l'Angleterre. GUILLAUME DE FLOTTE ne rendit pas moins de fervices au Roi dans les guerres de fon tems, en 1340. Il partit de Paris avec 8 Chevaliers & 20 Ecuyers, & fe trouva à la bataille de Bouvines. En 1346 il fe rendit à Compiègne avec 10 Chevaliers & 60 Ecuyers. Sa carrière fut longue & glorieufe. On le trouve continuellement employé, foit dans les négociations, foit à la guerre, pendant l'efpace de 50 ans, & dèsl'an 1302. Il avoit déjà rendu de grands fervices à l'Etat, puifque le Roi lui donna alors pour récompenfe 400 livres parifis de rente. Il fut marié 1º à *Alix de Châtillon,* Dame d'Efcole ; 2º à *Elis de Mello* ; & 3º à *Jeanne d'Amboife,* Dame de Tiffauges, de Plaffac & de la Ferrière en Vendômois. Il eut du premier lit :

1. PIERRE, qui fuit ;
2. JEAN, Abbé de Saint-Médard de Soiffons en 1323 ;
3. JEANNE, mariée à *Jean,* Seigneur de *Montboiffier* ;
4. ALLEMANDE, mariée 1º à *Arnaud,* Vicomte *de Polignac ;* 2º à *Euftache de Conflans,* Seigneur de Mareuil ; 3º à *Enguerrand de Coucy,* Vicomte de Meaux ; & 4º à *Gaucher de Châtillon,* Seigneur de la Ferté en Ponthieu ;
5. Et MAHAUT, mariée 1º à *Jean de Montmorency-Marly ;* & 2º à *Jean de Meudon,* Chevalier.

VII. PIERRE DE FLOTTE, IIº du nom, Seigneur de Revel, d'Efcole, &c., fervit dans les guerres de 1337, 1339 & 1340 avec plufieurs Chevaliers & Ecuyers qui l'accompagnèrent. En 1345 il fut revêtu de la charge d'Amiral de France ; & en 1347 le Roi l'employa pour faire un traité d'alliance entre le Dauphin & le Sire *de Beaujeu.* Il mourut avant fon père. Sa femme fut *Marguerite de Châtillon,* fille de *Gaucher,* & de *Marguerite de Flandres,* Dame de Dampierre, mère de GUILLAUME, qui fuit, duquel fon aïeul eut la garde.

VIII. GUILLAUME DE FLOTTE, IIº du nom, Seigneur de Revel, &c., fervit en Flandre en l'année 1383, avec 2 Chevaliers & 16 Ecuyers. En 1412, il traita avec le Duc de Bourbon. Il époufa 1º *Marguerite de Beaumont,* fille de *Louis,* Seigneur de Sainte-Geneviève, fouverain Maître-d'Hôtel du Duc CHARLES, Dauphin, Duc de Normandie. Il la fit empoifonner pour caufe de mauvaife conduite. Il obtint fa grâce le 2 Juillet 1368, & fe maria 2º à *N... de Machault,* Dame de Montereffon ; & 3º avec *Béatrix,* Dauphine *d'Auvergne.* Il eut du premier lit :

IX. ANTOINE DE FLOTTE, Seigneur de Revel, &c., qui fervit dans les guerres de Flandre, & mourut avant fon père à la bataille de Rosbecque. Il avoit été marié à *Catherine de Coufans,* fille de *Guy,* Seigneur de *Coufans,* &c., fouverain Maître-d'Hôtel du Roi, & de *Marguerite de la Tour d'Auvergne.* Il n'en eut qu'une fille, nommée

X. JEANNE DE FLOTTE, Dame de Revel, &c., qui fut fiancée (*a*) en l'année 1384, du vivant de fon aïeul, à *Antoine,* Comte de *Boulogne,* Seigneur de Montgaffon, fils de *Godefroy de la Tour d'Auvergne.* Mais le fiancé étant mort en Hongrie, JEANNE époufa *François d'Aubrichcourt,* Seigneur de Villoifeau, Chambellan du Duc de Bourbon. En faveur de ce mariage, le même Duc de Bourbon, qui l'apeloit fon coufin, lui donna la Seigneurie de Rochefort & fes dépendances. Il mourut quelque tems après, & JEANNE n'en ayant point eu d'enfans, fe remaria à *Jacques de Châtillon,* Seigneur de Dampierre, de Sompuis, de Rollencourt, & Grand-Pannetier de France. Elle n'eut point aufli d'enfans de ce fecond mari, & fit, en 1431, *André de Chauvigny,* fon

(*a*) Le contrat de JEANNE DE FLOTTE, Dame de Revel, a été donné au public par Juftel.

héritier. (Voyez l'*Hiftoire des Grands-Officiers de la Couronne*, tom. I, pag. 360, & tom. VI, à l'article des Chanceliers, pag. 275.

RAMEAU
des Seigneurs de la Baume-des-Arnauds & d'Andaon, *éteint.*

V. Raymond de Flotte, IIe du nom, Seigneur de Courbons, troifième fils de Raimbaud Ier, vivoit en 1320. Il époufa la fille unique de *Geoffroy de Cros*, Seigneur de Cuébris, Saint-Paul-de-Vence, & de Saint-Antonin, qui portoit *d'or, à fix couronnes de laurier de finople.* Ses enfans furent :

1. Guy, qui fuit;
2. Antoine, rapporté après la poftérité de fon aîné;
3. Bertrand, Grand-Prieur de Saint-Gilles, décédé en 1376;
4. Et Louife, mariée à *Guillaume Adalbert*, Seigneur de Peyrère.

VI. Guy de Flotte, Seigneur de Courbons, donna, en 1348, une procuration affez finguliére à *Guillaume de Montaulieu*, qui étoit de lui chercher en mariage telle Demoifelle & telle dot qu'il aviferoit non être. Il y eft qualifié de fils de feu Raymond, Chevalier de Saint-Sauveur dans le Comté de Nice. En 1352 il eut commiffion de la Reine Jeanne, Comteffe de Provence, de recevoir l'hommage des Comtes de Tende. Il y eft qualifié Chevalier & Lieutenant pour la Reine dans le Comté de Tende. En l'an 1374 il fut Viguier de Marfeille, charge qui n'étoit alors exercée que par des Seigneurs de la première condition. La table des illuftres Provençaux par M. d'Hozier, le met au rang des Généraux de l'armée de Provence. Il eut pour enfans :

1. Guigonet, qui fuit;
2. Jacques, témoin dans le procès-verbal de la canonifation qu'on avoit entrepris de faire du Pape Urbain V, & Abbé de Saint-Victor de Marfeille. Il eut une fille nommée Conftance, mariée, en 1398, avec *Vivau de Boniface*;
3. Et Honorée, mariée à *Pierre l'Allemand*, qui n'eut point d'enfans, & tefta en faveur de Conftance fa nièce, & légua à fon neveu Philippe, fils de Guigonet.

VII. Guigonet de Flotte, Seigneur de Courbons, &c., fut Viguier de Marfeille en 1390. Il n'eut qu'un fils, nommé

VIII. Philippe de Flotte de Courbons qui fut, comme on vient de le dire, légataire de fa

tante Constance, par fon teftament de 1426. On n'a pas d'autres éclairciffemens de ce rameau.

VI. Antoine de Flotte, fecond fils de Raymond, IIe du nom, & de *Geoffroy de Cros*, hérita de fa mère des terres de Cros, de Cuébris, de Saint-Paul-de-Vence, & de Saint-Antonin. On n'a de lui d'autre notion, finon qu'il eut un fils, nommé

VII. Jauffret de Flotte, Seigneur des mêmes Terres. Il abolit, dit Noftradamus, pag. 541, en faveur de fes vaffaux de Cuébris, un droit appelé *Deshomenat*, confiftant en ce que, lorfqu'ils ne pouvoient pas lui payer les tailles, leurs biens lui étoient acquis. Il eut deux fils, favoir :

Raymond, qui tefta, l'an 1420, en faveur de fon frère;
Et Antoine, qui fuit.

VIII. Antoine de Flotte, IIe du nom, Seigneur des Terres ci-deffus mentionnées, eut pour enfans :

1. Barthélemy, qui fuit;
2. Et Pons, rapporté après la poftérité de fon aîné.

IX. Barthélemy de Flotte n'eut qu'un fils, nommé

X. Georges de Flotte, qui eut de fon mariage :

1. Louis, qui fuit;
2. Gaspard, Chevalier de Malte en 1595;
3. Et Blanche, mariée la même année à *Honoré Lombard*, Seigneur de Saint-Benoît.

XI. Louis de Flotte laiffa :

Pierre, qui fuit;
François & Jean, tous deux Chevaliers de Malte en 1630.

XII. Pierre de Flotte époufa, en 1683, *Marie de Barcillon*, de la Maifon des Seigneurs de Roquefort, fille de *Claude* & de *Lucrèce Grimaldy*, de laquelle il n'eut point d'enfans, & elle porta la terre de Cuébris aux *Barcillon*, à la charge de porter le nom & les armes de Flotte.

IX. Pons de Flotte, fecond fils d'Antoine, IIe du nom, Co-Seigneur de Meaux, de Saint-Julien, de Saint-Pierre, de Boutons, de Roquebrune, de Seillans, &c., affifta, en 1487, pour la nobleffe aux Etats tenus à Aix, pour la réunion de la Provence à la Couronne de France. Il avoit époufé, en 1472, *Madeleine de Laincel*, dont il eut pour enfans :

1. Honoré, qui fuit;

2. JACQUES, père d'un fils nommé MANSUET, Chevalier de Malte en 1544.

3. Et MADELEINE, mariée à *Honoré de Clary-Pontevès.*

X. HONORÉ DE FLOTTE époufa, en 1497, *Marguerite de Boniface,* fille de *Georges,* Seigneur de Collobrières, &c. Ses enfans furent :

1. BONIFACE, qui fuit ;

2. Et JEAN, rapporté après la poftérité de fon frère aîné.

XI. BONIFACE DE FLOTTE étoit Chevalier de Rhodes, lorfque l'Isle de Rhodes fut affiégée par les Turcs. Il quitta la Croix en 1564, pour époufer *Marie d'Aube,* qui defcendoit des Seigneurs de Roquemartine. Le Roi étant à Aix, en 1564, le fit Conful de cette Ville. De fon mariage vinrent :

1. N... qui fuit ;

2. CLAUDE, Chevalier de Malte en 1565 ;

3. MELCHIONNE, mariée à *François Bonnaud,* Co-Seigneur de Roquebrune ;

4. BAPTISTINE, femme d'*Honoré Meynier,* Seigneur de Reveft ;

5. Et MARGUERITE, mariée à *Antoine Gratian,* Co-Seigneur de *Seillans.*

XII. N... DE FLOTTE fut Co-Seigneur des mêmes Terres que poffédèrent fes prédécef-feurs : on n'a de lui que la qualité de père d'un fils nommé

XIII. FERRÉOL DE FLOTTE, qui obtint, en 1613, un Arrêt du Parlement de Paris, con-tre les Vaffaux de Seillans, le 17 Août 1613. Il eut un garçon nommé

XIV. LOUIS DE FLOTTE, qui époufa *Claire de Graffe,* laquelle étoit iffue des Comtes de Bar, dont il n'eut qu'une fille nommée

XV. ALIX DE FLOTTE, Co-Dame de Meaux, de Saint-Julien, de Boutons, &c. Elle époufa, en 1658, *François de Calvi,* Vicomte de Reillanne, Seigneur de Sainte-Croix & de Bourguet. Il n'eft refté de ce mariage qu'un garçon, qui a été Chevalier de Malte.

XI. JEAN DE FLOTTE, Co-Seigneur de Seil-lans, &c., fecond fils d'HONORÉ, & de *Mar-guerite de Boniface,* époufa, en 1560, *Mar-guerite d'Agoult,* fille unique de *Raymond,* Seigneur de Saint-Auban, dont :

1. JOSEPH, qui fuit ;

2. Et AUBAN, Co-Seigneur de Seillans, rap-porté après la poftérité de fon aîné.

XII. JOSEPH DE FLOTTE, Seigneur de Saint-Auban, &c., fut chargé par le teftament de *Tome VIII.*

Raymond d'Agoult, fon aïeul maternel, en date du 17 Février 1686, paffé devant *Peli-cot,* Notaire, de porter le nom & les armes de la Maifon d'*Agoult.* Il époufa, en 1580, *Mar-guerite de Villeneuve,* iffue des Seigneurs de Bargemont. Il n'en eut qu'un fils unique, nommé

XIII. CHRISTOPHE DE FLOTTE, Seigneur de Saint-Auban, qui, en 1632, eut la commiffion de lever 100 hommes de guerre ; en 1639 il fut appelé au ban & à l'arrière ban de fa Pro-vince ; & en 1648 il fit fon teftament, dans le-quel fes enfans font mentionnés. Il avoit époufé, en 1610, *Ifabeau de Glandevès,* fille d'*Honoré,* Baron de Montblanc, dont il eut :

1. JEAN, qui fuit ;

2. HORACE, Colonel d'un Régiment d'Infan-terie ;

3. FRANÇOISE, marié à *André de Hondis,* Sei-gneur d'Allons ;

4. Et MARGUERITE, mariée à *Honoré de Graf-fe,* Seigneur de Villevieille.

XIV. JEAN DE FLOTTE, II.e du nom, Sei-gneur de Saint-Auban, époufa, en 1656, *Claire de Lombard,* iffue des Seigneurs de Saint-Benoît, dont il n'eût qu'une fille nom-mée

XV. ANNE DE FLOTTE, Dame de Saint-Au-ban, &c., qui époufa *Alexandre-François de Villeneuve,* Seigneur de Bargemont, la Motte, &c.

XII. AUBAN DE FLOTTE, Co-Seigneur de Seillans, &c., fecond fils de *Jean* & de *Mar-guerite d'Agoult,* fut donataire de fa mère, par acte de l'an 1628. Il époufa *Lucrèce de Ricieud,* dont il eut :

1. CHRISTOPHE, qui fuit ;

2. Et GASPARD, rapporté après la poftérité de fon frère aîné.

XIII. CHRISTOPHE DE FLOTTE, Co-Seigneur de Seillans, obtint, le 16 Mai 1636, un Arrêt de la Cour des Aides de Montpellier contre fes vaffaux de Briançon, Terre fur une partie de laquelle il avoit été colloqué pour la dot de fa femme. Il avoit époufé, en 1628, *Lu-crèce de Graffe,* fille de *Charles,* Seigneur de Gars, de Briançon, de Sallagriffon, &c., & d'*Ifabeau de Villeneuve-Bargemont,* & en eut :

XIV. SCIPION DE FLOTTE, Co-Seigneur de Gars, qui fut colloqué en 1663 pour la dot de fa mère, fur la Co-Seigneurie de Gars.

XIII. GASPARD DE FLOTTE, Co-Seigneur de

Seillans, fecond fils d'Auban & de *Lucrèce de Ricieud*, époufa, en 1636, *Marie-Maxime de Graffe*, fœur de la femme de fon frère, dont:

Jean, qui fuit;

Et Gaspard. Ils furent l'un & l'autre colloqués fur des Terres de la Maifon de *Graffe*.

XIV. Jean de Flotte, IIIe du nom, Co-Seigneur de Seillans, fut colloqué avec Scipion, fon coufin germain, fur les Terres de la Maifon de *Graffe*. L'un & l'autre font morts fans avoir eu de poftérité.

BRANCHE des Seigneurs de Guignac *& de* Roquevaire, *qui fubfifte*.

IV. Arnaud de Flotte, IIIe du nom, troifième fils d'Arnaud IIe, eut de fa femme, *Mabille de Roquevaire*, fille de *Hugues d'Oriol*, & de *Béatrix de Fos*, iffue des Seigneurs de Guignac & de Pierrefeu:

1. Bertrand, qui fuit;
2. Et Hugues, mort fans poftérité.

V. Bertrand de Flotte fut un des quatre chefs des Croifés, qui conduifirent une troupe de 400 hommes dans la Terre-Sainte, & qui firent préfent à l'Eglife de Gap, à leur retour, des dépouilles remportées fur les Infidèles. Il fut élu Juge-Mage de Provence, où il fe fixa, fut préfent en cette qualité à un traité de paix entre les Comtes de Provence & les Marfeillois, & nommé avec ceux de la Maifon de Baux & le Gouverneur de Provence. Il poffeda en 1298, cette fuprême & première Magiftrature. Il eft fait mention dans fon teftament de fes père & mère, & il nomme pour fon héritier, François, fon fils, qui fuit, en le chargeant de porter les armes de *Roquevaire*, qu'il défigne être d'*azur, à 3 oriols d'or*.

VI. François de Flotte, Damoifeau en 1318, fit publier en fon nom & celui de Hugues de Flotte de Guignac, fon oncle paternel, un ban au Château de Roquevaire, en ce que toutes perfonnes ayant feu & poffédant biens dans l'étendue de leur domination, leur en donnaffent aveu & dénombrement, à peine de confifcation. Tous les Vaffaux fatiffirent à ce devoir, & déclarèrent quantité de terres fujettes aux droits de taxes, corvées, ou champars & cenfives (*a*). Il eut pour enfans:

(*a*) Les Actes font contenus, en trois rouleaux de parchemin, aux Archives de la Maifon de Flotte.

---

1. Hugues, qui fuit;
2. Bertrand, Grand-Commandeur de l'Ordre de Saint-Jean de Jérufalem, qui fit les fonctions de Lieutenant du Grand-Maître de Heredia, durant fa prifon, & qui en cette qualité tint à Rhodes, en 1380, un Chapitre Général où furent faits de bons réglemens; & le Grand-Maître ayant été délivré, Bertrand l'accompagna à Avignon vers le Pape qui y étoit alors, & en 1382, il affifta à une affemblée tenue à Valence;
3. Et Pierre, marié à *Rigaude*, dont il eut une fille nommée

Bérengère, à laquelle il revint une portion des taxes & cens de la Seigneurie de Roquevaire. *Rigaude* & Bérengère teftèrent le même jour en 1370, l'une en faveur de l'autre.

VII. Hugues de Flotte, avec Bertrand, fon frère, obtint en 1366, de faire publier un ban à ce que les vaffaux de Roquevaire leur donnaffent les aveux & reconnoiffances, ainfi qu'il avoit été pratiqué en faveur de François, leur père; ce qui fut exécuté. Il fut du parti de Charles de Duras, contre Louis Ier, Duc d'Anjou, & de celui de l'union d'Aix pour le vrai Pape. Il eut d'*Alaette*, fa femme:

1. Guillaume, qui fuit;
2. Et Etienne, qui tranfigea en 1418, avec les Frères Prêcheurs de Marfeille, fur un legs que fon père leur avoit faits. Il vendit à Guillaume, fon frère, fa portion des droits fur le territoire de Roquevaire.

VIII. Guillaume de Flotte, Seigneur de Roquevaire, reçut avec Etienne, fon frère, mort fans poftérité, les reconnoiffances des habitans de Roquevaire. Dans un premier teftament, qu'il fit le 4 Septembre 1438, paffé devant *Raymond Bidaudy*, Notaire à Marfeille, il eft fait mention de noble *Catherine*, fa femme, & de fon *très-illuftre* fils Bertrand de Flotte, qui mourut avant lui, laiffant un fils unique, Pierre-Guillaume, dont nous parlerons ci-après. Après la mort de fon fils, Bertrand fit un fecond teftament, le 27 Février 1452, paffé devant *André Bauffet*, Notaire à Aubagne, par lequel il déclare Pierre de Flotte, fon petit-fils, fon héritier, lui fubftitue pour fes droits Seigneuriaux de Roquevaire, un Hôpital qu'il avoit fondé; & par le même teftament il lègue des vafes d'argent & des ornemens à la Paroiffe dudit lieu; fait exécuteur de fon teftament le Curé, le Confeil municipal, & noble *Bertrand Can-*

dole, fon compère. En 1453, il affranchit un pré qu'il avoit donné à la Paroiffe, & le même jour, fa femme fit fon teftament en faveur de fon petit-fils, & elle légua à la Paroiffe de Roquevaire un fonds de terre pour avoir une croix d'argent. Il avoit époufé noble *Catherine N...,* de laquelle il eut:

IX. Bertrand de Flotte, IIᵉ du nom, Seigneur de Roquevaire, qui mourut, comme on l'a dit, avant fon père. Il avoit époufé, en 1447, *Marguerite de Remefan,* fille de *Julien,* Seigneur des Isles d'If & des Aigalades, Maître-d'Hôtel & Intendant des Finances de Louis II, Duc d'Anjou, dont il laiffa un fils unique nommé

X. Pierre de Flotte, qui, depuis l'an 1474 jufqu'en 1516, fe fit renouveler les reconnaiffances des habitans de Roquevaire par divers Notaires de Marfeille, dont les Seigneurs fes prédéceffeurs s'étoient réfervé la plus grande partie des directes féodales, en aliénant la terre que l'on conferve encore dans la famille. Le Roi René pour récompenfe des fervices que Pierre de Flotte lui avoit rendus dans les guerres de Catalogne & ailleurs, & de ceux de fon beau-père, affranchit en 1479, à perpétuité, fes biens de Roquevaire, de quelque nature qu'ils fuffent, jufqu'à la concurrence d'un demi-feu, de tous droits gratuits. & de tous autres préfens & charges. Il tranfigea par acte paffé le 13 Décembre 1487, devant *Georges Gilles,* Notaire à Marfeille, avec le Prieur Décimateur de Roquevaire, que, conféquemment à la poffeffion de fes ancêtres, Seigneurs & Co-Seigneurs de la Paroiffe, il continueroit de n'y payer la dîme que fur le pied du vingtième & vingt-cinquième des fruits, les particuliers la payant toujours au dix-feptième. Dans fon teftament fait & paffé par feu *Jacques Marin,* Notaire à Aubagne, le 22 Février 1522, il conftitue pour fon héritier Antoine, fon fils unique, & il y fait mention d'Augier de Flotte, fon fils naturel, étudiant en droit en l'Univerfité de Touloufe, tué par *Jean de Chabot,* lequel Augier laiffa un garçon auffi appelé Augier, à qui le Teftateur légua des alimens au cas qu'il ne pût pas s'entretenir de l'Office de Notaire qu'il lui avoit procuré. Cet Augier eut des enfans dont la poftérité eft éteinte. Il avoit époufé, en 1462, du confentement de fa mère, *Louife Duranti,* fille de *Louis,* Secrétaire du Roi, Seigneur du

Caftelet & de Sauffes, & Ambaffadeur vers le Roi d'Aragon, dont:

XI. Antoine de Flotte, qui fut en l'année 1536 un des Commandans de l'Infanterie de Provence, qui repouffa l'Empereur Charles-Quint. Son père, Pierre de Flotte lui avoit fait donation des taxes, cens & autres droits féodaux de Roquevaire. Il avoit époufé, par contrat paffé, le 21 Janvier 1503, devant *Barralis,* Notaire à Marfeille, *Jeanne d'Abiffe,* fille de *Gérondon,* & de *Sillette de Pontevès,* iffue des Seigneurs de Château-Regnard, de laquelle il eut:

XII. Nicolas de Flotte, Seigneur de Roquevaire, qui, en l'an 1567, obtint du Roi Charles IX, Comte de Provence, & en 1596 du Roi Henri IV, des Lettres-Patentes de confirmation du privilège, accordé à Pierre de Flotte, fon aïeul, d'exemption pour les biens de Roquevaire (*a*). Dès 1569, il avoit été gratifié par le Roi d'un Office de Confeiller au Parlement, auquel il fut reçu la même année, & en 1591 il fut député par le Gouverneur de la Province & par le Parlement, pour aller à Marfeille contre les factieux de cette ville, & le Baron de Mexillans, & les Sieurs de Villeneuve, de Vento & de Laurens. Avec 300 Cuiraffiers ils efcaladèrent, de nuit, les murs de l'Abbaye de Saint-Victor. La même année il fut député avec l'Evêque de Sifteron, par les trois Etats de la Province, pour affifter aux Etats-Généraux tenus à Orléans. Par un premier teftament fait en 1602, il légua fon Office de Confeiller à Joseph, fon fils aîné; mais ce fils étant prédécédé, il en fit un fecond en 1604, par lequel il déclare fes deux héritiers Louis & Jean-Augustin, fes fils puînés. Il prélégua à Louis, fes droits Seigneuriaux de Roquevaire, & à Jean-Augustin, fon Office de Confeiller au Parlement. Il avoit époufé, en 1559, *Anne de Meynier,* fille de *Raymond,* & de *Françoife d'Aquin,* dont naquirent:

1. Joseph, mort fans alliance;
2. Louis, qui fuit;
3. Et Jean-Augustin, auteur du premier rameau, connu fous le nom de Flotte-St.-Joseph, de cette branche des Seigneurs de *Roquevaire,* dont la poftérité fera rapportée après celle de fon aîné.

(*a*) Arrêts des 8 & 11 Novembre 1567, & des 17 Août & 6 Novembre 1596.

XIII. Louis de Flotte reçut, en 1627, les aveux des habitans de Roquevaire; en 1636 il testa en faveur de sa femme, & fit des legs à ses enfans. Il avoit épousé, en 1602, *Marguerite de Saint-Martin d'Arennes*, de la ville de Marseille, fille de *François*, & de *Diane de Joannis*, issue des Seigneurs de Brillanne & de Châteauneuf, dont:

1. François, qui suit;
2. Claude, auteur du second rameau, dit de Flotte-la-Crau, de cette même branche de Roquevaire, & dont la postérité sera rapportée après celle de Jean-Augustin;
3. Pierre, Chanoine à Pignan;
4. Raymond, Religieux de l'Ordre des Frères Prêcheurs;
5. Et Anne, mariée, en 1630, à *Nicolas de Beaulieu de Razac.*

XIV. François de Flotte, IIᵉ du nom, reçut, en 1663, les reconnoissances des habitans de Roquevaire; il obtint, en 1674, un Arrêt de la Cour des Comptes d'Aix, sur l'exécution du privilège accordé par le Roi René à la Maison de Flotte, & il testa, en 1682, en faveur de ses enfans. Il avoit épousé: 1° en 1646, *Christine de Forbin*, fille de *Charles*, Seigneur de Gardanne, & de *Claire Salomon;* & 2° en 1658, *Madeleine d'Andron*, de la branche des Seigneurs de *Marguerite.* Du premier lit il eut:

1. François, qui suit.

Et du second lit vint:

2. Et Jean-Baptiste, auteur du troisième rameau, dit de *Flotte-la-Buzinne*, de cette branche de *Roquevaire*, dont la postérité sera rapportée après celle de Claude, ci-dessus mentionné au degré XIIIᵉ.

XV. François de Flotte, IIIᵉ du nom, reçut, en l'an 1685, les reconnoissances des habitans de Roquevaire, passées devant *Negrel*, Notaire audit lieu. Il testa, en 1710, en faveur de sa femme, & fit des legs à ses enfans. Il avoit épousé, en 1682, *Charlotte de Gras*, issue des Seigneurs de Fevenu, de laquelle vinrent:

1. Jean-Antoine, Capitaine dans le Régiment d'Agénois, ensuite dans celui de Mieuze, & Chevalier de Saint-Louis, avec pension;
2. Joseph, Capitaine de Galère, & Chevalier de Saint-Louis, aussi avec pension;
3. Jean-Baptiste, qui suit;
4. & 5. François & Jean-Augustin, tous deux Capitaines dans le même Régiment, & Chevaliers de Saint-Louis, avec pension.

XVI. Jean-Baptiste de Flotte-Saint-Etienne, Capitaine dans le Régiment d'Agénois, se maria, le 23 Juin 1727, par contrat passé devant *Besson*, Notaire à Ollioules, avec *Claire de Virette*, fille de *Joseph*, Sieur de la Millières. Il a de ce mariage:

N... de Flotte, qui suit;
N... de Flotte, qui a servi sur les Vaisseaux du Roi;
Et six filles, dont une est morte jeune. Il en reste encore trois non mariées, & les deux autres sont Religieuses aux Dames de St.-Bernard à Manosque.

XVII. N... de Flotte, fils aîné, étoit, en 1761, Lieutenant sur un des vaisseaux du Roi. Nous ignorons s'il est marié & s'il a postérité.

XIII. Jean-Augustin de Flotte Saint-Joseph, fils puîné de Nicolas, & d'*Anne de Meynier*, auteur du premier rameau de cette branche de *Roquevaire*, fut reçu en l'Office de Conseiller au Parlement d'Aix le 10 Novembre 1605. Il partagea, par acte passé le 27 Juillet 1666, devant *Jacques Negrel*, Notaire à Roquevaire, avec Louis son frère aîné, la succession de leur père. Il testa la même année en faveur de son fils unique posthume, & en 1634 il se maria avec *Marguerite de Beaulieu de Razac*, dont il eut:

XIV. Jean-Augustin de Flotte-Saint-Joseph, IIᵉ du nom, qui testa en faveur de ses enfans. Il épousa, par contrat passé devant *Laure*, Notaire à Marseille, le 25 Novembre 1654, *Claire de Besson*, issue des Seigneurs de Beaulieu, dont vinrent:

1. Jean-Augustin, Capitaine dans le Régiment de Soissonnois, mort des blessures qu'il reçut à la bataille de Fleurus;
2. Jean-Baptiste, qui suit;
3. Joseph-Lazare, qui servit dans la Marine; il prit ensuite l'habit de Minime, & mourut Religieux;
4. Dominique, Capitaine dans le Régiment d'Agénois, & Chevalier de Saint-Louis, avec pension. Il se maria à Calais, & laissa deux filles, dont l'une est mariée, & l'autre Religieuse à Calais.

XV. Jean-Baptiste de Flotte Saint-Joseph fut Capitaine dans le Régiment d'Agénois, & Chevalier de Saint-Louis. Le Roi, pour récompense de ses services & de ceux de ses frères, le gratifia d'une pension, & lui inféoda l'Isle de la Ciotat, par Arrêt de son Conseil d'Etat du 17 Novembre 1705. Le 1ᵉʳ Juin 1723, il fit son testament, passé devant *Raneurel*, Notaire à Roquevaire, en faveur de fa femme & de fes enfans. Il époufa, par contrat paffé le 26 Novembre 1712 devant *Raymond*, Notaire Oriol, *Elifabeth de Tornier*, iffue des Seigneurs de Saint-Vièoret, dont il eut :

GASPARD-MELCHIOR-BALTHAZAR, qui fuit ;
Et quatre filles, toutes mortes fans alliance, dont l'aînée fut Religieufe au Couvent de Saint-Bernard à Manofque.

XVI. GASPARD-MELCHIOR-BALTHAZAR DE FLOTTE-SAINT-JOSEPH, Lieutenant du Roi, a époufé, en 1756, *Marie-Marguerite de Belin*, née à Conftantinople, fille de *François*, Confeiller du Roi, & penfionné de Sa Majefté pour les fervices qu'il lui a rendus, ayant trois fois fait à la Porte Ottomane les fonctions de fon Ambaffadeur abfent.

XIV. CLAUDE DE FLOTTE-LA-CRAU, qui commence le fecond rameau de ladite branche de *Roquevaire*, éteint, fecond fils de LOUIS, & de *Marguerite de Saint-Martin d'Arennes*, fut Lieutenant de Galère. Il tranfigea, en 1642, avec FRANÇOIS, IIᵉ du nom, fon frère aîné, fur les droits & fucceffion de LOUIS Iᵉʳ, leur père; il eut pour part & portion, la terre de la Crau en franc-aleu, & tefta le 9 Novembre 1674, par acte paffé devant *Larfeuil*, Notaire à Marfeille, en faveur de fa femme & de fes enfans. Il époufa, le 9 Mars 1646, par contrat paffé devant *Martel*, Notaire à Aubagne, *Marquife de Guin*, du lieu d'Aubagne, & en eut :

1. LOUIS qui fuit ;
2. JOSEPH, Capitaine dans le Régiment de Sault, & Aide-de-Camp de Son Alteffe Royale PHILIPPE, Duc d'Orléans, petit-fils de France, avec rang de Maréchal-de-Camp. En 1708, le Roi lui donna le Gouvernement du château de Toucy, en la Vicomté d'Auch. Il fut Gentilhomme de PHILIPPE, Duc d'Orléans, puis de fon fils, Régent du Royaume, lequel, par un réfultat de fon Confeil du 1ᵉʳ Octobre 1717, le gratifia de la Châtellenie de Cravant en Touraine, & d'une penfion de 6000 liv. Il mourut à Paris en 1743, fans poftérité, âgé de 85 ans, après avoir fait fon teftament en faveur de JEAN-AUGUSTIN DE FLOTTE, fon neveu, Capitaine dans le Régiment d'Agénois, Chevalier de Saint-Louis & penfionné du Roi. Il avoit époufé 1º *Marguerite de Verelle*, fille du Seigneur de Bois-Joly, Maréchal-des-Logis de la Maifon du Roi; & 2º *Madeleine des Hayes*,

fortie des Seigneurs de la Périne, de Cry, le Pleffis-de-Côme, &c.
3. & 4. ALEXANDRE & PIERRE, tous deux Religieux de l'Abbaye de Saint-Victor de Marfeille; le premier eft mort Prieur & Seigneur de Ponteil au Diocèfe d'Alais; le fecond eft mort Religieux à Saint-Victor;
5. 6. & 7. Et trois filles, Religieufes à Marfeille.

XV. LOUIS DE FLOTTE, IIᵉ du nom, Sieur de la Crau, Capitaine de Vaiffeaux du Roi en 1684, tefta le 26 Octobre, même année, en préfence d'*Arnaud*, Notaire à Toulon. Il avoit époufé, le 27 Avril précédent, par contrat paffé devant *Decugis*, Notaire à Ollioules, *Madeleine de Payan*, fille de *Claude*, de laquelle il eut:

1. CLAUDE, qui fuit ;
2. Et MADELEINE, mariée à *Claude-Ambroife d'Oraifon*, Major du Régiment de Berry, Chevalier de Saint-Louis & penfionné du Roi.

XVI. CLAUDE DE FLOTTE, IIᵉ du nom, Sieur de la Crau, fut donataire univerfel de fa mère en 1707. Il époufa, par contrat paffé le 23 Septembre 1703, devant *Beffon*, Notaire à Ollioules, *Anne de Virelle la Millières*, fœur de la femme de JEAN-BAPTISTE DE FLOTTE-SAINT-ETIENNE, fon coufin germain. Il n'en eut point d'enfans.

XV. JEAN-BAPTISTE DE FLOTTE-LA-BUZINNE, auteur du troifième rameau de la branche de *Roquevaire*, fils de FRANÇOIS, IIᵉ du nom, & de *Madeleine d'Andron*, fa feconde femme, tefta le 22 Juin 1698, en préfence de *Rancurel*, Notaire à Roquevaire, & époufa, par contrat paffé le 6 Juillet 1691, devant *Sonin*, Notaire à Marfeille, du confentement de fa mère, *Denife d'Efpinaffy*, fille de *Pierre*. Ses enfans font :

1. NICOLAS, qui fuit ;
2. HENRI, reçu Chevalier de Malte ;
3. ELISABETH, mariée, en 1710, à *Alphonfe de Fortia*, Marquis de Piles, Lieutenant de Roi en Provence, Gouverneur de Marfeille & des Isles d'If.

XVI. NICOLAS DE FLOTTE-LA-BUZINNE a époufé, au mois de Février 1749, *Marie-Claire de Gotho*, fille d'*Antoine de Gotho*, de la ville de Meffine, Chevalier de Saint-Louis, penfionné du Roi, & Capitaine d'une des Galères de France. Nous en ignorons la poftérité.

BRANCHE
des Co-Seigneurs de JARJAYES, éteinte au XIIe degré.

VIII. RAYMOND DE FLOTTE, Seigneur de Jarjayes, second fils d'ARNAUD, IVe du nom, & de *Béatrix Alleman*, fit hommage de la Terre ou Seigneurie de Jarjayes le 13 Septembre 1380. Il eut pour fils :

IX. HENRI DE FLOTTE, Co-Seigneur de Jarjayes, qui, en qualité de fils & héritier de RAYMOND, fit hommage les 25 Novembre 1413 & 15 Juillet 1417, de Jarjayes, comme avoit fait fon père. Il fe fignala à la journée d'Azincourt, & en 1419, il commanda les brigades du haut Dauphiné, lors de l'arrière-ban. Il eut de *Marie de Saint-Germain*, fon époufe :

   1. PIERRE, qui fuit;
   2. JEAN, lequel a continué la branche après l'extinction de la poftérité de fon frère aîné.

X. PIERRE DE FLOTTE, Co-Seigneur de Jarjayes, &c., fit, le 14 Février 1479, en qualité de fils & héritier d'HENRI, hommage de la Terre de Jarjayes. Il tefta le 21 Mars 1505, en préfence de *Borrély*, Notaire à Aix, & fit des legs à fa femme & à JEAN DE FLOTTE fon frère. Il eut de fa femme *Madeleine de la Villette*, une fille unique, nommée

XI. LOUISE DE FLOTTE, Co-Dame de Jarjayes, qui époufa 1° *Jean de Varey*, Seigneur de Menteyer, dont elle eut des enfans ; & 2° le 17 Mai 1556, MARIN-CLAUDE DE FLOTTE, Seigneur de la Baftie & de Montfaléon, fon parent. Elle tefta dans le courant de l'année 1598, & fit pour fon héritière *Louife de Varey*, fa petite-fille, née de *Balthazar de Varey*, fon fils, voulant qu'elle fut mariée avec JEAN DE FLOTTE, fils de MARIN-CLAUDE, fon fecond mari.

X. JEAN DE FLOTTE, Co-Seigneur de Jarjayes, frère puîné de PIERRE, eut de *Catherine de la Villette*, fon époufe, fille d'*Antoine*, Co-Seigneur de Veynes, & d'*Etiennette Perdrix*, iffue des Co-Seigneurs de la Baume-des-Arnauds :

   1. JEAN, qui fuit;
   2. Et JEANNE, mariée avec *Michel de Richière*, Co-Seigneur de Montgardin. Après fon décès, JEANNE DE FLOTTE fe remaria avec *Jean Armuet*, Seigneur de la Maifon-Forte & de Bonrepos. Elle fit fon teftament le 11 du mois d'Août 1586.

XI. JEAN DE FLOTTE, IIe du nom, Co-Sei-

gneur de Jarjayes, fut marié à *Ifabeau du Puy-Montbrun*, fille d'*Aymar* & de *Catherine de la Valette*. Il n'eut de ce mariage qu'une fille unique, nommée CATHERINE, qui fuit, & par laquelle cette branche a fini.

XII. CATHERINE DE FLOTTE, Co-Dame de Jarjayes, époufa, le 1er Décembre 1576, *Gafpard de Montauban*, Seigneur de Villard, & par elle Co-Seigneur de la Terre de Jarjayes, Colonel d'un Régiment d'Infanterie, & Gouverneur du Gapençois.

BRANCHE
des Seigneurs de LA BASTIE & de MONTSALÉON, & d'une partie de MONTCLUS, &c.

XII. JEAN DE FLOTTE, IIe du nom, Seigneur de la Baftie, de Montfaléon & d'une partie de Montclus, &c., fecond fils de CLAUDE, Seigneur de la Roche, & de *Colette de Laudun*, eut, par le teftament de fon père, en partage, les Terres ci-deffus mentionnées (a). Il époufa *Louife de Glandevès*, fille d'*Elion*, Seigneur de Gréoulx, de Rouffet, de Reilhanette, &c., & de *Jeanne de Juftas*, Dame de Puipin, de Bignoux, Montfort, &c. Ils teftèrent l'un & l'autre en 1541. Leurs enfans furent :

   1. MARIN-CLAUDE, qui fuit;
   2. JACQUES, Co-Seigneur de Saint-Pierre & de Saint-Martin-d'Argençon, rapporté après la poftérité de fon aîné.

XIII. MARIN-CLAUDE DE FLOTTE, Co-Seigneur de la Baftie, Montfaléon, &c., fe maria, 1° le 1er Mars 1544, avec *Claudine de Mouftiers*, fille d'*Henri*, Seigneur de Ventavon, &c.; & 2° le 17 Mai 1556, à LOUISE DE FLOTTE, fille unique de PIERRE, Co-Seigneur de Jarjayes, & veuve de *Jean de Varey*, Seigneur de Menteyer, mentionnés l'un & l'autre ci-devant à la branche de Jarjayes, aux Xe & XIe degrés. Il eut du premier lit :

   1. ANTOINE, qui fuit;
   2. GUILLAUME DE FLOTTE de Saint-Didier, mort fans poftérité ;
   3. & 4. JEAN & MELCHIOR, tous deux Chevaliers de Malte;
   5. Et MARGUERITE, mariée 1° à N... *de Morges*, Seigneur de Montmeilleur; & 2° à *Jacques Poncet*, Seigneur de la Laye.

XIV. ANTOINE DE FLOTTE, Seigneur de la

(a) Voyez Louvet dans fes additions à l'*Hiftoire de Provence*, tom. I, pag. 71.

Baftie, Montfaléon, &c., Lieutenant de la Compagnie des Gendarmes du Comte de Flotte, Seigneur de la Roche, &c., fon parent, tefta le 18 Octobre 1586, & avoit époufé 1º *Jeanne de Varey*, fille de *Balthazar de Varey*, Seigneur de Menteyer, petite-fille & héritière de LOUISE DE FLOTTE, Co-Dame de Jarjayes ; & 2º le 25 Juillet 1571, *Honorée de Caftellane*, fille de *Peyron*, Seigneur d'Efparron & de Saint-Julien, Chevalier de l'Ordre du Roi, & de *Gabrielle de Glandevès*. Il laiffa du fecond lit :

1. GASPARD, qui fuit ;
2. CHARLES, mort fans poftérité ;
3. JEAN-FRANÇOIS, marié avec *Louife de Caftellane*, fille de *Louis-François*, Comte de Grignan, & de *Jeanne d'Ancezune-Caderouffe*, auffi mort fans poftérité ;
4. Et JEAN, Commandeur de Beaulieu, & Bailli de Manofque.

XV. GASPARD DE FLOTTE, Seigneur de la Baftie, Montfaléon, tefta le 25 Avril 1642, en faveur de fes enfans, & époufa *Marguerite de Saint-Germain*, fille d'*Antoine*, Seigneur de Champes, & de *Louife de Seytres de Caumont*, dont il eut :

1. JEAN, qui fuit ;
2. GUILLAUME, mort au fiège de la Motte ;
3. JUST, mort en Piémont ;
4. FRANÇOIS, Commandeur d'Avignon ;
5. Et ANTOINETTE, Religieufe à Montfleury.

XVI. JEAN DE FLOTTE, IIᵉ du nom, Seigneur de la Baftie, Montfaléon, &c., époufa, en 1669, *Virgine de Mallard*, fille d'*André*, Secrétaire du Roi, dont il eut :

JOSEPH & JEAN, morts fans poftérité ;
Et MARIE-ANNE, qui fuit.

XVII. MARIE-ANNE DE FLOTTE, Dame de la Baftie, Montfaléon, &c., époufa N... *de Brimard*, auquel elle porta les Terres de fa branche.

XIII. JACQUES DE FLOTTE, Iᵉʳ du nom, Co-Seigneur de Saint-Pierre, de Saint-Martin, d'Argençon, &c., fecond fils de JEAN II, Seigneur de la Baftie, &c., & de *Louife de Glandevès*, tefta le 5 Décembre 1580, eut pour femme *Claudine de Raymond*, Dame du Château fupérieur de la Baume-des-Arnauds, & en partie de la Terre de Sigottier, qui tefta le 24 Septembre 1589. Ils eurent pour enfans :

1. PIERRE, qui fuit ;
2. JACQUES, Co-Seigneur de Saint-Pierre,

d'Argençon & Sigottier, auteur d'un rejeton éteint ;
3. GASPARD, Seigneur de la Madeleine & de la Gardette, auteur d'un fecond rejeton, auffi éteint dans les enfans de PIERRE, Seigneur de la Madeleine & de la Gardette, mort fans poftérité ;
4. JEAN, Commandeur de Beaulieu, qui, en l'année 1643, obtint un Arrêt, par lequel il fut déchargé de faire hommage des Terres de fa Commanderie à la Baronnie de Grimaud ;
Et quatre filles.

XIV. PIERRE DE FLOTTE, Co-Seigneur de Saint-Martin, d'Argençon, la Baume-des-Arnauds, &c., paffa le 11 Mai 16... un contrat de partage avec JACQUES, IIᵒ du nom, fon frère puîné, Co-Seigneur de Saint-Pierre, d'Argençon & de Sigottier. Il tefta le 23 Décembre 1642, & eut de *Madeleine Perdrix*, fille de *Jean*, Co-Seigneur de la Baume, &c.

1. CLAUDE, qui fuit ;
2. GASPARD, Seigneur de Saint-Pierre, d'Argençon & de Tafarel, auteur d'un troifième rejeton, éteint ;
3. & 4. JULIE & MADELEINE.

XV. CLAUDE DE FLOTTE, Co-Seigneur de Saint-Pierre, d'Argençon, fit fon teftament le 3 Décembre 1642. Il époufa, par contrat du 22 Février 1628, *Anne de Combourcier*, fille de *Claude de Combourcier*, Sieur de Roifon, & d'*Hélène de Patry*, fa femme, & eut de fon mariage :

1. PIERRE, qui fuit ;
2. 3. 4. 5. 6. 7. & 8. JACQUES, ANDRÉ, ETIENNE, FLOTTARD, FRANÇOIS, OLYMPE & MADELEINE, tous morts fans poftérité.

XVI. PIERRE DE FLOTTE, Seigneur de Saint-Pierre, tefta le 5 Juillet 1700, & fe maria, 1º par contrat du 15 Janvier 1652, avec *Honorée de la Tour*, fille de *René de la Tour*, Seigneur de Saint-Sauveur, du Villard, du Broc, &c., & de *Gabrielle de Caftellane* ; & 2º avec *Marguerite de Charenci*. Il eut de fon premier mariage :

1. ETIENNE DE FLOTTE, Sieur du Château, inftitué héritier univerfel de fon père en 1700, allié à *Marie de Bertrand*, dont :
   ETIENNE, HENRIETTE & MARIE, tous trois légataires de leur aïeul en 1700 ;
2. Et JACQUES, qui fuit.

XVII. JACQUES DE FLOTTE époufa, le 7 Août 1683, dans l'Eglife Cathédrale de Gap, HÉLÈNE DE FLOTTE, fille de PIERRE DE FLOTTE,

Seigneur de Saint-Martin, & de *Marguerite de Baras*. De cette alliance il eut :

1. & 2. JEAN & LOUIS ;
3. CLAUDE, qui fuit ;
4. & 5. ISABEAU & HONORÉE.

XVIII. CLAUDE DE FLOTTE DE SAINT-PIER-RE, légataire de fon aïeul en 1700, époufa, par contrat du 14 Septembre 1720, *Louife Freau-Champey*, dont il a eu :

1. PIERRE-HERCULE, qui fuit ;
2. JEAN, rapporté après fon aîné ;
3. JOSEPH, Ecuyer, né le 11 Mai 1735, reçu page du Roi dans fa Grande-Ecurie le 13 Novembre 1750, Lieutenant de Vaiffeaux en 1766 ;
4. Et ISABELLE.

XIX. PIERRE-HERCULE DE FLOTTE, Capitaine au Corps Royal, a époufé, en Allemagne, *Charlotte-Augufte de Benning*, fille d'*Engelhart*, Baron de Benning, Secrétaire d'Etat, dont :

1. GUILLAUME, reçu à l'Ecole-Royale–Militaire ;
2. Et LOUISE-CHRISTINE.

XIX. JEAN DE FLOTTE, Capitaine au Régiment de Béarn, & Chevalier de St.-Louis, a époufé, par contrat du 15 Février 1764, *Catherine-Charlotte Guilbert-d'Alantun*, fille de *Charles Guilbert*, Confeiller, Secrétaire du Roi, ancien Lieutenant-Général de l'Amirauté de Flandre, & de *Pélagie de la Derrière*, d'une famille noble de Flandre, très-bien alliée, dont :

JEAN-CHARLES, né le 15 Janvier 1766.

Cette branche porte les armes patronymiques de fa Maifon, favoir : *un lozangé d'argent & de gueules, au chef d'or*.

Telle eft la généalogie de la Maifon de FLOTTE, originaire du Dauphiné, dreffée fur des titres rapportés par des Hiftoriens, accrédités & gardés dans les Archives publiques, & des documens authentiques de cette famille, dont on peut vérifier les filiations marquées. Nous y avons mentionné généralement toutes les branches & les rameaux iffus du tronc, qui ne commence que par HENRI, pour pouvoir donner une filiation non interrompue ; cependant fon nom eft connu très-illuftre long-tems auparavant, comme on peut le voir dans la Charte de *Raymond de Barcelone*.

Nous avons trouvé dans l'*Hiftoire héroïque de la Nobleffe de Provence*, imprimée en l'année 1757, un quatrième Rameau que l'auteur fait fortir de la branche des anciens Seigneurs de *Roquevaire*, & que ceux du nom de FLOTTE qui fubfiftent ne connoiffent pas, étant depuis plus de 400 ans tranfplantés en Provence.

FOCRAND, de la Province de Breffe, dont les armes font : *d'azur, au lion d'or, au chef d'argent*.

FOGASSE DE LA BASTIE. GASPARD DE FOGASSE DE LA BASTIE, Prêtre du Diocèfe d'Avignon, Docteur en Théologie de la Faculté de Paris, du 13 Mai 1702, Chanoine honoraire depuis 1717, & Grand-Archidiacre de l'Eglife Cathédrale de Chartres depuis 1709, Abbé Commendataire de l'Abbaye de Notre-Dame-d'Ardennes, près de Caen, Ordre de Prémontré, Diocèfe de Bayeux, depuis le 5 Avril 1709, Vicaire-Général de l'Évêque de Chârtres, & Député de la Chambre du Clergé du Diocèfe de Chartres, mort dans cette ville le 16 Février 1739, âgé d'environ 65 ans, étoit frère puîné de

PIERRE DE FOGASSE, Seigneur, Marquis de la Baftie, dans le Comtat-Venaiffin, ci-devant Envoyé Extraordinaire du Roi à Florence, qui a époufé *Anne-Thérèfe de Brancas*, fœur de l'Archevêque d'Aix & de l'Evêque de Lifieux, de laquelle il a, entr'autres enfans :

1. LOUIS-HENRI, Prêtre, Chanoine & Haut-Doyen de l'Eglife Cathédrale de Lifieux, Vicaire-Général de l'Evêque de Lifieux, fon oncle, & ci-devant Chanoine de l'Eglife Cathédrale de Chartres ;
2. Et JEAN-JOSEPH DE FOGASSE D'ENTRECHAUX DE LA BASTIE, Prêtre, Chanoine & Archidiacre de Princeraie dans l'Eglife de Chartres, Abbé Commendataire de l'Abbaye de Jofaphat, Ordre de St.-Benoît, Diocèfe de Chartres, & Vicaire-Général de l'Evêque de Chartres. (*Mercure* de Mars 1739, p. 611.)

FOISSY, en Mâconnois : PIERRE DE FOISSY, Seigneur de Chameffon, vivant en 1493, époufa *Guillemette d'Inteville*, fille d'*Erard*, Seigneur d'Inteville & de *Guigonne de Vergy*.

JEAN DE FOISSY, Seigneur de Chameffon, Ecuyer & Grand-Veneur du Duc de Bourgogne, & fon Gruyer ès-Bailliages de Dijon, Auxois & la Montagne, eut pour fils :

JACQUES DE FOISSY, Seigneur de Chameffon,

qui épousa *Humberte d'Ugnie*, de la Maison de Courgeangoux, dont sortit :

JEANNE DE FOISSY, mariée, le 15 Septembre 1550, à *Philippe d'Andelot*, Seigneur de Pressiat, fils d'*Amé d'Andelot*, Seigneur de Pressiat, & de *Philiberte de Nance*.

LOUISE DE FOISSY se maria avec *Daniel de Hériot*, Baron de Moulins.

GAUCHER DE FOISSY, Seigneur de Chamesson, épousa *Charlotte de Postel-Dormy*, dont il eut :

NICOLAS DE FOISSY, Chevalier de Malte, mort en 1625.

PHILIBERT DE FOISSY, Chevalier de l'Ordre de Saint-Jean de Jérusalem, Grand-Prieur de Champagne, vivoit en 1550.

Les armes : *d'azur, au cygne d'argent, M. & F. de sable.*

* FOIX. Comté, dont les principales Villes sont Foix, siège du Sénéchal de la Province; Pamiers, Evêché; Mazères, Tarascon, Vic-Dessos, Bélesta & le Mas-d'Azil. Le Roi CHARLES VII, par ses Lettres, données à Vendôme au mois d'Août 1458, érigea ce *Comté* en *Pairie*, en faveur de GASTON, Comte DE FOIX, & de ses successeurs. Il assista au procès du Duc d'Alençon, la même année, & représenta le Comte de Toulouse au Sacre de Louis XII, en 1498. Il y a les Comtes *de Foix* de la première race & ceux de la seconde, dont la Généalogie se trouve détaillée dans le tom. III de l'*Histoire des Grands-Officiers de la Couronne*, avec toutes les branches que ces deux Races ont produites, pag. 342 & suiv.

Comtes DE FOIX *de la première Race.*

I. ROGER, Ier du nom, Comte DE FOIX, fils puîné de RAYMOND Ier, Comte de Carcassonne, & de *Garcende de Béziers*, joignit au Château de Foix, & aux Terres qui en dépendoient, le titre de Comté, & donna, du consentement de *Sicarde*, sa femme, à l'Abbaye de Cluny, le Château de Lurdad, situé dans la Vallée de Savart au Comté de Toulouse, & sa Châtellenie avec 15 Villages & leurs Eglises. La Charte en fut expédiée par le Conseil d'*Isarn*, Evêque de Toulouse, en 1074, le jour de la Conversion de Saint Paul, la seconde année du Pontificat de GRÉGOIRE VII. Il n'eut point d'enfans de son mariage, & mourut à l'expédition de Jérusalem en 1098.

II. ROGER, IIe du nom, Comte DE FOIX,

fils d'*Amélie*, & d'un frère du Comte ROGER, succéda au Comté de Foix, après la mort de son oncle, l'an 1099. Il mourut environ l'an 1116, & avoit épousé 1° *Stéphanie* ou *Etienette*, Dame du Pays des Marches de la Basse-Provence, qu'elle apporta en dot à son mari; & 2° *Arsende*. Il eut du premier lit :

1. ROGER, qui suit.

Et du second ou du premier :

2. & 3. PIERRE & RAYMOND-ROGER, nommés dans le traité, fait entre le Comte DE FOIX, leur frère aîné, & le Vicomte de Béziers, le 2 des Calendes d'Avril 1127.

III. ROGER, Comte DE FOIX, IIIe du nom, s'obligea le 31 Mars 1127, avec ses frères, envers Bernard Athon, Vicomte de Béziers & Cécile, sa femme, de n'engager & aliéner sans leur consentement, aucun droit dans les Comtés de Toulouse, Comminges, Conserans & Carcassonne. Il eut de *Ximène de Barcelone*, son épouse, fille puînée de *Robert Bérenger*, IIIe du nom, Comte de Barcelone, & de *Douce*, Comtesse *de Provence* :

1. ROGER-BERNARD, qui suit;

2. Et BRADIMENDE, mariée, par contrat de 1162, & assistée du Comte son frère, à *Guillaume d'Alana*.

IV. ROGER-BERNARD, Ier du nom, surnommé *le Gros*, Comte DE FOIX, recueillit la succession de son père avant l'an 1144, & donna à l'Abbaye de Saint-Volusien de Foix, le Bourg de Vèbre & le Château de Perles. Il renouvela, en 1149, les paréages arrêtés entre l'Abbé de Pamiers & ses prédécesseurs, & accorda, en 1161, à *Dominique*, Abbé de Sainte-Marie de Bolbonne, & à son Monastère, les droits qu'il avoit aux Bois de Bolbonne, le passage de toute sa Terre & la franchise de la Leude du pont de Foix pour leur bétail. Raymond V, Comte de Toulouse, lui donna, en 1167, en Fief, la ville de Carcassonne & le Carcassez, le pays de Razès, excepté Castelnau & le bourg d'Albiès, avec les Châteaux de Pevelha & d'Abzen, la Seigneurie d'Ulmes; & tout ce qu'il possédoit dans le pays de Foix, à la charge d'hommage. Il mourut en 1188, & portoit pour armes : *d'or, à 3 pals de gueules*. On lui donne deux femmes, savoir *Cécile de Barcelone*, morte sans enfans, & *Cécile-Ferrane de Béziers*, fille de *Raymond*, dit *Trincavel*, Vicomte de Béziers, mariée au mois de Juin 1151, laquelle eut pour dot les Châteaux de Cintegabelle & de Montaut, le

Bois de Bolbonne & la Seigneurie d'Aufe-
peans, avec 11000 fols Melgoriens. De ce mariage vinrent :

1. ROGER, mort avant fon père ;
2. RAYMOND-ROGER, qui fuit ;
3. Et une fille, mariée à *Roger de Comminges*, IIᵉ du nom, Vicomte de Conferans.

V. RAYMOND-ROGER, Comte DE FOIX, accompagna le Roi PHILIPPE-AUGUSTE en fon
fecond voyage d'outre-mer, & à fon retour il
fit la guerre à Ermengol, Comte d'Urgel, prit
depuis le parti des Albigeois, ce qui lui attira une cruelle guerre dans fon pays. Il époufa
1º *Philippe*, qu'une Généalogie manufcrite
furnomme *de Moneade;* & 2º *Ermengarde
de Narbonne*. Du premier lit vinrent :

1. ROGER-BERNARD, qui fuit ;
2. RAYMOND-ROGER, deftiné par fon père pour
être Religieux au Monaftère de Bolbonne ;
3. CÉCILE, mariée à *Bernard*, Vᵉ du nom,
Comte *de Comminges*.

Et du fecond lit vinrent :

4. EMÉRIC, donné en ôtage au Comte *de Montfort*, pour fûreté de la parole de fon père.
Il vivoit en 1229, qu'il eut *pleige* pour le
Comte DE FOIX, fon frère, envers le Roi
SAINT LOUIS ;
5. OTHON, qui n'eft pas nommé dans le teftament de fon père ;
6. Et ESCLARMONDE, mentionnée dans le teftament de fon père, & mariée, en 1225, à
Bernard d'Alion, Seigneur de Donnezan.

On donne encore au Comte RAYMOND-RO-
GER pour fils :

- LOUP DE FOIX, auteur de la branche des Seigneurs de *Saverdun*, rapportée plus loin,
mais dont la naiffance eft douteufe, dit le
P. Anfelme.

VI. ROGER-BERNARD, IIᵉ du nom, Comte
DE FOIX, furnommé *le Grand*, fut enveloppé
dans les guerres des Albigeois, où il fe fignala ; mais il fe réconcilia avec l'Eglife, &
fit fa paix avec SAINT LOUIS en 1229 ; il mourut le 4 Mai 1241. Il avoit époufé, 1º le 10
Janvier 1202, *Ermefende*, fille unique & héritière d'*Arnaud*, Vicomte de *Caftelbon*, qui
lui apporta en dot la Vicomté de Cerdagne
ou de Caftelbon, & mourut au mois de Janvier 1229 ; & 2º le 25 Janvier 1232, *Ermengarde de Narbonne*, fille d'*Aimery*, Vᵉ du
nom, Vicomte de Narbonne, & de *Marguerite de Marly*, laquelle eut en dot 30000
fols Melgoriens. Du premier lit vinrent :

1. ROGER, qui fuit ;
2. ESCLARMONDE, mariée au Vicomte *de Cardonne*.

Et du fecond lit il eut :

3. CÉCILE, mariée, en Janvier 1256, à Don
Alvarez, Comte d'*Urgel*.

VII. ROGER, Comte DE FOIX, IVᵉ du nom,
recueillit toute la fucceffion de fon père, & fe
ligua, en 1242, avec HENRI III, Roi d'Angleterre, & *Raymond VIII*, Comte de Touloufe, contre le Roi SAINT LOUIS, qui, l'ayant
détaché de leurs intérêts, le porta à déclarer
la guerre au Comte de Touloufe, le 25 Octobre de la même année. Il eut depuis guerre
contre le Roi d'Aragon, & mourut le 24 Février 1263. Il fut enterré dans l'Eglife de
l'Abbaye de Bolbonne, qu'il avoit fait bâtir à
fes dépens, fous l'invocation de Saint Jacques & de Saint Philippe. Il eut de *Bruni-
fende de Cardonne*, fon époufe, morte en
1289, & inhumée dans l'Eglife des Jacobins
de Pamiers, fille de *Raymond-Foulques*, Vicomte de Cardonne :

1. ROGER-BERNARD, qui fuit ;
2. PIERRE, mort avant fon père ;
3. SIBYLLE, morte avant l'an 1289, femme
d'*Aimery VI*, Vicomte de Narbonne ;
4. AGNÈS, mariée, le 3 Octobre 1256, à *Efchi-
vat de Chabanois*, Comte de Bigorre, Vicomte de Conferans ;
5. PHILIPPE, femme d'*Arnaud de Comminges*,
dit d'*Efpagne*, Vicomte de Conferans, &c. ;
6. ESCLARMONDE, femme, le 12 Octobre 1275,
de JACQUES D'ARAGON, IIᵉ du nom, Roi de
Majorque ;
Et MARQUISE, bâtarde DE FOIX, mariée à *Pierre-
André* & mentionnée dans le teftament de
fon père.

VIII. ROGER-BERNARD, Comte DE FOIX,
IIIᵉ du nom, étoit encore jeune quand fon
père mourut, & vit naître de fon tems les
guerres des maifons de Foix & d'Armagnac.
Il s'attira la colère du Roi PHILIPPE LE HAR-
DI, qui le retint prifonnier à Beaucaire, en
1274, pour avoir affiégé un Château qui dé-
pendoit de ce Monarque, & mourut en 1303,
laiffant de *Marguerite de Moncade*, Vicomteffe de Béarn, fille de *Gafton*, & de *Marthe
de Maftas*, Comteffe de Bigorre, qu'il avoit
époufée en 1252 :

1. GASTON, qui fuit ;
2. CONSTANCE, femme, en 1296, de *Jean de
Levis*, Seigneur de Mirepoix ;

3. BRUNISENDE, mariée, en 1298, à *Elie de Talleyrand*, Comte de Périgord ;

4. MARGUERITE, alliée à *Bernard Jourdain*, Seigneur de l'Isle, morte avant 1324 ;

5. Et MARTHE, femme de *Bernard*, Comte d'*Aftarac*.

ROGER-BERNARD, à caufe de fon mariage avec la Vicomteffe de Béarn, portoit : *écartelé, aux 1 & 4 d'or, à 3 pals de gueules, qui eft* DE FOIX ; *aux 2 & 3 d'or, à 2 vaches de gueules, accornées, accollées & clarinées d'açur, qui eft* DE BÉARN. Il eut pour fils naturel :

ARNAUD, Evêque de Pamiers.

IX. GASTON, Comte DE FOIX, Ier du nom, Vicomte de Béarn & de Caftelbon, Prince généreux, qui s'acquit beaucoup de réputation par fa conduite & fon courage, mourut à Pontoife au retour de la guerre de Flandre, le 13 Décembre 1315, & fut enterré dans l'Eglife du grand Couvent des Jacobins de Paris. Il avoit époufé, au mois d'Octobre 1301, *Jeanne d'Artois*, fille de *Philippe*, Seigneur de Conches, & de *Blanche de Bretagne*, dont :

1. GASTON, qui fuit ;
2. ROGER-BERNARD, auteur de la branche des Vicomtes de *Caftelbon*, qui portoient : *écartelé, aux 1 & 4* FOIX ; *& aux 2 & 3 un chef chargé de 3 lofanges*. Ils fe font éteints dans

    MATHIEU DE FOIX, Vicomte de Caftelbon, fon arrière-petit-fils, mort en Août 1398, fans laiffer de poftérité de *Jeanne d'Aragon*, fon époufe, fille aînée de JEAN Ier, Roi d'Aragon, & de *Marthe d'Armagnac* ;

    Et ISABELLE DE FOIX, morte en 1426, Vicomteffe de Béarn & de Caftelbon, par la mort de fon frère, MATHIEU, époufa *Archambaud de Grailly*, Captal de Buch, auquel elle apporta ce riche héritage, dont il fera parlé ci-après à la feconde race des Comtes de Foix.

3. ROBERT, Seigneur d'Ornézan, Evêque de Lavaur en 1338 ;
4. MARGUERITE, nommée dans le teftament de fon père ;
5. BLANCHE, femme de *Jean II*, Seigneur de Grailly, duquel font defcendus les autres Comtes de Foix, mentionnés ci-après ;
6. JEANNE, mariée, en 1330, à *Pierre d'Aragon*, Comte d'Ampury.

On donne encore à GASTON DE FOIX, Ier du nom, pour enfans naturels :

RAYMOND-ARNAUD & LOUBAT DE FOIX ; Et une fille, nommée BARNÈSE, mariée à *Aner*, fils de *Raymond-Arnaud*, Seigneur de *Gerferefte*.

X. GASTON, Comte DE FOIX, IIe du nom, eut plufieurs démêlés avec les Comtes d'Armagnac & de Comminges, prit fur les Anglois le Château de Tartas en 1339, le réduifit fous l'obéiffance du Roi avec plufieurs places d'alentour, accompagna PHILIPPE DE VALOIS dans la guerre de Flandre, qui, pour récompenfe de fes fervices, lui donna la Vicomté de Lautrec, paffa en Efpagne au fervice d'ALPHONSE XI, Roi de Caftille, contre les Maures, & mourut à Séville en Efpagne, au mois de Septembre 1343. Il avoit tefté le 28 Novembre 1330 ; fon corps fut apporté à l'Abbaye de Bolbonne, où il eft enterré. Il n'eut d'*Eléonore de Comminges*, fon époufe, feconde fille de *Bernard VI*, Comte de Comminges, & de *Laure de Montfort*, que

GASTON-PHŒBUS, qui fuit ;

GASTON eut encore quatre enfans naturels, favoir :

    ARNAUD-GUILLAUME, tué par les Touloufains au Château de Miremont ;

    PIERRE DE FOIX, dit *de Béarn*, marié à *Florence d'Aragon*, Dame de Bifcaye, fille unique de *Jean*, Infant d'*Aragon*, dont il eut

      PIERRE & ADRIENNE DE BÉARN.

    BARNÈSE, alliée à *Arnaud-Raymond de Châteauneuf*, Vicomte d'Orthez ;

    Et MARGUERITE, femme de *Jean de Château-Verdun*, Seigneur de Caumont.

XI. GASTON-PHŒBUS, Comte DE FOIX, & Vicomte de Béarn, furnommé *Phœbus* à caufe de fa beauté, ayant appris la détention de CHARLES II, Roi de Navarre, fon beau-frère, il fe déclara contre le Roi Jean, qui le fit arrêter & le retint prifonnier à Paris ; mais il fut mis en liberté pour aller en Guyenne, contre le Prince de Galles. CHARLES V, voyant que la haine des Comtes de Foix & d'Armagnac fe rallumoit tous les jours, commanda à ce Seigneur de s'accommoder, & ce Prince donna à GASTON-PHŒBUS DE FOIX, le Gouvernement de Guyenne & de Languedoc, dont il s'acquitta dignement jufqu'en 1381, qu'il le céda à JEAN DE FRANCE, Duc de Berry. Le Roi CHARLES VI vint le voir au Château de Mazères, où il fut reçu magnifiquement avec toute fa Cour, & où GASTON-PHŒBUS lui rendit hommage pour fon Comté de Foix.

Quelque tems après il mourut à Orthez d'apoplexie le 1er Août 1391, âgé de 80 ans, & fut enterré dans l'Eglise des Jacobins d'Orthez, devant le grand Autel. Ce fut lui qui fit bâtir l'Eglise Cathédrale de Lescar, le Monastère de Salengues, les Châteaux de Mazères, de Montaut & d'Orthez. Il n'eut d'AGNÈS DE NAVARRE, fille puînée de PHILIPPE III, Roi de Navarre, & de JEANNE DE FRANCE, que :

GASTON DE FOIX, jeune Seigneur de grande espérance, mort avant le 4 Janvier 1381, sans laisser d'enfans de *Béatrix d'Armagnac*, fille de *Jean II*, Comte d'Armagnac, & de *Jeanne de Périgord*. Il est enterré aux Jacobins d'Orthez. Moréri, d'après les Historiens, dit que son père le fit mourir en prison.

GASTON-PHŒBUS eut quatre fils naturels.

Le premier, BERNARD DE FOIX, passa en Espagne où il épousa *Isabelle de la Cerda*, Comtesse de Medina-Celi, dont descendent les Ducs de ce nom. Voyez MEDINA-CELI.

Le second, JEAN, dit YVAIN ou JOBBIN DE BÉARN, destiné par son père à lui succéder au Comté de Foix, fut brûlé malheureusement au ballet des Sauvages, dansé par le Roi CHARLES VI, à l'Hôtel Saint-Paul, le 30 Janvier 1392. Il fut enterré aux Chartreux de Paris. On ne sait rien du troisième & du quatrième, nommés PERENAUDET & GRATIEN DE FOIX.

BRANCHE
des Seigneurs de SAVERDUN.

VI. LOUP DE FOIX, Seigneur de Saverdun en 1243, qu'on croit fils de RAYMOND-ROGER, Comte de Foix, & de qui David Blondel fait descendre les Seigneurs & Vicomtes de *Rabat*, se rendit garant du traité que ROGER-BERNARD, Comte de Foix, fit avec le Roi SAINT LOUIS le 16 Juin 1229. Il eut pour femme *Honorée de Beaumont*, dont :

1. LOUP, duquel on ignore la postérité ;
2. ROGER-ISARN, qui suit ;
3. BERNARD ;
4. Et un autre LOUP, Abbé de Saint-Savin, dont M. de Marca fait mention.

VII. ROGER-ISARN DE FOIX, Co-Seigneur de Saverdun, est nommé au compromis que son père passa avec les Seigneurs de Durban en 1250. Il eut de son épouse *Esclarmonde*, dont le surnom est inconnu :

1. LOUP, qui suit ;]
2. PONS, Abbé de Lezat en 1326 ;

3. Et ROGER, tige de la branche des Seigneurs de *Fornets* & de *Rabat*, rapportée ci-après.

VIII. LOUP DE FOIX, IIe du nom, Co-Seigneur de Saverdun, Seigneur de Crampaigna au pays de Foix, rendit hommage à GASTON-PHŒBUS, Comte de Foix, & à *Eléonore de Comminges*, sa mère, au cloître du Monastère de l'Abbaye de Foix, le 23 Janvier 1344. Il eut de sa femme, dont le nom est ignoré :

IX. ISARN DE FOIX, Seigneur de Crampaigna, qui fit hommage à MATHIEU, Comte DE FOIX, pour le Château de Crampaigna & les autres Terres qu'il possédoit au Comté de Foix. Dans cet hommage il est nommé LOUP-ISARN ; on ne sait s'il laissa des enfans.

BRANCHE
des Seigneurs de FORNETS & de RABAT.

VIII. ROGER DE FOIX, Seigneur de Fornets, troisième fils de ROGER-ISARN, Seigneur de Saverdun & d'*Esclarmonde*, portoit pour armes : *d'or, à 3 pals de gueules, sur l'angle droit de l'écu, brisé de 3 losanges*. On croit qu'il épousa l'héritière de *Rabat* ou *Ravat*, une des plus anciennes Maisons du pays de Foix, & dont la Terre est une des plus considérables du même pays : elle donne entrée aux Etats. Il eut pour fils :

IX. CORBEYRAN DE FOIX, Chevalier, Seigneur de Rabat, Fornets, la Bastide, Antuzan, Saverdun, &c., lequel testa au Château de Rabat le 1er Octobre 1402, devant *Jean Fabry*, Notaire de Tarascon. Il nomme dans son testament *Mengarde de Villars*, son épouse, Dame de Bouteville, au Diocèse de Mirepoix, qu'il constitua Administratrice de ses biens, jusqu'à ce que l'aîné de ses enfans fut majeur. Il en eut :

1. JEAN, qui suit ;
2. SEGUINE, mariée à *Raymond-Arnaud de Fontaine*, Seigneur de Valfiou en Languedoc ;
3. JEANNE, mariée à *Olivier de Roquefort*, fille de *Véfian de Roquefort*, Seigneur d'Arignac au Comté de Foix ;
4. MARGUERITE, femme de *François Isalguier*, fils de *Pons*, Seigneur de Castelnau, de Stretefons, près de Toulouse, aujourd'hui Baronnie des Etats de Languedoc ;
5. Et CONDOR, mariée 1° à *Pons de Villemur*, Seigneur de Saint-Paul en Foix ; & 2° par contrat du 11 Octobre 1407, à *Arnaud de Coaraze*, Seigneur d'Aspect, auquel elle ap-

porta 5500 florins & des meubles. Elle tefta la même année au Château de Bouteville en faveur de *Mengarde de Villars*, Dame de Bouteville, fa mère.

On trouve encore BRUNISSENDE DE FOIX, femme du Baron d'*Arnaud*; mais elle n'eft point nommée dans le teftament de fon père de 1402.

X. JEAN DE FOIX, Ier du nom, Chevalier, Seigneur de Rabat, Fornets, Antufan, &c., Sénéchal de Foix, époufa 1° *Bergue de Rabaftens*, fille de *Pierre Raymond*, Seigneur de Campagnac en Albigeois; & 2° *Jeanne de Marmande*. On ne fait de laquelle il eut les enfans ci-après, favoir:

1. CORBEYRAN, Chevalier, Seigneur de Rabat, Fornets, &c., marié, par contrat paffé dans la Chapelle Saint-Etienne de la Baftide-de-Sérou le 15 Octobre 1422, à *Cécile de Comminges*, fille d'*Arnaud-Roger de Comminges*, Vicomte de Bourniquel, dont:

> MARGUERITE, mariée fans enfans, au Château d'Orbeffan, Diocèfe d'Auch, le 5 Septembre 1467.

2. JEAN, qui fuit;
3. MARGUERITE, femme de *Guillaume-Arnaud de Béon*, Baron de Migros;
4. ELÉONORE, Abbeffe de Salengues;
5. Et MENGETTE, alliée, par contrat paffé le 29 Novembre 1432, à *Antoine de Tornier*, Seigneur de Launaguet.

XI. JEAN DE FOIX, IIe du nom, Chevalier, Seigneur de Rabat, Fornefl, &c., fuccéda à fon frère aîné, tefta au Château de Rabat le 15 Novembre 1480, & élut fa fépulture dans l'Eglife de Sainte-Marie de Rabat, au tombeau de fes ancêtres. Il avoit époufé, par contrat paffé le 27 Juin 1441, *Léonore de Comminges*, Vicomteffe de Conferans, dont:

1. ROGER, qui fuit;
2. CORBEYRAN, rapporté après fon frère aîné;
3. GERMAIN, auteur de la branche des Seigneurs de *Mardogne*, Vicomtes de *Conferans*, rapportée ci-après;
4. CATHERINE, mariée, le 1er Novembre 1461, à *Mathieu d'Efpagne*, Seigneur de Monteſpan, fils de *Roger* & de *Jacquette de Mauléon*;
5. AGNÈS, mariée, 1° par contrat paffé à Toulouse le 7 Mars 1465, à *Jacques Ifalguier*, fils d'*Odet*; & 2° par contrat paffé au Château d'Auragne le 10 Janvier 1470, à *Arnaud d'Efpagne*, Sénéchal de Comminges;
6. MARGUERITE, femme de *Jean de Lavedan*;
7. MENGETTE ou DOMINIQUE, mariée, 1° le 30

Juin 1471, à *Bertrand de Luc-Peyrou*; & 2° à *Géraud de Mareftaing*, fils de *Jean*, Seigneur de Mareftaing, & d'*Agnès de Faudoas-Barbaçan*;

8. ISABEAU, alliée, 1° fuivant un Mémoire, à *Jacques de Niares*; & 2° à *Jacques de Tourzel*, Baron d'Allègre, Chevalier, Confeiller & Chambellan du Roi, veuf de *Gabrielle de Laftic*, fille de *Draguinet*, Seigneur de Laftic, & de *Gabrielle Peyrol*;

9. Et GABRIELLE, mariée, par contrat paffé à Toulouse le 4 Juin 1477, à *Bernard*, Seigneur de Bergouignan.

XII. ROGER DE FOIX, Chevalier, Vicomte de Conferans, Seigneur de Rabat, de Fornets, de la Tour-du-Loup, Antufan, la Baftide-de-Sérou & Maffac, tefta dans fon Château de la Cour en Conferans le 17 Avril 1508, & élut fa fépulture aux Cordeliers de la Baftide-de-Sérou. Il avoit époufé 1° *Bertrande de Lefcun*, fille de *Mathieu*, Seigneur de Lefcun, laquelle fit un premier teftament à Loubens, Diocèfe de Pamiers, le 12 Juin 1490; & nomma pour fes héritiers ceux que *Mathieu de Lefcun* inftitueroit aux Seigneuries de Caftillon & de Marca, du Faget, Malleville, à Barbotan. Elle fit un fecond teftament au Château de Canté le 13 Septembre 1493, en faveur de CORBEYRAN DE FOIX, fon beau-frère, qui fuit; & 2° par contrat du 25 Mars 1496, *Catherine du Garané*, fille d'*Armand*, Seigneur du Garané, & de *Rofe de Bergouignan*. Il n'eut du premier lit que:

MARTHE-FRANÇOISE, morte fans alliance.

Et pour fille naturelle:

JEANNE DE FOIX, à laquelle il légua 500 livres.

XII. CORBEYRAN DE FOIX, IIe du nom, Chevalier, fut après la mort de fon frère aîné Seigneur des mêmes terres. CATHERINE, Reine de Navarre, Comteffe de Foix, lui confirma la donation qu'elle lui avoit faite des revenus du lieu de Saurat le 1er Juin 1495, & le qualifie de fon *cher coufin*. Il époufa *Jeanne de la Roque*, fille d'*Oger*, Seigneur de la Roque-en-Nébouzan, & de *Bernarde de Saint-Etienne*. Elle tefta au Carla en Foix le 30 Décembre 1496, élut fa fépulture dans l'Eglife de Saint-Cernin de la Roque, & nomma les enfans qu'elle eut de fon mari dans l'ordre ci-après, favoir:

1. JEAN, qui fuit;
2. Autre JEAN, en bas âge lors du teftament de fa mère, qui lui donna la Terre de Sauviac,

dans les Diocèfe & Sénéchauffée de Bazas;

3. Arnaud, auffi jeune lors du teftament de fa mère, qui lui donna 1000 écus fur la Terre de Sauviac;

4. Antoine, Seigneur de Pouy, de Touges & de Sauviac après fes frères. Sa mère lui laiffa auffi 1000 écus fur cette dernière Terre, & il fut père de:

     Anne de Foix, Dame de Pouy, mariée 1° à *François de la Noé*, Seigneur de Colarède, & 2° à *Claude de Saint-Félix*, Seigneur de Varennes, Préfident au Parlement de Touloufe, veuf de *Françoife d'Hébrard*.

5. Jacques, Abbé de Saint-Volufien & de la Règle, Gouverneur de Béarn & de la Baffe-Navarre, Chancelier de Henri, Roi de Navarre, & Evêque de Lefcar en 1537. Il reçut une procuration du Roi & de la Reine de Navarre pour traiter à Anet le 16 Juillet 1540, du mariage de la Princeffe de Navarre avec le Duc de Clèves;

6. & 7. Jean & Mathieu, morts en bas âge;

8. Paulette, nommée dans le teftament de fa mère, qui lui donne 3000 livres tournois;

9. Catherine, Dame de Monbardon, mentionnée dans le teftament de fa mère, qui lui lègue 1000 écus. Elle fut la feconde femme de *Jean de Durfort*, Seigneur de Duras, veuf de *Jeanne*, Dame de Rofans & de Pujols, fils de *Gaillard de Durfort*, IVe du nom, Seigneur de Duras, & de *Jeanne de la Lande*. Elle refta veuve, & fit fon teftament en 1522, par lequel elle élut fa fépulture dans la Chapelle de Notre-Dame d'Ornézan, jufqu'à ce que *Jean-Jacques de Durfort*, fon fils, eut l'âge de 25 ans, pour la faire tranfporter à la Madeleine de Duras auprès de *Jean de Durfort*, fon mari. Elle inftitua fon fils héritier, auquel elle fubftitua Arnaud de Foix, fon frère, à celui-ci Antoine de Foix, fon autre frère, & à ce dernier Bertrande de Foix, fa fœur, femme du Seigneur de Caumont;

10. Et Bertrande, mariée à *François de Caftelverdun*, Seigneur de Caumont.

Corbeyran de Foix eut encore pour fils naturel:

     Jean de Foix, nommé dans le teftament de *Jeanne de la Roque*, qu'elle fit fon exécuteur teftamentaire, & auquel elle légüa 200 écus.

XIII. Jean de Foix, IIIe du nom, Chévalier, Baron de Rabat, &c., eft qualifié de *Coufin* dans une lettre que lui écrivit de Touloufe Antoine de Bourbon, Roi de Navarre, le 2 Novembre 1555; dans une autre

de Henri, Roi de Navarre, depuis Roi de France, écrite de Touloufe le 18 Mars 1565; & dans une troifième de la Reine de Navarre, écrite de Paris le 20 Juin 1566, par laquelle elle lui donne commiffion de pacifier les troubles du Comté de Foix. Il époufa, par contrat paffé au Château de Montbrun en Foix, Diocèfe de Rieux, le 4 Novembre 1509, *Catherine de Villemur*, fille de *Gafpard*, Chevalier, Seigneur de Saint-Paul en Foix, dont:

1. Paul, marié fans enfans au Château de Faudoas, le 23 Janvier 1554, à *Madeleine de Rochechouart*, fille d'*Antoine*, Seigneur de Saint-Amand, Baron de Faudoas, Chevalier de l'Ordre du Roi, fon Lieutenant en Languedoc, Sénéchal de Touloufe & d'Albigeois, Capitaine de 50 Lances, & de *Catherine*, héritière de *Faudoas-Barbaçan*. Il vendit la terre de Monclar 10,000 écus au Seigneur de Cheverry en 1580, & mourut la même année;

2. Georges, qui fuit;

3. Rose, mariée au Château de Fornets, le 17 Février 1543, à *Roger-Bernard de Comminges*, fils de *François-Roger*, Vicomte de Bourniquel;

4. Et Gabrielle, qui eut en dot 14,000 liv. de fon père, moyennant une renonciation à tous les biens paternels du 26 Décembre 1547. Elle fut femme de *Gafton de Levis*, Vicomte de Léran, fils de *Germain de Levis* & de *Marie d'Aftarac*.

XIV. Georges de Foix, Chevalier de l'Ordre du Roi, Baron de Rabat, Vicomte de Maffac, Seigneur de Fornets, fuccéda à fon frère aîné. Le Roi Henri IV, & Catherine de Navarre, fa fœur, le traitent de *Coufin* dans leurs Lettres, & eurent une grande confiance en lui pour les affaires du Comté de Foix. Il époufa *Jeanne de Durfort*, fille de *Simphorien*, Seigneur de Duras, & de *Catherine de Gontaut*, fille de *Pons de Gontaut*, Baron de Biron, & de *Barbe de Cauchon-Maupas*, dont:

1. Henri-Gaston, qui fuit;

2. Phœbus, tué au fiège de Montalba en 1625, fuivant Imhoff;

3. Scipion, Baron de la Gardiole, qui fe noya fuivant Imhoff;

4. Jean-Roger, tige de la branche des Marquis de *Foix*, rapportée ci-après;

5. Jean-Georges, Baron de Rabat, marié à *Hippolyte d'Harnolac*, nièce d'*Antoine de Paule*, Grand-Maître de Malte. Imhoff lui

donne pour femme *Marthe de Malenfant*, fille d'*Etienne*, Seigneur de Preſſac ;

6. Et HENRIETTE, mariée, en 1613, à *Pierre-Béraud de Rochechouart-Barbaʒan*, Baron de Faudoas & de Montégut, fils de *Henri* & de *Suſanne de Montluc*.

XV. HENRI-GASTON DE FOIX, Comte de Rabat & de Maſſac, Seigneur de Fornets, &c. eut, le 18 Mai 1607, du Roi HENRI IV, un paſſeport pour aller en Italie & en Allemagne avec 10 hommes de ſa ſuite. Il y eſt dit qu'il avoit l'honneur d'appartenir à Sa Majeſté. Il aſſiſta au ſacré de Louis XIII le 17 Octobre 1610, & fut un des Barons députés pour aller chercher la Sainte-Ampoule. Louis XIV, encore mineur ſous la Régence de ſa mère, lui érigea la Baronnie de *Rabat* en *Comté*, en conſidération de *ce qu'il étoit venu de la grande & renommée lignée des Princes, Comtes de Foix, lui permettant & à tous ſes ſucceſſeurs de porter le titre de Comte*. Il eut de ſon épouſe, *Jeanne de Pardaillan*, fille d'*Antoine*, Seigneur de Gondrin, Chevalier des Ordres du Roi, Capitaine des Gardes-du-Corps, Lieutenant-Général en Guyenne & Navarre, & de *Marie du Maine*, ſa première femme :

1. JEAN-PIERRE-GASTON, qualifié Marquis de Fornets & de Caſtelnau, &c., marié, par contrat du 7 Septembre 1652, à *Marie-Guillaume de la Mothe*, Marquiſe de Caſtelnau en Bazadois, veuve alors pour la ſeconde fois, & qui, après la mort de ce troiſième époux, ſe remaria encore deux fois ;

2. FRANÇOIS-GASTON, qui ſuit ;

3. JACQUES, dit le Baron de Rabat, marié à *Iſabeau de Levis-de-Léran*, fille de *Jean-Claude* & d'*Angélique de Caſtelnau*, dont une fille unique alliée au *Baron de Pailleʒ*, de la Maiſon de Villemur ;

4. JEANNE, femme, par contrat du 28 Août 1640, de *Jean-François de Rochechouart*, Baron de Clermont & de Leſcure, fils aîné de *Jean-Louis* & de *Jeanne de Béon* ;

5. MARTHE, mariée à *Bernard de Béon*, Seigneur de Lamezan, morte ſans enfans ; ·

6. Et ANNE, Religieuſe.

XVI. FRANÇOIS-GASTON DE FOIX, dit le Vicomte de *Rabat*, depuis Comte de Foix, d'abord Chanoine honoraire au Chapitre abbatial de Foix, fut marié, 1º. le 17 Novembre 1654, à *Marie-Jacqueline d'Antiſt*, fille de feu *Gabriel d'Antiſt*, Seigneur de Manſan & de Saint-Plancard, & de *Marguerite de*

Mioſſens ; 2º à *Claude du Faur de Saint-Jory* ; & 3º. par contrat paſſé à Leſcurry en Bigorre le 13 Novembre 1692, à *Dorothée-Théodore de Poudenas-de-Villepinte*, fille de *Philippe Martin*, & de *Louiſe d'Aſter de Larbouſt*. Elle ſe remaria au Sieur *de la Roſière*, Écuyer, ci-devant Capitaine d'Infanterie, dont un fils & une fille. Il eut du premier lit :

1. ROGER-CHRISTIN, dit le Comte de Foix, âgé de 14 ans en 1681, mort ſans enfans ;

2. JEANNE-ROSE, âgée de 15 ans en 1681, femme de *Jean-Fançois de Caſtelnau*, & de la Loubère, laquelle plaida long-tems avec ſes ſœurs pour la ſucceſſion de ſa Maiſon, & obtint la jouiſſance du Marquiſat de Fornets & de la Vicomté de Maſſac, où eſt le Chapitre Collégial de Saint-Lizier de Conſerans. Elle eſt morte le 28 Février 1733, & a fait ſa légataire univerſelle la Marquiſe de Sabran, ſa ſœur conſanguine, au préjudice de ſa fille unique, mariée à un Préſident à Mortier du Parlement de Touloufe.

Du ſecond lit vinrent :

3. ANGÉLIQUE-CÉSARINE, femme de *François de Carbonnières*, Marquis de Capelle-Biron, morte le 15 Novembre 1755 dans ſon Château de la Capelle d'Agénois, âgé de 63 ans. Il ordonna par ſon teſtament que ſes biens, après la mort de ſon épouſe qui en avoit l'uſufruit, paſſeroient au Comte de Sabran, petit-fils de la Comteſſe de Sabran-Foix.

Et du troiſième lit il eut :

4. MADELEINE-LOUISE-CHARLOTTE, âgée de 21 ans en 1714, mariée, par contrat du 13, célébré le 18 Août même année, à *Jean-Honoré*, Marquis de *Sabran*, premier Chambellan de PHILIPPE, Duc d'Orléans, petit-fils de France, Régent du Royaume. Voyez SABRAN.

BRANCHE
des Marquis de FOIX.

XV. JEAN-ROGER DE FOIX, Vicomte de Rabat, Baron de la Gardiole, Baronnie des Etats en Languedoc, Seigneur de Canté, quatrième fils de GEORGES & de *Jeanne de Durfort-Duras*, tua en duel, en 1615, le Comte de *Launoy*. Il eut de grands procès avec ſon frère aîné, & épouſa *Thérèſe de Bertrand*, fille de *Jean*, Seigneur de Catouze, premier Préſident du Parlement de Touloufe, & de *Marie de Caſtelnau*, dont :

XVI. JEAN-ROGER, dit le Marquis DE FOIX, Baron de la Gardiole & de Canté, Gouverneur du pays de Foix, puis Capitaine des cent Suiffes de Philippe de France, Duc d'Orléans, frère unique de Louis XIV. Il époufa 1° *Catherine de Bertier*, fille de *Jean*, Seigneur de Montrabé, premier Préfident au Parlement de Touloufe, & de *Marie le Comte*, petite-fille de *Philippe de Bertier*, Préfident au même Parlement, & de *Catherine de Paule*, fœur du Grand-Maître de Malte, & fœur d'*Antoine de Bertier*, mort Evêque de Rieux en 1705; 2° *Anne de Murviel*, en Languedoc; & 3° fans enfans *Anne de Hinderfon*, Allemande, fille d'honneur d'*Elifabeth-Charlotte Palatine*, Ducheffe d'Orléans. Il eut du premier lit :

1. Elisabeth, mariée, par contrat du 19 Juillet 1691, à *Pierre de Montefquiou*, Seigneur du Faget au Diocèfe de Lavaur & d'Auriac, dont elle eft reftée veuve fans enfans;
2. Hippolyte, morte fans enfans de fon mariage avec *N... de Rochefort-Marquain*.

Et du fecond lit vinrent :

3. Roger, dit *le Marquis de Foix*, ci-devant Capitaine des cent Suiffes de Philippe de France, Duc d'Orléans, retiré du monde, & qui n'a point été marié;
4. Et Joseph, dit *le Chevalier de Foix*, auffi mort fans alliance.

BRANCHE des Seigneurs de Mardogne, *Vicomtes de* Conserans.

XII. Germain de Foix, Vicomte de Conferans, troifième fils de Jean, II° du nom, Seigneur de Rabat, & d'*Eléonore de Comminges*, eut de fa femme *Jeanne de Tinières*, Baronne de Mardogne, fille de *Jacques*, Seigneur dudit lieu :

1. Louis, qui fuit ;
2. Jean, dont la poftérité fera rapportée après celle de fon aîné;
3. Catherine, mariée à *Jean de Goth*, Seigneur de Rouillac;
4. Aimée, femme, en 1519, de *Jean-Claude d'Efpagne*, Seigneur de Parnaffac, fils de *Galobis d'Efpagne* & d'*Annette de Levis*; Et quatre autres filles, dont les noms font ignorés.

XIII. Louis de Foix, Baron de Mardogne, époufa, en 1521, *Gabrielle de Dienne*, veuve d'*Antoine*, Seigneur de *Peyre*, fille de *Guillot*, Seigneur de *Dienne* & de *Françoife de Seneret*, dont :

1. Joseph, qui fuit ;

2. Et Germaine, mariée, par contrat du 20 Février 1557, à *Michel d'Anjoni*, Seigneur dudit lieu, de Falcimagne & de Tournemire, fils de *Louis*, Seigneur d'*Anjoni* & de *Falcimagne*, & de *Louife d'Airal de Clénaillet*, dont les defcendans portent aujourd'hui le nom de Foix & la qualité de Marquis de Mardogne.

XIV. Joseph de Foix, Baron de Mardogne, Chevalier de l'Ordre du Roi, époufa *Françoife de Laftic*, fille de *Thibaud*, laquelle fe remaria à *Jean de la Guiche*, Seigneur de Bournoncle, dont :

Gabrielle de Foix, Baronne de Mardogne, mariée 1° à *François de Dienne*, Seigneur de Dienne & du Cheylard, Chevalier de l'Ordre du Roi, Bailli de la Haute-Auvergne, lequel tefta le 30 Mars 1591, & mourut fans enfans; & 2° en 1592, *Gabriel-Philibert d'Apchier*, Comte d'Apchier, qui fuivit le parti de la Ligue en 1594. Il fut bleffé à mort, entendant la meffe dans l'Eglife de Mende, par *Annet de Polignac*, Seigneur de Villefort. Il tefta le même jour 19 Janvier 1605, & mourut le 20, fans enfans.

XIII. Jean de Foix, Vicomte de Conferans, fecond fils de Germain & de *Jeanne de Tinières*, époufa *Conftance de Mauléon*, dont :

1. Jean-Paul, qui fuit ;
2. Et Jeanne, femme, par contrat du 26 Décembre 1656, de *François de Beauclair*, Seigneur de Marmanhac en Auvergne, Chevalier de l'Ordre du Roi, fils de *Louis de Beauclair*, Chevalier, Seigneur de la Voûte, Co-Seigneur de Marmanhac, & de *Jacquette Caiffac*.

XIV. Jean-Paul de Foix, Vicomte de Conferans, eut d'*Elifabeth Pélot* :

Françoife de Foix, Vicomteffe de Conferans, mariée, le 15 Juin 1688, à *François de Mauléon*, Seigneur de la Cour, frère de *Paul de Mauléon*, Baron de Durban, & fils de *François de Mauléon* & de *Françoife d'Ifalguier*. Il fut ftipulé, par leur contrat de mariage, que leurs defcendans porteroient le nom & les armes de Foix avec celles de Mauléon, & il en eft defcendu :

Claude-Françoise de Foix-de-Conserans-de-Mauléon, femme de *Jean-Baptifte de Jean*, Baron de Launac, Maître des Requêtes, & morte le 15 Octobre 1740, laiffant pour fille unique *Gabrielle-Elifabeth de Jean de Launac*, née le 11 Novembre 1690, mariée, dans l'Eglife de Saint-Barthélemy à Paris, le 11 Janvier 1715, avec *Louis-Denis Féderbe de Modave*, réfident pour le Roi auprès de la République du Valais, au pays des Suiffes, mort en 1728. Ce mariage fait avec une fille en puiffance de père & de mère, & fans leur confentement, fut attaqué par le père & la mère, & par la femme elle-même, accufant ledit *Modave* comme raviffeur & coupable de fuppofition de nom & de perfonne; mais le Parlement de Paris le confirma par fes Arrêts du 3 Février 1723 & 23 Juin 1725. De ce mariage eft iffue *Françoife-Elifabeth Féderbe de Modave*, née le 20 Octobre 1717, morte femme du 1er Octobre 1739, de *François-Alexandre*, Comte de *Polignac*, Chevalier de Saint-Louis, Maréchal-de-Camp, premier Ecuyer de feu M. le Comte de *Clermont*, Prince du Sang; il eft forti d'une branche de la Maifon de Polignac d'Auvergne, du furnom d'Ecoyeux & de Fontaines, établie depuis long-tems en Saintonge, dont des enfans. Voyez POLIGNAC, en Saintonge, & FÉDERBE DE MODAVE.

SECONDE RACE
des Comtes de Foix, *du nom de* GRAILLY.

* Cette Maifon a pris fon nom de la terre de *Grailly*, au pays de Gex, fur les bords du Lac de Genève. Les anciens Seigneurs de ce nom étoient auffi Barons de Rolle. Ils ont toujours tenu un rang très-confidérable, furtout depuis qu'ils fe font établis en Guyenne. Ils font parvenus à la Souveraineté du Comté de *Foix*, du Comté de Béarn, & du Royaume de Navarre, qui, étant tombé dans la Maifon d'*Albret*, a paffé dans celle de France. Guichenon en donne fuccintement les premiers degrés, dans la feconde partie de fon *Hiftoire de la Maifon de Savoie*, pag. 1287. Il commence par:

GÉRARD DE GRAILLY, Chevalier, qui poffédoit cette Terre en 1120. Il fut père de

JEAN, Seigneur DE GRAILLY, vivant en 1150, qui eut pour fils

Autre JEAN, Seigneur DE GRAILLY, lequel vivoit en 1194, d'où vint:

PIERRE, Seigneur DE GRAILLY & de Rolle, père de

JEAN, Sire DE GRAILLY, Sénéchal de Guyenne, par lequel, d'après les *Grands-Officiers de la Couronne*, tom. III, p. 367 & fuiv. nous allons commencer la généalogie de la feconde race des Comtes de Foix.

Tome VIII.

Un ancien Armorial du pays de Gex apprend que les Sires de GRAILLY, autrefois Barons de Rolle, portoient pour armes: *d'or, à la croix de fable, chargée de 5 coquilles d'argent;* & pour cimier, *un col d'Autruche auffi d'argent.*

I. JEAN, Sire DE GRAILLY, Ier du nom, au Bailliage de Gex, Chevalier, Vicomte de Benauges & de Châtillon, Seigneur de Gurçon, de Fleix, du Puy, de Chaylus, de Villagrand en Genévois, & de Rolle fur le lac de Genève, Sénéchal de Guyenne, fuivit toujours ouvertement les intérêts d'EDOUARD Ier, Roi d'Angleterre, fils aîné de HENRI III. Ce Prince lui donna, le 20 Mars 1261, les Terres de Bierre, de Scorbian & d'Artiges, à condition de l'hommage & d'une paire d'éperons dorés par an, le jour de Pâques. Suivant un acte du 27 Septembre 1280, il eut pour femme *Clairemonde de la Motte*, fille & héritière de *Gaillard de la Motte*, Seigneur de Landiras, dont:

1. PIERRE, qui fuit;
2. Et JEAN, qui tefta l'an 1303, & inftitua pour fes héritiers PIERRE DE GRAILLY, fon neveu, & CATHERINE, fa nièce.

II. PIERRE, Sire DE GRAILLY, qualifié Chevalier en 1288, fut un des Seigneurs choifis par le Roi d'Angleterre pour aller au-devant de la Princeffe de Salerne. La Roque, dans fon *Traité de la Nobleffe*, en parle à l'occafion de plufieurs privilèges que le Roi d'Angleterre lui accorda. Il époufa, en 1287, *Rubéa*, fille de *Bernard*, Comte d'*Aftarac*, & en eut:

1. PIERRE, qui fuit;
2. Et CATHERINE, inftituée héritière en partie, par le teftament de JEAN DE GRAILLY, Seigneur de Langon, fon oncle, après la mort duquel elle pofféda les Châtellenies de Gurçon & de Fleix, pour lefquelles elle rendit aveu avant l'an 1312, à EDOUARD, Roi d'Angleterre. Ces deux Terres font rentrées depuis dans la Maifon de GRAILLY, par la mort, fans enfans, de CATHERINE DE GRAILLY, qui tefta l'an 1313, & avoit époufé *Jourdain de l'Isle*, fecond fils de *Jourdain V*, & de *Guillemette de Durfort*, Dame de Clermont-Soubiran.

III. PIERRE, Seigneur DE GRAILLY, &c., IIe du nom, Captal de Buch, Chevalier de l'Ordre de la Jarretière, fuivit, comme fon père & fon aïeul, le parti des Anglois. Il fe trouva, en 1345, à la prife de Bergerac par les An-

K

glois, fous la conduite de *Henri*, Comte de Lancaftre. Il tefta en 1356, & donna à AR-CHAMBAUD DE GRAILLY, fon fecond fils, Caftillon & Gurçon, avec quelques autres Terres. Il époufa 1° *Affalide de Bordeaux*, Captale de Buch, qualité à laquelle font attachés des privilèges confidérables au Parlement de Bordeaux & dans la ville. Elle fut Dame du Puy-Paulin & de Caftelnau-de-Médoc, qui lui échurent par la mort de *Pierre*, fon frère, qui en avoit hérité d'un autre *Pierre*; leur père commun; & 2° en 1328, *Rofamburge de Périgord*, fille d'*Elie Talleyrand*, Comte de Périgord, & de BRUNISSENDE DE FOIX. Du premier lit vinrent:

1. JEAN, qui fuit;
2. BRUNISSENDE, mariée, en 1336, à *Bernard d'Albret*, Seigneur de Veyrès & de Verteuil;
3. JEANNE, alliée à *Senebrun de Lefparre*, en 1331.

Et du fecond lit:

4. ARCHAMBAUD, rapporté après fon frère aîné;
5. Et ROGETTE, feconde femme d'*Aimery III*, Seigneur *de la Rauchefoucauld*, fils de *Guy VII*, Seigneur du même lieu, & d'*Agnès de Culant*.

PIERRE, II° du nom, eut encore pour fils naturel
Bernard de Benauges.

IV. JEAN DE GRAILLY, II° du nom, Captal de Buch, Vicomte de Benauges & de Caftillon, Seigneur du Puy-Paulin & de Caftelnau-de-Médoc, tefta en 1343, & fut enterré dans l'Eglife des Cordeliers de Bordeaux. Il avoit époufé, en 1328, BLANCHE DE FOIX, fille de GASTON, Comte de Foix, & de *Jeanne d'Artois*, laquelle tefta en 1333. C'eft lui qui eft l'auteur de la feconde race des Comtes de Foix, par fa femme. Il portoit: *d'argent, à une croix de fable, chargée de 5 coquilles d'argent*, qui font les armes de la Maifon de GRAILLY, & fes defcendans les ont quittées pour prendre celles de Foix, écartelées de celles de Béarn. Il eut de fon mariage:

1. GASTON, Captal de Buch, mort fans enfans;
2. JEAN, qui fuit;
3. Et MARGUERITE.

V. JEAN DE GRAILLY, III° du nom, Captal de Buch, Chevalier de l'Ordre de la Jarretière, Comte de Bigorre par donation d'E-DOUARD III, Roi d'Angleterre, en 1339, fit le voyage de Pruffe avec GASTON-PHŒBUS, Comte DE FOIX, fon coufin germain, fe trouva à

la défaite de la Jacquerie à Meaux, en 1358, avoit fervi auparavant fous le Prince *de Galles*, à la bataille de Poitiers en 1356; mais il fut fait prifonnier avec ARCHAMBAUD DE GRAILLY, fon oncle, à celle de Cocherel, gagnée par Bertrand du Guefclin, en 1364. Il moyenna la paix entre CHARLES V & le Roi de Navarre, & fut fait une feconde fois prifonnier devant Soubife. Le Roi CHARLES V, n'ayant pas voulu le mettre en liberté, ni par rançon, ni par échange, s'il ne s'obligeoit à ne plus porter les armes contre la France, il refufa cette condition & refta prifonnier dans la Tour du Temple à Paris, où il mourut en 1376. CHARLES V lui fit faire de magnifiques funérailles dans l'Eglife Notre-Dame de Paris. Il avoit tefté en 1367, & n'eut point d'enfans de *Rofe d'Albret*, fille émancipée de *Bernard*, Sire d'*Albret*, qu'il avoit époufée au mois de Novembre 1350. Il inftitua ARCHAMBAUD DE GRAILLY, fon oncle, héritier en tous fes biens qu'il poffédoit en Guyenne, dans les Duchés & Comtés de Bourgogne & de Savoie. Son teftament contient pour 40 mille écus d'or de legs particuliers, & Froiffart parle de lui en plufieurs endroits. Il eut pour fils naturel

JEAN DE GRAILLY.

IV. ARCHAMBAUD DE GRAILLY, fils de PIERRE, II° du nom, & de *Rofamburge de Périgord*, fa feconde femme, s'attacha à la fortune de fon frère aîné & de fon neveu, qui fuivirent toujours le parti des Anglois & de CHARLES LE MAUVAIS, Roi de Navarre. Il eut le même fort qu'eux, comme on l'a dit ci-devant, à la bataille de Cocherel, & fut amené prifonnier, avec plufieurs Gafcons & Anglois, à Paris le 11 Décembre 1372. Il mourut en 1413, & avoit époufé, en 1381, par difpenfe du Pape, ISABELLE DE FOIX, fille de *Roger-Bernard*, Vicomte de Caftelbon, & de *Girarde de Navailles*, fœur de *Mathieu*, Comte *de Foix*, Vicomte de Béarn & de Caftelbon, dont il eut:

1. JEAN, qui fuit;
2. GASTON, auteur de la branche des Comtes de *Candale*, rapportée ci-après;
3. ARCHAMBAUD, Seigneur de Navailles, Confeiller, Chambellan du Roi & du Duc de Bourgogne. Il s'attacha particulièrement au fervice de ce dernier Prince, & fut en 1419, avec *Jean*, Duc de Bourgogne, fur le pont de Montereau-Faut-Yonne, après avoir fait toute la réfiftance d'un homme

de courage. Il s'étoit acquis le nom de *Che-*
valier fans peur. De *Sancie-Ximène de Ca-*
poice, fille du Comte de Modigo, qu'il avoit
époufée, il eut:

> ISABEAU DE FOIX, mariée, en 1427, à *Jean*,
> Vicomte *de Carmain*, Seigneur de St.-
> Félix, fils de *Hugues* & de *Béatrix de*
> *Perille*. Leurs enfans & poftérité pri-
> rent le nom de *Foix*.

4. MATHIEU, Comte de Commingés, qui fuivit le même parti qu'ARCHAMBAUD, fon frère, & fut attaché aux intérêts du Duc de
Bourgogne & du Roi d'Angleterre jufqu'à
la mort du Roi CHARLES VI, en 1422, que
le Roi CHARLES VII ayant rétabli fes affaires, il lui fit ferment de fidélité. Il mourut
fur la fin de 1453 ou au commencement de
l'année fuivante. Il avoit époufé, 1° le 15
Juillet 1419, *Marguerite*, Comteffe *de Com-*
minges, fa coufine au troifième degré, fille de
Pierre-Raymond, IIe du nom, & de
Jeanne de Comminges, veuve en premières
noces de *Jean III*, Comte *d'Armagnac*,
& en fecondes noces de *Jean d'Armagnac*,
IIe du nom, Vicomte de Fezenfaquet; &
2° *Catherine de Coaraze*, fille de *Raymond-*
Arnaud, Chevalier, Seigneur dudit lieu, laquelle refta veuve en 1453, avec trois filles,
favoir:

> JEANNE DE FOIX, femme, le 17 Juin 1460,
> de *Jean*, premier Comte *de Carmain*,
> fils de *Jean*. Elle mourut avant fon
> mari, & tefta en 1511. Il fe remaria à
> *Jeanne de la Tour de Boulogne;*
> MARGUERITE, qui époufa, par articles fi-
> gnés le 5 Novembre 1471, *Antoine de*
> *Bonneval*, Gouverneur du Haut & Bas-
> Limoufin;
> Et JEANNE, qui mourut jeune.

MATHIEU DE FOIX eut encore pour enfans
naturels :

> JEAN-BAPTISTE, Evêque d'Ax en 1460,
> puis de Comminges, où il mourut le
> 18 Octobre 1501, ayant fait le Chapitre
> de fa Cathédrale fon héritier; il étoit
> auffi Abbé de Saint-Savin-de-Lavedan;
> Et JEANNE DE FOIX, mariée, en 1410, à
> *Jean de Château-Verdun.*

5. PIERRE DE FOIX, dit *le Vieux*, qui prit l'habit de Religieux de l'Ordre de Saint-François à Morlaas. Il fut fait Evêque de Lefcar en 1405, de Comminges en 1426, Adminiftrateur de l'Archevêché de Bordeaux
en 1438, enfuite Archevêque d'Arles. Il
avoit été créé Cardinal, du titre de Saint-
Etienne *in monte Cœlio*, par l'anti-Pape
Benoît, l'an 1408, à l'âge de 22 ans. Il

fonda le Collège de Foix à Touloufe & l'U-
niverfité de cette ville, affifta au Concile de
Conftance, termina le Schifme, fit connoître le Pape MARTIN V, par le fecours de fes
frères, fut employé pour la réunion de l'E-
glife grecque, & envoyé Légat à Avignon,
où il mourut le 13 Décembre 1464, âgé de
78 ans. Il y fut enterré en habit de Cordelier au milieu du Chœur de l'Eglife des
Pères de fon Ordre, fuivant fa dernière volonté. Ce fut lui qui fit bâtir la maifon des
Céleftins d'Aragon, avec la Chapelle de
Saint-Jérôme.

Le P. Anfelme, dans le tom. IX, aux additions & corrections, pag. 415, donne encore un fixième fils à ARCHAMBAUD DE GRAILLY
favoir:

> JEAN DE GRAILLY, qui eut en partage la Terre
> de Caftillon & de Lavagnac, & eft auteur
> d'une branche qui portoit le nom de GRAIL-
> LY. Elle a formé fix degrés, lui compris.
> JEAN DE GRAILLY, auteur du fixième, Sei-
> gneur de Jalez, époufa *Blanche de Caftai-*
> *gné*, par contrat du 6 Janvier 1666, & en
> eut JACQUES DE GRAILLY, qui fervoit dans la
> Marine en 1682, & trois autres garçons.

V. JEAN, IIIe du nom, Comte DE FOIX &
de Bigorre, Vicomte de Béarn & de Villemur, par acquifition, fut Comte de Bigorre,
par traité paffé en 1415, avec *Bernard VII*,
Comte *d'Armagnac*, eut le Gouvernement
de Dauphiné en 1416, enfuite celui du Languedoc en 1434; appaifa les habitans d'Avignon qui s'étoient révoltés contre le Pape, &
mourut à Mazères en 1436, fort regretté. Ce
fut lui qui fit battre à Pamiers une Monnoie,
appelée *les Guilhems*. Le Roi, mécontent de
cette entreprife, lui pardonna cependant. Il
avoit époufé, 1° en 1413, JEANNE DE NAVARRE,
fille aînée de CHARLES III, Roi de Navarre, &
d'*Eléonore de Caftille*, morte fans enfans en
1420; 2° en 1422, *Jeanne d'Albret*, fille de
Charles Ier, Sire *d'Albret*, Connétable de
France, & de *Marie de Sully de Craon*; &
3° en 1436, *Jeanne d'Aragon*, fille de *Jac-*
ques II, Comte d'Urgel, fils de *Pierre*, & de
Marguerite de Montferrat. Elle ne fut qu'un
mois avec fon mari, & fe remaria à *Jean-*
Raymond, créé premier Duc de Cardonne &
Connétable d'Aragon, dont elle eut poftérité.
Du fecond lit vinrent :

> 1. GASTON, qui fuit;
> 2. Et PIERRE, Vicomte de *Lautrec*, tige de la
> branche des Vicomtes de ce nom, rappor-
> tée ci-après.

K ij

JEAN, IIIᵉ du nom, Comte DE FOIX, eut encore pour fils naturels:

BERNARD DE BÉARN, auteur des Seigneurs de *Gerdereft*, éteints;

Et PIERRE DE BÉARN, Abbé de Saint-Pierre de Bordeaux.

VI. GASTON, Comte DE FOIX & de Bigorre, Pair de France, Vicomte de Béarn, fit hommage au Roi le 2 Avril 1442, des Comtés de Foix & de Bigorre, & des Vicomtés de Nébouzan, de Villemur & de Lautrec: il le renouvéla au Roi LOUIS XI, le 30 Décembre 1461. Il accompagna le Roi CHARLES VII à la prife de Tartas, en 1442, prit enfuite, en 1449, la Fortereffe de Mauléon, la ville de Saint-Sever & l'Isle-en-Dodon, fut Lieutenant de l'Armée du Roi en Guyenne, commandée par le Comte de Dunois, avec laquelle ils prirent les villes d'Ax, Bordeaux & Bayonne, en 1453. Il s'acquit beaucoup de gloire à la bataille de Caftillon, gagnée fur les Anglois, où le Général Talbot, & fon fils furent tués, après quoi il fe rendit Maître des Châteaux de Médoc & de Cadillac; Gaillardet, qui commandoit dans cette place, fut pendu pour avoir voulu affaffiner le Comte de Foix, fous prétexte de parlementer avec lui. Il tefta à Roncevaux, le 21 Juillet 1472, où il mourut, âgé d'environ 50 ans, & fut enterré dans l'Eglife des Jacobins d'Orthez. Il avoit époufé, par contrat du 22 Décembre 1434, ELÉONORE DE NAVARRE & d'Aragon, fille de JEAN II, Roi d'Aragon, & de BLANCHE, Reine de Navarre, fa feconde femme, laquelle fut couronnée Reine de Navarre, deux jours après le décès de fon père, auquel elle n'a furvécu que 24 jours. Par fon teftament du 10 Février 1479, elle défigna FRANçOIS-PHŒBUS DE FOIX, fon petit-fils, pour fucceffeur à la Couronne de Navarre, & mourut à Tudelle le 12 du même mois. Elle fut enterrée à Tafalla dans l'Eglife des Cordeliers, fuivant fa dernière volonté. De ce mariage vinrent:

1. GASTON, qui fuit;
2. JEAN, auteur de la branche des Vicomtes de *Narbonne*, rapportée ci-après;
3. PIERRE, né à Pau le 7 Février 1449, Protonotaire Apoftolique en 1473, Abbé de Saint-Mélaine de Rennes, puis élu Evêque de Vannes, ayant l'adminiftration de l'Evêché d'Aire, & créé Cardinal du titre de Saint-Côme & de Saint-Damien, le 18 Décembre 1476. Ayant pacifié les troubles de Bretagne & de Navarre, il fut appelé à Rome en 1487, par le Pape INNOCENT VII, pour appaifer ceux de Naples, où il mourut dans le Palais des Urfins, le 10 Août 1490; il fut enterré dans l'Eglife de Sainte-Marie del Populo des Auguftins de Lombardie. Il avoit été Cordelier comme fon oncle;

4. JACQUES, dit l'*Infant de Navarre*, Chevalier de l'Ordre de Saint-Michel, Comte de Montfort, lequel fervit le Roi LOUIS XII aux guerres d'Italie, affifta à un Tournois qui fe fit à Lyon, le 22 Mai 1500, & fe trouva à l'entreprife de l'Isle de Metelin la même année. Il mourut en France au retour de ce voyage, fans avoir été marié, à l'âge de 30 ans, laiffant deux fils naturels, favoir:

   JACQUES DE FOIX, Abbé de Saint-Volufien & de la Règle, Gouverneur de Béarn & de la Baffe-Navarre, Chevalier de HENRI, Roi de Navarre, & Evêque de Lefcar: il vivoit encore en 1553;

   Et FRÉDÉRIC, Seigneur d'Almenèches en Normandie, par donation du Roi de Navarre, fon coufin, marié à *Françoife de Silly*, fille de *François*, Seigneur de Longraye: il mourut en 1537; fa veuve fe remaria à *Jean de Bourbon*, Vicomte de Lavedan. Il en avoit eu:

   JEANNE, Dame d'Almenèches, femme d'*Armand de Gontaut*, Seigneur de Badefols.

5. MARIE, femme, en 1466, de *Guillaume VI*, Marquis *de Montferrat*;
6. JEANNE, mariée, le 31 Août 1468, à *Jean V*, Comte d'*Armagnac*;
7. MARGUERITE, mariée à Cliffon, le 27 Juin 1471, avec *François II*, Duc *de Bretagne*; elle mourut à Nantes, le 15 Mai 1487, & fut enterrée dans l'Eglife des Carmes. Elle fut mère d'*Anne*, Ducheffe *de Bretagne*, femme des Rois CHARLES VIII & LOUIS XII;
8. CATHERINE, alliée, en 1469, à JEAN DE FOIX, IIᵉ du nom, dit GASTON, Comte de Candale, fon coufin;
9. Et ELÉONORE, promife en mariage au Duc de Medina-Celi, & morte jeune avant l'accompliffement de cette alliance.

GASTON DE FOIX eut encore une fille naturelle:

JEANNE DE BÉARN, mariée en 1479, à *Jean d'Aure*, Vicomte d'After.

VII. GASTON DE FOIX, IIᵉ du nom de cette feconde race, Prince de Viane, Vicomte de Caftelbon, Chevalier de l'Ordre du Roi, accompagna CHARLES DE FRANCE, Duc de Guyenne, son beau-frère, lorsqu'il prit possession de ce Duché, & s'étant trouvé à Libourne, près de Bordeaux, dans un tournoi, il y fut blessé d'un éclat de lance, dont il mourut le 23 Novembre 1470, âgé de 27 ans, & fort regretté. Son corps fut inhumé dans l'Eglise Cathédrale de Saint-André de Bordeaux. Il avoit épousé, par contrat passé à Lescar, le 4 Janvier 1461, ratifié à Saint-Jean-d'Angély, le 1er Février, & accompli le 7 Mars suivant, MADELEINE DE FRANCE, sœur puînée du Roi LOUIS XI. Ce Monarque promit à sa sœur, en faveur de ce mariage, cent mille écus d'or, payables en plusieurs termes, non sujets à restitution. Elle fut nommée tutrice de ses enfans, le 26 Février 1462; fit en même tems serment de fidélité, pour FRANÇOIS-PHŒBUS, son fils, & rendit hommage au Roi des Comtés de Foix & de Bigorre, & des Vicomtés & Seigneuries de Marsan, de Gavaudun, de Nébouzan, &c., en présence des Seigneurs de Rabat, de Saint-Paul, de Rochefort, de l'Evêque de Tarbes, du Seigneur de Lavedan & autres députés des trois Etats du pays, à condition que FRANÇOIS-PHŒBUS étant parvenu en âge, le feroit en personne. Elle donna, le 18 Janvier 1485, quittance à Jean Briçonnet, Receveur-Général des Finances, de 7000 livres pour sa pension de cette année. Elle mourut à Pampelune en 1486, & fut enterrée dans la Chapelle des Rois, de l'Eglise Cathédrale de cette Ville. De ce mariage vinrent:

1. FRANÇOIS-PHŒBUS, qui suit;
2. Et CATHERINE, rapportée après son frère.

VIII. FRANÇOIS-PHŒBUS DE FOIX, Roi de Navarre, Duc de Nemours, Comte de Foix, de Bigorre, Vicomte de Béarn, Pair de France, né environ l'an 1468, hérita du Royaume de Navarre n'étant âgé que de 12 ans, & resta sous la tutelle & la Régence de sa mère jusqu'en 1472. Il eut, au commencement de son règne, de grandes difficultés à se faire obéir à cause des factions des Maisons de Beaumont & de Gramont, qui troubloient alors la Navarre. PIERRE, son oncle, Cardinal DE FOIX, s'employa pour empêcher ces désordres; & ayant assemblé les Etats à Tafalla, il y travailla si utilement à la réunion des Ligués, que les deux chefs de parti communièrent d'une même Hostie dans le Monastère de St.-

Sébastien. Après cette réconciliation, FRANÇOIS-PHŒBUS fut couronné Roi de Navarre à Pampelune, le 3 Novembre 1481, & y fit son entrée solennelle le 9 Décembre suivant. Il décéda à Pau le 29 Janvier 1482, avant Pâques, ayant été empoisonné avec une Flute, de laquelle voulant jouer, il fut saisi d'un mal si violent qu'il en mourut aussitôt. Il avoit fait son testament en faveur de sa sœur, qui suit, & fut enterré dans l'Eglise Cathédrale de Sainte-Marie de Lescar. Il portoit pour armes: écartelé, aux 1 & 4 DE NAVARRE; au 2 DE FOIX; & au 3 DE BÉARN.

VIII. CATHERINE DE FOIX, Reine de Navarre, Duchesse de Gandie, de Nemours & de Pénafiel, Comtesse de Foix, de Bigorre & de Ribagorça, Dame de Béarn, &c., succéda à la Couronne de Navarre après la mort de son frère & à ses autres Seigneuries. Elle fut reconnue par les Etats des Comtés de Foix & Bigorre, & du pays de Béarn, pour cette qualité, en 1482 avant Pâques. Deux ans après, elle épousa, par contrat passé à Orthez, au mois de Janvier 1484, Jean d'Albret, Comte de Penthièvre & de Périgord, Vicomte de Limoges, fils d'Alain, Sire d'Albret. Elle fut couronnée à Pampelune avec son mari, le 10 Janvier 1494, & fut injustement dépossédée de son Royaume, le 25 Juillet 1512, par FERDINAND V, dit le Catholique, Roi d'Aragon, sous prétexte qu'elle & son mari avoient favorisé le Roi de France. Elle mourut accablée de tristesse, à Mont-de-Marsan, le 12 Février 1517, âgée de 47 ans, & fut enterrée à Lescar. De ce mariage vinrent:

1. HENRI D'ALBRET, Roi de Navarre, Prince de Béarn, Comte de Foix & de Bigorre, né à Sanguesa en Avril 1503, marié, en 1527, à MARGUERITE D'ORLÉANS, sœur unique du Roi FRANÇOIS Ier, morte à Hagetmau en Béarn, le 25 Mai 1555, & enterrée dans l'Eglise de Lescar, dont pour fille unique:

   JEANNE D'ALBRET, Reine de Navarre, femme d'Antoine de Bourbon, Duc de Vendôme & Roi de Navarre. De cette alliance vint:

   HENRI IV, Roi de France & de Navarre.

2. CHARLES D'ALBRET, mort au siège de Naples en 1528;
3. ANNE, fiancée à Charles de Foix, Comte de Candale, mort au siège de Naples;
4. Et ISABELLE, mariée à René, Vicomte de Rohan.

BRANCHE
des Vicomtes DE NARBONNE.

VII. JEAN DE FOIX, Vicomte de Narbonne, puis d'Eſtampes, en 1478, Comte de Pardiac, Chevalier de l'Ordre du Roi, Gouverneur du Milanois & du Dauphiné, appelé *Monſieur de Foix*, ſecond fils de GASTON DE FOIX, Ier du nom de cette ſeconde race, & d'*Éléonore d'Aragon*, fit hommage, le 27 Mai 1478, au Roi Louis XI, de ſon Comté d'Eſtampes, duquel ce Prince lui avoit fait don. Il excita de grands troubles dans le Béarn, après la mort de ſon neveu en 1483, prétendant ſuccéder à la Couronne de Navarre, à la Souveraineté de Béarn, & aux Comtés de Foix & de Bigorre; mais il s'accommoda avec ſa nièce, par une tranſaction paſſée à Tarbes, le 7 Septembre 1497, moyennant une penſion de 4000 livres. Il accompagna CHARLES VIII à la conquête du Royaume de Naples, ſe diſtingua à la journée de Fornoue, le 6 Juillet 1495; repréſenta le Comte de Touloufe à Reims au Sacre du Roi Louis XII, en 1498; fut pourvu du Gouvernement du Dauphiné, le 27 Juillet de la même année; teſta à Orléans le 27 Octobre 1500, mourut peu de tems après, & fut enterré dans l'Egliſe Collégiale d'Eſtampes. Il avoit épouſé *Marie d'Orléans*, qui mourut à Mazères en 1593, & y fut enterrée dans l'Egliſe Paroiſſiale. Elle étoit fille aînée de *Charles*, Duc d'Orléans & de Milan, & de *Marie de Clèves*, ſa troiſième femme, & ſœur du Roi Louis XII. Leurs enfans furent:

1. GASTON, qui ſuit;
2. Et GERMAINE, mariée, 1º le 18 Mars 1500, à FERDINAND V, Roi d'Aragon, dit *le Catholique*; 2º en 1519, à *Jean*, Marquis de *Brandebourg-Anſpach*, Gouverneur de Valence; & 3º à *Ferdinand d'Aragon*, Duc de Calabre, Prince de Tarente, & Chevalier de la Toiſon-d'Or. Elle mourut à Valence le 18 Octobre 1538.

VIII. GASTON DE FOIX, IIIᵉ du nom, Duc de Nemours, Pair de France, Comte d'Eſtampes & de Beaufort, Vicomte de Narbonne, Chevalier de l'Ordre du Roi, Gouverneur du Dauphiné & du Milanois, né à Mazères le 10 Décembre 1489, porta, après la mort de ſon père, le titre de Comte de Foix, Roi de Navarre, puis celui de Duc de Nemours, Pair de France par l'échange qu'il fit avec le Roi du Comté de Beaufort, & de la Seigneurie de Coulommiers, pour ce Duché, le 19 No-

vembre 1507, regiſtré au Parlement où il fut reçu, & prêta ſerment de Pair la même année. Il fit ſes premières armes en Italie, dont il fut la terreur, ſuivit le Roi Louis XII à ſon expédition de Génes en 1507, ſervit dans l'avant-garde à la bataille d'Aignadel le 14 Mai 1509; eut grande part à la réduction de Bologne, & à la priſe de Legnano en 1510; fut fait enſuite Gouverneur du Milanois, & Général de l'armée du Roi; marcha contre les Suiſſes, & les chargeant vigoureuſement, les obligea de retourner dans leur pays; après leur défaite, délivra Bologne aſſiégé par Raymond de Cardonne, Vice-Roi de Naples; & s'avançant vers Breſſe, il défit en chemin, près de Vérone, Paul Bailloni, Général des troupes Vénitiennes, & ſe rendit maître du Château & de la Ville de Breſſe: s'étant enfin approché de Ravenne, il y remporta une fameuſe victoire; mais comme il pourſuivoit trop vivement les Eſpagnols, il y reçut quatre bleſſures, dont il mourut le 11 Avril, Fête de Pâques 1512, fort regretté du Roi Louis XII, ſon oncle, & des gens de guerre. Son corps fut porté en triomphe à Milan, & enterré avec pompe dans le Dôme le 26 du même mois, ſous un ſuperbe tombeau que le Cardinal de Sion fit abattre depuis. Voyez ſa vie écrite par Pierre de Bourdeille, Abbé de Brantôme, & celle du Chevalier Bayard.

Les Vicomtes de Narbonne portoient: *écartelé, aux 1 & 4 DE FOIX; & aux 2 & 3 DE BÉARN.*

BRANCHE
des Vicomtes de LAUTREC.

VI. PIERRE DE FOIX, Vicomte de Lautrec & de Villemur, ſecond fils de JEAN, Comte de Foix, & de *Jeanne d'Albret*, ſa ſeconde femme, eut en partage les Vicomtés de Lautrec & de Villemur, par le teſtament de ſon père. Il ſervit à la priſe de Mauléon & au ſiège d'Acq en 1451, ſeconda la même année Jean, bâtard d'Orléans, Comte de Dunois, à l'entrée qu'il fit dans Bordeaux; ſe ſignala au ſiège de Bayonne & à celui de Cadillac en 1453, mourut à Bridère au mois de Septembre 1454, fort regretté de toute la Cour. Il avoit épouſé, le 23 Juillet 1449, *Catherine d'Aſtarac*, fille aînée de *Jean*, IIᵉ du nom, & de *Jeanne de Barbazan*, ſa première femme, dont:

1. JEAN, qui ſuit;

2. Et MADELEINE, Dame de Castillon en Médoc.

VII. JEAN DE FOIX, Vicomte de Lautrec & de Villemur, né posthume, fut pourvu du Gouvernement de Dauphiné par le Roi CHARLES VIII, & y fut confirmé par LOUIS XII. Il épousa *Jeanne d'Aydie*, fille aînée & héritière d'*Odet d'Aydie*, Comte de Comminges, Vicomte de Fronsac, Seigneur de Castillon, de Coutras, Lesparre & Lescun, Sénéchal, Gouverneur & Amiral de Guyenne, & de *Marie de Lescun*, dont :

1. ODET, qui suit ;
2. THOMAS, Seigneur de Lescun, Chevalier de l'Ordre du Roi, destiné dans sa jeunesse à l'état Eccléfiastique, qu'il quitta pour embrasser le parti des armes. Il accompagna le Roi FRANÇOIS Ier à la conquête du Duché de Milan en 1515, assista le Pape LÉON X à la réduction du Duché d'Urbin en 1516, fut fait Maréchal de France avant 1521, fut blessé au visage, & eut un cheval tué sous lui au combat de la Bicoque le 27 Avril 1522, perdit l'Etat de Milan par son avarice & ses concussions, se retira à Crémone où il fut assiégé, & rendit la place par une capitulation qui ne lui fit point d'honneur. Il se comporta, depuis, vaillamment à la journée de Pavie, y fut fait prisonnier & blessé d'une arquebusade, dont il mourut le 3 Mars 1524, sans avoir été marié ;
3. ANDRÉ, Seigneur de Lesparre, Comte de Montfort, Vicomte de Villemur & de Castillon, Chevalier de l'Ordre du Roi, qui se trouva à la réduction de Gênes en 1507, fut Lieutenant-Général au Gouvernement de Vivienne en 1519 ; commanda, depuis, une Armée pour le recouvrement de la Navarre sur les Espagnols ; se rendit maître de Pampelune le 17 Mai 1521 ; y fit son entrée le 20 suivant, & réduisit toute la Navarre à l'obéissance du Roi HENRI D'ALBRET. Il perdit ensuite cette conquête en un jour par la bataille qu'il livra aux Espagnols près de Pampelune, où il fut fait prisonnier après avoir perdu la vue des coups qu'il reçut sur son casque, & mourut au Château de Brénezay en Loudunois en 1547, sans postérité de son mariage avec *Françoise du Bouchet*, fille de *Charles*, Baron de Sainte-Gemme, & de *Madeleine de Fonsèque*. Elle se remaria à *François de la Trémoïlle*, Comte de Bénajon, Baron de Montaigut ;
4. Et FRANÇOISE, Maîtresse du Roi FRANÇOIS Ier, quoique mariée à *Jean de Laval*, Seigneur de Châteaubriant, Chevalier de l'Ordre du Roi, & Gouverneur de Bretagne, morte le 16 Octobre 1537, & enterrée dans l'Eglise des Mathurins de Châteaubriant, où se voit son épitaphe.

Il y a un bâtard de Lautrec mentionné dans les mémoriaux de la Chambre des Comptes de Paris, comme Pensionnaire du Roi à 500 livres par an, l'an 1517 ; ce qui fait croire qu'il étoit fils naturel de JEAN DE FOIX, Vicomte de Lautrec.

VIII. ODET DE FOIX, Comte de Comminges, Vicomte de Lautrec, Chevalier de l'Ordre du Roi, Gouverneur & Amiral de Guyenne, Maréchal de France, Lieutenant-Général des Armées du Roi en Italie, se trouva à l'entrée que le Roi LOUIS XII fit en armes dans la ville de Gênes le 28 Avril 1507, fut dangereusement blessé en 1512 à la bataille de Ravenne, où il donna des marques de son courage, & servit au recouvrement du Duché de Milan. L'Histoire de cette conquête lui donne la qualité de Maréchal de France en 1515. FRANÇOIS Ier lui en donna le Gouvernement. Il prit Bresse & Vérone, fit lever le siège de Parme en 1521, & l'année suivante il fut défait au combat de la Bicoque. La perte du Milanois lui ayant été imputée, il se retira en Guyenne dans l'un de ses Châteaux, d'où il fut rappelé quelques années après, & fut nommé Lieutenant-Général de l'Armée de la grande ligue, qui se forma en Italie contre l'Empereur CHARLES-QUINT. Il marcha contre Pavie qu'il emporta d'assaut, la mit au pillage, & alla mettre le siège devant Naples le Ier Mai 1528, où il mourut le 15 Août suivant, de la maladie qui étoit dans son camp, avec la réputation d'un des plus vaillans hommes de son siècle. Le Duc de Sesse, 28 ans après sa mort, lui fit élever un superbe mausolée de marbre dans la Chapelle de Gonsalve de Cordoue de l'Eglise de Sainte-Marie-la-Neuve de Naples. Il avoit épousé *Charlotte d'Albret*, troisième fille de *Jean d'Albret*, Sire d'Orval, Gouverneur de Champagne & de Brie, & de *Charlotte de Bourgogne*, Comtesse de Nevers & de Réthel, dont :

1. GASTON, mort jeune ;
2. HENRI, mort le 20 Septembre 1540, après avoir fait son testament le Ier Août précédent à Evreux, par lequel il nomme ses exécuteurs testamentaires le Cardinal *de Tournon*, *Menaut de la Marthonie*, Evêque de Conserans, & *Jean de Laval*, Seigneur de Châteaubriant, son oncle, & le premier Président du Parlement de Paris ;

3. François, mort en bas âge ;

4. Et Claude, mariée, 1° fans enfans, à *Guy de Laval*; 2°. à *Charles de Luxembourg*, Vicomte de Martigues, & morte en couches en 1553, laiſſant un fils, *Henri de Luxembourg*, mort en bas âge.

Pierre de Foix, premier Vicomte de Lautrec, portoit pour armes : *écartelé de* Foix & *de* Béarn; & *ſur le tout* de Bigorre; *qui eſt : d'or, à* 2 *lions paſſans de gueules.* Odet, ſon petit-fils, dernier Vicomte de Lautrec, portoit : *écartelé, aux* 1 & 4 de Foix; *au* 2 de Béarn; & *au* 3 de Commingés.

Comtes de Benauges, de Candale, d'Astarac, &c.

V. Gaston de Foix, Ier du nom de ſa branche, Captal de Buch, Comte de Benauges & de Longueville, Seigneur de Gurſon, de Grailly, Villagrand, de Rolle & de Meilles, ſecond fils d'Archambaud de Grailly, Vicomte de Benauges, & d'Isabelle, Comteſſe de Foix, eut en partage tous les biens de la Maiſon de Grailly ſitués en Guyenne, Bourgogne, dans le pays de Gex & Savoie, que poſſédoit ſon père avant qu'il fut Comte de Foix. Il ſuivit toute ſa vie le parti du Roi d'Angleterre, à cauſe des biens qu'il avoit en Guyenne. Il fut Chevalier de l'Ordre de la Jarretière, & épouſa, au nom de Henri IV, Roi d'Angleterre, Catherine de France, fille du Roi Charles VI, & il reçut en don du Roi d'Angleterre, en 1421, le Comté de Longueville en Normandie, duquel il lui rendit aveu les 15 Mars 1428, & 13 Août 1432; mais ce Comté lui fut ôté par le Roi Charles VII, qui le donna au Comte de Dunois. Il acquit la Baronnie de Doazit, par un échange qu'il fit, en 1439, avec noble homme Louis d'Epoys. Il ſe diſtingua à la bataille d'Azincourt en 1415; & foutint la fortune des Anglois, en Normandie & en Guyenne, avec tant de zèle, que voyant leurs affaires ruinées par la réduction de la ville de Bordeaux, il aima mieux ſe bannir de ſon pays que de demeurer ſoumis à une autre puiſſance ; & pour cet effet ne voulant point être compris dans le traité, il vendit à Gaston, Comte de Foix, ſon neveu, & au Comte de Dunois, par contrat du 20 Juin 1451, pour 84000 écus toutes les terres qu'il poſſédoit en Guyenne, & ſe retira dans la petite ville de Meilles en Aragon, où il mourut. Il avoit pour deviſe : *Qui*

m'aimera, je l'aimerai. Il avoit épouſé *Marie d'Albret*, fille d'*Arnaud Amanjeu*, Sire d'Albret, Vicomte de Tartas, & de Marguerite de Bourbon, ſœur de Jeanne, femme du Roi Charles V. Elle teſta & mourut à Bordeaux en 1453. Elle eut de ſon mariage :

1. Jean, qui ſuit;

2. Isabelle, femme de *Jacques*, Sire *de Pons*, Vicomte de Turenne, ſur lequel la Seigneurie de Pons fut confiſquée pour pluſieurs crimes, & unie à la Couronne par Arrêt du mois de Janvier 1451;

3. Et Agnès, mariée à *Pey Poton de Lamenſan.*

Gaston de Foix, Captal de Buch, eut encore quatre enfans naturels, ſavoir :

Gaston de Béarn, Abbé de Belleperche, Doyen de Cadillac;

Jeannette de Béarn, mariée, en 1435, à *Jeannot de Montferrand;*

Marguerite de Béarn, alliée, en 1418, à *Pierre d'Anglade*, Chevalier ;

Et Jeanne de Béarn, épouſe, en 1452, *de Raymond Amanjeu.*

Gaston de Foix portoit pour armes : *écartelé, aux* 1 & 4 de Foix; *aux* 2 & 3 de Béarn; *briſé ſur le tout d'un lambel à 5 pendans de ſable, chargés chacun de 5 coquilles d'argent.*

VI. Jean de Foix, Comte de Candale & de Benauges, Captal de Buch, Vicomte de Meilles & de Caſtillon, Chevalier de l'Ordre de la Jarretière, ſuivit le même parti que ſon père, & fut fait priſonnier à la bataille de Caſtillon gagnée ſur le Général Talbot, qui y fut tué en 1453. Il retourna enſuite en Angleterre, du conſentement du Roi Charles VII, laiſſant Gaston de Foix, ſon fils aîné, en France, ſous la conduite de Gaston de Foix, ſon couſin, juſqu'à ce qu'il fût en âge de choiſir ſon établiſſement en France ou en Angleterre ; mais Henri VI, auquel il étoit attaché, ayant été privé de la Couronne d'Angleterre par Edouard IV, & la maiſon de *Suffolk*, dont il avoit épouſé l'héritière, ayant été preſque détruite par les guerres civiles, il revint en France, racheta, en 1461, les Terres que ſon père avoit vendues aux Comtes de Foix & de Dunois, & traita avec le Roi Louis XI, le 17 Mai 1462, ſous l'obéiſſance duquel il ſe mit, du conſentement de Henri VI, Roi d'Angleterre : ce traité, par lequel il fut maintenu dans la paiſible poſſeſſion de toutes les Terres que son père & lui possé-doient dans les Duchés de Guyenne & pays de Gascogne, & nommément de la Baronnie de Doazit, fut enregistré au Parlement de Bordeaux le 18 Mars 1477, & vérifié en la Chambre des Comptes à Paris, après sa mort, le 4 Mai 1478. Il mourut environ l'an 1485, & fut enterré dans l'Eglise de Castelnau-de-Médoc. Il avoit épousé *Marguerite de la Pole-Suffolk*, Comtesse de Candale en An-gleterre, fille de *Richard*, Duc de Suffolk, & de *Marie*, dite *de Sicile*. Elle étoit issue d'E-douard Ier, Roi d'Angleterre, & portoit pour armes : *d'azur, à la fasce d'or, accompagnée de 3 têtes de léopard, coupées & écartelées d'azur, à la bande d'argent, chargée de trois vols de sable liés de gueules.* De ce mariage vinrent :

1. GASTON, qui suit ;
2. JEAN, auteur de la branche des Ducs de *Randan*, rapporté ci-après ;
3. CATHERINE, mariée, le 26 Novembre 1468, à *Charles*, Comte d'*Armagnac*, fils de *Jean IV*, Comte d'*Armagnac* & d'*Isabelle de Navarre* ;
4. Et MARGUERITE, alliée à *Louis II*, Marquis de *Saluces*.

JEAN DE FOIX eut encore pour fille natu-relle :

ISABELLE DE CANDALE.

XVII. GASTON DE FOIX, IIe du nom, succéda à son père dans la possession de la Baronnie de *Doazit*, Comte de Candale, de Benauges, Captal de Buch, élevé dans la Maison de GASTON, Comte DE FOIX, Lieutenant-Géné-ral au Gouvernement de Guyenne, sous *Pierre de Bourbon*, Sire de Beaujeu, en 1487, fonda en 1490 le Chapitre de Cadillac, testa le 25 Mars 1500, & fit la Reine ANNE DE BRETA-GNE, son exécutrice ; par ce testament il insti-tua son fils aîné du premier lit son principal héritier, & affecta, entr'autres biens, la Terre de *Doazit*, pour ses enfans du second lit. Il avoit épousé, 1º en 1469, CATHERINE DE FOIX, Infante de Navarre, fille puînée de GASTON IV, Comte de Foix, & d'ELÉONORE D'ARAGON, Reine de Navarre ; & 2º le 30 Janvier 1494, *Isabelle d'Albret*, fille d'*Alain*, Sire d'Albret, Comte de Dreux, &c., & de *Françoise de Blois*, dite de Bretagne. Par ce second ma-riage, GASTON DE FOIX renonça au titre de Captal de Buch, que la Maison d'*Albret* avoit pris depuis la mort de *Jean de Grailly*,

époux de *Rose d'Albret*. Du premier lit vin-rent :

1. GASTON, qui suit ;
2. JEAN, lequel n'avoit que 18 ans lorsqu'il fut élu Archevêque de Bordeaux en 1501, à la prière de LOUIS XII, II mourut le 25 Juin 1529, & fut enterré dans l'Eglise des Car-mes de Langon ;
3. PIERRE, Baron de Langon, Seigneur du Pont par sa femme *Louise de Pont*, fille de *Borion*, Seigneur du Pont-l'Abbé & de Rostrenen, mort sans enfans ;
4. ANNE, mariée à Bude, le 6 Mars 1502, à LADISLAS DE POLOGNE, Roi de Bohême & de Hongrie, surnommé *le Bon*, fils aîné de CASIMIR, IVe du nom, Roi de Pologne, & d'ELISABETH D'AUTRICHE.

Et du second lit il eut :

5. ALAIN, Chevalier, Vicomte de Castillon, maintenu, le 23 Juin 1526, avec sa femme *Françoise de Montpezat*, par Arrêt du Par-lement de Bordeaux, dans la possession des biens de *Guy de Montpezat*, son beau-père. Il eut de son mariage :

    GASTON, mort jeune ;
    JEANNE, femme d'*Honoré de Savoie*, Marquis de Villars, Comte de Tende, Maréchal & Amiral de France, laquelle testa le 11 Février 1595, en faveur d'*Anne de Savoie*, sa fille ;
    MARIE, morte jeune ;
    Et MARGUERITE, mariée à Pressigny près de Loches, le 5 Août 1540, à *Louis de Carmain*, Seigneur de Négrepelisse, fils d'*Antoine* & de *Françoise d'Aure*.

6. AMANJEU, Protonotaire du Saint-Siège en 1542, Abbé de Bolbonne & de St.-Ferme, successivement Evêque de Carcassonne, de Mâcon & de Bazas ;
7. FRANÇOIS (a), auteur de la branche des Ba-rons de *Doazit*, rapportée ci-après ;
8. Et LOUISE DE FOIX, femme, en 1514, de

(a) « Le Père Anselme, dans l'*Histoire des Grands-Officiers de la Couronne*, le dit fils na-turel de JEAN DE FOIX, Comte de Candale, & le nomme FRANÇOIS DE CANDALE, auteur des Barons de *Doazit* & du *Lau*. Quoiqu'en fait de généalo-gie on ne doive admettre que des preuves au-thentiques, on peut cependant, dans des circon-stances où le malheur des tems, les guerres civiles & les minorités continuelles ont causé la perte des titres des familles ; on peut, dis-je, pour éclaircir la vérité, rassembler les vraisemblances qui dépendent & font, pour ainsi dire, les inter-prètes des titres qui nous restent, & c'est le cas, dans la circonstance présente, où se trouve la Maison de CANDALE qui existe aujourd'hui.

François de Melun, Seigneur d'Epinoy, d'Antoing & Boubers, Connétable de Fran-

ce, fils de *Jean de Melun*, & d'*Isabelle de Luxembourg*.

Il s'agit de prouver que les Barons de *Doazit* & du *Lau* d'aujourd'hui font issus & viennent en ligne directe de GASTON DE FOIX, II° du nom, par son mariage avec *Isabelle d'Albret*.

L'Auteur de l'*Histoire des Grands-Officiers de la Couronne*, leur donne pour tige un *François de Candale* qu'il dit être bâtard de JEAN DE FOIX, Comte de *Candale*. Quelques recherches qu'on ait pu faire, on n'a pas trouvé le contrat de mariage ni le testament de FRANÇOIS DE CANDALE ; & il est vraisemblable que ces deux actes ont eu le même sort que beaucoup d'autres pendant le tems des guerres civiles, & pendant les minorités qui ont été continuelles dans cette grande Maison : mais au défaut de cette pièce, on produit la donation de la terre de *Doazit*, cet acte prouve que FRANÇOIS DE CANDALE est frère de GASTON, III° du nom, & par conséquent fils comme lui de GASTON, II° du nom. Il prouve encore que ce FRANÇOIS ne peut pas être le même que celui dont parle le Père Anselme : puisqu'il l'édifie de JEAN DE FOIX, il auroit été frère de GASTON II, qui mourut en 1500. La seule date de l'acte de donation, qui est du 14 Avril 1516, prouve invinciblement que FRANÇOIS DE CANDALE, Auteur des Barons de *Doazit* & du *Lau*, est fils de GASTON II, mort en 1500 ; par conséquent ce ne peut pas être le même, puisque GASTON II mourut en 1500, & que l'acte cité est de 1516, comme on l'a déjà dit : ce qui peut se vérifier par la lecture dudit acte, dont on joindra ci-après une copie tirée de l'original qui est dans les archives du château de *Doazit*.

Les termes dans lesquels est conçue cette donation prouvent que FRANÇOIS DE CANDALE étoit frère du donateur. En effet, est-il vraisemblable que le Comte de *Candale* eût qualifié de *frère*, dans un acte de cette nature & aussi authentique, FRANÇOIS DE CANDALE, s'il n'avoit été que le bâtard de son grand-père, dans un tems surtout où la *bâtardise* n'étoit pas regardée comme aujourd'hui ? Est-il encore à présumer qu'il eût donné à un bâtard une terre aussi considérable que l'étoit pour lors la terre de *Doazit*, laquelle étoit spécialement affectée pour les enfans du second lit de GASTON II, comme il paroît par son contrat de mariage & son testament ? ALAIN, frère aîné de FRANÇOIS, qui fut Seigneur de *Castillon*, fut moins bien partagé que lui, ainsi que CHARLES, leur neveu, qui n'eut que la terre de *Villefranche*.

Si FRANÇOIS n'avoit été que bâtard, il seroit arrivé que GASTON auroit mieux traité le bâtard de son grand-père que son propre fils légitime.

Le mariage que FRANÇOIS DE CANDALE contracta avec *Anne de Marsan*, qui étoit, comme lui, de race Souveraine, confirme l'idée qu'on doit avoir de son état ; on en pourra mieux juger, si on compare l'alliance de FRANÇOIS avec celle de son frère ALAIN & de CHARLES son neveu. ALAIN épousa *Françoise*, fille de *Guy*, Seigneur de *Montpezat*, & CHARLES se maria avec

Anne d'Anticamerata. Si FRANÇOIS n'avoit été que bâtard, pourquoi lui auroit-on fait prendre le nom de *Candale*, qui étoit celui qu'avoit porté dans la maison DE FOIX *Jeanne de Suffolk*, par son mariage avec JEAN DE FOIX, tandis qu'il étoit passé en usage dans ce tems-là que les bâtards de cette Maison ne portoient que celui de *Béarn* ? Pourquoi cette distinction ?

En un mot, on ne trouve dans aucun titre de la Maison de *Candale* le moindre soupçon de bâtardise à l'égard de FRANÇOIS. Dans tous les actes qui ont été passés, soit pendant sa vie ou après sa mort, il est toujours qualifié de *Noble & Puissant Seigneur*.

Le fondement de l'erreur de l'Auteur de l'*Histoire des Grands-Officiers de la Couronne* n'est autre que le titre d'un Traité de paix, rapporté dans les manuscrits de Brienne ; & ce fondement est d'autant moins solide pour établir un système de bâtardise sur une famille, que tout le monde fait que ces manuscrits sont pleins d'erreurs de toutes espèces.

Or, certainement une pareille preuve ne doit pas prévaloir sur des titres qui font présumer le contraire. Mais, dira-t-on, si FRANÇOIS DE CANDALE étoit fils légitime, pourquoi n'est-il pas nommé dans le testament de son père ? A cela on répond, pourquoi tous les autres enfans ne le font-ils pas ? car il n'y en a que trois du premier lit de nommés, savoir : PIERRE DE FOIX, AMÉE DE FOIX sa fille aînée, & JEAN DE FOIX ; & du second lit il n'y a que LOUISE. Il est cependant très-certain qu'il en avoit d'autres, puisqu'il les substitue à ceux du premier lit, les mâles préférés aux filles.

Quant aux armes, on ne voit pas sur quelle preuve le Père Anselme peut avancer qu'elles font barrées. Les Barons de *Doazit* & *du Lau* les ont toujours portées en plein & sans barre, & telles qu'elles font encore sur la porte d'entrée du château de Doazit, qui fut bâti peu après que FRANÇOIS fut possesseur de cette terre.

Au reste, on ne va produire ici qu'une copie de la donation de la terre de Doazit, parce que c'est le titre le plus essentiel ; on l'a fidèlement copiée sur l'original qui est dans les archives du château de Doazit, & qui a été produit au Juge d'Armes de France, ainsi que les autres titres, au mois de Décembre 1695, pour faire les preuves des Demoiselles MARIE-THÉRÈSE & MARGUERITE DE FOIX CANDALE, filles du Baron *du Lau*, reçues dans la maison Royale de Saint-Cyr.

On n'a pas une certitude exacte de l'année de la mort de FRANÇOIS DE CANDALE ; mais on présume que c'est en 1528 ou 1529, parce qu'il y a dans les Archives de cette Maison un acte qui est une procuration que donne *Anne de Marsan*, dans laquelle elle se qualifie veuve de Haut & Puissant Seigneur FRANÇOIS DE CANDALE, & tutrice de ses enfans (la date de cet acte est de 1534). Comme ledit FRANÇOIS étoit employé

GASTON DE FOIX, IIe du nom, eut encore pour enfans naturels :

GASTON DE CANDALE, Prêtre ;

Et LUCRÈCE DE CANDALE, femme du Seigneur de Calonges.

VIII. GASTON DE FOIX, IIIe du nom, Comte

dans l'armée que le Roi avoit en Italie, il est vraisemblable que c'est de lui dont parle Mézeray dans son *Histoire de France*, tom. III, pag. 439 : au sujet des événemens de 1528, il dit que le Maréchal de Lautrec, voulant profiter de son avantage, marcha aux ennemis à la tête de 3000 François, dont étoit Colonel le Seigneur de Buris, & de 4000 Gascons sous la conduite du Prince de Navarre & du Seigneur de Candale; & à la page 440 du même tome, il ajoute que le Roi voulant aller sûrement de Nolles à l'armée demanda une escorte, & que le Seigneur de Candale, neveu du Marquis de Salus, eut la charge de cet exploit; mais qu'au retour, passant devant Naples, les ennemis tombèrent sur lui en si grand nombre, qu'ils écharpèrent ses gens, le prirent prisonnier, & qu'il mourut quelque tems après des blessures qu'il avoit reçues en cette occasion. Ce qu'il y a de certain, c'est qu'il mourut fort jeune, n'étant âgé tout au plus que de 34 ou 35 ans.

COPIE DE L'ACTE DE DONATION DE LA TERRE DE DOAZIT, DONT L'ORIGINAL EST AUX ARCHIVES DU CHATEAU.

Sçachent tous comme autrefois très-Haut & très-Puissant Seigneur Monseigneur GASTON DE FOIX, *Captal de Buch, Comte de Candale, de Bénauge, d'Estrac & de Lavaur, Vicomte de Castillon & de Lommaigne & de Haut-Villars, Seigneur des terres basses d'Albigeois & Castrosie, eut donné, cédé & transporté à Monseigneur* FRANÇOIS DE CANDALE *son frère & aux enfans mâles qui descendront de lui par loyal mariage, la terre, Seigneurie & Baronnie de Doazit, avec toutes & chacune leurs appartenances & dépendances, fruits, profits & revenus, cens, rentes, émolumens d'icelle, ainsi que mondit Sieur le Comte a dit & affirmé: pour ce est-il que aujourd'hui, date de ce, en présence de témoins & de moi Notaire ci-dessous nommé & écrit, a été présent & personnellement établi icelui mondit Sieur le Comte, lequel de son bon gré, pure, franche & absolue volonté, sans contrainte ni induction d'aucun, ains parce que très-bien lui a plu & plaît, a confirmé ladite donation en ce qu'elle n'est préjudiciable à ces présentes, & d'abondant par cesdites présentes, partant que de besoin est, mondit Sieur le Comte, en faveur & contemplation du mariage qui à présent se traite & qui se faira & accomplira par plaisir de Dieu, dudit* FRANÇOIS DE CANDALE *son frère & d'Anne de Marsan, Demoiselle, Dame de Montgaillard en partie, & afin que ledit mariage sorte son effet, & parce ainsi que tel a été son plaisir & volonté, a donné, cédé, transporté & délaissé, donne, cède, transporte & délaisse dès-à-présent & à perpétuité par bonne, pure, simple, vraie & absolue donation, faite entre-vifs, irrévocable & en la meilleure forme & manière que de droit, ou par la coutume du pays faire se peut, ladite terre, Seigneurie & Baronnie de*

Doazit, avec toutes & chacune les cens, rentes, fruits, profits, revenus, émolumens, droits, & appartenances & appendances & dépendances directes, jussions & Justice haute & basse, moyenné, mixte & impere, & tout ce qui en dépend audit FRANÇOIS DE CANDALE *son frère, & aux enfans dudit mariage de lui & de ladite Marsan, soit fils ou filles ; & en cas que dudit mariage n'y auroit aucun enfant, soit fils ou filles, aux enfans qui descendront dudit* FRANÇOIS *d'autre loyal mariage, icelui* FRANÇOIS, *illec présent, stipulant & acceptant ladite donation, tant pour lui que pour sesdits enfans en ladite qualité que dessus, leurs hers & successeurs, pour d'icelle terre, Seigneurie & Baronnie de Doazit, sesdites appartenances & dépendances, juridiction, Justice & tous droits & noms quelconques à icelle Seigneurie & Baronnie appartenans, jouir & user dors en avant, perpétuellement, plénement, paisiblement & franchement par ledit* FRANÇOIS DE CANDALE *& sesdits enfans en la qualité susdite, leursdits hers & successeurs, sans aucune contradiction, débat & empêchement, que mondit Sieur le Comte ne les siens y puissent faire ne mettre en manière quelconque que soit, & s'en est mondit Sieur le Comte, donateur, devêu & délaissé du tout & en tout par lui & les siens, & ledit* FRANÇOIS *son frère & sesdits enfans en la qualification, leurs hers & successeurs, & à vertu & saisi & mis en saisine & possession, par l'octroi & l'accord de ces présentes, & a reconnu & confessé icelle tenir & posséder pour & au nom dudit donataire sondit frère, & laquelle terre, Seigneurie & Baronnie dudit Doazit avec toutes & chacune ses appartenances & dépendances, Justice & juridictions, haute, moyenne, basse, mixte & impere, & tout ce qui en dépend mondit Sieur le Comte a promis & promet garantir & défendre audit* FRANÇOIS DE CANDALE *& à ses enfans en la qualité que dessus & à leursdits hers & successeurs, des troubles & empêchemens que pour son fait & coulpe ou des siens y pourroient être faits que nier ou demander en aucune manière: néanmoins que icelui donateur ne soit tenu faire ni porter garantie de la chose par lui donnée, & ce passant le contrat en cesdites présentes, mondit Sieur le Comte, donateur, a dit & déclaré qu'il entend, veut & consent puisse disposer de ladite terre & Baronnie de Doazit en faveur de sesdits enfans, soit fils ou filles dudit mariage de lui & de ladite de Marsan ou d'autre mariage de lui, si dudit premier n'y avoit enfans, aussi en faveur de ladite de Marsan sa future femme ou d'autre femme qu'il épousera & tous comme & ainsi que à celui* FRANÇOIS *trouvera bon, & qu'il verra à faire, auxquelles choses dessus dites & chacune d'icelles tenir & accomplir, sans aller ni venir au contraire, icelui mondit Sieur le Vicomte a promis & juré aux saintes Evangiles de Notre Seigneur, touchées de sa main, & à ce obligé & oblige ses hers lui,*

de Candale & de Benauges, Captal de Buch, dit *le boîteux*, testa le 31 Août 1534, & mourut en 1536. Il avoit épousé *Marthe*, Comtesse *d'Astarac*, fille aînée & héritière de *Jean*, IIIe du nom, Comte d'Astarac, & de *Marie de Chambes*. Elle vivoit encore en 1550. Leurs enfans furent :

1. CHARLES, Comte d'Astarac, fiancé avec *Anne*, fille de JEAN, Sire d'ALBRET, & de CATHERINE DE FOIX, Roi & Reine de Navarre. Il mourut en 1528 au siège de Naples, avant d'être marié ;
2. FRÉDÉRIC, qui suit ;
3. JEAN, Comte d'Astarac, mort en 1532, sans enfans d'*Anne d'Albret*, son épouse, qui avoit été fiancée avec son frère aîné ;
4. PIERRE, mort sans alliance ;
5. FRANÇOIS, Evêque d'Aire, Commandeur de l'Ordre du Saint-Esprit le 31 Décembre 1587. Il fonda une chaire de Mathématiques dans le Collège d'Aquitaine à Bordeaux ; fit plusieurs donations à l'Hôpital de cette Ville ; mourut le 5 Février 1594, âgé de 81 ans 5 mois & 20 jours, & fut enterré dans l'Eglise des Augustins de Bordeaux, où MARIE DE FOIX, sa sœur, lui fit élever une pyramide avec une épitaphe ;
6. CHRISTOPHE, Grand-Aumônier de la Reine de Navarre, nommé Evêque d'Aire le 5 Mai 1560, mort en 1570 ;
7. CHARLES, rapporté après la postérité de son aîné ;
8. MARIE, alliée, le 5 Septembre 1551, à *Guy d'Aydie*, Comte de Ribérac, dont *François d'Aydie*, Vicomte de Ribérac, mort d'une

blessure qu'il reçut en duel à Paris, en 1578 ;
9. FRANÇOISE, morte jeune ;
10. Et JACQUELINE, Religieuse du Tiers-Ordre de Saint-François, laquelle testa le 3 Décembre 1580.

IX. FRÉDÉRIC DE FOIX, Comte de Candale, de Benauges & d'Astarac, Captal de Buch, Chevalier de l'Ordre du Roi, fut donné pour ôtage à la paix de Cambrésis, le 3 Avril 1559, & mourut en Août 1571. Il avoit épousé, en 1540, *Françoise de la Rochefoucauld*, fille de *François II*, Comte de la Rochefoucauld, & d'*Anne de Polignac*. Elle testa le 5 Août 1583, & eut de son mariage :

1. JEAN, mort jeune ;
2. HENRI, qui suit ;
3. Et CHARLOTTE-DIANE, mariée, en 1579, à son cousin LOUIS DE FOIX, Vicomte de Meilles, Comte de Gurson, dont il sera parlé dans la branche suivante.

X. HENRI DE FOIX, Comte de Candale, de Benauges & d'Astarac, Captal de Buch, Gouverneur de Bordeaux & du Bordelois en 1568, fut tué par les Huguenots à une attaque du Château de Sommières en Languedoc, au mois de Février 1572. Il avoit épousé, par contrat du 12 Juillet 1567, *Marie de Montmorency*, fille puînée d'*Anne*, Duc de *Montmorency*, Pair, Connétable & Grand-Maître de France, & de *Madeleine de Savoie*. De ce mariage vinrent :

1. MARGUERITE, Comtesse de Candale, de Be-

& successeurs, avec tous & chacun ses biens meubles & immeubles présens & à venir, qu'il a soumis & soumet au pouvoir & jurisdiction des Cours de Noble & Puissant Monseigneur le Grand Sénéchal de Guyenne, du Prévôt Royal de Lombrieres & Bordeaux, & de tous autres Juges tant d'Eglise que séculiers, renonce sur ce à l'exception de déception de dol, de fraude & débats, à tous droits écrits & non écrits, générale renonciation non valoir & à toutes autres choses généralement quelconques que lui pourroit arriver & advenir contre le fait & substance de ces présentes Lettres, & dont elles pourroient être évincées, rescindées, corrompues ou annullées en tout & partout pour l'avenir. Ce fut fait & passé au château de Cadillac, en présence de très-Révérend Père en Dieu, très-noble & très-illustre Seigneur Messire JEAN DE FOIX, par la permission Divine & du Saint-Siège Apostolique, Archevêque de Bordeaux & Primat d'Aquitaine ; nobles hommes Bernard de Saint-Genès, Seigneur de d'Hume ; Bertrand de Castéja, Seigneur de Carrenet ; Arnaud de Fraguet dit Gouhan, & Messire Jean de Couture, Prêtre &

Chanoine de Saint-Seurin-lès-Bordeaux, témoins à ce appelés & requis le 14e jour du mois d'avril l'an 1516. Ainsi, signé GASTON DE FOIX, & Delasse, Notaire. Et plus bas est écrit : Je soussigné certifie que le présent titre a été exactement copié mot à mot sur le titre original qui est dans les archives du château de Doazit, & qu'on n'y a rien ajouté ni diminué ; en foi de quoi j'ai donné le présent certificat que j'ai signé de ma main à Bordeaux le 29 Octobre 1774.

Signé, FOIX CANDALE.

La même donation se trouve imprimée à la suite de l'Abrégé de la Généalogie des Vicomtes de Lomagne, & a été imprimée, avec approbation & privilège du Roi à Paris chez Ballard, seul imprimeur du Roi pour la musique & noteur de la Chapelle de Sa Majesté, rue Saint-Jean-de-Beauvais, 1757.

On peut d'ailleurs, pour constater la vérité de cette donation, consulter le Cabinet des Ordres du Roi, dont est généalogiste M. Chérin, & le Cabinet de MM. d'Hozier, Juges d'armes de France. »

nauges, d'Aſtarac, &c., mariée au Château de Vincennes, le 23 Août 1587, à *Jean-Louis de Nogaret*, dit de la Valette, Duc d'Epernon, Pair de France, Chevalier des Ordres, auquel elle porta tous les biens de ſa Maiſon, à condition que leur fils aîné prendroit le nom & les armes de Foix. Elle mourut de triſteſſe à Angoulême, en 1593, dans la 26ᵉ année de ſon âge, ayant appris la bleſſure de ſon mari;

2. Et FRANÇOISE, appelée Madame *de Candale*, élevée avec ſa ſœur juſqu'en 1587, puis conduite, en 1588, à Angoulême, ville du Gouvernement du Duc d'Epernon, où elle fut détenue juſqu'en 1590, qu'elle fut menée à Saintes, où elle prit l'habit de Religieuſe par force, & fut contrainte d'y faire profeſſion le 22 Septembre 1591, & de faire donation de tous ſes biens au profit de la Ducheſſe d'Epernon, ſa ſœur, à la réſerve d'une penſion de 600 écus. Elle y demeura juſqu'en 1600, qu'elle fut pourvue de l'Abbaye de Sainte-Gloſſinde de Metz; mais elle fit toujours proteſtation de ne vouloir point être Religieuſe. Cependant elle reſta dans ſon Abbaye juſqu'en 1603, qu'elle ſe plaignit au Roi qui la fit venir à Chantilly, où il la pria de ne point inquiéter le Duc d'Epernon. Elle ne retourna plus à Sainte-Gloſſinde, & demeura deux ans à Verdun. Le Roi lui commanda enſuite de ſe retirer au Monaſtère de Moncel, où elle reſta juſqu'en 1610. Elle obtint un reſcrit du Pape pour ſe faire ſéculariſer, fit depuis profeſſion de la religion proteſtante le 12 Décembre 1611, réſigna ſa penſion qu'elle avoit de 2000 liv. de rente ſur l'Abbaye de Sainte-Gloſſinde, à la fille de ſon Avocat, intenta procès au Duc d'Epernon pour être reçue au partage des biens de ſes père & mère, dont elle fut déboutée & obligée de s'en tenir à ſa penſion de 600 écus, & 2000 livres qu'elle avoit ſur l'Abbaye de Sainte-Gloſſinde. Elle demeura depuis à Paris, où elle mourut au mois de Septembre 1649. Elle avoit réſigné ſon Abbaye à *Louiſe*, bâtarde *de la Valette*.

IX. CHARLES DE FOIX, Seigneur de Villefranche & de Moncaſſin, ſeptième fils de GASTON DE FOIX, IIIᵉ du nom, & de *Marthe*, Comteſſe *d'Aſtarac*, eut 3000 livres de rente ſur le Comté d'Aſtarac en 1576, & épouſa, le 1ᵉʳ Mai 1569, *Anne d'Anticamerata*, fille de *François d'Anticamerata*, Seigneur de St.-Pardoux, Co-Seigneur d'Algaires, & de *Marguerite de Magnaut*, dont :

1. GASTON, qui ſuit;

2. LOUISE, Religieuſe dès ſon bas âge dans l'Abbaye de Sainte-Marie de Saintes, de l'Ordre de Saint-Benoît, où elle fit profeſſion le 2 Juillet 1636, enſuite Abbeſſe de Sainte-Gloſſinde de Metz, dont elle prit poſſeſſion le 30 Mars 1654, & fut bénite à Paris par le Nonce du Pape le 26 Mai 1658;

3. Et MARGUERITE-HENRIETTE, Dame de Tournecoupe, où elle mourut le 1ᵉʳ Octobre 1689. Elle avoit épouſé 1°, le 24 Janvier 1639, *Aimery de Preiſſac*, Baron d'Eſclignac; & 2°, le 8 Juillet 1656, *Charles de Montiezun*, & de Lupiac, Seigneur de Moncaſſin, Vicomte de Boulogne, Meſtre-de-Camp de Cavalerie en 1652, mort à Tournecoupe le 23 Avril 1682.

X. GASTON DE FOIX, IVᵉ du nom, Seigneur de Villefranche & de Tournecoupe, Baron de Saint-Sulpice, Chevalier de l'Ordre du Roi, Conſeiller en ſes Conſeils d'Etat & Privé, né le 1ᵉʳ Janvier 1573, mort à Tournecoupe le 5 Janvier 1635, avoit épouſé, par contrat du 28 Octobre 1614, *Marguerite de Groſſolles*, fille *d'Erard de Groſſolles*, IIᵉ du nom, Baron de Montaſtruc & de Flamarens, Chevalier de l'Ordre du Roi, Gentilhomme de ſa Chambre, Maréchal-de-Camp de ſon armée de Guyenne, Capitaine d'une Compagnie de 50 hommes d'armes des Ordonnances, & de *Brandeliſe de Narbonne*, dont :

GASTON-BERNARD DE FOIX, aſſaſſiné par des Chaſſeurs à Caſtelnau, & mort ſans enfans de ſon mariage avec *N... de Caſtelnau-Marmande.*

Cette branche, depuis JEAN DE FOIX, mentionné au VIᵉ degré, portoit pour armes : *écartelé, aux* 1 & 4 DE FOIX; & *aux* 2 & 3 DE BÉARN.

BRANCHE
des Vicomtes de MEILLES, *Comtes de* GURSON *& de* FLEIX, *Ducs de* RANDAN.

VII. JEAN DE FOIX, Vicomte de Meilles en Aragon, Comte de Gurſon & de Fleix, ſecond fils de JEAN, Comte de Candale, & de *Marguerite de la Pole-Suffolk*, obtint, en 1505, des Lettres-Patentes pour la commutation du nom de la Terre de *Fleix*, en celui de *Meilles*, par leſquelles on voit qu'il avoit été nourri jeune à Meilles en Aragon, où ſon aïeul GASTON DE FOIX, Captal de Buch, s'étoit retiré après avoir quitté la France. Son père lui donna, le 17 Septembre 1481, la Vicomté de Caſtillon-ſur-Dordogne, Gurſon, Fleix,

la Trêne & Montguyon, s'en réfervant l'ufufruit & pour *Marguerite de la Pole-Suffolk*,
fa femme. Il porta, aux funérailles d'ANNE DE
BRETAGNE, Reine de France, en 1513, le coin
du Pöêle, comme parent, & tefta en 1521. Il
avoit époufé, par contrat du 4 Décembre
1507, *Anne de Villeneuve*, fille & héritière
de *Louis de Villeneuve*, premier Marquis de
Trans, par érection du Roi LOUIS XII, &
d'*Honorade de Berre*, dont:

1. GERMAIN-GASTON, qui fuit;
2. MELCHIOR, mort fans enfans;
3. ANNE, Religieufe;
4. MARGUERITE, femme de *Jean de Villeneuve*, Seigneur de Tourettes;
5. HONORÉE, mariée à N... *de Bárgème*, en
   Provence;
6. MARTHE, alliée 1°, par contrat du 9 Mars
   1535, à *Claude de Graffe*, Seigneur de Bar,
   Chevalier de l'Ordre du Roi, fils de *Jacques*, & de *Sibylle de Quiqueran-Béaujeu*;
   & 2°, par contrat du 29 Décembre 1542, à
   Antoine, Baron d'*Oraifon*, Vicomte de Cadenet;
7. FRANÇOISE, feconde femme de *Claude de
   Savoie*, Comte de Tende, Gouverneur de
   Provence;
8. Et ANNE, morte jeune.

JEAN DE FOIX, Vicomte de Meilles, eut encore deux filles naturelles:

ISABEAU & FRANÇOISE DE BÉARN.

VIII. GERMAIN-GASTON DE FOIX, Comte de
Gurfon & de Fleix, Vicomte de Meilles, Marquis de Trans, Chevalier de l'Ordre du Roi,
Confeiller au Confeil-Privé de Sa Majefté,
Capitaine de 50 Lances de fes ordonnances,
Envoyé, en 1559, par le Roi HENRI II, vers
la Reine ELISABETH D'ANGLETERRE, tefta en
1591, & mourut fort vieux, ayant été chef
de la Ligue en Guyenne. Il avoit époufé, 1°,
en 1534, *Louife de Pellegrue*, fille de *Guillaume de Pellegrue*, Baron d'Anet, & de
Catherine de Caumont-Lauzun; & 2°, en
1555, *Marguerite Bertrand*, Dame de Mirebeau, fille de *Jean*, premier Préfident au
Parlement de Paris, Garde-des-Sceaux de
France en 1551, Archevêque de Sens & Cardinal en 1557, & de *Jeanne de Barras*, Dame de Mirebeau & de Villemort. Il eut du
premier lit:

1. FRÉDÉRIC, Marquis de Trans, mort jeune
   avant fon père.

Et du fecond vinrent:

2. LOUIS, qui fuit;
3. GASTON, Vicomte de Meilles, tué jeune au
   combat de Moncrabeau;
4. FRANÇOIS-PHŒBUS, Comte de Fleix, tué au
   même combat. Le Roi de Navarre écrivit
   une lettre au Marquis de Trans, leur père,
   comme fon parent, pour le confoler de la
   perte de fes trois fils tués à fon fervice;
5. ELISABETH, née en Angleterre durant l'Ambaffade de fon père, & qui eut pour marrai-
   ne la Reine ELISABETH;
6. MARGUERITE, mariée, le 25 Août 1606, à
   Louis Galiot, Seigneur de Genouillac & de
   Gourdon, Chevalier de l'Ordre du Roi,
   Comte de Vaillac, & de *Françoife de Carbonnières*. Il étoit veuf d'*Anne de Montberon*;
7. Et MARIE, alliée à *François de Gironde*,
   Seigneur de Montcléra, fils aîné de *Bran-
   delis de Gironde*, Seigneur de Montcléra,
   & de *Marie de Touyoufe*. Elle eft nommée
   dans le teftament de fon mari, du 4 Mai
   1610, qui lui laiffa l'ufufruit de la terre de
   Montcléra.

IX. LOUIS DE FOIX, Comte de Gurfon, Vicomte de Meilles, fut tué au fervice de HENRI,
Roi de Navarre, depuis Roi de France, au
combat de Moncrabeau, à deux lieues de Né-
rac, le 21 Juillet 1580, dit M. de Thou, lib.
72, pag. 362. Il avoit époufé en 1579, CHAR-
LOTTE-DIANE DE FOIX-CANDALE, enterrée à
Cadillac, fille de FRÉDÉRIC, Captal de Buch,
& de *Françoife de la Rochefoucauld*. Leurs
enfans furent:

1. FRÉDÉRIC, qui fuit;
2. GASTON, Comte de Fleix, mort fans avoir
   été marié, & enterré aux Minimes de Chaillot près de Paris;
3. MARGUERITE, femme d'*Armand d'Aydie*,
   Vicomte de Ribérac;
4. Et FRANÇOISE, née le 1er Juillet 1582, Religieufe de Notre-Dame de Saintes, Ordre
   de Saint-Benoît, laquelle fit profeffion le 2
   Juillet 1600, entre les mains de *Françoife
   de la Rochefoucauld*, Abbeffe de cette Abbaye, à laquelle elle fuccéda le 2 Avril 1606,
   & mourut le 19 Avril 1666, âgée de 84 ans.

X. FRÉDÉRIC DE FOIX, Comte de Gurfon &
de Fleix, Vicomte de Meilles, &c., Confeiller
du Roi en fes Confeils, Capitaine de 100 hommes d'armes, Maréchal-de-Camp, Grand-
Sénéchal de Guyenne, en 1616, prit Aymet
& Moniac fur les Huguenots en 1622, mourut en 1655, & fut enterré au Couvent des
Minimes de Plagnac. Il avoit époufé, par
contrat du 23 Juin 1611, *Charlotte de Caumont*, fille de *François-Nompar*, Comte de

Lauzun, Conseiller d'Etat, Chevalier des Ordres, & de *Catherine de Gramont*. Elle mourut au Château de Montpont en Périgord, le 21 Janvier 1671, âgée de 77 ans, & fut inhumée auprès de son époux. De ce mariage vinrent :

1. JEAN-BAPTISTE-GASTON, qui suit ;
2. HENRI, Vicomte de Meilles, Maréchal-de-Camp, qui se trouva aux combats de Fribourg & de Nordlingen, & mourut d'une blessure qu'il reçut à la cuisse, à la bataille des Dunes près de Dunkerque, en 1658 ;
3. LOUIS, dit *le Chevalier de Foix*, tué au combat de Sillery en Champagne, le 2 Septembre 1657, & enterré aux Minimes de Reims ;
4. SUSANNE-HENRIETTE, Dame de Montpont ;
5. FRANÇOISE, Co-Adjutrice de FRANÇOISE DE FOIX, sa tante, Abbesse de Sainte-Marie de Saintes, en 1663. Elle lui succéda en 1666, fut bénite en 1674, par l'Evêque de Périgueux, assistée de *Charlotte de Gramont*, Abbesse de Saint-Ausonne, & de *Susanne de Saint-Aulaire*, Abbesse de Sainte-Marie de Ligueux. Elle mourut le 17 Octobre 1686, âgée de 72 ans ;
6. HENRIETTE, Religieuse Carmélite à Bordeaux ;
7. CATHERINE, Religieuse à Sainte-Marie de Saintes ;
8. MARGUERITE, dite Mademoiselle *de Lévignac*, morte sans alliance ;
9. BARBE-CATHERINE, Religieuse à Ste.-Marie de Saintes ;
10. ANNE - PHILIPPE, dite Mademoiselle *de Montpont*, morte jeune ;
11. Et MADELEINE, appelée Mademoiselle *de Fleix*, décédée sans alliance.

XI. JEAN-BAPTISTE-GASTON DE FOIX, Comte de Fleix, Gouverneur de Mâcon, Lieutenant de Roi au Bailliage du Mâconnois, après avoir servi plusieurs Campagnes en Flandre, fut tué au siège du Fort de Mardick, dans une sortie du 13 Août 1646, & fut enterré dans l'Eglise de l'Abbaye de Sainte-Geneviève de Paris. Il avoit été fiancé à Saint-Maur-lès-Fossés, le 24 Septembre 1637, & marié le 28 suivant, à *Marie-Claire de Beauffremont*, Marquise de Sennecey, première Dame d'honneur de la Reine ANNE D'AUTRICHE, fille & unique héritière d'*Antoine de Beauffremont*, Chevalier des Ordres, Gouverneur d'Auxonne & Bailli de Mâcon, & de *Marie-Catherine de la Rochefoucauld*, Duchesse de Randan, première Dame d'honneur de la Reine ANNE D'AUTRICHE ; & Gouvernante du

Roi LOUIS XIV. De cette alliance sont sortis :
1. JEAN-BAPTISTE-GASTON, qui suit ;
2. HENRI-FRANÇOIS, rapporté après son frère aîné ;
3. Et CHARLES-HENRI, Abbé de Rebets en Brie, mort à Paris en 1671, âgé de 24 ans.

XII. JEAN-BAPTISTE-GASTON DE FOIX, IIe du nom, Duc de Randan, par sa mère, reçu Pair de France en 1663, Comte de Fleix & de Gurson, Gouverneur de Mâcon, Lieutenant de Roi au Bailliage du Mâconnois après son père, par Lettres du 8 Février 1647, mourut à Paris, le 12 Décembre 1665, âgé de 27 ans, & fut enterré en l'Abbaye de Sainte-Geneviève, auprès de sa femme *Madeleine-Charlotte d'Ailly*, fille de *Henri-Louis d'Albert*, dit *d'Ailly*, Duc de Chaulnes, Pair de France, frère aîné de *Charles d'Albert*, Duc de Chaulnes, & de *Françoise de Neufville-Villeroy*, qu'il avoit épousée au mois de Janvier 1664, morte en couches, le 3 Août 1665, de

MARIE DE FOIX, née le 25 Juillet, & morte à Paris le 2 Mai 1667.

XII. HENRI-FRANÇOIS DE FOIX DE CANDALE, Duc de Randan, dit *de Foix*, Pair de France, Comte de Fleix, Captal de Buch, Marquis de Sennecey, second fils de JEAN-BAPTISTE-GASTON, Ier du nom, & de *Marie-Claire de Bauffremont*, né en 1640, baptisé en 1644, nommé par *François*, Cardinal *de la Rochefoucauld*, son grand-oncle, & Madame de Sennecey, son aïeule, hérita des biens de sa Maison par la mort de son frère aîné, en 1665, se trouva à la bataille de Tournay en 1667, fut nommé Chevalier des Ordres en 1688, fit ses preuves le 27 Décembre de la même année, fut reçu le 31, testa les 14 & 15 Février 1714, mourut le 22 du même mois, sans enfans, & fut enterré dans l'Eglise des Capucins à Paris, ainsi qu'il l'avoit ordonné. (Il étoit le dernier du nom & armes de sa Maison, dit le P. Anselme, tom. III, pag. 389.) Il avoit épousé, en 1674, *Marie-Charlotte de Roquelaure*, fille de *Gaston-Jean-Baptiste*, Duc de Roquelaure, Chevalier des Ordres du Roi, Gouverneur de Guyenne, & de *Marie-Charlotte de Daillon du Lude*. Elle mourut le 2 Janvier 1710, âgée de 55 ans.

BRANCHE
des Barons DE DOAZIT.

VIII. FRANÇOIS DE FOIX-CANDALE, fils de

GASTON, IIᵉ du nom, Comte de Candale, &c.,
& d'*Ifabelle d'Albret*, fa feconde femme,
fut mis en poffeffion, conformément au teftament de fon père, par GASTON, IIIᵉ du nom,
Captal de Buch, Comte de Candale, par acte
du 14 Avril 1516, de la Terre & Baronnie de
DOAZIT. Il fut Chevalier de Saint-Jacques-
de-l'Epée, & avoit époufé, en 1516, *Anne de
Marfan*, Dame du Lau & de Montgaillard en
partie, dont il eut:

IX. JEAN DE FOIX-CANDALE, qui fut, comme
fon père, Baron de DOAZIT, du Lau & de
Montgaillard, tefta en 1552, & avoit époufé, le
15 Avril 1545, *Anne de Pardaillan*, fille de
Blaife, Seigneur de la Mothe, Gondrin & de
Saint-Lary, & de *Jeanne de Saint-Lary*,
dont:

X. JACQUES DE FOIX-CANDALE, qui fuccéda
à fon père & fut, comme lui, Baron de DOA-
ZIT, du Lau & de Montgaillard, tefta en 1595.
Il avoit époufé, le 6 Juillet 1566, *Jeanne de
Belcier*, fille d'*Antoine*, Chevalier, Premier
Préfident du Parlement de Bordeaux, &
d'*Anne de Luberfac*, & laiffa:

1. SARRAN, qui fuit;
2. PIERRE, auteur de la branche des Barons
du Lau, &c., rapportée ci-après;
Et trois filles.

XI. SARRAN DE FOIX-CANDALE, Baron de
Doazit & autres lieux, époufa, le 14 Août
1606, *Denife d'Auffoles*, dont il eut:

XII. JEAN DE FOIX-CANDALE, IIᵉ du nom,
Baron de Doazit, qui fe maria à *Louife de
Vidard*, & en eut:

XIII. JOSEPH-HENRI DE FOIX-CANDALE, Baron de Doazit, qui mourut en 1682. Il avoit
époufé *Marie de Sénault d'Iffan*, dont il eut
quatre fils. L'aîné, nommé

XIV. LÉON DE FOIX-CANDALE, Baron de
Doazit & d'Iffan, fut Maire de Bordeaux, &
mourut vers 1740. Il avoit époufé *Marie-
Romaine de la Fayffe*, fille de *Bernard*, Seigneur de la Fayffe, & de MARIE-THÉRÈSE DE
FOIX-CANDALE DU LAU, fa parente. De ce mariage vinrent:

1. BERNARD, qui fuit;
2. JOSEPH, dit *le Chevalier de Candale*, né en
1722, Capitaine au Régiment de Bourbonnois, & Chevalier de St.-Louis;
3. BERNARD-HENRI, dit *M. de Doazit*, mort
fans poftérité;
4. FRANÇOIS-HENRI, né en 1724, dit *le Marquis de Cantenai*;
5. Et MARIE-THÉRÈSE, mariée à *N... de Laàs*,

Seigneur de Teulat, & Capitaine de Grenadiers au Régiment de Navarre.

XV. BERNARD DE FOIX-CANDALE, né en
1721, Baron de Doazit & d'Iffan, dit *le Marquis de Candale*, a époufé, le 3 Juillet 1749,
Marie-Romaine de Charitte, fille de *Charles*, Préfident à Mortier du Parlement de
Navarre; & de *Marguerite d'Andouins*. De
ce mariage naquirent:

1. JEAN-CHARLES-MARIE, dit *le Comte de Candale*, né le 22 Juin 1754;
2. FRANÇOIS-HENRI, dit *M. de Doazit*, né le 2
Juin 1758;
3. MARGUERITE, dite *Mademoifelle de Candale*;
4. MARIE-ANNE-VALENTINE-UBALDINE, dite
Mademoifelle de Foix;
5. BERNARDINE-HENRIETTE-ISABELLE, dite *Mademoifelle de Doazit*;
6. Et HIPPOLYTE-EUPHRASIE, dite *Mademoifelle de Meylis*.

BRANCHE
des Barons DU LAU, &c.

XI. PIERRE DE FOIX-CANDALE, fecond fils
de JACQUES, Seigneur de Doazit, &c., & de
Jeanne de Belcier, eut pour apanage la Baronnie du Lau; il avoit époufé, en 1617, *Jeanne de Sarrante*, fille du Baron du Vigneau,
dont il eut entr'autres enfans:

XII. JEAN DE FOIX-CANDALE, Baron du Lau,
Capitaine de Cavalerie, qui époufa, en 1670,
Jeanne de Peichpeyrou-de-Beaucaire, fille
du Marquis de *Beaucaire*, & de *Françoife
de la Fond de Saint-Projet*, dont entr'autres
enfans:

1. BERNARD, qui fuit;
2. LÉON, dit *le Chevalier de Candale*, ancien
Commandant de Bataillon du Régiment
d'Eu;
3. JEAN-BAPTISTE, dit *le Chevalier du Lau*,
mort Lieutenant de Roi de Sarrelouis;
4. FABIEN, Chanoine de Metz & Prieur de Pontonx;
5. MARGUERITE, morte le 14 Mai 1758, âgée
de 80 ans, qui avoit époufé, par contrat du
5 Février 1711, *Jacques de Lomagne*, Vicomte de Terride, Seigneur de Barinque;
6. Et MARIE-ANNE, reçue à Saint-Cyr avec fa
fœur MARGUERITE au mois de Novembre
1695, d'après leurs preuves de nobleffe,
remontées feulement jufqu'à FRANÇOIS DE
CANDALE, leur IVᵉ aïeul; puis Religieufe à
Saint-Sever.

XIII. BERNARD DE FOIX-CANDALE, Baron du

Lau & de Loubens, Lieutenant des Carabiniers, mort au mois de Septembre 1747, avoit époufé, le 3 Février 1712, *Marguerite Pémollier de Saint-Martin*, dont :

1. BERTRAND-LÉON, qui fuit ;
2. FABIEN, né en 1714, Prieur de Pontonx, par la réfignation de fon oncle FABIEN DE FOIX-CANDALE, Chanoine de Metz ;
3. JEAN - BAPTISTE, né en 1719, Capitaine de Cavalerie au Régiment de Beaucaire ;
4. LÉON, dit *le Chevalier de Foix* ;
5. JEAN-PAUL, Chanoine à Metz ;
6. ANDRÉ-DONAT, Chevalier ;
7. JACQUES, dit *le Chevalier du Lau*, Officier dans le Régiment de Bourbonnois ;
8. MARGUERITE ;
9. Et ANGÉLIQUE, née en 1734.

XIII. BERTRAND - LÉON DE FOIX - CANDALE, Baron du Lau & de Loubens, né en 1713, Capitaine dans le Régiment du Maine, en 1734 & Chevalier de Saint-Louis, n'étoit pas marié lorfqu'on nous a envoyé la Filiation de cette branche, en 1770, d'après les titres originaux.

Les Armes des Barons de DOAZIT & *du Lau* font : *écartelé, aux* 1 & 4 *d'or, à trois pals de gueules, qui eft* DE FOIX ; *aux* 2 & 3 *d'or, à deux vaches de gueules, accornées, accollées & clarinées d'azur, paffantes l'une fur l'autre*, qui eft DE BÉARN.

BRANCHE
établie en Rouffillon.

Une feuille in-fol., felon le P. Anfelme, imprimée en Langue Efpagnole, en 1664, avec ce titre : *Abrégé de la Généalogie de la Maifon des Comtes de Foix & des Vicomtes de Béarn*, dit que JEAN DE FOIX, Comte de Candale, eut de *Marguerite de la Pole-Suffolk*, fon époufe, outre les enfans qu'on lui a donnés dans cette Généalogie, GUILLAUME DE FOIX OU DE BÉARN, qui a donné origine à cette branche, & auquel JEAN DE FOIX, Vicomte de Meilles, fon frère, donna plufieurs Terres en Rouffillon. Le filence de tous les Hiftoriens de la Maifon de Foix, & l'alliance de GUILLAUME, font croire qu'il étoit bâtard, & fon frère naturel. Voici la filiation de cette branche telle qu'elle fe trouve dans cet Abrégé.

I. GUILLAUME DE BÉARN, Seigneur de Perpetufe & d'Evol, vivoit environ l'an 1467, & fuivant André Bofch, Docteur ès-Loix, dans fon ouvrage imprimé des *Titres d'honneur de Catalogne, de Rouffillon & de Cerdagne*. Il époufa *Anne Calcer*, héritière de *Jordes Calcer*, Bourgeois de Perpignan, dont :

II. JEAN DE FOIX & de Béarn, marié à *Charlotte de Serre*, fille de noble *Gafton de Serre*, (en Efpagnol *de Serras*). Il en eut :

III. ANGE DE FOIX & de Béarn, qui époufa *Marguerite de Puig*, fille d'un Chevalier, nommé *Guillaume de Puig*. Leur fils fut :

IV. FRANÇOIS DE FOIX & de Béarn, qui fe maria avec *Ifabeau de Villeneuve*, fille & héritière de *Jean de Villeneuve*, Seigneur de Sainte-Eugénie. De cette alliance vint :

V. Don ANGE DE FOIX & de Béarn, II° du nom, Seigneur de Sainte-Eugénie. Il obtint le 12 Juin 1599, un acte de la Cour du Viguier de Rouffillon & de Valefpir, où les Gentilshommes Chevaliers des plus anciennes Maifons d'auprès de Perpignan, favoir : *Ange de Tord* & d'*Efpafen*, Baron de Trefferre, Don *Alvar de Siniftère*, parent d'ANGE DE BÉARN, Don *Jean Blanchribera*, Don *François Grimau*, *Jérôme de Catderes* & *Gabriel de Ribes*, affirmèrent que ledit ANGE DE FOIX & de Béarn & fes ancêtres, ont toujours porté les armes des *Comtes de Foix, Princes de Béarn, fans aucun autre mélange ni brifure ; favoir les* 4 *pals en champ d'or, qui font celles des Comtes de Barcelone, Rois d'Aragon, & les vaches de Béarn.* Il avoit époufé *Delphine Davi*, Dame de Sorède & de la Pava, dont :

VI. Don GASTON DE FOIX & de Béarn, Seigneur de Sorède & de Sainte-Eugénie, marié à Dona *Etiennette Defcamps & de Tord*, Dame de Lasfonds, fille de Don *Louis Defcamps*. Il en eut :

VII. Don FRANÇOIS DE FOIX & de Béarn, II° du nom, Seigneur de Sainte-Eugénie, Sorède & de Lasfonds. Il fut marié, trois fois, 1° à Dona *N... de Camprodon*, fœur d'un Gentilhomme de Perpignan, accufée d'avoir fait affaffiner un de fes galans, dont elle avoit reçu un foufflet ; 2° en 1664, Dona *Jeanne de Villeplane & Defcamps*, fa coufine germaine ; Dame de Trefferre, fille de *François de Villeplane*, & de *Marie Defcamps* ; & 3° à Dona *Hippolyte Taquil*, qui refta veuve fur la fin du XVII° fiècle fans enfans. Il eut du fecond lit :

N... DE FOIX & de Béarn, Dame de Sainte-Eugénie & de Sorède, alliée à Don *Juan d'Oms*, neveu maternel de la troifième femme

Tome VIII.

M

de fon père. Elle mourut laiffant des enfans qui ont hérité des biens de cette branche.

Le P. Anfelme dit qu'il y a encore plufieurs autres rameaux iffus de la Maifon de Foix, qu'il n'a pu rapporter faute d'avoir les preuves de la jonction ; mais il dit à fes additions du tom. IX, pag. 416, qu'il y a une branche de cette Maifon établie en Languedoc qui en porte les armes, & s'en prétend defcendue. En voici la filiation.

BRANCHE
établie en Languedoc.

I. JEAN DE FOIX, Ecuyer, Seigneur de la Mothe d'Argan, fut père de :

II. ANTOINE DE FOIX, Seigneur de la Mothe, qui tefta le 15 Février 1571. Il époufa, le 9 Février 1521, *Jeanne de Cauvalat*, dont :

III. ROGER DE FOIX, Seigneur de la Mothe, qui eut pour enfans :

1. JEAN-JACQUES, qui fuit ;
2. & 3. ANTOINE & GLORIANDE.

IV. JEAN-JACQUES DE FOIX, Seigneur de la Mothe, fut père de

V. NICOLAS DE FOIX, Seigneur de la Mothe, Gentilhomme ordinaire de la Chambre du Roi, par Brevet du 1er Avril 1633. Il époufa, par contrat du 5 Juin 1612, *Marie Encauffe*, dont :

VI. NICOLAS-EMMANUEL DE FOIX, Seigneur de Fabas, déclaré noble par jugement de M. de Bezons, Intendant, du 8 Juillet 1669, & marié, par contrat du 5 Décembre 1647, à *Paule de Hunault*.

FOL (LE), en Normandie, Election de Coutances : *d'azur, à trois flèches d'argent, liées de gueules, en pal & en fautoir, & accoftées de deux fleurs-de-lis du fecond émail.*

FOLAMBRAY ou FOLEMBRAY, dans le Laonnois. Domaine qui fut donné à PHILIPPE DE FRANCE, en fupplément d'apanage, & dont jouit le Duc d'Orléans, fon arrière-petit-fils.

FOLIE (LA), en Champagne : *d'azur, à 3 rofeaux d'or, rangés en pal, chargés chacun d'une merlette de fable.*

FOLIE (DE LA), Ecuyer, Sieur des Chars, en Normandie, Election de Bayeux : *d'azur, au chevron d'or, furmonté d'un écuffon d'argent, & accompagné, en chef, de deux étoi-*

les du fecond, &, en pointe, d'une croifette du même.

FOLIN, ancienne Nobleffe de Bourgogne, qui a formé deux branches principales, lefquelles ont pour tige commune JACQUIN, dont nous allons parler ;

I. JACQUIN, Sire de FOLIN, le plus ancien de ceux de ce nom, auquel on puiffe remonter par une filiation fuivie & bien prouvée, vivoit encore vers la fin du XIVe fiècle, & portoit pour armes : *mi-parti, au 1 de gueules à un hêtre d'or déraciné, le pied dans un croiffant d'argent ; au 2 d'argent, à 2 bandes de gueules.* C'eft ainfi qu'on les diftinguoit encore il y a peu d'années, figurées fur une tombe qui fe voyoit fous le Portail de l'Eglife de Notre-Dame de Dijon, à main droite en entrant. Il époufa *Marguerite de Vézelay*, dont :

1. HUGUES, auteur de la première branche qui fuit. Sa poftérité s'eft perpétuée en Bourgogne.
2. Et JEUFFRE, tige de la feconde branche rapportée ci-après. Sa poftérité, tranfplantée en Normandie, s'eft enfuite répandue dans le Maine, la Touraine & l'Anjou.

II. HUGUES, Sire de FOLIN & de Dampierre, s'attacha à la Maifon de PHILIPPE-LE-HARDI, Duc de Bourgogne, & fut l'un des Chevaliers qui accompagnèrent le Comte de Nevers en 1396, lorfqu'il marcha en Hongrie contre les Turcs. Il mourut à Dijon en 1412, laiffant de fon époufe *Eve le Sauvage* :

III. GUILLAUME DE FOLIN, Chevalier, Sire de Dampierre, tué, en 1415, à la bataille d'Azincourt. Il avoit époufé *Jeanne de Mello*, de l'illuftre Maifon de ce nom, dont il eut :

IV. THIBAULT, Sire de FOLIN & de Dampierre, qui fe maria avec *Gabrielle de Grandpré*, de laquelle vint :

V. CHARLES DE FOLIN, Ecuyer, Seigneur de Dampierre, lequel eut de *Catherine de Bouzey*, fa femme :

VI. MAURICE-VICTOR DE FOLIN, Ecuyer, Seigneur de Dampierre & de Terrans, marié à *Charlotte de Monegey*, de laquelle fortirent :

1. JACQUES, qui fuit ;
2. Et LOUIS, auteur d'une branche éteinte dans la perfonne de DIDIER DE FOLIN, Chevalier de Saint-Louis, ancien Capitaine de Grenadiers du Régiment de Condé, mort en 1768 fans alliance.

VII. JACQUES DE FOLIN, Seigneur de Dampierre & de Terrans, dit le Comte de Folin, Capitaine de 50 hommes d'armes, par Brevet de CHARLES IX, s'allia à Marie-Thérèse le Blond, & fut père de JEAN, qui suit. Cette Famille, dans les tems poftérieurs, a fervi l'Etat indifféremment dans l'Epée & dans la Robe.

VIII. JEAN DE FOLIN, Ier du nom, Seigneur de Dampierre & de Terrans, pourvu d'une charge de Confeiller au Parlement de Bourgogne en 1593, époufa 1º N... de la Marre, dont il ne paroît point qu'il eut des enfans ; & 2º Marie Thomas, de laquelle vinrent, entr'autres :

   1. JEAN, qui fuit ;

   2. Et GUY-PIERRE, Chevalier de Malte.

IX. JEAN DE FOLIN, IIe du nom, Seigneur de Tard & de Varanges, fut, ainfi que fon père, Confeiller au Parlement de Bourgogne, & reçu dans cette charge en 1614. Il eut de fa femme Claudine Petit :

   NICOLAS, qui fuit ;

   FRANÇOIS, Prieur Commendataire de Mouthier-en-Breffe, & premier Aumônier de MONSIEUR, frère unique du Roi ;

   Et plufieurs filles.

X. NICOLAS DE FOLIN, Ier du nom, Seigneur de Villecomte, Vernot, &c., mort Exempt des Gardes-du-Corps du Roi, laiffa de Marguerite le Bault, fa femme, pour fils unique :

XI. NICOLAS DE FOLIN, IIe du nom, Chevalier, Baron de Pleure & de Saint-Martin, Seigneur de Villecomte, Champvans, &c., qui époufa Sufanne de Matherot, de Dôle. Défirant qu'il fe fixât dans cette Ville, elle l'engagea à y prendre une charge, & le fit pourvoir de celle de fecond Préfident en la Chambre des Comptes & Aides du Comté de Bourgogne. Il exerça pendant près de 14 ans celle de premier Préfident de la même Cour, fut penfionné du Roi, qualifié Confeiller d'Etat, & élevé à la dignité de Marquis, par Lettres-Patentes de Sa Majefté, du mois d'Avril 1717, vérifiées & enregiftrées au Parlement, & en la Chambre des Comptes de Bourgogne, le 30 Juillet 1718. Ce titre, attaché à fon nom, lui fut accordé pour lui, & fes defcendans mâles & femelles, nés & à naître en légitime mariage, à perpétuité, comme une marque d'honneur convenable à l'ancienneté de fa nobleffe, & en confidération des fervices rendus au Roi & à l'Etat, tant par lui que par

fes ancêtres, foit dans l'Epée, foit dans la Robe. Telle eft, mot pour mot, une partie des motifs énoncés dans lefdites Lettres-Patentes. Il eut de fon mariage :

   1. FRANÇOIS, qui fuit ;

   2. FRANÇOIS-BERNARD, ci-devant Capitaine de Cavalerie, lequel a été premier Ecuyer de S. A. S. Madame la Princeffe d'Anhalt-Zerbft, fœur du Roi de Suède, & mère de l'Impératrice des Ruffies ;

   3. N... DE FOLIN, qui embraffa l'état Eccléfiaftique & mourut jeune ;

   4. 5. & 6. Et trois filles, dont deux furent Religieufes de la Vifitation, l'une à Gray & l'autre à Semur. La troifième fut d'abord reçue au Chapitre noble de Montigny, où elle ne prit pas l'habit, & a vécu dans le monde fans être mariée.

XII. FRANÇOIS, Marquis DE FOLIN, Seigneur de Villecomte, Vernot, Sauffy, &c., terres qui ont paffé, par acquifition en 1746, à N... d'Anthès, Confeiller au Confeil Souverain de Colmar : elles font aujourd'hui poffédées par fon fils N... d'Anthès de Longepierre, Préfident à Mortier au Parlement de Dijon. Il eft mort en 1739, & avoit époufé, en 1729, Bénigne Gagne de Pouilly. De ce mariage font iffus :

   1. JEAN-BAPTISTE-THÉODORE, qui fuit ;

   2. Et LOUIS-VICTOR, d'abord Chanoine de la Cathédrale de Dijon à l'âge de 14 ans, Lieutenant au Régiment d'Auvergne, Infanterie, à 17 ans, & enfuite reçu Chevalier de Juftice de l'Ordre de Malte, Commandeur d'Arbigny, & Grand-Chambellan du Grand-Maître. Ses preuves ont été faites en 1763 au Grand-Prieuré de Champagne.

XIII. JEAN-BAPTISTE-THÉODORE, né Marquis DE FOLIN, chef des nom & armes de fa famille, a été Capitaine de Cavalerie au Régiment de Bourbon-Buffet, & s'eft marié, en 1756, à Marguerite-Charlotte de Challemoux-du-Vignaud, de laquelle il a :

   1. ALEXANDRE-BÉNIGNE-DIDIER, né le 5 Avril 1759, Officier au Régiment d'Auxerrois ;

   2. FRANÇOIS-ARMAND-EUGÈNE-MAGLOIRE, né le 23 Octobre 1760, Clerc tonfuré ;

   3. LOUIS-VICTOR, né le 30 Septembre 1761, reçu Chevalier de Malte de majorité de la Langue de France au Grand-Prieuré de Champagne, & Garde de la Marine, au département de Toulon ;

   4. ACHILLE-MAURICE, né le 4 Février 1763, auffi Chevalier de Malte, qui a eu des Lettres de Page du feu Grand-Maître Ximenès

en 1775; fes preuves ont été faites en Janvier 1776. Il a été choifi pour porter l'épée de la victoire le 8 Septembre 1777 par le Grand-Maître régnant, des mains duquel il a reçu une Grand'Croix d'or, & eft, en 1778, Officier au Régiment de Malte;

5. Et Antoinette - Bernarde - Odette-Victoire, né le 9 Décembre 1757.

Ceux du nom de Folin, qu'on connoît avoir eu entrée à la Chambre de la Nobleffe des Etats de Bourgogne, font Jacques de Folin en 1543; Nicolas en 1665; N... de Folin, Seigneur d'Echenon en 1677; Nicolas, IIe du nom, en 1683; François en 1715; François-Bernard en 1733; Jean-Baptiste-Théodore en 1754, & Louis-Victor en 1766.

Les armes: de gueules, au hêtre d'or déraciné, le pied dans un croiffant d'argent. Supports: deux fauvages. Devife: Folium ejus nunquam defluit. Voy. Geliot, Chevillard, Palliot, & le nouvel Armorial des Etats de Bourgogne.

Les cadets de cette branche, fortis de Louis, fecond fils de Maurice-Victor & de Charlotte de Monegey, ont porté, pendant un tems, l'écu de leurs armoiries chargé de 3 tourteaux de fable.

SECONDE BRANCHE.

II. Jeuffre de Folin, Valet (a), fecond fils de Jacquin, Sire de Folin en Bourgogne, & de Marguerite de Véʒelay, époufa, au mois d'Avril 1384, en la Paroiffe de Sainte-Colombe au pays de Caux en Normandie, Elifabeth de Pinneville, fille & héritière de Meffire Lorrain ou Laurent de Pinneville, Seigneur du Mefnil, & de la Fontaine-le-Dun, & de Mariette de la Fontaine. Il fut ftipulé, par claufe & condition particulière de ce mariage, que les enfans qui en naîtroient devoient porter à perpétuité le furnom de la Fontaine. Jeuffre de Folin fonda & dota l'Eglife du Mefnil par teftament en date du 27 Novembre 1444, laquelle fondation fut accordée & approuvée par l'Archevêque de Rouen & les Moines de Saint-Lô. Il eut pour fils:

(a) On fait dériver le mot Valet de l'Hébreu Valad qui fignifie Enfant: c'eft fans doute pourquoi, ainfi que le rapporte du Cange, on a appelé Valeti, ou Valecti, les enfans des Grands qui n'étoient pas encore armés Chevaliers, & auffi Ecuyers.

III. Jeuffre, IIe du nom, dit de la Fontaine de Folin, Ecuyer, qui époufa Demoifelle Denife de Tonneville, Dame dudit lieu, de laquelle naquit:

IV. Jean de la Fontaine-Folin, Ier du nom de fa branche, Ecuyer, qui s'allia à Mariette des Monts, & en eut plufieurs enfans, defquels il ne paroît y avoir eu de marié que

V. Jean de la Fontaine-Folin, IIe du nom, Seigneur du Mefnil, qui époufa Françoife d'Efpinay, de la branche d'Efpinay-St.-Luc, fille de Louis d'Efpinay, Chevalier, Capitaine de la Ville & Château d'Arques, près de Dieppe, & de Marguerite d'Hermanville. Ses enfans furent:

1. Pierre, qui fuit;
2. & 3. Jean & Guillaume;
4. Mellon, Chanoine de l'Eglife de Rouen;
5. & 6. Genevon & Marguerite.

VI. Pierre de la Fontaine-Folin, Ecuyer, Seigneur du Mefnil, Guidon des Gendarmes de la Compagnie de M. de Bacqueville, & enfuite Capitaine de Marine, époufa Eléonore d'Attinas, fille de Thomas d'Attinas, Ecuyer, Seigneur de Vifféménil, & de Marie de Bailleul. Le contrat eft du 12 Mai 1518, & Françoife d'Efpinay, fa mère, y reconnoît ledit Pierre pour fon fils aîné & principal héritier. Il eut de fon mariage:

1. Pierre, marié à Demoifelle N... Diel, fille de Guillaume Diel, Ecuyer, Seigneur du Mauré, & de N... de Montilville: on ignore s'il a eu poftérité;
2. Jean, qui a habité la ville de Loudun, fans qu'on ait eu connoiffance s'il s'y étoit marié. On fait feulement qu'il exhiba & fit enregiftrer fes titres, pour juftifier fa nobleffe à l'Election de ladite ville;
3. Guillaume, qui fuit;
4. Monamery, pourvu en furvivance de la charge de Capitaine de Marine qu'avoit fon père;
5. 6. & 7. Marie, Barbe & Colette.

VII. Guillaume de la Fontaine-Folin, Seigneur de Bourval, dépendance de la Seigneurie de la Fontaine-le-Dun, fut un des 100 Gentilshommes de la Maifon du Roi. Il paroît par des certificats de fervices & lettres du Prince de Bourbon-Conti, fous le commandement duquel il avoit été, qu'il avoit en différentes actions & rencontres mérité l'eftime & la bienveillance de ce Prince. Il époufa 1o Marie le Gendre, & 2o Renée d'Efpinay, fille & héritière de Charles d'Efpinay, Seigneur de Saint-Michel-fur-Loire, Uſſé, Planchoury & autres lieux. Du premier lit vint : Jacques, Gentilhomme de M. le Prince de Condé, marié à Guilhelmine de Bréon, fille de N... de Bréon, Sieur de la Machefollière, & de N..... de Lislemerle, dont une fille nommée

     Urbaine-Marie.

Et du ſecond lit il eut pluſieurs enfans, dont on ne connoît que :

     François, qui ſuit ;
     Et Marie, femme d'Antoine de Maulne, Seigneur du Pouble & de Courtemanche.

VIII. François de la Fontaine-Folin, Ier du nom, Seigneur de la Rénaudière & de Beaulieu, étoit, en 1615, Capitaine de 100 hommes d'armes au Régiment de M. le Marquis du Bellay, Colonel du ban & arrièreban d'Anjou. Il fut obligé de quitter le ſervice pour cauſe d'infirmités & de bleſſures qu'il y avoit reçues, & ſon fils aîné le remplaça. Il s'allia avec Madeleine de la Raynais, de laquelle ſortirent :

     1. René, qui ſuit ;
     2. 3. & 4. François, Eustache & Hélène.

IX. René de la Fontaine-Folin, Ier du nom, Seigneur de la Renaudière & de Beaulieu, fut Capitaine au Régiment de Palluau, ſuivant ſon brevet de 1645, un certificat de ſervice dans l'arrière-ban d'Anjou, ſigné du Marquis de Lavardin, daté du 31 Août 1695, & un autre de 1697. Il s'étoit marié 1º à Perrine du Veau; & 2º à Suſanne de Sarrazin. De ſa première femme il eut : Elisabeth, mariée à Joſeph de Briſſac, Seigneur de Faburais & des Chaumières, Capitaine appointé dans les Gendarmes du Roi; & de la ſeconde vint :

X. René de la Fontaine-Folin, IIe du nom, Seigneur de la Renaudière & du Pleſſis, Capitaine au Régiment des Fuſiliers, qui épouſa Charlotte d'Eſpinay, de la même Maiſon que Renée d'Eſpinay, femme de Guillaume de la Fontaine-Folin, mentionné ci-devant, degré VII. De ce mariage ſont iſſus :

     1. François, qui ſuit ;
     2. Et Charles, rapporté après la poſtérité de ſon aîné.

XI. François de la Fontaine-Folin, IIe du nom, Seigneur de la Prouſterie & de Vézins, ci-devant Lieutenant des Grenadiers au Régiment de Bléſois, épouſa Antoinette Guidon, de la Principauté de Monaco, dont :

     1. René-François, qui ſuit ;
     2. Pierre, lequel épouſa à Angers N... de Lélès ;
     3. Et Françoise, alliée à Tours à N.... Gerbouin.

XII. René-François de la Fontaine-Folin, Seigneur de Vézins, a épouſé Marie-Félicité de Caux-de-Chaſſé, & en a eu ſix enfans, dont ent'autres :

XIII. N.... de la Fontaine-Folin, l'aîné, qui a ſervi dans le Régiment de Vivarais & s'eſt marié à Angers, en 1768, à Demoiſelle Amary de la Gaudichère.

XI. Charles de Folin, Seigneur de Bourval, ſecond fils de François de la Fontaine-Folin, IIe du nom, & d'Antoinette Guidon, après avoir été Officier dans les Régimens de Razilly & de Luxembourg, s'eſt marié, en 1723, à Tours avec Madeleine de Fourneau, dont :

     1. René, qui ſuit ;
     2. Et Charles, ci-devant Officier dans Royal-Artillerie, qui a épouſé, en 1754, N..., veuve du Sieur de la Renaudière. Il en eut :

        Adélaïde, née au mois de Mai 1755.

XII. René de Folin, IIIe du nom, Seigneur de Bourval & de la Broſſardière, demeurant au Lude en Anjou, a épouſé Eliſabeth Conallier, de laquelle ſont ſortis :

     1. René-Charles-Pierre, né le 7 Décembre 1754 ;
     2. René-Bonaventure-Jean, né le 3 Novembre 1759 ;
     3. Pierre, né le 19 Janvier 1763 ;
     4. Elisabeth-Marie-Louise, née le 3 Octobre 1750 ;
     5. Marie-Françoise, née le 13 Juillet 1757.

Les aînés de cette branche portent pour armes : d'argent, à 2 bandes de gueules; & les cadets ont porté : d'argent, à 2 bandes de gueules chargées de ſable. (Mémoire envoyé.)

FOLLEVILLE, en Picardie : Famille qui tient ſon nom de la terre de Folleville, au Bailliage de Montdidier. Le premier dont on ait connoiſſance eſt :

     Gilles de Folleville, Ecuyer du Roi Louis X, qui vivoit en 1315. Il fut père de :

     Eustache de Folleville, qui ſervoit le Roi en ſon Hôtel en 1340, dont vint :

FERRY DE FOLLEVILLE, qui de *Jeanne d'Ef-pinay*, fa femme, eut pour fils :

JEAN DE FOLLEVILLE, lequel fervoit, en 1369, fous la bannière de *Guillaume*, Châtelain de Beauvais, & époufa *Jeanne de Tilloy*. De ce mariage fortit :

JEAN DE FOLLEVILLE, IIe du nom, qui avoit époufé, en 1373, *Ifabelle-Renaude de Beauvais*, dont :

JEAN DE FOLLEVILLE, IIIe du nom, qui fut envoyé, l'an 1386, par CHARLES VI, Ambaffadeur en Efpagne auprès du Roi JEAN DE CASTILLE, pour le traité de paix avec *Jean*, bâtard *de Portugal*, qui s'étoit emparé de ce Royaume après la mort de *Ferdinand*, fon frère, au préjudice de fa fille, qui avoit époufé le Roi de Caftille. Il fut fait Garde de la Prévôté de Paris en 1388, & époufa *Catherine de Rambures*, de laquelle vint :

AUBERT DE FOLLEVILLE, qui s'attacha au parti de la Maifon de Bourgogne, fuivant Monftrelet, p. 283 & 284, tom. I, année 1419. Il époufa *Jeanne de Warluzel*, dont :

GUILLAUME DE FOLLEVILLE, Seigneur de Mondefcourt, près de Noyon. Il vivoit avec *Marie de la Pierre*, fa femme, en 1450, & fut père de :

RAOUL DE FOLLEVILLE, qui s'allia, le 7 Janvier 1488, à *Marie de Montchevalier*, & en eut :

JEAN DE FOLLEVILLE, IVe du nom, qui, par contrat du 4 Octobre 1556, époufa *Renée d'Arquinvilliers*, dont vint :

ARTHUS-LOUIS DE FOLLEVILLE, Seigneur de Beaumartin, qui fe maria avec *Antoinette du Breuil*, en 1591, dont :

PAUL DE FOLLEVILLE, qui époufa, en 1629, *Marie de Warluzel*. De ce mariage fortit :

CHARLES DE FOLLEVILLE, Seigneur de Manancourt, de Beaumartin, de Beuchy, &c., qui, par contrat du 1er Février 1663, époufa 1° *Catherine d'Allet*; & 2° *Clémence-Gabrielle de Lameth*, dont :

1. CHARLES-GABRIEL, qui fuit;
2. Et MARIE-LOUISE, femme de *Nicolas-François*, Marquis *de Chambray*-fur-Iton.

CHARLES-GABRIEL, Marquis DE FOLLEVILLE, époufa *Charlotte de Marcez*, de laquelle il a eu :

CHARLES-FRANÇOIS, dit le Marquis DE FOLLEVILLE, né en 1711. Il acheta la feconde Cornette des Chevaux-Légers Dauphins en 1735, paffa à l'Enfeigne des Gendarmes de Bretagne en Avril 1740, qu'il y fut reçu en ayant fait l'achat dès le 21 Février précédent; fut fait Meftre-de-Camp de Cavalerie le 22 Mars 1731, Chevalier de Saint-Louis, Brigadier des Armées du Roi le 1er Janvier 1748; Sous-Lieutenant des Chevaux-Légers de feu la Reine le 22 Septembre 1749, après la mort du Marquis de Sébeville, fait Maréchal-de-Camp le 10 Février 1759, & eft mort au Château de Manancourt en Picardie, le 9 Mars 1765, à 54 ans. Il avoit époufé, en 1742, *N... le Gras*, de laquelle, faute de Mémoire, on ignore s'il a eu des enfans.

Les armes: *d'or, à 10 lofanges de gueules, pofées 3, 3, 3 & 1.*

FOLLEVILLE, en Normandie, Election de Bernay : Famille maintenue dans fa Nobleffe le 12 Janvier 1668.

JEAN DE FOLLEVILLE, Chevalier de Saint-Michel, Maréchal-de-Camp & Capitaine de 100 Chevaux-Légers, Seigneur de Boifdavid, de Saint-Jean & de Beaupotiers, fut Député, pour la Nobleffe, aux Etats de Rouen, en 1614.

Les armes: *d'azur, à la fafce coupée, émanchée d'or & de gueules, accompagnée en pointe d'une quinte-feuille du fecond émail.*

** FONCQUEVILLERS, en Artois. La Seigneurie avec le patronage de *Foncquevillers*, dont dépend la terre de Saint-Marq, eft poffédée, en 1773, à droit de fucceffion & d'héritage, par *François-Michel-Bernard de Gantès*, Chevalier, Seigneur en même tems d'Ablainzevelle & autres lieux, marié, par contrat du 19 Avril 1749, paffé devant *Jean Boutemy* & *Cocquel*, Notaires en Artois, à Demoifelle *Marguerite-Thérèfe-Françoife du Pont*. Voyez GANTÈS.

FOND (DE LA). JACQUES DE LA FOND, Sieur de la Ferté-Gilbert & de la Beuvrière, Contrôleur & Receveur des Confignations en Touraine, Secrétaire du Roi, Garde des Rôles des Officiers de France, fut honoré d'un Brevet de Confeiller d'Etat, & mourut le 4 Avril 1679. Il avoit époufé *Marguerite Baunelier*, dont il laiffa :

1. CLAUDE, qui fuit;
2. Et MARGUERITE, mariée au Marquis *de la Trouffe*, Lieutenant-Général des Armées du Roi, Chevalier de l'Ordre du Saint-Efprit, Capitaine des Gendarmes Dauphins, & Gouverneur d'Ypres, dont une fille uni-

que, alliée au Prince de Cifternes, Seigneur Piémontois.

Claude de la Fond, Seigneur de la Beuvrière, Saint-Georges, Lazenay, Diou, Paudy, la Ferté-la-Fond & autres Terres en Berry, Liméfy, Brunville en Normandie, & des Laiffes près de la Rochelle, Secrétaire du Roi & Garde des Rôles fur la réfignation de fon père, le 29 Avril 1671, Confeiller au Grand-Confeil le 25 Janvier 1673, Maître des Requêtes le 16 Mars 1676, Intendant en Franche-Comté en 1688, puis en Rouffillon, en Alface en 1698, & de l'armée d'Allémagne, mourut le 23 Avril 1719, & fut inhumé à Saint-Louis-en-l'Isle. Il avoit époufé, le 28 Juin 1677, Jeanne-Philippe Bence, Baronne d'Oulmes en Poitou, Dame de Criqueville, fille d'Adrien Bence, Secrétaire du Roi, & de Jeanne de Chaftillon. Elle eft morte le 27 Avril 1734, à 80 ans, ayant eu :

1. Claude-Adrien, qui fuit ;
2. N... de la Fond, Colonel & Brigadier d'Infanterie, tué au fiège de Lille en 1708 ;
3. N... de la Fond, Capitaine de Cavalerie, tué à Mantoue ;
4. François, Seigneur de la Beuvrière & de la Ferté, Colonel d'Infanterie en 1708, mort de la petite-vérole, à Paris le 25 Février 1717 ;
5. Et une fille.

Claude-Adrien de la Fond, Seigneur de la Ferté & de la Beuvrière, né le 16 Décembre 1679, reçu Confeiller au Grand-Confeil le 26 Juin 1705, Maître des Requêtes le 17 Août 1717, & mort le 17 Juillet 1726, à fon Château de la Ferté-la-Fond en Berry. Il avoit époufé, le 9 Février 1718, Marie-Anne-Louife-Célefte de la Rivière de Mur, fille de Charles-Yves, Comte de la Rivière & de Ploeuc, Gouverneur de Saint-Brieuc & de la Tour-de-Ceffon, & de Marie-Françoife-Célefte de Voyer, Marquife de Paulmy, Vicomteffe de la Roche, de Gennes, & Baronne de Boiffé. Elle fe remaria à Charles-Jean de la Rivière, Seigneur de Riffardeau, & eft morte le 12 Juillet 1754. De fon premier mari elle eut :

Charles-Jean de la Fond, né le 9 Janvier 1720, Seigneur de la Ferté-Lazenay & de la Beuvrière, Marquis de Paudy en Berry, Seigneur, Patron du Breuil & d'Quilly-le-Vicomte en Normandie, Baron d'Oulmes en Poitou, de Criqueville & de Victot en Nor-

mandie. Il fut reçu Confeiller au Grand-Confeil le 5 Décembre 1740, & mourut à Paris, fans alliance, le 10 Mars 1744. Il avoit recueilli, en 1734, la riche fucceffion de Jeanne-Philippe Bence, fon aïeule paternelle, Baronne d'Oulmes en Poitou, Dame de Criqueville, du Breuil & de Victot, veuve de Claude de la Fond, Seigneur de la Beuvrière, Saint-Georges, Lazenay, Diou, Paudy & la Ferté en Berry, Liméfy, Brunville en Normandie, & des Laiffes près de la Rochelle, mort le 23 Avril 1719, comme on l'a déjà dit. Il a laiffé pour héritiers du côté & ligne des la Fond, Marie-Henriette le Hardi de la Trouffe, veuve depuis le 4 Octobre 1698, d'Amédée-Alphonfe Pozzo, Prince de Cifternes dans l'Aftefan, Marquis de Voglière en Piémont, Grand-Veneur & Grand-Fauconnier du Duc de Savoie, &c., comme fille unique de Philippe-Augufte le Hardi, Marquis de la Trouffe, Chevalier des Ordres du Roi, Lieutenant-Général de fes Armées, & Gouverneur d'Ypres, & de Marguerite de la Fond, fœur de l'aïeul de Charles-Jean ; & du côté & ligne de Bence, Marie-Antoinette Jacquier, veuve, depuis le 29 Juillet 1693, de Jofeph d'Efpinay, Seigneur de Ligneris, Lieutenant des Gardes-du-Corps du Roi, Maréchal de fes Camps & Armées, & Gouverneur de Péronne, Montdidier & Roye ; & Hugues-François Jacquier, frère de cette Dame, Seigneur de Villeblevin & de Bobigny, comme enfans de François Jacquier, & de Philippe de Chaftillon, fa femme, fœur de Jeanne de Chaftillon, femme d'Adrien Bence, & mère de Jeanne-Philippe de Bence, aïeule paternelle de Charles-Jean de la Fond.

Les armes de la Fond étoient : d'or, au chevron de fable, accompagné en pointe d'un arbre de finople, iffant de la pointe de l'écu.

* FONFAYE, Terre & Seigneurie avec haute Juftice, Paroiffe de Châteauneuf, en Nivernois, Diocèfe d'Auxerre, anciennement poffédée par Jean Tenon, Préfident des Tréforiers de France à Bourges, qui, conjointement avec Françoife de la Chaffagne, fa femme, la vendit, par acte paffé devant Durand, Notaire à Beaumont-la-Ferrière fous Nevers, le 9 Septembre 1656, à Henri-Louis de Morogues, Seigneur de Lonfroy & la Celle. Voyez MOROGUES.

FONS (DE LA), Famille noble originaire de Picardie. Une Généalogie manufcrite qu'on nous a adreffée, en remonte la filiation à

I. PHILIPPE DE LA FONS, Ier du nom, Sieur de Renty, connu par les actes qu'il a paffés. Il époufa *Ifabelle de Lihons*, dont il eut:

1. NICOLAS, qui fuit;
2. PIERRE, auteur de la feptième & dernière branche rapportée ci-après;
3. Et MARGUERITE, mariée à *Jacques Diré*, dont les armes font: *d'azur, à la fafce d'argent, chargée de 2 hures de fanglier de fable & accompagnée en chef, d'une étoile d'or, & en pointe d'un lion du même.*

II. NICOLAS DE LA FONS, Chambellan du Vermandois, Seigneur d'Happencourt, qu'il acheta le 9 Février 1550, époufa *Jeanne Mabille*, dont:

1. NICOLAS, qui fuit;
2. MARGUERITE, mariée à *Adrien Dupuis*, Ecuyer, Seigneur de Bracheux;
3. Et ANNE, alliée à *Antoine le Sergeant*, Ecuyer, Seigneur d'Efpourdon.

III. NICOLAS DE LA FONS, IIe du nom, époufa 1° *Marie de Lallier*; & 2° *Antoine Grin*. Du premier lit il eut:

1. NICOLAS, qui fuit.

Du fecond vinrent:

2. ANTOINE, auteur de la branche dès Seigneurs de *Richebourg* & de *Champeaux*, rapportée ci-après;
3. Et JEANNE, mariée. 1° le 9 Mars 1563, à *Jean de Lallier*, dont les defcendans font devenus, par acquifition, Seigneurs de *Fayel*; & 2° à *Louis de Giraffault*, Ecuyer, Lieutenant de Roi de la Baftille, le 20 Septembre 1593.

IV. NICOLAS DE LA FONS, IIIe du nom, Ecuyer, Seigneur d'Happencourt, le Verguier, Chambellan & Bouteillier du Vermandois, & Lieutenant-Général à Saint-Quentin, époufa, le 5 Avril 1563, *Claude Gagnebien*, dont fortirent:

1. NICOLAS, qui fuit;
2. JEAN, dont la poftérité fera rapportée après celle de fon aîné;
3. ANTOINE, auteur de la troifième branche, dont il fera parlé ci-après;
4. PHILIPPE, tige de la quatrième, mentionnée enfuite;
5. JEANNE, mariée, le 28 Avril 1584, à *Robert Dey*, Ecuyer, Seigneur de Jaucourt & de Tournoifon, dont les armes font: *d'azur, à 3 chevrons d'or, l'un fur l'autre;*

6. MARIE, alliée, le 29 Septembre 1584, à *Philippe d'Artois*, Avocat du Roi à Noyon, qui porte: *d'azur, au fautoir dentelé d'argent, accompagné en chef & en pointe de 2 croiffans d'argent, & des deux côtés d'une coquille auffi d'argent;*
7. CATHERINE, mariée, le 22 Juin 1593, à *Louis de Vualon*, Ecuyer, Seigneur du Mont-le-Franois;
8. Luce, alliée, le 11 Juillet 1591, à *Merry de Louen*, Ecuyer, Lieutenant – Particulier à Ribemont;
9. Et autre CATHERINE, mariée, le 28 Janvier 1598, à *François Vairon*, Prévôt de la Cité de Laon.

V. NICOLAS DE LA FONS, IVe du nom, Ecuyer, Seigneur du Verguier, Prévôt royal à Saint-Quentin, mourut avant fon père; il époufa, le 21 Septembre 1593, *Jeanne de Marefcal*, & laiffa de fon mariage:

JEANNE, mariée à *Louis de Sorel*, Chevalier, Seigneur d'Ugny & du Pleffis, Lieutenant de Roi à Saint-Quentin;
Et MARIE, femme de *Philippe d'Aumale*, Seigneur de Balatre, Vicomte du Mont-Notre-Dame. Voy. AUMALE.

SECONDE BRANCHE,
*Seigneurs d'*HAPPENCOURT, *&c.*

V. JEAN DE LA FONS, Seigneur d'Happencourt, fecond fils de NICOLAS, IIIe du nom, & de *Claude Gagnebien*, époufa 1° *Marguerite le Blond*, de laquelle il n'eut point d'enfans. Les armes de cette famille font: *de fable, à une hure de fanglier d'argent, pofée en abîme*; & 2° *Anne de Vervins*. De ce fecond lit fortirent:

1. JEAN, qui fuit;
2. ANNE, mariée à *Charles de Reynard*, Sieur de Marcelet, Chevalier du Guet à Péronne;
3. Et MARGUERITE, mariée, fans enfans, à *Guillaume du Cloyel*, Chevalier, Seigneur d'Autencourt, Capitaine d'Infanterie.

VI. JEAN DE LA FONS, IIe du nom, Chevalier, Seigneur d'Happencourt, Capitaine au Régiment de Lignières, époufa, 1° le 2 Mai 1642, *Françoife de Broyes*, dont les armes font: *écartelé, aux 1 & 4 d'or, à la bande de gueules, accompagnée de 6 merlettes de même; aux 2 & 3 d'or, à la croix de gueules, chargée de 5 coquilles d'argent;* 2° *Marguerite Carpentier de Villecholles*, qui porte: *de gueules, au chevron d'argent, accompagné de 3 merlettes d'or;* il n'en eut point.

d'enfans; & 3º *Henriette Regnault*, de laquelle vinrent deux filles, mortes fans alliance. Les enfans du premier lit furent :

1. CLAUDE, qui fuit ;
2. Et ANNE, mariée, par contrat paſſé à Saint-Quentin, le 22 Juin 1682, à *Jean de Liégeois*, Chevalier, Seigneur de Beauregard, Major, Commandant au Fort-Saint-François-les-Aires, mort en 1687.

VII. CLAUDE DE LA FONS, Chevalier, Seigneur d'Happencourt, Cuy, des Eſſarts, Terres qu'il acheta de FRANÇOIS DE LA FONS DE RICHEBOURG, fon couſin, épouſa, 1º en Juin 1662, *Eliſabeth des Avenelles*, qui porte : *de fable, femé de fleurs-de-lis d'argent* ; & 2º *Marie de Précelles*, dont il n'eut point d'enfans. Du premier lit vint pour fils unique :

VIII. ETIENNE DE LA FONS, Chevalier, Seigneur d'Happencourt, Cuy, des Eſſarts & d'Ecuvilly, né le 10 Février 1679. Il épouſa, le 5 Juillet 1701, *Marie-Alexis de Sorel*, dont :

1. JOSEPH-GASTON, né le 16 Septembre 1706, Religieux Capucin au mois de Juillet 1735 ;
2. LOUIS-PAUL, Chevalier, Seigneur d'Ecuvilly, ancien Garde du Roi & de fa Manche, marié à *Anne-Barbe Seʒille*, dont il n'a point d'enfans ;
3. PIERRE-ARMAND, qui fuit ;
4. MARIE-JEANNE-ALEXIS, née le 13 Août 1702, décédée à Noyon le 1ᵉʳ Juin 1736, fans alliance ;
5. CLAUDE-JOSÈPHE, née le 28 Décembre 1703, femme de *Claude-Paul de Richoufftʒ*, Chevalier, Seigneur de Vauchelles & de Porquéricourt ;
6. ANNE, née le 4 Avril 1710, Religieuſe Chanoineſſe à Saint-Nicolas de Compiègne le 16 Octobre 1731, puis Prieure perpétuelle le 27 Mars 1757 ;
7. Et N... DE LA FONS, née le 1ᵉʳ Février 1715, auſſi Religieuſe Chanoineſſe à Saint-Nicolas de Compiègne le 10 Mai 1733.

IX. PIERRE-ARMAND DE LA FONS, Chevalier, Seigneur de Bernes, né le 17 Décembre 1711, Capitaine au Régiment de Picardie, & Chevalier de Saint-Louis, a épouſé, le 20 Avril 1751, *Marie-Renée-Françoiſe-Seraphie Hervy Duclos*. De ce mariage font iſſus :

1. LOUIS-ANNE-ARMAND ;
2. LOUIS-ANNE, appelé *le Chevalier de la Fons* ;
3. PHILIPPE-LOUIS-ARMAND, appelé *le Chevalier de Bernes*, mort élève à l'Ecole-Royale-Militaire ;

4. & 5. ANNE-ELISABETH-ALEXANDRINE & LOUISE-CHARLOTTE-SÉRAPHIE.

TROISIÈME BRANCHE,
Seigneurs de LA PLESNOYE, *&c.*

V. ANTOINE DE LA FONS, Seigneur de Proix & de la Pleſnoye, troiſième fils de NICOLAS, IIIº du nom, & de *Claude Gagnebien*, épouſa, le 6 Mai 1605, *Reine de Bongard*, Dame de la Pleſnoye, fille de N... *de Bongard*, & d'une Demoiſelle de la Maiſon *de Proiſy*, l'une des plus illuſtres de la Province de Picardie. *Bongard* porte : *d'argent, au chevron de gueules*. Leurs enfans furent :

1. CHARLES, qui fuit ;
2. PHILIPPE, tué, en 1637, au premier ſiège de Landrecies, n'étant que volontaire dans la Compagnie aux Gardes de M. de Rambures, fans avoir été marié ;
3. NICOLAS, Commiſſaire provincial d'Artillerie, tué, en 1648, à Lens, près du Maréchal de Gaſſion, auſſi fans alliance ;
4. LOUIS, Chevalier, Seigneur de Saint-Algis, Capitaine au Régiment de Schulemberg, tué à Arras en 1655, en défendant une demi-lune, auſſi fans avoir été marié ;
5. REINE, alliée, le 13 Mai 1628, à *François de Ronty*, Chevalier, Seigneur de la Mothe ;
6. MADELEINE, Religieuſe à l'Abbaye du Sauvoir-fous-Laon ;
7. CHARLOTTE, auſſi Religieuſe à la même Abbaye ;
8. BARBE, Religieuſe au Couvent des Cordelières de Saint-Quentin ;
9. Et MARIE, femme de *Simon de Bault*, Chevalier, Seigneur de Saint-Léger, dont les armes font : *de fable, au chevron d'or, accompagné de 3 roſes d'argent, poſées 2 & 1.*

VI. CHARLES DE LA FONS, Iᵉʳ du nom, Chevalier, Seigneur de la Pleſnoye, Enſeigne, puis Lieutenant de la Meſtre-de-Camp du Régiment de Saint-Etienne, fut Capitaine au Régiment d'Infanterie de M. le Duc de Guiſe, charge qu'il exerça depuis la création dudit Régiment juſqu'à fa réforme, faite le 13 Avril 1660 ; commanda ledit Régiment en qualité de premier Capitaine au ſiège de Guiſe, qu'il fit lever en 1650 ; commanda auſſi fouvent dans cette place en l'abſence du Gouverneur de cette Ville, & donna dans toutes les occaſions de guerre où il fervit, dedans & dehors icelle, des marques de fon zèle, de fa fidélité, prudence & valeur, en haine de quoi, pendant ledit ſiège, les ennemis brûlèrent & ruinèrent entièrement fa maiſon de la

Plefnoye, valant 20 mille livres. C'eft ce qui eft prouvé, par un certificat du 1er Mai 1660, de M. de Bridieu, Confeiller d'Etat, Lieutenant-Général des Armées du Roi, Meftre-de-Camp d'un Régiment de Cavalerie, & Gouverneur des Villes, Château & Duché de Guife, &c. Il mourut le 7 Février 1682, après avoir tefté. Il avoit époufé, en 1665, Anne Haquetau, morte le 6 Mars 1684, laiffant :

1. CHARLES, qui fuit ;
2. NICOLAS, Chevalier, Seigneur de Beaucamp, Lieutenant-Colonel du Régiment de Condé, Cavalerie, lequel a époufé, en 1715, à Vitry-le-François, Marie-Madeleine Vincent, dont il n'a eu qu'une fille.:

   MARIE-CHARLOTTE, décédée fans alliance.
3. SIMON, Chevalier, Seigneur de Commenchon, Capitaine de Cavalerie au Régiment de Condé, Maître des Eaux & Forêts de Coucy, mort auffi fans avoir été marié ;
4. LOUIS-LÉONOR, Prêtre, Licencié en Théologie, & Chanoine de Guife ;
5. FRANÇOIS, rapporté après fon aîné ;
6. Et LOUISE, mariée, le 3 Septembre 1692, à Charles de Brodard, Chevalier, Seigneur de Landifay & de Quinay, dont les armes font : fafcé d'argent & d'azur, au fautoir de gueules brochant fur le tout.

VII. CHARLES DE LA FONS, IIe du nom, Chevalier, Seigneur de la Plefnoye, Seigneur foncier par indivis avec M. le Prince de Condé, d'Englancourt, Marly, Saint-Algis, Erloy & partie d'Autreppes, Chevalier de Saint-Louis, ancien Lieutenant-Colonel du Régiment de Condé, Cavalerie, qu'il commanda en chef en plufieurs batailles avec diftinction, ayant eu l'honneur de rallier la Maifon du Roi à Ramillies, par un mouvement qu'il fit faire à propos au Régiment de Condé, eft mort le 21 Octobre 1750. Il avoit époufé, le 4 Février 1712, Françoife Rouffeau, dont eft iffu pour fils unique :

VIII. CHARLES DE LA FONS, IIIe du nom, Chevalier, Marquis de la Plefnoye, Seigneur par indivis avec M. le Prince de Condé, d'Englancourt, Marly, Saint-Algis, Erloy & partie d'Autreppes, Vicomte de Vadencourt, Seigneur de Longchamps, Marcharine & Bois-des-Trois-Eaux, Comte de Lonny, Seigneur des Mazures, &c., ancien Capitaine de Cavalerie au Régiment de Condé, & Chevalier de Saint-Louis. Il a époufé, le 14 Juin 1741, Anne-Elifabeth d'Efpinoy, fille de Jacques-François d'Efpinoy, Ecuyer, Seigneur de

Chongy, & de Luce d'Efpinoy, fa coufine germaine & première femme. Voyez ESPINOY. Leurs enfans font :

1. CHARLES-MARIE, qui fuit ;
2. HIPPOLYTE-LOUIS, appelé le Chevalier de la Plefnoye, défigné Chevalier de Malte, ayant porté la croix au berceau par permiffion de l'Ordre, mort fans alliance, Lieutenant d'Infanterie dans la Légion de Flandre ;
3. SIMON, dit l'Abbé d'Eftremont, Chanoine de la Cathédrale de Laon ;
4. ARMAND, appelé le Chevalier de Vadencourt, Sous-Lieutenant au Régiment d'Artillerie de France en 1773 ;
5. ANTOINETTE-JACQUETTE-CLAUDINE-DE-LA-FONS DE LA PLESNOYE, mariée, le 17 Octobre 1774, au Comte de Montiers ;
6. Et LOUISE-JOSÈPHE-MARIE-ELÉONORE DE LA FONS DE VADENCOURT, filleule de M. le Prince de Condé & de Madame la Marquife de Berclaer.

IX. CHARLES-MARIE DE LA FONS, Chevalier, appelé le Comte de la Plefnoye, Capitaine de Cavalerie dans le Régiment de Condé, eft entré Exempt des Gardes-du-Corps du Roi, Compagnie de Beauvau en 1771, avec Commiffion de Colonel, & a été reçu Chevalier de Saint-Louis, le 9 Mai 1774. Son contrat de mariage a été figné par le Roi & la Famille Royale, le 4 Octobre 1773, & la célébration s'en eft faite le 6 de ce mois au Château de la Courtaubois près de Bruxelles, avec Marie-Thérèfe-Ferdinande-Gislin-Collette d'Olmen de la Courtaubois, alliée à la Maifon d'Egmond, fille de N... van den Gruyx, d'une Nobleffe qui entre dans tous les Chapitres nobles, ainfi que celle d'Olmen de la Courtaubois.

VII. FRANÇOIS DE LA FONS, Chevalier, Seigneur de Saint-Algis, cinquième fils de CHARLES, Ier du nom, & d'Anne Haquetau, Capitaine au Régiment de Condé, Cavalerie, a époufé, à Fontenay-le-Comte en Bas-Poitou, Marie Garipeaux, dont les armes font : d'azur, au chevron d'or, accompagné de 3 étoiles de même, 2 en chef & 1 en pointe. De ce mariage font iffus :

1. JACQUES-FRANÇOIS-LOUIS, qui fuit ;
2. JOSEPH, mentionné après fon frère aîné ;
3. Et JEAN, Chevalier, marié audit Fontenay-le-Comte, à N... de Briège, dont il n'a point d'enfans.

VIII. JACQUES-FRANÇOIS-LOUIS DE LA FONS,

Capitaine de Cavalerie à la fuite du Régiment d'Orléans, Chevalier de Saint-Louis, & Maître des Eaux & Forêts de Coucy, a épousé, 1° à Noyon, N... *Beaucousin*, dont il n'a point eu d'enfans ; & 2° *Eugénie-Françoise-A-lexandrine de Pujolle*, de laquelle sont issus :

1. LOUIS-ABEL-AIMÉ ;
2. GABRIEL-JEAN-ALEXANDRE, dit *le Chevalier de la Fons;*
3. LOUISE-JOSÈPHE-ALEXANDRINE ;
4. CALIS-CHARLOTTE-MARTINE.

VIII. JOSEPH DE LA FONS, frère du précédent Chevalier, Seigneur de Pont-Saint-Mard, Lieutenant au Régiment de Picardie, & Major de Coucy, a épousé, près de Coucy-le-Château, *Elisabeth de Froidour*, dont :

1. LOUIS DE LA FONS DE PONT-SAINT-MARD ;
2. CHARLES-JOSEPH, dit *le Chevalier de Pont-Saint-Mard;*
3. & 4. LOUISE-ELISABETH & MARIE-ADÉLAÏDE.

QUATRIÈME BRANCHE.
Seigneurs D'HARDECOURT.

V. PHILIPPE DE LA FONS, Chevalier, Seigneur d'Hardecourt & Chambaon, quatrième fils de NICOLAS, III° du nom, & de *Claude Gagnebien*, fut Bouteillier du Vermandois, Conseiller du Roi en tous ses Conseils d'Etat & Privé, & Lieutenant-Général à Saint-Quentin. Il épousa, le 1er Septembre 1607, *Françoise Aubelin* dont les armes font : *d'a-zur, parti d'argent & de sable, accompagné en chef de 2 étoiles d'argent, & en pointe d'une tête de cerf d'or.* Leurs enfans furent :

1. NICOLAS, qui suit ;
2. ETIENNE, auteur de la cinquième branche, rapportée ci-après ;
3. CLAUDE, mariée, le 1er Janvier 1631, à *Antoine Bougier*, Ecuyer, Seigneur d'Estouilly, Maître des Comptes à Paris, qui porte : *d'azur, à 3 bandes de vair, appointées d'argent & d'azur;*
4. Et FRANÇOISE, mariée, le 26 Février 1634, à *Pierre Dorigny*, Avocat du Roi à Saint-Quentin, dont les armes font : *d'azur, à deux barbeaux adossés d'or.*

VI. NICOLAS DE LA FONS, Chevalier, Seigneur d'Hardecourt, Lieutenant-Général à Saint-Quentin, épousa, le 25 Septembre 1639, *Anne de Burcourt*, qui porte : *d'azur, à 3 chevrons brisés d'or, 2 en chef & 1 en pointe.* De ce mariage vint pour fils unique :

VII. PHILIPPE DE LA FONS, Chevalier, Seigneur d'Hardecourt, marié, le 24 Juillet

1669, avec *Anne-Adrienne Miron*, dont il eut :

ANTOINE, qui suit ;
ANNE-FRANÇOISE, née le 14 Février 1675, décédée sans alliance le 8 Décembre 1694; Et 4 enfans morts au berceau.

VIII. ANTOINE DE LA FONS, Chevalier, Seigneur d'Hardecourt, né le 12 Février 1674, a épousé, le 10 Juillet 1703, *Anne-Marguerite Bastonneau*, dont les armes font : *d'azur, au chevron d'or, accompagné de 2 quintefeuilles de même en chef, & d'un bâton noueux d'argent en pointe.* De ce mariage il a eu :

1. PHILIPPE-GABRIEL, qui suit ;
2. N... DE LA FONS, mort à 5 ans ;
3. MARIE-MARGUERITE, alliée, le 10 Mai 1730, à *Jean-Baptiste-François des Courtils*, Ecuyer, Seigneur de Beffy, Capitaine d'Infanterie au Régiment de Béarn, qui porte pour armes : *d'azur, au lion d'argent, armé & lampassé de gueules, ayant à son col un petit écusson de gueules, chargé d'un petit lion d'argent;*
4. Et ANTOINETTE-LOUISE-PHILIPPINE, née le 20 Janvier 1710, Religieuse au Couvent des Cordelières de Saint-Quentin le 24 Octobre 1728, morte le 30 Mai 1743.

IX. PHILIPPE-GABRIEL DE LA FONS, Chevalier, Seigneur d'Hardecourt & des Terres d'Happencourt, Grand & Petit-Seraucourt qu'il a acheté, a épousé, le 30 Juin 1733, *Jeanne-Madeleine de Commargon*, qui porte : *d'argent, à 3 canettes de sable, becquées & onglées de gueules.* De ce mariage il a eu :

1. JEAN-JACQUES-ANTOINE, qui suit ;
2. ANNE-JACQUELINE, née à Paris le 13 Septembre 1734, mariée, le 18 Mai 1760, à *François de Meulan*, Ecuyer, Seigneur d'Oigny, ancien Capitaine d'Infanterie, & Chevalier de Saint-Louis, dont deux filles ;
3. MARIE-ANNE, née le 1er Septembre 1736, non mariée en 1773 ;
Et 5 enfans morts en bas âge.

X. JEAN-JACQUES-ANTOINE DE LA FONS, Chevalier, Seigneur d'Hardecourt, Happencourt, Grand & Petit-Seraucourt, né à Paris le 9 Octobre 1735, Capitaine au Régiment de Metz du Corps-Royal de l'Artillerie, mort en l'Isle de Corse le 12 Septembre 1768, avoit épousé, à Laon, le 7 Février 1767, *Marie-Jeanne-Nicolle Marguette*, dont pour fille unique :

XI. MARIE-MADELEINE-CHARLOTTE DE LA FONS, née le 27 Novembre 1767, Dame d'Hardecourt, d'Happencourt, Grand & Petit-Seraucourt.

CINQUIÈME BRANCHE.
Seigneurs de GIVERCOURT, de VAUGENLIEU, &c.

VI. ETIENNE DE LA FONS, fecond fils de PHILIPPE, & de *Françoife Aubelin*, Chevalier, Seigneur de Givercourt & de Commenchon, fut Chambellan, Bouteillier du Vermandois, & Contrôleur-Général de la Chambre des Comptes à Paris. Il époufa, le 5 Avril 1646, *Marie de Valles*, dont il eut :

1. FRANÇOIS, qui fuit;
2. ETIENNE, Chevalier, Chambellan, Bouteillier du Vermandois, Capitaine au Régiment des Gardes-Françoifes, décédé en 1722;
3. HENRI, Chevalier, Seigneur d'Orillac, né le 16 Février 1646, Lieutenant de la Meftre-de-Camp du Régiment de Saint-Sylveftre, mort au mois de Septembre 1675, à Sédan, des bleffures qu'il reçut dans un parti près de Mouzon;
4. Et MARIE-MADELEINE, morte à Paris fans alliance en 1721.

VII. FRANÇOIS DE LA FONS, Chevalier, Seigneur de Givercourt & de Commenchon, Terre qu'il a vendue, a été Confeiller au Parlement de Metz, enfuite Procureur-Général en la Cour des Monnoies de Paris, & eft mort en 1715. Il avoit époufé, le 14 Mai 1697, *Anne-Françoife Belin*, d'une famille noble, qui porte pour armes: *d'azur, à la croix componée d'or & de fable, cantonnée aux 1 & 4 d'un lion d'argent; & aux 2 & 3 d'une écharpe auffi d'argent, frangée d'or.* De ce mariage font iffus :

1. JACQUES, qui fuit;
2. ETIENNE, né le 22 Juin 1699, Chevalier, Chambellan & Bouteillier du Vermandois. Il a été Page de la Petite-Ecurie du Roi, enfuite Enfeigne & Sous-Lieutenant au Régiment des Gardes, & eft mort fans alliance le 9 Juin 1734;
3. Et FRANÇOIS, dont la poftérité fera rapportée après celle de fon aîné.

VIII. JACQUES DE LA FONS, Chevalier, né le 2 Mai 1698, Seigneur de Cuy & des Effarts, qu'il acheta de CLAUDE DE LA FONS, fon coufin, Chambellan & Bouteillier du Vermandois, époufa, le 5 Mai 1733, *Marie-Anne Herfent*, dont il eut :

1. CHARLES-LOUIS-EMMANUEL, qui fuit;
2. LOUIS-ALEXANDRE, Chevalier, Seigneur de Malicoq, né le 7 Avril 1746, Lieutenant de Dragons dans la Légion de Soubife, non encore marié;
3. ANNE-MARIE, née le 18 Juin 1734, alliée, le 7 Mai 1761, à *Jean-Baptifte Loifel le Gaucher*, Chevalier, Seigneur du Broutel & de Canterenne en Ponthieu, dont poftérité;
4. CHARLOTTE–FRANÇOISE, née le 26 Août 1736, non encore mariée;
5. MARIE-NICOLLE, née le 14 Avril 1738, alliée, le 17 Août 1767, à *Antoine-Jean-Baptifte-Arnaud des Courtils*, Ecuyer, Seigneur de Beffy, Chevalier de Saint-Louis, Sous-Brigadier de la première Compagnie de la Garde du Roi;
6. CATHERINE, née le 10 Février 1739, mariée à *Pourcette de Sahème*;
7. Et MARIE-ELISABETH, née le 10 Juin 1744, alliée à *N... du Tertre d'Efcuffon*, qui porte pour armes: *d'argent, à 3 aigles éployées de gueules, becquées & membrées d'azur.*

IX. CHARLES-LOUIS-EMMANUEL DE LA FONS, connu fous le nom de *Comte des Effarts*, Chevalier, Seigneur de Vaugenlieu, Capitaine de Cavalerie au Régiment de Bourgogne, Ecuyer ordinaire du Roi, a époufé, le 30 Octobre 1769, *Jeanne-Chriftine-Clémence de Saint-Maffens*, née à Noyon, dont, en 1773, un fils.

VIII. FRANÇOIS DE LA FONS, IIe du nom, troifième fils de FRANÇOIS, & d'*Anne-Françoife Belin*, Chevalier, Seigneur d'Orillac, né le 16 Mai 1701, a été Enfeigne au Régiment des Gardes-Françoifes, & a époufé, à Paris, le 29 Janvier 1733, *Marguerite-Nicolle Martin*, dont font iffus :

1. FRANÇOIS, Chevalier, né le 20 Novembre 1745, Moufquetaire du Roi dans fa première Compagnie;
2. ADÉLAÏDE-PERPÉTUE, née le 20 Août 1744;
3. Et MARIE-SOPHIE, née le 20 Novembre 1748. Ces trois enfans ne font pas encore mariés.

SIXIÈME BRANCHE.
Seigneurs de RICHEBOURG & de CHAMPEAUX, &c.

IV. ANTOINE DE LA FONS, Ecuyer, Seigneur de Rouy, fils de NICOLAS, IIe du nom, & d'*Antoinette Grin*, fa feconde femme, fut homme d'armes des Ordonnances du Roi, fous le Comte de Vaudémont. Il époufa, le 27 Juillet 1572, *Marie de Mailly*, dont :

1. Adrien, qui fuit;
2. Hélène, mariée à *François de Hanon*, E-cuyer, Seigneur de la Motte & de Lamboye;
3. Françoise, mariée, le 16 Novembre 1600, à *François de Crécy*, Ecuyer, Seigneur de Goulancourt & de Parânant, Prévôt héréditaire du Laonnois. Cette famille *de Crécy* porte: *d'argent, au lion de fable, armé & lampaffé de gueules, à la bordure engrêlée de même;*
4. Et Antoinette, mariée à *N... de Grouchet*, Ecuyer, Seigneur de Genvry.

V. Adrien de la Fons, Ecuyer, Seigneur de Rouy, Effigny-le-Petit & Morfain, épousa, le 6 Octobre 1600, *Marguerite de Crécy*, de laquelle il eut:

1. Antoine, Capitaine d'Infanterie, tué au fiège de Verue, fans avoir été marié;
2. Charles, Chevalier, Seigneur d'Effigny, allié à *Marie Ferret* (d'une famille noble qui porte pour armes: *d'azur, au chevron d'argent, accompagné de 3 têtes de cerf d'or, rangées en chef)*, de laquelle il n'eut point d'enfans;
3. Pierre, Chevalier, Seigneur de Morfain, Capitaine de Chevaux-Légers au Régiment d'Harcourt, décédé fans alliance;
4. Adrien, Seigneur d'Heury, tué au fiège d'Arras en 1655, y fervant en qualité de Volontaire, aussi fans avoir pris d'alliance;
5. François, qui fuit;
6. Jacques, Chevalier, Seigneur de Champeaux, rapporté après la poftérité de fon frère;
7. Marie, alliée à *François de Maubeuge*, E-cuyer, Seigneur du Bois;
8. Antoinette, Religieufe à l'Abbaye de Notre-Dame de Soiffons;
9. Et Françoise, femme de *Gabriel de Teftu*, Ecuyer, Seigneur de Cugny & St.-Clément.

VI. François de la Fons, Chevalier, Seigneur de Cuy, des Effarts, de Richebourg, d'Orchies, fervit dans le Régiment de Genlis, & épousa *Françoife de Courcelles*, dont les armes font: *échiqueté de gueules & de finople.* De ce mariage vinrent:

1. Henri, Chevalier, Seigneur de Cuy, des Effarts, de Richebourg & Orchies, Capitaine au Régiment de Navarre, mort fans alliance de maladie en conduifant une recrue de Marfeille à Perpignan;
2. François, Chevalier, Seigneur de Richebourg, Lieutenant au Régiment de Navarre, & Ingénieur, tué, fans avoir pris d'alliance, au fiège de Luxembourg, en 1684;
3. Et Charles, qui fuit.

VII. Charles de la Fons, Chevalier, Seigneur de Richebourg & de Champeaux, Capitaine d'Infanterie au Régiment de Dillon, Irlandois, a épousé, à Paris, *Marie le Grain*, dont les armes font: *d'argent, à 3 merlettes de fable, pofées 2 & 1.* De ce mariage eft iffu:

Charles-Théophile, Chevalier, Seigneur de Richebourg & de Champeaux, né le 3 Septembre 1701, mort fans alliance en 1733, âgé de 33 ans.

VI. Jacques de la Fons, Chevalier, Seigneur de Champeaux, fixième fils d'Adrien, & de *Marguerite de Crécy*, Capitaine au Régiment de Gefvres, enfuite incorporé dans celui de Bretagne, fervit long-tems en Catalogne, & épousa *Marie de Billy*, dont:

1. Charles, Page du Duc de Gefvres, enfuite Lieutenant au Régiment de Picardie, mort fans avoir été marié;
2. Léon, Chevalier, Seigneur de Champeaux, aussi Page du Duc de Gefvres, & Lieutenant au même Régiment de Picardie, aussi mort fans alliance;
3. Marie, alliée, le 9 Juillet 1686, à *Louis Dorigny*, Seigneur du Mets, Confeiller en la Cour des Monnoies;
4. Et Charlotte, qui fut aussi mariée, mais on ignore le nom de fon époux.

SEPTIÈME ET DERNIÈRE BRANCHE.
Seigneurs de Jussy & de Camas, &c.

II. Pierre de la Fons, fecond fils de Philippe Ier, Sieur de Renty, & d'*Ifabelle de Lihons*, épousa: 1º *Marie Vandin*, dont il n'eut point d'enfans; & 2º *Françoife Grin*, de laquelle vinrent:

1. Nicolas, qui fuit;
2. Jeanne, mariée à *Eloi le Comte*, Procureur du Roi à Noyon, très-célèbre Jurifconfulte;
3. Et Marguerite, mariée à *Edme le Maffon*, Contrôleur des deniers communs à Chauny. Cette famille a donné dans *Innocent le Maffon*, en 1675, un Général des Chartreux.

III. Nicolas de la Fons, Seigneur de Juffy & de Camas, épousa, à Amiens, *Catherine le Foreftier*, laquelle, étant de la Religion prétendue réformée, pervertit fon mari; mais dans la fuite ils firent abjuration publique. Ils eurent de leur mariage trois garçons qui vécurent dans la Religion prétendue réformée, favoir:

N... de la Fons, Seigneur de Juffy & de Camas. C'est fur lui & fur les freres que ces terres furent vendues par décret forcé. Il fe maria & n'eut point d'enfans de fa femme dont le nom eft ignoré.

2. Josias de la Fons, qui mourut fans alliance dans la Religion prétendue réformée.

3. Et François de la Fons, qui mourut à St.-Quentin vers l'an 1638, & laiffa de fa femme, dont on ignore le nom, fix enfans. Après fa mort elle quitta Saint-Quentin, & les emmena avec elle. On ne fait ce qu'ils font devenus : peut-être ont-ils donné naiffance à plufieurs familles du nom de la Fons, & l'on affure qu'il y en a de ce nom à Orléans, en Provence & dans d'autres Provinces.

Les armes des différentes branches de la Fons, dont nous venons de donner la Généalogie, font : *d'argent, à 3 hures de fanglier de fable, arrachées & lampaffées de gueules, 2 & 1.* Devife : AUT MORS, AUT VITA DECORA.

FONSECA, Famille des plus confidérables d'Efpagne, qui tire fon origine, fuivant les uns, de PAYAN DE HONGRIE, lequel vint s'établir en Galice, &, fuivant les autres, de RAMIRE II, Roi de Léon.

FERNANDEZ DE FONSECA, Seigneur de Quintana & de Fuenfeca on Fonfeca en Galice, fe trouva à la conquête de Tolède l'an 1085, & après il paffa à celle de Portugal avec le Comte HENRI, où il s'établit. Il étoit fixième aïeul de PIERRE-RODRIGUE DE FONSECA, qui paffa en Caftille avec la Reine Dona Béatrix, femme du Roi de Caftille JEAN Ier. Il époufa *Inès Diaz Botelho*, tante de la Reine BÉATRIX, dont il eut :

1. JEAN-RODRIGUE, qui fuit ;
2. PIERRE, Cardinal de Saint-Ange ;
3. Dona BÉATRIX, femme de *Jean-Alphonfe d'Unoa*, Progéniteur des Ducs d'Infantado, Qenete, Alva, Veraguas, Medina-Celi, Albuquerque, Gandia, Cafnina & Trios ; des Marquis de Vinada, Balbares, Caftel-Rodrigo, Aytona, Guardia, Almimia & Amzera, & des Comtes de Villamueba, de Monanam, Puébla de Montalvom, Oropeta, Haro, Amaynelas, Panaflor & autres ;
4. Dona MENCIA, mariée à *Ferdinand-Manuel de Villena*, troifième petit-fils du Roi SAINT-FERDINAND, Progéniteur des Ducs de Naxera, Arcos, Aveizo, Alva, Uzeda & Ofuna, & des Marquis de Mofcara, Alcanizas, Triza, Malpica & Fromefta, & des Comtes d'Aguilas, Sacede, Palma & autres ;
5. Et Dona LÉONORE, époufe d'*Anas-Gomez de Silva*, Progéniteur des Marquis de Zef-

falvo & Almarza, des Comtes de Caftrillo, de Fuenráldana, Enfatada, Villanueva de Canedo, Reguena, Montezuma, Montellano & Caftroponce, & des Barons de Surgères, en France, Maifon qui eft fondue dans celle de *la Rochefoucauld.*

JEAN-RODRIGUE DE FONSECA, vivant en 1450, fut père de :

PIERRE, qui époufa Dona *Maria Manuelle de Villena*, quatrième petite-fille du Roi SAINT-FERDINAND, & coufine feconde des Rois HENRI III, de Caftille, & EDOUARD DE PORTUGAL. Il eut pour fils :

JEAN DE FONSECA, vivant l'an 1527, qui époufa Dona *Ana d'Unoa*, & en eut entr'autres enfans :

PIERRE & JEAN, qui fuivent ;

Et Dona MARIE-MANUELLE, femme d'*Inigues Velez de Guebura*, Progéniteur des Comtes d'Onate & Marquis de Mont-Alègre.

PIERRE DE FONSECA étoit bifaïeul de Don PEDRE DE FONSECA, Marquis de Lapilla, décédé en 1640, fans poftérité. Ses états pafsèrent à la branche de JEAN, frère puîné de PIERRE. Il étoit cinquième aïeul de Dona MARIE-ESPÉRANCE DE GAZETA DE FONSECA, feptième Marquife de Lapilla, qui époufa, en 1712, *Adam Centurion*, IIe du nom, fixième Marquis de Monafterio, dont il a eu *Jofeph Centurion*, feptième Marquis de Monafterio, Duc au Royaume de Naples, & noble Patrice de Gênes. Voyez CENTURION.

Les armes : *d'or, à 5 étoiles de gueules en fautoir.*

FONSÈQUES, RODÉRIC DE FONSÈQUES, iffu des Comtes de Monterey, en Efpagne, époufa *Louife de Clermont*, Dame de Surgères, veuve de *Jean Aubin*, Seigneur de Malicorne en Puifaye, premier Chambellan de CHARLES DE FRANCE, Duc de Berry. RODÉRIC DE FONSÈQUES, devint Baron de Surgères par fa femme. Il eut :

RENÉ DE FONSÈQUES, Baron de Surgères, qui époufa *Anne de Coffé*, mère de :

CHARLES DE FONSÈQUES, Baron de Surgères, marié à *Efther Chabot*, Dame d'Andilly, le Marais, du Breuil, & en partie de Jarnac. De ce mariage fortit :

HÉLÈNE DE FONSÈQUES, Dame de Surgères, mariée, le 2 Août 1600, à *Ifaac de la Rochefoucauld*, Baron de Montendre, Seigneur de Montguyon, nommé, en 1612, Chevalier des Ordres du Roi, & mort fans avoir été reçu, laiffant deux fils :

1. CHARLES, qui a continué la branche de *Montendre* ;
2. FRANÇOIS, qui eut la Baronnie de *Surgères*, & a fait la branche de ce nom. Voyez RO-CHEFOUCAULD & SURGÈRES.

FONT (DE LA) en Dauphiné. RAOUL DE LA FONT épousa *Géraude de Savines*, qui lui porta en dot la Seigneurie de Savines en Embrunois. Il en fit hommage le 13 Juillet 1383. De lui descendoit :

BENOÎT DE LA FONT, Co-Seigneur de Savines, marié à *Catherine de la Villette*, mère de :

RAOUL DE LA FONT, Seigneur de Savines & de Chérines, qui épousa *Marguerite Gaillard*, dont :

ANTOINE DE LA FONT, leur fils aîné, Seigneur de Savines, Colonel du Régiment de Savines, Gouverneur de Nice-la-Païlle, qui épousa *Marie de Girard Saint-Paul*, dont :

1. JEAN-BAPTISTE, qui suit ;
2. Et GUILLAUME, reçu Chevalier de Malte, au Grand-Prieuré de Saint-Gilles, sur ses preuves du 25 Août 1634.

JEAN-BAPTISTE DE LA FONT, Seigneur de Savines, Gouverneur d'Embrun & de l'Embrunois, eut de sa femme *Lucrèce Reynard* :

1. ANTOINE, Gouverneur d'Embrun, Lieutenant des Gardes-du-Corps du Roi, en faveur duquel la Seigneurie de *Savines* fut érigée en *Marquisat*, par Lettres du mois de Janvier 1715, enregistrées au Parlement de Grenoble le 31 Mai suivant. Il fut fait Lieutenant-Général des Armées du Roi, en 1718, eut le bras cassé d'un coup de feu au combat de Parme, le 29 Juin 1734 ; a été fait Gouverneur de Bergues & de la Châtellenie de Bailleul ; Directeur-Général de la Cavalerie, emploi vacant par la promotion du Comte de Broglie, à la dignité de Maréchal de France ; & Chevalier des Ordres en 1739. Il est mort à Paris, sans alliance, le 12 Avril 1748, dans sa 85e année ;
2. Et CHARLES, qui suit.

CHARLES DE LA FONT, dit le Comte de Savines, Colonel de Dragons, mort le 2 Novembre 1744, avoit épousé, le 24 Octobre 1737, *Polixène de Castellane*, sœur du Marquis de *Castellane*, Colonel du Régiment de Penthièvre, Cavalerie, de laquelle il a laissé :

1. ANTOINE-VICTOR-AMÉDÉE, qui suit ;
2. Et CHARLES, né le 12 Février 1742.

ANTOINE-VICTOR-AMÉDÉE DE LA FONT, Marquis de Savines, né le 18 Mai 1739, fut nom-

mé Gouverneur d'Embrun en 1743, sur la démission d'ANTOINE, son oncle, & fait second Cornette des Chevaux-Légers de Berry en 1762. Cette Compagnie ayant été réformée, par Ordonnance du 5 Juin 1763, il fut nommé Guidon des Gendarmes de Berry, & passa en 1765 au Guidon des Gendarmes Ecossois. On ignore s'il est marié & s'il a postérité, faute de Mémoire.

C'est ce que nous savons sur cette famille, qui porte : *d'azur, au huchet ou cor de chasse d'or, lié de sable, & accompagné de 3 étoiles de même, 2 en chef & 1 en pointe.*

FONTAINE (DE), dans le Poitou : Famille noble, originaire de Bourgogne, où elle étoit connue dès l'an 1091, tems où les noms commencèrent à être permanents dans les familles. Voici ce que nous en apprend un Mémoire, adressé au libraire par un Chevalier de Malte de ce nom. Le premier connu est :

JEAN DE FONTAINE, Chevalier Banneret, qui se croisa & se trouva à la prise de Jérusalem, le 5 Juillet 1099, sous *Godefroy de Bouillon*. Il portoit pour armes : *d'or, à trois écussons de vair bordés de gueules*, qui sont les mêmes que ses descendans ont conservées. Il avoit sous sa bannière 350 hommes. De retour de la Terre-Sainte, il épousa en Bourgogne, vers l'an 1109, une Demoiselle du nom *de Beaumont*, dont il eut entr'autres enfans :

ETIENNE DE FONTAINE, qui se maria, vers l'an 1139, avec Mademoiselle *Dus*, de laquelle vinrent trois enfans, entr'autres :

PIERRE DE FONTAINE, lequel s'établit en Picardie, & y épousa, vers l'an 1170, Demoiselle *Danette*, & en eut entr'autres enfans :

PIERRE DE FONTAINE, IIe du nom, qui fut choisi par le Roi SAINT LOUIS, pour recevoir la Requête des Plaids & rendre la Justice en son nom, avec Geoffroy des Villettes, vers l'an 1260. Il fit l'Histoire du règne de SAINT LOUIS, manuscrit estimé qui ne parut que vers l'an 1297. Il eut pour fils :

JEAN DE FONTAINE, qui se maria vers l'an 1267, & eut de son épouse, dont on ignore le nom, trois enfans :

JOSEPH DE FONTAINE, le seul nommé dans le Mémoire, se maria vers l'an 1305, & laissa entr'autres enfans :

LUC DE FONTAINE, qui se maria vers l'an 1349, dont vint entr'autres enfans :

CHARLES DE FONTAINE, qui se maria vers l'an

1390, & eut quatre enfans. L'un d'eux fe maria vers l'an 1432, & eut :

N... & P... DE FONTAINE. Celui-ci fe maria vers l'an 1467, & eut entr'autres enfans :

N... DE FONTAINE, Seigneur de Foury en Picardie, marié vers l'an 1497. Il eut plufieurs enfans :

1. N... Seigneur de la Vieuville, qui fuit ;
2. N..., Officier de Cavalerie, rapporté après fon aîné ;
3. & 4. N... & CLAUDE, reçu Chevalier de Malte en 1524, dans la Langue de France, étant du Diocèfe d'Amiens en Picardie.

N... DE FONTAINE, Seigneur de la Vieuville, fe maria, vers l'an 1522, & eut trois fils :

1. & 2. N... & N... DE FONTAINE, l'un d'eux fut Seigneur de la Vieuville, fe maria, & eut pour enfans :

   CLAUDE, qui figna la Ligue à Péronne, avec fon frère CHARLES, le 15 Février 1577, fous le règne de HENRI III ;
   Et CHARLES, qui fe maria & laiffa trois fils :
     1. & 2. N... & N... DE FONTAINE, l'un d'eux fut marié, & on ignore fa poftérité ;
     3. Et JEAN, qui fut reçu Chevalier de Malte en 1595.

3. Et ANTOINE, qui fut reçu Chevalier de Malte en 1541.

N... DE FONTAINE, Officier de Cavalerie, mentionné plus haut, fut s'établir en Touraine, où il époufa, en 1525, Demoifelle de Verveille, héritière de cette Seigneurie. Il en eut :

JEAN DE FONTAINE, Seigneur de Verveille, qui affifta à la réduction de la Coutume de Touraine, le 18 Octobre 1559. Il époufa, à Chinon, l'an 1552, Catherine des Ogères, dont :

1. JEAN ;
2. P. ETIENNE ;
3. Et ANTOINE, qui fuit ;

ANTOINE DE FONTAINE, Seigneur de Verveille, époufa, par contrat paffé à Saumur le 1er Septembre 1602, Denife Bachar, & en eut :

1. JEAN ;
2. M... ;
3. C... ;
4. Et PIERRE, qui fuit ;

PIERRE DE FONTAINE, Seigneur de Chaillou, alla s'établir dans le Bas-Poitou, & y époufa, par contrat paffé à Mauléon le 27

Août 1653, devant Clémenceau, Notaire, Françoife Pommerey, de laquelle vint :

GUY DE FONTAINE, Seigneur de Fauchetières, qui entra dans la Compagnie des Chevaux-Légers de la Garde du Roi en 1669, dont le Duc de Chevreufe étoit Capitaine-Lieutenant. Il fe trouva à la bataille de Sénef en 1674, où le Prince de Condé, qui y commandoit, eut trois chevaux tués fous lui ; fortit de la Compagnie des Chevaux-Légers en 1683, & fut reçu, le 26 Avril de la même année, un des Ecuyers ordinaires du Prince de Condé. Il époufa, à Mortagne en Bas-Poitou, par contrat paffé le 5 Mars 1685, devant Chabonnier, Notaire, Marguerite de Hillerin. De ce mariage naquit :

PIERRE DE FONTAINE, IIe du nom, Seigneur de la Morandière, qui époufa, par contrat paffé à la Châtaigneraye le 13 Juin 1712, devant Bifcazan, Notaire, Marie Moreau. Il fe fixa à Mortagne en Poitou. Mais comme on voulut lui faire payer des droits de Francs-Fiefs, taxes roturières, ce qui l'inquiéta, d'autant plus qu'il ne put avoir connaiffance des titres de fa Famille, qui étoient dans une branche aînée, il prit le parti, pour conferver les privilèges dont il avoit toujours joui, de venir à Paris, où il acquit une charge de Secrétaire des Finances de MADAME, fille de France, Ducheffe de Berry, parce qu'on l'affura qu'une telle charge ne pouvoit nuire à fa Nobleffe. Ses provifions font du 17 Août 1714, figné LOUIS, & plus bas Phélypeaux. Il eut beaucoup d'enfans de fon mariage, entr'autres :

1. HENRI-CHARLES, Seigneur de Theil, qui s'eft fixé en Bretagne, Diocèfe de Nantes, où il a époufé, le 19 Novembre 1750, Marie Jouffon de l'Epinay, dont il a quatre enfans ;
2. Et GUY, Seigneur de la Morandière, qui s'eft établi à la Châtaigneraye en Bas-Poitou, où il a époufé, le 10 Novembre 1760, Geneviève Moreau du Pleffis, de laquelle il a cinq enfans.

Les armes comme ci-devant.

FONTAINE, Famille en Normandie établie dans l'Election de Valognes.

JULIEN DE FONTAINE obtint, en 1627, un Arrêt de la Cour des Aides de Rouen contre les habitans de la Paroiffe de Sotteville, ayant juftifié qu'il defcendoit de BERTRAND DE FONTAINE, vivant en 1480, Seigneur de la Fage & plufieurs autres Terres de la province du

Languedoc, Diocèfe de Mirepoix, Sénéchauffée du Lauraguais. La Généalogie de ces FONTAINE, rapportée dans l'Hiftoire des Albigeois, remonte à PHILIPPE DE FONTAINE, Gentilhomme de la Chambre du Roi PHILIPPE-AUGUSTE, & apprend que ceux de ce nom ont fait des alliances avec les plus grandes Maifons, comme dans celles de *Durfort*, de *Foix* & de *Baraffin*.

JEAN DE FONTAINE, l'un des fils dudit BERTRAND, ayant été envoyé à Cherbourg, en qualité de Lieutenant de la Garnifon des hommes d'armes d'Ordonnance, y époufa *Jeanne de Révie*, fille du Seigneur de Sotteville, & s'établit dans ce pays où cette branche fubfifte, & eft repréfentée par JACQUES & JULIEN DE FONTAINE, coufins germains de JACQUES-SCHOLASTIQUE-CATHERINE DE FONTAINE, mariée à *Bon-Antoine de la Haye*. Voyez HAYE (DE LA).

Les armes : *de gueules, à 3 bandes d'or, boutées d'azur & furmontées de 3 boucles, au chef d'argent, chargé de 3 hermines de fable.*

Les armes de la branche aînée, décrites dans l'Hiftoire des Albigeois, font : *de gueules, à 3 bandes d'or, au chef d'argent, chargé de 3 mouchetures d'hermine, de fable.*

FONTAINE, en Normandie, Election de Bayeux, qui porte pour armes : *d'azur, à la croix d'or, cantonnée de 4 coquilles de même.*

FONTAINE, Famille de Normandie. Un FONTAINE, Seigneur de la Poudrière, Election d'Alençon, & un FONTAINE, Seigneur de la Bigottière, qui portent tous deux : *d'azur, à la Croix ancrée d'argent.*

FONTAINE, Seigneur de Loches près de Mantes, dont les armes font : *lofangé d'or & de gueules.*

FONTAINE (LA) : *d'azur, à la croix cannelée d'argent.*

FONTAINE DES MONTÉES, Famille dont étoit :

CHARLES FONTAINE DES MONTÉES, Comte de Prémery, Evêque de Nevers, Abbé de l'Abbaye de Saint-Cyran en Brenne, Ordre de Saint-Benoît, Diocèfe de Bourges, Docteur en Théologie de la Faculté de Paris, de la Maifon Royale de Navarre, du 8 Août 1689, & Confeiller d'honneur au Parlement de Paris & autres Parlemens du Royaume, mort

le 20 Février 1740, âgé de 78 ans. Il étoit fils d'ANNE FONTAINE, Seigneur des Montées, mort le 10 Mars 1716, & de *Françoife Boyetet de Mérouville*, & peut-être neveu de JEAN-LAMBERT FONTAINE, Seigneur des Bordes, reçu Confeiller au Grand-Confeil, le 27 Septembre 1681, mort en Janvier 1726, âgé de 89 ans, fans alliance, Doyen du Semeftre d'hiver. Ce JEAN-LAMBERT & fon frère aîné, ANNE, avoient pour père N... FONTAINE DES MONTÉES, Négociant à Orléans.

Les armes : *d'or, à un rencontre de cerf de fable.*

* FONTAINE-LÈS-AUBERT, jadis lès-Gobert. Un des trois villages de ce nom, fitués dans le Cambréfis, fut un des anciens apanages des puinés de la Maifon de *Wallincourt*, dont étoit Seigneur, l'an 1229, *Pierre de Wallincourt*, qui portoit pour armes : *d'argent, au lion de gueules, à la bordure d'or.* Un de fes defcendans, qui a toujours retenu le nom de FONTAINE, prit : *d'azur, à la Fontaine d'or* ; ce qui a été continué par fa poftérité, comme il a été prouvé par titres & actes authentiques, enregiftrés au Siège Royal de la Gouvernance & fouverain Bailliage de Lille en Flandre. Ces titres font foi que GILLES DE FONTAINE, Ecuyer, Seigneur de Sarteaux, décédé à Lille le 14 Janvier 1751, en étoit defcendu en ligne directe & légitime. Il a laiffé de fon mariage avec *Marie-Barthe-Jofèphe Mariffal*, trois garçons & fix filles. L'aînée des filles, nommée MARIE-ANNE-JOSÈPHE, a époufé, le 6 Décembre 1751, *Pierre de Mengin*, Chevalier, Seigneur de Fondragon, Chevalier de Saint-Louis, & Major du Fort St.-Sauveur de Lille, dont plufieurs enfans. Voy. MENGIN. (Notice envoyée & certifiée.)

* FONTAINE-L'ÉVÊQUE, ancienne Baronnie du Hainaut-Autrichien, laquelle entra dans la Maifon de *Rodoan*, avec la Terre de Souverez, en 1617, par le mariage d'*Alardine de Herzelles*, fille de *Philippe*, & de *Françoife de Jauche*, morte en 1637, avec *Charles-Chrétien de Rodoan*, Seigneur de Berleghem, Doncourt, Amerval, Berchem, Saint-Laurent, &c., d'une Famille originaire de Bourgogne, établie en Lorraine avant l'an 1500. Voyez RODOAN.

FONTAINE-SOLARE (LA). Ancienne Maifon originaire d'Italie, dont le nom primitif eft *Solar*, qu'elle a fait précéder de ceux *de la Fontaine,* depuis l'alliance de GEORGES SOLAR, Comte d'Aft, avec *Marie de la Fontaine,* au XIIIᵉ fiècle. Il y a encore en Italie des Solar, qui occupent les premières places de l'Etat. On trouve la Généalogie de cette Maifon dans l'*Hiftoire des Grands-Maîtres des Eaux & Forêts de France,* tom. VIII, du P. Anfelme, pag. 849 & fuiv. Suivant cet Auteur, COLINET DE LA FONTAINE, Ecuyer de la Compagnie de *Jean,* Seigneur d'Ivry, Chevalier Banneret, fit montre à Rouen le 23 Juin 1355.

DENISOT DE LA FONTAINE, Ecuyer du Roi, reçut, pour fes fervices, 30 francs d'or, par Lettres datées de Villeneuve-lès-Avignon, le 26 Mars 1370.

SIMON DE LA FONTAINE étoit Avocat au Parlement, & Confeiller du Roi au Châtelet, fuivant fa quittance du 7 Novembre 1377.

JEAN DE LA FONTAINE, Changeur, demeuroit à Paris le 7 Février 1409.

BERNARD DE LA FONTAINE fervoit fous Guichart, Dauphin, Grand-Maître-d'Hôtel du Roi; & donna quittance, le 12 Février 1411, de 225 liv. en prêt fur fes gages & ceux de 8 autres Ecuyers & 12 Archers de fa Compagnie.

JEAN DE LA FONTAINE étoit un des Ecuyers de la Chambre de Remon Joüan, auffi Ecuyer, pour fervir dans la Compagnie de Guillaume, Vicomte de Narbonne, Chevalier, reçue devant Chartres le 3 Juillet 1421; & Jeanne Volant, veuve de JEAN DE LA FONTAINE, Clerc & Payeur des *Œuvres du Roi,* donna quittance, le 4 Janvier 1489, d'un minot de fel fans Gabelle, à elle ordonnée pour la dépenfe & provifion de fon Hôtel.

C'eft une ancienne nobleffe partagée en plufieurs branches, qui fubfiftent préfentement fous différents furnoms, qui a eu des alliances avec des Maifons illuftres & diftinguées, comme celles *de Mirabel, de Lyous, d'Efpaux, de Soyecourt, de Mailly, du Châtelet, de Meaux, le Picard-Créquy, de Vignacourt, de Brouilly, Boulainvilliers,* & autres des plus illuftres de Champagne, de Picardie & de Normandie.

Cette Maifon, qui a eu un Maître-Enquêteur des Eaux & Forêts de France par tout le Royaume, a auffi donné onze Chevaliers de l'Ordre de Malte, & un Grand-Prieur de France, Général des Galères, qui feront mentionnés dans le cours de cette Généalogie, qui remonte, dans le P. Anfelme, par filiation fuivie, à

I. JEAN DE LA FONTAINE, Ecuyer, Seigneur des Fontaines, Pannetier du Duc d'Orléans, Capitaine de Crépy-en-Valois, & de Luxeuil en Combrailles, mort au mois de Juillet 14... fuivant fon épitaphe qui fe voit dans l'Eglife paroiffiale d'Ognon près de Senlis, où il eft enterré. Il avoit époufé *Jeanne de la Remonde,* Dame de Bertinval. Elle étoit veuve le 25 Février 1497, & fut enterrée à Ognon près de fon mari. Leurs enfans furent:

1. PIERRE, qui fuit;
2. ANTOINE, auteur de la branche des Seigneurs de *Bachets,* rapporté ci-après;
3. GUILLAUME, Seigneur de Vierme, dont on ne trouve que le nom;
4. JEANNE, mariée 1° à *Jacques Bluet,* dit *Triftan,* Ecuyer; & 2° à *Guy de Montchaveau,* auffi Ecuyer, morte fans enfans avant le 26 Février 1497;
5. MARIE, morte la même année, femme de *Laurent de Pomereu;*
6. DENISE, femme de *Jean de Ligny,* Seigneur de Raray & de Huleux près de Verberie, laquelle étoit veuve, & avoit des enfans en 1497;
7. Et CHARLOTTE, mariée à *Guillaume Fortier,* Licencié ès-Loix, Avocat du Roi à Pontoife. Elle furvécut à fon mari, & étoit morte en 1497.

II. PIERRE DE LA FONTAINE, Ecuyer, Seigneur des Fontaines & de Bertinval, Capitaine de Crépy, fut porteur de procuration de la part de Jean II, Seigneur de Montmorency, Grand-Chambellan de France pour vendre la Terre de Damville en 1473. Il époufa, par contrat du 28 Janvier 1479, *Jeanne de Baudry,* Dame d'Ognon, de Malgenefte, de Villers-Saint-Frambourg, & de Villiers-le-Bel, dont:

1. JEAN, qui fuit;
2. JACQUES, Chanoine de Senlis;
3. PIERRE, reçu Chevalier de Saint-Jean de Jérufalem, au Temple à Paris, le jour de faint Barnabé, en 1512; fait Grand-Prieur de France en 1563, Général des Galères de la Religion en 1565, & mort le 30 Novembre 1572, âgé de 83 ans. Son tombeau eft à Moyfi-le-Temple près de la Ferté-Milon;
4. NICOLAS, Seigneur de Malgenefte & du Fief des Carnaux, Bachelier en droit canon, mort le 8 Octobre 1558, & enterré à Ognon;
5. MARGUERITE, femme de *Chriftophe Rognée,* Seigneur de Ville, dont elle eut entr'autres

enfans, *Jacqueline Rognée*, mariée à *N...
d'Aboval*, & à laquelle elle fit des donations
en 1550 & 1559;

6. Et Louise, alliée à *Pierre de Meaux*, Seigneur de Bois-Boudran.

III. Jean de la Fontaine, Seigneur des
Fontaines, d'Ognon, de Bertinval & de Villiers-le-Bel, Capitaine de Crépy, épousa, par
contrat du 25 Novembre 1579, *Nicolle d'Argillières*, fille de *Jean*, Seigneur de Brunelles-Vert, de Valescourt & de Monceaux, Lieutenant-Général du Comté de Clermont, &
de *Louise de la Bretonnière-Warty*. Elle
mourut en 1584, & fut enterrée aux Cordeliers de Senlis, laissant :

1. Artus, qui suit ;
2. Guillaume, reçu Chevalier de Malte en
1539, Grand'Croix & Commandeur de St.-
Jean de Latran à Paris, Ambassadeur de
l'Ordre en 1565. Il se trouva à la bataille de
Saint-Denis, & y fut tué le 10 Novembre
1567. Il est enterré dans l'Église de Saint-
Jean de Latran à Paris, où l'on voit son
épitaphe ;
3. François, Abbé de Saint-Acheul-lès-Amiens, & Chanoine de Beauvais, mort le
15 Février 1565 ;
4. Nicolas, reçu Chevalier de Malte en 1550,
tué sur les vaisseaux de la Religion ;
5. Philippe, auteur de la branche des Seigneurs de *Bitry & de la Boissière*, rapportée ci-après ;
6. Georges, Religieux Bénédictin de Saint-
Denis en France, Abbé de Saint-Léger de
Soissons après 1578 ;
7. René, mort jeune, le 23 avril 1551, enterré
dans l'Église des Cordeliers de Senlis, auprès de sa mère ;
8. Madeleine, femme de *Louis de Piennes*,
Seigneur de Rousseloy, près de Beaumont ;
9. Marguerite, mariée à *Adrien de Berthaucourt*, Seigneur de Mainbeville, près de
Beaumont ;
10. Jeanne, religieuse à Saint-Jean-aux-Bois,
près de Compiègne ;
11. Madeleine, Religieuse à Longpré, près de
Villers-Cotterets.

On trouve Marie de la Fontaine, alliée à
Christophe du Crocq, Seigneur de Viernes,
dont elle eut *Marguerite du Crocq*, mariée
le 19 Août 1599, à *Claude de Montmorency*,
fils naturel de *Georges de Montmorency*,
Seigneur d'Aumont, & de *Françoise de
Bouquerie*.

IV. Artus de la Fontaine, Baron d'O-
gnon, Seigneur des Fontaines & de Bertin-

val, Capitaine de Crépy & Pont-Sainte-
Maxence, depuis Gouverneur de Soissons &
de Laon, Chevalier de l'Ordre du Roi, son
Lieutenant-Général en l'Isle-de-France, Maître-d'Hôtel ordinaire, Ambassadeur à Vienne
& à la Porte, exerça les fonctions de Grand-
Maître des Cérémonies sous les Rois Henri
II, François II, Charles IX & Henri III,
d'où est venu le proverbe, dit la Houssaye,
tom. II, p. 70. *Il veut se mettre en rang
d'Ognon.* Il épousa, par contrat passé à Paris le 2 Décembre 1558, *Catherine de Lions*,
fille de *Nicolas*, Seigneur d'Espaulx, & de
Jeanne de Louviers, dont :

1. Pierre, né le 12 Octobre 1561, tué au service du Roi Henri IV en 1593 ;
2. François, qui suit ;
3. Nicolas, né le 18 Octobre 1567, reçu Chevalier de Malte en 1589, Commandeur de
Maupas près de Soissons & de Haute Avefnes en Artois. Il resta 27 ans à Malte mourut à son retour en France en 1529, & est
enterré à Haute-Avesnes ;
4. Marie, née le 30 Septembre 1560, femme
d'*Antoine de Belloy*, Seigneur de Françiè-
res & de Castillon ;
5. Jeanne, née le 1er Novembre 1562, femme
de *Charles de Brouilly*, Seigneur de Bala-
gny ;
6. & 7. Françoise & Madeleine, Religieuses
Urbanistes au Moncel-lès-Pont-Sainte-
Maxence.

V. François de la Fontaine, Baron d'O-
gnon, Seigneur des Fontaines & de Bertinval, Gouverneur de Crépy & de Pont-Sainte-
Maxence, Gentilhomme ordinaire de la Chambre du Roi, né le 29 Septembre 1566, s'étant
rendu caution de plusieurs sommes d'argent
pour la Reine Marie de Médicis, lors de sa
sortie du Royaume, fut obligé de vendre ses
terres, & mourut le 30 Janvier 1632. Il est
enterré dans l'Eglise des Capucins d'Abbeville. Il avoit épousé, 1° le 5 Octobre 1593,
Charlotte de Soyecourt, Dame de Verton,
de Hallencourt, de la Motte-Verlintun, de
Gouy & de Gésincourt, fille de *François*,
Seigneur de Soyecourt, & de *Charlotte de
Mailly*. Elle mourut le 10 Décembre 1607,
& fut enterrée dans le Chœur de l'Eglise paroissiale de Verton ; 2° en 1608, *Hippolyte
de Montmorency*, veuve de *Pierre de Melun*, Prince d'Espinoy, fille de *Jean de Montmorency*, Seigneur de Bours, & de *Bernarde Gaillard-de-Longjumeau*, morte le 10 Juin

1616, & enterrée aux Capucins d'Abbeville ; & 3°.en 1621, *Lucrèce de Caftel-Saint-Na-ɣart*, veuve de *Georges de Clermont d'Amboiſe*, Marquis de Buſſy, fille de *Jean de Caſtel-Saint-Naɣart*, Seigneur de Morlay. Elle mourut le 1er Juillet 1626, & fut auſſi enterrée aux Capucins d'Abbeville. Il n'eut des enfans que de ſa première femme, ſavoir :

1. NICOLAS, qui ſuit ;
2. JEAN, Baron de Mazinghem, né le 8 Mai 1598, mort ſans enfans de ſon mariage avec *Renée de Clermont d'Amboiſe*, fille de *Jacques*, & de *Jeanne de Romécourt*, ſa ſeconde femme ;
3. CLAUDE, né le 15 Décembre 1601, Religieux Capucin ;
4. CHARLOTTE, née le 8 Avril 1595, mariée 1° à *Jacques de Milly*, Seigneur du Pleſſis-Roſinvilliers ; 2° à *Louis*, Seigneur de *Perne* ; 3° à *N...* Seigneur d'*Albène*, & morte ſans enfans en 1670 ;
5. Et CATHERINE, née le 25 Juin 1603, Religieuſe.

VI. NICOLAS DE LA FONTAINE, Seigneur de Verton, Hallencourt & de la Motte-Verlintun, né le 1er Avril 1597, renonça à la ſucceſſion de ſon père, & ſe tint aux droits de ſa mère. Il fut député de la Nobleſſe du Comté de Ponthieu pour les Etats convoqués à Orléans en 1649, & mourut en 1662. Il avoit épouſé 1° par contrat paſſé à Abbeville le 15 Décembre 1626, *Catherine de Rouſſay*, morte en 1642, fille de *Michel*, Baron d'Alembon, & de *Renée de Fouilleuſe* ; & 2° ſans enfans, *Claire-Françoiſe de Villers*, veuve de *Claude de Buffignécourt*, Seigneur de Beaumont, héritière de *Faulquier*, par *Marguerite de Faulquier*, ſa mère. Du premier lit vinrent :

1. FRANÇOIS, qui ſuit ;
2. PHILIPPE, Religieux Bénédiĉtin, né le 15 Octobre 1690 ;
3. ANTOINE, Seigneur de Géſincourt, Capitaine de Cavalerie, mort ſans alliance en 1676 ;
4. CHARLES, Seigneur de Gouy, auſſi Capitaine de Cavalerie, mort le 3 Janvier 1691 ;
5. ELISABETH, Chanoineſſe de Remiremont, mariée 1° à *Daniel du Châtelet*, Marquis de Lenoncourt ; & 2° à *Balthaſard de Cultɣ*, Marquis de Samboin : elle mourut en 1695 ;
6. Et CATHERINE, morte Chanoineſſe de Remiremont.

VII. FRANÇOIS DE LA FONTAINE, qualifié Comte de Verton, &c., mort âgé de 36 ans en 1668, & enterré à Chauvirey en Franche-

Comté, avoit épouſé, par contrat paſſé audit lieu le 16 Juin 1653, *Béatrix-Françoiſe de Buffignécourt*, Baronne de Chauvirey, enterrée auprès de ſon mari, fille unique de *Claude*, Seigneur de Beaumont, premier Ecuyer de la Ducheſſe de Lorraine, & de *Claire-Françoiſe de Villers*, belle-mère de ſon mari, dont :

1. HUBERT-NICOLAS-FRANÇOIS, qui ſuit ;
2. Et MARIE-ELISABETH, Chanoineſſe de Remiremont, morte en 1707, âgée de 50 ans.

VIII. HUBERT-NICOLAS-FRANÇOIS DE LA FONTAINE, Comte de Verton, Baron de Chauvirey, Seigneur d'Hallencourt, & de la Motte-Verlintun, Capitaine-Garde-Côte de Picardie, né le 17 Juin 1655, Page du Roi dans ſa Grande-Ecurie, puis Capitaine de Cavalerie dans Royal-Etranger, bleſſé à la jambe droite au combat de Trèves en 1675, fut maintenu dans ſa nobleſſe par jugement de M. Bignon, Intendant de Picardie, le 24 Décembre 1698, & mourut le 27 Avril 1724. Il eſt enterré aux Capucins de Montreuil-ſur-Mer, dans une Chapelle bâtie par ſes ancêtres. Il avoit épouſé, par contrat paſſé à Abbeville le 7 Mai 1684, *Anne du Cheſne*, morte à Montreuil, âgée de 61 ans, le 8 Janvier 1727, fille unique de *Jean du Cheſne*, Seigneur du Bocquet, & d'*Eliſabeth du Gardin*, dont :

1. CHARLES-HUBERT-NICOLAS-FRANÇOIS, qui ſuit ;
2. JACQUES-HUBERT, Baron de Chauvirey, né le 16 Août 1694, Capitaine au Régiment Royal, Infanterie, en 1712, Maréchal-des-Logis des Grenadiers à cheval, par commiſſion du 2 Février 1730, Sous-Lieutenant de cette Compagnie le 5 Mai 1731, & Meſtre-de-Camp de Cavalerie ;
3. JEAN, Seigneur en partie de Vitrey, d'Ouge & de la Carte en Franche-Comté, Capitaine au Régiment Royal, Infanterie, en 1745 ;
4. AGNÈS-FRANÇOISE, âgée de 9 ans en 1698 ;
5. Et ANNE-JULIE, née le 2 Février 1693, Dame de la Motte-Verlintun, qui n'étoit pas mariée en 1732.

IX. CHARLES-HUBERT-NICOLAS-FRANÇOIS DE LA FONTAINE, Seigneur d'Hallencourt, né le 17 Janvier 1687, Page du Roi dans ſa Petite-Ecurie en 1702, mourut avant ſon père, le 9 Avril 1723. Il avoit épouſé, par contrat paſſé à Montreuil-ſur-Mer le 26 Juin 1718, *Marie-Gabrielle Heuɣé*, morte le 1er Septembre 1727, âgée de 29 ans, & enterrée dans

le chœur de l'Eglife paroiffiale de Verton près
de fon mari, fille de *Gafpard Heuʒé*, Seigneur de Heurtevent, & de *Marie-Anne-Gabrielle de Rangueil*, dont:

1. CHARLES-HUBERT-MARIE-GASPARD, qui fuit;
2. JEAN - MARIE - HUBERT, Seigneur de Chau-
mont-en-Valois, né le 6 Novembre 1721,
Capitaine au Régiment Royal, Infanterie,
tué à la bataille de Fontenoy le 11 Mai
1745, fans avoir pris d'alliance;
3. MARIE-ANNE-GABRIELLE, née le 15 Avril
1720;
4. Et MARIE - JULIE - HUBERTE, née pofthume
le 29 Septembre 1723, & morte au mois
d'Octobre 1729.

X. CHARLES-HUBERT-MARIE-GASPARD DE LA
FONTAINE - SOLARE, Comte de Verton, Seigneur d'Hallencourt, né le 17 Juin 1719,
étoit avec fon frère puîné & fa fœur fous la
tutelle de JACQUES - HUBERT DE LA FONTAINE,
Baron de Chauvirey, leur oncle. Il étoit Chevalier de Saint-Louis, ancien Capitaine-Général des Gardes-Côtes de Verton, & Capitaine au Régiment Royal, Infanterie, en
1745. Il avoit époufé *Marie - Louife de La-
miré*, dont pour fils unique :

XI. JEAN-MARIE-DENIS-HUBERT, Comte de
LA FONTAINE - SOLARE, Officier à la fuite du
Régiment du Roi, Cavalerie, veuf en Avril
1775, de *Marie-Louife-Françoife le Pour-
ceau de Rolivaud*, qu'il avoit époufée le 28
Juin 1774, dont il a :

XII. MARIE-HUBERT DE LA FONTAINE-SO-
LARE, né en Avril 1775.

BRANCHE
des Seigneurs de BITRY.

IV. PHILIPPE DE LA FONTAINE, fils puîné de
JEAN, Seigneur d'Ognon, & de *Nicolle d'Argillières*, né en 1540, Seigneur de Malgenefte, par donation de NICOLAS DE LA FON-
TAINE, fon oncle, du 9 Août 1548, alla fervir,
en qualité de Volontaire, avec fon frère le
Commandeur de Saint-Jean de Latran, au
fecours de Malte en 1556. Sa mère lui donna
la Seigneurie de Candoire, par acte paffé à
Senlis le 14 Mai 1576. Il y eft qualifié Gentilhomme de la Maifon du Roi, affifta aux
funérailles de François de Montmorency,
Maréchal de France au mois de Mai 1578,
mourut le 20 Avril 1611, & fut enterré dans
l'Eglife de Chamans, où fe voit fon épitaphe
avec celle de fa femme *Marie de Conty*, fille
de *Jean*, Seigneur de Rocquencourt & d'Ar-

gicourt, & d'*Anne Herbelot de Ferrières*,
qu'il avoit époufée, par contrat paffé à Senlis
le 23 Octobre 1570. Elle étoit âgée de 23 ans,
& la célébration ne s'en fit que le 15 Janvier
1571. Il eut de fon mariage 14 enfans, favoir :

1. PHILIPPE, qui fuit ;
2. LOUIS, Seigneur de Candoire, né le Dimanche 11 Octobre 1573, qui époufa, en 1599,
Elifabeth de Laon, Dame d'Andechy, près
de Roye en Picardie, dont :
   1. PHILIPPE, Capitaine au Régiment de
   Navarre, tué au premier fiège de Thionville en 1639 ;
   2. FRANÇOIS, Seigneur d'Andechy, Capitaine au Régiment de Ramburs, qui
   n'ayant point d'enfans de *Simonne de
   Perras*, fa femme, fit donation de fa
   terre d'Andechy à *N... de Riencourt-
   Montelon*, l'un de fes neveux, dont les
   enfans la poffédoient en 1732 ;
   3. LOUIS, Enfeigne au Régiment des Gardes, tué en Piémont en 1630 ;
   4. CHARLES, reçu Chanoine à Liège en
   1646;
   5. PIERRE-PAUL, Capitaine au Régiment
   de Picardie en 1650, retiré du fervice
   avec une penfion en 1680 ;
   6. JEAN, Seigneur d'Hémery, Capitaine
   au Régiment de Schulemberg, mort à
   Arras en 1675. Il avoit époufé à Arras, en 1659, *Marie le Flaman*, dont :
      1. JEAN, né en 1661, Seigneur d'Hé-
      mery, qui a fervi long-tems dans
      la Cavalerie. Il fe maria, en 1715,
      avec *Claude-Philippe de Murat*,
      Dame de Villepefcle, veuve 1° de
      JEAN DE LA FONTAINE, Seigneur de
      Villepefcle ; & 2° de JOSEPH DE LA
      FONTAINE, Seigneur de Montant :
      elle eft morte en 1726 fans enfans,
      & eft enterrée en l'Eglife de Saint-
      Merry à Paris ;
      2. Et MARIE - SIMONNE, née en 1660,
      alliée, le 15 Décembre 1679, à
      *Claude-François Moreau de Fien-
      nes*, Seigneur des Puyfars, dont
      elle étoit veuve fans enfans en
      1733.
7. MARGUERITE, mariée, le 26 Juin 1618,
à *François de Riencourt*, Seigneur de
Tilloloy, de Veaux, de Montelon, d'Arleux & d'Interville, fils de *Nicolas de
Riencourt*, Seigneur de Tilloloy, &
d'*Anne d'Ailly*;
8. 9. 10. 11. & 12. MARIE, ANNE, AN-
TOINETTE, ELISABETH & GABRIELLE,
Religieufes.

3. Pierre, né le 25 Janvier 1576, mort jeune;
4. Jean, né le 6 Novembre 1578, Religieux Bénédictin, mort le 15 Mars 1661;
5. Gabriel, né le 6 Octobre 1579, reçu Chevalier de Malte en 1597, tué au service de la Religion en 1613. Le Martyrologe des Chevaliers de Saint-Jean de Jérusalem marque qu'il fut noyé dans un combat naval en 1599;
6. Charles, né le 18 Janvier 1581, reçu Chevalier de Malte en 1597, qui a été 33 ans Commandeur de Villers-le-Temple, où il est mort en 1648;
7. Antoine, né le 17 Septembre 1584, mort jeune;
8. Jacques, né le 26 Septembre 1586, Seigneur de Malgeneste en 1602, par transaction avec son frère aîné. Il alla servir en Piémont, & en revint avec *Henri de Savoie*, Duc de Nemours, qui lui obtint une Compagnie. Il mourut le 20 Octobre 1652, & fut enterré aux Grands-Augustins de Paris vis-à-vis l'Autel de la Vierge. On y voit son tombeau, où il est représenté à genoux, armé de toutes pièces. Il n'eut point d'enfans de *Marie de Berland*, sa femme;
9. Catherine, née le 25 Septembre 1574, Religieuse à Longpré, morte en 1671, âgée de 97 ans;
10. Marie, née le 9 Décembre 1577, morte jeune;
11. Madeleine, née le 9 Août 1582, mariée, par contrat passé à Paris le 14 Mai 1601, à *Christophe de Chère*, Seigneur de Mézières près de la Flèche, Gouverneur de Montbrison;
12. Anne, née le 17 Août 1583, morte jeune;
13. Autre Madeleine, née le 16 Avril 1588, aussi morte jeune;
14. Et Renée, morte au Château de Malgeneste le 4 Juin 1606, & enterrée à l'Eglise de Chamans.

V. Philippe de la Fontaine, né le 4 Janvier 1572, Seigneur de Bitry près de Soissons, Capitaine de 100 Chevaux-Légers, Gouverneur du Prince de Gênevois, fils aîné du Duc de Nemours, mort le 7 Février 1637, avoit épousé, par contrat passé à Paris le 14 Mai 1601, *Anne de Bonmercat*, fille unique de *Gérard*, Maître-d'Hôtel du Duc de Nemours, & d'*Antoinette d'Amiens de Bachimont*, héritière des Seigneuries de Bitry, d'Iseux & de la Boissière. Elle fut fille d'honneur d'*Anne d'Este*, Duchesse de Nemours. Après la mort de son mari elle partagea ses enfans le 1er Avril 1637, se retira dans le Couvent des Ursulines de Crépy, où elle se fit Religieuse,

& y mourut en odeur de sainteté le 8 Mai 1652, âgée de près de 66 ans. Ses enfans furent:

1. Henri, qui suit;
2. Pierre, Seigneur de la Boissière, Page du Roi Louis XIII, ensuite l'un de ses Gentilshommes ordinaires, puis Commandant d'Amblaye, tué dans les guerres de Guyenne en 1640;
3. Louis, Seigneur de Montant, aussi Page du Roi Louis XIII, puis Aide-Major au Régiment des Gardes, tué au siège d'Aire, à l'attaque d'une demi-lune, en 1641;
4. Antoine, Seigneur de Saint-Pierre, tué au siège de Saint-Omer en 1638;
5. Joseph, tige de la branche des Seigneurs de *la Boissière*, rapportée ci-après;
6. Et Léocade, morte jeune en 1620.

VI. Henri de la Fontaine, Seigneur de Bitry, né en 1606, Capitaine au Régiment de l'Isle-de-France, Aide-Major au Régiment des Gardes-Françoises après son frère en 1641, & Gouverneur de Noyon en 1666, épousa, le 28 Mars 1636, *Marie le Picard*, fille de *Pierre*, Seigneur de Sévigny, & de *Charlotte d'Havré*, dont:

1. Charles-Henri, qui suit;
2. Joseph, Seigneur de Montant, né jumeau le 6 Février 1654, Enseigne, puis Lieutenant de Vaisseaux, mort le 15 Août 1714, marié sans enfans à *Claude-Philippe de Murat*, Dame de Villepescle, veuve de Jean de la Fontaine, Seigneur de Villepescle;
3. Philippe, dont la postérité sera rapportée après celle de son aîné;
4. Anne, née en 1637, fille d'honneur de *Marie d'Orléans Longueville*, Duchesse de Nemours, mariée à *Charles Bouhier*, Seigneur du Perreux, & morte sans enfans le 14 Août 1719;
5. Marie, née en 1638, femme, avec dispense du Pape, de *François le Picard*, Seigneur de Réfigny, son oncle, Brigadier des Armées du Roi, & commandant une Brigade de Carabiniers. Ils sont morts sans enfans en 1712;
6. & 7. Louise & Catherine, Religieuses à Longpré.

VII. Charles-Henri de la Fontaine, Seigneur de Bitry, de Saint-Pierre & d'Yrier né le 7 Octobre 1647, Page de la Grande-Ecurie du Roi en 1663, mourut le 3 Décembre 1718. Il avoit épousé *Valentine d'Harlus*, morte le 12 Février 1721, fille de N... Seigneur de Givroye, & de *Marie de Gonnelieu*, Dame d'Autrefche, dont:

1. Louis, né en 1685, Page de Madame la Duchesse de Bourgogne en 1702, puis Enseigne-Colonel du Régiment de Chartres, mort à Ulm en Allemagne, de la petite-vérole en 1704;

2. Anne-Charlotte, Dame d Autrefche & d'Yrier, née en Avril 1682, mariée, en 1706, à *François des Effarts*, Seigneur de Lignières;

3. Et Marie-Louise, née en 1683, Religieufe à Longpré, près de Villers-Cotterets.

VII. Philippe de la Fontaine, IIe du nom, né jumeau le 6 Février 1654, connu fous le nom de *Solare*, fervit long-tems fur mer, fut Ecuyer de Madame la Duchesse du Maine, & eft mort le 10 Janvier 1731. Il avoit époufé 1° *Madeleine de Sufanne de Cardaillac*, veuve du Seigneur de Gondran; & 2° le 5 Février 1691, *Charlotte-Madeleine de Gaya*, fille de *Gafpard-Melchior-Balthazar de Gaya*, Seigneur de Tréville, Capitaine au Régiment des Cuiraffiers, & de *Madeleine d'Héricourt*. Il a eu du premier lit:

1. Françoise-Madeleine, née en 1688, Religieufe à Saint-Cyr près de Verfailles;

2. Nicole, née en 1689, Religieufe à Longpré.

Et du fecond lit:

3. François-Philippe, né le 5 Mars 1697, Gentilhomme de la Chambre du Prince de Dombes en 1717. Il fuivit ce Prince en Hongrie, apporta au Roi la première défaite des Turcs près de Belgrade, & mourut de la petite-vérole, le 5 Septembre 1720;

4. Vincent-Joseph-Antoine, qui fuit;

5. Charles-Gaspard-Melchior-Balthazar, né le 8 Juillet 1708, Lieutenant dans le Régiment de Louvigny en 1725, puis Capitaine dans le Régiment d'Aubeterre, Infanterie. Il fut bleffé au genou à la bataille de Fontenoy, le 11 Mai 1745;

6. Anne-Charlotte, née le 1er Mars 1692, mariée le 12 Août 1712, à *Nicolas Morel*, Seigneur de Crefmery, Conful au Grand-Caire, où il eft mort en 1725;

7. Françoise-Charlotte, née le 28 Septembre 1698, élevée à Saint-Cyr, & mariée le 20 Novembre 1732, à *Léonor Courtin*, Chevalier d'honneur au Bailliage & fiège Préfidial de Meaux. Elle eft morte le 17 Décembre 1749;

8. Et Michelle-Charlotte, née le 4 Novembre 1701, auffi élevée à Saint-Cyr.

VIII. Vincent-Joseph-Antoine de la Fontaine Solare, né le 27 Avril 1705, Gentilhomme de la Chambre du Prince de Dombes en 1732.

BRANCHE
des Seigneurs de la Boissière.

VI. Joseph de la Fontaine, Seigneur de la Boiffière, cinquième fils de Philippe, Ier du nom, & d'*Anne de Bonmercat*, né le le 4 Août 1617, prit le nom de *la Fontaine-Solare*. Après avoir été long-tems Capitaine au Régiment de Picardie, *Henri d'Orléans*, Duc de Longueville, le choifit pour être un de fes Gentilhommes, & lui donna en 1650, la majorité de Dieppe. Il s'en démit en 1681, en faveur de fon fils aîné, & mourut le 27 Mai 1698. Il eft enterré dans le chœur de l'Eglife paroiffiale de la Boiffière en Ponthieu. Il avoit époufé, par contrat paffé à Paris, le 2 Juin 1643, Denise de la Fontaine, fa parente, fille de Pierre, Seigneur de Bachets & de Villepefcle, & de *Madeleine de Donon*, dont:

1. Jean-Charles, qui fuit;

2. Joseph, né le 4 Août 1649, Prêtre de la Congrégation de l'Oratoire, fous le nom de Père *de la Boiffière*, dont les fermons ont été imprimés en 1730, mort à Paris, rue Saint-Honoré, le 18 Août 1732;

3. Marie, née le 5 Mars 1644, Religieufe à Clerruiffel, Ordre de Fontevrault, morte Supérieure de fa Communauté le 11 Janvier 1703;

4. Jeanne Angélique, née le 6 Juillet 1648, Religieufe Hofpitalière à Dieppe, lorfque cette ville fut bombardée le 22 Juillet 1694, & transférée à Saint-Nicolas de Pontoife, où elle étoit Supérieure en 1731;

5. Et Catherine-Louise, née le 10 Mars 1655, fille d'honneur de *Marie d'Orléans-Longueville*, Duchesse de Nemours, mariée, par contrat paffé à Paris, le 15 Décembre 1688, à *Guillaume de la Boiffière*, Seigneur de Chambors dans le Vexin-François, Lieutenant des Cent-Suiffes de la Garde du Roi, veuf de *Marguerite Sévin de Miramion*, mort le 8 Novembre 1715, âgé de 82 ans. Il étoit fils de *Guillaume de la Boiffière*, Seigneur de Chambors, Maréchal-de-Camp, tué à la bataille de Lens en 1658, âgé de 41 ans. Catherine-Louise de la Fontaine-Solare eft morte à Saint-Germain-en-Laye le 18 Décembre 1744, âgée de 81 ans, & a eu des enfans.

VII. Jean-Charles de la Fontaine-Solare, Seigneur de la Boiffière & de Frettecuiffe, Chevalier de Saint-Louis, ancien Lieutenant de Roi à Dieppe, né le 5 Mai 1645, premier Capitaine au Régiment de Normandie, fe démit, le 10 Septembre 1721, en faveur de fon fils, de la Lieutenance de Roi dont il obtint la furvivance avec un brevet de commandement. Il a été maintenu dans fa nobleffe par M. de Bernage, Intendant de Picardie, le 8 Avril 1716. Il époufa, par contrat paffé à Abbeville, le 24 Septembre 1682, *Marie-Anne Bail*, veuve de *Charles-François de Mannay*, Seigneur de Tailly, & fille d'*Antoine Bail*, Seigneur d'Orcan & de Lignières, neveu du Théologien *Louis Bail*, Aumônier de la Reine ANNE D'AUTRICHE, en 1630. Elle eft morte en 1732, âgée de 81 ans. De ce mariage font iffus:

1. JEAN-CHARLES-JOSEPH-QUENTIN, né le 22 Novembre 1684, Moufquetaire du Roi en 1701, Capitaine au Régiment d'Infanterie de Bretagne en 1702, tué à la bataille de Malplaquet le 11 Septembre 1709;
2. FRANÇOIS, qui fuit;
3. ELISABETH-DENISE-GUILLEMETTE, née le 14 Juillet 1687, mariée, le 4 Mars 1704, à *Henri de Mornay*, Seigneur de Ponchon, fils de *Charles*, Seigneur du Mefnil-Théribus, & d'*Anne du Quefnel*, mort le 30 Juin 1731;
4. Et MARIE-ANNE-ANGÉLIQUE, née le 31 Janvier 1690, mariée, en 1717, à *Jofeph-Jean-Baptifte de la Boiffière-Chambors*, fon coufin germain, morte & enterrée dans l'Eglife Paroiffiale de Saint-Pierre de Montreuil-fur-Mer, où l'on voit fon tombeau & fon épitaphe.

VIII. FRANÇOIS DE LA FONTAINE-SOLARE, né le 27 Septembre 1688, dit *le Comte de la Boiffière*, fut Page de la Petite-Ecurie du Roi en 1703, Moufquetaire en 1706, Enfeigne-Colonel du Régiment de Bretagne, & eut une Compagnie en 1709, avant la bataille de Malplaquet, où il fut fait prifonnier; fut échangé en 1711, continua de fervir, alla en Efpagne en 1719, a été fait Lieutenant de Roi & Commandant des Ville & Citadelle de Dieppe fur la démiffion de fon père, le 10 Septembre 1721, & Chevalier de Saint-Louis au mois de Juin 1728. Il époufa, par contrat paffé à Paris, le 14 Septembre 1721, *Marie-Anne-Henriette de Boulainvilliers*, née le 1er Novembre 1693, morte le 4 Mars 1729, & enterrée dans l'Eglife de Saint-Euftache. De ce mariage font forties:

1. MARIE-LOUISE-GABRIELLE, née le 15 Juin 1722, mariée, le 11 Mars 1743, à *Claude-François*, Marquis de *Sefmaifons*, Brigadier des Armées du Roi, Enfeigne des Gardes-du-Corps, dont deux garçons & une fille;

2. Et LOUISE-SIDONIE-VICTOIRE, née le 4 Février 1724, mariée, le 21 Octobre 1745, dans la Chapelle intérieure du Curé de Saint-Roch, avec *François-Jofeph-Jofferand de Malet*, Chevalier, Comte de Vendègre, Baron de la Forêt, Seigneur de Buillon, fils de *Gabriel-Marie-Jofferand de Malet*, Marquis de Vendègre, & de *Claude-Genéfie Torrent de Chiliaguet*, dont deux filles.

La Maifon de *Malet* eft établie en Auvergne, & originaire du Quercy, où elle eft connue depuis le XIIIe fiècle.

BRANCHE
des Seigneurs de BACHETS, &c.

II. ANTOINE DE LA FONTAINE, Ecuyer, Seigneur de Bachets, fecond fils de JEAN, Seigneur des Fontaines, & de *Jeanne de la Remonde*, eft nommé le fecond de fes frères dans les actes de donation & de partage. Il eut de *Denife de Saint-Benoît*, fon époufe, laquelle, devenue veuve, fe remaria à *Jean de Vignoles*:

1. JEAN, mort jeune;
2. Et MARC, qui fuit.

III. MARC DE LA FONTAINE, Seigneur de Bachets, fut Commiffaire d'Artillerie, & époufa *Jeanne de Gorgias*, dont:

1. ANTOINE, qui fuit;
2. PHILIPPE, mort jeune;
3. MICHEL, reçu Chevalier de Malte, le 15 Juin 1564, mort au fervice de la Religion;
4. JEANNE, femme d'*Antoine de Vere*, Ecuyer, Seigneur de Gézancourt;
5. MARIE, femme d'*Antoine d'Ifambourg*, Ecuyer, Seigneur d'Ormoy;
6. Et MADELEINE, morte jeune.

IV. ANTOINE DE LA FONTAINE, Seigneur de Bachets, de Villeneuve & de Levignon, Commiffaire d'Artillerie, fut un des fix Gentils-hommes, qui, au mois de Mai 1678, portèrent le corps de François de Montmorency, Maréchal de France. Il eut d'*Anne de la Rivière*, fon époufe, fille de *Jean*, Seigneur du Mefnil-Saint-Denis, & de Sainte-Geneviève, & d'*Ifabelle Heffelin*:

1. PIERRE, qui fuit;
2. MARC, reçu Chevalier de Malte en 1577;
3. ISAAC, Seigneur de Villeneuve, Maître-d'Hôtel du Roi HENRI III, mort fans alliance;
4. ABRAHAM, Seigneur de Barval, mort auffi fans alliance;
5. JACOB, reçu Chevalier de Malte en 1585;

6. Et JEANNE, fille d'honneur de *Catherine de Gonzague de Clèves*, Duchesse de Longueville, mariée, le 1er Janvier 1603, à *Jean de Hesbert*, Seigneur de la Motte & du Crasville en Normandie.

V. PIERRE DE LA FONTAINE, Seigneur de Bachets, de Villepescle, de Provinlieu, de Froissy & de Vaudeuil, Commissaire d'Artillerie, épousa 1º sans enfans, *Anne de Barillon*, fille de *Pierre*, Seigneur de Mancy, Maître des Comptes à Paris, & de *Louise Bignon*; & 2º le 1er Février 1608, *Madeleine de Donon*, morte en 1645, fille de *Jean*, Seigneur de Châtres & de Montgeroult, Contrôleur-Général des Bâtimens du Roi, & de *Marie de Longueval*, dont :

1. JEAN, qui suit ;
2. CHARLES, Seigneur de Provinlieu, Capitaine au Régiment de Melun, tué en la guerre de Franche-Comté en 1637 ;
3. FRANÇOIS, reçu Chevalier de Malte, le 30 Mars 1632, Capitaine au Régiment de Picardie. Il alla à Malte faire ses Caravannes, & arma à ses dépens une galère, sur laquelle il fut tué dans l'Archipel, en combattant pour la Religion en 1649 ;
4. PIERRE, nommé Page du Grand-Maître, *Jean-Paul de Lascaris*, mort à Toulon avant son passage pour Malte, âgé de 12 ans, en 1637 ;
5. MARIE, née en 1609, Religieuse au Parc-aux-Dames, morte en 1679 ;
6. Et DENISE, Dame de Provinlieu, née en 1614, femme de *Joseph de la Fontaine*, Seigneur de la Boissière. Elle mourut à la Boissière en Ponthieu, le 1er Avril 1684.

VI. JEAN DE LA FONTAINE, Seigneur de Bachets & de Villepescle, Lieutenant-Colonel du Régiment de Melun, Cavalerie, mort en 1662, avoit épousé 1º *Anne d'Us-d'Amours*; & 2º *Isabelle de Briçonnet*, fille de *Jacques*, Seigneur de Meunières, & de *Marie Bertereau*, sa seconde femme. Il eut du premier lit :

1. ANNE, Religieuse au Moncel-lès-Pont-Sainte-Maxence ;

Et du second lit vinrent :

2. JEAN, qui suit ;
3. Et CHARLES, Seigneur de Froissy, né le 1er Juillet 1656, destiné pour l'Ordre de Malte, mort le 4 Mai 1670, avant que d'avoir fait ses preuves.

On trouve ANTOINE DE LA FONTAINE, Seigneur de Villepescle, mort Lieutenant de Vaisseau, le 15 Août 1712.

VII. JEAN DE LA FONTAINE, Seigneur de Vil-

lepescle, né le 28 Février 1655, Page de la Petite-Ecurie du Roi en 1669, ensuite Mousquetaire, fut dangereusement blessé au siège de Maëstricht en 1673. Il étoit Capitaine de Cavalerie dans le Régiment de Quoad, lorsqu'il fut tué à la bataille de Fleurus, le 1er Juillet 1690. Il avoit épousé, en 1687, *Claude-Philippe de Murat*, laquelle, étant veuve, se fit adjuger pour ses reprises la terre de Villepescle, près de Corbeil en Brie. Elle se remaria 1º à *Joseph de la Fontaine*, Seigneur de Montant; & 2º à *Jean de la Fontaine*, Seigneur d'Hemery.

Les armes : *bandé d'or & d'azur de 6 pièces; les bandes d'or échiquetées de gueules de 3 traits.* Cimier : *une femme naissante, tête nue, tenant dans la main droite une flèche émoussée* avec ces mots : *tel fierté qui ne tue pas.* Supports : *deux lions armés de toutes pièces.* Devise : *adroits & vaillans tout Solier à gens.*

* FONTAINES, en Picardie. C'est une des anciennes Maisons de la Province. La Morlière, dans ses *Antiquités d'Amiens*, & le P. Ignace, dans ses *Antiquités d'Abbeville*, la mettent au rang des plus illustres. On croit que les Seigneurs du nom de Fontaines sont sortis d'un puîné des Comtes d'Abbeville, qui eut pour son partage la terre de *Fontaines-sur-Somme*, dont il prit le nom. L'auteur du *Dictionnaire universel de la France*, édition de 1726, dit, vol. I, p. 1240, que la terre & Seigneurie de *Fontaines-sur-Somme* a donné son nom à une des plus illustres Maisons de Picardie, dont une branche subsiste encore avec éclat. Les Comtes d'Abbeville, qu'on dit descendre des Comtes de Ponthieu, portoient pour armes : *d'argent, à trois écussons de gueules;* mais GUILLAUME DE FONTAINES, dans la première Croisade de 1096, & après la bataille gagnée contre Soliman, Prince des Turcs, au mois de Juin 1097, changea les trois écussons de ses armes, & porta : *d'or, à trois écussons de vair*, que le Roi d'armes de Hongrie lui blasonna, comme aux Seigneurs de Coucy, de Bauffremont, d'Escars, de Châtillon, & plusieurs autres Seigneurs qui s'y trouvèrent, car avant ce tems le *vair* n'avoit point été en usage dans les armoiries, dit le Président l'Allouette, dans son *Histoire de la Maison de Coucy*. Depuis ce tems les Seigneurs de *Fontaines* ont toujours porté ces armes,

P

mais les cadets ont *brifé*, les uns d'une *bordure*; les autres d'un *lambel*, & les autres d'un *croiffant de gueules*. On lit dans l'*Hiftoire du Cambréfis*, par le Carpentier, que FONTAINES D'ESTRUJEUX porte: *d'or, à trois écuffons de vair bordés de gueules*, qui eft cette ancienne Maifon des Seigneurs de Longpré & de la Neuville. Le plus ancien des Seigneurs du nom de FONTAINES que l'on connoiffe eft:

I. GUILLAUME DE FONTAINES, Ier du nom, Chevalier, qui étoit Seigneur de Fontaines-fur-Sômme en Ponthieu, & vivoit encore en 1119. Il eut de *Charlotte de Mailly*, fon époufe, entr'autres enfans:

1. ENGUERRAND, qui fuit;
2. RAOUL, Seigneur d'Araines, mentionné dans un titre de l'Abbaye de Sainte-Larme, de l'an 1164, avec ENGUERRAND, fon frère;
3. Et MARGUERITE DE FONTAINES, nommée avec *Thierry*, Seigneur *de Ligne*, fon mari, dans des titres de 1142, 1150, 1162 & 1176.

II. ENGUERRAND DE FONTAINES, nommé dans un titre de l'Abbaye de Sainte-Larme de l'an 1164, avec RAOUL D'ARAINES, fon frère, & RAOUL D'ARAINES, fon fils, fut Sénéchal de Ponthieu, & figna comme tel, & comme témoin, les Lettres authentiques que donna *Guillaume III*, Comte de Ponthieu, pour l'établiffement de la Commune de la ville de Hiermont, le 5 Octobre 1192. Il eft le premier Fondateur de l'Abbaye d'Epagne-lès-Abbeville, où il eft enterré. Il eut de fa femme, dont on ignore le nom:

1. ALÉAUME, qui fuit;
2. RAOUL D'ARAINES, mentionné dans un titre de l'Abbaye de Sainte-Larme, de l'an 1164, avec ENGUERRAND DE FONTAINES, fon père;
3. JEAN, marié à *Pétronille*, dont il eut plufieurs enfans, comme le porte un titre de l'Abbaye de Lannöy, de l'an 1171, qui commence ainfi: *Joannes de Fontanis, Miles, affenfu uxoris Petronillæ & filiorum Gauterii & Haimerici cum quibufdam hominibus fuis multis, &c.* On ignore la fuite;
4. GAUTIER ou WAUTIER, qui eut une fille nommée

MAHAUT, mariée à *Baudouin d'Alface*, IIe du nom, Sire de Hénin-Liétard; elle mourut en 1257.

5. Et NICOLAS, Evêque de Cambrai, lequel fit une donation, l'an 1222, à MAHAUT DE FONTAINES, fa nièce.

III. ALÉAUME DE FONTAINES, Ier du nom

Chevalier de renom, dit la Morlière, Seigneur de Fontaines, de Long, Longpré, la Neuville-aux-Bois & autres Terres, eft nommé, l'an 1183, dans le Cartulaire de l'Eglife de Notre-Dame d'Amiens, avec HUGUES DE FONTAINES, fon fils, comme fe rendant tous deux cautions pour Dreux d'Amiens, Seigneur de Vinacourt, à l'occafion de quelques différends entre ledit Seigneur & le Chapitre d'Amiens. Ledit ALÉAUME, Chevalier (*Miles*), eft nommé comme témoin avec *Bernard IV*, Seigneur de Saint-Valéry, fon beau-frère, dans les Lettres-Patentes données à Abbeville le 5 des Ides de Juin 1184, par JEAN II, Comte de Ponthieu, portant établiffement de la Commune en faveur des bourgeois d'Abbeville. Il fut le fecond Mayeur de cette ville, & prit poffeffion de cet office en 1185. On voit encore fes armes à la Maifon de Ville. PHILIPPE-AUGUSTE en faifoit tant de cas, dit l'hiftoire d'Abbeville, qu'il le défigna pour être l'un des premiers Capitaines de l'Armée Françoife qui devoit paffer en Paleftine. Il y accompagna, en 1190, ce Monarque, & JEAN II, Comte de Ponthieu. Le Roi, étant tombé malade & obligé de revenir dans fes Etats, laiffa la conduite de fes Troupes à HUGUES III, Duc de Bourgogne, au Sire de Joinville & à ALÉAUME DE FONTAINES. Celui-ci, avant fon départ pour la Terre-Sainte, avoit fondé & fait bâtir la Collégiale de Longpré. Ladite fondation fut confirmée en 1191, par Thibault, Evêque d'Amiens. Voici ce que porte le titre: *anno Incarnati Verbi mille. CLXXXXo. regnante piiffimo Françorum Rege Philippo, &c. claruit apud Longum vir bonus catholicus, miles egregius, genere nobilis fed pietate nobilior, præftanti corpore, jucundo afpeätu & eleganti facie, ftaturâ procerus, in militaribus negotiis prudens & ftrenuus* ALELMUS DE FONTANIS, *&c. uxor ejus admodum generofa incliti Principis filia Bernardi de fanäo Walerico, Loreta fuit conjux laudabilis, &c., &c.* Il envoya par fon Chapelain, nommé Wulbert, un grand nombre de reliques que *Lòrette de Saint-Valéry*, fon époufe, fille de *Bernard III*, Seigneur de Saint-Valéry & de Gamaches; du Sang Royal de France, donna à fon Eglife de Longpré, où elle fonda avec fes enfans 12 Prébendes, dont une fut donnée audit Wulbert; & c'eft mal-à-propos, dit le Mémoire envoyé, que Meffieurs *de Buiffy de Long*, prennent la qualité de Fondateur de *Long-pré-les-Corps-Saints*, dans le tom. IV de ce *Dictionnaire*, col. 496. Cette qualité leur a déjà été difputée en 1761, dans le *Mercure*, du mois de Juillet de cette année. Aléaume de Fontaines mourut en Paleftine en 1205, où il avoit refté 15 ans; & *Lorette*, fon époufe, morte peu d'années après, fut enterrée dans fon Eglife de Longpré, furnommée *les-Corps-Saints*. Les reliques qu'il avoit envoyées y furent dépofées le 4 Août 1206, dit l'Hiftoire de la fondation de cette Collégiale, édition de 1731. Leurs enfans furent:

1. Hugues, qui fuit;
2. Henri, lequel, fuivant le Cartulaire de Notre-Dame d'Amiens, foufcrivit, en 1202, à une Charte d'Enguerrand de Picquigny, Vidame d'Amiens, avec Gilles de Clairy, Mathieu d'Yfeu, & autres Chevaliers;
3. Isambart, mentionné avec *Lorette de Saint-Valéry*, fa mère, dans l'Hiftoire de la fondation de l'Eglife de Longpré. Le Cartulaire de Ponthieu rapporte qu'il fe rendit Plaige de la paix, qu'il moyenna, en 1209, entre Thomas, Seigneur de Saint-Valéry, & Guillaume, Comte de Ponthieu. Il fit des donations à l'Eglife de Longpré, tant pour l'entretien du luminaire que pour fonder le nombre de 12 Prébendes. Il eut de fa femme, dont le nom eft inconnu:

     Wautier de Fontaines, Seigneur de Hallencourt, mentionné fous ce nom, dans une donation faite à l'Abbaye du Gard en 1207, par Hugues de Fontaines, fon oncle. Le titre latin porte: *Ego Walterus de Hallencourt, cum Hugo de Fontanis, avunculus meus.*

4. Gautier ou Wautier, auffi mentionné dans la même Hiftoire de la fondation de Longpré. Il donna, ainfi que fon frère Isambart, certains revenus à cette Eglife, tant pour le luminaire que pour la fondation de 12 prébendes, & fe trouva à la bataille de Bouvines en 1214, avec fon frère Hugues. L'*Hiftoire d'Abbeville* rapporte qu'un grand Seigneur nommé Simon, Comte de Dammartin & de Ponthieu, fut fait prifonnier à cette bataille par deux généreux Chevaliers du pays de Vimeux, Hugues & Wautier de Fontaines, & qu'il fut étroitement gardé dans la Tour de Péronne;
5. Azon, Chevalier, qui vivoit encore en 1233;
6. Marie, mentionnée avec fes frères & fa mère, dans l'Hiftoire de la fondation de Longpré, comme ayant vécu dans la viduité. On ignore le nom de fon mari;

7. Isabelle, mentionnée avec fes frères & fa fœur dans l'*Hiftoire d'Abbeville*;
8. Et N... de Fontaines, mariée à *Hugues de Bailleul*, fuivant une donation qu'il fit, en 1210, de fon vivier & pêcherie de Courchon, au Chapitre de Longpré, dans laquelle il nomme *Lorette de Saint-Valéry*, fa très-honorée Dame & mère. De cette Maifon de *Bailleul* il y eut un Roi d'Ecoffe.

IV. Hugues de Fontaines, Seigneur & Patron de Longpré-les-Corps-Saints, de Long, de la Neuville-au-Bois, de Fontaines & autres Terres, nommé avec fon père, en 1183, dans le Cartulaire de l'Eglife de Notre-Dame d'Amiens, & auffi mentionné avec fes père, mère & frères, dans l'Hiftoire de la fondation de Longpré, fut un des Chevaliers Bannerets fous le règne de Philippe-Auguste, en 1202. Il eft mentionné, en 1204 & 1205, dans l'Hiftoire de l'état de la ville d'Amiens & de fes Comtes, par du Cange. Il fit une donation à l'Abbaye du Gard, par acte de l'an 1207, où il eft dit oncle de Wautier d'Hallencourt. Il fe trouva à la bataille de Bouvines, en 1214, avec fon frère Wautier, où il fit prifonnier, comme on l'a déjà dit, Simon, Comte de Dammartin & de Ponthieu. La Roque fait mention de ce Hugues de Fontaines, parmi les Chevaliers du Ponthieu, dans le rôle du ban & arrière-ban de cette année 1214. En 1231, il fit une donation à l'Abbaye de Saint-Valéry, de 16 journaux de terre, avec le bois fitué au village de la Neuville, & il fit ratifier cette donation par Aléaume, fon fils aîné. En 1233, qui eft l'année de fa mort, il fit un échange de la Terre de Haraut, contre celle de Triftrat, avec Simon, Comte de Ponthieu, & Marie, fa femme. Il eut d'*Enor de Bailleul*, fon époufe:

1. Aléaume, qui fuit;
2. Pierre, Chevalier, qui vivoit en 1250, & étoit un des Chefs du Confeil du Roi Saint Louis. Il acheta, en 1256, de Jean de Saint-Simon, dit Beduin, Chanoine de Saint-Quentin, la Terre de Pons près de Ham, pour la fomme de 700 livres dont il avoit hérité de Pierre de Saint-Simon, fon frère. Le Sire de Joinville, dans la *Vie de Saint Louis*, à propos de la Juftice que ce Roi rendoit lui-même fur-le-champ ou par fes plus confidens ferviteurs, dit que *fouvente fois Sa Majefté appelloit Monfeigneur* Pierre de Fontaines *& Monfeigneur Geoffroy de Villet, & leur difoit: délivrés-moi ces parties.* Pierre de Fontaines eft nommé entre les

grands Seigneurs du Royaume, par du Tillet, dans son livre des Rangs de France, en
1260;

3. Gérard, marié à *Anne*, dont:

Alix, femme de *Hugues de Monsures*.
Elle portoit pour armes, suivant la généalogie de la Maison de Monsures:
*d'or, à 3 écussons de vair, bordés de
gueules,* & son père Gérard ou Guérard de Fontaines, qui vivoit en 1286,
mourut fort âgé.

4. Eustache, Chanoine de Saint-Wulfran
d'Abbeville, lequel ratifia, au mois d'Octo-
bre 1244, la vente que son frère Aléaume fit
à Gilles l'Anglois, bourgeois d'Abbeville.
Le titre latin porte: *Ego Eustachius de
Fontanis, Canonicus Sancti-Wulfranni in
Abbisvillâ Francisci Domini Alelmi de
Fontanis, &c. ;*

5. Jean, Seigneur d'Arrest-en-Vimeux, comme on le voyoit encore en 1642, dit la Morlière, à la maîtresse vitre de l'Eglise de ce
village, où ses armes étoient peintes, en date
de 1263. Il est nommé comme Chevalier
dans les bans & arrière-bans des années
1271 & 1272, rapportés par la Roque;

6. Raoul, Mayeur d'Abbeville en 1230, qui
portoit, selon l'histoire de cette ville: *d'or,
à 3 écussons de vair, bordés de gueules,*
comme cadet, au lieu que son aïeul Aléaume, aussi Mayeur d'Abbeville en 1185, portoit: *d'or, à 3 écussons de vair de 4 traits;*

7. Renaud, qualifié Sire de Fontaines & Chevalier, dans une Charte donnée en 1263, en
faveur de l'Abbaye du Verger. Il eut de sa
femme, dont on ignore le nom, plusieurs
enfans mentionnés dans les lettres du Comte d'Artois, du mois de Mai de l'an 1294,
comme hoirs de *Monseigneur* Renaud de
Fontaines; mais on n'en fait point la postérité;

8. Et Marguerite, femme, en 1245, de *Wautier,* IIe du nom, Seigneur & Baron *de Ligné,* dont *Wautier III.*

V. Aléaume de Fontaine, IIe du nom, Chevalier, Seigneur de Fontaines, de Longpré-
les-Corps-Saints, de Long, Tristrat, de la
Neuville-au-Bois & autres Terres, est mentionné en 1244, 1245 & 1263, avec le titre
de Chevalier (*Miles).* Le titre latin porte:
*Alelmus de Fontanis, Dominus de Longo,
miles, & Domina Maria, uxor ejus, &c.,*
daté du mois d'Octobre 1244. Il avoue par
un titre de l'Abbaye de Saint-Valéry, en
1263, que la moitié des anciens droits & cens
de toutes les masures de la Neuville-au-Bois,

qu'il tient de l'Eglise de Saint-Valéry, appartient à l'Abbé & Couvent dudit lieu, savoir
6 deniers pour chaque masure. Il donna avec
Marie, son épouse, au mois de Décembre
1269, une lettre datée d'après la Saint-Nicolas d'hiver, portant qu'ils ont vendu, du consentement de Mathieu, leur fils aîné, héritier, au profit de Pierron de Mareuil, bourgeois d'Abbeville, un bien qu'ils avoient acquis au terroir de Long, & qu'ils sont tenus
eux & leurs hoirs d'en garantir la vente contre le Comte de Ponthieu. Il mit, par acte
du samedi, après la Saint-Valéry, au mois
d'Avril 1270, le même Pierron de Mareuil,
en possession d'un bien qu'il avoit acquis de
Jean Fouet & d'Honorée, sa femme. Aléaume de Fontaines étoit mort en 1274, auquel
tems il est rappelé avec *Marie,* sa femme,
comme ayant vendu audit Pierron de Mareuil & à Isabelle, sa femme, un bien au
terroir de Long, qu'ils avoient acquis d'Enguerrand de Saisseval. Il avoit épousé *Marie-
Nicole de Châtillon,* sœur de *Guy de Châtillon,* Comte de Saint-Pol, dont:

1. Mathieu, Chevalier, mentionné comme fils
& héritier apparent d'Aléaume, dans les
lettres du mois de Décembre 1269, & du
mois d'Avril 1270, dont on a parlé. On
ignore s'il fut marié;

2. Jean, qui se fit d'Eglise, & est mentionné
comme Prêtre en 1273;

3. Witasse ou Eustache, qui suit;

4. Wautier, auteur de la branche des Seigneurs de *la Neuville-au-Bois,* rapportée
ci-après;

5. Autre Witasse, Doyen de la Cathédrale
d'Amiens;

6. Et Robert, Chevalier (*Miles*), rapporté
comme tel par la Roque, sous l'année 1272.

VI. Witasse ou Eustache de Fontaines,
Chevalier, Seigneur de Fontaines, de Long,
de Longpré-les-Corps-Saints & autres Terres, en 1289, vendit en 1288, à Edouard Ier,
Roi d'Angleterre, & à *Aliénor,* sa femme, la
Terre de Tistre, à deux lieues d'Abbeville,
pour 1125 livres. On en conserve les lettres en
parchemin. Il est aussi nommé dans un arbi-
trage du mois de Février 1312, aux Archives
de Notre-Dame d'Amiens. Il y a des lettres
scellées de son sceau dans les registres de la
même Eglise, datées du mois de Juillet 1288,
qui disent que *ceux d'Amiens, ses bons voisins, ne doivent aucun travers à Long de
toutes sortes de marchandises, ains en son*

franc. Il eut de fa femme, dont on ignore le nom :

1. Aléaume, Seigneur de Fontaines, vivant en 1337. Il avoit époufé *Alix de Picquigny*, dont :

    Mahaut, Dame de Fontaines, mariée au Seigneur *de Créfecques*.

2. Jean, Seigneur de Longpré-les-Corps-Saints, marié fans enfans à *Jeanne de Rouergue;*

3. Eustache, Chanoine & Préchantre d'Amiens, puis Doyen d'Aire en Artois. Ce fut lui qui régla le fervice pour la Collégiale de Longpré-les-Corps-Saints, qu'avoit fondé Aléaume de Fontaines, Ier du nom, fon trifaïeul en 1190;

4. Jeanne, qui fuit;

5. Et Marie, morte fans avoir eu d'enfans.

VII. Jeanne de Fontaines, Dame de Long, de Longpré-les-Corps-Saints & autres Terres en 1301, époufa *Jean*, Seigneur *de Créfecques,* Confeiller & Chambellan du Roi, à qui elle porta une riche fucceffion.

On trouve une *Marie de Créfecques,* femme de *Martin de Rely*, qui mourut à Arras en 1474, & qui, fuivant fa dernière volonté, fut enterrée dans l'Eglife de Notre-Dame de Longpré-les-Corps-Saints, de la fondation de fes prédéceffeurs, les Seigneurs de Fontaines.

BRANCHE
des Seigneurs de la Neuville-au-Bois.

VI. Wautier de Fontaines, Seigneur de la Neuville-au-Bois, d'Eftrujeux & de Selincourt, quatrième fils d'Aléaume, IIe du nom, & de *Marie-Nicole de Châtillon*, vivoit en 1312, avec *Ide de Saveufe*, fa femme, fille de *Robert de Saveufe*, Seigneur de Loyenghem, & de *Béatrix de la Foffe*. Il eft mentionné avec Jean, fon frère, comme confentant à une vente que fit le Mercredi après la Saint-Denis, au mois d'Octobre 1273. Aléaume II, fon père. Il eut entr'autres enfans :

1. Michel, qui fuit;

2. Et Raoul, qui comparut comme Chevalier, au ban & arrière-ban de l'année 1316, dit la Roque.

VII. Michel de Fontaines, Chevalier, Seigneur de la Neuville-au-Bois, vivoit en 1300. Les Chartes de la ville d'Amiens le qualifient de Chevalier, *Miles*, lorfqu'en 1324, il fut nommé par le Parlement avec *Henri de Foremoutier*, Doyen d'Abbeville, pour arbitre d'un différend avec le Chapitre & la ville

d'Amiens, à l'occafion de la Juftice du Four de Buffy. Il eut de *Nicole d'Argies,* fon époufe, entr'autres enfans :

1. Jean, qui fuit;

2. Fremin, qui fut préfent le 12 Août 1364, avec plufieurs autres perfonnes qualifiées & des plus renommées du Ponthieu, lorfque le Roi d'Angleterre, Comte de Ponthieu, fit faire ferment à fon Sénéchal de garder les droits & privilèges d'Abbeville;

3. Catherine, encore femme, en 1373, de *Guillaume d'Agneaux*, Gentilhomme de Normandie;

4. Et Marguerite, femme, en 1326, de *Jean de Sancerre*, Seigneur de Sagonne, de Charpignon & d'Avandre, fils de *Louis*, & d'*Ifabelle de Thouars*.

VIII. Jean de Fontaines, Ier du nom, Seigneur de la Neuville-au-Bois, fuivant un compte de Barthélemy du Drach, Tréforier des guerres, fervit, avec un autre Chevalier, en l'Oft de Bouvines, en 1340. Il fervit encore en 1372, fous Guy de Châtillon, Sire de Dampierre, Maître des Arbalétriers de France, fuivant la montre qui en fut faite à Thérouanne. Il partagea, le 26 Décembre 1373, un héritage venant de *Jean de Boiffey* avec *Jean le Sefne, Bernard de la Tour* & *Jean Tyrel*. Etant fort âgé, il fit un accord avec l'Abbé & les Religieux de Saint-Valéry, en 1408, touchant quelques haïes qu'il avoit fait abattre, proche de fon bois de la Neuville. Il eut de *Jeanne de Morlenne*, fon époufe, fille du Seigneur d'Armogies :

1. Enguerrand, Seigneur de la Neuville-au-Bois, tué à la bataille d'Azincourt, le 25 Octobre 1415, à l'avant-garde de l'Armée, commandée par Charles, Sire d'Albret, Ier du nom. Monftrelet fait mention honorable de cet Enguerrand de Fontaines, fous l'année 1411, où il dit qu'il commandoit dans la ville de Coucy pour le Duc d'Orléans, & qu'il rendit cette place, pour & au nom du Roi;

2. Charles, qui fuit;

3. Renaud, Chanoine de Paris en 1421, enfuite Chancelier de cette Ville, & Evêque de Soiffons;

4. Et Marie, alliée vers 1380 à *Henri de Lannoy*. Devenue veuve avec enfans, elle fe remaria avec le Seigneur *d'Occoches*.

IX. Charles de Fontaines, Ier du nom, Seigneur de Neuville-au-Bois, tué avec fon frère aîné à la bataille d'Azincourt, eut de fa femme, dont on ignore le nom :

1. RENAUD, Chevalier, Seigneur de la Neu-ville-au-Bois, qui se trouva avec son père & son oncle à la bataille d'Azincourt. Il étoit Capitaine pour le Dauphin, & reçut CHARLES VII dans la Forteresse de Saint-Martin-le-Gaillard, avec Jean d'Esquesnes, dit Carados, en 1419. Il rendit un notable service au Dauphin contre les Anglois, et fut fait Chevalier, le 31 Août 1421, avant la journée de Mons-en-Vimeux, où il fut fait prisonnier. Le Roi l'envoya en 1423, avec les Seigneurs de Ventadour & de Séverac, au secours du Connétable qui étoit au siège de Crevant. Il battit les Anglois, la même année, dans un lieu appelé la Neuville, Village qui lui appartenoit, & les défit comme ils vouloient passer la rivière de Somme à la Blanque-Taque, entre Abbeville & Saint-Valéry. Il en tua beaucoup, & en fit prisonnier environ 800. En 1430, étant avec le Seigneur de Longueval, sous la conduite de Louis, comte de Vendôme, Gouverneur de Picardie, il fit lever le siège devant Compiègne, que faisoit Philippe, Duc de Bourgogne, & où fut prise la Pucelle d'Orléans. Aussitôt ils vinrent lui présenter la bataille auprès de la ville de Roye, où il s'étoit retiré. Il est qualifié de haut & puissant Seigneur dans un transport du 26 Octobre 1455, & étoit alors Gouverneur & Bailli du Duché de Valois pour le Duc d'Orléans; il a vécu fort vieux & ne s'est point marié; Monstrelet le nomme quelquefois RIGAUD DE FONTAINES, Chevalier;

2. GUÉRIN, tué à la bataille de Baugy, combattant pour le Dauphin, en 1420;

3. RENAUD, Chanoine de Cambrai;

4. Et GUILLAUME, qui suit.

X. GUILLAUME DE FONTAINES, IIᵉ du nom, Seigneur de la Neuville-au-Bois, d'Estrujeux, d'Arrest, &c., mentionné dans un titre de l'Abbaye de Saint-Martin-des-Champs, comme Chevalier & Capitaine du Châtel de Caen, en 1362, vivoit encore en 1390, avec Hélène de Longueval, sa femme, fille de Pierre, & de Gabrielle de Rochebaron, & fut inhumé dans l'Eglise d'Estrujeux. Il eut pour enfans:

1. JEAN, qui suit;

2. ISAMBART, Chevalier, Seigneur d'Arrest-en-Ponthieu, qui donna aveu & dénombrement de cette Terre au Seigneur de Long, le 2 Novembre 1398, où il est dit que pendoit son sceel en double queue & cire verte, esquels sceaux étoit empreint un écu, & dans icelui trois écussons de vair; & autour d'icelui étoit écrit, ISAMBART DE FONTAINES. Il eut pour fille unique:

JEANNE, mariée, en 1405, à Guillaume de la Chaussée, dont Jean de la Chaussée.

3. Et PIERRE, Ecuyer d'Ecurie du Roi CHARLES VII, né en 1408, comme on le voit dans un titre de l'Abbaye de Saint-Valéry, qui rapporte qu'étant oüi en témoignage, le 25 Octobre 1468, il se dit âgé de 60 ans. Il est cité par la Roque comme comparant au ban & arrière-ban de l'année 1470, armé d'un Jaques, Salade & Javeline.

XI. JEAN DE FONTAINES, IIᵉ du nom, Chevalier, Seigneur de la Neuville-au-Bois d'Estrujeux & Ramburelles, étoit en 1408 Sénéchal de Saintonge, & Capitaine du Pont de Saintes, pour le Roi. Il donna quittance de ses gages le 22 Août de la même année, vérifia un compte de la Châtellenie de Saintes, par actes du 15 Mai 1409, où il est qualifié Chevalier, Conseiller & Chambellan du Roi, & son Sénéchal en Saintonge; & donna encore quittance, le 20 Avril 1410, de ses gages & de ceux de deux Ecuyers de sa Compagnie, destinés à servir en Picardie & en West-flandres, à la défense de la ville de Gravelines. Il fut tué à la bataille d'Azincourt en 1415, & sa veuve, Marie de Ramburelles, Dame dudit lieu, fit donner, en 1419, aveu & dénombrement, par ses Vassaux, Sujets & Tenanciers, de sa Pairie, Terre & Seigneurie de Ramburelles, comme porte le titre. Elle vivoit encore le 28 Avril 1434, & ses enfans furent:

1. GILLES, qui suit;

2. JEAN, dit ENNIEUX ou AIGNEUX, Ecuyer, Seigneur d'Estrujeux, marié à Antonie de Belloy. Elle étoit veuve le 10 Juillet 1477, tems où elle donna une quittance avec ANTONIE DE FONTAINES, sa fille puînée, qui demeuroit à Sélincourt, à LOUIS DE FONTAINES, Ecuyer, Seigneur de Cérify, d'une somme due par GILLES DE FONTAINES, Ecuyer, Seigneur de la Neuville-au-Bois, père dudit Louis, pour argent prêté par ledit ENNIEUX à feu Madame de la Neuville, mère desdits GILLES & ENNIEUX, pour laquelle somme, Antoinette de Sarcus, veuve dudit GILLES, & mère dudit Louis, s'étoit obligée;

3. DAVID, Seigneur de Crieul, mort garçon;

4. JEAN, dit LIONNEL, auteur de la branche des Seigneurs de Mauconduit, &c., rapportée ci-après;

5. Et JEANNE, femme de Jean de Ghistelles, Ecuyer, Seigneur de la Motte, Grand-Bailli & Grand-Conseiller de l'Archiduc d'Autriche. Elle vivoit en 1450.

XII. GILLES DE FONTAINES, Ecuyer, Seigneur de la Neuville-au-Bois, de Ramburelles & autres Terres, donna, par acte du 4 Juillet 1449, à JEAN DE FONTAINES, dit LIONNEL, son frère, la terre de Guillemeryille. Il reçut un dénombrement le 14 Juillet 1459, d'un Fief assis à Tilloloy, de Gilles de Vaux, Ecuyer, & bail de Marie de Lignières. Il étoit mort le 16 Mai 1462, & avoit épousé *Antoinette de Sarcus*, fille de *Robert*, & de *Florence de Bosbeck*, dont :

    1. BAUGEOIS, qui suit;
    2. HUE, lequel transigea le 16 Mai 1472, avec son frère aîné. Il est mentionné dans un bail à cens, du 19 Février 1481, comme ayant un bien à Cérify. Il épousa *Catherine d'Ainval*, dont il eut

        LOUIS, qui fut présent à une quittance du 29 Août 1505, où il est dit fils de HUE DE FONTAINES, Ecuyer.

    3. LOUIS, auteur de la Branche des Seigneurs de *Woincourt & Cérify*, rapportée ci-après;
    4. JEANNE, mariée à *Charles de Poix*, Ecuyer, Seigneur de Camps-en-Amiénois, dont *Antoinette de Poix*, mariée, le 17 Mars 1526, à *Jean de Cacheleu*, Ecuyer, Seigneur de Maisoncelles;
    5. CHARLOTTE, femme de *Guillaume le Prévôt*, dont elle étoit veuve le 25 Septembre 1485, tems où elle transigea avec *Prigne le Prévôt*, sa belle-sœur, sur le testament de *Guillaume le Prévôt*, son mari;
    6. Et ANTOINETTE, Abbesse des Chanoinesses de Maubeuge en 1487.

XIII. BAUGEOIS DE FONTAINES, Ecuyer, Seigneur de la Neuville-au-Bois, de Ramburelles, d'Estrujeux & autres Terres, transigea avec son frère le 13 Mai 1462, sur la succession de feu GILLES, leur père. Il fit un bail à cens, le 24 Décembre 1464, au profit de Louis, son frère, & donna, comme héritier de son père, une reconnoissance le 8 Janvier 1466. Il est mentionné dans un acte du 20 Avril 1469, & dans un autre du 7 Janvier 1480, avec HUE & LOUIS, ses frères, & JEAN, dit LIONNEL, leur oncle. Il fit son testament le 8 Février 1492, au profit de HUE & LOUIS DE FONTAINES, ses frères, par lequel il voulut être inhumé dans l'Eglise de Saint-Martin d'Estrujeux auprès de GUILLAUME DE FONTAINES, son bisaïeul, & fit des legs à BERNARD & JACQUES, ses fils. Il avoit épousé *Michelle de Beucourt les Canipaux*, dont :

    1. JACQUES, qui suit;
    2. BERNARD, Ecuyer, Seigneur d'Estrujeux, mentionné dans le testament de son père. Il assista au second mariage de son frère aîné;
    3. FRANÇOISE, mariée à *Baugeois de Tœufles*, Ecuyer, Seigneur de Radepont. Ils firent l'un & l'autre une vente, par acte du 19 Novembre 1489, à BAUGEOIS DE FONTAINES, Ecuyer, & à *Michelle de Beucourt*, père & mère de ladite FRANÇOISE, de cent mençaux de grains de rente par chaque an;
    4. JEANNETTE, femme de *Manaud de Montesquiou*, Seigneur de Salles;
    5. CHARLOTTE, femme, en 1511, de *Valleran Briet*, Ecuyer, Seigneur d'Alliel;
    6. Et JEANNETON, mariée, en 1584, à *Regnier de Vendeuil*, Ecuyer, Seigneur d'Aubigny.

XIV. JACQUES DE FONTAINES, Ier du nom, Ecuyer, Seigneur de Neuville-au-Bois, reçut un aveu, comme Seigneur dudit lieu, le 9 Avril 1493. Il épousa, 1° sans enfans, *Isabelle de Matignon*, avec laquelle il vivoit en 1503; & 2° par contrat du 30 Mars 1508, *Guyonne de Belloy*, fille de feu *Guy*, Ecuyer, Seigneur d'Amy. Il fit un contrat, le 3 Février 1535, au profit de *Nicolas*, son fils aîné, & il est rappelé, comme mort avec sa femme, dans une transaction du 9 Juillet 1548, passée entre leurs enfans, savoir :

    1. NICOLAS, qui suit;
    2. CLAUDE, Ecuyer, Seigneur d'Accordat & de Ramburelles, marié à *Jeanne de Wroilant*. Il transigea, le 9 Juillet 1548, avec ses frères, & eut deux filles :

        1. FRANÇOISE, qui épousa *Antoine de Créquy*, Ecuyer, Seigneur de Tillancourt & de Rotheleu;
        2. Et MARIE DE FONTAINES, morte en 1569, qui avoit épousé, 1° sans enfans, *Charles de Héricourt*, Ecuyer, Seigneur de Canlers; & 2° *François de Hénin-Liétard*, Seigneur de Blaincourt, fils de *Philbert*, & de *Marguerite de Luxembourg*.

    3. RAOUL, auteur de la branche des Seigneurs de *Ramburelles*, rapportée ci-après;
    4. BAUGEOIS, Chevalier de l'Ordre de Saint-Jean de Jérusalem en 1541, lequel transigea avec ses frères, le 9 Juillet 1548. Le Grand-Maître de Malte (*Frater Joannes de Valeta, &c.*) lui donna, le 18 Septembre 1565, une attestation, portant qu'étant Chevalier de Saint-Jean de Jérusalem à Malte, & Commandeur de Sainte-Vaubourg, il avoit perdu un œil à l'assaut donné par les Turcs contre la citadelle de Malte;

5. Et MARIE, femme, en 1530, de *Thibaut d'Amfreville*, Ecuyer, Seigneur de Maizières.

XV. NICOLAS DE FONTAINES, Ier du nom, Ecuyer, Seigneur de la Neuville-au-Bois, Tœufles, Omatre & Eftrujeux, acquit la Seigneurie d'Eftrujeux de JACQUES DE FONTAINES, fon père, par contrat du 11 Février 1535. Il paffa tranfaction, le 9 Juillet 1548, avec fes frères, & époufa *Françoife de Pas de Feuquières*, fille de *Philippe*, Seigneur de Feuquières & de Marchel-le-Cave, & d'*Antoinette Dubois*. Ils teftèrent mutuellement, le 16 Janvier 1550, en faveur des trois enfans qui fuivent, & choifirent leur fépulture en l'Eglife de Saint-Martin d'Eftrujeux :

1. NICOLAS, rapporté plus loin, eut la terre de la Neuville-au-Bois ;
2. CLAUDE, Ecuyer, Seigneur d'Eftrujeux, par le teftament de fes père & mère, qui époufa *Marie de Faulq de Rochefort*, fille d'*Antoine* & de *Catherine de Longueuil*, dont :

    OUDART, Ecuyer, Seigneur d'Eftrujeux, Métigny, Mont-d'Avefnes, Bulleux, &c., marié à *Michelle de Montmorency*, fille de *Jean*, Seigneur de Bours, Guéchart, Villeroy, Capitaine des Cent-Suiffes, & Chevalier de l'Ordre du Roi, & de *Bernarde de Gaillard-Longjumeau*, dont entr'autres enfans :

      NICOLAS-BERNARD, Ecuyer, Seigneur de Métigny, marié, le 26 Décembre 1633, à *Françoife de Raimbeaucourt*, Dame du Quefnoy, mère de :

        FRANÇOIS, Ecuyer, Seigneur de Verguez, allié, fans enfans, le 11 Juin 1691, à *Antoinette de Jourdain*.

3. BAUGEOIS, dont on va parler, légataire de fes père & mère de la Terre de Tœufles ;
4. Et JEAN-TIMOLÉON, qui eut de *Marie-Thérèfe de Boufflers* :

    Le brave *Comte DE FONTAINES*, qui commandoit toute l'Infanterie Efpagnole à la bataille de Rocroy, en 1643. Il fit des prodiges de valeur à la tête de cette brave Infanterie, & fut tué dans une chaife, dans laquelle il fe faifoit porter à caufe de la goutte dont il étoit attaqué. Cette belle action mérite d'immortalifer la mémoire d'un fi grand homme. Il fut enterré à Bruges dans l'Eglife des Cordeliers, où l'on voit fon tombeau à gauche dans le Chœur.

XVI. BAUGEOIS DE FONTAINES, Ecuyer, Seigneur de Marchel-le-Cave, de Tœufles & d'Eftrujeux, troifième fils de NICOLAS, & de *Françoife de Pas de Feuquières*, époufa *Antoinette de Forceville*, fille de *Jean*, & de *Marie de Riencourt*, dont deux fils :

1. CLAUDE, Seigneur de Marchel-le-Cave, de Chignolles, marié, le 28 Novembre 1603, à *Françoife Gorguette*. Il en eut :

    RENÉ, Ecuyer, Seigneur de Raffe & de Chignolles, maintenu dans fa nobleffe par jugement du 5 Septembre 1666, de Charles Colbert, Commiffaire du Roi. Il eut de fa femme, *Marie du Bois*, qu'il avoit époufée le 18 Novembre 1632 :

      CHARLES, Chevalier, Seigneur de Chignolles, Raffe, des Barres, Humbercourt, &c., marié, le 21 Juillet 1693, à *Marie de Parthenay*. Il fut maintenu dans fa nobleffe par jugement du 29 Mai 1699, & eut pour enfans :

        CHARLES, mort jeune ;
        Et MARIE-CHARLOTTE, alliée en Janvier 1721, à *Louis-François de Fay*, Ecuyer, Seigneur d'Henneveux & de Foucaucourt.

2. Et ADRIEN, auteur de la branche des Seigneurs de *Caix*, rapportée ci-après.

XVI. NICOLAS DE FONTAINES, IIe du nom, Chevalier, Seigneur de la Neuville-au-Bois, de Tœufles, Omatre, Wiry & Avefnes, affifta au contrat de mariage, du 21 Juin 1581, de CLAUDE DE FONTAINES, Ecuyer, Seigneur de Woincourt & Cérify, fon coufin, iffu de germain. Il acquit la Terre de Wiry de Claude le Grand, Juge & Confeil de la ville de Saint-Omer, en 1587, au nom & comme procureur du Comte de Roueure, Seigneur Efpagnol. Il produifit fes titres en 1599, & fut maintenu dans fa nobleffe par les Commiffaires députés par le Roi en Picardie. Il affifta avec *Jeanne d'Eftourmel*, qu'il avoit époufée le 8 Janvier 1575 (fille de feu *Jean*, Chevalier, Seigneur d'Eftourmel & de Guyencourt, Echanfon ordinaire du Roi, Capitaine & Gouverneur de Saint-Quentin, & de *Marie de Habar*), au contrat de Mariage, du 6 Avril 1603, de BARBE DE FONTAINES, fille de JACQUES, Seigneur de Ramburelles, où il eft qualifié *haut & puiffant Seigneur, Meffire*

NICOLAS DE FONTAINES, Chevalier, Seigneur de la Neuville-au-Bois, Tœufles, Wiry, O-matre & Avefnes. Il fe trouve fous le nom de la Neuville, parmi les Capitaines qui fe diftinguèrent au fiège d'Amiens, fous HENRI IV, & lorfque ce Prince y fit fon entrée le 25 Septembre 1597. Ses enfans furent :

1. JACQUES, qui fuit ;
2. JEAN, Chevalier de Saint-Jean de Jérufalem en 1595. Il eft dit dans la production des titres faits par fon père en 1599, qu'il étoit à Malte depuis 4 ans ;
3. CHARLES, mentionné dans une donation du 13 Septembre 1596, par laquelle fon père lui donne le tiers de la Seigneurie de Tœufles ;
4. CLAUDE, mentionné dans la même donation, par laquelle fon père lui donne, par indivis, & à GEOFFROY, fon frère, la Terre & Seigneurie d'Omatre. Il époufa *Marie de Montejean*, dont il eut :

MICHELLE DE FONTAINES, mariée, le 14 Janvier 1609, à *René de Mailly*, Seigneur de Remaugies, fils de *Thibaud de Mailly*, & de *Françoife de Belloy*, dont des enfans.

5. GEOFFROY, Ecuyer, Seigneur d'Omatre en partie, étoit mort en 1633. Il avoit époufé *Anne le Clerc*, remariée en 1633 à *Antoine de Hénin-Liétard*, IV⁰ du nom, Seigneur de Blincourt, &c.; elle étoit fille de *Robert*, Seigneur d'Arnonville près d'Ecouen, & d'*Anne Hennequin*. Elle eut du premier lit :

ANNE, mariée, le 5 Février 1637, à *François de Riencourt*, Seigneur de Parfondru ;
MARIE, alliée, le 6 Février 1639, à *Alexandre de Joyeufe*, Chevalier, Seigneur de Montgobert ;
Et NICOLE, Religieufe.

6. MARIE, femme de *Charles de Mondion*, Ecuyer, Seigneur de Châtillon, de Bourbecq, Vauville, &c.;
7. Et ANNE, Religieufe au Monaftère de Biache.

XVII. JACQUES DE FONTAINES, II⁰ du nom, Ecuyer, Seigneur de la Neuville-au-Bois, Wiry, Omatre, &c., fut fait Gentilhomme ordinaire de la Chambre du Roi, par Brevet de retenue, du 12 Avril 1613. Il étoit mort en 1625, & avoit époufé, par contrat du 23 Août 1605, *Antoinette de Rouffel*, Dame de Canchy & de Cormont, fille unique de feu

Jean, Seigneur defdits lieux, & d'*Antoinette de Saint-Blimont*. Elle étoit morte en 1666. De ce mariage fortirent :

1. NICOLAS, qui fuit ;
2. JACQUES, mort jeune ;
3. MARIE, alliée, par contrat du 28 Novembre, à *François de Rune*, Chevalier & Capitaine de 100 hommes d'armes, Seigneur de Hiaume, Sailly, Canteleux, Vieil-Rouen, &c.;
4. JEANNE, femme en 1633 de *Pierre de Tronville*, Ecuyer, Seigneur de Mareleffart en Vimeux ;
5. Et MICHELLE, Religieufe de Saint-Dominique à Abbeville.

XVIII. NICOLAS DE FONTAINES, III⁰ du nom, Seigneur de la Neuville-au-Bois, Wiry, Avefnes, Cormont, Omatre, &c., fut maintenu dans fa nobleffe par jugement du 5 Septembre 1666, de Charles Colbert, Commiffaire du Roi. Il eft rappellé comme mort, avec fon époufe, dans le contrat de mariage, du 7 Février 1686, de Louis DE FONTAINES, Chevalier, Seigneur de Cormont, leur fils puîné. Il avoit époufé, par contrat du 7 Février 1630, *Marie de Belloy*, troifième fille de *Charles*, Chevalier, Seigneur de Landrethun, Rodelinghem, Felinguehem, &c, & de *Jeanne Halluyn*, dont :

1. CHARLES, qui fuit ;
2. ISAMBART, Chevalier, Seigneur de Cormont & de Tœufles, lequel affifta au contrat de mariage de fon frère aîné, & fut tué au fiège de Valenciennes en 1656 ;
3. CLAUDE, Chevalier, Seigneur de Bazinghen, qui affifta de même au mariage de fon frère aîné & tranfigea avec fes frères & fœurs, le 27 Mai 1694, & mourut fans alliance en 1703 ;
4. LOUIS, Chevalier, Seigneur du Four, de Cormont, &c., Lieutenant d'une Compagnie de Cavalerie dans le Régiment Dauphin, Etranger, marié, le 7 Février 1586, à *Anne Tillette*, veuve de JOACHIM DE FONTAINES, Chevalier, Seigneur des Prés, frère puîné de PIERRE DE FONTAINES, Seigneur de Woincourt & de Cerify. LOUIS DE FONTAINES & fa femme, font défignés dans une tranfaction du 30 Mars 1700, entre NICOLAS-JOACHIM DE FONTAINES, Chevalier, Seigneur de Bulmont & Woincourt, d'une part, & PIERRE-CLAUDE DE FONTAINES, fon frère, pour l'acquittement de ce qui étoit dû à *Anne Tillette*, époufe de LOUIS DE FONTAINES, Seigneur de Cormont ;
5. JEAN, Chevalier, Seigneur de la Tour, Cor-

nette de Cavalerie, marié, le 27 Novembre 1666, à *Marie de la Warde*, fille de *Jean*, Seigneur de Rome, & de *Marguerite de Berny*;

6. JEAN-BAPTISTE, Chevalier, Seigneur de Many;

7. LOUIS-MICHEL, Chevalier, Seigneur de Hautembergue;

8. MADELEINE, appelée *Mademoiselle de Cormont*, morte fille;

9. JEANNE, dite *Mademoiselle de la Neuville*, mariée à *Charles de Sacquespée*, Chevalier, Seigneur de Gorenflos;

10. ANNE-FRANÇOISE, mentionnée dans la transaction du 27 Mai 1694, étant représentée par MADELEINE, sa sœur;

11. Et MARIE-MARGUERITE, qui assista au contrat de mariage, du 13 Janvier 1720, de FRANÇOIS DE FONTAINES, Chevalier, Seigneur de la Neuville, son neveu.

XIX. CHARLES DE FONTAINES, Chevalier, Seigneur de la Neuville-au-Bois, Wiry, Vron, Hermancourt, l'Escaut, &c., Capitaine d'une Compagnie de Cavalerie au Régiment d'Elbeuf, fit son testament, étant malade à Paris, le 15 Septembre 1691, fit un legs particulier à MARIE-CLAIRE-ISABELLE DE FONTAINES, sa dernière fille, & mourut le 19 du même mois. Il avoit épousé, le 11 Novembre 1653, *Marie de Bernes*, morte le 9 Septembre 1695, fille & seule héritière de feu *Dominique de Bernes*, Chevalier, Seigneur d'Escaut, Lieutenant pour le Roi au Gouvernement de Rue, & de *Françoise de Gargan*, Dame de Hermancourt, dont:

1. NICOLAS, qui suit;

2. FRANÇOIS, Chevalier, Seigneur de la Neuville, né le 19 Mars 1668, & baptisé en la Paroisse de Saint-André d'Abbeville, Capitaine au Régiment de Provence, & ensuite Mestre-de-Camp du Régiment de Piémont, Cavalerie, marié 1º à *Marguerite de Montmorency*, fille de *Jean*, IIe du nom, Seigneur de Bours & de la Cour-au-Bois; & 2º par contrat du 13 Janvier 1720, à *Marie-Marguerite Flahaut d'Esaunois*, fille de *François*, Chevalier, Seigneur dudit lieu, Mestre-de-Camp au service du Roi, dont trois filles:

    1. N.... DE FONTAINES, mariée, en 1743, à *Emmanuel-Ambroise de Partz-de-Pressy*, Marquis *d'Esquirres*;

    2. & 3. N... DE FONTAINES, appelée *Mademoiselle de* FONTAINES, & N... DE FONTAINES, dite *Mademoiselle de Cormont*, qui vivent filles à Abbeville en 1773.

3. CHARLES, qui quitta l'Etat Ecclésiastique pour épouser *Angélique le Fournier*, Dame de Neuville, dont une fille mariée à *N... de Buigny*, Seigneur de Brailly & de Cornehotte, dont pour fille unique *Mademoiselle de Cornehotte*, mariée en 1770;

4. CLAUDE-ALÉAUME, Chevalier, Seigneur de Vron, d'Hermancourt, &c., né le 23 Août 1675, Capitaine de Cavalerie au Régiment de Beringhem, puis Lieutenant-Colonel au Régiment de Conti, fait Chevalier de Saint-Louis vers 1718. Il a épousé, le 28 Juillet 1713, *Marie-Octavie Moullart*, fille de *Jacques*, Ecuyer, Seigneur de Villemarest, Tancarville, Beaumanoir & Sehen, Chevalier de Saint-Lazare, Capitaine au Régiment de Picardie, & de *Marie Heron*, dont un garçon & une fille, savoir:

FRANÇOIS-ALÉAUME-JOSEPH, Comte de FONTAINES, Seigneur de Vron, né le 17 Mai 1716, ancien Capitaine de Cavalerie, Chevalier de Saint-Louis, marié, sans enfans, 1º à *Françoise-Auftreberte Becquet*, fille de *Nicolas*, Seigneur de Beaurepaire, Lieutenant-Général à Montreuil-sur-Mer; 2º en 1772, à une Demoiselle de la Flandre Autrichienne;

Et CLAUDE-CHARLOTTE-ELISABETH, née le 23 Mai 1715, mariée à *René de Poilly*, Seigneur de Marefville.

5. RENÉ-ALEXANDRE, appelé *le Comte de Wiry*, né le 23 Janvier 1679, mis sous la tutelle de NICOLAS DE FONTAINES, son frère aîné, par acte du 5 Décembre 1691, Capitaine au Régiment d'Aunis, & mort sans enfans, en 1753, de son mariage avec *N.... de Tronville de Mareleffart*;

6. Et MARIE-CLAIRE-ISABELLE, appelée *Mademoiselle d'Hermancourt*, née le 24 Octobre 1680, mentionnée pour un legs particulier dans le testament de son père, comme on l'a dit ci-dessus. Elle fut aussi mise sous la tutelle de NICOLAS, son frère, & est morte fille à Abbeville, en 1768, âgée de 88 ans.

XX. NICOLAS, IVe du nom, appelé *le Comte* DE FONTAINES, Chevalier, Seigneur de la Neuville-au-Bois, de Bernes, de Wiry, Vron & Hermancourt, Cormont, la Tour, Bufinghen, l'Escaut, Offertun, né en 1660, Capitaine de Cavalerie réformé au Régiment de Cayeu, obtint commission, du 21 Octobre 1684, de Capitaine réformé à la suite du Régiment de Cavalerie de M. le Dauphin; fut ensuite Major du Régiment de Béthune, puis de celui de du Châtelet, Cavalerie; servit en cette qualité dans l'armée commandée par le

Maréchal de Catinat, en Piémont, en 1691; devint Lieutenant-Colonel du même Régiment en 1692, fut fait Meftre-de-Camp d'un Régiment de Cavalerie de fon nom le 1er Mars 1696; obtint du Roi, par Brevet du 16 Février 1703, en confidération de fes fervices & des bleffures qu'il avoit reçues, 1000 livres de penfion. Il eft mort Maréchal-des-Camps & Armées du Roi, & avoit époufé, par contrat du 2 Juin 1687, *Marie-Louife-Charlotte de Pellart de Givry*, décédée le 8 Septembre 1730, âgée d'environ 70 ans, fille de *Bernard*, Chevalier, Seigneur de Givry & autres lieux, Maréchal-de-Camp, Lieutenant de Roi au Gouvernement de Metz, & de *Marie-Henriette le Comte d'Hormay*. *Marie-Louife-Charlotte de Pellart*, Comteffe de Fontaines, eft auteur d'un roman intitulé : *la Comteffe de Savoie, d'Amenophis*, ou *le Prince Bibi*, & de quelques autres petits ouvrages ingénieux. Leurs enfans font :

1. JEAN-CHARLES, qui fuit;
2. GEORGES - MARIE, appelé *le Chevalier de* FONTAINES, Cornette de Cavalerie dans le Régiment de fon père, puis Capitaine-Lieutenant, mort garçon, ayant été tué au fiège de Lille;
3. & 4. CHARLES & GEORGES-MATHIEU, morts jeunes;
5. RENÉ, né à Paris le 2 Décembre 1704, Chevalier non profès de l'Ordre de Malte, Chevalier de l'Ordre de Saint-Jean de Jérufalem, vivant à Paris en 1773;
6. ANNE, née en 1694, morte fans enfans, à l'Hôtel de Conti à Paris, au mois de Novembre 1768, Dame d'honneur de S. A. S. Madame la Princeffe de *Conti*, Douairière, & veuve de *Jean-Pierre*, Marquis de *Fontanges*, Chevalier de Saint-Louis, qu'elle avoit époufé en 1730;
7. MARGUERITE-CHARLOTTE, née & baptifée le 12 Juin 1695, reçue à Saint-Cyr au mois de Novembre 1703, & morte en 1706;
8. Et JACQUELINE, née en 1696, Religieufe aux Dames de Saint-François d'Abbeville, vivante en 1773.

XXI. JEAN-CHARLES, appelé *le Marquis* DE FONTAINES, Chevalier, Seigneur de la Neuville-au-Bois, Wiry, Vron & autres lieux, né en 1688, élevé Page de Madame la Ducheffe de Bourgogne, vendit un moulin au terroir de Vron, au profit de CLAUDE-ALÉAUME DE FONTAINES, fon oncle, par contrat du 2 Juin 1725. Il étoit Capitaine de Cavalerie au Régiment Royal-Piémont, & Chevalier de

Saint-Louis, & eft mort garçon à Agen, le 10 Novembre 1737, âgé de 49 ans & 7 mois.

BRANCHE
des Seigneurs de RAMBURELLES.

XV. RAOUL DE FONTAINES, Ecuyer, Seigneur d'Accordat, de Ramburelles, &c., troifième fils de JACQUES, Ier du nom, & de *Guyonne de Belloy*, affifta, comme coufin, & Procureur des père & mère du futur, au contrat de mariage du 21 Juin 1581, de CLAUDE DE FONTAINES, fils d'ANTOINE, Ecuyer, Seigneur de Cerify, Woincourt, &c., & de *Michelle de Caumont*. Ledit RAOUL fe trouve, fous le nom de Ramburelles, parmi les Seigneurs & Capitaines qui fe comportèrent vaillamment au fiège d'Amiens, & qui accompagnèrent HENRI IV lorfqu'il fit fon entrée dans cette Ville, le 25 Septembre 1597, dit l'*Hiftoire d'Abbeville*, pag. 746. Il avoit époufé, par contrat du 16 Janvier 1550, *Françoife de Baconel*, fille de *Jean*, Seigneur dudit lieu, de Bray, Bienfait & de Sailly, Sénéchal de Ponthieu, & de *Nicole le Vaffeur*, & eut pour enfans :

1. HECTOR, Religieux Bénédictin à Corbie en 1569;
2. 3. & 4. CLAUDE, BAUGEOIS & NICOLAS, morts jeunes;
5. JACQUES, qui fuit;
6. RENÉ, repréfenté avec fes père, mère & frères, & chacun leur écuffon fur la vitre, derrière l'Autel du Chœur de l'Eglife de Ramburelles, dont il refte encore quelques veftiges. Ce Chœur fut achevé d'être bâti en 1536, de la piété & libéralité de fon père;
7. MARGUERITE, mariée 1º à un Seigneur de Normandie, nommé *Jean de Valois*, Seigneur de Claville, dont *Gabrielle de Valois*, morte jeune; 2º à *Jean-Abraham*, Seigneur de Millancourt; 3º à *Scipion de Brefdoul*, Seigneur de Neuvillette; & 4º à *Charles de Homblières*, Seigneur de Malvoifine. Elle n'eut point d'enfans de fes trois derniers maris, mourut en 1618, & fut inhumée à Ramburelles, fuivant fon teftament, près de fes père & mère;
8. JEANNE, mariée, 1º en 1566, à *Jean du Gard*, Seigneur de Frefneville, Mervilliers, Saulchoy, Méricourt, Sénéchal & Gouverneur de Ponthieu; & 2º à *Pierre de Rogues*, Seigneur de Ville. Elle n'eut point d'enfans de ces deux mariages;
9. Et MADELEINE - ANTOINETTE, femme de *Louis de Cambray*, Seigneur de Maubuiffon.

XVI. JACQUES DE FONTAINES, Seigneur de

Ramburelles, Forceville, Arondel, Nibas & Rimbehem, eſt qualifié, dans un acte du 28 Février 1597, de *haut & puiſſant Seigneur, Meſſire* JACQUES DE FONTAINES, Chevalier de l'Ordre du Roi, Seigneur de Ramburelles, &c. Il mourut en 1605, dans un âge fort avancé. Il avoit épouſé, en 1581, *Gabrielle de la Radde,* Dame de Tully, Moutiers & Greneuſeville, fille d'*Antoine,* & de *Barbe de Mailly.* Ses enfans furent :

1. PIERRE, tué en duel, en 1626 ;
2. NICOLAS, Chevalier, Seigneur de Ramburelles, de Tully, &c., qui étoit fort âgé & garçon en 1657 ;
3. BARBE, mariée, 1° le 6 Avril 1603, à *haut & puiſſant Seigneur, Meſſire Louis de Moreul,* Chevalier, Seigneur de Tanques, Freſnoy, Caumeſnil, Béthencourt, Saint-Ouen, Cayeux, Beaucamps, Blangis, &c., fils de *François de Moreul,* & de *Marie de Merec ;* 2° en 1619, à *Louis Gaillard,* Chevalier, Seigneur du Fayet ; & 3° en 1629, à *Charles de Bacoüel,* Chevalier, Seigneur de Lauſières. Elle n'eut point d'enfans de ſes trois maris, mourut en 1664, & fut enterrée à Ramburelles, près de ſes père & mère ;
4. SUSANNE, Religieuſe en 1615, aux Sœurs Blanches, Ordre de Saint-Dominique, à Abbeville ;
5. Et MARIE, alliée, en 1628, à *Jean de Grouches,* Baron de Chepy, Seigneur dudit lieu, de Huppy, de Gribauval, &c., dont, entr'autres enfans, *Auguſtin de Grouches,* appelé le *Marquis de Chepy,* marié, en 1653, à *Catherine de Roncherolles.*

BRANCHE
des Seigneurs de CAIX.

XVII. ADRIEN DE FONTAINES, Ecuyer, Seigneur de Caix, ſecond fils de BAUGEOIS, & d'*Antoinette de Forceville,* épouſa, par contrat du 15 Juin 1613, dans lequel il eſt qualifié, Ecuyer ſuivant la Cour, ſous la charge de M. du Bourg, *Marguerite de Gaillard,* fille de *Quentin de Gaillard,* Ecuyer, Seigneur de Dion, & de *Diane de Herſelin.* Il en eut :

1. CHARLES, qui ſuit ;
2. JACQUES, Ecuyer, Seigneur DE FONTAINES & du Four-d'Enhaut, premier Capitaine de Cavalerie étrangère au Régiment du Buiſſon, comme il eſt dit dans ſa maintenue de Nobleſſe, du 31 Août 1666. Il épouſa *Eliſabeth-Marie de Cambray,* & demeuroit à Villers-lès-Arquery, près de Clermont en Beauvoiſis ;

3. Et MARGUERITE, qui tranſporta, le 23 Décembre 1656, à CHARLES, ſon frère, les droits ſucceſſifs à elle échus par le décès de ſes père & mère.

XVIII. CHARLES DE FONTAINES, Chevalier, Seigneur de Caix, Fontaines, Harcourt, Métigny, Vauvillers, & Comte de Cambray, Lieutenant de la Meſtre-de-Camp du Régiment de Rambures, & ſucceſſivement Aide-de-Camp & Capitaine au même Régiment, & Sergent de bataille dans l'Armée commandée par M. le Maréchal d'Hocquincourt, obtint une penſion de 1500 livres en récompenſe de ſes ſervices, & mourut Maréchal-de-Camp en 1667. Il fut maintenu dans ſa Nobleſſe, par jugement du 5 Décembre 1666, & avoit épouſé : 1° *Adrienne de Montejean,* fille de *Philbert,* Ecuyer, Seigneur de Montauban, & de *Claire de la Porte ;* & 2° le 4 Décembre 1652, *Marguerite de Cambray,* fille de *Claude,* Ecuyer, Seigneur de Villiers, & de *Catherine de Louvencourt.* Il eut du premier lit :

1. CHARLES, mort jeune ;
2. PHILBERT, qui ſuit ;
3. Et CLAUDE, fille.

XIX. PHILBERT DE FONTAINES, Chevalier, Comte de Fontaines, Seigneur de Caix, Métigny, &c., épouſa *Marie-Louiſe de Blécourt,* veuve de *Louis-Adrien de Fay,* Chevalier, Seigneur de Guillaucourt, dont il n'eut point d'enfans.

BRANCHE
des Seigneurs de CERISY & WOINCOURT.

XIII. LOUIS DE FONTAINES, dit *de la Neuville,* Ecuyer, Seigneur de Ceriſy, troiſième fils de GILLES & d'*Antoinette de Sarcus,* prit à cens, par acte du 24 Décembre 1464, de BAUGEOIS DE FONTAINES, ſon frère, deux pièces de terre au terroir de Ramburelles, tenant à la Terre de JEAN DE FONTAINES, dit *Lionnel,* leur oncle. Il reçut une quittance du 10 Juillet 1477, d'*Antoinie de Belloy,* veuve de JEAN DE FONTAINES, dit *Aigneux,* & d'ANTOINIE DE FONTAINES, leur fille puînée, d'une ſomme due pour la ſucceſſion de feu GILLES DE FONTAINES, ſon père, pour argent prêté par ledit *Aigneux* à feu Madame de la Neuville, mère deſdits GILLES & AIGNEUX ; pour laquelle ſomme *Antoinette de Sarcus,* mère dudit Louis, s'étoit obligée. Il fut Ecuyer de l'Ecurie du Roi CHARLES VII, le 3 Juin 1482, enfuite Gentilhomme de la Maifon du Roi Louis XI, avec Raoulquint de Fontaines, fon coufin. Il époufa : 1º *Marie de Forceville*, avec laquelle il acquit, par acte du 19 Janvier 1466, de Jean Maugier, Ecuyer, un Fief noble, dans la Ville & terroir de Cerify ; & 2º par contrat du 15 Avril 1484, *Marguerite de Mauvoifin*, fille aînée de *Jean*, Ecuyer, Seigneur de Croquoifon, & de *Jeanne de Blottefière*. Il eut du premier lit :

1. Guillemette, appelée *Mademoifelle de la Neuville*, mariée, par contrat du 1er Juin 1505, à *Jean de Bouberch*, Ecuyer, demeurant à Frirœulles, dont une fille nommée *Mariette de Bouberch*.

Et du fecond lit vinrent :

2. Pierre, qui fuit ;
3. Claude, Chevalier de Malte en 1524 ;
4. Guy, marié à *Nicole* ou *Catherine de Bourgogne*, troifième fille de *Geoffroy de Bourgogne*, Seigneur d'Amerval & de Montricourt, & de *Jeanne de Poix* ;
5. Et Antoinette, femme de *Jacques d'Anify*, en Normandie.

XIV. Pierre de Fontaines, Ier du nom, Ecuyer, Seigneur de Cerify, fit offre de relief, le 6 Mars 1510, d'un fief noble à Cerify, à *Marguerite de Châtillon*, Dame de Châtillon & de la Ferté-lès-Saint-Riquier, fut déchargé des droits de Francs-Fiefs, par jugement des Commiffaires, du 18 Mai 1517, & acquit un bien à Ramburelles, le 12 Décembre 1527. Il eut de *Blanche de Mannay*, fon époufe :

1. Antoine, qui fuit ;
2. Antoine-Louis, Chevalier de Malte en 1541 ;
3. Isabeau, mariée à *Nicolas de Fay*, Ecuyer, Seigneur de Fontaine-le-Sec ;
4. Et Anne, qualifiée Abbeffe de Longchamp, dans une quittance qu'elle donna le 15 Avril 1580.

XV. Antoine de Fontaines, Ecuyer, Seigneur de Cerify, Woincourt, &c., paffa un contrat de rente, le 30 Décembre 1550, avec Pierre de Fontaines, fon père, au profit de *François le Grand*, Ecuyer. Il époufa, par contrat du 24 Janvier 1552, *Michelle de Caumont*, fille puînée de *Simon*, Ecuyer, Seigneur de Woincourt & de la Motte, & de *Jacquette de Rouffel d'Efcarbotin*, fœur de *François de Rouffel*, Lieutenant pour le Roi à Amiens, dont :

1. Claude, qui fuit ;
2. Nicolas, à qui fon père donna la terre de

Ramburelles avec un Fief à Hochencourt. Il époufa : 1º le 18 Février 1588, *Marie Eudel*, troifième fille de feu *Jean*, Ecuyer, Seigneur de Croville, & de *Jeanne Langlois* ; & 2º *Marie des Gardins*. Du premier lit vinrent :

1. Jean, Ecuyer, Seigneur d'Alliermont, mort fans enfans ;
2. Geneviève, mariée à *Pierre le Prévoft*, Ecuyer, Seigneur de la Frefte ;
3. Et Antoinette, femme de *Philippe le Prévoft*, Ecuyer, Seigneur de Pandé.

3. René, mort jeune au fervice du Roi ;
4. Jean, Chevalier des Ordres du Roi en 1570, qui fe trouva à la prife d'Amiens par Henri IV, avec deux de fes parens & plufieurs autres Seigneurs & Gentilshommes de Picardie, où il fe comporta courageufement. Il accompagna ce Prince lorfqu'il fit fon entrée dans cette Ville, le 25 Septembre 1597 ;
5. Jeanne, femme de *Jean le Vaffeur*, Ecuyer ;
6. Et Antoinette, morte fille.

XVI. Claude de Fontaines, Ecuyer, Seigneur de Fontaines, Cerify, Woincourt & de deux Fiefs fitués à Ramburelles, à lui donnés par fon père, époufa, par contrat du 21 Juin 1581, *Geneviève Tardieu*, fille de feu *Richard*, Ecuyer, Seigneur de Monchy, & de *Marguerite de Pont*. Claude de Fontaines étoit mort à Ramburelles, le 30 Juillet 1592, tems où fut fait l'inventaire de fes meubles, & *Geneviève de Tardieu*, fa veuve, nommée tutrice, eut la garde noble de fes enfans, favoir :

1. Joachim, qui fuit ;
2. Samuel, Lieutenant d'une Compagnie de gens de pied au Régiment de Piémont, mort au fervice du Roi en 1622 ;
3. Antoinette, morte fille en 1610 ;
4. Et Marie, femme de *Louis le Prévoft*, Ecuyer, Seigneur de Romerel.

XVII. Joachim de Fontaines, Ecuyer, Seigneur de Cerify, Woincourt, la Cour-au-Bois, Rifflecoffe, &c., reçut deux aveux, les 7 & 14 Mai 1607, & époufa, par contrat du 4 Février 1610, *Marie de Rouffel*, fille de *René*, Ecuyer, Seigneur d'Efcarbotin, Friville en partie & Petit-Mareft, & d'*Ifabeau le Prévoft*. Il tranfigea, par acte du 9 Avril 1622, avec *Claude le Prévoft*, Ecuyer, Seigneur de la Frefte, & Geneviève de Fontaines, fa femme, fille de feu Nicolas, oncle dudit Joachim. Ses enfans furent :

1. Pierre, qui fuit, au mariage duquel il affifta le 18 Décembre 1648 ;

2. PHILIPPE, mentionné dans des actes du 17 Juin 1622, & du 26 Avril 1649;

3. JOACHIM, Chevalier, Seigneur des Prés, & d'un Fief fitué à Efcarbotin. Il étoit, en 1645, Capitaine d'une Compagnie de gens de pied du Régiment d'Efpagny, & obtint, le 30 Juin 1650, un certificat de fes fervices de M. de Maudevergue, Colonel d'un Régiment de Cavalerie. Il époufa : 1° le 11 Mars 1652, *Michelle de Licques*, fœur de *Nicolas*, Chevalier, Seigneur de Tofflet, dont il eut des enfans morts jeunes ; & 2° fans poftérité, *Anne Tillette*. Il produifit fes titres de nobleffe, le 4 Août 1667, marquant qu'il eft âgé de 40 ans, qu'il porte : *d'or, à 3 écuffons de vair bordés de gueules,* qu'il reconnoît pour chef de fa branche, PIERRE DE FONTAINES, fon frère aîné, &, pour chef des armes de fa Maifon, NICOLAS DE FONTAINES, Chevalier, Seigneur de la Neuville-au-Bois. Il fut maintenu dans fa nobleffe, par jugement du 13 Décembre, même année 1667 ; ◾

4. ROBERT, auquel *Geneviève de Tardieu*, fa grand'mère, fit une donation, par acte du 17 Juin 1622 ;

5. Et NICOLAS, Ecuyer, Seigneur des Foffés, mentionné dans la donation que JOACHIM, fon père, fit le 26 Avril 1649, à PIERRE, fon frère aîné.

XVIII. PIERRE DE FONTAINES, II.ᵉ du nom, Ecuyer, Seigneur de Cerify, Woincourt, Ifengremel en partie, &c., mentionné dans la donation de fon père, dans celle de *Geneviève de Tardieu*, fa grand'mère, & dans les titres de nobleffe produits le 4 Août 1667, époufa, par contrat du 18 Décembre 1648, *Antoinette de l'Eftoille*, fille *d'André*, Ecuyer, Seigneur de Breville, & de feu *Marguerite de Cacheleu,* dont :

1. JACQUES-FRANÇOIS, né en 1657, mentionné dans la production des titres du 4 Août 1667, qu'il produifit lui-même le 12 Septembre 1697, portant qu'il eft âgé de 40 ans, qu'il a époufé *Hélène Bonnet,* & qu'il a trois frères. Il eft appelé, comme mort, fans enfans, dans une tranfaction du 30 Mars 1700;

2. NICOLAS-JOACHIM, qui fuit;

3. PIERRE-CLAUDE, Chevalier, Seigneur de Nelette, né le 18 Septembre 1665. Il a fervi pendant plus de 60 ans dans la Maifon du Roi, a été fait Brigadier de fes Armées le 20 Février 1734, & eft mort le 29 Octobre 1750, avec 6000 livres de penfion du Roi, & âgé de 85 ans. Il avoit époufé *Marie Bonnet,* fille puînée de *Nicolas*, Chevalier, Sei-

gneur de Saint-Martin & de Bois-Roger, & d'*Hélène d'Abancourt,* dont deux garçons & deux filles :

1. PIERRE-HUBERT, Chevalier, Seigneur de Nelette, mariée, en 1731, à *N... de Frieucourt,* Dame de Tully, mort fans enfans & Chevalier de Saint-Louis le 3 Juillet 1764;

2. NICOLAS-AIMARD, Chevalier, appelé *le Comte de FONTAINES,* né le 1.ᵉʳ Mars 1700, marié, par contrat du 17 Novembre 1748, à *Marie-Madeleine-Jofèphe-Louife de Lannoy*, veuve de *Claude le Roi,* Chevalier de Saint-Louis, Seigneur de St.-Lau, Maifon-lès-Ponthieu, &c., ancien Commandant d'un bataillon au Régiment de Monaco, & fille de *Louis-Augufte,* Comte de Lannoy, Seigneur de la Motte, d'Auxy-le-Château, &c., & de *Louife-Philippine,* Princeffe de *Furftemberg,* dont un fils mort âgé de 4 ans. Il étoit Cornette des Chevaux-Légers de la Garde du Roi, s'eft retiré après 48 ans de fervices & couvert de bleffures, avec la Croix de Saint-Louis, & 7200 liv. de penfion. Il eft vivant en 1773 ;

3. MARIE-LOUISE, appelée MADEMOISELLE DE FONTAINES, née le 12 Juillet 1701, reçue à Saint-Cyr au mois de Décembre 1709. Elle eft fille & vivante en 1773;

4. Et ÉLISABETH, née le 19 Octobre 1703, mariée, en 1739, à Meffire *Louis-Ferdinand de Beaurain,* Chevalier, Seigneur du Bureuil, & Chevalier de St.-Louis, dont un garçon & deux filles.

4. HUBERT, Chevalier, Seigneur de Bocaffelin, né le 7 Novembre 1669, Meftre-de-Camp de Cavalerie & Chevalier de Saint-Louis, au mois de Mai 1713, marié, le 31 Décembre 1700, à *Marie-Anne Bonnet,* dont fix enfans :

1. PIERRE-AIMARD, appelé M. *de Bocaffelin,* qui a fervi dans les Chevaux-Légers de la Garde du Roi, & a époufé, en 1742, *Madeleine-Thérèfe de Belleval de Floriville,* dont il n'a point eu d'enfans;

2. AMBROISE, né en 1706, Ecclefiaftique, vivant en 1773;

3. JEAN-CLAUDE-HUBERT, mort garçon, & Chevau-Léger en 1742 ;

4. ALÉAUME, mort auffi garçon & Chevau-Léger ;

5. HÉLÈNE-NICOLE, appelée MADEMOISELLE DE BOCASSELIN, née en 1703, reçue à Saint-Cyr en 1705, & vivante fille en 1773 ;

6. Et Louise-Charlotte-Marie-Anne, née en 1714, & vivante fille en 1773.

5. Antoinette, morte fans avoir été mariée;

6. Marie, appelée *Mademoifelle de Rambu-relles*, morte fans alliance;

7. Et Charlotte, auffi morte fans alliance.

XIX. Nicolas-Joachim de Fontaines, Chevalier, Seigneur de Bulmont, Cerify, Woincourt, Ifengremel en partie, &c., né le 6 Janvier, & baptifé le 13 Mai 1660, obtint le 10 Avril 1690, une commiffion de Capitaine au Régiment de M. le Dauphin, Infanterie, devint enfuite Capitaine au Régiment de Fontenilles, & fut maintenu dans fa nobleffe le 20 Avril 1708. Il époufa, par contrat du 9 Août 1715, *Léonore-Françoife d'Amerval*, fille de feu *Henri*, Chevalier, Seigneur d'Af-fevillers, & de *Henriette de Croizel*, dont:

1. Nicolas-François, Chevalier, Seigneur de Woincourt & de Pellevert, né en 1698, marié, par contrat du 22 Juillet 1743, à *Madeleine-Angélique Gringore*, dont un fils mort garçon, & Chevau-Léger, & une fille Religieufe à l'Abbaye d'Arques, près de Dieppe;

2. Joseph, appelé *le Chevalier de Woincourt*, né en 1700, Chevau-Léger de la Garde du Roi, tué à la bataille de Dettingen en 1743;

3. Charles-Louis, qui fuit;

4. Jacques, Religieux Capucin fous le nom de *Père Bonaventure*, mort en 1744;

5. François, mort garçon au fervice;

6. Pierre-Nicolas, Chevalier, Seigneur d'Im-bleval, Chevalier de Saint-Louis, & Major d'Abbeville, né le 15 Février 1711, veuf & fans enfans en 1773;

7. Françoise-Louise-Léonore, appelée *Mademoifelle de Ramburelles*, née le 31 Juillet 1696, reçue à Saint-Cyr en 1705, & morte quelque tems après;

8. Et Marie-Jeanne, née en 1701, reçue à Saint-Cyr en 1713, morte en 1769, femme de *Louis Jacques Witaffe*, Ecuyer, Seigneur de Vermandovillers, près de Péronne, dont plufieurs enfans.

XX. Charles-Louis de Fontaines, Chevalier, Seigneur de Cerify, Woincourt, Bocaffelin, &c., Capitaine de Cavalerie & Chevalier de Saint-Louis, s'eft retiré après 32 ans de fervice, dans la Compagnie Ecoffoife des Gardes-du-Corps du Roi, avec une penfion fur la caffette du Roi, & une fur le Tréfor royal, & eft mort à la ville d'Eu, le 21 Mars 1772, âgé de 69 ans. Il avoit époufé, par contrat du 27 Août 1727, où il eft dit âgé de 24

ans, *Madeleine Vincent*, veuve de *Charles de Frieucourt*, Chevalier, Seigneur de Tully & de l'Isle Saint-Hilaire, & fille d'*André Vincent*, Chevalier, Seigneur d'Hantecourt, & de *Marie-Madeleine de Lefperon*. Elle vit en 1773, a une penfion fur la caffette du Roi, & a eu pour enfans:

1. Louis-Marie-Joachim, appelé *le Comte de Fontaines*, reçu dans la Compagnie des 200 Chevaux-Légers de la Garde ordinaire du Roi, le 1er Octobre 1746, & appelé le 23 Juillet 1751, à l'acte de tutelle de fes coufins germains. Il eft mort fans enfans, le 23 Juin 1763, de fon mariage, contracté le 12 Mars 1758, avec *Marie-Marthe Sohier d'Intraville*, Dame de Croqvoifon, de Courtieux & autres lieux;

2. Louis-Aléaume, mort au berceau;

3. Et Charles-Philippe-Aimard, qui fuit.

XXI. Charles-Philippe-Aimard, Marquis de Fontaines, Chevalier, Seigneur de Cerify, Woincourt, Bocaffelin, Baron de Moulins, Seigneur dudit lieu, de Cenfy, de la Faulle, &c., Exempt des Gardes-du-Corps du Roi, Compagnie Ecoffoife, Meftre-de-Camp de Cavalerie & Chevalier de Saint-Louis, a époufé, contrat figné le 13 Mai 1764, par le Roi & la Famille Royale, *Charlotte Goujon de Ris*, fille de *Jean Profper*, Chevalier, Seigneur de Gafville, Coutte, Iville, &c., Confeiller du Roi en fes Confeils, ci-devant Intendant de la Généralité de Rouen, & d'*Anne de Faulcon*, Dame de Ris & d'Orangis, dont:

1. Charles-François, Comte de Fontaines, né à Paris le 9 Septembre 1766, mort le 26 Mars 1771, âgé de 4 ans & demi;

2. Aléaume-René-François, né le 31 Décembre 1770, reçu Chevalier de Malte de minorité, par Lettre du Grand-Maître Dom Emmanuel Pinto, datée du 21 Février 1771;

3. Et Charlotte-Bénigne-Aimardine, née le 11 Décembre 1768.

BRANCHE
des Seigneurs de Guillemerville, Mauconduit, &c.

XII. Jean de Fontaines, IIIe du nom, dit Lionnel, à caufe de fa bravoure, quatrième fils de Jean II, & de *Marie de Ramburelles*, vivoit en 1424 & 1434, fuivant un partage fait entre lui & Gilles, fon frère, & une donation à lui faite par *Marie de Ramburelles*, fa mère. Il eft auffi mentionné dans un acte du 20 Avril 1469, comme oncle de Baugeois,

Hue & Louis de Fontaines. Il eut d'*Ide de Gourlay*, son épouse, avec laquelle il vivoit en 1445 :

1. Guy, Seigneur de Villainville, qui se fit d'Eglise ;
2. Jacques, qui suit ;
3. Et Perrette, dont on ignore l'alliance.

XIII. Jacques de Fontaines, Ecuyer, Seigneur de Guillemerville, de Villainville & des Erables, épousa, le 16 Mars 1462, *Marguerite Poisson*, fille aînée du Seigneur de Biville en Caux, dont :

1. Guy, qui suit ;
2. Et Adrien, auteur de la branche des Seigneurs des *Erables*, rapportée ci-après.

XIV. Guy de Fontaines, Ecuyer, Seigneur de Villainville, épousa, le 1er Octobre 1486, *Jeanne de Bethencourt*, fille de *Jean*, Ecuyer, Seigneur de Wailly, & de *Louise de Halluyn*, dont :

XV. Jean de Fontaines, IVe du nom, Ecuyer, Seigneur de Villainville, marié, le 12 Novembre 1518, à *Nicole de Belleperche*, fille de *Jean*, Ecuyer, Seigneur de Nibas & de Mauconduit, & d'*Isabeau de Tœufles*. Il en eut :

1. Louis, qui suit ;
2. Et Gabriel, Ecuyer, Seigneur de Mauconduit, marié, en 1552, à *Adrienne de Pellevert*, sœur puînée de *Jeanne*, femme de Louis, son frère aîné, dont :

> René, qui eut de *Gabrielle le Roux*, son épouse :
>
> > Nicolas, allié, en 1602, à *Marie de la Berquerie*, & en eut :
> >
> > > Antoine, lequel eut de *Marie de Lesperon* :
> > >
> > > > François, marié, en 1665, à *Florence de Hottemant*, dont : Madeleine, alliée en secondes noces, en 1714, à N... de *Pastourel*.

XVI. Louis de Fontaines, Ecuyer, Seigneur de Mauconduit, tué en 1545, en combattant contre les Anglois, sous les ordres du Maréchal du Biez, fut enterré au Mesnil-Réaume, dans le Comté d'Eu, comme il se voit par une ancienne représentation de son tombeau, où il est en homme de guerre, avec son armure couverte de ses armes qui sont : *d'or, à trois écussons de vair, au lambel, à 3 pendans de gueules ;* & au pied du tombeau, sa femme & son fils à genoux. Il avoit

épousé, le 19 Octobre 1539, *Jeanne de Pellevert*, fille aînée de feu *Laurent de Pellevert*, Ecuyer, Seigneur dudit lieu au Comté d'Eu, dont :

XVII. François de Fontaines, 1er du nom, Ecuyer, Seigneur de Pellevert, de Mauconduit, de Belleperche, &c., maintenu dans sa noblesse avec Antoine, son fils aîné, par jugement du 19 Décembre 1589. Il épousa, le 5 Mai 1563, *Jeanne de Trouville*, fille de *Laurent de Trouville*, Ecuyer, Seigneur dudit lieu & de Grattepanche au Comté d'Eu, & de *Claude de Francières*. Ses enfans furent :

1. Antoine, qui suit ;
2. Et René, Ecuyer, Seigneur de Mauconduit, lequel assista, comme cousin, au contrat de mariage du 21 Juin 1581, de Claude de Fontaines, Ecuyer, Seigneur de Cerify & de Woincourt.

XVIII. Antoine de Fontaines, Ecuyer, Seigneur de Pellevert & de Mauconduit, maintenu dans sa noblesse avec son père, par jugement du 19 Décembre 1589, eut de sa seconde femme, *Hippolyte de Saint-Blimont*, fille de *François de Saint-Blimont*, Ecuyer, Seigneur dudit lieu, & de *Claude de Sempy* :

1. François, Ecuyer, Seigneur de Pellevert, Gentilhomme ordinaire du Roi, mort garçon ;
2. Adrien, qui suit ;
3. Et Charles, Abbé du Tréport en 1636.

XIX. Adrien de Fontaines, Ecuyer, Seigneur de Pellevert, Mauconduit, Nibas, &c., demeurant à Nibas en Vimeux, épousa, le 1er Février 1643, *Claude de Belleville*, dont :

XX. Aimard-François de Fontaines, Ecuyer, Seigneur de Mauconduit, marié à *Barbe Daulphin*, de laquelle vint :

XXI. Nicolas de Fontaines, Chevalier, Seigneur de Mauconduit, qui fut présent, comme parent des parties, à la transaction du 30 Mars 1700, passée entre les Fontaines, Seigneurs de Woincourt, Nelette & Bocasselin, enfans de Pierre de Fontaines, IIe du nom, Ecuyer, Seigneur de Cerify & Woincourt.

BRANCHE
des Seigneurs des Erables.

XIV. Adrien de Fontaines, Ecuyer, Seigneur des Erables, mort le 15 Août 1523, second fils de Jacques, & de *Marguerite*

Poiſſon, avoit époufé, par contrat du 12 Janvier 1499, *Guillemette le Fèvre*, dont :

XV. FRANÇOIS DE FONTAINES, Ecuyer, Seigneur des Erables, qui briſa ſes armes d'un *croiſſant de gueules*. Il fut émancipé le 1er Juillet 1531, & époufa, le 25 Juin 1565, *Marie Alorge*, fille de *Pierre*, Ecuyer, Seigneur de Gruche, & d'*Iſabeau de Bredon*. Il eut pour fils :

XVI. JEAN DE FONTAINES, Ecuyer, Seigneur des Erables, de Pierrepont & de Montrobert, qui ſe maria, le 31 Décembre 1585, avec *Madeleine Parent*, dont :

1. CHARLES, Ecuyer, Seigneur de Pierrepont & des Erables, marié à *Louiſe de Melleville*;
2. TIMOLÉON, Ecuyer, Seigneur de Pierrepont & d'Epinay, demeurant à Mortemer, allié, en 1634, à *Jeanne le Mercier*, fille du Seigneur de Bermonville;
3. NICOLAS, Eccléſiaſtique, lequel donna, par acte du 30 Septembre 1633, la Terre de Pierrepont à TIMOLÉON, ſon frère, & celle des Erables à CHRISTOPHE, ſon autre frère;
4. CHRISTOPHE, Ecuyer, Seigneur des Erables & de Montrobert, qui ſervit le Roi longtems, & mourut garçon fort âgé;
5. AIMARD, Docteur de Sorbonne & Grand-Vicaire de *Henri de Lorraine*, Archevêque de Reims;
6. FRANÇOIS, mort jeune;
7. JACQUES, tué à Carignan en 1691;
8. LAURENT, Enſeigne au Régiment de Vaubecourt, tué à Privas en 1629;
9. MARIE, alliée à *N... le Jeune*;
10. MARGUERITE, mariée à *N... de la Berquerie*;
11. MICHELLE, femme de *N... de Charny*;
12. Et JEANNE, Religieuſe à la Chaiſe-Dieu.

La Maiſon de FONTAINES eſt ſi illuſtre, dit le Carpentier (*Hiſt. du Cambréſis*, tom. II, p. 889,) quelle mérita de s'allier à celles d'*Amerval*, d'*Argies*, de *Bailleul*, de *Belloy*, de *Bourgogne*, de *Caumont*, de *Châtillon*, de *Créquy*, d'*Eſtourmel*, de *Fauch*, de la Maiſon de *Rochefort*, de *Fontanges*, de *Ghiſtelles*, de *Gourlay*, de *Grouches*, de *Hénin-Liétard*, de *Joyeuſe*, de *Lannoy*, de *Ligne*, de *Longueval*, de *Mailly*, de *Matignon*, de *Monteſquiou*, de *Montmorency*, de *Parthenay*, de *Pas de Feuquières*, de *Picquigny*, de *Poix*, de *Rambureltes*, de *Saint-Blimont*, de *Saint-Valéry*, ſortie du Sang Royal de France, de *Sarcus*, de *Saveuſe*, de *Soiſſons-Moreul*, &c. (Généalogie dreſſée ſur

titres & mémoire communiqués.) On peut voir d'ailleurs les *Antiquités d'Amiens*, l'*Hiſtoire d'Abbeville*, l'*Hiſtoire manuſcrite de l'Etat & de la Ville d'Amiens* par du Cange, Monſtrelet, Froiſſart, Belleforeſt, &c.

Les armes, comme nous l'avons dit au commencement, ſont : *d'or, à 3 écuſſons de vair de 4 traits*, que des cadets ont briſées, ainſi qu'on l'a vu, *d'une bordure*, ou *d'un lambel*, ou *d'un croiſſant de gueules*.

FONTAINES, Nobleſſe des plus anciennes du Royaume, qui paſſa en Languedoc lorſque Simon, Comte de Montfort, vint faire la guerre aux Albigeois. Elle poſſéda de grands biens, notamment les terres de Fendeilhe, la Fage, Canaſt, Villas, Belſiou, Plaigne, Ruſtiques, &c., qui donnèrent leur nom aux différentes branches de cette Maiſon. La branche de *Fendeilhe* fournit des alliances aux Maiſons de *Maireville*, *Monteſquieu*, &c., & ſe diviſa en deux rameaux, au commencement du XVIe ſiècle, en la perſonne de HUGUES & de PAUL, fils de PIERRE DE FONTAINES, Seigneur de *Fendeilhe*, & de *Jeanne Saquete*.

HUGUES DE FONTAINES époufa *Gabrielle de Tarſoc*, & eut entr'autres enfans :

GERMAINE, qui époufa *Antôine de Saint-Jean*.

PAUL DE FONTAINES fut allié à *Gabrielle d'Orneſan*, dont :

DENIS, Seigneur de Canaſt;
Et JEANNE, mariée à *Pons d'Hébrail*. Par cette alliance la terre de *Fendeilhe* paſſa dans la Maiſon de *Baſſabat-Pourdiac*; & Canaſt entra dans celle d'*Hébrail*, qui la poſſède encore.

La branche de *Plaigne* fit auſſi trois Rameaux par les enfans de BERTRAND, Seigneur dudit lieu, & de *Raymonde*, aliàs *Jeanne de Dun*.

ANTOINE eut la Terre de la Fage. TRISTAN, ſon petit-fils, n'eut que des filles. L'aînée deſquelles, appelée FRANÇOISE, époufa *Léon du Château*. Cette alliance fit paſſer la Terre de la *Fage* dans la Maiſon de *Gouçens*, qui la poſſède encore.

JEAN DE FONTAINES, fils puîné de BERTRAND, & de *Raymonde de Dun*, forma deux nouveaux Rameaux. NICOLAS eut la Terre de *Plaigne*, qui paſſa enſuite dans la Maiſon d'*Aulon*; & JACQUES devint la tige des Seigneurs DE FONTAINES établis à Sotteville en

Normandie, d'où cette Famille tiroit son origine. JEAN le Jeune, fils puîné, eut auffi des enfans, dont la poftérité ne fubfifte plus.

La branche de Belflou forma deux Rameaux. JEAN DE FONTAINES, Seigneur de Belflou, époufa Antoinette Auquière, & en eut plufieurs enfans, entr'autres:

PIERRE, époux de Miramonde d'Orbeffan, dont il eut : JEAN, ARNAUD & ANNE. Celle-ci fut mariée 1º à Guérin de Montfaucon, dont elle n'eut point d'enfans; 2º à Pierre du Faur Encuns, qui hérita de la Terre de Belflou, laquelle a paffé, à titre de fucceffion, dans la Maifon de Vendômois.

JEAN DE FONTAINES, frère cadet dudit JEAN, Seigneur de Belflou, fut auffi Seigneur de Millas, & époufa Blanche de la Font. Sa lignée s'eft éteinte, & la Terre de Millas eft actuellement poffédée par les Seigneurs de Belflou.

La branche de Ruftiques s'eft éteinte depuis quelques années. Le dernier mâle d'icelle a légué la Terre de Ruftiques aux Laffets de Carcaffonne, qui la poffèdent actuellement.

FONTAINES, Famille de Normandie, dans le Diocèfe d'Evreux, maintenue dans fa Nobleffe en 1675 & 1701.

JEAN DE FONTAINES, Ier du nom, Ecuyer, Seigneur de Boifcart, vivoit en 1495. Il eut de fa femme, dont on ignore le nom:

JEAN DE FONTAINES, IIe du nom, Ecuyer, Seigneur de Boifcart, Archer de la Compagnie du Vice-Amiral de France en 1542. Il époufa, en 1503, Marguerite Bardoul, dont naquit:

DAVID DE FONTAINES, Ecuyer, Seigneur de Boifcart, marié 1º en 1561, à Catherine Royer; & 2º en 1573, à Marie du Bofc, fille de Guillaume du Bofc, Ecuyer, Sieur d'Hermival. De ce fecond mariage fortit:

CLAUDE DE FONTAINES, Ecuyer, Seigneur de Boifcart, Lieutenant dans le Régiment de Marillac en 1628, qui eut de fa feconde femme, Geneviève de Gorron :

1. GÉDÉON, qui fuit;
2. Et FRANÇOIS, Lieutenant d'une Compagnie de gens de pied dans le Régiment de Cargret en 1639.

GÉDÉON DE FONTAINES, Ecuyer, Seigneur de Boifcart & de Blanquelou, époufa, en 1647, Marguerite Henri, fille de Nicolas Henri, Ecuyer, Sieur de Banthelu, dont il eut :

CHARLES DE FONTAINES, Ier du nom, Ecuyer,

Seigneur de Boifcart, de Blanquelou & de Chambine, allié, en 1678, à Marguerite-Jeanne le Roi, dont il eut:

1. ANTOINE, Ecuyer, Seigneur en partie de Boifcart, Prêtre Curé de St.-Etienne d'Emanville, au Diocèfe d'Evreux;
2. Et CHARLES, qui fuit.

CHARLES DE FONTAINES, IIe du nom, Ecuyer, Seigneur de Boifcart, de Banthelu, de Badencourt, fut Enfeigne, puis Lieutenant dans le Régiment de Beuzeville, Infanterie, en 1703. Il a été marié, 1º le 4 Juin 1716, avec Françoife le Foreftier, fille de Gabriel le Foreftier, Ecuyer, Seigneur du Saptel, & de Françoife Jamet de la Géreffière; & 2º le 8 Juin 1723, avec Anne-Marguerite Rouffel, fille de Charles-Pierre Rouffel, Chevalier de Saint-Loüis, & d'Anne-Elifabeth du Bouillonnay. De ce fecond mariage font iffus:

1. GEORGES-CHARLES, né le 10 Avril 1733.
2. NICOLAS-ANTOINE, né le 13 Juin 1736;
3. CHARLOTTE-MARGUERITE, née le 25 Avril 1724;
4. ANNE-ANTOINETTE, née le 28 Novembre 1725;
5. ANNE-CATHERINE, née le 11 Juin 1728;
6. MARIE-MADELEINE-AIMÉE, née le 10 Mai 1731;
7. Et ROBERTE-MARIE-MARTHE, née le 17 Janvier 1735.

Les armes : d'argent, à un chevron de fable, accompagné de trois mouchetures d'hermines de même, pofées 2 en chef & 1 en pointe. (Armorial génér. de France, regiftre I, part. I, pag. 241.)

* FONTANÈS, Paroiffe, Baronnie & Château confidérable, avec un beau parc, dans le Diocèfe d'Uzès, au Bas-Languedoc, à une lieue de la ville de Sommières, entre Alais, Nîmes, Lunel & Montpellier, qui appartient au chef de la branche aînée de la Maifon de Narbonne-Pelet, depuis l'extinction de la branche de Vérune; & le mariage de Jacques Pelet, auteur de celle-ci, avec Françoife de Bermond-Sommières, Dame du Caylar, Baronne de Combas, Montmirat, &c., héritière de fon nom & de fa Maifon, qui apporta dans celle de fon mari ces deux Baronnies, avec les Terres & Seigneuries de Fontanès, Vic, Cannes, Crefpian, Méjane, Montlézant, Montagnac & Maureffargues, toutes limitrophes. François-Raymond-Jofeph-

Hermenigilde-Amalric de Narbonne-Pelet-Alais-Melguel-Bermond, dit le Vicomte de *Narbonne*, Lieutenant-Général des Armées du Roi, Gouverneur de Sommières en Languedoc, chef du nom & armes de cette Maison, eft né au Château de *Fontanès* le 21 Octobre 1715. Il a époufé, le 12 Janvier 1734, dans la ville de Narbonne, *Marie-Antoinette de Roffet de Fleury-Pérignan*, fille aînée du Duc de *Fleury*, Pair de France, Chevalier des Ordres du Roi, Gouverneur d'Aigues-Mortes, & petite-nièce du Cardinal de *Fleury*, premier Miniftre, née le 6 Avril 1721, morte, au Château de *Fontanès*, le 27 Juillet 1754, de laquelle il a eu plufieurs enfans, tant mâles que femelles, dont il ne refte que deux filles. Il s'eft marié en fecondes noces. Voyez NARBONNE-PELET.

FONTANGES, dans le Limoufin, l'Auvergne & le Quercy. C'eft une Famille dont il eft parlé dans l'*Armorial génér. de France*, regiftre II. part. II, & qui peut, fans contredit, être regardée comme une des meilleures qu'il y ait dans le Limoufin, où la Seigneurie de fon nom eft fituée, dans l'Auvergne, le Quercy & le Périgord, où elle poffède des terres confidérables. Sa nobleffe, fon ancienneté & fes fervices, ont été de tout tems reconnus dans ces diverfes Provinces.

On trouve, en 1279, RIGAL DE FONTANGES qualifié noble, & poffédant des droits fur le Rocher & la Chapelle de Saint-Michel de la ville de Fontanges. Il eft dit, en 1280, fils de feu AIMERIC DE FONTANGES, Damoifeau, & paroît, en 1288, avec noble AIMERIC DE FONTANGES, fon neveu, Damoifeau, recevant en juftice l'hommage d'un Gentilhomme de fes Vaffaux, pour divers fiefs mouvans de la terre de *Fontanges*.

I. GUY, dit GUINOT DE FONTANGES, un de fes defcendans, Chevalier, Seigneur de Fontanges & de Palmont, époufa, en 1465, *Marguerite d'Auteroche*, dont il eut:

N... DE FONTANGES, qui fuit;
Et LOUIS, dont il fera parlé ci-après.

II. N.... DE FONTANGES fit la tige d'une branche qui forma dans la fuite plufieurs Rameaux, dont le principal fondit, en 1616, dans la Maifon de *Scorailles*, par le mariage de *Louis de Scorailles*, Seigneur dudit lieu, avec GUILLELMINE DE FONTANGES, fille unique de JEAN-PIERRE DE FONTANGES, & de *Jeanne*

de la Rouë. Elle lui porta en dot les terres de Fontanges, de Cropières, de Palmont, de Montjoux, de Puy-Morier, de Saint-Jouery, de Saint-Angel, &c.

II. LOUIS DE FONTANGES, fils cadet de GUY, Ecuyer, Seigneur de Saint-Angel, & en partie du Chambon, dans la Paroiffe de Neuvic, Diocèfe de Limoges, époufa, en 1507, *Cécile de Raftelane*, Dame *du Chambon*, qui lui apporta en mariage les Château, Châtellenie, Mandement, & tout le domaine & repaire du Chambon, avec toutes leurs dépendances en toute Juftice haute & moyenne. De ce mariage vinrent, entr'autres enfans:

1. JEAN, qui fuit;
2. Et ANTOINE, auteur de la branche des Seigneurs de *Mafclas* & de *la Borie*, rapportée ci-après.

III. JEAN DE FONTANGES, I.er du nom, Ecuyer, Seigneur du Chambon en partie & des Domaines de Mouretz, & de Joffat, fut inftitué, en 1538, héritier univerfel par Louis, fon père, & eut de fon mariage, accordé en 1535, avec *Françoife de Veilhan*, entr'autres enfans:

IV. RAYMOND DE FONTANGES, Ecuyer, qui époufa, en 1577, *Antoinette de Monceaux*, dont vint entr'autres enfans:

V. JEAN DE FONTANGES, II.e du nom, Seigneur du Chambon & de Saint-Hilaire, lequel n'eut, comme fes pères, qu'une partie de la Terre & Seigneurie du Chambon. Il acquit l'autre partie, en 1617, de Jean de Rochefort, Chevalier, Baron de Saint-Angel, &c. Il époufa, en 1612, *Jeanne de Chaunac*, de laquelle fortit:

VI. HUGUES DE FONTANGES, Seigneur du Chambon & de Hauteroche, marié, le 12 Février 1641, à *Françoife de Saint-Martial de Puydeval*, Demoifelle de Conros. Il en eut quatre enfans, entr'autres:

VII. CHARLES DE FONTANGES, Seigneur du Chambon, de Preiffac, de Saint-Hilaire & de Chalus, qui époufa, par contrat du 18 Janvier 1679, *Marguerite de Bonneval*, dont pour fils aîné:

VIII. ANTOINE DE FONTANGES, Seigneur du Chambon, de Preiffac, de Châtres, de Cantecore, &c., allié, le 21 Juillet 1704, avec *Julienne de Loupiac-de-la-Devèze*, fille de *Charles de Loupiac*, Seigneur de la Devèze, & de *Jeanne de la Croix-d'Anglars*, dont:

IX. JEAN-PIERRE DE FONTANGES, Seigneur

du Chambon, de Preiffac & de Châtres, tué
fur fon cheval le 26 Septembre 1736. Il avoit
époufé, le 13 Octobre 1735, *Marie-Anne de
Heerel*, morte en 1737, fille de *Claude-De-
nis de Heere*, Seigneur de Barneville & de
Vaudoy, Gouverneur de la ville de Brie-
Comte-Robert, &c., & de *Marie-Anne de la
Motte-d'Aulnoy*. De ce mariage eft iffu pour
fils unique :

X. FRANÇOIS-ALEXANDRE DE FONTANGES, né
pofthume le 28 Décembre 1736, mort aux
Moufquetaires gris en 1754.

Il y a auffi un FRANÇOIS-ALEXANDRE DE FON-
TANGES, Exempt des Gardes-du-Corps du
Roi, qui a époufé, en 1767, *N... de Barol-
Rochemont*, fœur du Préfident de ce nom.
Nous ignorons de quelle Famille il eft.

BRANCHE
des Seigneurs de MASCLAS & de LA BORIE.

III. ANTOINE DE FONTANGES, Chevalier, Seigneur du Chambon en partie, de Blanchefort
& de Mafclas, fecond fils de LOUIS, & de *Cécile du Chambon*, fut, de tous fes frères, celui qui fe diftingua le plus. Le Roi HENRI II
ayant créé, en 1551, cinq Meftres-de-Camp
pour conduire le ban général de toutes les
Provinces du Royaume, ANTOINE DE FONTAN-
GES en fut un des cinq, & en cette qualité il
commanda le ban & arrière-ban des Provinces & pays de la haute & baffe Auvergne, du
haut & bas Limoufin, du Périgord, de l'A-
génois, du Rouergue, du Quercy, de Combrailles, du Forez, du Beaujolois, de Dombes
& du Lyonnois. Il commanda auffi pour
le Roi dans la ville de Gourdon, en Quercy,
en 1576, & eut de fon mariage, accordé en
1559, avec *Françoife de Blanchefort* :

IV. PIERRE DE FONTANGES, Seigneur de
Mafclas & de Blanchefort, qui comparut au
ban & arrière-ban de fa Province en 1615
& 1616, & eut d'*Ifabeau de la Garde*, fon
époufe :

1. PONS, Prêtre & Recteur de Boulbé ;
2. GABRIEL-ALDONCE, qui fuit ;
3. ET FRANÇOISE.

V. GABRIEL-ALDONCE DE FONTANGES, Seigneur de Mafclas, de Blanchefort & de la Borie, eut une Compagnie de 90 Maîtres dans
le Régiment de S. A. R. GASTON, Duc d'OR-
LÉANS, par commiffion du 31 Décembre 1641.
Ayant été affigné devant l'Intendant de Montauban, Commiffaire nommé par le Roi pour

la recherche des ufurpateurs de la Nobleffe,
il prouva par titres que non-feulement il
defcendoit de GUINOT, Chevalier, Seigneur
DE FONTANGES, de Palmont, d'Efcarmail, de
Montjoux, &c., qui vivoit en 1456 ; mais de
plus qu'il remontoit la preuve de fa nobleffe
jufqu'à RIGAL DE FONTANGES, Chevalier, Seigneur dudit lieu, en 1279. Il époufa, le 20
Mars 1644, *Anne de Mirandol*, fille de *Jean
de Mirandol*, Seigneur de Pechau & de Pé-
ruzel, & de *Madeleine de Salagnac*, dont
trois garçons & quatre filles, entr'autres :

VI. JEAN-FRANÇOIS DE FONTANGES, Seigneur
de la Borie & de la Fargue en Quercy, Capitaine de Grenadiers dans le Régiment d'Artois en 1695, allié avec *Marie de Montal*,
fille de *François de Montal*, Seigneur de la
Fargue, & de *Marie Lalbertie*. Leurs enfans font :

1. JEAN-PIERRE, qui fuit ;
2. JEAN ;
3. Et MARIE, née en 1696, reçue à Saint-Cyr
le 15 Mai 1706.

VII. JEAN-PIERRE DE FONTANGES, Capitaine dans le Régiment de Poitou, Infanterie, époufa, le 13 Août 1737, *Anne de Fontaines*, fille de *Nicolas de Fontaines*, Chevalier, Seigneur de la Neuville, Vron, &c.,
& de *Marie Pellart de Givry*. Leur contrat
de mariage fut figné par le Roi, la Reine, les
Princes & Princeffes du Sang. Nous en ignorons la poftérité.

Les armes : *de gueules, au chef d'or, chargé de trois fleurs-de-lis d'azur.*

§ FONTANIEU, ancienne Nobleffe originaire du Languedoc, diftinguée dans la Robe
& dans l'Epée, qui eft venue s'établir à Montpellier fous le règne de HENRI IV.

CHARLES-JEAN DE FONTANIEU, Capitaine
d'Infanterie, époufa, à Montpellier, en 1670,
Elifabeth-Geneviève de Fleury, née en
1651, fœur du Cardinal, dont entr'autres enfans, trois fils, favoir :

1. CHARLES, qui fuit ;
2. JEAN, Capitaine d'Infanterie, marié, à Montpellier, en 1683, à *Elifabeth-Paule Rolland*.
Il fe retira à Brême en 1685, & eut de fon
mariage :

MADELEINE, née en 1687, mariée, en 1715,
à *Pierre de Léaumont*, fils de *Moïfe-
Pierre de Léaumont*, Capitaine de Cavalerie, & de *Benigne de Bachem*, auffi
retirés à Brême en 1685. Elle eft morte

en 1734, ayant eu de son mariage huit enfans, dont il ne reste que trois filles, *Benigne*, *Françoise*, vivantes à Hambourg, & *Hyacinthe-Madeleine de Léaumont*, née le 5 Mai 1730, mariée, le 7 Octobre 1766, à Messire *Jean-Baptiste-Charles de Bouvet de Lozier*, Chevalier de Saint-Louis, ancien Capitaine de Frégate & ci-devant Gouverneur de l'Isle de Bourbon, dont deux fils & une fille.

3. Et CHARLES-JEAN, père de:

ELISABETH, née à Montpellier, mariée, à Paris, à *N...Duvaux*, neveu de M. *Fagon*, & morte en Mai 1750.

CHARLES DE FONTANIEU fut père de:

MOÏSE-GASPARD, qui suit;

Et CÉCILE-GENEVIÈVE, mariée à *Charles-Gabriel de Belsunce*, Comte de Castelmoron, dont un fils tué à Fontenoy, célébré par *Voltaire*, & une fille, *Gabrielle de Belsunce*, mariée, en 1740, à *Charles-Michel-Ange d'Arcussia*, Baron de Fox, dont plusieurs enfans.

MOÏSE-GASPARD, *aliàs* GASPARD-MOÏSE DE FONTANIEU, Maître des Requêtes, depuis Conseiller d'Etat & premier Président du Grand-Conseil, Intendant des meubles de la Couronne, mort en 1767, avoit épousé 1° *Marie-Anne Pollart de Villequoy*, morte le 6 Décembre 1752, & inhumée à Saint-Eustache; & 2° Demoiselle *N... Daudun*. Du premier lit il a eu:

1. BONAVENTURE-MOÏSE DE FONTANIEU, né le 13 Novembre 1728, Subftitut du Procureur-Général du Parlement de Paris le 22 Septembre 1747, reçu Conseiller au Grand-Conseil le 31 Décembre 1749, Maître des Requêtes en 1751, mort sans alliance en 1757.

Et du second lit vint:

2. ELISABETH, appelé *le Chevalier* DE FONTANIEU, Chevalier de Saint-Louis, ancien Capitaine au Régiment d'Egmont, de l'Académie royale des Sciences, actuellement Intendant des meubles de la Couronne, qui n'est pas marié.

Les armes: *d'azur, au chevron d'or, accompagné en chef de deux étoiles d'argent, & en pointe d'un rocher de même.*

* FONTENAILLES, en Normandie, Diocèse de Bayeux: Terre & Seigneurie qui appartient à *Barbey*, qui descend d'un *Marc le Barbey de Buffy*, anobli par HENRI IV. Voy. Moréri, au mot BARBEY (MARC LE).

FONTENAY, au Duché de Bourgogne: Famille connue dans cette Province, dès le XVe siècle, sous le nom de *Cheval*, qu'elle portoit ci-devant. Elle remonte à

I. GUILLAUME CHEVAL, Licencié ès-Loix, qui étoit Conseiller du Duc de Bourgogne en 1470, & son Procureur-Fiscal au Bailliage de Dijon, comme il est prouvé par les *comptes de P. Gormond, de 1474,* fol. 64, *& de Guillaume de Wurry, de 1475*, & par le *Journal de Paris*, aux pages 267 & 269, *de l'état des Officiers du Duc de Bourgogne.* Après la mort du Duc CHARLES *le Téméraire*, dernier Duc de Bourgogne, il fut employé par Louis XI, avec Louis, Sire de la Pallu, & Denisot Doré, Ecuyer, pour veiller au recouvrement des effets de la succession de CHARLES *le Téméraire.* Leur commission est du 4 Mars 1476, & se trouve rapportée dans le *Tablettes historiques de Bourgogne* pour l'année 1760, pag. 17. GUILLAUME CHEVAL y est qualifié Conseiller, Procureur du Roi au Bailliage de Dijon. Il fut ensuite nommé par le Roi, son Procureur-Général à la Chambre des Comptes de Dijon, & s'opposa en cette qualité, le 7 Mai 1482, à l'enregistrement des Lettres-Patentes obtenues par les Religieux de Pontigny & de Saint-Claude. Il avoit épousé *Isabelle Berthoud*, dont:

1. LOUIS, qui suit;
2. JEHAN, Chanoine à Beaune;
3. Et LOUISE, mariée à noble homme *Grégoire Courtois.*

II. LOUIS CHEVAL, Docteur ès-Droits, s'attacha au service de PHILIPPE, Archiduc d'Autriche, fils de MARIE DE BOURGOGNE. Il fut Conseiller de ce Prince, & est qualifié *noble homme* dans plusieurs actes, notamment dans celui qu'il signa, comme témoin, le 1er Avril avant Pâques de l'année 1516, lequel fut passé à la Cour Souveraine de Dôle, entre *Philiberte de Longwy-de-Lye-Varambon*, & le Comte de *Montbéliard.* Cet acte se trouve rapporté dans le recueil imprimé des pièces de ce procès. Il s'établit, en 1518, dans le Charolois, qui étoit alors sous la domination de la Maison d'Autriche, où il épousa *Marguerite Choux*, fille d'*Edme Choux*, Seigneur de Chaffy, dont:

III. GUILLAUME CHEVAL, IIe du nom, Licencié ès-Loix, qui époufa *Françoife Alixans*, coufine de *François Alixans*, d'abord Confeiller au Sénat de Chambéry, enfuite Confeiller au Parlement de Bourgogne en 1553, & Préfident à Mortier quelques années après. De ce mariage vinrent :

1. Isaac, qui fuit;
2. Et Humbert, rapporté après fon frère aîné.

IV. Noble & fage Maître Isaac Cheval, Docteur ès-Droits, Confeiller de S. A. le Duc de Savoie, Juge-Mage de la Breffe, fut engagé par *François Alixans*, fon oncle, à s'établir à Bourg, où il fuccéda en 1566, dans la charge de Juge-Mage des appellations de la Breffe, à *Pierre Bachet de Meſiriac*, connu dans la République des Lettres. Il eut de fa femme, dont on ignore le nom, un fils nommé François, né le 9 Décembre 1573, dont la poftérité eft éteinte.

IV. Humbert Cheval, Licencié ès-Loix, fecond fils de Guillaume II, s'établit au Bourg de Perrecy en Charolois, où il époufa, en 1569, *Pierrette Janvier*, avec laquelle il fonda un anniverfaire dans la Chapelle Saint-Roch de l'Eglife de Perrecy, lieu de leur fépulture. Ils eurent pour enfans :

1. Prudent, qui fuit;
2. Claudine, mariée 1º à *Philibert de la Chaiſe*, Avocat ; & 2º à *Jacques de Genay*, Avocat à Autun ;
3. Et Guillemette, mariée à *Simon l'Archer*, Avocat.

V. Noble & fage Maître Prudent Cheval, Seigneur de Beaudéfir près de Gueugnon, Confeiller du Roi, Lieutenant - Criminel du Bailliage de Montcenis, époufa, 1º le 27 Mai 1597, *Pierrette Bertheault*, fille de noble homme *Claude Bertheault*, Seigneur de la Vefvre, Vierg-Antique-d'Autun, & de *Charlotte de Baiſſey*, fille de *Bénigne de Baiſſey*, Confeiller au Parlement de Bourgogne, d'une Famille noble de cette Province, dont le nom fe trouve parmi ceux des Gentilshommes qui affiftèrent aux Etats en 1551, & qui portoit pour armes : *d'aʒur, à une chouette d'or*. (Voyez Palliot, pag. 192, & le *Catalogue des armoiries des Gentilshommes qui affiftèrent aux Etats de Bourgogne*, pag. 3.) Par ce mariage, Prudent Cheval fe trouva allié à plufieurs anciennes Maifons de la Province, comme *Choiſeul-Traves*, *Tenarre-Souſterrain*, *Noblet - Chênelette*, *Flandre*, &c., & à plufieurs Familles confidérables du Parlement de Bourgogne, telles que celles de *Berbis*, *Lantin*, *Comeau*, *la Mare*, *Ocquidem*, &c. On peut confulter fur le détail de ces alliances la préface de l'*Hiſtoire d'Autun*, imprimée à Dijon en 1660, ouvrage compofé par *Jean-Baptiſte Munier*, Confeiller, Avocat du Roi au Bailliage d'Autun, beau-frère de Prudent Cheval, par fon mariage avec *Anne Bertheault*. Il fut donné au Public, après la mort de l'Auteur, par *Claude Thiroux*, Vierg d'Autun, & Elu des Etats de Bourgogne, qui avoit époufé fa petite - fille. Prudent Cheval fe maria, 2º à *Philiberte de Siry*, veuve de *Gabriel Girard*, Seigneur de Moulinfert. Du premier lit vinrent :

1. Pierre, qui fuit ;
2. Charlotte, mariée, le 5 Décembre 1626, à noble *Charles de Berger*, Ecuyer, Seigneur de Vaux & Dompierre, Capitaine de 100 hommes d'armes au Régiment de Sevignon, fils de noble *Paul de Berger*, Ecuyer, Seigneur de Vaux, d'une Famille noble du Limoufin, & d'*Hélène de Chauffecourtes* ;
3. Guillemette, femme de noble *Jean Picornot*, Lieutenant - Criminel de Montcenis, après fon beau-père.

Et du fecond lit il eut :

4. Philibert, Chanoine Régulier de Sainte-Genevieve, & Prieur de Saint-Simphorien-lès-Autun.

VI. Noble Pierre Cheval de Beaudéſir, Confeiller du Roi, Bailli de la ville de Montcenis, époufa, le 6 Septembre 1621, *Antoinette Pelletier*, fille de *Jean Pelletier-Damas*, & de *Cécile-Monnot*, dont :

1. Philibert, qui fuit ;
2. André, Archiprêtre & Curé de la ville de Montcenis ;
3. Etiennette, mariée à *Philibert Pernot*, Avocat ;
4. Louise, femme de *Philibert Bureau*, Avocat ;
5. Jeanne, alliée à *Claude Rey*, auffi Avocat ;
6. & 7. Anne & Cécile.

VII. Noble Philibert Cheval, Confeiller du Roi, Bailli de Montcenis, époufa, le 5 Juillet 1671, *Claude Durand*, fille de noble *Jacques Durand*, Confeiller, Avocat du Roi au Bailliage de Montcenis, & de *Jeanne le Fort*, dont :

1. André, qui fuit ;
2. Et Anne, Religieufe à l'Abbaye de Saint-Jean-le-Grand d'Autun.

VIII. André Cheval de Fontenay, Ecuyer, Vierg, Lieutenant-Général de Police de la ville d'Autun, & Trésorier des Etats de Bourgogne au département des Bailliages d'Autun, Montcenis & Bourbon, changea son nom en celui de *Fontenay*, en vertu des Lettres de la grande Chancellerie, obtenues en 1724. Il épousa, 1° en 1703, *Marguerite Charleux*; & 2° en 1731, *Pierrette Machereau*. Du premier lit sont issus :

1. Lazare, qui suit ;
2. Jean-Baptiste, Bachelier de Sorbonne, Chanoine de la Cathédrale d'Autun, & Prévôt de Marangey en l'Eglise de Chartres ;
3. François, Prieur de Droiteval, en Lorraine, Ordre de Citeaux ;
4. André de Fontenay de Marigny, Ecuyer, Lieutenant d'Infanterie au Régiment de Soissonnois, mort à Huningue en 1729 ;
5. Charles de Fontenay de Marange, Ecuyer, ancien Capitaine d'Infanterie au Régiment de Soissonnois, Chevalier de Saint-Louis, Commandant du Fort des Bains & de la ville d'Arles en Roussillon, qui a été marié à *Denise Rabyot du Seuil*, veuve de *François Cochet*, Ecuyer, Seigneur de Trélagues, dont il n'a point eu d'enfans ;
6. Thérèse, Religieuse à la Visitation de Beaune.

Et du second lit vinrent :

7. Anne-Paul, rapporté après la postérité de son frère aîné ;
8. Jean-Eléonor, Ecuyer, Cornette au Régiment de Grammont, Cavalerie, en 1747, ensuite Capitaine d'Infanterie au Régiment de Soissonnois ;
9. Et une fille, morte en bas âge.

IX. Lazare de Fontenay, Ecuyer, Seigneur de Chevannes, épousa, le 2 Avril 1739, *Marie-Huguette de la Goutte*, fille de *Sebastien de la Goutte*, Président au Présidial d'Autun, & de *Pierrette Jodrillat de Montandey*. Il est mort en 1762, & a laissé de ce mariage :

1. Marc-Antoine-Charles, Ecuyer ;
2. André, Chanoine de l'Eglise Cathédrale d'Autun ;
3. Et Madeleine, Religieuse aux Ursulines de cette Ville.

IX. Anne-Paul de Fontenay, Ecuyer, Seigneur de Sommant, Noiron, &c., fils d'André, & de *Pierrette Machereau*, sa seconde femme ; d'abord Mousquetaire du Roi de sa seconde Compagnie en 1750, Président & Lieutenant-Général du Bailliage, Chancellerie & Siège Présidial d'Autun, en 1757, a épousé, 1° le 22 Septembre 1760, *Claudiane de Mollerat*, fille de *Claude de Mollerat*, Ecuyer, Seigneur de Meuilley, Macey, &c., & de Dame *Marie-Anne Diamy*; & 2° en 1769, *Antoinette d'Areste de Marieux*, fille de Messire *Pierre d'Areste*, Ecuyer, Seigneur de Bouvesse, Albonne, Marieux, &c., Conseiller honoraire en la Cour des Monnoies de Lyon, & de Dame *Geneviève Fuselier*. Du premier lit il a :

1. Claudiane-Pierrette, née en Juillet 1761.

Et du second lit vinrent :

2. Jean-Paul-Andoche, né le 24 Novembre 1771 ;
3. Geneviève-Charlotte-Pauline, née le 24 Septembre 1770.

Il y a eu une branche de cette Famille établie à Beaune sous les derniers Ducs de Bourgogne, laquelle y a fondé, en 1505, une Chapelle dans l'Eglise Collégiale de St. Pierre, sous le vocable de St.-Jacques & de St.-Philippe. On y voit une inscription de l'année 1524, contenant les noms des personnes de cette Famille qui y sont inhumées.

Les armes : *d'azur, au cheval passant d'argent, au chef cousu de gueules, chargé de trois étoiles d'or*. La seconde branche, établie en Bresse, écarteloit de ces armes *aux 1 & 4, & aux 2 & 3 d'or, au chevron de sable, accompagné de trois croissans d'argent*.

*FONTENAY. Ce nom est commun à plusieurs Terres, Seigneuries & Familles nobles du Royaume. En commençant par les Terres & Seigneuries, nous trouvons Fontenay, Subdélégation d'Argentan, Baronnie aliénée par le Roi Henri IV, à perpétuité sans rachat, à *Jean le Febvre*, Seigneur de Laubrière en 1594, possédée présentement par le fils de *François Odet Gouhier*, Baron de *Fontenay*. Il en jouit à droit de succession.

*FONTENAY-L'ABATTU, en Saintonge : Terre & Baronnie érigée, par Lettres-Patentes données à Fontainebleau au mois d'Octobre 1714, & registrées le 18 Décembre suivant au Parlement de Paris, en *Duché-Pairie*, sous le nom de *Rohan-Rohan*, en faveur d'*Hercule-Mériadec de Rohan*, & de ses enfans & descendans mâles en ligne directe, nés & à naître en loyal mariage, pour être tenue du Roi nument & en plein Fief à cause de sa Couronne, & relever de la Tour du Louvre à une feule foi & hommage, avec permiffion d'y établir un Siège de Duché-Pairie & un Sénéchal ou Bailli, un Lieutenant, &c., dont les appellations reffortiront au Parlement de Bordeaux. Voyez ROHAN.

* FONTENAY-LOUVET, en Normandie, Diocèfe de Séez. C'eft aujourd'hui un plein Fief, dont le revenu va à 12 ou 1500 livres. Il relève du Château d'Alençon.

* FONTENAY-MAREUIL, Terre & Seigneurie érigée en *Marquifat*, en faveur de *François du Val*, par Lettres du mois de Mai 1623, enregiftrées au Parlement le 5 Mai 1627, & en la Chambre des Comptes le 26 Juin 1640.

* FONTENAY-TRÉSIGNY, Terre érigée en *Marquifat*, par Lettres du mois de Février 1691, enregiftrées le 27 Mars fuivant, en faveur de *François le Tonnelier de Breteuil*, Confeiller d'Etat depuis 1685. Voyez TONNELIER DE BRETEUIL (LE).

Pour les familles qui portent le nom de FONTENAY, & fur lefquelles nous n'avons reçu aucun Mémoire, nous allons donner des notices de celles de Normandie, dont nos recherches nous ont procuré quelques connoiffances, quoiqu'il y en ait plufieurs autres dans différentes provinces du Royaume, fur lefquels nous ne fommes pas inftruit, comme, par exemple, celle du Duché de Bourgogne, qui porte: *d'azur, au chef coufu de gueules, chargé de trois étoiles d'or*.

FONTENAY, en Normandie. Plufieurs veulent que cette Nobleffe foit originaire du Bailliage de Gifors, à caufe de la terre de FONTENAY qui y eft fituée proche du Bourg de Tourny, fur le grand chemin de Rouen à Paris; mais il y a plufieurs autorités qui juftifient qu'elle eft originaire du Bailliage de Caen. La Roque nous apprend que cette Famille eft fort illuftre dans les Archives de la Chambre des Comptes.

RICHARD & ROBERT DE FONTENAY vivoient en 1204.

ROBERT DE FONTENAY, Chevalier, fuivit *Jean d'Harcourt*, Amiral de France, en 1295.

RICHARD, GUILLAUME & RAOUL DE FONTENAY furent compris parmi les Nobles en 1334.

ROBERT DE FONTENAY portoit: *d'hermines, à une fafce de gueules, chargée de trois fermeaux d'or*.

RAOUL DE FONTENAY portoit auffi: *d'hermines, à la fafce chargée de trois annelets d'or ou de merlettes*, dit du Moulin.

ROBERT DE FONTENAY, Chevalier, vivoit en 1390.

JEAN DE FONTENAY, Chevalier en 1437.

ROBERT & ANTOINE DE FONTENAY, Ecuyers en 1501 & 1507.

Et FRANÇOIS DE FONTENAY, Ecuyer en 1540.

Cette Famille a fait plufieurs fois preuve de nobleffe, favoir: en 1599, 1635 & en 1640, dit la Roque, dans fon *Hiftoire de la Maifon d'Harcourt*.

Les armes: *d'hermines, à une fafce de gueules, chargée de trois fermeaux d'or*, ou *d'hermines, à une fafce de gueules, chargée de trois annelets d'or*, felon d'anciens Armoriaux de Normandie; & quelquefois auffi fans que la *fafce* fut chargée ni de *fermeaux* ni d'*annelets*.

La *Gazette de France* de 1774, nº 9, fait mention de LOUIS-CHARLES-CLAUDE-ANDRÉ, Comte DE FONTENAY, Lieutenant-Général des Armées du Roi & Infpecteur-Général du Corps Royal d'Artillerie, mort en Janvier 1774, âgé de 77 ans. Nous ignorons s'il eft de cette Famille.

FONTENAY, autre Famille du Bailliage d'Alençon, qui porte pour armes: *écartelé & engrêlé d'argent & de gueules*, & dont étoit ANTOINE DE FONTENAY, Seigneur de Bretteville, qui eut pour femme, en 1470, *Louife d'Achey*, fille de *Jean d'Achey*, dit le Galois, & de *Jeanne de Courtremblay*, dont fortit:

JEAN DE FONTENAY, Seigneur de Bretteville en 1527.

Il y a deux autres Familles de la même Province, mais du nom de FONTENAY-DU-BOIS, Election de Mortain, qui portent: *d'hermines, à la fafce de gueules, chargée de trois merlettes d'or*, & qui pourroient bien être des branches de ces FONTENAY, dont parle la Roque.

FONTENAY DE COURBOYER, Ancienne Nobleffe de l'Election de Mortagne, au Perche, de laquelle étoit GENEVIÈVE-MARGUERITE MARIE DE FONTENAY, née le 19 Avril 1676, reçue à Saint-Cyr au mois de Juin 1686, après avoir prouvé qu'elle defcendoit d'ANSEAUME DE FONTENAY, Seigneur du Boiftier, qui vivoit en 1540, avec *Anne de Bar-ville*, sa femme.

Les armes : *d'argent, à deux lions léopar-dés de sable, couronnés, armés & lampassés de gueules.*

Le nom de FONTENAY n'est pas connu seulement en Normandie, il l'est encore en Angleterre. Dans une Charte de HENRI Ier, Roi d'Angleterre & Duc de Normandie, pour l'Abbaye de Notre-Dame de Thornson, il est parlé d'une donation faite en ce lieu par MILON DE FONTENAY, Chevalier, *Mélisandre*, sa femme, ROBERT DE FONTENAY, leur fils, Chevalier, & *Robert de Moy* ; ce qui fut confirmé ensuite au mois de Juin 1248.

* FONTENOY, Terre & Seigneurie sur la Moselle, Diocèse de Toul, qui fut portée en mariage, en 1530, par *Anne*, fille unique & héritière de *Gratian de Bressey*, Chevalier, à *Philippe d'Igny*, Seigneur d'Anglus & de Rizacourt, une des plus anciennes Familles de Bourgogne. Elle fut érigée en *Comté*, en 16..., en faveur de *Simon d'Igny*, Colonel de Cavalerie au service d'Espagne. Etant mort sans enfans, ce *Comté* passa par décret dans la Maison de *Lenoncourt*, & *Charlotte-Madeleine de Lenoncourt* l'a porté en mariage à *Jacques de Villelume*, Seigneur du Bâtiment en Limousin, Lieutenant, Commandant de la première Compagnie des Gardes-du-Corps du Roi Louis XIV. Leur fille, *Louise de Villelume*, Chanoinesse de Remiremont, fille d'honneur d'ELISABETH D'ORLÉANS, Duchesse de Lorraine, épousa, en 1699, *Christophe-Louis le Preud'homme*, Comte de *Fontenoy*, par acquisition d'une partie, & du reste du chef de sa femme. Voyez PREUD'HOMME (LE).

FONTENU. GASPARD DE FONTENU, Commissaire-Général de la Marine, ci-devant chargé des affaires du Roi à la Porte, mourut à Paris le 5 Septembre 1754, âgé de 91 ans.

⸸ FONTETTE, ancienne Noblesse originaire de Bourgogne, dont plusieurs Historiens & Généalogistes de cette Province, tels que Paillot, Dunod, le Chevalier de Ternay, & autres, font mention. Le premier connu de ce nom est :

PIERRE, Seigneur DE FONTETTE, Chevalier, vivant en 1199, mentionné dans l'*Usage général des Fiefs*, livre 3, chap. I, pag. 672

& 682. Il fut député avec Thibaut & Huganon d'Aisinville, par Thibaut, Comte Palatin de Champagne, pour faire une enquête au sujet de la Vicomté de la Ferté-sur-Aube. De lui descendoit :

I. JEAN, Seigneur DE FONTETTE, Damoiseau, mentionné dans un dénombrement de 1332, qui laissa pour enfans :

    1. HUGUES, qui suit ;
    2. Et PIERRE DE FONTETTE, Abbé de St.-Seine.

II. HUGUES, Seigneur DE FONTETTE, Ecuyer & homme d'Armes, se trouva à une montre en 1358, & eut pour enfans :

    1. JEAN, qui suit ;
    2. PIERRE, Abbé de Saint-Seine ;
    3. Et GEORGES, Seigneur d'Alligny, auteur de la branche des Seigneurs d'*Alligny*, rapportée en son rang.

III. JEAN, Seigneur DE FONTETTE & de Verrey, Ecuyer, passa un acte d'amodiation en 1433, fit un bail emphytéotique en 1445, & fut inhumé à Saint-Seine en 1484, où l'on voit son épitaphe. Il avoit épousé N...... *de Courcelles*, sœur de *Philippe*, Seigneur de Pourlans & d'Auvillars, Bailli de Dijon, de laquelle il eut :

    1. JEAN, qui suit ;
    2. Et PIERRE, Abbé de Saint-Seine, & Prieur de Parcy.

IV. JEAN, Seigneur DE FONTETTE, Verrey, Quincerot & Chavanay, fait Chevalier à la guerre de Liège en 1468, transigea avec son frère en 1484, & fut enterré à Saint-Seine, en 1498, où est son épitaphe. Il avoit épousé *Jeanne de Damas*, dont :

    1. JEAN, qui suit ;
    2. PHILIPPE, tige de la branche des Seigneurs de *Verrey*, rapportée ci-après ;
    3. Et HUGUES.

V. JEAN, Seigneur DE FONTETTE, Chavanay & Rémilly, fit une reprise des Fiefs en 1491 ; & épousa *Claude de Damas*, fille de *Pierre*, Seigneur de Bussière. Il en eut :

    1. GUILLAUME, qui suit ;
    2. & 3. PIERRE & ANTOINE, Ecuyers.

VI. GUILLAUME, Seigneur DE FONTETTE & de Rémilly, transigea en 1572 avec ses frères, donna son dénombrement en 1577, & avoit épousé, en 1515, *Madeleine d'Oizelet*, Dame d'Ozanbray, fille de *Jean*, Chevalier, Seigneur de Fresne-le-Châtel, dont :

    1. JEAN, qui suit ;

2. André, Ecuyer, qui, felon une enquête de
1546, époufa *Jeanne de Beauvoifin*, & en
eut deux filles :

    Marguerite, mariée à *Nicolas de Be-*
toulac, Seigneur d'Archy ;
    Et Philiberte, mariée à *Jean de Neuilly*.

3. Jacques, Ecuyer ;
4. Et Jeanne de Fontette.

VII. Jean, Seigneur de Fontette & de
Rémilly, époufa, en 1545, *Claire de Roche-*
quin, fille de *N... de Rochequin*, Seigneur de
Baraing, & de *Marguerite de Montigny*.
De ce mariage vinrent :

    1. Philibert, qui fuit ;
    2. Et Jeanne, mariée, en 1584, à *François*
de Guerde, Gendarme des Ordonnances, fils
de *Denis*, & de *Marguerite d'Uxelles*.

VIII. Philibert, Seigneur de Fontette,
époufa, par contrat de l'an 1588, *Anne-Marie*
de Caffigny, fille de *Claude*, Baron de Villars, & d'*Émilande-Alexandrine*. De ce mariage vint :

IX. Andremont, Seigneur de Fontette,
Sommery & Chavanche, Major d'Infanterie,
tué au fiège de Thionville, en 1643, qui avoit
époufé, par contrat paffé, en 1612, *Olympe*
d'Agay, fille de *Jacques*, Lieutenant de 50
hommes d'Armes, & d'*Euftache de Marti-*
gny, dont :

    1. Saladin, Seigneur de Vignoud & de la
Faye, marié, en 1643, à *Jacqueline de*
Poncert, de laquelle il eut pour fille unique :

        Jeanne-Judith, mariée à *François de*
Colombet, Seigneur de Giffey. Elle eft
mentionnée dans un jugement de l'Intendant, de 1669.

    2. Melchior, qui fuit ;
    3. Louis, Chevalier de Malte, fur fes preuves
faites, en 1646 ;
    4. Jeanne-Judith, mariée à *Jacques de Na-*
turel, Seigneur de Valletine ;
    5. Et Hélène, Abbeffe de Pralon, au Diocèfe
de Langres.

X. Melchior, Seigneur de Fontette, Som-
mery, Chavanche & la Ferté, Capitaine de
Chevaux-Légers, époufa, par contrat paffé,
en 1643, *Léonore de Jozian*, fille d'*Antoine*,
Seigneur de Grandval, & de *Marguerite de*
Chaugy, dont :

    1. Saladin-Hyacinthe, qui fuit ;
    2. Robert, Chevalier de Malte ;
    3. Bernard, auffi Chevalier de Malte, tous
deux reçus fur leurs preuves, faites en 1678 ;

le dernier, Commandeur dans fon Ordre,
Aide-Major des Galères de France, & Infpecteur des Troupes ;
4. Jacqueline, Abbeffe de Pralon ;
5. & 6. Hélène & Agnès, Religieufes, au
même Monaftère.

XI. Saladin-Hyacinthe de Fontette, Seigneur de Sommery, Chavanche & Vellerot,
époufa, par contrat paffé, en 1681, *Françoife-*
Charlotte de Chalus, fille de *Claude*, Chevalier, Lieutenant des Gendarmes de M. le
Prince, & de *Claudine de Mullot*. Leurs enfans furent :

    1. Bernard, qui fuit ;
    2. Et Marie-Bernarde, mariée à *François*
Mochot, Seigneur de Montbéliard & de
Monfculot, Capitaine d'Infanterie, fils de
N.... *Mochot*, Seigneur de Montbéliard,
Maître des Comptes à Dijon, dont : *Jac-*
queline Mochot de Montbéliard, mariée, en
1730, à *Charles d'Ecrots*, Baron d'Eftrée,
Seigneur de Milet, Maréchal-des-Camps,
Gouverneur de Furnes ; & mère de *Fran-*
çois-Bernard d'Ecrots, Comte d'Eftrée,
Lieutenant-Colonel du Régiment du Roi,
marié à *N... de Feydeau de Chapeau*.

XII. Bernard, Comte de Fontette, Seigneur de Sommery, Gilly, & en partie de
Chavanche, Capitaine des Galères, puis Chef-
d'Efcadre des Armées Navales, & Chevalier
d'honneur du Parlement de Bourgogne, mort
le 15 Mars 1767, avoit époufé, en 1736, *La-*
zare Lamy, morte en 1746, fille de *Denis*
Lamy, Ecuyer, Maître des Comptes à Dijon,
& de *Marie-Prudence Petit*, dont :

    1. Charles, qui fuit ;
    2. Angélique, morte en 1778 ;
    3. Prudence, auffi morte ;
    4. Gabrielle, mariée à *N..... Suremain de*
Flammerans, Confeiller Honoraire au Parlement de Bourgogne ;
    5. Lazare-Charlotte, non mariée ;
    6. Et Charlotte, décédée.

XIII. Charles-Marie, Comte de Fontette,
Chevalier, né le 8 Avril 1745, Seigneur de
Sommery, &c., Capitaine de Dragons à la
fuite du Régiment d'Artois, & Chevalier
d'honneur du Parlement de Bourgogne, a
époufé, le 10 Mai 1773, *Françoife-Jofèphe*
Perpétue, née Baronne de *Monjuftin*, fille
de *Guillaume-Antide*, Baron de Monjuftin,
& de *N... de Jouffroy*, dont :

    Claudine-Marie-Charlotte-Joséphine-
Eléonore, née le 5 Septembre 1776.

BRANCHE
des Seigneurs de VERREY.

V. PHILIPPE DE FONTETTE, Ecuyer, Seigneur de Verrey & de Chavanay, second fils de JEAN, Seigneur de Fontette, & de *Jeanne de Damas*, transigea avec ses frères en 1489, & épousa *Jeanne de Damas*, fille de *Pierre*, Seigneur de Buffière, dont :

1. PHILIPPE, qui suit ;
2. Et JEAN, Ecuyer, Seigneur de Buffière, qui fut marié.

VI. PHILIPPE DE FONTETTE, Seigneur de Verrey & de Buffière, fut inhumé à Verrey, en 1547, où l'on voit son inscription. De sa femme, que nous ne connaissons point, il eut :

ANTOINETTE, Dame de Verrey, mariée 1º à *Jean de Plaisance*, & 2º à *Ardremont de Pracontal*, Chevalier de l'Ordre du Roi ;
Et CLAUDINE, Dame de la Bonde & de l'Antilière, mariée à *Jean de Sailecy*, Seigneur d'Aiguebelette.

BRANCHE
des Seigneurs d'ALLIGNY.

III. GEORGES DE FONTETTE, Seigneur d'Alligny, troisième fils de HUGUES, Seigneur de Fontette, passa un acte d'amodiation en 1433, & eut de sa femme, dont on ignore le nom :

IV. HUGUES DE FONTETTE, Ecuyer, Seigneur d'Alligny, connu par des actes de 1452 & 1470, marié à *Jacqueline*, fille de *Girard Roslin*, & de *Catherine d'Etrie*, laquelle étoit fille de *Jacques*, & de *Catherine de Florigny*. Leurs enfans furent :

1. GEORGES, qui suit ;
2. CLAUDE, Ecuyer, Châtelain d'Alligny ;
3. CHARLES, Seigneur du Vaulmain ou du Vauroux, Gentilhomme d'honneur de Louis XI ;
4. Et FRANÇOISE.

V. GEORGES DE FONTETTE, Seigneur d'Alligny & du Vaulmain, testa en 1488, & fut inhumé dans sa chapelle d'Alligny. Il avoit épousé *Catherine Despotot*, fille de *Léonard*, Chevalier, Seigneur de Fourgs, premier Président au Parlement de Dijon, dont :

1. JEAN, qui suit ;
2. JACQUES, auteur de la branche des Seigneurs du Vaulmain, rapportée ci-après ;
3. IMBERT, Diacre ;
4. Et ANNE, mariée, 1º par contrat passé à Chaumont, en 1506, à N... *de Vallerende-de-la-Tour*, Seigneur de Leudicourt ; & 2º à *Quentin de Ferrière*, Seigneur de Tierge-

ville. De son dernier lit elle eut *Pierre de Ferrière*, Seigneur de Tiergeville, marié à *Adrienne*, fille de *Philippe de Boulainvilliers*, & de *Françoise de l'Isle-Marivaux*. Ce *Pierre de Ferrière* fut tuteur des enfans de JACQUES DE FONTETTE, chef de la branche suivante.

VI. JEAN DE FONTETTE, Seigneur d'Alligny, testa en 1534, partagea les biens de ses père & mère en 1540, avec ses frères & sœur, mourut le 22 Novembre 1554, sans postérité, & sa succession fut partagée entre JEAN, GEORGES & GUILLAUME, ses neveux, le 13 Mars 1555. Il avoit épousé, en 1519, *Edmonde de Vingles*, fille de *Pierre*, Seigneur de Quémigny.

BRANCHE
des Seigneurs du VAULMAIN.

VI. JACQUES DE FONTETTE, Ecuyer, Seigneur d'Alligny, du Vaulmain, du Vauroux, Boutencourt, &c., second fils de GEORGES DE FONTETTE, & de *Catherine Despotot*, fut homme d'armes des Ordonnances du Roi, & mourut en 1533. Il avoit épousé *Catherine du Causier*, & en eut :

1. JEAN, qui suit ;
2. & 3. GEORGES & GUILLAUME, Centeniers Légionnaires ;
4. Et IMBERT.

VII. JEAN DE FONTETTE, Ecuyer, Seigneur d'Alligny, du Vaulmain, &c., Centenier Légionnaire, comparut à l'arrière-ban le 24 Novembre 1551, vendit, le 13 Mars 1555, la Terre d'Alligny à Artus de Colombier, partagea avec ses frères, le 24 Septembre de la même année, & épousa, par contrat du 7 Septembre 1556, *Anne*, fille de N... *de Bucy*, & *d'Icare de Masencourt*, dont :

1. PHILIPPE, qui suit ;
2. FLORENT, Seigneur *du Vauroux*, tige de la branche des Seigneurs de ce nom, rapportée ci-après ;
3. MARIE, femme de *François de Tarley-Launoy*, Seigneur de Paubourg en Beauvoisis ;
4. ADRIENNE, mariée à *Jean du Gaslo*, Seigneur de Mons ;
5. Et DENISE, mariée, par contrat du 9 Juin 1609, à *Gilles du Bos*, dont elle étoit veuve le 29 Juillet 1615, qu'elle fit une vente à *Philippe du Bos*, frère de feu son mari.

VIII. PHILIPPE DE FONTETTE, Ecuyer, Seigneur du Vaulmain, &c., épousa, en 1598, *Jeanne*, fille de *Gilles de Faverolles*, Seigneur de Blevé, & de *Louise de Berard*, dont :

1. CHARLES, qui fuit;
2. Et JEANNE, mariée à *Georges de Marle*, Seigneur de Lifors, d'Amécourt, dont un fils, nommée *Pierre de Marle*, marié à fa coufine GABRIELLE DE FONTETTE, mentionnée ci-après.

IX. CHARLES DE FONTETTE, Seigneur du Vaulmain, Capitaine au Régiment de Flavacourt, par commiffion de 1630, mort en 1636, avoit époufé, en 1631, *Elifabeth*, fille de *Henry de Muys*, & d'*Anne de Berbifey*, dont:

    1. CHARLES, qui fuit;
    2. ELISABETH, Dame de Boispréaux, mariée, par contrat de 1659, à *Charles de Fouilleufe;*
    3. Et GABRIELLE, mariée à *Pierre de Marle*, Seigneur de Lifors, fon coufin, ci-deffus.

X. CHARLES DE FONTETTE, IIe du nom, Seigneur du Vaulmain, Lencourt, &c., mort en 1711, avoit époufé, en 1669, *Louife*, fille de *François de Boulainvilliers*, Seigneur d'Hadancourt, & d'*Antoinette Papin*, dont:

    1. LOUIS-PHILIPPE, qui fuit;
    2. CHARLES-ANTOINE, Marquis du Vaulmain, Capitaine de Cavalerie en 1698, mort fans poftérité, de fon mariage contracté avec *Antoinette-Madeleine*, fille d'*Antoine*, Comte de *Harville-Palaifeau*, & d'*Antoinette de Chaffebras;*
    3. JEAN-BAPTISTE-LÉON, tué à la bataille d'Hochftett;
    4. ANNE-ANGÉLIQUE, mariée, en 1717, à *Guy Guès*, Seigneur de Pouancé;
    5. Et fept filles, dont plufieurs Religieufes, & les autres mortes en bas âge.

XI. LOUIS-PHILIPPE DE FONTETTE, Marquis du Vaulmain, Seigneur de Boifpréaux, avoit époufé, le 7 Octobre 1743, *Françoife-Catherine*, fille de *Gafton-Jean-Baptifte de Mauléon*, Chevalier, Seigneur de Savaillant, & de *Marie de Midorge*, fœur de N... Midorge, Maître des Requêtes ordinaires du Roi, dont vinrent:

    1. RENÉ-CHARLES, qui fuit;
    2. MARIE-CHARLOTTE, née en 1744, mariée à N... *du Pille*, Seigneur de Bertichère;
    3. Et ANNE-HENRIETTE, née le 21 Mai 1748, mariée, par contrat du 15 Octobre 1770, à *François-Séraphin*, Comte de *Biencourt-de-Poutrincourt*. Voyez BIENCOURT.

XII. RENÉ-CHARLES, Marquis DE FONTETTE, Seigneur du Vaulmain, &c., né le 22 Janvier 1746, Capitaine de Cavalerie au Régiment de Royal-Lorraine, n'eft pas encore marié.

BRANCHE
des Seigneurs du VAUROUX.

VIII. FLORENT DE FONTETTE, Ecuyer, Seigneur du Vauroux, fecond fils de JEAN, & de N.... *de Bucy*, époufa, par contrat paffé en 1605, *Madeleine du Bos*, fille de *Gilles*, & de *Françoife de Maranvillers*, dont:

    1. LOUIS, qui fuit;
    2. CHARLES, rapporté après la poftérité de fon aîné;
    3. GEORGES, Curé de Panville;
    4. Autre LOUIS, Seigneur de Herville, qui époufa *Marie de la Fontaine-Saint-Quentin*, fans poftérité;
    5. Et MAXIMILIEN, auffi marié, à N.... *de Dampont*, fans poftérité.

IX. LOUIS DE FONTETTE, Seigneur de Théméricourt, époufa *Hélène de Rouvroy-de-Saint-Simon*, dont:

Trois garçons, morts en bas âge;
    4. MADELEINE, mariée à *Charles d'Andaine*, Seigneur de Vaftine, Brigadier des Gardes-du-Corps du Roi, fans poftérité;
    5. MARIE-MADELEINE, Dame de Mortefontaine, mariée à *François-Georges de Pelletat;*
    6. LOUISE, mariée, par contrat paffé en 1718, à *Etienne de Marets*, Seigneur de la Noix-Roncherolles, Commandant à Sarre-Louis, fans poftérité;
    7. Et MADELEINE, non mariée.

IX. CHARLES DE FONTETTE, Seigneur du Vauroux, époufa 1° *Catherine de Ventarbeque*; & 2° par contrat du 7 Septembre 1643, paffé devant *Jainel* & *Legay*, Notaires au Châtelet de Paris, *Angélique de Gamorini*, Demoifelle chez la Reine, dont:

    1. FLORENT, tué par un payfan;
    2. LOUIS;
    3. PHILIBERT, Capitaine d'Infanterie;
    4. & 5. PIERRE & N.... DE FONTETTE, tués à Senef;
    6. 7. & 8. & trois filles non mariées.

Les armes (*a*): *d'azur, à trois fafces d'or*. C'eft ainfi qu'on les trouve dans le *Catalogue des Gentilshommes de Bourgogne*, infol., rédigé par M. le Chevalier de Tournay.

FONTLEBON, en Bretagne: *d'argent, à trois aiglettes de fable, 2 & 1.*

(*a*) La Chenaye-Desbois, dans fon *Dictionnaire*, 2e édit., pag. 511, donne à cette Famille pour armes: *fafcé d'or & d'azur de fix pièces*.   (*Note des Editeurs*.)

FONTRAILLES. Les Seigneurs de Fontrailles, qu'on croit defcendre des Comtes d'Aftarac, commencèrent à *Boëmond d'Aftarac*, Damoifeau, qui vivoit en 1307. Le dernier eft *Louis d'Aftarac*, Comte de Fontrailles, Marquis de Mareftanges, &c., qui fit une donation de tous fes biens, le 4 Mars 1677, à *Jean-Paul de Rochechouart de Barbéfan*, Marquis de Faudoas, fon petit-neveu; & mourut le 15 Juillet fuivant, fans avoir été marié.

FONTVIEILLE, Famille ancienne parmi la Nobleffe de l'Albigeois, & connue fous le nom de *Fons vetus*. Les guerres & les troubles dont elle a fouffert long-tems, ayant été plufieurs fois pillée, l'ont privée de fes plus précieux titres. Il lui refte la preuve écrite d'une filiation depuis

I. Noble ANTOINE DE FONTVIEILLE, que l'on trouve dans les regiftres du Capitole de la ville de Touloufe, & dans les *Annales* de la Faille, après avoir été Capitoul en 1470. Il eut pour fils:

II. JEAN DÉ FONTVIEILLE, Capitoul de la Ville de Touloufe en 1481. Il faut remarquer que dans ce tems la plupart des Capitouls étoient choifis parmi la Nobleffe. Il fut père de

III. GUILLAUME DE FONTVIEILLE, qui fut Gouverneur pour le Roi du Château de Figeac, & eut pour fils:

IV. ANTOINE DE FONTVIEILLE, IIe du nom, lequel époufa, en 1553, *Anne de Guyot*, fille de *Pierre de Guyot*, Baron de Preignan, dont fortit:

V. PIERRE DE FONTVIEILLE, Seigneur de Saliès, Séqueftre & Orban. Il porta les armes fous fix de nos Rois, depuis HENRI II jufqu'à LOUIS XIII, fut fait Commiffaire des guerres en 1562, Viguier d'Albi & pays d'Albigeois en 1572, par CHARLES IX, charge d'épée comme celle de Sénéchal, qui n'étoit confiée, dans ce tems de troubles, qu'à des gens d'expérience & de valeur; fe trouva dans toutes les occafions où le fervice de fon Prince le demandoit; amena plufieurs fois des fecours au Duc de Montmorency, Gouverneur de la province de Languedoc; reçut plufieurs lettres du Roi HENRI IV, en 1594, pour l'exhorter à lui continuer fes bons fervices & à profiter de la confiance & de l'autorité qu'il s'étoit acquife pour réduire la ville d'Albi fous fon

obéiffance. Mais le parti de la Ligue ayant prévalu, fa maifon fut pillée, fes meubles & fes papiers furent brûlés, fa femme & fes enfans chaffés de la ville, ce qui eft certifié par des procès-verbaux & des aftes en forme de l'an 1595. Malgré ces pertes, PIERRE DE FONTVIEILLE augmenta les troupes qu'il leva à fes dépens, réduifit la ville d'Albi & plufieurs autres des environs à l'obéiffance du Roi, & fut fait Gouverneur d'Orban en 1595. Il continua toujours de fervir, & LOUIS XIII, par fes Lettres-Patentes du 6 Septembre 1613, dûment enregiftrées à la Chambre des Comptes, en faveur des fervices qu'il lui avoit rendus & à cinq Rois, fes prédéceffeurs, lui fit don & remife des droits qui revenoient à Sa Majefté pour les biens qu'il poffédoit dans le Comté de Caftres. Il mourut en 1626, & avoit époufé, en 1573, *Jeanne de Campvert*, dont:

VI. ANTOINE DE FONTVIEILLE, IIIe du nom, qui fut pourvu de la charge de Viguier d'Albi & de l'Albigeois en 1615, par LOUIS XIII, & fait Gouverneur du Château & Fort de Saint-Ivery. Il fit des aftions de valeur à la tête de 300 hommes qu'il commandoit au combat de Fauch, fous le Duc d'Angoulême, enleva le premier Drapeau qui fut pris fur les Religionnaires du parti du Duc de Rohan, le porta au camp de Piquecos, à LOUIS XIII, où il étoit pendant le fiège de Montauban, qui lui fit préfent d'une *chaîne d'or*, ajoutée aux armes de fa famille. Sa Majefté, qui le retint auprès de fa perfonne, l'employa en plufieurs négociations, & l'envoya, peu de tems après, au Maréchal de Praslin, malade dans la ville de Touloufe; & de retour, il fut tué au fiège de Montauban en 1622. Il eut de fon mariage, contrafté en 1597, avec *Ifabeau de Pleux*:

VII. JEAN DE FONTVIEILLE, Seigneur de Saliès, Séqueftre & Orban, à qui le Roi donna *gratis*, en confidération des fervices de fon père & de fes aïeux, la charge de Viguier d'Albi & du pays d'Albigeois. Il apprit le métier de la guerre fous fon père, amena un fecours confidérable à l'armée du Maréchal de Thémines, en Languedoc; fut enfuite envoyé dans la ville de Lombers pour commander 400 hommes, & y fut établi Gouverneur par commiffion du Duc de Vendôme. Le Roi le nomma Lieutenant-Général en fes Armées de Guyenne, Haut-Languedoc & Comté de Foix, dont il eut ordre de faire rafer le Châ-

teau. Il fut encore employé dans d'autres expéditions considérables dont il s'acquitta dignement, entr'autres à l'affaire du Tilhet, où
il fit une action de valeur qui lui mérita les
louanges du Roi, du Prince de Condé qui
lui écrivit à ce sujet, & de tous les Généraux.
Il mourut en 1661, & avoit épousé *Françoise le Brun-Saint-Hippolyte*, en 1619.
Ses enfans furent :

1. Antoine, qui suit;
2. Pierre, Provincial des Jacobins dans la
   Province d'Aquitaine, homme savant, qui
   demeura long-tems à Rome auprès du P.
   Cloche, Général des Jacobins;
3. Et Guillaume, Chanoine de l'Eglise Cathédrale de Sainte-Cécile d'Albi.

VIII. Antoine de Fontvieille, IV° du
nom, Seigneur de Saliès, Séquestre & Orban, porta les armes dès sa tendre jeunesse
au service de son Prince, qui lui donna une
Compagnie de gens de pied le 30 Mai 1639,
qu'il alla commander en Roussillon. Il se distingua à la bataille de Leucate, comme il paroît par la relation qu'en a donnée le P. Au-
bry, Jésuite, intitulée: *Historia Leucatæ
triumphantis*, lib. 2. Il servit long-tems en
Italie, fut Aide-de-Camp de M. le Maréchal
de Schomberg, fort aimé de MM. les Maréchaux de Bellefonds & de Créquy, & du
Comte de Bristol, dit Milord Digby, sous lesquels il avoit fait plusieurs campagnes de service, ainsi qu'il paroît par les lettres qu'ils
lui ont écrites. Etant Capitaine de Cavalerie
au Régiment de Lisbonne, il reçut un coup
de marteau d'armes sur la tête, en combattant les ennemis du Roi, ce qui l'obligea à
se retirer. Il fut pourvu de la charge de Viguier ès-pays d'Albigeois, en 1658, & mourut à Paris au mois d'Avril 1672. Il avoit
épousé *Antoinette de Salvan*, née à Albi,
connue sous le nom de *Madame de Saliès*,
Viguière d'Albi en 1660, reçue en 1689, à
l'Académie des *Ricovrati* de Padoue. On voit
sa réponse dans le *Mercure* du mois d'Octobre de la même année, & dans la *Nouvelle
Pandore*, de M. de Vertron, tom. II, p. 143.
Cette Dame est morte le 14 Juin 1730, à Albi, âgée de 92 ans, ayant conservé toute la liberté de son esprit jusqu'à la fin. Elle a composé divers ouvrages, tant en prose qu'en vers,
dont il est parlé dans les *Mercures* & dans
d'autres Recueils de son tems. M. Titon du
Tillet lui a donné place dans son *Parnasse*.

François, in-fol. Sur les écrits de Madame
de Saliès, on peut consulter Moréri au mot
Saliez, tom. IX, p. 92, édition de 1759. De
son mariage avec Antoine de Fontvieille,
elle eut :

1. Etienne, qui suit;
2. Nicolas, Seigneur d'Orban, Capitaine dans
   le Régiment Dauphin;
3. Et Jean-Baptiste, Chanoine de l'Eglise
   Collégiale de Saint-Salvy, de la ville d'Albi & Prieur de Saliès.

IX. Etienne de Fontvieille, Seigneur de
Saliès, Orban, &c. servit long-tems en qualité d'Officier de Marine, & se trouva au bom-
bardement d'Alger & de Tunis. Il se maria,
en 1693, avec *Anne Dupuy*, seule héritière
d'une ancienne Maison, dite *Del-Podio*, à laquelle un des principaux faubourgs de la
ville d'Albi a appartenu, & dont le Château
fut rasé par ordre du Roi en 1618. Il a laissé
de son mariage :

1. Nicolas de Fontvieille, Seigneur de Saliès, Lieutenant dans le Régiment de la
   Reine, tué au siège de Barcelone en 1714;
2. Raymond-Louis, qui suit;
3. Germain, Seigneur de Saliès, Enseigne des
   Vaisseaux du Roi au Département de Toulon en 1759;
4. Gaspard-Aimé, Seigneur de Saliès, Capitaine au Régiment d'Infanterie d'Agénois;
5. Et Antoinette, mariée, en 1717, avec *Joseph de Barcalis de Pruines*, Seigneur de
   Lormet.

X. Raymond-Louis de Fontvieille, Seigneur de Saliès, Séquestre & Orban, Lieutenant de Cavalerie au Régiment de Saint-Aignan, épousa, le 14 Juin 1732, *Marie-Su-
sanne de Ciron*, fille de *Joseph de Ciron*,
Marquis de Cramaux, Président à Mortier
au Parlement de Toulouse. Nous ignorons
s'il en a postérité. Moréri, tom. V, p. 238.

Les armes: *de gueules, au lion d'argent,
armé & lampassé d'or, accolé d'une chaîne
de même, & portant un drapeau de sinople.*

FONVENS. C'est une Maison éteinte &
fondue dans celle de *Vergy*. Elle étoit une
des plus illustres de la Province du Comté
de Bourgogne. Ceux de ce nom portoient le
titre de *Comte* avant l'an 1000, & pour marque qu'ils tiroient leur extraction de famille
Comtale, ils brisoient leurs armes *d'un croissant*, à la différence de leurs aînés qui portoient: *de gueules, à cinq fasces ou burelles*

d'or, la seconde chargée d'un croiffant d'azur.

I. Gérard, Ier du nom, Comte de Fonvens, vivant en 990, eut pour enfans :

1. Gérard, qui fuit ;
2. Humbert, mentionné avec fon père & fon frère dans une Charte de l'Abbaye de Flavigny ;
3. Et Judith, femme de *Walon*, Seigneur de *Vergy*, fille d'*Aimon*, Comte d'Auxois.

II. Gérard, Comte de Fonvens, IIe du nom, obtint en Fief de Helderic, Abbé de Flavigny, la Terre & Seigneurie de Fontaines, pour lui & Humbert, fon frère, en 995. Il fut marié à une Dame appelée *Gertrude*, avec laquelle il fit bâtir un Monaftère en l'honneur du Saint-Sépulcre de Notre-Dame, devant fon Château de Fonvens en 1019. Ses enfans furent :

1. Humbert, qui fuit ;
2. Gérard, Chanoine & Archidiacre de l'Eglife de Langres ;
3. Et Ide, femme d'*Arnoul*, Comte de *Rifnel*.

III. Humbert, Comte de Fonvens, Ier du nom, Seigneur de Fontaines, époufa *Gerbergue*, avec laquelle il vivoit en 1040, dont il eut :

1. Gérard, qui fuit ;
2. Humbert, rapporté après fon frère ;
3. Et Guillaume, nommé en plufieurs Chartes des années 1099 & 1114. Il fe fit Religieux fur la fin de fes jours dans l'Abbaye de Bèze, & avoit eu un fils nommé Gérard.

IV. Gérard, IIIe du nom, quitta le titre de Comte de Fonvens, pour prendre celui de Seigneur de Fonvens. Il eft nommé avec Humbert, fon frère, dans une Charte octroyée par *Robert*, Duc de Bourgogne, à l'Abbaye de Saint-Bénigne de Dijon en 1066. Il affifta auffi à l'Affemblée générale, tenue par les Prélats & Seigneurs de Bourgogne en 1075, après la mort de *Robert*, Duc de Bourgogne. Il décéda peu de tems après fans lignée, & laiffa pour héritier fon frère puîné.

IV. Humbert, Seigneur de Fonvens, IIe du nom, dit *le Brun*, tué en guerre pour le fervice de l'Eglife de Langres, & inhumé dans l'Abbaye de Bèze, à laquelle fa veuve donna, le jour de fon enterrement, par le Confeil de *Robert*, Evêque de Langres, la Chapelle du Château de Fonvens. Ils eurent :

1. Humbert, qui fuit ;
2. Et Guy, rapporté après fon frère aîné.

V. Humbert, IIIe du nom, Seigneur de Fonvens & de Fontaines, dit *le Roux*, fut cité avec fon frère en la ville de Befançon en 1098. Il accorda à *Etienne*, Abbé de Bèze, la quatrième partie de l'Eglife de Saint-Martin du Monftier, & la moitié de l'Eglife de Fonvens la Ville. Il mourut peu après fans poftérité, & eut pour fucceffeur fon frère puîné.

V. Guy, Seigneur de Fonvens & de Fontaines, qui donna à la Maifon d'*Aumefmères* tout le droit d'ufage dans les bois de Champlife, Pierrecourt, Larray & Cortezou. Il eut de fa femme, dont on ignore le nom :

1. Gérard, qui fuit ;
2. Et Thierry ou Théodoric, Chevalier, mort fans hoirs.

VI. Gérard, IVe du nom, Seigneur de Fonvens, Champlife & de Fontaines, époufa une Dame nommée *Clémence*, du confentement de laquelle il donna à l'Abbaye de Cherlieu, tout le droit qu'il avoit à la pêche de Contleux, Grange de Goudelencourt & Vignes de Porgeret en 1162. Il eut pour enfans :

1. Humbert, qui fuit ;
2. Et Théodoric, Chevalier.

VII. Humbert, IVe du nom, Seigneur de Fonvens, Champlife & Fontaines, eut de fon époufe, dont le nom eft inconnu, entr'autres enfans :

VIII. Henri, Seigneur de Fonvens, Champlife & de Fontaines, qui promit, en 1190, à *Manaffès*, Evêque de Langres, de donner cours à la monnoie de Langres dans toute l'étendue de la terre de Fonvens, &, en 1201, il termina plufieurs procès que les Religieux de l'Abbaye de Cherlieu avoient avec Renaud de Torcenay, Chevalier. Il époufa *Agnès*, dont vinrent :

1. & 2. Gérard & Henri, morts jeunes ;
3. Anselme, Chanoine de l'Eglife de Langres ;
4. Et Clémence, héritière de Fonvens, femme de *Guillaume de Vergy*, Seigneur d'Autrey, auquel elle porta tous les biens de fa maifon. Après fon mariage, Henri de Fonvens, fon père, s'étant croifé pour faire le voyage de Jérufalem en 1207, fit des donations à l'Abbaye de Cherlieu fur fa Terre de Fonvens, & lui donna une place pour conftruire un moulin à Vafconcourt.

Les Seigneurs de Fonvens, comme on l'a dit, *brifoient* leurs armes *d'un croiffant*, à la différence de leurs aînés qui portoient: *de gueules, à 5 fafces ou burelles d'or, la fe-*

conde chargée d'un croiſſant d'azur. Voyez VERGY.

FORBIN. Cette Maiſon a tenu & tient le premier rang parmi les plus illuſtres de Provence, tant par ſa nobleſſe, ſes alliances, ſes poſſeſſions, les dignités & les charges qu'elle a poſſédées, que par ſes ſervices ſignalés rendus à la Couronne, & les grands hommes qu'elle a produits. Suivant un Mémoire envoyé, elle tire ſon origine d'Ecoſſe, & ſon nom de la Terre & Seigneurie de FORBES, ſituée dans le Comté d'Aberdeen, laquelle eſt poſſédée, depuis près de ſix ſiècles, par des Seigneurs de ce nom de FORBES, Lords & premiers Barons d'Ecoſſe. Cette origine eſt juſtifiée par des titres poſitifs, & par une tradition conſtante & certaine que la Maiſon de FORBIN de France, & celle de FORBES d'Ecoſſe, ſont la même, qu'elles ont une commune origine, & que celle de France eſt ſortie de celle d'Ecoſſe il y a pluſieurs ſiècles, pendant l'alliance étroite & le commerce fréquent des deux nations.

I. PIERRE DE FORBIN, aliàs DE FORBES, fils d'ALEXANDRE DE FORBES, eſt le premier qui s'établit en France, par le mariage qu'il y contracta avec Françoiſe d'Agoult, en 1325. Il deſcendoit au VIᵉ ou VIIᵉ degré de FERGUS DE FORBES, fils de JEAN. Ce fut à ce FERGUS qu'ALEXANDRE II, Roi d'Ecoſſe, donna la terre & Seigneurie de FORBES, dit une Charte originale conſervée dans cette Maiſon. PIERRE DE FORBIN, qualifié Miles (Chevalier) dans une tranſaction de 1350, paſſée entre les principaux Gentilshommes de Marſeille & leur Evêque, teſta le 26 Janvier 1362, & inſtitua ſon héritier

II. GUILLAUME DE FORBIN, qui fit ſa réſidence à Marſeille. Il eſt mentionné dans pluſieurs actes, & mourut en 1415. Il avoit épouſé, vers l'an 1370, Gauffride Borgarelli, fille de Guillaume, noble Florentin, & de noble Dame Guillemette. Elle fut dotée de 100 florins d'or de Florence, & de 237 florins & demi pour ſes biens palafernaux. Dans trois teſtamens ou codicilles qu'elle fit en 1427, 1432 & 1434, elle ſe dit relaiſſée de noble GUILLAUME DE FORBIN, ſon mari, & inſtitue pour ſes héritiers ſes trois fils, qu'elle ſubſtitue les uns aux autres, ſavoir: DRAGONET, JEAN & BERTRAND; ils ſont tous les trois auteurs de chacun une branche. JEAN eſt la tige de toutes

celles qui ſubſiſtent aujourd'hui, & nous n'en parlerons qu'après celles de DRAGONET & de BERTRAND, qui ſont éteintes, & qui n'ont formé, chacune, que deux degrés.

III. DRAGONET ou DRAGON DE FORBIN, mentionné dans un grand nombre d'actes paſſés à Marſeille, fut Recteur ou Adminiſtrateur de l'Hôpital de cette Ville, ès-années 1427, 1434, 1436, 1437 & 1438, avec noble de Cépède, & autres Nobles de la Cité de Marſeille. Cette Ville s'étant long-tems gouvernée en République indépendante, & ayant conſervé quantité de droits Régaliens ſous CHARLES D'ANJOU, & ſes ſucceſſeurs, c'étoit toujours la Nobleſſe qui avoit la principale part à l'adminiſtration des affaires, & qui, pour l'ordinaire, rempliſſoit la place des Syndics de l'Univerſité, depuis appelés Conſuls, & celle d'Adminiſtrateur ou Recteur des Hôpitaux, qu'on exerçoit au ſortir du Syndicat ou du Conſulat. Le Conſeil de Ville étoit même compoſé, en grande partie, de la principale Nobleſſe; c'eſt ce qui fait que LOUIS Iᵉʳ, Duc d'Anjou, Roi de Naples & Comte de Provence, écrivant aux Syndics ou Conſuls de Marſeille, en 1384, les qualifie de TRÈS-NOBLES ET PUISSANS HOMMES, Nobiliſſimi & potentes viri; & que MARIE DE BLOIS, Reine de Jéruſalem & de Sicile, qualifie encore les Syndics & Conſeil de la ville de Marſeille, en 1385, de Nobilibus & egregiis viris Syndicis & Conſilio. DRAGONET DE FORBIN mourut en 1443. Il avoit épouſé Hyacinthe de Mortier, fille d'Antoine, & de Dame Alamant, comme il paroît par l'acte de déſemparation d'une Maiſon en faveur de DRAGONET DE FORBIN, par les Seigneurs Martin & Gantelme de Mortier, fils d'Antoine, & frères d'Hyacinthe. Cette Maiſon, dit l'acte, paſſé le 26 Mai 1442, faiſoit partie de ſa dot. Elle eut de ſon mariage:

IV. ANTOINE DE FORBIN, dit fils & héritier de DRAGONET DE FORBIN, dans un acte du 17 Août 1443, & mentionné dans pluſieurs autres paſſés à Marſeille. Il fut fiancé, dès l'an 1444, avec noble Bérangon Ricaud, fille de noble Gaſpard Ricaud, d'une des plus anciennes & des plus illuſtres Familles de Marſeille, & d'honorable Dame Antoinette de Clanote; mais ce mariage n'eut lieu que le 15 Mars 1451. Leurs enfans furent:

1. DIMETRE, légataire de JEAN DE FORBIN, ſon oncle, mort jeune;

2. ALRIASSE, mariée à *Antoine de Château-*
verd, de la ville d'Aix ;
3. ELISABETH, femme de *Jean Lombard*, mentionnée dans un acte du 13 Février 1472 ;
4. Et LOUISE, dont on ignore le fort, & qui
fut légataire d'*Ifoarde de Marini*, femme
de JEAN DE FORBIN, fon oncle.

III. BERTRAND DE FORBIN, troifième fils de
GUILLAUME, & de *Gauffride Borgarelli*, fe
fignala fous le règne de LOUIS D'ANJOU, IIIe
du nom, Roi de Naples & Comte de Provence, dans les guerres que ce Prince & les
Marfeillois eurent à foutenir contre ALPHONSE,
Roi d'Aragon, & contre les Catalans. En
1424, les Marfeillois équipèrent une Flotte
contre la ville de Barcelone, dont un des Vaiffeaux appartenoit à BERTRAND DE FORBIN, &
portoit fon nom. Dans les regiftres publics
de la ville de Marfeille, du 23 Octobre 1428,
il eft nommé *Recteur* de l'Hôpital de Saint-
Jacques avec Pierre de Roquefort, & *Syndic*
de l'Univerfité ou Communauté de Marfeille,
le 23 Décembre 1434, avec noble Capraro de
Ifia, & le même Pierre de Roquefort. La
ville de Marfeille le choifit en 1440, avec Nicolas d'Arène, Docteur en Droit, pour fon
Ambaffadeur auprès du Roi de Naples, Comte
de Provence, avec promeffe du Confeil de lui
rembourfer la fomme de 200 Ducats d'or,
pour fubvenir aux frais de fon Ambaffade,
dont il étoit prié de faire l'avance. Il tefta le
14 Avril 1457, choifit fa fépulture dans la
Chapelle de l'Eglife de Saint-Louis des Frères-
Mineurs, où étoient enterrés DRAGONET &
JEAN DE FORBIN, fes frères ; & nomma pour
fes exécuteurs teftamentaires PALAMÈDE, JEAN
& JACQUES DE FORBIN, fes neveux. Il avoit
époufé, 1° en 1425, *Catherine de l'Arbre*
(*de Arbore*), fille de noble *Antoine de l'Arbre*, & de Dame *Durante*. Elle eut pour fa
dot 500 florins, & tefta le 24 Septembre 1439;
& 2° *Marguerite Vaffal*, fille de noble *Gabriel Vaffal*, & de Dame *Jeanne Malet*. Elle
fut dotée de 1700 florins de Roi. Du premier
lit vint :

1. BARTHÉLEMY, inftitué héritier univerfel de
Catherine de l'Arbre, fa mère, marié fans
enfans, à *Bérengone Radulphi*, fille de
Guillaume, de la ville de Tarafcon, laquelle
eut pour fa dot 800 florins de Roi. Il fit
donation univerfelle de fes biens, le 1er Juillet 1460, à *Jacques Radulphi*, fon beau-
frère.

Et du fecond lit il eut :

2. JEAN ou JEANNET, qui fuit ;
3. Et HONORÉ, rapporté après fon frère. Ils
reftèrent fous la tutelle de leur mère & eurent des legs de BARTHÉLEMY, leur frère.

IV. JEAN ou JEANNET DE FORBIN, né de *Marguerite Vaffal*, du vivant de la première femme de fon père, & légitimé par le fecond mariage, que BERTRAND contracta avec fa mère,
époufa, le 6 Novembre 1452, *Andrinette de
Lartiffut*, d'une Maifon originaire d'Italie,
que l'on croit être une branche de la Maifon
de MÉDICIS, fille de noble *N... de Lartiffut*,
le plus jeune, & de Dame *Léonarde*, de la
ville d'Avignon ; elle eut en dot 500 florins
de Roi. Ses enfans furent :

1. LOUIS ;
2. Et JEANNE, dont on ignore le fort. Ils font
mentionnés l'un & l'autre dans le teftament de BERTRAND DE FORBIN, leur aïeul,
& il paroît par un acte de vente du 28 Novembre 1486, de la part d'*Andrinette de
Lartiffut*, & de LOUIS, fon fils, que JEAN ou
JEANNET DE FORBIN étoit mort, puifqu'elle
s'y dit relaiffée de fon mari.

On trouve un LOUIS DE FORBIN, marié, 1°
en 1502, à *Antoinette de Ruffi*, veuve de noble *Jean Aimini*, tous deux mentionnés dans
une quittance du 24 Août 1507, paffée devant *Jean Caradet*, Notaire à Marfeille ; &
2° le 16 Mars 1513, à *Jeanne de Sertau*, fille
de noble *Jean de Sertau*, & de *Théodore de
Rixo*, de la ville d'Apt, qui fut dotée de 800
florins, & inftituée héritière de fes père &
mère au préjudice de *Surléon de Sertau*, fon
frère, déshérité par ledit acte. Etant devenue
veuve, elle fe remaria, le 16 Janvier 1531, à
André de Glandevès, fils de *Marie*, & de
Jeanne de Saint-Félix.

Mais on ignore fi ce LOUIS DE FORBIN, Con-
ful de Marfeille en 1507 (CHARLES DE FOR-
BIN, Seigneur de Gardanne, étant pour lors
Viguier), eft précifément fils de JEAN, iffu de
BERTRAND, ou fon petit-fils, d'autant plus
qu'on trouve un GABRIEL DE FORBIN, premier
Conful de Marfeille en 1478, avec Gabriel
de Vivaud, Jean Payen & Jacques de Can-
dole, Affeffeurs. On trouve auffi un JEAN DE
FORBIN, Seigneur de Vallauris, auffi premier
Conful de Marfeille en 1505, avec Jacques de
Paule & Bertrand de Roux ; un PAULET DE
FORBIN, habitué à Lambefc, mentionné dans
plufieurs actes, paffés à Marfeille en 1497,
exécuteur teftamentaire de MICHEL DE FOR-
BIN, Seigneur de Gardanne. En les fuppofant

légitimes, ils ne pourroient être que les fils ou petits-fils de JEAN, issu de BERTRAND, attendu que la postérité masculine de DRAGONET a fini à ANTOINE, & que celle de JEAN, dont nous allons bientôt parler, est parfaitement connue.

On trouve aussi un acte d'intimation & de réintégration de possession, du 28 Février 1470, en faveur de LOUIS DE FORBIN & de MARITONE, sa sœur, & une procuration pour Honoré de Brignol, de la ville d'Aix, & GASPARD DE FORBIN, du 20 Juin 1472. Ce GASPARD DE FORBIN pourroit bien être fils de JEAN II, Sieur de la Barben, mentionné dans le testament d'*Isoarde de Marini*, son aïeule.

IV. HONORÉ DE FORBIN, second fils de BERTRAND & de *Marguerite Vassal*, sa seconde femme, député plusieurs fois comme Gentilhomme des plus apparens de Marseille auprès des Rois RENÉ D'ANJOU, LOUIS XI, CHARLES VIII & LOUIS XII, pour la confirmation des privilèges de cette Ville, fut premier Consul en 1498, & 1503, & nommé l'un des exécuteurs testamentaires de JEAN DE FORBIN DE LA BARBEN en 1498. Il obtint, en 1485, de CHARLES VIII, que le Conseil du Roi, qui étoit à Aix, ne destitueroit plus à l'avenir le Viguier, ni le Juge du Palais de Marseille, & que les Marseillois seroient francs de tailles & autres impositions, à l'égard des biens qu'ils possédoient en Provence. Dans son testament, passé par devant *Pierre de Comte*, Notaire de Marseille, il nomme MARGUERITE DE FORBIN, sa fille, à laquelle il constitue en dot 1800 florins, & institue NICOLAS DE FORBIN, son fils, son héritier universel. Il avoit épousé, le 4 Novembre 1475, *Catherine de Barthélemy*, de la ville d'Avignon, fille de noble *Marbotin de Barthélemy*, noble Florentin. Il est dit dans son contrat de mariage, qu'ayant reçu 2120 florins à compte sur la dot de sa femme, il doit encore en recevoir 2000. Cette *Catherine de Barthélemy* fit deux testamens & un codicille; le premier, le 6 Janvier 1519; les autres, le 25 Juin & le 11 Septembre 1523. Elle s'y dit relaissée d'HONORÉ DE FORBIN, son mari, sa co-héritière, & de nouveau co-héritière de son fils NICOLAS; ordonne sa sépulture dans la Chapelle où reposent les corps de son mari & de son fils; fait des legs à CHARLES DE FORBIN, tant pour lui que pour ses successeurs; à noble *Adam Vento*, fils de *Perceval Vento* & de *Jeannette de Mon-*

totilieu; à MARTHE DE FORBIN, fille naturelle, de NICOLAS, son fils, qu'elle avoit dotée en la mariant avec *Louis Rosteguy*; à *Madeleine de Barthélemy*, sa sœur bien-aimée, femme de *François Bertineli*; institue son héritière MARGUERITE DE FORBIN, une de ses filles, dont il sera parlé ci-après; & pour ses exécuteurs testamentaires, *François Bertineli* & CHARLES DE FORBIN. Elle eut encore une autre fille nommée FRANÇOISE, aînée de MARGUERITE, qui n'est point mentionnée dans son testament, parce qu'elle mourut avant ses père & mère, sans enfans de son mariage avec *Antoine d'Albertas*, des Seigneurs de Géménos, dont elle fut la première femme.

V. MARGUERITE DE FORBIN, devenue par la mort de ses frère & sœur, héritière des biens de ses père & mère, épousa, le 30 Mars 1513, *Charles de Monteoux*, fils de feu *Pierre*, & de Dame *Isabelle de Cépède*. Elle testa le 20 Août 1538, fit un legs à *Madeleine de Monteoux*, sa fille, femme de *Barthélemy de Candole*, légua à *Anne-Isabeau*, & à *Catherine de Monteoux*, ses autres filles, 1500 florins; de plus 1200 écus d'or à *Barthélemy de Monteoux*; & fit son héritier, *Côme de Monteoux*, son fils, auquel elle substitua *Dominique*, son second fils.

BRANCHE
des Seigneurs & Marquis de JANSON, &c.

III. JEAN DE FORBIN, second fils de GUILLAUME DE FORBIN & de *Gauffride Borgarelli*, duquel descendent toutes les branches dont nous allons parler, est mentionné dans une infinité d'actes, passés à Marseille. Il fut Syndic ou Consul de cette Ville dans les années 1425, 1431 & 1443. C'est lui qui fut chargé de pourvoir la ville de Marseille, alors assiégée par le Roi d'Aragon, de toutes les choses nécessaires à la défense, & il fit venir du canon des Villes & Château de Tarascon, de Beaucaire, d'Aix, d'Avignon, & d'autres armes à l'usage des habitans. Il traita de l'échange des prisonniers Catalans & Provençaux, fit deux testamens: le premier, le 2 Mars 1427; le second, le 9 Février 1453, & élut sa sépulture dans le Cloître des Frères-Mineurs où son père avoit été inhumé. Il avoit épousé *Isoarde de Marini*, du lieu de Trets, qu'on croit être une branche de la Maison de *Marini*, de Gênes, fille de *Pierre de Marini*, & de noble

Alafafe. Elle tefta le 19 Août 1464. Ses enfans furent :

1. JEAN, qui fuit ;
2. PALAMÈDE, auteur de la branche des Seigneurs de *Soliers,* rapportée ci-après ;
3. JACQUES, chef de celle des Seigneurs de *Gardanne,* mentionnée en fon rang ;
4. DOUCETTE, mariée, le 13 Septembre 1529, à *Noffre de Brignol,* Seigneur de Gualbert, dotée de 700 florins de Roi, dont poftérité ;
5. Et CATHERINE, mariée, 1° le 27 Avril 1456, à *Jean de Guiramand,* de la ville de Barcelone, dotée de 1200 florins de Roi, & de 300 autres en accroiffement de fa dot, avec un trouffeau réglé & eftimé par *Perceval Vento,* ami commun des contraclans ; & 2°. le 15 Novembre 1463, à *Louis de Merle,* Seigneur de Beauchamp, de la ville d'Avignon. Elle tefta le 25 Octobre 1482.

IV. JEAN DE FORBIN, II° du nom de fa Branche, Seigneur de la Barben, fit hommage au Roi RENÉ, le 12 Juin 1474, de fa Terre & Seigneurie de la Barben, fut pourvû, le 20 Janvier 1481, de la charge de proteĉteur ou confervateur des Hébreux, toujours exercée par un Gentilhomme qualifié de la Province, & dont l'objet étoit de protéger les Juifs contre les violences que leur faifoient les Chrétiens. PALAMÈDE DE FORBIN, fon frère, le nomma Gouverneur du Château de Lambefc, pofte alors très-important, & LOUIS XI le remit en poffeffion de la Terre d'Alleu, en confidération des fervices qu'il rendit à ce Prince dans la réduĉtion de la Provence à fon obéiffance, & pour le dédommager des frais confidérables qu'il fut obligé de faire en cette occafion. Il marcha au ban & arrière-ban que CHARLES VIII convoqua, quoique la Nobleffe de Marfeille en fut exempte par un privilège particulier. C'eft ce qui donna lieu à une proteftation de la part des autres Gentilshommes de cette ville, lefquels déclarèrent que la démarche des Seigneurs de la Barben, de Soliers & de Gardanne, qui furent les feuls à demander d'être compris dans cette convocation de la Nobleffe, ne pourroit préjudicier à leurs privilèges. Ce fut HONORÉ DE FORBIN, leur coufin, qui fit cette proteftation, au nom des Gentilshommes de Marfeille. JEAN DE FORBIN, II° du nom, affifta, en 1487, aux Etats-Généraux de la Province, tenus par les principaux Barons & Seigneurs du pays, tefta le 6 Juin 1498, & ordonna fa fépulture aux Frères-Mineurs de Marfeille, dans la Chapelle dite

des *Forbin.* Il avoit époufé, le 29 Octobre 1447, *Martone* ou *Marthe de Lipaȥȥi,* fille de noble *Fruenofin-André-Didonis de Lipaȥȥi,* noble Florentin, dotée de 500 florins d'or au coin de Florence, à prendre fur le Mont appelé *Commun,* laquelle fomme cependant n'étoit qu'une partie de fa dot, puifque fon mari déclare dans fon teftament en avoir reçu 1400. Leurs enfans furent :

1. PIERRE, Seigneur de la Barben, par donation de fon père en 1485, allié, en 1482, à *Marie de Simiane,* fille de *Jacques-Raimbaud de Simiane,* Baron de Cafeneuve & de Gordes, & d'*Honorade de Vintimille-Ollioules,* dont :

     MARGUERITE DE FORBIN, première femme de *Reforciat de Pontevès,* Seigneur de Pontevès. Sa veuve fe remaria à *Georges Grimaldi,* Baron de Beuil.

2. JEAN, qui fuit ;
3. BERNARDIN, auteur de la Branche des Seigneurs de *la Barben,* rapportée ci-après ;
4. LOUIS, Prévôt de Chardavons d'Arles, mort le 23 Mars 1504, inhumé chez les Frères-Mineurs de Marfeille, dans la Chapelle des *Forbin ;*
5. FRANÇOIS, légataire de 25 ducats d'or large, outre 50 ducats reçus précédemment, avec d'autres fommes pour fon paffage à Rhodes, mort Commandeur de Comps ;
6. MADELEINE, mariée, le 18 Novembre 1472, à Marfeille, avec *Boniface de Caftellane,* Baron d'Allemagne ;
7. CATHERINE, femme d'*Honoré d'Aftouaud,* Seigneur de Mazan, dont entr'autres enfans : *Euftachie d'Aftouaud,* mariée, en 1508, avec *Jérôme de Guiramand,* Seigneur de la Durane, &c. ;
8. Et MARGUERITE, mariée, par contrat du 16 Février 1482, à *Guiraud de Simiane,* Seigneur de Cafeneuve, dont poftérité.

JEAN DE FORBIN, II° du nom, eut encore pour enfans naturels :

1. PAUL, dit PAULET DE FORBIN, dont eft iffue la Branche du nom de FORBIN DE LAMBESC, de laquelle il fera parlé à la fin de cette Généalogie ;
2. GABRIEL, Conful de Marfeille en 1478, dont on ignore le fort ;
3. JEAN, marié à noble Demoifelle *Mariette Mancelli,* fille de *René Mancelli ;*
4. Et JÉRONIME, mariée, en 1492, avec *Naȥaire Calvi,* Seigneur de Reillane.

V. JEAN DE FORBIN, III° du nom, fut légataire des biens que fon père avoit à Marfeille, & Seigneur, par fa femme, de Janfon, Ville-

T i

laure, Trèsemines, Saint-Etienne, la Roque-d'Antheron & Gontard, & premier Conful de Marfeille en 1506. Il mourut ab inteſtat, & avoit épouſé, par contrat du 15 Octobre 1504, paſſé devant *Antoine Malbequy*, Notaire d'Aix, *Antoinette de la Terre*, fille de *Pierre*, Seigneur de la Chevalerie en Touraine, Dio-cèſe de Tours, &c. Le Roi FRANÇOIS Ier érigea la Terre de *Villelaure* en *Baronnie*, le 21 Octobre 1535, en faveur de ladite Dame & de ſa poſtérité. Elle teſta le 31 Mars 1551, & élut ſa ſépulture dans l'Egliſe de Saint-Sau-veur d'Aix. Ses enfans furent :

1. GASPARD, qui ſuit ;
2. JEAN-BAPTISTE, mort ſans hoirs ;
3. MARGUERITE, mariée, le 27 Septembre 1570, à *Antoine*, Seigneur *de Valavoire*, & de Vaulx, lequel ſe ſignala dans la guerre de la Ligue, & mourut à Montpellier, père de pluſieurs enfans ;
4. Et FRANÇOISE, femme d'*Antoine de Bou-liers*, Vicomte de Reillane, &c., dont vint : *Claude de Bouliers*, qui ne laiſſa que des filles.

VI. GASPARD DE FORBIN, Seigneur de Jan-ſon, Baron de Villelaure, Seigneur de la Ro-que-d'Antheron, &c., ſe déclara pour le Roi dans les guerres de la Ligue, fut Gouverneur de la Ville & du Château de Pertuis, mit en fuite les troupes du Sieur de Vins, qui cher-choit à ſurprendre la Ville de ſon Gouverne-ment, contint les ennemis à la retraite de Craponne dans les plaines de Malemort, ſe trouva à la bataille d'Allemagne en Provence, donnée en 1586, chaſſa, le 27 Mars 1589, de ſon Château de Mane, le Sieur de Mérargues, qui s'en étoit emparé. Il avoit teſté le 6 Avril 1563, & choiſit ſa ſépulture dans l'Egliſe de Saint-François de l'Obſervance de la Tour-d'Aigues, auprès de feu ſon père. Il avoit épouſé, par contrat du 31 Mars 1551, *Mar-guerite de Pontevès*, fille de *Reforciat de Pontevès*, & de *Balthaʒar de Vintimille*. Etant veuve, elle teſta le 18 Juillet 1607, or-donna ſa ſépulture dans l'Egliſe des Carmes de Pertuis, laiſſa 3000 livres pour les frais de ſes funérailles, plus une ſomme de 150 livres pour la fondation d'une grand'Meſſe qui ſera chantée toutes les ſemaines, & de plus 75 li-vres pour une baſſe Meſſe. Ils eurent :

1. MELCHIOR, qui ſuit ;
2. ANNIBAL, auteur de la Branche des Sei-gneurs de *la Roque*, rapportée ci-après ;
3. DIANE, employée dans le teſtament de ſon

père pour 3000 écus, valant 4 florins cha-cun, & dans celui de ſa mère pour la ſom-me de 6000. Elle épouſa, le 25 Septembre 1571, *François de Glandevès*, Seigneur de Cujes, mort âgé de 80 ans, en 1614, dont poſtérité ;

4. LUCRÈCE, employée auſſi dans le teſtament de ſon père & dans celui de ſa mère pour la même ſomme que ſa ſœur, & mariée, en 1572, à *Annibal de Glandevès*, Seigneur de Pourrières & de Beaudument ;
5. Et MARGUERITE, auſſi employée dans le teſtament de ſes père & mère pour la même ſomme que ſes deux ſœurs, & mariée, en 1573, à *Charles d'Arcuſſia*, Seigneur d'Eſ-parron, dont poſtérité.

VII. MELCHIOR DE FORBIN, Seigneur de Mane, Marquis de Janſon, par Lettres don-nées à Fontainebleau, en Mai 1626 (dans leſ-quelles Sa Majeſté déclare que l'érection de la terre de *Janſon* en *Marquiſat*, avec union de la Baronnie de Villelaure, de Trèſemines & de Saint-Eſtève, eſt en conſidération de ſes ſervices en diverſes charges & commiſſions), fut Viguier de Marſeille en 1612, Conſeiller du Roi en ſes Conſeils, Capitaine de 100 hom-mes d'armes de ſes ordonnances, & Député de la Nobleſſe de Provence avec le Sieur Fa-brègues, le 3 Mars 1595, pour aller prêter ſerment au Roi HENRI IV. Le 16 Juillet ſui-vant il apporta un ordre de Sa Majeſté au Connétable de Montmorency, à l'effet de faire tenir les Etats en Provence, avec des Lettres de créance portant ordre au Parle-ment, aux Conſuls, au peuple d'Aix, &c., de déférer à tout ce qui leur ſeroit dit de ſa part par le Sieur de Janſon. Il aſſiſta le 9 Septem-bre ſuivant, à une aſſemblée de la Nobleſſe. Ayant tenu le parti du Roi dans tout le cours de la guerre de la Ligue, il ſe déclara haute-ment contre le Duc d'Epernon, qui trahiſſoit le Roi en Provence, & engagea le Duc de Leſ-diguières, à le ſecourir de ſes forces, ainſi que le reſte des Provençaux qui étoient du parti du Prince ; & unis avec le Sieur de Saint-Cannat, ſon couſin, tous les deux gendres du Comte Carcès, ils s'employèrent ſi efficace-ment auprès de leur beau-père commun, qu'ils le portèrent enfin à abandonner la Li-gue, & à reconnoître HENRI IV pour ſon Sou-verain. Il teſta le 22 Décembre 1620. Il avoit épouſé 1° *Marguerite d'Alagonia*, dont il n'eut point d'enfans, fille de *Claude d'Ala-gonia*, Seigneur de Meyrargues, lequel eut la

tête tranchée pour confpiration contre l'Etat,
à Paris en 1605, & de *Jeanne de Riffe*, Dame d'Aftoin ; & 2° par contrat paffé devant
Héraud, Notaire de Flayofc, le 22 Février
1588, *Marguerite de Pontevès*, fille de *Jean*,
Comte de Carcès, Grand-Sénéchal & Lieute-
tenant-Général de Provence, & de *Marguerite de Brancas*, veuve 1° de *Claude de Villeneuve*, Marquis de Trans; & 2° de *Gabriel
de Varadier*. Du fecond lit vinrent :

    1. GASPARD, qui fuit;

    2. Et MADELEINE, mariée, par contrat du 21
      Février 1606, à *François de Gardé*, Mar-
      quis de Vins, fon coufin iffu de germain,
      morte en 1658, fans poftérité.

VIII. GASPARD DE FORBIN, Marquis de Janfon, Seigneur de Mane, de Limans, &c.,
Meftre-de-Camp d'un Régiment d'Infanterie
de fon nom, par commiffion du 4 Novembre
1625, Commandant de la Compagnie d'ordonnance du Duc d'Angoulême le 8 Août
1632, Viguier de Marfeille en 1637, fe diftingua à l'attaque des Isles Sainte-Marguerite
& Saint-Honorat, dont les Efpagnols furent
chaffés les 12 & 14 Mai 1637. Il fervit, en
1641, à l'armée de Catalogne, & jeta, avec le
Comte de Chabot, du fecours dans Almenas,
place affiégée par les Efpagnols; ce qui contribua, felon Monglat, à en faire lever le fiège.
Il mourut la même année à Béziers, au retour de cette campagne, après avoir tefté devant *Louis Gafarel*, Notaire de Mane, le 10
Octobre 1637. Il avoit époufé 1° *Marguerite
de Forefta*, fille de *François*, Seigneur de Ro-
giers, Confeiller au Parlement de Provence,
& de *Marguerite de Glandevès*, fa première
femme, Baronne de Faucon; & 2° par contrat paffé à Marfeille le 21 Août 1622, *Claire
de Libertat*, fille de *Bârthélemy*, Viguier
de Marfeille, & de *Claire de Sacco*, & nièce
de *Pierre de Libertat*, célèbre par l'action
qu'il fit le 17 Février 1596, en délivrant fa
patrie de la tyrannie de *Charles de Cazeaux*.
Il eut du premier lit :

    1. GASPARD, Marquis de Mane, Meftre-de-
      Camp d'un Régiment d'Infanterie de fon
      nom, tué au premier fiège de Valence, qui
      ne laiffa aucune poftérité de fon mariage
      avec *Marguerite de Simiane*, fille de *Guil-
      laume de Simiane*, Marquis de Gordes,
      Chévalier des Ordres, & de *Gabrielle de
      Pontevès-Carcès*, laquelle fe maria en fe-
      condes noces à *Roftaing-Cadart d'Ance-
      zune*, Marquis de Caderouffe; & en troifiè-

mes à FRANÇOIS DE FORBIN, Marquis de la
Marthe ;

2. MARGUERITE, femme de *François de Caftellane*, Marquis de Saint-Juers & de Grimaud, morte en 1689, dont des enfans ;

3. RENÉE, mariée, en 1632, à *Marc-Antoine
Vento*, Seigneur des Pennes.

Et du fecond lit vinrent :

4. LAURENT, qui fuit ;

5. MELCHIOR, reçu Chevalier de Malte en 1634,
Lieutenant de Roi au gouvernement d'Antibes pour fon frère, & Capitaine d'une
Compagnie de Chevaux-Légers entretenus
pour Sa Majefté ;

6. TOUSSAINT, Evêque & Comte de Beauvais,
Cardinal en 1690, Commandeur des Ordres
du Roi en 1689, Pair & Grand-Aumônier
de France en 1706. Il fut envoyé auprès
du Duc de Tofcane pour des affaires importantes, enfuite deux fois Ambaffadeur
en Pologne en 1673, où il eut la gloire de
faire élever fur le Trône de cette République
le fameux JEAN SOBIESKI, Grand-Maréchal
de la Couronne ; &, en 1680, il fut envoyé
plufieurs fois Ambaffadeur à Rome & chargé
des affaires de la Couronne. C'eft lui qui
termina, en 1693, la fameufe affaire des
Bulles pour les Evêques de France, à qui
le Pape les avoit refufées à caufe de la déclaration du Clergé de France, dans l'affemblée de 1682, fur la puiffance eccléfiaftique & temporelle, qui, étant contraire aux
prétentions ultramontaines, avoit déplu à
la Cour de Rome. Ayant été reçu Chevalier
de Malte de minorité, il étoit forti de cet
Ordre lors de fa promotion à l'Epifcopat ;
mais il y rentra quand il fut revêtu de la
pourpre par le privilège des Cardinaux,
confirmé par un Bref impératif du Pape, &
il devint Commandeur de Saint-Jean d'A-
vignon & Grand-Commandeur de l'Ordre
de Malte. Il mourut à Paris après une longue
maladie le 8 Avril 1713, âgé de 83 ans,
étant alors Doyen des Evêques de France.
Son corps fut porté à Beauvais, & fes neveux lui ont fait élever un magnifique maufolée, fur lequel on lit fon épitaphe ;

7. ALBERT, reçu Chevalier de Malte en 1650,
mort à Malte en achevant fes caravannes ;

8. JEANNE, mariée, 1° le 1er Mars 1639, à *Sébaftien d'Albertas*, Seigneur de Géménos,
Confeiller au Parlement de Provence, dont
un fils mort fans alliance ; & 2° le 30 Décembre 1652, à *François de Cambis*, Baron
de Brantes, Marquis de Velleron ;

9. & 10. CLAIRE & ISABEAU, Religieufes à la
Vifitation de Forcalquier.

IX. LAURENT DE FORBIN, Marquis de Janfon, Seigneur de Mane, Faucon, Sainte-Tulle, &c., Meftre-de-Camp d'un Régiment d'Infanterie de fon nom, par commiffion du 5 Avril 1652, Viguier de Marfeille par Brevet de l'an 1653, Meftre-de-Camp du Régiment d'Auvergne Infanterie en 1655, Gouverneur des Villes, Forts & Citadelles d'Antibes & de Graffe & Isles en dépendantes, mourut à Antibes le 2 Juillet 1692. Il avoit époufé, par contrat paffé devant *Beauffort*, Notaire au Châtelet de Paris, le 29 Juillet 1651, *Geneviève de Briançon*, fille de *Louis*, Seigneur de la Saludie, & d'*Olive de Gomer*, dont:

1. FRANÇOIS-TOUSSAINT, connu dans le monde fous le nom de *Comte de Rofemberg*, né le 12 Février 1655, qui fe battit en duel à l'âge de 20 ans; & ayant tué fon adverfaire, il fut contraint de paffer en Allemagne, où il fervit au fiège de Vienne, à la prife de Budes & à la défaite de l'Armée Ottomane. La guerre ayant été déclarée entre la France & l'Empire, il refufa de fervir contre fa patrie, & effaya de revenir en France. Sa fidélité pour fon Prince fit fermer les yeux à Louis XIV, qui cependant ne lui permit pas de paroître devant lui, mais qui lui donna une Majorité dans un Régiment Allemand. Il fut bleffé à la bataille de la Marfaille le 4 Octobre 1693, & refta parmi les morts pendant un tems confidérable. Ayant été reconnu par des Soldats de fon Régiment, il fut porté aux Jéfuites de Pignerol, où, ayant été exhorté par un Père de la Maifon, il fit vœu de fe retirer à la Trappe s'il recouvroit fa fanté. Après la paix il quitta le fervice; & ayant été attaqué d'une maladie dangereufe, il fe fouvint de fon vœu & alla à la Trappe, où il prit l'habit le 7 Décembre 1702. Il fit profeffion le 7 Décembre de l'année fuivante, fut enfuite transféré à Florence dans l'Abbaye de Buon-Solazzo vers la fin de l'année 1704; & paffant par Marfeille, il refufa de voir fa mère. Le Cardinal de Janfon fon oncle le lui voir dans fa folitude. Son Eminence fut fi touchée de fes paroles qu'elle ne put retenir fes larmes. Il mourut le 21 Juin 1710, dans les fentimens de la plus haute vertu & de la plus auftère pénitence, fans avoir jamais ceffé d'obferver les moindres points de fa Règle. Sa vie a été écrite en italien & traduite en françois;

2. BRUNO, Docteur de Sorbonne, Chanoine & Archidiacre de l'Eglife Notre-Dame de Paris, mort le 2 Juillet 1692;

3. JOSEPH, qui fuit;

4. MICHEL, Chevalier-Profès de l'Ordre de Saint-Jean de Jérufalem, Commandeur de

Bourdeilles au Prieuré de Touloufe, Brigadier des Armées du Roi, Capitaine de Gendarmerie, mort à Paris de l'opération de la pierre, le 24 Avril 1731, âgé d'environ 61 ans, après avoir fervi en Italie & en Flandre avec diftinction;

5. JACQUES, d'abord Chanoine & Grand-Vicaire de Beauvais, Abbé de Saint-Vallery au mois de Mars 1701, nommé Archevêque d'Arles le jour de Pâques 1711, facré le mois d'Août fuivant par l'Archevêque d'Aix, dans l'Eglife de Beauvais, en préfence du Cardinal de Janfon, fon oncle. Il prêta ferment au Roi le 15 du même mois, à Fontainebleau, & eft mort en fon Diocèfe au mois de Janvier 1741;

6. MARGUERITE, mariée, 1° en 1674, à *Louis de Vincent de Mauléon*, Marquis de Caufans; & 2° le 20 Août 1699, à *François*, Marquis *de Valavoire*, Comté de Montlaux, mort en 1704, dont *Jofeph*, Marquis de Valavoire, né le 30 Septembre 1703, cidevant Capitaine de Cavalerie dans le Régiment de Bretagne;

7. GENEVIÈVE, femme, le 26 Avril 1700, de *Fortuné de Demandols*, dont poftérité;

8. Et CHRISTINE ou MARIE-ANNE, alliée à *Antoine-Jofeph de Foron*, Seigneur d'Artignofc, Confeiller au Parlement de Provence, dont poftérité.

X. JOSEPH DE FORBIN, Marquis de Janfon, Seigneur de Mane, Limans, Châteauneuf, Faucon, Sainte-Tulle, Sous-Lieutenant de la première Compagnie des Moufquetaires, puis Maréchal-des-Camps & Armées du Roi, & Chevalier de Saint-Louis, mourut à Aix en Provence en 1728. Il avoit époufé, au mois de Janvier 1696, *Marie Prunier*, fille aînée de *Nicolas*, Marquis *de Saint-André*, premier Préfident au Parlement de Grenoble, Ambaffadeur à Venife, & de *Marie du Faure*, Marquife de Virieu, morte le 11 Octobre 1703, âgée de 31 ans, laiffant:

1. TOUSSAINT, mort jeune;

2. MICHEL, qui fuit;

3. CATHERINE, mariée à JEAN-BAPTISTE-HENRI DE FORBIN-D'OPPÈDE, morte en 1723;

4. Et LOUISE, femme de *Charles Lombard*, Marquis de Montauroux.

XI. MICHEL DE FORBIN, Marquis de Janfon, Chevalier de Saint-Louis, pourvu du Régiment de Bretagne, Cavalerie, par commiffion du 12 Août 1717; Maréchal-des-Camps & Armées du Roi, le 1er Mars 1738, & Gouverneur d'Antibes, a époufé, le 9 Juillet 1725,

Françoife de Nicolaï, morte le 27 Juillet 1740, fille de *Jean-Aimard de Nicolaï*, Marquis de Gouffainville, premier Préfident en la Chambre des Comptes de Paris, & de *Françoife-Elifabeth de Lamoignon*. De ce mariage eft iffu :

XII. JOSEPH DE FORBIN, Marquis de Janfon, né le 1ᵉʳ Juillet 1726, d'abord Capitaine de Cavalerie, puis Enfeigne de Gendarmerie, aujourd'hui, Sous-Lieutenant de la feconde Compagnie des Moufquetaires du Roi, Brigadier de fes Armées, & Chevalier de Saint-Louis. Il a époufé, le 17 Janvier 1746, *Madeleine-Louife Aubery de Vaftan*, fille de *Félix*, Confeiller d'Etat & Prévôt des Marchands de la ville de Paris, mort le 20 Juillet 1743, & de *Marie-Renée le Mairat*, fa feconde femme, & petite-nièce du Bailli de Vaftan, mort Chef d'Efcadre des Armées navales, dont :

1. MICHEL-PALAMÈDE, né le 23 Octobre 1746, Capitaine de Cavalerie dans le Régiment des Cuiraffiers, & nommé, le 26 Février, 1777, Colonel en fecond du Régiment de Languedoc ;
2. ACHILLE-PALAMÈDE, Chevalier de Malte, né le 7 Décembre 1747, Garde de la Marine ;
3. ALEXANDRE-PALAMÈDE, né le 12 Août 1750, mort ;
4. Et ADÉLAÏDE-MADELEINE, née le 14 Novembre 1753, non mariée en 1773.

BRANCHE
des Seigneurs de LA ROQUE.

VII. ANNIBAL DE FORBIN, fecond fils de GASPARD & de *Marguerite de Pontevès*, Seigneur de la Roque, de Gontard & de Turriers, fe battit en duel en 1612, contre *Alexandre Dumas de Caftellane*, Baron d'Allemagne en Provence, qui n'avoit que 19 ans. Ils prirent, pour armes, chacun un couteau avec lequel, après s'être lié le bras gauche l'un contre l'autre, ils fe tuèrent tous deux. Voyez Vulfon de la Colombière, dans fon *Théâtre d'honneur & de Chevalerie*, part. II, chap. 48, p. 522. Il avoit tefté le 6 Mai 1603, devant *Jean Gibert*, Notaire à Lambefc, & élut fa fépulture dans l'Eglife de Notre-Dame de la Tour-d'Aigues, au tombeau de fon père. Il avoit époufé, par contrat du 1ᵉʳ Février 1586, *Camille Grimaldi*, fille de *René*, Baron fouverain d'Antibes, & d'*Yolande de Villeneuve-Trans*. Ses enfans furent :

1. JEAN-BAPTISTE, qui fuit ;

2. MELCHIOR, légataire, après fon frère GASPARD, mort fans poftérité, de la Terre & Seigneurie de Turriers, marié, le 19 Février 1625, à *Gabrielle Petit*, de la ville d'Arles, dont :

JEAN-BAPTISTE, Seigneur de Turriers, Capitaine d'une Compagnie de Chevaux-Légers de 90 Maîtres, par commiffion du 6 Août 1657, marié, le 6 Septembre 1656, à *Blanche de Meyran*, fille de *Guillaume*, Seigneur de Nans, & de *Marie-Anne de Laugier de Montblanc*, de laquelle il eut quatre filles, favoir :

TROPHINE & CHRISTINE, Religieufes ;
BLANCHE, femme de *Jean-Baptifte, de Crofe*, Seigneur de Lincel, Confeiller en la Cour des Comptes, laquelle a eu, entr'autres enfans : *Chriftine de Crofe*, alliée à *François de Viguier*, dont poftérité ;
Et MADELEINE, femme de *Jean-Jacques du Port*, Seigneur de Vignolles, morte fans poftérité.

3. GASPARD, mort fans avoir été marié ;
4. FRANÇOIS, Chevalier de Malte en 1605, tué dans un combat contre les Turcs en 1625, légataire d'une fomme de 12000 livres, que fon père lui laiffa par fon teftament ;
5. ANNIBAL, auffi Chevalier de Malte, tué au premier affaut de Montauban en 1628 ;
6. SIBYLLE, mariée, en 1616, à *Pierre de Guérin*, Seigneur du Caftelet, Procureur-Général au Parlement de Provence, puis Préfident en la Chambre des Comptes, Confeiller au Confeil d'Etat & Privé, dont poftérité ;
7. & 8. MARGUERITE & JULIE, Religieufes à Sainte-Claire de Marfeille ;
9. Et DIANE, Religieufe à Cavaillon.

VIII. JEAN-BAPTISTE DE FORBIN, Seigneur de la Roque, de Gontard, de Saint-André & de la Mure, reçu Préfident au Parlement de Provence, par provifions du 10 Février 1724, fut Député à la Cour par fa Compagnie en 1649, pour remercier le Roi de la paix qu'il vouloit bien accorder à la Provence, & mourut à la fuite de Sa Majefté. Il rendit plufieurs Arrêts contre les Semeftres, & foutint avec beaucoup de zèle les intérêts de fon Corps contre le Comte d'Alais, Gouverneur de Provence. Il avoit époufé, le 21 Mai 1617, *Diane de Simiane*, fille de *Joachim*, Seigneur de Châteauneuf, & de *Victoire Grimaldi-Beuil*. Elle eut en dot la Terre & Seigneurie du Rac, & tous les biens qui appartenoient à *Joachim de Simiane*, fon père, au lieu de

Pierrelatte, plus 7000 écus que fon père lui
avoit légués, & 7000 que fa mère lui donna
en la mariant. Il eut pour enfans :

1. FRANÇOIS, mort âgé de 4 ans ;
2. MELCHIOR, qui fuit ;
3. CÉCILE, dite JULIE, femme de *René de
Raoux*, Seigneur de Raouffes & de Saint-
André ;
4. 5. & 6. FRANÇOISE, ANNE & MARIE, Religieufes à Sainte-Claire de Marfeille.

IX. MELCHIOR DE FORBIN, Marquis de la
Roque, de Gontard & de la Mure, Préfident
au Parlement de Provence, obtint l'éreclion
de la Terre de *la Roque* en *Marquifat*, avec
union de celle de Gontard, par Lettres du
mois de Février 1653, vérifiées au Parlement
d'Aix, le 27 Juin fuivant. Il vivoit encore en
1692 ; il eut l'honneur de haranguer le Roi
& la Reine-Mère, lors de leur arrivée en Provence. Il avoit époufé, par contrat paffé devant *Jean Gibert*, Notaire à Lambefc, le 17
Janvier 1647, *Françoife d'Oraifon*, fille d'*Alphonfe*, Comte de Boulbon, & de *Gabrielle
de Forefta*, dont :

1. 2. & 3. JOSEPH, JULES-MICHEL & PIERRE,
morts jeunes ; le dernier en 1675, âgé de 6
ans ;
4. 5. & 6. AGNÈS, SIBYLLE & MARIE, Religieufes à Sainte-Marie d'Aix ;
7. ANNE, dont on ignore le fort ;
8. Et GABRIELLE, héritière du Marquifat de la
Roque, mariée à *Claude Milani*, Baron de
Cornillon, Préfident à Mortier au Parlement de Provence, de laquelle font iffus :
Mathias Milani, Marquis de la Roque, Page
de la Petite-Ecurie du Roi en 1720 ; &
François Melchior, Chevalier *de la Roque*,
Capitaine dans le Régiment des Gardes-
Françoifes, Lieutenant-Général des Armées
du Roi, mort fur la fin de 1772. Voy MI-
LANI.

BRANCHE
des Seigneurs de LA BARBEN.

V. BERNARDIN DE FORBIN, troifième fils de
JEAN, & de *Martone de Lipazzi*, hérita de
la Terre de la Barben après la mort de fon
frère aîné, qui le fit fon héritier, par fon teftament du 29 Juillet 1500. BERNARDIN eft
qualifié dans le fien du 15 Janvier 1516, paffé devant *Louis Chabaudi*, Notaire de Salon,
Nobilis & generofus Dominus, & élut fa fépulture aux Frères-Mineurs de Marfeille,
dans la Chapelle de fes ancêtres. Il avoit épou-

fé, par contrat du 24 Janvier 1513, *Melchione
de Cabanes*, en latin de *Cabanis*, Dame de
la Fare, fille de *Pierre*, & de *N... de Co-
longue*, laquelle tefta le 25 Août 1518, &
élut fa fépulture dans la même Eglife des
Frères-Mineurs de Marfeille, relégua à fon
fecond fils la Terre & Seigneurie de la Fare,
fit héritière fes deux filles avec fubftitution
de l'un à l'autre & des enfans & defcendans
mâles de l'un, aux enfans & defcendans mâles de l'autre ; & à leur défaut elle appela &
fubftitua CHARLES DE FORBIN, fils de JACQUES,
Seigneur de Gardanne, & fes enfans mâles
quelconques. Les deux garçons qu'elle eut de
fon mariage furent :

1. CLAUDE, qui fuit ;
2. Et VINCENT, tige de la Branche des Seigneurs de *la Fare, Barons & Marquis d'Oppède*, rapportée après la poftérité de fon
aîné.

VI. CLAUDE DE FORBIN, Seigneur de la Barben, élevé fous la tutelle de JEAN DE FORBIN,
fon oncle & frère de Bretagne, avec fon
frère VINCENT, tefta le 15 Mai 1547, par devant *Antoine Cazeneuve*, Notaire d'Aix, élut
fa fépulture dans l'Eglife de la Majeur en la
Chapelle de Forbin, inftitua fon héritier, PA-
LAMÈDE, fon fils aîné, avec fubftitution à l'infini à fes enfans mâles & defcendans mâles
d'iceux ; à leur défaut, il appelle MELCHIOR,
fon fecond fils & fes enfans mâles & defcendans d'iceux ; & à leur défaut, il appelle JEAN-
BAPTISTE DE FORBIN, fon neveu, fils de CLAU-
DE, & fes enfans mâles & defcendans mâles,
à l'infini de degré en degré ; l'aîné toujours
préféré aux autres. Il avoit époufé, par accord du 8 Février 1526, *Catherine de Materon*, fille de *Pierre*, Seigneur de la Péruf-
fe, & de *Pétronille de Ruffan*. Elle tefta le
7 Juillet 1556, & eut pour enfans :

1. PALAMÈDE, qui fuit ;
2. MELCHIOR, mort fans hoirs, légataire de
1000 écus d'or-fol ;
3. ANNE, femme de *François de Roux*, Seigneur de Lamanon, dotée de 1600 écus
d'or-fol ;
4. Et JEANNE, femme, le 2 Juillet 1564, de
Louis de Vintimille, Seigneur de Montpezat, léguée, par le teftament de fon père
1600 écus d'or-fol.

VII. PALAMÈDE DE FORBIN, Seigneur de la
Barben, fe fignala dans les guerres de la Ligue. Gauffridy, dans fon *Hiftoire de Proven-*

ce, rapporte que, le 22 Février 1595, les Seigneurs de la Barben & de Sainte-Croix entrèrent dans Salon, affiégé par le Comte de Carcès, à la tête de l'Infanterie, à la faveur d'une ouverture que les foldats avoient faite à la porte, & réduifirent cette Ville après un combat fort opiniâtre, dans lequel le Seigneur de la Barben fut bleffé. Le 21 Mars de la même année, le Comte de Carcès livra bataille au Duc d'Epernon, & le Sieur de la Barben combattit partout à la tête des Troupes & au plus fort de la mêlée. Il s'étoit déjà fignalé les 25 & 26 Juin 1589, dans les deux grands combats donnés entre MM. de la Valette & de Vins. Il commandoit l'arrière-garde de l'Armée à cette affaire; il fe diftingua encore à Craponne, dans ce combat mémorable où 300 Maîtres aux ordres des Sieurs d'Ampus, de Bézaudun, de Paniffe & de la Barben défirent un corps de plus de 6000 hommes, que commandoit M. de Montmorency-Foffeufe. Ils y prirent 15 Enfeignes, & détruifirent entièrement le Régiment de Foffeufe. Il donna encore des preuves de fa valeur, dans plufieurs forties que le Comte de Carcès fit contre le Duc d'Epernon, qui faifoit le fiège d'Aix; & détruifit, avec les Sieurs de la Fare & de Gardanne, fes coufins, un corps de Troupes que ce Duc avoit mis en embufcade; & enfin, dit Noftradamus, il battit avec fa Compagnie, pendant le blocus d'Aix, un gros détachement des ennemis. Il tefta le 25 Janvier 1598, élut fa fépulture dans l'Eglife de Saint-Sauveur de la Barben, & nomma pour fes exécuteurs teftamentaires *Efprit de Lauris*, Seigneur de Taillades, & le Capitaine *Pierre Arquier*, du lieu de Lambefc. Il avoit époufé, par contrat paffé à Aix, le 20 Août 1559, *Louife de la Garde de Vins*, fille de *Gafpard*, Confeiller du Roi, Préfident en fa Cour du Parlement de Provence, & d'*Honorée de Pontevès-Carcès*, fœur de *Jeanne de la Garde de Vins*, femme de PALAMÈDE DE FORBIN, IIᵉ du nom, Seigneur de Soliers. De ce mariage vinrent:

1. VINCENT, Viguier de Marseille, tué en 1591, au fiège du Puech en Provence, dans une fortie que le Sieur de Saint-Cannat, fon coufin, qui défendit vaillamment cette Place, avoit ordonné;
2. FRANÇOIS, Viguier de Marfeille après fon frère, mort fans alliance;

3. GASPARD, qui fuit;
4. JEAN, dont nous allons parler avant la poftérité de fon aîné, fon rameau étant éteint dans fes enfans;
5. CATHERINE, dotée de 3000 écus, mariée, en 1581, à *Pierre de Biord*, Lieutenant-Principal au fiège d'Arles, dont entr'autres enfans: *François de Biord*, reçu Chevalier de Malte en 1602;
6. ISABEAU, auffi dotée de 3000 écus, mariée 1º à *Francifque Maria*, Seigneur de Peyrolles; & 2º à *Honoré d'Alagonia*, Seigneur de Meyrargues, auparavant Chevalier de Malte, qui, fe voyant fans enfans, donna fa terre de Meyrargues, le 20 Octobre 1637, à *Léon de Valbelle*, Seigneur de Cadarache, fon parent;
7. MELCHIONE, dotée de 3000 écus, mariée, en 1585, à *Alexandre de Monier*, Seigneur de Sauffes, Capitaine de Cavalerie en 1590, puis Ecuyer ordinaire de l'Ecurie du Roi en 1606, dont poftérité;
8. LUCRÈCE, dotée de 3000 écus, femme, en 1593, de *Laurent de Varadier*, Seigneur de Saint-Andiol;
9. Et MARGUERITE, dotée de 3000 écus, mariée, en 1599, à *François-Louis de Laidet*, Seigneur de Fontbeton, reçu Confeiller au Parlement de Provence, en 1619, mort fans poftérité.

JEAN DE FORBIN, Seigneur de la Marthe, d'abord Chevalier de Malte avec fon frère GASPARD, en 1584, légataire de 4000 écus, Capitaine de la Galère nommée l'*Amirale*, par commiffion du 2 Avril 1616, avoit été député par le Roi à Tunis en 1612 & 1613, pour conférer avec le Vice-Roi & les Miniftres du Grand-Seigneur, touchant les incurfions que faifoient les Corfaires d'Afrique. Il époufa, par contrat paffé à Marfeille, le 2 Septembre 1620, *Marquife d'Andréa de Venelles*, veuve de *Jean-Baptifte de Paulmier*, Préfident des Finances, & fille de *Dominique d'Andréa*, Seigneur de Venelles, & de *Françoife de Vento*, dont:

1. FRANÇOIS, dit le Marquis de la Marthe, Lieutenant-Colonel du Régiment du Marquis de Gordes, fon beau-père, par Brevet du 16 Février 1645, puis Capitaine dans le Régiment Colonel-Général de la Cavalerie-Légère de France, par autre commiffion du 20 Juin 1649. Il époufa, le 16 Juin 1658, *Marguerite de Simiane-Gordes*, fille de *Guillaume*, Chevalier des Ordres du Roi, & de *Gabrielle de Pontevès*, de laquelle il eut pour fille unique:

Marie-Louise-Charlotte, Dame de la Marthe, mariée, par difpenfe du Pape en 1674, à *Charles-François de Vintimille*, Comte du Luc, fon coufin germain, Chevalier des Ordres du Roi, Commandeur de l'Ordre de Saint-Louis, puis mort Lieutenant-Général de fes Armées, après avoir été Ambaffadeur en Suiffe & en Allemagne.

2. Gaspard, Chevalier de Malte, tué au fervice du Roi, étant Capitaine dans le Régiment de Picardie;

3. Charles, reçu Chevalier de Malte le 25 Juillet 1658, qui commanda la Compagnie Franche des Chevaux-Légers du Duc *de Guife*, par commiffion de l'an 1654;

4. Louis, qui fuit;

5. Et Anne, femme de *François de Vintimille*, des Comtes de Marfeille, Seigneur du Luc, père de feu l'Archevêque de Paris de ce nom.

Louis de Forbin, né en 1632, Chevalier, puis Bailli de l'Ordre de Malte, fervit d'abord fur les Vaiffeaux de la Religion, obtint une Compagnie de Cavalerie dans le Régiment de Guife lors de fa levée, par commiffion du 22 Octobre 1653; alla avec le Duc de Guife à Naples en 1654; s'y diftingua à la prife de Caftel-à-Mare, le 15 Novembre; revint en France avec les Troupes en 1655, paffa à l'Armée d'Italie en 1656; fervit la même année au fiège & à la prife de Valence, au fecours de cette place, au fiège d'Alexandrie, à la prife des Châteaux de Varus & de Novi en 1657, & au fiège & à la prife de Mortara en 1658. Il étoit premier Capitaine du Régiment de Guife, lorfque ce Régiment fut licencié en 1661, à l'exception de la Compagnie du Meftre-de-Camp que Sa Majefté lui donna, avec laquelle il paffa en Hongrie en 1664. Il combattit avec diftinction à la bataille de Saint-Gothard, le 1er Août de cette année, fut fait Enfeigne de la troifième Compagnie des Gardes-du-Corps, le 27 Octobre fuivant, & Major-Général des quatre Compagnies, par Brevet du 15 Décembre 1665, charge qui fut créée pour lui. Il eut en cette qualité un Brevet du 22 Janvier 1666, pour tenir rang de Lieutenant des Gardes-du-Corps, du jour de fon Brevet de Major; & le 8 Juillet 1667, commiffion pour tenir rang de Meftre-de-Camp de Cavalerie. Il accompagna, la même année, le Roi dans fa campagne de Flandre, fervit au fiège & à la prife de Tournay, de Douai, de Lille où il fut bleffé; à la conquête de la Franche-Comté en 1668, fur les côtes & aux Pays-Bas en 1670 & 1671; à la conquête de la Hollande en 1672, & au fiège de Maëftricht en 1673. Il obtint, par provifions du 3 Juillet de cette année, la charge de Capitaine-Lieutenant de la première Compagnie des Moufquetaires, vacante par la mort du Comte d'Artagnan, fe démit de la Majorité des Gardes-du-Corps; finit la campagne à la tête de cette Compagnie, fuivit le Roi en Lorraine & dans la Haute-Alface, & fut fait Brigadier le 13 Février 1674. Servant au fiège de Befançon, il fut détaché pour foutenir les fourrageurs & eut un cheval tué fous lui, & commandant fa Compagnie à l'attaque de cette place, il fit plus de 200 pas à découvert vers la première paliffade qu'il emporta, pouffa jufqu'aux maifons de Saint-Jean qu'il força, marcha à la feconde paliffade qu'il enleva; fe rendit maître de l'Eglife de Saint-Etienne (la feconde Compagnie des Moufquetaires & 100 Grenadiers eurent part à cette action), & enfuite força la Citadelle, qui fe rendit le lendemain. Il fe trouva au fiège de Dôle, fervit en 1675, fous Louis XIV, qui couvroit les fièges de Dinant, de Huy, de Limbourg, & au fiège & à la prife de Condé en 1676, & de Bouchain, qui furent emportés d'affaut, & où les Moufquetaires montèrent les premiers; & enfin au fiège d'Acre, par lequel cette campagne fut terminée. Fait Maréchal-de-Camp, le 25 Février 1677, il commanda fa Compagnie à l'affaut de Valenciennes, & emporta la place. Il marcha au fiège de Cambrai, fe trouva à la bataille de Caffel, combattit à pied à la tête de fa Compagnie, défit le Régiment des Gardes du Prince d'Orange, compofé de trois bataillons, qui s'étoient cachés derrière les haies; & remonté à cheval avec fa troupe, il pourfuivit les ennemis plus de deux lieues au-delà du champ de bataille. En 1678, il fervit aux fièges de Gand & d'Ypres. Il attaqua à la tête de fa Compagnie le chemin couvert, défendu par un corps d'Officiers, & l'emporta après le combat le plus vif: ce fut fa dernière campagne. Mais il fut employé en Bretagne à la tête de 6000 hommes de Troupes que le Roi y fit paffer pour calmer les troubles qui s'étoient élevés dans cette Province, & dont il eut le commandement, commiffion délicate & de confiance, dont il s'acquitta avec la fatisfaction de Sa Majefté, qui le nomma Lieutenant-Général de fes Armées le 27 Avril 1684. Il mourut le 2 Mai fuivant à Péronne.

Dans l'*Hiftoire de plufieurs hommes illuftres de Provence*, pag. 149 & fuiv. édition de 1752, il eft parlé d'un Chevalier DE FORBIN-LA-MARTHE, Capitaine des Vaiffeaux du Roi, qui commandoit le Vaiffeau nommé le *Faucon*, en 1647, dans la flotte du Chevalier Paul, Vice-Amiral de France, & qui fut employé dans les différens combats que ce Général donna devant Naples. Nous ignorons de qui il eft fils.

VIII. GASPARD DE FORBIN, Seigneur de la Barben, d'Eguilles & de la Goy, d'abord Chevalier de Malte & reçu en 1584, fervit avec fon père & fes frères dans les guerres de la Ligue, fut pourvu du Gouvernement d'Antibes le 5 Avril 1630, & de la charge de Viguier de Marfeille en 1634, dont fes deux frères VINCENT & FRANÇOIS avoient été fucceffivement pourvus. Il époufa, par contrat du 10 Janvier 1592, *Marguerite de Sade*, fille de *Michel*, Seigneur de la Goy & de Romanil, & d'*Honorade de Bofches-de-Vers*, d'Arles, & fœur de *Jeanne de Sade*. De ce mariage vinrent :

1. JACQUES, qui fuit ;
2. JEAN, Prévôt de l'Eglife d'Arles, puis Doyen de Tarafcon & enfuite Archidiacre d'Avignon ;
3. JEANNE, mariée, 1º le 6 Décembre 1615, à Jean *Badet*, Co-Seigneur de Gardanne, Confeiller au Parlement de Provence ; & 2º à *Sylvain d'Aimar*, Chevalier de l'Ordre du Roi, & Ecuyer de la Reine d'Angleterre ;
4. HONORÉE ou HONORADE, femme de N... d'*Aguillinqui*, Seigneur de Châteaufort ;
5. ELÉONORE, mariée, le 31 Janvier 1627, à *François de Forefta*, Seigneur de Chaftelard, Juge du Palais de Marfeille, mère de plufieurs enfans, reçus Chevaliers de Malte ;
6. & 7. ANNE & RENÉE, Religieufes Bernardines à Hyères ;
8. Et ETIENNETTE, Religieufe Carmélite à Marfeille.

IX. JACQUES DE FORBIN, Seigneur de la Barben, de la Goy, d'Eguilles, de Suze & d'Aurons, Gouverneur après fon père de la Ville, Fort & Citadelle d'Antibes, Viguier de Marfeille en 1651, premier Conful d'Aix, fit donation de tous fes biens à fon fils aîné le 14

Juillet 1664, & tefta le 15 Octobre fuivant. Il avoit époufé, le 1er Mai 1625, *Charlotte de Paulmier*, fille de *Jean-Baptifte (a)*, Confeiller du Roi & Préfident des Tréforiers-Généraux de France, & de *Marquife d'Andréa de Venelles*, laquelle fe remaria, comme on l'a dit ci-devant, à JEAN DE FORBIN, Seigneur de la Marthe. Leurs enfans furent :

1. FRANÇOIS-LOUIS, qui fuit ;
2. & 3. JEAN & PALAMÈDE ;
4. PAUL-ALBERT, Prévôt de l'Eglife Cathédrale d'Arles ;
5. LUCRÈCE, première femme de *Pierre de Caftillon*, Sieur de Beynes, Grand-Sénéchal d'Arles ;
6. 7. 8. & 9. MARGUERITE, GABRIELLE, MARIE & LOUISE, Religieufes.

X. FRANÇOIS-LOUIS DE FORBIN, Seigneur de la Barben, la Goy & de Suze, époufa, en Mars 1666, *Thérèfe de Lauris*, fille d'*Emeric*, Seigneur de Taillades, Valbonnette, & de RENÉE DE FORBIN DE BONNEVAL, fa première femme, fille de BERTRAND, frère aîné de PAUL-ALBERT DE FORBIN, mort Grand-Prieur de Saint-Gilles, & Lieutenant-Général des Galères du Roi, premier Ambaffadeur de fon

(a) On lit dans la *Relation de Madagafcar*, par M. de Flacourt, p. 465, 466 & 467, que *Jean-Baptifte de Paulmier* (père de *Charlotte de Paulmier*, femme de JACQUES DE FORBIN, Seigneur de la Barben), étoit petit-fils d'*Effomeric*, fils du Roi AROSCA, aux Terres Auftrales, lequel *Effomeric* fut amené en France par le Capitaine *Binot-Paulmier*, dit le *Capitaine de Gonneville*, de la Famille de *Bufchet* (dont un Fief & Seigneurie de ce nom dans la Paroiffe de Gonneville-lès-Honfleur). Ce Gentilhomme étant parti de Honfleur, en 1503, pour les Indes-Orientales, fut jeté aux côtes des Terres Auftrales, où il féjourna près de fix mois, & fut très-bien accueilli par le Roi AROSCA, qui lui confia un de fes fils nommé *Effomeric*, pour le faire inftruire de notre artillerie & de mille autres chofes qu'il admiroit en nous. Gonneville s'obligea de le ramener dans 20 lunes ou 20 mois, mais n'ayant pu exécuter fa promeffe, il le fit baptifer fous fon nom, & le maria à une de fes parentes. Cet Indien, au rapport du même Auteur (Flacourt), a vécu jufqu'en 1583, laiffant de fon dernier fils nommé auffi *Binot*, Seigneur de Courthomme, plufieurs petits-fils, entr'autres *Jean-Baptifte de Paulmier*, père, dit-il, de *Charlotte de Paulmier*, mère, entr'autres enfans, de LUCRÈCE DE FORBIN, première femme de *Pierre de Caftillon*, Sieur de Beynes, Grand-Sénéchal d'Arles, de laquelle vint *Lucrèce de Caftillon*, femme de *Charles Grimaldi*, Marquis de Réguffe, Préfident à Mortier au Parlement de Provence, dont poftérité.

Ordre en France, & de *Jeanne d'Ivrai*, de la province de Poitou. Cette *Thérèse de Lauris* étoit sœur consanguine de *Jean-Charles de Lauris*, reçu Chevalier de Malte en 1677, & mort Commandeur. De cette alliance fortirent :

1. GASPARD-PALAMÈDE, qui fuit ;
2. LOUIS-VICTOR, dit *le Chevalier de Forbin*, Meftre-de-Camp de Cavalerie, Maréchal-des-Logis de l'armée de M. de Vendôme, tué, en Italie, à la bataille de Caffo en 1705, fort eftimé de fon Général ;
3. Et MADELEINE, Religieufe.

XI. GASPARD-PALAMÈDE DE FORBIN, Seigneur de la Barben, Colonel d'un Régiment de Cavalerie de fon nom, a fervi avec diftinction en Italie, & eft mort en Janvier 1750, âgé de 84 ans. Il avoit époufé, 1° en 1691, *Thérèfe-Aimée Félix de la Reynarde*, fille de *Jean-Baptifte*, & de *Françoife de Valbelle*, morte fans enfans ; & 2° *Marie-Yolande de Mouftiers*, de la ville d'Avignon, fille de *Jacques*, & de Dame *Thérèfe de Michelet*, de la même ville, dont :

1. CLAUDE-FRANÇOIS-PALAMÈDE, qui fuit ;
2. Et MADELEINE-YOLANDE-ADÉLAÏDE-CHARLOTTE-FÉLICITÉ, mariée, en 1731, à *Charles-Hyacinthe de Galléan*, Marquis de Salernes & des Iffards, Ambaffadeur en Pologne, mort à 37 ans, le 17 Août 1754, & elle en 1743, mère du Duc de *Galléan*, Prince des Iffards, Grand-Maître de la Maifon du Prince Electeur-Palatin, marié, en Août 1758, à la fille du Duc de Montpezat-lès-Uzès, du nom de *Trémolet*. Voyez GALLEAN.

XII. CLAUDE-FRANÇOIS-PALAMÈDE DE FORBIN, né le 21 Février 1712, Seigneur de la Barben, héritier de LOUIS-PALAMÈDE DE FORBIN, dernier Seigneur de Soliers, Capitaine de Cavalerie dans le Régiment de Puifieux, mort en 175... avoit époufé, à Paris, par contrat du 27 Août 1736, *Charlotte-Nicole de Caze*, fille de *Gafpard-Hyacinthe*, Baron de la Bove, & de *Henriette de Watelet*. Il a eu de fon mariage :

1. GASPARD-ANNE-FRANÇOIS-PALAMÈDE, qui fuit ;
2. CHARLES-GASPARD-HYACINTHE, dit *le Marquis de Pont-à-Mouffon*, né le 26 Février 1741, Lieutenant des Vaiffeaux du Roi ;
3. CLAUDE-PAUL-FRANÇOIS, né le 29 Avril 1744, Clerc tonfuré, enfuite Vicaire-Général du Diocèfe de Châlons, mort à Paris le 10 Décembre 1773 ;

4. JOSEPH, né le 19 Août 1749, Garde de la Marine ;
5. Et FRANÇOISE-YOLANDE, née le 11 Février 1738, morte fans enfans de fon mariage avec le Marquis de *Vefc*.

XIII. GASPARD-ANNE-FRANÇOIS-PALAMÈDE DE FORBIN, né le 23 Décembre 1739, Marquis de Pont-à-Mouffon en Lorraine, Seigneur de la Barben & de Soliers, d'abord Lieutenant dans le Régiment du Roi, Infanterie, enfuite Capitaine de Cavalerie dans le Régiment de Montcalm, où il a été réformé, puis remplacé dans celui des Cuiraffiers, aujourd'hui Meftre-de-Camp de Cavalerie, a époufé N... *de Milan*, fille de *Jofeph-Ignace-Bernard de Milan*, Marquis de la Roque, & de Demoifelle N... *de Bertet*, de la ville de Tarafcon, nièce de *François-Melchior de Milan*, Chevalier de la Roque, mort Lieutenant-Général des Armées du Roi, dont il a :

1. CHARLES-MELCHIOR-CLAUDE-PALAMÈDE, né le 15 Mai 1769 ;
2. VICTOR-ADRIEN-ELZÉARD, né le 9 Septembre 1772 ;
3. FRANÇOISE-CHARLOTTE-YOLANDE, née le 15 Août 1771.

BRANCHE
des Seigneurs de LA FARE, *Barons &*
*Marquis d'*OPPÈDE.

VI. VINCENT DE FORBIN, fecond fils de BERNARDIN, & de *Melchione de Cabanes*, Seigneur de la Fare, Baron d'Anfouis, héritier particulier des biens que fon père avoit à Marfeille & dans fon territoire, légataire d'une fomme de 100 mille florins, préfenta, conjointement avec fon frère CLAUDE, le 14 Janvier 1517, requête au Parlement d'Aix, tendante à les fouftraire de la tutelle de leur mère, à caufe de fes diffipations. Il fut trois fois premier Conful de Marfeille, depuis 1545 jufqu'en 1567, fervit dans les guerres de Religion ; & CHARLES IX, en confidération de fes fervices, l'honora du collier de fon Ordre, par Brevet du 10 Juin 1568. Il fe fignala enfuite dans les guerres de la Ligue, embraffa le parti du Roi, fe trouva à une fortie faite le 6 Juillet 1589, contre le Duc d'Epernon, par la ville d'Aix, fe joignit aux Seigneurs de la Barben, de Gardanne, & combattit, avec 200 hommes, une troupe que le Duc avoit mife en embufcade. Il eft compris dans le nombre des principaux Seigneurs de la Province, affemblés à Aix le 24 Janvier 1590, pour traiter des affaires de la Province, touchant les guerres de la Ligue ; fut député au commencement de Mai 1592, pour traiter d'une trève générale & faire cesser les divisions qui régnoient en Provence. Enfin, le 9 Septembre 1594, il assista à une assemblée des principaux Seigneurs de la Province. Il avoit testé à Arles le 3 Avril 1592, & avoit élu sa sépulture aux Frères-Mineurs de Marseille, au tombeau de ses ancêtres. Il avoit épousé, 1° par contrat du 6 Octobre 1527, passé devant *Pierre Morlani*, Notaire de Marseille, *Catherine Doria*, fille de *Blaise*, de la ville de Marseille, & de MARGUERITE DE FORBIN-GARDANNE ; & 2° *Henriette d'Albertas*, fille d'*Antoine*, & d'*Aimare de la Cépède*, dont il n'eût point d'enfans. Du premier lit vinrent :

1. JEAN, qui suit ;
2. BERNARDIN, mort en bas âge ;
3. Et MARGUERITE, femme d'*Honoré de Sabran*, Baron d'Ansouis, morte en 1627.

VII. JEAN DE FORBIN, Seigneur de la Fare, suivit son père dans les guerres de la Ligue, fut premier Procureur du Pays, & testa le 6 Juin 1598. Il avoit épousé, par contrat du 25 Mars 1578, *Claire de Peruzzi*, Baronne d'Oppède, fille de *François*, Baron de Lauris, second Président du Parlement de Provence, & d'*Anne Maynier*, Dame d'Oppède, fille de *Jean Maynier*, Baron d'Oppède, premier Président du même Parlement, lequel, par son testament du 2 Juin 1558, substitua la Baronnie d'Oppède aux enfans mâles de *Claire de Peruzzi*, sa petite-fille, & à son défaut, *Anne*, son autre petite-fille, à la charge par ses successeurs de porter le nom & les armes de *Maynier*, & d'être reçus Docteurs en Droit. *Claire de Peruzzi* mourut en 1608, dans le Couvent des Carmélites d'Avignon, qu'elle avoit fondé dans sa maison paternelle, où elle fit profession avec deux de ses filles. Ses enfans furent :

1. VINCENT-ANNE, qui suit ;
2. FRANÇOIS, tige de la Branche des Seigneurs de *Sainte-Croix*, rapportée ci-après ;
3. FRÉDÉRIC, mort jeune ;
4. & 5. ANNE & MARTHE, Religieuses avec leur mère à Avignon ;
6. & 7. MARIE & THÉRÈSE, Religieuses Carmélites à Aix.

VIII. VINCENT-ANNE DE FORBIN-MAYNIER, Baron d'Oppède, prit le nom & les armes de *Maynier*, en exécution du testament de *Jean Maynier*, son aïeul maternel. Il fut Conseiller, puis Président, & enfin premier Président du Parlement de Provence, par provisions du 14 Février 1621, & mourut à Avignon au mois de Février 1631. Il avoit épousé, 1° en 1604, *Marguerite d'Oraison*, Dame de la Tour, fille de *François*, Marquis d'Oraison, Vicomte de Cadenet, Chevalier de l'Ordre du Roi, Capitaine de 50 hommes d'armes de ses Ordonnances, & de *Melchione de la Croix*, des Seigneurs de Courbières ; & 2° par contrat du 29 Décembre 1613, *Aimare de Castellane*, fille de *Jean*, Seigneur d'Ampus & de la Verdière, & de *Marquise de Castellane d'Esparron-de-Verdon*, Dame de Saint-Julien. Il eut du premier lit :

1. & 2. JEAN & MADELEINE, morts jeunes.

Et du second lit vinrent :

3. HENRI, qui suit ;
4. LOUIS, filleul du Roi LOUIS XIII, Prévôt de Riez, Doyen de Tarascon, Archidiacre d'Avignon, Evêque de Toulon en 1664, mort le 29 Avril 1675 ;
5. VINCENT, Chevalier de Malte, Capitaine de Galères, & ensuite Chef d'Escadre des Galères de France ;
6. JEAN, reçu Chevalier de Malte, avec son frère, en 1633 ;
7. CLAIRE-FRANÇOISE, mariée à *Gaspard de Couet*, Marquis des Isles-d'Or, Baron de Bormes, Conseiller au Parlement de Provence, mort sans postérité ;
8. MADELEINE, femme, en 1643, de *Vincent Boyer*, Seigneur d'Eguilles, Conseiller au Parlement de Provence ;
9. 10. 11. & 12. MARGUERITE, ANNE, CLAIRE & THÉRÈSE, Religieuses Carmélites à Aix.

IX. HENRI DE FORBIN-MAYNIER, Baron d'Oppède, Seigneur de la Fare, du Rouvet, de Peyrolles & en partie de Varages, fut connu, comme son père, Conseiller, puis Président, & enfin premier Président du Parlement de Provence, par provisions du 19 Septembre 1655. Il fut aussi Lieutenant-Général, & commandant en Provence, en l'absence du Gouverneur, & Conseiller d'Etat. Il soutint avec hauteur les intérêts du Parlement en 1648 & 1649, & se mit à la tête des Frondeurs. Il se saisit de la personne du Comte d'Alais, Gouverneur de Provence, lequel fut mis en prison & gardé de très-près. Ayant ensuite fait assembler le Parlement, il fit rendre trois Arrêts, prononcés par JEAN-BAP-

TISTE DE FORBIN-LA-ROQUE : le premier caſſa le Semeſtre ; le ſecond deſtitua les Conſuls créés par le Gouverneur ; & le troiſième fut rendu contre le Cardinal Mazarin. Le Parlement fit une levée de Troupes pour s'oppoſer à celles du Comte d'Alais. HENRI DE FORBIN, de ſept Régimens d'Infanterie qui furent levés, en commandoit un ; l'Enſeigne-Colonel portoit cette deviſe. *Pro Patria mori, vivere eſt.* Cette guerre du Semeſtre dura 19 mois, & finit le 22 Août 1549. Il montra une grande fermeté d'âme à la journée de Saint-Valentin, le 14 Février 1659. En plein Parlement il fut vingt fois expoſé à perdre la vie, dans une émotion populaire , ſa maiſon fut même inveſtie, & la fureur fut portée juſqu'à vouloir démolir ſon hôtel avec du canon, ſans que cette circonſtance ébranlât jamais ſon courage ni ſon zèle pour le ſervice du Roi. Le Cardinal Mazarin lui écrivit une lettre à cette occaſion, rapportée dans l'*Hiſtoire d'Aix,* par Pitton, nous y renvoyons. Le Roi l'honora auſſi d'une lettre, en date du 3 Mars 1659, par laquelle Sa Majeſté, après lui avoir témoigné toute ſa ſatisfaction ſur la fermeté qu'il avoit montrée pour ſon ſervice en cette circonſtance, finit par l'aſſurer que ſa *protection ne défaudra jamais ni à lui ni aux ſiens.* Il mourut à Lambeſc pendant la tenue de l'aſſemblée des États, le 14 Novembre 1671. Il avoit épouſé, par contrat du mois de Juin 1637, *Marie-Théréſe de Pontevès,* fille de *Jean de Pontevès,* & de *Claudine de Gouaſt,* laiſſant :

1. JEAN-BAPTISTE, qui ſuit ;
2. HENRI-MITRE, reçu Chevalier de Malte en 1666 ;
3. PIERRE-JOSEPH, auſſi reçu Chevalier de Malte en 1669, mort Commandeur de Cognac en 1722 ;
4. JOSEPH-MADELON, Abbé de Saint-Liguaire en Saintonge, qu'il quitta pour être Religieux de Sept-Fonds, où il a été Prieur, puis Abbé ;
5. AIMARE, femme, le 30 Août 1665, de *Pierre-Joſeph de Laurens,* Marquis de Brue, Conſeiller en 1674, puis Procureur-Général au Parlement de Provence en 1681, dont des enfans ;
6. MADELEINE, mariée à *Joſeph-François de Piolenc,* Seigneur de Beauvoiſin, Conſeiller au Parlement de Provence, le 20 Décembre 1673, mort à Paris en 1688, père de pluſieurs enfans ;
7. MARGUERITE, alliée, en 1670, à *Charles-Antoine de Raouſſet,* de la ville de Taraſcon ;

8. 9. & 10. MARGUERITE, CLAIRE & FRANÇOISE, Religieuſes.

X. JEAN - BAPTISTE DE FORBIN-MAYNIER, Marquis d'Oppède, Seigneur de la Fare, Saint-Julien, la Verdière, Bézaudun, Peyrolles, Varages, du Rouvet, né le 5 Février 1648, envoyé Ambaſſadeur en Portugal, où il ſoutint avec beaucoup de magnificence & de ſplendeur le caractère dont le Roi l'avoit honoré, fut enſuite Préſident au Parlement de Provence. Il épouſa, en 1674, *Marie-Charlotte Marin,* morte en 1737, âgée de 80 ans, fille de *Denis Marin,* Seigneur de la Châtaigneraie, Intendant des Finances, & de *Marguerite Colbert du Terron,* dont :

1. JEAN-BAPTISTE-HENRI, qui ſuit ;
2. ANDRÉ-BERNARD-CONSTANCE, Chanoine & Prévôt de l'Egliſe Métropolitaine d'Aix, Grand-Vicaire du Diocèſe de Paris, nommé Aumônier ordinaire du Roi en 1728, après ſon frère, député à l'Aſſemblée du Clergé de Paris en 1715, Abbé de Saint-Florent-lès-Saumur, Ordre de Saint-Benoît, Diocèſe d'Angers en 1730, enſuite Maître de l'Oratoire du Roi dont il ſe démit, & mort en 17..;
3. CHARLES-RODERIC-GONSALVE, dit *le Chevalier d'Oppède,* Exempt des Gardes-du-Corps du Roi, mort à Paris, le 29 Octobre 1717, âgé de 33 ans ;
4. PAULIN-PALAMÈDE-TÉLESPHORE, Prêtre du Diocèſe d'Aix, Docteur en théologie, Aumônier du Roi au mois d'Octobre 1725, Abbé Commendataire de l'Abbaye de la Rivour près de Troyes, au mois d'Août 1726, mort Grand-Vicaire de l'Evêché de Troyes, le 5 Mars 1741 ;
5. RENÉE-JULIE-ADÉLAÏDE-MADELEINE, femme de *Joſeph-Benoît de Roux,* Seigneur de Bonneval & de la Fare, dont des enfans ;
6. Et LOUISE-AUGUSTINE-GENEVIÈVE-FÉLICITÉ, Religieuſe.

XI. JEAN-BAPTISTE-HENRI DE FORBIN, Baron d'Oppède, Seigneur de Bézaudun, Varages, la Verdière, du Rouvet, Saint-Julien, mort en 1748, avoit épouſé, en 1721, CATHERINE DE FORBIN-JANSON, ſa couſine, morte en 1723, fille de JOSEPH DE FORBIN, Marquis de Janſon, & de *Marie Prunier,* dont :

1. JOSEPH-LOUIS - ROCH-CHARLES - PALAMÈDE, qui ſuit ;
2. FRANÇOIS-RENÉ, reçu Chevalier de Malte en 1738, qui eſt entré ſur les Vaiſſeaux du Roi la même année, a été fait Enſeigne en 1741, Lieutenant le 15 Mai 1751, & enſuite Capitaine ;

FOR

3. Et Marie - Elisabeth - Félicité - Marine, alliée, en 1735, à *Louis-Céfar des Martins*, Marquis de Puyloubier, dont il n'y a point d'enfans.

XII. Joseph-Louis-Roch-Charles - Palamède de Forbin d'Oppède, Chevalier, Baron d'Oppède, Seigneur de la Verdière, Saint-Julien, Bézaudun, Varages, né en Mai 1722, a fervi d'abord fur les Galères du Roi en 1737, a été enfuite Capitaine de Cavalerie dans le Régiment de Puifieux, par commiffion de l'an 1741, Guidon des Gendarmes d'Orléans, & Enfeigne de Berry, par Brevet de 1744, Sous-Lieutenant des Gendarmes de la Reine, & Capitaine-Lieutenant des Chevaux-Légers de Bretagne, par commiffion des années 1745 & 1749, Chevalier de Saint-Louis, enfuite Capitaine-Lieutenant des Chevaux - Légers de feu M. le Duc de Bourgogne. Il a épousé, le 23 Février 1756, *Marie-Françoife de Bauffan*, veuve d'*Alexandre de Bauffan*, Maître des Requêtes, dont des enfans.

BRANCHE
des Seigneurs de Sainte-Croix.

VIII. François de Forbin, Seigneur de la Fare, fecond fils de Jean & de *Claire de Peruzzi*, tefta par devant *Augier*, Notaire d'Aix, le 26 Août 1631. Il avoit épousé, le 17 Février 1605, *Lucrèce de Barthélemy*, Dame de Sainte-Croix, fille de *Rollin*, premier Procureur du Pays d'Aix, & de *Madeleine de Clapiers*. Ses enfans furent :

1. André-Anne, qui fuit ;
2. Vincent, Chevalier de Malte en 1621, mort en 1688, Grand-Prieur de Touloufe ;
3. Rollin, auffi reçu Chevalier de Malte en 1638 ;
4. Honoré-Pierre, Chanoine & Archidiacre de l'Eglife Métropolitaine d'Aix ;
5. 6. & 7. Honoré, Thérèse & Claire, Religieufes ;
8. Anne, mariée à *Jean de Treffemanes*, Seigneur de Brunet ;
9. Et Aimare, femme de *Jean-Baptifte Thomaffin*, Seigneur d'Ainac & de Peynier, Confeiller au Parlement de Provence.

IX. André-Anne de Forbin, Seigneur de la Fare & de Sainte-Croix, épousa, par contrat paffé devant *Antoine d'Augier*, Notaire d'Aix, le 25 Avril 1634, *Catherine de Séguiran*, fille de *Henri*, premier Préfident en la Cour des Comptes de Provence, Confeiller du Roi en fes Confeils, Lieutenant-Général

des Mers de Provence, & de *Sufanne de Fabri*, dont :

1. Henri, qui fuit ;
2. Renaud, reçu Chevalier de Malte en 1652, mort Capitaine des Galères de France ;
3. Jean - Baptiste, auffi reçu Chevalier de Malte la même année ;
4. Rollin, Chanoine & Archidiacre d'Aix ;
5. Marie, femme d'*Alphonfe Arnaud*, Seigneur de Rouffet, Confeiller en la Cour des Comptes de Provence ;
6. Lucrèce, femme de *François de Villeneuve*, Confeiller au Parlement de Provence, mère de plufieurs enfans, entr'autres de *Louis-Sauveur de Villeneuve*, Ambaffadeur à la Porte en 1728 ;
7. Sylvie, Religieufe aux Dames de Sainte-Marie d'Aix ;
8. Et Thérèse, Religieufe du même Ordre à Monaco.

X. Henri de Forbin, Seigneur de la Fare & de Sainte-Croix, Confeiller au Parlement de Provence, s'allia, par contrat paffé devant *Antoine d'Augier*, Notaire d'Aix, le 4 Février 1665, avec *Marguerite de Gallean des Iffards*, fille de *Louis*, Marquis des Iffards & de Salernes, & de *Marguerite de Pontevès-Buoux*, dont :

1. Jean-Baptiste-Renaud, qui fuit ;
2. Honoré ou Jean-Baptiste, Chanoine de l'Eglife Métropolitaine d'Aix ;
3. Joseph, Chevalier de Malte, & Enfeigne des Vaiffeaux du Roi ;
4. Rollin, Lieutenant des Vaiffeaux du Roi ;
5. Honoré, d'abord Capitaine d'Infanterie dans le Régiment de Touloufe, & enfuite Chanoine de la Métropole d'Aix ;
6. Madeleine, mariée à *N... de Joannis*, Seigneur de Verclos ;
7. Et N... de Forbin, Religieufe au Couvent de Saint-Barthélemy d'Aix.

XI. Jean-Baptiste-Renaud de Forbin, Seigneur de Sainte-Croix, des Iffards, des Angles, fut d'abord Moufquetaire Noir, puis Capitaine d'Infanterie, fervit au fiège de Namur en 1690, & à la bataille de Steinkerque. Il époufa, le 7 Avril 1702, *Madeleine-Thérèfe de Tache*, fille de *Marc-Antoine*, Seigneur du Devers, & de *Madeleine de Roux*, d'Avignon, dont :

XII. François-Palamède de Forbin, Seigneur de Sainte-Croix, des Iffards & des Angles, né en 1703, qui a fervi quelque tems dans les Moufquetaires du Roi. Il a épousé, par contrat paffé devant *Abel Felon*, Notaire d'Avignon, le 10 Juin 1724. *Marie-Françoise Amat-de-Graveson,* fille d'*Ignace Amat,* Seigneur de Graveson, & de *Françoise de Salvador.* De ce mariage font iffus :

1. MARC-ANTOINE-FRANÇOIS, d'abord Moufquetaire du Roi, enfuite Capitaine de Dragons dans le Régiment de Septimanie, & enfin Guidon de Gendarmerie, mort fans avoir été marié ;
2. JEAN-BAPTISTE-ISIDORE-IGNACE, qui fuit ;
3. Et MARIE-CÉSARÉE, née en 1744, mariée, le 26 Janvier 1766, à *Alexandre-Augufte de Vintimille-Lafcaris,* Comte de Caftelard.

XIII. JEAN-BAPTISTE-ISIDORE-IGNACE DE FORBIN, Seigneur des Iffards & de Saint-Roman, né le 26 Mars 1730, Capitaine réformé dans le Régiment de Septimanie, Dragons, s'eft marié, le 8 Décembre 1767, avec *Léontine d'Arcuffia,* fille de *Charles-Michel-Anne d'Arcuffia,* des Seigneurs de Foix & du Reveft, & de *Gabrielle de Belfunce-Caftelmoron.*

BRANCHE
des Seigneurs de SOLIERS.

IV. PALAMÈDE DE FORBIN, dit *le Grand,* fecond fils de Jean & d'*Ifoarde de Marini,* Seigneur de Soliers, de Toulon, du Luc, de Peyruis, de l'Isle de Porquerolles, Puimichel, Pierrefeu, Vicomte de Martigues, Baron de Croifelas en Aragon, Gouverneur du Duc de Calabre, fils aîné de RENÉ D'ANJOU, Roi de Naples & de Sicile & Comte de Provence, qu'il fuivit dans fon expédition de Gênes & de Naples en 1458 & 1459, dirigea toute la guerre de Naples, qui fit tant d'honneur à ce Prince, & mérita à lui (PALAMÈDE DE FORBIN) le furnom *de Grand.* Il fut fait prifonnier de guerre au fiège d'Aquila, & reçu Chevalier. On le trouve qualifié Confeiller, & Vicaire du Duc de Calabre, dans un privilège que ce Prince accorda à la Nobleffe de Lorraine le 22 Novembre 1464, & Lieutenant-Général de ce même Prince dans un acte du 6 Mai 1466. Il fuivit encore le Duc de Calabre en Catalogne la même année. Le Roi RENÉ, ayant befoin de fa préfence, le retira d'auprès de fon fils, & le fit fon Confeiller & Chambellan, après l'avoir nommé à la grande Préfidence de Provence le 8 Août 1470, charge qu'il exerça pendant 10 ans avec applaudiffement. Au mois d'Août 1479, le Roi RENÉ l'envoya auprès de LOUIS XI, pour des affaires touchant fes pays d'Anjou & de Bar-

rois. Au commencement de 1480, LOUIS XI prit PALAMÈDE DE FORBIN à fon fervice, le fit fon Confeiller & Chambellan, l'employa en plufieurs négociations importantes, & l'envoya en Ambaffade auprès de l'Empereur MAXIMILIEN, avec le Sieur du Bouchage. Sur plufieurs lettres que LOUIS XI lui écrivit, on lit ces mots : *A mon riche Baron de Soliers.* Etant à la Cour de France, au commencement de 1481, il fut nommé par LOUIS XI, au nombre des Seigneurs qui affiftèrent à la réception folennelle des Bulles du Pape SIXTE IV, touchant la pacification de la Chrétienté, & l'exhortation aux Princes Chrétiens d'aller contre les Turcs pour arrêter leurs progrès en Italie.

CHARLES D'ANJOU, dernier Comte de Provence, avoit fuccédé au Roi RENÉ, fon oncle, le 10 Juillet 1480, & PALAMÈDE DE FORBIN, qui fut fon principal Confeiller & Chambellan, & avoit, dès auparavant, incliné la Nobleffe de Provence vers la France, ménagea un parti confidérable au Roi LOUIS XI, au rapport de Gauffridy, Bouche & Noftradamus, Hiftoriens Provençaux, & s'employa avec un tel fuccès auprès de CHARLES D'ANJOU, qu'il le porta enfin à inftituer LOUIS XI, & les Rois de France, fes fucceffeurs, pour héritiers univerfels de fes Etats. Par ce teftament, la France acquit les Royaumes de Naples & de Sicile, dont CHARLES VIII fut en poffeffion, les Comtés de Provence & de Forcalquier, les Duchés d'Anjou & du Maine, & généralement tous les droits que les Comtes de Provence avoient fur les Royaumes d'Aragon, de Jérufalem, de Majorque, de Valence, de Corfe, de Sardaigne, de Piémont & de Barcelone. Un fi grand fervice ne refta point fans récompenfe. LOUIS XI donna à PALAMÈDE le Gouvernement de Dauphiné & celui de Provence, avec une autorité prefque Royale, par Lettres données à Thouars le 19 Décembre 1481 (a). En vertu de ce pouvoir que Sa Majefté lui donna, il divifa les charges de Gouverneur-Général, de Grand-Sénéchal, & de Lieutenant-Général de la Provence, réu-

---

(a) Lorfque LOUIS XIII fit fon entrée en Provence, la ville d'Aix (au rapport de Pitton, p. 375 & 376) le reçut avec magnificence. On avoit élevé des arcs de triomphe, où étoient repréfentés différens faits hiftoriques à l'honneur des Comtes de Provence, fes Prédéceffeurs. On y voyoit, entr'autres, le bon Roi RENÉ, fon neveu CHAR-

nies en fa perfonne. Il affembla les Etats de la Province dans la ville d'Aix au commencement de 1482, établit qu'on s'y ferviroit du Droit écrit, des Statuts, Conftitutions & Coutumes dont on avoit ufé jufqu'alors, & confirma généralement tous les privilèges, libertés & franchifes accordés aux différentes villes de la Province par les Comtes de Provence ; & diffipa le parti de François de Luxembourg, lequel prenoit les intérêts des Princes Lorrains, qui revendiquoient la Province, à titre d'héritiers naturels de Charles d'Anjou. Il le fit même prifonnier dans l'Eglife des Jacobins de la ville d'Aix, où il s'étoit réfugié avec quelques Seigneurs de la Province, qui fuivoient fon parti. Quelque tems après le même parti ayant excité de nouveaux mouvemens, Palamède de Forbin convoqua pour la feconde fois les Etats de la Province à qui il tint un difcours, rapporté fur l'original par Noftradamus, pag. 677. Enfin fon autorité fut fi grande, que quoique François de Luxembourg fut d'une Maifon Royale & Impériale, & que le Comté de Martigues lui eut été cédé par Charles d'Anjou, dernier du nom, il le lui ôta & le confifqua au profit du Roi qui le lui donna en propre. Une fi grande faveur fut fouvent traverfée par les ennemis du Seigneur de Soliers, & fur les plaintes venues à la Cour contre fa conduite, Sa Majefté fut obligée de la fufpendre de fa charge, & d'envoyer fur les lieux le Seigneur de Baudicourt, Chevalier de l'Ordre, & Gouverneur de Bourgogne, pour en prendre connoiffance. Celui-ci ayant rendu de bons témoignages de Palamède, il fut rétabli dans fa charge avec plus d'autorité que jamais ; mais les défordres de l'Etat après la mort de Louis XI, & la minorité de Charles VIII, donnèrent faveur à fes ennemis, à la tête defquels étoit François de Luxembourg, qui lui fuccéda dans le Gouvernement de Provence, fans cependant avoir la même autorité. Après fa difgrâce, Palamède n'en fut pas moins zélé pour le fervice de fon Maître ; il demanda à marcher au ban & à l'arrière-ban convoqué en 1485 & 1495, & avoit affifté en

---

les, qui terminoit tous les ornemens, & le portrait de Palamède de Forbin, qui difoit ce qu'il avoit fait pour Louis XI, & ce que ce Prince avoit fait pour lui :

    Regem ego Comitem,   J'ai fait le Roi Comte,
    Me Comes Regem.   Et le Comte m'a fait Roi.

1487, en qualité de fecond Baron, aux Etats tenus par les Seigneurs de la Province, & fut encore un des Députés des trois Etats de la Province au mois de Juin 1499, pour l'union à la Couronne des Comtés de Provence, de Forcalquier & Terres adjacentes, & mourut comme fubitement au retour de la promenade, un jour de Dimanche, au mois de Février 1508, âgé de 78 ans, d'un mal de cœur qui lui prit à la porte de Saint-Jean de la ville d'Aix, affis fur un banc de pierre où il expira peu de tems après. Mézeray dit de lui, qu'il fut le plus grand Négociateur de fon tems. Il fit deux teftamens, l'un le 13 Avril 1469, l'autre le 7 Janvier 1479. Il avoit époufé, par contrat du 28 Janvier 1455, paffé devant *André Bauffet*, Notaire d'Aubagne, *Jeanne de Caftillon*, fille de *Charles*, Seigneur & Baron d'Aubagne, Confeiller du Roi & Maître national de Provence, & de *Madeleine de Quiqueran*, dont :

1. Louis, qui fuit ;
2. Foulques, mort fans poftérité ;
3. Nicolas, Seigneur de Peyrus, Puimichel, héritier particulier des biens que fon père avoit à Arles, au territoire de Marfeille, au Château d'Aubagne, de Barjols, &c., tué fans enfans devant les Isles d'Hyères en combattant un Vaiffeau ;
4. Baptistine, dotée de 2100 écus d'or, mariée, 1º en 1449, à *Raymond de Glandevès ;* & 2º à *Pierre de Sade*, Seigneur de Mazan, dont poftérité ;
5. Honorée, dotée de 4000 florins, mariée, le 4 Juin 1488, à *Boniface de Caftellane*, Seigneur de Saint-Julien & d'Efparron ;
6. Et Marguerite, dotée auffi de 4000 florins, laquelle céda fes droits à fon frère aîné en 1501, & époufa 1º *Nicolas de Villeneuve*, Baron de Vence ; & 2º *Jean Grimaldi-Beuil*, Baron de Levens, &c. Son frère Louis lui laiffa 200 florins de penfion par fon teftament.

V. Louis de Forbin, Seigneur de Soliers, du Luc, de Peyruis, héritier univerfel de fon père, & des droits qu'il avoit fur la ville de Toulon, lui fuccéda dans la charge de Grand-Préfident de Provence, fut fait Confeiller & Chambellan des Rois René de Sicile & de Louis XI, & envoyé Ambaffadeur extraordinaire vers l'Empereur Maximilien d'Autriche, pour la paix entre la France & l'Empire. Il fut encore envoyé en ambaffade à Rome au Concile de Latran, fous le Pape Léon X, où il défendit avec beaucoup de zèle

V

& de fermeté les droits de l'Eglife Gallicane, & ceux du Parlement de Provence ; & de concert avec Claude de Seyffel, Evêque de Marfeille, il parvint à réconcilier les Cours de France & de Rome qui s'étoient brouillées à l'occafion de l'excommunication fulminée par JULES II, contre LOUIS XII. Il fut encore envoyé en ambaffade avec René, bâtard de Savoie, Grand-Sénéchal, Gouverneur & Lieutenant-Général de Provence, & Charles Dupleffis, Maître-d'Hôtel du Roi auprès des 13 Cantons Suiffes. Ils fignèrent tous les trois à Fribourg, le 29 Novembre 1516, un traité de paix entre le Roi, les 13 Cantons, l'Abbé & la ville de Saint-Gal, les trois Ligues grifes, le Valais & Mulhaufen. Ce traité a fervi de bafe à toutes les alliances qui ont été faites depuis avec le Corps Helvétique. Voyez le *Corps Diplomatique*, pag. 248. Il tefta à Lyon le 27 Septembre 1521 devant *Louis Majeur*, & avoit époufé, par contrat paffé le 24 Mars 1485 (*Albert*, Notaire de Soliers), *Marguerite Grimaldi-Beuil*, fille de *Jacques*, Baron fouverain de Beuil, & de *Catherine Carreto*, des Marquis de Final. Son mari lui laiffa l'ufufruit de la Terre & Seigneurie du Luc, & elle en eut pour enfans :

1. FRANÇOIS, qui fuit ;
2. NINES, mariée, le 27 Septembre 1521, à *Jean de Glandevès*, Seigneur d'Entrevaux & du Caftelar, à qui fon père légua 1000 écus d'or au Soleil outre fa dot ;
3. BARTHÉLEMY, femme d'*Antoine de Glandevès*, Seigneur de Pourrières, auffi légataire comme fa fœur aînée & fes cadettes, de 1000 écus d'or, outre fa dot ;
4. ISABEAU, femme, en 1530, de *Louis de Glandevès*, Seigneur de la Garde ; laquelle tefta le 28 Mars 1537 ;
5. CLERMONDE, mariée à *Honoré de Pontevès*, Seigneur de Carcès & de Flaffans, mère de *Jean de Pontevès*, mort en 1582, avec la réputation d'un des plus grands hommes de guerre de fon tems ;
6. Et ANNE, alliée à *Antoine de Quiqueran*, Baron de Beaujeu, Maître-d'Hôtel du Roi FRANÇOIS Ier, & premier Conful d'Arles.

VI. FRANÇOIS DE FORBIN, Seigneur de Soliers, du Luc, de Peyruis, Chambellan du Roi, fervit toute fa vie, & fut fort diftingué à la Cour de FRANÇOIS Ier, qui écrivit plufieurs lettres en fa faveur au Duc de Lorraine touchant le Marquifat de Pont-à-Mouffon, que le Seigneur de Soliers avoit eu de fa

femme *Catherine d'Anjou*, Dame de Saint-Cannat & de Saint-Rémy en Provence, & Marquife de Pont-à-Mouffon au Duché de Bar, fille & héritière de JEAN, bâtard d'Anjou, Marquis de Pont, mariée à Marfeille le 7 Octobre 1525 ; mais FRANÇOIS DE FORBIN ne put en jouir, ni fa poftérité, par le reffentiment que les Ducs de Lorraine confervèrent contre le grand PALAMÈDE, pour avoir porté le dernier Comte de Provence à inftituer, à leur préjudice, les Rois de France pour héritiers univerfels de fes Etats. Il tefta le 9 Août 1572, & il eut de fon époufe, morte le 9 Avril 1589 :

1. PALAMÈDE, qui fuit ;
2. CLAUDINE, mariée, 1º le 16 Juin 1546, à *François-Alexandre de Bonnefond*; & 2º à *Jean de Bardonnenche*. Elle eut des enfans de fes deux maris ;
3. Et ANNE, femme de *François de Bonniface*, Seigneur de la Mole, Chevalier de l'Ordre du Roi. On croit qu'elle fe remaria à *Jacques de Glandevès*.

FRANÇOIS DE FORBIN eut encore pour fille naturelle :

Marguerite de Soliers, qu'il fit légataire de 1200 florins.

VII. PALAMÈDE DE FORBIN, Seigneur de Soliers, de Saint-Cannat, de Saint-Rémy, Marquis titulaire de Pont-à-Mouffon, Gouverneur de Toulon, fe fignala dans les guerres de la Ligue. Les Communes de Provence, affemblées à Marfeille le 9 Novembre 1528, lui accordèrent une Compagnie de 50 hommes d'armes, avec laquelle il fit la guerre avec beaucoup de fuccès. Il fit prifonnier de guerre le Général de l'Artillerie du Duc d'Epernon, lors du fiège d'Aix, à une fortie qui fut faite ; fe trouva à la fanglante attaque du Pont de Béraud, & à la bataille de Vinon, où il commandoit 150 Maîtres. Le 29 Novembre 1593, il emporta d'affaut la Citadelle de Toulon, après l'avoir fait battre en brèche pendant trois jours. Le Comte de Carcès lui avoit promis 1200 hommes de renfort, pour cette expédition ; mais le fecours ayant manqué, fe trouvant trop foible pour une telle entreprife, & ne voulant pas donner le tems aux troupes du Duc d'Epernon de fe reconnoitre, il promit la liberté à tous les forçats de la Galère de Toulon, s'ils vouloient le fuivre à l'affaut. Le fignal donné, PALAMÈDE DE FORBIN fe préfenta aux brèches, & entra victorieux dans la

Citadelle, où tout fut passé au fil de l'épée. Le 5 Mars 1594, il assista à une assemblée des Etats de la Province, & à celle qui fut faite le 9 Septembre suivant pour la levée de 8000 hommes de pied, de 1200 chevaux & de 100 Arquebusiers. Pendant les exploits de PALA-MÈDE DE FORBIN, Belloc, Officier du Duc d'Epernon, se rendit maître, en Janvier 1595, du Château de Soliers, fit prisonnière la Dame de Soliers avec ses filles, qui furent conduites à Brignoles. Le Duc d'Epernon demanda pour leur rançon une Galère & 4 pièces de canon, ou l'équivalent en argent. Il espéra par là tenir en bride le Seigneur de Soliers, & le forcer à quitter le parti du Roi; mais sa constance & son zèle pour le service de son Prince, furent à l'épreuve de tout. Etant Gouverneur de Toulon & à portée d'inquiéter les ennemis, il fit incessamment courir sur Belloc lorsqu'il sortoit pour ravager la campagne, & l'arrêta souvent par ses fréquentes sorties. Enfin M. Dufresne, Secrétaire d'Etat, étant venu en Provence, apporta un ordre du Roi au Duc d'Epernon de rendre la Dame de Soliers & ses filles, & elles eurent leur liberté. PALAMÈDE DE FORBIN testa le 12 Janvier 1608, devant Jean Albert, Notaire de Soliers, & mourut en Novembre 1612. Il institua pour héritier universel son fils aîné, avec substitution à ses enfans ou descendans d'iceux, & à leur défaut aux enfans mâles de ses autres enfans mâles; & aux défaut de ceux-ci, il appelle les enfans de PALAMÈDE DE FORBIN, Seigneur de la Barben, son beau-frère, le premier toujour préféré aux autres. Il avoit épousé, par contrat passé à Brignoles, le 1er Décembre 1551 (Louis -Taron, Notaire), Jeanne de Garde, fille de Gaspard de Garde, Seigneur de Vins, Président au Parlement de Provence, & d'Honorée de Pontevès-Carcès, dont :

1. GASPARD, qui suit ;
2. AUGUSTE, Prévôt de Pignans, puis Evêque de Toulon en 1628, qui fit venir dans cette ville des Religieux Augustins déchaussés le 1er Septembre 1635, & fut légataire d'une somme de 15000 livres laissée par son père;
3. NICOLAS, légataire de pareille somme, reçu Chevalier de Malte en 1584, mort Commandeur de Jallais & de Valeure. Après avoir servi, sous son père, dans les guerres de la Ligue, il se mit à la tête des principaux habitans de Toulon, & courut au secours de son père dont les ennemis étoient près de se rendre maître ;

4. HENRI, aussi légataire d'une pareille somme, mort sans hoirs ;
5. ISABEAU, morte fille ;
6. CATHERINE, légataire de 10000 livres, & mariée, le 29 Avril 1587, à Robert des Porcellets, Seigneur de Fos, dont plusieurs garçons, & une fille mariée dans la maison de Paule;
7. JULIE, mariée, le 17 Septembre 1596, à Jean-Augustin d'Albertas, Seigneur de Villecroze, dont une fille unique alliée dans la Maison de Sabran-d'Aiguines;
8. Et BLANCHE, mariée, 1° en 1588, à Jean-Jacques de Sainte-Colombe, du pays de Béarn, Seigneur d'Escaravaques, Gouverneur de Toulon, mort en Novembre 1593, de la suite d'une blessure reçue à l'assaut de la Citadelle de Toulon ; & 2° le 15 Mars 1595, à Jean de Villeneuve, Marquis de Trans, Gouverneur de Fréjus, dont elle n'eut point d'enfans.

VIII. GASPARD DE FORBIN, Seigneur de Soliers, Saint-Cannat, Saint-Rémy, Marquis titulaire de Pont-à-Mousson, Gentilhomme ordinaire de la Chambre du Roi, Gouverneur de Toulon, Conseiller du Roi en ses Conseils d'Etat & de guerre, Maréchal-de-Camp, Commandant en Provence, suivit le parti du Roi dans les guerres de la Ligue, & fut un des plus vaillans hommes de son tems. Il se trouva à la journée d'Allemagne en 1586, combattit à l'arrière-garde de l'armée du Seigneur de Vins pendant long-tems avec une valeur incroyable, soutint presque seul le fort des troupes ennemies, & l'armée ayant été battue partout, il proposa au Seigneur de Vins, son oncle, de se faire jour au travers des ennemis, & de se retirer dans Riez; ce qui fut exécuté le 1er Août 1591. Ayant été fait Gouverneur de Puech, il s'y vit assiégé, n'ayant que 200 hommes pour se défendre, par le Duc de Savoie qui se présenta devant la place à la tête de 8000 hommes. GASPARD DE FORBIN en retarda les approches par de fréquentes sorties, combla plusieurs fois les travaux des ennemis, encloua leurs canons, soutint trois assauts généraux donnés successivement au corps de la place ouverte de tous les côtés, & eut la gloire après six semaines d'attaque d'en faire lever le siège au Duc de Savoie, qui y fit de si grandes pertes, qu'il fut hors d'état de tenir la campagne; c'est ce qui donna faveur au parti du Roi. Il se distingua encore à la bataille de Vinon, le 15 Décembre de la même année, où il se fit jour à travers des ennemis qu'il mit en fuite.

V ij

Tant d'actions glorieuses en avoient tellement impofé aux ennemis, qu'ils offrirent aux habitans de Toulon, où il commandoit, de ne point ravager leur pays, s'ils confentoient que le Seigneur de Saint-Cannat fortît de la place. Il fut choifi le 28 Avril 1592, avec le Sieur de Buoux, pour traiter d'une trève générale. Il s'employa avec le Sieur de *Janfon* à détacher le Comte de Carcès des intérêts de la Ligue ; & en étant venu à bout, la réfolution fut prife de chaffer de Provence le Duc d'Épernon, qui trahiffoit l'Etat. Il entra dans Pertuis, ville de fon Gouvernement, en chaffa la Compagnie des Gendarmes du Duc, & y fit crier *Vive le Roi.* Il fe trouva encore au fiège de Montpellier avec fes enfans, & le Roi, qui avoit remarqué fon grand zèle pour fon fervice, & fa capacité pour les affaires d'Etat, le choifit pour un des Notables affemblés à Rouen en 1617. Il fe diftingua fous trois de nos Rois, eut la confiance de HENRI IV, qui lui faifoit fouvent l'honneur de le nommer pour monter avec lui dans fon caroffe. Voyez les *Mémoires de Sully.* Ce Prince le confultoit fur les principales affaires de l'Etat. Il obtint, pour fon fils, la furvivance du Gouvernement de Toulon, tefta le 1er Avril 1631 pardevant *Didier,* Notaire de cette ville, & y mourut le 3 Décembre 1637. Il avoit époufé, le 24 Janvier 1586, *Claire de Pontevès,* fille de *Jean,* Comte de Carcès, Grand-Sénéchal & Lieutenant de Roi de Provence, & de *Marguerite de Brancas,* dont :

1. BERNARD, qui fuit ;
2. HENRI, Seigneur de Saint-Rémy, Prévôt de Pignans, mort en 1645 ;
3. ELÉONORE, dotée de 24000 livres, & alliée, le 2 Mars 1615, à *Honoré d'Aimar,* Seigneur de Montfalier, Préfident au Parlement de Provence, dont une fille mariée au Marquis de *la Valette,* Général des Vénitiens ;
4. BLANCHE, alliée, en 1628, à *Charles de Grille,* Seigneur de Roubiac & d'Eftoublon, Viguier perpétuel de la ville d'Aix, dont poftérité ;
5. GABRIELLE, mariée, le 18 Janvier 1618, à *Pierre de Valavoire,* Seigneur de Vaulx, dont *François-Augufte de Valavoire,* Lieutenant-Général des Armées du Roi, Gouverneur de Sifteron, mort fans poftérité ;
6. Et MADELEINE, femme du Seigneur de *Tourtour,* morte fans enfans.

IX. BERNARD DE FORBIN, Seigneur de Soliers, Saint-Cannat & Saint-Rémy, Marquis

titulaire de Pont-à-Mouffon, Gouverneur de Toulon, fuivit fon père dans plufieurs campagnes. LOUIS XIII s'étant rendu maître de la Lorraine, le Seigneur de Soliers obtint un Arrêt du Confeil, du 13 Avril 1638, qui le renvoya au Parlement de Paris pour y faire valoir fes prétentions fi légitimes fur le Marquifat de Pont-à-Mouffon ; mais des raifons publiques empêchèrent que la conteftation ne fut décidée. Il mourut le 16 Août 1646, après avoir fait fon teftament le 14 précédent, pardevant *Cougourde,* Notaire d'Aix ou de Toulon. Il aliéna la ville de Saint-Rémy pour la dot de LUCRÈCE DE FORBIN, fa fille, & vendit celle de Saint-Cannat à *Henri de Covet,* Marquis de Marignanes, par acte du 1er Septembre 1646, pour la fomme de 106000 livres. Il avoit époufé, par contrat du 1er Juillet 1619, *Défirée de Covet,* dotée de 88000 livres, fille de *Jean-Baptifte de Covet,* Seigneur & Baron de Trets, Bormes, Marignanes, & de *Lucrèce de Graffe,* Baronne de Bormes. Elle fe remaria au Marquis de *Vignols.* De fon premier mari elle eut :

1. HENRI, Seigneur de Soliers, Saint-Cannat, Saint-Rémy, Marquis titulaire de Pont-à-Mouffon, Capitaine d'une Compagnie de Chevaux-Légers dans le Régiment de Mazarin, mort fans enfans en 1653, de fon mariage avec *Ifabelle de Veirac de Paulhan,* Dame de Cuifieux, fille de *Jean,* & d'*Ifabelle de Saint-Gilles,* laquelle fe remaria à *Armand de Cruffol,* Comte d'Uzès, puis le 5 Mai 1665, à *Nicolas-Augufte de la Baume,* Marquis de Montrevel, depuis Maréchal de France ;
2. JEAN, qui fuit ;
3. GASPARD, Chevalier de Malte & Prieur de Soliers ;
4. LUCRÈCE, que fa beauté rendit célèbre fous le nom de *la belle du Cannet,* dotée de 33000 livres, & mariée, le 25 Septembre 1640, à *Henri de Rafcas,* Seigneur du Cannet, dont elle n'eut point d'enfans ;
5. MARGUERITE, mariée 1º à *Pierre d'Agoult,* Seigneur d'Ollières, dont poftérité ; & 2º à *Charles de Glandevès,* Seigneur de Mirabeau, Sénéchal de Sifteron ;
6. BLANCHE, Abbeffe de Saint-Bernard d'Yères ;
7. & 8. GABRIELLE & DÉSIRÉE, Religieufes au même Monaftère.

X. JEAN DE FORBIN, Seigneur de Soliers, Saint-Rémy, Saint-Cannat, Marquis titulaire de Pont-à-Mouffon, Colonel du Régiment de Provence, par commiffion du 26 Mai

1656, obtint un Arrêt de la Chambre Royale de Metz, le 2 Juin 1683, par lequel fes droits, fur le Marquifat de Pont-à-Mouffon, furent reconnus pour légitimes. Il mourut le 15 Mai 1694, & avoit époufé, par contrat du 10 Janvier 1657 (Icotre & Saronet, Notaires au Châtelet de Paris), *Françoife Amat*, dotée de plus de 310000 livres, fille de *Noël*, Seigneur du Poët, & d'*Ifabeau Souchon*, & fœur de *Marie*, & d'*Angélique Amat*; la première mariée à *François-Augufte de Valavoire*, Lieutenant-Général des Armées du Roi, & la feconde à *André de Thoart*, Marquis de Buzenval, aufſi Lieutenant-Général des Armées du Roi. De ce mariage vinrent :

1. FRANÇOIS - AUGUSTE, Seigneur de Soliers, Marquis titulaire de Pont-à-Mouffon, Chevalier d'honneur de fon Alteffe Royale ELISABETH-CHARLOTTE DE BAVIÈRE, Ducheffe d'Orléans, fille de France & Colonel du Régiment de Provence. Il obtint de LOUIS XIV de faire imprimer fes titres touchant le Marquifat de Pont-à-Mouffon, & de les remettre aux Miniftres chargés de la négociation de la paix à Utrecht. Il mourut, fans avoir été marié, le 11 Septembre 1713, âgé de 45 ans ;

2. LOUIS-PALAMÈDE, qui fuit ;

3. ISABEAU, mariée, le 8 Juin 1684, à *François-Louis des Porcellets*, dont pour fille unique *Françoife des Porcellets*, femme de *Paul-Jofeph des Porcellets*, Marquis de Maillanne. Elle fut dotée de 40000 livres ;

4. GENEVIÈVE, dotée de 30000 livres, mariée à *Jofeph d'Albert*, Seigneur de Sillans, le 11 Mai 1687, dont des enfans;

5. 6. 7. & 8. DÉSIRÉE, BLANCHE, ANGÉLIQUE & MARGUERITE, Religieufes à Hyères en Provence.

XI. LOUIS-PALAMÈDE DE FORBIN, Seigneur de Soliers après fon frère aîné, Marquis titulaire de Pont-à-Mouffon, Capitaine de Cavalerie, Chevalier d'honneur, après fon frère, de S. A. R. ELISABETH-CHARLOTTE DE BAVIÈRE, Ducheffe d'Orléans, mort en Mai 1743, avoit eu de fa femme *N... de Maliverny*, un fils dit le Marquis de Pont-à-Mouffon, décédé avant fon père, fans alliance, fur le Vaiffeau du Roi nommé *le Tigre*, le 16 Décembre 1733, dans le trajet de Vigo à Cadix.

BRANCHE
des Seigneurs de GARDANNE.

IV. JACQUES DE FORBIN, Seigneur de Gardanne, troifième fils de JEAN, & d'*Ifoarde de* *Marini*, frère puîné de PALAMÈDE, dit *le Grand*, Gouverneur & Sénéchal de Provence, duquel il acquit la Seigneurie de Gardanne le 11 Septembre 1482, fut premier Conful de Marseille en 1480, lorfque CHARLES D'ANJOU, dernier Comte de Provence, vint en cette Ville pour y recevoir ferment de fidélité des Marfeillois; il fut pourvu de la même charge aux années 1490 & 1492, fe joignit à fes frères dans la réduction de la Provence à l'obéiffance du Roi, & fit déclarer Marfeille pour LOUIS XI. Il marcha au ban & arrière-ban que CHARLES VIII convoqua, tefta pardevant *Antoine Bègue*, Notaire à Marfeille, le 7 Avril 1492, ordonna fa fépulture chez les Frères Mineurs de cette Ville, & mourut en 1495. Il avoit époufé, vers l'an 1452, *Marthonne Tenchevrière*, fille d'*Ifnard Tenchevrière*, de la ville de Montpellier, dotée de 1500 moutons d'or, & avantagée de 200 autres, valant quatre écus pièce, ce qui faifoit une fomme prodigieufe pour ce tems. Ses enfans furent :

1. MICHEL, qui fuit ;

2. CHARLES, rapporté après la poftérité de fon aîné ;

3. BELLONE, dotée de 3000 florins, femme d'*Hélion de Villeneuve*, Seigneur de Flayofc, fils d'*Antoine de Villeneuve*, & de *Philippine de Glandevès*, dont fortirent les Seigneurs d'Efpinouffe & de Tortone;

4. FRANÇOISE, aufſi dotée de 3000 florins, femme de *Louis de Caftellane*, Seigneur de Mazaugues, par contrat du 23 Octobre 1476.

JACQUES DE FORBIN eut encore une fille naturelle, nommée

ISOARDE, à qui il laiffa 400 florins pour la marier.

V. MICHEL DE FORBIN, Seigneur de Gardanne, héritier de fon père, & fubftitué aux enfans de PALAMÈDE DE FORBIN, dit *le Grand*, fon oncle, premier Conful de Marfeille en 1497 & 1514, s'étoit trouvé avec fon père au ban & arrière-ban convoqué par CHARLES VIII, fe diftingua au fameux fiège de Marfeille, fait par le Duc de Bourbon en 1524, fit deux teftamens, l'un en 1504, l'autre le 31 Décembre 1519, fonda, avec fon fils aîné, une Chapelle fous l'invocation de Saint-Antoine, dans l'Eglife paroiffiale de Gardanne, dont ils fe réfervèrent le patronage, inftitua pour héritier univerfel fon fils aîné, avec fubftitution à fes autres enfans mâles, au défaut defquels il ap-

pelle CHARLES DE FORBIN, fon frère ou fes en-
fans mâles & defcendans d'iceux. Il avoit
époufé, le 27 Janvier 1489, *Marguerite de
Rame*, dotée de 3000 florins, monnoie de
Marfeille, & de 400 d'augmentation, fille de
Pierre, Seigneur du Poët en Dauphiné, dont :

1. ESPRIT, qui fuit ;
2. Louis, légataire de 10000 florins de Roi, à
　16 fols pièce, mort fans hoirs ;
3. JACQUES, auffi légataire de 10000 florins de
　Roi, décédé fans poftérité ;
4. Louise, dont on ignore le fort ;
5. HONORÉE, femme 1° de N.... *de Caftillon*,
　Seigneur de Cucuron ; & 2° le 30 Septem-
　bre 1544, d'*Antoine de Laidet*, Co-Seigneur
　de Sigoyer ;
6. Et HÉLÈNE, Dame en partie de Gardanne,
　femme de *Guillaume de Gras*, Seigneur de
　la Tour, du Val & de Sigoyer au Gapen-
　çois, dont, entr'autres enfans : *Florette de
　Gras*, femme d'*Antoine de Badet*, Confeil-
　ler au Parlement de Provence.

MICHEL DE FORBIN eut encore un fils naturel, nommé

GUILLAUME, mentionné dans fon teftament, &
　auquel il laiffa une maifon à Gardanne, &
　deux carteyrades de vigne.

VI. ESPRIT DE FORBIN, Seigneur de Gardanne, fit deux teftamens à Marfeille, l'un le
3 Juillet 1524, l'autre le 19 Juillet 1527, légua à GUILLAUME, fon frère naturel, 100 écus
d'or fol, pour avoir foin de lui pendant fa
maladie, inftitua héritier univerfel FRANÇOIS
DE FORBIN, fon fils, dont on va parler, avec
fubftitution, en cas de décès d'enfans mâles
dudit fils ou de fes enfans mâles, à FRANÇOIS
& à CLAUDE DE FORBIN, frères, fes coufins,
fils de CHARLES, & à leurs enfans mâles. Il
avoit époufé, en 1521, *Madeleine de Villeneuve*, dotée de 10000 florins, valant 300
écus, fille d'*Alexis de Villeneuve*, Marquis
de Trans, Seigneur de Flayofc, & d'*Yolande
de Sabran*. De ce mariage vinrent :

1. FRANÇOIS, né fourd & muet en 1530, Sei-
　gneur de Gardanne, qui fut mis fous la tu-
　telle de fon oncle CHARLES, & de fa fœur
　HONORÉE DE FORBIN ; mort en 1545, âgé
　de 15 ans. *Yolande de Sabran*, fon aïeule,
　fut fon héritière ;
2. JEAN, né poftume, mort mineur ;
3. & 4. MELCHIONE & HONORÉE, légataires
　chacune de 5000 florins, mortes en mino-
　rité avant leur frère aîné.

V. CHARLES DE FORBIN, fecond fils de JAC-

QUES, & de *Marthonne Tenchevrière*, héritier de fon père des biens qu'il avoit à Marfeille, fubftitué aux enfans de PALAMÈDE DE
FORBIN, fon oncle, chargé de la garde de ceux
de BERNARDIN DE FORBIN, Seigneur de la Barben, & de ceux d'ESPRIT DE FORBIN, fon neveu ; élu premier Conful de Marfeille aux années 1502 & 1508, Député, l'an 1512, vers
FRANÇOIS Ier, pour la confirmation des privilèges de cette Ville, & choifi, en 1524, parmi les Gentilshommes les plus nobles & les
plus diftingués de Marfeille, pour la défenfe
de cette Ville, affiégée par le Duc de Bourbon, qui fut contraint d'en lever le fiège, tefta le 24 Juillet 1528, & ordonna fa fépulture dans l'Eglife de la Major à Marfeille. Il
avoit époufé, par contrat du 5 Mars 1489,
Jeanne, dite *Marie de Boniface*, fille de *Vivaud*, Juge-Mage de Provence, & de *Catherine de Remefan*, fœur de *Jean-Baptifte*,
Chevalier de Rhodes & Bailli de Manofque.
Il en eut :

1. FRANÇOIS, Viguier Royal de Marfeille, par
　Lettres du 2 Juin 1559, qui avoit tefté le
　30 Novembre 1530, & avoit inftitué fon
　frère puîné, CLAUDE, fon héritier univerfel.
　Il légua 400 florins à fa fille naturelle nom-
　mée CONSTANCE, lors de fon mariage, &
　payables dans les quatre premières années ;
2. CLAUDE, qui fuit ;
3. GASPARD, Religieux Caffianifte à l'Abbaye
　de Saint-Victor de Marfeille, en 1570, lé-
　gataire de fon frère de la moitié des fruits
　des biens de Saint-Marcel, à la charge
　qu'après lui la totalité de ces biens retour-
　neroit à fon frère CLAUDE ;
4. MARGUERITE, femme, en 1528, de *Blaife
　Dória*, premier Conful de Marfeille en
　1517, 1535 & 1547, dont quatre fils & cinq
　filles ;
5. Et ANDRIEUVETTE, dotée de 3000 florins,
　mentionnée dans le teftament de fon père,
　mariée, le 17 Novembre 1514, à *Antoine
　de Materon*, Seigneur d'Auzet, laquelle
　tefta le 22 Décembre 1536, dont *Melchione
　de Materon*, alliée, le 27 Avril 1537, à
　Louis de Bafchi, Seigneur de Saint-Eftève,
　& en partie de Thoard, dont poftérité.

VI. CLAUDE DE FORBIN, Seigneur de la Motte, appelé à la jouiffance de la terre de Gardanne, au défaut d'enfans d'ESPRIT DE FOR-
BIN, fon coufin germain, paffa un accord, en
1547, au fujet des Eaux de Saint-Marcel, avec
Jean Arnaud. Il époufa *Madeleine Grimaldi*, fille d'*Honoré Grimaldi*, Baron fouve-

rain de Beuil en Terre-Neuve, Seigneur du Val, de Maffo, Chevalier de l'Ordre de l'Annonciade, Gouverneur de Nice, & de *Baptiſtine de Fregoſe*, ſa première femme. Elle obtint du Roi, par Lettres données à Blois au mois de Février 1550, d'être déchargée du droit d'Aubaine. Elle étoit alors veuve, & eut de ſon mariage:

JEAN-BAPTISTE, qui ſuit.

CLAUDE DE FORBIN, Seigneur de Gardanne, eut encore un fils naturel, nommé

GASPARD DE FORBIN, qui teſta le 10 Novembre 1586, & mourut à Saint-Marcel-lès-Marſeille, le 21 Janvier 1598, laiſſant d'*Antoinette Magallon*, fille d'*Antoine*, & d'*Allayette-Fabreſſe de Cireſte*, qu'il avoit épouſée le 28 Janvier 1577:

1. CHARLES, héritier univerſel de ſon père, qui ſe maria, par contrat du 6 Octobre 1606, avec *Melchione de Seillans*, fille de *François*, Docteur en Droit, & de *Françoiſe de Flotte* (fille de *Nicolas de Flotte*, des Seigneurs de Roquevairé, Conſeiller au Parlement d'Aix). Il n'en eut point d'enfans, mais il fut père d'une fille naturelle, nommée

   ISABEAU DE FORBIN, mariée, par contrat paſſé à Marſeille le 14 Mai 1627, à *Jean-Baptiſte Bérenguier*, Notaire de Carnoules.

2. PIERRE, Religieux à Saint-Victor, qui fit une donation de ſes biens à CHARLES, ſon frère, ſous la réſerve d'une penſion;

3. MARGUERITE, mentionnée au teſtament de ſon père, mariée, 1° le 16 Septembre 1597, à *Jean Faucon*, de Marſeille; & 2° le 18 Février 1612, au Capitaine *Jacques Lunel*, de la ville de Berre, fils d'*Antoine Lunel*, & de *Léonore de Ruſſi*.

VII. JEAN-BAPTISTE DE FORBIN, Seigneur de la Motte & de Gardanne, ſe fit adjuger cette dernière Terre en vertu du *fidei-commis*, fait en ſa faveur & en celle de ſon père par ESPRIT DE FORBIN, ſon oncle à la mode de Bretagne, le 12 Décembre 1562. Il fut élu premier Conſul de Marſeille en 1572, ſe ſignala dans les guerres de la Ligue, ſe trouva à la tête de l'Infanterie du Comte de Carcès, aux deux grands combats des 25 & 26 Juin 1589, donnés entre M. de la Valette, & M. de Vins; à celui du 27 Juin, livré ſur la Montagne de Saint-Eutrope auprès d'Aix, & à la

ſortie faite le 6 Juillet ſuivant, contre le Fort que le Duc d'Epernon faiſoit bâtir ſur cette montagne; combattit avec 200 hommes une Troupe que ce Duc avoit miſe en embuſcade, ſuivit le Comte de Carcès à une autre ſortie vigoureuſe, faite contre les Troupes qui travailloient à la conſtruction de ce fort; commanda les enfans perdus à l'attaque du pont de Béraud, le 23 Avril 1596, & força les premières barricades du Fort qui protégeoient le pont. Il fut député, en 1595, vers HENRI IV, comme l'un des principaux Seigneurs de Marſeille, pour la confirmation des privilèges de cette ville, qui le choiſit encore, en 1600, pour Meſtre-de-Camp & Commandant de l'Infanterie Marſeilloiſe qu'elle mit ſur pied, lors du mariage de HENRI IV, avec MARIE DE MÉDICIS, & de l'arrivée de cette Princeſſe dans la ville de Marſeille, où le Roi étoit auſſi attendu. JEAN-BAPTISTE DE FORBIN fit deux teſtamens avec ſubſtitution de la Terre & Seigneurie de Gardanne, graduelle & perpétuelle entre ſes enfans mâles & les enfans ou deſcendans mâles d'iceux, l'un le 4 Novembre 1590, l'autre le 27 Décembre 1595. Il mourut en 1601, & avoit épouſé, par contrat du 29 Juillet 1565, *Déſirée de Linche*, riche héritière, fille de *Thomas de Linche*, originaire de l'Iſle de Corſe, élu premier Conſul de Marſeille en 1566, après Charles de Vento. Elle teſta le 23 Avril 1605, pardevant *Torcat*, Notaire à Gardanne, inſtitua héritier univerſel ſon fils aîné, & fit des legs à ſes autres enfans. De ce mariage naquirent:

1. ANTOINE, qui ſuit;

2. CHARLES, dont la poſtérité ſera rapportée après celle de ſon aîné;

• 3. ALPHONSE, Seigneur en partie de Gardanne, marié à *Madeleine Diodé*, fille d'*Honoré*, & de *Marguerite de Glandevès-Cuges*, dont un garçon & trois filles, ſavoir:

   1. N... DE FORBIN, de qui la veuve ſe remaria avec *N... de Grollier*, de la ville de Lyon;

   2. CLAIRE, mariée, en 1634, à *Pierre de Folin*, Chevalier Seigneur de Saint-Martin-lès-Seine;

   3. HÉLÈNE, alliée 1° à *Jean Doria*, de la ville de Marſeille, dont elle eut trois fils; & 2° en 1664, à *Laʒare de Vento*, premier Conſul de Marſeille;

   4. Et MARGUERITE, dont on ignore le ſort.

4. & 5. PIERRE & HENRI, Chevaliers de Mal-

te, reçus en 1586, le premier, mort Commandeur de Renneville, après 1628;

6. MARGUERITE, dotée de 3000 écus fol, femme, le 12 Décembre 1587, de *Jean de Gaillard*, Seigneur de Bellaffaire, dont des enfans;

7. HONORADE, auffi dotée de 3000 écus fol, femme, en 1610, de *Jean-Paul Cipriani*, Seigneur de Trébillane, dont poftérité;

8. BLANCHE, dotée, comme fes autres fœurs, de la même fomme, alliée, en 1598, à *Chriftophe de Bricard*, Seigneur de Cabriès;

9. DIANE, auffi dotée, mariée, en 1603, à *Hercule de Matheis*, Seigneur du Reveft & de Brouffes, dont huit enfans mâles, parmi lefquels fe trouve *François de Matheis du Reveft*, reçu Chevalier de Malte en 1624, mort Commandeur de fon Ordre en 1656;

10. & 11. HÉLÈNE & RENÉE, Religieufes à Sifteron.

VIII. ANTOINE DE FORBIN, Seigneur de Gardanne & de la Motte, premier Conful de Marfeille en 1612, fuivit fon père dans les guerres de la Ligue. Les Marfeillois le choifirent en 1601 & 1610, pour commander en qualité de Meftre-de-Camp les Troupes que Marfeille mit fur pied, dans la crainte que les Efpagnols nefiffent des entreprifes fur la Ville. Il époufa, 1° par contrat paffé à Marfeille, le 14 Décembre 1596, *Lucrèce de Covet*, dont il n'eut point d'enfans, fille de *Martin*, Seigneur de Montriblond en Breffe, & de *Madeleine Monier*; & 2° par contrat du 12 Juillet 1606, auffi paffé à Marfeille, *Lucrèce-Adhémar de Caftellane*, fille de *Louis-Adhémar de Monteil de Caftellane*, Comte de Grignan, Chevalier des Ordres du Roi, & d'*Ifabeau de Pontevès-Carcès*, dont:

1. JEAN-BAPTISTE, mort en bas âge;

2. CHARLES, Seigneur de Gardanne, marié, par contrat paffé devant *Ponci*, Notaire à Marfeille, le 21 Février 1649, à *Françoife de Sellier*, de la ville de Marfeille, fille de *Nicolas*, & de *Françoife de Mercadier*. Il mourut laiffant:

> LOUISE, fille mineure, décédée en 1655, à laquelle PIERRE DE FORBIN, fon coufin germain, fuccéda.

3. Et LOUIS, né à Marfeille en 1610, reçu Chevalier de Malte en 1628, dit le Chevalier, puis le Commandeur de Gardanne. Il fut pourvu des Commanderies de Reiffac, de Gap & de Peyruis. Il fervit fur mer avec beaucoup de diftinction, fut choifi par commiffions des 26 Mars & 1er Avril 1643, pour commander le Vaiffeau nommé *la Fortune*,

du port de 500 tonneaux, dans l'Armée navale du Roi, qui battit la Flotte Efpagnole à la vue de Carthagène, le 3 Septembre fuivant; enfuite il monta *le Lion Couronné*, auffi du port de 500 tonneaux, par commiffion du 15 Janvier 1646, dans l'Armée navale du Duc de Brezé, qui battit celle d'Efpagne, le 14 Juin, après un combat fanglant. Par commiffion de la Reine Régente, du 28 Janvier 1647, il commanda le même Vaiffeau, & fut choifi par diftinction pour aller en Ambaffade remercier le Roi de Portugal de l'offre qu'il avoit faite à LL. MM. d'envoyer encore durant cette campagne une Efcadre de fes Vaiffeaux dans la Méditerranée, pour y joindre l'Armée navale de France, & prier ce Prince, de leur part, de les y faire paffer promptement. Il fut encore choifi pour commander le Vaiffeau nommé l'*Etourdi*, du port de 600 tonneaux, dans l'Armée navale du Roi, par commiffion de la Reine Régente, du 20 Mars 1648, puis le Vaiffeau nommé *le Braize*, dans l'Efcadre de 5 Vaiffeaux, dont il eut le commandement par commiffion du 13 Octobre fuivant; il commanda encore la Galère, nommée *la Couronne*, par Brevets des 14 Mars 1664, 20 Mars 1665, 29 Janvier 1666; eut permiffion d'armer en courfe, par commiffion du 1er Octobre même année, & fit quantité de prifes fur les ennemis du Roi. Enfin il fervit en qualité de Capitaine de Galère jufqu'en l'année 1677, que le Roi lui permit de fe retirer du fervice pour rétablir fa fanté, lui accordant en même tems la grâce qu'il avoit demandée, de remettre le commandement de fa Galère au Sieur de Rouffec, fon ami, & il mourut en 1690, avec la réputation d'un très-grand homme de mer.

VIII. CHARLES DE FORBIN, fecond fils de JEAN-BAPTISTE, & de *Défirée de Linche*, Seigneur de Gardanne, tefta le 21 Février 1634, pardevant *Pierre Torcat*, Notaire de Gardanne. Il avoit époufé, 1° le 18 Février 1604, *Claire Salomon*, fille de *Germain*, Affeffeur de la ville de Marfeille, & d'*Hélène de Bus*, veuve de *Louis Diodé*, petite-fille du Capitaine *Girard Salomon*, & arrière-petite-fille de *Renaud Salomon*, de la Ville de Termini, au Diocèfe de Palerme en Sicile, iffu d'une des plus anciennes Maifons de cette Ifle, dont l'origine a été juftifiée par un certificat de Don *Pompeo Salomone*, Duc d'Albafiorita, Confeiller de Sa Majefté Catholique au Royaume de Sicile, du 20 Mai 1717. Elle tefta à Gardanne le 7 Mars 1623. CHARLES DE FORBIN avoit époufé, 2° par contrat paffé à Eguilles-lès-Aix, le 14 Mars 1626, *Alexandrine de Genas*, fille de *Jean de Genas*, Seigneur d'Eguilles, & de *Marguerite de Villeneuve-Mons*. Du premier lit vinrent :

1. PIERRE, qui fuit ;
2. GERMAIN, Capitaine des Vaiffeaux du Roi, par commiffion des 3 Novembre 1666 & 12 Novembre 1669, qui perdit un œil au combat de la Hogue en 1692, ce qui le fit furnommer *le Borgne de Forbin*. Il mourut en 1695, après avoir long-tems commandé la marine à Rochefort ;
3. CHARLES, Chevalier de Malte, qui tranfigea avec fes frères, le 17 Octobre 1643 ;
4. CHRISTINE, mariée, en 1646, avec *François de Flotte*, des Seigneurs de Roquevaire, fils de *Louis*, & de *Marguerite de Martin*, dont poftérité ;
5. MARGUERITE, Religieufe.

Et du fecond lit il eut :

6. CLAIRE, mariée, 1° en 1652, à *Antoine de Materon*, Seigneur de Salignac & d'Entre-pierres, mort fans poftérité, après le 16 Janvier 1669 ; & 2° à *Sauveur de Gaillard*, Seigneur de Moiffac, dont elle n'eut point auffi d'enfans ;
7. Et JEANNE, femme, fans enfans, de *Guillaume de Ferrier*, d'Iftres.

IX. PIERRE DE FORBIN fit fon teftament à Aix, le 14 Novembre 1658, pardevant *Gautier*, Notaire Royal, & mourut à Gardanne en 1663, après avoir fervi quelque tems fur les Vaiffeaux du Roi. Il avoit époufé, par contrat du 10 Août 1635, paffé devant *Péliffier*, Notaire à Marfeille, *Anne de Merigon*, de la ville de Graffe, fille d'*Antoine*, premier Conful de Graffe, Capitaine dans les Régimens de Piles & de Corbons, & de *Françoife de Seillans*, petite-fille du Capitaine *Pierre de Merigon*. Elle tefta le 18 Novembre 1679, devant *Nicolas Curbis*, Notaire Royal d'Aix. De ce mariage vinrent :

1. CHARLES, né & baptifé à Saint-Marcel, le 15 Juillet 1637, mort jeune ;
2. GASPARD, né le 6 Décembre 1639, Lieutenant des Galères du Roi, un des beaux efprits de fon fiècle, marié, pardevant *Rampal*, Notaire à Marfeille, le 14 Mai 1659, avec *Eléonore le Maître*, fille de *Guillaume*, Seigneur des Broffes & de Beaumont en Provence, & d'*Eléonore de Barras*, Dame en partie de Mirabeau, dont il n'eut point d'enfans. Il tefta devant *Voyer*, Notaire à Marfeille, le 6 Janvier 1707, & mourut le 7

Mars fuivant. Sa Maifon fut de fon vivant l'afile des Seigneurs les plus confidérables de la Province & des Étrangers les plus diftingués ;

3. LOUIS, né le 8 Août 1649, Capitaine des Vaiffeaux du Roi, par commiffion du 16 Février 1682. Il fe trouva au combat de la Hogue en 1692, fauva fon vaiffeau, étoit le bras droit du Maréchal de Tourville, fut bleffé au combat de la Manche donné par ce Général, eut la gloire, en 1693, de couler à fond, après un combat très-meurtrier, un vaiffeau de guerre Hollandois de 60 pièces de canon, & mourut fans avoir été marié en 1695 ;
4. JEAN, qui fuit ;
5. CLAUDE, dit *le Chevalier*, puis *le Comte* DE FORBIN, Chevalier de Saint-Louis, Chef d'Efcadre des Armées navales, après avoir été Grand-Amiral de Siam & Généraliffime des Troupes Siamoifes, mort fans avoir été marié, le 2 Mars 1733, à Marfeille, dans la réputation d'un des plus grands hommes de mer que la France ait eus. On a de lui des Mémoires qu'il fit imprimer en 1729. Il eut le malheur de tuer dans fa jeuneffe, dans un combat particulier, le Chevalier de Gourdon, & il fut le premier à qui LOUIS XIV accorda des lettres de grâce, en confidération des grands & fignalés fervices de ceux de fa Maifon ;
6. THÉRÈSE, mariée, 1° le 29 Juin 1655, avec *Charles de Caftel*, fils de *Claude*, & de *Gabriel de Périer* ; & 2° à *Charles de Gratian*, de la ville de Marfeille, Capitaine de l'une des Galères de Sa Majefté, fils puîné de *Charles*, & d'*Anne de Capel* ;
7. Et CLAIRE, Supérieure du Monaftère de la Miféricorde d'Aix.

X. JEAN DE FORBIN, né le 7 Septembre 1650, d'abord deftiné à l'Eglife, quitta l'état eccléfiaftique, & entra dans la première Compagnie des Moufquetaires du Roi, fous le Bailli DE FORBIN, fit la campagne de 1677, fe trouva à la bataille de Caffel, entra enfuite dans la Marine, où il fervit en qualité d'Enfeigne de Vaiffeau, de Lieutenant & de Capitaine de Frégate, puis en celle de Capitaine de Vaiffeaux au Département de Toulon. Ses fréquentes incommodités l'obligèrent de quitter le fervice. Il tefta devant *Canety*, Notaire de Gardanne, le 5 Mai 1722, & mourut le 22 du même mois 1724. Il avoit époufé, par contrat paffé devant *Guyon*, Notaire à Aix, le 28 Janvier 1713, *Elifabeth de Gaillard*, fille de *Gafpard*, Préfident en la Chambre des

Comptes & Aides de Provence, & de *Thérèse d'Agoult-d'Ollières*, nièce de *Sauveur de Gaillard*, Grand-Prieur de Saint-Gilles, morte à Marseille le 12 Janvier 1749, laissant :

1. JEAN-CLAUDE-PALAMÈDE, qui suit ;
2. GASPARD-FRANÇOIS-ANNE, né le 8 Juillet 1718, reçu Chevalier de Malte le 3 Avril 1732, Lieutenant dans le Régiment Royal des Vaisseaux, par lettres du 28 Novembre 1733, Capitaine par commission du 1er Juillet 1738, Lieutenant-Colonel d'Infanterie & Major dudit Régiment, par Brevets des 1er Janvier 1748 & 19 Mars suivant. Il a fait les campagnes de 1734 & 1735 en Allemagne, s'est trouvé à l'attaque des lignes de Dettingen & au siège de Philippsbourg ; a fait les campagnes de Bavière en 1743, celles de Flandre de 1744, 1745, 1746, 1747 & 1748 ; s'est trouvé aux batailles de Fontenoy, de Raucoux, de Lawfeld, à la retraite des Cinq-Étoiles, aux sièges de la Ville & Citadelle de Tournay, d'Oudenarde, de Dendermonde en 1745, & de Berg-op-Zoom en 1747. Il commanda un bataillon le jour de l'assaut des douze qui furent employés à cette action, & il eut la principale part à la prise de cette place ; & enfin à celui de Maëstricht en 1748. Il est l'auteur des nouveaux exercices donnés à l'Infanterie en 1754 & 1755, & des institutions & ordonnances que Sa Majesté a adressées ces mêmes années à son Infanterie. Il s'est rendu à Malte à la dernière citation, & a été choisi pour être Major-Général des troupes de son Ordre, tant de terre que de mer, par commission du 17 Juillet 1761 ;
3. HENRI-JEAN-BAPTISTE-LOUIS-FORTUNÉ, reçu Chevalier de Malte le 17 Juillet 1737, Lieutenant dans le Régiment Royal des Vaisseaux, par Lettres du 1er Décembre 1733, puis Capitaine par commission du 10 Août 1742, mort à Tongres, âgé de 27 ans, le 21 Juillet 1747, de la suite des blessures qu'il reçut à la bataille de Lawfeld, donnée le 2 du même mois. Il avoit fait les campagnes de 1734 & 1735 en Allemagne, celles de Bavière en 1743, celles de Flandre depuis 1744 jusqu'en 1747, & s'étoit trouvé au siège de Philippsbourg, à ceux de la Ville & Citadelle de Tournay, d'Oudenarde, de Dendermonde, de Bruxelles, à la surprise de Vilvorden, & aux batailles de Fontenoy, de Raucoux & de Lawfeld ;
4. Et ELISABETH-CHARLOTTE-FÉLICITÉ, mariée à Marseille, en 1744, à *Gaspard-Amiel de Maurellet*, Marquis de la Roquette ; morte à Paris, mère de plusieurs filles, en Juillet 1748.

XI. JEAN-CLAUDE-PALAMÈDE, Marquis de FORBIN, né le 22 Novembre 1716, fut héritier du Comte de FORBIN, son oncle, Mousquetaire dans la première Compagnie, & Sénéchal d'épée de la ville de Marseille, a épousé, le 19 Janvier 1751, *Clotilde-Adélaïde de Félix-la-Ferratière*, fille unique & héritière de *Pierre de Félix-la-Ferratière*, & de *Marie-Anne de Laugier*, dont :

1. PIERRE-PAUL-JEAN-MARIE-PALAMÈDE, Comte de FORBIN, né à Marseille le 4 Décembre 1751, Capitaine de Cavalerie dans le Régiment Royal-Lorraine, mort à Paris le 4 Octobre 1773 ;
2. GASPARD-ANNE, né à Marseille le 7 Mai 1756, reçu Chevalier de Malte de minorité, Garde de la Marine à Toulon ;
3. FORTUNÉ, né à Marseille en 175... ;
4. MADELEINE, née le 28 Mai 1754, mariée à *Louis-Auguste de l'Isle*, Seigneur de Taulanne, Capitaine des Vaisseaux du Roi ;
5. Et MÉLANIE-AGLAÉ, née le 2 Août 1759.

BRANCHE BATARDE,
établie à Lambesc, éteinte.

V. PAUL, dit PAULET DE FORBIN, premier fils naturel de JEAN DE FORBIN, IIe du nom, Seigneur de la Barben, mentionné au degré IV de la Branche dont est tige JEAN DE FORBIN, second fils de GUILLAUME, & de *Gauffride de Borgarelli*, fut exécuteur du testament de MICHEL DE FORBIN, Seigneur de Gardanne, rapporté au IIe degré de la Branche des Seigneurs de Gardanne. Il étoit dès lors habitué à Lambesc, comme le porte le même testament, & ne peut qu'être la tige de la Branche du nom de Forbin, établie dans cette Ville, comme l'assurent plusieurs anciennes généalogies manuscrites, qui le disent fils naturel de JEAN II. Il épousa *Jeanne de Boniface*, dont :

1. JEAN, qui suit ;
2. Et AICELANE, de laquelle on ignore le sort.

VI. JEAN DE FORBIN, Seigneur de la Tour-Dauvet, habita Lambesc dès l'âge de 9 ans, fut Viguier Royal de Marseille en 1562, & mourut âgé de 90 ans. Il avoit épousé *Antoinette de Lauris*, fille de *Montolin de Lauris*, Seigneur de Taillades au Comtat-Venaissin, & de *Dauphine d'Allamanon*. De ce mariage vint :

VII. BERTRAND DE FORBIN, Commissaire-Général de la Marine au Département de Pro-

vence,& député par la Nobleffe de cette Pro-
vince en 1591, aux Etats-Généraux qu'on de-
voit tenir à Reims. Il fervit dans les guerres
de la Ligue, & époufa *Jeanne d'Ivrai*, de la
Province du Poitou, fille de *Jean d'Ivrai*,
Seigneur de Jaullens près de Châteaudun en
Vendômois, & de *Philippine - Guilaine de
Montenfon*, dont il eut :

1. FRANÇOIS, Seigneur de Bonneval, Commiffaire-Général de la Marine, allié à *Renée
   de Caftellane Biofc*, dont il n'eut que deux
   filles :

   RENÉE, mariée à *Emeric de Lauris*, Seigneur de Taillades & de Valbonnette ;
   Et MARGUERITE, mariée 1º à *Jean de Romieu*, Seigneur du Fos ; & 2º en 1599,
   à *Efprit Colin*, Seigneur de Janet.

2. LOUIS, qui tefta à Lambefc en 1616, avoit
   époufé, en 1610, *Ifabeau de Cadenet*, fille
   d'*Ambroife de Cadenet*, Seigneur de Ta-
   marlet, & d'*Etiennette de Combau de la
   Tour*, de la ville de Carpentras, & en eut
   quatre filles :

   1. ETIENNETTE DE FORBIN-BONNEVAL, ma-
      riée, le 13 Juin 1628, à *Claude de Fau-
      dran*, Seigneur de Laval ;
   2. MARGUERITE DE FORBIN - BONNEVAL,
      femme de *François Thomas*, Seigneur
      de la Valette ;
   3. & 4. On ignore le fort des deux autres.

3. NICOLAS, mort à l'armée fans avoir été
   marié ;

4. Et PAUL-ALBERT, reçu Chevalier de Malte
   en 1589, d'abord Commandeur de Beaulieu, puis Grand - Prieur de Saint-Gilles,
   Souverain des Isles-d'Or. Il fut le premier
   Ambaffadeur de fon Ordre en France, & il
   obtint que l'Ambaffadeur de l'Ordre auroit
   les mêmes honneurs que ceux des têtes
   couronnées. Il fut d'abord Capitaine de la
   Galère, nommée *Royale de France*, enfuite
   Lieutenant-Général des Galères du Roi, &
   honoré, au commencement d'Avril 1639,
   de la commiffion de Général des Galères de
   France (M. de Pontcourlay, neveu du Cardinal de Richelieu, ayant été fufpendu de fa
   charge).C'eft en cette qualité qu'il commanda
   l'armée navale qui, en 1642, affiégeoit Col-
   lioure, place maritime du Rouffillon, com-
   pofée de 16 Galères & de 20 Vaiffeaux de
   guerre. Au mois de Juillet de la même année, il livra bataille à l'armée navale d'Efpagne, qui venoit au fecours de cette place.
   Le combat dura deux jours & fut à l'avantage des armes du Roi.

Les armes de la Maifon de FORBIN font :

d'or, *à un chevron d'azur, accompagné de
3 têtes de léopard de fable, lampaffées de
gueules, pofées 2 en chef & 1 en pointe.*
(Nous ignorons celles des branches bâtardes.)

*FORCALQUIER, en Provence. Ce Com-
té étoit autrefois d'une étendue affez confidérable. Il comprenoit tout le pays qui fe trouve
entre la Durance, le Rhône, l'Ifère & les Alpes ; mais il fut réduit à des bornes plus étroi-
tes, parce que les Comtés de Die, de Gap,
d'Avignon & d'Embrun en furent féparés.
Aujourd'hui ce Comté ne comprend plus que
les Villes & territoires de *Forcalquier*, Sifteron, Pertuis, Apt, Sault, Grignan & Mont-
dragon.

Les Comtes de *Forcalquier* étant tombés
dans la difgrace de l'Empereur FRÉDÉRIC Iᵉʳ,
ce Prince confifqua leurs terres en 1162, à
défaut d'hommage rendu ; mais comme ils
n'étoient pas Vaffaux immédiats de l'Empire,
puifqu'ils faifoient hommage aux Comtes de
Touloufe d'une part, & à ceux de Provence
de l'autre, ils obtinrent main-levée en 1164.

GARSINDE, Iʳᵉ du nom, fille unique & héritière de GUILLAUME, ou plutôt de BERTRAND
IV, mourut avant fon père. Elle avoit époufé
Regnier ou *Renaud de Sabran*, dont elle
eût :

1. *GARSINDE, IIᵉ du nom, héritière du Comté de Forcalquier, qui époufa, en 1193, *Alphonfe*, Comte de Proænce. Par ce mariage les Comtés de Forcalquier & de
   Nice, & la moitié de la ville d'Avignon, furent réunis au Comté de Provence ;
2. Et BÉATRIX, qui époufa *Guigues-André*,
   Dauphin *de Viennois*, auquel elle porta les
   Comtés de Gap & d'Embrun.

Guillaume de Sabran, fils de *Giraud l'A-
mi* ou *Amic*, prétendit au Comté de Forcalquier du chef de fa mère ALIX, fille de
BERTRAND III, Comte de Forcalquier. Par accommodement fait en 1220, avec *Raimond-
Bérenger*, Comte de Provence, il conferva le
titre de Comte de Forcalquier, & eut les terres de Ceyrefte, Niozelles, Châteauneuf, la
Roche, Château-Arnoux, &c., fa poftérité retint le nom & les armes de Forcalquier. Le
dernier de cette branche fut GAUCHER DE FOR-
CALQUIER, Evêque de Gap, qui, par fon teftament de l'an 1483, inftitua pour fon héritier
Georges de Caftellane, avec fubftitution en
faveur de *Gaucher de Brancas*, Iᵉʳ du nom,

son coufin germain, qui recueillit cette fubftitution. De lui defcendent les Marquis de Brancas, qui portent le titre de Comtes de Forcalquier, & les Ducs de Villars-Brancas. Voyez BRANCAS. (Extrait du *Diction-naire des Gaules*, tom. III, article FORCALQUIER.)

* FORCE (LA), en Périgord : Terre dont devint Seigneur *François de Caumont*, fils de *Charles*, Seigneur de Caftelnau, & de *Jeanne de Péruffe-d'Efcars*, par fon mariage avec *Philippe de Beaupoil*, Dame de *la Force*. Il fut tué avec *Armand*, fon fils aîné, à la Saint-Barthélemy, en 1572. Son fecond fils, *Jacques Nompar de Caumont*, Maréchal de France, Marquis, puis Duc de la Force en Juillet 1637, mourut âgé de 93 ans, le 10 Mai 1652, père d'*Armand de Caumont*, aufli Maréchal de France, mort le 16 Décembre 1675, qui eut pour fucceffeur *Henri-Nompar de Caumont*, fon frère, mort en Janvier 1678, & dont le fils *Jacques*, Marquis de Boiffe, avoit été tué en 1634. *Jacques-Nompar de Caumont*, fils de *Jacques*, Marquis de Boiffe, décéda le 19 Avril 1699, père de *Henri-Jacques-Nompar*, mort le 20 Juillet 1726, & dont le frère *Armand-Nompar de Caumont*, né le 7 Mars 1679, époufa, en Juillet 1713, *Anne-Elifa-beth Gruel de Boifemont*. De ce mariage eft né, le 18 Avril 1714 : *Jacques-Nompar*, Duc & Pair par démiffion, appelé *le Duc de Caumont*, allié à *Marie-Louife*, fille du Maréchal Duc de *Noailles*, née le 8 Septembre 1710. *Armand de Caumont*, Marquis de la Force, frère du Duc de Caumont, a été tué devant Coni en Septembre 1744. Il avoit époufé *Marie-Philiberte Amelot*, fille de *Jacques*, Seigneur de Chaillou, Miniftre & Secrétaire d'Etat. *Olympe de Caumont*, fœur du Duc de ce nom, née le 21 Août 1718, époufa, le 23 Janvier 1729, *Anne-Hilarion de Galard de Braffac*, appelé le Comte de Béarn. Voyez GALARD. La Maifon de Caumont, des Ducs de la Force, eft une des plus anciennes du Royaume, elle tire fon origine de *Nompar de Caumont*, qui dès le XIII° fiècle poffédoit la Baronnie de Lauzun en Agénois. Voyez CAUMONT. (Extrait du *Dictionnaire des Gaules*, tom. III, article FORCE (LA).)

FORCEVILLE, en Picardie : *de gueules, au fautoir d'argent, accompagné de 4 merlettes du même*.

FOREST D'ARMAILLÉ (LA), en Bretagne : *d'argent, au chef de fable*.

FORESTA, en Provence. ANTOINE FORESTA, dù lieu de Dian, fur la côte de Gênes, où plufieurs Auteurs difent que fes ancêtres étoient comptés parmi les Nobles, eut de fa femme, dont on ignore le nom :

II. CHRISTOPHE FORESTA, qui fe retira en Provence au commencement du règne de FRANÇOIS Ier. Il acquit la Baronnie de Trets, les Seigneuries de Lançon & de Mimet l'an 1519, dont il prêta hommage le 16 Mars 1543. Il fut Maître-d'Hôtel ordinaire du Roi & Gentilhomme de M. le Dauphin, & fit fon teftament le 14 Mai 1552, devant *Gilles*, Notaire. De fon mariage avec *Pélègre de Gandulfis*, naquirent :

1. FRANÇOIS-CHRISTOPHE, qui fuit ;
2. JEAN-AUGUSTIN, auteur de la Branche des Seigneurs *du Caftelar*, rapportée ci-après ;
3. Et MARIE DE FORESTA, alliée, le 25 Avril 1541, avec noble *Jean de Ruffan*, Seigneur de Rouffet.

III. FRANÇOIS-CHRISTOPHE DE FORESTA, Baron en partie de Trets, & Maître-d'Hôtel ordinaire du Roi HENRI II, époufa, par contrat paffé le 9 Mai 1550, *Catherine de Cabanes*, Dame en partie de Collongues, dont il eut :

1. ANTOINE, qui fuit ;
2. PÉLÈGRE, première femme de *Balthaçar de Pontevès*, Baron de Montfroc ;
3. ALPHONSINE, mariée à *Jean-Baptifte de Ruffan*, Seigneur de Rouffet ;
4. Et CATHERINE, alliée, le 22 Juin 1586, avec *Jacques de Clapiers*, Seigneur en partie de Pierrefeu & du Puget, fils de *François*, Seigneur des mêmes lieux (de la Branche des Seigneurs de Pierrefeu), & de *Françoife de Rochas*.

IV. ANTOINE DE FORESTA, IIe du nom, Seigneur en partie de Collongues, du chef de fa femme, vendit fa portion de Trets l'an 1597, & fut marié 1° avec *Anne d'Hoftager*, fille de noble *Pierre d'Hoftager*, de la ville de Marfeille, Maître-d'Hôtel ordinaire du Roi, & d'*Ifabeau de Vento de Pennes* ; & 2° le 7 Juillet 1611, avec *Marthe de Raimond-Modène*. Du premier il eut :

1. SCIPION, qui fuit ;
2. N... DE FORESTA, reçu Chevalier de Malte en 1619 ;
3. MARGUERITE, femme de noble *Alexandre d'Aftres*.

Et du fecond lit vinrent :

4. Scipion-Antoine, auteur de la Branche des Seigneurs de *Venel*, rapportée ci-après ;

5. Et Catherine, mariée, le 1ᵉʳ Juin 1632, à *Pierre de Quiqueran*, fils de *François-Léon de Quiqueran-Beaujeu* (de la feconde Branche de ce nom), & de *Jeanne de la Rivière*, fa première femme.

V. Scipion de Foresta, reçu Confeiller au Parlement en 1621, s'allia à *Anne d'Arnaud*, fille de *Claude*, Confeiller en la même Cour, & de Dame *Anne d'Agoult-d'Ollières*. Ses enfans furent, entr'autres :

1. François, qui fuit ;

2. Et N... de Foresta, mort Commandeur de l'Ordre de Malte.

VI. François de Foresta, Seigneur de Collongues, Confeiller au Parlement de Provence dès l'an 1654, époufa *Marquife de Gaillard*, fille de *Jofeph*, Confeiller en la Cour des Comptes, & de Dame *Anne Grimaldi-Reguffe*, Dame de Moiffac. De ce mariage fortirent :

1. Scipion, qui fuit ;

2. Joseph, mort Grand-Prieur de Saint-Gilles, & chef d'Efcadre des Galères ;

3. Et Anne, mariée, le 8 Mars 1687 (*Lantelme*, Notaire), à *François de Franc*, reçu Confeiller au Parlement d'Aix le 13 Mai 1685.

VII. Scipion de Foresta, IIᵉ du nom, Seigneur de Moiffac & de Collongues, fut fucceffivement Confeiller au Parlement, & Préfident en la Chambre des Comptes l'an 1697. Il s'allia avec *Marquife d'Armand-Mizon* (d'une famille établie à Marfeille, & de la branche des Seigneurs de Mizon), de laquelle eft iffu :

VIII. Ignace de Foresta-Collongues, qui époufa *N... Deydier*, fille aînée de *Claude Deydier-Curiol*, Tréforier-Général de France, & de *Thérèfe de Pelicot*, dont :

IX. Scipion de Foresta-Collongues, non marié en 1757.

BRANCHE
des Seigneurs de Venel.

V. Scipion-Antoine de Foresta, Seigneur de Venel, fils d'Antoine, IIᵉ du nom, & de *Marthe de Raimond-Modène*, fa feconde femme, naquit le 13 Octobre 1629, & époufa, par contrat du 28 Mai 1650, *Louife de Moufliers*, fille de noble *Pierre de Moufliers*, de la ville de Marfeille, & de *Françoife de*

Gerente, des Seigneurs de Carri. Leurs enfans furent :

1. Pierre, qui fuit ;

2. & 3. N... & N... de Foresta, Chevaliers de Malte ;

4. François, Prévôt de l'Eglife Major de Marfeille, nommé Evêque d'Apt en 1697 ;

5. N... de Foresta, Prévôt de la même Eglife après fon frère ;

6. Et Françoise, mariée à *Antoine de Vacon*, Confeiller en la Cour des Comptes.

VI. Pierre de Foresta, Seigneur de Venel, fe maria à Marfeille, où fes defcendans fubfiftent. C'eft ce que nous favons fur cette branche, n'ayant point reçu de Mémoire de cette famille.

BRANCHE
des Seigneurs du Castelar.

III. Jean-Augustin de Foresta, fils puîné de Christophe, & de *Pélègre de Gandulfis*, fut Baron en partie de Trets, Confeiller au Parlement en 1543, Préfident à Mortier en 1554, & premier Préfident en 1558. Cette dernière charge, loin de lui être un fujet de confolation, lui caufa au contraire des chagrins violens, dont il mourut en 1587. Il avoit époufé, en 1553, *Anne d'Albertas-Villecroze*, dont il eut :

1. & 2. Christophe & François ;

3. Jean-Paul, qui fuit ;

4. Et Gaspard.

IV. Jean-Paul, Seigneur de Caftelar & Juge du Palais de Marfeille, s'allia avec *Marguerite de Linche*, fille de noble *Antoine de Linche*, Maître des Ports de Toulon, & de noble *Jeanne de Bouquin*, de laquelle vinrent :

1. François, qui fuit ;

2. Marguerite, mariée, par contrat du 18 Juin 1609, à *Jean de Cabre*, Seigneur de Roqueyaire. *Voy.* CABRE.

3. Et Louife, qui époufa, à Marfeille, *Charles de Guérin*. *Voy.* GUÉRIN, en Provence.

V. François de Foresta, Seigneur de Caftelar, Juge du Palais de Marfeille, époufa, en 1627, noble *Eléonore de Forbin-la-Barben*, laquelle le rendit père de :

Jean-Paul, qui fuit ;

Et de plufieurs autre fils, Chevaliers de Malte.

VI. Jean-Paul de Foresta, IIᵉ du nom, Seigneur de Caftelar, Juge du Palais de Marfeille, fe maria, en 1649, à *Louife de Gautier* de *Girenton*, fille de noble *Louis*, Seigneur de Châteauneuf-le-Rouge, & de *Marquife de Félix la Reynarde*, dont :

1. LOUIS, qui fuit ;
2. Et THÉRÈSE, mariée à noble *Antoine de Clapiers*, Baron de Gréoulx.

VII. LOUIS DE FORESTA, Seigneur de Châteauneuf, Baron en partie de Trets, époufa noble *N... de Pontevès-Maubousquet*, dont :

VIII. PAUL DE FORESTA DE CHATEAUNEUF, marié à une des filles de *Raymond Bruny*, Marquis d'Entrecasteaux & de Villeneuve, de laquelle font iffus plufieurs enfans, entr'autres :

IX. MARIE-BRUNO DE FORESTA, reçu Chevalier de Malte de minorité en 1736.

Les armes : *palé d'or & de gueules de 6 pièces, à la bande de gueules brochante fur le tout.*

FORESTA DE BANDOLS, en Provence : *d'azur, à l'étoile d'or, chargé d'un écuffon d'azur à la fleur-de-lis d'or, & au chef d'argent.*

FORESTIER. Cette ancienne Nobleffe, originaire de Flandre, a formé plufieurs branches. On croit qu'il en fubfifte encore une à Thuringe, à Herbs-Leben. Il y en a une autre dans le pays d'Artois, mais on ignore fi elle fubfifte encore. Nous n'avons aucun Mémoire ni fur l'une ni fur l'autre. Les titres de cette Famille ayant été perdus par l'incendie de l'Abbaye de Vezelay, caufé par les Religionnaires, nous ne pouvons parler ici, d'après un Mémoire envoyé, que de la troifième branche, laquelle, après la mort de CHARLES-LE-HARDI, dernier Duc de Bourgogne, s'eft établie dans le Nivernois.

Ce fut ANTOINE DE FORESTIER, Chevalier, qui fuivit en 1490, dans cette Province, Engilbert de Clèves. Il eut pour fils :

1. GUILLAUME, qui fuit ;
2. Et MARIE, alliée, en 1512, à *Jean de Relly*, de Picardie, Maître des Requêtes du Roi, LOUIS XII.

GUILLAUME DE FORESTIER, Chevalier, s'attacha à Charles de Clèves, Comte de Nevers, & fut Gentilhomme de fa Chambre. Il époufa *Jacqueline de Vaux*, en 1520, & en eut :

JACQUES DE FORESTIER, Ecuyer, Seigneur de Serée, la Grange, Loifelot & de Chalvron, marié, en 1555, à *Catherine du Bois*, dont pour fils unique :

PIERRE DE FORESTIER, homme d'armes de la Compagnie du Duc de Joyeufe, qui fut bleffé & fait prifonnier par les Religionnaires à la bataille de Coutras en 1580. Il avoit époufé, le 12 Novembre 1584, *Marie de Poinfart*, de laquelle vinrent :

1. GABRIEL, qui fuit ;
2. SÉBASTIEN, Capitaine d'Infanterie, tué au fiège de Corbie ;
3. JEANNE, femme de *Samuel Ragon*, Confeiller du Roi & Lieutenant-Civil & Criminel de l'Election de Clamecy ;
4. Et MARIE, femme de *Jean de Mafion*, Ecuyer.

GABRIEL DE FORESTIER, Ecuyer, Seigneur de Serée, fervit à la guerre pendant 12 ans, & époufa, le 26 Avril 1607, *Gabrielle de Pirot*, dont :

JACQUES, qui fuit ;

Et trois filles. La cadette, nommée CHARLOTTE, s'eft mariée avec *Louis Humbert*, Ecuyer.

JACQUES DE FORESTIER, Ecuyer, Seigneur de Villers-le-Comte, du Fort de Lanty & de Serée, fervit 22 ans dans le Régiment de M. le Prince, en qualité de Lieutenant de la Compagnie de la Tour-Serville. Il s'allia, en 1651, avec *Marie du Four*, dont :

1. JACQUES-MARIE, Eccléfiaftique, mort en 1719 ;
2. JEAN, Sous-Lieutenant d'Infanterie, tué au fiège d'Orfoy en Hollande, en 1672 ;
3. PIERRE, qui fuit ;
4. PHILBERT, mort jeune, en 1674 ;
5. GABRIELLE, morte fille, en 1710 ;
6. Et HÉLÈNE, mariée, en 1690, à *Hyacinthe de Lange*, Chevalier, Baron de Villemenant.

PIERRE DE FORESTIER, Seigneur de Villers-le-Comte & du Fort de Lanty, Lieutenant réformé d'Infanterie, le 15 Juillet 1674, Moufquetaire de la première Compagnie de la Garde du Roi en 1676, Sous-Brigadier le 23 Octobre 1689, Brigadier le 29 Février 1703, Chevalier de Saint-Louis en 1704, Maréchal-des-Logis le 16 Avril 1707, a eu commiffion de Meftre-de-Camp la même année, & s'eft retiré du fervice en 1722, avec des penfions confidérables. Il a fervi pendant 48 ans, eut part à toutes les belles actions, où fa Compagnie fe trouva, & y reçut plufieurs bleffures. Il époufa, en 1696, *Marie-Geneviève de Longua*, dont :

MARIE-FRANÇOIS DE FORESTIER, Seigneur de Villers-le-Comte, qui commença à fervir en 1710, fut Aide-de-Camp du Comte de Ruffey, Lieutenant-Général des Armées du Roi, le 27 Novembre de la même année. M. de Maupertuis, Commandant de la première Compagnie des Moufquetaires, ne voulant pas le préfenter au Roi pour être reçu, parce qu'il n'avoit que 13 ans; il le fit par fon père, à qui le Roi dit : *je le reçois par complaifance pour vous.* Il eut une Compagnie de Cavalerie au Régiment de Royal-Piémont, en 1720, & fut réformé en 1728. Il époufa, le 23 Janvier 1725, *Claude de Challemoux de Marigny,* dont :

    1. FRANÇOIS, qui fuit ;
    2. PIERRE, Eccléfiaftique ;
    3. CLAUDE-MARIE, alliée à *Etienne Briffon,* Ecuyer, Seigneur de Saincaife;
    4. & 5. JEANNE & CATHERINE-GABRIELLE.

FRANÇOIS DE FORESTIER, Ecuyer, Seigneur de Villers-le-Comte & des Granges, Moufquetaire en 1746, Capitaine de Dragons en 1748, Major du Régiment du Roi, Dragons, en 1762, a eu commiffion de Lieutenant-Colonel en 1768. Nous ignorons s'il s'eft marié.

Les armes : *d'or, au chevron de gueules, accompagné de 3 glands de finople, 2 & 1.* Supports : *deux chiens braques.* Cimier : *un braque naiffant.* Devife FORTIS ET FIDELIS.

FORESTIER (LE), Paroiffe de Cefny, Diocèfe de Bayeux, en Normandie, Famille de laquelle étoit :

CATHERINE LE FORESTIER DE LANGEVINIÈRE, née le 12 Octobre 1677, qui fut reçue à Saint-Cyr au mois d'Octobre de l'an 1686, & prouva que ROBERT LE FORESTIER, Seigneur du Tremblay, & *Perette du Foy,* fa femme, qui vivoient en 1370, étoient fes feptièmes aïeul & aïeule.

Les armes : *d'argent, à cinq palmes de finople liées de gueules.*

FORESTIER (LE), ancienne Nobleffe en Normandie. LE FORESTIER, Ecuyer, Sieur de Rouville & des Marets, dans l'Election de Bayeux, Généralité de Caen, porte pour armes : *d'azur, à 3 gerbes d'or, 2 en chef & 1 en pointe.*

FORESTIER (LE), Ecuyer, Seigneur de Milly & du Boulay, Election de Bernay, qui porte : *d'or, au chevron de gueules, chargé de trois molettes d'argent, 1 & 2, & accom-*

pagné *de trois feuilles de hêtre de finople, 2 & 1.*

FORESTIER (LE), Ecuyer, Seigneur de Maubec & d'Ozeville, Election de Carentan : *d'argent, au lion de fable, armé, lampaffé & couronné d'or.*

FORESTIER (LE), Ecuyer, Seigneur d'Imbernais & de la Maillardière, Election de Verneuil, qui porte : *d'argent, à trois feuilles de chou de finople, 2 & 1.*

Mantfaut parle auffi de plufieurs du nom de LE FORESTIER, entr'autres de :

CARDIN LE FORESTIER, demeurant dans la Paroiffe d'Eftenay, Sergenterie d'Orbec, Election de Lifieux, qui fut reconnu être de noble race en 1463;

De Meffire JEAN LE FORESTIER, Seigneur du Doucet, Sergenterie de Forêt, Election de Falaife, qui fut auffi reconnu être de noble race;

De JEAN LE FORESTIER, Seigneur de Ry, Sergenterie de Graye, Election de Bayeux, qui portoit : *d'azur, à trois gerbes d'or;*

De THOMAS LE FORESTIER, Seigneur de Maubeft ou Mefnilbreft, Sergenterie de Saint-Eny, Election de Saint-Lô ;

Et de GUILLAUME LE FORESTIER D'APPEVILLE, Sergenterie de Varenguebec, Election de Coutances.

On trouve auffi dans Chamillart :

JACQUES LE FORESTIER, Seigneur de Litteau, Sergenterie de Thorigny, & plufieurs autres.

FORESTIER (LE), Ecuyer, Sieur du Buiffon : ancienne Nobleffe, de laquelle étoit CLOTILDE LE FORESTIER DU BUISSON, née en 1674, & reçue à Saint-Cyr au mois d'Août 1686. Elle prouva fa nobleffe depuis PIERRE LE FORESTIER, Seigneur du Buiffon, qui vivoit en 1530, & étoit fon cinquième aïeul.

Les armes : *d'argent, à trois cors de chaffe de fable, liés de gueules, 2 & 1.*

FORESTIER, en Picardie : *d'or, à 3 befans d'azur.*

FORESTS DE DIECONNE (LA) : *d'or, au pal d'azur, au chef d'or, chargé d'un lion d'azur paffant.*

* FORÊT-LE-ROI (LA), première Baronnie du Bailliage d'Etampes, avec Juftice haute, moyenne & baffe, qui étoit poffédée, en 1388, par *Alix,* dite *Blonde.* Elle la porta en ma-

riage à *Philippe de Beauvais*, fon mari, qui en rendit fon aveu au Duc de Berry, Comte d'Etampes, le 1er Mars 1400.

Jeanne de Beauvais, leur fille, Dame de la Forêt-le-Roi, époufa *Jean le Clerc*, Chancelier de France, mort à Nevers le 14 Août 1438. Il fut père de : *Jean le Clerc*, Chevalier, Baron de la Forêt, Ecuyer du Roi en 1472, que *Mahiette de Trie* rendit père de : *Pierre le Clerc*, Chevalier, Baron de la Forêt-le-Roi, lequel eut pour fils : *François le Clerc*, Bailli & Capitaine de Sens, qui, pour fa terre de la Forêt, fut reçu en foi par différens actes des 12 Novembre 1515, 18 Janvier 1527, & 17 Août 1549. C'eſt lui qui prit le nom de Fleurigny. Il eut de *Jeanne d'Auvet : Charles le Clerc de Fleurigny*, Bailli & Capitaine de Sens, Baron de la Forêt, qui eut deux enfans fous la tutelle de *Philippe du Moulin*, leur mère, laquelle demanda ſouffrance à Etampes le 9 Avril 1559. *Jacques le Clerc*, dit *Fleurigny*, né en 1555, leur fils puîné, eut en partage la Baronnie de la Forêt, par laquelle terre *Marie de Pierrevive*, fa veuve, demanda ſouffrance à Etampes comme tutrice de *Jacques* II & de *Louiſe*, âgée de 7 mois & demi, par acte, préſent *Godin*, Notaire audit Etampes, le 13 Mai 1586. *Jacques le Clerc de Fleurigny*, Baron de la Forêt-le-Roi, étant âgé de 20 ans, porta la foi à Etampes, préſent *Dupré*, Notaire Royal audit lieu, le 18 Juin 1603. *Louiſe de Mondoucet*, fa veuve, demanda, pour ſes enfans mineurs, une ſouffrance mentionnée dans l'acte de foi que *Charles de Fleurigny*, fon fils aîné, né le 30 Août 1615, fit à Etampes, préſent *Nicolas de Lambon*, Notaire audit lieu, le 20 Septembre 1635, tant pour lui que pour ſes frères & ſœurs, dont il hérita ou fit l'acquiſition des parts qu'ils avoient dans ladite terre de la Forêt-le-Roi, pour leſquelles parts il porta la foi à Etampes, préſent ledit *de Lambon*, en 1646, 1653 & 1657. Il fut père de *François le Clerc de Fleurigny* de la Forêt-le-Roi, qui de *Marie de Paviot* eut deux fils. L'aîné, *Charles-Nicolas-François*, Baron de la Forêt-le-Roi, n'eut de *Marie du Lac de Montreau*, qu'une fille : *Marie-Charlotte le Clerc de Fleurigny*, Baronne de la Forêt-le-Roi, née le 13 Décembre 1695, morte en 1740, femme de *Charles-François de Gauville*, Chevalier, Seigneur de Juvercy, qui, à cauſe d'elle, fit la foi à Etampes, préſent *Moutair*, No-

taire audit lieu, le 15 Juillet 1713. *Louis*, leur fils aîné, dit le Baron [*de Gauville*, fut Seigneur & Baron de la Forêt-le-Roi, dont il fit la foi à Etampes, préſent *Gudin*, Notaire audit lieu, le 5 Juillet 1740, & a des enfans. Les titres mentionnés dans cette ſucceſſion chronologique, ſont tirés du tréſor de la Forêt. Voyez CLERC DE FLEURIGNY (le), & GAUVILLE.

* FOREZ (le), Province qui a eu ſes Comtes particuliers. De leur tems 26 Châtellenies formoient autant de petites Provinces, avec des Châteaux ou maiſons fortes dans les chefs-lieux où commandoient des Capitaines Châtelains qui rendoient auſſi la juſtice, & dont les appellations étoient portées devant le Juge du Comte. Souvent les Châtellenies ſervoient d'apanage aux cadets de la Maiſon des Comtes. Aujourd'hui tout le Forez eſt dans le reſſort du Parlement de Paris.

De la domination des Romains *le Forez* paſſa ſous celle des Bourguignons, & fut enfin conquis, avec le reſte du Royaume de Bourgogne, après la mort de *Sigismond*, & des Rois ſes fils & petits-fils; & réuni au Royaume de France. Vers l'an 870, *Charles-le-Chauve* ayant chaſſé *Gérard de Rouſſillon*, du gouvernement du Lyonnois, Forez & Beaujolois, établit un nouveau Gouverneur, nommé *Guillaume* Ier. Celui-ci rendit ſon gouvernement héréditaire vers l'an 900, & partagea enſuite le pays entre ſes trois enfans. *Artaud*, du nom, Comte de Lyon & de Forez, fils du Comte *Gérard*, & de *Gimberge*, ſa femme, & petit-fils d'*Artaud*, Ier du nom, Comte de Lyon & de Forez, étoit mort en 1011. De lui deſcendoit *Artaud*, Ve du nom, Comte de Lyon, & de Forez, père d'*Ide*, ſurnommée *Raymonde*, qui porta en dot, à *Guigues Raymond*, ſon mari, pour lui & ſes deſcendans, les Comtés de Lyon & de Forez. Ce *Guigues-Raymond*, ſecond fils de *Guigues*, Ier, Comte d'Albon, dit *le Vieux*, étoit de la Maiſon des *Dauphins de Viennois*, de la première race. De la branche des Comtes de Forez ſont ſortis les Seigneurs de *Beaujeu* & les Seigneurs d'*Amplepuis*. Voyez DAUPHINÉ, BEAUJEU & AMPLEPUIS. Il y a eu 24 Comtes de Forez : le dernier, *Jean* II, Comte de Forez, mourut en 1373, ſans avoir été marié. *Anne de Bourbon*, mère de ce *Jean* II, & de *Jeanne de Forez*, ſe porta pour héritière de ce Comté, & s'en mit en poffeffion en 1382. Elle en fit don à fa petite-fille *Anne*, Dauphine d'Auvergne, Comteffe de Clermont, laquelle avoit époufé, en 1371, Louis II, Duc de Bourbon, qui réunit fur fa tête le Bourbonnois, le Dauphiné, l'Auvergne & le Forez.

La poftérité de Louis II, Duc de Bourbon, jouit des Comtés de Forez, de Clermont, de Beaujolois, &c., jufqu'en 1522, que *Louife de Savoie* fe les fit adjuger. Cette Princeffe les remit enfuite au Roi François Ier fon fils, qui réunit le Forez à la Couronne en 1531. En 1566, le Forez fut donné au Roi Henri III, alors Duc d'Anjou, pour faire partie de fon apanage. En 1574, il fut cédé à la Reine Elisabeth d'Autriche, à titre de douaire, &, depuis elle, toutes les Reines de France, veuves, l'ont poffédé fucceffivement : Louise de Lorraine, en 1590; Marie de Médicis, en 1611 ; & Anne d'Autriche, en 1642.

FORGACZ ou FORGATSCH. Cette Famille, originaire de Hongrie, porte le nom d'un Château qui eft en Tranfylvanie. Depuis très-long-tems elle a été fort confidérée.

Emeri Forgacz, Comte de Trentchin, fut fort avant dans les bonnes grâces de l'Empereur Rodolphe II, qui lui fit époufer *Sidonia Catherine*, née Princeffe *de Saxe-Lauenbourg*, & veuve du Duc *de Tetfchen*.

François Forgacz fut Archevêque de Gran & Cardinal, & en 1606, Lieutenant de l'Empereur en Hongrie.

Sigismond Forgacz mourut en 1619, étant Général de l'Empereur & Palatin de Hongrie.

Nicolas Forgacz fut Général de l'Empereur, vers l'an 1634, & Commandant de Caffow.

Adam Forgacz rendit de grands fervices à l'Empereur, en qualité de Général-Feld-Maréchal-Lieutenant ; mais lorfqu'en 1663 les Turcs s'avancèrent vers Neufchâtel, dont il étoit Commandant, il alla au-devant d'eux, fut défait, & la place obligée de fe rendre. Vers le commencement du XVIIIe fiècle, le parti du Prince *Ragotzky* eut pour fon Général-Commandant un Forgacz, qui, ci-devant, avoit fervi l'Empereur.

Simon-Adan Forgacz fut Chambellan de l'Empereur en 1705. (C'eft ce que nous favons fur cette Famille d'après Moréri.)

FORGES-BARRENEUVE (des), Famille l'une des plus anciennes du Berry.

Dès l'an 1064, un Guillaume des Forges-Barreneuve fit des dons à l'Eglife de Riverennes-fur-Creufe, fa Paroiffe. Le titre en exifte, & eft rapporté dans d'autres poftérieurs vers l'an 1120.

Tevin des Forges accompagna Louis le Gros, lorfque ce Prince daigna honorer de fa préfence les obféques de *Miles de Montmorency*, Seigneur de Bray. Ce fait eft rapporté par Duchefne, dans fon *Hiftoire Généalogique de la Maifon de Montmorency*.

Vers l'an 1330, un Guillaume des Forges fut honoré de la Pourpre.

En 1546, Pierre des Forges de Barreneuve fut reçu Chevalier de Saint-Jean de Jérufalem. On a la quittance de fon paffage.

Cette ancienne nobleffe poffède la Terre & Seigneurie de *Barreneuve* depuis plus de 700 ans. Celle de *Châteaubrun*, l'une des plus belles du Berry par fes droits, y eft entrée, par la donation qu'en a faite, à *Gabrielle de la Marche*, veuve de Pierre des Forges, dernier Seigneur de Barreneuve, le feu Marquis de *Montmorency-Châteaubrun*, mort dans fa 87e année, le 18 Août 1646, oncle, à la mode de Bretagne, de ladite Dame de Barreneuve, dont la mère, *Gabrielle de Montmorency*, étoit coufine germaine dudit feu Seigneur de *Montmorency-Châteaubrun*.

Cette Famille fubfifte dans Pierre des Forges, Marquis de Châteaubrun, ci-devant Page du Roi, & enfuite Officier dans le Corps des Grenadiers de France, qui a pour frère Guillaume, & pour fœurs Gabrielle & Marie. Ils font tous enfans de Pierre des Forges, Chevalier, Seigneur de Barreneuve, Châteauvieux, la Roche-d'Anjoin & Parnac, Marquis de Châteaubrun, mort âgé de 75 ans, le 28 Mars 1755, & de *Gabrielle de la Marche*, fille de *François de la Marche*, Seigneur de Parnac, Baron de Fins, & de *Gabrielle de Montmorency*, qu'il avoit époufée en 1692.

Elle a fourni un grand nombre de militaires qui fe font diftingués par leur bravoure, & a contracté des alliances avec les Familles *de Lambert*, *du Breuil*, *de Greuil*, *de Couraud*, *d'Ajaffon*, *du Geneft*, *de Bois-Bertrand*, *de Chauvelin*, *de Vouhet*, &c. Par là elle fe trouve alliée aux meilleures Maifons du Royaume, entr'autres avec celles de *la*

X

Trémoille, d'Aubuſſon de la Feuillade, Montmorency, &c.

Les armes: échiqueté d'argent & de gueules. Celles de la Marche font: d'argent, au chef de gueules. (Mercure du mois de Juin 1746.)

FORGET, originaire de Touraine, Famille dont étoit PIERRE FORGET, Secrétaire d'Etat, le 22 Février 1589.

CLAUDE FORGET, Capitaine du Vol du Cabinet du Roi, né le 1er Janvier 1731, fils de CLAUDE, & de Marie-Anne de Vaſſan, marié, le 26 Mars 1753, à Marie-Louiſe du Cugnac, née le 19 Avril 1731, fille d'Anne-Gabriel, Baron de Veuilly, mort le 28 Novembre 1755, & d'Anne-Marie-Joſèph Guyon, dont:

1. JEAN-CLAUDE, né en Septembre 1753;
2. JEAN-CLAUDE, le jeune, né le 10 Septembre 1757;
3. N... FORGET, Chevalier de Malte, né en Novembre 1761;
4. N... FORGET, née en Juillet 1756;
5. Et N... FORGET, née en Octobre 1760.

Les armes: d'azur, au chevron d'or, accompagné de 3 coquilles du même.

FORGET, en Picardie: d'azur, au chevron d'or, accompagné de 3 coquilles de même: le chevron chargé en chef d'un écuſſon d'azur à une fleur-de-lis d'or.

* FORGEUX (SAINT-): Seigneurie qui fut le partage de Bertrand d'Albon, dernier des enfans mâles de Guillaume III. Voy. SAINT-FORGEUX.

FORNIER DE MONTAGNY, Famille de laquelle étoit CLAUDE FORNIER DE MONTAGNY, ancien Préſident, Tréſorier de France en la Généralité de Paris, & Conſeiller d'Etat, mort le 16 Décembre 1727, à l'âge de 91 ans, laiſſant de Suzanne Guillier, ſon épouſe, décédée le 13 Juin 1712:

CLAUDE-FRANÇOIS FORNIER DE MONTAGNY, Conſeiller au Parlement de Paris & de Grand'-Chambre, mort à Paris le 24 Février 1742, âgé d'environ 60 ans. Il avoit été marié le 30 Octobre 1710, avec la fille unique de feu Guillaume de Bar, Secrétaire du Roi, Maiſon, Couronne de France & de ſes Finances. Il en a eu une fille unique nommée

MARIE-FRANÇOISE FORNIER DE MONTAGNY, mariée, en 1727, avec Chriſtophe-Léonor de Mornay, Comte de Montchevreuil, d'abord

Enſeigne, puis Sous-Lieutenant, & en 1734 Lieutenant au Régiment des Gardes-Françoiſes, dont des enfans.

Les armes: écartelé, aux 1 & 4 d'azur, à une herſe d'or, accompagnée en chef d'une étoile de même; aux 2 & 3 de gueules, au lion dragonné & couronné d'or; au chef d'or, chargé d'une hure de ſanglier de ſable.

* FORS, Seigneurie érigée en Marquiſat, par Lettres du mois de Mai 1639, enregiſtrées au Parlement & en la Chambre des Comptes, les 30 Août & 31 Décembre 1640, en faveur de François Pouſſart, Seigneur du Vigean, dont la poſtérité maſculine s'eſt éteinte depuis quelques années.

FORS, Branche cadette de l'ancienne Maiſon de Vivonne, qui a eu pour auteur:

Hugues de Vivonne, Seigneur de FORS, marié à Jeanne de Montendre, Dame de St.-Gouard, &c. Catherine de Vivonne, Marquiſe de Piſani, Dame de Saint-Gouard, &c., héritière de ſon père Jean de Vivonne, dit de Torettes, qui ſervit avec diſtinction ſous les Rois CHARLES IX, HENRI III & HENRI IV, porta les biens de ſa branche, en 1600, à Charles d'Angennes, ſon mari, Marquis de Rambouillet, Vidame du Mans, Chevalier des Ordres. Voyez VIVONNE.

FORSAN, en Bretagne: de gueules, à 9 billettes d'or, poſées en ſautoir.

FORT, Famille Patricienne de Genève, illuſtrée par FRANÇOIS LE FORT, Général & Amiral ſous Pierre Alexiowitz. Il fut favori de ce Prince, qui l'envoya dans toutes les Cours étrangères en qualité d'Ambaſſadeur & de Plénipotentiaire. HENRI, ſon fils, marcha ſur ſes traces; mais il mourut à l'âge de 20 ans, peu après la priſe de Nottbourg, en 1703. PIERRE LE FORT, neveu du Général, entra auſſi au ſervice du Czar, paſſa par les premiers emplois militaires, & épouſa en ſecondes noces la fille de N... Boetner, de la première Nobleſſe de Mecklembourg.

AMI LE FORT, père de PIERRE, honoré, en 1698, lui & ſa famille, par l'Empereur LÉOPOLD Ier, de la dignité de Chevalier du Saint-Empire Romain, poſſéda avec diſtinction les premières charges de la République de Genève. JEAN LE FORT, autre neveu du Général FRANÇOIS LE FORT, fut chargé des affaires du

Czar, Pierre *le Grand*, à la Cour de France. (Voyez le *Mercure hiftorique* de 1699.)

FORT (le), Famille de Normandie, maintenue dans fa nobleffe le 12 Avril 1668. Antoine le Fort de Bonnebosq, reçu Chevalier de Malte le 4 Mars 1624; & François - Antoine le Fort de Bonnebosq, reçu auffi Chevalier de Malte le 31 Janvier 1676, dit l'Abbé de Vertot, portoient pour armes: *de gueules, au chevron d'or, accompagné de 3 croiffans d'argent.*

FORT (le), dans la même Province, Election de Valognes, Ecuyer, Sieur de Montfort, qui fut anoblie aux Francs-Fiefs en 1471.

Les armes: *d'argent, au croiffant de gueules, accompagné de trois merlettes de fable, 2 en chef & 1 en pointe.*

FORT, en Provence: Famille originaire de Barcelonnette, ainfi qu'il confte par un certificat des Juges, Confuls, Notaires & Procureurs de cette Ville, où il eft dit que *les Forts ont toujours été compris parmi les perfonnes les plus illuftres & les plus anciennes du pays.*

I. Guillaume Fort, de Barcelonnette, Ecuyer, eft le plus ancien de cette Famille dont on ait connoiffance. Il avoit époufé *Marguerite Berardy*, dont il eut:

II. Claude Fort, Ecuyer, qui tefta à Marfeille le 22 Octobre 1561. De *Catherine Forte*, fa femme, il laiffa:

III. Pierre Fort, Ecuyer, qui tefta le 20 Mai 1645, & eut *d'Anne de Caradet-Bourgogne*, qu'il avoit époufée le 6 Juin 1606:

1. Sébastien, qui fuit;
2. Claude, Lieutenant d'une des Galères du Roi;
3. Et François, tige de la branche des Seigneurs d'*Ortigues*, rapportée ci-après.

IV. Sébastien Fort, Ecuyer, fit fon teftament le 2 Octobre 1682, & fut père par *Françoife de Bermond*, qu'il avoit époufée, par contrat du 10 Janvier 1657, de:

V. Jacques Fort, Ecuyer, qui, dans la recherche qu'on fit en Provence, fut condamné, par défaut, le 9 Mai 1697, par Ordonnance de M. l'Intendant, à laquelle il ne fut pas en état de former oppofition à caufe d'une maladie qui le retint long-tems à Paris, & dont il mourut. Il avoit époufé, le 22 Octobre 1689, *Geneviève de Gafurel*, fille de noble *Jacques*,

Seigneur de Silvabelle, Lieutenant de Roi au Gouvernement d'Antibes, dont il eut:

VI. Jean-Jacques Fort, Ecuyer, Seigneur de Silvabelle & du Petit-Gubian, lequel répara ce que fon père n'avoit pu faire. Il fe pourvut au Confeil d'Etat du Roi, en caffation de l'Ordonnance de M. le Bret. Il en fut reçu appellant & renvoyé à la Cour des Aïdes de Provence, qui, par Arrêt du 9 Juin 1740, le maintint dans fon ancienne Nobleffe d'extrâction. Il a époufé, par contrat du 9 Janvier de la même année, paffé devant *Baudin*, Notaire, *Jeanne de Carfeuil*, fille de *Jean*, de laquelle il n'a point d'enfans.

*BRANCHE des Seigneurs d'*Ortigues.

IV. François Fort, Ecuyer, troifième fils de Pierre, & d'*Anne de Caradet-Bourgogne*, époufa, par contrat du 11 Juillet 1648, *Jeanne de Signe*, dont:

V. Sébastien Fort, Ecuyer, né le 25 Février 1657, mort en 1736, laiffant de *Valentine Mère*, de la ville de Marfeille, qu'il avoit époufée le 12 Janvier 1682:

VI. François Fort, Ecuyer, Co-Seigneur d'Ortigues, maintenu dans fa Nobleffe d'extrâction, par Arrêt de la Cour des Comptes, Aides & Finances de Provence, le 9 Mai 1750, lequel avoit époufé, le 8 Octobre 1709, *Sufanne d'Etienne de Barlamont*, dont:

Félix & Etienne Fort, qui n'étoient point encore mariés lors de l'impreffion, en 1757, de l'*Hiftoire héroïque de la Nobleffe de Provence*, d'où cet extrait eft tiré, tom. I, p. 415 & fuiv.

Les armes: *d'azur, au lion armé d'une maffue, le tout d'or.*

FORTEAU: *d'azur, au chevron d'or, accompagné de 3 oifeaux du même.*

* FORTELLE, Terre & Seigneurie en Brie, poffédée par la Famille *Langlois*, dont étoit feu le Préfident *de la Fortelle*, de la Chambre des Comptes de Paris. Voy. LANGLOIS.

FORTESCU. La Roque parle de cette Famille de Normandie, Election de Valognes, dans fon *Traité des Noms*, & dans fon *Hiftoire de la Maifon d'Harcourt*, p. 1023, 1247, 1443, & tom. III, parmi les preuves, p. 766.

Jean Fortescu eſt nommé dans l'Echiquier de Normandie de 1388 & 1392. *La Chronique* d'Enguerrand de Monſtrelet fait mention de Guillaume Fortescu, tué à la bataille d'Azincourt en 1415.

Tristan Fortescu, Ecuyer, vivoit en 1460. Mais Antoine de Fortescu, dont les pères avoient dérogé, fut obligé de prendre des Lettres de rétabliſſement dans le nom & les armes de ſon ancienne extraction, qui ſont : *d'argent, à trois bandes d'azur.*

FORTIA, Maiſon originaire de Catalogne, d'où elle fut tranſplantée à Montpellier, & de là au Comté d'Avignon. Elle eſt connue à Carpentras, à Marſeille, à Tours & à Paris. L'*Hiſtoire de la Nobleſſe du Comtat-Venaiſſin*, t. I, p. 453, & l'*Hiſtoire héroïque de la Nobleſſe de Provence*, t. I, p. 417, en donnent la Généalogie. Comme ces Auteurs n'ont pas remonté à la véritable origine de cette Maiſon, on nous a indiqué qu'on la trouvoit dans le *Mercure Galant* du mois de Janvier 1696, p. 174 & ſuiv., à l'occaſion du Marquis *de Forville*, du nom de Fortia (mentionné au degré VII de la branche des Seigneurs de *Piles*), par l'importance de ſes ſervices en Provence ; ce qui eſt appuyé ſur ce qu'on lit en pluſieurs endroits du livre des *Annales d'Aragon*. Cette Famille deſcend d'un N... de Fortia, Gentilhomme de l'Ampourdan, qui eut pour enfans :

Bernard, qui ſuit ;

Et Sibylle, Reine d'Aragon, quatrième épouſe du Roi Dom Pédro, IV° du nom. Elle fut couronnée à la fin de Janvier 1381. Elle étoit veuve de Dom *Artal de Focès*. De ſon mariage avec Dom Pédro, naquirent deux fils, morts fort jeunes, & une fille nommée l'Infante Dona Iſabelle, qui ſe maria avec Dom *Jaume Coute-de-Ulgel*, Extrait du Livre intitulé : *Les cinq Livres de la première Partie des Annales de la Couronne d'Aragon*, par S. Jéromin Curtia, Coroniſte d'Eſpagne, fol. 284, chap. 25, & fol. 285, chap. 27, &c. Après la mort de Dom Pédro, Sibylle & Bernard, ſon frère, furent obligés de ſe retirer à Barcelone, à cauſe des perſécutions du nouveau Roi, qui confiſqua tous les biens de Bernard : la Reine Sibylle y mourut en 1391. Ce fut en confidération des grands biens que cette Maiſon perdit en Catalogne, lorſqu'elle vint s'établir en France, & en récompenſe des ſervices de M. *d'Urban*, Brigadier des Armées du Roi, & Gouver-

neur de Montlouis (dont il ſera parlé, degré VII de la branche aînée de Fortia), que Sa Majeſté lui fit don de la confiſcation de la Terre & Seigneurie de Fortia, dont il toucha le revenu.

I. Bernard de Fortia, né au Château de Fortia, dans les environs de Roſes, fut fait, par Dom Pédro IV, ſon Lieutenant-Général en Catalogne, & il lui donna, & à ſes ſucceſſeurs, pluſieurs Terres & Seigneuries. Ces dons furent confirmés par l'Aſſemblée générale de Monçon en 1384. Il laiſſa de ſa femme, dont le nom eſt ignoré :

II. Jean de Fortia, qui ſe maria à Montpellier en 1422, & fut père de :

III. Jean de Fortia, II° du nom, mort en 1493, & enterré dans ſa Chapelle, en l'Egliſe des Cordeliers de Montpellier, à laquelle il fit des donations. Il fit un legs à chaque Couvent de l'un & de l'autre ſexe, auſſi bien qu'à tous les Hôpitaux de cette Ville, & donna la liberté à quatre Eſclaves qu'il avoit, avec 100 écus d'or à chacun, outre leur ſubſiſtance dans la maiſon de ſon héritier. Après avoir réglé la reſtitution de la dot de ſon épouſe, dont on ignore le nom, en monnoie de Barcelone, il fit un legs à Jean, III° du nom, ſon petit-fils ; & nomma pour héritier Marc, ſon fils qui ſuit.

IV. Marc de Fortia, né à Montpellier en 1449, mourut en 1498, & fut marié, en 1473, avec *Yolande de Benet* ou *Benoît*, dont il eut :

1. Jean, qui ſuit ;
2. Bernard, auteur des deux Branches établies à Paris, rapportées ci-après ;
3. & 4. François & Albert ;
5. 6. & 7. Et trois filles.

V. Jean de Fortia, III° du nom, Seigneur d'Hortes en Languedoc, né à Montpellier en 1477, s'établit à Avignon en 1507, où il poſſéda les charges les plus confidérables. Il mourut en 1553, laiſſant de *Françoiſe de Vitalis*, ſon épouſe, fille de *Jean*, citoyen Romain, & de *Marie Sanchez de Saint-Angelo* :

1. Marc, qui ſuit ;
2. Charles, naturaliſé François, par Lettres-Patentes du Roi Henri II, enregiſtrées au Parlement de Provence le 15 Juillet 1550. Il fut Gouverneur des Place, Fortereſſe & Pont de Sorgues, & avoit épouſé, à Avignon, par contrat du 14 Février 1558, *Jeanne de la Salle*, de laquelle il eut quatre enfans ;

3. François, créé Chevalier par le Pape Pie V;
4. Pomponne;
5. Et Jeanne, femme de *Benoît Bertrand*.

VI. Marc de Fortia, IIe du nom, qualifié *magnifique Seigneur* dans ses documens, fut Co-Seigneur de Caderousse au Comtat-Venaissin, Viguier d'Avignon, né à Montpellier en 1507, s'établit à Carpentras, où il fut pourvu par le Pape de la charge de Préfident de la Chambre Apostolique, & mourut en 1582. Il épousa, 1° par contrat du 15 Décembre 1549, *Jeanne*, fille de *Georges des Henriquez*, originaire d'Anvers; & 2° à Carpentras, par contrat du 9 Janvier 1559, *Françoise Filleul*, veuve de *Bernard de la Plane*, & fille de *Romain Filleul*, Seigneur de la Madeleine. Du premier lit vinrent:

1. Gilles, qui fuit;
2. Jean, tige de la branche des Seigneurs de *Montréal*, rapportée ci-après.

Et du fecond lit il eut:

3. Paul, auteur de la branche des Barons de *Baumes* & des Seigneurs de *Piles*, auffi rapportée ci-après. Ces trois frères héritèrent d'une très-riche fuccession;
4. Et Françoise, femme de *Jean de Montfaucon, dit de Levis*, Gouverneur de Bagnols, Gentilhomme ordinaire de la Chambre du Roi.

VII. Gilles de Fortia, Seigneur d'Urban, & Co-Seigneur de Caderousse, Chevalier de l'Ordre de Saint-Michel, Gentilhomme ordinaire de la Chambre du Roi, Capitaine d'une des Galères de Sa Majesté, par Brevet de 1595, mort en 1617, exerçant pour la troisième fois la charge de Viguier d'Avignon; avoit épousé, 1° en 1582, *Lucrèce de Galliens*, fille de *Melchior*, Seigneur des Iffarts, & de *Madeleine de Berton-Crillon*; 2° en 1592, *Laurence de Tholon*, des Seigneurs de *Sainte-Jalle*; & 3° par contrat du 5 Février 1595, *Françoise de Roquart*, fille de *Bertrand*, & de *Catherine de Pons*, de laquelle il eut:

1. Louis, qui fuit;
2. Camille, mort au fervice;
3. Paul;
4. Jean-Baptiste, reçu Chevalier de Malte en 1639, mort en 1642;
5. & 6. Et deux filles: l'une mariée, & l'autre Religieufe au Monaftère de Sainte-Praxède, de l'Ordre de Saint-Dominique à Avignon.

VIII. Louis de Fortia, Seigneur d'Urban, & Co-Seigneur de Caderousse, né en 1597, mourut d'apoplexie à Carpentras, en 1656. Il avoit épousé, par contrat passé en 1618, *Gabrielle de la Salle*, des Seigneurs de *la Garde*, fille de *Clément*, Chevalier de l'Ordre de Saint-Michel, & de *Françoise Rodulf-de-Saint-Paulet*. Ses enfans furent:

1. Louis, qui fuit;
2. Paul, mort Ecclésiaftique;
3. François de Fortia d'Urban, Sieur de Palettes, né en 1631, Capitaine dans le Régiment de la Marine, par commission de l'an 1651. Il se trouva au combat du Faubourg Saint-Antoine le 2 Juillet de l'année fuivante, fervit depuis dans le Régiment Dauphin, Infanterie, qu'il commanda dans les guerres de Catalogne, avec lequel il se diftingua au siège de Puycerda. Il commanda dans cette place, & le Roi, satisfait de fes fervices dans les différens poftes qu'il avoit remplis, lui inféoda les Bourgs de *Fortia* & de *Fortianet*, sur le Golfe de Rofes, nouvellement conquis par l'armée. Françoise, & le nomma Major de Brigade pour continuer de fervir dans la Catalogne. Après la paix de 1679, le Roi lui donna le Gouvernement de Mont-Louis, avec 12000 livres de rente, dont il jouit jufqu'à sa mort, arrivée en 1700;
4. Charles;
5. 6. & 7. Louise, Catherine & Françoise, Religieufes.

IX. Louis de Fortia, IIe du nom, Seigneur d'Urban, & Co-Seigneur de Caderousse, Syndic de la Noblesse du Comtat-Venaissin en 1663, députéen cette qualité vers Louis XIV, commandoit depuis plufieurs années un bataillon de la Marine, lorfqu'il épousa, par contrat du 12 Avril 1651, *Marie de Vivet de Montelus*, fille de *Pons*, & de *Jeanne des Ifnards*, de la ville d'Avignon. Il en eut:

1. Paul, qui fuit;
2. Et Jacques-Joseph, connu fous le nom de *Chevalier d'Urban*, qui fervit long-tems en qualité de Capitaine, dans les Régimens de Piémont & de Tournaifis dont il eut la Majorité. Il fut bleffé d'un coup de moufquet à l'épaule, au siège de Coni. Cette bleffure l'ayant mis hors d'état de fervir, il se retira dans fa famille, & épousa, en 1700, *Catherine Bellon*, fille de *N...*, Seigneur de Molefon, & de *Diane d'Aftoaud*, Dame de St.-Lambert, au Diocèfe de Carpentras, dont il n'eut point d'enfans. La ville d'Avignon le députa, en 1710, vers Louis XIV, pour féliciter ce Monarque fur la naiffance de

Louis de France, Duc d'Anjou (aujour-
d'hui Louis XV régnant).

X. Paul de Fortia, Seigneur d'Urban, &
en partie de Caderousse, né en 1655, servit
dans l'armée de Catalogne, sous son oncle. Il
quitta le service en 1681, & épousa, au mois
de Mai de la même année, Marie-Esprite
de Vissec de la Tude de Ganges, veuve de
Henri de Fay, Marquis de Peiraud, en Vivarais, & fille de Charles, Marquis de Ganges, & de la fameuse Diane de Joannis, Dame de Châteaublanc, connue dans l'Histoire
de son tems, sous le nom de la Marquise de
Ganges. De cette alliance sont sortis :

1. François, qui suit ;
2. Henri, connu sous le nom de Chevalier
   d'Urban, ci-devant Capitaine à la suite du
   Régiment Colonel-Général ;
3. Alexandre, dit l'Abbé d'Urban, mort Doyen
   de l'Eglise Collégiale de Roquemaure ;
4. Marie, femme de Paul-Joseph de Fortia,
   Marquis de Sainte-Jalle ;
5. Victoire-Sibylle, mariée, en 1710, avec
   Louis de Séguins de Pazzis, Marquis d'Aubignan, dont quatre garçons & quatre filles ;
6. Catherine, née le 1er Décembre 1691,
   morte en 1778, mariée, le 3 Septembre
   1719, à Dominique, Marquis de Caux, Officier de Galères ;
7. Et une autre Religieuse à Avignon.

XI. François de Fortia, Seigneur d'Urban, Page de la Petite-Ecurie du Roi en
1700, ensuite Capitaine dans le Régiment
du Roi, Infanterie, a été Syndic de la Noblesse du Comtat-Venaissin en 1728, & avoit
épousé, en 1716, Marie-Anne Bocaud, fille
d'Hercule, mort Conseiller d'Etat, & d'Anne
Mariotte, dont il a eu :

1. Hercule-Paul-Catherine, Marquis de
   Fortia d'Urban, né le 14 mars 1718, Capitaine des Dragons au Régiment de Bauffremont, marié, en 1748, à Rose-Emilie de
   Caux, sa cousine germaine ;
2. Et une fille, morte.

BRANCHE
des Seigneurs de Montréal, à Avignon.

VII. Jean de Fortia, Seigneur de Montréal en Dauphiné, second fils de Marc, IIe
du nom, & de Jeanne des Henriquez, sa
première femme, né en 1553, épousa, par
contrat du 15 Août 1583, Françoise de
Seytres, des Seigneurs de Caumont, veuve

de Louis de Pérussis, & fille de Louis de
Seytres, Chevalier de l'Ordre du Roi & du
Pape. De ce mariage il eut :

1. Paul, qui suit ;
2. 3. & 4. Marguerite, Félice & Catherine,
   toutes les trois mariées.

VIII. Paul de Fortia, Seigneur de Montréal & de Bédarrides, Capitaine d'une des
Galères du Roi, se distingua au combat donné
devant Gênes, contre les Espagnols en 1638.
Il prit une Galère aux ennemis, & mourut
des blessures qu'il avoit reçues dans cette
action. Il avoit épousé, par contrat du mois
de Janvier 1613, Catherine de la Salle, des
Seigneurs de la Garde, fille de Clément, &
de Marguerite de Brancas-Villars, de laquelle sortirent :

1. Gaspard, qui suit ;
2. Louis, nommé à l'Evêché de Cavaillon, à
   l'âge de 28 ans, par le Pape Innocent X,
   & à l'Evêché de Carpentras en 1635, sur la
   démission du Cardinal Bichi, par le Pape
   Alexandre VII ; il mourut en 1661 ;
3. Dominique, reçu Chevalier de Malte en
   1632, qui périt dans un naufrage en 1655,
   étant Capitaine de Galère ;
4. Laurent, aussi Chevalier de Malte, mort
   Officier de Galère au service de la Religion ;
5. Henri, Prieur de Saint-André de Rosans
   en Dauphiné ;
6. Jean-Louis, connu sous le nom de l'Abbé
   de Montréal, Grand-Vicaire de Bourges,
   Prieur d'Ambierle, & Abbé de Saint-Pierre
   d'Orbais, Diocèse de Soissons, mort au Séminaire de St.-Magloire, à Paris, en 1704 ;
7. Paul, reçu Chevalier de Malte en 1674 ;
8. Louise, mariée en 1648 ;
9. Et Catherine, qui vivoit sans alliance à
   Lyon en 1704.

IX. Gaspard de Fortia, Seigneur de Montréal & de Bédarrides, fut blessé sur la Galère de son père au combat de Gênes en 1638,
& épousa, par contrat du 8 Février 1655,
Françoise Louet de Nogaret de Calvisson,
fille de Jean-Louis Louet de Nogaret, Marquis de Calvisson, & de Françoise Bermond
de Thoiras de Saint-Bonnet, nièce du Maréchal de Thoiras. Ses enfans furent :

1. Jules, qui suit ;
2. Paul-François, reçu Chevalier de Malte
   de minorité en 1674, admis aux Pages de
   la Grande-Ecurie du Roi en 1687 ;
3. Marie, épouse, en 1684, de Louis-François de Seytres, dit le Comté de Caumont.

X. Jules de Fortia, Seigneur de Montréal, Co-Seigneur de la Garde & de Bédarrides, se maria, en 1684, avec *Françoise de Saffenage*, fille de *Charles-Louis-Alphonse*, & de *Christine de Salvaing de Boissieu*, de laquelle il a eu :

XI. Gaspard de Fortia, II° du nom, né en 1691, appelé *le Marquis de Montréal*, ci-devant Capitaine au Régiment de Toulouse, Cavalerie, allié 1° à *N... de Vogué*, sans enfans ; & 2° avec Marie-Anne de Fortia, fille de Charles-Joseph, Conseiller d'Etat & honoraire au Parlement de Paris, & de *Marie-Madeleine Thomas*, sa seconde femme. Il ne reste de ce mariage que deux filles :

1. Charlotte-Gabrielle-Françoise, mariée, par contrat du 7 Septembre 1749, à *Joseph-Louis-Marie de Galléan*, III° Duc de Gadagne, fils de *Pierre-François*, Baron de Vedenes, &c., & de *Louise d'Amanzé*, dont postérité. Voy. GALLÉAN ;

2. Et Gabrielle-Thérèse, morte en 1758, femme, en 1753, d'*Anne-Joseph de Louet*, Marquis de Calvisson, fils de *Louis & de Louise de Louet*, dont deux filles.

BRANCHE
des Barons de Baumes & Seigneurs de Piles, à Carpentras & à Marseille.

VII. Paul de Fortia, troisième fils de Marc, II° du nom, & de *Françoise Filleul de la Madeleine*, sa seconde femme, né à Carpentras en 1560, qualifié *haut & puissant Seigneur* dans ses Terres, Seigneur de Piles, Baron de Baumes & autres places, fut, dès sa plus tendre jeunesse, envoyé à la Cour du Roi Henri III, qui le fit élever auprès du Duc d'*Epernon*. Il fut fait Capitaine d'une Compagnie d'Ordonnance sous Henri III, en 1582 ; Mestre-de-Camp de la Cavalerie Légère & Étrangère en France, sous Henri IV, en 1591 ; Gentilhomme ordinaire de la Chambre du Roi en 1595, Gouverneur de la Ville & Citadelle de Berre en 1596, Chevalier de l'Ordre du Roi la même année, Gouverneur des places du Château d'If, Ratonneau, Pommègues, & Isles de Marseille, & Capitaine d'une des deux Galères de Sa Majesté, nommée *la Pile*, en 1598 ; eut cette année 18000 livres de gratification du Roi, avec un Brevet de 4000 livres de pension, en récompense de ses services ; & fut enfin fait Conseiller d'Etat & d'Epée en 1608. Par son zèle & par sa fermeté pendant les guerres civiles de Provence, il sut gagner l'estime & la confiance de Henri IV. Il mourut en 1621, dans son Gouvernement du Château d'If, & avoit épousé, par contrat du 17 Février 1599, *Jeanne de Tholon de Sainte-Jalle*, fille de *Faulquet*, Seigneur de Sainte-Jalle, Chevalier de l'Ordre du Roi, Lieutenant de Sa Majesté en Languedoc, Capitaine de 100 Gentilshommes, fils de *Louis de Tholon*, Premier Président au Parlement de Grenoble, & neveu de *Didier de Tholon de Sainte-Jalle*, élu Grand-Maître de Malte en 1635, & de *Guyonne de Combourcier*, dont :

1. Pierre-Paul, qui suit ;
2. Ludovic, ou Louis, appelé *le Baron de Baumes*, l'un des plus vaillans hommes de son tems, Capitaine & commandant un bataillon du Régiment de la Marine, qui quitta, après plusieurs campagnes, le service de terre, pour passer à celui des Galères, dont il commanda une Escadre au siège de Roses. Se trouvant parmi les Volontaires au siège de Porto-Longone, après avoir repoussé les ennemis jusques dans leurs retranchemens, il fut emporté d'un coup de canon ;
3. Gaspard de Fortia de Costechaude, tué au siège de la Rochelle, à la tête du Régiment de son frère aîné ;
4. Emmanuel, Colonel d'un Régiment d'Infanterie Italienne, au service de France, mort en Italie de ses blessures reçues au siège de Valence ;
5. Joseph de Fortia de Forville, Officier de Galère, tué au service du Roi en 1638, devant Gênes ;
6. Charlotte, mariée à *Paul de Mistral*, Seigneur de Montdragon, Barbantane et autres places, fils de *Paul de Mistral* Sieur de Croze & de Dons, & de *Sylvie de Brancas*, celle-ci fille d'*Ennemond de Brancas*, Baron d'Oise & de Villars, & de *Catherine de Joyeuse*, sœur du Maréchal de *Joyeuse*, & mère d'*André de Brancas*, Amiral de France, & de *Georges de Brancas*, en faveur duquel la Terre de *Villars* fut érigée en *Duché* ;
7. Et Sibylle, mariée à *Louis-Aldonce de Thezan de Vénasque*, Chevalier de l'Ordre du Roi, Marquis de Saint-Gervais, Comte de Nabuton, Baron de Negran & Castenet, Seigneur de Méthamis & Seneviers-Vénasque, Saint-Didier, &c., dont le père, aussi Chevalier de l'Ordre du Roi, avoit épousé la sœur du Comte *de Clermont-Lodève*, dont l'autre sœur fut mariée au Duc d'*Arpajon*.

VIII. Pierre-Paul de Fortia, Baron de Baumes, Seigneur de Piles, &c., élevé près de la personne de Louis, Dauphin de France, depuis Louis XIII, en qualité d'enfant d'honneur, succéda à son père dans ses biens & dans ses différentes charges. Il fut pourvu d'une Compagnie franche, en garnison au Château d'If, en 1611, n'étant alors âgé que de 11 ans, & de la survivance de tous les Gouvernemens de son père, aussi bien que du Commandement d'une des Galères de Sa Majesté, en 1614; fait Mestre-de-Camp de Cavalerie Légère & Etrangère, en France, en 1621; pourvu d'un Régiment d'Infanterie qui portoit le nom de Piles, en 1635; signala sa valeur en plusieurs occasions, & surtout au siège de Montauban. Ses services, son expérience & sa fidélité, lui ayant fait acquérir l'estime & la confiance de son Prince, Sa Majesté lui donna l'administration des affaires de la Province, dans le tems des troubles de la Provence, qui firent cesser les fonctions des Procureurs du pays. On lui fit expédier un Brevet de 4000 livres de pension en 1644; il fut fait Maréchal-de-Camp en 1649, & Gouverneur & Viguier de Marseille en 1660. Dans ce tems, Sa Majesté voulant encore lui donner une marque distinguée de son estime, le fit souper avec elle à Tarascon. Il avoit épousé, par contrat du 15 Juin 1627, Marguerite de Covet, fille de Jean-Baptiste, Baron de Trets, & de Lucrèce de Grasse, baronne de Bormes. La sœur de cette Marguerite avoit épousé Gaspard de Forbin, Marquis de Soliers, Gouverneur de Toulon, l'aîné de la branche de Palamède de Forbin, Lieutenant-Général de Provence sous Louis XII. Ses enfans furent:

1. Charles-Bernard, qui suit;
2. Paul, auteur de la branche des Marquis de Piles, rapportée ci-après;
3. Gaspard, nommé M. d'Aubres, tué d'un coup de feu en 1664, devant Gigeri en Afrique, combattant à côté de M. de Beaufort: ce fut un des plus braves Officiers de son tems;
4. Alexandre, dit l'Abbé de Piles, Prieur de Saint-May & de Remusat en Dauphiné;
5. Alphonse, appelé le Marquis de Forville (dont nous avons parlé au commencement de cet article), Officier aux Gardes-Françoises en 1659, Capitaine de Cavalerie dans le Régiment des Cravates en 1667; Capitaine d'un des Vaisseaux de Sa Majesté en

1669; Capitaine d'une de ses Galères la même année; Gouverneur & Viguier de Marseille en 1682; il présenta les clefs de cette ville à Louis XIV, lequel connoissant son mérite, lui dit fort poliment : M. de Forville, gardez ces clefs, je vous les donne, elles sont bien entre vos mains (a). Il fut fait Lieutenant de Roi en Provence, au Département d'Aix en 1693, Chevalier de Saint-Louis la même année, & Chef d'Escadre des Galères en 1695. Il mourut en 1711, sans alliance;
6. Joseph, reçu Chevalier de Malte en 1657, Lieutenant au Régiment des Gardes-Françoises, mort à Messine, sur la Galère commandée par le Marquis de Forville, son frère, dont il étoit Lieutenant;
7. Jeanne, mariée à Annibal de Grasse, Comte du Bar, fils de Charles, Comte du Bar, & de Marguerite Grimaldi de Beuil;
8. Et Marie, Religieuse.

IX. Charles-Bernard de Fortia, Baron de Baumes, Marquis de Sainte-Jalle, Seigneur de Saint-Marcellin, & autres places, signala sa valeur en Flandre, dans l'armée commandée par le Maréchal d'Aumont, & particulièrement aux lignes d'Arras. Il avoit épousé Marie de Tholon, héritière de la Maison de Sainte-Jalle, fille de Jean-Antoine, & de Louise de Bonne d'Auriac, fille du Marquis d'Auriac, cousin germain du Connétable de Lesdiguières. Ils eurent:

1. Paul-Joseph, qui suit;
2. Et Gabrielle, Dame de Saint-Marcellin, mariée à Louis-Bernard de Taulignan, Marquis de Puymeras, &c.

X. Paul-Joseph de Fortia, dit de Tolhon, à cause de sa mère, dont il fut chargé de porter le nom & les armes, fut Marquis de Sainte-Jalle, Baron de Baumes, &c., & mourut d'une chûte faite au Château de Sainte-Jalle. Il avoit épousé Marie de Fortia, fille aînée de Paul, Seigneur d'Urban, & de Marie-Esprite de Vissec de la Tude de Ganges, de laquelle il a eu:

XI. Marie de Fortia de Tolhon, Marquise de Sainte-Jalle, &c., alliée, en 1723, à Jean-Joseph-François-Dominique-Xavier-Lazare de Coriolis, Marquis de Limaye, Seigneur de la Bastide, Président en la Cour des Comptes, Aides & Finances de Provence.

_____

(a) Lorsque le Roi entre dans quelque ville, le Gouverneur lui en présente les clefs, qui sont ordinairement d'argent, quelquefois d'or.

BRANCHE
des Marquis de PILES, *devenus Barons*
de BAUMES *à Marfeille.*

IX. PAUL DE FORTIA, fecond fils de PIERRE-PAUL, & de *Marguerite de Covet*, Marquis de Piles, Seigneur de Peyruis, Piofin, Auges, Montfort, Coftechaude, &c., Gouverneur des places du Château d'If, Ratonneau, Pommègues & Isles de Marfeille, fut reçu Chevalier de Malte en 1650; il quitta la Croix pour fe marier, le 2 Mars 1675, avec *Geneviève de Vento des Pennes*, fille de *Marc-Antoine*, & de *Renée de Forbin de Janfon*. De cette alliance vinrent:

  1. ALPHONSE, qui fuit;
  2. TOUSSAINT DE FORTIA DE PILES, Chevalier de Malte, reçu Page aux Ecuries du Roi en 1694, puis entra aux Moufquetaires (a). Il eft connu fous le nom de *Chevalier de Piles*, & fut nommé Lieutenant de la Galère appelée *la Réale* en 1713, & Capitaine de Galère le 5 Avril 1728, eft mort en 1760, Chef d'Efcadre, Commandeur de l'Ordre de Saint-Louis & Commandant de la Marine à Marfeille en 1749.
  3. MARTHE, époufe de *Jofeph-Hubert de Vintimille*, des Comtes de Marfeille, Comte de *Vintimille*, dont des enfans;
  4. GENEVIÈVE DE FORTIA DE PILES, qui s'allia avec *Louis-François*, Comte *d'Urre*, dans le Comtat-Venaiffin;
  5. ANNE-MARGUERITE, mariée à *Gafpard d'Agoult*, Marquis d'Ollières, fils de *Jofeph*, Marquis d'Ollières, & de *Françoife de Glandevès*, dont poftérité;
  6. Et N... DE FORTIA, Religieufe au Couvent du Saint-Sacrement à Marfeille.

X. ALPHONSE DE FORTIA, Marquis de Piles, la Baftie, Coftechaude, Aubres, Forville, Baron de Baumes, de Peyruis, Seigneur d'Auges, Piofin, Montfort & autres lieux, Gouverneur des places du Château d'If, Ratonneau, Pommègues & Isles de Marfeille, Chevalier de Saint-Louis, Gouverneur & Viguier perpétuel de Marfeille, Lieutenant de Roi en Provence, &c., eft mort en 1729. Il avoit époufé, en 1710, *Elifabeth de Flotte-la-Buzinne*, fille de *Jean-Baptifte*, & de *Denife d'Efpinaffy*, dont:

  1. TOUSSAINT-ALPHONSE, qui fuit;

(a) Ici finit la Généalogie de FORTIA dans le *Mercure Galant* du mois de Janvier 1696, p. 174 & fuiv.

Tome VIII.

  2. Un autre garçon;
  3. N... DE FORTIA, morte en bas âge;
  4. ELISABETH, qui a époufé, en 1728, le Marquis *de Villages de Villevieille*, de Marfeille;
  5. N... DE FORTIA, mariée à *Charles de Boiffon*, Tréforier-Général de France, dont des enfans;
  6. Et N... DE FORTIA, Religieufe au Monaftère du Saint-Sacrement à Marfeille.

XI. TOUSSAINT-ALPHONSE DE FORTIA, Marquis de Piles, Baron de Baumes & de Peyruis, Seigneur d'Auges, Piofin, Montfort & autres lieux, appelé le *Marquis de Piles*, Lieutenant de Roi en Provence, fut reçu, en 1726, Capitaine, Gouverneur & Viguier perpétuel de Marfeille, en furvivance de fon père, par Provifions du Roi, de 1723 n'étant alors âgé que de 9 ans. Il entra aux Moufquetaires, première Compagnie de la Garde du Roi, à 18 ans, fit la campagne de 1733, en Italie, fous le Maréchal Duc de Villars, qui faifoit le plus grand cas de fa perfonne & des talens militaires, qu'il marquoit. Après la mort de ce Maréchal, dont il fut l'un des principaux Aides-de-Camp, il continua de faire les mêmes fonctions fous le Maréchal Duc de Coigny dans l'armée d'Allemagne; mais la petite-vérole lui laiffa une furdité affez confidérable, qui le força de quitter le fervice. Il n'en eut pas moins l'occafion de fignaler fon zèle avec utilité, par les fages mefures qu'il fut prendre pour s'oppofer aux tentatives que les ennemis auraient pu faire fur Marfeille en 1746 & 1747, qu'ils entrèrent en Provence, & que les Anglois bloquèrent cette place par mer. En confidération de fes fervices, le Roi lui accorda la Croix de Saint-Louis, & la furvivance du Gouvernement de Marfeille pour fon fils & fon petit-fils. Il avoit époufé, 1° en 1735, *Anne de Geoffroy d'Entrechaux d'Arennes*, fille unique de *Jofeph de Geoffroy d'Entrechaux*, Confeiller au Parlement de Provence, & *d'Anne de Laurens*, des Seigneurs de Peyrolles, près d'Aix; & 2° au mois de Septembre 1764, *Félicité de Jarente*, fœur de l'Évêque d'Orléans, dont il n'a point eu d'enfans. Il a eu du premier lit:

  1. ALPHONSE-TOUSSAINT-JOSEPH, qui fuit;
  2. & 3. Deux filles mortes en bas âge;
  4. Et ELISABETH-DENISE, qui a époufé, le 19 Janvier 1763, *Alexandre-Amable de David*, Chevalier, Comte de Beauregard, Co-

lonel d'Infanterie, fils d'*Alexandre de David-Beauregard*, Brigadier des Armées du Roi, tué à la tête de la Brigade de la Reine, qu'il commandoit, en 1747, à l'attaque des retranchemens du Col de l'Affiette. De ce mariage font nés jufqu'ici (1774), une fille & cinq garçons, tous vivans. Voy. DAVID.

XII. ALPHONSE-TOUSSAINT-JOSEPH DE FORTIA, Comte de Piles, nommé Gouverneur & Viguier de la ville de Marfeille, en furvivance de fon père, en 1754, eft entré, le 1er Mars 1750, dans le Régiment du Roi, Infanterie, où il a fervi pendant 12 ans, en qualité de Sous-Lieutenant, Lieutenant & de Capitaine, a été nommé Colonel aux Grenadiers de France, le 2 Mars 1762, & Colonel du Régiment Provincial d'Aix, à la réformation dudit Régiment le 4 Août 1771. Il a époufé, en Avril 1756, *Marie-Gabrielle-Rofalie de Coriolis-d'Efpinoufe*, fille de *Charles-François-Xavier de Coriolis-de-Villeneuve*, Marquis d'Efpinoufe, &c., Préfident à Mortier au Parlement d'Aix, & de *Marie-Bonne-Henriette de le Bret*, fa première femme, fille de *Pierre-Cardin de le Bret*, Premier Préfident au Parlement d'Aix, & Intendant & Commandant en Provence. De ce mariage font iffus :

1. & 2. Deux enfans morts en bas âge ;
3. ALPHONSE-TOUSSAINT-JOSEPH-ANDRÉ-MARIE-MARSEILLE, qui fuit ;
4. JOSEPH-LOUIS-MARIE-FÉLICITÉ, né le 30 Avril 1765, reçu Chevalier de Malte le 29 Septembre de la même année ;
5. Et ALPHONSE-JOSEPH-MARIE-BRUNO-NICOLAS, né le 25 Juin 1766.

XIII. ALPHONSE-TOUSSAINT-JOSEPH-ANDRÉ-MARIE-MARSEILLE DE FORTIA DE PILES, né le 18 Août 1758, fut Gouverneur & Viguier de Marfeille en 1767, en furvivance de fon père & de fon grand-père.

BRANCHE
des Seigneurs de CHAILLY, à Paris.

V. BERNARD DE FORTIA, fecond fils de MARC Ier, & d'*Yolande de Benet* ou *Benoît*, alla prendre à Rome noble Demoifelle *Françoife de Vital*, fiancée de fon frère JEAN, avec un paffeport du Roi Louis XII, qui qualifie ces deux frères : *Citoyens de Montpellier, fes bien-aimés & familiers, & de la Reine fon époufe*, faifant expreffe mention du train de ce BERNARD dans fon voyage compofé de 16 chevaux & autant de valets, or & argent,

joyaux & équipages, auffi bien que du fujet qui le faifait aller à Rome pour amener fa belle-fœur à Avignon. BERNARD fe retira dans la ville de Tours, & y fit, en 1532, l'acquifition des Seigneuries de Paradis & de la Branchoire. Il époufa *Jeanne Miron*, fille de *Gabriel*, Médecin ordinaire du Roi, & d'*Elifabeth Alexandre*, de laquelle il eut :

1. JEAN, Archiprêtre de la Métropole de Tours, & Chanoine de Saint-Martin de la même ville ;
2. FRANÇOIS, qui fuit ;
3. BERNARD, tige de la branche des Seigneurs du *Pleffis-Fromentières*, rapportée ci-après ;
4. MARC, Seigneur de Paradis, Préfident en la Chambre des Comptes de Bretagne, marié, l'an 1551, avec *Françoife d'Authon*, & mort fans poftérité ;
5. PIERRE, Abbé de Saint-Acheul & de Noyérs, Archidiacre de Tours, nommé à l'Evêché d'Amiens, & mort fans avoir pris poffeffion ;
6. JEANNE, qui a époufé, le 22 Novembre 1532, *Aftremoine du Bois-de-Givry*, Ier du nom, fils de *Jean*, IIe du nom, & de *Jeanne Bohyer*, dont poftérité. Voy. DU BOIS-DE-GIVRY ;
7. 8. & 9. Et trois filles, dont une fut mariée & les deux autres Religieufes.

VI. FRANÇOIS DE FORTIA, Seigneur de la Grange, fucceffivement Tréforier des mers du Levant, Secrétaire de la Chambre du Roi, & Tréforier des parties cafuelles en 1570, époufa 1° *Françoife Minguet* ; & 2° *Catherine Hotman*, & mourut en 1595. De fa première femme vinrent deux filles, favoir :

1. MADELEINE, mariée avec *Louis Grenet*, Avocat, puis Confeiller au Parlement de Paris ;
2. Et JEANNE, femme de *Charles Billart*, d'abord Maître des Requêtes, & enfuite Préfident au même Parlement.

De fa feconde il eut :

3. FRANÇOIS, qui fuit.

VII. FRANÇOIS DE FORTIA, IIe du nom, Préfident des Tréforiers de France au Bureau des Finances de Limoges, Confeiller d'Etat en 1665, fe maria, en 1607, avec *Catherine Sainctot*, fille de *Pierre*, & d'*Anne Vizé*. Ses enfans furent :

1. FRANÇOIS, né en 1610, Confeiller-Auditeur en la Chambre des Comptes de Paris, alliée, en 1648, à *Madeleine Pigray*, de laquelle il n'eut qu'une fille morte en bas âge ;
2. PIERRE, Sieur de Genouilly, né en 1613, & mort fans enfans en 1677 ;
3. PAUL, né en 1614, mort en bas âge ;

4. HONORÉ, Chanoine de Noyon, Aumônier du Roi, né en 1617, mort en 1695;

5. ETIENNE, né en 1618, mort à Rome;

6. CHARLES, qui fuit;

7. TIMOLÉON, mort dans les guerres de Catalogne;

8. & 9. CATHERINE & ANNE DE FORTIA.

VIII. CHARLES DE FORTIA, Seigneur de Chailly & de Boisvoisin, Capitaine dans le Régiment de Baradat, mort en 1684, avoit épousé *Anne Alexandre*, décédée en 1691, laissant:

IX. CHARLES-JOSEPH DE FORTIA, Seigneur de Chailly, né le 22 Août 1668, & baptisé à Saint-Paul à Paris le 10 Novembre 1670, lequel a été Conseiller d'Etat & d'honneur au Parlement, depuis premier Président du Grand-Conseil par commission de l'an 1739, & est mort le 7 Juillet 1742. Il avoit épousé 1° *Marie-Madeleine Larcher*, morte en 1696, âgée de 19 ans; & 2° au mois de Juillet 1698, *Marie-Madeleine Thomas*, fille de *Jean*, Conseiller au Châtelet, & de *Marie-Anne Gigault*, dont:

1. JEAN-JOSEPH, qui fuit;

2. CHARLES, nommé en 1724 à l'Abbaye de Saint-Martin d'Epernay, Ordre de Saint-Augustin, Diocèse de Reims;

3. ANNE-BERNARD, mort à l'Isle de Bourbon le 30 Avril 1747;

4. ANTOINE, mort le 13 Septembre 1750;

5. MARIE-MADELEINE, femme de *Claude de la Michodière*, Conseiller au Parlement de Paris, morte le 29 Septembre 1740;

6. Et MARIE-ANNE, alliée à Avignon, en Septembre 1730, à GASPARD DE FORTIA, Seigneur de Montréal.

X. JEAN-JOSEPH DE FORTIA, Chevalier de Saint-Louis, ancien Capitaine de Cavalerie au Régiment de Condé, a épousé *Marie-Anne Frizon-de-Blamont*, fille de *Nicolas-René*, Président au Parlement de Paris, dont:

1. JEAN-CHARLES, mort en 1741;

2. Et CHARLOTTE, mariée, le 9 Mars 1747, à *Etienne-Marie*, Marquis de *Scorailles*, premier Sous-Lieutenant des Chevaux-Légers de la Garde du Roi, dont un garçon & deux filles.

BRANCHE
des Seigneurs du PLESSIS-FROMENTIÈRES.

VI. BERNARD DE FORTIA, Seigneur de St.-Mandé, près & à côté du village de Vincennes, du Plessis-Fromentières & de Cléreau

en Vendômois, troisième fils de BERNARD DE FORTIA, & de *Jeanne Miron*, d'abord Conseiller au Parlement de Bretagne, ensuite en celui de Paris en 1563, avoit épousé, en 1535, *Charlotte Gayant*, fille de *Louis*, Conseiller au Parlement de Paris, & de *Catherine Rapouel*, dont:

1. BERNARD, qui fuit;

2. JEAN, mort sans alliance;

3. MARC, Maître en la Chambre des Comptes de Bretagne, mort garçon;

4. 5. 6. & 7. PHILIPPINE, MARIE, LOUISE & MARGUERITE, mariées.

VII. BERNARD DE FORTIA, IIe du nom de sa branche, Seigneur du Plessis-Fromentières & de Cléreau, Conseiller au Parlement de Paris en 1585, mort Conseiller-Clerc en la même Cour en 1629, avoit épousé, le 21 Janvier 1586, *Marguerite le Clerc*, fille de *Nicolas*, & de *Jeanne de la Forêt*, dont:

1. JEAN-FRANÇOIS, qui fuit;

2. LOUISE, mariée en 1608;

3. Et MARIE, femme en 1617 de *René de Chambes*, Chevalier, Comte de Montforeau, &c. Voy. CHAMBES-MONTSOREAU.

VIII. JEAN-FRANÇOIS DE FORTIA, Seigneur du Plessis-Fromentières, &c., Conseiller au Parlement de Paris en 1619, Maître des Requêtes en 1626, Intendant de Guyenne, mort Conseiller d'Etat en 1631, avoit épousé, le 26 Mai 1619, *Anne de la Barre*, dont:

1. BERNARD, qui fuit;

2. CLAUDE, reçu Chevalier de Malte au Grand-Prieuré de France en 1643, mort en 1661, Capitaine de Galère;

3. FRANÇOIS, Prieur de Montbouchet, Chanoine & Comte de Brioude en Auvergne, mort en 1675;

4. GENEVIÈVE, femme de *François-Bonaventure de Harlay*, Marquis de Bréval, Lieutenant-Général des Armées du Roi;

5. Et MARTHE, Religieuse Bernardine.

IX. BERNARD DE FORTIA, IIIe du nom, Seigneur du Plessis-Fromentières, &c., Conseiller au Parlement de Normandie en 1642, Maître des Requêtes en 1649, Intendant de Poitou, Aunis & la Rochelle en 1653, d'Orléans & de Bourgogne en 1659, d'Auvergne en 1664, mort Doyen des Maîtres des Requêtes en 1694, avoit épousé, le 8 Juillet 1649, *Marguerite le Mairat*, veuve de *Michel du Faultray*, & fille de *Jean*, Conseiller au Grand-Conseil, & d'*Anne Colbert de Saint-Pouange*, dont:

1. JACQUES, mort en bas âge ;
2. Un autre JACQUES, qui fuit ;
3. FRANÇOIS, mort jeune ;
4. ANNE-BERNARD, Abbé de Notre-Dame-du-Bouchet, Chanoine & Comte de Brioude ;
5. ANNE-FRANÇOISE, morte jeune ;
6. Et ANNE, morte en 1709 dans la Communauté des Dames Miramiones.

X. JACQUES DE FORTIA, Seigneur du Pleſſis-Fromentières, Baron de Nouan, la Bauſſeraye & du Chefne, Conſeiller au Grand-Conſeil le 16 Mars 1674, Préſident le 21 Mars 1704, honoraire le 20 Avril 1720, mort le 12 Août 1726, âgé de 70 ans, avoit épouſé, en Janvier 1697, *Marie-Mathée Accault*, fille de *Claude*, Secrétaire du Roi, & d'*Anne de Montigny*, dont il n'eut point d'enfans. Elle ſe remaria, le 2 Septembre 1727, avec *Joſeph de Villeneuve*, Seigneur de Puymichel en Provence, Chevalier de Saint-Lazare, & Capitaine de Cavalerie.

Les armes : *d'azur, à la tour d'or, crénelée & maçonnée de ſable, poſée ſur une montagne de 7 coupeaux de ſinople.*

FORTIN. Il y a pluſieurs Familles nobles de la Province de Normandie qui portent ce nom, ſavoir :

FORTIN, Seigneur de Saint-Etienne, Election de Vire, de laquelle étoit MARIE-THÉRÈSE FORTIN, qui fut reçue à Saint-Cyr au mois de Janvier 1686, & prouva qu'elle deſcendoit de MICHEL FORTIN, Sieur de Fierville, lequel, en l'année 1477, épouſa *Catherine de Groſparmy.*

Les armes : *de gueules, à trois tours d'argent, maçonnées de ſable, 2 & 1.*

FORTIN, Ecuyer, Sieur de Livernière : Ancienne Nobleſſe de l'Election d'Avranches, Généralité de Caen, qui porte : *de gueules, au chevron d'or, accompagné de 3 molettes du même, 2 & 1.*

FORTIN ou FORTAIN, Election de Mortain, même Généralité : Famille anoblie pour ſervices en 1592.

Les armes : *d'azur, à la faſce denchée d'argent, accompagnée de ſix merlettes de même, 3 & 3.*

FORTIN, Ecuyer, Sieur des Bogneries : ancienne Nobleſſe reconnue dans la recherche de 1666, Election de Conches, Généralité d'Alençon, dont les armes ſont : *d'or, à la bande de ſinople, cotoyée de trois croix alaiſées de gueules.*

FORTIN, Ecuyer, Sieur du Sablon, Election de Mortagne, Généralité d'Alençon : Famille noble & ancienne, employée dans les recherches de 1666, qui porte : *écartelé, aux 1 & 4 d'argent, à trois moucheteres de ſable, 2 & 1 ; au 2 auſſi d'argent, à trois chevrons de gueules ; & au 3 de ce dernier, à trois annelets d'argent, poſés 2 & 1.*

FORTIN, Election de Falaiſe : *d'argent, au chevron de ſable, accompagné de trois molettes, 2 & 1, & ſurmonté d'une faſce auſſi de ſable, ayant en chef un croiſſant d'azur, accoſté de 2 molettes de gueules.*

FORTIN DE LA HOGUETTE, Famille noble de Normandie, de laquelle eſt MARIE-CHARLOTTE FORTIN DE LA HOGUETTE, née le 11 Janvier 1734. Elle s'eſt mariée, le 19 Avril 1757, à *Nicolas - Philippe Grandin de la Gaillonnière*, & eſt la ſeule & unique héritière de la branche aînée. La ſeconde branche s'eſt éteinte dans la perſonne de feu Madame la Maréchale *de Nangis*, fille de N... FORTIN, Marquis de la Hoguette, lequel étoit fils du Marquis & Lieutenant-Général de ce nom, tué en commandant l'aîle gauche de l'armée du Roi à la bataille de la Marſaille, où il ſe diſtingua avec beaucoup de valeur.

Les armes : *d'azur, au chevron d'or, avec trois molettes d'éperon, accompagnées de deux levrettes, le tout d'or.*

FORTIS, en Provence : Famille originaire d'Avignon, qui jouiſſoit des privilèges des Nobles dans le XIV⁰ ſiècle, ainſi qu'il conſte par un hommage que prêtèrent FORTIS DE FORTIS, & RAYMOND, ſon frère, d'une partie de la terre de Montclar, à ROBERT, Roi de Naples & Comte de Provence. Depuis eux, le premier dont on ait connoiſſance eſt :

I. BERTRAND DE FORTIS, Juge de la Cour temporelle du Pape, à Avignon, qui épouſa *Marguerite de Gérard*, des Seigneurs d'Aubres, de laquelle il eut :

1. JEAN, qui ſuit ;
2. Et FRANÇOISE, femme de *Jacques de Rabaſſe*, reçu Procureur-Général au Parlement de Provence, le 30 Juillet 1554.

II. JEAN DE FORTIS vint s'établir à Aix. Il fut Seigneur de Claps, du chef de ſa femme, & député à la Cour par délibération du Corps de la Nobleſſe, du 20 Décembre 1557. Il ſe maria, le 9 Mai 1549, à *Jeanne de Séguiran*, fille de noble *Boniface*, Seigneur de Vauvenargues & de Claps, & de *Jeanne de Materon*, dont il eut pour fils unique :

III. BONIFACE DE FORTIS, Seigneur de Claps, qui épouſa, le 1ᵉʳ Octobre 1588, *Madeleine Spinola*, fille d'*Antoine - Marie Spinola*, d'une Maiſon illuſtre, qui a donné des Cardinaux à l'Egliſe Romaine, des Doges à la République de Gênes, & pluſieurs Généraux à l'Empire & à l'Eſpagne, & de *Thomaſe de Marini de Turris*. De ce mariage vint :

IV. LOUIS DE FORTIS, Seigneur de Claps, qui fut ſecond Conſul d'Aix, Procureur du pays en 1647. Il avoit épouſé, en 1624, *Marthe de Guiran*, fille de noble *Gaſpard*, & de *Bernardine de Baſtety*, dont :

1. BONIFACE, qui ſuit ;
2. Et JEAN-FRANÇOIS, mort en 1663, à Maſulipatam, ville des Indes, où il avoit accompagné Ignace Cotolendy, Evêque de Mètellopolis, Vicaire Apoſtolique en Chine.

V. BONIFACE DE FORTIS, IIᵉ du nom, Seigneur de Claps, ſecond Conſul d'Aix, en 1670, s'allia, le 15 Février 1663, à *Marguerite de Marcel*, fille de *Jean*, Tréſorier de France au Bureau des Finances de Provence, & de *Madeleine de Bompar*. De ce mariage vint :

VI. BONIFACE, IIIᵉ du nom, qui fut élu comme ſon père & ſon aïeul, ſecond Conſul d'Aix en 1715. Il avoit épouſé, par contrat du 12 Juillet 1712, *Anne de Payan*, fille d'*Antoine*, Seigneur de Saint-Martin, Tréſorier de France au même Bureau, & d'*Anne de Martin*, dont il laiſſa :

1. FRANÇOIS-BONIFACE, qui ſuit ;
2. MARTHE-CLÉMENCE, veuve de *Pierre de Périer*, Marquis de Flayoſc, Seigneur de Clumane, ſecond Conſul d'Aix en 1738.

VII. FRANÇOIS-BONIFACE DE FORTIS, reçu Conſeiller au Parlement de Provence, n'étoit point encore marié en 1757.

Les armes : *d'azur, au lion d'or, adextré d'une palme du même.* (Extrait de l'*Hiſtoire héroïque de la Nobleſſe de Provence*, tom. I, pag. 421.)

FORTISSON, Famille noble de Guyenne. PIERRE DE FORTISSON, Ecuyer, Baron de Roquefort (Terre ſituée dans la Sénéchauſſée de Saint-Sever, poſſédée depuis long-tems par cette Famille), épouſa *Françoiſe de Cablane*, dont il eut pour fils aîné :

PIERRE DE FORTISSON, IIᵉ du nom, Baron de Roquefort, qui s'allia avec *Camille de Broſſer*, qui étoit veuve en 1682, & mère de :

N... DE FORTISSON, lequel de ſon mariage avec N... d'*Arros*, laiſſa :

N... DE FORTISSON, Baron de Roquefort, allié 1º avec N... *de Vernon de Haget*, dont un garçon, dit le Baron de Roquefort, & trois filles ; & 2º avec *Marie Sylvie d'Aſpremont*, héritière d'une branche cadette des Vicomtes d'Orthez, de laquelle ſont iſſus un garçon & des filles.

Il y a encore de cette Famille la branche des Seigneurs de *Saint-Maurice*, formée par un cadet de PIERRE DE FORTISSON, Iᵉʳ du nom, Seigneur de Roquefort, dont le petit-fils :

N... DE FORTISSON, a épouſé N... *de Pontac-Béſade*, de laquelle il a un fils. De cette branche étoit iſſu :

JEAN-GODEFROY DE FORTISSON, Seigneur de Cazalis, &c., qui, après avoir été Cornette, Lieutenant & Capitaine de Dragons dans le Régiment du Comte d'Albert, fut appelé en 1706, par le même Comte d'Albert, pour être Aide - Major & Maréchal - des - Logis, avec Brevet de Meſtre-de-Camp de Cavalerie des Chevaux-Légers de la Garde, dont il venoit d'être nommé Capitaine-Lieutenant à la place du Duc de Chaulnes, ſon père. Il fut fait Brigadier le 1ᵉʳ Février 1719, Commandeur de l'Ordre de Saint-Louis, le 20 Avril ſuivant, & Maréchal-de-Camp, le 1ᵉʳ Août 1734. Il eſt mort en 1745, & avoit épouſé *Marie-Françoiſe de Vayre*, Dame du Claux près d'Aurillac, morte le 20 Octobre 1737, dont il a eu :

1. LOUIS-AUGUSTE DE FORTISSON, né le 18 Décembre 1711, marié, le 11 Septembre 1738, à N .. *Chicoyneau*, fille de N... *Chicoyneau*, premier Médecin du Roi, de laquelle il n'a point eu d'enfans ;
2. Et N... DE FORTISSON, alliée en 1767 à *Henri*, Marquis de *Montlezun-Saint-Lary*.

C'eſt ce que nous ſavons, faute de Mémoire, ſur cette Famille, dont les armes ſont : *d'azur, à deux tours d'argent, poſées ſur une même ligne.*

* FOS-EMPHOUX, en Provence : Terre & Seigneurie qui fut érigée en *Marquiſat*, par Lettres du mois de Juin 1719 ou 1729, enregiſtrées en Octobre ſuivant, en faveur d'*Antoine* d'*Albert*, Préfident à Mortier au Parlement de Provence. Il étoit iffu au neuvième degré de *Guy* ou *Guido Alberti*, Chevalier, Seigneur de Thou, de Bulbon & de Grambois, originaire de Nice, & à qui la Reine JEANNE inféoda ces deux dernières Terres le 27 Septembre 1362, & le 13 Janvier 1363.

ANTOINE D'ALBERT, Marquis de *Fos-Emphoux*, joignit à fon nom celui de *Chaîne*, & fit alliance, le 22 Octobre 1675, avec *Marguerite de Guidi*, de laquelle vinrent entr'autres enfans :

1. DOMINIQUE, Marquis de *Fos*, marié, le 24 Janvier 1709, à *Françoife de Raffelis-d'Agoult de Rognes*, dont il eut un fils, mort en bas âge, & une fille ;
2. JOSEPH, Chevalier de Malte en 1697, & depuis Commandeur ;
3. Et ANTOINE D'ALBERT DE CHAÎNE, auffi Chevalier de Malte, Marquis de *Fos* par la mort de fon frère aîné. Il quitta la Croix & époufa à Paris, en 1746, *Auguftine* ou *Chrétienne Boiffet d'Arville*. Il eft mort Chef d'Efcadre des Armées navales du Roi, fans laiffer de poftérité.

Le *Mercure de France*, du mois d'Août 1756, fait mention de LOUIS-ANTOINE DU FOS, Marquis de Méry, mort le 12 Juillet 1756, dans la 56ᵉ année de fon âge, au Château de la Taulle en Picardie.

FOSSAT-DE-REBIGNE (DU), Nobleffe très-ancienne, établie de tems immémorial dans le Languedoc & l'Agénois. Elle a donné fon nom à deux Terres fituées aux environs de Touloufe, à une troifième qui eft une des cinq Baronies de l'Agénois, & donne au poffeffeur le droit de porter l'Evêque d'Agen à fa première entrée (voyez l'*Hiftoire du Languedoc*, par D. Vaiffette) ; & à une quatrième fituée fur les bords du Lot & fur les limites de l'Agénois & du Quercy.

Elle a donné un Evêque d'Agen au commencement du XIIᵉ fiècle, dans la perfonne de RAYMOND-BERNARD DU FOSSAT, lequel fonda les Religieufes du Paravis, de l'ordre de Fontevrault. (Voyez le nouveau *Gallia Chriftiana*.) Les Barons du FOSSAT font compris dans le Traité, fait en 1243, entre le Roi SAINT LOUIS & les Barons de l'Agénois. Ce Traité eft au Tréfor des Chartes.

On voit dans le ferment de fidélité, prêté au Roi PHILIPPE, en 1271, par les nobles de l'Agénois, les DU FOSSAT au nombre de fix, favoir : le Seigneur GAUTIER DU FOSSAT, Baron ; BONAFOS DU FOSSAT faifant pour lui & pour AMANIEU, fon frère ; le Seigneur de Clermont-Deffous ; le Seigneur de Madaillan (ces deux Terres étoient alors dans la Maifon DU FOSSAT) ; & BERTRAND DU FOSSAT, Damoifeau. Elle a poffédé auffi un grand nombre de Terres dans l'Armagnac, le Brumois, & auprès des Pyrénées.

GAUTIER DU FOSSAT, en mariant AGNÈS, fa fille, avec *Bernard*, fils aîné de *Bernard V*, Comte d'*Aftarac*, affigna la dot d'AGNÈS, fur différentes Terres, fituées tant dans le Languedoc que dans les quatre Vallées. Ce mariage fut d'abord conclu à Narbonne, le 10 Février 1309, par procuration donnée par GAUTIER DU FOSSAT & *Thiburge de l'Isle-Jourdain*, fa femme, à *Pierre de Colonne*, Cardinal, énoncé dans les actes ; confanguin dudit GAUTIER. On ftatua dans les époufailles un dédit de 10000 marcs d'argent de la part des pères des contractans. Il fut célébré le 10 Août de la même année, à Floirac en Agénois, & non à Carcaffonne, comme l'ont prétendu les Auteurs de l'*Hiftoire du Languedoc*, des *Chroniques d'Auch* & du *Traité de la Nobleffe des Capitouls de Touloufe*, qui paroiffent avoir copié différentes erreurs de Sabathier ou la Bourgade fur ce mariage. (Voyez les *Titres de la Tréforerie de Touloufe & de Montauban*.)

Il y a eu de cette Maifon plufieurs Sénéchaux de l'Agénois & du Condômois, & un Maréchal des Armées fous le Roi d'Angleterre, pendant qu'il poffédoit l'Aquitaine. La pofition de fes Terres dans cette Province l'a fouvent rendu victime des guerres qui ont duré fi long-tems entre la France & l'Angleterre. Elle a éprouvé de part & d'autre, fous prétexte de rébellion, des confifcations & des reftitutions ; mais elle perdit fans retour tout ce qui lui fut confifqué dans le commencement du XVᵉ fiècle, au profit du Maréchal de la Barthe, qui fut, depuis cette époque, Seigneur des quatre Vallées.

BERTRAND DU FOSSAT eft compris dans la montre de la ville de Touloufe, pour 700 livres tournois qui lui étoient dues au mois de Septembre 1374. Il affifta, comme témoin, à la paix faite entre les Comtes de Foix & d'Armagnac. (Voyez l'*Hiftoire du Languedoc*.)

On voit dans les *Annales de Touloufe* plufieurs DU FOSSAT Seigneurs de Caftelnau &
de Rebigne; mais l'auteur a fouvent traduit
par erreur le mot latin de *Foffato*, par DE au
lieu de DU. Le dernier, dont il parle, eft GUIL-
LAUME DU FOSSAT, Seigneur de Rebigne, en
1508.

ETIENNE DU FOSSAT, Seigneur de Rebigne,
fit le dénombrement de fes Terres, le 1er
Mars 1539. (Voyez la *Chambre des Comp-*
tes.)

RAYMOND DU FOSSAT fut Chevalier de l'Ordre du Roi fous HENRI IV. (Voyez les *Mé-*
moires de Brantôme.)

BERNARD DU FOSSAT étoit Commandant du
Château de Goudourville dans le même tems.

JEAN-LOUIS DU FOSSAT, Seigneur de Rebigne, eft l'aîné de cette Maifon. Il a pour
frère JEAN-ANTOINE DU FOSSAT, qui eft dans
l'Etat Eccléfiaftique, & pour fœurs MARIE &
ANNE-MARIE DU FOSSAT.

Les armes : *de gueules, à deux fafces*
d'or. Supports : *deux cigognes.*

FOSSEUX ou FOSSEUSE-MONT-
MORENCY. Cette branche a commencé à
Claude de Montmorency, Seigneur de Foffeufe, marié à *Anne d'Aumont*, Dame de Thu-
ry. Il étoit petit-fils de *Jean II*, Baron de
Montmorency, Grand-Chambellan de France. La Seigneurie de *Baillet-fur-Efche* fut
érigée en *Baronnie*, fous le nom de *Foffeux*,
par Lettres du mois de Mars 1578, enregiftrées le 2 Mai 1584, en faveur de *Pierre de*
Montmorency. Voyez MONTMORENCY-
FOSSEUSE.

FOSSEZ (DES). Cette Famille eft connue
dans le Valois dès le XIVe fiècle, où la branche aînée poffède encore la Terre de fon nom.
On ne fait au jufte fi c'eft elle qui a donné le
nom à cette Terre, ou fi c'eft la Terre qui lui
a donné le fien. Des Mémoires particuliers
lui donnent pour origine la Maifon *des Fof-*
fés, connue & très-illuftrée en Flandre &
en Brabant, depuis plufieurs fiècles, fous le
nom de *van der Gracht*, qui, en langue fla-
mande, fignifie *Foffez*, & laquelle remonte à
WATIER DES FOSSÉS, Chevalier, qui vendit,
en 1150, un droit de dixme à l'Abbaye de
Saint-Aubert, &c., mais on n'a point de preuves littérales de cette defcendance.

La branche aînée dite DES FOSSEZ, Haramont & de Coyolles, ne fubfifte plus que dans

deux Demoifelles, dont l'aînée, appelée *Made-*
moifelle de Coyolles, n'eft point mariée. La
feconde a époufé M. le Comte de *Jouenne*
d'Efgrigny. Leur frère N… DES FOSSEZ, Chevalier, Marquis de Coyolles, Ecuyer de main
du Roi, eft mort fans alliance. Ces trois enfans avoient pour père LOUIS DES FOSSEZ, Marquis de Coyolles, Chevalier de Saint-Louis,
Grand-Bailli de Villers-Cotterets, Capitaine
au Régiment de Languedoc, Bailli d'Epée,
Commiffaire, Syndic de la Nobleffe, & Lieutenant des Maréchaux de France du Valois,
mort le 4 Juillet 1747, âgé de 78 ans ou environ.

BRANCHE
dite de SISSY, *établie en Vermandois.*

PHILIPPE DES FOSSEZ, Chevalier, Seigneur
de Chouy près de Soiffons, fut auteur de cette
branche, dont nous donnerons ci-après la filiation. Il époufa, par contrat du 5 Mai 1413,
noble *Marie de Siffy*, fille de feu *Monfei-*
gneur Jean, dit *Allemand de Siffy*, Chevalier, Seigneur dudit lieu, & de noble Dame
Madame Jeanne de Fayel, pour lors remariée à *Monfeigneur Guérard de Juémont*,
Chevalier, & fœur de *Jean de Siffy*, Chevalier, qui époufa, peu de tems après, *Jeanne*
de Marle, fille de *Henri le Corgne*, dit de
Marle, Chevalier & Chancelier de France.

Cette Demoifelle de Siffy étoit d'une branche cadette de la Maifon de *Moy* ou *Mouy*,
laquelle remonte fon origine à *Goulhard de*
Moy, Chevalier, vivant en 1150, & dont la
branche aînée a eu l'honneur de donner une
femme à la Maifon de *Lorraine*, en la perfonne de *Claude*, Marquife de *Moy*, qui
époufa, en 1585, *Henri de Lorraine*, Prince
du St.-Empire, & frère de *Louife de Lorrai-*
ne, femme de HENRI III, Roi de France, dont
elle fut, par cette alliance, la belle-fœur.

La Maifon de *Fayel* remonte fon origine
aux fiècles les plus reculés, & c'eft d'elle qu'eft
forti le Seigneur du *Fayel*, mari de la Dame,
dont les amours avec *Raoul de Coucy* font
fi connus.

On peut juger par l'alliance que fit pour
lors PHILIPPE DES FOSSEZ, tems où l'on étoit
fi jaloux de fes ancêtres, & fi attentif à conferver la pureté de fon fang, que fa naiffance
& la confidération dans laquelle il vivoit,
n'étoient point inférieures à celles des Maifons avec lefquelles il s'allioit.

On trouve vers le même tems qu'un des parens dudit PHILIPPE, nommé GUILLAUME DES FOSSEZ, Commandant du Fort de Charenton, méritoit les bontés & la confiance du Roi CHARLES VI, lequel le nomma un de ses 16 Ecuyers d'honneur (place qui n'étoit remplie que par des gens de la première naissance); & qu'il accompagna, en cette qualité, ce Prince, en 1395, au voyage qu'il fit sur les côtes de Picardie, au sujet des fiançailles de la Princesse ISABELLE DE FRANCE, sa fille, avec RICHARD II, Roi d'Angleterre. Il donna quittance pour 30 francs d'or de ses gages le 8 Août 1403, & y apposa son sceau, qui présente *deux lions adossés & passés en sautoir;* ce sont les mêmes armes que porte encore aujourd'hui cette Famille. (Voyez les titres scellés chez le Garde du Cabinet des Ordres du Roi, tom. 49, & à la Chambre des-Comptes de Paris, &c.)

On trouve encore un ROBERT DES FOSSEZ, dit d'*Espert*, Chevalier (qu'on croit frère aîné de PHILIPPE), qui étoit, en 1443, Lieutenant-Général au Gouvernement du Valois pour M. le Duc d'Orléans, & fit une acquisition dans la Terre DES FOSSEZ & Haramont le 8 Décembre 1420. Le titre original de cette acquisition, trouvé confondu avec ceux de la branche établie en Vermandois, annonce que ce ROBERT DES FOSSEZ devoit être près parent de PHILIPPE. C'est de ce ROBERT que descend la branche de Coyolles, & peut-être GUILLAUME, cité ci-dessus, étoit-il leur père commun. Le nom, les armes & les dates semblent l'annoncer.

Le fils de ROBERT, nommé ANTOINE DES FOSSEZ, Vicomte de Boursonne, fut un des 8 Ecuyers tranchans de *Monseigneur Jean d'Orléans*, Comte d'Angoulême, qui, en le mariant, en 1454, avec *Anne de Villars*, une des six Demoiselles d'honneur de Madame la Comtesse d'Angoulême, sa femme, lui fit présent d'une somme de 475 livres pour augmenter la dot de cette Demoiselle. Les Ecuyers tranchans du Prince, & les Demoiselles d'honneur de la Princesse, étoient pour lors gens de la première qualité & des Maisons de Prie, *Rochechouart, Fontenay, Mauvoisin, Milly,* dit l'*Etendard, la Roque-Barbezieux, Beauvilliers, Prunelé, d'Ognies, Chauvet, Montigny,* &c. Nous allons actuellement donner la filiation de la branche de *Sissy,* dont est auteur:

I. PHILIPPE DES FOSSEZ, Chevalier, Seigneur de Chouy près de Soissons, qui épousa (comme il a été dit ci-devant), par contrat du 5 Mai 1413, noble *Marie de Sissy*, fille de feu *Jean,* dit *Allemand de Sissy*, Chevalier, Seigneur dudit lieu, & de Dame *Jeanne de Fayel.* Il eut de ce mariage:

II. JEAN DES FOSSEZ, Chevalier, Seigneur de Chouy après son père, qui fut homme d'armes des Ordonnances du Roi, en la Compagnie de M. de Malorti. Il demeuroit à Merlieux en Laonnois, lorsqu'il traita, en 1460, avec sa cousine germaine *Jeanne de Sissy.* Il épousa Demoiselle *Marie **** dont le nom de famille n'est pas connu, de laquelle vinrent, entr'autres enfans:

1. NICOLAS, qui suit;
2. Et MARGUERITE, femme de *Pierre de Fontaines,* Chevalier.

III. NICOLAS DES FOSSEZ, Chevalier, fut Seigneur de Chouy en partie, qu'il vendit, en 1486, au Chapitre de la Cathédrale de Soissons, & de Sissy, par la donation que lui en fit *Jeanne de Sissy,* sa tante à la mode de Bretagne, en 1490. Le Roi lui fit remise des droits qui lui étoient dus pour cette donation, en considération de ses services. Il mourut en 1505, & avoit épousé 1° *Blanche du Puis,* fille de *Raoul,* Ecuyer, Seigneur de Suzy, la Gloriette, Capitaine & Gouverneur de Carlepont; & 2° *Madeleine de Vaulx,* de la Maison d'*Hocquincourt.* Du premier lit naquirent:

1. LOUIS, qui suit;
2. FRANÇOISE, femme de *Jacques de Ronty,* Chevalier.

Et du second lit vinrent:

3. PIERRE, Seigneur de Richemont, allié avec *Françoise de Sons,* d'une branche cadette de la Maison de *Moy,* lequel forma une branche, dite de Richemont, éteinte;
4. ARTUS, dont on ignore la postérité;
5. FLORENCE, femme de *Jean de Sons,* Chevalier, Seigneur de Pomery, Vaux, Savy, Ronquerolles, &c.;
6. JEANNE, Religieuse à Origny;
7. Et autre JEANNE, morte fille.

IV. LOUIS DES FOSSEZ, Chevalier, Seigneur de Sissy, Suzy, Saint-Vincent, Vinaize & Longueval, Gouverneur de Nesles, se maria, 1° le 19 Août 1512, avec *Jeanne de Chin,* fille de *Nicolas,* Chevalier, Seigneur de Richemont, Châtelain du Castel, Gouverneur de Ribemont, & de *Michelle de la Perfonne* (fœur de *Raoul de la Perfonne,* de la Maifon de *Verloing,* Chevalier, Seigneur de Renan-fart, lequel fit alliance avec *Antoinette de Berghes,* que des Mémoires difent fille de *Jean,* Electeur Palatin); 2° en 1521, à *Louife Dagobert,* veuve de *Guy de Sorel,* Chevalier, Seigneur de Villers; & 3° le 2 Mars 1531, avec *Anne de la Haye,* fille de *Jean,* Chevalier, Seigneur de Bonneuil, Rumigny, Helfe, &c. Il eut du premier lit:

1. NICOLAS, qui fuit;
2. GERMAIN, mort fans enfans d'*Antoinette du Metz,* remariée à *Pierre le Roy,* Ecuyer, Sieur d'Houville;
3. JEANNE, alliée, le 4 Février 1531, à *François de Merlin de Mazancourt,* Chevalier, Seigneur du Pleffis–Châtelain.

Du fecond lit naquit:

4. LOUIS, reçu Chanoine de la Collégiale de Nesles en 1543.

Et du troifième lit fortirent:

5. & 6. JOSSINE & CLAIRE, Religieufes à Aire en Flandre.

V. NICOLAS DES FOSSEZ, II° du nom, Chevalier, Seigneur de Siffy, Beauvoir, Longchamps, &c., homme d'armes de la Compagnie de M. le Dauphin en 1538, fit, fous les yeux du Roi HENRI, la campagne de 1552, dont ce Prince daigna lui marquer fa fatisfaction par des Lettres-Patentes du 19 Juin de la même année. Sa Majefté le nomma depuis Gouverneur & Commandant des Villes & Châteaux de Nesles & de Beaulieu en Picardie, où il commandoit encore en 1575. Il avoit époufé, 1° le 18 Juillet 1538, *Marguerite de Chambly* (d'une Maifon des plus anciennes du Royaume, qui a donné, dès l'an 1085, un Evêque au Diocèfe de Meaux), fille de *Lancelot de Chambly,* Chevalier, Seigneur de Monthenault, &c., & de *Joffine de la Haye,* fœur d'*Anne de la Haye,* troifième femme de fon père; & 2° *Etiennette de Grammont,* de laquelle il n'eut point d'enfans. Ceux du premier lit furent:

1. WALLERAND, qui fuit;
2. FRANÇOIS, auteur de la branche des Seigneurs de *Jouaigne,* rapportée après la poftérité de fon aîné;
3. ANTOINE, tige de la branche des Seigneurs de *Longchamps, Beauvillé,* &c., rapportée ci-après;
4. Et MARIE, dont on ignore le fort.

Tome VIII.

VI. WALLERAND DES FOSSEZ, Chevalier, Seigneur de Siffy, Longchamps, Ceffereux, Eftables, &c., d'abord Page d'ANTOINE DE BOURBON, Roi de Navarre, père de HENRI-IV, puis homme d'armes des Ordonnances du Roi, fous M. le Comte *de Chaulnes,* fut pourvu du Gouvernement des Ville & Château de Ribemont, en 1578, en récompenfe de fes fervices. Il avoit époufé, 1° le 19 Novembre 1565, *Françoife de Monceau,* fille de *François,* Chevalier, Seigneur dudit lieu, & de *Marie de la Bove,* dont il n'eut point d'enfans; 2° le 1er Juillet 1568, *Claudine de Fonfomme,* fille aînée de *Claude,* Chevalier, Seigneur de Haraucourt, & de *Marie des Laires;* & 3° le 28 Octobre 1575, *Gabrielle de Crécy* (Maifon qui tire fon origine de *Hugues,* Sire de *Grécy,* Grand-Sénéchal de France en 1107, dont plufieurs Connétables, &c.), fille de *François de Crécy,* Chevalier, Seigneur dudit lieu, Bligny, &c. & de *Marguerite d'Amerval.* Du fecond lit vinrent:

1. FRANÇOISE, morte jeune;
2. JACQUELINE, mariée, le 27 Juillet 1591, à *Jean de Carpentier,* Chevalier, Seigneur de Villecholles, Attilly, Fontaine-Utere.

Et du troifième lit naquirent:

3. 4. & 5. LOUIS, CHARLES & ANTOINE, morts jeunes;
6. HERCULE, qui fuit;
7. Et LOUISE, alliée, le 27 Septembre 1606, à *François de Châtillon-fur-Marne,* Chevalier, Seigneur de Marigny, fils de *Jacques,* III° du nom, de l'illuftre Maifon de *Châtillon-fur-Marne,* qui juftifie 13 alliances directes avec la Maifon de France. Elle étoit parente de fon mari, du III° au IV° degré, & quoique mariés ils furent obligés d'obtenir des difpenfes.

VII. HERCULE DES FOSSEZ, Chevalier, Seigneur de Siffy, &c., époufa, le 6 Février 1606, *Diane de Merlin de Mazancourt,* fille de *Henri,* Chevalier, & d'*Ifabeau de Proify,* & mourut fans enfans.

BRANCHE
établie en Champagne. Seigneurs de
JOUAIGNE, &c.

VI. FRANÇOIS DES FOSSEZ, I er du nom, fecond fils de NICOLAS II, & de *Marguerite de Chambly,* fa première femme, Seigneur de Montigny, Rouy, Morteau, Capitaine d'une Compagnie de gens de pied au Château de Ham, Commandant des Châteaux de Bohain & de Beauvoir, pendant les guerres civiles, puis Gouverneur de Ribemont en 1576, avant fon frère aîné, fut tué, en 1595, d'un coup de pertuifane dans le ventre, par Dom Chiegue, Colonel des troupes Efpagnoles, enfermées au Château de Ham, & dont une partie avoit trouvé le moyen de fe mettre en liberté. Il avoit époufé, 1° le 28 Novembre 1568, *Françoife de Carpentier*, fille de *Jean*, Chevalier, Seigneur de Villecholles, & de *Jeanne de Fontaines*; 2° *Jeanne de Gouffencourt*, fille de *Quentin*, Chevalier, Seigneur de Mifery, & d'*Antoinette de Hangeft*, dont il n'eut point d'enfans; & 3° *Louife de Crécy*, fille puînée de *François*, Chevalier, Seigneur dudit lieu, Bligny, &c., & de *Marguerite d'Amerval*, & fœur cadette de *Gabrielle de Crécy*, troifième femme de WALLERAND, fon frère aîné. Du premier lit il eut:

1. NICOLE, mariée, le 10 Décembre 1588, à *Hercule de Rouvroy*, Chevalier, Vicomte de Rouy, Gicourt, Verderel, Maifoncelle, Boifgayant, &c., d'une branche de la Maifon de Saint-Simon.

Et du troifième lit vinrent:

2. FRANÇOIS, qui fuit;
3. ANTOINE, auteur de la branche des Seigneurs de *Pottes*, rapportée ci-après;
4. JACQUELINE, morte fille;
5. Et GABRIELLE, Religieufe.

VII. FRANÇOIS DES FOSSÉS, IIe du nom, Seigneur de Pottes, Rouy en partie, la Mothe, &c., étoit Capitaine d'une Compagnie de gens de pied en la ville de Ham, lorfque fon père y fut tué. Il époufa, le 14 Août 1603, *Marguerite de Bacheler d'Hyauville*, fille de *Robert*, Chevalier, Seigneur d'Hervilly, Mefneval, & de *Michelle de Fontaines*. Ses enfans furent:

1. CHARLES, qui fuit;
2. FRANÇOIS, Exempt des Gardes-du-Corps, marié, le 23 Janvier 1657, tige de la branche de *Marchais* en Valois, de laquelle defcendoit:
   FRANÇOIS-EUSTACHE DES FOSSÉS (a), Chevalier, Seigneur de Marchais, Sainte-Geneviève, &c., qui n'a laiffé que deux filles, favoir:

(a) Il y a un frère d'un fecond lit, qui fe nomme MICHEL DES FOSSÉS, ancien Chanoine de l'Eglife Cathédrale de Beauvais, Docteur en Théologie, de la Faculté de Paris, & Prieur de Notre-Dame des Barres, & qui a deux fœurs, non mariées en 1773.

MARIE-SUZANNE, alliée, en 1751, à *Charles de Lancry*, Chevalier, Seigneur de Rimberlieu, Lieutenant de Roi de Compiègne, dont poftérité;
Et THÉRÈSE, mariée, en Mars 1763, à *Etienne-Alexandre de Châtelain*, Chevalier, Seigneur de Popincourt, ancien Capitaine au Régiment de Bretagne, & Chevalier de Saint-Louis.
3. & 4. LOUISE & CHARLOTTE.

VIII. CHARLES DES FOSSÉS, Chevalier, Seigneur de Borvoir, Jouaigne, Arcry, d'abord Capitaine au Régiment de Sainte-Croix, Infanterie, puis Exempt des Gardes-du-Corps en 1653, fut maintenu dans fa nobleffe en 1667. Il s'étoit marié, le 23 Mai 1633, avec *Anne de Warel*, fille de *Pierre*, Ecuyer, Seigneur des Clozeaux, & de *Marie Lhuillier*, dont:

1. EUSTACHE, qui fuit;
2. 3. & 4. Autre EUSTACHE, CHARLES-LÉON & LOUIS, tous trois morts fans alliance. Le dernier à Rome en 1673, où il étoit avec M. le Maréchal d'Eftrées;
5. LOUISE, femme de *Jean Foreftier*, Ecuyer, Seigneur de Mézières, Capitaine de Chevaux-Légers au Régiment du Roi;
6. Et JEANNE, Religieufe à Collinances en Valois.

IX. EUSTACHE DES FOSSÉS, Ier du nom, Chevalier, Seigneur de Jouaigne, Arcry, Borvoir, &c., fe trouva au ban & arrière-ban du Bailliage de Soiffons affemblé en 1674, & fervoit encore en 1694. Il avoit époufé, le 21 Janvier 1666, *Jeanne de Guibora*, fille de *Louis*, Confeiller du Roi, & de *Marguerite Fillon*. De ce mariage vinrent:

1. EUSTACHE, qui fuit;
2. & 3. LOUIS & CHARLES-LÉON, morts garçons;
4. Et MARIE-HIÉRONIME, femme de *N... de la Rue*, Chevalier, Seigneur de Héricourt & de la Houffoye en Normandie.

X. EUSTACHE DES FOSSÉS, IIe du nom, Seigneur de Jouaigne, Arcry, Borvoir, Courcelles, appelé *le beau Gendarme*, fervit d'abord dans le Régiment Dauphin, Infanterie, puis dans la Compagnie des Gendarmes de la Garde. Il époufa, le 2 Avril 1691, *Anne de Nicolardot*, fille de *Nicolas*, Chevalier, Seigneur de Branges, Sompfot, Loupeigne, & de *Catherine de Blondy*. Il en a eu:

1. Eustache, qui fuit;
2. Charles-François, fous-Brigadier des Gardes-du-Corps, qui a épousé, le 1ᵉʳ Juillet 1733, Marie-Françoise de Brodard, fille de François-Maurice, Chevalier, Seigneur de Vaudeſſon, & de Madeleine de Liʒy, dont il a laiſſé un fils unique :

    Charles-Jean-Louis, Vicomte de Vauchetin, qui a ſervi dans les Carabiniers.

3. Nicolas-Louis, Sous-Brigadier des Gardes-du-Corps, mort ſans enfans ;
4. & 5. Antoine & Élie-Joseph, qui ont auſſi ſervi dans cette Compagnie, auſſi morts ſans enfans ;
6. Anne, morte fille ;
7. Et Henriette-Charlotte, mariée, le 3 Juin 1750, à Antoine-Guillaume-Alexandre de Vignolles, Chevalier, Seigneur de Montbarton, Maréchal-des-Logis de la ſeconde Compagnie des Mouſquetaires, mort ſans enfans.

XI. Eustache des Fossez, IIIᵉ du nom, Seigneur de Jouaigne, Borvoir & Brouilly en partie, ſervit d'abord dans le Régiment de la Tour, Cavalerie, puis entra dans la Compagnie des Gardes-du-Corps, où il devint Brigadier. Il épouſa, le 25 Octobre 1718, Marie-Thérèſe d'Arras (qu'il eut le malheur de tuer par accident en revenant de la chaſſe), fille de Jean, Chevalier, Seigneur de Lor, Pouilly, & de Dame Marie-Thérèſe de Noël. De ce mariage ſont iſſus :

1. Eustache, qui fuit ;
2. Charles-Henri, lequel s'eſt marié en Champagne ;
3. Eustache-Anne, Abbé, mort jeune ;
4. Et Thérèse-Françoise, fille.

XII. Eustache des Fossez, IVᵉ du nom, fut élevé par M. le Duc de Bouillon, qui lui fit épouſer, en 1756, Louiſe-Barbe de Veʒant, fille de N... de Veʒant, Chevalier, Capitaine au Régiment de Choiſeul-Meuſe. Il en a eu :

1. Charles-Godefroy-Gabriel, né en 1757 ;
2. Charles-Maurice, né en 1759 ;
3. Henri-Antoine, né en 17...

BRANCHE
des Seigneurs de Pottes.

VII. Antoine des Fossez, fils puîné de François, Iᵉʳ du nom, & de Louiſe de Crécy, ſa troiſième femme, Seigneur de Pottes & de Saint-Léger, épouſa, le 21 Juillet 1620, Michelle de Bacheler d'Hyauville, nièce de ſa belle-ſœur, fille de Robert, Chevalier, Sei-

gneur dudit Hyauville,, Villers-Guislain, Hervilly en partie, & de Dame Marie Eſclaibes, Dame de Rollencourt en Flandre, dont les mère & grand'mère étoient des illuſtres Maiſons de Hornes & de Melun. Ses enfans furent :

1. Henri, Baron d'Honnecourt, en Cambréſis, mort ſans alliance ;
2. Louis, Abbé de l'Abbaye d'Honnecourt ;
3. Wallerand, qui fuit ;
4. Et Françoise.

VIII. Wallerand des Fossez, Baron d'Honnecourt, Vicomte de Barenton, Bugny & Lieſſe, Seigneur de Pottes, la Salle, Branges, Loupeigne, Ban-Saint-Georges, Capitaine au Régiment de Buiſſon, s'allia, le 1ᵉʳ Mai 1661, avec Marie-Renée d'Harʒillemont (d'une Maiſon en Champagne, qu'on prétend branche cadette de celle de Châtillon-ſur-Marne, dont elle porte les armes), fille de Claude d'Harʒillemont, Chevalier, Seigneur de Branges, Loupeigne, & de noble Dame Claude d'Eſpinoy. Il en eut :

1. 2. & 3. Jacques, Pierre & Antoine, morts jeunes ;
4. Charles, qui fuit ;
5. Henri-François, auteur de la branche des Seigneurs de Villeneuve, rapporté ci-après ;
6. Norbert, mort ſans alliance ;
7. Louis, mort au berceau ;
8. Gabrielle, femme de Nicolas Noiret, Écuyer, Seigneur du Campquefnoy, Chevau-Léger de la Garde du Roi ;
9. Claudine, Religieuſe en l'Abbaye de Biache près de Péronne ;
10. Et Marie-Françoise, mariée à Edme-Joſeph de Chapuy, Chevalier, Seigneur de Chavigny.

IX. Charles des Fossez, Baron d'Honnecourt en partie, Seigneur de Pottes, la Salle, d'abord tonſuré, quitta le petit collet pour entrer dans le Régiment de Touraine, fut fait enſuite Capitaine au Régiment de la Neuville, & maintenu dans ſa nobleſſe en la Généralité d'Amiens en 1700. Il avoit épouſé, le 20 Novembre 1694, Demoiſelle Catherine Leſcuyer, fille de Jacques, Seigneur de Rancourt en partie, dont il a eu 14 enfans, ſavoir :

1. Charles, Capitaine au Régiment de Bouffiers, mort ſans alliance ;
2. Louis-Wallerand, Officier au même Régiment, puis Chevau-Léger, mort en 1751, qui de ſa première femme Marie-Madeleine Diane de Hannocq-de-Quiry, qu'il avoit épouſée le 27 Mars 1720, fille de Louis, Vi-

comte des Grand & Petit-Rouy, & de *Madeleine-Diane de Rouvroy*, fa feconde femme, a eu fept enfans, dont

6 morts jeunes ;

Et Louise-Angélique, mariée, le 30 Avril 1748, à *Jean-Guillaume-François-Marie*, Comte *de Gand* & du Saint-Empire, Marquis d'Hem en Flandre, &c., mort en 1758, dont les enfans, avec un coufin germain cadet, font aujourd'hui, par la mort du Maréchal Prince de *Gand-Ifenghien*, les aînés & les feuls de leur maifon.

3. Nicolas-Claude, Capitaine au même Régiment de Boufflers, mort fans enfans de fa coufine germaine *Rofe Charlotte de Noiret du Campquefnoy*, qu'il avoit époufée le 21 Août 1747 ;

4. François-Joseph, d'abord Officier au même Régiment, puis Maréchal-des-Logis, avec Brevet de Colonel dans les Chevaux-Légers de la Garde, mort fans poftérité ;

5. Henri-Antoine, mort jeune;

6. Gabriel, Capitaine au même Régiment que fes frères, marié à *Louife de Hannocq-de-Quiry*, fœur cadette de la femme de Louis-Wallerand, fon frère aîné, dont il n'a laiffé qu'une fille :

MARIE-LOUISE-GABRIELLE, alliée, le 5 Mai 1753, à *Louis-Charles-François-Dominique de Fay*, Chevalier, Seigneur de Saucourt, Certemont, &c., mort Capitaine du Corps-Royal de l'Artillerie au Régiment de Metz, dont poftérité.

7. Philbert-César, qui fuit ;

8. Jacques, Chanoine de l'Eglife Royale & Collégiale de Saint-Furfy de Péronne ;

9. Jean-Baptiste, Chanoine de la même Eglife ;

10. Louis, mort jeune ;

11. 12. & 13. Marie-Catherine, Marie-Catherine-Charlotte & Marie-Anne, toutes trois mortes fans alliance ;

14. Et Marie-Charlotte-Dorothée, non mariée en 1773.

X. Philbert-César des Fossez, d'abord Officier au Régiment de Boufflers, puis Lieutenant des Maréchaux de France en Picardie, a époufé, le 26 Janvier 1734, *Anne du Pleffier*, Dame de Franfart, Hattencourt en partie, &c., fille de *Charles*, Chevalier, Seigneur de Hattencourt, Vaubert, &c., Chevalier de Saint-Louis, Capitaine des Grenadiers au Régiment Royal-Artillerie (où fon frère devint Brigadier des Armées du Roi), & de Dame *Marie-Anne-Marguerite-Eléonore du Royer de Bournonville*. Il a eu de ce mariage :

Marie-Anne-Louise, morte jeune;

Et Charles-César-Joseph, qui fuit.

XI. Charles-César-Joseph des Fossez, Moufquetaire du Roi dans fa feconde Compagnie, avec commiffion de Capitaine de Cavalerie, & Lieutenant des Maréchaux de France au Département de Péronne en Picardie, n'eft point encore marié en 1743.

BRANCHE
de Villeneuve.

IX. Henri-François des Fossez, quatrième fils de Wallerand, & de *Marie-Renée d'Harzillemont*, Seigneur de la Tour, époufa, le 14 Novembre 1696, Demoifelle *Marguerite de Fontaines*, fille de *François*, Chevalier, Seigneur de la Tour, & de *Marie-Thérèfe de Mondéfir*, Comteffe de Villeneuve, de laquelle il eut 13 enfans, dont

11 moururent jeunes ;

12. Charles-Henri, qui fuit ;

13. Et Marguerite-Françoise, aînée du précédent, mariée, le 21 Avril 1749, à *Louis-Jacques de Saint-Denis*, Chevalier, Seigneur du Breuil.

X. Charles-Henri des Fossez, Chevalier, Comte de Villeneuve, Seigneur de Capy, &c. appelé le *Comte des Foffez*, ancien Capitaine de Dragons, avec Brevet de Lieutenant-Colonel au Régiment du Colonel-Général, & Chevalier de Saint-Louis, a époufé, le 17 Avril 1763, Demoifelle *Françoife-Elifabeth de Carraque*, dont font iffus :

1. Charles-Henri, né le 7 Février 1764;

2. & 3. Deux Jumeaux morts après avoir été ondoyés ;

4. Et Pierre-Antoine, né le 26 Mars 1767.

BRANCHE
des Seigneurs de Longchamps, Beauvillé, &c.

VI. Antoine des Fossez, Seigneur de Longchamps, troifième fils de Nicolas, IIe du nom, & de *Marguerite de Chambly*, fa première femme, fut tonfuré le 3 Août 1567, par l'Evêque de Noyon. Il quitta l'état Eccléfiaftique, & époufa, le 11 Mai 1578, Demoifelle *Anne du Puis*, fille de *Charles*, Ecuyer, Seigneur de Thiébauville, & de *Marie de Baugy*, dont il eut plufieurs enfans morts jeunes, &

VII. Nicolas des Fossez, Seigneur de Longchamps, Hercheu en partie, fief de Hangeſt, &c., qui s'allia, le 27 Octobre 1604, à *Marie de Launoy-Gendon*, laquelle ſe remaria, le 3 Juillet 1620, à *Pierre du Bos*, Ecuyer, Seigneur du Gandeloup. On la croit fille de *Jean de Launoy*, Chevalier, Seigneur de Gendon, Maiſon très-ancienne, & de *Perette de Maillart*. De ſon premier mari elle eut :

1. ANTOINE, qui ſuit;
2. ANNE, alliée, le 30 Octobre 1633, à *Gabriel de Marcheville*, Ecuyer, Seigneur de Séraumont, & Meurtain en Champagne ;
3. Et LOUISE, femme de *Charles de Lourin*, Ecuyer, Seigneur d'Elmé, & du Tremblois, Gouverneur d'Aubenton.

VIII. ANTOINE DES FOSSEZ, Seigneur de Vaux, Beauvillé, Mézières-lès-But, Hangeſt, Hercheu en partie, Thiébauville, &c., d'abord Capitaine au Régiment de Nanteuil, Infanterie, puis Lieutenant de la Compagnie de Chevaux-Légers du Marquis de Soyecourt, fut maintenu dans ſa nobleſſe en 1640. Il épouſa, 1° le 23 Mai 1634, Demoiſelle *Antoinette de Broyes*, fille de *Charles*, Ecuyer, Seigneur de Haute-Aveſne, Aſſincourt, & d'*Antoinette de Boidel*; & 2° le 7 Juillet 1644, *Louiſe d'Eſtavayé* (Maiſon Suiſſe), fille de *Louis*, Chevalier, Seigneur de Bus, Vaux, Beauvillé, &c., & de Dame *Madeleine de Guyon*. De ſa première femme il n'eut point d'enfans; mais de ſa ſeconde vinrent :

1. ANTOINE, qui ſuit;
2. FRANÇOIS, mort, laiſſant de ſon épouſe, dont on ignore le nom, N... DES FOSSEZ, morte ſans alliance ;
3. & 4. GEORGES & PIERRE, morts jeunes ;
5. Et MADELEINE, Religieuſe Bénédictine à Nesles.

IX. ANTOINE DES FOSSEZ, Seigneur d'Hercheu en partie, Bézancourt, Vaux, Beauvillé, Mézières-lès-But, Libermont, Capitaine de Cavalerie au Régiment de Montrevel, épouſa, le 30 Septembre 1693, *Marie-Charlotte de Fay*, fille de *Louis* ou *Louis-Adrien*, Chevalier, Seigneur de Viſſe, Enguillaucourt, & de*Marie-Louiſe de Blécourt*. (Ces deux Maiſons ſont des plus anciènnes de la Picardie.) De ce mariage ſont iſſus :

1. JEAN-MARIE-ANTOINE, qui ſuit ;
2. CHARLES-ANTOINE, mort jeune ;
3. FRANÇOISE-GABRIELLE, morte Supérieure des Religieuſes Annonciades de Roye ;
4. ANTOINETTE-CATHERINE, morte jeune ;

5. Et ARTHÉMISE-CHARLOTTE, mariée, le 17 ou 24 Août 1718, à *Jean-Baptiſte de Lance*, Chevalier, Seigneur de Chévreſis, dont poſtérité.

X. JEAN-MARIE-ANTOINE DES FOSSEZ, Chevalier, Seigneur de Vaux, Beauvillé, Mézières-les-But & Libermont, Capitaine de Cavalerie au Régiment de Lévis, eſt veuf ſans enfans de *Marie-Marguerite-Eliſabeth de Macquerel de Quémy*.

La branche de Coyolles porte pour armes : *de ſinople, à 2 lions d'argent adoſſés & paſſés en ſautoir, leurs queues paſſées en double ſautoir.*

La branche de Siſſy, éteinte dans la Maiſon de *Châtillon-ſur-Marne*, portoit : *de gueules, à 2 lions d'or adoſſés & paſſés en ſautoir.*

Les autres branches cadettes portent : *d'or, à 2 lions de gueules, auſſi adoſſés & paſſés en ſautoir.* Deviſe : *Concordia victrix.*

NOTICE *ſur les* DES FOSSEZ *de cette Famille*.

On trouve un BERTRAND DES FOSSEZ, Chevalier, qui, ſelon Raoul de Presle, vainquit un géant nommé Yſoir, lequel aſſiégeoit Paris vers l'an 1000. (Voyez les *Antiquités de Paris*, par Sauval.)

SIMON DES FOSSEZ fut Bailli de Vermandois en 1249. (Voyez l'*Uſage des fiefs*, par Bruſſel, tom. I, pag. 487.)

OTHON DES FOSSEZ fut nommé par l'Infant PIERRE, fils de JACQUES, Roi d'Aragon, exécuteur de ſon teſtament, conjointement avec le Roi d'Angleterre & autres grands Seigneurs en 1275. (Voyez le *Tréſor des Chartes du Roi*.)

HUE DES FOSSEZ fut nommé Député de la Comteſſe de Penthièvre pour s'oppoſer à la confiſcation de Bretagne en 1378. (Voy. l'*Hiſtoire de Bretagne*, par Hiacynthe Morice.)

JEANNE DES FOSSEZ & ſa fille étoient du nombre des ſix Demoiſelles d'honneur de la Reine JEANNE D'EVREUX, femme de CHARLES LE BEL, Roi de France. Elles aſſiſtèrent en cette qualité à ſon couronnement à la Pentecôte 1326. (Voyez l'*Etat des Officiers des Rois de France* au Cabinet du Roi.)

GUILLAUME DES FOSSEZ fut Huiſſier d'armes de *Monſeigneur* LOUIS, Duc de Guyenne, Dauphin, fils aîné de CHARLES VI, dès 1414. Cette place étoit fort honorable & poſſédée pour lors par des gens de qualité, comme un

Guillaume de Norroy, Capitaine du Bois-Mallesherbes, un Frémiot de Rambures, un Pierre de Fontenilles, un Simon de Thories, un Richard de Monteil, &c. (Voyez l'Etat ci-deffus.)

JEHAN DES FOSSEZ, élu Abbé de Longpont en 1487, mourut en 1515, en odeur de fainteté. (Voyez le *Chronicon abbatiæ Longi Pontis*.)

ADRIEN DES FOSSEZ, Guidon de la Compagnie de 50 lances de M. le Prince de Condé dès 1558, donna plufieurs quittances de fes gages, fcellées de fon fceau, repréfentant 2 *lions paffés en fautoir.*

On trouve enfin plufieurs Chevaliers de Malte du nom DES FOSSEZ; JEAN, en 1518; autre JEAN, en 1527; ANTOINE, en 1605, &c.

FOU (DU), en Bretagne. Pour donner une idée de l'ancienne origine des DU FOU, nous allons rapporter ce que Dom Morice, Religieux Bénédictin de la Congrégation de St.-Maur, dit au commencement du premier volume de fon *Hiftoire de Bretagne*, des Comtes de Léon. *Morvan*, Comte de *Léon*, fut élu Roi de Bretagne après la mort ou démiffion de *Jarnithin*, mais il fut tué par un Officier de LOUIS LE DÉBONNAIRE, en 818. — *Wiomarch*, Comte de *Léon*, fut auffi honoré du titre de Roi par les Bretons, mais il fut tué en 824, par *Lambert*, Comtes *des Marches* en Poitou. — *Pirinis*, fils de *Wiomarch*, vraifemblablement fon fucceffeur dans le Comté de Léon, fit une donation à St.-Sauveur de Redon. — *Even*, Comte de *Léon*, bâtit la ville de Lefneven & fut furnommé *le Grand*, à caufe des victoires qu'il remporta fur les Normans. Il vivoit en 900, fuivant quelques actes. Le même Ecrivain (Dom Morice), dans la Préface du premier tom. des *Preuves pour fervir à l'Hiftoire de Bretagne*, pag. 11, chap. VI, fur l'origine des furnoms & le commencement des Familles, rapporte que les Comtes de *Léon* étoient fameux dès le commencement du IXᵉ fiècle, & continue ainfi : *Even*, Seigneur de cette riche contrée, fut dans fon tems la terreur des Normans, bâtit la ville de Lefneven & y fixa fa demeure. — *Ehouarn*, fon fils, laiffa deux enfans, *Guyomarch* & *Morvan*, qui ne prenoient que la qualité de *Vicomtes de Léon*. L'aîné continua la poftérité, & le cadet, felon les apparences, fut la tige des Seigneurs DU FOU. La

branche aînée de *Léon*, s'éteignit en 1277, & l'autre branche fe fondit, en 1363, dans la Maifon de *Rohan*.

Les bornes que nous nous fommes prefcrites dans cet Ouvrage, ne nous permettent pas de rapporter ce que Dom Morice dit des DU FOU dans fon *Hiftoire de Bretagne* & les tomes des *Preuves*, où il en eft parlé prefqu'à chaque page. Nous allons donner la Généalogie de cette Maifon, d'après un extrait des Regiftres de la Chambre établie par le Roi pour la réformation de la Nobleffe du pays & Duché de Bretagne, par Lettres-Patentes de Sa Majefté, du mois de Janvier 1668, vérifiées en Parlement le 30 Juin fuivant.

I. JEHAN DU FOU, Baron de Pirmil, Châtelain de Noyan-fur-Sarthe, dans le Maine, Seigneur de Coriller & de la Pleffe-Chamaillard, en Anjou, Seigneur de la Rocheguehenneuc, dans la Paroiffe de Mur, Evêché de Cornouailles, defcendu des anciens Vicomtes de Léon, vivoit en 1385, fut nommé par JEAN IV, Duc de Bretagne, un des fept Exécuteurs de fon teftament. Il époufa *Mahaud de Montfort*, fille de *Guy*, Comte de *Montfort*, & nièce de *Jehan de Montfort*, dont :

   1. GUILLAUME, qui fuit ;
   2. Et JEANNE, femme de *Thibauld le Sénéchal*, Seigneur de Kercado.

II. GUILLAUME DU FOU, Baron de Pirmil, Châtelain de Noyan, Seigneur de la Rocheguehenneuc, &c., dénommé le des Gentilshommes de la Paroiffe de Mur, dans l'Evêché de Cornouailles, fuivant les regiftres de la Chambre des Comptes de Nantes, en 1427, époufa *Jeanne de la Houffaye*, fille d'*Alain de la Houffaye*, Chevalier, Seigneur dudit lieu, & de *Marguerite de Montauban*, dont pour fils unique :

III. EVEN ou YVES DU FOU, Baron de Pirmil & de Noyan, &c., lequel fe maria avec *Catherine le Parify*, fille de *Henri*, Chevalier, Seigneur de Kerivalan, l'Efpinefort, &c. Maître de la Vénerie du Duc de Bretagne, dont :

   1. JEHAN, Baron de Pirmil, &c., lequel n'eut de fa femme, dont on ignore le nom, qu'une fille :

      ISABEAU, mariée à N... *de la Bergeman*, Gentilhomme du Poitou, dont vint *Jeanne de la Bergeman*, femme de *Louis de Maleftroit*, Seigneur de Beaumont, qui n'eut point d'enfans.

2. CHRISTOPHE, qui fuit;

3. Et un autre JEHAN, dont la poſtérité ſera rapportée après ſon aîné.

IV. CHRISTOPHE DU FOU devint héritier de Jeanne de la Bergeman, ſa nièce, fille d'Iſabeau DU FOU, ſortie de JEHAN, ſon frère aîné. Il hérita de la Baronnie de Pirmil, &c., & eut de ſon mariage avec N... de Boiſnay.

V. CHRISTOPHE DU FOU, IIe du nom, Seigneur de la Rocheguehenneuc & de Mocéac en Bretagne, reconnu Noble dans la réformation générale de l'Evêché de Cornouailles, de l'an 1536. Il épouſa, par contrat du 5 Septembre 1539, Marie-Bonaventure de la Porte, fille de N..., Seigneur de la Porte-Vezin, en Poitou. De ce mariage vinrent:

1. JEHAN, qui fuit;

2. ANNE, morte ſans alliance;

3. Et BARBE, qui eut en partage la Terre de Mocéac, fut mariée & eut des enfans.

VI. JEHAN DU FOU, IIe du nom, Baron de Pirmil, Seigneur de Noyan, de Coriller, de la Pleſſe-Chamaillard & de la Rocheguehenneuc, épouſa Jeanne de Maillé, dont pour fille unique & héritière:

SUSANNE DU FOU, mariée, par contrat du 5 Janvier 1584, à Georges de Kerveno, Baron de Kerveno, & de Baud, &c. De ce mariage vint un garçon, François de Kerveno, marié, par contrat du 9 Février 1609, à Catherine de Launoy, fille de N..., Seigneur de la Bouexière, Gouverneur pour le Roi de la Ville & Citadelle d'Amiens, dont Charlotte de Kerveno, fille & unique héritière de ſes père & mère, laquelle mourut ſans enfans de ſon mariage avec Haut & Puiſſant Meſſire Louis de Bourbon-Malauſe, Comte de Lavédan. Sa ſucceſſion en l'eſtoc de Dame SUSANNE DU FOU, ſon aïeule maternelle, retourna collatéralement aux deſcendans de BARBE DU FOU, fille de CHRISTOPHE II, & ſœur puînée de JEHAN II, & de laquelle eſt iſſu Louis-René Ranconnet, Comte de Noyan, qui poſſède aujourd'hui, par droits ſucceſſifs, la Terre de la Rocheguehenneuc, en la Paroiſſe de Mur, & vraiſemblablement celle de Noyan, puiſqu'il en porte le nom.

SECONDE BRANCHE.

IV. JEHAN DU FOU, Ecuyer, Seigneur de Beauchefne, troiſième fils d'EVEN ou YVES DU FOU, épouſa Jeanne de la Cour, dont il eut:

1. CHRISTOPHE, qui fuit;

2. Et JEHAN, qui fut marié, & eut pour fils: GUILLAUME, dont la poſtérité eſt éteinte.

V. CHRISTOPHE DU FOU, Seigneur de Bezrdel, épouſa 1º Françoiſe Marigo; & 2º Louiſe de Klogoden. Du premier lit vinrent:

1. CHARLES, qui fuit;

2. SIMONNE.

Et du ſecond lit ſont iſſus:

3. LOUIS, auteur de la troiſième branche rapportée ci-après;

4. Autre LOUIS, mort ſans poſtérité;

5. Et MARIE, alliée à René Dumeneƺ, Seigneur de Lezurec, fils de Jean, père d'un autre Jean Dumeneƺ, qui a laiſſé poſtérité.

VI. CHARLES DU FOU, Seigneur de Bezrdel, épouſa Iſabeau de Kermellec, dont:

1. HERVÉ, qui fuit;

2. PIERRE, Recteur de Lignol, Chanoine de Guémené;

3. Et ALAIN, Seigneur de Beauchefne, dont on ignore la poſtérité.

VII. HERVÉ DU FOU, Seigneur de Bezrdel, épouſa Charlotte le Gaſcoing, fille de Prijent le Gaſcoing, Chevalier, Seigneur de la Muſſe, en Anjou, dont:

1. LAURENT, qui fuit;

2. 3. & 4. CLAUDE, PIERRE & FRANÇOIS, morts ſans poſtérité;

5. JEAN, marié à Michelle le Flo de Botives, dont la poſtérité eſt éteinte;

6. SUSANNE, mariée à Jean ou Tanguy Gourdel, Seigneur de Keriolet, dont elle a eu des enfans;

7. Et CATHERINE, mariée à Hervé Guiler, Seigneur de Saint-Armel, dont elle a eu poſtérité.

VIII. LAURENT DU FOU, Seigneur de Nervois & de Bezrdel, fut défendeur contre le Procureur-Général dans la réformation de 1668, & fut maintenu, par Arrêt du 11 Mai 1669, à prendre pour lui la qualité de Chevalier, & d'Ecuyers pour ſes puînés. Il épouſa, 1º en 1650, Françoiſe Tanguy, Dame de Kerſabiec; & 2º ſans enfans, en 1678, Françoiſe Cathé-du-Quelenec. Il n'eut du premier lit que

IX. SÉBASTIEN-FRANÇOIS DU FOU, Seigneur de Bezrdel, allié, en 1694, avec Marie de la Foſſe, dont:

1. FRANÇOIS-MARIE, qui fuit;

2. ROLLAND-JEAN, Chévalier de Saint-Loüis, Maréchal-des-Logis de la ſeconde Compagnie des Mouſquetaires, avec Brevet de Meſtre-de-Camp, vivant en 1769;

3. PIERRE-PAUL, Recteur de Pontivy en 1746;

4. Et NICOLAS-ROLAND, rapporté après la poſtérité de ſon aîné.

X. François - Marie du Fou, Seigneur de Bezrdel, épousa, en 1619, *Marie-Bonaventure Rieux*, Dame de Montneng, dont :

1. François-Marie-Joseph, qui suit ;
2. Louis - Guillaume, Chanoine & Tréforier de Dôle, en Bretagne, en 1769 ;
3. Pierre-Hyacinthe, Chevalier de Saint-Louis, Capitaine au Régiment de Boifgelin, actuellement Béarn, mort au fervice en 1761 ;
4. Françoise-Trephine, mariée, en 1757, à *Claude - Henri*, Seigneur de *Beauchamp* ;
5. Et Louise-Bonne-Constance, vivante en 1769.

XI. François-Marie-Joseph du Fou, Seigneur de Bezrdel, a épousé, en 1762, *Thérèfe-Marie de Tollenare*, dont :

1. Louis-Emile-Rolland-François, né en 1763 ;
2. Et François - Marie -Bonaventure, né en 1765.

X. Nicolas-Rolland du Fou, quatrième fils de Sébastien - François, & de *Marie de la Foffe*, Seigneur de Kerdaniel, Chevalier de Saint - Louis, Sous - Brigadier de la feconde Compagnie des Moufquetaires, a épousé, en 1741, *Jeanne-Charlotte de Lantivy*, Dame du Bois-Hardouin, dont :

1. Jérôme - Bonaventure, admis à l'Ecole-Royale-Militaire en 1755 ;
2. Et François, auffi admis à l'Ecole-Royale-Militaire en 1761.

TROISIÈME BRANCHE.

VI. Louis du Fou, Seigneur de Launay, fils de Christophe, & de *Louife de Klogoden*, fa feconde femme, épousa *Françoife de Kermellec*, dont :

VII. François du Fou, Seigneur de Launay, qui s'eft marié à *Jacquette Daniel*, dont :

1. Antoine, qui fuit ;
2. Et Tanneguy, Seigneur de la Porte. Ils furent tous deux défendeurs dans la réformation de la Nobleffe de 1668.

VIII. Antoine du Fou, Seigneur de la Morinaye ou Moinnerie, épousa *Françoife le Nepveu de Crénan*, dont :

1. Laurent, qui fuit ;
2. Marie, alliée à *Thomas le Prevoft-de-la-Touche* ;
3. Et N..., mariée à N... *Moreau*, Seigneur de la Villebougault, mort fans enfans.

IX. Laurent du Fou, Seigneur de la Morinaye, eut de fa femme, dont le nom eft inconnu, un garçon & une fille. Le garçon eft

mort fans enfans de fon mariage avec N... de la Motte, & la fille s'eft mariée avec N... du Parc, dont eft née une fille, laquelle s'eft alliée avec N... de Gouyon des Rochettes.

Les armes : *d'azur, à une aigle éployée d'or.*

FOU-DU-VIGEAN (du) : *d'azur, à une fleur-de-lis d'or, foutenant deux éperviers affrontés d'argent, becqués & membrés d'or.*

FOUBERT DE BIZY. Jean - Baptiste Foubert de Bizy, Chevalier de l'Ordre Militaire de Saint-Jean-de-Latran, premier Secrétaire dans les Ambaffades du Marquis de *Bonac* à la Porte - Ottomane & en Suiffe, mourut âgé d'environ 42 ans. (*Mercure* de Septembre 1730, p. 2113.)

FOUBERT, en Normandie, Ecuyer, Sieur de Beuzeville, Election de Valognes, anoblie en 1479, qui porte : *d'argent, à la fafce d'azur, chargée d'un léopard d'or.* Nous ignorons fi cette Famille eft la même que la précédente, n'ayant point reçu de Mémoire.

FOUCAUD D'ALZON. Cette Famille remonte, comme on le voit par l'Arrêt de maintenue du 24 Décembre 1668, à Jean de Foucaud, un des Barons de l'armée de *Guy de Montfort*, dans la guerre qu'il fit au Comte de Touloufe & aux Albigeois, mort en 1220. Elle a donné deux Viguiers à Touloufe, en 1399 & 1421, avant l'établiffement d'un Parlement dans cette Ville. Les aînés qui y font établis, ont donné, dans les premiers tems, des Confeillers & des Préfidens au Parlement, & plufieurs Chevaliers de Malte, morts au fervice : Guerin, en 1565 ; François, en 1631 ; & François-Jacques, en 1735.

Jean - Pierre de Foucaud d'Alzon, Baron de Brens & de Saint-Félix-les-Granges en Albigeois, Préfident au Parlement de Touloufe, étoit arrière-petit - fils de Philippe de Foucaud, Confeiller au Parlement de Touloufe le 22 Juin 1554, marié, le 24 Décembre 1542, à *Jeanne d'Alzon*, fille de *Guérin d'Alzon*, Chevalier de l'Ordre du Roi, Confeiller au Parlement de Touloufe. Il a eu de fon mariage avec *Marguerite d'Aignan d'Orbeffan*, entr'autres enfans :

1. Bernard de Foucaud d'Alzon, Baron de Brens, &c., Préfident au Parlement de Touloufe, le 27 Mars 1729, qui n'a point d'en-

fans de fon mariage, de l'an 1725, avec *Louife-Antoinette de Bofc ;*

2. JEAN-FRANÇOIS-GUY, Abbé commendataire de l'Abbaye d'Eaunes, au Diocèfe de Touloufe ;

3. JEAN-MARC, Abbé commendataire de l'Abbaye de Candeils au Diocèfe d'Alby, mort jeune ;

4. FRANÇOIS-JACQUES, Chevalier de Malte, mort au fiège de Traerbach ;

5. MADELEINE, Chanoineffe de Saint-Sernin à Touloufe ;

6. MARIE - PULCHERIE - ANASTASIE, veuve du Comte de *Loftanges-Beduer.* Voyez. LOSTANGES.

7. RENÉE, morte en 1743, veuve de *Claude-Etienne d'Huteau de Dalmas,* Capitaine d'Infanterie, Gouverneur de la ville de Gaillac, au Diocèfe d'Alby, dont un fils mort jeune au fervice, & *Jean - Louis - Etienne d'Huteau d'Amours,* Lieutenant de Roi au Gouvernement de Languedoc. Voyez HUTEAU. (Confultez fur cette famille la Faille, Catel, Bernardin, *l'Hiftoire de Languedoc,* &c.)

Les armes : écartelé, *aux* 1 & 4 *d'azur, au lion d'or, armé & lampaffé de même ; au chef d'or, chargé de* 3 *molettes d'éperon de fable,* qui eft DE FOUCAUD ; *aux* 2 & 3 *de gueules, fretté d'or, femé de fleurs-de-lis fans nombre,* qui eft d'ALZON.

FOUCAULT, Maifon originaire de la Province de Périgord, où elle fubfiftoit dès l'an 1000, avec la qualité de *Chevalier.* Elle y a toujours tenu un rang diftingué parmi les premières Maifons de la Province, s'y eft rendue recommandable par fes fervices, fes emplois militaires & fes alliances. Elle a produit des Gouverneurs de Province & un Maréchal de France, au milieu du dernier fiècle, & a poffédé la terre de Saint-Germain pendant plus de 500 ans fans interruption, jufqu'à l'extinction de la branche aînée. Suivant la Généalogie qui nous a été fournie, & dreffée fur titres par M. Clabault, Archivifte & Généalogifte, la filiation commence à

I. RAYMOND FOUCAULT, Chevalier, qui étoit fort âgé, lorfque vers l'an 1000, du tems du Roi ROBERT, monté fur le Trône en 996, & d'Hilduin, Evêque de Limoges, mort en 1014, il fit un don à l'Eglife de Saint-Pierre du Dorat, pour l'âme de défunt GUÉRIN FOUCAULT, fon frère, de 12 deniers de revenu fur le Moulin de Villepontais ; donation que HUGUES FOUCAULT, Clerc, fon autre frère,

approuva. ESTHER FOUCAULT, que l'on trouve avoir été Doyen du Chapitre du Dorat en l'an 987, eft auffi cru leur frère. Le nom de la femme de RAYMOND FOUCAULT eft auffi inconnu ; on lui donne pour enfans :

1. HUGUES, qui fuit ;

2. AIMERY, Chevalier, lequel fut préfent & confentit à la donation, faite vers l'an 1000, à l'Eglife de Saint-Pierre du Dorat, par RAYMOND FOUCAULT, qu'on croit avoir été fon père.

II. HUGUES FOUCAULT, Ier du nom, Chevalier, Seigneur de Corniac, & d'Exideuil, étant fur le point de prendre l'habit monaftique en l'Abbaye de Saint-Pierre d'Uzerche, fit don à ce Monaftère, au mois de Février de l'an 1002, du confentement de fa femme, nommée *Guinield,* que l'on croit avoir été de la Maifon des Vicomtes de Limoges, & d'HÉLIE FOUCAULT, leur fils, d'un certain Fief, fis en la Paroiffe de Corniac, appelé *Valbucira,* confiftant en terre & vignes, à la réferve d'un enclos compofant le chef-lieu (*Cartulaire de l'Abbaye d'Uzerche, p.* 325). Sa femme lui apporta en dot une partie de la Terre d'Exideuil, & *Aymar,* Vicomte de Limoges, poffédoit encore, en l'an 1096, des biens fis près le Château d'Exideuil, dont il fit don alors au Monaftère d'Uzerche, en l'an 1002. Leurs enfans furent :

1. HÉLIE, qui fuit ;

2. Et PIERRE, lequel fut préfent, en 996, à une Charte de Raymond, Vicomte de Turenne, en faveur de l'Abbaye d'Uzerche.

III. HÉLIE FOUCAULT, Seigneur de Corniac & d'Exideuil, fut préfent à la donation faite par HUGUES FOUCAULT, Chevalier, & *Guinield,* fes père & mère, au mois de Février de l'an 1002, dont on a parlé. Il eut de fa femme, qui n'eft pas connue :

1. GÉRALD, Chevalier connu par des Chartres de l'Abbaye d'Uzerche, des années 1072, 1074 & 1080, auteur de la branche de *Lardimalie,* qui eut pour defcendant :

DAVID FOUCAULT DE LARDIMALIE, qui époufa *Honorée Souc de Breffe,* dont il eut :

ARNAUD DE FOUCAULT-DE-LARDIMALIE, ancien Capitaine au Régiment Dauphin, Dragons, qui époufa, en Mars 1743, *Marie-Marguerite de Comarque,* dont :

1. Louis, né le 17 Mars 1745, Seigneur de Lardimalie, alliée,

en 1771, à *Marie de Mont-dragon*, contrat figné par le Roi & la Famille Royale ;

2. Autre Louis, né le 29 Septembre 1755, Chevalier de Malte de minorité en Août 1762 ;

3. Anne, née le 23 Octobre 1746, morte à Lardimalie en 1761 ;

4. Autre Anne, née le 8 Juin 1750 ;

5. Et une troifième Anne, née le 9 Mai 1753.

Philibert-Arnault de Foucault, appelé *le Marquis de Foucault*, Baron d'Aubroche, Chevalier de Saint-Louis, Capitaine des Vaiffeaux du Roi, a époufé, en fecondes noces, le 1er Décembre 1761, *Marguerite-Henriette de la Roche*, veuve de *Jean-Baptifte-Jacques Boucher*, Ecuyer, Tréforier-Général des Colonies françoifes de l'Amérique, & mère de *Marie-Victoire Boucher*, Vicomteffe de Rochechouart, de Pontville, & de *Pierre-François Boucher de Rhodes*, Ecuyer. Voy. BOUCHER, au Maine. (Cette branche aînée fur laquelle nous attendons un mémoire dreffé fur les titres, porte pour armes : *d'argent, au lion rampant de fable*.)

2. Hugues Foucault, tige de la branche des Seigneurs de *Saint-Germain-Beaupré*, rapportée ci-après ;

3. Amelin, lequel confentit, vers l'an 1065, au don fait à l'Eglife du Dorat, par Hugues Foucault, fon frère. Il fit auffi don, la même année, à cette Eglife, du confentement de fa femme, de fes enfans, & d'Etienne Foucault, fon neveu, d'une maifon pour fa fépulture. On lui donne pour enfans :

Aimery, Chevalier, qui fut témoin du don fait à l'Abbaye d'Uzerche en 1095, par *Archambaud de la Roche*, d'une pièce de bois & de terre, fife à Chambrazes, &, vers l'an 1115, il fit auffi don à l'Eglife de Saint-Pierre de l'Abbaye de Solignac, de 8 fetiers de feigle, à prendre fur la Terre appelée de Malmont, paroiffe de Saint-Jean-d'Ancis (*de Ancifto*), pour le falut de fon âme & la fépulture de fon corps ;

Et Foucaud, qui confentit à cette donation.

4. Aimery, qui fut préfent au don fait à l'Abbaye d'Uzerche, l'an 1069, par Géraud-Elie de Millac ;

5. Et Guy, lequel fit don de quelques pièces

de terre, pour le repos de fon âme & de celles de fes parens, à l'Abbaye de Saint-Pierre d'Uzerche, le Dimanche d'avant les Rameaux 1071, du tems de Pierre, Abbé de ce Monaftère, d'Ithier, Evêque de Limoges, d'Alexandre, Pape, & du tems du règne de Philippe, Roi de France. Cette donation fut confirmée la même année, par Adhémar, Guillaume & Pierre Foucault, frères, fes neveux, enfans de Gérard.

BRANCHE
des Seigneurs de Saint-Germain-Beaupré.

IV. Hugues Foucault, IIe du nom, fit don à l'Eglife de Saint-Pierre du Dorat, vers l'an 1065, de tout ce qu'il tenoit en l'Eglife de Dinhac, du confentement d'Amelin, fon frère : il vivoit encore vers l'an 1070, qu'il fut témoin avec Guillaume de la Garde, d'une donation faite à l'Eglife de Saint-Etienne de Limoges, par Etienne, *Agnès*, fa femme & Ithier, leur fils, du mas de *Gerald de Mortemer*. Il étoit mort le 5 des Nones de Mai 1072. Il eut pour enfans :

Etienne, qui fuit ;

Et Hugues, qui confirma le don fait par fon père, à l'Abbaye d'Uzerche, pendant la maladie, dont il mourut. Il eut pour enfans :

Amelin & Guillaume, qui comparurent avec Hugues Foucault, leur coufin, à une tranfaction faite, l'an 1108, en faveur de l'Abbaye de Saint-Pierre du Dorat.

V. Etienne Foucault eft dit neveu d'Amelin Foucault, dans la donation faite par ce dernier à l'Eglife de Saint-Pierre du Dorat, vers l'an 1065, & eft nommé avec Hugues Foucault, fon frère, dans la confirmation par eux faite, le 5 des Nones de Mai 1072, du don fait par Hugues, leur père, de deux fefterces de terre, fis dans la Paroiffe de Saint-Pantaléon de Turenne, l'un appelé Barriol, l'autre Alpoi, en faveur des Religieux de l'Abbaye d'Uzerche. Il eut de fa femme, qui eft inconnue :

VI. Hugues Foucault, IIIe du nom, préfent avec Amelin & Guillaume, fes coufins, à une tranfaction faite, vers l'an 1108, du tems d'Aftorge, Evêque de Limoges, en faveur de l'Abbaye de Saint-Pierre du Dorat. Il foufcrivit comme témoin avec les principaux Nobles du Comté de la Marche, à l'acte de donation faite en 1115, par Adelmodis veuve de Bafon, dit le Vieil, Comte de la

Marche, & Audebert & Boſon de la Marche, ſes enfans, au profit des Religieux du Prieuré de Chaſtein. Hugues eut deux fils :

Amelin, qui fuit ;

Et Ranulphe. Ils ſe diſent tous deux couſins de Guillaume Foucault, dans une donation faite en 1172, au Prieuré de Bronzeaux, à laquelle ils furent préſens.

VII. Amelin Foucault fut témoin à une donation faite au Chapitre du Dorat, des dîmes de la Paroiſſe de Terſannes, vers l'an 1150, & vivoit encore en 1172, ſous les règnes de Louis, Roi de France, & d'Henri, Roi d'Angleterre. Il fut préſent avec Raymond, ſon fils, & Guillaume Foucault, leur couſin au IVᵉ degré, comme iſſu d'Hélie, mentionné au IIIᵉ degré, au don fait à l'Abbaye de Grandmont, par Guillaume Calvi, & ſes frères, ainſi qu'à une autre donation faite en la même année au Prieuré de Bronzeaux, depuis uni à l'Abbaye de Grandmont avec Ranulphe, ſon frère, le même Guillaume, ſon couſin, Audebert & Boſon de la Marche. Ses enfans furent :

1. Raymond, qui fuit ;
2. Et Anselme, Chevaliers; nommés tous deux dans une donation faite à l'Abbaye de Chancelade, vers l'an 1189.

VIII. Raymond Foucault, IIᵉ du nom, eſt qualifié Chevalier dans une Charte faite en faveur de l'Abbaye de Chancelade, vers l'an 1189, à laquelle il fut préſent avec Anselme, ſon frère, Chevalier. Il eut de ſa femme, que des Mémoires diſent être Dame de Saint-Germain :

1. Guillaume, qui fuit ;
2. Et Foucault, dit de Saint-Germain, Chevalier, lequel, aux Nones de Septembre 1246, reconnut au nom d'Abon, Seigneur du Puis, Chevalier, devoir 100 ſols à l'Abbaye de Grandmont, ſur les tenues d'Auziac, en la Paroiſſe des Eliſes. Il eſt cru frère de Guillaume Foucault, Seigneur de Saint-Germain, & épouſa la fille du même Abon, Seigneur du Puis, & en eut un fils.

IX. Guillaume, dit Guy Foucault Iᵉʳ du nom, Chevalier, Seigneur de Saint-Germain, eſt nommé avec Raymond, ſon père, dans un titre de l'Abbaye de Grandmont, de l'an 1232. Il approuva auſſi avec Boſon, frère du Comte de la Marche, une donation faite par Jourdain Bolfin, Chevalier de la Buſſière, à la même Abbaye de Grandmont, de la portion

d'une Dîme & Fief, en la Paroiſſe de Saint-Sylveſtre, aux Ides de Janvier de ladite année. Il donna à l'Abbaye de Grandmont le courant de l'eau qui tomboit dans l'étang de la Tricherie, par acte du Dimanche (Oculi mei) 1237. Son ſceau appoſé à ces deux derniers actes repréſente 3 fleurs-de-lis, & la légende eſt W. Foucault. Il fut auſſi préſent, le même jour, à une donation faite à cette Abbaye, par Raymond Mercelli, & aſſiſta encore, en 1237, à la donation des Moulins, qui lui fut faite par Pierre, Seigneur de Brigneul. Il fut enterré à Saint-Germain, & fit ſon teſtament ſuivant celui de ſon aîné, de 1278. Il paroît qu'il avoit épouſé N... de Bridiers, fille de Guy de Bridiers, Chevalier, de laquelle il eut :

1. Guy, qui fuit ;
2. Aimery, Seigneur de la Béraudie, nommé avec le titre de Damoiſeau, dans des lettres du 8 des Calendes de Novembre 1265, par leſquelles Marguerite, Vicomteſſe de Thouars, accepta 9 livres de rente, qu'il lui aſſigna ſur pluſieurs mas fis en la Paroiſſe de Saint-Germain, en compenſation d'autres 9 livres de rente reſervées par la ceſſion qu'elle lui avoit faite de la Terre de la Béraudie, fiſe en la Paroiſſe de Saint-Germain, & de tous les droits que Guillaume de Bridiers, Damoiſeau, avoit en la Châtellenie de Bridiers, ſauf l'hommagelige. Il eſt dit mort dans une tranſaction, après le Samedi de l'Octave de la Pentecôte 1273, faite entre ſes enfans, Guy Foucault, Chevalier, ſon frère, & les Abbé & Couvent d'Albignac. Il eſt encore rappellé dans le teſtament du même Guy Foucault, du Mercredi après la fête Saint-Nicolas d'hiver 1278, par lequel il ordonna que le teſtament d'Aimery, ſon frère, ſeroit exécuté en ſon entier. Cet Aimery eut de ſa femme, dont le nom eſt ignoré :

1. Aimery, qualifié Damoiſeau, dans un titre de 1298, & dans ſon teſtament du Dimanche de l'Octave de Pâques 1300, par lequel il élut ſa ſépulture dans la Paroiſſe de Saint-Germain. Il fit quelques fondations, légua, à l'Egliſe de Beaulieu, un ſetier de ſeigle de rente, pour ſon anniverſaire & celui d'Imbert Foucault, ſon oncle ; à Guillaume de Lopiac, un cheval & 20 livres une fois payées ; à Guillaume Branet, ſon armure ; fit divers autres legs, & nomma pour ſes exécuteurs teſtamentaires Hugues, Jean & Elie de la Prunha, ſes frères ; ce qui prouveroit

que sa femme étoit sœur de ces der-niers. Il mourut sans postérité ;

2. Hélie, légué par son frère de 5o livres, afin d'avoir des livres pour ses études ;

3. Agnès, Religieuse lors du testament de son frère, qui lui lègue 40 sols de rente viagère ;

4. Alamargot, léguée par le testament de son frère de 40 sols de rente perpétuelle, pour elle & ses successeurs ;

5. Et Bigon, bâtard de Foucault, dit frère naturel d'Aimery, dans son testament, par lequel il lui assigne 20 setiers de seigle, à prendre sur la Terre de Magnac.

3. Imbert, dit Chanoine de Bénévent, dans le testament de Guy Foucault, son frère aîné, du Mardi après la fête Saint-Nicolas d'hiver 1278, par lequel il le nomma un de ses exécuteurs testamentaires. Il transigea en cette qualité, le lundi avant la fête de Saint-Pierre-aux-Liens 1282, avec Guyard & Guarryet Foucault, frères, ses neveux, enfans & héritiers du même Guy. Il ne vivoit plus lors du testament d'Aimery, son neveu, par lequel celui-ci fit un legs à l'Eglise de Beaulieu, pour son anniversaire ;

4. Et Aylis, Religieuse lors du testament de son frère aîné, qui lui fit don de 10 sols de rente viagère.

X. Guy Foucault, IIᵉ du nom, Chevalier, Seigneur de Saint-Germain, &c., fut envoyé en Languedoc en 1251 & 1255, pour régler les différends entre l'Archevêque & le Vicomte de Narbonne, ainsi qu'il se voit dans les additions des Conciles de Narbonne. Le Prieur de Saint-Gilles, de l'Ordre de Saint-Jean de Jérusalem, promit, par ses lettres du mois de Juin 1255, d'avoir pour agréable ce qui seroit accordé en son nom par Guillaume Richer, frère du même Ordre, à Jean d'Arcy, Sénéchal du Venaissin, & à Guy Foucault, touchant le Château de Murmarion & appartenances, dont son Prieuré avoit été spolié pour Aimery de Clermont, Sénéchal du Venaissin, agissant au nom de feu Raymond, Comte de Touloufe. Il paroît être le même que Guy Foucault, Sénéchal de Beaucaire, auquel le Roi donna Commission, en 1256, d'assigner à l'Abbé de la Grace 300 liv. de rente suivant la composition faite avec Sa Majesté en 1254, en retenant deux certaines lettres dont cet Abbé se faisoit fort, & que le Roi tenoit pour fausses. Il accompagna le Roi Saint Louis en son second voyage de la Terre-Sainte en

1270, est qualifié Chevalier, dans le don qu'il fit, ainsi que les héritiers d'Aimery, son frère, par acte du Samedi avant la Fête de Saint-Mathieu 1272, de la douzième partie qui leur appartenoit dans la forêt de Versillac, aux Abbé & Couvent d'Albignac, Ordre de Citeaux, Diocèse de Bourges, avec lesquels il transigea aussi le Samedi après l'Octave de la Pentecôte 1273, tant pour lui que pour ses neveux, fils de défunt Aimery, Damoiseau, au sujet d'une partie de cette forêt de Versillac, acquise par ces Religieux d'Odonet, Guyonet & Guillaume de Bridiers, Damoiseaux, enfans de feu Guy de Bridiers, Chevalier, sur laquelle il prétendoit que le cens lui étoit dû, par la raison que ceux-ci étoient ses cousins germains (a), & par cet accord les Religieux d'Albignac lui cédèrent la portion de la forêt par eux acquise, en compensation de quoi il fut convenu que cette Abbaye auroit le droit de faire paître tous ses bêtes de tout genre, & celles de leurs hommes, tant dans cette partie que dans la totalité de la forêt qui lui appartenoit & à ses neveux. Il est encore nommé avec le titre de Chevalier dans un accord fait le Dimanche avant la Fête Saint-Urbain 1277, entre les mêmes Abbé & Religieux d'Albignac, & Aimery & Guillaume de Lopiac, Damoiseaux, au sujet de la moitié du Bois de l'Hermitage près de la forêt de Versillac ou de Saint-Germain ; il est aussi qualifié Chevalier, Seigneur de Saint-Germain, dans une autre transaction faite le Mardi après la Fête Sainte-Madeleine 1278, entre lui, faisant pour son neveu, fils de défunt Aimery Foucault, Damoiseau, son frère, & les Abbé & Religieux d'Albignac, touchant la douzième partie de la forêt de Versillac, qu'il réclamoit à cause d'Odonet, Guyonet, Guillaume & Geoffroy de Bridiers, frères, Damoiseaux, fils de défunt Guy de Bridiers, Chevalier, ses cousins germains ; ce qui confirme que la mère de Guy Foucault étoit une Bridiers. Il testa le Mercredi après la Fête de Saint-Nicolas d'hiver 1278, & choisit sa sépulture à Saint-Germain auprès de son père ; fit des legs

---

(a) Guy Foucault qui réclamoit ici à cause des Bridiers, avoit nécessairement pour mère une Bridiers. Le nom de Guy que portoit Guy de Bridiers, son aïeul maternel, autorise encore cette conséquence.

pieux, plusieurs dons à ses enfans, voulut que les testamens de son père, & d'AIMERY, son frère, fussent exécutés en leur entier; institua héritiers ses deux fils aînés; nomma pour ses exécuteurs testamentaires Imbert de Puyagut, Hugues de la Bardie (DE BARDIA) Amellin de Montecuculli, Durand des Molières, Chevaliers; IMBERT FOUCAULT, Chanoine de Bénévent, son frère, & autres ses parens. Il mourut avant la Fête de Saint-Pierre-aux-Liens 1282. GUY FOUCAULT, IIe du nom, avoit épousé *Ayseline*, que l'on croit avoir été de la Maison de *Puyagut* & sœur d'*Imbert de Puyagut*, Chevalier, l'un des exécuteurs testamentaires de son mari, dans lequel elle est rappelée & léguée de 6 liv. de rente viagère. Leurs enfans furent :

1. GUY, dit GUYARD, qui suit;
2. GUARRYET, nommé avec son frère aîné dans l'accord qu'ils firent le Lundi avant la fête de Saint-Pierre-aux-Liens en 1282, avec IMBERT FOUCAULT, Chanoine de Bénévent, leur oncle, exécuteur testamentaire de GUY, leur père ;
3. FOUCAUD, Chanoine de Bénévent, légué de 10 livres de rente annuelle tant qu'il iroit aux études, & de 60 sols de rente tant qu'il ne seroit pas pourvu de bénéfice compétent;
4. N... FOUCAULT, dit le plus jeune fils, sans être autrement nommé dans le testament de son père, légué par lui de 10 liv. de rente pour suivre les écoles, voulant qu'il entrât en Religion, & 60 sols tant qu'il ne seroit pas pourvu de bénéfice ;
5. Et une fille naturelle, léguée de 6 setiers de seigle de rente jusqu'à son mariage, lors duquel il ordonna qu'il lui fût fait d'autres dons en meubles & en argent.

XI. GUY FOUCAULT, dit GUYARD, IIIe du nom, Chevalier, Seigneur de Saint-Germain, &c., fut institué héritier par le testament de son père, qui voulut qu'il allât en Terre-Sainte au premier passage général, pour le repos de son âme. Il transigea, ainsi que GUARRYET, son puîné, tant pour eux que pour leurs autres frères, par acte du Lundi avant la Fête de Saint-Pierre-aux-Liens 1282, avec IMBERT FOUCAULT, Chanoine de Bénévent, leur oncle, au sujet de l'exécution du testament de défunt GUY FOUCAULT, Chevalier, leur père: il est qualifié *Damoiseau* en deux contrats d'acquisition des années 1284 & 1291, & *Chevalier* dans le testament de 1300, d'AIMERY FOUCAULT, Damoiseau, son cousin ger-

main, dont il a été parlé. Il ne vivoit plus le Vendredi après la Fête Saint-Grégoire 1320, & eut de sa femme qu'on ne connoît point:

1. GUILLAUME, qui suit;
2. Et GUY, Prieur de Bénévent, qualifié Clerc, & dit fils de défunt GUY FOUCAULT, Chevalier, Seigneur de Saint-Germain, dans le don qu'il fit, le Vendredi après la Fête Saint-Grégoire 1320, à GUILLAUME FOUCAULT, Damoiseau, son frère aîné, de sa part & portion du lieu & repaire de Saint-Germain; & d'autres biens, sauf le vivre & le vêtement sa vie durant, avec 20 livres de rente annuelle, & sous condition que s'il entroit en Religion, son frère ne lui payeroit que 10 livres de rente viagère.

XII. GUILLAUME FOUCAULT, Chevalier, Seigneur de Saint-Germain, &c., Gouverneur du Château de Crozant pour le Duc de BOURBON, fut employé en qualité de *Chevalier* dans les guerres de Flandre le 29 Septembre 1340. Il lui étoit dû par le Roi six 26 livres 7 sols 2 deniers pour le restant de ses gages, & de 3 Ecuyers de sa Compagnie: il est aussi qualifié *Chevalier* dans une cession qu'il fit à Pierre de Lyons, de ce qu'il avoit au territoire de Lihon par acte du Lundi avant l'Ascension 1341. Il servoit encore comme Chevalier le 10 Septembre 1342, qu'il obtint un mandement du Roi pour le payement de ses gages; acquit un droit de dîme en la Paroisse de Saint-Amand-de-Versillac, par acte du Vendredi après la Fête de l'Ascension 1345, & est aussi qualifié *Chevalier* dans les Lettres de PIERRE Ier, Duc DE BOURBON, Comte de Clermont & de la Marche, Chambellan de France, du 4 Juin 1347, par lesquelles ce Prince l'établit Capitaine-Gouverneur de son Château de Crozant; & par d'autres Lettres du 16 Juillet suivant, ce même Prince lui ordonna d'*avitailler* ce Château de toutes sortes de vivres, & de contraindre tous nobles, gens d'armes & de pied que bon lui semblera, d'y entrer pour sa défense, dans le cas que les ennemis, même le Roi, en approchassent. Il étoit encore Capitaine de ce Château en 1352 & 1353, que les Officiers, Gardes de ce Château, lui donnèrent plusieurs quittances de leurs gages en 1356. Il servoit encore avec son fils sous le même Duc DE BOURBON, & eut de sa femme, dont le nom est inconnu:

1. GUY, qui suit;
2. Et ÉLISE, mariée 1° au Seigneur *de Ro-*

chevreux ; & 2° au Seigneur de la Garde,
avec lequel elle vivoit encore en 1391.

XIII. GUY FOUCAULT, IV° du nom, Chevalier, Seigneur de Saint-Germain, &c., Capitaine ès-pays de Berry, Auvergne, Bourbonnois & la Marche, Chambellan de JEAN DE FRANCE, Duc de Berry, servit avec son père sous PIERRE Ier, Duc DE BOURBON en 1356, & en 1359 sous LOUIS II, Duc DE BOURBON. Il fit montre, en qualité de Chevalier, au mois de Juin 1373, de 6 autres Chevaliers & de 18 Ecuyers de sa Compagnie. Il reçut lui-même les foi & hommage qui lui furent rendus le Mardi Fête & jour de Saint-Marc 1374, & le Vendredi d'après l'Octave Saint-Martin d'hiver 1376, pour quelques biens sis à Versillac ; & transigea, en 1379, avec Perel de Bré, Damoiseau. On trouve un GUY FOUCAULT, dit *le Borgne*, qui étoit l'un des Ecuyers de la Compagnie du Duc de Bourbon, LOUIS II, suivant la montre de ce Prince, du 6 Septembre 1372, & ce pourroit être le même que celui dont nous parlons ici dans une quittance du 25 Septembre 1398. Son sceau est *semé de fleurs-de-lis avec une bande.* On lui donne pour femme *Marguerite de Bonneval*, de laquelle il eut :

1. GUILLAUME, Seigneur de Saint-Germain, &c., peut-être le même que GUILLEMIN FOUCAULT, qui étoit l'un des Ecuyers de la montre de Pierre Fresnay, Ecuyer, reçu à Cognac le 1er Décembre 1379. Il donna plusieurs quittances en qualité de Chevalier, Bachelier, pour ses gages, & ceux de 5 Ecuyers de sa Compagnie le 31 Mars 1386, le 22 Avril & 18 Mai 1387, avec lesquels il fit montre à Saint-Jean-d'Angély. Il fut l'un des 5 Chevaliers du célèbre Tournois fait en 1389, devant l'Eglise de Saint-André de Bordeaux, en présence du Duc de Lancastre, du Maréchal de Sancerre, & de plusieurs autres Seigneurs, contre 5 autres Chevaliers, où il eut en tête le Seigneur de Caumont. Froissard parle de ce Tournois, liv. III, chap. 139. On croit qu'il est le même GUILLAUME FOUCAULT, Capitaine de Chalus, reçu à Châlons avec 3 Ecuyers le 1er Mai 1397. Il plaidoit la même année avec AUBERT FOUCAULT, son frère, contre les héritiers de Jean Jaubert. On trouve GUILLAUME FOUCAULT, dit *le Borgne*, qui étoit mort au mois de Novembre 1415 : CHARLES VII, depuis Roi de France, fut établi, en son lieu & place, Garde & Capitaine du Château du Bois de Vincennes. *(Histoire*

des Grands-Officiers de la Couronne, tom. I, p. 115, registre coté H, fol. 57.) Il avoit épousé 1° *Agnès de l'Aage,* de laquelle il n'eut qu'une fille, nommée MARGUERITE, mariée, le 20 Juillet 1398, à *Hélie de Seris,* Chevalier, Seigneur de Las-Ternas, morte sans enfans en 1416 ; & 2° au mois de Janvier 1399, une Dame dont le nom est ignoré : il n'en eut point d'enfans ;

2. LOUIS, Religieux, & ensuite Prieur de St.-Barthélemy de Bénévent, Diocèse de Limoges, qui en fut le premier Abbé en 1459, l'ayant fait ériger en Abbaye. Il donna à son Monastère les Terres d'Azat & de Fournemière, qu'il avoit acquises de son frère, y fonda une Chapelle dite de *Saint-Germain,* à condition que les Religieux y chanteroient chaque jour une Messe, y fit beaucoup d'autres biens, & obtint plusieurs privilèges. Il mourut le 12 Janvier 1466 ;

3. Et AUBERT, qui suit.

XIV. AUBERT FOUCAULT, Chevalier, Seigneur du Cros, puis de Saint-Germain après la mort de sa nièce, Conseiller & Chambellan du Roi, transigea avec ELISE FOUCAULT, sa tante, le 20 Mai 1391, fit hommage de sa Terre du Cros au mois de Février 1394, & obtint du Duc de Berry, le 4 Novembre 1413, la permission de faire rebâtir le Château du Cros, démoli par les Anglois. Le Roi CHARLES VII, n'étant encore que Dauphin, l'établit Capitaine-Général de l'Armée qu'il avoit en Limousin, par commission du 27 Août 1417, eut ordre, par Lettres du 13 Septembre suivant, de se transporter en Guyenne & d'y recevoir les sermens de fidélité au nom du Roi ; est qualifié Chevalier, Conseiller & Chambellan du Roi, & Capitaine-Général de l'armée en Limousin, dans d'autres Lettres de Sa Majesté, du 12 Mai 1418, par lesquelles il eut ordre & pouvoir de défendre à tous Chevaliers, Ecuyers & autres, de prendre les armes sans son congé & mandement exprès dans le Limousin ; fut encore établi par d'autres Lettres du Roi, du 6 Décembre de ladite année 1418, Capitaine-Général & par tous les pays du Nivernois & du Donziois, & il servit en Normandie avec 6 Chevaliers & 16 Ecuyers, au mois de Juillet 1421, suivant sa quittance de 473 livres. Il en donna une autre, le 30 Avril 1426, de 200 livres à lui accordées par les gens des trois Etats du pays de Limoges, pour lui aider à payer la rançon de JEAN FOUCAULT, Chevalier, son fils aîné, fait prisonnier des Anglois, à la prise de

la ville de Laval, en 1425, par le Seigneur
Talbot, Chevalier Anglois. Il eut d'*Isabeau
Pot de Rhodes*, qu'il époufa, par contrat du
12 Avril :

1. JEAN, Seigneur de Saint-Germain, Capitaine de Lagny, qu'il défendit courageufement en 1430, contre les efforts de Jean,
Duc de Bedford. Il conferva cette place
malgré les tentatives que les ennemis firent
pour la prendre, accompagna le Roi à fon
facre, & fe trouva à toutes les occafions de
guerre qui fe préfentèrent, & remporta de
grands avantages fur les ennemis. Le Duc
d'Orléans l'établit *Podeftat* d'Aft, au Duché
de Milan, où il mourut fans enfans en 1466,
ayant inftitué, par fon teftament de l'an
1465, MARC, fon frère, & ANDRÉ, fon neveu, pour fes héritiers ;

2. MARC, qui fuit ;

3. OLIVIER, nommé avant fon père dans un
Arrêt du Parlement du 29 Mars 1413 ;

4. Et JEANNE, mariée en préfence de fon père,
par contrat du 12 Avril 1404, à *Jean de
Salagnac*.

XV. MARC FOUCAULT, Chevalier, Seigneur
du Cros, Châtelus, de Marchères, de Fenozac, &c., dont il fit hommage en 1453 &
1454, fut auffi Seigneur de Saint-Germain
après la mort de fon frère, & eft qualifié Confeiller, Chambellan du Roi. Il mourut vers
l'an 1483, & avoit époufé, le 31 Octobre 1434,
Gallienne de Pierre-Buffière ; ils obtinrent
un bref du Pape EUGÈNE IV, par lequel il
leur fut permis d'avoir un autel portatif pour
faire dire la Meffe où bon leur fembleroit.
Elle eut en doit 1000 royaux d'or, du coin du
Roi, & renonça, quoique mineure de 25 ans,
à tous fes droits paternels, maternels & collatéraux, en faveur de *Jean de Pierre-Buffière*, fon frère. Leurs enfans furent :

1. ANDRÉ, qui fuit ;

2. FRANÇOIS, Seigneur de Châtelus, de Marchères, du Cros & de Fenozac, qu'il eut en
partage, par traité du 27 Avril 1484. Il étoit,
la même année, un des Gentilshommes de
la Maifon du Roi, & mourut fans enfans de
Souveraine de la Roche, fon époufe, qui
vivoit encore le 29 Juin 1504 ;

3. PIERRE, élu Abbé de Bénévent en 1456,
trois jours après la mort de Louis FOUCAULT,
fon grand-oncle, arrivée le 12 Janvier. Il
augmenta la fondation de fon Abbaye, vivoit encore le 16 Juin 1505, & eft enterré
en la Chapelle de Saint-Germain, fondée
par fes ancêtres ;

4. Et NICOLE, femme de *Jean*, Seigneur de
Volfé, Ecuyer en 1467.

XVI. ANDRÉ FOUCAULT, Chevalier, Seigneur de Saint-Germain-Beaupré, &c., Chambellan du Roi, inftitué héritier de JEAN FOU-
CAULT, fon oncle, par fon teftament de 1465,
qualifié Chevalier, Seigneur du Verger, dans
le bail à ferme qu'il confentit, comme fondé
du pouvoir de fon père le 28 Mars 1474, au
profit de Jean Compais, fut émancipé le 1er
Février 1481, & obtint des lettres de Sauve-
Garde du Roi CHARLES VIII, le 26 Novembre 1483, dans lefquelles il a le titre de Chevalier, Confeiller & Chambellan de Sa Majefté. Il fut auffi fait Chambellan du Roi LOUIS
XII, qui n'étoit alors que Duc d'Orléans &
de Valois, par lettres du 21 Janvier, que l'on
comptoit encore 1483, & eut de grands différends avec FRANÇOIS FOUCAULT, fon frère, au
fujet du partage des biens de la fucceffion de
leur père, qui furent terminés par accord fait
entr'eux le 27 Avril 1484. Il étoit mort avant
le 30 Décembre 1489, & avoit époufé, le 16
Juillet 1469, *Marguerite d'Aubuffon*, fille de
Jean, IIIe du nom, Seigneur de la Borne, du
Dognon & d'Aleyrat, Chevalier, Chambellan
du Roi CHARLES VII, & d'*Agnès de Saint-
Georges*, Dame de Champignolles, fille d'*O-
livier*, Seigneur de *Saint-Georges*, & de *Catherine de Rochechouart*, Dame de Boiffec.
S'étant trouvée parente au IVe degré de confanguinité avec fon mari, à caufe d'*Agnès Pot
de Rhodes*, aïeule paternelle de ce dernier,
ils obtinrent une Bulle du Pape SIXTE IV,
datée des Ides d'Octobre, qui revient en la
quatrième année de fon Pontificat, qui revient à l'an 1474, pour
réhabiliter leur mariage. Elle vivoit encore le
6 Mai 1499, qu'elle donna quittance, pour
raifon de fes droits à fon fils aîné. Leurs enfans furent :

1. JACQUES, qui fuit ;

2. PIERRE, auteur de la branche des Seigneurs
de *la Salle*, de *Saint-Père*, de *Rafès* & de
la *Poupardière*, rapportée ci-après ;

3. Et MARGUERITE, mariée, par contrat du 2
Décembre 1489, à *Charles du Pleffis*, Seigneur d'Epernay.

XVII. JACQUES FOUCAULT, Chevalier, Seigneur de Saint-Germain-Beaupré, &c., Confeiller & Chambellan du Roi, ainfi qualifié
dans la quittance que *Marguerite d'Aubuffon*, fa mère, lui donna pour reftant de fes
droits, le 6 Mai 1499, rendit aveu, le 9 Fé-

vrier 1503, pour ses Terres, à Anne de France, fille du Roi Louis XI, Duchesse de Bourbon, Comtesse de la Marche, femme de Pierre II, Duc de Bourbon. Il transigea, le 29 Juin 1504, avec *Souveraine de la Roche*, veuve de François Foucault, son oncle, à qui il avoit succédé en 1497, & lui abandonna pour toutes prétentions la Terre du Verger. Il transigea aussi avec sa mère, à l'occasion de son douaire, au mois de Mars, que l'on disoit encore 1504 ; rendit hommage pour ses Terres de Billangeis & des Egaux en 1510 ; fut pourvu, par Lettres du 30 Novembre 1535, de la Lieutenance de la Compagnie du Sieur de Mourlay, Capitaine-Général de 1000 hommes de pied dans les pays de Bourbonnois, Nivernois & la Marche, & mourut avant 1562. Il avoit épousé, par contrat du 25 Octobre 1506, *Claude de Talleyrand*, fille de *Jean*, Seigneur de Grignols & de Chalais, Conseiller, Chambellan du Roi, Chevalier d'honneur de la Reine-Mère, Capitaine de la ville de Bordeaux, & de *Marguerite de la Tour-Turenne*. De ce mariage vinrent :

1. Gabriel, qui suit ;
2. & 3. Pierre & François ;
4. Et Jeanne, née le 21 Mars 1513.

XVIII. Gabriel Foucault, Ier du nom, Chevalier, Seigneur de Saint-Germain-Beaupré, de Naillat, Fleurat, &c., né le 7 Février 1511, fut commis par le Roi François Ier, en 1542, & 1544, pour la conduite du ban & arrière-ban des Gentilshommes des Provinces de la Marche & de Berry. Il obtint, au mois de Mars 1546, & en Janvier 1547, des Lettres-Patentes du Roi, pour l'établissement de quatre foires dans l'année & d'un marché chaque semaine, au Bourg de Saint-Germain ; fut fait Capitaine de 100 Arquebusiers à cheval, Colonel de Gens de pied & Lieutenant de Cavalerie de l'Armée d'Ecosse sous le Seigneur de Losses, qu'il suivit en ce pays en 1550. Il eut plusieurs différends avec *Claude de Talleyrand*, sa mère, sur lesquels il intervint Arrêt du Parlement, le 10 Décembre 1562, eut l'honneur d'épouser, au nom du Roi François II, Marie Stuart, Reine d'Ecosse, testa le 10 Janvier 1558, & mourut quelque tems après. Il avoit épousé, par contrat du 19 Novembre 1533, *Françoise de Villelume*, fille d'*Antoine*, Ecuyer, Seigneur de Graveron, dont :

1. Julien, mort sans alliance ;

2. Louis, Seigneur de Saint-Germain-Beaupré, fort considéré de François de France, fils du Roi Henri II, Duc d'Alençon, qui, par Brevet du 12 Janvier 1573, lui fit don d'une somme de 4000 livres sur les étapes de la Marche. Il mourut, le 26 Août 1574, sans enfans d'*Isabeau de Sorbières*, fille de *René*, Chevalier, Seigneur des Pruneaux, Allogny, Sorbières, la Lande, &c., qu'il avoit épousée le 24 Octobre 1565 ;
3. Gaspard, qui suit ;
4. Jacques, né le 21 Septembre 1539, mort sans postérité ;
5. Anne, mariée à *Jean Rance*, Seigneur de la Chapelle-Baloue ;
6. Gabrielle, morte sans alliance ;
7. Et Agnès, mariée, par contrat du 28 Février 1570, à *Guillaume de Saint-Julien*, Seigneur de Vaulcey. Elle transigea étant veuve avec Gabriel Foucault, son neveu, en 1592.

XIX. Gaspard Foucault, Seigneur de St.-Germain-Beaupré, &c., Chevalier de l'Ordre du Roi, Capitaine de 50 hommes d'armes, Chambellan de François de France, Duc d'Alençon, eut commission de ce Prince, le 9 Juin 1578, de lever 80 Lances fournies, lorsque ce Prince voulut passer en Flandre ; fut nommé Gouverneur par Henri IV (n'étant alors que Roi de Navarre), au mois de Mars 1589, de toutes les places qui tenoient son parti en Berry & dans la Marche ; fait Gouverneur particulier des Ville & Château d'Argenton en 1590 ; réduisit, sous l'obéissance de ce Prince, plusieurs places de la Province de la Marche ; mais ayant voulu forcer l'Abbaye d'Ahun en Haute-Marche, il y reçut sur la tête un coup d'Arquebusade, dont il mourut sur la fin du mois d'Avril 1591. Il avoit épousé, 1° par contrat du 29 Août 1563, *Gabrielle Rance*, fille d'*Hélion*, Seigneur de la Chapelle-Baloue, & de *Marie de Magnac* ; & 2° par contrat du 28 Janvier 1572, *Isabeau de Pompadour*, fille de *Geoffroy*, Baron de Pompadour, Chevalier de l'Ordre du Roi, & de *Suzanne d'Escars*. Elle plaidoit avec *Louis de Pompadour*, son frère, le 12 Décembre 1577, qu'elle obtint contre lui Arrêt du Parlement de Bordeaux, au sujet du legs de 15000 livres à elle fait par le testament de son père ; & obtint encore, le 4 Décembre 1581, un Arrêt du Grand-Conseil du Roi, touchant ses conventions matrimoniales, nonobstant les oppositions des enfans du premier lit de fon mari & de ceux de fon fecond lit. Ceux qui naquirent du premier furent:

   1. GABRIEL, qui fuit ;
   2. ANNE, Abbeffe de Marienval.

Et du fecond lit naquirent :

   3. & 4. Deux garçons morts jeunes ;
   5. ESTHER, morte fans poftérité de fon mariage avec *Jean Tiercelin*, Chevalier, Seigneur de la Chapelle-Baloue, Maréchal-des-Camps & Armées du Roi.

XX. GABRIEL FOUCAULT, IIe du nom, Chevalier, Seigneur de Saint-Germain-Beaupré, Dun-le-Palleteau, Vicomte du Dognon, Baron de Royan, &c., Confeiller du Roi en fes Confeils d'Etat & Privé, Chevalier de fon Ordre, Maréchal de fes Camps & Armées, Capitaine de 100 hommes d'armes de fes Ordonnances, Gouverneur & Lieutenant-Général pour Sa Majefté en fes pays de la Haute & Baffe-Marche, Gouverneur particulier de la ville & Château d'Argenton, fe trouva au fiège de Rouen & à la journée d'Arques, gagnée fur *Charles de Lorraine*, Duc de Mayenne, le 21 Septembre 1589 ; à la bataille d'Ivry, donnée le 14 Mars 1590; obtint le Gouvernement d'Argenton, le 8 Mai 1591, & une Compagnie de 30 lances le 8 Décembre fuivant; combattit à la journée d'Aumale, au mois de Février 1592, & reçut différentes bleffures en ces occafions. Il tranfigea, le 10 Mai de ladite année 1592, avec AGNÈS FOUCAULT, fa tante, & eut de grands différends avec le Seigneur de Maulevrier, qui furent affoupis par un ordre exprès du Connétable de Montmorency, donné de l'autorité du Roi, le 4 Septembre 1604. Le titre de Capitaine de 100 hommes d'armes des Ordonnances de Sa Majefté, lui fut donné dans des Lettres Royaux du 30 Mai 1608, pour le renouvellement du papier terrier de fes Seigneuries; il fut fait Confeiller d'Etat le 16 Février 1611, préta ferment en conféquence le 26 du même mois; Lieutenant pour Sa Majefté en Berry fous M. *le Prince*, fuivant un état du 12 Janvier 1616; Maréchal-des-Camps & Armées du Roi, le 20 Avril 1621; & le 23 du même mois, Gouverneur & Lieutenant-Général pour Sa Majefté en la Province de la Haute & Baffe-Marche, par démiffion de M. de Schomberg, Comte de Duretal, dont il préta ferment le 10 Mai fuivant; tefta le 10 Décembre, *aliàs* Septembre 1633, & mourut peu après. Il avoit époufé, par contrat du

11 Novembre 1607, *Jeanne Pouffart*, fille de *Charles*, Chevalier de l'Ordre du Roi, Gentilhomme ordinaire de fa Chambre, Seigneur de Fors & du Vigean, & d'*Efther de Pons*, dont:

   1. HENRI, qui fuit;
   2. LOUIS, Comte du Dognon, élevé Page auprès du Cardinal de Richelieu, qui favorifa fes premiers commencemens dans les armes. Il s'attacha à la perfonne du Duc de Fronfac, qui lui fit obtenir la charge de *Vice-Amiral de France*, & fervit fous lui dans l'Armée navale au combat donné devant Cadix en 1640, & au fiège d'Orbitello en 1646. Après la mort de ce Duc, il s'empara du Gouvernement de Brouage, & ne s'en démit que pour avoir le bâton de Maréchal-de-France, qui lui fut donné le 20 Mars 1653, dont il préta ferment le 19 Avril fuivant. Il mourut à Paris le 10 Octobre 1659, âgé d'environ 43 ans, & y eft enterré dans l'Eglife de l'*Ave-Maria*. Il avoit époufé *Marie Fourré de Dampierre*, fille de *Charles Fourré*, Seigneur de Dampierre, & de *Marie de la Lande*. Elle mourut le 25 Avril 1696, à 66 ans, & eft enterrée à l'*Ave-Maria*, auprès de fon mari. Elle en eut trois fils, morts en bas âge, & deux filles:

     LOUISE-MARIE, morte le 4 Juillet 1709, & enterrée à Saint-Germain-l'Auxerrois à Paris, qui avoit époufé *Michel de Caftelnau*, IIe du nom, Marquis de Caftelnau, Baron de Joinville, Gouverneur de Breft, & Meftre-de-Camp d'un Régiment de Cavalerie, mort à Utrecht le 2 Décembre 1671, âgé de 27 ans, de la bleffure qu'il avoit reçue à l'attaque d'Ameyden. Il étoit fils de *Jacques*, IIe du nom, Marquis de *Caftelnau*, Maréchal de France, & de *Marie de Girard*.

     Et CONSTANCE, qui époufa *Ifaac-Renaud de Pons*, Marquis de la Caze, Comte de Roquefort & Baron de Tors.

   3. FRANÇOIS, Seigneur d'Eguzon, mort à l'Armée du Roi en Flandre, n'étant que volontaire;
   4. CHARLES, Abbé de Bénévent en 1638;
   5. ANNE, Abbeffe de Marienval après fa tante;
   6. GABRIELLE, femme du Seigneur *de Montagnac*.

XXI. HENRI FOUCAULT, Chevalier, Seigneur, Marquis de Saint-Germain-Beaupré, &c., Gouverneur & Lieutenant-Général pour le Roi en la Haute & Baffe-Marche, Gouverneur particulier des Ville & Château d'Argenton, Maréchal-des-Camps & Armées de

Sa Majefté, &c., fut pourvu, du vivant de fon père, du Gouvernement d'Argenton, par Lettres du 27 Juin 1617; fe trouva à la défaite des Anglois en l'Isle de Ré, & au fiège de la Rochelle en 1627; au fiège de Privas & aux deux combats de Veillanne & de Carignan, en Piémont en 1629; fut fait Gouverneur de la Haute & Baffe-Marche, par Lettres du 12 Février 1630, & ne prêta ferment à cette occafion entre les mains de Sa Majefté, que le 6 Novembre 1634. GABRIEL FOUCAULT, fon père, par fon teftament du 10 Décembre 1633, lui avoit légué, outre un préciput, tout ce que les Coutumes de la Marche & de Poitou permettoient de donner. Il fut au fiège de la Mothe en Lorraine en 1634; fe trouva à la bataille d'Avein en 1635, aux fieges du Caftelet & de Corbie en 1636, de Landrecies en 1637, & d'Arras en 1640; fut créé Confeiller ordinaire du Confeil d'Etat & Privé & des Finances de Sa Majefté, par Brevet du 8 Avril 1644; combattit à la fameufe bataille de Lens en 1648, & affifta à la défaite du Comte de Bucquoy. Les troubles de 1649 étant furvenus, il leva 1000 hommes de pied & 200 Chevaux pour le fervice du Roi, qui lui en témoigna fa fatisfaction, par fa Lettre du 28 Janvier, & fut fait Maréchal de fes Camps & Armées le 21 Février fuivant; fe trouva encore au fiège de Mouzon en 1653, & donna dans toutes les occafions de guerre, où il fut employé, des marques de fa valeur & de fon courage. Il eft qualifié Gouverneur pour le Roi en la Haute & Baffe-Marche, dans un avis de parens, du 20 Mars 1657, concernant la tutelle d'Adrien-Blaife de Talleyrand de Beauville, Prince de Chalais, & dit Gouverneur & Lieutenant-Général pour Sa Majefté en la Haute & Baffe-Marche, dans une quittance par lui donnée au Tréforier de l'extraordinaire des guerres le 31 Décembre 1663, de la fomme de 4500 livres tournois pour fes appointemens en cette qualité. Le Roi avoit érigé fes terres de Saint-Germain-Beaupré, Dun, Pierrefitte & autres, en *Marquifat*, par Lettres-Patentes données à Paris le 8 Avril 1645, dans lefquelles fes fervices militaires font détaillés. Il mourut le 11 Septembre 1678, dans fon Château de Saint-Germain-Beaupré, & avoit époufé, par contrat du 16 Mars 1644, *Agnès de Bailleul*, morte le 21 Novembre 1706, & enterrée au Couvent de Bellechaffe à Paris où elle s'étoit retirée, fille

de *Nicolas de Bailleul*, Chevalier, Baron de Château-Gontier, Seigneur de Vattetot & de Soify, Confeiller du Roi en tous fes Confeils, Préfident à Mortier au Parlement de Paris, Surintendant des Finances de France, & Chancelier de la Reine, & d'*Elifabeth-Marie Mallier*. De ce mariage vinrent :

1. LOUIS, qui fuit ;
2. GABRIEL-FRANÇOIS, Comte de Crozant, &c., lequel fervit plufieurs campagnes en qualité d'Aide-de-Camp, & de Lieutenant de la Compagnie Colonelle du Régiment des Gardes-Françoifes; & fe diftingua en plufieurs rencontres, particulièrement aux fiège & prife de Maëftricht en 1673, & à la conquête de la Franche-Comté en 1674. Il mourut au mois de Novembre 1689, & avoit époufé *Marie des Prez*, fille de *N... des Prez*, Seigneur de Fredières en Angoûmois, dont il eut :

　　N... FOUCAULT, mort fans poftérité.

XXII. LOUIS FOUCAULT, Seigneur, Marquis de Saint-Germain-Beaupré, Comte de Dun-le-Palleteau, &c., Gouverneur de la Marche, Brigadier des Armées du Roi, Meftre-de-Camp de Cavalerie, &c., fervit longtems Sa Majefté en qualité d'Exempt, puis d'Enfeigne des Gardes-du-Corps; fe trouva au paffage du Rhin & à la prife du Fort de Skenk en 1672; au combat de Senef en 1674, à la bataille de Montcaffel en 1677, à plufieurs autres fièges ou batailles, où il fe diftingua; prêta ferment entre les mains du Roi le 14 Janvier 1678, à l'occafion du Gouvernement de la Marche, dont Sa Majefté l'avoit pourvu dès le 14 Avril 1674; fe comporta avec tant de prudence & de douceur dans l'exécution des ordres qui lui furent donnés par le Roi, au mois d'Octobre 1685, pour la deftruction du Temple des Calviniftes en la ville d'Aubuffon, qu'il eut la confolation de voir plus de 300 de ces Hérétiques ramenés au fein de l'Eglife Catholique par fon zèle & fes foins; fut fait Meftre-de-Camp d'un Régiment de Cavalerie, & Brigadier des Armées du Roi en 1688, & mourut le 23 Janvier 1719. Il avoit époufé, par contrat du 20 Décembre 1677, *Hélène Ferrand*, fille unique & héritière de *Pierre Ferrand*, Seigneur de Janvry, Confeiller au Parlement de Paris, & d'*Hélène Gillot*. De ce mariage il a eu :

1. ARMAND-LOUIS-FRANÇOIS, qui fuit ;
2. ARMAND-LOUIS-JOSEPH, Chevalier de Malte, né le 6 Septembre 1680, appelé *le Chevalier*

de Saint-Germain-Beaupré, Colonel d'Infanterie en 1702; Brigadier des Armées du Roi, le 1er Février 1719, Commandeur d'Abbeville en 1748, & Grand-Prieur d'Aquitaine en 1755 : il eſt mort le 14 Octobre 1767 & eſt inhumé en l'Egliſe du Temple à Paris ;

3. Et autre ARMAND-LOUIS-JOSEPH, né le 28 Septembre 1681, dit *le Comte de Saint-Germain*, Enſeigne de Vaiſſeaux, mort ſans poſtérité le 11 Décembre 1705.

XXIII. ARMAND-LOUIS-FRANÇOIS FOUCAULT, Marquis de Saint-Germain-Beaupré, Comte de Dun-le-Palleteau & de Crozant, né le 20 Septembre 1679, Gouverneur pour le Roi de la Haute & Baſſe-Marche, fait Meſtre-de-Camp de Cavalerie en 1704, ſe diſtingua à la bataille de Calcinato en Italie, le 19 Avril 1706, fut pourvu de la ſurvivance du Gouvernement de la Haute & Baſſe-Marche, par démiſſion volontaire de ſon père en 1711 ; fait Brigadier des Armées du Roi le 1er Février 1719, & eſt mort le 14 Mars 1752. Il avoit épouſé, par contrat du 11 Mars 1711, *Anne-Bonne Doublet de Perſan*, morte au Château de Saint-Germain, dans la Province de la Marche, le 26 Septembre 1754, fille de *Nicolas Doublet*, Seigneur de Perſan, Conſeiller en la Grand'Chambre du Parlement de Paris, & de *Bonne-Urſule Garnier de Salins*, morte le 22 Juin 1740, âgée de 75 ans. Le Marquis & la Marquiſe de Saint-Germain-Beaupré ont eu de leur mariage :

1. ARMAND-LOUIS, né au mois de Décembre 1721, mort ſans alliance ;

2. ANNE-BONNE, née au mois de Décembre 1713, auſſi morte ſans alliance ;

3. MARIE, née en 1716, morte en bas âge ;

4. ANNE-FRANÇOISE, née au mois d'Août 1718, mariée, le 9 Juin 1739, à *Alexandre-Auguſte de Grivel*, Chevalier, Seigneur, Marquis d'Ourouer, ci-devant Colonel d'un Régiment d'Infanterie de ſon nom, & Brigadier des Armées du Roi en Février 1743. Il s'eſt démis de ſon Régiment, & a quitté le ſervice au mois de Juin ſuivant. Voyez GRIVEL ;

5. Et N... FOUCAULT, Religieuſe à Montargis.

BRANCHE
des Seigneurs de LA SALLE, *de* SAINT-PÈRE, *de* RASÈS & *de* LA POUPARDIÈRE.

XVII. PIERRE FOUCAULT, Seigneur de la Salle, de Saint-Père, de Miſy, &c., ſecond fils d'ANDRÉ FOUCAULT, Seigneur de Saint-

Germain-Beaupré, & de *Marguerite d'Aubuſſon*, avoit épouſé, avant l'an 1515, *Marguerite de Rochechouart*, veuve de *Jean Cléré*, Seigneur de Méré, premier Maître-d'Hôtel du Roi, avec lequel elle avoit été mariée en premières noces, par contrat paſſé à Loudun le 26 Janvier 1483, & fille de *Jean de Rochechouart*, Seigneur de Jars, Ivoy, Charroux, Malvoiſine, &c., Chambellan du Roi, & d'*Anne de Chaunay*, Dame de Champdeniers. Elle étoit parente de PIERRE FOUCAULT, ſon ſecond mari, qui avoit pour biſaïeule maternelle *Catherine de Rochechouart*, laquelle avoit pour aïeule paternelle *Ayde de Pierre-Buffière*, comme il avoit auſſi pour aïeule paternelle *Gallienne de Pierre-Buffière*. Elle vivoit avec ſon ſecond mari en 1515, & laiſſa entr'autres enfans :

1. PIERRE, Seigneur de la Salle, Capitaine des Francs-Archers de Berry, & Gentilhomme ordinaire de LOUIS DE BOURBON, dit *le Bon*, premier Duc de Montpenſier. Il ſuivit ce Prince dans toutes ſes campagnes, ſe trouva au Camp d'Avignon en 1536, à la priſe d'Heſdin & au ſiège de Perpignan en 1542, & au camp de Châlons en Champagne en 1544. Le même Duc de Montpenſier & LOUISE DE BOURBON, Dauphine d'Auvergne, ſa mère, l'avoient nommé pour recevoir, en leurs noms, les foi, hommages & ſermens de fidélité de leurs Vaſſeaux & Sujets, à cauſe du Duché de Montpenſier, dont le dénombrement ſe fit le 6 Juillet 1543. Il avoit épouſé *Antoinette Gourjault de la Millière*, fille de *Philippe*, Seigneur de la Millière, & de *Catherine Regnier*, de laquelle il ne laiſſa qu'une fille :

MARGUERITE FOUCAULT, Dame de la Salle, mariée à *Gabriel de Beauvau*, Chevalier, Seigneur du Riveau, de la Beſſière, des Aunais, &c., Ecuyer d'Ecurie du Roi en 1564, puis Chevalier de ſon Ordre, vivant encore en 1567, & mort avant 1588, duquel elle eut une nombreuſe poſtérité.

2. Et CHARLES, qui ſuit.

XVIII. CHARLES FOUCAULT, Seigneur de St.-Père & de Miſy, &c., s'attacha, ainſi que ſon frère aîné, à LOUIS DE BOURBON, Duc de Montpenſier, & ſe trouva au ſiège de Boulogne en 1550, à la bataille de Renty en 1554, & à celle de Saint-Quentin en 1557. Il avoit épouſé *Françoiſe d'Aſſigny*, de laquelle il il eut entr'autres enfans :

XIX. ETIENNE FOUCAULT, Chevalier, Seigneur de Chavagnes, de Saint-Père & de Mify, qui commanda une des vieilles bandes à la bataille de Jarnac, gagnée le 13 Mars 1569, où il donna des preuves de fa valeur & de fa bonne conduite. Il avoit époufé, par contrat du 2 Juillet 1560, *Anne de Marchy*, Dame de Rafès, fille de noble *François de Marchy*, Ecuyer, Seigneur de Rafès, & de l'Eftang, & d'*Anne de Féron*, Damoifelle. De ce mariage il laiffa:

1. PHILIPPE, qui fuit;
2. Et MICHEL, Chevalier, Seigneur de la Font, &c., né le 8 Février 1582, marié à *Agathe Marin*, Dame de Mouilleron, dont il eut:

     JEANNE, alliée, en 1643, à GILBERT FOU-CAULT, Seigneur de Rafès, fon coufin germain.

XX. PHILIPPE FOUCAULT, Chevalier, Seigneur de Rafès, de Saint-Père, de Mify, du Maine, de Merville, &c., époufa, par contrat du 8 Juillet 1600, *Jeanne de Sallière*, Damoifelle, fille de noble *Jean de Sallière*, Ecuyer, demeurant en la ville de Meymac en Limoufin. Leurs enfans furent:

1. PHILIPPE, lequel fervoit en qualité de Capitaine au Régiment de Navarre, lorfqu'il fe trouva, en 1656, au fiège de Valence fur le Pô, où, à l'attaque d'une Caponière, il fit une action éclatante, que le Roi récompenfa en lui accordant une Lieutenance au Régiment des Gardes-Françoifes. Il obtint une Compagnie en ce Régiment en 1661, & mourut fans alliance en 1671;
2. Et GILBERT, qui fuit.

XXI. GILBERT FOUCAULT, Chevalier, Seigneur de Rafès, &c., étoit Capitaine de Cavalerie légère, lorfqu'il fe trouva au fiège & à la prife d'Arras en 1640, au fiège d'Aire en 1641, à celui de Perpignan en 1642; à la fameufe bataille de Rocroy, & au fiège de Thionville en 1643: il reçut plufieurs bleffures en ces occafions. Il époufa, par contrat du 25 Octobre 1643, JEANNE FOUCAULT, fa coufine germaine, fille de MICHEL FOUCAULT, Chevalier, Seigneur de la Font, & d'*Agathe Marin*, Damoifelle. Ce mariage fut diffous pour avoir été contracté au fecond degré de confanguinité, puis célébré de nouveau, en vertu d'une Bulle du Pape Urbain VIII, adreffée à François de Briolay, Prêtre, Official de l'Evêché de Troyes en Champagne. Ils eurent pour enfans:

1. CHARLES, dit *le Comte de Rafès*, lequel fe diftingua de fi bonne heure à la guerre, que

fes talens & fon mérite particulier le firent parvenir, à l'âge de 30 ans, au grade de Lieutenant-Général des Armées du Roi. Il fut tué peu après, à la bataille de Turckheim, donnée le 5 Janvier 1675. Le Vicomte de Turenne, qui le regrettoit beaucoup, dit de lui aux Comtes de Lorges & de Roye, tous deux Lieutenans-Généraux, & devant toute l'armée, qu'*il venoit de perdre fon bras droit*: c'étoit en faire l'éloge le plus honorable;

2. MICHEL, qui fuit;
3. Et MADELEINE, morte fans alliance.

XXII. MICHEL FOUCAULT, Chevalier, Seigneur de Rafès, de Bois-du-Bac, de l'Hermitage, Baron de Segan, &c., dit *le Comte de Rafès*, étoit Capitaine de Cavalerie, lorfque fa Compagnie fut incorporée dans la Gendarmerie, & fut nommé Sous-Lieutenant des Gendarmes-Dauphins à leur création en 1666. Louis XIV, en lui accordant cette place, lui écrivit une Lettre confervée dans fa Famille, qui prouve l'eftime que ce Monarque faifoit de fa perfonne: elle eft fignée de Sa Majefté, & datée de Paris le 27 Novembre 1665. Une chute de cheval qu'il fit lui fracaffa une cuiffe, & lui occafionna un froiffement de toute fa perfonne, ce qui lui caufa des accidens fi funeftes, qu'on crut, pendant plufieurs années, qu'il n'en réchapperoit pas: fe voyant hors d'état de pouvoir continuer fes fervices, il donna la démiffion de fa place; mais fon inclination guerrière s'étant réveillée, il demanda à M. le Dauphin, dont il avoit l'honneur d'être connu, la grâce de lui fervir d'Aide-de-Camp dans fes campagnes, ce que ce Prince lui permit. Il fut tué d'un coup de canon au fiège de Philippsbourg en 1688, au moment qu'il jouiffoit d'une meilleure fanté, qu'il comptoit fe diftinguer de nouveau, & parvenir aux honneurs militaires, où étoient montés fes ancêtres. Il avoit époufé, par contrat du 8 Janvier 1684, *Jeanne le Fèvre*, fille de *Nicolas le Fèvre*, Ecuyer, Seigneur de Chamblin, & de *Radégonde de Brion*, de laquelle il laiffa:

1. LOUIS, dit *le Comte de Rafès*, lequel vendit la Terre de ce nom, & mourut fans poftérité;
2. CHARLES-GILBERT, qui fuit;
3. FRANÇOIS-JOSEPH, Chevalier, Seigneur de la Font, Major, puis Lieutenant-Colonel du Régiment de Bourgogne, Wallon, pour le Roi d'Efpagne. Il paffa enfuite avec ce Régiment au fervice du Roi de Naples, où il mourut fans alliance;

4. Et Radegonde, dite *Mademoifelle de Brion*, morte auffi fans alliance.

XXIII. Charles-Gilbert Foucault, Chevalier, Seigneur de la Poupardière, Frefne, Chamblançay, la Berthelotais, &c., d'abord Garde-Marine, puis Enfeigne & Lieutenant des Vaiffeaux du Roi, paffa, pour le fervice de Sa Majefté, à la Terre-Ferme de l'Amérique, où il s'acquit l'amitié & la confiance des Peuples de ce pays; il a laiffé des Mémoires auffi curieux qu'inftructifs fur les mœurs & coutumes des Sauvages qui habitent cette partie du monde. Il paffa, à l'âge de 50 ans, en qualité de Commandant d'un bataillon de troupes marines dans l'Inde, où il donna des preuves d'intelligence, de bonne conduite & de grande capacité dans tout ce qu'il fit pour le fervice du Roi. Il avoit époufé, par contrat paffé à l'Isle de la Martinique, le 9 Juin 1711, *Marie-Anne Prévoft*, fille de *Jean Prévoft*, Seigneur de Saint-Cyr, &c., & d'*Anne Sannier*, Damoifelle. Elle a laiffé de fon mariage :

1. Charles-Louis, qui fuit ;
2. Jean-Raphael, né en 1714, tué à la bataille de Parme, en Italie, le 29 Juin 1734, étant Cornette au Régiment de Montrevel, Cavalerie ;
3. Marie-Gabriel, né le 10 Juillet 1715, Chevalier de Saint-Louis, ci-devant Capitaine au Régiment Royal Barrois ;
4. Marie-Anne, dite *Mademoifelle de Rafès*, née le 28 Janvier 1717 ;
5. Et Marguerite-Rose-Pauline-Catherine, dite *Mademoifelle de Bélair*, née le 29 Septembre 1725.

XXIV. Charles-Louis Foucault, Chevalier, Seigneur de la Poupardière, Frefne, Chamblançay, la Berthelotais, Boifcharau, &c., né le 15 Mars 1712, dit *le Vicomte de Foucault*, Brigadier des Armées du Roi, Lieutenant-Colonel du Régiment du Piémont, Infanterie, Chevalier & Penfionnaire de l'Ordre Royal & Militaire de Saint-Louis, a d'abord fervi, en qualité de Cadet, dans une des Compagnies des Gentilshommes, créées le 1er Janvier 1727, y parvint au Grade de Sous-Brigadier, le 2 Février 1729, & à celui de Brigadier le 9 Décembre 1730; fut fait Enfeigne au Régiment de Lorraine le 17 Juin 1732; Lieutenant le 1er Novembre fuivant, & Capitaine le 1er Mars 1742, en fut tiré pour paffer au Régiment Royal Barrois, à fa création, le 30 Janvier 1744: fait Chevalier de Saint-Louis le 30 Mai 1748, Capitaine

de Grenadiers le 7 Août fuivant; a paffé enfuite, avec fa Compagnie, dans les Grenadiers de France, à la formation de ce Corps, en 1749; a obtenu la commiffion de Lieutenant-Colonel le 19 Octobre 1761, une penfion fur l'Ordre Royal de Saint-Louis, à la revue du Roi à Compiègne, le 28 Juillet 1765; a été fait Lieutenant-Colonel du Régiment de Piémont, Infanterie, le 3 Janvier 1770, & Brigadier des Armées du Roi le 12 Novembre fuivant. Il a époufé, par contrat du 15 Février 1772, *Joféphine-Gabrielle Hullin-de-la-Selle*, fille de *Georges Hullin-de-la-Selle*, Chevalier, Seigneur de la Frapinière, la Salle, Coffé, la Beuvrière, &c., & d'*Anne-Madeleine d'Orvaux*; nous ignorons s'il a poftérité.

Les armes : *d'azur, femé de fleurs-de-lis d'or.*

FOUCAULT, Famille noble & ancienne, aujourd'hui fubfiftante en trois branches: l'une établie à Bourges, l'autre à Orléans, & la troifième à Calais. Les fréquens & grands incendies arrivés à Bourges, dans le tems des guerres qui ont défolé la Province du Berry & beaucoup d'autres, ont fait perdre à cette Famille les titres les plus précieux. On la croit originaire du Duché de Bavière en Allemagne, fi l'on peut s'en rapporter à une ancienne Généalogie confervée dans le Tréfor des Chartes des Moines de Mayence, & qui finit au tems que cette ancienne Nobleffe fe trouve établie en Bretagne & dans le Berry, où elle a toujours tenu un rang des plus diftingués. Elle remonte à

Joachim de Foucault, qui vivoit en 1008, fut fort confidéré, tant par fes belles actions militaires que par les grandes connoiffances qu'il avoit de l'Aftrologie. Ses armes étoient: *trois étoiles, au croiffant d'argent*, ou *trois molettes d'éperon ;* mais on ignore le fond de l'écu. Il laiffa pour héritier principal de fes biens, Othon, fon fils unique.

L'Empereur Henri de Bavière, qui faifoit beaucoup de cas de ce Joachim de Foucault, lui fit époufer *Marie Granneine*, fille d'*Othon*, Colonel dans fes armées. Il en eut :

Othon, qui fuit ;
Et deux filles, Marie & Marguerite.

Othon de Foucault, après avoir rendu les derniers devoirs à fon père, inhumé en 1028, dans la ville de Neubourg, lieu de fa naiffance, fuivit l'Empereur CONRAD, dans les guerres que ce Prince eut à foutenir contre le Prince ERNEST, qui s'étoit révolté. Après cette guerre, il époufa *Françoife Gracohirt*, fille d'un des premiers Barons de l'Empire, dont il eut :

1. CHARLES, Capitaine, qui perdit la vie à la bataille donnée en Bourgogne par Eudes, Comte de Champagne, contre l'Empereur CONRAD, dont l'armée fut taillée en pièces;
2. Et HENRI, qui fuit.

HENRI DE FOUCAULT fut fait prifonnier à la même bataille où fon frère fut tué, & après avoir payé fa rançon 300 *arrophes*, il époufa *Elifabeth Bertimberge*, dont entr'autres enfans :

1. CHRISTOPHE, Religieux ;
2. CONRAD, qui fuit ;
3. 4. & 5 OTHON, HENRI & RODOLPHE, feulement mentionnés dans le Mémoire envoyé.

CONRAD DE FOUCAULT parut à la Cour de l'Empereur HENRI, qui le confidéra beaucoup pour fa valeur, & lui donna le commandement d'une Compagnie franche. Il mourut en 1088, laiffant de fon mariage avec *Marthe Tranforius* :

1. CUNO, qui fuit ;
2. Et CONRAD, mort jeune.

CUNO DE FOUCAULT embraffa, comme fes ancêtres, la profeffion des armes, & eut de fon époufe, dont on ignore le nom :

1. GUILLAUME, mort fans poftérité ;
2. ROBERT, qui fuit ;
3. Et LOUIS, mort jeune.

ROBERT DE FOUCAULT rendit des fervices fignalés à l'Empereur CONRAD III, dans la guerre contre les Sarrafins, & mourut en 1140, laiffant :

1. BURO, mort fans lignée ;
2. Et ROBERT, qui fuit.

ROBERT DE FOUCAULT, IIᵒ du nom, mourut âgé de 77 ans, & eut de fon mariage, contracté avec *Marie Bunohebourg* :

GUILLAUME DE FOUCAULT, qui refta fous la tutelle de *Conrad Luciebourg*, fon proche parent, qui eut grand foin de fon éducation. Il le maria, à l'âge de 23 ans, à *Marthe Bȝottrin*. Il décéda l'an 1212, fous le règne de l'Empereur OTHON IV, & laiffa pour héritier :

PAUL DE FOUCAULT, qui eut pour feul & unique héritier :

NICOLAS DE FOUCAULT, père de deux garçons, favoir :

CONRAD, qui fuit ;
Et JOACHIM, mort jeune.

CONRAD DE FOUCAULT, IIᵉ du nom, eut pour enfans :

NICOLAS ;
Et GUILLAUME, qui fuit.

GUILLAUME DE FOUCAULT époufa, en 1309, *Mathe Bouneburg*, & mourut fort regretté de l'Empereur. Il laiffa :

Quatre filles ;
Et OTHON, qui fuit.

OTHON DE FOUCAULT fut père de :

REMY DE FOUCAULT, qui rendit des fervices confidérables à l'Empereur CHARLES, dans les guerres qu'il eut à foutenir contre Ebrard, Comte de Wurtemberg, & mourut âgé de 57 ans, fort regretté de l'Empereur. Il laiffa pour héritiers deux fils :

CONRAD, qui fuit ;
Et ARNOLPHE, Chevalier de Rhodes.

CONRAD DE FOUCAULT, IIIᵉ du nom, eut pour enfans :

1. RÉMY, mort jeune ;
2. LOUIS, Religieux ;
3. Et ARNOLPHE, qui fuit.

ARNOLPHE DE FOUCAULT mourut en 1393. Ici finit l'ancienne généalogie, extraite du Tréfor des Chartes des Moines de Mayence, que nous venons de rapporter telle qu'elle nous a été fournie. On donne à cet ARNOLPHE, pour fils unique :

NICOLAS, qui fuit, auteur de ceux de ce nom, établis en Bretagne, dans le Berry & le Calaifis, dont nous allons donner une filiation fuivie, dreffée fur preuves authentiques.

I. NICOLAS DE FOUCAULT, épris d'amour pour *Marie de Baffon*, fille d'un Ambaffadeur d'Angleterre, vint s'établir en Bretagne, & eut de fon mariage :

1. JEAN, qui ayant pris parti dans les troupes auxiliaires, accordées par le Roi CHARLES IV, à EMMANUEL, Empereur de Conftantinople, contre les Turcs, mourut en Grèce, Commandant d'une Compagnie ;
2. Et ARTUS, qui fuit.

II. ARTUS DE FOUCAULT, après la mort de fon père, arrivée en 1423, acheta la Baronnie de Bonnecourt, qui étoit une petite Ville entre Saint-Brieuc & Moncontour, qui fut tellement faccagée & brûlée par les troupes de CHARLES VIII, qu'il n'en refte plus aucuns veftiges. Il laiffa pour enfans :

III. PIERRE DE FOUCAULT, qui fit bâtir le

Château de Bonnecourt, & mourut dans les guerres d'Italie, laiffant:

1. PIERRE, mort en Italie;
2. Et GUILLAUME, qui fuit.

IV. GUILLAUME DE FOUCAULT s'allia avec N... *Lamy*, fille d'un Gentilhomme de Bretagne, dont:

1. PIERRE;
2. GUILLAUME, Chevalier de Malte;
3. Et JEAN, qui fuit.

V. JEAN DE FOUCAULT époufa *Jeanne de Marcy*, fille de N... *de Marcy*, Marquis de Leng, de laquelle il eut la Vicomté de Sefraldoy. Il mourut devant Paris, après avoir tué de fa main 17 Impériaux, & laiffa de fon mariage:

1. FRANÇOIS, qui fuit;
2. Et ANTOINE.

VI. FRANÇOIS DE FOUCAULT s'allia avec *Anne de Marolles*, dont:

1. PIERRE;
1. Et MARC, qui fuit.

VII. MARC DE FOUCAULT, un des grands Jurifconfultes de fon tems, Confeiller du Roi, & Maître des Requêtes ordinaires de la Reine de Navarre, Ducheffe d'Alençon & de Berry, eut pour fils:

VIII. JEAN DE FOUCAULT, Ecuyer, né à Bourgés, dans la Paroiffe de Fourchaut; qui eut du Roi CHARLES IX, des provifions pour la charge de Confeiller au Parlement, & enfuite fut Préfident au même Parlement en 1568. Il rendit, dans cet office & autres emplois, plufieurs fervices au Roi HENRI III, qui le chargea, par Lettres-Patentes du 12 Mai 1575, de travailler à la rédaction de la Coutume de ladite Province. Il mourut âgé de 70 ans, le 24 Juillet 1598. Il avoit époufé 1° *Jeanne de la Sauffaye*, fille de *Jean de la Sauffaye*, Seigneur de Breffoles, de Vaux & de la Raboys, & de *Jeanne de Morvilliers*, fœur de N... *de la Sauffaye*, Evêque d'Orléans, & nièce de *Jean de Morvilliers*, auffi Evêque d'Orléans, Doyen de Saint-Martin de Tours, Confeiller d'Etat & Garde des Sceaux de France, qui tefta le 12 Octobre 1577, & voulut être enterré aux Cordeliers de Blois. Il leur légua 600 livres pour faire prier Dieu pour le repos de fon âme, & à fes parens, entr'autres aux enfans de la Préfidente *de Foucault*, 10 mille livres; à fes neveux MM. *de Laubépine* & *de Villeroy*, fes maifons de Pa-

ris, de Fontainebleau & de Saint-Germainen-Laye, avec les meubles; & au plus ancien de fes neveux, l'Evêque d'Orléans, du nom *de la Sauffaye*, 7000 livres en deniers comptans; 2° *Perrette Fradet*, dont il ne refte plus de poftérité. Les enfans du premier lit furent:

1. JEAN, qui fuit;
2. GUILLAUME, Abbé de Chalivoy, Grand-Archidiacre & Chanoine en l'Eglife de Bourgès, & Chanoine en la Sainte-Chapelle de cette Ville, lequel fut député aux Etats pour le Clergé du Berry en 1614. Il étoit mort fur la fin de cette année, fuivant le partage que fes deux frères MARC & LOUIS, ci-après, firent de fa fucceffion le 20 Novembre;
3. MARC, auteur de la feconde branche établie dans le Calaifis, rapportée ci-après;
4. JACQUES, Secrétaire de MONSEIGNEUR, frère du Roi;
5. LOUIS, Seigneur de Champfort, Confeiller du Roi, Préfident au Préfidial de Bourges, député aux Etats pour le Tiers-Etat du Berry en 1614, auteur d'une branche éteinte;
6. Et JEANNE, mariée à *Philippe de Sauzay*, Seigneur de Contremoret, d'une famille dont il eft parlé dans l'*Hiftoire du Berry*, par la Thaumaffière. Voy. SAUZAY.

IX. JEAN DE FOUCAULT, IIe du nom, Confeiller & Secrétaire du Roi HENRI III, de fa Chambre & de fes Finances, par provifions du 14 Mars 1598, rendit de grands fervices à ce Prince pendant 18 ans, en plufieurs affaires importantes, & notamment pendant 7 ans, qu'il eut l'honneur d'approcher de la perfonne de Sa Majefté, de la fervir en l'abfence des Secrétaires d'Etat & de fes Finances, pour expédier & figner toutes les expédiions & réfolutions du Confeil d'Etat & de fes Finances, preftations de ferment, &c. Il époufa 1° *Marie le Lièvre*; & 2° par contrat paffé devant *François Fertant*, Notaire à Bourges, en 1593, *Gabrielle Girard*, fille de feu *Jean Girard*, Seigneur du Prunay, Morthomiers & de la Salle, Confeiller pour le Roi en Berry, & de *Jeanne de Vulcob*. Voy. GIRARD, en Berry. Du premier lit il eut:

1. MARIE, laquelle, après la mort de fa mère, refta fous la tutelle de fon père, & fut mariée à N... *de Guitancourt*, Maître en la Chambre des Comptes de Paris.

Et du fecond lit vinrent:

2 FRANÇOIS, Seigneur du Rozay, qui a continué la branche du Berry, & dont defcend FRANÇOIS DE FOUCAULT, Capitaine en pied

du Régiment du Colonel-Général, Dragons ;
3. ETIENNE, Tréforier de France à Limoges,
auteur d'une branche éteinte ;
4. LOUIS, qui fuit ;
5. Et PIERRE, qui fut Jéfuite.

X. LOUIS DE FOUCAULT, Tréforier de France
à Bourges, eut plufieurs commiffions du Roi,
& époufa, 1° le 20 Janvier 1630, *Anne Mail-*
ler ; & 2° le 20 Janvier 1651, *Anne Labbe*,
dont les armes font : *d'argent à 3 fafces de*
gueules, au lion d'or, couronné du même,
armé & lampaffé de gueules, brochant fur le
tout. Du premier lit il eut :

   1. FRANÇOIS, Lieutenant-Particulier à Orléans,
      & Commiffaire des guerres, auteur d'une
      branche éteinte.

Et du fecond lit fortirent :

   2. ETIENNÉ, mort en Savoie, Capitaine dans
      le Régiment d'Orléans le 14 Décembre 1692 ;
   3. Et JEAN-JACQUES, qui fuit.

XI. JEAN-JACQUES DE FOUCAULT, Ecuyer,
Seigneur de Saint-Juft, fervit pendant tout
le ban & arrière-ban, fuivant deux certificats,
l'un du 20 Septembre 1689, de M. Etienne
la Marche, Seigneur, Baron de Fins, & Commandant le ban de Berry, & le fecond du 1er
Octobre 1693, de M. Guillaume de Sauzay,
Chevalier, Seigneur de Coulons, commandant
la Nobleffe de la Province du Berry. Il époufa, par contrat paffé le 11 Avril 1703, devant
François Coutin ou *Contin*, Notaire & Garde-Note du Roi à Bourges, *Catherine Bigot*,
fille de *Pierre*, Ecuyer, Seigneur d'Aftilly &
de Joigny, Capitaine dans le Régiment de
Silly, & enfuite Meftre-de-Camp dans celui
de Sainte-Mefmes, dont :

   1. CHARLES-FRANÇOIS-LOUIS, qui fuit ;
   2. ANNE-CHARLOTTE DE FOUCAULT DE SAINT-
      JUST, non mariée ;
   3. Et SUSANNE, mariée à *Jofeph d'Anglars*,
      qui a fervi fous M. le Prince de Conti, an-
      cien Capitaine retiré du fervice avec une
      penfion de 1200 livres, & eft mort fans pofté-
      rité.

XII. CHARLES-FRANÇOIS-LOUIS DE FOU-
CAULT, Ecuyer, Seigneur de Saint-Juft & de
Chambon, a fervi en qualité d'Enfeigne dans
le Régiment d'Herzeller, puis de Lieutenant,
& a été fait Colonel, par Brevet du 30 Janvier 1735. Il a époufé, par contrat du 30 Novembre 1739, *Sufanne Claveau*, fille majeure de défunt *Etienne-Hubert Claveau*,
Seigneur de Béleftre, Officier de Madame la

Ducheffe de Bourgogne, & de *Catherine Pi-*
cart, dont :

   1. LOUIS DE FOUCAULT-DE-SAINT-JUST, Cheva-
      lier, Capitaine dans le Régiment de Cham-
      pagne, où ont fervi MM. *de Claveau*, fes
      deux oncles, qui fe font retirés du fervice avec
      une penfion de la Cour & la Croix de Saint-
      Louis ;
   2. CHARLES DE FOUCAULT-DE-SAINT-JUST, Re-
      ligieux Bernardin à la Ferté, proche Dijon ;
   3. Et MARGUERITE, infcrite le 16 Janvier 1761,
      pour être reçue à Saint-Cyr, non mariée.

BRANCHE
établie dans le Calaifis.

IX. MARC DE FOUCAULT, Ecuyer, troifième
fils de JEAN, Préfident au Parlement de Bretagne, & de *Jeanne de la Sauffaye*, fut Capitaine d'une Compagnie de gens de pied. Le
Roi lui accorda, au mois de Mai 1615, pour
lui & fes defcendans, les droits honorifiques
dans ladite Paroiffe de Boningues, en confidération de fes fervices, notamment au fiège
de Calais où il fut bleffé & fait prifonnier de
guerre par les Efpagnols. La Nobleffe du Calaifis, par acte du 29 Octobre 1614, le députa
pour être fon repréfentant aux Etats-Généraux du Royaume qui fe tinrent à Paris. Il
tefta, conjointement avec fon époufe, le 27
Avril 1619. Se trouvant en garnifon à Calais,
il y époufa *Sufanne de Calonne de Courte-*
bonne, qui porte : *d'argent, à une aigle de*
fable becquée & membrée de gueules : elle
lui apporta en dot la Seigneurie de Léloé, fituée à Boningues-lès-Calais, & reconnut
pour fes enfans :

   1. MARC, qui fuit ;
   2. FRANÇOIS, mort Prêtre de la Congrégation
      de l'Oratoire ;
   3. JEAN-ANTOINE, mort Capitaine au Régiment
      de la Reine, Infanterie, non marié ;
   4. DOMINIQUE, mort jeune ;
   5. MARIE, femme de *Maximilien de Pauques*,
      Ecuyer, Seigneur d'Alincthun dans le Bou-
      lonnois ;
   6. & 7. LOUISE & JEANNE, Religieufes à l'Ab-
      baye de Blandecques, près de Saint-Omer
      en Artois.

X. MARC DE FOUCAULT, IIe du nom, Ecuyer,
Seigneur de Léloé, Capitaine d'Infanterie,
époufa, par contrat du 11 Décembre 1625,
Marie Monet, fille d'*Antoine*, Ecuyer, Seigneur de Beaurepaire & du Pont-de-Briques,
Mayeur de Boulogne, & d'*Antoinette Mont-*
pellé. Voy. MONET. Il eut pour enfans :

1. JACQUES, mort en bas âge ;
2. FABIEN, Seigneur de la Varenne, mort sans alliance, étant Capitaine au Régiment de la Reine, Infanterie ;
3. MARC, qui suit ;
4. Et SUSANNE, mariée à *Jacques Monet*, E-cuyer, Seigneur de Wavres.

XI. MARC DE FOUCAULT, III⁰ du nom, Che-valier, Seigneur de Léloé, né à Boulogne-sur-Mer, le 17 Novembre 1630, fut d'abord Capitaine au Régiment de Navarre. Le Mi-nistre nomma à sa Compagnie, parce qu'il avoit suivi M. de la Feuillade au siège de Can-die, où il eut le bras cassé d'un coup de feu. A son retour, ce Maréchal de France, pour le dédommager de cette disgrâce, demanda pour lui au Roi la Lieutenance-Colonelle du Régiment de Bourgogne. Cette faveur lui at-tira une affaire sérieuse avec les Officiers de ce Corps, fâchés d'avoir à leur tête un étran-ger; mais il leur montra tant de fermeté & de prudence, qu'il en mérita l'estime & l'ami-tié. Le détail de cette affaire & celui de tous ses faits d'armes se trouvent dans l'*Histoire de Calais*. Après la prise de Valenciennes, Louis XIV. lui en donna la Lieutenance de Roi qu'il lui avoit promise pendant le siège, en récompense des actions de valeur qu'il lui vit faire. Il fut ensuite pourvu, en 1680, de celle de Dunkerque, où il mourut. Il avoit épousé, en Février 1657, dans l'Eglise de St.-Roch à Paris, *Catherine Huet de Grandpré*, fille d'honneur de la Reine. Elle obtint, à la mort de son mari, une pension de 1200 livres pour soutenir ses enfans au service, savoir :

    1. LOUIS-DANIEL, Chevalier, qui obtint à la mort de son père une Compagnie d'Infan-terie dans le Régiment de Luxembourg, & en devint Lieutenant-Colonel en 1705. Le Roi lui accorda une pension de 1000 livres sur l'Ordre de Saint-Louis, le 20 Avril 1719, le fit Brigadier de ses Armées, le 3 Avril 1721, & lui donna la survivance du Gouver-nement des Invalides en 1729. Il mourut la même année, non marié, sans avoir été mis en possession de ce Gouvernement ;
    2. JACQUES, Cornette de Dragons, mort à 17 ans ;
    3. CHARLES-MARC, qui suit ;
    4. Et MADELEINE-CATHERINE, morte fille.

XII. CHARLES-MARC DE FOUCAULT, Cheva-lier, Seigneur de Léloé, né le 17 Juillet 1668, Capitaine de Cavalerie au Régiment de Mar-cillac, Chevalier de Saint-Louis, retiré du ser-

vice avec le Brevet de Lieutenant-Colonel & 800 livres de pension en 1726, mourut au Château de Léloé en Décembre 1747. De son mariage, accordé par contrat du 18 Novem-bre 1716, avec *Antoinette Monet*, sa cousine germaine, fille de *Jacques*, Ecuyer, Seigneur de Wavres, Lieutenant-Colonel des Troupes Boulonnoises, & de SUSANNE DE FOUCAULT, il a eu :

    1. MARC-ALEXANDRE-ARMAND, qui suit ;
    2. LOUIS-DANIEL, rapporté après son frère ;
    3. Et MARIE-ANTOINETTE-URSULE, née le 8 Décembre 1718, non mariée.

XIII. MARC-ALEXANDRE-ARMAND DE FOU-CAULT, Chevalier, Seigneur de Léloé, né au-dit lieu, le 5 Mai 1720, fut reçu Ingénieur ordinaire du Roi, le 1ᵉʳ Janvier 1743, & Ca-pitaine, le 1ᵉʳ Janvier 1748. Dans la même année il obtint une pension de 200 livres en considération de ses services & de ceux de ses ancêtres ; a été fait Chevalier de Saint-Louis en 1760, Ingénieur en chef à Marsal en 1764 ; a passé à Aire en Artois en la même qualité l'année suivante ; & a eu Brevet de Lieute-nant-Colonel en 1768. Pendant les campa-gnes de Flandre, il a fait 16 sièges, & s'est trouvé à deux batailles. Il a fait aussi la cam-pagne de 1758 en Allemagne, & fut détaché avec M. le Duc, depuis Maréchal de Broglie, à la journée de Sundershausen, si glorieuse aux armes du Roi. Il a épousé, le 21 Novem-bre 1756, *Louise-Thérèse Dézérable*, née à Dunkerque le 17 Mai 1735, dont :

    1. MARC-CHARLES, né le 9 Septembre 1757 ;
    2. ARMAND-DANIEL, né le 14 Octobre 1759, reçu au nombre des Gentilshommes, élèves du Collège Royal de la Flèche, en Septem-bre 1769 ;
    3. ALEXANDRE-LOUIS-NICOLAS, né le 14 No-vembre 1760 ;
    4. Et LOUISE-ANTOINETTE-URSULE, née le 9 Novembre 1761.

XIII. LOUIS-DANIEL DE FOUCAULT, Cheva-lier, puîné de CHARLES-MARC, & d'*Antoi-nette Monet*, né le 21 Septembre 1723, a été successivement Lieutenant au Régiment de Picardie en 1746, & Capitaine en 1757. Le Roi lui a accordé, en 1748, en même tems qu'à son frère, une pension de 200 livres. Il s'est trouvé à tous les sièges & batailles où son Régiment a eu part, pendant les campagnes de Flandre & celles du Bas-Rhin, a été blessé

& fait prifonnier à l'affaire d'Eyderen dans la Heffe, le 10 Février 1761, à la tête d'une Compagnie de Chaffeurs dudit Régiment, à laquelle il avoit été attaché pendant ladite guerre, & fait Chevalier de Saint-Louis en 1771. Il a de fon mariage, contracté le 22 Juin 1767, avec *Pétronille des Effards*, veuve de *N... de Caboche*, Ecuyer:

1. Louis-Henri, né en 1768;
2. Alexandrine-Pétronille, née le 10 Avril 1769.

Cette Famille a été maintenue dans fa nobleffe, le 18 Janvier 1667, par M. d'Aubray, Intendant en la Généralité d'Orléans, & porte pour armes: *de gueules, à une fafce d'or, accompagnée de 3 molettes d'éperon de même, 2 & 1; au croiffant d'argent en chef*, qui font à peu-près les mêmes que celles que Joachim de Foucault, originaire du Duché de Bavière, mentionné au commencement de la Généalogie, portoit; ce qui fait préfumer que ceux établis en France, dont nous venons de rapporter la filiation, en font defcendus.

FOUCAULT, Famille que l'on dit être encore confidérable en plufieurs Provinces du Royaume. Elle a donné un Pape, connu fous le nom de Clément IV. Il fe nommoit, avant fon Pontificat, Guy le Gros, felon M. de la Roche-Pofay, dans fon *Nomenclator Cardinalium*; mais il paroît que fon vrai nom étoit Guy Foucault. Il naquit à Saint-Gilles fur le Rhône, & fuccéda à Urbain IV, l'an 1265. Le plus grand nombre des Auteurs (dit Moréri) l'appelle ainfi, comme on peut le voir à la fin des *Opufcules* de Loyfel, & dans le *Dialogue des Avocats*, du même, qui eft parmi ces *Opufcules*, où il prouve que Guy Foucault avoit été Avocat au Parlement de Paris. Il prit d'abord le parti des armes, puis il fuivit la profeffion des Lettres avec tant de fuccès, qu'il paffa pour un des plus habiles Jurifconfultes de fon fiècle, au rapport de Durand, d'Onuphre & de Platine; de forte que Saint Louis le fit fon Secrétaire. Quelque tèms après, fa femme étant morte & lui ayant laiffé deux filles, il embraffa l'état Eccléfiaftique & fut Archidiacre, puis Evêque du Puy-en-Velay, & enfuite Archevêque de Narbonne. Urbain IV lui envoya le Chapeau de Cardinal en 1261, le fit Evêque de Sabine, & l'envoya Légat en Angleterre, comme le feul capable de terminer les différends qui défoloient ce

Royaume. Au retour de cette légation, il fut créé Pape à Péroufe, le 5 Février 1265, à compter de la moderne. Cette élection fe fit par le fuffrage unanime de tous les Cardinaux, quoique ce Prélat fut abfent. Lorfqu'il fut fon élection, il vint à Péroufe, & il fut couronné à Viterbe le 22 Février fuivant, jour de la Chaire de St-Pierre à Antioche. Ce fut lui qui donna l'inveftiture du Royaume de Sicile à Charles, frère de Saint Louis, & qui le fit couronner à Rome l'an 1266. Il mourut à Viterbe, où il fut enterré, le 29 Novembre 1268, ayant tenu le Siège trois ans, neuf mois & vingt-cinq jours. Après fa mort le Siège fut vacant pendant deux ans, neuf mois & deux jours. Grégoire X fut enfin élu. Il avoit un défintéreffement fi rare, qu'il protefta qu'il n'éléveroit aucun de fes parens aux Dignités eccléfiaftiques, ce qu'il exécuta ponctuellement; car de trois Prébendes qu'un de fes neveux poffédoit, il l'obligea d'en quitter deux. Bien loin de marier fes filles aux grands Seigneurs qui les demandoient, il leur donna fi peu de dot, qu'elles aimèrent mieux fe faire Religieufes. Une de fes nièces ne put jamais obtenir de lui que 300 livres pour fe marier. (Voyez Sainte-Marthe; *Gallia Chriftiana*, tom. I, p. 385, & tom. III, p. 917, &c., & Moréri.)

FOUCAULT, Famille noble de laquelle étoit Joseph Foucault, d'abord Secrétaire du Roi le 19 Juin 1654, puis Secrétaire du Confeil d'Etat, mort en Juillet 1691. Il avoit époufé *Marie Metteƶeau*, décédée, avant lui, en Novembre 1670, fille de *N.... Metteƶeau*, Intendant des Bâtimens du Roi, qui imagina & fit exécuter la Digue de la Rochelle. De leur mariage fortit:

Nicolas-Joseph Foucault, Marquis de Magny, né à Paris le 8 Janvier 1643. Il fut fucceffivement Procureur-Général aux Requêtes de l'Hôtel, & Procureur-Général de la recherche de la Nobleffe, avec la penfion, qui ne s'accordoit qu'à d'anciens fervices, Avocat-Général au Grand-Confeil en 1671, Maître des Requêtes le 3 Mars 1674, Intendant de Montauban la même année, de Pau en 1684, de Poitiers en 1685, & de Caen en 1689, Honoraire de l'Académie des Belles-Lettres; Confeiller d'Etat le 2 Avril 1704; Chef du Confeil de Madame, Ducheffe d'Orléans; & mourut à Paris le 7 Février 1721.

Il étoit doué d'un profond favoir. Les villes de Montauban, de Cahors, de Pau, de Poitiers & de Caen, lui doivent des places publiques, ornées la plupart de ftatues ou de fontaines, des portes élevées en arc de triomphe, des cours artiftement plantés, des lieux mêmes uniquement deftinés aux jeux de la populace. Voyez fon éloge dans les *Mémoires de l'Académie des Belles-Lettres*, tom. V, pag. 395. Il avoit époufé *Marie de Jaffaud*, morte le 25 Septembre 1731, âgée de 77 ans, fille de *Nicolas de Jaffaud*, Seigneur de Richebourg, Maître des Requêtes, & de *Marie de Flandres*, dont :

Nicolas-Joseph, Foucault, IIᵉ du nom Marquis de Magny, né le 25 Février 1677, Avocat du Roi au Châtelet le 18 Mai 1699, Maître des Requêtes le 24 Janvier 1704, & Introducteur des Ambaffadeurs, qui fe retira en Efpagne en 1718, où il fut Lieutenant-Général. Il époufa *Catherine-Henriette de Ragareu*, morte le 6 Novembre 1755, à 72 ans, fille de *René de Ragareu*, Seigneur de Belleaffife, Maître des Requêtes, & de *Catherine Hofdier*, de laquelle il a eu :

Nicolas-Joseph Foucault, IIIᵉ du nom, Marquis de Magny, Confeiller au Parlement de Paris le 1ᵉʳ Septembre 1731, mort le 31 Janvier 1757, fans alliance.

Les armes : *de fable, au lion d'argent, armé & lampaffé de gueules, couronné d'or.*

FOUCAULT, en Bretagne : *de finople, au chevron d'or, furmonté d'un lion rampant de même, & cantonné de 3 trèfles d'argent.*

* FOUCHER, Famille noble du Poitou. Le premier dont on ait connoiffance eft

I. Jean Foucher, Chevalier, Seigneur de l'Efmantruère, qui, de *Béatrix de Sainte-Loyre*, fa femme, eut :

1. André, qui fuit ;
2. Et Jeanne, accordée, par contrat du Samedi avant la Saint-Jean 1349, avec *Joffelin-Robert Valet*.

II. André Foucher, Ecuyer, Seigneur des Herbiers, fit acquifition d'héritages, le Vendredi avant la fête de Saint-Luc 1382. Il donna aveu de l'hébergement de la Seigneurie de l'Efmantruère le 24 Avril 1391, à Meffire Pierre, Seigneur du Puy-du-Fou. Il époufa *Marguerite Barotteau*, qu'il laiffa

veuve & tutrice de fes enfans, fuivant une Sentence rendue aux Affifes de Mortagne le 26 Juin 1398, à fon profit. De ce mariage vint, entr'autres :

III. Jean Foucher, IIᵉ du nom, Ecuyer, Seigneur de la Barrouère, qui obtint une Sentence rendue aux Affifes des Herbiers, tenues le 11 Avril 1415, portant main-levée de la faifie qui avoit été faite des biens qu'il tenoit dans la mouvance de cette Seigneurie. Il époufa *Colette Rouault*, dont il eut :

IV. Jean Foucher, IIIᵉ du nom, Ecuyer, Seigneur de la Barrouère & de l'Efmantruère, qui fit un teftament le 11 Février 1433, par lequel il ordonne des Meffes pour le repos des âmes de fes père & mère, veut être enterré auprès de Meffiré Jean Foucher, Chevalier, Seigneur de l'Efmantruère, & de Dame *Béatrix de Sainte-Loyre*, fes aïeul & aïeule ; & inftitue fon héritier Jean Foucher, fon coufin germain, Seigneur de la Barrouère, fils d'André, fon oncle. Il avoit époufé, par contrat du 23 Novembre 1423, *Marguerite de Bouillé*, fille de *Hugues*, Ecuyer. De ce mariage naquit :

V. Jacques Foucher, Chevalier, Seigneur de la Barrouère & de l'Efmantruère, donataire de fes père & mère le 8 Août 1466. Cet acte fut reçu par *Rebufeau*, Notaire aux Herbiers. Il fe maria, par contrat du 20 Janvier 1457, reçu par *Martinet*, Notaire à Talmont, avec Dame *Jeanne de la Muce*, fille de *Jean*, Ecuyer Seigneur du Gué, & de *Françoife du Pleffys*. Ses enfans furent :

1. Bertrand, qui fuit ;
2. Et Gilles, Ecuyer, partagé, le 3 Mars 1501, par fon frère, acte reçu par *Moran*, Notaire aux Herbiers.

VI. Bertrand Foucher, Ecuyer, Seigneur de l'Efmantruère, reçut de fa mère, le 3 Juin 1496, une procuration pour faire hommage de la quatrième partie du fief de Sainte-Flayve, mouvant de la Seigneurie de la Roche-fur-Yon, à *haut & puiffant Seigneur Louis de Bourbon*, Chevalier. Cet acte fut reçu par *Jouffeau*, Notaire de la Châtellenie d'Aubigné. Il époufa *Marie Maugny*, dont :

1. Joachim, qui fuit ;
2. Et Claude, femme de *Chriftophe Robineau*, Ecuyer. Elle tranfigea, le 11 Mai 1549, avec fon frère, fur la part qu'elle demandoit dans la fucceffion de leurs père &

mère. Cet acte fut reçu par *Bourget* & *la Vaironnière*, Notaires à la Chapelle-Achard.

VII. JOACHIM FOUCHER, Ier du nom, Ecuyer, Seigneur du Gué & de l'Esmantruère, se maria deux fois : on ignore le nom de sa première femme. Sa seconde fut *Jacquette Duvau*, qu'il épousa, par contrat accordé le 17 Juin 1543, reçu par *Robin*, Notaire au lieu de Malvoisine. Du premier lit vint :

1. JEAN, Seigneur d'Ardenne & de Saint-Mars, qui transigea, le 2 Août 1565, avec sa belle-mère : cet acte fut reçu par *Baudry* & *Broffard*, Notaires à Poitiers.

Et du second lit naquirent :

2. JOACHIM, qui suit ;
3. Et ANDRÉ, auteur d'une branche rapportée ci-après, que nous croyons frère de JOACHIM II.

III. JOACHIM DE FOUCHER, IIe du nom, Seigneur du Gué-Sainte-Flayve, de la Bretinière & de la Michenotière, s'allia avec *Jeanne de la Toufche*, fille de *Jacques de la Toufche*, Seigneur des Planches & de la Clergie, & de *Marie Mauclerc* ; ce qui est prouvé par une quittance de la dot qui avoit été promise à sa femme, donnée, le 8 Mai 1576, à la dite Dame *Marie Mauclerc*, sa mère. Cet acte fut reçu par *Guiet*, Notaire de la Châtellenie de Coex. Leurs enfans furent :

1. JACQUES, qui suit ;
2. Et JOACHIM, Seigneur de Villeneuve, lequel partagea la succession de ses père & mère avec son frère, le 4 Mars 1619, par acte passé devant *Ridier*, Notaire à la Roche-fur-Yon.

IX. JACQUES FOUCHER, IIe du nom, Chevalier, Baron du Gué-Sainte-Flayve, de la Michenotière, & de Longeville, fut Gentilhomme ordinaire de la Chambre du Roi, par Brevet (figné HENRI, contre-figné *Potier*, & fcellé) donné le 19 Février 1606, en confidération des fervices recommandables qu'il avoit rendus à Sa Majefté en plufieurs occafions importantes. Il fut Meftre-de-Camp d'un Régiment d'Infanterie, ainfi qu'il appert d'un congé (figné LOUIS, & contre-figné *Sublet*) à lui donné par le Roi, le 27 Décembre 1635, en reconnoiffance de ce qu'il avoit fervi avec affiduité depuis que fon Régiment

étoit arrivé dans l'armée. Ce Prince l'honora d'une Lettre en date du 11 Mars 1636, par laquelle Sa Majefté lui fait favoir *qu'en confidération de fes vertus & mérites, & de ce que fa Maifon eft une des principales entre les Gentilshommes du Poitou, il avoit été élu par l'Affemblée des Chevaliers de l'Ordre de Saint-Michel, pour être affocié à leur Compagnie, & que le Sieur de Parabère avoit commiffion de lui en donner le Collier.* Cette lettre eft fignée LOUIS, & contre-fignée *de Loménie*. Il époufa, par contrat du 23 Novembre 1616, paffé devant *Bruffeau & Blouin*, Notaires de la Châtellenie des Herbiers, Dame *Marie Bruneau*, veuve de *haut & puiffant Charles du Plantis*, Seigneur du Landreau, & fille de *Charles Bruneau*, Seigneur de la Rabaftelière, & de Dame *Renée de la Mothe*. De ce mariage vint :

X. CALIXTE FOUCHER, Chevalier, Seigneur & Baron du Gué-Sainte-Flayve, de Longeville, de la Mechinotière & de Ligné, fit hommage, le 21 Juin 1654, de la Baronnie du Gué-Sainte-Flayve, mouvante de la Principauté de la Roche-fur-Yon, à Mademoifelle, Ducheffe de Montpenfier. Il fe maria, par contrat du 6 Mars 1639, paffé devant *Preffard*, Notaire de la Châtellenie de la Chapelle-Thémer, avec *Marie Dorin*, fille de *haut & puiffant Meffire Pierre Dorin*, Chevalier, Seigneur de Ligné, & de Dame *Bonaventure Tevenin*. Leurs enfans furent :

1. CALIXTE, qui suit ;
2. Et HENRI, reçu Chevalier de Malte au Grand-Prieuré d'Aquitaine, fur le procès-verbal des preuves de fa nobleffe faites, le 18 Juin 1667, par René de Salo de Sémagne, Commandeur de Cretay, & Guy de la Brunetière du Pleffis de Gefté, Commandeur du Gué-Liand.

XI. CALIXTE FOUCHER, IIe du nom, Chevalier, Seigneur de Ligné, époufa, par contrat du 23 Novembre 1672, paffé devant *Aillaud*, Notaire à Olonne, *Sufanne Papion*, Dame de la Villeneuve, fille de *haut & puiffant Meffire Alexandre Papion*, Chevalier, Seigneur de la Villeneuve & de Ricardière, & de Dame *Efther Ranfray* ; dont :

XII. CALIXTE FOUCHER, IIIe du nom, Chevalier, Seigneur de Ligné, baptifé le 24 Novembre 1673, ainfi qu'il appert de l'extrait du regiftre des Baptèmes de la Paroiffe de

Sainte-Flayve au Diocèfe de Luçon, figné, par collation du 29 Juillet 1688, *Simon*, Curé de cette Eglife. (C'eft ce que nous favons de cette branche, n'ayant point reçu de Mémoire.)

BRANCHE
des Marquis de Circé.

VIII. André Foucher, Ecuyer, Seigneur de la Grennetière, que nous croyons fils puîné de Joachim, Ier du nom, & de *Jacquette Duvau*, fa feconde femme, acquit plufieurs héritages fitués dans l'Isle de Ré. Le contrat de vente eft du 27 Janvier 1585. Il avoit époufé, en 1576, *Françoife de Bernon*, de laquelle il laiffa :

1. Jacques, qui fuit ;
2. Et André, Seigneur de la Gatinière. Ces deux frères partagèrent les biens de la fucceffion de leurs père & mère, par acte du 1er Décembre 1609.

IX. Jacques Foucher, Seigneur de la Grennetière, acquit, le 12 Juillet 1619, une partie du lieu de l'Isleau dans l'Isle de Ré, de *Jacques Mousnereau*, Ecuyer, Seigneur de l'Homée, & de *Jeanne Marchand*, fa femme. Il fut accordé, le 1er Décembre 1609, à *Anne Guillemin*, fille de feu *Pierre Guillemin*, Ecuyer, Seigneur de Rouaux, & de *Jeanne Viette*, & eut de fon mariage :

X. Jacques Foucher, IIe du nom de fa branche, qui obtint, en fa faveur, l'érection des Terres & Seigneuries du Pleffis-Sénéchal, de Thérouanne, du Coudray & du Vieil-Isleau en *Marquifat*, fous la dénomination de *Foucher-Circé*, par Lettres du mois de Juin 1653, regiftrées à la Chambre des Comptes de Paris, fuivant l'Arrêt du 11 Mars 1665, figné *Richer*. Elles portent que c'eft *en confidération de fes bons & recommandables fervices, & pour récompenfer ceux de fes prédéceffeurs en fa perfonne*. Il fut pourvu, le 11 Janvier 1675, de l'office de Sénéchal au Comté de Civray & fiège de Saint-Maixent. Les provifions font fignées Louis, & fur le repli par le Roi, *le Tellier*. Il avoit époufé, le 6 Mai 1637, *Elifabeth Bejarry*, fille de *haut & puiffant François Bejarry*, Chevalier, Seigneur de la Roche-Louherie, & de *Marguerite de Pontlevoy*. Il en eut :

XI. Abimelech Foucher, Chevalier, Marquis de Circé, pourvu, le 21 Mai 1682, de l'office de Sénéchal au Comté & Sénéchauffée de Civray, par la réfignation de fon père. Il s'allia, le 3 Août 1669, avec *Marie d'Angennes*, fille de *haut & puiffant Seigneur Meffire Louis d'Angennes*, Chevalier, Marquis de Maintenon, & de *Marie Leclerc du Tremblay*. De ce mariage fortit :

XII. Jean-Henri Foucher, né le 7 Août 1671, Marquis de Circé, reçu Page du Roi dans fa Grande-Ecurie, en Avril 1685, puis Grand-Sénéchal de Poitou, qui époufa, en 1704, *Marie-Elifabeth Aubert*, fille de N... *Aubert*, Introducteur des Ambaffadeurs auprès de S. A. R. Monfieur le Duc d'Orléans. On ignore s'il en a eu poftérité.

Les armes de la branche aînée font : *de fable, au lion d'argent. Le cafque, couronné d'un cercle de Baron.* Celles de la feconde font de même, *couronne de Marquis.*

FOUCHER en Nivernois, qui porte: *d'a-zur, à la fafce ondée d'or, accompagnée de trois étoiles de même, à la bordure engrêlée de gueules.*

FOUCHIER, en Poitou, ancienne Nobleffe, qui porte: *d'argent, au lionde fable, armé, lampaffé & couronné de gueules.*

FOUCQUES, en Normandie, Election de Falaife, Famille maintenue dans fa Nobleffe le 9 Juin 1666.

Guillaume Foucques, Ecuyer, Seigneur de Manetot & du Mefnil-Loger, avoit époufé *Françoife Thibout*, dont il eut entr'autres enfans :

1. François, qui fuit ;
2. Et Perrette, femme de *Jacques Rouxel*, Seigneur de Médavy, vivante en 1556.

François Foucques, Seigneur de Manetot, époufa *Marie d'Affy*, de laquelle vint :

Esther Foucques, Dame de Manetot & de Beny, alliée à *Blaife de Cours*, Seigneur de Vandorne.

Les armes : *de fable, au lion d'or, contourné à féneftre, & affronté vis-à-vis d'une cigogne d'argent ; & en chef, un peu au-deffus des deux animaux, une fleur-de-lis d'or.*

Il y a dans la même Province, Election de Lifieux, une Famille du nom de Foucques, Ecuyer, Seigneur de la Pillette, qui porte les mêmes armes que la précédente, à l'exception néanmoins que les Seigneurs de la Pillette ne mettent point de *fleurs-de-lis* dans leur écuffon ; ce qui fait croire que ce font deux branches forties du même tronc.

FOUCQUES, en Picardie : Famille noble, différente des précédentes.

PIERRE FOUCQUES, Ecuyer, Seigneur de Bonval, de Tœufles, de Franqueville, de Vironchaux, de Balinghem, de Valopuy, &c., né le 2 Mars 1694, fut pourvu d'un office de Confeiller au Préfidial d'Abbeville le 10 Mars 1716, & en obtint des Lettres d'honneur & de vétérance le 7 Février 1744. Il fut auffi pourvu le 7 Juin 1731, d'une charge de Confeiller-Secrétaire du Roi, Maifon & Couronne de France, Tréforier, Payeur des gages des Officiers de la Chancellerie, établie près la Cour des Aides de Montauban, & nommé Mayeur d'Abbeville le 24 Août 1740. Il étoit petit-fils de PIERRE FOUCQUES, Seigneur de Bonval, &c., ancien Mayeur d'Abbeville, mort en 1691. De son mariage, accordé le 3 Novembre 1727, avec *Marie Anne-Florence Remy du Fermont*, fille de *Mathieu-François Remy*, Seigneur de Campeaux, de Gennes, &c., font fortis :

1. PIERRE-FOUCQUES DE TŒUFLES, Ecuyer, né le 15 Août 1731 ;
2. JEAN-BAPTISTE-PIERRE-GEORGES FOUCQUES DE VIRONCHAUX, Ecuyer, né le 6 Février 1741 ;
3. MARIE-ANNE-FLORENCE FOUCQUÉS DE BONVAL, née le 26 Septembre 1728 ;
4. MARIE-MARC-FRANÇOISE FOUCQUES DE BALINGHEM, née le 8 Février 1730 ;
5. MARIE-JOSÈPHE-ROBERTINE FOUCQUES DU FERMONT, née le 8 Août 1736 ;
6. Et MARIE-THÉRÈSE-PÉTRONILLE FOUCQUES DE VALOPUY, née le 11 Juin 1738.

Les armes : *d'or, à 3 foulques de fable, huppés du même, becqués de gueules, pofés 2 en chef & 1 en pointe.*

FOUDRAS. Le nom de cette Maifon du Lyonnois eft écrit dans les anciens titres *Fudra, Fodra, Feydra, Foldras, Fouldras,* & enfuite *Foudras.* On trouve dans le livre des donations faites à l'Abbaye de Savigny, Diocèfe de Lyon, un FOUDRAS, qui fit à cette Abbaye, en 953, un don de certains fonds fitués au lieu de Greuilly, & un autre FOUDRAS, nommé en latin *Foldradus,* qui donna, avec

fa femme, en 976, à la même Abbaye, un champ, une Vicairerie, des vignes & un pré, fitués dans le Lyonnois. Suivant une Généalogie de cette Maifon, dreffée fur les titres, différentes archives & plufieurs Hiftoriens cités, & qui nous a été envoyée par le Grand-Prieur de la noble Abbaye de Savigny, elle commence fa filiation à

I. HUGUES DE FOUDRAS, Ier du nom, qualifié *Miles*, qui vendit, de concert avec *Theoberge*, fa femme, & fes enfans, aux Chanoines de Saint-Vincent de Mâcon, pour prix de 205 fols Lyonnois forts, la moitié dès dîmes de Saint-Jean de la Buffière, & rendit aux mêmes Chanoines, en 1080, la quatrième partie des dîmes de Sainte-Marie *de Agrilla*, aujourd'hui la Grelle, dont il s'étoit injuftement emparé, *de quo iniquè fruebatur*, dit le titre. Ses enfans furent : GÉRARD, VITELME, ETIENNE, BOZON & GOCERAN. Celui-ci le dernier de fes fils, Religieux de l'Abbaye d'Ainay, élu Abbé, enfuite Archevêque de Lyon en 1113, donna, en 1117, à l'Abbaye de Savigny, l'Eglife d'Auth, fur laquelle il fe réferva 7 fols de rente. D'un de ces quatre premiers fils, qui forme le fecond degré, fortit

III. HUGUES DE FOUDRAS, IIe du nom, qualifié *Miles*, dans l'acquifition que fit Blinus Boccia, de la Terre de Chazelle en 1176. Il accompagna Guichard, IIIe du nom, Sire de Beaujeu, dans fon Ambaffade à Conftantinople, & enfuite à Rome, où François d'Affife, qui commençoit l'inftitution de fon Ordre, donna au Sire de Beaujeu trois Religieux de fon Ordre, nommés Michel, Drogo & Guillermus, qu'ils amenèrent en France en 1209. Le Sire de Béaujeu les plaça à Pouilly-le-Châtel en 1210, & en 1216 il fonda le premier Couvent de cet Ordre à Villefranche. HUGUES DE FOUDRAS, qui contribua & foufcrivit à cette donation, laquelle exifte dans le Couvent de Villefranche en Beaujolois, avoit époufé, vers l'an 1196, Dame *Alix*, dont il eut :

1. HUGUES, qui fuit ;
2. PIERRE, auteur de la branche des Seigneurs de *Courcenay*, rapportée ci-après ;
3. GUILLAUME, marié à Dame *Béatrix*, dont un fils nommé
     JEAN, qui fit donation de fes biens à HUGUES, fon oncle, en date du 3 Octobre 1270, en préfence de Guido, Comte de Foreft, dont le Scel eft au bas de ladi-

te donation, avec celui de la Maifon de Foudras.

4. Autre Pierre, Chanoine de l'Eglife de Lyon. Après fa mort les Chanoines, depuis qualifiés de Comtes, partagèrent entr'eux fes livres le 14 Août 1254 ;

5. & 6. Guillaume & Dalmace ;

7. Agnès, Religieufe à Beaulieu, près de Roanne.

IV. Hugues de Foudras, IIIe du nom, auffi qualifié *Miles*, Seigneur de Bagnaux, Diocèfe d'Autun, fit un échange, le 5 Novembre 1265, avec l'Abbé & les Religieux de Saint-Rigaud au Diocèfe de Mâcon, d'une Terre qu'ils lui donnèrent, fituée dans la Paroiffe de Melay, excepté l'Eglife & le cimetière, en contr'échange de la moitié de la dîmé de la Paroiffe de Saint-Julien-de-Cray. Il inféoda auffi une Terre appelée Brancion, en 1266, fituée à Tizo, tefta au mois de Décembre 1295, & choifit fa fépulture dans l'Eglife de Bourg-le-Comte. Il fit quantité de legs, & dans le traité de paix entre Jean, Archevêque de Lyon, & Guichard, Sire de Beaujeu, de l'an 1280, ledit Hugues de Foudras foufcrivit pour le Sire de Beaujeu, & entre 20 autres Chevaliers, il eft le premier nommé dans ce traité. Il eut de Dame *Catherine*, fon époufe :

1. Hugues ;
2. Jean, qui fuit ;
3. & 4. Béatrix & Alesia.

V. Jean de Foudras, qualifié *Miles*, Seigneur de Bagnaux, époufa, par contrat de l'an 1326, *Mathilde de Thiangès*, fille de *Guillaume de Thianges*, Chevalier, Seigneur de Rogement, & veuve d'*Arnulphe de Caftres*, Seigneur de Saint-Patrice, Damoifeau, dont :

VI. Etienne de Foudras, Seigneur de Bagnaux, qualifié *Miles*, qui fe maria, en 1348, avec *Ifabelle de Sarron*, Dame de Morlan. Ses enfans furent :

1. Guillaume, connu par une reconnoiffance de fervitude de l'an 1380, au profit d'*Ifabelle de Sarron*, Dame de Morlan, fa mère ;
2. Et Ronpho, connu par une reconnoiffance de foi & hommage que lui rendit Hugues Lacar de Pouilly-fous-Charlieu.

On ne trouve plus rien des Foudras de Bagnaux, à la réferve de la Terre de Morlan, reftée aux Seigneurs de Courcenay, dont nous allons parler, les autres biens ont paffé dans la Maifon d'Andrault de Langeron, qui poffède aujourd'hui Bagnaux, Bourg-le-Comte & Monlevrier.

BRANCHE
des Seigneurs de Courcenay.

IV. Pierre de Foudras, qualifié de *Puiffant Seigneur*, Chevalier, *potens vir*, *Miles*, Seigneur de Courcenay, fecond fils de Hugues, IIe du nom, & de Dame *Alix*, époufa, en 1260, Dame *Ifabelle*, de la Maifon de *la Bafolle*, ce qui eft prouvé par un titre de l'an 1379, de *Bonnepart du Beft*, Chevalier, Curateur d'Antoine de Foudras, arrière-petitfils de Pierre de Foudras, & de Dame *Ifabelle*. De ce mariage vinrent :

1. Perronin, qui fuit ;
2. Marguerite, mariée à *Guillaume Rux*, Damoifeau, Seigneur de Cerbué. Il paffa quittance à Pierre de Foudras, fon beau-père, de 604 viennois, pour la dot de fa femme, en 1280 ;
3. Et Agnès, mariée, en 1290, à *Guichard d'Urgel*, Chevalier, Seigneur de Saint-Prieft. En 1306, elle paffa vente de quelques fonds aux habitans de Mardore.

V. Perronin de Foudras, qualifié de *potens vir*, *Miles*, puiffant Seigneur, Chevalier, héritier des biens de fon père, s'allia avec Dame *Alix d'Amplepuis*, fille de *Gérin*, dit *Gleyrin*, fils de *Guichard*, Sire de Beaujeu, qui lui donna pour appanage la Terre d'Amplepuis, avec fes dépendances. Il eut pour enfans :

1. Jean, qui fuit ;
2. & 3. Gérin & Geoffroy ;
4. Guillaume, lequel partagea avec fon frère aîné, en 1310 ;
5. Et Hugues, Religieux de Savigny, Prieur de Botteville en Saintonge en 1317.

VI. Jean de Foudras, Ier du nom, qualifié *potens vir*, *Miles*, Seigneur de Courcenay, Bailli d'Agen, commanda une Compagnie de 90 hommes, & époufa, par contrat du Mardi après la converfion de Saint-Paul, en 1320 (reçu *Dupuy*, Notaire), *Jeanne d'Ogerolles*, la dernière de ce nom, fille de Meffire *Guillaume d'Ogerolles*, dit Boissonna, *Miles*, Seigneur de Saint-Polgues, & d'*Amphifie du Verney*, iffue de *Plotard du Verney*, Chevalier, Seigneur d'Argenis, & de *Clé-*

mence de Montmorillon. JEAN DE FOUDRAS fut fait prifonnier par les Anglois, à la journée de Poitiers, le 17 Septembre 1356, & fa femme d'Ogerolles, conjointement avec fes parens & amis, vendit pour fa rançon, à grâce de rachat, à Gaufredy de Saint-Jean, Damoifeau, les dîmes de la Paroiffe d'Amplepuis, pour prix de 200 florins de bon or. Elle eut pour enfans :

1. ANTOINE, qui fuit;
2. Autre ANTOINE;
3. Et ISABELLE, mariée, par contrat paffé à Saint-Clément-fous-Valfonne le 26 Janvier 1345, avec André de Viego, Chevalier, en préfence d'Etienne d'Albon, d'Etienne de Varennes, & de Hugues de Viego, Chévaliers.

VII. ANTOINE DE FOUDRAS, Ier du nom, qualifié potens vir, Miles, Seigneur de Courcenay, Gouvernement d'Amiens, y fit bâtir une Tour encore aujourd'hui appelée la Tour Fudra, & fut Capitaine de 100 Arquebufiers. Il époufa, par contrat paffé à Avauges, Diocèfe de Lyon, devant Colombey, Notaire, le 2 Janvier 1378, Jeanne de Varey, fille de feu Jean de Varey, Damoifeau, & de Blanche de Savigny. De ce mariage vinrent :

1. GUICHARD, qui fuit;
2. JEANNE, mariée, en 1409, à Guichard de Thelis, Damoifeau, Seigneur de Cornillon. & de Forges, fils de Guichard de Thelis, Chevalier, & d'Alix de Cornillon;
3. PHELIPPA, femme de Guichard d'Ars, Damoifeau, Seigneur de Montchaluet ;
4. Et autre PHELIPPA, femme de Jean de Ronchevol, Chevalier, Seigneur de Pramenoux & de Saint-Pierre-la-Noaille.

VIII. GUICHARD DE FOUDRAS, qualifié potens vir, Miles, Seigneur de Courcenay, tefta le 14 Août 1452, rappela tous fes enfans & après eux Pierre de Thelis, Damoifeau, fon neveu, Seigneur des Forges & de Cornillon, qui fera tenu, en cas de fa poftérité éteinte, de prendre le nom & les armes de FOUDRAS. Il avoit époufé, par contrat paffé dans le Château de Ternand, le 22 Janvier 1423 (reçu Montrozart, Notaire), de l'autorité de Meffire Antoine de Fougères, Vicomte d'Oingt, Chevalier, fon curateur, Lionnette de Sallemar, fille de Guillaume, & d'Antoinette de Varennes. Elle eut en dot 800 livres, & Aleifia de Saint-Prieft, Dame d'Epaiffe, veuve de Guillaume de Vienne, Chevalier, fa tante, lui fit encore

donation de fes biens, ne fe réfervant que l'ufufruit fa vie durant, & de celle de vénérable & religieufe perfonne, frère Antoine de Vienne, fon fils, Prieur de Saint-Pierre-le-Moutier, au Diocèfe de Nevers. De ce mariage fortirent :

1. ANTOINE, qui fuit;
2. SIMON, Chevalier de Saint-Jean de Jérufalem;
3. GUIDO, auffi Chevalier de Saint-Jean de Jérufalem, qui quitta l'Ordre pour fe marier. Il eft auteur de la branche des Seigneurs de Rontalon, éteinte dans le dernier fiècle, rapportée ci-après ;
4. 5. & 6. JEANNE, ANTOINETTE & MARGUERITE, Chanoineffes d'Alix.

IX. ANTOINE DE FOUDRAS, Chevalier, Seigneur de Courcenay, la Farge, Ogerolles, Souternon & Château-Thiers, Confeiller & Maître-d'Hôtel des Rois LOUIS XI & CHARLES VIII, tefta le 5 Août 1498, en faveur de fes enfans, & inftitua pour héritier fon fils aîné. Il avoit époufé, par contrat du 26 Juin 1454, paffé devant Jean Polipar & Durand de Sirvinges, Notaires royaux, Antoinette des Serpents, fille du Seigneur Louis des Serpents, Chevalier, Seigneur de Chiktain, & de Dame Jeanne de Saint-Marcel. Il eut pour enfans :

1. JEAN, qui fuit;
2. ANTOINE, Sacriftain de Saint-Irénée de Lyon, en 1510, & Abbé de Belleville ;
3. PIERRE, Seigneur de la Farge & de Montanay, marié, fans poftérité, le 14 Juillet 1505, à Antoinette Mathieu, fille de Philippe Chevalier, Seigneur de Saint-Germain & de la Garde-fur-Loire, & de Jeanne de Lange ;
4. Autre PIERRE, Religieux de Savigny, & Prieur de Taluyers ;
5. Autre ANTOINE, qui eut une commiffion du Roi CHARLES VIII, pour mener 25 hommes de guerre à pied à Philibert de Raveftein, à Boulogne, armés de Brigandine. Il époufa, le 7 Septembre 1524, Antoinette, fille de Jean Bonnan, & d'Antoinette Defprée-Montpezat, dont plufieurs enfans, favoir:
   1. SIMON, Chevalier de Saint-Jean de Jérufalem ;
   2. JEAN ;
   3. PHILIPPE, Religieux à Bonlieu, légataire de fes père & mère de 10 livres de penfion viagère, une robe de 2 ans en 2 ans, un manteau de 6 ans en 6 ans, & le tout de drap, valant 30 fols l'aune ;
   4. Et FRANÇOISE, inftituée héritière & mariée, le 18 Mai 1551, à Jean de Nagu

de Varennes, Seigneur de la Paroiſſe de Quincié en Beaujolois.

6. PHILIPPE, lequel eut pour ſes droits les Terres de Matour & de Château-Thiers, & mourut ſans établiſſement. Ses Terres revinrent à JEAN ſon frère aîné ;

7. GEORGES, donné par ſon père au Roi de Sicile, qui le lui avoit demandé. JEAN, ſon frère, lui donna pour ſes droits les Terres de Matour & de Château-Thiers, de la même façon qu'elles avoient été laiſſées à PHILIPPE, ſon frère, par leur père, & ce par acte de l'an 1508. Il avoit épouſé *Iſabeau d'Agrain*, dont il n'eut point d'enfans, &, en 1529, il fit donation à JEAN, ſon aîné, de 24000 livres, en obligation, & des Terres de Château-Thiers & de Matour ; mais *Iſabeau d'Agrain*, ſa veuve, s'accorda le 20 Mars avec JEAN DE FOUDRAS, ſon beau-frère, pour ſes repriſes, & eut la jouiſſance de la Maiſon de Château-Thiers, & le tiers des fruits juſqu'à ce qu'elle eut été rembourſée par le Seigneur de Courcenay, ſon beau-frère, de 2000 liv. qui lui avoient été aſſignées ſur leſdites Terres, par feu GEORGES DE FOUDRAS, ſon mari ;

8. JEANNE, mariée, en 1511, au Seigneur *Bertrand de Langeac*, Chevalier, Seigneur de Marcou en Auvergne ;

9. ISABELLE, alliée à *Pierre de la Roche*, Chevalier, Seigneur de la Motte-Morgon. La quittance de ſa dot fut paſſée par *Jean de la Roche*, leur fils, en 1540, à JEAN & ANTOINE DE FOUDRAS, frère de ladite ISABELLE ;

10. Et CATHERINE, mariée à *Benoît de Sarron*, Chevalier, Seigneur de Vaux, Rochefort, Marcou, fils *d'Oddo de Sarron*, Chevalier, Seigneur de la Maiſonfort, des Forges, & *d'Antoinette Guerrier*. La quittance de ſa dot fut paſſée par *Claude de Sarron*, Chevalier, Seigneur deſdits lieux, à JEAN DE FOUDRAS, en 1547, n'ayant pas été payée par PHILIPPE DE FOUDRAS, frère de JEAN & de cette CATHERINE, qui s'y étoit obligé.

X. JEAN DE FOUDRAS, IIe. du nom, Chevalier, Seigneur de Courcenay, Souternon, Contençon, Chevalier de l'Ordre de Saint-Michel, Maître-d'Hôtel du Roi, Bailli d'Agen, épouſa, par contrat paſſé en 1510, devant *Arlan*, Notaire, *Anne de Senneterre*, fille de *Jean de Senneterre*, Chevalier, Seigneur de Chancheto & de Fontenilles, & de *Louiſe de la Gardette*, Dame de Fontanges. Les témoins furent, entr'autres, Jean de Monturnon, Seigneur de Saint-Herbin, & Révérend & Vénérable N... de Senectaire, Prieur de Bulloin. De ce mariage vinrent :

Tome VIII.

1. JEAN, qui ſuit ;

2. ANTOINE, lequel eut pour ſes droits la Terre de Souternon. N'ayant point eu d'enfans *d'Antoinette de Vichy*, ſon épouſe, il fit donation de cette Terre à ANTOINE DE FOUDRAS, ſon neveu, fils de JEAN, ſon frère aîné ;

3. Et MADELEINE, mariée, par contrat du 1er Juin 1526, à *Philippe de Vichy*, Chevalier, Seigneur de Marcigny, au Dioceſe de Châlons. De cette alliance il n'y eut qu'une fille, *N... de Vichy*, mariée au Seigneur *de Perigny*, ainſi que le rapporte Pierre de Saint-Julien, dans ſes *Antiquités de Mâcon*.

XI. JEAN DE FOUDRAS, IIIe du nom, Chevalier, Seigneur de Courcenay, Château-Thiers, Morlan, Châteaufret, Chevalier de l'Ordre du Roi, & Capitaine de 50 hommes d'armes de ſes Ordonnances, ſe maria, par contrat du 5 Septembre 1538 (reçu *Dumont*, Notaire), en préſence de Philibert de Saint-Ligier, Chevalier, Baron de Rouſſy, & d'Edouard de Lallepin, Chevalier, Seigneur de Chigy, avec *Jeanne de Choiſeul de Traves*, fille *d'Antoine de Choiſeul de Traves*, & de *Renée Girard* ou *Guyard*, Dame de la Coue. Ils teſtèrent l'un & l'autre le 25 Janvier 1582, & eurent pour enfans :

1. JEAN, qui ſuit ;

2. RENÉ, auteur de la branche des Seigneurs de *Saint-Uruge* & aujourd'hui *Demigny*, rapportée ci-après ;

3. Autre JEAN, Seigneur de Marcigny & de Morlan, Gouverneur des Villes & Châteaux de Paray & de Charlieu, qui portoit le nom de Morlan. Guichenon, dans ſon *Hiſtoire de Breſſe*, rapporte, pag. 340, que le 8 Mars 1593, il donna la chaſſe aux Religionnaires près de Digoine, où les Sieurs de Crucille & Claude de Regnauld, Seigneur de Vaux, furent tués & regrettés de leur parti. Il tranſigea avec JEAN, ſon frère aîné, de tous ſes droits, moyennant la Terre de Morlan, la Grange de Balore, & une rente de 300 livres (acte reçu par *le Charne*, Notaire). Dans ſon teſtament du 22 Février 1581, reçu par *Jaquet*, Notaire royal, il prend la qualité de Chevalier, Seigneur de Marcigny & de Morlan, Capitaine de 50 Chevaux-Légers ; lègue PHILIPPE, ſon frère, CLAUDE, ſa ſœur, Religieuſe à Alix, les Seigneurs de Pradines, de Courcenay, de la Buſſière, ſes neveux, à qui il donne tout ſon équipage, tant de chevaux, bagages, qu'argent ; & inſtitue pour héritier ſon frère aîné ;

4. THEODE, reçu d'abord Chanoine de Saint-Pierre de Mâcon, état qu'il quitta pour ſe

marier. Il eut de fa femme, dont on ignore le nom, un fils, nommé

JEAN, lequel épousa, par contrat reçu de *Berlion*, Notaire, *Benoîte de Broffe*, fille de *Claude de Broffe*, Seigneur du Martorey. Il testa en 1600, & institua pour son héritière univerfelle JEANNE, sa fille.

5. PHILIPPE, Religieux de Tournus, Sacriftain dudit lieu, Prieur de Salès & de Gerlonges;

6. ANTOINE, auteur de la branche des Seigneurs de *Contençon*, rapportée ci-après;

7. MADELEINE, mariée, en 1559, à *Geoffroy de Sallemar de Sarramalle*, Chevalier, Seigneur de Reffis, &c., fils de *Claude de Sallemar*, & de *Marguerite de Tenay;*

8. ANTOINETTE, veuve de *N.... de l'Eltouf de Pradines*, Chevalier, Seigneur d'Audour, laquelle fe remaria, en 1570, à *Philibert de Fautrières;*

9. CLAUDINE, Religieufe à Bonlieu, enfuite Prieure du Chapitre noble d'Alix;

10. MARGUERITE, femme du Seigneur *de Giffey*, Chevalier;

11. Et JEANNE, mariée à *Philippe de Laurencin*, Baron de la Buffière.

XII. JEAN DE FOUDRAS, IVᵉ du nom, Seigneur de Courcenay, &c., Guidon de la Compagnie de M. de Monteron, Chevalier de l'Ordre du Roi, Capitaine de 50 hommes d'armes, épousa, 1° par contrat paffé au Château du Palais-lès-Feurs, le 8 Octobre 1540 (reçu *Mazel*, Notaire Royal), du confentement de fes père & mère, *Claude de Champeftières*, fille de noble *Marcellin de Champeftières*, Chevalier, Seigneur dudit lieu & de Paulin, & de feu Dame *Catherine de la Barge*, de l'autorité de Révérend Meffire *Etienne de la Barge*, Abbé de Didrac, Sacriftain, Comte de Lyon, Aumônier du Roi, tant en fon nom que comme Procureur de *Marcellin*, & de *Jean de Champeftières*, frères, & de plufieurs autres fes parens; & 2° par contrat paffé à Annonay, le 24 Août 1573 (reçu *Colombi*, Notaire), *Claude du Polloux*, fille de *François du Polloux*, Chevalier, Seigneur de Gourdan, Gentilhomme ordinaire de la Chambre du Roi, Meftre-de-Camp de la Cavalerie légère de France, & de *Claude de Lucinge*. Cette *Claude du Polloux* étoit veuve en premières noces de *Floris de Bonlieu*, fils de *Chriftophe*, Chevalier, Seigneur de Jarnioux, & de *Louife de Saint-Hérem*, laquelle eut de fon premier mari un fils, nommé *Hippolyte de Bonlieu*, auquel elle fit un

legs, ainfi qu'à fes autres enfans du fecond lit, par fon teftament du 15 Octobre 1584, où elle nomme pour fon héritier, JEAN DE FOUDRAS, IVᵉ du nom, fon fecond mari. Il eut du premier lit:

1. ETIENNE, qui fuit

Et du fecond lit vinrent:

2. ANTOINE, auteur d'une branche rapportée ci-après;

3. Autre ANTOINE, reçu Chevalier de Malte fur fes preuves faites en 1590;

4. PIERRE, Capitaine au Régiment d'Uxel, mort au fervice du Roi;

5. PHILIPPE, tige de la branche des Seigneurs de *Morlan*, rapportée ci-après;

6. FRANÇOIS, Comte & Doyen de Tournus;

7. CLAUDE, Seigneur de Saint-Etienne & de Crépigny, qui par délibération des Etats du Mâconnois, du 26 Mars 1633, fut nommé Député de la Nobleffe pour affifter aux Etats de Bourgogne. Il époufa *Minerve d'Arcy*, dont il n'eut qu'une fille, nommée

EMMANUELLE, mariée à *Jean de Saix*, Chevalier, Seigneur de Charnay près de Roanne.

8. CLAUDE, Chanoine de Saint-Pierre de Mâcon;

Et trois filles, dont une, nommée CLAUDE, fut Religieufe à Marcigny.

XIII. ETIENNE DE FOUDRAS, Chevalier, eut de JEAN DE FOUDRAS & de *Jeanne de Choifeul de Traves*, fes aïeux, les Terres de Château-Thiers & de Matour. Il époufa, par contrat paffé en 1560, devant *Parthaud* & *Malard*, Notaires Royaux, *Marguerite de Laurencin*, de l'autorité de *Marguerite de Paffy*, Dame de la Buffière, fa mère, veuve de *René de Laurencin*, fon père. Ils n'eurent que

XIV. ROLLAND DE FOUDRAS, Iᵉʳ du nom, Chevalier, Seigneur de Château-Thiers & de Matour, qui époufa, par contrat de l'an 1616 (reçu *Coppier*, Notaire Royal), *Lucrèce de Sève*, fille de *Mathieu de Sève*, & de *Marie de Grollier*, fa première femme, iffue d'*Imbert de Grollier*, & de *Lucrèce d'Albiffy*. Il tefta en 1637, & inftitua fon héritière *Lucrèce de Sève*, fa femme, à la charge de remettre l'hoirie à MATHIEU, fon aîné, lui fubftituant ROLLAND, fon fecond fils & les autres alternativement. *Lucrèce de Sève*, fa veuve, par fon teftament olographe du 22 Mai 1649, légua HUMBERT, fon troifième fils, GUILLAUME, ETIENNE & MADELEINE, & inftitua ROLLAND DE FOUDRAS, fon héritier. Ils eurent:

1. MATHIEU, Enfeigné de la Compagnie Colonelle du Régiment de Condé, tué à la bataille de la Montagne-Noire ;
2. ROLLAND, qui fuit ;
3. HUMBERT, premier Capitaine dans le Régiment de Condé, mort à la levée du fiège d'Arras. Il avoit tefté en 1675, en faveur d'ETIENNE, fon frère ;
4. ETIENNE, Chevalier de Malte, Capitaine dans le Régiment d'Epernon, mort dans les guerres d'Italie. Il tefta en faveur d'HUMBERT, fon frère, le 2 Octobre 1655 ;
5. GUILLAUME, Religieux & Aumônier de la noble Abbaye de Savigny ;
6. Autre HUMBERT, dont on ignore le fort ;
7. ANNE, femme de *Claude de Montchanin-Malzac*, Seigneur de Chaffigny, la Garde, Beauvernois & Peluffieux ;
8. & 9. CATHERINE & MARGUERITE, Religieufes à Sales ;
10. Autre MARGUERITE, Religieufe à l'Anticaille de Lyon ;
11. MADELEINE, Religieufe à Villefranche ;
12. & 13. Autre MADELEINE & FRANÇOISE, defquelles on ignore la deftinée.

XV. ROLLAND DE FOUDRAS, IIe du nom, Chevalier, Comte de Château-Thiers, Seigneur dudit lieu, de Matour, Saint-Pierre-le Vieux, Montprefentin, &c., Capitaine de Chevaux-Légers dans le Régiment d'Epernon, époufa, par contrat paffé en 1661, *Françoife-Clémence de Monteynard*, fille d'*Hector de Monteynard*, Marquis de Montfrin, Baron de la Pierre, Sénéchal de Beaucaire & de Nîmes, Maréchal-des-Camps & Armées du Roi, & de *Françoife de Nagu*. Il fut maintenu dans fa nobleffe après avoir comparu devant M. Bouchu, Intendant de Bourgogne, Commiffaire député par fa Majefté pour la vérification des titres de la Nobleffe de la Province de Bourgogne, par Arrêts des années 1664 & 1665 ; & auffi le 22 Avril 1667, par M. du Gué, Intendant de Lyon. ROLLAND DE FOUDRAS obtint l'érection de fa terre de *Château-Thiers*, en *Comté*, pour lui, fes fucceffeurs du nom DE FOUDRAS, mâles & femelles, par lettres, enregiftrées en 1680. Il fit fon teftament au mois de Septembre 1686, dans lequel il rappelle tous fes enfans. Sa femme, qui avoit fait le fien en 1672, inftitua pour héritier fon mari, & légua fes enfans, favoir :

1. HUMBERT, connu fous le nom de *la Tour*, qui voyagea beaucoup. Il acquit de grandes connoiffances dans la Chimie, qu'il employa au foulagement des pauvres ;

2. ALEXANDRE-ANTOINE, reçu Chevalier de Malte en 1680, Commandeur, Grand-Maréchal de l'Ordre, Abbé de Ham & Prieur de Saint-Marcel de Châlons ;
3. LOUIS, qui fuit ;
4. MARIE-MADELEINE, Religieufe à Lancharre, d'où elle fut tirée pour être Abbeffe de la Déferte à Lyon ;
5. Et ANNE, Dame d'honneur de Madame d'Orléans, laquelle ne fut point mariée.

XVI. LOUIS DE FOUDRAS, Chevalier, Comte de Château-Thiers, Seigneur dudit lieu, de Matour, Saint-Pierre-le-Vieux, Saint-Léger, Trambly, Ouffy, Chénas, Baron de la Buffière, Nay, Montprefentin, la Garde, &c., Capitaine dans le Régiment des Gardes-Françoifes, par Brevet du 11 Mars 1691, eut une lettre de cachet de Louis XIV, en 1699, pour recevoir Enfeigne dans fa Compagnie le Seigneur de Geros. Il tranfigea, fur la fucceffion de fes père & mère, avec ALEXANDRE-ANTOINE, & ANNE, fes frère & fœur, tefta, & fit fes héritières fes deux filles, & donna la jouiffance de fes biens à fa femme *Louife-Hiacynthe de Tiercelin*, qu'il avoit époufée en 1705, fille de *N... de Tiercelin*, Chevalier, Seigneur du Châtelier en Berry, la Chapelle-Beaurepaire en Poitou, Meftre-de-Camp d'un Régiment de Cavalerie de fon nom, & de *N... de Pallavicini*. Il laiffa de fon mariage :

1. ALEXANDRINE, mariée à *Hugues de Lezay*, Marquis de Lufignem, Capitaine dans le Régiment du Roi, Chevalier de St.-Louis, dont : *Hugues de Lezay*, Meftre-de-Camp d'un Régiment de Cavalerie ; & une fille, alliée au Marquis *de Turpin-Criffé*, alors Colonel d'un Régiment de Huffards de fon nom, aujourd'hui Lieutenant-Général des Armées du Roi, dont un fils unique, vivant en 1773. Le Marquis *de Turpin-Criffé* s'eft marié, en fecondes noces, avec Mademoifelle de Lowendal, fille du feu Maréchal de ce nom ;

2. Et HENRIETTE, qui a eu pour fon partage le Comté de Château-Thiers, la Baronnie de la Buffière, les Terres du Cottay, le Colombier & Crans. Elle n'a point pris d'alliance, & vit en 1773.

SECONDE BRANCHE
des Seigneurs de COURCENAY.

XIII. ANTOINE DE FOUDRAS, Chevalier, Seigneur de Courcenay, Mardore, la Chapelle, &c., fils aîné de JEAN, IVe du nom, & de

Claude du Polloux, fa feconde femme, fut Capitaine dans le Régiment du Comte de Bury, & enfuite Capitaine de 100 hommes d'armes. Il tefta le 25 Novembre 1621, devant *Dubos*, Notaire Royal, fit quelque fondation dans l'Eglife de Mardore, rappelle fa femme, fes deux filles, inftitue héritier fon fils, & mourut au fiège de Montpellier en 1624. Il avoit époufé, en 1607, *Eléonore de Fougearde*, fille de *Claude*, Chevalier, Seigneur de la Rouve, Vauz & d'Avefe, Gentilhomme de la Chambre du Roi, & de *Bénigne Bertaut*. Voy. FOUGEARDE. Ses enfans furent:

1. JEAN-JACQUES, qui fuit ;
2. BÉNIGNE, mariée à *Robert de Sirvinges*, Seigneur de Sevelinges ;
3. Et MARGUERITE, femme de *Nicolas de Nompère*, Chevalier, Seigneur de Rongefere & de la Huchette.

XIV. JEAN-JACQUES DE FOUDRAS, Chevalier, Seigneur de Courcenay, la Place, la Grelle, Mardore, la Chapelle & la Bruzère, Guidon de la Compagnie des Gendarmes du Maréchal de Villeroy, enfuite Lieutenant-Colonel du Régiment de Cuffigny, compofé de 20 Compagnies de 100 hommes chacune, fit fon teftament le 5 Février 1682, y rappelle tous fes enfans, & inftitue pour héritier fon fils. Il avoit époufé, par contrat du 20 Juillet 1647, paffé devant *Poitier*, Notaire Royal, *Ifabeau de la Poype*, fille de *Pierre*, Chevalier, Seigneur de Vertrieux & de Meximieux, & de *Claude de la Haye*. Ses enfans furent:

1. CAMILLE-JOSEPH, qui fuit ;
2. FRANÇOISE, mariée par contrat du 1er Mai 1682, à *Raymond de Mont-d'Or*, Chevalier, Seigneur de Montragier, &c., fils d'*Antoine*, & de *Jeanne de Laurencin* ;
3. LUCRÈCE, femme de *François de la Poype*, Chevalier, Seigneur de Vertrieux, qui eut pour fils & héritier *François de la Poype*, Lieutenant aux Gardes-Françoifes, marié à *Anne de la Foreft*, dont font fortis : *Louis-Armand* & *Marie-Anne-Victoire de la Poype*, vivans en 1773 ;
4. HENRIETTE, mariée à *Imbert-Bertrand de Chamlon*, Ecuyer, Seigneur de la Chaudronnière ;
5. MARIE, Religieufe à Charolles ;
6. Et MARGUERITE, Religieufe à Ambert.

XV. CAMILLE-JOSEPH DE FOUDRAS, Chevalier, Seigneur de Courcenay, la Bruzère, Mardore, la Chapelle, la Grelle, la Place, &c., fut,

par brevet du 3 Mars 1672, Cornette des Chevaux-Légers de la Compagnie de M. d'Achey, au Régiment d'Illes, où il eut une Compagnie au mois d'Octobre 1674. Il époufa, par contrat paffé à Pont-de-Beauvoifin, le 8 Octobre 1675, *Lucrèce de Révol*, fille de *François*, Chevalier, Seigneur de Pont-de-Beauvoifin, & de *Marguerite d'Hières*, dont:

1. CHARLES, Capitaine de Grenadiers au Régiment de Charoft, mort au fiège de Douai, dans les dernières guerres de LOUIS XIV ;
2. JÉRÔME-LOUIS, Chanoine-Comte de Lyon, enfuite Evêque de Poitiers, & Abbé de Saint-Liguaire, Diocèfe de Saintes, mort dans fon Diocèfe, le 14 Août 1748, âgé de 70 ans. Il avoit été nommé Coadjuteur de Poitiers en 1720 ;
3. FRANÇOIS, qui fuit ;
4. N... mort au fervice fous LOUIS XIV ;
5. & 6. Deux filles, mortes fans alliance ;
7. Et LUCRÈCE, femme de *Jean-Jofeph de Villeneuve*, Chevalier, Baron de Joux.

XVI. FRANÇOIS DE FOUDRAS, d'abord Chevalier de Malte, quitta l'Ordre après la mort de CHARLES, fon aîné, & fut Seigneur de Courcenay, Mardore, la Chapelle, la Grelle, la Place, &c. Par fon teftament il donna la jouiffance de fes biens à fa femme, après elle à l'Evêque de Poitiers, fon frère, & à la Dame de Villeneuve, fa fœur, auxquels il laiffoit la liberté de choifir parmi les fils de JOSEPH DE FOUDRAS, Chevalier, Seigneur de Beaulieu, celui qui leur paroîtroit foutenir le nom de FOUDRAS avec plus d'honneur, & qu'il faifoit héritier des Terres qu'il avoit dans le Beaujolois. La Dame de Villeneuve étant morte avant lui, l'Evêque de Poitiers partagea avec fa veuve, & fe mit en poffeffion defdites Terres. Ce Prélat étant mort fans avoir fait aucun choix, JEAN-LOUIS DE FOUDRAS, fils aîné & héritier de JOSEPH, Seigneur de Beaulieu, &c., comme préfumé pouvoir foutenir le nom de FOUDRAS, fut envoyé en poffeffion defdites Terres, par Sentence contradictoire du Préfidial de Poitiers, au préjudice des héritiers dudit Seigneur Evêque. Il avoit époufé, par contrat paffé à Jaulnay en Poitou, le 5 Octobre 1719, reçu par *Carlier*, Notaire Royal, *Marie-Madeleine-Elifabeth de Fumée*, fille de *Claude*, Chevalier, Seigneur du Château-tout-vert, Jaulnay, la Cochonière, & de *Marie-Elifabeth-Madeleine Hubert*, de laquelle il n'eut point d'enfans.

BRANCHE
des Seigneurs de MORLAN.

XIII. PHILIPPE DE FOUDRAS, Chevalier, Seigneur de Morlan & Oully, Capitaine au Régiment d'Uxel, quatrième fils de JEAN, IV⁰ du nom, & de *Claude du Polloux*, tefta le 29 Octobre 1639, rappelle tous fes enfans, & inftitue l'aîné pour fon héritier. Il avoit époufé, par contrat du 3 Novembre 1616, reçu *Sorbière*, Notaire Royal, *Anne de Mincey*, fille de *Jean*, Chevalier, & d'*Aimée du Molard*, Dame de Vaux-fous-Tanges & de Befancueil, & en eut:

1. FRANÇOIS, qui fuit;
2. PHILIBERT, Prieur de Sales;
3. JEAN, Chevalier de Malte;
4. LAURENT, tige de la branche des Seigneurs de *Beaulieu*, rapportée ci-après;
5. PONTUS, d'abord Lieutenant dans le Régiment d'Uxel, enfuite Capitaine, qui fervit fous M. de Turenne;
6. LUCRÈCE, mariée à *Jean d'Afte*, Chevalier, Seigneur des Milais & de Saint-Didier en Bourbonnois. Etant reftée veuve, fans enfans, & fon mari ayant tefté en fa faveur, elle fit fon héritière CLAUDINE, fa fœur;
7. Et CLAUDINE, mariée à *Jean de Ripers*, Chevalier.

XIV. FRANÇOIS DE FOUDRAS, Chevalier, Seigneur de la Tour, d'Oully & de Morlan, mort au fervice du Roi, avoit époufé *Antoinette de Buffeuil* (a), fille de *Henri-François de Buffeuil*, Chevalier, Seigneur de Saint-Sernin, Buffeuil, Moulin, &c., & de *Catherine des Serpents*, dont:

1. FRANÇOIS GABRIEL, Chanoine de Saint-Ruf;
2. Et une fille Religieufe à Marcigny.

BRANCHE
des Seigneurs de BEAULIEU.

XIV. LAURENT DE FOUDRAS, quatrième fils de PHILIPPE, & d'*Anne de Mincey*, Chevalier,

Seigneur de Beaulieu, Colonel d'un Régiment Lyonnois, époufa, par contrat paffé au Château de Beaulieu, Paroiffe de Fleurie, le 5 Octobre 1664 (reçu *Deshayes*, Notaire Royal), *Anne-Elifabeth de Sirvinges*, fille de feu *Charles*, Chevalier, Seigneur de Maleftroit, premier Capitaine du Régiment d'Uxel, & de *Philiberte de Beaulieu*, veuve en premières noces de *Michel de Nazaries*, Ecuyer, Seigneur de la Fayolle, dont:

1. JEAN-JACQUES, Capitaine dans le Régiment de la Vieille-Marine, mort au fervice;
2. JOSEPH, qui fuit;
3. JACQUES, auteur de la branche de FOUDRAS-BOUILLON, rapportée ci-après;
4. JEAN, Hôtelier de l'Abbaye de Savigny;
5. PIERRE-AMABLE, Capitaine dans le Régiment de Provence, Chevalier de St.-Louis, allié à *Marie-Anne-Elifabeth-Marcel de Caraffa*, mort fans poftérité;
6. LAURENT, Grand-Prieur de l'Abbaye de Savigny, vivant en 1773;
7. PHILIBERTE, mariée, par contrat du 19 Janvier 1704, reçu par *Deshayes*, Notaire Royal, avec *François de Boiveau*, Chevalier, Seigneur de Cypierre, Vaulefure, Lavau, Mafoncle, &c., fils de *François*, Seigneur defdits lieux, & d'*Anne Toiffant*;
8. 9. 10. & 11. CLAUDINE, SIMONNE, LUCRÈCE & ANNE, mortes fans alliance;
12. 13. & 14. ELISABETH, MARIE & SALOMONE, Chanoineffes du noble Chapitre d'Alix;
15. MADELEINE, Religieufe à Sales;
Et 7 autres enfans, morts jeunes ou fans alliance.

XV. JOSEPH DE FOUDRAS, Chevalier, Seigneur de Beaulieu, Ecreux & Fleurie, Capitaine au Régiment de Leink, Infanterie Allemande, & Chevalier de Saint-Louis, tefta à Charlieu, le 26 Décembre 1730, pardevant *Allemonière*, Notaire Royal. Il rappelle dans fon teftament tous fes enfans, en nomme tutrice fa femme, & inftitue pour fon héritier fon fils aîné. Il avoit époufé, par contrat paffé à Roanne le 9 Août 1718, *Marguerite de la Mure*, fille de *Pierre de la Mure*, Chevalier, Seigneur de Chantois, le Croc, Jeure, & de *Charlotte du Croc de Brunal*, dont il a eu:

1. JEAN-LOUIS, qui fuit;
2. JEAN-PAUL, Lieutenant dans le Régiment de Poitou, mort dans les guerres d'Italie;
3. CLAUDE-AGRIPPIN, Capitaine dans le Régiment de Piémont, mort à la bataille de Rosbach, en 1757;
4. MARIE-CUNÉGONDE, femme de *N... de Guil-*

(a) Elle fe remaria à *N... d'Arod*, Chevalier, Seigneur de Mezieu, dont n'ayant point eu d'enfans, elle fit donation de tous fes biens à une des filles de fon fecond mari, nommée *Anne-Diane d'Arod-de-Mezieu*, mariée à *Chriftophe de Rivirie de la Rivière*, Chevalier, Major du Régiment Lyonnois, dont *Marie-Polixène de Rivirie de la Rivière*, femme de *Louis de Charpin*, Chevalier, Seigneur de Feugerolles, père de *Jean-Baptifte-Michel de Charpin*, Chevalier, Seigneur de Feugerolles, vivant en 1773, avec *Marie de Brunaud*, fon époufe.

lermin, Chevalier, Seigneur de Montpinay, Lieutenant dans le Régiment de Provence, dont *N...* de *Guillermin*, marié à une fille de la Maifon *de Buffeuil* ;

5. Et BARBE-MICHELLE, femme de *Claude Gilbert de Sévérac*, Chevalier, fils de *Gilbert*, & de *Marie de Blanchefort*, dont un fils unique, Officier dans les Gardes-Françoifes en 1773.

XVI. JEAN-LOUIS DE FOUDRAS, Chevalier, Seigneur de Beaulieu, Ecreux, Fleurie, Courcenay, Mardore, la Chapelle, la Grelle, la Place, Chantois, Jeure, le Croc, &c., Capitaine au Régiment de Provence, a époufé, par contrat de l'an 1748, reçu *Mandeiron*, Notaire Royal, *Françoife-Louife de Garnier des Garets*, fille de *Louis*, Chevalier, Seigneur du Colombier, Capitaine au Régiment de Champagne, & de *Marie-Georges de la Grange*, de laquelle il a trois fils & une fille vivans en 1773. Les deux aînés font Lieutenans dans le Régiment de Bourbonnois. Ils continuent la branche des FOUDRAS-BEAULIEU, & celle des FOUDRAS-COURCENAY, par fubftitution.

BRANCHE
des Seigneurs de FOUDRAS-BOUILLON.

XV. JACQUES DE FOUDRAS, Chevalier, troifième fils de LAURENT, & d'*Anne-Elifabeth de Sirvingès*, Chevalier de Saint-Louis, Lieutenant au Régiment de Bonnelle, Dragons, enfuite Capitaine Commandant à Hefdin, avoit époufé *Jeanne-Charlotte Henry*, fille de *Jean Henry*, Bourguemeftre de la ville de Bouillon, & de *Jeanne le Page*, dont:

1. JEAN-FRANÇOIS-AUGUSTIN, qui fuit;
2. PHILIBERT-JOSEPH, Religieux de l'Abbaye de Savigny, Seigneur d'Oyen, de Lafnay, Prieur de Saint-Vincent-des-Pincures, & Seigneur Prieur de Noailly ;
3. CLAUDE-FERDINAND, Capitaine au Régiment de Bouillon, marié à *Anne d'Inguimbert Pràmiral*, fœur de *Marie*, femme de fon frère aîné ;
4. HUBERT, Lieutenant au Régiment de Bouillon, réformé à la dernière paix, & nommé en 1771, Aide-Major du Régiment des Milices de Lyon ;
5. MARIE-ANNE-JOACHIM, mariée à *François de la Rochefoucauld*, Marquis de Rochebaron, Commandant pour le Roi à Lyon, dans le Lyonnois, Forez & Beaujolois ;
6. Et ANNE-CÉCILE, élevée à Saint-Cyr, qui en eft fortie en 1751.

XVI. JEAN-FRANÇOIS-AUGUSTIN DE FOUDRAS, Chevalier, a époufé, 1º par contrat de l'an 1746, *Marie d'Inguimbert de Pràmiral*, fille de *Camille*, Capitaine dans le Régiment de Sourches, & d'*Elifabeth Chapuis de la Faye*, & fœur d'*Anne d'Inguimbert-Pramiral*, femme du frère cadet de fon mari ; & 2º par contrat de 1748, *Marie-Anne de Mont-d'Or*, fille de feu *Jean-Claude de Mont-d'Or*, Chevalier, Seigneur de Montragier & d'Ornaifon, & de *Françoife-Virgine de Regnauld*, dont :

1. JEAN-JOSEPH, Garde-Marine au Département de Toulon en 1766 ;
2. Et LAURENCE, élevée à Saint-Cyr. Elle en eft fortie en 1769.

BRANCHE
des Seigneurs de FOUDRAS-SAINT-URUGE,
aujourd'hui DEMIGNY.

XII. RENÉ DE FOUDRAS, Chevalier, Seigneur de Saint-Uruge, Bragny, Billy, Saint-Martin-fur-Guge, la Grange, & de Peybrenoft, fecond fils de JEAN, IIIᵉ du nom, & de *Jeanne de Choifeul de Traves*, époufa, par contrat du 1ʳᵉ Mai 1576 (reçu *l'Archier*, Notaire) *Diane de Thiard*, fille de *Claude de Thiard*, Chevalier, & de *Guillemette de Montgomery*, dont :

1. LOUIS, qui fuit ;
2. PHILIPPE, Chanoine de Tournus ;
3. ANTOINE, Chevalier de Malte, qui fit fes preuves le 4 Juillet 1602 ;
4. Et JEANNE, mariée à *François de Franc*, Seigneur d'Anglure & d'Effertaut, fils de *Louis*, & de *Claudine de Lugny*.

XIII. LOUIS DE FOUDRAS, Chevalier, Baron de Saint-Uruge, Lieutenant de la Compagnie de M. le Prince du Maine, époufa, 1º fans enfans, *Jeanne de Damas* ; & 2º *Marie de Ponthou-de-Moyffenant*, Dame du Maupas, fille de *Robert*, Chevalier, Seigneur de la Tour, du Lux, Gentilhomme d'armes de la Compagnie de M. le Prince de Condé, & de *Françoife Languet*, dont pour fils unique :

XIV. JEAN DE FOUDRAS, Chevalier, Seigneur de Saint-Uruge, Lieutenant-Colonel du Régiment de M. le Duc d'Enghien, qui époufa, par contrat paffé à Châlons le 4 Juillet 1637 (reçu *Jean Maire*, Notaire Royal), *Anne d'Andelot*, fille de *Jean-Baptifte*, Chevalier, Seigneur de Preffiat, Leffard, Marmont & Demigny, Guidon de la Compagnie de la Reine-Mère, & de *Marguerite d'Heriot*, dont :

1. Louis, qui fuit ;
2. Jacques, Chevalier de Malte, Gouverneur pour le Roi de la Ville & du Château de la Roche ;
3. Et Marguerite, Religieuse à Sales.

XV. Louis de Foudras, Chevalier, Seigneur de Demigny, du Maupas, Cruzille, élu Général de la Nobleſſe de Bourgogne pendant 6 années conſécutives, épouſa, par contrat paſſé au Château de Dracy le 26 Août 1669 (reçu *Clemenceau*, Notaire Royal), *Catherine de Berbis*, fille de *Jean*, Ecuyer, Seigneur de Dracy-lès-Couches, Cromey, Grangy, Maſſenay, & de *Marie-Bénigne David*, dont :

1. Jacques, qui fuit ;
2. Louis, Chevalier de Malte, lequel fit ſes preuves le 13 Mai 1693, & fut Capitaine de Cavalerie au Régiment d'Eſtagnol ;
3. & 4. Anne-Marie & Marguerite, Chanoineſſes à Neuville.

XVI. Jacques de Foudras, Chevalier, Seigneur de Demigny, Chaudenay, Maupas, le Vernay, Cruzille, Capitaine de Cavalerie au Régiment d'Eſtagnol, épouſa, par contrat paſſé à Pradines, le 10 Janvier 1707 (reçu *Mitaud*, Notaire Royal), *Marie-Angélique de l'Eltouf de Pradines*, fille de *Pierre*, Chevalier, Seigneur de Tenance, & d'*Anne de Choiſeul*, dont :

1. Louis, qui fuit ;
2. Jacques, Chevalier de Malte, Commandeur de Bort & Pontaubert, Capitaine au Régiment de la Meſtre-de-Camp, Dragons ;
3. Alexandre-Henri, reçu Chevalier de Malte, fur ſes preuves faites le 4 Septembre 1723, par frère *Mathieu de Barbiſey*, Commandeur de Châlon & Beaune, & frère *Antoine de Damas*, Commandeur de la Berlotte. Il eſt mort en 1756 ;
4. Charlotte-Louiſe, mariée, en 1730, à *François-Bernard de Choiſeul-Buſſière*, dont, entr'autres, une fille, alliée à *N... de Clugny de Theniſſey*, Chevalier, Seigneur dudit lieu, d'Arcy, &c. ;
5. Et Anne-Angélique, Chanoineſſe-Comteſſe de Neuville.

XVII. Louis de Foudras, Chevalier, Seigneur de Demigny, Chaudenay, Maupas, le Vernay, Cruzille, &c., Capitaine au Régiment de la Meſtre-de-Camp, Dragons, Chevalier de Saint-Louis, a épouſé, par contrat paſſé à Langres le 8 Décembre 1740 (reçu *Lanjouvoce* & *Galois*, Notaires audit lieu), *Anne-Antoinette de Capiʒucchi de Bologne*, fille de *Camille-Antoine*, Marquis de Bonne-court, Baron d'Ecot, Seigneur de Tivet, d'Ouiſſon, &c., & d'*Anne-Françoiſe de Cult*, Dame de la Baronnie d'Oully, &c., dont :

1. Antoine-Angélique, Capitaine de Cavalerie, mort au ſervice ;
2. Alexandre-Henri, qui fuit ;
3. Et Jeanne-Charlotte-Jacquette, mariée au Marquis *de Chevigny-Villette*.

XVIII. Alexandre-Henri de Foudras, Chevalier de Malte, a quitté la croix après la mort de ſon frère aîné, & s'eſt marié à *Marguerite de Capiʒucchi de Bologne*, ſa couſine germaine.

BRANCHE
des Seigneurs de FOUDRAS-SOUTERNON & CONTENÇON.

XII. Antoine de Foudras, Chevalier, Seigneur de Souternon, Contençon, ſeptième fils de Jean, IIIe du nom, & de *Jeanne de Choiſeul de Traves*, rappelé dans le teſtament & donataire d'Antoine de Foudras ſon oncle, Seigneur de Souternon, épouſa, par contrat du 15 Juillet 1577 (reçu *Dugué*, Notaire Royal), *Françoiſe de Montagny*, fille de *Claude*, Chevalier, Seigneur dudit lieu, & de *Claudine de Dio-Palatin*. Ses enfans furent :

1. Christophe, qui fuit ;
2. Philippe-Claude, Religieux de l'Abbaye de Tournus, enſuite Grand-Prieur de Cluny ;
3. Isaac, Chevalier de Malte, Capitaine dans le Régiment d'Effiat, qui fit ſon teſtament militaire à Pignerol, le 16 Juillet 1630, donna 100 livres pour aſſiſter les pauvres ſoldats qui meurent de faim en route ; à ſes ſœurs Religieuſes 300 livres ; au plus vieux de ſes valets 100 livres, & aux quatre autres 15 écus ; à ſon Lieutenant & à ſon Enſeigne chacun un caſtor, toutes les armes de ſa Compagnie & ce que le Roi lui devoit ; à ſon frère aîné ce qu'il lui devoit de ſa légitime ; fit héritier des biens du Sieur de Foudras-Morlan, ſon oncle, Gaspard, ſon frère, Comte de Lyon, à la charge que les revenus des trois premières années du Château de Morlan, ſeront employés à la conſtruction d'une Chapelle ;
4. Gaspard, Chanoine-Comte de Lyon ;

5. ANTOINE, Chevalier de Malte;
6. LOUISE, mariée, en 1608, à *Alexandre de David*, Chevalier, Seigneur de Vallières; Et d'autres Religieufes.

XIII. CHRISTOPHE DE FOUDRAS, Chevalier, Seigneur de Souternon, Contençon & Pierrelatte, époufa, par contrat du 17 Juin 1607, *Marguerite d'Albon*, fille de *Bertrand*, Chevalier, Seigneur de Saint-Forgeux, & d'*Antoinette*, fille de *Claude Reblec de Gales*, Chevalier de l'Ordre du Roi. De ce mariage vinrent:

1. GASPARD, qui fuit;
2. ANTOINE, Chanoine, Grand-Cuftode de l'Eglife & Comte de Lyon;
3. GASPARD, aufli Chanoine & Comte de Lyon;
4. FRANÇOIS, Religieux & Sacriftain de Savigny;
5. RAYMOND, Chevalier de Malte;
6. MARIE, femme de *Balthaʒar du Buiffon*, Seigneur de Saint-Purgeau, Ecuyer, dont *Chriftophe du Buiffon de Saint-Purgeau*, marié à *Bénigne de Damas*;
7. Et FRANÇOISE, alliée à *Charles de Drée*, Ecuyer, Seigneur de la Serrée & de Saint-Marcellin.

XIV. GASPARD DE FOUDRAS, Chevalier, Seigneur de Souternon, Contençon, Pierrelatte, Saint-Germain, &c., époufa, par contrat du 23 Septembre 1651 (reçu *Foillet*, Notaire Royal), *Claude-Marie d'Andelot*, fœur d'*Anne d'Andelot*, femme de JEAN DE FOUDRAS, Seigneur de Demigny, & fille de *Jean-Baptifte d'Andelot*, & de ladite *Marguerite d'Heriot*. Il en eut:

1. GASPARD, Capitaine de Cavalerie, mort à la bataille d'Hochftett;
2. Autre GASPARD, Chanoine-Comte de Lyon;
3. FRANÇOIS, aufli Chanoine & Comte de Lyon;
4. Et MARIE-ANNE, femme de *Charles de Montfort*, Chevalier, Baron de Crette, Seigneur de Montrozat.

BRANCHE
des Seigneurs de RONTALON, LE PIN, &c.

IX. GUIDO DE FOUDRAS, troifième fils de GUICHARD, Seigneur de Courcenay, & de *Lionnette de Sallemar*, d'abord Chevalier de St.-Jean de Jérufalem, quitta la Croix, & eut de *Thomas du Vernay*, Chevalier, Seigneur d'Argenis, fon oncle, le Château & Fief noble du Pin, dans la Paroiffe de Morancé, par acte du 18 Septembre 1471 (reçu *Faderi*, Notaire). *Antoinette du Vernay*, veuve de *Jean de Saint-Paul*, Dame de la Guirlanche-en-

Foreft, lui fit aufli don de tous fes biens, par acte de l'an 1480 (reçu *Gobet*, Notaire). Il tefta le 10 Juin 1502, fit un codicille, le 10 Avril 1605, où il rappelle fes enfans; & eut de fon mariage, contracté le 8 Septembre 1481, par contrat paffé devant *Jarey*, Notaire, avec *Françoife de Laye*, fille de *Jean de Laye*, Chevalier, Seigneur de Miferière en Dombes, & de *Marie d'Alenges*:

1. JEAN, qui fuit;
2. 3. & 4. ANTOINE, PHELIBERT & PIERRE, morts au fervice;
5. CLAUDE, Religieux de Savigny;
6. 7. & 8. MARGUERITE, CATHERINE & LOUISE;
9. Et SIBYLLE, mariée, par contrat paffé en 1495, devant *Gutta*, Notaire, à *Antoine de la Mure*.

X. JEAN DE FOUDRAS, Ier du nom de fa branche, Chevalier, Seigneur de Rontalon, le Pin, &c., tefta le 15 Avril 1584, & rappelle dans fon teftament fes quatre enfans, inftitue héritier fon fils aîné; & fa veuve tefta le 9 Juillet 1594, fit des legs à fes deux fils & à la fille de fon fils aîné, qu'elle inftitua fon héritière. Il avoit époufé, par contrat paffé le 24 Juin 1524 (reçu *Penicel*, Notaire Royal), de l'avis de fes plus proches parens, *Anne de Balarin*, fille d'*Antoine de Balarin*, Chevalier, Seigneur de Pollionnay, dont vinrent:

1. JEAN, qui fuit;
2. EMERAUD;
3. & 4. CLÉMENCE & CLAUDINE.

XI. JEAN DE FOUDRAS, IIe du nom, Chevalier, Seigneur de Rontalon, le Pin, &c., eut différens certificats de fervice du Duc de Nemours & de Mayence. Il rappelle dans fon teftament les enfans qu'il a eus de fon premier mariage, & y fait ufufruitière de fes biens *Jeanne d'Aveyfe*, fa feconde femme, de laquelle il n'eut point d'enfans. Il avoit époufé, par contrat du 25 Janvier 1555 (reçu *Marion*, Notaire), *Claudine de Fournier*, Dame de Tigny, fille de *Pierre*, Ecuyer, & de *Gilberte de la Cour*. Son époufe tefta le 21 Janvier 1564, & lui le 28 Février 1603. Il eut du premier lit:

1. PIERRE, mort avant fon père;
2. JEAN, qui fuit;
3. 4. 5. 6. & 7. FRANÇOISE, SIBYLLE, MARGUERITE, CATHERINE & LOUISE;
8. Et autre SIBYLLE, mariée, par contrat de l'an 1595 (reçu *Gutta*, Notaire), à *Antoine de la Mure*, Seigneur de Châteaubas.

XII. JEAN DE FOUDRAS, IIIᵉ du nom, Chevalier, Seigneur du Pin & de Tigny, fut Gendarme de la Compagnie de M. de Bothéon, Lieutenant-Général pour Sa Majefté au Gouvernement du Lyonnois, Forez & Beaujolois, fuivant fon certificat de l'an 1596. Il tefta le 16 Octobre 1639, & avoit époufé, par contrat paffé le 13 Janvier 1589 (reçu *Ponchevin*, Notaire Royal), *Marguerite de Chalençon*, fille de *Louis*, & de *Claudine d'Aubigny*. Elle tefta le 11 Septembre 1642. De ce mariage fortirent :

1. JACQUES, marié à *Louife de Gletteins ;*
2. LOUISE-MARGUERITE, qui fuit ;
3. & 4. DIANE & CLAUDINE ;
5. Et MARGUERITE, Dame de Rontalon, le Pin, &c., héritière univerfelle de fes père & mère, mariée au Château du Pin, par contrat du 13 Août 1644, avec *Jean Perins*, Généraliffime des troupes de l'Empereur MATHIAS, Roi de Bohême, de Hongrie, de Dalmatie, Croatie, &c., originaire de Saint-Jean de Carere, lequel fut anobli par cet Empereur avec fon frère *Noël*, par Lettres-Patentes du 31 Décembre 1612, à caufe de fon expérience dans la guerre, & pour avoir remporté plufieurs victoires en Hongrie, contre les ennemis du nom Chrétien.

XIII. LOUISE-MARGUERITE DE FOUDRAS, nommée dans fon contrat de mariage ANTOINETTE-LOUISE, héritière de CLAUDINE, fa fœur, époufa, en 1679, *Claude de Damas*, IIIᵉ du nom, Chevalier, Comte & Seigneur de la Châtellenie & Comté de Lavieu, du Rouffet, Beaucreffon, le Molard, la Baftie, Saint-Héand, Baron de Villars, &c. Ils vendirent le Fief du Pin à Meffire Gafpard de Chaponnay, Chevalier, Seigneur de Morancé, le 28 Avril 1689 (reçu *Caftille*, Notaire).

Généalogie dreffée d'après un Mémoire fait fur les titres & archives qui fe trouvent dans les Châteaux de la Place, Château-Thiers en Beaujolois, Demigny & Beaulieu, Ecreux, & d'après différentes archives d'Abbaye, & les Hiftoriens qui ont écrit fur cette ancienne Maifon.

Les armes : *d'azur, à 3 fafces d'argent.* Supports : *deux Anges vêtus en lévites.* Cimier : *un troifième Ange*, tenant cette devife : *funt mihi in cuftodiam.*

FOUGEARDE. CLAUDE DE FOUGEARDE, Chevalier, Seigneur de la Rouve, Vauz & d'Avèze, Gentilhomme de la Chambre du Roi,

Tome VIII.

avoit époufé *Bénigne Bertaut*, dont il eut :

ELÉONORE DE FOUGEARDE, mariée, en 1607, à *Antoine de Foudras*, Chevalier, Seigneur de Courcenay, &c., dont poftérité. Voyez FOUDRAS.

Les armes : *d'azur, au chevron d'argent, accompagné de trois étoiles du même, 2 en chef & 1 en pointe.*

* FOUGERAIS, en Bretagne, Diocèfe de Nantes : Terre & Seigneurie érigée en *Marquifat* l'an 1644, en faveur de *Henri de la Chapelle*, Seigneur de Rochegiffart, tué au combat de Saint-Antoine, dont le fils, *Henri de la Chapelle*, dit le *Marquis de Rochegiffart*, n'eut qu'une fille, qui mourut fans poftérité, & eut pour héritière fa fœur, *Henriette de la Chapelle*, mariée, en 1680, à *René du Boais*, Chevalier, Comte de Saint-Gilles, dont le fils, *Gédéon-Henri du Boais*, Comte de Meneuf, époufa, le 21 Avril 1703, *Charlotte-Polixène de Goulaine*, fille de *François*, Comte de Goulaine, & de *Marguerite d'Apelvoifin*.

* FOUGÈRES. Les Terres & Seigneuries de Cré, la Beletière & la Traushandière, furent unies à la Châtellenie de *Fougères*, & érigées en *Baronnie*, fous le nom de FOUGÈRES, en faveur de *Sufanne de Pas*, veuve de *N... de la Vairie*, par Lettres du mois de Mai 1620, regiftrées le 1ᵉʳ Juillet 1623.

FOUGÈRES, en Champagne : *de gueules, au chevron d'argent, accompagné en pointe d'un brin de fougère d'or.*

FOUGÈRES, en Berry : *d'or, au chef émanché de gueules de trois pièces.*

FOUGERET, à Paris : Famille dont eft JEAN-PIERRE FOUGERET, Ecuyer, né le 28 Mai 1703, qui époufa, par contrat du 12 Mai 1733, *Anne-Angélique Puzos*, fille de *Nicolas*, Ecuyer, & de *Marie-Anne de la Fontaine*, dont il a eu deux enfans, favoir :

1. JEAN FOUGERET, Ecuyer, né le 16 Mars 1734 ;
2. Et NICOLAS-MARIE, né le 20 Juillet 1748.

Les armes : *d'argent, à trois branches de fougère de finople, mouvantes par le pied d'une aigle à deux têtes de fable, pofée à la pointe de l'écu.* (Voyez l'*Armorial génér. de France*, reg. V, part. I.)

FOUGIÈRES ou FOUGÈRES, Famille noble & ancienne, qui remonte à

E e

ETIENNE, Seigneur DE FOUGIÈRES, marié à *Alix*, Dame d'Oingt, en Mâconnois. Il en eut:

ANTOINE, Seigneur de FOUGIÈRES, Baron d'Oingt, qui époufa *Marguerite de Laire*. Ses enfans furent:

1. ANTOINE, qui fuit;
2. Et ANTOINETTE, femme de *Jean de Tenay*, Seigneur de Vers.

ANTOINE, IIe du nom, Seigneur DE FOUGIÈRES, & Baron d'Oingt, fe maria avec *Marguerite de Montregnard*, dont:

PIERRE DE FOUGIÈRES, Baron d'Oingt, qui époufa *Jeanne du Saix*, fille de *Jean du Saix*, Seigneur de Rivoire, & de *Catherine de Varax*, fa feconde femme, de laquelle fortirent:

1. JEAN, qui fuit;
2. Et ACHILLE, Chanoine & Comte de Lyon en 1476.

JEAN DE FOUGIÈRES, Vicomte d'Oingt, Seigneur de l'Etoile, s'allia à *Jeanne d'Arces*, & en eut:

1. GEORGES, qui fuit;
2. Et CLAUDE, mort Chanoine & Comte de Lyon.

GEORGES DE FOUGIÈRES, Vicomte d'Oingt & Seigneur de l'Etoile, époufa *Claudine de Chandieu*, fille de *Claude*, Seigneur de Chandieu, & de *Françoife d'Amanzé*. De ce mariage vinrent:

1. GIRARD, Vicomte d'Oingt, mort fans poftérité;
2. Et ANTOINE, qui fuit.

ANTOINE DE FOUGIÈRES, IIIe du nom, Vicomte d'Oingt & Seigneur de l'Etoile, fut père, par *Marguerite du Terrail*, fa femme, fille de *Pierre du Terrail*, Seigneur de Bayard, de

PHILIPPE DE FOUGIÈRES, Seigneur de Theizé, qui époufa *Jeanne de Varey*, fille de *Jean de Varey*, Seigneur d'Avanges & de Saligny, de laquelle fortit une fille nommée

GUILLEMETTE DE FOUGIÈRES, Dame de Theizé, femme de *Georges de Chabeu*, Seigneur de la Collonge, fils de *Guillaume de Chabeu*, Seigneur de la Tour-de-Pionneins, & de *Claudine Marefchal*.

De cette Famille étoit CLAUDE DE FOUGIÈRES, Baron d'Oingt, tué à la bataille de Cérifoles, le 20 Avril 1544. Il avoit époufé *Jacqueline de Mont-d'Or*, dont il eut:

HUGUETTE DE FOUGIÈRES, Dame d'Oingt, en Mâconnois, première femme, fans enfans, de *Pierre de Châteauneuf*, Seigneur de Rochebonne, &c. Elle tefta le 20 Avril 1577, inftituant fon mari pour héritier.

MARIE-FRANÇOIS, Comte DE FOUGIÈRES, Sous-Gouverneur des Enfans de France. Maréchal-de-Camp, & premier Maître-d'Hôtel de M. le Comte d'ARTOIS, eft père de:

MARIE-FRANÇOISE DE FOUGIÈRES, mariée, par contrat figné le 3 Août 1766, avec *Antoine Marie-Hippolyte*, Chevalier, puis Comte *de Saint-Chamans*, fecond fils d'*Antoine-Galliot*, Marquis *de Saint-Chamans*, mort Maréchal-de-Camp, & de *Marie-Louife Larcher*, morte le 5 Décembre 1751. Voyez SAINT-CHAMANS. (C'eft ce que nous favons fur la Famille DE FOUGIÈRES, faute de Mémoire.)

Les armes: *d'azur, au chef lofangé d'or & de gueules de deux traits.*

* FOUILLETOURTE, dans le Maine, au Diocèfe du Mans. Les anciens Seigneurs de *Fouilletourte* étoient les premiers Chevaliers du Maine. Ce titre eft attaché à la Terre, fuivant les aveux rendus au Roi & aux Comtes du Maine. Elle fut érigée en *Vicomté*, par Lettres du mois de Juillet 1635, regiftrées le 4 Août 1636, en faveur de *Sébaftien de Broco*, Seigneur de Perets.

FOUILLEUSE, ancienne Maifon du Vexin - François, qui a contracté alliance, dans le XIIIe fiècle, avec celle de *Crevecœur*, & depuis, avec les Maifons de *Gaucourt*, de *Bovès*, du *Bec-Crépin*, de *Dampont*, de *Suzanne de Cerny*, de *Gaudechart*, de *Ligny*, de *Rouxel-de-Médavy*, de *Mailly* & autres.

Cette Maifon prend fon nom de la Terre de *Fouilleufe* en Beauvoifis, & eft connue, par fes titres, il y a plus de 500 ans, de même que par fes alliances & fes fervices militaires.

GUILLAUME DE FOUILLEUSE époufa *Marie de Bovès* en 1420, laquelle lui apporta en dot la Terre de Flavacourt. Il eft le cinquième aïeul de

PHILIPPE DE FOUILLEUSE, créé Marquis *de Flavacourt*, par Lettres du mois de Janvier 1637, enregiftrées le 22 Janvier 1651. Il étoit Lieutenant - Général des Armées du Roi, Grand-Bailli d'Artois, Gouverneur de Gravelines, & auparavant Capitaine au Régiment des Gardes-Françoifes, & mourut en 1679, laiffant de *Judith de Cocherel de Bourdonné*, fon époufe, décédée le 22 Avril 1721, à l'âge de 88 ans :

ALEXANDRE-LOUIS-PHILIPPE DE FOUILLEUSE, Marquis de Flavacourt, Seigneur du Pleffis, Lieutenant-Général des Armées du Roi & Chevalier de Saint-Louis, Bailli & Gouverneur de Montfort-l'Amaury, mort à Paris, âgé de plus de 60 ans, le 18 Décembre 1734. Il avoit été reçu Page du Roi en fa Grande-Ecurie en 1685. Une affaire d'honneur l'ayant obligé de fortir de France, il fe retira en Efpagne, où il fut fait Lieutenant-Colonel de Dragons & enfuite Brigadier. Il fervit en cette qualité à la tête d'un Efcadron de fon Régiment, au fiège d'Aire en Artois, où il fut bleffé le 23 Décembre 1710, dans une fortie qu'il fit à la tête de 400 Grenadiers & de 300 Travailleurs qu'il commandoit, & qui nettoyoient la tranchée. Le Roi d'Efpagne le fit Maréchal-de-Camp de fes Armées au mois d'Oɛtobre 1711. Après la mort de LOUIS XIV, il revint en France, où il fut fait Maréchal-de-Camp, le 11 Février 1718. Il fervit en cette qualité aux fièges de Fontarabie & de Saint-Sébaftien en 1719, fut fait Lieutenant-Général à la promotion de 1734, fit en cette qualité la campagne d'Allemagne, & fervit au fiège de Philippsbourg. Il avoit époufé Madeleine-Françoife-Gabrielle Maignard de Bernières, fœur du Préfident de Bernières, dont il n'a point eu d'enfans. Il a laiffé pour héritière LOUISE DE FOUILLEUSE de Flavacourt, fa fœur, veuve de Charles de Droullin, Seigneur de Mefnil-Glaize, près d'Argentan, en Normandie.

MICHEL DE FOUILLEUSE, Marquis de Flavacourt, defcendu par plufieurs degrés de GUILLAUME DE FOUILLEUSE, & de Marie de Bovès, fon époufe, fut Capitaine au Régiment des Gardes Françoifes, Lieutenant de Roi au Gouvernement de Normandie, Gouverneur & Grand-Bailli de Gifors, & eft mort le 10 Août 1711. Il avoit époufé, en 1705, Marie-Marguerite de Rouxel-Grancey, morte à Paris, le 24 Juin 1743, âgée de 65 ans, dont vint :

FRANÇOIS-MARIE DE FOUILLEUSE, Marquis de Flavacourt, né le 8 Janvier 1708, Capitaine au Régiment de Royal-Cravates, avec commiffion de Meftre-de-Camp de Cavalerie quand il fut fait Brigadier en 1740, & Maréchal-de-Camp le 2 Mai 1744. Il a eu de fon mariage, contraɛté le 20 Janvier 1739, avec

Hortenfe-Félicité de Mailly-Nesle, née le 11 Février 1715 :

1. AUGUSTE-FRÉDÉRIC, Comte de Flavacourt, né le 8 Décembre 1739, Colonel à la fuite du Régiment de la Reine, Cavalerie, lorfqu'il mourut de fes bleffures reçues à la bataille de Minden le 2 Mars 1762, âgé de 22 ans ;

2. Et ADÉLAÏDE-GODEFROY-JULIE, née le 15 Décembre 1742, mariée, le 11 Février 1755, à Louis, Marquis d'Eftampes. Voyez ce mot.

(C'eft ce que nous favons fur cette ancienne Nobleffe, de laquelle nous n'avons point reçu de Mémoire.)

Les armes : d'argent, papelonné de gueules femé de trèfles renverfés de même.

FOULLÉ, Famille diftinguée dans la robe.

LÉONARD FOULLÉ, Secrétaire du Roi, Greffier des Préfentations du Parlement de Paris, avoit époufé Marguerite de Beauvais, dont il eut :

JACQUES FOULLÉ, Seigneur de Pruneveaux, qui fut reçu Avocat-Général au Grand-Confeil le 7 Janvier 1603, puis Maître des Requêtes le 5 Janvier 1613, & mourut en 1631. Il avoit époufé Marie Charon, fille d'Etienne Charon, Tréforier de l'extraordinaire des guerres, & de Denife Cueillette. Elle fe remaria à Gilbert Gaulmin, Maître des Requêtes, mourut le 16 Mai 1665. Elle a été inhumée le lendemain à Saint-Paul. De fon premier mari elle eut :

1. ETIENNE, qui fuit ;
2. JACQUES, Capitaine d'Infanterie ;
3. PIERRE, Capucin ;
4. LÉONARD, Seigneur du Coudray, Garde des Sceaux à la Cour des Aides de Guyenne, alliée, le 8 Décembre 1638, à Marie de Flécelles, fille de Gilles, Tréforier des Ponts & Chauffées, & de Marie Parfait ;
5. GENEVIÈVE, femme 1° de Charles Menardeau, Seigneur de Beaumont, Maître des Requêtes, mort le 5 Février 1631 ; & 2° le 12 Avril 1632, de Michel de Chaumejan, Marquis de Fourilles, Lieutenant-Général en 1656 ;
6. ANNE, mariée, 1° le 11 Février 1636, à Pierre Gaulmin, Seigneur de la Guyonnière, Confeiller au Parlement de Metz ; & 2° à Jacques-Barthélemy de Gelas, Marquis de Céfan, Capitaine aux Gardes, Gouverneur de Cambrai ;
7. Et ANNE, époufe de Jean Larcher, Maître-d'Hôtel & Secrétaire des Commandemens de la Ducheffe d'Orléans.

ETIENNE FOULLÉ, Seigneur de Prunevaux, Greffier des Préfentations du Parlement de Paris le 17 Juin 1624, Confeiller audit Parlement le 14 Mai 1632, premier Préfident de la Cour des Aides de Guyenne le 22 Août 1633, Maître des Requêtes le 5 Août 1636, honoraire le 31 Décembre 1656; Intendant en Languedoc, à Limoges & à Moulins, puis des Finances en 1660, mourut en 1673 à Rennes, & fut inhumé à Saint-Paul à Paris. Il avoit époufé, 1° le 10 Janvier 1633, *Marie Parfait*, morte le 15 Janvier 1645, fille de *Guillaume Parfait*, Seigneur de Beauvais, Confeiller au Parlement, & de *Marie le Gros*; & 2° *Marie-Madeleine de Lefpinay*, morte le 19 Décembre 1686, fille de *Pierre de Lefpinay*, Tréforier des menus plaifirs du Roi, & de *Michelle Hac*. Il eut du premier lit:

1. MICHEL, Seigneur de Martangy, d'abord Avocat-Général aux Requêtes de l'Hôtel, puis Confeiller au Grand-Confeil le 3 Décembre 1660; Maître des Requêtes le 7 Août 1666, mort le 29 Septembre 1668, & inhumé à Saint-Paul. Il avoit époufé *Marie-Anne-Françoife Commeau*; fille de *François Commeau*, Avocat au Parlement, & d'*Agnès le Vavaffeur*, dont:

MARIE-CHARLOTTE, vivante en 1736.

2. HYACINTHE-GUILLAUME, qui fuit;
3. MARIE-MADELEINE, femme, 1° le 13 Décembre 1655, de *Louis de Bourdeau*, Seigneur de Moncontour, Confeiller au Grand-Confeil; & 2° le 10 Mai 1686, de *Claude d'Efpinoy*, Confeiller au Parlement. Elle eft morte le 14 Février 1704, à 69 ans;
4. MARGUERITE, Religieufe Urfuline à Pontoife.

Et du fecond lit vinrent:

5. CHARLES-NICOLAS, rapporté après fon frère aîné;
6. MARIE, née le 3 Décembre 1651, femme de *François de Madrid*, Confeiller du Roi en fes Confeils, & d'Epée au Parlement de Metz, Intendant de Juftice, Police & Finances, & des troupes en Flandre au Département de Dunkerque & d'Ypres, mort le 9 Janvier 1699, à 50 ans, fans enfans; & elle eft décédée le 20 Janvier 1737, à 86 ans;
7. Et MARTHE-MADELEINE FOULLÉ DE PRUNEVAUX, mariée à *François-Alexandre de Galard de Béarn*, de la Roche-Beaucourt, Comte de Braffac, Colonel du Régiment d'Angoumois en 1692, dont *René de Galard de Béarn*, Marquis de Braffac, Capitaine de Cavalerie, inftitué légataire univer-

fel de MARIE FOULLÉ, fa tante, mentionnée ci-deffus.

HYACINTHE-GUILLAUME FOULLÉ, Seigneur de Martangy, Confeiller au Parlement de Metz le 30 Octobre 1661, Maître des Requêtes le 31 Décembre 1668, Ambaffadeur en Danemarke en 1679 & autres Cours du Nord, Confeiller d'Etat, Grand-Bailli du Nivernois & Gouverneur de Saint-Pierre-le-Moutier, époufa *Antoinette-Marie Daurat*, veuve de *Dominique Turgot de Soufmont*, Maître des Requêtes, & fille d'*Etienne Daurat*, Confeiller au Parlement, & de *Claude le Breton*, fa première femme, dont:

ETIENNE-HYACINTHE-ANTOINE FOULLÉ, Marquis de Martangy, né le 1er Septembre 1678, Avocat-Général aux Requêtes de l'Hôtel, Maître des Requêtes le 14 Janvier 1701, Intendant de Berry au mois de Juin 1708, Intendant d'Alençon en Novembre 1715, & mort en Avril 1736. Il avoit époufé, le 9 Décembre 1700, *Marie-Elifabeth le Rebours*, fille de *Thierry le Rebours*, Seigneur de Bertrand-Foffe, Préfident au Grand-Confeil, & de *Marie Malet*, dont il n'a pas laiffé d'enfans.

CHARLES-NICOLAS FOULLÉ, Seigneur de Prunevaux, fils d'ETIENNE, & de *Marie-Madeleine de Lefpinay*, fa feconde femme, né à Paris le 28 Juillet 1661, fut Confeiller au Grand-Confeil le 5 Septembre 1689, mourut le 29 Août 1703, & fut inhumé à Saint-Paul. Il avoit époufé, le 10 Mai 1689, *Marie-Jeanne Commeau*, morte le 6 Novembre 1719, fille de *François Commeau*, Avocat au Parlement, & d'*Agnès le Vavaffeur*, dont il a laiffé fept filles, favoir:

1. MARIE-CHARLOTTE, née le 1er Juin 1693, mariée, en 1712, à *Gabriel Faverot*, Seigneur de Reuville & de Saint-Aubin;
2. MARIE-NICOLE-HYACINTHE, née le 14 Janvier 1695, Religieufe à Montargis;
3. MARIE-VALENTINE-CLAUDE, née le 18 Mars 1696, Religieufe;
4. MARIE-MADELEINE, née le 17 Juin 1697, morte jeune;
5. FRANÇOISE, née le 2 Octobre 1698, morte jeune;
6. ANNE;
7. Et ELISABETH, morte fans alliance le 27 Mars 1728.

Les armes: *d'argent, à la fafce de gueules, chargée de 3 pals d'azur brochant fur le tout, & accompagnée de 6 mouchetures d'hermine de fable, 4 en chef & 2 en pointe entre les pals.*

FOULOGNES, ancienne Famille de Normandie, dont il eſt parlé dans l'*Hiſtoire de la Maiſon d'Harcourt*, par la Roque, & maintenue dans ſa nobleſſe dans les années 1462, 1527, 1662, le 21 Août 1666, 1698 & 1699. Elle a donné ſon nom à une Paroiſſe ſituée dans la Généralité de Caen, Election de Bayeux. Cette Famille, en 1472, jouiſſoit encore, en cette Election, de la Terre, Seigneurie & Paroiſſe de Caſtillon, & des fiefs de Vallun ſis dans ladite Paroiſſe, relevans du Roi, à cauſe de la Vicomté de Bayeux.

Lors de la recherche des Uſurpateurs de la Nobleſſe & du titre d'*Ecuyer* en 1462, En-GUERRAND DE FOULOGNES juſtifia ſa deſcendance d'*ancien noble d'extraction*, n'ayant jamais eu des Lettres d'anobliſſement.

En 1457, NICOLAS DE FOULOGNES avoit une Compagnie d'hommes d'armes. Il étoit Seigneur de Caſtillon près de Bayeux, & donna, le 18 Janvier 1468, quittance à Robert Godefroy, Receveur pour le Roi, d'une ſomme de ſix livres pour le loyer de la maiſon où ſe tenoit la Juridiction des Aides. Il fut père de JEHAN DE FOULOGNES, qui rendit hommage de cette Terre & des Fiefs de Vallun, relevans du Roi à cauſe de la Vicomté de Bayeux, le 22 Décembre 1472.

Lors de la recherche de M. de Chamillart, en 1662, un FRANÇOIS DE FOULOGNES, de la Sergenterie d'Etreham, un GUILLAUME & un JEHAN DE FOULOGNES, de la Sergenterie de Briqueſſart, Election de Bayeux, furent maintenus dans leur Nobleſſe.

En 1527, en conſéquence des Ordonnances, portant injonction aux Nobles de juſtifier leur nobleſſe, la Maiſon de FOULOGNES juſtifia que la ſienne étoit *d'extraction & de toute ancienneté*.

En 1681, ſur la conteſtation entre JEAN DE FOULOGNES, Ecuyer, Seigneur de Caſtillon, & Jean du Bouſquet, Ecuyer, intervint un Arrêt du Parlement de Paris, en faveur du Seigneur de Caſtillon, qui débouta ledit du Bouſquet, de l'entérinement de Lettres de Requête civile.

Par la recherche de M. de Roiſſy, Commiſſaire départi pour la Généralité de Caen, ès-années 1698 & 1699, il eſt dit à l'article de ROLLAND DE FOULOGNES, Seigneur de Saint-Jean-de-Mathieu, *vû ſes titres d'ancienne nobleſſe, jouira*, & par la même recherche, à l'article de THOMAS DE FOULOGNES, fils de GILLES, demeurant à Biéville, & de JEAN DE FOULOGNES, frère dudit THOMAS, demeurant audit lieu, Sergenterie d'Etreham, il eſt dit *ancienne Nobleſſe, jouiront.*

NICOLAS DE FOULOGNES, fils puiné de THOMAS, fut reçu Chevalier de Malte en 1696, & avoit payé, ſuivant une quittance de Charles de Bellotte, Chevalier de l'Ordre de Saint-Jean de Jéruſalem, pour ledit Ordre en France, la ſomme de 200 écus d'or ſol, pour ſon paſſage, en date du 10 Août 1605.

Cette Famille ſubſiſte aujourd'hui en trois branches : l'une connue ſous le nom de Saint-Jean-de-Mathieu, Terre & Seigneurie près de Caen, qui lui appartient dès avant l'an 1200, tems auquel un JEHAN DE FOULOGNES étoit Chevalier de Saint-Jean de Jéruſalem ; ce qui faiſoit remonter la Nobleſſe de cette ancienne Maiſon, dont il avoit fallu des preuves au-delà de l'an 1100, époque où il ne paroiſſoit point encore de titres d'anobliſſement. Outre cette Terre & Seigneurie de Saint-Jean-de-Mathieu, elle poſſédoit encore la Terre, Seigneurie & Château de la Monnerie, Paroiſſe de Magny-le-Déſert & autres grandes Terres & Seigneurie de la Province de Normandie.

La ſeconde branche, connue ſous le nom de FOULOGNES, eſt établie à Caen ;

Et la troiſième, connue ſous le nom de Madré, Seigneur de la Thirhays, Saint-Julien-du-Tenoux & de la Beſmoudière, eſt établie au Maine.

NICOLAS-ANDRÉ DE FOULOGNES, iſſu de cette dernière branche, épouſa *Marie-Catherine de Vattetot* (Maiſon des anciens Rois d'Yvetot en Normandie), laquelle étant fille demeuroit en ſon Château de la Sommerie, Paroiſſe d'Ernée au Maine, où cette branche a la plus forte partie de ſes poſſeſſions actuelles. De cette alliance ſont ſortis :

1. ANDRÉ-LOUIS-FRANÇOIS, Chevalier, Seigneur de la Motte, Madré, &c., qui a épouſé *Marie-Marguerite de Beauvais* ;

2. Et JACQUES, Chevalier DE FOULOGNES, demeurant au Château de la Sommerie, Paroiſſe d'Ernée au Maine.

Par Ordonnance des Commiſſaires-Généraux du Conſeil député, ſur le fait des armoiries, du 30 Août 1697, les armes de JEAN DE

FOULOGNES, Ecuyer, Seigneur de Saint-Jean, ont été réglées : *d'azur, à trois fasces d'or, à la bande de gueules brochante sur le tout, chargée de 3 coquilles d'argent.* Le préfent règlement figné d'*Hozier.*

FOULON. Il y a deux Familles en Normandie qui portent ce nom, favoir :

L'une en l'Election d'Argentan, dont les armes font : *d'azur, à la fafce d'or, furmontée d'un lévrier d'argent.*

L'autre, établie en l'Election de Falaife, qui porte les mêmes armes.

* FOULQUETTE (la), Fief & Château fitué dans un lieu des plus agréables, avec haute, moyenne & baffe Juftice, entre l'Isle & Carpentras, au Comtat-Venaiffin, Diocèfe de Cavaillon, Judicature de l'Isle, érigé en *Comté* par le Pape BENOÎT XIV, en faveur de *Paul-Denis d'Anfelme,* & de fes fucceffeurs.

FOUQUET, en Bretagne : Famille qui a donné de nos jours un Maréchal de France.

FRANÇOIS FOUQUET, Vicomte de Vaux, Maître des Requêtes, puis Confeiller d'Etat ordinaire, fut fort eftimé du Roi LOUIS XIII, & du Cardinal de Richelieu. Il avoit époufé *Marie de Maupeou,* Dame d'une piété fingulière, dont il eut :

1. FRANÇOIS, né le 26 Juillet 1611, Abbé de Saint-Sever, qui fut reçu Confeiller au Grand-Confeil, le 1er Septembre 1632, nommé Evêque de Bayonne en 1637, facré le 15 Mai 1639, Evêque d'Agde le 6 Juin 1643, Archevêque de Narbonne le 18 Mars 1659, & mourut le 18 Novembre 1673, à Alençon, où il avoit été relégué lors de la difgrace de fon frère le Confeiller d'Etat;
2. BAZILE, Abbé de Barbeaux, & Chancelier des Ordres du Roi;
3. YVES, mort jeune, Confeiller au Parlement de Paris;
4. NICOLAS, qui fuit;
5. LOUIS, mort Evêque & Comte d'Agde;
6. GILLES, qui fut premier Ecuyer de la Grande-Ecurie, & mourut en 1694;

Et fix filles, qui ont été toutes Religieufes.

NICOLAS FOUQUET, Vicomte de Melun & de Vaux, Marquis de Belle-Isle, Maître des Requêtes fous LOUIS XIII, Procureur-Général au Parlement de Paris au commencement du règne de LOUIS XIV, & enfin Surintendant des Finances & Miniftre d'Etat, eft mort le 13 Mars 1680, âgé de 65 ans. Il laiffa de fa feconde femme *Marie-Madeleine de Caftille-Villemareuil,* morte le 12 Décembre 1716, âgée de 83 ans :

MARIE-MADELEINE, qui avoit époufé, en Juin 1683, *Emmanuel de Cruffol,* Marquis de Montfalès.

LOUIS FOUQUET, Marquis de Belle-Isle, fils de NICOLAS, avoit époufé *Catherine-Agnès de Levis de Charlus,* & mourut le 12 Juin 1729. Il eut pour enfans :

1. LOUIS-CHARLES-AUGUSTE, qui fuit;
2. LOUIS-CHARLES-ARNAUD, dit le Chevalier de Belle-Isle, né le 17 Septembre 1693, tué en Piémont le 19 Juillet 1747, Lieutenant-Général des Armées du Roi, & non marié;
3. MARIE-MADELEINE, morte le 13 Novembre 1749, mariée, le 20 Avril 1722, à *Louis,* marquis *de la Vieuville,* veuf en fecondes noces de *Marie-Pélagie Touftain de Carency.*

LOUIS-CHARLES-AUGUSTE FOUQUET, dit le Maréchal-Duc de Belle-Isle, né le 22 Septembre 1684, a été fucceffivement Meftre-de-Camp d'un Régiment de Dragons de fon nom en 1705, Brigadier le 12 Novembre 1708, Meftre-de-Camp Général de Dragons le 5 Juillet 1709, Maréchal-de-Camp le 8 Mars 1718, Lieutenant-Général des Armées de Sa Majefté le 22 Décembre 1731, Gouverneur de Metz & pays Meffin le 17 Mars 1733; reçu Chevalier des Ordres du Roi le 1er Janvier 1735, créé Maréchal de France le 11 Février 1741, Duc de Gifors en Mars 1742; Prince de l'Empire & Chevalier de l'Ordre de la Toifon-d'Or la même année; l'un des quarante de l'Académie Françoife, où il fut reçu le 20 Juin 1749, & Secrétaire d'Etat du Département de la guerre le 3 Mars 1758. Il eft mort le 26 Janvier 1761, & avoit époufé, 1º le 21 Mai 1711, *Henriette-Françoife de Durfort-Civrac,* morte fans enfans; & 2º le 15 Octobre 1729, *Marie-Cafimire-Thérèfe-Geneviève-Emmanuelle,* fille de *Louis-Marie,* Comte *de Béthune,* & *d'Henriette d'Harcourt,* née le 4 Septembre 1709, morte le 3 Mars 1755, dont :

LOUIS-MARIE FOUQUET, Comte de Gifors, né le 27 Mars 1732, qui fut fait Colonel du Régiment de Champagne en Mars 1749, Gouverneur de Metz & du pays Meffin, par la démiffion du Maréchal de Belle-Isle, fon père, le 9 Mai 1753; Brigadier d'Infanterie le 2 Août 1757; Meftre-de-Camp Lieutenant du Régiment Royal des Carabiniers le 13 Mai 1758, & par ce changement Brigadier de Cavalerie avec rang de fa première promotion, a été bleffé au combat de Crevelt en Weftphalie le 23 Juin 1758, & eft mort de fa bleffure le 26 du même mois, fans enfans d'*Hélène-Julie-Rofalie-Mancini-Mazarini*, fa veuve, fille aînée du Duc de Nivernois, & petite-fille du Duc de Nevers, née le 13 Septembre 1740, & mariée, le 23 Mai 1753, mife en poffeffion du Tabourët, le 11 Avril 1757, en vertu du Brevet d'honneur a elle accordé.

Les armes : *écartelé, aux 1 & 4 d'argent, à l'écureuil rampant de gueules*, qui eft Fouquet; *aux 2 & 3 d'or, à 3 chevrons de fable*, qui eft DE LEVIS.

* FOUQUET, autre Famille de Bretagne, de laquelle étoit CHRISTOPHE FOUQUET, Confeiller au Parlement de Rennes, en faveur duquel la Seigneurie de *Chalain*, en Bretagne, fut érigée en *Vicomté*, par Lettres du mois de Novembre 1650, enregiftrées à Rennes & à Nantes, les 28 Avril & 15 Septembre 1651. Il obtint l'éréction de cette Vicomté en *Comté*, par Lettres du mois de Décembre 1657, enregiftrées au Parlement le 7 Septembre 1658, & en la Chambre des Comptes le 21 Mars 1661.

Les armes de cette Famille, fur laquelle nous n'avons point reçu de Mémoire, font : *de gueules, à fix fleurs-de-lis d'argent, 3, 2 & 1 ; au chef de même*.

FOUQUET. GUILLAUME FOUQUET *de la Varenne*, fils de GUILLAUME FOUQUET, Seigneur de la Varenne, Chevalier de l'Ordre de Saint-Michel, Lieutenant-Général de la Province d'Anjou, Gouverneur de la Flèche & Favori du Roi Henri IV, pofféda, dans un petit nombre d'années, beaucoup de dignités eccléfiaftiques & civiles. Il fut d'abord Confeiller au Parlement de Paris, & enfuite Maître des Requêtes du Roi, & il eut les Abbayes d'Ainay près de Lyon, de Saint-Benoît-fur-Loire, de Saint-Nicolas d'Angers, de Saint-Loup de Troyes, & du Prieuré de Levière, proche les murs d'Angers. Avec tant de Bénéfices & de revenus, il n'eft pas étonnant dit Moréri, qu'il ait cédé fes droits d'aîneffe à N.... FOUQUET, Marquis de Sainte-Sufanne, fon frère. GUILLAUME FOUQUET fuccéda dans l'Evêché d'Angers, après la démif-

fion de *Charles Miron*, en 1616, & mourut le 10 Janvier 1621, âgé de 35 ans.

Les armes : *de gueules, au lévrier rampant d'argent, accolé d'azur, ayant un collier femé de fleurs-de-lis d'or*, par une conceffion de HENRI IV.

FOUQUET, Ecuyer, Seigneur de Réville, Crofville, Tourlaville, &c., ancienne Nobleffe de Normandie, Election de Valognes, qui porte : *de gueules, à la croix boutonnée d'argent*.

GUILLAUME FOUQUET (mais nous ignorons s'il eft de la même Famille, ainfi que les fuivans dont nous allons parler), eft employé dans le dénombrement des Barons & autres Seigneurs Normands en 1130.

SAMSON FOUQUET eft qualifié Capitaine des Brigandiniers en 1350.

RAOUL FOUQUET, Ecuyer, fervoit dans la Compagnie de Louis d'Harcourt, Vicomte de Châtellerault, le 18 Décembre 1358.

JEAN FOUQUET, Ecuyer, fervoit dans la Compagnie du Maréchal de Boucicaut, & parut à la revue faite à Bourges le 23 Janvier 1367.

GILLES FOUQUET, Ecuyer, affifta à l'Echiquier d'Alençon, le 25 Février 1392.

GIROT FOUQUET, Ecuyer, fut auffi préfent à l'Echiquier d'Alençon, le 25 Septembre 1402.

JEAN FOUQUET, Ecuyer, donna fon aveu au Vicomte d'Orbec, le 17 Juin 1409.

Un autre FOUQUET, Chevalier-Bachelier, fervoit avec 9 Ecuyers de fa Compagnie, paffée en revue à Falaife, le 1er Mai 1412.

D'une autre famille, à ce que nous croyons, étoient : JEAN FOUCQUET, Ecuyer, qui fervoit avec 11 Ecuyers de fa Compagnie, au nombre defquels étoit GEOFFROY FOUCQUET, & parut à la revue faite à Carcaffonne, le 29 Mars 1419; GILLES FOUCQUET, Ecuyer, qui fit hommage au Roi de fon Fief de la Vefpierre & de la Sergenterie de Chambrois, le 21 Août 1433; GUILLAUME FOUCQUET, Chevalier, nommé dans l'Echiquier de Normandie, tenu à Rouen en 1455.

JEAN FOUCQUET, Ecuyer, fit hommage au Roi de plufieurs Fiefs, le 3 Mars 1451, fut de ceux qu'affembla le Maréchal de Bouffac, au nombre de 600, pour furprendre le Château de Rouen fur les Anglois; fut enfuite obligé de quitter la Normandie, chaffé par les Anglois, & alla s'établir en Anjou. Ses enfans furent :

Joussalin, qui fuit;

Et Jean, Chanoine de Vendôme, préfent en cette qualité au contrat de mariage de Jean de Bourbon, Comte de Vendôme, avec *Ifabelle de Beauvau*, le 9 Novembre 1454.

Joussalin Foucquet, Ecuyer, eut en don du Roi la Seigneurie des Moulins-Neufs, pour le dédommager des pertes qu'il avoit faites en le fervant en Normandie. Il époufa, en 1458, *Jeanne Mellet*, fille & unique héritière de *Jean Mellet*, Ecuyer, Seigneur du Mortier, dont il eut :

Guyon, qui fuit;

Et Antoine.

Guyon Foucquet, Seigneur des Moulins-Neufs, de Chemans, du Mortier & de Précigné, époufa, le 7 Mars 1490, *Jeanne de Charnacé*, fille d'*Elie de Charnacé*, Ecuyer du Roi Louis XI, & de *Guyonne du Verger*, dont il eut:

Mathurin Foucquet, Ecuyer, Seigneur des Moulins-Neufs, allié, le 4 Septembre 1513, avec *Marguerite Cuiffart*, fille de *Girard*, Ecuyer, Seigneur du Pin, & de *Perine de Villeprouvé*. On lui donne pour enfans:

François, Christophe, Mathurin & Guyon. Les deux derniers moururent jeunes.

La poftérité de Christophe eft éteinte, & nous ignorons celle de François.

FOUQUET, en Champagne: *d'azur, à 2 étoiles d'or en chef, & 1 croiffant d'argent en pointe.*

FOUQUET DE LOUFICOURT, en Picardie: *d'azur, au croiffant d'argent, accompagné de 2 étoiles d'or en chef.*

FOUQUET, Seigneur de Croiffy & de Marcilly: *d'azur, à 3 écureuils d'or, 2 & 1.*

FOUQUEVILLE, Famille de Normandie, maintenue dans fa Nobleffe le 6 ou 7 Août 1667, & de laquelle étoit Martin de Fouqueville, tuteur des enfans mineurs de feu *Raoul Saffrey*, Ecuyer, qui vivoit en ladite année. Voyez l'*Hiftoire de la Maifon d'Harcourt*, p. 819.

Les armes: *d'azur, au chevron d'or, accompagné de trois oifeaux d'argent, 2 & 1.*

FOUR (du). Pierre du Four, Secrétaire du Roi, époufa *Françoife Gonet*, Nourrice de feu M. le Dauphin, & première femme de Chambre de feu Madame la Dauphine, dont:

Pierre du Four, Ecuyer, ci-devant chargé des affaires du Roi en Allemagne, Gentilhomme ordinaire de fa Chambre, Maître-d'Hôtel de Sa Majefté, & Maître-d'Hôtel de feu la Reine. Il a époufé, contrat figné en Février 1751, *Marie-Marguerite Hébert*, fille de *Thomas-Joachim Hébert*, Secrétaire du Roi. Leurs enfans font :

Alexandre du Four, né le 9 Janvier 1752, à Verfailles, reçu Maître-d'Hôtel du Roi en furvivance;

Et Louise, née auffi à Verfailles, le 17 Juillet 1755.

FOUR-DE-CUY (du), Famille noble de Normandie, alliée aux meilleures de la Province.

Christophe du Four époufa *Geneviève Malet de Graville*, & fut père de

Agnan du Four, Seigneur de Neuville, marié, en 1524, à *Marie Aubert*, dont il eut:

Charles du Four, Seigneur de Neuville, qui fervit avec diftinction dans les guerres civiles fous le Maréchal de Matignon. Il eut de *Marguerite de Rougu*, qu'il avoit époufée en 1555 :

François du Four, Seigneur de Neuville, allié le 19 Novembre 1589 à *Marie Gaultier de Chiffreville*. De ce mariage naquit:

Jacques du Four, Seigneur Châtelain de Moulins, qui eut la Seigneurie de Bellegarde & celle de Loucey. Par fon alliance, le 17 Juin 1619, avec *Geneviève d'Heufard*, il acquit en 1632, d'*Anne de Montafié*, mariée, en 1601, à *Charles de Bourbon*, Comte de Soiffons, la Baronnie de *Cuy*, qu'il affura à fon fils aîné François, qui fuit, en le mariant.

François du Four fut nommé, en 1684, par les Maréchaux de France, pour juger les différends de la Nobleffe dans le Bailliage d'Alençon. Il époufa, le 17 Janvier 1664, *Madeleine de Montgommery*, fille du Comte *Gabriel*, & d'*Aimée de Chaftenay de Lanty*. Leur fils,

François-Gabriel du Four, Baron de Cuy, Chevalier de Saint-Louis, Capitaine des Vaiffeaux du Roi, devenu héritier par la mort de fon frère aîné qui avoit été reçu Page de la Grande-Ecurie du Roi, en 1676, s'allia, le 9 Mars 1715, à *Elifabeth de Heudey*, fille d'*Etienne*, Seigneur de Pomainville, & de *Charlotte du Four de Bellegarde*. De ce mariage il a eu :

Nicolas-François-Dominique du Four,

Baron de Cuy, marié, le 27 Mars 1741, à *Su-fanne-Henriette-Françoife-Louife*, fille de *Louis-Henri*, Comte de *Caulaincourt*, & de *Sufanne-Françoife-Geneviève de Bailleul*, dont :

Marguerite-Etiennette-Françoise-Louise du Four.

Les armes : *d'argent, au chevron d'azur, accompagné de 3 rofes de gueules*. Du Four de Cuy porte cet écuffon en cœur de celui de *Montgommery*.

FOUR DE LA TOUR (du). François du Four, Sieur de la Tour, Chevalier, Seigneur Baron de Vèze en Auvergne, Capitaine au Régiment de la Ferté-Imbault, époufa, le 3 Octobre 1731, au Château de Pully, près de Baugency, *Rofe Gedoyn*, fille d'*Alphonfe Gedoyn*, Chevalier, Seigneur de Pully, Gouverneur de la Ville & du Château de Beaugency. (Extrait du *Mercure de France*, mois de Novembre 1731, p. 2687.)

FOUR DE LONGUERUE (du), en Normandie : Famille maintenue dans fa noblesse le 27 Juillet 1667.

Pierre du Four, né à Rouen, Confeiller au Parlement de Normandie en 1543, mourut la même année. Voyez l'*Hiftoire de la ville de Rouen*, tom. II.

Jacques du Four de Longuerue fut reçu Chevalier de Malte, le 21 Janvier 1627, dit M. l'Abbé de Vertot.

Les armes : *d'azur, à une étoile d'or, accompagnée de 3 croiffans auffi d'or, 2 & 1.*

FOUR DE LA THUILLERIE (du), Famille de Normandie, Election d'Argentan, anoblie en 1597 : *d'argent, au chevron de gueules, accompagné de 3 rofes tigées de finople, 2 & 1.*

FOUR (du), en Normandie, Election d'Argentan : *d'azur, à la croix dentelée d'or.*

FOUR (du), même Province, Election d'Alençon : *d'or, à la fafce d'azur, chargée d'une fleur-de-lis d'argent.*

FOUR DE VILLENEUVE (du). Jean du Four de Villeneuve, Lieutenant-Général de Clermont en Auvergne, laiffa de N... Noël, fon époufe,

Jean-François du Four de Villeneuve, né le 25 Février 1710, Lieutenant-Général de Clermont en Auvergne, Maître des Requêtes,

le 27 Octobre 1744, Préfident au Grand-Confeil le 22 Juillet 1747, nommé Intendant de Bourgogne en 1760, dont il s'eft démis en Juillet 1764 ; nommé Lieutenant-Civil au Châtelet de Paris, & reçu le 21 Juin 1766. Il a époufé, en 1735, *Geneviève-Catherine Moufle*, fille de *Jean-Baptifte Moufle*, Tréforier de l'extraordinaire des Guerres, & de *N... la Foffe*, dont :

Jean-Baptiste-Claude, qui fuit ;

Et Jeanne-Catherine, née le 6 Novembre 1736, mariée à *Michel Peliffier de Féligonde*, mort le 10 Avril 1767.

Jean-Baptiste-Claude du Four de Villeneuve, né le 6 Novembre 1737, reçu Confeiller au Grand-Confeil, le 25 Avril 1761, & Maître des Requêtes, le 2 Février 1768, a époufé, le 6 Février 1769, *N..... de Loffandières*, fille de *Louis-Gafton de Loffandières*, Confeiller au Parlement de Paris, & de *N... le Vavaffeur-d'Hérouville*.

Les armes : *d'azur, au chevron d'or, accompagné de 3 étoiles d'or.*

FOURCY. Jean de Fourcy, Sieur de Cheffy, Confeiller du Roi en fes Confeils, Surintendant des Bâtimens de Sa Majefté, fils de *Jean*, Confeiller du Roi, Commiffaire des Guerres, & de *Marie le Comte*, fœur de *N... le Comte*, Receveur-Général des Finances, époufa *Renée Moreau*, dont il eut :

1. Henri, qui fuit ;
2. Marie, alliée, le 30 Septembre 1610, à *Antoine Coiffier*, dit *Ruzé*, Marquis d'Effiat, Maréchal de France. Elle mourut le 17 Janvier 1670, laiffant une fille nommée *Marie Coiffier*, mère du premier Duc de *Mazarin*, trifaïeul de la Duchesse en 1759 ;
3. Et Marguerite, mariée à *Charles Faye*, Seigneur d'Efpeiffes, mort Ambaffadeur de France en Suiffe.

Henri de Fourcy, Seigneur de Cheffy, Trianon & Épinay, Préfident en la Chambre des Comptes de Paris, le 16 Septembre 1631, Confeiller du Roi en fes Confeils, & Surintendant des Bâtimens de Sa Majefté, mourut en Août 1638. Il avoit époufé *Marie de la Grange-Trianon*, fille de *Louis de la Grange*, Ecuyer, Seigneur de Trianon, Tréforier de France à Orléans, & Secrétaire du Parlement, & de *Marie de Bailleul*. Ses enfans furent :

1. Jean, Seigneur de Cheffy, Confeiller au Grand-Confeil, le 18 Mars 1644, mort âgé

de 32 ans, en Octobre 1655. Il avoit épousé *Marguerite Fleuriau*, fille de *Charles*, Seigneur d'Armenonville, Secrétaire du Roi, & de *Marie Lambert de Thorigny*. Elle se remaria à *Claude le Pelletier*, Ministre d'Etat & Contrôleur-Général des Finances. Elle eut de son premier mari une fille, nommée

MARIE-MARGUERITE, allié à *Balthazar Phélypeaux*, Marquis de Châteauneuf, Secrétaire d'Etat, morte le 11 Avril 1711.

2. HENRI, qui suit ;
3. MARIE, femme, le 28 Juillet 1640, d'*Olivier le Fèvre*, Chevalier, Seigneur d'Ormesson, d'Amboile, &c., Maître des Requêtes, dont des enfans ;
4. Et HENRIETTE, Religieuse à Pont-aux-Dames.

HENRI DE FOURCY, Comte de Chessy, Seigneur de Chalifert, Jablines & Varannes, Conseiller au Châtelet, puis au Parlement, le 19 Février 1752, ensuite Président des Enquêtes le 9 Février suivant, Conseiller d'Etat ordinaire & Conseiller d'honneur au même Parlement, Prévôt des Marchands de Paris en 1684, est mort à Chessy, le 4 Mars 1708, âgé de 82 ans. Il avoit épousé 1º *Anne Briquet*, morte sans enfans, fille d'*Etienne Briquet*, Avocat-Général au Parlement de Paris, & de N... *Bignon* ; & 2º le 23 Février 1659, *Madeleine Boucherat*, fille aînée de *Louis Boucherat*, Chancelier de France, & de *Françoise Marchand*, sa première femme. Elle est morte le 3 Septembre 1714, ayant eu :

1. HENRI-LOUIS, qui suit ;
2. OLIVIER-FRANÇOIS, Chanoine de l'Eglise de Paris, Abbé de Saint-Ambroise de Bourges, Conseiller-Clerc au Parlement, le 8 Juin 1689, mort subitement le 24 Février 1717 ;
3. BALTHAZAR-HENRI, Chevalier de Malte, puis Abbé de Saint-Vandrille, Ordre de Saint-Benoît, Diocèse de Rouen, en 1690, mort le 24 Avril 1754, âgé de 80 ans ;
4. ACHILLE-BALTHAZAR, Conseiller au Parlement de Paris, le 25 Février 1699, puis Président aux Enquêtes, le 14 Mars 1716, mort en 1752, sans postérité. Il avoit épousé, 1º en Août 1715, *Marie-Thérèse Langlois*, morte le 7, & enterrée le 8 Juin 1749, fille de *Pierre Langlois*, Seigneur de la Fortelle, Président de la Chambre des Comptes, & de M... *Françoise-Louise-Thérèse Humbert*. On ignore le nom de la seconde femme;
5. ANGÉLIQUE, mariée à *Paul de Fieubet*,

Maître des Requêtes, morte le 6 Janvier 1720 ;
6. & 7. Et deux filles Religieuses à Pont-aux-Dames.

HENRI-LOUIS DE FOURCY, Comte de Chessy, Conseiller au Parlement de Paris, Maître des Requêtes en 1689, & mort le 22 Juillet 1713, avoit épousé, le 10 Janvier 1691, *Jeanne de Villiers*, morte le 21 Novembre 1727, âgée de 59 ans, fille de *Lazare de Villiers*, Conseiller au Parlement de Dijon. De ce mariage il n'y a eu que deux filles :

JEANNE-HENRIETTE-AUGUSTINE, morte le 17 Décembre 1737, mariée, le 3 Octobre 1714, à *Jacques de Chastenet*, Marquis de Puységur, Lieutenant-Général des Armées du Roi, puis Maréchal de France, mort le 15 Août 1743, âgé de 89 ans, laissant des enfans, entr'autres le Marquis de Puységur, qui a le Comté de Chessy près de Lagny-sur-Marne;
Et CATHERINE-GABRIELLE-ELISABETH, née le 3 Février 1696, mariée, le 11 Avril 1726, à *Antoine-Hyacinthe de Mainville*, Maréchal-de-Camp. Elle est morte le 24 Juillet 1742, âgée de 47 ans.

Cette Famille éteinte portoit pour armes : *d'azur, à l'aigle d'or, au vol abaissé ; au chef d'argent, chargé de 3 tourteaux de gueules.*

* FOURILLES, en Auvergne, Diocèse de Bourges : Terre & Seigneurie érigée en *Marquisat*, en faveur de *Blaise de Chaumejan*, par Lettres du mois de Mars 1610, enregistrées en la Chambre des Comptes le 9 Juillet 1632. Ce titre fut confirmé en faveur de *Thomas le Lièvre*, Maître des Requêtes & Président au Grand-Conseil, par Lettres du mois d'Octobre 1648, enregistrées au Parlement & en la Chambre des Comptes, les 6 & 17 Mars 1649. Voyez CHAUMEJAN.

FOURNAS DE LA BROSSE (DE), Famille originaire du Lyonnois, actuellement établie en Languedoc, en Dauphiné et en Bretagne. Elle remonte à

N... FOURNAS, Seigneur de la Brosse, dit *le Capitaine de la Brosse*, vivant sous les Rois FRANÇOIS Iᵉʳ & HENRI II, qu'il servit avec la plus grande distinction. Elle a formé deux branches : de la première est JEAN-LOUIS-GODEFROY DE FOURNAS-DE-TERRENEUVE, né le 6 Avril 1715, Chevalier de Saint-Louis & Capitaine dans le Régiment de la Reine, Cavalerie. Il a servi pendant les dernières campagnes, & s'est trouvé aux batailles de Rosbach, de Crevelt, de Bergen, & aux autres expéditions qui s'y font paffées; & s'eft retiré du fervice en 1761, avec une penfion du Roi. Il a pour frère Ignace-François-Placide, Chanoine de la Cathédrale de Viviers, né le 15 Septembre 1730. Il en avoit un autre dit *le Chevalier de Fournas*, Chevalier de Saint-Louis, & Capitaine d'Infanterie dans le Régiment de Penthièvre, qui a péri malheureufement à Breft en 1766.

De la feconde branche, établie en Languedoc, eft Charles de Fournas de la Brosse, né le 11 Juin 1716, qui a quitté le fervice en 1746, pour époufer, le 12 Juin de la même année, *Joféphine-Gabrielle de Gailhac*, fille de *Henri-Guillaume*, & d'*Elifabeth de la Gardie*, dont il a eu :

- 1. Guillaume-Joseph-Gaudens, né le 18 Décembre 1753 ;
- 2. Joseph-François, né le 26 Mai 1756; reçu au Collège Royal de la Fléche en 1766 ;
- 3. Claude-Gabriel-Joseph, né le 21 Février 1757, tonfuré le 18 Janvier 1767 ;
- 4. Guillaume-Henri-Claude-Charles, né le 13 Octobre 1758, Elève au Collège Royal de la Flèche ;
- 5. Élisabeth-Anne-Joseph-Blaise, né le 1er Octobre 1761 ;
- 6. Lazare-Joseph-Guillaume, né le 14 Décembre 1765 ;
- 7. Marie-Joséphine-Louise, née le 12 Octobre 1748 ;
- 8. Et Antoinette-Françoise, née le 5 Septembre 1760.

Les armes : *d'argent, à trois fafces d'azur, & fur le tout un griffon ailé d'or, onglé, langué & couronné d'azur.* (Voyez l'*Armorial génér. de France*, reg. VI.)

* FOURNEAUX, Châtellenie & ancienne Seigneurie de Bretagne, qui a été poffédée par la Famille de Grout. Voyez GROUT.

FOURNIER, en Berry. Le premier connu de cette Famille, fuivant un Mémoire envoyé, eft

Jean Fournier, Ier du nom, Seigneur de la Noue, qui acheta, en 1378, de *Gilles d'Harcourt*, Seigneur de la Ferté-Imbault, les Hayes, qu'il avoit entre les bois du Villems & le bois Faubert. Il eut trois enfans :

Jean, qui fuit ;
Foulques, Chanoine de Saint-Aurin. Il eut en partage la Seigneurie de la Lande, qu'il donna à fon petit-neveu en 1459 ;
Et Marguerite.

II. Jean Fournier, IIe du nom, Seigneur de Villary, partagea avec fon frère & fa fœur, le 4 Avril 1407. Il eut pour fils :

III. Jean de Fournier, IIIe du nom, qui fit hommage des fiefs de Villary, Moilins, Dixmes, terrages, cens & rentes, & fujets taillables à volonté, ainfi que de la Terre de la Noue, à *Catherine de Montmorency*, en 1446. Il époufa *Guillemette de Fonboutière*, dont :

- 1. Jean, qui fuit ;
- 2. Catherine, mariée à *Jean de Luynes*, Ecuyer;
- 3. Marie, femme de *Jean François*, Ecuyer, Seigneur *de la Cloutière*, près de Loches en Touraine;
- 4. Et Etiennette, alliée à *Clément d'Arcemale*, Ecuyer, Seigneur de l'Eclufe.

IV. Jean de Fournier, IVe du nom, Seigneur de la Noue & de la Lande, eut en don de Foulques Fournier, Chanoine de St.-Aurin, fon grand-oncle, les Fiefs & Seigneuries de la Lande. Les actes en furent paffés par *Sauçay*, Garde-Note de la Ferté-Imbault, le 7 Août 1459. Il fit plufieurs acquifitions de terres & prés en la Paroiffe de Saint-Denis, en 1476, 1477 & 1483. De *Louife d'Orléans de Rère*, fon époufe, il eut :

V. Pierre de Fournier, Seigneur de Villary, la Lande & la Noue, marié, le 8 Avril 1516, à *Françoife de Foyal d'Herbault*, fille de *Nicolas*, Seigneur d'Herbault. Le contrat fut paffé à Orléans par *Jean le Berton*, Notaire au Châtelet. Il fit partage, fous l'autorité de *Robinet d'Orléans*, fon oncle & fon tuteur, Seigneur de Rère, à fes tantes mentionnées ci-deffus. Ses enfans furent :

- 1. François, Seigneur de la Noue ;
- 2. Jean, qui fuit ;
- 3. Autre François, mort jeune & fans enfans ;
- 4. Charles, Seigneur de la Lande, mort auffi fans enfans. Ses biens furent partagés entre ceux de François & Jean de Fournier, en 1574 ;
- 5. Et autre Jean, Seigneur de Monteltier.

VI. Jean de Fournier, Ve du nom, Seigneur de la Pinaudière, Paroiffe de Souefmes en Sologne, fut tuteur des enfans de François, Seigneur de la Noue, fon frère, & fit faire, à ce fujet, un acte d'affemblée de parens en 1557. Il époufa *Jeanne de Roquemort*, d'une Famille noble d'Orléans, qui y poffédoit des maifons en fiefs, mouvantes de l'Evêché, de laquelle vinrent :

1. ROBERT, marié, en 1572, à *Françoise de Co-
lire*, dont on ignore la poſtérité ;
2. JEAN, qui ſuit ;
3. ROBERT ;
4. Et MARGUERITE, mariée en Bourgogne.

VII. JEAN DE FOURNIER, VIᵉ du nom, Seigneur de Montifau, épouſa 1º *Louiſe de Tigny*, d'une Famille noble de l'Orléanois ; &
2º *Charlotte Gavin*, fille de *Claude Gavin*,
Seigneur de la Chapelle & Ortemal. Du premier lit il eut :

FRANÇOIS, qui ſuit ;
Et MARGUERITE, Religieuſe à Beaumont-lès-
Tours le 1ᵉʳ Février 1592.

VIII. FRANÇOIS DE FOURNIER, Seigneur de
Vareine, Paroiſſe de Sainte-Colombe, fit
preuve de Nobleſſe en 1634, & épouſa, en
1604, *Catherine Maleret*, fille d'*Antoine*,
Seigneur de Boiſmarmin, & d'*Anne de Bois-
Bertrand*. Leurs enfans furent :

1. CLAUDE, qui ſuit ;
2. JEAN, Capitaine de Cavalerie. On ignore
s'il a eu poſtérité ;
3. Et CATHERINE, mariée à *Florimond d'Arnaud*, Seigneur des Plaſers en Blaiſois,
morte ſans enfans.

IX. CLAUDE DE FOURNIER, Seigneur de Boiſmarmin fit ſes preuves de Nobleſſe devant M.
Tubeuf, Commiſſaire député pour la recherche, & il obtint ſa maintenue le 4 Octobre
1668. Il avoit épouſé, en 1643, *Catherine de
Boiſlinard*, fille de *Baptiſte*, Seigneur de Lavau, & de *Marguerite de Belair*, dont :

Louis, qui ſuit ;
Et JEANNE, mariée à *Charles de Maréuil*.

X. LOUIS DE FOURNIER ſervit avec la Nobleſſe de ſa Province, ſous le Maréchal de Turenne, ce qui eſt prouvé par un certificat du
21 Novembre 1674, & par le contrôle du ban
de la Nobleſſe du Berry. Il épouſa, en 1683,
Charlotte de Barville, fille de *Jean-François de Barville*, Seigneur de Boislandry en
Normandie, & de Nots-Marafin en Touraine,
& de *Charlotte de Douhaut d'Aunay*. Il eut
pour fils unique :

XI. CHARLES DE FOURNIER, Seigneur de
Boiſmarmin, Cornette des Carabiniers en
1700, Capitaine, Aide-Major au Régiment de
Barville en 1702, réformé en 1713. Il produiſit ſes titres au Sieur Foullé de Martangy, Commiſſaire pour la recherche de la Nobleſſe, & fut maintenu par Ordonnance du
15 Janvier 1715. Il épouſa, le 15 Janvier 1720,

Marie-Angélique de Boiſlinard, fille de *Jean
de Boislinard des Cheſeaux*, & de *Marie de
Boiſlinard de Margou*. De ce mariage ſont
iſſus :

LOUIS-CHARLES, qui ſuit ;
Et MARGUERITE, mariée, en 1743, à *Charles
de Goyon*, Seigneur de Saint-Plantaire,
dont un fils & une fille.

XII. LOUIS-CHARLES DE FOURNIER, Chevalier, Seigneur de Boiſmarmin, a ſervi en qualité de Cornette dans le Régiment de Nicolaï, Dragons : ſon Brevet eſt du 15 Septembre
1743. Il a épouſé, en 1752, *Louiſe de Savary*, fille de *Louis de Savary*, Chevalier de
Saint-Louis, Capitaine de Dragons au Régiment Dauphin, qui étoit de la branche des
Savary-d'Antenaiſe, Chevaliers Bannerets
du Poitou, & de *Marie-Anne de Berthe*, iſſue d'une Famille noble d'Anjou. Leurs enfans ſont :

1. LOUIS-CHARLES, ci-devant Page de M. le
Duc d'Orléans, & actuellement Lieutenant
dans ſon Régiment de Dragons ;
2. & 3. MARIE-ANNE-BONNE & LOUISE-MAR-
GUERITE.

Les armes : *de ſable, au chevron d'argent.*
Supports : *deux lions d'or.* Cimier : *couronne
de Marquis.*

FOURNIER D'AULTANNE. ESPRIT-
BRUNO DE FOURNIER D'AULTANNE, Gentilhomme du Comtat d'Avignon, Chevalier de Saint-
Louis, Major du Régiment de Geſvres, Cavalerie, avoit épouſé *Marie-Eliſabeth de
Vigny*, Dame de Lerzy, près de Guiſe en
Picardie, décédée le 12 Janvier 1738, dans la
41º année de ſon âge. Il en a eu un fils, né au
mois de Mai 1737. (*Mercure* de Janvier
1738, page 182.)

FOURNIER, Famille du Blaiſois, de laquelle étoient :

CATHERINE-LÉONE FOURNIER DE PRADINES,
née le 26 Février 1674 ; MADELEINE FOURNIER
DE ROMEZAC, née le 2 Juin 1675 ; & ELISA-
BETH FOURNIER DE CARLES, née le 5 Juillet
1677. Elles étoient toutes trois ſœurs, & furent reçues à Saint-Cyr au mois de Décembre
1686, après avoir prouvé que FRANÇOIS FOUR-
NIER, vivant en 1540, étoit leur triſaïeul.

Les armes : *d'or, à 3 bandes de gueules,
chargées chacune d'une étoile d'or ; au chef
d'azur, chargé d'un lion naiſſant d'or, adextré d'une étoile de même.*

FOURNIER (LE), en Normandie : Famille noble de laquelle étoit

JACQUES LE FOURNIER, Ecuyer, Seigneur de Francheville. Par son mariage avec *Susanne Blondel*, il devint Seigneur Châtelain de Tilly, & Patron de Hottot, & rendit aveu au Roi pour Tilly & autres fiefs y joints, le 12 Février 1706. Il est encore fait mention de lui dans un aveu à lui rendu le 23 Juin 1710. Il fit présént, à l'Eglise de Tilly, du Maître-Autel, du Sanctuaire, du lambris & des balustrades du Chœur, ainsi que de l'Autel de la Chapelle de la Vierge contre le chœur, où il fit peindre au naturel deux de ses filles, présentées à la Vierge par deux Religieux Dominicains. Il eut :

JACQUES, qui suit ;
HÉLÈNE LE FOURNIER DE HOTTOT ;
AUGUSTINE-SUSANNE, veuve de *Marc-François du Hamel*, Ecuyer, Seigneur de Fontaine ;
Et MADELEINE LE FOURNIER D'AUVRECY, qui présenta avec ses sœurs, le 6 Juin 1753, la déclaration des biens à la veuve de JACQUES II, leur frère, pour faire des lots, & peu de tems après elles vendirent la Terre & Seigneurie de Tilly à M. Orceau de Fontette, Intendant de Caen, en faveur duquel le Roi l'a érigée en *Marquisat*, sous le nom de *Tilly d'Orceau*, & aussi la Seigneurie de Hottot, à M. Herout du Moustier, Sieur de Ste-Croix-sur-Mer, gendre de la Dame de Fontaine.

JACQUES LE FOURNIER, IIᵉ du nom, Châtelain de Tilly, qui rendit aveu au Roi pour cette Terre en 1795, acquit le 11 Novembre 1738, la Terre & Haute-Justice de Hottot, des héritiers du Seigneur Collard. Il mourut le 25 Juin 1752, sans enfans de *Louise-Charlotte de Gautier*, son épouse, & est enterré dans le chœur de l'Eglise de Tilly, où son épitaphe lui donne la qualité de Chevalier, Seigneur, Patron & Châtelain de Tilly, Seigneur, Patron & haut Justicier de Hottot, Auvrecy, Fontenay, Conperron, Orbiguy, Grestain, Forges, &c. (Notice envoyée.)

Les armes : *d'azur, au chevron d'or, accompagné de trois bustes humains de même.*

Montfaut parle d'un RAULIN LE FOURNIER, Seigneur de la Ville, Election de Falaise, qui fut reconnu ancien Noble en 1463 ; & CHARLES, NICOLAS & THOMAS LE FOURNIER DE PICAUVILLE, Sergenterie du Pont-l'Abbé, Election de Valognes, certifièrent en 1666, devant M. de Chamillart, Intendant de Caen,

de leur qualité, provenue d'un anoblissement de francs-fiefs en 1471.

FOURNIER-DE-WARGEMONT (LE), autre Famille de Normandie au pays de Caux, dans la Vicomté d'Arques, dont il est parlé dans l'*Armorial génér. de France*, reg. I, part. I, pag. 245.

PIERRE LE FOURNIER, Iᵉʳ du nom, Ecuyer, Sieur du fief noble d'Isamberteville, situé au Hameau de Wargemont, Paroisse de Graincourt, Vicomté d'Arques, & Bailliage de Caux, fut déclaré *noble* par jugement des Commissaires, ordonnés par le Roi LOUIS XI, sur le fait des francs-fiefs & nouveaux acquêts au pays de Normandie, du 26 Octobre 1471. Il eut pour fils :

NICOLAS LE FOURNIER, Sieur de Wargemont & du fief d'Isamberteville, qui épousa, en 1496, *Jeanne de Milleville*, dont il eut :

PIERRE LE FOURNIER, IIᵉ du nom, Ecuyer, Seigneur desdits lieux, allié, en 1525, à *Marie le Sénéchal*, de laquelle vint entr'autres enfans :

FRANÇOIS LE FOURNIER, Iᵉʳ du nom, Seigneur de Wargemont & de Graincourt, qui épousa, en 1555, *Jeanne Carpentin*, dont :

ANTOINE LE FOURNIER, Ecuyer, Seigneur de Wargemont, d'Heudelimont, &c., qui s'allia, le 30 Octobre 1594, à *Marie de Boubers*, fille de *Jean de Boubers*, Ecuyer, Seigneur de Ribeaucourt, & de *Jeanne de Sénicourt*. De ce mariage il eut entr'autres enfans :

AIMAR LE FOURNIER, Seigneur de Wargemont, de Barlettes, &c., marié, en 1628, à *Madeleine du Gard*, fille d'*Antoine du Gard*, Ecuyer, Seigneur de Méricourt-sur-Somme, dont il eut :

FRANÇOIS LE FOURNIER, IIᵉ du nom, Seigneur de Wargemont, de Méricourt, de Beaumetz, de Ribeaucourt, de Graincourt, &c., qui épousa, en 1663, *Anne Favier*, dont vint :

FRANÇOIS-BERNARD LE FOURNIER, Ecuyer, Seigneur de Wargemont, Patron de Graincourt, &c., maintenu dans sa Noblesse en 1699. Il s'allia, en 1698, à *Marie-Gabrielle Truffier*, Dame de Béthencourt, de Martigny, de la Neuville, de Saurel, &c., fille unique de *Jean Truffier*, Ecuyer, Seigneur d'Aunay & de Villers (qualifié premier Pair du Comté de Ponthieu), & de *Gabrielle de Saint-Suplix*. De cette alliance sont issus :

Joseph-François, qui fuit;

Et Josèphe-Françoise, mariée, le 13 Décembre 1722, à *Henri-Louis de Lameth*, Ecuyer, Seigneur d'Hémécourt.

Joseph-François le Fournier, né le 29 Octobre 1704, Seigneur de Wargemont, de Beaumetz, de Forets, de Saurel, &c., Meftre-de-Camp de Cavalerie, & Enfeigne dans la Compagnie des Gendarmes de la Garde du Roi en 1731, a époufé, le 5 Mars 1733, *Bonne-Gabrielle de Saint-Chamans*, fille d'*Antoine de Saint-Chamans*, Seigneur de Villenauxe, de la Queue, &c., Maréchal-des-Camps & Armées du Roi, & Lieutenant des Gardes-du-Corps de Sa Maiefté, & de *Marie-Louife Larcher*. De ce mariage font nés:

François-Louis, qui fuit;

Et N... le Fournier, dit *le Comte de Wargemont*, Colonel des Volontaires de Soubife.

François-Louis le Fournier, Marquis de Wargemont, Officier dans les Gendarmes de la Garde, a époufé, en Juin 1753, N... *Taboureau d'Orval*.

Les armes: *d'argent, à trois rofes de gueules, 2 & 1.*

FOURNIÈRES, en Normandie, Election de Valognes, Généralité de Caen: Famille anoblie en 1567, & alliée aux Seigneurs d'*Aché*, de *Cadot* & d'*Avy*.

Les armes: *d'azur, au fautoir d'argent, cantonné de quatre rofes de même.*

FOURNILLON, Famille du Lyonnois, de laquelle étoit Adrienne-Susanne de Fournillon de Butéry, née en 1682, & reçue à Saint-Cyr au mois de Février 1690, après avoir prouvé fa Nobleffe depuis Antoine de Fournillon, Seigneur de Butéry, qui vivoit en 1467, & étoit le fixième aïeul de ladite Adrienne-Susanne du Fournillon.

Les armes: *de gueules, à une bande d'or, chargée de trois chardons de finople.*

FOURON-D'ARTIGUELOUVE, Famille noble établie à Pau en Béarn.

Jacques-François de Fouron, Seigneur d'Artiguelouve en Béarn, Colonel d'Infanterie, Chevalier de Saint-Louis, & Commandant pour le Roi du Château neuf de Bayonne, mort le 6 Janvier 1741, a laiffé de Dame *Marie-Efther de Bardenave*, fa femme:

Jean-Louis, qui fuit;

Et Marie, née le 23 Juin 1733, alliée, en 1751, à N... *de Larborie*, dit le Baron *de Guey-*

roffe, l'un des premiers Barons des Etats de Béarn, & Confeiller au Parlement de Navarre, dont un fils fervant dans les Carabiniers.

Jean-Louis de Fouron, Seigneur d'Artiguelouve, né le 27 Février 1734, a fervi dans la première Compagnie des Moufquetaires du Roi, & eft aujourd'hui Gouverneur de la ville de Lefcar.

Les armes: *écartelé, aux 1 & 4 d'azur, à un befan d'or, cantonné de 4 étoiles de même*, qui eft de Fouron; *au 2 de fable, à une tour ouverte d'or, fommée de 2 oifeaux affrontés de même; & au 3 de gueules, à un lion armé & lampaffé d'or.* Supports: *2 lions d'or, armés & lampaffés.* Cimier: *couronne de Comte.* (Notice envoyée.)

* FOURQUEVAUX, Terre & Seigneurie en Languedoc, érigée en *Baronnie* par Louis XI, en faveur de *Jean d'Ifalguier*, Seigneur de Sainte-Livrade, qui la vendit, le 18 Juillet 1497, à fon beau-frère *Jean de Beccari de Pavie*, mari de *Jeanne d'Ifalguier*. Cette Baronnie fut érigée en *Marquifat*, par Lettres du mois de Mars 1687, enregiftrées au Parlement de Touloufe le 15 Avril 1687, & en la Cour des Comptes & des Aides de Montpellier le ... Mars 1688, en faveur de *Jean-Baptifte ... Beccari de Pavie*, defcendu d'eux. Il mourut en 1718, & avoit époufé *Marie-Gabrielle de Mauléon de Foix.* Voy. BECCARI DE PAVIE.

FOURRÉ, Ecuyer, Sieur de Beaupré en Normandie, Election de Vire, porte: *de gueules, à trois chevrons renverfés d'argent.*

FOURS (des). Cette Famille qui a fubfifté long-tems en Lorraine, y eft à préfent éteinte; mais il en exifte une branche qui s'eft établie en Bohême.

I. Guillemin des Fours, originaire du Duché de Brabant, vint au fervice de *Louis*, Cardinal, Duc de Bar, dont il fut premier Camérier, & fervit enfuite en cette qualité René d'Anjou, Roi de Sicile. Il époufa, dans la ville de Bay, *Jeanne d'Erfecourt*, dite *la Camufe*, dont:

1. Nicolas, qui fuit;

2. François, Chanoine des Eglifes de Saint-Maxe & de Saint-Pierre de Bar, mort en 1507;

3. Toussaint, Maître-Echevin de Toul, qui eut de fa femme *Catherine de Louvion*:

JEANNE DES FOURS, première femme de *Georges le Brifeur*, Seigneur de Virlay, Contrôleur-Général des Fortifications, & Maître des Monnoies de Lorraine & de Barrois, morte de la pefte à Nancy, le 20 Août 1516.

4. MESLINE, femme de *Jacquemin de Génicourt ;*

5. JEANNE, alliée à *Jean d'Iffoncourt*, Seigneur dudit lieu, Capitaine, Prévôt d'Eftaing;

6. Et MARGUERITE, femme de *Henri de Brolley*.

II. NICOLAS DES FOURS, Prévôt de Nancy, mort en 1503, avoit époufé *Marguerite*, fille de *Fréguignon des Moines*, & de *Jeannette de Chelat*, fœur de *Pierre*, dit *Pellegrin*. Il en eut :

1. JACQUES, Prêtre & Chapelain titulaire de la Chapelle de Sainte-Anne, érigée & fondée en l'Eglife du Prieuré de Notre-Dame de Nancy ;

2. NICOLAS, qui fuit ;

3. CLAUDE, Prêtre ;

4. Et JEAN, mort fans hoirs.

III. NICOLAS DES FOURS, IIe du nom, Contrôleur-Général de la Monnoie, & Camérier du Duc *Antoine*, époufa *Marguerite de Boyfleaw*, fille de *Simonin*, Seigneur de la Borde, Maître-Echevin de Baut, & de *Marguerite de Pierre*. Leurs enfans furent :

1. NICOLAS, qui fuit ;

2. JOACHIM, auteur de la branche des Seigneurs de *Mont*, rapportée ci-après;

3. MARTHE, morte fans enfans de fon mariage avec *Bertrand de Mitate*, Camérier du Duc Antoine ;

4. BARBE, mariée 1º à *Hugues de la Faye*; & 2º à *Didier de Parifet*, Camérier du Duc Antoine, dont elle eut *Claude de Parifet*, Maître des Comptes de Lorraine, & *Marie de Parifet*, femme de *Richard de Chavenel*, Seigneur de Scaudaille;

5. Et MARGUERITE, première femme de *Nicolas de Janin*, morte le 28 Mars 1527.

IV. NICOLAS DES FOURS, IIIe du nom, Capitaine, Prévôt, Gruyer & Garde du Parc d'Einville, époufa *Madeleine*, fille d'*Etienne d'Einville*, Seigneur d'Ohiville, Hincourt & Semibefanges, Capitaine, Gruyer & Garde du Parc d'Einville, & de *Catherine de Pellegrin*, dite *de Remicourt*, dont :

1. CLAUDE, Seigneur en partie d'Ohiville, Hincourt & Semibefanges, mort fans enfans de fon mariage avec *Françoife de la Berthe* ;

2. ETIENNE, Prêtre, Chapelain titulaire de la Chapelle de Sainte-Anne ;

3. Et MARGUERITE, femme de *Nicolas le Brifeur*, Seigneur de Virlay, Maître des Monnoies de Lorraine & Barrois, mort en 1574.

BRANCHE
des Seigneurs de MONT.

III. JOACHIM DES FOURS, Seigneur de Mont, fecond fils de NICOLAS, IIe du nom, & de *Marguerite de Boysleaw*, époufa, en 1536, *Anne de Lefcut*, morte en couches le 3 Juin 1551, fille de *Louis de Lefcut*, Seigneur de Saint-Germain, Vice-Bailli de Nancy, & d'*Ifabellon de Guérin*, dont :

1. TOUSSAINT, mort à Saint-Epvre-lès-Toul;

2. LOUIS, qui fuit ;

3. Et CATHERINE, née le 30 Septembre 1547, mariée, 1º le 1er Juin 1563, à *Pierre de Jault*, Tréforier-Général de la Reine CHRÉTIENNE DE DANEMARK, Duchefe Douairière de Lorraine, mort fans enfans, le 18 Avril 1567; & 2º le 23 Septembre 1527, à *Nicolas de Rofe*, Seigneur d'Effey, Prévôt de Chaumont-en-Baffigny, dont defcendent les Marquis de Rofe de Dammartin.

IV. LOUIS DES FOURS, Ecuyer, Seigneur de Mont & d'Athienville, Gentilhomme de la Maifon du Duc *Charles III*, époufa 1º *Marie de Serrières*, fille de *Chardin*, Maître-Echevin de Pont-à-Moufon, & de *Marguerite d'Einville*; & 2º *Elifabeth de Saulx d'Arc-fur-Tille*. Il eut du premier lit :

1. JEAN, qui fuit ;

2. NICOLAS, établi en Bohême, où fa poftérité fubfifte ;

3. ANNE, mariée à *Charles de Mitry*, Seigneur des Menils, Roville & Gripport, Confeiller d'Etat, Maître-d'Hôtel du Duc *François II* fon Bailli & Gouverneur de Montreux.

Et du fecond lit vinrent :

4. ELISABETH, femme de *Balthazar du Prey*, Seigneur de Chargey;

5. Et CHRÉTIENNE, Religieufe à Vergaville.

V. JEAN, Baron DES FOURS & du Saint-Empire, par diplôme de l'Empereur FERDINAND II, en 1629, Seigneur de Mont en partie, époufa *Antoinette d'Augy*, fille d'*Antoine*, Seigneur de Bauck & de Sarcy, Gouverneur de Neufchâteau, & de *Françoife de Gallo*, fille de *Charles de Gallo*, Seigneur de Saint-Jean, & d'*Eve de Saint-Loup*, & petite-fille de *Pompeio de Gallo*, Seigneur de Saint-Jean, Chambellan du Duc *Charles III*,

& d'*Anne de Pellegrin de Remicourt*. JEAN, Baron DES FOURS, eut de son mariage :

1. N..., Baron DES FOURS & du Saint-Empire, Colonel d'un Régiment au service de l'Archiduc Infant aux Pays-Bas, où il épousa une Chanoinesse de Mons, & mourut sans enfans ;

2. LOUIS, Chanoine de l'Eglise de Saint-Georges de Nancy ;

3. CATHERINE, Chanoinesse d'Andelot, puis mariée en Franche-Comté, à *N...*, Baron d'*Iselin*, Seigneur de Lanans & de Roulans, Colonel de Cuirassiers au service de l'Empereur ;

4. THÉRÈSE, fille d'honneur de la Duchesse de Lorraine, puis reçue Chanoinesse à Poussay le 12 Octobre 1657, morte Doyenne de ce Chapitre ;

5. Et MADELEINE, mariée, par contrat du 1er Mars 1646, à *Pierre-François de Jauffray*, Seigneur de Navillart & Gouverneur de Besançon.

BRANCHE
établie en Bohême.

IV. NICOLAS, Baron DES FOURS & du Saint-Empire, second fils de LOUIS, & de *Marie de Serrières*, sa première femme, Seigneur de Mont & d'Athienville, fut Colonel d'un Régiment d'Infanterie, & d'un de 1,500 Chevaux au service de l'Empereur FERDINAND II, qui le créa Baron avec JEAN, son frère aîné, en 1629. Il épousa *Marie*, fille de *Jean-Ulric*, Prince de *Cuemberg*, & du Saint-Empire, Duc de Crumeau, premier Ministre d'Etat de S. M. I., & de *Sidoine-Marie de Thannhausen*, dont :

V. ALBERT, Comte DES FOURS & du Saint-Empire, allié à *Marie-Polixène*, fille de *Nicolas*, Comte de *Schonfeldt*, & de *Jossine van der Heyde*. Il en eut :

1. ALBERT-MAXIMILIEN, qui suit ;

2. VINCESLAS, Comte DES FOURS, marié à *Polixène-Elisabeth de Claristein*, dont il a eu six enfans, savoir :

JEAN, FRANÇOIS, JOACHIM, JOSEPH, MARIE & ANNE.

3. FERDINAND, Comte DES FOURS, allié à *Marie-Thérèse*, Baronne de *Sparca*, dont il eut trois filles :

MARIE-ANNE, MARIE & MARGUERITE.

4. BARBE-EUPHÉMIE ;

5. LUDAMILLE ;

6. Et ANNE-POLIXÈNE, femme de *Jean-Georges*, Comte d'*Albringen*.

VI. ALBERT-MAXIMILIEN, Comte DES FOURS & du Saint-Empire, Seigneur de Mont, épousa *Emmanuelle*, Comtesse *de Longueval-de-Buquoy*, dont :

1. FRANÇOIS-CHARLES, Comte DES FOURS, Seigneur de Mont, qui a continué la postérité ;

2. ADALBERT ;

3. & 4. POLIXÈNE & FRANÇOISE. (Mémoire envoyé.)

Les armes : *d'azur, au chevron de gueules bordé d'or, accompagné en chef de 2 griffes de griffon d'or, contr'onglées mouvantes des coins de l'écu, & en pointe d'une étoile d'or.*

FOUSTEAU, en Normandie : Famille divisée en deux branches. De la première étoit :

GILLES FOUSTEAU, Seigneur du Bonmars, du Chenay, &c., marié avec *Jeanne-Louise du Grenier*, dont il eut trois filles :

1. MADELEINE-RENÉE FOUSTEAU, femme de *Robert-Joseph de Blanchouin*, Ecuyer, Sieur de la Hillière ;

2. MARIE-JEANNE, mariée, par contrat du 18 Décembre 1724, avec *René-Louis de Guéroult*, Seigneur de Fréville, Chevalier de Saint-Louis, Maréchal-des-Logis de la seconde Compagnie des Mousquetaires de la Garde du Roi, fils de *Jean-Baptiste-Gaston de Guéroult*, Seigneur de la Gohière, & de *Madeleine le Conte* sa veuve ;

3. Et MARIE-ANTOINETTE, mariée, par contrat du 5 Avril 1728, avec *Nicolas-Jean-Baptiste Périer*, Ecuyer, Seigneur de Villiers, fils de *Jean-Baptiste-Gaston*, Ecuyer, Sieur de la Chevalerie, Seigneur dudit lieu de Villiers, de la Galardière & du Hanouard, & de *Catherine-Marie Faguet de Louvières*.

La seconde branche subsiste dans RODOLPHE-NICOLAS FOUSTEAU, Ecuyer, Sieur du Tertre, né & baptisé dans l'Eglise de Sainte-Croix à Mortagne, le 1er Avril 1732. Il a deux sœurs : la première, nommée JEANNE FOUSTEAU, née en 1725, & mariée avec *Charles-Philippe Anne du Bosc*, Ecuyer ; & la seconde, GABRIELLE-ANNE, née en 1728.

Les armes : *écartelé, aux 1 & 4 d'argent, à un hêtre de sinople ; aux 2 & 3 d'azur, à une cigogne d'or.* (Voyez l'*Armorial génér. de France*, reg. V, part. I.)

FOUVILLE ou FROUVILLE, Seigneur dudit lieu, en Beauce.

PIERRE DE FOUVILLE, Seigneur du Huet,

épousa *Jeanne de Varenne*, en 1511, & en eut:

FRANÇOIS DE FOUVILLE, Ecuyer, Seigneur du Huet, dont il fit la foi en 1530. Il épousa *Michelle de Marolles*, qui le rendit père de MICHEL DE FOUVILLE, Seigneur du Huet, dont il fit la foi le 7 Juin 1577. Il eut de *Radégonde des Partz*, son épouse :

CHARLES DE FOUVILLE, Seigneur du Huet, lequel, de son mariage avec *Elisabeth de Galon*, laissa deux fils :

CHARLES, né en 1639;

Et JEAN, né en 1640, desquels on ignore la postérité.

Les armes : *d'argent, à 6 annelets de sable*, 3, 2 & 1.

FOVILLE, Famille originaire de Normandie près d'Evreux, où la branche aînée a subsisté très-long-tems, & dont la noblesse a été vérifiée, le 21 Février 1540, par plusieurs Gentilshommes de la Province, du nombre desquels étoit Nicolas de Rallemont, Ecuyer, Seigneur de Bosc, demeurant en la Paroisse de Criquetot, lequel dit avoir vu, ès-Lettres de sa Maison, de l'an 1380, qu'un JEAN DE FOVILLE, qui se tenoit en la Paroisse d'Ecrainville, étoit nommé Ecuyer.

Un ROBERT DE FOVILLE, cadet de cette branche d'Evreux, s'établit dans la Paroisse d'Ecrainville, en Caux, en 1350. Cette branche s'est alliée dans les Maisons de *Tournebu* de *Martel*, de *Beauguerout*, de *Goustimesnil*, &c.

Dans l'*Histoire de la Maison d'Harcourt*, par la Roque, pag. 1859, on trouve un THIERRY DE FOVILLE, mis au nombre de ceux qui aumônèrent l'Abbaye de Vallemont, comme il se voit par la Bulle du Pape LUCE III, de l'an 1182. On y trouve encore une MARGUERITE DE FOVILLE, nommée dans l'Echiquier de Normandie de l'an 1474, laquelle étoit morte en même tems une Demoiselle *Simonne Nicole*, appelée sa fille & son héritière.

La branche d'*Ecrainville*, qui a donné un Grand-Bailli de la Morée & un Commandeur de Malte, dont il sera parlé ci-après, a pour auteur GUILLAUME DE FOVILLE, Seigneur de Fréville, qui, de Demoiselle *N.... de Rosny-vinen-Chambors*, eut :

1. GUILLAUME, qui a continué la postérité, & dont nous ne pouvons donner la filiation suivie, faute de Mémoire;

Tome VIII.

2. Et PIERRE, auteur de la branche de *Saint-James*, près de Dieppe, rapportée ci-après.

De GUILLAUME DE FOVILLE, IIᵉ du nom, est descendu, après plusieurs degrés:

PIERRE, qui suit, & qui avoit pour frère cadet : JEAN-BAPTISTE-JACOB DE FOVILLE D'ECRAINVILLE, reçu Chevalier de Malte le 24 Décembre 1624, Grand-Bailli de la Morée, Commandeur des Commanderies d'Auxerre & de Saint-Vaubourg. On lit dans l'*Histoire de Malte*, par l'abbé de Vertot, tom. V, p. 252 & 253, qu'en 1665, le Chevalier d'Ecrainville monta un Vaisseau de 40 pièces de canon, appelé *le Jardin de Hollande*, qu'il avoit enlevé l'année précédente à un Corsaire d'Alger, quoiqu'il n'eut qu'une Frégate de 22 canons; que ce Chevalier voguant de concert avec le Chevalier de Théméricourt, son intime ami, dans les mers du Levant, rencontrèrent, dans le canal de l'Isle de Samos, une caravanne qui faisoit route d'Alexandrie à Constantinople, forte de 10 vaisseaux & de 12 sacques. Le nombre & les forces des ennemis ne firent que ranimer le courage de ces deux Chevaliers, qui se jettèrent au milieu de cette flotte, en coulèrent quelques-uns à fond, en prirent quatre des plus riches (d'où viennent les Chappes de la Paroisse d'Ecrainville) & deux petits, & mirent le reste en fuite. Dans le même tems la disette des grains s'étant fait sentir à Rome, le Pape en envoya chercher dans toute l'Italie, & le Cardinal Altieri, son neveu, écrivit de sa part au Grand-Maître, pour le prier d'envoyer l'Escadre de la Religion afin d'escorter ses vaisseaux. L'ordre en fut donné au Bailli *d'Harcourt*, de la Maison de Lorraine, Général des Galères, & au Chevalier DE FOVILLE D'ECRAINVILLE, & deux petits, & mirent le reste en fuite. Selon l'Abbé de Vertot, JEAN-BAPTISTE-JACOB DE FOVILLE D'ECRAINVILLE portoit pour armes : *d'azur, au chevron d'argent, cantonné de quatre dragons d'or, volans*.

PIERRE DE FOVILLE, Ecuyer, Seigneur & Patron d'Ecrainville, épousa, par contrat du 5 Octobre 1648, *Susanne de Pestel*, dont :

1. JEAN-ANNE, Chevalier de Malte, qui eut plusieurs Commanderies de cet Ordre, entr'autres celle de Loyson. Il a commandé les Galères de Malte lorsqu'elles vinrent à Rouen à la fin du siècle dernier, & au commencement de celui-ci. L'Abbé de Vertot fait aussi mention de lui dans son *Histoire de Malte*, tom. VII, p. 286;

2. FRANÇOIS-ALEXANDRE, qui suit ;

Et des filles.

Gg

FRANÇOIS-ALEXANDRE DE FOVILLE, Ecuyer, Seigneur & Patron d'Ecrainville, a épousé, par contrat passé le 22 Janvier 1701, Marguerite de Pas-Dacosta, de laquelle est issu, entr'autres enfans, pour fils aîné :

FRANÇOIS-ALEXANDRE DE FOVILLE, II° du nom, dernier mâle de la branche d'Ecrainville, Chevalier, Seigneur & Patron dudit lieu, la Fréville, la Porte, le Trevet, &c., marié, le 30 Octobre 1724, avec Françoise-Elisabeth le Parmentier de Criquetot, fille de Louis le Parmentier, Seigneur, Patron de Criquetot, &c., & d'Esther de Milleville ; petite-fille de Louis-François le Parmentier, Chevalier, Seigneur, Patron de Criquetot, &c., & de Marie d'Auxy de Monceaux, laquelle étoit fille de François d'Auxy, & de Marthe-Jeanne de Boufflers. Le Chevalier DE FOVILLE n'a laissé qu'une fille unique :

MARGUERITE-FRANÇOISE-ELISABETH DE FOVILLE, mariée, le 22 Octobre 1748, à Messire Michel-François de Rallemont, Ecuyer, d'une ancienne Famille noble de Normandie, qui a rendu des services considérables à l'Etat sous le règne de CHARLES VII. De ce mariage est née une fille unique, Marie-Françoise-Henriette de Rallemont, mariée, en 1777, à Charles-Antoine de Bernart, Marquis d'Avernes, &c., dont elle est la seconde femme. Voyez RALLEMONT & BERNART-D'AVERNES.

De cette branche d'Ecrainville est sortie celle d'Ecultot, qui subsiste dans la personne de JEAN-FERDINAND DE FOVILLE, demeurant à Tennemare.

BRANCHE
des Seigneurs de SAINT-JAMES.

PIERRE DE FOVILLE, fils de GUILLAUME, Seigneur de Fréville, & de N... de Rosnyvinen-Chambors, eut pour descendant au VIII° degré :

JEAN DE FOVILLE, marié à Demoiselle Suzanne, dont il eut :

1. MARC, qui suit ;
2. Et N... DE FOVILLE, auteur de la branche de Saint-Rémy, subsistante dans plusieurs enfans, deux garçons proposés à l'Ecole-Royale-Militaire, & deux filles, l'une Religieuse à Saint-Cyr, & l'autre Pensionnaire.

MARC DE FOVILLE, Seigneur de Saint-James, a épousé Demoiselle N... de Romé, dont :

1. MARC-FRANÇOIS, marié à N... le Pelletier, de laquelle il a une fille nommée

MARIE-LOUISE-FRANÇOISE DE FOVILLE.
2. Et MARC-CONSTANT, qui a épousé Demoiselle N... le Carruyer de Cretot, dont un garçon encore jeune, proposé, en 1773, pour être élève à l'Ecole-Royale-Militaire.

Les armes : d'azur, à un sautoir engrêlé d'argent, cantonné de quatre serpens volans d'or.

FOYAL, Famille noble & ancienne dans l'Orléanois.

I. GUYOT DE FOYAL, fils de JEAN, Baron d'Ivry, près d'Anet, & de Notre-Dame-d'Herbault en Sologne, qualifié dans plusieurs titres d'Ecuyer, Seigneur d'Allonnes, dans la Forêt d'Orléans, près de Jargeau & dudit Herbault, épousa, par contrat passé devant Sasay, Notaire à Romorantin, le 27 Avril 1445, Marie Boyau, fille de feu Jacques Boyau, Ecuyer, Seigneur de Fay-aux-Loges, & de Jeanne Bellone, dont il eut :

1. NICOLAS, Chevalier de l'Ordre du Roi, Maître-d'Hôtel ordinaire de Sa Majesté, & de Madame d'Angoulême, mère du Roi, qui, de Marguerite de Lodières, sa femme, eut :
  FRANÇOIS, Seigneur d'Herbault, aïeul d'ANNIBAL DE FOYAL, dernier Seigneur d'Herbault, mort sans alliance, en 1591.
2. Et JEAN, qui suit.

II. JEAN DE FOYAL, Ecuyer, Seigneur d'Allonnes, de Donnery & de Vernillon, épousa, par contrat passé devant Martin, Notaire à Orléans, le 22 Avril 1495, Jacquette de Dammartin, fille de Jean de Dammartin, Ecuyer, & de Jacquette du Chesnay, dont vinrent :

JACQUES, qui suit ;
Et MARIE, femme, en 1525, de Guillaume de la Rable, Ecuyer, Seigneur du Lude en Sologne.

III. JACQUES DE FOYAL, Chevalier, Seigneur d'Allonnes & de Donnery, épousa, en présence de Perche, Notaire à Jargeau, le 19 Juillet 1534, Jeanne Daucoy, fille de Jacques Daucoy, Chevalier, Seigneur de Fay-aux-Loges, & de Marguerite de Sainville, sa première femme, dont entr'autres enfans :

IV. FRANÇOIS DE FOYAL, I° du nom, Chevalier, Seigneur d'Allonnes, de Donnery, de Fay-aux-Loges, de Puiseaux, de Mainvilliers, &c., Gouverneur pour le Roi des Ponts & Ville de Jargeau, Château-Renard, Châtillon-sur-Loing, Dammarie & places circonvoisines, qui est compris au rôle des Nobles

dans le procès-verbal de la Coutume d'Orléans du 11 Avril 1583, & étoit mort le 22
Novembre 1585, que son inventaire se fit. Il
avoit épousé, devant *Girard*, Notaire à Charny, au Bailliage de Montargis, le 11 Février
1565, *Aimée de Raguier*, fille de *François de
Raguier*, Ecuyer, Seigneur de Migennes, &
de *Sidoire du Plessis-Périgny*. Ladite *Aimée de Raguier* testa devant *Jahier* Notaire à
Orléans, le 24 Septembre 1603, & fut mère
de:

FRANÇOIS II, qui suit;
ANNE, morte sans alliances;
Et JACOB, né le 18 Octobre 1583, Chevalier
de Malte, dont les preuves de noblesse furent admises par les Commissaires nommés
par les Grand-Prieur & Commandeurs as-
semblés de Chapitre au Temple à Paris, le
16 Juin 1601. Il eut depuis la Commanderie de Chesnut en Normandie, en vertu de
la Bulle du Grand-Maître, donnée à Malte
le 18 Décembre 1626, & fut connu sous le
nom de Commandeur d'Allonnes. Il fit bâtir la Chapelle domestique dudit Allonnes,
où il mourut en Janvier 1649.

V. FRANÇOIS DE FOYAL, II° du nom, Chevalier, Seigneur d'Allonnes, de Donnery &
de la Touannière, Gentilhomme de la Vénerie du Roi, épousa, 1° par contrat passé devant *Beaujanan*, Notaire & Tabellion de la
Châtellenie de Bullou en Chartrain, le 22 Février 1599, *Anne de Refuge*, fille de feu *Thomas de Refuge*, Chevalier, Seigneur de la
Rainière, & de *Jeanne de Saint-Mauris; &
2° en présence de *Savigny*, Notaire à Aroux
au Perche, le 16 Septembre 1616, *Louise
de Paris*, fille de feu *Louis de Paris*, Ecuyer,
Seigneur de Guigny au Perche, Gentilhomme servant du Roi, & de *Diane de Girard*.
Il étoit mort avant le 28 Novembre 1626, que
se fit l'élection de tutelle des enfans du second lit, devant le Lieutenant-Général d'Orléans. Du premier lit sortirent:

1. PIERRE, né le 3 Décembre 1609, Chevalier
de Malte, dont les preuves de noblesse furent admises par les Commandeurs, nommés Commissaires par le Chapitre tenu au
Temple à Paris, le 6 Novembre 1628;
2. & 3. Deux filles non mariées.

Et du second lit il eut:

4. LOUIS, qui suit;
5. Et JACQUES-ALEXANDRE, Chevalier, Seigneur de la Sourdière. Il épousa, devant *le
Maire*, Notaire à Saint-Lubin, sous le scel

de Blois, *Marie de Groisil*, fille de *Pierre
de Groisil*, Ecuyer, Seigneur de St.-Lubin,
& de *Madeleine de Hucher*. Ils ont fait la
branche des Seigneurs de *Donnery*, de laquelle il restoit, en 1757, N... DE FOYAL,
dit l'Abbé de Donnery, Doyen & Grand-
Vicaire de l'Eglise Cathédrale de Toul, Abbé Commendataire de l'Abbaye Royale de
Mureaux, Ordre de Prémontré, Diocèse de
Toul, mort en cette Ville le 3 Janvier 1765,
âgé de 66 ans.

VI. LOUIS DE FOYAL, Chevalier, Seigneur
d'Allonnes & de Donnery, épousa, par contrat passé devant *Dinan*, Notaire à Orléans,
le 31 Mai 1662, *Marie de Cambray*, fille
d'*Adrien de Cambray*, Chevalier, Seigneur
de Digny en Gâtinois, & de *Marie de la Rable*. Il rendit aveu, en présence de *Rabiqueau*,
Notaire à Fay-aux-Loges, le 18 Janvier 1687,
de sa Terre d'Allonnes, & y mourut le 13
Avril suivant. Il eut pour enfans:

1. NICOLAS, qui suit;
2. JOSEPH-ACHILLE, Capitaine au Régiment de
Languedoc, Infanterie, tué au siège de Kai-
sersberg en 1702, où il étoit enfermé & pris
par l'armée des Alliés;
3. Et LOUIS, Chanoine & Comte de Brioude,
dont les preuves de noblesse de 32 quartiers
furent admises dans le Chapitre dudit
Brioude, le 18 Juin 1691.

VII. NICOLAS DE FOYAL, I° du nom, Chevalier, Seigneur d'Allonnes, Donnery & du
Château-Herpin en Berry, né à Allonnes le
14 Décembre 1663, mort à Nanteau-sur-Es-
sonne le 4 Février 1731, vendit la Terre d'Allonnes & Seigneurie de Donnery, sous la ré-
serve du titre de Seigneur d'Allonnes, pour
lui & les siens, à Jules de Flacourt, Sieur de
la Touche, devant *Rabiqueau*, Notaire à
Traisnon, au Bailliage d'Orléans, le 27 Octobre 1710, & acquit de la Dame veuve Marquise du Bellay, devant *Couet*, Notaire à Orléans, le 1er Juillet 1711, la Terre de Clai-
reau, au retrait de laquelle il souscrivit devant *Lauvergeon*, Notaire à Paris, le 24 Janvier 1720. Il avoit épousé, par contrat passé
devant *le Vassor*, Notaire Royal à Estampes,
le 15 Novembre 1690, *Marguerite-Angéli-
que de Savoie*, Dame de Nanteau & de Formarville en Beauce, née le 8 Février 1670,
morte le 8 Mai 1738, fille de feu *Benoît de
Savoie*, Ecuyer, Seigneur desdits lieux, &
d'*Anne Parfait*, dont:

1. NICOLAS, qui suit;

2. MADELEINE-ANGÉLIQUE, née le 3 Décembre 1698, Ursuline à Orléans;

3. Et ANNE-ISIDORE, Dame de Formarville, née le 11 Octobre 1708, morte le 2 Juin 1734, à Gironville-fous-Bunon, où elle avoit époufé, le 26 Février 1732, *Alexandre-Louis Laumoy*, Chevalier, Seigneur de Gironville, &c., mort le 3 Avril 1750, père & mère d'*Angélique-Ifidore de Laumoy*, Dame de Gironville & de Formarville, née le 11 du mois de Mars 1733.

VIII. NICOLAS DE FOYAL, IIe du nom, Chevalier, Seigneur d'Allonnes, de Nanteau, de Digny en partie, & par acquifition de Boifminard, né le 11 Novembre 1703, d'abord Lieutenant d'une Compagnie de Sapeurs, Commiffaire d'Artillerie, Chevalier de Saint-Louis, tué en 1747, étant Capitaine des Grenadiers Royaux, devant Berg-op-Zoom, avoit époufé, dans l'Eglife de Saint-Jacques-du-Haut-Pas à Paris, le 10 Avril 1736, par contrat paffé devant *Bourfier*, Notaire au Châtelet, le 26 Mars audit an, *Anne Millain*, fille de feu *Jean-François Millain*, Ecuyer, Seigneur de Dournon, Confeiller, Secrétaire du Roi, Maifon, Couronne de France & de fes Finances, Honoraire, Chevalier, Commandeur des Ordres de N.-D. du Mont-Carmel & de Saint-Lazare de Jérufalem, Secrétaire des Commandemens de S. A. S. le Duc de Bourbon, tenant la feuille des bénéfices fous fes ordres, & enfuite fous ceux du Cardinal de Fleury, & de feu *Marie-Charlotte-Louife de Lameth*. Il eft fait mention de ce NICOLAS DE FOYAL, dans le *Mercure* de Juin 1736, p. 1239. De fon mariage il refte :

CHARLES-FRANÇOIS, qui fuit ;

Et ANNE-ELISABETH-GUILLEMETTE, née le 29 Décembre 1736, élevée dans la Maifon royale de Saint-Louis à Saint-Cyr.

IX. CHARLES-FRANÇOIS DE FOYAL D'ALLONNES, Chevalier, Seigneur de Nanteau & de Boifminard, né le 14 Décembre 1739, a été Lieutenant réformé de Cavalerie dans le Régiment de Bezons, par Lettres du 13 Juillet 1753, Lieutenant en pied audit Régiment en 1757, & Capitaine d'Infanterie en 1762. Les bataillons de Province ayant été réformés, il acheta, en 1768, une Lieutenance dans le Régiment du Colonel-Général de la Cavalerie, & a obtenu le Brevet de Capitaine audit Régiment au mois de Février 1769. Il a époufé, dans l'Eglife de Saint-Bazile d'Eftampes, le 27 Mars 1770, *Marie-Geneviève*

Bourayne, née audit Eftampes le 3 Janvier 1751, fille de *Michel-Louis Bourayne*, Receveur ancien & alternatif des tailles audit lieu, & de *Marie-Henriette Baudry*. Il eft mort audit Eftampes, fans poftérité, le 21 Juin 1770, & a été inhumé le lendemain dans l'Eglife dudit Saint-Bazile. Il étoit le dernier mâle de fa famille.

Les armes : *de gueules, à 4 chevrons d'argent*. Cimier : *une lance aîlée*. Devife: *virtus addidit alas*.

FOYE, ou FAYE, en Normandie, Election de Lifieux, Ecuyer, Sieur de Mallon : *d'argent, au lion de fable, tourné du côté gauche*.

FRADET DE SAINT-AOUT. JEAN FRADET, Procureur du Roi en Berry, en 1334, fut père de

GUILLAUME FRADET, Ier du nom, lequel eut pour fils :

JEAN FRADET, IIe du nom, duquel fortit :

JEAN FRADET, IIIe du nom, qui eut pour fils :

GUILLAUME FRADET, IIe du nom, qui fut père de

GUILLAUME FRADET, IIIe du nom, marié à *Jeanne de Treignac*, fille d'*Etienne*, Seigneur de Fontillay, Lieutenant-Général de Bourges, & de *Ponon de Sathenat*. De ce mariage vint :

JEAN FRADET, IVe du nom, Seigneur de Loye, Chappes, &c., allié avec *Jacquette du Breuil*, Dame de la Greslerie, fille de *Pierre*, & de *Jeanne Touftain*, dont :

GUILLAUME FRADET, IVe du nom, Seigneur de Loye, Chappes, &c., marié avec *Anne Bonin*, fille de *Pierre*, Seigneur du Curpoé, & de *Jeanne Fumée*. Il eut pour fils :

ANTOINE FRADET, Seigneur de Loye, Chappes, &c., Lieutenant-Criminel de Bourges, mort en 1597. Il avoit époufé *Claudine Bidault*, fille de *Jean*, Seigneur de Germiny, & de *Catherine Binde*. De ce mariage fortit :

JEAN FRADET, Ve du nom, Seigneur de Saint-Aout, qui s'allia, en 1596, à *Françoife Bouffet*, fille de *Jean Bouffet*, Seigneur de Saint-Aout, & de *Marie Blanchard*. Leur fils fut :

JEAN FRADET, VIe du nom, Comte de Châteaumeillant, Seigneur de Saint-Aout, Maréchal-de-Camp & Lieutenant-Général d'Artillerie, mort en 1659. Ce fut lui qui obtint que *Châteaumeillant*, petite ville en Berry, fut érigé en *Comté*, par Lettres du mois de Juin 1644, enregiftrées au Parlement & en la Chambre des Comptes, le 6 Mai & le 29 Août fuivans. Il eut de *Jeanne-Marie de Saint-Gelais*, fon époufe :

ANTOINE-ARMAND, Marquis de Saint-Aout, Comte de Châteaumeillant, tué en 1675, fans alliance ;

Et JEANNE-MARIE FRADET DE SAINT-AOUT, qui devint héritière de Châteaumeillant. Elle époufa, en Mai 1674, *Jacques du Pleſſis-Châtillon*, Marquis de Nonant, & mourut le 15 Décembre 1738. Voyez PLESSIS-CHA-TILLON.

Les armes de FRADET DE SAINT-AOUT font : *d'or, à 3 fers de lance de fable*, 2 & 1.

FRAGUIER. JEAN FRAGUIER, reçu Con-feiller du Roi & Maître ordinaire en fa Chambre des Comptes en l'année 1507, fut père de PIERRE, qui fuit. N\.\.\.FRAGUIER, nièce de JEAN, époufa *Claude Guyot*, Seigneur de Charmeau, Préfident de la Chambre des Comptes, & Prévôt des Marchands de la ville de Paris. De ce mariage il eut un garçon & cinq filles, toutes mariées, lefquelles ont donné à cette Famille de grandes alliances.

PIERRE FRAGUIER, reçu Confeiller du Roi & Maître ordinaire en fa Chambre des Comptes à Paris en 1541, fut honoré de plufieurs emplois confidérables fous le règne de CHARLES IX. Il eut pour fils :

ROBERT FRAGUIER, qui fut père de

ROBERT FRAGUIER, IIᵉ du nom, Seigneur de Maleſtroit, de Longperrier & autres lieux, marié à *Claude-Bernard de Montebiſe*, dont :

FRANÇOIS FRAGUIER, Seigneur de Longperrier & de Quincy, qui mourut Sous-Doyen du Parlement de Paris, l'an 1689. Il avoit époufé *Marie-Barbe d'Auxilly*, aliàs *d'Avrilly*, dont il laiſſa :

NICOLAS, qui fuit ;

Et FRANÇOISE, mariée à *Henri Feydeau*, Seigneur de Calende, Confeiller du Roi en fes Confeils, & Préfident en la quatrième Chambre des Enquêtes du Parlement. Elle eft morte au mois d'Août 1709, & a laiſſé deux garçons, qui ont tous deux été Confeillers au Parlement. Voy. FEYDEAU.

NICOLAS FRAGUIER, Seigneur de Quincy, Confeiller en la première Chambre des Enquêtes, mort le 17 Novembre 1721, avoit époufé *Jeanne Charpentier*, morte le 2 Juin

1740, fille & feule héritière de *Louis Charpentier*, Seigneur du Mée, de Levis, de Boischambault & du Martrois, mort en 1665, & de *Jeanne Pinon*, décédée le 15 Mai 1675. Ils ont eu pour enfans :

1. MARTIN, qui fuit ;

2. JEAN-FRANÇOIS, né le 7 Juin 1683, jumeau du précédent, Chevalier de l'Ordre de St.-Jean de Jérufalem, qui fit fes vœux au mois de Février 1707, dans le Temple du Grand-Prieuré de France. Il fut Commandeur de la Commanderie de Beauvais en Gâtinois, & titulaire du Membre de Dieu-Lanant, dépendant du Grand-Prieuré de France, & eft mort à Paris, le 2 Novembre 1754;

3. FRANÇOIS-JEAN, né le 16 Novembre 1684, reçu dès l'âge de deux ans Chevalier non-profès de l'Ordre de Saint-Jean de Jérufalem, au Grand-Prieuré de France le 8 Juin 1688, mort à fa Terre du Mée le 23 Septembre 1739;

4. Et MARIE, alliée, le 29 Juin 1700, à *Pierre de Catinat*, Seigneur de Saint-Mars, Confeiller en la quatrième Chambre des Enquêtes, fils de *René de Catinat*, Confeiller d'honneur au Parlement, & de *Françoife Freʒon*, & neveu du Maréchal de Catinat.

MARTIN FRAGUIER, Chevalier, Seigneur de Tigery, &c., né le 7 Juin 1683, Confeiller du Roi en fes Confeils, Préfident en fa Chambre des Comptes, & Confeiller honoraire du Parlement de Paris, avoit époufé *Geneviève Gruyn*, laquelle fe remaria à *Antoine Baratier*, Marquis de Saint-Auban, Chef de une Brigade de Royal-Artillerie, Brigadier, le 10 Février 1759, & Maréchal-de-Camp, le 20 Février 1761, duquel elle n'a point eu d'enfans ; mais de fon premier mari elle a laiſſé :

PIERRE-NICOLAS-FLORIMOND, Chevalier, Seigneur du Mée & autres lieux, Confeiller du Roi en fes Confeils, Préfident en fa Chambre des Comptes le 1ᵉʳ Juin 1745, alliée, le 14 Février 1752, à *Marie-Louife Boucher*, fille aînée de *Claude-Olivier Boucher*, Seigneur de Villiérs-le-Bâcle, Confeiller du Roi en fa Cour de Parlement, & de défunte *Simonne Noblet de Romery* ;

Et AMBROISE-NICOLAS, Marquis de Fraguier, Chevalier de Malte, dit le Chevalier *de Tigery*, Lieutenant-Colonel du Régiment de Noailles, Cavalerie, Brigadier des Armées du Roi, & Lieutenant de fes Gardes-du-Corps, Compagnie Ecoſſoife, a époufé, par contrat figné par Leurs Majeſtés, le 15 Janvier 1775, *Marie-Françoife-Félicité Mandat* (fœur de MM. *Mandat* d'aujourd'hui), veuve en premières noces de *François-Guillaume-Simon Briçonnet*, Chevalier, Marquis d'Oifonville, &c., & de laquelle il a un garçon & deux filles vivans. (Voyez le *Mercure de France*, des mois d'Octobre 1739, page 2522, de Juin 1740, page 1247, & de Juin 1752, page 267.)

Les armes : *d'azur, à la fafce d'argent, accompagnée de 3 grappes de raifin d'or, 2 en chef & 1 en pointe.*

FRANC, Famille établie à Aix, qui remonte à GRÉGOIRE FRANC, pourvu, en 1664, de la charge de Greffier en Chef au Parlement de Provence. Il avoit époufé *Catherine de Bonaud*, de laquelle il eut :

ARMAND FRANC, Médecin ordinaire du Roi, Profeffeur-Royal en l'Univerfité d'Aix, qui s'allia, par contrat du 2 Septembre 1652 (*Beauzin*, Notaire), à *Félicité d'Orcin*, fille puinée de *Melchior*, Confeiller du Roi, Greffier en chef pour le Criminel au Parlement, & de N... de *Chazelles*. De ce mariage vint:

FRANÇOIS DE FRANC, reçu Confeiller au Parlement, le 13 Mai 1685, marié, le 8 Mars 1687 (*Lantelme*, Notaire), à *Anne de Forefta-Collongues*, fille de *François*, Seigneur de Collongues, Confeiller en la même Cour, & de *Marquife de Gaillard*. Ses enfans furent :

   FRANÇOIS, reçu dans l'office de fon père. Il n'eut de *Claire de Clapiers*, fon époufe, qu'une fille unique, nommée

      FRANÇOISE, alliée, par contrat de 1730 (*Garcin*, Notaire), à *Jean-Jofeph d'Orcin*, Ier du nom, Seigneur de Miraval, Confeiller au Parlement de Provence, le 2 Mai 1713, fils de *Jofeph*, & de *Gabrielle de Félix*, fa feconde femme.

   Et JOSEPH-RAYMOND, qui fuit.

JOSEPH-RAYMOND DE FRANC, Seigneur en partie de Maillane, fuccéda à la charge de fon frère, & époufa, par contrat du 12 Août 1722, *Rofe d'Adaouft*, fille de *Laurent*, Confeiller en la Cour des Comptes, Aides & Finances, de Provence. De ce mariage eft iffu :

JOSEPH-IGNACE DE FRANC, reçu dans l'Office de fes père & aïeul, le 23 Avril 1746. Il a époufé, par contrat du 10 Juin 1754, *Madeleine-Thérèfe Taffy*, fille de *Marc*, Confeiller en la Sénéchauffée de Provence, dont il a des enfans. (*Hiftoire héroïque de la Nobleffe de Provence*, tom. I, pag. 523.)

Les armes : *d'azur, à 2 tours d'or ouver-*

tes; *au chef d'or, chargé d'une croix treflée de gueules.*

FRANC (DE), Famille noble du Mâconnois.

CHARLES DE FRANC, Seigneur d'Effertaut en Mâconnois, époufa, le 29 Octobre 1514, *Claudine de Chacipol*, veuve de *Jacques de Chevrel*, Seigneur de Loefe, & fille de *Pierre de Chacipol*, Seigneur de Léas, & de *Philiberte*, Dame de *Léas*, fon époufe, dont il eut :

NICOLAS DE FRANC, Seigneur d'Effertaut. Il époufa, en 1542, *Catherine de Chevrel*, qui lui donna pour fils :

LOUIS DE FRANC, Seigneur d'Effertaut, qui fe maria, en 1570, à *Claudine de Lugny*, fille de *Jean de Lugny*, Seigneur de Loefe, & d'*Antoinette de Cheminan*, & tefta le 20 Janvier 1598, laiffant trois garçons & une fille, favoir :

   1. FRANÇOIS, qui fuit ;
   2. HECTOR, Seigneur de Loefe ;
   3. LOUIS, Seigneur de *la Salle*, qui fit une branche, dont nous parlerons ci-après ;
   4. Et FRANÇOISE, femme de *Charles-Emmanuel de Candie*.

FRANÇOIS DE FRANC, Seigneur d'Effertaut, d'Aumont & de Serrières, époufa, en 1603, *Jeanne de Foudras*, dont il eut :

JEAN DE FRANC, Baron d'Effertaut & d'Anglure, vivant l'an 1650, qui étoit allié à *Gabrielle de Rougemont*, fille de *Hugues*, Seigneur de Pierre-Clos, & d'*Ifabelle d'Albon*, fon époufe, de laquelle il eut plufieurs enfans.

BRANCHE
des Seigneurs de LA SALLE.

LOUIS DE FRANC, Seigneur de la Salle, troifième fils de LOUIS, Seigneur d'Effertaut, & de *Claudine de Lugny*, fe maria à *Jeanne de Mincey*, fille de *Louis*, Seigneur de Grenox en Mâconnois, & de *Philiberte de Rouffet*. Il tefta le 3 Septembre 1620, laiffant pour enfans :

   1. JEAN, Seigneur de la Salle-Manzia ;
   2. & 3. LOUISE & PHILIBERTE.

(C'eft ce que nous favons fur cette Famille, n'ayant point reçu de Mémoire.)

Les armes : *d'azur, au franc-quartier dextre du chef chargé de 3 barres d'argent, à la bande d'argent fur le tout.*

FRANC (LE), en Quercy & en Languedoc.

La Généalogie de cette Maifon a été dreffée par le Juge d'armes (M. d'Hozier, père), & inférée dans le tom. VIII, de *l'Armorial génér. de France.*

SIMON LE FRANC fut Chambellan du Roi CHARLES VIII, & Capitaine de 100 hommes d'armes;

FRANÇOIS LE FRANC, dont le Maréchal de Montluc parle avec tant d'éloge dans fes *Commentaires*, tom. II, liv. 5, pag. 2 & fuiv. étoit Lieutenant-Général de Condom. On conferve, dans les Archives de l'Abbaye de Saint-Maurin, en Agénois, Ordre de Saint-Benoît, Diocèfe de Cahors, une Sentence rendue, le Vendredi après la fête de St.-Martin d'hiver, par un LE FRANC (*Francus*) qui adminiftroit la juftice dans le Quercy & dans l'Agénois, pour *Alphonfe*, Comte de Touloufe & de Poitou. Cette charge ou commiffion de Juge en deux Provinces, pour un Prince auffi puiffant que le Comte de Touloufe, n'avoit pu être donnée qu'à un homme d'un état diftingué.

Dans le fiècle fuivant, on voit un *Monfeigneur* BERTRAND DU FRANC parmi les Gafcons qui combattirent avec les Normans & les Navarrois, à Cocherel, en Normandie, le 24 Mai 1364, fous les ordres du Captal de Buch, contre le Connétable du Guefclin. Le Captal de Buch perdit la bataille, & BERTRAND DU FRANC, appelé, par Froiffard, tantôt *Monfeigneur*, tantôt *Meffire* (qualités attribuées à la Chevalerie), fut du nombre des prifonniers.

Vulfon de la Colombière parle auffi avec diftinction de cette Famille, dans fon *Traité de la Science héroïque*, édition de 1669, fol. 412, elle y eft défignée fous le nom de FRANC, que l'on trouve indifféremment précédé dans les titres des articles *le, de* ou *du.*

Son ancienne Nobleffe d'extraction a été reconnue en divers tems par les Commiffaires du Roi, députés pour les recherches de Nobleffe, & par les Rois eux-mêmes. Cette Famille a donné à l'Etat, fous différens règnes, des perfonnages, foit dans le Militaire, foit dans la Magiftrature, foit dans l'Epée, qui fe font rendus recommandables par leur valeur, par leur favoir & leurs vertus.

L'ancienne Généalogie, dreffée, lors du jugement de maintenue de Nobleffe, qui fut rendu en faveur de cette Famille en 1667 & 1675, en remonte la filiation à

I. Noble DÉMÉTRIE LE FRANC, Tréforier de l'Epargne du grand Scanderberg, Roi d'Albanie, qui eut de fon mariage avec *Béatrix Lange*, morte à Modène le 22 Décembre 1472:

SIMON, qui fuit;

Et CATHERINE, mariée à noble *Jean de Chazelles.*

II. SIMON LE FRANC fut Chambellan du Roi CHARLES VIII, Capitaine de 100 hommes d'armes, & tefta le 13 Décembre 1495. Il avoit époufé *Catherine d'Auriol*, qui pouvoit être de la même Famille que celle de *Pierre d'Auriol* ou *d'Oriol*, Chancelier de France en 1472: ce qui eft certain, c'eft que les *d'Auriol* de Quercy étoient anciens & puiffans dans cette Province, & que dès le XIVe fiècle ils y poffédoient des Terres confidérables, qui depuis ont paffé, par des alliances, dans la Maifon de *Biron*. Voyez le P. Anfelme, Moréri & *l'Armorial génér. de France.* De ce mariage naquirent:

JEAN, qui fuit;

Et DÉMÉTRIE, Gouverneur de Moncaglieri, en Piémont, mort fans enfans.

III. JEAN LE FRANC, Ier du nom, Ecuyer, connu par plufieurs actes des années 1523, 1524 & 1539, & nommé dans une commiffion du Grand-Confeil du 23 Août 1523, fut long-tems au fervice du Roi; & étoit encore homme d'armes, de la compagnie d'ordonnance de M. de Montluc, le 6 Février 1560, auquel ce Seigneur lui permit de fe retirer chez lui à Cahors, lui promettant de s'employer auprès de Sa Majefté, pour lui faire conferver fa place & continuer fes appointemens, vu fes longs fervices & fon âge. Il tefta le 21 Juillet 1562, & voulut être enterré auprès de fes père & mère, dans l'Eglife de St.-Pierre de Cahors. Il avoit époufé *Marie de la Croix*, d'une Famille maintenue dans fa Nobleffe en 1698, laquelle tefta le 14 Mars 1569, & voulut auffi être enterrée dans l'Eglife de St.-Pierre de Cahors. Ils eurent pour fils unique:

IV. ANTOINE LE FRANC, Ier du nom, Confeiller au Préfidial de Cahors, le 14 Février 1554. Alors, & dans des tems bien poftérieurs, les Magiftrats, dans ces Compagnies, qui étoient peu nombreufes, étoient tirés d'anciennes Nobleffes, & jouiffoient de beaucoup de confidération. Il époufa, par contrat du 8 Juillet 1541, *Antoinette de Caminade*, d'une Famille ancienne, fondue depuis dans celle de *Garaud-de-Donneville*, qui a donné des Préfidens à Mortier au Parlement de Touloufe. Elle étoit fille de *Guillaume Donnat*, dit *Caminade*, & de noble *Catherine de Saint-Jean*, & mourut peu de tems avant le 14 Mars 1569. Les enfans nés de ce mariage furent :

ANTOINE, qui fuit ;

JEAN, auteur d'une branche éteinte, rapportée ci-après ;

Et PIERRE, mort fans enfans.

V. ANTOINE LE FRANC, II° du nom, eft rappélé dans un acte du 12 Juillet 1607, tems auquel il ne vivoit plus. Il époufa *Jeanne de Guerre de Montamel*, iffue d'une Famille noble du Quercy, dont :

ANTOINE, qui fuit ;

Et HONORÉ, auteur de la feconde branche, rapportée ci-après.

VI. ANTOINE LE FRANC, III° du nom, prit le grade de Licencié en l'Univerfité de Cahors, & au protocole de fes Lettres, du 14 Novembre 1596; il eft dit qu'il étoit iffu d'une Famille illuftre, *illuftri familiâ natum*. Il tranfigea, le 12 Juillet 1607, avec HONORÉ LE FRANC, fon frère, au fujet des biens d'ANTOINE LE FRANC, leur père, d'ANTOINE LE FRANC, leur aïeul; & de JEAN LE FRANC, bifaïeul. Il tefta deux fois, le 4 Avril 1641, & le 18 Juin 1645, & eut de fon mariage avec *Marie de Vaxis*, fille de *Géraud de Vaxis* :

1. GÉRAUD, qui fuit ;
2. LOUIS, baptifé le 22 Février 1627. Il fut déchargé du payement des francs-fiefs par Ordonnance de M. Foucault, Intendant de Montauban, du 17 Décembre 1675, en conféquence de fes titres juftificatifs de Nobleffe qu'il avoit produits, & mourut fans poftérité ;
3. JEANNE, mariée, le 12 Juillet 1640, avec *Etienne de Rey*. Elle ne vivoit plus lors du teftament de fon père ;
4. ISABEAU, mariée, par contrat du 13 Février 1629, avec noble *Marc-Antoine de Dominicy*, depuis Confeiller d'Etat, Hiftoriographe de France, mort avec la réputation de l'un des plus favans hommes de fon fiècle, fils de noble *Pierre de Dominicy*, Ecuyer, iffu d'une ancienne Famille noble du Quercy, & de Dame *Antoinette de la Roquebouillac* ;
5. ANTOINETTE, mariée avec noble *Pierre*

d'Ardene, Sieur de Villerques, en Rouergue ;

6. & 7. MARIE-ANNE, & MARGUERITE.

VII. GÉRAUD LE FRANC, Seigneur de Caix, Préfident en la Cour des Aides & Finances de Cahors, & Confeiller d'Etat, fut un Magiftrat d'un mérite diftingué. Il contribua, par fa fidélité & par fon courage, à contenir la ville de Cahors dans l'obéiffance du Roi, après que la plus grande partie de la Guyenne eut embraffé les intérêts de M. le Prince. Ses defcendans confervent un grand nombre de lettres honorables, qui lui furent écrites par le Duc d'Epernon, le Cardinal Mazarin, le Maréchal de Villeroy, le Duc d'Arpajon, MM. de la Vrillière & de Châteauneuf, & autres Miniftres : ce font autant de monumens d'eftime & de confidération, dont il jouiffoit à la Cour. Il fut fait, en 1656, Préfident de la Chambre établie à Cahors, pour la recherche générale des faux Nobles, & obtint 2000 livres de penfion. Il avoit époufé, 1° par contrat du 16 Septembre 1635, *Claire de la Grange de Rouffiac*, fille de *N.... de la Grange*, Seigneur de Rouffiac, & de *Madeleine de la Mefchauffée*, veuve alors de noble *Paul de Pave*, Sieur de la Rus, morte après avoir tefté, vers l'an 1639; & 2° par contrat du 12 Juillet 1640, *Hélène de Courtois*, Dame de Caix (d'une ancienne famille de l'Ordre de la Nobleffe), veuve de *Paul de Raymond*, Seigneur de Saint-Jean d'Anty, & fille de *Jean de Courtois-de-Caix*, Ecuyer, Seigneur de Caix en Quercy, & de *Madeleine de Plas*, de Salgues, nièce & filleule de *l'Atgier de Plas*, Evêque de Lectoure, Confeiller d'Etat, & auffi nièce de *Claude de Plas*, Seigneur de Plas, &c., Chevalier de l'Ordre du Roi, Gentilhomme ordinaire de fa Chambre. Du premier lit vinrent :

1. JEAN-JACQUES, d'abord Confeiller du Roi en fa Cour des Aides & Finances de Cahors le 19 Septembre 1656, enfuite Préfident en ladite Cour, en furvivance de fon père, le 2 Avril 1693. Il mourut fans poftérité le 25 Août fuivant ;
2. ETIENNE LE FRANC DE LA GRANGE, Seigneur de Lille, Prêtre, Docteur de Sorbonne, Vicaire Général, Official, Chanoine-Théologal de l'Eglife primatiale de Narbonne; Archidiacre de Corbières en ladite Eglife, Abbé de l'Eglife Collégiale de Saint-Paul de la même Ville, Confeiller du Roi en fes Confeils, Préfident en fa Cour des Aides & Fi-

nances de Montauban le 22 Janvier 1696, qui tefta le 4 Septembre 1705, & mourut à Montauban le 20 Mars 1709. Le Chapitre de l'Eglife Primatiale de Saint-Juft, par une délibération du 28 Octobre 1710, en confidération des fervices qu'il avoit reçus de lui, & de fes bienfaits, a fondé, le 20 Mars 1709, jour du décès de l'Abbé LE FRANC, un anniverfaire pour le repos de fon âme & ceux de fa famille;

3. MARIE-MADELEINE.

Les enfans du fecond lit furent :

4. JEAN, qui fuit;
5. HONORÉ, qui embraffa l'état eccléfiaftique, fut tonfuré le 17 Décembre 1661, & mourut avant le 2 Janvier 1673;
6. LOUIS LE FRANC DE LA GARRIGUE, dit *le Chevalier le Franc*, lequel fervoit dans les Moufquetaires du Roi le 9 Avril 1686 : il fut depuis Capitaine au Régiment de la Marine;
7. MADELEINE, morte avant le 1er Juillet 1671. Elle avoit époufé, par contrat du 2 Octobre 1660, *Jean de Michel*, Seigneur du Roc, Confeiller du Roi en fes Confeils, & Procureur-Général en fa Cour des Aides & Finances de Cahors, fils de *Chriftophe*, auffi Confeiller du Roi en fes Confeils, & Procureur-Général en ladite Cour, & de *Marguerite de Gras* : leur poftérité fubfifte encore en Gévaudan;
8. MARIE, alliée, avant le 1er Juillet 1671, avec *Guillaume de Redon*, Confeiller du Roi en fa Cour des Aides & Finances de Montauban;
9. Et autre MARIE, Religieufe, puis nommée Abbeffe du Monaftère de Sainte-Claire de Cahors, par un Brevet du Roi, dont elle ne fit point ufage.

VIII. JEAN LE FRANC, IIe du nom, Seigneur de Caix & du Thouron, Confeiller du Roi en fes Confeils, Préfident en fa Cour des Aides & Finances de Montauban, par provifion du 7 Juillet 1709, époufa, par contrat du 10 Novembre 1669, *Marie de la Cofte*, fille de *Jacques de la Cofte*, d'une famille qui a donné plufieurs Magiftrats à la Cour des Aides de Montauban, & d'*Anne d'Olive*. Il fut maintenu dans fon ancienne nobleffe, par Ordonnance de M. Janfon, Intendant de Montauban, du 13 Février 1698, tefta le 31 Mars 1724, & eut de fon mariage :

JACQUES, qui fuit;
Et LOUIS, né & baptifé le 19 Mars 1677, Prêtre, Docteur de Sorbonne, Prieur de Friac, de Guilleftre & de Tayrac, Seigneur du

Thouron, Confeiller du Roi en fes Confeils, Préfident en fa Cour des Aides & Finances de Montauban, & depuis premier Préfident en ladite Cour, par provifions du 18 Mai 1719. Il eft mort le 21 Août 1745.

IX. JACQUES LE FRANC, Chevalier, Seigneur de Caix, de Lille & de Pompignan, Confeiller du Roi en fes Confeils, & premier Préfident de la Cour des Aides & Finances de Montauban, baptifé le 8 Octobre 1672, inftitué héritier univerfel d'ÉTIENNE LE FRANC, fon oncle, en 1705, avoit été pourvu, d'abord le 18 Septembre 1692, d'un office de Confeiller en ladite Cour des Aides, puis le 30 Mai 1706, de la charge de premier Préfident en confidération des fidèles fervices rendus à Sa Majefté & à fes prédéceffeurs, par ceux de fa famille. Il époufa, le 23 Octobre 1708, *Marie de Ceulet*, fille de *Guillaume*, Chevalier, Seigneur & Baron de Graniagne, de Tournefeuille, de Granmond, &c., Préfident à Mortier au Parlement de Touloufe, & d'*Anne de Noël;* & par fon teftament du 15 Décembre 1718, il voulut être enterré dans l'Eglife de Saint-Jacques de Montauban, fa Paroiffe, & mourut le 13 Mars 1719. Il a eu de fon mariage :

1. JEAN-JACQUES, qui fuit;
2. GUILLAUME, Sieur de Lille, né à Montauban le 29 Novembre 1710; Lieutenant au Régiment de Cavalerie d'Anjou en 1730; Capitaine au même Régiment en 1736; Capitaine de Carabiniers en 1745; Lieutenant-Colonel dans le même Corps en 1756, avec Brevet de Colonel en 1758; Chef de brigade en 1760, & Brigadier des Armées du Roi le 25 Juillet 1762. Il s'eft trouvé aux fièges de Philippsbourg, de Fribourg, de la Citadelle de Tournay, d'Oudenarde, de Bruxelles, & aux batailles de Rocoux, de Lawfeld, de Crevelt, de Minden, &c.;
3. JEAN-GEORGES, né à Montauban le 22 Février 1715, nommé Evêque du Puy le 24 Décembre 1742, facré le 11 Août 1743, fait Abbé de Saint-Chaffre en 1747, & Archevêque de Vienne depuis 1774;
4. LOUIS, Sieur de Saint-Claire, né le 4 Août 1716, qui a commencé à fervir en qualité de volontaire dans le Régiment Dauphin, Infanterie, où il a été fucceffivement Lieutenant en fecond de Grenadiers, Lieutenant, Capitaine de Fufiliers & Capitaine de Grenadiers. Il a fait les campagnes de 1741 & 1742 en Weftphalie, en Bohême & en Bavière, en qualité d'Aide-de-Camp du feu Maréchal de Maillebois. Il s'eft trouvé aux

batailles de Fontenoy, Rocoux, de Bergen, &c., aux fièges de Tournay, d'Oudenarde, de Bruxelles, & de Berg-op-Zoom, où fon Régiment monta le premier à l'affaut. Il eut le *tendon d'Achille* emporté d'un coup de canon à la bataille de Bergen, le 13 Avril 1759; reçut un coup de fufil au travers du bras gauche, commandant une Compagnie de chaffeurs à l'affaire de Fillengehaufen, le 7 Juin 1761, fut bleffé d'un éclat de bombe au deffous du talon gauche, à Ham le 24 Août 1762 ; fait Major du Régiment d'Eu en 1766, & la même année Lieutenant-Colonel du Régiment de la Fère;

5. JEAN-BAPTISTE, né le 24 Mars 1718. Il a commencé à fervir au Régiment de Vivarais le 1er Janvier 1734, a été fait Lieutenant le 6 Avril 1735, Capitaine le 24 Août 1743, Chevalier de Saint-Louis le 3 Août 1747, & il en reçut la Croix des mains du Roi même, après la bataille de Lawfeld, où il donna des marques de fa valeur ; Capitaine de Grenadiers le 15 Août 1763, & Lieutenant-Colonel au Régiment de Vivarais en 1769. Il s'eft trouvé, en 1734, à l'attaque des Lignes de Thelingen & au fiège de Philippsbourg ; en 1735, à l'attaque de Claufem ; a fait les campagnes de 1742 & 1743 en Bavière ; s'eft trouvé, en 1744, au paffage du Rhin & à l'affaire de Saverne; en 1745, au fiège de Fribourg en Brisgaw; en 1746, aux fièges de Mons, de Charleroy & de Namur; en 1747, à la bataille de Lawfeld; en 1748, au fiège de Maëtricht; en 1757, à la bataille de Rosbach; en 1761, au fiège de Meppen; & en 1762, aux affaires des 25 Août & 30 Septembre ;

6. JEANNE-JOSÈPHE, née le 20 Décembre 1712, mariée, par contrat du 7 Août 1735, à Jean-Pierre Daffeʒat, Doyen des Confeillers des trois Chambres des Enquêtes du Parlement de Toulouſe, iffu d'une ancienne famille de ce Parlement ;

7. Et MARIE-THÉRÈSE, née le 23 Janvier 1714, mariée, en 1737, à Jean-Antoine de Ramondy, Confeiller en la Cour des Aides & Finances de Montauban.

X. JEAN-JACQUES LE FRANC, Chevalier, Marquis de Pompignan-le-Franc, Seigneur de Caix, du Thouron, de Loupiac, &c., ancien premier Préfident de la Cour des Aides & Finances de Montauban, & Confeiller d'honneur au Parlement de Toulouſe, l'un des quarante de l'Académie Françoiſe, naquit à Montauban le 17 Août 1709. Il obtint, le 17 Janvier 1747, des provifions de la charge de premier Préfident, après avoir exercé près de 17

années, la charge d'Avocat-Général. En 1757, il fe démit de fa place de premier Préfident & a obtenu, au mois de Janvier 1763, des Lettres-Patentes, portant ére{c}tion en *Marquiſat* de la Terre & Seigneurie de *Pompignan*, fous la dénomination de *Pompignan-le-Franc*, dans lefquelles S. M. rend les témoignages les plus favorables des anciens fervices de fa Maifon, tant dans l'Eglife & dans l'Epée, que dans la Robe. Il a époufé, le 19 Novembre 1757, *Marie-Antoinette-Félicité de Caulaincourt* (veuve avec un fils de Meffire *Pierre Grimod du Fort*, un des quarantes Fermiers-Généraux, Intendant-Général des Poftes & Relais de France), fille de *Louis Armand*, Marquis de *Caulaincourt*, Chevalier, Seigneur d'Eppeville, & de *Madeleine-Gabrielle-Pélagie de Boveille-d'Eppeville*. La Maifon de *Caulaincourt* eft une des plus anciennes de Picardie. De ce mariage font nés :

GUILLAUME-MARIE-POLYENET-PROSPER, né à Paris le 11 Juillet 1758, mort le lendemain de fa naiffance;

Et JEAN-GEORGES-LOUIS-MARIE, né le 8 Décembre 1760.

SECONDE BRANCHE
établie à Molières, ville du Quercy, Diocèſe de Cahors.

VI. HONORÉ LE FRANC, fecond fils d'ANTOINE, IIe du nom, & de *Jeanne de Guerre de Montamel*, époufa, ainfi qu'il eft prouvé, par le contrat de mariage de fon fils, *Gaufide de Lacarry*. Il fut reçu, le 7 Mai 1643, dans l'office de Greffier en chef en la Cour des Aides & Finances de Cahors, en conféquence des provifions qu'il avoit obtenues du Roi, au mois de Septembre précédent. Il eut de fon mariage :

1. Louis, qui fuit ;
2. HONORÉ, Confeiller du Roi, Greffier en chef en la Cour des Aides & Finances de Montauban, mort fans poftérité ;
3. Et JEAN, mort auffi fans poftérité.

VII. LOUIS LE FRANC DE LACARRY fut pourvu, le 19 Juin 1707, d'un office de Confeiller du Roi en fa Cour des Aides & Finances de Montauban. Il avoit été maintenu dans fon ancienne nobleffe avec Honoré fon frère, par Ordonnance de M. Sanfon, Intendant de Montauban, du 13 Février 1698. Il étoit alors Maire de ladite ville, & obtint du Roi une penfion de 300 livres, en confidération de fes fervices. De fon mariage avec *Jeanne Gatinhol de Lentier*, fille de *Jean Gatinhol*, aliàs *de Gátiniol*, Sieur de Fonnadal, & de *Catherine de Coftes*, il a eu:

1. Honoré le Franc de Lacarry, nommé Capitaine de Dragons dans le Régiment de Saint-Sernin, le 23 Avril 1702, & Capitaine d'une Compagnie de Cavalerie le 27 Novembre 1705. Il eft mort fans poftérité;
2. Jean-François, Prêtre & Curé de Molières;
3. Et Jean-Jacques, qui fuit.

VIII. Jean-Jacques le Franc de Lacarry, Ier du nom, dit *le Chevalier de Lacarry*, né l'an 1687, fut nommé fucceffivement Cornette dans la Compagnie de Lacarry du Régiment de Dragons de Saint-Sernin, le 23 Avril 1702, Lieutenant le 18 Mars 1705, & enfin Capitaine d'une Compagnie dans le Régiment le 6 Décembre de la même année. Il époufa, le 25 Juillet 1732, *Madeleine de Lavigne*, fille d'*Antoine de Lavigne*, Ecuyer, Lieutenant de Cavalerie, & d'*Anne de Laitre*. De ce mariage font iffus:

Louis, qui fuit, &
Et Jean-Jacques le Franc *de Lacarry de Saint-Viáor*, Ecuyer, nommé, le 20 Août 1757, Lieutenant dans le Régiment Royal des Vaiffeaux.

IX. Louis le Franc, IIe du nom, Ecuyer, a époufé, par contrat du 20 Juillet 1762, *Françoife d'Eslax* ou *des Lacs*, fille aînée de *Marc-Antoine*, Seigneur *des Lacs* (d'une Maifon dont eft le Marquis d'Arcambal, actuellement Colonel du Régiment de Rouergue, & Brigadier des Armés du Roi), & de *Jacquette de la Cofte*, dont:

X. Jean-Jacques le Franc, IIe du nom, Ecuyer, né le 16 Décembre 1764.

TROISIÈME BRANCHE, actuellement éteinte.

V. Jean le Franc, Ecuyer, Sieur de Vindrac, aliàs Vindac, fecond fils d'Antoine, Ier du nom, & d'*Antoinette de Caminade*, fervoit, le 22 Août 1573, en qualité de Gendarme de la Compagnie d'Ordonnance du Seigneur de Saint-Sulpice, fuivant un congé que lui donna, ledit jour, René de Pins, Seigneur de Montbrun, Chevalier de l'Ordre du Roi, Lieutenant de ladite Compagnie, & Gentilhomme de la Chambre du Duc d'Anjou. Il tefta le 15 Octobre 1594, voulut être enterré au Cimetière de l'Eglife de St.-Pierre de Cahors, au tombeau de fes enfans & de fes prédéceffeurs, & déclara que de fon mariage avec *Catherine d'Adine*, il avoit eu pour enfans:

François, qui fuit;
Et Marie, à laquelle fon père légua la fomme de 1500 livres, payable lors de fon mariage: elle mourut fans enfans.

VI. François le Franc, Ier du nom, Ecuyer, Seigneur de Lille, de la Tour, de Vindrac, de Salvagnac, du Sart, &c., Capitaine d'une Compagnie de 100 hommes d'Infanterie au Régiment de Roquefeuil, par commiffion du Roi, du 8 Juillet 1635, fut inftitué héritier univerfel par le teftament de fon père. Il tefta le 10 Mars 1661, & avoit époufé, par contrat du 2 Mai 1613, *Marguerite de Lom du Cart*, fille de *Pierre de Lom du Cart*, Sieur de la Tour, & de *Marie de Séguier*; elle tefta le 8 Mai 1644, & eut de fon mariage, entr'autres enfans:

1. François le Franc, IIe du nom, Ecuyer, Seigneur de Salvagnac, qui fervoit, le 10 Septembre 1639, en qualité de Capitaine d'Infanterie au Régiment du Comte de Cabrera. Il avoit été inftitué héritier univerfel par le teftament de fa mère, & époufa *Angélique Cajarc*, dont il n'eut qu'une fille nommée

Jeanne le Franc.

2. Guillaume le Franc, Ecuyer, Seigneur de Lille, qui fervit fucceffivement dans la Compagnie de fon frère aîné, enfuite en qualité de Lieutenant dans le Régiment de Vaillac, le 29 Octobre 1642. Il fe trouva en cette qualité au fiège de Tortonne, fut appellé Capitaine dans le Régiment du Breuil; fut bleffé d'un coup de moufquet au travers du Corps au fiège de Nice, & fervit en Italie depuis 1650 jufqu'en 1655. Il quitta alors le fervice & embraffa le parti de la robe, fut reçu, le 31 Janvier 1660, en la charge de Confeiller du Roi en fa Cour des Aides & Finances de Cahors, féante à Montauban, & depuis en celle d'Avocat-Général en la même Cour. Il avoit été marié deux fois. On ignore le nom de fa première femme. La feconde s'appelloit *Hélène de Cambon*. Il n'eut point d'enfans de ces deux mariages;

3. Jean, Ecuyer, Seigneur de la Tour, Viguier de Cahors. Il fut d'abord Porte-Drapeau, Enfeigne, puis Lieutenant dans le Régiment de Vaillac avant le 8 Février 1643, enfuite Lieutenant dans le Régiment de Roquelaure, Infanterie, puis Capitaine dans

Hh ij

le même Régiment. Il fut encore depuis Lieutenant de Cavalerie au Régiment de Ranillac ; & ayant été réformé, il fut pourvu de la charge de Lieutenant de la Compagnie des Chevaux-Légers de M. le Dauphin, ainsi qu'il réfulte du certificat du Marquis de la Vallière, commandant ladite Compagnie, le 28 Décembre 1663. Il fut grièvement bleffé d'un coup de moufquet qu'il reçut au bras droit, & en demeura eftropié toute fa vie. Il avoit époufé *Claire de Florence*, de laquelle il n'eut point d'enfans ;

4. Et RAYMOND, Sieur d'Hebrard, qui fut affaffiné à Cahors le 11 Août 1656, & ne fut point marié. Ses quatre frères FRANÇOIS, GUILLAUME, JEAN & RAYMOND LE FRANC, étant morts fans poftérité, la Terre de *Lille* eft paffée dans la branche aînée de cette Maifon, mais elle a été aliénée depuis.

Les armes : *d'azur, à un cavalier armé d'argent, tenant en main une épée nue.*

FRANC (LE), Famille dont il eft parlé dans le *Mercure* de Juillet 1731, pag. 1829. CÉSAR-CHARLES LE FRANC *du Val-David*, époufa, en 1723, une fille du Comte de *Braque*, laquelle, au mois de Juillet 1731, eft accouchée d'un fils. La Famille de LE FRANC eft très-ancienne, & n'a point changé depuis quatre fiècles & plus.

FRANC (LE), Ecuyer, Seigneur d'Argentelle : autre Famille de la Province de Normandie, Election d'Argentan, de laquelle étoit FRANÇOISE LE FRANC DE BEAULIEU, née le 14 Avril 1675, & reçue à Saint-Cyr au mois de Décembre 1687, après avoir prouvé que JEAN LE FRANC, Seigneur de *Bérou*, vivant en 1524, étoit fon quart-aïeul.

Les armes : *d'argent, à trois cœurs de gueules, 2 & 1.*

FRANC D'ANGLURE : *d'azur, à 3 barres d'argent, à la bande de gueules, brochant fur le tout.*

FRANCE, le plus beau pays & le plus puiffant Royaume de l'Europe. Elle eft fituée au milieu de la zône tempérée, baignée de l'Océan vers l'Occident, de la mer Méditerranée vers le Midi, contiguë aux Pays-Bas vers le Septentrion, où elle a auffi la Manche ou le canal d'Angleterre, & aux Alpes & à l'Italie vers l'Orient : le Rhin & quelques Etats la féparent de l'Allemagne ; les Alpes de l'Italie ; les Pyrénées de l'Efpagne. On compte une fucceffion non interrompue de 66 Rois, dont quelques-uns n'ont régné que dans une partie de la France. Ils font partagés en trois races : la première, dite des *Mérovingiens*, de laquelle font fortis les Rois d'Auftrafie ; la feconde, dite des *Carlovingiens*, qui a produit des Ducs de Lorraine, des Empereurs d'Occident, des Rois d'Aquitaine, & des Rois de Germanie ; la troifième, dite des *Capétiens*, d'où fortent les Rois de France, de la Maifon d'Orléans-Valois ; & les Rois de France, de la Maifon Royale de Bourbon, aujourd'hui régnante, en France & en Efpagne.

Cette Maifon eft, fans contredit, une de celles de tous les Princes de l'Europe, qui date de la plus haute antiquité.

Abrégé Chronologique & Hiftorique des Rois & Reines de France, & des diverfes branches des Princes & Princeffes du Sang de la Maifon Royale de France, aujourd'hui régnante.

Les Gaules furent gouvernées pendant plus de quatre cents ans par les Lieutenants des Empereurs. Les François ayant paffé le Rhin, s'en rendirent maîtres.

PREMIÈRE RACE.

PHARAMOND, fuivant la plus commune opinion, eft le premier Roi des François. On fixe le commencement de fon règne à l'an 420. Il jeta les fondemens de notre Monarchie audelà du Rhin dans la Frife, Weftphalie & autres provinces, & mourut l'an 427 ou 28, après un règne de 7 ou 8 ans. On a de ce prince une Ordonnance contre les duels.

CLODION, furnommé *le Chevelu*, qui paffe pour le fils de PHARAMOND, commença à régner en 427 ou 28, prit Tournay & Cambrai en 430 ou 31, fit la paix avec le Patrice Aëtius, & mourut en 447 ou 48, après un règne de 20 ans, &, felon quelques hiftoriens, fut enterré à Cambrai.

MEROVÉE, parent de CLODION, lui fuccéda ; c'eft à caufe de lui que l'on a donné à la première race de nos rois le nom de *Mérovingiens*. Il commença à régner en 447 ou 48, combattit avec Aëtius, & Théodoric, Roi des Wifigoths, dans les plaines de Châlons en Champagne, contre Attila, Roi des Huns, étendit les bornes de fon Royaume, s'approcha des rivages de la Seine, de la Marne, de la Meuſe & de la Moſelle, & mourut après un règne de dix ans, en 457 ou 458, ſelon la diverſité des opinions des Hiſtoriens.

CHILDÉRIC Ier, ſon fils, né en 436, lui ſuccéda. Ses déréglements le firent deſcendre du trône: il ſe retira chez Baſin, Roi de Thuringe. Ses ſujets le rappelèrent en 463. Il prit Orléans & Angers ſur les Saxons, & mourut en 481.

CLOVIS Ier, dit le Grand, ſon fils, né en 467, ſuccéda à ſon père en 481, attaqua & vainquit le Patrice Siagrius; prit ſur lui en 486, les villes de Soiſſons & de Reims; fut victorieux des Allemands à Tolbiac en 496; reçut le baptême à Reims, de St.-Remy, le jour de Noël de la même année; étendit ſes conquêtes au-delà de la Loire; après la défaite d'Alaric, Roi des Wiſigoths, il ſe rendit maître de Touloufe & d'Angoulême en 508, de Cologne en 509, & mourut à Paris le 27 Novembre 511, après un règne de 30 ans (a). Ste.-Clotilde, ſon épouſe, fille de Chilpéric, Roi de Bourgogne, lui ſurvécut 37 ans. Il en eut pluſieurs enfans.

CHILDEBERT Ier, troiſième fils de CLOVIS, fut Roi de Paris & d'une partie de la Neuſtrie, ou de France. Il conſentit au maſſacre de ſes neveux, fit bâtir l'Abbaye de Saint-Vincent, aujourd'hui St.-Germain-des-Prés, & l'Egliſe Cathédrale de Paris. Après pluſieurs guerres, contre Amalric, Roi des Wiſigots, qu'il fut chercher en Eſpagne, il mourut à Paris le 23 Décembre 558, & fut enterré à St.-Vincent par St. Germain, Evêque de Paris. De ſon mariage avec Ultrogothe, qui vécut ſaintement, il n'eut que deux filles CROTEBERGE & CRODESINDE, que CLOTAIRE chaſſa de la cour, mais qui dans ſa fuite y furent rappelées par le Roi CHARIBERT leur couſin.

CLOTAIRE Ier, ſurnommé le Vieux, Roi

de France, de Soiſſons & d'Auſtraſie, eut en partage le Royaume de Soiſſons : après la mort du Roi CLOVIS, ſon père, il fit la guerre aux Bourguignons en 523, prit Autun, ravagea la Bourgogne en 525, aſſiſta THIERRY, ſon frère, Roi d'Auſtraſie, dans la conquête de la Thuringe l'an 531, tua de ſes propres mains ſes neveux l'an 532, détrôna Godomar, Roi de Bourgogne l'an 534, accompagna en 543 CHILDEBERT, ſon frère, dans l'expédition d'Eſpagne; s'empara du Royaume d'Orléans en 552; ſe mit en poſſeſſion de celui d'Auſtraſie en 555; ſuccéda à la couronne de France en 558; défit les Bretons, & mourut d'une fièvre chaude à Compiègne en 561, après un règne de 50 ans, âgé de 64. Ce prince eut pour première femme Ingonde, mariée en 517; pour ſeconde, Areburge, ſœur d'Ingonde; pour troiſième, Chrunſine; pour quatrième, ſainte Radégonde, Princeſſe de Thuringe, qui fonda l'Abbaye de Sainte-Croix de Poitiers, où elle mourut le 5 Août 587; pour cinquième, Godieuque; pour ſixième, Waldrade.

CHARIBERT (b), l'aîné des fils de CLOTAIRE Ier, Roi de France ou de Paris, fut attaqué par les Huns qui ravagèrent ſon Royaume; Saint Germain, Evêque de Paris, l'interdit des Sacremens, à cauſe de ſes mariages illégitimes. Il mourut le 7 Mai l'an 570, âgé de 49 ans, après un règne de 9 ans, & fut enterré dans l'Abbaye de Saint-Vincent auprès de CHILDEBERT, ſon oncle.

CHILPÉRIC Ier, Roi de France, ſuccéda à ſon père CLOTAIRE Ier, au Royaume de Soiſſons. Il ſe ſaiſit de Reims & de quelques places ſur ſon frère SIGEBERT Ier, Roi d'Auſtraſie; tomba dans l'erreur des Sabelliens, dont il fut retiré par Grégoire de Tours & Salvius, Evêque d'Albi, fit de grands biens aux Egliſes & aux pauvres; au retour de la chaſſe, il fut tué dans la cour de ſon Château de Chelles au mois d'Octobre 584, âgé de 61 ans, après un règne de 23 ans, & enterré dans le chœur de Saint-Germain-des-Prés. Ses femmes furent Andoblide ou Andouère, répudiée en 566; Galſwinde, Princeſſe d'Eſpagne, morte en 568, & Frédégonde en 598. Il eut des

---

(a) CLOVIS, avant ſa mort partagea ſon Royaume entre ſes enfans. THIERRY, fils naturel, qu'il eût avant ſon mariage avec SAINTE CLOTILDE, eut en partage le Royaume d'Auſtraſie. CLODOMIR, ſous le titre de Royaume d'Orléans, eut le Berry, la Beauce, le Perche, l'Anjou & la Touraine. Il fut tué en 524, après un règne de 13 ans, dans la guerre contre Godomar, Roi des Bourguignons. Ses fils, THIBAUD & GONTIER, élevés auprès de Sainte-Clotilde, leur aïeule, furent maſſacrés par CLOTAIRE, leur oncle. ST.-CLOUD ſeul fut ſauvé du maſſacre, en embraſſant l'état eccléſiaſtique.

(b) La Monarchie fut de nouveau partagée entre les fils de CLOTAIRE Ier. CHARIBERT eût le royaume de Paris; GONTRAND, ceux d'Orléans & de Bourgogne; CHILPÉRIC, le Royaume de Soiſſons, & SIGEBERT, celui d'Auſtraſie.

enfans de la première & de la troisième; ceux de la première furent :

THÉODEBERT, tué en 575 par Godegisile & Gontra-Bofon, Généraux de l'armée de SIGEBERT, Roi d'Austrasie ;

MÉROVÉE, tué en 577 par Gailen son favori;

CLOVIS, poignardé par l'ordre de *Frédégonde* en 580, âgé de 25 ans ;

Et deux filles, l'une nommée BASINE, & l'autre CHILDESINDE.

Et de la troisième sortirent:

CLODEBERT, SAMSON & THIERRY, morts en bas âge ;

DAGOBERT, mort en l'an 577;

Et CLOTAIRE, qui suit.

CLOTAIRE II , surnommé *le Jeune* & *le Grand*, né en 584, succéda à son père quatre mois après, sous la tutelle de *Frédégonde* sa mère; fut baptisé à Nanterre en 591, gagna la bataille de Soissons en 593 ou 94, fit mourir, d'une mort infâme & cruelle en 613, la Reine *Brunehaut*; réunit les Royaumes d'Austrasie & de Bourgogne à celui de France; & après avoir vécu seize ans en paix avec ses voisins, mourut en 628, la quarantième année de son règne, à compter depuis la mort de son père, & fut enterré à Saint-Germain-des-Prés, où l'on voit son tombeau. Ses femmes furent *Haldetrude* & *Bertrude*, morte en 623. De la première il eut :

MÉROVÉE, tué dans un combat, près d'Etampes, en 603, âgé de 4 ans, par ordre de la Reine *Brunehaut*;

Et DAGOBERT Ier, qui suit.

De *Bertrude* vint :

CHARIBERT, Roi d'Aquitaine ou de Toulouse, mort en 631, âgé de 23 ans, qui ne laissa qu'un fils nommé

CHILPÉRIC, que DAGOBERT fit mourir après la mort de son père

DAGOBERT Ier, né en 602, établi Roi d'Austrasie en 623, succéda à son père en 628; fit bâtir l'Abbaye de Saint-Denis en 630 (son épitaphe dit 632); donna à SIGEBERT, son fils, le Royaume d'Austrasie en 633; mourut de dyssenterie à Saint-Denis le 19 Janvier 638, & y est enterré. Il régna 6 ans en Austrasie, avant la mort de son père, 10 depuis son décès, en tout 16 ans. Il répudia sa première femme *Gomatrude*, pour cause de stérilité, & eut de *Nantilde* sa seconde, *Clovis II*, qui suit; & de *Ragnetrude*, sa concubine, *Sigebert II*, qui a fait la troisième branche des Rois d'Austrasie.

CLOVIS II, Roi de France, né en 634, succéda à la couronne sous la tutelle & la régence de sa mère *Nantilde* en 638; sa minorité donna commencement à la puissance des Maires du Palais, qui gouvernèrent sous ses successeurs selon leurs caprices & leurs intérêts. Il fit part à SIGEBERT, Roi d'Austrasie, son frère, des trésors de son père l'an 639; après la mort de ce Prince, il s'empara de ses Etats, & mourut à la fleur de son âge au commencement de 656, après un règne de 18 ans, & fut enterré à Saint-Denis.

CLOTAIRE III succéda à la couronne sous la tutelle & la régence de *Sainte Bathilde* sa mère, & mourut sans enfans l'an 671, la 16e année de son règne, âgé de 19 ans.

CHILDERIC II fut, en 660, proclamé à Metz Roi d'Austrasie, & succéda à son frère CLOTAIRE, aux Royaumes de France & de Bourgogne; ce Prince, adonné au vin & à des débauches insupportables, fut tué proche de Chelles en 674, avec sa femme & un de ses fils nommé DAGOBERT, après un règne de 12 ans en Austrasie, près de 4 en France; & après avoir vécu environ 22 ans.

THIERRY Ier, Roi de Neustrie & de Bourgogne, Roi de France par l'entremise d'Ebroïn, Maire du Palais, environ l'an 669, fut dépossédée par le Roi CHILDERIC, son frère; il remonta sur le trône après la mort de ce Prince; fit la guerre à DAGOBERT II, Roi d'Austrasie ; défit Martin & Pépin, Ducs d'Austrasie en 681; fut vaincu au combat de Tertry en Vermandois l'an 687, par Pépin d'Héristal, reconnu Maire du Palais dans toute la France. THIERRY mourut en 690 ou 91, après un règne de 17 ans, âgé environ de 30 ans, & fut enterré dans l'Abbaye de Saint-Waast d'Arras, dont il est le fondateur. De *Clotilde* son épouse, il eut :

CLOVIS, qui suit;

Et CHILDEBERT, rapporté après son aîné.

CLOVIS III succéda à son père sous le gouvernement d'Héristal, Maire du Palais, & mourut en 694 ou 95, après un règne de 4 ans, âgé de 14 ans au moins : il fut enterré dans l'Eglise de Saint-Etienne du Monastère de Choisy-sur-l'Oise, près de Compiègne.

CHILDEBERT II, son frère, surnommé *le Juste*, lui succéda. Il mourut le 14 Avril 711, après un règne de 17 ans, âgé de 35 ans, & fut enterré au même endroit que son frère.

DAGOBERT II, son fils, lui succéda, vainquit

les Auſtraſiens près de Compiègne l'an 715 ; ravagea les confins de leur pays ; établit Rainfroy, Maire du Palais ; mourut en 716, âgé de 17 ans, après un règne de 5 ans. Le nom de ſa femme eſt ignoré ; il en eut :

Thierry, mentionné plus loin.

Chilpéric II, nommé *Daniel*, fils du Roi Childéric II, fut tiré de l'Egliſe pour monter ſur le trône ; il perdit la bataille de Vinciac près de Cambrai, contre Charles-Martel le 21 Mars l'an 717, fut encore vaincu par le même au combat de Soiſſons en 718, mourut à Noyon en 720, après un règne de 5 ans, y fut enterré. On lui donne pour fils Childéric III, qui ne régna qu'après Clotaire IV & Thierry II.

Clotaire IV, qu'on croit fils de Thierry Ier, fut élevé à la Royauté, & mourut de maladie l'an 718, après un règne de 17 mois.

Thierry II, ſurnommé *de Chelles*, fils de Dagobert II, reconnu Roi de France l'an 720, par les ſoins de *Charles-Martel*, Maire du Palais, mourut au mois de Février en 737, après un règne de 17 ans, âgé de 23 ou 24 ans. Il y eut, après la mort de Thierry II, un interrègne de 5 ou 6 ans, pendant leſquels *Charles-Martel* agit en Roi, ſans en avoir le titre.

Childéric III, ſurnommé *l'Idiot* ou *le Fainéant*, fils de Thierry II, ou ſon frère, & tous les deux fils de Dagobert II, ſelon quelquesuns ; ſelon d'autres, ſortis des rois d'Auſtraſie : mais ſuivant l'opinion la plus commune, fils de Chilpéric II, fut mis ſur le trône par Carloman & Pépin, qui gouvernoient l'Etat en 743 ; il fut dépoſé ſur la fin de 752, la 9e année de ſon règne, raſé & mis dans un monaſtère, aujourd'hui l'Abbaye de Saint-Bertin, à St.-Omer, où il mourut en 754. Ce fut en ſa perſonne que finit la première race des Rois de France nommés *Mérovingiens*, qui avoit tenu le ſceptre 332 ans depuis Pharamond, proclamé Roi par le ſuffrage des ſoldats & de toute la nation en 420 ; cette race qui commence à Merovée, fournit 23 Rois de France ou de Paris, en treize générations, en y comprenant Clotaire IV, que pluſieurs hiſtoriens ne comprennent pas au nombre des Rois de France (a).

(a) Les premiers, ſeconds & troiſièmes Rois d'Auſtraſie, ſont ſortis de cette première race des Rois de France. Thierry Ier, *fils naturel de*

SECONDE RACE

La ſeconde race, nommée la race des *Carlovingiens*, a pris ſon nom ou de Charles-Martel ou de Charlemagne. Ses commencemens ont été heureux & ſa fin malheureuſe.

Après la dépoſition de Childeric III, Pépin le Bref, Maire du Palais de France, fut pour ſon mérite élevé ſur le trône, du conſentement des Grands & des peuples, & couronné à Soiſſons en 751. Il mourut le 24 Septembre 768. Il eut de ſa femme *Berthe* ou *Bertrade*, Charlemagne & Carloman, Rois de Bourgogne & d'Auſtraſie.

Charlemagne ou Charles Ier, ſurnommé *le-Grand*, fils aîné de Pépin, prit naiſſance à Aix-la-Chapelle le 2 Avril 742, fut ſacré avec ſon père le 28 Juillet 754, de nouveau le 7 Octobre 768 ; termina la guerre d'Aquitaine en 769 ; ravagea la Saxe en 772 ; réduiſit toute la Lombardie ſous ſon obéiſſance en 774 ; retourna en Italie en 776 pour arrêter les progrès du Duc de Frioul qui fut tué ; marcha contre l'Eſpagne en 778 ; fut à Rome avec ſa femme & ſes enfans en 781 ; paſſa en Allemagne en 783 ; fut ſacré & couronné Empereur à Rome par le Pape Léon III en 800 ; fit le partage de ſes Etats entre ſes trois fils en 806, & mourut à Aix-la-Chapelle le 28 Janvier 814, après avoir régné en France 45 ans, 4 mois & 4 jours, porté le titre d'Empereur 13 ans 1 mois & 4 jours (b).

Louis Ier, dit le *Débonnaire*, le troiſième des fils que Charlemagne eut de *Hildegarde* ſon épouſe, né en 778, couronné Roi d'Aquitaine en 781, aſſocié à l'Empire en 813, ſacré Roi de France & Empereur à Reims en 816, aſſocia en 817 à l'Empire ſon fils Lothaire ; fit la guerre aux Bretons

---

Clovis Ier, Théodebert Ier, fils de Thierry, & Thibaud, ſont les premiers Rois d'Auſtraſie. Sigebert Ier, cinquième fils de Clotaire Ier, a fait la ſeconde branche de ces Rois, qui ſont ce Sigebert Ier, Childebert II, Théodebert II, Thierry II, St. Sigebert II, ſurnommé le *Jeune*, fils de Dagobert Ier, Roi de France, & Roi d'Auſtraſie, a eu pour ſucceſſeur Dagobert, ſurnommé le *Jeune*.

(b) Carloman, frère de Charlemagne, Roi d'Auſtraſie, mourut en 771, & ſon Royaume retourna à Charlemagne, qui le donna à Charles ſon fils aîné, mort en 811, enſuite à Pépin ſon ſecond fils, Roi d'Italie, & qui a donné naiſſance aux anciens Comtés de Vermandois.

en 824; fes trois enfans confpirèrent contre lui en 823, & le dépouillèrent de fes Etats; il remonta fur le trône en 834, & mourut près de Mayence en 840, après un règne de 26 ans, 4 mois & 24 jours depuis la mort de fon père. Il avoit époufé 1º *Ermengarde*, & 2º *Judith*, fille du Comte *Welphe*, née en 823. Il eut du premier lit :

1. LOTHAIRE Iᵉʳ, qui a fait tige des *Empereurs d'Occident* ;
2. PÉPIN Iᵉʳ, qui a fait tige des *Rois d'Aquitaine* ;
3. LOUIS, qui a fait tige des *Rois de Germanie* ;

Et du fecond lit vint :

4. CHARLES *le Chauve*, qui fuit.

CHARLES II, dit *le Chauve*, né en 823, fuccéda à la couronne de France en 840; remporta avec fon frère LOUIS une fameufe victoire fur l'Empereur LOTHAIRE fon frère, dans les plaines de Fontenay en Auxerrois en 841; partagea la fucceffion de fon père avec fes deux frères en 843; fut facré Roi d'Aquitaine à Limoges en 854; fe fit couronner Roi de Lorraine à Metz en 869, après la mort de fon neveu LOTHAIRE; fe fit couronner Empereur en 875, après la mort de fon neveu LOUIS II; & mourut empoifonné par Sedecias fon médecin, au-deçà du Mont-Cenis en 877, après avoir régné 37 ans, 3 mois, 16 jours en France, & tenu l'Empire 1 an, 9 mois & 14 jours. Il eut d'*Ermentrude*, fa première femme :

1. LOUIS *le Bègue*, qui fuit ;
2. CHARLES, Roi d'Aquitaine, mort en 865 ;
3. LOTHAIRE, dit *le Botteux*, Abbé de Montier-en-Der & de Saint-Germain d'Auxerre, mort en 866 ;
4. CARLOMAN, auquel fon père fit crever les yeux, mort en 873 ;
5. Et plufieurs filles.

LOUIS II, dit *le Bègue*, né en 843, Roi d'Aquitaine en 867, couronné Empereur à Troyes en 878, mourut à Compiègne le 10 Avril 879, après avoir régné 1 an, 6 mois & 3 jours. Il eut d'*Anfgarde*, qu'il avoit époufée clandeftinement en 862, & qu'il répudia, LOUIS III & CARLOMAN, qui fuivent :

LOUIS III fut facré avec fon frère CARLOMAN à l'Abbaye de Ferrières en Gâtinois, par Anfegife, Archevêque de Sens en 879, gagna une bataille fur les Normands en 880; fe rompit la poitrine en pouffant fon cheval, &

mourut à St.-Denis en 883, après un règne de 3 ans, 3 mois & 25 jours, fans poftérité.

CARLOMAN, fon frère, qui avoit eu en partage la Bourgogne & l'Aquitaine, lui fuccéda, & mourut d'un coup qu'il reçut à la jambe, étant à la chaffe, en 884, âgé de 18 ans, après un règne de 5 ans, 4 mois, & fut enterré à St.-Denis. Il laiffa d'*Adelefde*, fon époufe, CHARLES III, dit *le Simple*.

CHARLES LE GROS, Empereur d'Occident, troifième fils de LOUIS, Roi de Germanie, gouverna la France l'efpace de 3 ans, durant le bas âge du Roi CHARLES *le Simple*, & mourut en 888.

EUDES, fils aîné de ROBERT Iᵉʳ, Duc de France, fut chargé par les Grands du Royaume de la tutelle de CHARLES *le Simple* & de la Régence; prit le titre de Roi de France & d'Aquitaine; fe fit couronner à Compiègne en 888, partagea le Royaume avec CHARLES *le Simple* en 893 ou 94; mourut en 898; & fut enterré à St.-Denis.

CHARLES LE SIMPLE fut couronné à Reims en 893, fe rendit maître du Royaume de Lorraine en 912, céda une partie de la Neuftrie à Rollon, Chef des Normands; fut abandonné à Soiffons en 920 des Seigneurs du Royaume; vainquit ROBERT II, Duc de France, près de Soiffons en 923; fut retenu prifonnier à Saint-Quentin par HERBERT II, Comte de Vermandois, & mourut au Château de Péronne en 929. Il eut de fa troifième femme *Ogine* ou *Egine*, LOUIS IV, dit d'*Outre-mer*, rapporté plus loin.

ROBERT, Duc de France, frère cadet d'EUDES, Chef de parti contre le Roi CHARLES *le Simple*, ne fut que prétendant à la Couronne, & jamais paifible poffeffeur & univerfellement reconnu : CHARLES *le Simple*, à qui il la difputoit, lui furvécut, & ne perdit fon rang que par la perfidie du Comte de Vermandois. ROBERT fe fit facrer & couronner dans l'Eglife de St.-Remy de Reims en 922, par Vautier, Archevêque de Sens; fut tué en bataille par CHARLES *le Simple* le 15 Juin 923.

RAOUL, Duc de Bourgogne, Régent & Adminiftrateur de la Couronne de France pendant la prifon de CHARLES *le Simple*, par l'ordre même de ce Monarque, fuivit l'exemple d'EUDES & de ROBERT fes prédéceffeurs en cette Régence, & fe fit facrer & couronner Roi dans l'Abbaye de St.-Médard-lès-Soiffons le 13 Juillet 923, porta le titre de Roi l'efpace de 12 ans, 6 mois & 2 ou 3 jours; mourut à Auxerre fans lignée le 15 Janvier 936. Ce RAOUL n'étoit pas iffu de la feconde race de nos Rois; il avoit pour ancêtres les Ducs de Bourgogne (a).

LOUIS IV, dit d'*Outre-mer*, né en 920, élevé en Angleterre par *Adeleftan*, fon oncle maternel, rappelé par les François; couronné à Laon le 19 Juin 936, fait prifonnier à Rouen en 945, mis en liberté l'année fuivante, affiégea Rouen fans fuccès; reprit Laon en 949, fit trêve avec HUGUES le *Grand*, Duc de France, mourut à Reims le 10 Septembre 954, après un règne de 18 ans, 3 mois, 26 jours. Il eut de fa femme *Gerberge* de Saxe, LOTHAIRE, qui fuit:

LOTHAIRE, né en 941, facré & couronné dans l'Eglife de St.-Remy de Reims le 12 Novembre 954, affiégea Poitiers fans le prendre en 955, prit Douai & Arras en 966, fit la guerre à l'Empereur OTHON II, remporta fur lui une grande victoire; fit la paix avec lui en 980; prit Verdun en 984, qu'il rendit l'année fuivante; mourut empoifonné à Compiègne le 12 Mars 986, après un règne de 31 ans, 4 mois, 18 jours, & fut enterré à St.-Remy de Reims. Il eut d'*Emme*, fa femme, fille de LOTHAIRE II, Roi d'Italie:

1. LOUIS, qui fuit;
2. OTHON, mort jeune;
3. Et GISELLE, femme de *Conrad de Saxe*.

LOTHAIRE eut encore d'une fœur de *Robert*, Maire du Palais de CHARLES, Duc de Lorraine, un fils naturel nommé

ARNOULT, qui mourut Archevêque de Reims en 1023.

LOUIS V, nommé le *Fainéant*, pour n'avoir rien fait de mémorable, eft le dernier de la feconde race dite des *Carlovingiens*, il naquit en 967, fon père le fit couronner à Compiègne le 8 Juin 979. Il fut marié à *Blanche*, fille d'un Seigneur d'Aquitaine, & mourut le 21 Mai 987, après un règne d'un an, 3 mois & 20 jours, & fut enterré dans l'Abbaye de St.-Corneille de Compiègne. Cette feconde race a tenu le fceptre 236 ou 237 ans. Elle a donné des Ducs à la Lorraine, des Empereurs d'Occident, des Rois d'Aquitaine, des Rois de Germanie, des Comtes de Ver-

mandois, defquels font fortis les anciens Seigneurs de *St.-Simon*, & les anciens Seigneurs de *Ham*.

TROISIÈME RACE.

La troifième race des Rois de France, dite des *Capétiens*, eft la plus ancienne, la plus noble & la plus illuftre de l'Europe. Elle defcend de ROBERT LE FORT, Duc & Marquis de France, Comte d'Anjou en 860.

HUGUES-CAPET, XXXVIIe Roi de France, duquel defcendent nos Rois de la troifième race, étoit fils de HUGUES LE GRAND, mort en 956, & enterré à Saint-Denis; & petit-fils de ROBERT II, Duc de France, &c., & arrière-petit-fils de ROBERT Ier, vulgairement nommé ROBERT le *Fort*, Duc & Marquis de France, Comte d'Anjou, Abbé de Saint-Martin de Tours, tige de la Maifon Royale de France (IIIe Race), dont nous allons donner une filiation fuivie. HUGUES-CAPET, qui forme le IVe degré, fut laiffé jeune par fon père fous la protection de Richard Ier, Duc de Normandie en 956; le Roi Lothaire lui donna, en 960, le Duché de France avec le Poitou & le Comté de Paris. Après la mort de Louis V, il fut élevé à la Couronne, du confentement des Princes & Seigneurs affemblés à Noyon, en 987; fon fils ROBERT lui fut affocié en 988; il fe faifit en 991 de CHARLES DE FRANCE, Duc de Lorraine, & de toute fa famille, & l'envoya prifonnier à Orléans. HUGUES-CAPET mourut en 996, âgé d'environ 57 ans, après un règne de 9 ans, 3 mois, 21 jours depuis fon facre, & fut enterré à Saint-Denis. L'adreffe & la prudence, encore plus que fa valeur, furent fes vertus dominantes. En réuniffant le Duché de France à la Couronne, il rétablit le fiège ordinaire de nos Rois à Paris, où CLOVIS l'avoit fixé; mais où il avoit ceffé d'être pendant toute la feconde Race & fous les Rois de la première. On donne à HUGUES-CAPET pour époufe *Adélaïde*, qu'on croit fille de *Guillaume III*, dit *Tête d'Etoupes*, Duc de Guyenne & Comte de Poitou. Il en eut:

1. ROBERT, qui fuit;
2. ADWIGE, femme de *Regnier IV*, Comte de Hainaut, puis de *Hugues*, IIIe du nom, Comte de *Dachsbourg*;
3. ADÉLAÏDE, femme de *Renaud Ier*, Comte de Nevers;
4. Et GISELLE, mariée à *Hugues Ier*, Comte de

(a) Voyez le P. Anfelme, tom. I, pag. 57.

Tome VIII. I i

Ponthieu, auquel elle porta la Seigneurie d'Abbeville.

HUGUES-CAPET eut encore pour fils naturel :

GAUZLIN, Archevêque de Bourges, mort en 1029.

V. ROBERT, dit *le Dévot,* fuccéda à fon père en 996. Il prit poffeffion du Duché de Bourgogne & de la Ville de Sens, après la mort du Duc HENRI, fon oncle, en 1001; fut médiateur de la paix en 1022, entre le Duc de Normandie & le Comte de Champagne; mourut à Melun le 20 Juillet 1031, âgé de 61 ans, après un règne de 33 ans, 9 mois & 4 jours, & fut enterré à Saint-Denis ; c'étoit un Prince favant pour fon téms, humain & débonnaire. Il fut pleuré par fes fujets, dont il avoit toujours préféré les avantages à fa propre gloire. On lui reproche feulement qu'il fe laiffa trop dominer par la Reine CONSTANCE, fa femme, qu'il craignoit beaucoup plus qu'il n'aimoit. Les bonnes œuvres dont il s'occupoit, fans négliger fes devoirs, & furtout fa charité envers les pauvres, lui firent donner le furnom de *Dévot,* & fa modération celui de *Saint.* Il avoit époufé 1° BERTHE, fa parente, veuve d'*Eudes* Ier, Comte de *Blois ;* mais les cenfures du Pape GRÉGOIRE V firent renvoyer cette Princeffe ; 2° & CONSTANCE, fille du Comte de *Provence* & d'*Arles,* morte en 1032. Dom Vaiffette la fait fille de *Guillaume Taillefer,* Comte de Touloufe. Il eut de ce fecond mariage :

1. HUGUES, dit *le Grand,* couronné Roi de France, du vivant de fon père, en 1017, mort fans alliance avant fon père, en 1026, âgé de 18 ans ;
2. HENRI, qui fuit ;
3. ROBERT, Duc de Bourgogne, Ier du nom, qui a fait la branche des premiers *Ducs de Bourgogne* de la Maifon de France ;
4. EUDES, mort fans poftérité ;
5. ADÉLAÏDE, femme de *Renaud,* Comte de *Nevers ;*
6. Et ADÈLE, mariée à *Richard III,* Duc de *Normandie,* puis à *Baudouin V,* Comte de *Flandres.* On croit qu'elle fut feulement promife à *Richard III,* & qu'elle ne l'époufa pas.

VI. HENRI, Ier du nom, couronné à l'âge d'environ 27 ans, en 1031, facré à Reims du vivant de fon père, demanda du fecours à *Robert II,* Duc de *Normandie,* pour s'oppofer à fa propre mère, & à *Eudes II,* Comte de *Champagne ;* donna au Duc de Norman-

die les villes de Chaumont & de Pontoife, & le Vexin-François ; confirma les alliances que fes prédéceffeurs Rois avoient faites avec l'Empereur CONRAD II, dit *le Salique ;* & fut fiancé à fa fille MATHILDE, qu'il n'époufa pas. Il vainquit *Henri,* Comte de *Troyes,* en 1037, & obligea les Normans de reconnoître pour leur Duc, GUILLAUME *le Bâtard.* Il fit bâtir le Prieuré de Saint-Martin-dès-Champs à Paris, mourut à Vitry en Brie le 4 Août 1060, âgé de 55 ans, après un règne de 29 ans, 15 jours, & fut enterré à Saint-Denis. Il avoit époufé, en 1044, ANNE, fille, dit-on, de JORADISLAS, Roi de Ruffie, laquelle fe remaria, en 1062, après la mort de fon premier mari, avec *Raoul de Peronne,* Comte de Crefpy & de Valois. Ses enfans furent :

1. PHILIPPE, qui fuit ;
2. ROBERT, mort en 1060 ;
3. HUGUES *le Grand,* Comte de Vermandois, marié à *Adélaïde,* fille d'*Herbert.* Il fut l'auteur de la feconde branche des *Comtes de Vermandois,* & mourut en 1102.

VII. PHILIPPE Ier, né en 1053, parvint à la Couronne âgé feulement de huit ans, & fut facré à Reims du vivant de fon père. Il fut mis fous la tutelle & la Régence de *Baudouin V,* Comte de *Flandres,* en 1060 ; vainquit les Grifons en 1062, perdit la bataille de Saint-Omer en 1070, contre *Robert le Frifon,* Comte de Flandre ; eut guerre avec *Guillaume le Conquérant,* Duc de Normandie, & fon fils ; enleva *Bertrade de Montfort,* femme de *Foulques le Rechin,* Comte d'Anjou, en 1093 ; la quitta en 1105, & mourut au Château de Melun en 1108, après un règne de 49 ans, 2 mois & 6 jours. Il eut de *Berthe,* fa femme, fille de *Florent Ier,* Comte de *Hollande,* mariée, en 1071, & répudiée pour caufe de parenté en 1091 :

1. LOUIS, qui fuit ;
2. HENRI, mort jeune ;
3. CHARLES, pour qui le Roi, fon frère, fonda l'Abbaye de Charlieu, Ordre de Cîteaux, en 1136 ;
4. Et CONSTANCE, mariée à *Hugues,* Comte de *Troyes,* en 1101.

PHILIPPE Ier eut encore pour enfans naturels, de *Bertrade de Montfort,* deux garçons & deux filles, favoir :

PHILIPPE, Comte de Mantes, marié, en 1104, à *Elifabeth,* fille de *Guy,* Seigneur de *Montlhery ;*

FLEURY, marié à une héritière de *Nangis ;*

CÉCILE, femme 1º de *Tancrède*, neveu de *Bohémond*, & 2º de *Pons de Touloufe*, Comte de Tripoli;

Et EUSTACHE, femme de *Jean*, Comte d'*Eftampes*.

VIII. LOUIS VI, furnommé *le Gros*, à caufe de fa taille qui devint fort épaiffe fur la fin de fon règne, né en 1077 ou 78, parvint à la Couronne en 1108, âgé d'environ 30 ans. Il y avoit été affocié dès l'an 1099, du vivant de fon père. La cérémonie de fon facre fe fit à Orléans par l'Archevêque de Sens, parce qu'il y avoit alors un fchifme dans l'Eglife de Reims. Il réprima la licence des Grands qui avoient ufurpé les biens & les droits de l'Eglife, fonda l'Abbaye de Saint-Victor, à Paris, en 1113, & celle de Charlieu en 1136; fit bâtir le Château du Louvre, & après un règne de 29 ans, 3 jours, il mourut à Paris le 1er Août 1137, & fut enterré à Saint-Denis. Dès l'an 1104 il avoit époufé *Luciane*, fille de *Guy le Rouge*, Comte *de Rochefort*. Ce mariage, qui n'avoit point été confommé, fut déclaré nul au Concile de Troyes en 1107, pour caufe de parenté, & il époufa 2º en 1115, ADÉLAÏDE, fille de *Humbert II*, Comte de Maurienne & de Savoie, laquelle, quelque tems après la mort du Roi, fe remaria à *Mathieu de Montmorency*, Connétable de France; & elle mourut en 1154. Ce fut elle qui fonda l'Abbaye de Montmartre. Ses enfans furent:

1. PHILIPPE, né en 1116, affocié au Royaume vers l'an 1129, & mort avant fon père d'une chûte de cheval en 1131;
2. LOUIS, furnommé *le Jeune*, qui fuit;
3. HENRI, Chanoine de l'Eglife Cathédrale de Notre-Dame de Paris, puis Moine de Clairvaux, enfuite Evêque de Beauvais, & enfin Archevêque de Reims, mort en 1174 ou 1175;
4. HUGUES, mort jeune;
5. ROBERT, tige de la Maifon de *Dreux*, dont le petit-fils PIERRE, dit *Mauclerc*, fut Comte de Bretagne par *Alix*, fa femme, héritière de ce Comté, de laquelle vint *Anne de Bretagne*. ROBERT eut auffi une petite-fille nommée ALIX, qui époufa *Renard III*, Seigneur de Choifeul, tige de la Maifon de Choifeul. Voy. DREUX & CHOISEUL;
6. PHILIPPE, Archidiacre de l'Eglife de Paris, enfuite Evêque de cette Ville, qui, par modeftie, céda fon Evêché à *Pierre Lombard*, furnommé *le Maître des Sentences*, & mourut en 1161;

7. PIERRE, marié à *Ifabelle*, fille & héritière de *Renaud*, Seigneur de *Courtenay*, auteur de cette branche royale. Voy. COURTENAY;
8. Et CONSTANCE, mariée, 1º fans enfans en 1140, à EUSTACHE DE BLOIS, couronné Roi d'Angleterre en 1152, du vivant du Roi ÉTIENNE, fon père; & 2º à *Raymond VI*, Comte de *Touloufe*; vivante encore en 1176.

IX. LOUIS VII, dit *le Jeune*, né en 1120, parvint à la Couronne, le 1er Août 1137, prit poffeffion, la même année, de la Guyenne & du Comté de Poitou; fe croifa pour la Terre-Sainte en 1147, eut guerre pendant deux ans avec HENRI, Roi d'Angleterre, fit la paix avec lui en 1170; paffa en Angleterre en 1178; donna la prérogative du facre des Rois à l'Eglife de Reims en 1179; mourut à Paris de paralyfie en 1180, après un règne de 43 ans, 17 jours, & fut enterré dans l'Eglife de Notre-Dame de Barbeaux, près de Fontainebleau, qu'il avoit fondée an 1143. Il avoit époufé 1º *Eléonor* ou *Aliénor*, héritière du Duché d'Aquitaine. Elle fut répudiée pour caufe de parenté en 1152, déshérita fes deux filles, fe remaria enfuite à HENRI, Comte d'Anjou, depuis Roi d'Angleterre, & mourut en 1160. La perte de la Guyenne & de tant d'autres beaux domaines au fud de la Loire, que LOUIS VII laiffa paffer dans les mains de HENRI, Comte d'Anjou, puis Roi d'Angleterre, fut une plaie mortelle pour la France, dont elle s'eft reffentie pendant plufieurs fiècles; 2º CONSTANCE, fille d'ALPHONSE VIII, Roi de Caftille, morte en couches en 1160; & 3º *Alix*, fille de *Thibaud*, Comte de Champagne, morte en 1206. Du premier lit vinrent:

1. MARIE, femme de *Henri Ier*, Comte *Palatin de Champagne*, morte en 1198;
2. ALIX, mariée à *Thibaud*, Comte de *Blois*, vivante en 1183.

Du fecond lit il eut:

3. MARGUERITE, morte en 1197, femme 1º de *Henri le jeune au Court-Mantel*, fils de HENRI II, Roi d'Angleterre; & 2º de BELA III, Roi de Hongrie;
4. ALIX, morte jeune.

Et du troifième lit fortirent:

5. PHILIPPE-AUGUSTE, qui fuit;
6. ALIX, accordée à RICHARD, Roi d'Angleterre, puis mariée à *Guillaume*, Comte de *Ponthieu*, & morte en 1185;
7. Et AGNÈS, femme 1º du jeune ALEXIS COMNÈNE, fils d'EMMANUEL, Empereur de Con-

ftantinople ; 2° d'*Andronic*, qui détrôna
Alexis, & 3° d'un Seigneur d'Andrinople.

On a vu, fous les règnes précédens, que
nos Rois, pour affurer la fucceffion à leurs
enfans, prenoient la précaution de les affo-
cier à leur Couronne, & que ceux-ci, quoique déjà facrés lors de leur affociation, fe faifoient ordinairement facrer de nouveau à leur
avènement à la Couronne; c'étoit pour mieux
confolider leur état, les peuples ayant les plus
grands égards pour cette cérémonie; mais
l'autorité des Rois fe trouvant fuffifamment
affermie, les précautions devinrent moins néceffaires, & Louis le Jeune ne fit pas réité-
rer fon facre, &, après lui, Philippe-Auguste
ne crut pas même devoir faire couronner fon
fils de fon vivant.

Louis VII & fes fucceffeurs, jufqu'à Philippe-le-Bel, petit-fils de Saint Louis, ont porté pour armes: *d'azur, femé de fleurs-de-lis
d'or*.

X. Philippe, II° du nom, dit Auguste, né
en 1165, facré à Reims en 1179, & du vivant
de fon père, parvint à la Couronne, âgé de 15
ans. Il eut pour parrains *Hugues*, Abbé de
Saint-Germain-des-Prés; *Hervé*, Abbé de
Saint-Victor, & *Eudes*, Abbé de Sainte-Geneviève; & pour marraines, Constance, fœur
de Louis VII, femme du Comte de Touloufe,
& deux veuves de Paris. Il commença fon règne en 1180, fous la tutelle & la Régence de
Philippe d'Alface, Comte de Flandre. Il
chaffa les Juifs de fon Royaume, enleva plufieurs places aux Anglois en 1188; fe croifa
en 1190; partit de Meffine en 1191; revint
en France fur la fin de la même année; affiégea Rouen en 1193; perdit Aire & St-Omer
en 1199; fit la paix en 1200 avec Jean *fans
terre*; fe rendit maître de toute la Normandie en 1203 & 1204; prit, en 1213, plufieurs
villes de Flandre, fut victorieux à Bouvines
en 1214, contre l'Empereur Othon IV & fes
alliés; mourut à Mantes en 1223, après un
règne de 42 ans, 9 mois, 26 jours, & fut enterré à Saint-Denis. Il avoit époufé 1° *Ifabelle*, fille de *Baudouin*, Comte de *Hainaut*,
morte en 1190; 2° *Ingerburge* ou *Ingelburge*,
fille de *Waldemar I*er, & fœur de Canut, Roi
de Danemark, morte en 1236. Philippe-Auguste la répudia, mais le Pape Innocent III
força ce Prince à la reprendre; & 3° *Agnès
de Meranie*, fille de *Berthold* IV, Duc de
Dalmatie, morte de douleur en 1211, ayant

été répudiée par Philippe-Auguste. Il eut du
premier lit:

1. Louis qui fuit.

Du troifième lit vinrent:

2. Philippe, dit *Hurepel*, Comte de Boulogne, né en 1200, qui fut préfent au facre
de Saint Louis en 1226; eft mort en 1233.
Il avoit époufé *Mahaud*, Comteffe de Boulogne & de Dammartin, & en eut

Jeanne de Boulogne, accordée par traité
du mois de Décembre 1236 à *Gaucher
de Châtillon*, & mariée avant 1241.

3. Marie, femme de *Philippe*, Comte de Namur, puis de *Henri*, Duc de Brabant.

Ces deux enfans furent légitimés.

Philippe-Auguste eut encore pour fils naturel:

Pierre-Charlot, Evêque de Noyon, à qui
Guillaume le Breton dédia fa *Philippide*;
il mourut en 1229, dans le voyage d'Outre-
mer, où il accompagna Saint Louis.

XI. Louis, VIII° du nom, dit *Cœur de
Lion*, né à Paris en 1187, parvint à la Couronne en 1223, âgé de 36 ans. Il eft le premier des Rois de la troifième race qui n'ait
point été facré du vivant de fon père. Il le fut
à Reims & couronné en même tems le 6
Août. Etienne, Abbé de Sainte-Geneviève,
puis Evêque de Tournay, fut fon parrain,
n'étant encore qu'Abbé. Louis VIII fut fait
Chevalier en 1209; brûla & faccagea Courtray en 1213; gagna une bataille en Anjou
contre le Roi d'Angleterre, le même jour que
fon père gagna celle de Bouvines; fe croifa
contre les Albigeois en 1215; fut couronné
Roi d'Angleterre en 1216; perdit la bataille
de Lincoln; rentra en France en 1217; tourna fes armes, feconde fois contre les Albigeois en 1219; fit une trève avec les Anglois en 1225; prit Avignon en 1226; mourut la même année au Château de Montpenfier en Auvergne, après un règne de 3 ans,
3 mois & 24 jours, & fut enterré à Saint-
Denis auprès de fon père. Ce Prince, en fuivant les maximes de fes prédéceffeurs, fignala le commencement de fon règne par l'affran-
chiffement des ferfs dont le nombre étoit encore fort grand dans le Royaume. Il fut furnommé *Cœur de lion*, à caufe de fa valeur &
de fa fermeté. Il eut auffi beaucoup de religion & de piété, & on dit de lui qu'il fut fils
d'un grand Roi & père d'un grand Roi. Il
avoit époufé, en 1200, *Blanche de Caftille*,

fille d'ALPHONSE IX, Roi de Castille, morte en 1252. Elle avoit pour sœur cadette *Bérengère*, femme d'ALPHONSE, Roi de Léon. De ce mariage vinrent :

1. PHILIPPE, né en 1209, mort jeune en 1218;
2. LOUIS, qui fuit;
3. ROBERT, Comte de France, tué dans la ville de la Maffoure, tige de la branche qui a porté le nom d'*Artois*, puis celui d'*Eu*, éteinte fous LOUIS XI;
4. Autre PHILIPPE, mort jeune;
5. JEAN, Comte d'Anjou & du Maine, auffi mort jeune;
6. ALPHONSE, Comte de Poitiers & de Touloufe, mort fans enfans, en 1271, de fon mariage avec *Jeanne*, Comteffe de *Touloufe*;
7. & 8. PHILIPPE, furnommé *Dagobert*, & ETIENNE, morts jeunes;
9. CHARLES, Comte d'Anjou & de Provence & Roi de Naples, qui a fait la branche des *Rois de Naples & de Sicile*, mort en 1295;
10. N... morte jeune;
11. Et ISABELLE, Fondatrice de l'Abbaye de Longchamp en 1260, où elle eft morte en odeur de fainteté en 1269.

XII. LOUIS IX, dit SAINT LOUIS, né au Château de Poiffy le 25 Avril 1215, parvint à la Couronne âgé d'environ 12 ans, en 1226, fut facré & couronné à Reims, le 29 Novembre 1226, par Jacques de Bazoches, Evêque de Soiffons, le fiège de Reims étant alors vacant. Sa minorité fut occupée à foumettre les Barons & les Princes ligués, & le Cardinal Romain, Légat du Pape, aida beaucoup la Reine-Mère, Régente du Royaume, à en venir à bout. Ce Prince gagna fur les Anglois une glorieufe victoire en 1242; s'embarqua pour la Terre-Sainte en 1248; affiégea Damiette; fut défait à la Maffoure fur le Nil en 1249, perdit la bataille de Pharanie; fut fait prifonnier avec fes deux frères ALPHONSE & CHARLES en 1250; paya 800 mille befans Sarrazinois pour fa rançon au Soudan de Babylone; prit Tyr & Céfarée en 1251 : & fur la nouvelle de la mort de la Reine BLANCHE, fa mère, partit d'Acre en 1254 : arriva à Marfeille le 11 Juillet de la même année; fit bâtir plufieurs Monaftères & Abbayes, la Sainte-Chapelle & les Quinze-Vingts, fit la paix avec HENRI III, Roi d'Angleterre, & JACQUES Ier, Roi d'Aragon; publia la *Pragmatique-Sanction* en 1258, qu'on appelle la *Pragmatique de* SAINT LOUIS; fit fon teftament en 1269; s'embarqua pour l'Afrique en 1270; mourut de la pefte devant Tunis, après 43

ans de règne 9 mois & 16 jours. Ses chairs & fes entrailles furent portées à l'Abbaye de Montréal près de Palerme en Sicile, & furent mifes dans un tombeau de marbre. Ses os furent apportés à Saint-Denis. Le Pape BONIFACE VIII le canonifa à Orvietto le 11 Août 1297, & l'an 1298 fon chef fut tranfporté de Saint-Denis à la Sainte-Chapelle, & LOUIS XIII obtint du Pape qu'on en feroit la fête dans toute l'Eglife. Le P. Daniel dit de ce pieux Monarque que ce fut un des plus grands hommes & des plus finguliers qui aient jamais été. On connoît fa vie écrite par le Sire de Joinville, l'un des principaux Seigneurs de fa Cour. Il avoit époufé, en 1234, *Marguerite*, fille aînée de *Raymond II*, Comte de *Provence*, morte en 1285, dont il eut :

1. LOUIS, né en 1243, mort en 1259;
2. PHILIPPE, qui fuit;
3. JEAN, mort jeune en 1247;
4. Autre JEAN, dit TRISTAN, né à Damiette en 1250, durant la prifon de fon père, mort de maladie peftilentielle devant Tunis en 1270, qui eut d'*Yolande de Bourgogne*, Comteffe de *Nevers* :

　　PIERRE, Comte d'Alençon, mort à Salerne en Sicile, en 1283. Celui-ci eut de *Jeanne de Châtillon*, fon époufe :

　　　　LOUIS & PHILIPPE, morts enfans.

5. PIERRE, Comte d'Alençon;
6. ROBERT, Comte de Clermont en Beauvoifis, tige, par fon mariage avec *Béatrix de Bourgogne*, fille de *Jean de Bourgogne*, & d'*Agnès de Bourbon*, de la branche de *Bourbon*, montée fur le trône 300 ans après, dans la perfonne de HENRI IV, dont nous donnerons la filiation ci-après;
7. BLANCHE, morte en 1243;
8. ISABELLE ou ELISABETH, femme de THIBAUD II, Roi de Navarre, le 6 Avril 1255, morte en 1271;
9. BLANCHE, dite *la jeune*, née à Joppé, femme de *Ferdinand de la Cerda*, fils d'ALPHONSE X, Roi de Caftille, morte en 1320. Leurs enfans furent privés de la Couronne par Don *Sanchès*, leur oncle;
10. MARGUERITE, femme de *Jean Ier*, Duc de *Brabant*, morte en 1271;
11. Et AGNÈS, mariée, en 1279, à *Robert II*, Duc de *Bourgogne*, morte en 1327.

XIII. PHILIPPE III, dit *le Hardi*, né en 1245, fait Chevalier par SAINT LOUIS, fon père en 1267, parvint à la Couronne étant âgé de 25 ans & quelques mois. Il fur furnommé *le Hardi*, parce qu'on prétend qu'il ne fut point étonné de fe voir expofé aux armes des Barbares après la mort de fon père ; mais il ne fit rien depuis qui put lui mériter ce titre. Il fut facré & couronné à Reims en 1271, par Miles de Bazoches, Evêque de Soiffons, le fiège de Reims étant alors vacant. Il accompagna fon père en Afrique en 1270, lui fuccéda la même année ; fe mit en poffeffion du Comté de Touloufe ; affiégea *Roger-Bernard III*, dans fon Château de Foix en 1272 ; céda les Comtés d'Agénois & de Ponthieu au Roi d'Angleterre en 1279 ; vengea, en 1282, le maffacre des François fait aux Vêpres Siciliennes ; &, de retour dans fon Royaume, mourut à Perpignan le 5 Octobre 1285, âgé de 40 ans & quelques mois, & dans la 16e année de fon règne, au retour d'une expédition contre le Roi d'Aragon, toujours excommunié par le Pape. Ses os furent portés à Saint-Denis. Ce Prince, regretté également de fon armée & de fes autres fujets qu'il gouvernoit avec autant de douceur que d'autorité, porta la piété, dont il avoit hérité de fon père, jufqu'aux plus grandes auftérités. Il avoit époufé, 1° en 1262, *Ifabelle d'Aragon*, morte en 1271, fille de *Jacques Ier*, Roi d'Aragon ; & 2° en 1274, *Marie de Brabant*, Princeffe qui protégea & aima beaucoup les Poëtes. Elle a été couronnée à la Sainte-Chapelle en 1275, & eft morte en 1322. Elle étoit fille de *Henri III*, Duc de Brabant. Du premier lit vinrent :

1. Louis, mort jeune empoifonné en 1276 ;
2. Philippe, qui fuit ;
3. Charles, Comte de Valois, mort en 1325, auteur de la branche Royale de *Valois*, rapportée ci-après ;
4. Robert, mort en bas âge.

Et du fecond lit font nés :

5. Louis, Comte d'Evreux, mort en 1329, dont le fils, nommé

    Philippe, fut enfuite Roi de Navarre par fa femme Jeanne de France, fille unique de Louis le Hutin, Roi de France & de Navarre. Ils eurent pour fils :

    Charles le Mauvais. Voy. EVREUX.

6. Marguerite de France, femme d'Edouard Ier, Roi d'Angleterre, morte en 1317 ;
7. Et Blanche de France, femme en 1300 de *Rodolphe III*, Duc d'*Autriche*, puis Roi de Bohême, fils aîné de l'Empereur Albert, mort en 1305.

XIV. Philippe IV, dit *le Bel*, né à Fon-

tainebleau en 1268, fait Chevalier en 1284, Roi de France, par fon père, en 1285, & Roi de Navarre, par Jeanne, fa femme, parvint à la Couronne, âgé d'environ 17 ans, fut facré à Reims le 12 Janvier 1286, par Pierre Barbet, qui en étoit Archevêque. Il fut appelé *faux Monnoyeur*, parce qu'il eft le premier de nos Rois qui ait altéré la monnoie. Il fit, en 1290, un traité de paix avec Sanche IV, Roi de Caftille ; prit en Guyenne plufieurs places contre les Anglois en 1293 ; eut d'autres avantages près de Bayonne en 1295 ; gagna la bataille de Furne en 1297, contre *Guy II*, Comte *de Flandre* ; le fit prifonnier en 1299 ; perdit la bataille de Courtray en 1302 ; fit la paix avec le Roi d'Angleterre en 1303 ; gagna une victoire fignalée à Mons-en-Puelle en 1304, où 25000 Flámans furent tués, ce qui donna lieu au traité d'Athies en 1305. On voit fa figure à cheval devant l'autel de la Vierge dans l'Eglife Notre-Dame de Paris. Les grands différends qu'il eut avec le Pape Boniface VIII ne furent terminés qu'à la mort de ce Souverain Pontife, arrivée en 1303. Il chaffa, en 1307, les Juifs de fon Royaume ; éteignit l'Ordre des Templiers ; rendit fédentaire le Parlement de Paris ; fit bâtir le Palais proche de la Sainte-Chapelle ; fonda, en 1304, le Collège de Navarre ; fit un traité d'alliance, en 1310, avec l'Empereur Henri VII ; mourut à Fontainebleau le 29 Novembre 1314, après un règne de 29 ans, 1 mois, 3 jours ; fut enterré à Saint-Denis, & fon cœur porté à Saint-Louis de Poiffy. Il avoit époufé, en 1284, Jeanne, héritière & Reine de Navarre, Comteffe de Champagne, de Brie & de Bigorre, fille de Henri, Roi de Navarre, morte en 1304, laiffant :

1. Louis, dit *le Hutin*, qui fuit ;
2. Philippe V, dit *le Long*, rapporté après la poftérité de fon aîné ;
3. Charles IV, dit *le Bel*, mentionné après fes deux frères ;
4. Robert, mort à St.-Germain-en-Laye, à l'âge de 11 ou 12 ans ;
5. Marguerite, promife à *Ferdinand IV*, Roi de Caftille ;
6. Isabelle, née en 1292, femme d'Edouard II, Roi d'Angleterre, morte en 1357 ;
7. Et Blanche, morte jeune.

Philippe *le Bel*, & fes fucceffeurs jufqu'à Charles IV, dit *le Bel*, inclufivement, ont porté : *écartelé, aux 1 & 4 femé* de France ; *aux 2 & 3 de gueules, aux chaînes d'or, po-*

fées en orle, en croix & en fautoir, qui eft DE NAVARRE.

XV. LOUIS X, dit *le Hutin*, né en 1289, couronné Roi de Navarre à Pampelune en 1307, Roi de France en 1315, armé Chevalier avec fes deux frères en 1313, rétablit les Princes dans les rangs qui leur étoient dûs; fit mourir Enguerrand de Marigny; appaifa les mécontens des Provinces; cita Robert, Comte de Flandre à la Cour des Pairs; entra en guerre contre les Flamans; affiégea Courtray fans fuccès; mourut fubitement au Château de Vincennes, non fans foupçon de poifon, en 1316, âgé de 26 ans, 8 mois, après un règne de 1 an, 6 mois & 6 jours, & fut enterré à Saint-Denis. Il avoit époufé, 1° en 1305, *Marguerite*, fille de *Robert*, Duc de *Bourgogne*, & d'AGNÈS, fille de SAINT LOUIS, laquelle, pour fon infidélité, fut enfermée à Château-Gaillard, par ordre de fon mari, & étranglée en 1315; & 2° la même année 1315, *Clémence de Hongrie*, morte en 1328, fille de *Charles Ier*, Roi de Hongrie. Du premier lit vint :

1. JEANNE II, héritière du Royaume de Navarre, qu'elle porta à fon mari *Philippe*, Comte d'*Evreux*, petit-fils de PHILIPPE *le Hardi*, & fils de LOUIS, Comte d'*Evreux*. Elle mourut en 1349.

Et du fecond lit fortirent :

2. Et JEAN, fils pofthume, né au Château du Louvre le 15 Novembre 1316, qui ne vécut que 8 jours, & qu'on n'a pas mis pour cela au nombre des enfans de France. Il eft enterré à Saint-Denis, aux pieds du Roi fon père.

LOUIS *le Hutin* eut encore pour fille naturelle :

EUDELINE, qui fut Religieufe à Sainte-Claire.

XV. PHILIPPE V, dit *le Long*, à caufe de fa taille, fecond fils de PHILIPPE *le Bel*, & de JEANNE, héritière & Reine de Navarre, fut Régent du Royaume pendant la groffeffe de la Reine CLÉMENCE, & après la mort de fon neveu, facré & couronné à Reims le 5 Janvier 1316; fit de beaux réglemens pour l'adminiftration de la juftice; déchargea le peuple de tailles en 1320; mourut âgé de 28 ans, à Longchamp, en 1321, d'une fièvre quarte, & non fans foupçon de poifon, felon d'autres, après un règne de 5 ans, 1 mois, 14 jours; & fut enterré à Saint-Denis. Ce Prince, modéré, fage, pieux & courageux, aimoit les favans,

& l'étoit lui-même. Il avoit époufé, en 1306, *Jeanne*, Comteffe *de Bourgogne*, morte en 1329, fille & héritière d'*Othon*, Comte *de Bourgogne*, & de *Mahaud*, Comteffe d'*Artois*. Cette Princeffe fut auffi accufée d'adultère, mais fon mari la reprit & il en eut :

1. LOUIS, mort au berceau;
2. JEANNE, mariée à *Eudes*, Duc de Bourgogne, morte en 1347;
3. MARGUERITE, femme de *Louis II*, Comte *de Flandre*, morte en 1382;
4. ISABELLE, femme 1° de *Guy* ou *Guigues*, VIIIe du nom, Dauphin de Viennois; & 2° de *Jean*, Baron *de Faucogney*, en Franche-Comté, vivante en 1345;
5. Et BLANCHE, Religieufe, morte en 1358.

XV. CHARLES, IVe du nom, dit *le Bel*, fait Chevalier avec fes deux frères en 1313, leur fuccéda & fut facré à Reims en 1321, prit auffi le titre de Roi de Navarre; fe faifit de plufieurs places en Guyenne fur les Anglois en 1324; fit la paix avec eux en 1325; rendit le Duché de Guyenne & le Comté de Ponthieu à EDOUARD, Roi d'Angleterre, dont il reçut l'hommage en 1327; fit fon teftament en 1324; mourut au Château de Vincennes en 1327, âgé de 33 ans, après un règne de 6 ans & 30 jours. Il avoit époufé, 1° en 1307, *Blanche de Bourgogne*, fille puînée d'*Othon IV*, qui fut répudiée pour fa mauvaife conduite & enfermée au Château-Gaillard avec fa belle-fœur MARGUERITE. Elle fe fit Religieufe à Maubuiffon, où elle mourut en 1325. Les deux Gentilshommes coupables d'avoir féduit ces jeunes Princeffes, femmes de LOUIS *le Hutin*, PHILIPPE *le Long*, & CHARLES *le Bel*, furent écorchés vifs & expofés après leur mort fur un gibet. CHARLES IV époufa 2° *Marie de Luxembourg*, fille de l'Empereur HENRI VII, morte en couches à Iffoudin en Berry, en 1323, & enterrée dans l'Eglife des Religieufes de Saint-Dominique de Montargis; & 3° en 1325, *Jeanne*, fille de *Louis*, Comte d'*Evreux*. Du premier lit vint :

1. PHILIPPE, mort jeune.

Et du troifième lit fortirent :

2. & 3. JEANNE & MARIE. La première née en 1326, morte en 1327, la feconde en 1341;
4. Et BLANCHE, née pofthume en 1327, femme de *Philippe* DE FRANCE, Duc d'Orléans, le dernier des fils de PHILIPPE DE VALOIS, qui mourut fans enfans en 1392.

PREMIÈRE BRANCHE,
dite de VALOIS.

XIV. CHARLES DE FRANCE, Comte de Valois, d'Alençon, de Chartres, du Perche, d'Anjou & du Maine, Pair de France, & fils puîné de PHILIPPE *le Hardi,* & d'*Ifabelle d'Aragon,* né à Carême en 1270, auteur des Rois fuivans qui ont régné l'efpace de 160 ans, & ont pris le furnom de *Valois,* fut invefti du Royaume d'Aragon, en 1283, par le Pape MARTIN V, dont il prit le titre qu'il quitta depuis pour entretenir la paix entre les couronnes de France & d'Aragon. Il mourut de paralyfie à Nogent-le-Roi le 6 Décembre 1325, & fut enterré dans le chœur des Jacobins de Paris. Il portoit pour armes : *femé de France, à la bordure de gueules.* Il avoit époufé, 1° à Corbeil le 16 Août 1290, *Marguerite de Sicile,* morte le 31 Décembre 1299, & enterrée dans le chœur des Jacobins de Paris ; fon cœur fut dépofé dans l'Eglife de Saint-Maurice d'Angers. Elle étoit fille aînée de CHARLES II, Roi de Naples & de Sicile, & de *Marie de Hongrie;* 2° entre le 28 Janvier & le 8 Février 1300, *Catherine de Courtenay,* Impératrice titulaire de Conftantinople, & Dame de Courtenay, fille unique de *Philippe de Courtenay,* Empereur titulaire de Conftantinople, & de *Béatrix de Sicile,* morte le 2 Janvier 1307, & inhumée dans l'Eglife des Jacobins de Paris ; & 3° par traité paffé à Poitiers au mois de Juin 1308, *Mahaud de Châtillon,* dite *de Saint-Paul,* morte le 3 Octobre 1358, & enterrée aux Cordeliers de Paris. Elle étoit fille aînée de *Guy de Châtillon,* Comte de Saint-Paul, & de *Marie de Bretagne.* Du premier lit vinrent :

1. PHILIPPE, VI° du nom, dit *de Valois,* qui fuit ;
2. CHARLES, tige de la branche des Comtes d'*Alençon ;*
3. ISABELLE, promife à l'âge de 2 ans, par traité paffé le 3 Octobre 1295, à EDOUARD, Prince d'Ecoffe, fils aîné de JEAN DE BAILLEUL, Roi d'Ecoffe ; mais mariée, par difpenfe, au commencement de 1297, à *Jean de Bretagne,* depuis Duc, III° du nom, qui avoit environ 10 ans, & morte fans lignée en 1309, âgée de 16 ans ;
4. JEANNE, mariée, par traité paffé à Chauny le 19 Mars 1305, à *Guillaume,* I° du nom, dit *le Bon,* Comte de *Hainaut,* de Hollande & de Zélande, après la mort duquel, arrivée

le 7 Juin 1337, elle fe rendit Religieufe en l'Abbaye de Fontenelles près de Valenciennes, où elle prit l'habit de Saint-François le 2 Novembre de la même année ;
5. MARGUERITE, promife, par traité paffé à Saint-Germain-en-Laye au mois d'Octobre 1298, à *Guy de Châtillon,* I° du nom, Comte de Blois. Voy. CHATILLON-*fur-Marne ;*
6. CATHERINE, morte jeune, & enterrée en l'Abbaye du Val-de-Séry en Picardie.

Du fecond lit font iffus :

7. JEAN, Comte de Chartres, mort jeune ;
8. CATHERINE, accordée, étant au berceau à *Hugues,* dit *Huguenin,* fils de *Robert II,* Duc de Bourgogne ; mais mariée par difpenfe à Fontainebleau, le 30 Juillet 1313, à *Philippe de Sicile,* Prince de Tarente, qui prit, à caufe d'elle, le titre d'Empereur de Conftantinople. Après fa mort elle fe retira en Grèce où elle demeura plufieurs années, & mourut à Naples au commencement d'Octobre 1346, dans fa 45° année ;
9. JEANNE, accordée, en 1313, à *Charles de Tarente,* Prince d'Achaïe, & mariée, en 1318, à *Robert d'Artois,* III° du nom, Comte de Beaumont-le-Roger, morte le 9 Juillet 1363, & enterrée dans l'Eglife des Grands-Auguftins de Paris ;
10. ISABELLE, Religieufe & Prieure de Poiffy, enfuite Abbeffe de Fontevrault en 1342, & morte le 11 Novembre 1349.

Et du troifième lit fortirent :

11. LOUIS, Comte d'Alençon & de Chartres, mort jeune fans alliance, le 2 Novembre 1328, & enterré aux Cordeliers de Paris, le 4 du même mois ;
12. MARIE, feconde femme de *Charles de Sicile,* Duc de Calabre, alliée le 4 Octobre 1323, & morte en couches, le 6 Décembre 1328;
13. ISABELLE, mariée, le 25 Janvier 1335, à *Pierre,* I° du nom, Duc de *Bourbon.* Elle fe retira fur la fin de fes jours aux Cordelières du Faubourg Saint-Marcel de Paris, où elle mourut le 26 Juillet 1383 ;
14. Et BLANCHE, dont le propre nom étoit MARGUERITE, première femme, en 1325, de l'Empereur CHARLES IV, morte en 1348, & enterrée dans l'Eglife du Château de Prague.

XV. PHILIPPE VI, dit *de Valois,* né en 1293, porta le titre de Comte de Valois après la mort de fon père, fuccéda à la Couronne par le décès de CHARLES *le Bel,* fon coufin germain, fut deux mois Régent du Royaume, commença à régner le 2 Avril 1327, fut facré à Reims en 1328, par l'Archevêque Guillaume de Trie ; gagna la même année la bataille

de Mont-Caffel fur les Flamans ; entreprit le
voyage d'Outre-Mer; n'alla que jufqu'à Marfeille; commença la guerre en 1338, contre
les Anglois qui eurent beaucoup d'avantages;
reçut du Dauphin de Viennois le Dauphiné,
par un traité du 31 Mars 1349, en faveur de
CHARLES, fon petit-fils, & mourut à Nogent-
le-Roi, le 22 Août 1350, âgé de 57 ans, dans
la 23ᵉ année de fon règne. Il eft enterré à
Saint-Denis, & fon cœur fut porté à la Chartreufe de Bourgfontaine, & fes entrailles aux
Jacobins de Paris. On doute, dit le P. Daniel,
fi la mort de ce Prince fut un mal pour la
France, tant le malheur fembloit être attaché depuis longtems à fa perfonne ; mais ce
qui fit fa mauvaife deftinée, ce fut l'ennemi
qu'il avoit en tête (EDOUARD III), auffi vaillant que lui, mais beaucoup plus prudent,
plus grand Capitaine & plus habile politique. Il avoit épousé, 1º en 1313, *Jeanne de
Bourgogne*, morte en 1348, & enterrée à
Saint-Denis auprès de fon mari, fille de *Robert*, Duc *de Bourgogne*, & d'AGNÈS DE
FRANCE; & 2º en 1349, *Blanche*, morte en
1398, fille de *Philippe*, Comte *d'Evreux*, &
de *Jeanne de Navarre*. Du premier lit vinrent :

1. JEAN, qui fuit ;
2. LOUIS, mort en naiffant ;
3. Autre LOUIS, mort en bas âge ;
4. Autre JEAN, auffi mort en bas âge ;
5. PHILIPPE DE FRANCE, Duc d'Orléans & de
   Touraine, Pair de France, né au Château
   de Vincennes en 1336, fut fait Chevalier
   par le Roi fon frère en 1350 & fe trouva à
   la bataille de Poitiers en 1356. Il eut en
   apanage le Duché d'Orléans pour le tenir
   en Pairie, lequel fut éteint & réuni à la
   Couronne par la mort de ce Prince en 1375;
   fans enfans de fon mariage avec BLANCHE,
   fille du Roi CHARLES *le Bel;*
6. MARIE, femme de *Jean de Brabant*, Duc de
   Limbourg, morte en 1333.

Et du fecond lit fortirent :

7. BLANCHE, née pofthume, morte à Béziers
   en 1371, étant fur le point d'époufer *Jean*,
   Duc de *Girone*, fils aîné de PIERRE IV, Roi
   d'Aragon.

PHILIPPE DE VALOIS portoit pour armes :
femé de France. Il eut encore pour fils naturel :

JEAN, Comte d'Armagnac, qui combattit en
duel, & fut victorieux d'un Chevalier d'Ypres
en Flandre en 1350.

XVI. JEAN, dit *le Bon*, Roi de France, né
au Château du Gué-de-Mauny, le 26 Avril
1309, fait Chevalier en 1332, avec les titres
de Duc de Normandie, Comte d'Anjou & du
Maine; fit prifonnier en 1341 Jean de Bretagne, Comte de Montfort; fuccéda à fon
père à l'âge de 30 ans; fut facré à Reims le
26 Septembre 1350; inftitua l'Ordre des Chevaliers de l'Etoile en 1351 ; fonda la Collégiale de Saint-Ouen près de Saint-Denis pour
les Chevaliers; fit la paix avec les Anglois en
1352; perdit la bataille de Poitiers en 1356;
fut fait prifonnier, & refta en Angleterre
jufqu'en 1360. De retour en Angleterre il
mourut à Londres, le 8 Avril 1364, après
un règne de 13 ans, 7 mois & 17 jours. Son
corps fut apporté en France, & enterré à
Saint-Denis. C'étoit un Prince brave & libéral, mais qui portoit le luxe à l'excès. Il
fut fort aimé de fes fujets par fon affabilité &
fa bonté, quoiqu'il les eut extrêmement
chargés d'impôts. Il avoit épousé, 1º en 1332,
Bonne de Luxembourg, fille de JEAN, Roi
de Bohême, morte en 1349, & enterrée à
Maubuiffon ; & 2º en 1349, *Jeanne*, fille de
Guillaume Douze, Comte de Boulogne, & de
Marguerite d'Evreux, morte en 1351. Il
eut du premier lit :

1. CHARLES V, qui fuit;
2. LOUIS, mort en 1384, tige de la branche
   des Ducs d'*Anjou*, qui a fait la feconde
   branche des *Rois de Naples* & de *Sicile;*
3. JEAN, Duc de Berry, mort en 1416;
4. PHILIPPE, dit *le Hardi*, tige de la branche
   des derniers Ducs de *Bourgogne*, mort en
   1404 ;
5. JEANNE, femme, en 1347, de CHARLES *le
   Mauvais*, Roi de Navarre, morte en 1373;
6. MARIE, alliée à *Robert Iᵉʳ*, Duc de *Bar*,
   morte vers l'an 1404;
7. AGNÈS, née en 1345, & morte en 1349;
8. MARGUERITE, née en 1347, & morte en 1352.

Et du fecond lit vint :

9. Et ISABELLE, née en 1348, femme, en 1360,
   de *Jean de Galéas*, premier Duc de Milan,
   morte en 1372, & enterrée dans l'Eglife de
   Saint-François de Pavie.

JEAN, furnommé *le Bon*, portoit pour armes, comme fon père : *femé de France*.

XVII. CHARLES, Vᵉ du nom, Roi de France, furnommé *le Sage*, pour fa prudence &
fa bonne conduite, né au Château de Vincennes, le 23 Janvier 1337, fait Chevalier avec
fes frères au facre du Roi fon père, en 1350;

le premier des enfans de France qui ait porté le titre de Dauphin de Viennois, gouverna pendant la prison de son père; fut sacré à Reims avec son épouse, le 19 Mai 1364, étant alors âgé de 27 ans; gagna la bataille de Cocherel sur le Roi de Navarre & le Comte de Montfort; fit Bertrand du Guesclin Connétable de France & Commandant de ses Armées contre les Anglois; gagna la bataille de Chizé près de Niort en 1370; le combat naval de la Rochelle en 1372; & reçut magnifiquement à Paris, en 1377, l'Empereur CHARLES IV. Enfin attaqué d'une fâcheuse maladie, le Roi de Navarre lui avoit donné un poison, lorsqu'il n'étoit encore que Dauphin, un Médecin Allemand en suspendit l'effet en lui ouvrant le bras, & dit, que quand cette plaie se refermeroit il mourroit; la plaie se referma en 1380, & CHARLES mourut au Château de Beauté au Bois de Vincennes, dans la 44ᵉ année de son âge, & la 17ᵉ de son règne. Il fut enterré à Saint-Denis. Ce Prince mérita les plus grands éloges, par la bonté de son caractère, la sagesse de son Gouvernement & la protection éclairée dont il honora les talens. C'est à lui qu'on est redevable de l'établissement de la Bibliothèque Royale, dont il jeta, pour ainsi dire, les premiers fondemens, en faisant ramasser de toutes parts le plus de livres qu'il lui fut possible. Jamais Prince ne se plut tant à demander conseil, & ne se laissa moins gouverner que lui. Il avoit épousé, en 1349, JEANNE, fille de PIERRE Iᵉʳ, Duc DE BOURBON, & d'Isabelle de Valois. Cette Princesse mourut en 1377, laissant:

1. CHARLES VI, qui suit;
2. LOUIS, Duc d'Orléans, mort en 1407, aïeul de LOUIS XII, & bisaïeul de FRANÇOIS Iᵉʳ, auteur de la branche Royale d'Orléans, rapportée ci-après;
3. JEAN, mort en bas âge;
4. JEANNE, morte à l'Abbaye de St.-Antoine-des-Champs de Paris en 1360;
5. BONNE, morte en bas âge;
6. Autre JEANNE, née à Vincennes en 1366, & morte la même année;
7. MARIE, née à Paris en 1370 & morte en 1377;
8. ISABELLE, née à Paris en 1373 & morte en 1377;
9. Et CATHÉRINE, née en 1377, mariée à Jean de Berry, Comte de Montpensier en 1386, & morte en 1388.

XVIII. CHARLES VI, dit le Bien-Aimé, né

à Paris le 3 Décembre 1368, ceint de l'épée, & fait Chevalier par le Connétable du Guesclin, succéda à son père à l'âge de 12 ans; fut sacré & couronné à Reims en 1380; tailla en pièces en 1382 les Flamands à la bataille de Rosebecque; châtia à son retour les Maillotins de Paris; fit une trève avec les Anglois; ratifia l'alliance faite par son père avec ROBERT, Roi d'Ecosse; reçut l'hommage du Comte de Foix en 1389; assista les Génois contre les Corsaires d'Afrique en 1390; tomba en frénésie en 1392, pensa être brûlé en un ballet dansé à Paris en 1393; conclut une trève de 4 ans avec les Anglois en 1394, & une ligue avec Jean Galéas, Duc de Milan, en 1395; envoya du secours à SIGISMOND, Roi de Hongrie, contre les Turcs; confirma les trèves avec les Anglois en 1396; reçut magnifiquement l'Empereur VENCESLAS, à Reims en 1398; & en 1400, à Paris, MANUEL PALÉOLOGUE, Empereur de Constantinople, comme il avoit fait en 1384, LÉON III, Roi d'Arménie. Louis, Duc d'Orléans, frère du Roi, qui gouvernoit l'Etat, fut tué à Paris en 1407. Le Duc de Bourgogne, complice de cet assassinat, mena le Roi devant Bourges en 1412. La fatale journée d'Azincourt, en 1415, causa la perte de la Normandie & du Maine. PHILIPPE, Duc de Bourgogne, pour venger la mort de son père, mit en possession de la Régence & d'une bonne partie du Royaume le Roi d'Angleterre, par un traité passé à Troyes en 1420, moyenna son mariage avec la fille puînée du Roi, & profita de son imbécilité pour faire nommer HENRI, Roi d'Angleterre, son héritier. CHARLES VI mourut à Paris, le 21 Octobre 1422, après un règne de 42 ans, 1 mois & 6 jours, & fut enterré à Saint-Denis. Nul Prince du sang n'assista à ses funérailles, plusieurs étant morts à la bataille d'Azincourt, les uns étant prisonniers en Angleterre, & les autres s'étant absentés de la Cour. Il fut redevable du titre de Bien-Aimé à la compassion que ses sujets avoient pour lui; car jamais les Peuples ne souffrirent davantage que sous son règne. Il est le premier des Rois de France qui ait porté pour armes: d'azur, à 3 fleurs-de-lis d'or. Il avoit épousé, en 1385, Isabelle, fille d'Etienne, Duc de Bavière, morte en 1435. Après sa mort, dit Brantôme, son corps fut tant méprisé, qu'il fût mis de son Hôtel dans un petit bateau sur la rivière de Seine, sans autre forme de cérémonie &

pompe, & fut ainſi porté à Saint-Denis, ni plus ni moins qu'une ſimple Demoiſelle. Les enfans qu'elle eut furent :

1. CHARLES, Dauphin de Viennois, né en 1386 & mort la même année ;

2. Autre CHARLES, Duc de Guyenne, & Dauphin de Viennois, né en 1391, mort en 1400;

3. LOUIS, Duc de Guyenne & Dauphin de Viennois, Pair de France, né en 1396, qui gouverna ſous ſon père ; il eſt mort, en 1415, ſans enfans de ſon mariage avec *Marguerite de Bourgogne;*

4. JEAN, Duc de Touraine & de Berry, &c., Dauphin de Viennois, Pair de France, né en 1398, mort empoiſonné en 1416, & enterré dans l'Abbaye de Saint-Corneille à Compiègne, ſans avoir eu d'enfans de *Jacqueline de Bavière,* ſon épouſe ;

5. CHARLES VII, qui ſuit;

6. PHILIPPE, né à Paris le 10 Novembre 1407, mort le même jour ;

7. JEANNE, née en 1388, morte en 1390;

8. ISABELLE de FRANCE, née au Louvre en 1389, mariée 1º à RICHARD II, Roi d'Angleterre; & 2º à *Charles,* Comte d'Angoulême, puis Duc d'Orléans en 1406; & morte en couches en 1409 ;

9. Autre JEANNE, née au Château de Melun en 1390, mariée, en 1396, à *Jean VI,* Duc de *Bretagne;* morte à Vannes en 1433;

10. MARIE, née en 1393, Religieuſe à Poiſſy, morte en 1438 ;

11. MICHELLE, née en 1394, femme, en 1409, ſans enfans, de *Philippe,* dit *le Bon,* Duc de *Bourgogne,* morte en 1422 ;

12. Et CATHERINE, née en 1401, mariée, 1º le 2 Juin 1420, à HENRI V, Roi d'Angleterre; & 2º à *Owen Tudor,* grand-père de HENRI VII, Roi d'Angleterre. Elle mourut en 1458.

CHARLES VI eut encore d'*Odette de Champdivers,* pour fille naturelle :

MARGUERITE DE VALOIS, mariée à *Jean de Harpedenne,* Seigneur de Belleville en Poitou, & morte avant 1458.

XIX. CHARLES VII, ſurnommé *le Victorieux,* né à l'Hôtel Saint-Paul à Paris, le 22 Février 1403, porta le titre de Comte de Ponthieu, devint Dauphin après la mort de ſon frère; prit la qualité de Régent en 1418; gagna la bataille de Baugé en 1421, le jour de Pâques; ſuccéda à ſon père en 1422 ; perdit la bataille de Crevant près d'Auxerre en 1423, celle de Verneuil en 1424, celle du 12 Février 1429, dite *la journée des Harangs,* qui ſe donna à Rouvray-Saint-Denis à deux

grandes lieues de Janville; fit lever le ſiège d'Orléans la même année, & fut enſuite ſacré à Reims ; fit lever le ſiège de Compiègne en 1430 ; fit ſon entrée dans Paris le 6 Avril 1436; emporta Pontoiſe d'aſſaut en 1441 ; fit une trève avec les Anglois en 1444; gagna la bataille de Formigny ſur les Anglois en 1450; prit Rouen, la Normandie & la Guyenne en 1453; mourut accablé de travaux & d'ennuis de l'abſence de ſon fils, le 22 Juillet 1461, après un règne de 38 ans, 9 mois & 1 jour, & fut enterré à Saint-Denis. Ce Prince, dit Polidor Virgile, Ecrivain Anglois, fut la gloire des François & le reſtaurateur de la France. Il avoit le cœur & l'eſprit également bien faits, étoit doux, honnête, poli, grave & libéral, mais ennemi de la profuſion; aimoit ſes ſujets & en étoit aimé. Ce Prince ne fut, en quelque ſorte, que le témoin de ſon règne: cependant il avoit beaucoup de courage, mais s'il paroiſſoit à la tête de ſes armées, c'étoit comme guerrier & non comme chef. Sa vie étoit employée en galanteries, en jeux & en fêtes. Tel eſt le portrait que le Préſident Hénault fait de ce Monarque. Il avoit épouſé, en 1422, *Marie d'Anjou,* fille de LOUIS II, Roi de Naples, morte en 1463. Ce fut une Princeſſe d'un mérite diſtingué, à qui ſon mari dut en grande partie le rétabliſſement de ſes affaires ; mais il ne l'en aima pas davantage. Il en eut pour enfans :

1. LOUIS, qui ſuit;

2. & 3. JACQUES & PHILIPPE DE FRANCE, morts jeunes;

4. CHARLES DE FRANCE, ſucceſſivement Duc de Berry, de Normandie & de Guyenne, mort empoiſonné en 1472, qui eut deux filles naturelles de *Colette de Chambes-Montſoreau,* veuve de *Louis,* Seigneur d'Amboiſe;

5. RAPÉGONDE DE FRANCE, accordée à *Sigiſmond,* Duc d'Autriche, morte à Tours avant l'accompliſſement de ſon mariage, le 19 Mars 1444;

6. CATHERINE DE FRANCE, morte femme de *Charles,* Comte de Charollois en 1446, âgée de 18 ans, & enterrée dans l'Egliſe de Ste.-Gudule de Bruxelles;

7. YOLANDE DE FRANCE, née en 1434, femme, en 1452, d'*Amédée IX,* Duc de Savoie, morte en 1478, & enterrée dans l'Egliſe de Saint-Euſèbe de Verceil auprès de ſon mari ;

8. JEANNE DE FRANCE, morte en 1482, femme, en 1447, de *Jean II,* Duc de Bourbon;

9. MARGUERITE DE FRANCE, morte jeune en 1438;

10. Autre JEANNE, née en 1438, morte à Tours en 1446;

11. MARIE DE FRANCE, fœur jumelle de JEANNE, morte le 14 Février 1439;

12. Et MADELEINE DE FRANCE, née à Tours le 1er Décembre 1443, accordée en Décembre 1457, à LADISLAS D'AUTRICHE, Roi de Bohême & de Hongrie, mort le 26 du même mois; & mariée, par contrat paffé à Saint-Jean-d'Angély, le 11 Février 1461, à Gafton, Comte de Foix; elle mourut à Pampelune en 1485, & y fut enterrée dans l'Eglife Cathédrale.

CHARLES VII eut encore pour enfans naturels d'Agnès Sorel, morte en 1450, trois filles, favoir :

CHARLOTTE, mariée, en 1462, à Jacques de Brezé, Comte de Maulevrier, qui la poignarda, l'ayant furprife en adultère;

MARGUERITE, alliée, le 18 Décembre 1458, à Olivier de Coëtivy;

Et JEANNE, femme d'Antoine de Beuil, Comte de Sancerre.

XX. LOUIS, XIe du nom, dit le Prudent, Roi de France, né à Bourges le 3 Juillet 1423, fe fit chef de la faction, nommée la Praguerie, contre le Roi fon père, avec lequel il fit fon accommodement quelque tems après; fe trouva à la levée du fiège de Tartas le 23 Juin 1442; fit lever celui de Dieppe aux Anglois le 14 Août 1443; prit l'année fuivante Montbéliard; défit 10000 Suiffes près la ville de Bâle; fut envoyé par fon père en Guyenne en 1446, où il fe faifit du Comte d'Armagnac, & de fa femme; fe brouilla une feconde fois avec fon père, fe retira en Dauphiné, enfuite en Flandre en 1456; y demeura jufqu'à la mort de fon père, auquel il fuccéda; fut facré & couronné à Reims en 1461, & fait Chevalier par le Duc de Bourgogne; inftitua l'Ordre des Chevaliers de Saint-Michel, à Amboife, en 1469; revouvela l'alliance avec les Suiffes en 1475; affembla les Etats à Tours la même année; fit un traité avec les Anglois, un de confédération avec l'Empereur FRÉDÉRIC III; un autre avec le Duc de Milan en 1476; avec la République de Venife en 1477; s'empara la même année du Duché de Bourgogne, après la mort du Duc; traita avec PHILIPPE DE SAVOIE en 1478, & un autre traité d'alliance, en 1479, avec EDOUARD IV, Roi d'Angleterre; réunit à la Couronne le Duché d'Anjou, & les Comtés du Maine & de Provence en 1481; mourut

de langueur au Château du Pleffis-lès-Tours en 1483, après un règne de 22 ans, 1 mois & 8 jours, & fut inhumé dans l'Eglife Collégiale de Notre-Dame de Cléry. Tous les Hiftoriens nous le repréfentent comme un Prince qui fut mauvais fils, mauvais frère, mauvais mari, mauvais père & mauvais Roi. Nous avons deux nouvelles hiftoires de ce Monarque, l'une de M. Duclos, imprimée à Paris en 1745, en 4 volumes in-12; l'autre par Mademoifelle de Luffan, auffi imprimée à Paris en 1755, en fix volumes in-12. Il avoit époufé, en 1436, n'étant encore que Dauphin, 1° Marguerite d'Ecoffe, fille aînée de Jacques Stuart Ier, Roi d'Ecoffe, morte en 1445 à Châlons-fur-Marne, âgée de 21 ans; & 2° en 1451, Charlotte de Savoie, morte en 1483, fille de Louis II, Duc de Savoie, & d'Anne de Chypre. Il eut du fecond lit:

1. LOUIS, mort en bas âge en 1458;

2. JOACHIM, né en 1459, auffi mort en bas âge;

3. CHARLES VIII, qui fuit;

4. FRANÇOIS, Duc de Berry, né en 1472, mort en bas âge;

5. LOUISE, née en 1460 auffi morte en bas âge;

6. ANNE, mariée, en 1474, à Pierre de Bourbon, Sire de Beaujeu. Elle gouverna le Royaume fous CHARLES VIII, & mourut en 1522;

7. Et JEANNE, Ducheffe de Berry, femme de LOUIS D'ORLÉANS, depuis LOUIS XII, qui la répudia pour époufer Anne de Bretagne. Elle mourut en 1504, aux Religieufes de l'Annonciade de Bourges.

LOUIS XI eut encore de Phelife Regnard, une fille naturelle nommée

GUYETTE;

Et de Marguerite de Saffenage :

JEANNE, mariée à Louis, bâtard de Bourbon; MARIE, alliée à Aymar de Poitiers, Seigneur de Saint-Vallier, laquelle fut grand'mère de Diane de Poitiers, maîtreffe du Roi HENRI II; Et une autre fille naturelle, nommée ISABEAU, mariée à Louis de Saint-Prieft.

XXI. CHARLES VIII, Roi de France, né au Château d'Amboife le 30 Juin 1470, fuccéda à fon père en 1483, fut facré à Reims en 1484; fut fait Chevalier, par le Duc d'Orléans, depuis LOUIS XII; fit en 1484 divers traités avec différens Princes; une trêve avec l'Angleterre en 1485; fit prifonnier, en 1487, le Duc de Clèves & le Comte de Naffau; diffipa la Ligue de Louis, Duc d'Orléans;

gagna la bataille de Saint-Aubin-du-Cormier en 1488 ; reprit & fit la conquête du Royaume de Naples ; prit le titre d'Empereur de Conftantinople en 1495 ; termina tous les différends qu'il eut avec le Roi d'Angleterre ; mourut au Château d'Amboife en 1498, âgé de près de 27 ans, & dans la 15e année de fon règne ; & fut enterré à Saint-Denis. Il portoit pour armes : *écartelé, aux 1 & 4 de France; aux 2 & 3 d'argent, à la croix potencée d'or, cantonnée de quatre croifettes de même,* qui eft de Jérusalem. Ce Prince avoit époufé, par contrat paffé à Langeais en Touraine, le 13 Décembre 1491, *Anne,* Ducheffe *de Bretagne,* fille unique & héritière de *François II,* Duc de Bretagne, & de *Marguerite de Foix,* dont :

1. Charles-Orland, Dauphin de Viennois, né au Château de Montils-lès-Tours, le 10 Octobre 1492, mort à Amboife le 6 Décembre 1495, & enterré dans l'Eglife de Saint-Martin de Tours le 2 Janvier 1496 ;
2. Charles, Dauphin de Viennois, né à Montils-lès-Tours le 8 Septembre 1496, & mort le 2 Octobre fuivant ;
3. François de France, qui ne vécut que quelques jours ;
4. Et Anne, morte en bas âge.

SECONDE BRANCHE, dite d'Orléans-Valois.

XVIII. Louis de France, Duc d'Orléans, Pair de France, Comte de Valois, d'Aft, de Blois, de Dunois, de Beaumont-fur-Oife, d'Angoulême, de Périgord, de Dreux, de Soiffons, de Vertus & de Portien, Sire de Coucy, fecond fils de Charles V, Roi de France, & de Jeanne de Bourbon, né à l'Hôtel de Saint-Paul à Paris, le 13 Mars 1371, avoit déjà le titre de *Comte de Valois,* lorfqu'il fe trouva avec Charles VI, fon frère, à la bataille de Rofebecque, gagnée fur les Flamans le 27 Novembre 1382. Il eut, en 1386, le Duché de Touraine, qu'il rendit en 1392, pour celui d'Orléans. L'indifpofition du Roi Charles VI, pendant prefque tout fon règne, caufa tous les malheurs de la France. Louis, Duc d'Orléans, prétendit à l'adminiftration des affaires & à la Régence à l'exclufion de tout autre, & le Duc de Bourgogne, oncle paternel, ayant été tuteur du Roi pendant fa minorité, foutenoit que le gouvernement de l'Etat & de la perfonne du Roi lui appartenoit : cette méfintelligence caufa de grands

troubles. Le Duc d'Orléans alla en Guyenne où il prit Blaye. De retour à Paris, croyant être réconcilié avec le Duc de Bourgogne, par l'entremife de Jean, Duc de Berry, leur oncle, il fut affaffiné par Raoul d'Hauquetonville, Ecuyer d'Ecurie du Roi, & autres gens apoftés, par le Duc de Bourgogne, auprès de la porte *Barbette,* en revenant de l'Hôtel de la Reine, le 23 Novembre 1407, fur les huit à neuf heures du foir. Son corps fut enterré dans l'Eglife des Céleftins de Paris, à la Chapelle d'Orléans qu'il avoit fondée, où fe voit fon tombeau de marbre blanc, que Louis XII, fon petit-fils, fit bâtir en 1504. Il avoit époufé, à Melun, par difpenfe du Pape Clément VII, au mois de Septembre 1389, contrat paffé à Paris le 27 Janvier 1386, *Valentine de Milan,* fille de *Jean Galéas Vifconti,* premier Duc de Milan, & d'Isabelle de France, fa première femme, morte au Château de Blois le 4 Décembre 1408, accablée de trifteffe de l'affaffinat du Prince fon mari, auprès duquel elle eft enterrée par ordre de Louis XII, ayant été d'abord inhumée en l'Eglife des Cordeliers de Blois, où l'on voit fon tombeau de bronze. De ce mariage vinrent :

1. Charles, qui fuit ;
2. Jean (nommé Philippe par le Religieux de Saint-Denis, Hiftorien de Charles VI), né en 1393, mort au Château de Vincennes, & enterré aux Céleftins de Paris ;
3. Autre Charles, né à l'Hôtel Saint-Paul vers l'an 1394, mort & enterré dans l'Eglife des Céleftins, au mois de Septembre de l'année fuivante ;
4. Philippe, Comte de Vertus, né en Juillet 1396. Il commanda en chef l'armée du Roi, qui affiégea & prit Parthenay en Poitou en 1418. Il mourut, fans alliance, en 1420, & eft enterré en la Chapelle d'Orléans aux Céleftins de Paris ;
5. Jean, Comte d'Angoulême, tige de la branche des Comtes d'*Angoulême,* rapportée ci-après ;
6. & 7. Deux filles, l'une enterrée à St.-Paul, l'autre née au Château de Coucy ;
8. Et Marguerite, née en 1406, mariée à *Richard de Bretagne,* Comte d'Eftampes, morte le 24 Avril 1466, en l'Abbaye de la Guiche, où elle s'étoit retirée. Elle fut mère de *François II,* Duc de *Bretagne,* père d'Anne, Ducheffe de Bretagne, Reine de France, mariée 1° à Charles VIII, dont nous avons parlé ; & 2° à Louis XII, ainfi qu'on le verra ci-après.

Louis de France, Duc d'Orléans, qui portoit : *de France, au lambel de trois pendans d'argent, à un croiſſant de même ſous le ſecond pendant pour briſure*, eut encore pour fils naturel :

Jean, dit *le Bâtard d'Orléans*, Comte de Dunois, auteur des Ducs de Longueville. Voy. ce mot.

XIX. Charles, Duc d'Orléans & de Milan, Pair de France, Comte de Valois, de Beaumont-ſur-Oiſe, &c., Chevalier de la Toiſon-d'Or, né à l'Hôtel Saint-Paul le 26 Mai 1391, porta le titre de Comte d'Angoulême du vivant de ſon père. Il fit diverſes pourſuites, avec la Ducheſſe ſa mère, auprès du Roi, pour tirer vengeance de la mort de ſon père; mais ce fut inutilement. Il ſe ligua, avec les autres Princes mécontens, contre le Duc de Bourgogne, qui s'étoit emparé de toute l'autorité. Il fit un ſecond traité, en 1412, à Bourges, où les Princes s'étoient retirés, vint enſuite à Paris, & gouverna à ſon tour le Roi pendant ces déſordres. Il fut fait priſonnier à la bataille d'Azincourt, & conduit en Angleterre, où il reſta 25 ans. Il en ſortit en 1440, par l'entremiſe de Philippe le Bon, Duc de Bourgogne, l'ennemi de ſa Maiſon, avec lequel il ſe réconcilia. Il penſa faire la conquête du Duché de Milan, qui lui appartenoit du chef de ſa mère, mais il n'y réuſſit pas; mourut à Amboiſe le 4 Janvier 1465, & ſon corps fut tranſporté aux Céleſtins de Paris le 21 Février 1504, par les ſoins du Comte de Dunois, Grand-Chambellan de France. Il eſt Inſtituteur de l'Ordre du Camail, dont la marque d'honneur étoit un mantelet ſemblable à peu près à celui que l'on nommoit dans les anciens tems *Capmailles*, & auquel pendoit un porc-épic avec cette deviſe : *Cominùs & eminùs*. Il avoit épouſé, 1º le 29 Juin 1406, Isabelle de France (veuve de Richard II, Roi d'Angleterre, ſeconde fille du Roi Charles VI, & d'*Iſabelle de Bavière*), morte en couches, à Blois, le 13 Septembre 1409, & enterrée dans la Chapelle de Notre-Dame de Bonne-Nouvelle de l'Abbaye de Saint-Laumer. Son corps fut depuis tranſporté aux Céleſtins de Paris; 2º en 1410, *Bonne d'Armagnac*, morte avant le mois de Novembre 1415, fille aînée de *Bernard VII*, Comte d'Armagnac & Connétable de France, & de *Bonne de Berry*; & 3º en Décembre 1440, *Marie de Clèves*, fille

d'*Adolphe*, Duc de Clèves, & de *Marie de Bourgogne*, laquelle ſe remaria à *Jean*, Sire de *Rabodanges*, Capitaine de Gravelines. Elle mourut à Chauny en Picardie en 1487, fut enterrée aux Cordeliers de Blois, ſous un tombeau d'albâtre, & depuis portée aux Céleſtins de Paris, en la Chapelle d'Orléans. Du premier lit vint :

1. Jeanne d'Orléans, première femme, en 1421, de *Jean II*, Duc d'*Alençon*, morte, ſans enfans, dans la Maiſon Abbatiale de Saint-Aubin d'Angers, le 19 Mai 1432, dans ſa 23e année.

Et du troiſième lit ſortirent :

2. Louis XII, qui ſuit :

3. Marie, accordée à *Pierre de Bourbon*, Seigneur de Beaujeu, mais mariée à *Jean de Foix*, Comte d'Eſtampes & Vicomte de Narbonne, morte en 1493, & enterrée à Mazères;

4. Et Anne, Abbeſſe de Fontevrault en 1478, & de Sainte-Croix de Poitiers en 1485, morte le 9 Septembre 1491.

Charles, Duc d'Orléans & de Milan, portoit : *écartelé, aux 1 & 4 d'Orléans; aux 2 & 3 de Milan*, qui eſt : *d'argent, à la givre d'azur couronnée d'or, à l'iſſant de gueules*.

XX. Louis XII, ſurnommé *le Père du Peuple*, né à Blois le 27 Juin 1462, porta la qualité de Duc d'Orléans après avoir ſuccédé à ſon père. Il ſe trouva au ſacre du Roi Charles VIII, où il repréſenta le Duc de Bourgogne. N'ayant pu, comme premier Prince du Sang, être Régent du Royaume pendant la minorité de ce Monarque, il fut chef des Princes & Seigneurs qui ſe liguèrent, & ayant été fait priſonnier à la bataille de Saint-Aubin, il fut envoyé dans la groſſe Tour de Bourges, où il reſta juſqu'en 1491, qu'il eut le gouvernement de Normandie. Il paſſa en Italie avec Charles VIII, ſoutint vaillamment le ſiège de Novare en 1495; fut ſacré à Reims en 1498; conquit le Duché de Milan en 1499; le reprit l'année ſuivante; paſſa en Italie en 1502; fit la paix avec le Roi d'Aragon en 1505; châtia la révolte des Génois en 1507; fit un traité avec le Pape Jules II, & l'Empereur Maximilien contre les Vénitiens; gagna la bataille d'Aignadel en 1509; celle de Ravenne contre le Pape, les Suiſſes & les Vénitiens, en 1512; perdit celle des Eperons, en 1513, contre Henri VIII, Roi d'Angleterre; mourut à Paris au Palais des Tournelles en 1514, après un règne de 16 ans, 8 mois & 3 jours, & fut enterré à Saint-Denis. Ce Prince jufte, clément & magnanime, diminua les impôts de plus de moitié, & ne les récréa jamais. Il aima fes fujets, & témoigna, pendant fon règne, un défir extrême de les rendre heureux. Ce font ces belles qualités qui lui méritèrent le titre de *Père du Peuple*, éloge infiniment plus glorieux que celui de *Grand*, d'*Augufte*, de *Vainqueur* & de *Conquérant*. On lui reproche feulement de s'être brouillé avec les Suiffes, fes alliés, pour fe livrer à FERDINAND, le Prince de fon tems le plus infidèle, & qui fe vantoit de l'avoir trompé fouvent. Il avoit époufé, 1º en 1476, JEANNE DE FRANCE, Ducheffe de Berry, fille de Louis XI : mais il fit déclarer fon mariage nul. Cette Princeffe fe retira à Bourges, où elle fonda, en 1501, l'Ordre des *Annonciades*, & mourut en 1505 ; 2º le 8 Janvier 1499, ANNE DE BRETAGNE, veuve de CHARLES VIII, morte en 1513 ; 3º en 1514, *Marie d'Angleterre*, fœur du Roi HENRI VIII, laquelle fe remaria trois mois après la mort de Louis XII, à CHARLES BRANDON, Duc de *Suffolk*. Elle mourut en 1534, & avoit été fiancée à CHARLES, depuis CHARLES-QUINT. Il eut du fecond lit :

Deux Princes, morts au berceau ;
3. CLAUDE, femme, en 1514, de FRANÇOIS Ier, Roi de France, dont il fera parlé ci-après ;
4. Et RENÉE, Ducheffe de Chartres, Comteffe de Gifors, née en 1510, mariée, en 1527, à *Hercule d'Eft II*, Duc de *Ferrare*, morte en France en 1575, & dont la fille époufa *François*, Duc de *Guife*.

Louis XII, qui portoit *de France*, eut encore pour fils naturel

Michel de Buffy, Archevêque de Bourges, mort en 1511.

TROISIÈME BRANCHE
Comtes D'ANGOULÊME.

XIX. JEAN D'ORLÉANS, Comte d'Angoulême & de Périgord, furnommé *le Bon*, fils puîné de LOUIS DE FRANCE, Duc d'Orléans, & de *Valentine de Milan*, fe trouva au facre & couronnement du Roi LOUIS XI, le 30 Avril 1467, & fut enterré dans l'Eglife d'Angoulême. Il portoit : *d'Orléans, chaque pièce du lambel chargé d'un croiffant d'argent*. Il avoit époufé, par contrat du 31 Août 1449, *Marguerite de Rohan*, feconde fille d'*Alain*,

IXe du nom, Vicomte de Rohan, & de *Marie de Bretagne*. Elle tefta le 14 Février 1492, & vivoit encore en 1496. De fon mariage vinrent :

1. LOUIS, mort à l'âge de 3 ans ;
2. CHARLES, qui fuit ;
3. Et JEANNE, femme, en 1511, de *Charles de Coëtivy*, Comte de Taillebourg.

JEAN D'ORLÉANS eut encore pour fils naturel :

JEAN, bâtard d'Angoulême, légitimé par lettres du Roi CHARLES VII, données à Baugency au mois de Juin 1468.

XX. CHARLES D'ORLÉANS, Comte d'Angoulême, Seigneur d'Epernay, Romorentin, &c. Gouverneur de Guyenne, fut fait Chevalier à l'affaut de la ville d'Avefnes en Hainaut, mourut de maladie à Châteauneuf en Angoumois le 1er Janvier 1495, âgé de 37 ans, & fut enterré auprès de fon père dans l'Eglife Cathédrale de Saint-Pierre d'Angoulême. Son cœur fut dépofé aux Céleftins de Paris. Il avoit époufé, par contrat paffé à Paris le 16 Février 1487, *Louife de Savoie*, Ducheffe d'Angoulême, d'Anjou & de Nemours, Comteffe du Maine & de Gien, Régente en France, Dauphiné & Provence, fille aînée de *Philippe II*, Duc de Savoie, & de *Marguerite de Bourbon*, fa première femme. Elle mourut à Gretz en Gâtinois le 22 Septembre 1531, âgée de 55 ans & 11 jours, & fut enterrée à Saint-Denis. Son cœur fut dépofé au pied des marches du grand autel de Notre-Dame de Paris, fous une tombe de cuivre. Elle eut pour enfans :

1. FRANÇOIS Ier, qui fuit ;
2. Et MARGUERITE D'ORLÉANS, née à Angoulême le 11 Avril 1492. Elle fut naturellement éloquente, aima les belles-lettres, compofa divers ouvrages, & mérita les éloges de plufieurs auteurs de fon tems. Elle fut mariée, 1º par contrat du 9 Octobre 1509, à *Charles*, Duc d'*Alençon* ; & 2º le 3 Janvier 1526, à HENRI D'ALBRET, Roi de Navarre, auquel elle porta les Duchés de Berry & d'Alençon. Elle mourut le 21 Décembre 1549, & fut enterrée à Pau en Béarn. De ce fecond mariage vint JEANNE D'ALBRET, Reine de Navarre, mère du Roi HENRI IV, dont nous parlerons ci-après.

CHARLES D'ORLÉANS eut encore trois filles naturelles :

JEANNE, Comteffe de Bar-fur-Seine, née d'Antoinette, dite *Jeanne de Polignac*, légitimée par lettres du Roi Louis XII, laquelle fut mariée deux fois, 1° en 1501, à *Jean Aubin*, Seigneur de *Malicorne* & de Surgères ; 2° à *Jean de Longwy*, Sieur de Givry ;

MADELEINE, née aussi d'*Antoinette de Polignac*, Prieure du Pont-l'Abbé, ensuite Abbesse de Saint-Auzony, transférée à Farmoutiers, enfin à Jouarre vers l'an 1514. Elle prit la réforme de Fontevrault & l'établit dans son Monastère, où elle mourut le 26 Octobre 1543, âgée de 67 ans ;

Et SOUVERAINE, fille de *Jeanne Conte*, mariée, le 10 Février 1512, à *Michel Gaillard*, Chevalier, Sieur de Chilly & de Longjumeau, Pannetier du Roi, mort le 4 Juillet 1531, & elle le 23 Février 1551.

XXI. FRANÇOIS Ier, né à Cognac le 12 Septembre 1494, Comte d'Angoulême après la mort de CHARLES D'ORLÉANS, son père, ensuite Duc de Valois, titre que lui donna Louis XII, son cousin & son beau-père, succéda à la Couronne comme le plus proche héritier, âgé de 21 ans ; fut sacré & couronné à Reims le 25 Janvier 1515 ; passa en Italie pour conquérir le Duché de Milan ; gagna la bataille de Marignan, sur les Suisses, la même année ; fut fait Chevalier par le Chevalier *Bayard* ; fit avec LÉON X le concordat ; traita à Noyon avec CHARLES D'AUTRICHE, Roi d'Espagne ; lui déclara la guerre en 1521. Les commencemens lui furent favorables, & la fin lui fut malheureuse. Il fut fait prisonnier à la bataille de Pavie, par le Vice-Roi de Naples ; fut mis en liberté en 1526 ; se ligua la même année avec le Pape, les Vénitiens, les Florentins & le Duc de Milan ; fit un traité de paix, en 1527, avec l'Angleterre ; conclut, en 1533, le mariage de HENRI, son second fils, avec CATHERINE DE MÉDICIS, nièce du Pape CLÉMENT VII ; fit la paix avec l'Empereur & le Roi d'Angleterre en 1546 ; mourut au Château de Rambouillet le 31 Mars même année, après un règne de 32 ans, trois mois moins un jour ; il fut enterré à Saint-Denis, & son cœur porté aux Célestins de Paris. Ses entrailles furent mises sous un pillier de marbre dans l'Eglise des Religieuses de Hautes-Bruyères. Il fit bâtir les Châteaux de Fontainebleau, de St.-Germain-en-Laye, Chambord, Madrid, Folembray & de Villers-Cotterets, & commença les nouveaux bâtimens du Louvre. Il est appelé le *Père & le Restaurateur des Lettres*, fut affable, éloquent, libéral & magnifique ; chérissoit les savans & les sciences ; mais il donna trop à ses plaisirs, & fut souvent trompé par la fortune qui lui fit manquer presque toutes ses entreprises. Sa devise étoit *une salamandre dans le feu* avec ces mots *nutrisco & extinguo*. C'étoit une instruction qui lui fut donnée dans sa jeunesse, & non une allusion à ses conquêtes & à ses galanteries, puisque la première médaille de cette devise est de 1504, dit le Président Hénault. Depuis FRANÇOIS Ier, les Rois dont nous allons parler ont porté de France, c'est-à-dire : *d'azur, à 3 fleurs-de-lis d'or*. Il avoit épousé, 1° en 1514, CLAUDE DE FRANCE, fille de Louis XII, & d'*Anne de Bretagne*, morte en 1524 ; & 2° en 1530, ELÉONORE D'AUTRICHE, sœur aînée de l'Empereur CHARLES-QUINT, & veuve d'EMMANUEL, Roi de Portugal, morte en 1558. Il eut du premier lit :

1. FRANÇOIS, Dauphin, né en 1517, couronné Duc de Bretagne en 1532, envoyé, lui & son frère HENRI, pour otages en Espagne en 1530, mort empoisonné à Valence l'an 1536 ;
2. HENRI II, qui suit ;
3. CHARLES, Duc d'Orléans, de Bourbon, d'Angoulême, &c., né à Saint-Germain-en-Laye le 22 Janvier 1522, & mort de pleurésie & sans alliance le 9 Septembre 1545 ;
4. LOUISE, née au Château d'Amboise le 19 Août 1515, morte le 21 Septembre 1517 ;
5. CHARLOTTE, née le 13 Octobre 1516, morte au Château de Blois le 8 Septembre 1524 ;
6. MADELEINE, née le 10 Août 1520, mariée, le 1er Janvier 1536, à JACQUES STUART, Ve du nom, Roi d'Ecosse, & morte en 1542, âgée de 31 ans ;
7. Et MARGUERITE, née à Saint-Germain-en-Laye le 5 Juin 1523, accordée, le 7 Avril 1526, à *Louis de Savoie*, Prince de Piémont, qu'elle n'épousa pas, & mariée, à Paris le 9 Juillet 1559, à *Emmanuel-Philibert*, Duc de Savoie. Elle mourut à Turin le 14 Septembre 1574, & fut enterrée dans l'Eglise de Saint-Jean de Turin.

FRANÇOIS Ier n'eut point d'enfans du second lit ni de ses deux maîtresses, *Françoise de Foix*, Comtesse de Châteaubriant, morte en 1537, & *Anne de Pisseleu*, Duchesse d'Etampes, dite *Mademoiselle d'Helly*, que la Régente avoit prise pour fille d'honneur ; mais l'Abbé d'Expilly, dans son *Dictionnaire des Gaules*, tom. III, p. 469, lui donne un fils naturel, nommé *Vilcouvin*.

XXII. HENRI II, Roi de France, né à St.-

Germain-en-Laye en 1518 ; Dauphin après la mort de fon frère aîné, commanda en Piémont en 1537 ; eut le Duché de Bretagne en 1539 ; fut Général en Rouffillon en 1542 ; fuccéda à fon père en 1546 ; fut facré en 1547 ; renouvela l'alliance des Suiffes en 1549 ; fit la paix avec Edouard VI, Roi d'Angleterre en 1550 ; eut guerre contre l'Empereur en 1551 ; fe faifit de la Lorraine en 1552 ; perdit la bataille de Marciano dans le Siennois en 1554 ; fit une trève avec l'Empereur en 1556, qui fut rompue l'année fuivante ; perdit la bataille de Saint-Quentin en 1557 ; vit Calais, que les Anglois poffédoient depuis 1347, repris, en 1558, par le Duc de Guife ; fit la paix au Cateau-Cambréfis, en 1559, au défavantage de la France ; mourut âgé de 41 ans, d'un éclat de lance, la même année, après avoir régné 12 ans, & fut enterré à St.-Denis. On ne peut contefter à ce Prince la gloire d'avoir été brave. Il étoit bien fait & de bonne mine, aimoit les Belles-Lettres, & récompenfoit les favans avec libéralité ; mais fa paffion pour *Diane de Poitiers*, Ducheffe de Valentinois, à laquelle il ne pouvoit rien refufer, fut caufe des fâcheux évènemens qui flétrirent fon règne. Il avoit époufé, en 1533, *Catherine de Médicis*, nièce de *Clément VII*, fille & unique héritière de *Laurent de Médicis*, Duc d'Urbin, & de *Madeleine de la Tour d'Auvergne*. C'eft de cette Princeffe que de Thou a dit : *fœmina vafti animi & fuperbi luxûs*, femme d'un génie vafte & d'une magnificence qu'elle porta à l'excès. De cette alliance vinrent :

1. François II, qui fuit ;
2. Louis, Duc d'Orléans, né en 1548, mort jeune ;
3. Charles IX, rapporté après fon frère aîné ;
4. Henri III, mentionné après fes deux frères ;
5. François, Duc d'Alençon, d'Anjou & de Brabant, &c., Pair de France, né en 1554, fit fes premiers exploits au fiège de la Rochelle en 1573 ; fut couronné Duc de Brabant à Anvers en 1582 ; & mourut à Château-Thierry de phthifie, en 1584 ;
6. Elisabeth, née en 1545, mariée, en 1559, à Philippe II, Roi d'Efpagne, & morte en 1568 ;
7. Claude, née en 1547, mariée, en 1558, à *Charles II*, Duc *de Lorraine*, & morte en 1575 ;
8. Marguerite, Ducheffe de Valois, née en 1553, première femme de Henri IV, en 1572 ;

9. Victoire, née & morte en 1556 ;
10. Et Jeanne, fa jumelle, morte après fa naiffance.

Henri II n'eut point d'enfans de *Diane de Poitiers*, fa maîtreffe, veuve de *Louis de Brezé* ; qu'il fit Ducheffe de Valentinois, & qui mourut en 1566 ; mais il eut 1° d'une Dame Ecoffoife de la Maifon *de Levifton*, nommée *Flamin* :

Henri d'Angoulême, Grand-Prieur de France, Gouverneur de Provence & Amiral des Mers, mort en 1586 ;

2° de *Philippe Duc*, Demoifelle Piémontoife, qui fe fit Religieufe après fes couches :

Diane d'Angoulême, légitimée de France, morte en 1619, mariée 1° à *Horace Farnèfe* ; & 2° à *François de Montmorency*. Ce fut elle qui reconcilia Henri III avec le Roi Henri IV ;

Et 3° de *Nicole de Savigny* :

Henri de Saint-Remy, Gentilhomme ordinaire de la Chambre de Henri III.

XXII. François II, Roi de France & d'Ecoffe, né à Fontainebleau en 1543, eut de François Ier, fon aïeul, le Gouvernement de Languedoc ; fuccéda à fon père en 1559, étant âgé de 16 ans ; fut facré à Reims le 18 Septembre, par l'Archevêque Charles, Cardinal de Lorraine ; fut fait Chevalier de la Toifon-d'Or la même année ; vit le commencement des guerres civiles, dont la religion fut le prétexte ; diffipa la confpiration d'Amboife en 1559 ; mourut d'un abcès le 5 Décembre 1560, après un an, 4 mois, 20 jours de règne, & fut enterré à Saint-Denis. Il n'eut point d'enfans de Marie Stuart, Reine d'Ecoffe, à laquelle la Reine Elisabeth fit trancher la tête le 18 Février 1587. Son frère lui fuccéda dans le Royaume de France & non dans celui d'Ecoffe.

XXIII. Charles IX, né le 27 Juin 1550, porta le titre de Duc d'Angoulême, enfuite celui de Duc d'Orléans, fuccéda à fon frère fous la Régence de fa mère en 1560 ; fut facré à Reims, le 15 Mai 1561, par Charles, Cardinal de Lorraine ; gagna la bataille de Dreux en 1562 ; fit la paix avec les Huguenots en 1563 ; un autre traité de paix en 1564 ; tint l'affemblée de Moulins en 1566 ; gagna la bataille de Saint-Denis fur les Huguenots en 1567 ; en ordonna le maffacre en 1572, le jour de la Saint-Barthélemy ; mourut de langueur en 1574, au Château de Vincennes, après un règne de 13 ans, 5 mois & 25 jours. Son cœur fut porté aux Céleftins de Paris, & fon corps enterré à Saint-Denis. Ce Prince avoit l'efprit vif, un grand courage, beaucoup d'éloquence & de talens pour la poéfie; mais le Maréchal de Retz, Florentin, avoit perverti fes bonnes inclinations. Il déclara, en mourant, combien il étoit chagrin de n'avoir pu gouverner par lui-même. Il avoit époufé, en 1570, Elisabeth d'Autriche, fille de l'Empereur Maximilien II, morte en 1592, n'ayant eu que:

> Marie-Elisabeth, née en 1572, morte âgée de 5 ans.

Charles IX eut encore de *Marie Touchet*, fille d'un Lieutenant-Particulier au Préfidial d'Orléans, deux garçons:

> Le premier mort en bas âge;
> Le fecond, nommé *Charles de Valois*, fucceffivement Grand-Prieur de France, Comte d'Auvergne & Duc d'Angoulême, a fait la feconde branche des Ducs d'*Angoulême*, & eft mort en 1650. Sa mère *Marie Touchet*, époufa depuis *François de Balzac*, Seigneur d'Entragues, père de *Henriette de Balzac*, une des maîtreffes de Henri IV.

XXIII. Henri III, Roi de France & de Pologne, né à Fontainebleau le 29 Septembre 1551, Duc d'Anjou à fa naiffance, Lieutenant-Général des Armées dans la guerre civile contre les Huguenots, gagna les batailles de Jarnac & de Moncontour en 1569; fit lever le fiège de Poïtiers; affiégea la Rochelle en 1573; paffa en Pologne en 1574, & fut couronné à Cracovie. Après la mort de fon frère il revint en France; fut facré à Reims en 1575; gagna la même année la victoire au combat de Dormans fur les rebelles; donna à fon frère puîné le Duché d'Anjou; inftitua l'Ordre du Saint-Efprit; tint le premier Chapitre en 1578; fit la paix avec les Huguenots en 1580; perdit fon frère le Duc d'Alençon en 1584; déclara la guerre au Roi de Navarre en 1585; accepta la même année le Collier de l'Ordre de la Jarretière de la Reine Elisabeth; perdit la bataille de Coutras en 1587; fe retira à Chartres en 1588, après la journée des Barricades; fit un traité avec le Roi de Navarre, & revint avec lui mettre le fiège devant Paris; fut bleffé à mort à Saint-Cloud, d'un coup de couteau, le 1er Août

1589, par *Jacques Clément*, Religieux Jacobin, & mourut fans lignée, après avoir régné 15 ans. Son corps fut dépofé à Compiègne, & enfuite porté à Saint-Denis en 1610. Ce Prince, dit M. de Thou, avoit une ambition démefurée d'augmenter fa puiffance, & cependant, par une complaifance criminelle, il laiffoit prendre une autorité indépendante à fes favoris; ce qui faifoit dire au Pape Sixte-Quint, en parlant de lui, *j'ai fait tout ce que j'ai pu pour me tirer de la condition de Moine, & il fait tout ce qu'il peut pour y tomber.* Son règne fut celui des Favoris, & furtout des Ducs de Joyeufe & d'Epernon. On peut dire de ce Prince comme de Galba, qu'il eut paru digne de la Couronne s'il ne l'eut jamais portée; caractère incompréhenfible, dit encore M. de Thou, parce qu'en certaines chofes il étoit au-deffus de fa dignité, & en d'autres au-deffous même de l'enfance. Il avoit époufé, le 15 Février 1575, à Reims, *Louife de Lorraine*, fille aînée de *Nicolas de Lorraine*, Duc de Mercœur, Comte de Vaudémont, & de *Marguerite d'Egmond*, fa première femme. Elle fit fon teftament à Moulins, le 28 Janvier 1601, avec les qualités de Reine-Douairière de France & de Pologne, Ducheffe de Bourbonnois, de Berry & d'Auvergne, Comteffe de Forez, Haute & Baffe-Marche, & Dame de Romorantin, & y mourut le lendemain. Elle avoit ordonné la fondation d'un Couvent de Capucines dans la ville de Bourges, & défiroit y être enterrée. Henri IV le fit bâtir à Paris, Faubourg Saint-Honoré, & fon corps y fut enterré. Ces Eglife & Maifon ont été depuis tranfportées au bout de la rue Neuve-des-Petits-Champs, vis-à-vis la place de *Louife-le-Grand*, dite de Vendôme.

BRANCHE ROYALE
de Bourbon (a).

XXI. Antoine de Bourbon, Roi de Navarre, Prince de Béarn, Duc de Vendôme, de Beaumont & d'Albret, Comte de Foix, &c.,

---

(a) Voyez la Généalogie de cette augufte Maifon dans le tom. III, col. 740 & fuiv. de ce *Dictionnaire*, où, au degré IX, on trouvera Antoine de Bourbon, père de Henri IV, auteur de la Branche Royale de France aujourd'hui régnante, dont nous allons donner la filiation.

Gouverneur de Picardie, & Gouverneur &
Amiral de Guyenne, fils aîné de *Charles de
Bourbon*, Duc de Vendôme, naquit au Château de la Fère en Picardie le 22 Avril 1518;
porta le titre de Duc de Vendôme, puis celui
de Roi de Navarre après avoir fuccédé à cette
Couronne au Roi Henri, fon beau-père, &
mourut le 25 Mai 1555. Il avoit époufé, le 20
Octobre 1548, Jeanne d'Albret, Reine de
Navarre, Princeffe de Béarn, Comteffe de
Foix, &c., fille & unique héritière de Henri
d'Albret, Roi de Navarre, & de *Marguerite
de Valois*. Elle fuivit le parti des Huguenots, & mourut à Paris le 9 Juin 1572, dans
fa 44e année, non fans foupçon de poifon, &
fut enterrée auprès de fon mari devant le
grand autel de l'Eglife de Saint-Georges de
Vendôme. De ce mariage vinrent :

1. Henri de Bourbon, Duc de Beaumont au
   Maine, né le 21 Septembre 1551, mort au
   Château de la Flèche le 20 Août 1553, &
   enterré dans l'Eglife Collégiale de Vendôme;
2. Henri IV, qui fuit ;
3. Louis-Charles de Bourbon, Comte de
   Marle, né au Château de Gaillon en Normandie le 19 Février 1554, qui fe tua en
   tombant d'une fenêtre, par l'imprudence de
   fa nourrice ; il fut enterré dans l'Eglife de
   Nôtre-Dame d'Alençon;
4. Et Catherine de Bourbon, Princeffe de
   Navarre, Ducheffe d'Albret, née à Paris le
   7 Février 1558, mariée, le 30 Janvier 1599,
   à *Henri de Lorraine*, Duc de Bar, morte fans
   lignée le 13 Février 1604, & enterrée dans
   l'Eglife de Vendôme.

Antoine de Bourbon, Roi de Navarre, eut
encore pour enfant naturel de *Louife de la
Béraudière*, fille d'honneur de la Reine :

Charles de Bourbon, nommé tout jeune Evêque de Comminges, qui fe trouva, en cette
qualité, dans l'armée des Princes à la bataille de Jarnac. Il fut fait prifonnier par
l'armée du Roi le 9 Mars 1569; fut pourvu,
en 1588, du Prieuré de Saint-Orens d'Auch,
puis de l'Evêché de Lectoure en 1590; de
l'Archevêché de Rouen en 1594; s'en démit
en 1604; fut nommé Prélat-Commandeur
de l'Ordre du Saint-Efprit, & mourut à
Marmoutier, dont il étoit Abbé, en 1610,
peu après le Roi fon frère.

Antoine de Bourbon, Roi de Navarre, portoit pour armes : *coupé de 8 pièces, 4 en chef
& 4 en pointe; au 1 du chef de gueules aux
chaînes d'or, pofées en orle, en croix & en*

fautoir, qui eft de Navarre; *au 2 de France,
à la bande de gueules, qui eft* de Bourbon; *au 3 écartelé, aux 1 & 4 de France; aux 2
& 3 de gueules, qui eft* d'Albret; *au 4 d'or,
à 3 pals de gueules, qui eft* Aragon; *aux 5
& 1 de la pointe, écartelé, aux 1 & 4 d'or, à
3 pals de gueules, qui eft* de Foix; *aux 2 &
3 d'or, à 2 vaches de gueules accornées, accollées & clarinées d'azur, qui eft* de Béarn;
*au 6 écartelé, aux 1 & 4 d'argent, au lion de
gueules, qui eft* d'Armagnac; *aux 2 & 3 de
gueules, au lion léopardé d'or, armé & lampaffé d'azur, qui eft* de Rodez; *au 7 femé de
France, à la bande componnée d'argent &
de gueules, qui eft* d'Evreux; *au 8 d'or, à 4
pals de gueules, flanqué au côté dextre de
gueules, au château fommé de 3 tours d'or,
pour* Castille; *& au côté féneftre, d'argent,
au lion de gueules, qui eft* de Léon; *& fur le
tout, d'or, à 2 lions paffans de gueules, armés & lampaffés d'azur, qui eft* de Bigorre.

XXII. Henri, IVe du nom (a), furnommé
le Grand, Roi de France & de Navarre, né
au Château de Pau en Béarn le 13 Décembre
1553, eut d'abord le titre de Prince de Navarre ; fut Gouverneur & Amiral de Guyenne en 1562; Chef des Huguenots en 1569;
fuccéda à la Couronne de Navarre en 1572,
par le décès de la Reine, fa mère; & fuivit le
Duc d'Anjou en 1573. Après la mort de Charles IX & le retour de Charles III, il fe retira
en Guyenne en 1576; fut Généraliffime des
Religionnaires; prit Cahors en 1580; gagna
la bataille de Coutras en 1587; fit fa paix,
en 1589, avec Henri III, & l'accompagna au
fiège de Paris. Ce Monarque ayant été, le
mois d'Août fuivant, affaffiné à Saint-Cloud,
le Roi de Navarre, comme premier Prince du
Sang, fut incontinent reconnu Roi par plufieurs Seigneurs & Grands du Royaume; il
commença fon règne par la journée d'Arques,
remportée fur Charles de Lorraine, Duc de
Mayenne, en 1589; gagna, en 1590, le même
jour, les batailles d'Ivry & d'Iffoire; foumit
plufieurs villes à fon obéiffance; fut bleffé au
combat d'Aumale; leva le fiège de Rouen à
l'arrivée des Ducs de Parme & de Mayenne
en 1592; fit dans l'Eglife de Saint-Denis;

(a) Nos Rois, depuis Henri IV, portent: *parti
de* France, *qui eft*: *d'azur, à trois fleurs-de-lis
d'or* ; *& de gueules, aux chaînes d'or, pofées en
orle, en croix & en fautoir, qui eft* de Navarre.

Kk ij

en 1593, profeffion publique de la Religion Catholique & Romaine; fut facré dans l'Eglife Cathédrale de Chartres en 1594; vit toutes les villes fe foumettre à fon obéiffance; fit la paix de Vervins avec les Efpagnols en 1597; accorda aux Huguenots, en 1598, l'Edit de Nantes; conquit en perfonne toute la Savoie en 1600; fit la paix avec le Duc Em-manuel en 1601; unit à perpétuité, à la Couronne de France, la Navarre & tous fes biens patrimoniaux en 1607; fut affaffiné à Paris, dans la rue de la Ferronnerie, le 14 Mai 1610, âgé de 57 ans, 5 mois & 1 jour, après un règne de 20 ans, 9 mois, 2 jours, & fut enterré à Saint-Denis. Son cœur fut porté au Collège de la Flêche. Ce Prince fut un des plus grands dont l'hiftoire faffe mention; il étoit, comme le dit le Préfident Hénault, fon Général & fon Miniftre; unit à une extrême franchife la plus adroite politique; aux fentimens les plus élevés une fimplicité de mœurs charmante; & à un courage de foldat un fond d'humanité inépuifable. Il rencontra ce qui forme & qui déclare les grands hommes, c'eft-à-dire des obftacles à vaincre, des périls à effuyer, & furtout des adverfaires dignes de lui. Il fut de fes fujets le *Vainqueur* & le *Père*. Ce Prince étoit d'une taille médiocre, mais bien proportionnée, d'un vifage agréable & majeftueux. Il avoit le teint vermeil, le nez aquilain, les yeux vifs, le front large, les cheveux châtains, mais qui commençoient à grifonner dès l'âge de 33 ans. Il avoit époufé, 1° en 1572, Marguerite de Valois, fille de Henri II. Cette Princeffe fut féparée, en 1599, par autorité de l'Eglife, après 28 ans de mariage; mourut le 27 Mars 1615; fut enterrée à Saint-Denis, & fon cœur dépofé aux Auguftins réformés de la Communauté de Bourges, au Faubourg Saint-Germain, où fe lit une grande infcription fur marbre noir, dans la Chapelle de Notre-Dame de Confolation qu'elle avoit fondée; & 2° en 1600, Marie de Médicis, fille aînée de *François de Médicis*, Grand-Duc de Tofcane, & de *Jeanne d'Autriche*, couronnée à Saint-Denis le 13 Mai 1610, déclarée Régente du Royaume durant la minorité du Roi, fon fils, le 15 du même mois. Après la mort tragique du Maréchal d'Ancre, en 1617, elle eut ordre de fe retirer à Blois, d'où elle s'évada en 1619. Elle fit fon accommodement avec le Roi, mais cette bonne intelligence dura peu. Elle revint cependant à la Cour, où elle fut tranquille, & même le Roi l'établit Régente, le 15 Janvier 1629, pendant l'expédition qu'il alla faire en Italie; mais ayant éclaté contre le Cardinal de Richelieu en 1630, ce Miniftre l'attira à Compiègne où elle fut gardée à vue. Elle s'en fauva l'année fuivante & fe retira à Bruxelles. Après avoir erré en Flandre, en Hollande, en Angleterre & en Allemagne, fans pouvoir trouver un afile fixe, elle mourut à Cologne le 3 Juillet 1642, âgée de 68 ans. Son corps fut porté à Saint-Denis, fon cœur à la Flêche & fes entrailles dépofées dans l'Eglife de Saint-Pierre de Cologne. De ce mariage vinrent:

1. Louis XIII, qui fuit;
2. N... de France, Duc d'Orléans, né à Fontainebleau le 16 Avril 1607, mort fans être nommé à Saint-Germain-en-Laye le 6 Novembre 1611, & enterré à Saint-Denis;
3. Gaston-Jean-Baptiste de France, né en 1608, qui porta le titre de Duc d'Anjou, enfuite celui de Duc d'Orléans, eut le commandement de l'Armée qui affiégea la Rochelle en 1628, & de celle de Picardie en 1636; fut déclaré par Louis XIII, en mourant, Lieutenant-Général de l'Etat & Chef des Confeils, fous l'autorité de la Reine; pendant la minorité de Louis XIV commanda l'Armée; prit Gravelines en 1644; Béthune, Bourbourg, Armentières, Courtray, Mardick & autres en 1645; fe retira à Blois & y mourut en 1660; fon corps fut porté à St.-Denis. Gaston d'Orléans avoit époufé, 1° en 1626, *Marie de Bourbon*, Ducheffe de Montpenfier, fille de *Henri de Bourbon*, Duc de Montpenfier; & 2° *Marguerite de Lorraine*, fille puînée de *François de Lorraine*, Comte de Vaudémont. Il eut du premier lit:

1. Anne-Louise d'Orléans, Souveraine de Dombes, Ducheffe de Montpenfier, née en 1627. Elle prit le parti contre le Cardinal de Mazarin, durant la minorité de Louis XIV; mourut au Palais d'Orléans en 1693; fit par fon teftament Philippe de France, Duc d'Orléans, fon coufin germain, fon légataire univerfel.

Et du fecond lit vinrent:

2. Jean-Gaston, Duc de Valois, né en 1650, mort en 1652;
3. Marguerite-Louise, dite *Mademoifelle d'Orléans*, née en 1645, mariée, en 1661, à *Côme de Médicis*, III° du nom, Grand-Duc de Tofcane; revint en France en 1675, & mourut à Paris en 1721;

4. Elisabeth d'Orléans, dite *Mademoiselle d'Alençon*, née en 1646, mariée à *Louis - Joseph de Lorraine*, Duc de Guife en 1667, veuve en 1671, morte en 1696 ;

5. Françoise-Madeleine d'Orléans, dite *Mademoiselle de Valois*, née en 1648, mariée, en 1663, à *Charles-Emmanuel II,* Duc de Savoie, morte en 1664 ;

6. Et Marie-Anne d'Orléans, dite *Madefelle de Chartres*, née en 1652, morte en 1656. Voyez ORLEANS.

Gaston d'Orléans eut encore pour enfans naturels :

Louis, Bâtard *d'Orléans*, Comte de Charny, né à *Tours*, de *Louife Roger de la Marbelière*, en 1638; fervit en Efpagne; il fut fait Général des Armées de la Côte de Grenade en 1684; mort en 1692 ; Et Marie, née de *Marie Porcher* en 1631.

4. Elisabeth, née en 1602, mariée, en 1615, à Philippe IV, Roi d'Efpagne, mort en 1644;

5. Christine, née en 1606, mariée, en 1619, à *Victor-Amédée*, Prince de Piémont, puis Duc de Savoie, morte en 1663 ;

6. Et Henriette-Marie, femme, en 1625, de Charles Ier, Roi de la Grande-Bretagne, morte en 1669.

Henri IV eut encore de fes quatre Maîtreffes *Gabrielle d'Eftrées*, Ducheffe de Beaufort, morte en 1599; de *Catherine-Henriette de Balzac-d'Entragues*, Marquife de Verneuil, morte en 1633; de *Jacqueline de Beuil*, Comteffe de Moret; & de *Charlotte des Effarts*, Comteffe de Romorantin, morte en 1651, femme du Maréchal de *l'Hôpital*, après avoir eu des enfans de *Louis de Lorraine*, dernier Cardinal de Guife, fils du *Balafré*. Henri IV, dis-je, eût encore quatre enfans naturels, favoir de la première font nés :

1. César, Duc de Vendôme, mort en 1665, & dont la poftérité s'eft éteinte en 1712. Voy. VENDÔME ;

2. Alexandre, dit *le Chevalier* de Vendôme, né en 1598, Grand-Prieur de France fous Louis XIII, mort au Château de Vincennes en 1629;

3. Catherine-Henriette, femme, en 1619, de *Charles de Lorraine*, Duc d'Elbœuf, morte en 1663.

De la feconde fortirent:

4. Henri, Evêque de Metz, puis Duc de Verneuil, né en 1601, Abbé de plufieurs Abbayes & Evêque de Metz, Ambaffadeur ex-

traordinaire en Angleterre en 1665 ; fe démit de fes bénéfices, fe maria, & mourut fans poftérité en 1682 ;

5. Gabrielle-Angélique, mariée, en 1622, à *Bernard de la Valette de Foix*, Duc d'Epernon, morte en 1627.

De la troifième eft iffu :

6. Antoine de Bourbon, Comte de Moret, tué à la bataille de Caftelnaudary en 1632.

Et de la quatrième vinrent :

7. Jeanne-Baptiste de Bourbon, Religieufe à Chelles, puis Abbeffe de Fonteyrault en 1624, morte en 1670 ;

8. Et Marie-Henriette de Bourbon, Abbeffe de Chelles en 1627, morte en 1629.

XXIII. Louis XIII, dit *le Jufte*, né le 27 Septembre 1601, fuccéda, fous la tutelle de la Reine-Mère, à la Couronne en 1610, âgé de 8 ans & demi; fut facré à Reims par le Cardinal de Joyeufe, Archevêque de Rouen, le 17 Octobre de la même année, parce que l'Archevêque de Reims, de la Maifon de Lorraine, n'étoit point encore facré. Il fe fit reconnoître majeur au Parlement en 1614; congédia les Députés des Etats-Généraux en 1615; convoqua une Affemblée des Notables à Rouen en 1617; prit les armes contre les Huguenots de France en 1621; donna la paix à fes fujets rebelles en 1622; créa, en 1624, pour fon premier Miniftre, le Cardinal de Richelieu ; affifta le Duc de Savoie contre les Génois en 1625; défit les Anglois au combat de l'Isle-de-Ré en 1627; affiégea la Rochelle fous la conduite du Cardinal de Richelieu; y fit fon entrée en 1628; força les Barricades du Pas-de-Suze en 1629; revint en France châtier fes fujets rebelles du Languedoc & du Vivarais; fut victorieux dans toute la Savoie; tourna fes armes du côté de l'Allemagne; prit Mayence fur les Efpagnols; s'empara de Nancy en 1635, & fut maître de toute la Lorraine; déclara la guerre à l'Efpagne, les années 1637, 1638 & 1639, lui furent heureufes, & fut victorieux partout. La Catalogne fe donna à la France en 1641; les avantages de 1642 furent auffi fort confidérables. Tant d'heureux fuccès furent troublés par la mort de ce Monarque, arrivée le 14 Mai 1643, après un règne de 33 ans accomplis, âgé de 41 ans, 7 mois & 18 jours. Il fut enterré à Saint-Denis; il étoit d'un caractère un peu fauvage, il craignoit la repréfentation, excepté dans les cérémonies qu'il aimoit beaucoup. Il avoit des intentions droites, & jugeoit bien des chofes. On le gouvernoit en le perfuadant: il avoit de la valeur & du difcernement; mais fon goût pour la retraite rendit fes belles qualités fans éclat. Fils & père de deux de nos plus grands Rois, il affermit le Trône encore ébranlé de HENRI IV, & prépara les merveilles du règne de LOUIS XIV. Il avoit époufé, en 1615, ANNE D'AUTRICHE, Infante d'Efpagne, née le 22 Septembre 1601, fille aînée de PHILIPPE III, Roi d'Efpagne, & de *Marguerite d'Autriche*. Elle fut déclarée Régente du Royaume pendant la minorité de Louis XIV, fit bâtir la fomptueufe Eglife du Val-de-Grâce de Paris; laiffa des marques fignalées de fa piété en diverfes Eglifes & Monaftères de France; mourut au Louvre des fuites d'une longue maladie, le 20 Janvier 1666; fut enterrée à Saint-Denis, & fon cœur dépofé en l'Abbaye du Val-de-Grâce. Elle eut pour enfans:

Louis XIV, qui fuit;

Et PHILIPPE DE FRANCE, Duc d'Orléans, tige de la Maifon d'*Orléans* d'aujourd'hui, dont il fera parlé au mot ORLÉANS.

XXIV. LOUIS XIV, furnommé *le Grand*, né à Saint-Germain, le 5 Septembre 1638, parvint à la Couronne, le 14 Mai 1643, fous la tutelle de la Reine-Mère, déclarée Régente. Il commença à vaincre auffitôt qu'à régner, par la bataille de Rocroy, gagnée par le Duc d'Enghien fur les Efpagnols & les Flamans; par la prife de Thionville; le combat naval de Carthagène fur les côtes de Murcie; le combat de Donachin en 1644; ceux de Fribourg; les prifes de Gravelines, de Philippsbourg & de Mayence. Son règne eft le plus long de tous les règnes depuis le commencement de la Monarchie Françoife dans les Gaules, & un des plus mémorables. L'Abrégé Chronologique que j'en pourrois donner méneroit trop loin, & je renvoie à fon hiftoire mife au jour par tant de célèbres Ecrivains. L'audience que ce grand Monarque donna à l'Ambaffadeur de Perfe, au commencement de 1715, fut la dernière cérémonie remarquable de fon règne. Il mourut à Verfailles le 1er Septembre de la même année, âgé de 77 ans moins quatre jours, après avoir régné 72 ans, 3 mois & 18 jours. Son corps fut porté à St.-Denis, fon cœur aux Jéfuites de la rue Saint-Antoine, & fes entrailles à Notre-Dame de Paris. Le règne de ce Prince eft comparé avec

raifon à celui d'AUGUSTE. Il avoit un goût naturel pour tout ce qui fait les grands hommes, fut diftinguer & employer les perfonnes de mérite; eut pour Miniftres le Cardinal Mazarin, Colbert, Louvois & d'autres habiles politiques; pour Généraux, les Condés, les Turennes, les Vendômes, les Catinats, &c. On vit en France fous fon règne des Evêques & des Théologiens dignes des plus beaux fiècles de l'Eglife; des Poètes excellens; de grands Orateurs; des Philofophes profonds; d'habiles Jurifconfultes, & des Savans en tout genre, dont il animoit les études par fes récompenfes. Enfin LOUIS XIV fit fleurir dans fes Etats les Arts & le Commerce. L'ambition & l'amour de la gloire lui firent entreprendre & exécuter les plus grands projets; & il fe diftingua au-deffus de tous les Princes du fiècle par un air de grandeur, de magnificence & de libéralité, qui accompagnoit toutes fes actions. Il avoit époufé, le 4 Juin 1660, MARIE-THÉRÈSE D'AUTRICHE, née en 1638, Infante d'Efpagne, fille unique de PHILIPPE IV, Roi d'Efpagne, & d'ELISABETH DE FRANCE, fa première femme. Elle fit fon entrée folennelle à Paris, le 26 Août fuivant. LOUIS XIV la déclara Régente du Royaume pendant fon voyage de Flandre de 1667, & celui de Hollande de 1672. Elle mourut à Verfailles, le 30 Juillet 1683, fort regrettée pour fa piété, fa charité & fa bonté. Son corps fut porté à Saint-Denis, le 10 Août fuivant. Les enfans fortis de cette augufte alliance font:

1. LOUIS, qui fuit;
2. PHILIPPE DE FRANCE, Duc d'Anjou, né au vieux Château de Saint-Germain-en-Laye, le 5 Août 1668, mort le 10 Juillet 1671, enterré à Saint-Denis, & fon cœur porté au Val-de-Grâce;
3. LOUIS-FRANÇOIS, Duc d'Anjou, né au vieux Château de Saint-Germain-en-Laye, le 14 Juin 1672, mort le 4 Novembre fuivant, & enterré à Saint-Denis;
4. ANNE-ELISABETH, née au Louvre le 18 Novembre 1662, morte le 30 Décembre fuivant;
5. MARIE-ANNE, née le 16 Novembre 1664, morte au mois de Décembre fuivant;
6. MARIE-THÉRÈSE, née à Saint-Germain-en-Laye le 2 Janvier 1667, morte le 1er Mars 1672.

Louis XIV eut encore plufieurs enfans naturels & légitimés de la Ducheffe *de la*

Vallière, laquelle fe fit Religieufe Carmélite, le 2 Juin 1674, & mourut le 6 Juin 1710, âgée de 65 ans :

Louis de Bourbon, né le 27 Décembre 1663, mort le 15 Juillet 1666, non légitimé ;

Louis de Bourbon, Comte de Vermandois, Amiral de France, né au vieux Château de Saint-Germain-en-Laye, le 2 Octobre 1667, mort en 1683 ;

Et Marie-Anne, dite *Mademoifelle de Blois,* Ducheffe de la Vallière - Vaujour, née au Château de Vincennes en 1666, légitimée en 1667, mariée, en 1680, à Louis-Armand de Bourbon, Prince de Conti, veuve en 1685, morte en 1739, âgée de 74 ans. Voy. BOURBON, branche de Conti.

Les autres enfans naturels & légitimés de Louis XIV font :

1. Louis-Auguste de Bourbon, Duc du Maine. Voy. MAINE ;

2. Louis-César, Comte du Vexin, Abbé de Saint-Denis & de Saint-Germain-des-Prés, né le 20 Juin 1672, légitimé, en 1673, mort en 1683 ;

3. Louis-Alexandre de Bourbon, Comte de Touloufe, mort en 1737. Voy. PENTHIÈVRE ;

4. Louise-Françoise de Bourbon, dite *Mademoifelle de Nantes,* mariée à Louis III, Duc de Bourbon, morte en 1743. Voy. BOURBON ;

5. Louise-Marie de Bourbon, dite *Mademoifelle de Tours,* née & légitimée en 1676, morte aux eaux de Bourbon en 1681 ;

6. Françoise-Marie de Bourbon, dite *Mademoifelle de Blois,* mariée à Philippe II, Duc d'Orléans, Régent du Royaume, morte à Paris, le 1er Février 1749. Voy. ORLÉANS ;

7. & 8. Deux autres fils, morts jeunes.

XXV. Louis de France, Dauphin de Viennois, né à Fontainebleau, le 1er. Novembre 1661, baptifé par le Cardinal Barberini, Grand-Aumônier de France, le 24 Mars 1668, reçut en naiffant la Croix & le Cordon de l'Ordre du Saint-Efprit, & fut reçu Chevalier, le 1er Janvier 1682. Il commanda en Allemagne en 1688, foumit les Villes de Worms, Spire, Neuftadt, Mayence ; s'empara du Palatinat, & donna, en Allemagne comme en Flandre, des marques d'une grande valeur & d'une fage conduite jufqu'en 1711, qu'il mourut de la petite-vérole au Château de Meudon, le 9 Avril, âgé de 49 ans, 5 mois & 14 jours, extrêmement regretté des peuples, & porté à Saint-Denis. Il

avoit époufé, par procuration, le 28 Janvier 1680, *Marie-Anne - Chriftine - Victoire de Bavière,* fille aînée de *Ferdinand - Marie,* Electeur, Duc de Bavière, & d'*Adélaïde-Henriette de Savoie,* morte à Verfailles, le 20 Avril 1690, & portée à Saint-Denis, laiffant :

1. Louis de France, Duc de Bourgogne, qui fuit ;

2. Philippe de France, Duc d'Anjou, puis Roi d'Efpagne. Voy. ESPAGNE ;

3. Charles de France, Duc de Berry, d'Alençon & d'Angoulême, &c., né au Château de Verfailles, le 31 Août 1686, qui reçut peu après fa naiffance la Croix & le Cordon de l'Ordre du Saint-Efprit, & fut fait Chevalier des Ordres, le 2 Février 1699. Il accompagna, au mois de Décembre 1700, le Roi d'Efpagne fon frère, jufques fur les frontières de France, lorfqu'il fe rendit dans fes Etats pour en prendre poffeffion, & continua fon voyage avec le Duc de Bourgogne, dans plufieurs Provinces du Royaume. Le Roi d'Efpagne lui envoya en 1701 l'Ordre de la Toifon-d'Or, dont il reçut le Collier le 17 Août de la même année. Il fit fa première campagne en Flandre en 1708, avec le Duc de Bourgogne, fe trouva au combat d'Oudenarde, & mourut au Château de Marly, le 4 Mai 1714, dans fa 28e année. Son corps fut porté le même jour au Palais des Tuileries, fon cœur, le 10 au Val-de-Grâce, fon corps, le 16 à Saint-Denis, où il fut inhumé le 16 Juillet fuivant. Il avoit époufé, par contrat paffé à Verfailles le 5 Juillet 1710, *Marie-Louife-Elifabeth d'Orléans,* fille aînée de Philippe II, petit-fils de France, Duc d'Orléans, & depuis Régent du Royaume, & de *Françoife-Marie de Bourbon,* légitimée de France, morte au Château de la Muette dans le Bois de Boulogne près de Paris, le 21 Juillet 1719, enterrée à Saint-Denis, & fon cœur porté au Val-de-Grâce. De ce mariage vinrent :

Charles de Berry, Duc d'Alençon, né à Verfailles avant terme, le 26 Mars 1711, mort le 16 Avril fuivant ;

N... de Berry, né auffi avant terme à Fontainebleau, le 21 Juillet 1713, mort en naiffant ;

Et la Princeffe Marie-Louife-Elifabeth de Berry, née auffi pofthume & avant terme au Château de Verfailles, le 16 Juin 1714, & morte le lendemain.

XXVI. Louis de France, Duc de Bourgogne, puis Dauphin de Viennois, né au Château de Verfailles, le 6 Août 1682, baptifé le 18 Janvier 1687, reçut en naiffant le Cordon & la Croix du Saint-Efprit ; fut reçu Chevalier, le 22 Mai 1695, en même tems que le Duc d'Anjou, fon frère, depuis Roi d'Efpagne. Il eut en 1698, le commandement des Troupes qui campèrent auprès de Compiègne, ayant fous lui le Maréchal de Boufflers, & fur la fin de l'année 1700, il conduifit le Roi d'Efpagne, fon frère, jufques fur les frontières des deux Royaumes. Après leur féparation, il continua avec le Duc de Berry fon voyage en diverfes Provinces du Royaume qu'il vifita. Louis XIV le fit Général de l'Armée en Allemagne en 1701, Généraliffime de fes Armées en Flandre en 1702 ; eut, en 1703, le commandement d'une Armée confidérable en Alface & fur le Rhin, avec laquelle il affiégea & prit la ville de Brifach, & fut Généraliffime de celle de Flandre en 1708. A la mort du Dauphin, fon père, arrivée le 14 Avril 1711, il eut le titre de Dauphin, qui par ce moyen paffa pour la feconde fois à un petit-fils de France du vivant de fon aïeul. Il décéda au Château de Marly le 18 Février 1712, dans fa 30ᵉ année & au grand regret de tous les peuples. Son cœur fut porté au Val-de-Grâce, & fon corps avec celui de la Dauphine, fon époufe, décédée fix jours auparavant à Saint-Denis, le 23 du même mois. Il avoit époufé, le 7 Décembre 1697, *Marie-Adélaïde de Savoie*, fille aînée de *Victor-Amédée II*, Duc de Savoie, puis Roi de Sicile & enfuite de Sardaigne, fœur du feu Roi de Sardaigne, morte au Château de Verfailles le 12 Février 1712, dans fa 26ᵉ année, 2 mois & 6 jours. Son cœur fut porté au Val-de-Grâce, en même tems que celui du Dauphin, fon mari, & leurs corps à Saint-Denis. De ce mariage font iffus :

1. N... DE FRANCE, Duc de Bretagne, né le 25 Juin 1704, mort à Verfailles fans avoir été nommé, le 13 Avril 1705 ;
2. LOUIS DE FRANCE, Duc de Bretagne, puis Dauphin après la mort de fon père (c'eft la première fois que ce titre eft paffé à un arrière-petit-fils de France, du vivant de fon bifaïeul), né à Verfailles le 8 Janvier 1707, ondoyé par le Cardinal de Janfon du nom de Forbin, Grand-Aumônier de France, & baptifé le 8 Mars 1712 : il mourut le même jour à Verfailles après quatre jours de maladie. Son corps fut porté le 10 à Saint-Denis, & fon cœur au Val-de-Grâce ;
3. Et LOUIS XV, qui fuit.

XXVII. Louis XV, Roi de France & de Navarre, né à Verfailles le 15 Février 1710, a fuccédé à fon bifaïeul le 1ᵉʳ Septembre 1715, fous la Régence de PHILIPPE, petit-fils de France, Duc d'Orléans, & tint fon lit de juftice le 12 du même mois. Par fon autorité, au mois de Mars 1716, il fut établi une Chambre de Juftice pour connoître des abus & malverfations commis dans les Finances, depuis le 1ᵉʳ Janvier 1689, laquelle fut fupprimée le 22 Mars de l'année fuivante. Le 4 Janvier 1717, il fut figné à la Haye un traité d'alliance défenfive entre la France, l'Angleterre & la République des Provinces-Unies, & le 2 Août 1718, il en fut figné un autre à Londres entre l'Empereur, le Roi de France & l'Angleterre pour parvenir à faire la paix entre l'Empereur & le Roi d'Efpagne. Ce dernier Monarque ayant rejetté les propofitions, la France lui déclara la guerre, & le Maréchal de Berwick eut le commandement de l'Armée. Louis XV a été facré à Reims le 25 Octobre 1722, reçut le Collier de l'Ordre du Saint-Efprit le 27, eft devenu majeur le 16 Février 1723, & a tenu fon lit de juftice au Parlement, pour la Déclaration de Sa Majefté, le 22 du même mois. Il a inftitué l'Ordre du mérite militaire, & a été accordé, par traité, figné à Madrid le 25 Novembre 1721, à l'Infante d'Efpagne, MARIE-ANNE-VICTOIRE, fa coufine germaine, fille du Roi d'Efpagne PHILIPPE V, & de fa feconde femme *Elifabeth Farnèfe*, Princeffe de Parme. Cette Princeffe, envoyée en France pour y être élevée, arriva à Paris le 22 Mars 1722 ; mais ayant 8 ans & 1 mois de moins que Sa Majefté, cette grande difparité d'âge, & le bien de l'Etat demandant que le Roi eut bientôt lignée, fit penfer à une Princeffe d'un âge plus fortable, & la Princeffe partit de Verfailles le 5 Avril 1725. Elle fut conduite fur la frontière & remife entre les mains des perfonnes envoyées par le Roi fon père, pour la recevoir. Louis XV, glorieufement régnant, furnommé *le Bien-aimé*, eft mort le 10 Mai 1774, âgé de 64 ans, & fon corps a été porté le 12 à Saint-Denis. Il avoit époufé à Fontainebleau, le 5 Septembre 1725, MARIE LECZINSKA, née le 23 Juin 1703, Princeffe de Pologne, fille de feu STANISLAS, Roi de Pologne, Duc de Lorraine & de Bar, & de *Marie Opalinska*. Elle eft morte le 24 Juin 1768. De cette augufte alliance font fortis :

1. Louis, Dauphin de France, qui fuit;
2. N... DE FRANCE, Duc d'Anjou, né à Verfailles le 30 Août 1730, & mort le 7 Avril 1733;
3. & 4. Deux Princeffes jumelles, nées le 14 Août 1727 : la première, LOUISE-ELISABETH, mariée en 1739 à Don PHILIPPE, Infant d'Efpagne, Duc de Parme & de Plaifance, morte à Paris en 17..., & fon mari décédé quelques années après à Parme; la feconde, ANNE-HENRIETTE, morte le 20 Février 1752, & enterrée à Saint-Denis, le 19 Mars de la même année;
5. LOUISE-MARIE DE FRANCE, née à Verfailles le 28 Juillet 1728, non encore nommée en 1729, morte à Verfailles le 19 Février 1733, âgée de 4 ans, 6 mois & 21 jours. Les cérémonies du baptême lui furent fuppléées la veille de fa mort, & elle fut nommée MARIE-LOUISE, par le Duc & la Ducheffe de Tallard;
6. MARIE-ADÉLAÏDE DE FRANCE, appelée MADAME ADÉLAÏDE, née à Verfailles le 26 Mars 1732, & ondoyé le même jour par le Cardinal de Rohan, Grand-Aumônier de France;
7. MARIE-LOUISE-THÉRÈSE-VICTOIRE DE FRANCE, appelée MADAME VICTOIRE, née à Verfailles le 21 Mars 1733;
8. SOPHIE-PHILIPPINE - ELISABETH - JUSTINE DE FRANCE, appelée MADAME SOPHIE, né à Verfailles le 27 Juillet 1734;
9. N... DE FRANCE, née le 16 Mai 1736, ondoyée le même jour par le Cardinal de Rohan, Grand-Aumônier de France, morte, le 28 Septembre 1744, de la petite-vérole dans l'Abbaye Royale de Fontevrault en Poitou;
10. Et LOUISE-MARIE DE FRANCE, née à Verfailles le 25 Juillet 1737, Religieufe Carmélite à Saint-Denis, du 1er Octobre 1771, appelée MADAME LOUISE.

XXVIII. Louis, Dauphin de France, né le 4 Septembre 1729, Prince d'un grand mérite, Chevalier de la Toifon-d'Or en 1739, Chevalier des Ordres du Roi le 13 Mai 1742, s'eft trouvé avec Sa Majefté à la bataille de Fontenoy, & eft mort le 19 Décembre 1765 à Fontainebleau. Son corps a été porté à la Cathédrale de Sens où il eft inhumé. Il avoit époufé, 1° le 25 Février 1745, MARIE-THÉRÈSE, Infante d'Efpagne, fille du fecond lit du Roi d'Efpagne, PHILIPPE V, morte le 22 Juillet 1746; & 2° le 9 Février 1747, MARIE-JOSÈPHE DE SAXE, fille de FRÉDÉRIC-AUGUSTE II, Roi de Pologne, Electeur, Duc de Saxe, née le 4 Novembre 1731, morte à Verfailles en 1768, & enterrée à Sens à côté de fon mari. Du premier lit vint:

Tome VIII.

1. MARIE-THÉRÈSE DE FRANCE, née le 19 Juillet 1746, appelée MADAME, & morte le 27 Avril 1748.

Et du fecond lit fortirent:

2. LOUIS-JOSEPH-XAVIER DE FRANCE, Duc de Bourgogne, né le 13 Septembre 1751, mort le 22 Mars 1761;
3. XAVIER-MARIE-JOSEPH DE FRANCE, Duc d'Aquitaine, né le 8 Septembre 1753, mort à Verfailles le 22 Février 1754;
4. Louis, XVIe du nom, Roi de France, qui fuit;
5. LOUIS-STANISLAS-FRANÇOIS-XAVIER DE FRANCE, Comte de Provence, titré MONSIEUR, né à Verfailles le 17 Novembre 1755, Chevalier des Ordres & de la Toifon-d'Or, Grand-Maître de ceux de Notre - Dame du Mont-Carmel & de Saint - Lazare de *Jérufalem*, Colonel du Régiment Royal des Carabiniers, le 7 Mai 1758, &c., a époufé, le 14 Mai 1771, MARIE-JOSÉPHINE-LOUISE DE SAVOIE, née le 2 Septembre 1753, fille puînée de VICTOR-AMÉDÉE-MARIE DE SAVOIE, Roi de Sardaigne; Comteffe de Provence, appelée MADAME;
6. CHARLES—PHILIPPE DE FRANCE, Comte d'Artois, né à Verfailles le 9 Octobre 1757, Chevalier des Ordres & de la Toifon-d'Or, Colonel-Général des Suiffes & Grifons, &c., marié, le 16 Novembre 1773, à MARIE-THÉRÈSE DE SAVOIE, née le 31 Janvier 1756, feconde fille du *Roi de Sardaigne*, & fœur de MADAME, Comteffe de Provence, dont:
    1. LOUIS-ANTOINE D'ARTOIS, fils DE FRANCE, titré DUC D'ANGOULÊME, né à Verfailles le 6 Août 1775, nommé par le Roi, en 1776, *Grand-Prieur de France*, après la mort du Prince de Conti, avec l'agrément du Grand-Maître de Malte;
    2. CHARLES - FERDINAND D'ARTOIS, fils DE FRANCE, titré DUC DE BERRY, né à Verfailles le 24 Janvier 1778;
    3. Une Princeffe appelée MADEMOISELLE, née à Verfailles le 5 Août 1776.
7. MARIE-ZÉPHIRINE DE FRANCE, appelée MADAME, née le 26 Août 1750, morte le 2 Septembre 1755;
8. Madame MARIE-ADÉLAÏDE-CLOTILDE-XAVIÈRE DE FRANCE, née à Verfailles le 23 Septembre 1759, mariée, le 27 Août 1775, à CHARLES-EMMANUEL-FERDINAND, *Prince de Piémont*, fils aîné du *Roi de Sardaigne*, né le 24 Mai 1751;
9. Et Madame ÉLISABETH-PHILIPPE-MARIE-HÉLÈNE DE FRANCE, née à Verfailles le 3 Mai 1764.

XXIX. Louis XVI, né à Verfailles le 23 Août 1754, nommé d'abord Duc de Berry, puis Dauphin le 30 Décembre 1765, Chevalier des Ordres & de la Toifon-d'Or d'Efpagne, Colonel du Régiment Dauphin, proclamé Roi de France et de Navarre, après la mort de Louis XV, fon aïeul, le 10 Mai 1774, Sacré & Couronné à Reims le 10 Juin 1775; Chef & Souverain Grand-Maître des Ordres de Saint-Michel & du Saint-Efprit, a époufé, étant Dauphin, le 16 Mai 1770, Marie-Antoinette-Josèphe-Jeanne de Lorraine, Archiduchesse d'Autriche, fille de l'*Impératrice-Reine*, & fœur de l'Empereur Joseph, II° du nom, née à Vienne le 2 Novembre 1755, d'abord Dauphine le 16 Mai 1770, *devenue Reine de France & de Navarre* le 10 Mai 1774, dont:

Marie-Thérèse-Charlotte de France, titrée Madame, née le 19 Décembre 1778.

Louis XVI porte pour armes: *écartelé, aux 1 & 4 de France; aux 2 & 3 d'or, au Dauphin d'azur.*

FRANCE (de), en Bretagne: *d'argent, à 3 fleurs-de-lis de gueules*, 2 & 1.

FRANCE-NOYELLES (de), en Artois: Famille noble, dont eft:

Charles-Alexandre de France, Marquis de Noyelles, dit *le Baron de Vaux*, marié à *Ifabelle-Marguerite de la Haye*, Dame d'Hézecques, Radinghem, Buire-au-Bois, &c., fille unique de *Charles-Antoine de la Haye*, Comte d'Hézecques, Seigneur d'Efclebeque, Pavie, &c., & d'*Ifabelle-Marguerite-Ruffine de Mailly*. Voyez HÉZECQUES. Charles-Alexandre a de fon mariage, entr'autres enfans:

Charles-Alexandre-Antoine-Joseph de France, dit *le Comte d'Hézecques*, qui a époufé, le 20 Avril 1743, *Marie-Louife-Françoife-Victoire de Mailly*, fille de *Victor-Alexandre*, Marquis de Mailly, &c., & de *Victoire-Delphine de Bournonville*. Leurs enfans font:

Charles;

Et Isabelle-Guislaine de France.

(C'eft ce que nous favons, n'ayant point reçu de Mémoire.)

Les armes: *fafcé d'argent & d'azur, les fafces d'argent, chargées de fix fleurs-de-lis de gueules*, 3, 2 & 1.

FRANCESQUI, ancienne Famille noble fortie des Barons de Francesqui de Florence, dont plufieurs branches en Tofcane, & une établie à Marfeille dès le commencement du XV° fiècle. Cette Famille a donné des Chevaliers de Malte dès 1578.

On lit dans l'*Hiftoire héroïque de la Nobleffe de Provence*, par M. Artefeuil, imprimée à Avignon, en 1759, tom. II, pag. 550 & fuiv., que Thadée de Francesqui paffa, au commencement du XIV° fiècle, dans l'Isle de Corfe, & qu'il y jouit de toutes les prérogatives accordées aux Nobles. Cet Auteur rapporte pour preuves de l'ancienne Nobleffe de cette Famille:

1. Une Enquête généalogique traduite de l'italien en françois, enfuite du ferment prêté par Thadée de Francesqui, en vertu de l'Ordonnance du Lieutenant-Sénéchal de la Ville de Marfeille, le 22 Mars 1697, où les témoignages & dépofitions des plus apparens & des plus anciens du lieu de Cannelle, de Centuri, font foi que ce Thadée de Francesqui, qui vivoit en 1440, étoit regardé comme *un des principaux illuftres, anoblis de grandeur & prééminence; que, comme tel, il a toujours été reconnu, avéré, & fingulièrement privilégié; & bien que des principaux du lieu payaffent la douane & autres droits, ledit Noble Thadée étoit franc immune de droits & charges, &c.*

2. Des Lettres-Patentes de la République de Gênes, du 22 Septembre 1466, accordées à ce Thadée de Francesqui, & à fes héritiers & defcendans jufqu'à l'infini, portant exemption & franchife pour toutes fes poffeffions, comme *étant réputé ancien Noble*. Ces Lettres font légalifées par Charles de la Tour, pour la Séréniffime République de Gênes, & contre-fignées par Jean-Baptifte Maringot, Chancelier.

3. Autres Lettres-Patentes du 12 Février 1467, qui confirment les mêmes privilèges.

4. Autres Lettres-Patentes du 3 Mai 1608, confirmant les précédentes.

5. Des Lettres de Naturalité accordées par Louis XIII, au profit de Marc de Francesqui, fils de Simon-Pierre, datées de Fontainebleau, Avril 1611, enregiftrées aux Archives de la Chambre des Comptes de Provence, fuivant l'Arrêt de ladite Cour, le 21 Juin 1613.

6. Un Jugement de M. le Bret, Intendant de Provence, qui confirme & maintient Jean-

PIERRE DE FRANCESQUI dans son ancienne Noblesse, & ordonne le remboursement d'une somme de 2000 liv. par lui consignée, après avoir prouvé qu'il descendoit en droite ligne de THADÉE DE FRANCESQUI. Ce Jugement est daté d'Aix, le 15 Mars 1700.

7. Un Arrêt du Conseil Supérieur de la Martinique, du 7 Septembre 1711, qui ordonne l'enregistrement des Titres de Noblesse de JACQUES DE FRANCESQUI, Ecuyer, IIᵉ du nom.

8. Arrêt sur parchemin, rendu par la Cour des Comptes, Aides & Finances, du 12 Février 1732, à la requête de ce JACQUES DE FRANCESQUI, IIᵉ du nom, qui le maintient dans son ancienne Noblesse, *comme véritablement issu de noble race & lignée*; ordonne, au moyen de ce, qu'il sera inscrit dans le Catalogue des Nobles, *pour jouir de tous les titres, droits, exemptions, privilèges & franchises attribuées à la Noblesse*. Cet Acte, daté du 11 Mars 1734, est collationné par Fregier, Greffier de ladite Cour.

9. Un acte en italien, contenant la fondation faite par le Capitaine BARTHÉLEMY DE FRANCESQUI, conjointement avec ses frères ANTOINE & MATHIEU, d'une Commanderie dans l'Ordre Militaire de Saint-Etienne, du consentement du Sérénissime Grand-Duc de Toscane, en faveur de l'aîné du nom de FRANCESQUI, & de la branche établie à Marseille, qui la possédoit dans la personne de feu JACQUES II, & qui la possède aujourd'hui dans celle de son fils aîné CHARLES-GABRIEL. Cet Acte est du 6 Mai 1687.

10. Un Certificat donné par le premier Ministre de la Religion de Saint-Etienne, contenant le blason de la Maison de FRANCESQUI, tel qu'il subsistoit alors dans le Palais Conventuel de ladite Religion à Pise, avec les armes des autres Chevaliers, par lequel il est dit qu'ANTOINE-MATHIEU DE FRANCESQUI étoit Chevalier de cet Ordre, ainsi que BARTHÉLEMY, son frère. Ce Certificat est daté du 20 Juin 1699, & légalisé par M. de Gibercourt, Consul de France à Livourne.

On trouve de plus dans le Livre intitulé: *l'Italie noble*, contenant le Catalogue de tous les Chevaliers de Saint-Jean de Jérusalem & de Saint-Etienne, que plusieurs du nom de FRANCESQUI ont été décorés de la Croix de Malte, entr'autres ANNIBAL DE FRANCESQUI de Palerme, reçu en 1578, & LAURENT-MARIE DE FRANCESQUI, en 1700.

C'est sur ces preuves incontestables que l'Auteur ci-dessus cité a dressé la filiation depuis:

I. THADÉE DE FRANCESQUI, qui, par son testament du 18 Août 1498, institua pour héritier universel son fils JEAN. Il avoit épousé, par contrat du 12 Juillet 1468, Noble LUCIE DE FRANCESQUI, fille de JEAN-BAPTISTE (*Pierre-Antoine Barnabé*, Notaire), & en eut:

II. JEAN DE FRANCESQUI, qui testa en faveur de son fils FRANÇOIS; il se maria, par contrat du 10 Janvier 1492, avec *N... Cézarée*, fille de Noble *Mathieu* (*Pierre-Antoine Barnabée*, Notaire), dont il eut:

III. FRANÇOIS DE FRANCESQUI, qui testa le 18 Septembre 1548 & s'allia, par contrat du 25 Août 1517, avec *Anne*, fille de Noble *Pierre*, dont:

IV. SIMON-PIERRE DE FRANCESQUI, qui, par son Codicille du 15 Mars 1608, nomme pour ses héritiers ANTOINE-MARIE, auteur d'une branche à Aubagne, à présent éteinte, & MARC, qui suit. Il avoit épousé, 1° par contrat passé à Cannelle le 20 Avril 1540, *N... de Finard*, fille de Noble *Simon*; & 2° par contrat du 20 Juin 1565, *Paulette de Bonval*, fille de *François*.

V. MARC DE FRANCESQUI, Iᵉʳ du nom, s'allia, par contrat du 26 Juin 1613 (*Poete*, Notaire à Marseille), avec *Jeanne de Thomas*, fille de *Jacques*, Ecuyer, & de *Jeannette de Seignier*, dont:

VI. JACQUES DE FRANCESQUI, Iᵉʳ du nom, Ecuyer, qui épousa, par contrat du 6 Septembre 1637 (*Arnaud*, Notaire Royal à Marseille), *Catherine d'Olivier*; il en eut:

VII. MARC DE FRANCESQUI, IIᵉ du nom, Ecuyer, qui s'est marié, par contrat du 25 Janvier 1678 (*Audier*, Notaire à Marseille), avec *Catherine de Saint-Jacques*, dont il eut:

VIII. JACQUES DE FRANCESQUI, IIᵉ du nom, Ecuyer, Commandeur de l'Ordre Militaire de Saint-Etienne de Toscane, qui testa en faveur de CHARLES-GABRIEL, son fils aîné, & légua une pension à ses autres enfans. Il avoit épousé, par contrat du 7 Mars 1713 (passé devant *Deval*, Notaire Royal à la Martinique, & légalisé par M. d'Orgeville, Intendant des Isles Françoises de la Martinique), *Catherine-Rose de Gallon*, fille de feu *Charles*, Ecuyer, Seigneur de Beauchêne, de Crannes, &c., Commandant dans le Château du Fort Royal de l'Isle de la Martinique, & de Dame *Rose Dubois*, dont:

1. CHARLES-GABRIEL, qui fuit ;
2. FRANÇOIS-CAMILLE, rapportée après fon aîné ;
3. PIERRE, Abbé & Prieur commendataire de Saint-Amand de Rodèz, & ancien Vicaire-Général du Diocèfe de Viviers ;
4. ANDRÉ, qui a fervi dans le Régiment Dauphin avec commiffion de Capitaine, mort ;
5. Et MARC-ANTOINE, Baron d'Eftoublon, Brus-Daffe, & Seigneur de Bellegarde en Provence, qui a fervi en qualité de Lieutenant dans le même Régiment, & aujourd'hui fervant dans le Régiment de la Marine ; il va époufer *Marie-Rofe-Françoife de Régis*.

IX. CHARLES-GABRIEL DE FRANCESQUI, Commandeur de l'Ordre Militaire de Saint-Etienne, & Chevalier de Saint-Louis, avec penfion du Roi fur le Tréfor-Royal, a fervi en qualité de Capitaine 20 ans dans le Régiment Dauphin, Infanterie.

IX. FRANÇOIS-CAMILLE, fecond fils de JACQUES II, eft entré dans une Compagnie de Cadets-Gentilshommes à Rochefort, par commiffion du 14 Septembre 1734 ; il en eft forti, après environ 10 ans de fervice, avec commiffion de Capitaine-Aide-Major pour l'Isle de la Grenade, où il a paffé 6 ans, expédiée à Verfailles le 15 Mars 1743. Il a époufé, par contrat du 18 Février 1744 (*Bocheron*, Notaire Royal à l'Isle de la Grenade dans la Martinique), *Marie-Rofe Achallé*, dont font iffus :

1. PIERRE-CHARLES-FRANÇOIS, Lieutenant dans le Régiment du Roi, Infanterie ;
2. LAURENT-FRANÇOIS-CAMILLE, mort ;
3. CATHERINE-ROSE ;
4. Et MARIE-PIERRE.

Les armes : *d'or, à l'arbre de finople, deux lions de fable affrontés, le foutenant ; au chef d'azur, chargé d'une fleur-de-lis d'or.*

* FRANCHE-COMTÉ. Le Comté de Bourgogne, ou *Franche-Comté*, dont Befançon eft aujourd'hui la capitale, eft proprement le pays des anciens Séquanois. Il a été gouverné par des Comtes, dont l'un appelé *Archicomte* dans les Chartres étoit fupérieur à quatre autres, & fe prétendoit indépendant.

CHARLES V unit le Comté de Bourgogne à la Monarchie d'Efpagne. En 1674, la *Franche-Comté* fut conquife par LOUIS XIV, auquel l'Efpagne la céda en 1678, par le traité de Nimègue.

FRANCHELINS, en Dombes : ancienne

Nobleffe éteinte. ETIENNE, Seigneur de FRANCHELINS, en Dombes, vivoit ès-années 1199 & 1203, & eut pour fils :

JEAN, Seigneur de FRANCHELINS, vivant en 1244, qui époufa *Alix d'Oncieu*, fille de *Pierre*, Chevalier. Ses enfans furent :

1. GUICHARD, qui fuit ;
2. GUILLAUME, Chanoine & Comte de Lyon, mort en 1320 ;
3. Et MARGUÉRITE, femme de *Henri*, Seigneur de Plantay.

GUICHARD, Seigneur DE FRANCHELINS, étoit marié, en 1279, avec *Jeanne de Thurey*, fœur de *Guillaume de Thurey*, Doyen & Comte de l'Eglife de Lyon. Il en eut :

1. JEAN, dont nous allons parler ;
2. GUY, Chanoine & Comte de Lyon, mort en 1341 ;
3. Et SIBYLLE, Religieufe à Saint-Pierre de Lyon.

JEAN, IIe du nom, Seigneur DE FRANCHELINS, vivoit en 1342, & époufa *Ifabelle*, Dame *de Garnerans*, dont :

1. LOUIS, qui fuit ;
2. JEAN, Chevalier, mort fans hoirs ;
3. GUILLAUME, Seigneur de la Baftie-en-Dombes, marié à *Catherine de Talaru*, fille de *Hugues*, Seigneur de Talaru, de laquelle il eut une fille nommée
    LOUISE, Dame de la Baftie, femme de *Henri de Juis*, Seigneur de Belvoir.
4. MARGUERITE, alliée, en 1356, avec *Amé de Marét*, Seigneur du Chanay, fils de *Jacques*, Châtelain de Bourg ;
5. Et JEANNE, femme de *Humbert*, Seigneur de Verjon en Breffe.

LOUIS, Seigneur DE FRANCHELINS & de Glettins, époufa *Sibylle d'Albon*, mourut l'an 1357, & fut enterré aux Cordeliers de Villefranche. De fon mariage vinrent :

1. GUY, dont nous allons parler ;
2. HUGUES, Seigneur d'Amareins en Dombes, mort fans hoirs de *Marguerite de Sure*, fon époufe ;
3. LOUIS, Seigneur d'Amareins, après fon frère, marié, en 1367, avec *Antoinette de Laye*, Dame de Veyriat ;
4. LÉONORE, femme de *Milon*, Seigneur de Charnay, Chevalier ;
5. Et AGNÈS, alliée à *Guillaume Boyvert*, Chevalier.

GUY, Seigneur DE FRANCHELINS & de Glettins en 1370, époufa, en 1379, *Jeannette du Saix*, fille de *Guillaume*, Seigneur du Saix,

& de *Jeanne de Genoſt*. Ses enfans furent :
1. JEAN, Seigneur DE FRANCHELINS, mort ſans lignée ;
2. MÉRAUD, qui ſuit ;
3. & 4. BÉATRIX & MARGUERITE DE FRANCHELINS.

MÉRAUD, Seigneur DE FRANCHELINS en 1426, eut de *Catherine de la Palu*, ſon épouſe, fille de *Jean de la Palu*, Seigneur de Châtillon, & de *Béatrix de Grolée*, entr'autres enfans :
CLAUDE, Seigneur DE FRANCHELINS & de Glettins, qui teſta le 9 Juin 1491, & s'allia, le 14 Juillet 1449, avec *Anne Maréſchal*, fille de *Humbert*, Seigneur de Meximieux, & de *Jeannette de Menthon*, dont il eut :
1. FRANÇOIS, Seigneur DE FRANCHELINS, mort ſans avoir laiſſé d'enfans ;
2. PHILIPPE, dont on ignore la deſtinée ;
3. JEANNE, Religieuſe, au Berton en Savoie ;
4. ANTOINETTE, femme de *Louis du Molard*, Seigneur de Hautepierre, fils d'*Antoine*, Seigneur dudit lieu, & de *Philiberte de Gaſpard*, de la Maiſon du Breuil en Dombes ;
5. Et CLAUDINE, mariée au Seigneur de *Théſillieu*, en Valromey.

Cette ancienne Nobleſſe portoit : *d'argent, au lion de ſable, à la cotice de gueules, brochant ſur le tout.*

* FRANCHET. Les Terres de *Rans, Ranchot, la Plaine* & dépendances, furent unies & érigées en *Marquiſat*, ſous le nom de *Franchet*, par Lettres du mois d'Août 1745, enregiſtrées à Beſançon & à Dôle, en faveur de *Charles-Ignace-Eſprit Franchet*, Conſeiller au Parlement de Franche-Comté, dans le diſtrict duquel ces Terres ſont ſituées.

* FRANCHEVILLE, en Lyonnois : Terre & Seigneurie qui appartenoit à l'Archevêché de Lyon ; mais elle a été aliénée, par le Cardinal *de Tencin*, à *Charles-Joſeph de Ruolz*, Conſeiller à la Cour des Monnoies.

FRANCHEVILLE, de Bretagne : *d'argent, au chevron d'azur, chargé de 6 billettes percées d'or.*

FRANCINI, Famille originaire de la ville de Florence, & compriſe au nombre de celles qui étoient admiſes aux Dignités de la République dès l'an 1318. Elle vint s'établir en France ſous le règne de HENRI IV, & fut naturaliſée en 1600.

THOMAS-HONORÉ DE FRANCINI, Prêtre, Docteur en Théologie de la Faculté de Paris, de la Maiſon Royale de Navarre, & Doyen de la même Faculté, eſt mort à Paris au Collège de Boncourt, le 5 Janvier 1734, dans la 78ᵉ année de ſon âge. Son corps fut tranſporté à Saint-Germain-en-Laye, pour y être inhumé dans l'Egliſe des Récollets, lieu de la ſépulture de ſa Famille.

JEAN-NICOLAS DE FRANCINI, ancien Maître-d'Hôtel du Roi, mort en 1735, avoit épouſé, en 1684, *Madeleine-Catherine de Lully*, morte en 1703, fille du célèbre *Jean-Baptiſte de Lully*. De ce mariage ſont iſſus :
LOUIS-JOSEPH DE FRANCINE ou FRANCINI, Capitaine de Cavalerie dans le Régiment du Colonel-Général en 1735 ;
Et une fille.

(Voilà ce que nous apprennent les *Mercures* des mois de Janvier 1734, p. 188, & d'Avril, p. 819.)

Les armes : *d'azur, à une main gantelée d'argent, mouvante du flanc ſéneſtre de l'écu, tenant une pomme de pin d'or, ſurmontée d'une étoile de même, & accompagnée de trois fleurs-de-lis d'or, deux en chef & une en pointe.*

FRANCLIEU. Voy. PASQUIER DE FRANCLIEU.

FRANÇOIS, en Bugey. NICOLAS FRANÇOIS, Seigneur des Alimes, vivant en 1354, eut pour fille :
JEANNE FRANÇOIS DES ALIMES, femme, 1° le 17 Août 1373, d'*Odet*, Seigneur *de Chandée*, fils de *Hugonin*, Seigneur de Chandée, & de *Béatrix de Grolée* ; & 2° l'an 1380, de *Jean*, Seigneur de Crangeat.

Louis FRANÇOIS, Seigneur des Alimes, fut un des 200 chefs d'Hôtel qui jurèrent pour *Louis*, Duc *de Savoie*, l'an 1455, le traité d'alliance qu'il avoit fait avec le Roi CHARLES VII. Il eut de ſa femme, dont on ignore le nom, deux filles, ſavoir :
JEANNE, femme, l'an 1450, de *Jean de Menthon*, Seigneur de Coüettes, fils de *Philibert de Menthon*, Seigneur de Coüettes, & de *Jeanne de Compeys* ;
Et BONNE, mariée à *Antoine de Varax*, Seigneur de Romans, fils d'*Etienne*, & de *Claudine de Saint-Amour*.

AMÉ FRANÇOIS, Seigneur des Alimes & de Montvert, épouſa *Louiſe de Marſey*, dont il eut une ſeule fille, nommée

CLAUDINE FRANÇOIS, Dame des Alimes, femme, le 8 Mai 1477, de *Humbert*, Seigneur de *Lucinge*, fils d'*Etienne*, Seigneur dudit lieu, & de *Catherine du Saix*.

C'eft ce que nous favons fur cette Famille, dont les armes font: *d'argent, à trois faſces de ſinople*.

FRANÇOIS (LE), en Normandie, Election d'Argentan: LE FRANÇOIS, Ecuyer, Sieur de Saint-Nicolas, ancienne Nobleſſe reconnue en 1666, lors de la recherche ordonnée dans la Généralité d'Alençon, qui porte: *d'argent, à deux pals de ſable; au chef couſu de gueules*.

FRANÇOIS (LE), même Province, Ecuyer, Sieur de Billy, Généralité d'Alençon, Election de Bernay: Famille qui fut renvoyée au Conſeil, & a depuis obtenu des Lettres de Nobleſſe.

Ses armes font: *de gueules, à la croix d'argent, chargée de 5 coquilles de ſable & cantonnée de 4 lions d'or*.

FRANÇOIS (LE), en Normandie: Ecuyer, Sieur de la Mothe, ancienne Nobleſſe, Election de Carentan, Généralité de Caen: *d'azur, à la croiſette d'argent, accompagnée de 3 loſanges d'or, 2 en chef & 1 en pointe*.

FRANÇOIS (LE), même Province, Ecuyer, Sieur du Pommier, Election de Verneuil: *palé d'argent & d'azur de onze pièces*.

* FRANCONIE, Grande Province d'Allemagne, & un des dix Cercles de l'Empire, ſituée le long du Mein, qui a le Palatinat de Bavière à l'Orient, le Palatinat du Rhin au Couchant, la Souabe au Midi, & la Heſſe & la Thuringe au Septentrion. LUDOLPHE DE SAXE, fils de l'Empereur OTHON Ier, mort en 957, fut Duc de *Franconie*. Après lui OTHON fut Duc de *Franconie* & de Souabe; & CONRAD II, dit *le Salique*, auſſi Duc de Franconie, fut élu Empereur l'an 1024. (Voyez Moréri.)

* FRANCONVILLE, dans l'Isle-de-France, Diocèſe de Paris: Terre & Seigneurie, laquelle eſt entrée, avec celles de *Maillebois*, de *Freſnet* & de *Baillet*, dans la Maiſon d'*O*, par l'alliance de *Jeanne le Baveux*, fille & héritière de *Jean le Baveux*, Chevalier, avec *Robert VII*, Chevalier, Seigneur d'*O*, Sénéchal du Comté d'Eu, tué à la bataille d'Azin-

court le 25 Octobre 1415, ſixième aïeul de *Jacques d'O*, en faveur duquel la Seigneurie de *Franconville* fut érigée en *Marquiſat*, par Lettres du mois de Juin 1619. Son fils, *René-Claude*, vendit ce *Marquiſat* à ſon couſin *Gabriel-Claude d'O*, Seigneur de Villiers, en faveur duquel le Roi renouvela le titre de *Marquiſat de Franconville*, par Lettres du 16 Juillet 1699. Voyez O (D').

FRANCONVILLE: *gironné d'argent & de gueules de huit pièces*.

FRANCONVILLE: *fretté ou treilliſſé d'or & de ſable; au chef d'or, chargé de trois merlettes du ſecond*.

On trouve dans *Céſar Armorial*, par Grand-Pré, les armes de ces deux Familles.

* FRANEAU, Terre & Seigneurie. GEORGES-FRANÇOIS-PAUL DE FRANEAU, Seigneur du Monceau, Beauſſart, Saint-Waaſt, Templeux, Sart & Queſnoy, dont le père, MAXIMILIEN-FRANÇOIS, avoit été honoré de la dignité de *Chevalier* en 1647, fut créé, avec ſes deſcendans mâles & femelles, *Vicomte de Franeau*, avec permiſſion d'affecter ce titre ſur telle Terre & Seigneurie acquiſe ou à acquérir, ſous la domination du Roi Catholique. (*Dictionn. des Gaules*, tom. III.)

FRANGIPANI, illuſtre Maiſon originaire de Rome, qui, à ce que l'on prétend, reçut ce nom depuis qu'un de ceux qui en étoit, diſtribua du pain aux pauvres dans un tems de grande cherté. C'eſt de là qu'ils ont retenu pour armes: *d'azur, à deux mains d'argent, qui tiennent un pain d'or coupé en deux moitiés*.

Ceux de cette Maiſon, entr'autres OTHON FRANGIPANI, rendirent, en 1167, de grands ſervices à ALEXANDRE III, qui leur confia la défenſe de Rome contre l'Empereur FRÉDÉRIC *Barberouſſe*.

Une branche de FRANGIPANI s'établit en Hongrie dans le XIIIe ſiècle, où ils rendirent de grands ſervices au Roi BELA. C'eſt de cette Maiſon que deſcendoit FRANÇOIS-CHRISTOPHE FRANGIPANI, Comte de Frangipani, beau-frère du Comte de *Serin*, lequel fut un des principaux chefs de la révolte des Hongrois, qui commença en 1665. Il eut, avec le Comte de *Serin*, par ordre de l'Empereur, la tête tranchée à Neuſtadt le 30 Avril 1671.

MUGGIO FRANGIPANI ſervit en France, dans

les troupes du Pape, fous le règne de Charles IX. Il donna des preuves de fa valeur à
la journée de Jarnac, où il fut bleffé. Un de
fes fils fut Abbé de Saint-Victor de Marfeille;
& un de fes petits-fils Maréchal des Armées
du Roi Louis XIII. Ce fut lui qui inventa la
compofition du parfum & des odeurs qui re-
tiennent le nom de *Frangipane*. Il fut le dernier de la branche en Italie, n'ayant point
voulu fe marier. (Voyez Moréri.)

FRANQUEMONT, en Franche-Comté.
Cette Maifon, dit D. Calmet, rapporte fon
origine aux anciens Comtes de Montbéliard,
fondus dans celle de *Wurtemberg*. Suivant
les *Tablettes Généalogiques & Hiftoriques*,
part. VIII, p. 205 & fuiv., le premier dont
on ait connoiffance eft:

I. Jean de Franquemont, Bailli de Montbéliard, qui époufa *Amélie d'Arbonay*,
laquelle étoit tutrice de fes enfans en 1489, &
fe remaria à *Jacques de Biron*. De fon premier mari elle eut entr'autres:

II. Henri de Franquemont, Seigneur de
Trémoins, reçu dans la Confrérie de Saint-
Georges en 1506, qui tefta en 1531. Il avoit
époufé *Marguerite de Grachaux*, de laquelle
vint:

III. Georges-Anastase de Franquemont,
Seigneur d'Ambenois & de Trémoins, marié, en 1537, à *Marguerite de Lavoncourt*,
dont:

IV. Michel de Franquemont, Chevalier de
la Confrérie de Saint-Georges en 1571, qui
tefta le 23 Septembre 1578. Sa première femme, *Marguerite de Brunicoffnen*, le rendit
père de Georges, mentionné ci-après.

On croit que Michel eut encore pour fils:

Henri, Chevalier, Seigneur d'Audenne en
Franche-Comté, lequel époufa, le 25 Avril
1590, *Lydie du Châtelet*, fœur de la femme
de Georges. De ce mariage naquit:

Jacques, que fa mère fit rentrer dans le
fein de l'Eglife Catholique, & qui fut
Chanoine de la Primatiale de Lorraine.
Par fon teftament, du 22 Avril 1634, il
donna 100 livres à fon Chapitre pour
être mis dans un cercueil de plomb &
dépofé dans un caveau, pour être tranf-
féré dans la nouvelle Eglife lorfqu'elle
feroit bâtie.

V. Georges de Franquemont, Seigneur de
Trémoins, Gentilhomme de la Chambre, &
Ambaffadeur du Duc de *Wurtemberg*, en

Angleterre, Gouverneur de Valognes, & de
Saint-Sauveur-le-Vicomte, en Normandie,
mort au mois d'Août 1615, avoit époufé, le
26 Février 1604, *Angélique du Châtelet de
Pierrefitte*, qu'il laiffa enceinte, fœur de *Lydie*, alliée à Henri de Franquemont, & fille
d'*Antoine du Châtelet*, & de *Lucie de Tilly*,
fa feconde femme. Elle fe retira avec fa fille
en Lorraine, où elle accoucha, dans les premiers mois de l'année 1616, d'un fils pofthume nommé

Georges-Gabriel, qui fuit;

Anne-Angélique, fa fille aînée, fut reçue, le
11 Septembre 1623, Chanoineffe au Chapitre de Bouxières. Elle fe maria, 1° le 10 Juin
1633, avec Meffire *François de Baugaire*,
Seigneur de Blanchecourt, duquel elle n'eut
point d'enfans; & 2° avec *Jean-François de
Condé*, Seigneur de Clévant. De ce fecond
lit elle eut deux filles: l'une reçue Dame à
Bouxières, & l'autre à Pouffay, puis mariée
à *Jofeph*, Comte de *Bouʒey*, dont vint *Antoinette de Bouʒey*, femme de *Melchior*,
Comte de *Ligneville*, Bailli de Vofges, Maréchal de Lorraine & Barrois.

VI. Georges-Gabriel de Franquemont, né
pofthume, Seigneur de Trémoins, eut du chef
de fa mère un vingtième dans la Terre & Seigneurie de Pierrefitte, dont il donna le dénombrement le 1er Octobre 1661. Il s'y qualifie *Comte de Montbéliard*, & avoit époufé,
par contrat du 15 Septembre 1641, *Marguerite de Maillet*, fille de *Gabriel*, Seigneur de
Villotte, & de *Sébaftienne de Rutant*. Ses
enfans furent:

1. Nicolas-Joseph, qui fuit;
2. Angélique, mariée à *Herman du Clos*, Seigneur de l'Etoile, Capitaine de Cavalerie
au fervice du Roi, dont: *N... du Clos*, veuve,
en 1731, de *Jacques d'Egrot*, Baron d'Eftrées, Capitaine dans le Régiment du Roi,
& Commandant d'un bataillon;
3. Et Françoise-Thérèse, feconde femme de
Jofeph, Comte de *Bouʒey*, père de *Nicolas*,
Comte de *Bouʒey*, Maréchal de Lorraine
& Barrois.

VII. Nicolas-Joseph de Franquemont,
Comte de Montbéliard, Seigneur de Trémoins & de Pierrefitte en partie, époufa, par
difpenfe, en 1678, *Gabrielle-Jeanne de Maillet*, fille d'*Antoine*, Seigneur de Villotte, fa
coufine. De ce mariage vinrent:

Georges-Gabriel, qui fuit;
Et Claude, Chambellan du Duc Léopold, qui
de *Barbe d'Apremont*, fon époufe, fille de

Charles, Comte d'Apremont, Seigneur de Thillombois, n'a laiffé que quatre filles : l'aînée avoit époufé *N... de Sons*, dit *le Marquis de Moy ;* la feconde, *N... de Mou-ţay ;* la troifième, en 1753. *N...*, Baron de *la Marche ;* & la quatrième, non mariée en 1757.

VIII. Georges-Gabriel de Franquemont, IIe du nom, né à Naives le 24 Mars 1680, Seigneur de Trémoins & de la Terre de Pier-refitte en partie, Chambellan du Duc Léo-pold, obtint en fa faveur l'éreCtion de la Terre du *Han*, fituée dans le Barrois-Mouvant, en *Comté*, fous le nom de *Franquemont*, par Lettres du 7 Février 1720, enregiftrées en la Chambre des Comptes de Bar le 20 Mars fui-vant. Il avoit époufé, en Septembre 1701, *Catherine-Rofe de Barrois*, fille de *Fran-çois*, Comte de Kœurs, Baron de Manonville, Confeiller d'Etat du Duc de Lorraine, & fon Envoyé à la Cour de France, & de *Margue-rite de Roţier*. De cette alliance il a eu :

1. 2. & 3. Melchior-Antoine, Comte de Fran-quemont, Nicolas & Louis, morts gar-çons;

4. Marguerite, Comteffe de Franquemont, fille d'honneur de S. A. R. la Ducheffe de Lorraine, & veuve, du 13 Mars 1747, de *Marc-Céfar*, Comte d'*Hoffeliţe*, Seigneur d'Auberfin & de Valfroicourt, Chambellan du Duc Léopold;

5. Et Jeanne, Comteffe de Franquemont, ma-riée à *Jean*, Comte de *Mitry*, Seigneur du Mefnil.

Les armes : de gueules, à deux bars adof-fés d'or.

FRANQUETOT, originaire de Baffe-Normandie. Antoine de Franquetot, Préfi-dent à Mortier du Parlement de Rouen, épou-fa *Eléonore de Saint-Simon-Courtomer*, dont il eut :

Robert de Franquetot, auffi Préfident à Mortier du même Parlement, qui acquit la Seigneurie de *Coigny*. De fon mariage avec *Anne*, fille de *Jean Anţeraņs de Courņņdon*, Préfident à Mortier du Parlement de Rouen, vint :

Jean-Antoine de Franquetot, appelé *le Comte de Franquetot*, Maréchal-de-Camp, Capitaine-Lieutenant des Gendarmes de la Reine Anne d'Autriche, qui obtint du Roi, vers 1650, l'éreCtion de la Seigneurie de *Coi-gny* en *Comté*. Il avoit époufé, le 6 Juin 1634,

Madeleine Patry, Dame de Villeray, héri-tière de fa branche, dont il laiffa :

Robert-Jean-Antoine, qui fuit;

Et Renée, mariée à fon coufin François-Hi-larion de Franquetot, Marquis d'Auxais, petit-fils de Louis de Franquetot, Seigneur d'Auxais, & de *Diane de Montmorency-Foffeufe.*

Robert-Jean-Antoine de Franquetot, Comte de Coigny, Chevalier de Saint-Louis, Lieutenant-Général des Armées du Roi, Gouverneur de Barcelone en 1697, Grand-Bailli & Gouverneur de Caen, mourut le 10 OCtobre 1704, laiffant de *Marie-Françoife de Goyon de Matignon*, qu'il avoit époufée en 1688, morte le 11 OCtobre 1719 :

François de Franquetot, Duc de Coigny, Maréchal de France, Baron de Nogent-fur-Loire, Seigneur de Villeray, de Maifoncelles, de Croifilles & de Poligny, né le 16 Mars 1670. Il fut fait Meftre-de-Camp du Régi-ment Royal-Etranger, Cavalerie en 1691, en-fuite Gouverneur & Grand-Bailli des Ville & Château de Caen, & Brigadier de Cavale-rie le 29 Janvier 1702; chargea & battit en Flandre, le 15 Juin 1703, une troupe de 150 ou de 200 chevaux ennemis; fut fait InfpeC-teur-Général de Cavalerie au mois de Décem-bre de la même année, & Maréchal-de-Camp le 26 OCtobre 1704; Colonel-Général des Dra-gons le 7 Décembre fuivant; Chevalier de Saint-Louis en 1705, & Lieutenant-Général des Armées du Roi le 18 Juin 1709. Il fe trouva, le 11 Septembre fuivant, à la bataille de Malplaquet; fe fignala & eut une grande part au fuccès de l'attaque d'un camp des en-nemis près d'Arleux, qui fut forcé le 12 Juil-let 1711; eut un cheval tué fous lui dans cette occafion; fe trouva auffi à la reprife du pofte d'Arleux; attaqua & défit, le 31 Août, un parti de Cavalerie & de Dragons qui ef-cortoit des fourrageurs vers Landrecies; fit prifonnier dans cette rencontre, entr'autres, deux Officiers-Généraux des ennemis; fervit, en 1712, à l'attaque du camp de Denain, où les ennemis furent entièrement défaits le 24 Juillet; fut enfuite un des Officiers-Généraux qui furent chargés d'inveftir le Quefnoy; fer-vit au fiège de cette place qui fut prife le 4 OCtobre de l'année fuivante, & aux fièges de Landau & de Fribourg, au mois de Février 1718; fut fait du Confeil de guerre en 1719, & prit le Château d'Urgel, dont il fit la garnifon prifonnière de guerre, après avoir été employé à la prife de Fontarabie & de Saint-Sébaftien. Le Roi le nomma Chevalier de fes Ordres le 2 Février 1724, & il en reçut le Collier & la Croix le 3 Juin fuivant. Le Gouvernement des Ville, Château & Principauté de Sédan lui fut donné au mois de Novembre 1725, ayant été nommé, au mois d'Octobre 1733, pour être employé, en qualité de Lieutenant-Général, dans l'armée qui fut envoyée en Italie; il fervit au fiège de Cherra d'Adda fous Pizzighettone, & fut chargé de faire le fiège de Novare, qu'il prit en deux jours de tranchée ouverte, au commencement de Janvier 1734. Après le départ du Maréchal de Villars, le 27 Mai fuivant, il prit le commandement en chef des troupes Françoifes en Italie; gagna la bataille de Parme fur les Impériaux le 29 Juin; fut fait Chevalier de la Toifon-d'Or le 14 Juillet fuivant, & commanda la gauche de l'armée à celle de Guaftalla, qui fut donnée le 19 Septembre, & à laquelle le Roi de Sardaigne fe trouva. A fon retour en France, il prêta ferment, le 14 Janvier 1735, pour la dignité de Maréchal de France, à laquelle le Roi l'avoit élevé le 29 Juin 1734, & fut nommé, le 24 du même mois de Janvier 1735, Général de fon armée en Allemagne. Il partit le 16 Avril fuivant pour aller prendre ce commandement; fut créé Duc de Coigny, non Pair, pour defcendans mâles en Février 1747, reçu le 18 Avril, & eft mort le 18 Décembre 1759. Voy. COIGNY. Il avoit époufé, par contrat du 4 Décembre 1699, *Henriette de Montbourchier*, née en 1672, & morte le 8 Octobre 1751, fille de *René*, Marquis du Bordage, Maréchal-des-Camps & Armées du Roi, & d'*Elifabeth de Goyon de la Mouffaye*. Elle étoit devenue héritière, par le décès de *René-Amaury de Montbourchier*, fon frère unique, mort, fans alliance, le 19 Mars 1744, des Marquifats du Bordage, de la Mouffaye & Seigneurie du Lyon-d'Angers, &c. De ce mariage font iffus:

1. JEAN-ANTOINE-FRANÇOIS, qui fuit;
2. MARIE-FRANÇOISE-ADÉLAÏDE, née le 16 Septembre 1700;
3. CHARLOTTE-HENRIETTE-BIBIENNE, née le 11 Novembre 1703, mariée, le 27 Février 1726, à *Jean-Baptifte Joachim Colbert*, Marquis de Croiffy, Lieutenant-Général des Armées du Roi, & Capitaine des Gardes de la Porte. Voyez COLBERT.
4. Et ELISABETH-MARIE, née le 29 Août 1705.

Tome VIII.

JEAN-ANTOINE-FRANÇOIS DE FRANQUETOT, Marquis de Coigny, né le 27 Septembre 1702, Capitaine d'une Compagnie de Dragons dans le Régiment d'Orléans, avec Brevet de Meftre-de-Camp, fut fait Colonel-Général des Dragons par la démiffion de fon père, le 20 Janvier 1734; Brigadier le 15 Février fuivant, & Maréchal-de-Camp le 1er Août même année; Gouverneur & Grand-Bailli des Ville & Château de Caen, Gouverneur de Choify en 1739; Lieutenant-Général le 20 Février 1743; Chevalier des Ordres du Roi, nommé le 2 Février précédent, & reçu le 1er Janvier 1744; Capitaine des Chaffes de la Varenne du Louvre en Mars 1747, & eft mort le 4 Mars 1748, laiffant de *Marie-Thérèfe-Jofèphe-Corantine de Névet*, Comteffe Douairière, qu'il avoit époufée au mois de Novembre 1729, fille de *Málo*, Marquis de Névet en Bretagne, Dame de compagnie de Mefdames de France en 1759:

1. MARIE-FRANÇOIS-HENRI, qui fuit;
2. GABRIEL-AUGUSTIN, appelé *le Comte de Coigny*, né le 23 Août 1740, lequel, a été fait Meftre-de-Camp-Lieutenant en fecond du Régiment de Meftre-de-Camp Général des Dragons le 22 Mars 1758, & Meftre-de-Camp d'un Régiment de Dragons de fon nom en 1763, s'eft marié, contrat figné le 12 Mars 1767, avec *Michel de Roiffy*, fille du feu Sieur *de Roiffy*, Receveur-Général des Finances de la Généralité de Bordeaux, préfentée le 12 Avril par la Comteffe de Coigny, Douairière;
3. Et JEAN-PHILIPPE, dit *le Chevalier de Coigny*, Baron de Varenguebec, né le 14 Décembre 1743, Guidon des Gendarmes Bourguignons en 1762.

MARIE-FRANÇOIS-HENRI DE FRANQUETOT, Marquis, puis Duc de Coigny, Marquis du Bordage & de la Mouffaye en Bretagne, né le 28 Mars 1737; Meftre-de-Camp Général des Dragons de France en 1754; Brigadier le 23 Juillet 1756; Maréchal-de-Camp le 20 Février 1761; Grand-Bailli de Caen, Gouverneur de la même Ville & du Château Royal de Choify-le-Roi, & Chevalier de Saint-Louis, a été fait Duc de Coigny au mois de Février 1756, par la démiffion du Maréchal-Duc de Coigny, fon aïeul; il eft Colonel-Général des Dragons depuis la mort du Duc de Chevreufe, Gouverneur de Paris & Commandant de la Petite-Ecurie. Il a époufé, le 21 Avril 1755, *Marie-Jeanne-*

M m

Olympe de Bonnevie, Dame de la Ville & Marquife de Vervins, veuve de *Louis-Augufte*, Vicomte de *Chabot*, décédée à Paris le 17 Septembre 1757, dont :

1. & 2. FRANÇOIS-CASIMIR, né le 2 Septembre 1756, & PIERRE-AUGUSTE, né le 9 Septembre 1757, tous les deux Officiers dans le Régiment Colonel-Général des Dragons.

Les armes : *de gueules, à la fafce d'or, chargée de 3 étoiles d'azur, & accompagnée de 3 croiffans montans d'or, 2 en chef & 1 en pointe.*

(Le P. Anfelme, tom. IX, p. 276, Moréri, & le *Dictionnaire des Gaules*.)

FRANQUEVILLE, Famille de Normandie, maintenue dans fa Nobleffe le 20 Juin 1666. La Roque, *Traité des Noms*, pag. 47, dit que le nom de *Franqueville* eft fubftitué à celui de *Dubois*.

JEAN DE FRANQUEVILLE, Chevalier, & RAULT DE FRANQUEVILLE, étoient de la Compagnie de *Robert d'Harcourt*, Chevalier, qui fit fa montre dans l'Abbaye de Conches le 1er Janvier 1363.

JEAN DE FRANQUEVILLE, dit *Saquet*, Chevalier, étoit du nombre de ceux qui fervoient l'Etat en 1367.

ROBERT & JEAN DE FRANQUEVILLE, tous deux Ecuyers, vivoient à la fin du XVe fiècle. (Voyez l'*Hiftoire de la Maifon d'Harcourt*, p. 655, 1527, 1812 & 1855.)

Les armes : *écartelé, aux 1 & 4 de gueules, au chef coufu d'or ; aux 2 & 3 de fable, à la croix ancrée d'or.*

FRANSURES, ancienne Nobleffe de Picardie. Suivant un Mémoire manufcrit qui nous eft tombé dans les mains, le premier, dont on ait connoiffance, eft

MATHIEU DE FRANSURES, mentionné dans Lannoy fous l'an 1157.

Au rapport de Villehardouin, dans fon *Hiftoire de la Terre-Sainte*, liv. VIII, BERGUE DE FRANSURES fut Capitaine des Latins avec BRANAS, mari de l'Impératrice. Ils furent enfemble en une grande & importante entreprife contre les Safrazins. Il avoit époufé, en 1204, *Catherine de Clermont*, fille aînée de *Raoul*, Comte de Clermont.

MATHIEU DE FRANSURES eft qualifié Chevalier par titre de Saint-Lucien, à Beauvais en 1218.

HUGUES DE FRANSURES prend la même qua-

lité par titre de l'Hôtel-Dieu, à Beauvais en 1233.

Dans les *Chroniques* de Monftrelet, tom. I, p. 246, il eft dit que le Connétable de France, Walerand, Comte de Saint-Pol, avant la bataille de Saint-Remy, fit, en 1412, de nouveaux Chevaliers, favoir : Jean de Luxembourg, Jean de Beauffault, Raoulquin, fils d'Allard, Vidame d'Amiens, d'Herbeines, le Brun de Sains, Raoul de Nesle, BRAILLARD DE FRANSURES, Renaud d'Azincourt & plufieurs autres.

Lors de la première recherche de la Nobleffe, LOUIS & CHARLES DE FRANSURES produifirent leurs titres le 24 Janvier 1459, par lefquels ils prouvèrent qu'ils defcendoient de JEAN DE FRANSURES, leur quint-aïeul.

JACQUES DE FRANSURES, dans pareilles recherches, fit preuve, & produifit fes titres le 8 Octobre 1527.

FRANÇOIS & JEAN DE FRANSURES font mentionnés dans la coutume de Montdidier, l'an 1567.

JEAN DE FRANSURES, dit *le jeune*, Seigneur de Villers-Tournelles, fils de JEAN, dit *le Flaman*, époufa, 1° en 1490, *Marguerite le Borgne*, fille de *Nicolas*, Chevalier ; & 2° en 1523, *Marguerite de Fontaines*, fille de *Jean*, Chevalier. Il eut pour enfans :

LOUIS, Seigneur de Villers-Tournelles, qui époufa *N... de Bethify*, dont un fils ;
Et PHILIPPE, qui fuit.

PHILIPPE DE FRANSURES, Ecuyer, Seigneur de Villers-Tournelles, &c., fe maria, en 1534, à *Jeanne de Billant*, fille d'*Aubert-Jean*, Ecuyer, Seigneur de Forcamp & de la Mothe, & d'*Anne de Saint-Martin*. De ce mariage fortit :

LOUIS DE FRANSURES, Ecuyer, Seigneur de Villers-Tournelles & de la Mothe, qui époufa, en 1561, *Adrienne de Gouffencourt*, fille de *Quentin*, Seigneur de Mifery, Capitaine au fiège de Saint-Quentin en 1557, & d'*Antoinette de Hangeft*, fa troifième femme. Ses enfans furent :

1. ANTOINE, qui fuit ;
2. CHARLES-FRANÇOIS, reçu Chevalier de Saint-Jean de Jérufalem le 9 Avril 1598, à l'âge de 18 ans, & mort au fiège d'Oftende en 1602 ;
3. Et LOUISE, mariée à *Louis du Mefnil*, Ecuyer, Seigneur de Vaux en Picardie près de Montdidier. Ils eurent un fils & une fille,

favoir : *Louis du Mefnil*, Ecuyer, Seigneur de Vaux, allié à *Marie de Hallencourt*, dont un des fils fut Page de M. de Longueville ; & *Louife du Mefnil*, l'aînée, Religieufe de l'Annonciade à Meulan, en 1639.

ANTOINE DE FRANSURES, Ecuyer, Seigneur de Villers-Tournelles, époufa, 1º en 1600, *Catherine le Grand*, fille de *Charles le Grand*, Seigneur de Puifieux, & de *Françoife de Joigny-Blondel*, fille du Baron de Bellebrune, & fœur d'un Chevalier de Malte ; & 2º en 1613, *Louife de Verny*, fille d'*Antoine*, Ecuyer, Seigneur de Faverolles, & de *Sufanne de Parmentier*, fortie de *Dimanche de Parmentier*, Seigneur de Hondinvillé, & de *Marie de Vignacourt*, reftée fœur d'*Aloph de Vignacourt*, Grand-Maître de Malte, décédé l'an 1622. Du premier lit vinrent :

1. ISABELLE, mariée à *Charles le Borgne*, Seigneur de Montigny en Normandie, mort en 1630 ;
2. & 3. ANTOINETTE & MARIE, Religieufes au Moncel près de Pont Sainte-Maxence ;
4. ISABELLE, dite la jeune, femme de *Charles*, Seigneur de *Né{é*, près de Meulan ;
5. LOUISE, morte jeune.

Et du fecond lit fortirent plufieurs enfans, entr'autres :

6. JACQUES, qui fuit ;
7. Et SUSANNE DE FRANSURES-VILLERS, mariée, en 1639, à Don *Paul-Henri de Raab*, Gentilhomme Hongrois, Lieutenant-Colonel du Régiment de Gaffion.

JACQUES DE FRANSURES, Seigneur de Villers-Tournelles, s'allia, en 1651, à *Jeanne-Françoife de Guillerme*, fille d'*Eléonor de Guillerme*, & de Dame *Catherine de Templeux* ; il en eut :

FRANÇOIS-ROGER DE FRANSURES, Seigneur de Villers-Tournelles, qui époufa, en 1679, *Marie de Peftivien de Cuvilly*, fille de *Louis*, & de *Marie le Caron de Frefnel*. De ce mariage vinrent :

LOUIS-ROGER, né en 1684 ;
Et MARIE-ANNE, née en 1686, reçue à Saint-Cyr au mois d'Août 1692, fur les preuves de fa nobleffe.

Les armes : *d'argent, à une fafce de gueules, chargée de 3 befans d'or*. Supports : *deux lions*. Cimier : *un lion à demi-corps*.

FRASANS : *d'or, au cerf de gueules*.

FRAULA, Famille originaire du Royaume de Naples, où eft fituée, près de la ville d'A-cerra, une Terre avec un Château fort ancien, qu'elle poffédoit déjà dès l'an 1279, & dont elle tire fon nom. Elle defcend en ligne directe d'HERCULE, par lequel nous allons en commencer la Généalogie :

I. HERCULE DE FRAULA, Seigneur dudit lieu, entre la ville de Naples & celle d'Acerra, étoit iffu des plus nobles & plus puiffans Seigneurs de Naples de ce nom, ainfi que le rapporte Anfelme de l'Aquila, dans fon *Hiftoire de Naples*, fol. 252 & 613, liv. III. Il fut enterré dans l'Eglife de Saint-François de Naples, & fa mort eft marquée en l'an 1279. Il laiffa de noble *Vislente de Mormille*, fon époufe :

II. GIOVANO FRAULA, Seigneur de Réfina, Capitaine des Gardes de JEAN, Roi de Naples, & armé *Chevalier* par ce Prince, le jour de la bataille de Capoue, l'an 1297. Il eft enterré dans l'Eglife de la *Mifericordia* de Naples, & n'eut qu'un fils de la belle *Véronique Fontana-Rofa*, nommé

III. OCTAVIO FRAULA, Seigneur de Réfina, qui fut Confeiller & Chambellan de PHILIPPE DE SICILE, Prince de Tarente, Empereur de Conftantinople, au nom duquel il traita de fon mariage avec CATHERINE DE FRANCE, fille de CHARLES, Comte de Valois. Il mourut en 1332, laiffant de noble Dame de *Fulmera*, fa femme, de la Maifon *del Flitto* :

IV. TIBERIO FRAULA, Seigneur de Réfina, vaillant Capitaine, tué à la bataille de Poitiers en 1356, avec Gauthier, Comte de Brienne, Duc d'Athènes, dont il avoit pris le parti. Il avoit époufé *Laura Papacoda*, qui eut :

1. MARCO-AURELIO, Archidiacre d'Aquino, & Référendaire du Pape CLÉMENT VII ;
2. POMPEIO-TIBERIO, qui fuit ;
3. Et ROBERT, Seigneur de Montelino dans la Romagne, auteur de la feconde branche rapportée ci-après.

V. POMPEIO-TIBERIO FRAULA, Seigneur de Réfina par la ceffion de fon frère aîné, fut Secrétaire d'Etat d'ANDRÉ, Roi de Hongrie, premier mari de JEANNE, Reine de Naples, & figna, en cette qualité, le traité de Cartel Bertrand. Il époufa 1º *Marie*, fille du Seigneur de *Fornara* ; & 2º *Marguerite de la Marra*. Du premier lit il eut :

1. CÉSAR, qui fuit ;
2. RAYMOND, mort Evêque d'Aquino en 1459 ;
3. BARTHOLINE, mariée à *Robert Ruchi*, Lieutenant de la Cour de Salerne en Sicile.

Et du fecond lit vinrent :

4. BARBE FRAULA, femme 1° de *Pietro de Carvalati*, Gouverneur du Château Saint-Elme ; & 2° de noble *Annibal Protocucoli*. Elle mourut Religieufe dans le Cloître Sainte-Marie, l'an 1451.

VI. CÉSAR FRAULA, Chevalier, Seigneur de Réfina & de Trimonti, Sénateur de Naples, époufa *Conftance Pamba - Corta*, d'une des 25 Familles privilégiées de Naples, dont :

1. POMPEIO, qui fuit ;
2. CAROLO, Capitaine de Lanciers au fervice du Roi FERDINAND *le Catholique*, & mort aux Indes fans poftérité ;
3. THOMAS, décédé garçon en 1551 ;
4. Et MARIE, alliée, à Naples, avec le Seigneur *Francifco de Monluco.*

VII. POMPEIO FRAULA, Seigneur de Réfina & de Trimonti, Auditeur de la Cité de Cortone fous FERDINAND D'ARAGON, Roi de Naples, époufa *Jeanne Lampignano*, noble Milanoife, & en eut :

1. POMPEIO, mort garçon & avant fon père au fervice de Naples ;
2. VINCENTIO, qui fuit ;
3. LORENZO, mort Abbé de Saint-Nicolas, de l'Ordre de Saint-Bafile ;
4. DIOMÈDE, Grand - Pannetier de la Reine JEANNE, mort à Grenade fans enfans ;
5. CAMILLO, Confeiller de la Chancellerie de Naples fous CHARLES V, mort à Lorette fans poftérité ;
6. TIBERIO, Religieux de l'Abbaye de Saint-Jean de la Rova ;
7. Et DÉBORA, femme de *Martio Pignatelli*. De ce mariage font fortis les Marquis de *Spenazola*, & autres grands Seigneurs.

VIII. VINCENTIO FRAULA, Seigneur de Réfina & de Trimonti, Grand - Sénéchal du Royaume de Naples, laiffa de *Laura-Marthelina de Bofchiri*, fa femme :

1. VINCENTIO, mort fans enfans avant fon père ;
2. POMPEIO, qui fuit ;
3. PIETRO, Régent du Confeil de guerre de la Pouille, mort fans enfans ;
4. MARCO - AURELIO, Lieutenant du Grand-Jufticier de Naples, & envoyé à Gênes par PHILIPPE II, Roi d'Efpagne ; il mourut fans alliance ;
5. CAMILLO, Adminiftrateur du Grand-Prieuré de Marillano ;
6. FABRICIO, Dépofitaire du Tréfor de la ville d'Averfe, lequel époufa noble *Sabina d'Avellino*, & laiffa poftérité à Averfe ;
7. Et CATHERINE, morte à Tarente fans enfans.

IX. POMPEIO FRAULA, Seigneur de Réfina, Trimonti & Nofera, Confeiller de la Grande Chancellerie de Naples, s'allia à *Marie Torati*, dont on voit le tombeau dans l'Églife de Saint-Léonard, au Château de Tarente. Ses enfans furent :

1. CAMILLO, Seigneur de Réfina, Trimonti, Nofera & Montelino, tué au fiège d'Oftende en 1601, étant Capitaine de Cavalerie au fervice d'Efpagne. Il avoit époufé *Cécile Vachi*, dont il n'eut point d'enfans ;
2. MARGUERITE, qui fuit ;
3. Et LUCIE, Abbeffe de Notre-Dame de la Minerve, à Lérin en Abruzze.

X. MARGUERITE FRAULA, héritière de tous les biens de la branche aînée par le décès, fans enfans, de fon frère CAMILLO, c'eft-à-dire des Terres de Réfina, Trimonti, Nofera & Montelino, époufa 1° *Dionifio Benazi* ; 2° *Vincenzo de Latela* ; & 3° *Boniface Bavari*, avec lequel elle eft enterrée dans l'Eglife de Sainte-Marie. De fon fecond mari elle eut trois enfans, favoir :

1. *Vincentio de Latela*, furnommé *de Fraula*, lequel commanda long-tems l'armée navale des Vénitiens contre les Turcs au Royaume de Chypre, & les battit devant Tenedos le 6 Juin 1621 ;
2. *Alphonfo de Latela*, Chapelain Major de San-Sylveftro, au Château de Barlette ;
3. Et *Guido de Latela*, Comte de Varanno, Capitaine de la Garde Allemande d'URBAIN VIII, au Château Saint-Ange.

SECONDE BRANCHE.

V. ROBERT FRAULA, Seigneur de Montelino, troifième fils de TIBERIO, Seigneur de Réfina, & de *Laura Papacoda*, époufa *Laurette de Catagna*, fille de Don *Lorenzo*, Gouverneur du Château Saint - Ange, puis de Gallipoli en Calabre, de laquelle il ne laiffa qu'un fils nommé

VI. CARLO FRAULA, dit *le Vieil*, mort fur mer, près d'Alexandrie. Il eut de fa femme *Marguerite Antinozi* :

1. ALPHONSO, mort en Chypre fans alliance, en 1519, après avoir fervi long-tems Boniface, Marquis de Montferrat. Il laiffa deux enfans naturels de *Laura Richi*, favoir :

    1. ALPHONSO, marié avec *Cornelia Cénomani*, dont fortit :

       LORENZO, lequel laiffa un fils nommé

         TANCREDO, Capitaine du Château de Mafone, mort, en 1601, fans poftérité.

2. Et Horace, Chanoine de Saint-Lazare au Royaume de Chypre.

2. Antonio, qui fuit ;

3. Autre Antonio, Chanoine de Gallipoli, & Suffragant d'Otrante, où il eft enterré dans la Chapelle qu'il y a fondée ;

4. Cosmo, mort fans alliance ;

5. Et Raymondo, facré, en 1520, par le Pape Adrien, Abbé de San-Luciano, de l'Ordre de Saint-Bafile.

VII. Antonio Fraula, Seigneur de Montelino, l'un des 25 Juges de la Chambre Aulique de la Reine Jeanne, mort en 1531, & enterré à Sainte-Catherine de Salerne avec fa femme, avoit époufé *Maria Caraccioli*. Leurs enfans furent :

1. Jacomo, qui fuit ;

2. Louis, Sergent-Major dans le Régiment du Prince Caraffa, lequel fervit dans la guerre des Efpagnols contre les Portugais, & mourut fans alliance ;

3. Virgile, Hofpitalier de l'Ordre de Saint-Jean de Jérufalem & du Saint-Sépulcre à Malte, tué fur mer en 1591 ;

4. Ursule, mariée à *Guillelmo Sofi*, Seigneur d'Albaneta ;

5. Et Valentine, morte fans alliance, à Lorette en 1584.

VIII. Jacomo Fraula, Ecuyer, Seigneur de Montelino, époufa, à Naples, *Zenobide Millo*, dont il eut :

1. Jacomo, Archiprêtre de l'Eglife de Sainte-Marie d'Altamura ;

2. Virgilio, qui fuit ;

3. Bonifacio, d'abord Référendaire, puis Prélat Domeftique de Léon XI, ainfi que le rapporte Scipion Mazella, dans fon *Hiftoire eccléfiaftique*, liv. I, fol. 321 ;

4. Et Marc, lequel, par la ceffion de Jacomo, fon frère, devint Seigneur de Montelino. Il époufa *Jofephe de Bologne*, de laquelle il n'eut point d'enfans, mourut en 1611, & eft enterré avec fon époufe dans l'Eglife de Notre-Dame-la-Grande à Naples. Il laiffa la Seigneurie de Montelino à la branche aînée.

IX. Virgilio Fraula, Ecuyer, né le 30 Octobre 1588, vint au Pays-Bas en qualité de Lieutenant-Colonel de Cavalerie au fervice de Philippe II, Roi d'Efpagne, où il fut tué. Il avoit époufé, le 31 Mai 1612, noble *Jeanne Metken*, de laquelle vinrent trois enfans, favoir :

1. Marc, Ecuyer, né le 30 Juin 1613, Capitaine des Cuiraffiers au fervice d'Efpagne, & mort de fes bleffures à la bataille Dockum, en 1642 ;

2. Nicolas, qui fuit ;

3. Et N... Fraula, dont on ignore le fort.

X. Nicolas Fraula, Ecuyer, né le 8 Octobre 1614, Ecuyer, Commiffaire Extraordinaire des montres de gens de guerre, & Pédagor Général des Armées de S. M. C., s'allia, le 8 Janvier 1643, à *Marie Anthoine*, fille d'*Alexandre*, Ecuyer, iffu d'une noble & ancienne famille, originaire du Duché de Bourgogne. Il en eut :

1. Thomas, qui fuit ;

2. Emmanuel de Fraula, rapporté après la poftérité de fon aîné ;

3. Et Martin, Ecuyer, Brigadier des Armées du Roi d'Efpagne Philippe V, & Gouverneur de Vic en Catalogne.

XI. Thomas Fraula, Chevalier, Seigneur de Rofierbois, né le 11 Janvier 1646, Directeur-Général des Domaines & Finances de Charles VI, aux Pays-Bas, & fon Confeiller d'Etat, fut créé *Vicomte*, par Lettres de cet Empereur, du 23 Avril 1732, enregiftrées en la Chambre des Comptes de Bruxelles le 9 Juin fuivant, & par d'autres Lettres du 21 Juillet de la même année, enregiftrées en ladite Chambre des Comptes de Bruxelles le 15 Octobre fuivant, ce Prince le fit *Comte* : titres applicables fur quelques Terres des Pays-Bas, de la domination de S. M. I. avec fucceffion pour l'aîné de fes enfans mâles ou femelles. Il époufa, le 27 Septembre 1680, fa coufine germaine, *Marie-Alexandrine Anthoine*, fille de *Jean-Baptifte*, Chevalier, & de *Marie-Sufanne de Lannoy*. De ce mariage fortirent :

1. Jean-Baptiste-Joseph, qui fuit ;

2. Jean-Baptiste Guillaume-Joseph, Vicomte de Fraula, Seigneur de Rofierbois, Amman de la ville & quartier d'Anvers, marié avec *Anne-Marie de Heuvel*, de laquelle, en 1757, il n'avoit point d'enfans ;

3. Thomas Augustin-Joseph, allié à *Marie-Louife van Colen*, dont deux fils & deux filles ;

4. François-Joseph-Thomas, Seigneur du Mets-Blanbois, Confeiller du Confeil Souverain de Brabant, mort laiffant deux fils :

1. Thomas-François-Joseph, Seigneur du Mets-Blanbois ;

2. Et Jean-Baptiste-Florent-Joseph.

5. & 6. Deux Carmélites à Bruxelles ;

7. Jeanne - Emmanuelle - Josèphe, née le 4 Juillet 1684, mariée, le 27 Décembre 1714, à Thomas-Emmanuel de Fraula, fon coufin germain, né le 18 Juillet 1692 ;

8. Et Marie-Alexandrine-Josèphe, époufe de Philippe-Charles de Schietere, Maeftaple & Ecoutette de la ville de Bruges.

XII. Jean-Baptiste-Joseph, Comte de Fraula, Confeiller d'Etat & Préfident des deux Chambres des Comptes de l'Empereur Charles VI, a époufé Sufanne-Ifabelle le Cat, de laquelle il a eu :

1. Louis-Grégoire-Joseph, Comte de Fraula, qui n'étoit point encore marié en 1757 ;
2. Marie-Alexandrine, Vicomteffe de Fraula, veuve de Jean-Frédéric, Baron de Beyer ;
3. & 4. Deux filles non mariées en 1757 ;
5. & 6. Et deux autres Religieufes.

XI. Emmanuel de Fraula, Ecuyer, né le 26 Décembre 1653, Colonel d'un Régiment de Cuiraffiers de fon nom, Infpecteur-Général de la Cavalerie, & Maréchal-des-Camps & Armées du Roi d'Efpagne, époufa, 1° le 4 Octobre 1691, fa coufine Ifabelle-Claire Anthoine, morte en 1694, fille de Jean-Baptifte, Chevalier, & de Marie Sufanne de Lannoy, & fœur de la femme de Thomas, Comte de Fraula, fon frère aîné ; & 2° en 1697, Jeanne-Françoife, fille de Jean-Jacques de Hinfelin, Chevalier, Seigneur de Maibe & de Flawinne. Il a eu du premier lit pour fils unique :

1. Thomas-Emmanuel, qui fuit ;

Et du fecond lit vinrent :

2. Joseph-Emmanuel, Capitaine & Adjudant-Général de la Cour de Bruxelles ;
3. François-Joseph, Jéfuite, Prédicateur de la Cour de Bruxelles ;
4. Jean-Baptiste, Capitaine de Cavalerie au fervice d'Efpagne ;
5. & 6. Albertine - Gillaine & Anne-Thérèse, non mariées en 1757.

XII. Thomas-Emmanuel de Fraula, Chevalier, né le 28 Juillet 1692, époufa, le 27 Septembre 1714, comme on l'a dit, fa coufine germaine, Jeanne-Emmanuelle-Josèphe de Fraula, troifième fille de Thomas, Comte de Fraula, & de Marie-Alexandrine Anthoine. Elle eft morte le 24 Avril 1738, laiffant :

Charles-Joseph, qui fuit ;

Et Isabelle-Barbe - Josèphe, mariée à Jean-Charles-Antoine de Neufforge, Chevalier,

originaire du Duché de Luxembourg, dont des enfans.

XIII. Charles-Joseph, Baron de Fraula, né en 1717, Chef-Mayeur de la ville & dépendance de Vilvorde, s'eft marié, 1° en 1743, à Angélique-Antoinette, fille de Godefroy-Jacques de Cools, Ecuyer, Seigneur de Goute, & d'Ifabelle d'Efteemwinkel, morte en 1748 ; & 2° le 26 Octobre 1748, à Marie-Madeleine le Brum-de-Miraumont, née en Septembre 1728, fille de Maximilien-Jofeph le Brum-de-Miraumont, Ecuyer, Seigneur de Puifieux-Aumont, Bacqueleroy, d'Anvers, Luzinghien, &c., & d'Agnès Modé. Du premier lit font iffus :

1. Ignace-Joseph ;
2. Thomas - Augustin, né Baron de Fraula
3. Marie-Isabelle-Josèphe ;

Et du fecond lit vinrent :

4. Jean-Charles-Antoine ;
5. Jean-Joseph-Nicolas, baptifé le 5 Novembre 1752 ;
6. Hippolyte - Pierre - Daniel, baptifé le 25 Février 1754 ;
7. Et Marie - Anne - Françoise - Louise, baptifée le 26 Mai 1755.

C'eft ce que nous favons fur l'état actuel de cette ancienne Nobleffe, d'après les Tablettes généal. & hiftor., part. VIII, p. 228 & fuiv. Voyez fes preuves dans l'Hiftoire généalogique de la Nobleffe des Pays-Bas & du Cambréfis, par Carpentier, tom. II, p. 1104.

La Maifon de Fraula porte pour armes : d'azur, à une fafce échiquetée d'or & de gueules, accompagnée de 3 quinte-feuilles ou fleurs de fraife d'argent, & fur le timbre, pour Cimier, une femme à demi-corps, ou efpèce de reine vêtue à l'antique, d'une robe d'étoffe de gueules, ayant la chevelure d'or ; couronnée & ceinturée du même métal, & tenant en fa main dextre une branche chargée de 3 fleurs de fraife de gueules. (Mémoire envoyé.)

FRÉARD-DU-CASTEL, Famille anoblie le 1er Février 1580, & dont étoit :

Robert Fréard de Chicheboville, Election de Caen, qui vivoit en 1597, & Simon Fréard, Prêtre, Prieur Commendataire de l'Hôtel-Dieu de Bayeux, vivant en 1663. Il avoit fait décorer le vieux Réfectoire de cette Maifon de peintures à-frefque, qui préfentoient plufieurs myftères de la Religion. Il s'y fit peindre auffi en habits eccléfiaftiques au pied de St.-Auguftin, Patron de fon Ordre. Il étoit apparemment frère ou fils de PIERRE FRÉARD, Receveur des Tailles de Pont-l'Evêque, qui fut anobli. Ses Lettres de nobleffe furent confirmées pour lui & fa poftérité, née & à naître en légitime mariage, par HENRI IV, au mois de Février 1610, & elles furent enregiftrées & vérifiées en la Chambre des Comptes & Cour des Aides.

JACQUES FRÉARD, fon fils, Ecuyer, époufa, en 1612, *Marie de Marconnès*, dont il eut :

JACQUES FRÉARD, II° du nom, qui obtint une ordonnance de M. de la Poterie, Commiffaire départi en la Généralité de Caen, du 19 Octobre 1641, pour que les habitans de la Paroiffe de Saint-Loup, près de Bayeux, le reconnuffent noble, & ils le rayèrent du rôle de la Taille. Ce JACQUES FRÉARD, Ecuyer, Seigneur du Caftel, fut Confeiller du Roi, Contrôleur-Général des Finances à Bayeux, & portoit pour armes : *d'azur, à trois fers de pique d'argent brifés d'un chevron d'or, furmontés d'une étoile de même*. Il fe maria, le 4 Octobre 1640, & eft enterré aux Cordeliers de Bayeux, dans la Chapelle de Notre-Dame fépulture de fes aïeux. Il eut pour enfans :

MARC-ANTOINE, qui fuit ;
Et MADELEINE, femme de *Thomas Petitcœur*, Seigneur de Saint-Vaft.

MARC-ANTOINE-FRÉARD, Ecuyer, Seigneur du Caftel, baptifé le 12 Juillet 1648, eft mort le 4 Janvier 1716. Il avoit époufé, 1° le 11 Mai 1689, *Elifabeth Séelle*; & 2° le 29 Mai 1692, noble Dame *Marie des Effarts de Montfiquet*, morte en Août 1745. De cette feconde femme il a eu :

1. RAOUL-ADRIEN, qui fuit ;
2. VALENTIN-FRÉARD DU CASTEL, Chevalier de Saint-Louis, Lieutenant-Colonel d'Infanterie au Régiment de Berry, décédé à Bayeux le 14 Décembre 1756 ;
3. Et MARC-ANTOINE, Prêtre, Curé de Frefné-la-Mère, Archidiacre des Veys, le 24 Octobre 1744, puis Chanoine de Gavrus en l'Eglife de Bayeux, mort le 2 Août 1771. C'étoit un des plus célèbres Prédicateurs de fon tems.

RAOUL-ADRIEN FRÉARD, Ecuyer, Seigneur du Caftel, baptifé le 21 Juin 1693, Confeiller du Roi, Contrôleur-Général des Finances en la Généralité de Caen, fut maintenu en fa

qualité de *Noble* & *d'Ecuyer*, lui & fa poftérité, née & à naître en légitime mariage, par jugement de M. Foucault, Intendant de la Généralité de Caen, le 28 Mars 1697; & par ordonnance du même Intendant fur le vu des pièces, il a été infcrit dans le Catalogue des Nobles de ladite Généralité. Il eft mort d'une paralyfie, le 16 Mars 1766, & eft auteur de deux volumes in-12, l'un intitulé : *Elémens de la Géométrie d'Euclide*, traduits à l'effentiel de fes principes, pour appliquer facilement la théorie à la pratique, imprimé à Paris en 1740; & le fecond, *de l'Ecole du Jardinier Fleurifte*, auffi à Paris en 1764. Il avoit époufé, le 29 Avril 1728 (contrat paffé devant les Notaires de Bayeux, le 20 Mai fuivant), *Louife-Françoife de Bailleul*, morte le 23 Mars 1746, fille de *François de Bailleul*, Ecuyer, Seigneur de Saint-Etienne, Confeiller, Procureur du Roi de la Ville & Communauté de Rouen, & de noble Dame *Louife de Fontaine*. De ce mariage font iffus :

FRANÇOIS, qui fuit ;
N... FRÉARD, Officier d'Artillerie ;
Et une fille.

FRANÇOIS FRÉARD, Ecuyer, Seigneur du Caftel, Confeiller du Roi, & Contrôleur-Général des Finances en la Généralité de Caen, après fon père, a époufé *N... Morin*, décédée en 1772, dont des enfans. (Notice envoyée.)

Les armes de cette Famille, telles qu'elles ont été réglées par le Juge d'Armes de France, fuivant fon certificat en date du 20 Septembre 1697, font : *d'azur, au chevron d'or, furmonté d'une étoile de même, & accompagné de trois dards d'argent*. Supports : *deux levrettes colletées d'or*.

FRÉAUVILLE. C'eft une des plus anciennes Nobleffes de la Province de Normandie, au pays de Caux, éteinte depuis longtems. Dans le Catalogue des Seigneurs Normands renommés en 1012, fe trouve ROBERT DE FRÉAUVILLE; & dans celui des Seigneurs Normands qui furent à la conquête de Jérufalem avec leur Duc Robert de Courteheufe, en 1097, eft compris le Sire DE FRÉAUVILLE.

ROBERT DE FRÉAUVILLE fut père de COLIN, Sire DE FRÉAUVILLE, vivant ès-années 1139 & 1143, comme il fe voit par deux Chartes de ce tems-là, & laiffa pour fils & fucceffeur :

RAOUL, Sire de FRÉAUVILLE, nommé dans

une Charte de Guillaume du Hommet, Connétable de Normandie, où il eſt employé comme témoin en l'an 1198, & depuis encore dans une autre Charte de l'an 1205. Il eut pour fils :

COLLARD, Sire de FRÉAUVILLE, Chevalier en 1247, qui de ſon épouſe, dont le nom eſt inconnu, laiſſa :

   1. COLLARD, mentionné ci-après ;
   2. NICOLAS, Religieux de l'Ordre de Saint-Dominique, Archevêque de Lyon, puis Cardinal du Saint-Siège Apoſtolique, mort en 1325 ;
   3. Et JEANNE, femme de Collard, Seigneur de Mallemains.

COLLARD, II⁰ du nom, Seigneur de FRÉAUVILLE, Baron de Courtebovone &· Banclinguen, en 1303, ſe maria à Marguerite d'Eſtouteville, fille de Robert, V⁰ du nom, Sire d'Eſtouteville, & de Marguerite de Hotot, dont :

PIERRE, qui ſuit ;
Et COLLARD, Baron de Banclinguen, qui préſida à l'Echiquier de la ville de Rouen en 1343.

PIERRE, Seigneur DE FRÉAUVILLE, Baron de Courtebovone, Chevalier en 1365, épouſa Alix d'Uſſon ; mais il eſt croyable qu'il ne laiſſa point de lignée, non plus que ſon frère cadet, puiſque JEANNE DE FRÉAUVILLE, Dame de Mallemains, leur tante, devint héritière de tous leurs biens, qui tombèrent depuis dans les Maiſons de Clère & d'Eſneval.

De la même Famille étoit ROBERT DE FRÉAUVILLE, qui fut à la revue du Comte d'Alençon en 1340 ; & dans le compte de Barthélemy du Drac, Tréſorier des Guerres en la même année, ſe trouve ce ROBERT DE FRÉAUVILLE, & SIMON DE FRÉAUVILLE, dit le Porcher.

Cette ancienne Nobleſſe portoit pour armes : d'azur, au chef d'or, à un lion de gueules brochant ſur le tout.

FRÉBOURG, au Perche : d'argent, à 3 aiglettes de ſable, becquées & membrées de gueules, 2 & 1.

FRECOT. JACQUES FRECOT, Sieur de Lanty, né le 14 Janvier 1714, fils de JACQUES, Secrétaire du Roi, mort le 23 Octobre 1749, & inhumé à Saint-Merry, fut Conſeiller au Châtelet de Paris le 18 Janvier 1735, puis Conſeiller au Grand-Conſeil le 22 Décembre 1739. Il avoit épouſé, en 1741, Angélique-Marie

Huchedé, Dame de Lanty, morte le 15 Septembre 1752, dont CASIMIR-NARCISSE FRECOT, & un autre fils, tous deux morts en bas âge.

Les armes : d'azur, au chevron d'or, accompagné en chef de deux étoiles d'argent, & en pointe d'un coq de même.

FREDI. Suivant les titres originaux & autres pièces juſtificatives, qui ont été communiqués, cette Famille, originaire d'Italie, où elle exiſte encore, eſt venue en France vers l'année 1470. Elle deſcend de PIERRE FREDI, Sieur de la Motte, lequel a été anobli, ainſi que ſa poſtérité, au mois de Mars 1477, par le Roi Louis XI, ſuivant les Lettres écrites en latin, ſigné LOIS, & plus bas, Per Regem, PICOT. Leſdites Lettres ont été enregiſtrées en la Chambre des Comptes de Paris, le 4 Janvier 1486 ; de nouveau repréſentées le 6 Février 1739, & tranſcrites ſur le deuxième regiſtre, n⁰ 151, en exécution de la Déclaration du Roi, du 26 Avril 1738, ſigné Noblet, avec paraphe.

Depuis cette époque, cette Famille a été maintenue dans ſa Nobleſſe en 1508, 1519, 1553, 1572, 1630, 1668 & 1717 ; elle s'eſt diviſée en trois branches à ſon troiſième degré.

BRANCHE AINÉE.

PIERRE FREDI DE LA MOTTE eut pour petit-fils :

   1. ALPHONSE FREDI, qui ſuit ;
   2. JEAN FREDI, auteur de la ſeconde branche mentionnée plus loin ;
   3. Et CLAUDE FREDI, chef de la troiſième branche, Seigneur du May, dont la deſcendance s'eſt perpétuée juſqu'au huitième degré, dans la perſonne de PIERRE-ALPHONSE FREDI, II⁰ du nom, Capitaine au Régiment de la Marine, décédé garçon le 30 Août 1754, âgé de 24 ans. De cette dernière branche il n'exiſte plus que deux filles, ſavoir :

     LOUISE-ELISABETH, & MARIE-VICTOIRE FREDI, mariée, au mois d'Octobre 1761, à François de Copley, Seigneur de la Salle, Chevalier des Ordres de Saint-Louis & de Saint-Lazare, Capitaine au Régiment de Monaco, fils du Baron de Copley, Gentilhomme de la Chambre de JACQUES II, Roi d'Angleterre.

ALPHONSE FREDI, II⁰ du nom, Seigneur de la Terre du Moulinet, proche de la Ville de Montfort-l'Amaury, décéda au mois de Mars 1556. Sa poſtérité s'eſt étendüe juſqu'au ſeptième degré, & s'eſt éteinte par les décès de Jean-François Fredi, Seigneur du Mouli-net, Chevalier de Saint-Louis, Lieutenant des Vaisseaux du Roi, mort garçon en 1738, à son département du Hâvre-de-Grâce; & de François-de-Paule Fredi, son frère, aussi mort garçon, à Paris, au mois d'Avril 1758, âgé de 74 ans.

SECONDE BRANCHE.

Jean Fredi, Seigneur de Coubertin, né en 1518, & décédé le 15 Juillet 1598, fut acqué-reur, en l'année 1577, de la Terre & Sei-gneurie de Coubertin, située près de la Ville de Chevreuse, à trois lieues de Versailles. Il eut pour descendant:

Alphonse Fredi, Ier du nom de sa branche, qui eut pour fils:

Jean Fredi de Coubertin, qui s'est marié, au mois d'Octobre 1589, à Catherine Bois-din, dont il eut:

Jean Fredi de Coubertin, IIe du nom, né le 13 Mars 1592, qui épousa, en Février 1624, Madeleine Remy, & mourut le 25 Novem-bre 1677, âgé de 85 ans, Doyen des Avocats au Parlement de Paris. Il eut de son mariage quatre enfans, dont deux ont laissé postérité, savoir:

1. Médéric, qui suit;
2. Et Michel, dont la postérité sera rapportée après celle de son frère aîné.

Médéric Fredi de Coubertin, né en 1625, marié, le 11 Juillet 1655, à Catherine la Beille, & mort en 1687, le 20 Juillet, âgé de 62 ans, eut de son mariage six garçons & trois filles: un seul, Bernard-Maurice, qui suit, a laissé postérité, & il fait le sixième degré de sa branche.

Bernard-Maurice Fredi, Seigneur de Pon-thion, né le 14 Novembre 1673, Capitaine au Régiment d'Aince, & mort le 17 Octobre 1724, avoit épousé, le 4 Juin 1702, Catherine d'Yanowits de Besme; dont sont issus huit garçons & cinq filles; il n'en reste que:

Pierre, qui suit;
Et Marie-Anne-Louise Fredi de Florinville, reçue à Saint-Cyr le 5 Mars 1721, actuelle-ment Religieuse à l'Abbaye de Leau-Notre-Dame, Diocèse de Chartres.

Pierre Fredi, Seigneur de Ponthion, né le 27 Janvier 1714, Lieutenant d'Infanterie au Régiment de Limousin, a épousé, le 4 Octo-bre 1740, Marie-Louise-Anne-Françoise Cacheleu de Houdan de Saint-Léger, dont:

1. Jean-Baptiste-Louis-Gaston, né le 24

Mars 1746, Capitaine des Grenadiers Royaux, Légion de Soubise;
2. Nicolas-Jean-Baptiste, né le 18 Août 1751;
3. Marie-Scholastique, née le 8 Mars 1750;.
4. Et Claudine-Marie-Jeanne, née le 4 Fé-vrier 1757.

Michel Fredi, fils puîné de Jean Fredi de Coubertin, IIe du nom, né le 5 Février 1629, marié, le 7 Février 1660, à Marguerite Fournier, & mort le 21 Septembre 1685, a laissé de son mariage cinq garçons & trois filles, entr'autres:

Dominique, Ecuyer, Sieur de Valançon, né le 3 Mars 1673, qui a été successivement Commis-saire Ordinaire d'Artillerie, par commission du 24 Novembre 1702, Commissaire Pro-vincial le 17 Juillet 1721, Chevalier de Saint-Louis le 25 Avril 1729, & Lieutenant au Corps Royal d'Artillerie par commission du 2 Février 1734. Il est mort garçon, au Châ-teau de Coubertin, le 21 Juillet 1741;
Et François, qui suit.

François Fredi, Seigneur de Coubertin, de Juilly & des Malets, né le 11 Avril 1668, Garde-Marine en 1684, Enseigne en 1692, Lieutenant d'une Compagnie Franche en 1693, Major des troupes à la Rochelle en 1704, Lieutenant de Vaisseau en 1706, Capitaine des Vaisseaux du Roi & Chevalier de Saint-Louis en 1712, est mort à Paris le 11 Novem-bre 1742. Il avoit épousé, le 15 Juin 1711, Marie Morel, fille de Pierre Morel, Conseil-ler au Châtelet de Paris, & de Marie-Claire Danès. Il a de son mariage dix enfans, une fille, qui a été l'aînée, Marie-Madeleine Fre-di, morte le 11 Novembre 1733, âgée de 21 ans, & neuf garçons, dont trois restent, qui font le septième degré de leur branche, savoir:

1. Pierre, Seigneur de Coubertin, né en 1716, Conseiller à la Cour des Aides de Paris, marié, le 27 Avril 1744, à Marie-Louise-Marguerite Chambault, fille de François-Jacques Chambault, Chevalier de Saint-Louis, & Lieutenant du Corps Royal d'Ar-tillerie, & de Marie-Louise Feloise; il en a eu neuf enfans, sept garçons & deux filles, dont il ne reste que:

François-Louis, né le 16 Avril 1752;
Et Pierre-Alphonse Fredi de Favreu-se, né le 21 Octobre 1757.

2. Nicolas, Chevalier de Saint-Louis, & Co-lonel du Corps Royal d'Artillerie, marié, le 19 Décembre 1758, à Elisabeth-Eléonore-Gabrielle le Roi de Jumelles, fille de Jean-

Nicolas le Roi, Seigneur de Janville, Marquis de Jumelles, & de *Madeleine-Louife Chatelain*. Elle fut reçue à Saint-Cyr, à l'âge de 11 ans, le 1er Janvier 1729. De ce mariage il a eu :

ELISABETH-GENEVIÈVE, née le 30 Septembre 1759, morte le 14 Juin 1760.

3. Et HENRI-LOUIS, Confeiller au Parlement de Paris, marié, le 20 Décembre 1757, à *Geneviève Phelippes*, fille de *Nicolas-Léon Phelippes*, Seigneur de la Houffaye, Chevalier de Saint-Louis, Lieutenant-Général des Armées du Roi, Gouverneur de la ville de Maubeuge, & de *Henriette-Thérèfe Simonnet*. De ce mariage font iffus trois garçons & fept filles, dont il refte :

1. CLÉMENT-LOUIS-CASIMIR, né le 3 Juillet 1766;
2. LOUIS-VICTOR-JEAN-BAPTISTE, né le 22 Mai 1769;
3. FRANÇOIS-LOUIS-AUGUSTE, né le 6 Septembre 1770;
4. ARMAND-FRANÇOIS-JOSEPH, né le 23 Décembre 1772;
5. Et LOUISE-ELISABETH-VICTOIRE, née le 17 Novembre 1762.

Les armes : *d'azur, à neuf coquilles d'or, pofées, 3 en chef, 3 en fafce & 3 en pointe; celles-ci rangées 2 & 1.* Elles ont été enregiftrées dans l'*Armorial général de France*, reg. coté *Paris*, fuivant l'Arrêt du Confeil de Sa Majefté du 20 Novembre 1696; & le Brevet en a été délivré, en parchemin, par le Juge d'armes.

FRÉGOSE, Maifon des plus illuftres de la République de Gênes, qui a produit de grands hommes, dont beaucoup ont été revêtus de la dignité de Doge, d'autres de la Pourpre Romaine.

JEAN FRÉGOSE, dernier fils de CÉSAR, fut Evêque d'Agen & Abbé de Fontfroide, au Diocèfe de Narbonne.

JULES-CÉSAR, coufin de JEAN, fut Capitaine d'un Régiment de Cavalerie, & mourut au fervice de France à l'âge de 25 ans.

GALÉAS FRÉGOSE fervit auffi en France fous les Rois CHARLES IX & HENRI III. Il fut Comte de Muret, Gentilhomme de 50 hommes d'armes, & Chevalier de Saint-Michel. (Voyez Moréri, Sanfovin, fur les Familles illuftres d'Italie, & l'*Hiftoire de Gênes* de Paul Guichardin.)

FREMIN, Famille de Normandie, maintenue dans fa nobleffe le 30 Juillet 1666, de laquelle étoit RICHARD FREMIN, Seigneur de Merval, du Mefnil-Godefroy & de Poiffy, Echevin de Rouen en 1620. (Voyez l'Hiftoire de cette Ville, tom. II.)

Les armes : *d'argent, à la fafce d'azur, chargée de trois befans d'or.*

FREMONT. N... DE FREMONT eut pour enfans :

NICOLAS, qui fuit;
Et ROBERT, Ecuyer, Seigneur de Greffy, chef de la branche des Seigneurs de Greffy, rapportée ci-après.

NICOLAS DE FREMONT, Ier du nom, Ecuyer, Marquis de Rofay, Seigneur de Fremont, d'Auneuil, d'Orgeuil, du Mazy, d'Andainville, de Dominois & de Boiffeguin, né en 1622, fut fucceffivement Correcteur en la Chambre des Comptes de Montpellier en 1646, Tréforier-Général de France, Intendant des Finances en la Généralité de Provence, Confeiller du Roi en fes Confeils d'Etat, Privé & des Finances en 1654, Secrétaire du Roi en 1655, Grand-Audiencier de France en 1674, & l'un des deux Gardes du Tréfor Royal en 1689. Le Roi, en confidération des grands, fidèles & affectionnés fervices qu'il lui avoit rendus dans l'exercice de fes charges, érigea en *Marquifat*, tant pour lui que pour fes hoirs mâles, fa Terre de *Rofay*, fituée au Bailliage de Gifors en Normandie, par Lettres-Patentes du mois de Février 1680. Ce fut lui qui céda par échange, le Septembre 1675, le huitième du Fief noble de *Fremont* à Nicolas de la Haye, Ecuyer, Seigneur de Lintot. NICOLAS époufa, 1° en 1648, *Ifabeau Catelan*; & 2° le 1er Août 1655, *Geneviève Damond*. Du premier lit fortirent :

Deux filles, mortes Religieufes.

Et du fecond lit vinrent :

1. NICOLAS, qui fuit;
2. GENEVIÈVE, femme de *Guy-Aldonce de Durfort*, Duc de Lorges-Quintin, Maréchal de France, mort le 22 Octobre 1702, âgé de 72 ans, 3e fils du Marquis de Duras;
3. Et MARIE-GABRIELLE, Religieufe.

NICOLAS DE FREMONT, IIe du nom, Marquis de Rofay & de Charleval, Seigneur d'Auneuil, &c., bâptifé le 25 Février 1666, Confeiller d'Etat, Doyen des Maîtres des Requêtes, acheta, en 1723, le Marquifat de Charleval, fitué en Normandie. Il eft mort en 1749,

& a laiffé de fon mariage, accordé le 3 Février 1704, avec *Renée-Elifabeth Pucelle :*

1. NICOLAS DE FREMONT D'AUNEUIL, IIIᵉ du nom, Seigneur de Muffegros, &c., né le 22 Janvier 1709, Préfident en la première Chambre des Enquêtes du Parlement de Paris, marié, par contrat du 9 Mars 1732, à *Marie-Catherine-Madeleine Pavyot de la Hauteville*, fille unique & héritière d'*Alexandre-Jofeph Pavyot*, Seigneur de la Hauteville, de Muffegros, &c., dont il a eu deux filles, favoir :

  MARIE-ELISABETH DE FREMONT D'AUNEUIL, née le 5 Février 1733, mariée 1° au Comte de *Manneville*, Guidon de Gendarmerie ; & 2° au Comte de *Trie ;*

  Et CHARLOTTE-RENÉE-FÉLICITÉ DE FREMONT DE MUSSEGROS, née le 3 Juillet 1736, mariée à CHRISTOPHE-LOUIS DE FREMONT, Marquis de Rofay, Capitaine de Cavalerie au Régiment de Chartres, fon coufin, dont deux filles.

2. ADRIEN-ROBERT, Marquis de Charleval, Meftre-de-Camp du Régiment Royal-Etranger, Cavalerie, Brigadier des Armées du Roi;

3. PIERRE DE FREMONT D'AUNEUIL, Seigneur du Mazy & de Chartrais, Préfident en la feconde Chambre des Enquêtes du Parlement de Paris, marié en Février 1738, veuf, le 23 Novembre 1741, de *Marie-Agathe des Vieux*, née en 1722, de laquelle il a eu :

  NICOLAS DE FREMONT DE CHARTRAIS, né le 13 Février 1739;

  Et MARIE-ELISABETH, née le 10 Janvier 1740.

4. ANNE-RENÉE DE FREMONT D'AUNEUIL, mariée, par contrat du 18 Juillet 1729, à *Paul-Maximilien Hurault*, Marquis de Vibraye, Lieutenant-Général des Armées du Roi.

BRANCHE
des Seigneurs de GRESSY.

ROBERT DE FREMONT, Ecuyer, Seigneur de Greffy & de Moulignon, Confeiller, Secrétaire du Roi, Maifon, Couronne de France & de fes Finances en 1657 (frère de NICOLAS DE FREMONT, Iᵉʳ du nom, Marquis de Rofay, dont on a parlé plus haut), époufa, par contrat du 20 Octobre 1657, *Anne Cherouvrier*, dont il a eu fix enfans, entr'autres :

  JEAN DE FREMONT, Ecuyer, Seigneur de Greffy & de Moulignon, Lieutenant dans le Régiment de Vermandois, Infanterie, baptifé le 9 Mai 1668, marié, par contrat du 3 Septembre 1693, avec *Marguerite-Augufte He-*

delin. De ce mariage fortirent neuf enfans, dont deux garçons & fept filles. Les garçons font :

  NICOLAS, qui fuit;

  Et ANTOINE-ROBERT DE FREMONT DE GRESSY Ecuyer, qui a été Moufquetaire du Roi dans la feconde Compagnie, né le 30 Août 1704.

NICOLAS DE FREMONT, Ecuyer, Seigneur de Greffy, de Villeparifis, de Flagy, de Ferette, de Noify, de Bellefontaine, &c., né le 1ᵉʳ Janvier 1696, & mort le 27 Août 1736, avoit époufé, par contrat du 23 Avril 1727, *Aimée-Urbine-Florence de Grailly de Vaudricourt*, fille de *Jacques-Gédéon de Grailly de Vaudricourt*, Ecuyer, Seigneur de Bellefontaine, de Flagy, de Noify & de Ferette en partie, & de *Barbe-Alexandrine de la Croix*. Leurs enfans font :

  1. CHRISTOPHE-LOUIS DE FREMONT, Marquis de Rofay, né le 26 Janvier 1735, Capitaine de Cavalerie au Régiment de Chartres, marié à CHARLOTTE-RENÉE-FÉLICITÉ DE FREMONT DE MUSSEGROS, ci-devant mentionnée;

  2. Et AUGUSTE-URBINE, née le 24 Octobre 1733, mariée à *Robert-François Bigot de Saint-Simon*, Chevalier de Saint-Louis, Commiffaire Ordinaire des guerres, dont *Augufte-Françoife Bigot*, née le 30 Mai 1755.

Les armes : *d'azur, à 3 têtes de léopard d'or, pofées 2 & 1.*

FREMONT, autre Famille, en Normandie, Election de Lifieux, qui porte : *d'argent, au chevron de gueules, accompagné de 3 trèfles de finople, 2 en chef & 1 en pointe.*

FREMYN, en Champagne, Famille l'une des plus anciennes de cette Province, qui fubfifte dans

LOUIS-INNOCENT-PHILIPPE FREMYN, Ecuyer, né le 16 Octobre 1758. Il a pour fœurs, entr'autres, SIMONNE-ANNE-LOUISE-CLAUDINE-MARIE FREMYN, née le 27 Juillet 1756, & LOUISE-ADÉLAÏDE, née pofthume le 20 Janvier 1760.

Et pour oncles 1° SIMON FREMYN-DE-FONTENILLE, baptifé le 6 Novembre 1709, Prêtre, Docteur de la Maifon de Navarre, Penfionnaire du Roi, Chanoine de l'Eglife métropolitaine de Reims, & Official du Chapître; 2° & PIERRE, Ecuyer, Seigneur de Sapicourt, de Branfcourt, de Beyne, du Charneaux, de la Feuillière & de Laignery, né le 3 Mai 1713,

Capitaine de Cavalerie, Sous-Brigadier de la feconde Compagnie des Moufquetaires du Roi, & Chevalier de Saint-Louis; il obtint commiffion de Capitaine de Cavalerie après la bataille de Fontenoy; fut nommé, le 20 Octobre 1759, Gouverneur pour le Roi des Ville & Château de Réthel-Mazarin, en confidération de fes fervices rendus depuis 28 ans, dans les Moufquetaires, & Commandant dans ladite Ville par Lettres du 28 Novembre fuivant. De fon mariage, contracté le 16 Août 1750, avec *Marie-Albertine-Jofèphe de Colnet*, Dame du Charneaux, de la Feuillière & de Laignery, fille de *Nicolas-Antoine-Jofeph*, Chevalier, Seigneur de Rocq, & de *Marie-Jofèphe Pochet*, fa veuve, il a un fils & une fille, favoir :

    PIERRE-JOSEPH FREMYN DE FONTENILLE, né le 24 Juillet 1751, reçu au mois de Mai 1762, fur fes preuves de nobleffe, au Collège des quatre Nations à Paris ;

    Et MARIE-ISABELLE, née le 2 Mars 1753.

Les armes : *d'argent, à une fafce d'azur bordée d'or, de laquelle fortent des flammes de gueules deffus & deffous, oppofées à d'autres flammes mouvantes du chef & de la pointe de l'écu.* (Voyez l'*Armorial génér. de France*, reg. V, part. I.)

FREMYN DE MORAS. GUILLAUME FREMYN, Seigneur de Moras en Brie, Préfident à Mortier au Parlement de Metz, a été envoyé de France en plufieurs Cours étrangères. Il avoit époufé *Marie-Angélique Cadeau*, dont il eut :

    MARIE-ANGÉLIQUE FREMYN, qui a époufé, le 14 Décembre 1709, *Louis-Antoine*, Duc de Brancas, Pair de France, Comte de Lauraguais, &c., dont des enfans.

De cette Famille étoit N.... FRÉMYN Contrôleur-Général, mort depuis quelque tems. (C'eft ce que nous favons, n'ayant point reçu de Mémoire.)

FRENOY (DU), ou FRESNOY, en Faucigny. Nous n'avons qu'une fimple notice de cette Famille que nous croyons éteinte.

    JEAN DU FRENOY, Seigneur de Chuyft en Faucigny, époufa, en 1424, *Béatrix de Châtillon*, fille de *Henri*, Seigneur de Châtillon-de-Michaille, dont il eut :

    JACQUES DU FRENOY, Seigneur de Chuyft en 1450, qui fut père de :

    JEAN DU FRENOY, Seigneur de Chuyft, marié à *Michelle de Menthon*, fille de *Philibert de Menthon*, Seigneur de Couettes, & de *Jeànne de Compeys*.

On trouve auffi un JEAN DU FRENOY, Seigneur de Chuyft, qui époufa, en 1464, *Jeannette de Menthon*, fille de *Pierre*, Seigneur de Montrotier, & de *Jeanne de Ville*, dont :

    JEAN DU FRENOY, dit MARTIN, Seigneur de Chuyft, marié, en 1545, avec *Antoinette de Genoft*, veuve de *Michaud de Vauzerier*, Seigneur d'Aifery, & fille de *Jacques*, Seigneur de Genoft, & de *Peronne de Viry*. Nous en ignorons la fuite.

Les armes : *d'or, à une fleur-de-lis de fable.*

FRÈRE, Famille de Robe, de laquelle étoit :

    CLAUDE FRÈRE, Sieur de Crolles, fils de GÉRAUD. Il fut reçu Avocat-Général au Grand-Confeil en 1595, Maître des Requêtes le 4 Décembre 1602, puis premier Préfident du Parlement de Grenoble le 20 Juillet 1616, & mourut en Novembre 1639. Il avoit époufé *Madeleine Plouvier*, dont :

1. PIERRE, Confeiller ;
2. ALEXANDRE, Seigneur de Montfort, Confeiller au Grand-Confeil le 5 Janvier 1629, Maître des Requêtes le 1er Février 1635, mort le 14 Février 1636, à 29 ans, fans alliance, & inhumé à Saint-Germain-l'Auxerrois ;
3. LOUIS, Seigneur de Crolles, Maître des Requêtes en 1637, premier Préfident du Parlement de Grenoble le 12 Octobre 1640, mort en Novembre 1643, à 33 ans, fans enfans. Il avoit époufé 1° *Charlotte Phélypeaux*, fille de *Paul*, Seigneur de Pontchartrain, Secrétaire d'Etat, & d'*Anne de Beauharnais* ; & 2° *Charlotte Brulart*, fille de *Denis*, Seigneur de la Borde, Préfident au Parlement de Dijon, & de *Marie Maffol*. Elle fe remaria à *Jean Amelot*, Seigneur du Biffeuil, Maître des Requêtes ;
4. LOUISE, femme d'*Artus de Loras*, Seigneur de Chamagnieu ;
5. MADELEINE, mariée à *Charles de Clavefon*, d'Autun, Gouverneur de Romans en Dauphiné ;
6. Et LAURENCE, mariée à *Antoine du Faur*, Seigneur de la Rivière, Préfident au Parlement de Grenoble.

Les armes : *d'azur, à une étoile d'argent, au chef d'or, chargée d'une croix pattée de gueules.*

* FRESNAY, Terre près de Montfort-l'Amaury, qui a donné son nom à une branche cadette de la Maison de *la Taille*, dont *Valentin de la Taille*, Seigneur de Fresnay, est l'auteur. Cette branche subsiste encore dans la personne de *Jean-Baptiste de la Taille*, Seigneur de Fresnay, marié à *Claire-Marguerite de Cœurs de Cogolin*. Voyez TAILLE (DE LA).

FRESNAY (DU), en Bretagne: *de vair plein*.

FRESNAYE (DE LA), en Normandie, dans l'Election de Caen, qui porte: *de gueules, à 3 frênes d'or*, 2 & 1. Il est parlé dans Montfaut & Chamillart de quelques autres Familles de ce nom, mais nous ignorons si elles subsistent.

* FRESNAYS (DE LA), Terre située en Bretagne dans la Paroisse de Réminiac, Evêché de Saint-Mâlo. Suivant les Arrêts de la Chambre de réformation de la Noblesse de Bretagne, du 9 Février 1669, la Seigneurie *de la Fresnays* est une Terre considérable, consistant dans sept fiefs, sept moulins, dixmes & de très-grands domaines. L'ancienne possession de cette Terre par ceux du même nom, prouve qu'ils ont toujours été dans une grande considération. C'est une des meilleures Noblesses de la province, dont la filiation suivie ne commence qu'à

I. PAYEN, Seigneur DE LA FRESNAYS, marié, vers l'an 1465, à *Jeanne des Grées*, sœur de *Jehan*, Seigneur de la Villerio, & fille de *Geoffroy des Grées*, aussi Seigneur de la Villerio, & d'*Aliette de Bellouan*. De ce mariage naquirent:

GRÉGOIRE, qui suit;

Et CLAUDE, Seigneur du Haut-Couedor, qui laissa en bas âge deux garçons, savoir:

YVES, mort sans hoirs;

Et PIERRE, Seigneur du Haut-Couedor, dont la postérité s'éteignit à la seconde génération.

II. GRÉGOIRE, Seigneur DE LA FRESNAYS, épousa, le 2 Mai 1480, *Jeanne Bouvet*, fille unique & héritière de *Jean*, Seigneur dudit lieu & de la Bardoulaye, & de *Françoise de Kermeno*, issue de la Maison de Garo, qui lui apporta les Terres de Bouvet, & de la Bardoulaye. Lors de la réformation de 1513, il prouva son ancienne noblesse, ce qui se véri-

fie par un extrait tiré des registres de la Chambre des Comptes du 31 Janvier 1669, & eut de son mariage:

JEAN, qui suit;

Et MADELEINE, mariée, par contrat du 3 Juillet 1553, à *Guillaume de Bruc*, Seigneur dudit lieu.

III. JEAN DE LA FRESNAYS, Seigneur dudit lieu, comparut aux montres générales de la Province en équipage de guerrier, en homme d'armes à cheval, suivant deux extraits des années 1534 & 1539. Il épousa, en 1530, *Anne du Guiny*, fille de *Jean*, Chevalier, Seigneur de la Garouillaye, & de *Guyonne de Chauvin*, petite-fille de *N... de Chauvin*, Chancelier du Duc de Bretagne (a). Ils eurent:

1. ROBERT, qui suit;

2. JULIEN, Prieur de Saint-Michel de Moncontour en l'an 1575;

3. JEANNE, mariée à *Yves de la Pommeraye*, Seigneur de Cotat;

4. MARGUERITE, morte fille;

5. Et YVONNE, mariée à *Mathieu de la Pommeraye*, Seigneur dudit lieu & de Kérambart.

IV. ROBERT, Seigneur DE LA FRESNAYS, servit long-tems, & eut, suivant un acte du 15 Novembre 1569, un commandement dans l'armée du Duc d'Etampes. Il épousa *Jeanne de la Pommeraye*, fille de *Jean*, Seigneur dudit lieu & de Kérambart, & de *Charlotte de Chauderé*, dont:

FRANÇOIS, qui suit;

Et FRANÇOISE, mariée, par contrat du 4 Octobre 1674, à *Abel de Launay*, Seigneur dudit lieu.

V. FRANÇOIS DE LA FRESNAYS, Seigneur dudit lieu, de la Pommeraye, de la Minière, &c., rendit hommage au Roi, le 6 Octobre 1609, de la Seigneurie de la Fresnays, & des Terres que son épouse tenoit en Bretagne sous la domination du Roi, & la réception de cet aveu est du 24 Mars 1610. Il se maria à *Claude de Bellouan*, fille unique & héritière de *Jean de Bellouan*, Chevalier, Seigneur dudit lieu & de la Terre de Villefief, & de *Françoise d'Aragon*, fille aînée de la Maison d'Aragon, dont l'héritière fut alliée dans la Maison de Lannion. Ses enfans furent:

(a) Les Familles de *Chauvin* & *du Guiny* sont aussi illustres qu'anciennes, & ont de très-grandes alliances.

1. PIERRE, qui fuit;
2. GILLETTE, mariée, par contrat du 12 Novembre 1610, à *Thomas de Guémadeuc*, Marquis dudit lieu, Châtelain de Codoudal, Trévécar & Callac, Seigneur de la Bardoulaye, Beaurepaire, &c. Voyez GUÉMADEUC;
3. ISABELLE, mariée, le 5 Juillet 1615, à *François de la Villéon*, Chevalier, Seigneur du Boisfeillet, iffu d'une ancienne & illuftre Maifon de la Province, dont trois garçons. Voyez VILLÉON;
4. Et MARGUERITE, qui fit profeffion, le 7 Septembre 1618, chez les Dames Carmélites de Nazareth de Vannes.

VI. PIERRE DE LA FRESNAYS, Chevalier, Seigneur dudit lieu, de la Villefief, de la Minière, de la Pommeraye & autres lieux, époufa, le 8 Mai 1629, *Guyonne de la Voue*, fille aînée de *Louis de la Voue*, Chevalier de l'Ordre du Roi, Gentilhomme ordinaire de la Chambre de Sa Majefté, Baron de la Pierre dans le Maine, Seigneur de Coëtuhan en Bretagne, & de *Guyonne de Courtarvel de Pezé*. De ce mariage naquirent:

1. FRANÇOIS, qui fuit;
2. LOUIS, rapporté après fon frère aîné;
3. ANTOINE, Vicomte DE LA FRESNAYS, qui fervit long-tems avec grande diftinction. Louis XIV lui donna la charge de Lieutenant des Gardes de la Porte, en confidération de fes fervices, par Lettres du 20 Avril 1663. Il eut un feul garçon, nommé

        CHARLES-FRANÇOIS, Vicomte de la Frefnays, dont la poftérité s'eft éteinte dans la perfonne de

        N... DE LA FRESNAYS, fon fils, qui a fait profeffion chez les Grands-Carmes de Rennes.

4. MARIE, alliée, le 1er Mai 1649, à *Etienne Geslin*, Seigneur de Peccadeuc, dont elle eut un garçon, mort fans hoirs, & deux filles;
5. JEANNE, Religieufe Urfuline de Carhaix le 16 Juillet 1653;
6. LOUISE, mariée, le 7 Janvier 1669, à *Nicolas Mellet*, Seigneur de Mivoie, dont fortirent un garçon & trois filles;
7. MARGUERITE, Religieufe à l'Abbaye de Saint-Georges de Rennes, qui eut, par réfignation de fa tante, JEANNE DE LA FRESNAYS, du 25 Septembre 1665, le Prieuré de Phibihan

VII. FRANÇOIS DE LA FRESNAYS, Chevalier, Seigneur dudit lieu, de la Villefief, de la Minière, &c., époufa *Jeanne Carluer*, fille du

Seigneur de la Villeneuve & du Rumedon, dont il eut:

     FRANÇOIS-GEORGES-JOSEPH, marié à *Guyonne Geslin*, fa coufine germaine, & fille aînée d'*Etienne Geslin*, & de MARIE DE LA FRESNAYS: elle mourut fans enfans le 28 Juillet 1711. Il fe maria en fecondes noces à *N... du Beil-Chonoux*, dont il n'eut point d'enfans, & mourut le 14 Février 1730.

VII. LOUIS DE LA FRESNAYS, Chevalier, Seigneur de Coëtuhan, de la Villefief, Chef du nom & des armes de la Frefnays, par la mort de fon neveu FRANÇOIS-GEORGES-JOSEPH, époufa, le 9 Janvier 1665, *Jeanne le Cocq*, dont il eut trois garçons & quatre filles, favoir:

1. ANTOINE, qui fit profeffion chez les Grands-Carmes de Rennes en 1686;
2. GUILLAUME-MARIE, qui fuit;
3. SÉBASTIEN-ANNE, Chanoine de l'Eglife Cathédrale de Saint-Mâlo;
4. JEANNE-FRANÇOISE, qui fit profeffion, le 24 Août 1702, dans l'Abbaye de Moncaffin du Guémadeuc;
5. CLAIRE-THÉRÈSE, Religieufe, le 29 Octobre 1702, dans l'Abbaye de Sainte-Claire de Dinan;
6. FRANÇOISE-NOELE, auffi Religieufe le 11 Février 1710, à l'Abbaye de Moncaffin;
7. Et MARIE-ROSE, morte à Saint-Mâlo, fans être mariée le 23 Février 1723.

VIII. GUILLAUME-MARIE DE LA FRESNAYS, Chevalier, Seigneur de la Villefief, & autres lieux, époufa, le 1er Juin 1717, *Anne Chaillou*, fille du Sieur *Litaug Chaillou*, dont:

1. LOUIS-MARIE-BERTRAND, qui fuit;
2. FRANÇOISE-CHARLOTTE, mariée, le 12 Octobre 1744, à *Jofeph-Jean-François le Douaren*, Chevalier, Seigneur de Lemo, les Marchix, la Fouaye, la Tieulais, &c., fils de *Thomas-François le Douaren*, & de *Marie-Madeleine des Grées*.

IX. LOUIS-MARIE-BERTRAND DE LA FRESNAYS, Chevalier, Seigneur de la Villefief, époufa, le 15 Octobre 1744, *Marie-Madeleine le Douaren*, fille de *Thomas-François le Douaren*, & de *Marie-Madeleine des Grées*, dont il eut:

X. JEANNE-MARIE-RENÉE DE LA FRESNAYS, mariée, en 1756, à Meffire *de Charbonneau*, Seigneur dudit lieu & de l'Etang. (Mémoire envoyé, figné le 25 Mars 1758, & déjà inféré dans la première édition, tom. V, pag. 165 & fuiv.)

Les armes: *d'argent, à 3 branches de frêne de finople, 2 en chef & 1 en pointe.*

FRESNE (du), Très-ancienne Nobleſſe de Normandie, éteinte, qui tiroit ſon origine des Sires de *Toëny*, Seigneurs de Conches, leſquels deſcendoient de *Malahuce*, oncle de ROLLON, premier Duc de Normandie.

Les Seigneurs du FRESNE poſſédoient la Terre dont ils avoient adopté le nom, & en outre celles du Meſnil-Hardray, de la Bonneville, de Virollet, du Buiſſon, de Vernay, de Grigneuſeville, de la Vacherie, de Beaubray, &c. Ils étoient bienfaiteurs de l'Abbaye de Conches & de la Noé, Diocèſe d'Evreux. On voit à la première une Charte du XIIIᵉ ſiècle, par laquelle JÉRÔME DU FRESNE fit à cette Abbaye pluſieurs aumônes pour le ſalut de ſon âme, de celle de RAOUL, ſon fils, & pour celles de ſes aînés & Seigneurs *Roger de Toëny* & RAOUL, ſon fils. Ce RAOUL DU FRESNE eut une ſœur, nommée MARGUERITE, mariée à *Jean de Chambray*, Chevalier, Seigneur de Chambray-ſur-Iton. Ils vivoient l'un & l'autre au mois d'Avril 1283. Le même RAOUL DU FRESNE fut père de GUILLAUME, qui de ſa femme, *Jeanne des Aïs*, eut GUILLAUME DU FRESNE, IIᵉ du nom, père, par ſa femme, *Jeanne de Mauvoiſin*, de BREMOND DU FRESNE, lequel, d'*Aliénor de Cléry*, n'eut pour fille unique que MARGUERITE DU FRESNE, mariée à *Jean le Bœuf*, Chevalier, Chambellan du Roi, dont la deſcendance ſubſiſte dans N... *le Bœuf*, Seigneur d'Oſmoy, &c. Dans cette Maiſon DU FRESNE ſe ſont fondues celles de *Corneuil* & *des Minières*, des plus anciennes du pays de Damville-ſur-Iton.

Elle portoit: *de gueules, à 3 tourteaux où bezans d'hermines, poſés 2 & 1.*

FRESNE (du), en Normandie, Ecuyer, Sieur de la Vallée: *d'argent, à un lion de gueules, armé, lampaſſé & couronné d'or.*

FRESNE (du), même Province, Ecuyer, Sieur du Bois, Elections de Caën & de Bayeux: *de ſinople, au chef endenté d'or, & chargé de 3 tourteaux de gueules.*

FRESNE (du), auſſi en Normandie, Ecuyer, Seigneur de la Roullière, Election d'Argentan: *d'azur, à la faſce d'argent, accompagnée de 3 fers à cheval d'or, tournés de gauche à droite, 2 en chef & 1 en pointe.*

FRESNE (du), Seigneur du Cange: Famille originaire de Calais, qui remonte à HUGUES DU FRESNE, Bailli d'Aire dans les années 1214, 1215 & 1218, ſuivant la première partie du Cartulaire du Prieuré de St-André près d'Aire. Il eut pour fils, à ce qu'on croit:

JEAN DU FRESNE, qui vivoit vers l'an 1280. Il fut Sergent d'armes du Roi, qualité lors très-noble. Il paroît en pluſieurs comptes & revues de ces tems-là, & fut père d'un autre JEAN DU FRESNE, qui fut chaſſé de Calais en 1347; il eut la Prévôté de Montreuil, qui depuis lui fut diſputée par *Oudard de Renty*, Chevalier, & dans laquelle il fut maintenu par Lettres de l'an 1356, qui ſont des plus honorables. Il eut pour enfans:

1. GUILLEBERT, qui ſuit;
2. Et JEAN, ſurnommé *le Jeune*, qui obtint confiſcation des biens d'un Gentilhomme qui s'étoit retiré chez les Anglois. On ignore ſi ce JEAN DU FRESNE, *le Jeune*, a laiſſé poſtérité, & de qui deſcendoit GUÉRARD DU FRESNE, qui obtint, en 1385, des Lettres de rémiſſion, où il eſt dit fils d'un *bon Ecuyer, né de la ville de Calais, & que lui & ſon aïeul ont bien & loyalement ſervi le Roi de France.*

GUILLEBERT DU FRESNE fut Châtelain du lieu de Montreuil; il obtint, avec ſon père & ſon frère, pluſieurs dons & grâce du Roi, pour récompenſe de leurs bons ſervices, & en indemnité des pertes qu'ils avoient ſouffertes. Il eſt mentionné dans pluſieurs quittances, comptes & revues, & même comme chef de quelques-unes en 1369. Il paroît avec ſa femme dans des titres de l'an 1365 & de 1368; on y voit qu'il poſſédoit un fief au lieu de Bus. Il étoit mort en 1399. Il avoit épouſé Demoiſelle *Maroy*, dont il eut:

JEAN DU FRESNE, qui ratifia, en 1399, la vente de quelques biens au ſuſdit lieu de Bus. Il ſervoit comme Ecuyer en 1411 & en 1422, en la garniſon de Montargis. Les Anglois le dépouillèrent lui & ſa femme de la Terre d'Eſquenettes en 1440. Cette Famille fut alors réduite à la dernière miſère: on en peut juger par un titre, où SIMON DU FRESNE eſt qualifié *pauvre Ecuyer*, auquel il ne reſtoit que *ſon cheval & ſon harnaz, qu'il employoit au ſervice du Roi.* JEAN DU FRESNE eſt ſurnommé *Maurenault*, dans un titre de l'an 1486, où il eſt fait mention de SIMON DU FRESNE, ſon père. Ce JEAN DU FRESNE étoit, en 1461, Archer dans une montre de 100 lances, paſſée à Aveſnes en Hainaut, le 12 Janvier. Il fut Auditeur de la Prévôté de Fouilloy en 1472,

& Echevin de Corbie en 1476. On ne fait point s'il quitta le fervice militaire pour poféder ces emplois; car, par un abus de ce tems-là, les gens de guerre ufurpoient les offices de Finance & de Magiftrature, & cet abus fut poufé à un tel point, que l'on s'en plaignit aux Etats de Tours en 1484. JEAN DU FRESNE étoit mort dès l'an 1503. On ignore le tems de fa naiffance ; mais on ne rifque rien en la portant vers 1440, & en fuppofant qu'il n'a pas vécu moins de 60 ans, puifqu'il a eu quatre femmes. Il n'a point eu d'enfans de fa première. La feconde fut *N... le Maître ;* la troifième *N... le Bon ;* & la quatrième *Jeanne Rohault.* Du fecond lit vinrent :

1. PRIAM, Gouverneur du Château de Bouc en Provence, & l'auteur d'une branche établie en Champagne, où fa noblefe a été vérifiée & employée dans le Nobiliaire de cette Province, devant M. de Caumartin, en 16... Les preuves n'y font remontées que jufqu'à PRIAM DU FRESNE. On voit par un titre que RENÉ DU FRESNE , fon neveu, poffédoit aufi quelques biens au lieu de Bus en 1550;

2. ANTOINE , arrière-grand-oncle du célèbre *du Cange,* a été connu de feu M. d'Hozier, qui en fait mention en cette qualité dans des notes qu'il a faites fur un *Nobiliaire de Picardie,* dépofé à la Bibliothèque du Roi. Il eft employé dans plufieurs revues militaires des années 1515, 1518, 1522, 1523 & 1525, fous M. de Humières, fous M. de Vendôme, Gouverneur & Lieutenant-Général au Pays de Picardie, ou fous d'autres Seigneurs de la Province.

Du troifième lit eft ifu vraifemblablement :

3. CHARLES, compris, comme Archer, dans une revue du 10 Août 1519. Il fut père de :

    NICOLAS, dont les defcendans fubfiftent encore dans les Seigneurs de Fontaine & les Seigneurs d'Odrimont.

Et du quatrième lit il eut :

4. LOUIS, qui fuit.

LOUIS DU FRESNE étoit homme d'armes à la grande paye en 1546, & commanda depuis une Compagnie pour le fervice du Roi. Il étoit né vers l'an 1494, avoit été marié en 1515, & mourut le 10 Janvier 1567, date qui eft à remarquer pour ne pas le confondre avec un autre du même nom & furnom, qui a figné au procès-verbal de la rédaction de la Coutume d'Amiens le 26 Septembre de la

même année. *Jeanne Rohault,* mère de LOUIS, vint, avec lui, s'établir à Amiens, où elle mourut en 1523, & où l'on voit, entr'autres chofes qu'elle poffédoit des biens au lieu de Bus. Il eut pour fils :

MICHEL DU FRESNE, qui fut père de :

MICHEL DU FRESNE, Mayeur d'Amiens en 1581, lequel eut trois garçons, favoir :

1. LOUIS, qui fuit ;

2. SIMON, Seigneur de la Broffe, qui a formé une branche encore fubfiftante dans les Seigneurs de la Motte & de Marcelcave, auprès d'Amiens, & dans les Seigneurs de Fretiguey en Franche-Comté, où deux Officiers de cette branche, étant en garnifon avec le Régiment de la Marine, formèrent un établiffement en 1690. Ils y ont vérifié leur noblefe à la Chambre des Comptes de Dôle, & depuis au Parlement de Befançon. Les preuves n'y remontent qu'en 1575, jufqu'à LOUIS DU FRESNE, père de MICHEL ;

3. MICHEL, Seigneur de la Motte, auteur de la branche de *du Frefne d'Aubigny.*

LOUIS DU FRESNE époufa, 1° en 1595, *Marie Vacquette ;* & 2° le 2 Juillet 1606, avec difpenfe du Pape pour caufe de parenté au quatrième degré, *Hélène de Rely,* morte le 6 Mars 1613, fille de *Louis de Rely,* Ecuyer, Seigneur de Framicourt. Du premier lit font nés :

1. ADRIEN DU FRESNE, Seigneur de Fredeval & Prévôt Royal de Beauquefne, dont la poftérité s'eft éteinte dans fon petit-fils ADRIEN DU FRESNE, Seigneur de Fredeval, mort en Décembre 1736, fans avoir pris d'alliance. Il avoit été maintenu dans fa noblefe fur fes preuves remontées à MICHEL DU FRESNE, Ecuyer, fon trifaïeul, en 1597, par jugement de M. de Bernage, Intendant en Picardie, du 13 Décembre 1717. La Seigneurie de *Fredeval* & les autres biens ont paffé, pour la plus grande partie, dans la Maifon de *Joyeufe,* au moyen du mariage, contracté en 1712, entre *Jean-Gédéon-Anne de Joyeufe,* Comte de Grandpré, & *Antoinette de Villers,* fille d'une fœur d'ADRIEN DU FRESNE;

2. JEAN, Seigneur de Préaux, auteur du *Journal des Audiences,* & d'un *Commentaire fur la Coutume d'Amiens ;*

3. LOUIS, Seigneur de Boisbergues, aufi homme de Lettres. Ils ont été mariés l'un & l'autre, mais leur poftérité eft éteinte.

Du fecond lit fortirent :

4. MICHEL, né le 7 Novembre 1608, qui entra à Paris dans la fociété des Jéfuites en 1626.

Il s'y diftingua par fa grande érudition, & mourut en 1663 Recteur du Collège d'Amiens, âgé de 55 ans;

5. CHARLES, qui fuit;

6. Et FRANÇOIS, né auffi à Amiens le 24 Février 1613. Il entra pareillement dans la fociété des Jéfuites le 29 Septembre 1630. Il s'adonna & réuffit dans la prédication, & fut Recteur du Collège d'Arras. Il mourut au commencement de Novembre 1680.

CHARLES DU FRESNE, Sieur du Cange, né le 18 Décembre 1610, Tréforier de France à Amiens le 10 Juin 1645, vint s'établir à Paris vers 1642; il y mourut le 23 Octobre 1688, & fut inhumé à Saint-Gervais, où fe voit fon épitaphe. Il avoit époufé, le 27 Mai 1638, *Catherine du Bos*, fille de *Philippe*, Ecuyer, Seigneur de Drancourt, & de *Catherine Thierry*, née le 5 Mars 1620. Elle mourut le 10 Juillet 1694, ayant eu de fon mariage cinq garçons & cinq filles :

PHILIPPE, l'aînée des garçons, qualifié par M. Boivin, *optimi Patris Filius digniffimus*, voyagea en Italie, dont il laiffa une relation manufcrite, & mourut fans avoir été marié, le 22 Juin 1692.

FRANÇOIS DU FRESNE, le dernier de tous, né le 2 Mars 1662, eft mort à Paris le 15 Janvier 1636, & a laiffé deux fils & une fille :

1. LOUIS-JACQUES, né le 14 Juillet 1705, & décédé garçon le 8 Septembre 1741;

2. JACQUES, actuellement vivant, Chanoine Régulier de l'Abbaye de Saint-Victor, où il a fait profeffion le 15 Avril 1713;

3. Et MARIE-LOUISE, auffi vivante, née le 21 Mars 1702, mariée, le 23 Octobre 1737, à *Paul-François Ollin de Torcy*, Maréchal-des-Camps & Armées du Roi, de la promotion de 1748, dont une fille, née le 20 Août 1738. (Voyez Moréri, au mot CANGE, pour les ouvrages du célèbre *du Cange*.)

Les armes : *d'or, à un frène arraché de finople*. Ce font les mêmes que portoit MAHAIUS DU FRESNE, qui vivoit en 1348.

FRESNEAU, Maifon noble originaire d'Anjou, qui vint s'établir en Lorraine à la fuite du Duc RENÉ.

CLAUDE DE FRESNEAU, Ecuyer, Seigneur de Pierrefort, Trougnon & Reneffon, avoit époufé, en fecondes noces, *Marie de Bertrancourt*, dont il eut :

1. N... DE FRESNEAU, mort fans enfans;

2. JEAN, qui fut Abbé Commendataire de Saint-Mihiel. Se voyant le dernier de fa

Maifon, il renonça à fes bénéfices, & fe maria, âgé de plus de 60 ans, avec *Claude de Beauveau*, dont il eut :

CLAUDE, qui fut mariée à *Jean-Louis de Lénoncourt*.

3. Et MARIE, qui époufa *Renaud du Châtelet*, décédé le 4 Février 1567. (Voyez l'*Hiftoire de la Maifon du Châtelet*, par D. Calmet.)

Les armes : *de gueules, à 2 fafces d'or accompagnées de fix merlettes du même*, 3, 2 & 1.

FRESNEL (DU), Famille de Normandie, & établie dans la ville de Caen.

PIERRE-FRANÇOIS DU FRESNEL, Seigneur & Patron de Périers, Anguerny, &c., fils de JEAN-ANTOINE, Seigneur & Patron dudit lieu, & de *Françoife-Elifabeth le Boucher*, a époufé, le 9 Février 1750, *Marie-Anne-Françoife Goujon de Gafville*, fille de *Jean-Profper Goujon*, Seigneur de Gafville, Iville, Ris, &c., Confeiller du Roi en fes Confeils, Maître des Requêtes honoraire de fon Hôtel, & ci-devant Intendant de la Généralité de Rouen, & d'*Anne de Faulcon de Ris*. Voy. le *Mercure de France* du mois de Mars 1750.

* FRESNELS, ancienne Baronnie, près de Mirecourt en Lorraine, qui a donné fon nom à une illuftre Maifon, éteinte en la perfonne de

JEAN-PHILIPPE, Baron DE FRESNELS, Capitaine des Gardes de Henri, Duc de Lorraine, Maréchal-de-Camp de fes Armées, Bailli & Gouverneur du Clermontois, mort en 1635. Il étoit fils de LUCION, Baron DE FRESNELS, & d'*Adrienne de Grammont*. ADRIENNE, fa fœur, époufa, en 1595, *Georges de Nettancourt*, & fut mère de *Charles de Nettancourt*, Baron DE FRESNELS. Voyez NETTANCOURT.

Une partie de la Baronnie de *Frefnels* eft échue à *Ferdinand*, Baron *de Hennequin* & de l'Empire, dit *le Comte de Gellenoncourt*, du chef de fa femme *Catherine-Georgette de la Haye*, fille de *François*, Baron des Salles, de Curel & de Frefnels, & de *Jeanne de la Grange d'Arquien*, coufine germaine de la Reine de Pologne, époufe du Roi JEAN SOBIESKI. Leur fils *Nicolas-François*, Baron *de Hennequin* & de l'Empire, Comte de Curel, Chambellan du Duc LÉOPOLD, Grand-Louvetier de Lorraine & de Barrois, ayant réuni les autres parts de la Baronnie de *Frefnels*, en a obtenu l'érection en *Comté*, par Lettres du

10 Décembre 1718. Il est mort, âgé de 82 ans, le 2 Février 1740, & avoit épousé, en 1693, *Elisabeth le Preud'homme de Vitrimont*, sœur des Comtes de Fontenoy & de Vitrimont; & 2° N... *de Roncourt*, fille unique de *Charles-François*, Seigneur de Roncourt, de laquelle il a eu trois fils & une fille, & de son premier mariage, *Nicolas-François-Gabriel de Hennequin*, dit *le Comte de Gellenoncourt*, Major de Gendarmerie de S. A. R. de Lorraine, tué en duel le 7 Décembre 1756, âgé de 40 ans. Il avoit épousé, par contrat du 28 Août 1721, *Marie-Barbe-Louise de Greder*, fille unique de *N... de Greder*, Brigadier des Armées du Roi, & Colonel d'un Régiment Suisse de son nom, & de *N... de Molondin*. Elle est morte avant lui sans enfans. (*Dictionnaire des Gaules*, tom. III, pag. 523.)

FRESNES: *coupé d'or sur un fond d'azur, à la fasce brochante, l'or chargé d'un lion passant de sable, & l'azur de 3 coquilles d'argent.*

* FRESNOY, Famille, dit le *Mercure* d'Août 1747, pag. 184 & suiv., l'une des plus anciennes du Royaume, distinguée par ses services militaires & les alliances qu'elle a contractées avec les Maisons de *Villette*, du *Fayel*, de *Bruyère*, d'*Ardivillier*, de *Blincourt*, de *Chauvreux*, de *Sens*, Seigneurs de Morson, de *Villers-l'Isle-Adam*, de *Morainvillier*, des *Bovès*, de *Crèvecœur*, de *Montmirail*, de l'*Hôpital*, de *Mailly*, de *Monchy*, de *Vaudétare*, de *Tusseau*, Baron de Sautour, de *Coligny* & des *Essars*. Les Seigneurs de ce nom possèdent la Terre & Seigneurie de *Fresnoy*, en Picardie, de tems immémorial.

L'an 1191, la veille de l'Incarnation, sous le règne de PHILIPPE-AUGUSTE, dans les Lettres de franchise accordées par Mathieu, Comte de Beaumont, Eléonore, sa femme, Philippe & Joseph, ses frères, à leurs vassaux de la ville de Méru, furent présens Rodolphe de Puiseux, Théobalde de Champagne, Pierre de Bovenne, GERVAIS DE FRESNOY, &c.

ITIE DE FRESNOY, Chevalier, fut compris dans le rôle des Chevaliers Bannerets du Comté de Vexin l'an 1202, sous le règne de PHILIPPE-AUGUSTE.

JEAN DE FRESNOY, Chevalier l'an 1231, donna, à l'Ordre de Saint-Jean de Jérusalem, 60 & puis 40 journaux de terres, dont est composée aujourd'hui la Commanderie du Bellay en la Paroisse de Neuilly-en-Thelle.

GERVAIS DE FRESNOY, Chevalier, Seigneur dudit lieu en 1305, présida à l'assemblée des Nobles en la Coutume de Senlis.

GILLES DU FRESNOY, Chevalier de l'Ordre du Roi, & Gentilhomme de sa Chambre, étoit d'une branche cadette de cette Maison.

GEORGES DU FRESNOY, Seigneur dudit lieu, de Bornel, de Neuilly-en-Thelle & d'Amblainvilliers, Chevalier de l'Ordre du Roi, Gentilhomme de sa Chambre, avoit épousé *Marie de Montmirail*, dont il eut:

CHARLES DE FRESNOY, Seigneur dudit lieu, de Neuilly, Bornel, Baillon, Quesnoy, &c., Chevalier des Ordres du Roi, Capitaine-Lieutenant des Chevaux-Légers de la Reine MARIE DE MÉDICIS, Conseiller d'Etat, marié avec *Anne de Vaudétare*, Dame du Palais de la Reine CATHERINE DE MÉDICIS, fille de *Louis de Vaudétare*, Chevalier des Ordres du Roi. De ce mariage sortirent plusieurs enfans:

1. HENRI DE FRESNOY, en faveur duquel la Terre & Seigneurie de *Fresnoy* fut érigée en *Marquisat*, par Lettres de LOUIS XIII, du mois d'Août 1652, registrées au Parlement, séant à Pontoise, le 10 ou 12 Octobre suivant, en considération de ses nom & armes, & de ses grands services, & de ceux de ses pères & ancêtres. Il avoit épousé, en 1635, *Charlotte de Belloy*, fille de *Jacques de Belloy*, Seigneur d'Amy, &c., & de *Renée de l'Isle-Marivaux*, sa seconde femme;

2. ACHILLE-LÉONOR, qui suit;

3. JEAN DE FRESNOY, Chevalier de Malte, Commandeur de Chelippe, puis de Sommereux & de Valèvre, & Grand-Prieur de Champagne.

4. Et JEANNE, fille d'honneur de la Reine CATHERINE DE MÉDICIS, mariée, le 7 Avril 1628, avec *François de Sens*, Seigneur de Morsau.

ACHILLE-LÉONOR, Seigneur & Marquis DE FRESNOY, par la mort de son frère, Maréchal-de-Camp, Conseiller d'Etat, avoit épousé, en 1658, *Léonore de Tusseau*, Baronne de Sautour, dont deux fils du nom de NICOLAS, rapportés l'un après l'autre.

NICOLAS, l'aîné, Marquis DE FRESNOY, avoit pris l'habit clérical, qu'il quitta pour se marier, à 60 ans, avec *Louise-Alexandrine de Coligny*, sœur puînée de la Marquise *de Nesle*, & du dernier mâle de la Maison de *Coligny*. Il mourut en Décembre 1733, à 74 ans, père de

MARIE, Marquis DE FRESNOY, Seigneur de Neuilly-en-Thelle, Baron de Tournenfy & Celles: c'eft l'aîné de cette Famille. Il a époufé, le 10 Octobre 1730, *Charlotte Rivié*, morte le 1ᵉʳ Novembre 1735, laiffant:

1. THOMAS-MARIE DE FRESNOY;
2. & 3. Et deux filles. L'aînée s'eft mariée, en Août 1751, à *Charles-François d'Orillac*, Seigneur des Terres de Saint-Pierre-ès-Champs, Talmontier & autres, Capitaine au Régiment de Limoufin, &c.

NICOLAS DE FRESNOY, fecond fils d'ACHILLE-LÉONOR, & de *Léonore de Tuffeau*, Marquis de Frefnoy, fut Cornette de Chevaux-Légers Dauphins, & époufa, le 12 Août 1693, *Marie-Madeleine des Effars*, fille du Marquis *de Maigneux*, dont pour fils unique:

JEAN-BAPTISTE DE FRESNOY, par la mort de fon frère aîné, Marquis de Frefnoy, Seigneur du Mény, Araut & autres lieux, Baron de Brefquen, Vicomte & Pair de Bergues, ci-devant Capitaine dans le Régiment du Roi, Infanterie, eft mort à Paris le 2 Juillet 1747, âgé de 50 ans; il étoit veuf, depuis le 27 Juillet 1741, de Dame *Marie-Anne des Chiens de la Neufville*, de laquelle il n'a laiffé qu'une fille unique:

MARIE-FLORE-AGLAÉ DE FRESNOY, née le 25 Janvier 1726, mariée, le 7 Octobre 1749, à *Ferdinand, Comte de Grammont*, ci-devant Chevalier de Malte.

Les armes: *d'or, au fautoir de fable.* (Voy. le *Mercure* d'Août 1747, ci-deffus cité, & le *Dictionnaire des Gaules*, tom. III, pag. 524.)

* FRESQUIENNE, Terre dans le pays de Caux, qui appartient à la Famille de *Romé de Vernouillet. Charles-Nicolas Romé*, Seigneur de *Frefquienne* au pays de Caux, mort, Préfident à mortier au Parlement de Rouen, le 7 Mai 1739, avoit époufé *Anne-Louife Bignon*, fœur de M. *Armand-Jérôme Bignon*, mort Prévôt des Marchands de Paris.

FRESSE ou FRESSIS, Famille originaire de Valenfole, où elle tenoit déjà un rang honorable dans le XIVᵉ fiècle, ainfi qu'il confte par deux états des chefs de Famille domiciliés en ladite Ville, confervés aux Archives de Sa Majefté en Provence.

BALTHAZAR DE FRESSE, Seigneur de Monval, fils de FRANÇOIS, & d'*Elifabeth de Giraud*, s'établit à Aix. Il fut reçu dans l'office de Confeiller du Roi, Auditeur en la Chambre des Comptes le 13 Juin 1684, & enfuite Confeiller en la même Cour le 6 Novembre 1692. Il avoit époufé, en 1684, *Thérèfe de Bougerel*, fille d'*Antoine*, Confeiller, Secrétaire du Roi en la Chancellerie de Provence, & d'*Elifabeth d'Eiguéfier*, de laquelle il eut entr'autres enfans:

1. ANTOINE, qui fuit;
2. FRANÇOIS, Jéfuite;
3. Et LOUIS-BALTHAZAR.

ANTOINE DE FRESSE, Seigneur de Monval, reçu Confeiller en la Cour des Comptes, Aides & Finances de Provence, le 27 Novembre 1706, a époufé, en 1716, *Gabrielle-Charlotte de Blacas*, des Seigneurs d'Aulps & de Vérignon, dont font iffus plufieurs enfans, entr'autres:

JOSEPH-SIMON-ALEXANDRE, qui fuit;
Et FRANÇOIS-XAVIER-GASPARD, Eccléfiaftique.

JOSEPH-SIMON-ALEXANDRE DE FRESSE, Seigneur de Monval, auffi reçu Confeiller en la Cour des Comptes, Aides & Finances de Provence, le 21 Avril 1742, s'eft allié, en 1746, avec *Marie-Thérèfe de Beraud*, de la ville de Nîmes, de laquelle il a des enfans.

Les armes: *de gueules, à une fafce d'argent accompagnée en chef de trois étoiles d'or en orle, & en pointe de trois croiffans d'argent, 2 & 1.* (*Hiftoire héroïque de la Nobleffe de Provence*, tom. I, pag. 421.)

FRÉTARD, ancienne Nobleffe originaire de Touraine, tranfplantée en Loudunois, & dont une branche s'établit en Beauce.

Suivant un Mémoire forti du cabinet de feu Piganiol de la Force, SIMON FRÉTARD, autrement dit FRETAUT, Chevalier, Seigneur de Turzay, floriffoit l'an 1250. Il époufa une Dame nommée *Peronnelle*, & en eut:

1. PIERRE, qui fuit;
2. Et JEANNE, femme de *Gauvain de Dercé*, Chevalier, comme porte un titre de l'an 1278.

II. PIERRE FRÉTARD, Chevalier, Seigneur de Turzay & de Saütonne, mort en 1297, laiffa de fa femme, dont on ignore le nom:

1. JOUBERT, qui fuit;
2. ROBERT, Seigneur de Sautonne, auteur d'une branche rapportée ci-après;
3. Et GUILLAUME, Chevalier.

III. JOUBERT FRÉTARD, Seigneur de Turzay, rendit aveu au Roi de cette Terre l'an 1331. Ses enfans furent:

1. Hugues, qui fuit;
2. Et Guillaume, Seigneur de *Sauve*, auteur de la feconde branche rapportée ci-après.

IV. Hugues Frétard, Seigneur de Turzay, époufa N... *du Bellay*, fille de *Guy du Bellay*, Chevalier, & de *Philippe de la Jumelière*. Ils vivoient enfemble ès-années 1365 & 1368, & laiffèrent pour fils :

V. Tristan Frétard, Seigneur de Turzay, allié à *Marie de la Boffaye*, reftée veuve en 1390. Elle rendit aveu au Roi, cette année, de la Seigneurie de Turzay. Ils eurent, entr'autres enfans :

VI. Jean Frétard, Seigneur de Turzay, qui époufa *Louife Gouffier*, fille de *Jean*, Seigneur de Glenouze & de Bonnivet, dont fortit :

VII. Olivier Frétard, Seigneur de Turzay, qui étoit, en 1432, Lieutenant du Sire de Gaucourt, au Château de Chinon. Il fut depuis Gouverneur de Meung. Nous ignorons fa poftérité.

BRANCHE
de Sauve.

IV. Guillaume Frétard, Seigneur de Sauve, fecond fils de Joubert, eut pour fils :

V. Guillaume Frétard, Seigneur de Sauve & de Braud, qui époufa *Marie de la Roche*, dont :

VI. Simon Frétard, Seigneur de Sauve & de Braud, marié à *Perrotte de Poffé*, de laquelle il eut :

VII. Pierre Frétard, Seigneur de Sauve & de Braud, lequel, de *Jeanne Petite*, fon époufe, fut père d'un fils & d'une fille, favoir :

Gilles, qui fuit ;
Et Catherine, femme de *Jean du Pleffis*, Seigneur du Pleffis & des Breux en 1407, fils de *Pierre*, IIIe du nom, Seigneur du Pleffis, & de *Radégonde Vigière*, Dame de Roys.

VIII. Gilles Frétard, Seigneur de Sauve & de Braud, s'allia, en 1427, à *Jeanne du Pleffis*, dite *Sarrazine*, fille de *Sauvage*, Seigneur de la Vernolière, & d'*Ifabeau le Groing*, dont entr'autres enfans :

IX. Antoine Frétard, Seigneur de Sauve & de Braud, lequel vivoit en 1453. Il eut pour fils :

X. Guillaume Frétard, Seigneur de Sauve, de Braud & de la Rivière-aux-Gantiers, dénommé dans une commiffion de l'arrière-ban de l'an 1491. Il fut père de

XI. Pierre Frétard, IIe du nom de fa branche, Seigneur de Sauve & de Braud, qui eut deux fils :

René, qui fuit ;
Et Philibert, Seigneur de Braud.

XII. René Frétard, Seigneur de Sauve, laiffa, entr'autres enfans :

Pierre Frétard, Seigneur de Sauve & de Primery, qui époufa *Jeanne du Pleffis*, fille de *Louis du Pleffis*, Ier du nom, Seigneur de Richelieu, & de *Françoife de Rochechouart*, de laquelle il n'eut point d'enfans.

BRANCHE
de Sautonne.

III. Robert Frétard, Seigneur de Sautonne, fecond fils de Pierre, Seigneur de Turzay & de Sautonne, fut Chambellan du Roi Philippe de Valois, qui le créa lui-même Chevalier. Il vivoit en 1328, & eut :

1. Robin, qui fuit ;
2. Et Jeanne, femme 1° de *Guy Odart*, Chevalier, Seigneur de Mons & de Baslon ; & 2° de *Guy de la Touche*, Chevalier, avec lequel elle dota la Chapelle de Saint-Vincent de l'Oratoire en 1372.

IV. Robin Frétard, Seigneur de Sautonne, mort, avant fon père, l'an 1344, avoit époufé *Philippe de Montejan*, Dame du Baftillé & de la Grange, dont vint entr'autres enfans :

V. Robert Frétard, Seigneur de Sautonne, qui fut tué à la bataille donnée près de Lufignan, l'an 1369. On ignore la filiation de cette branche, faute de Mémoire.

BRANCHE
établie en Beauce, dont on n'a point la jonction.

Claude de Frétard, iffu au feptième degré d'Hugues, Chevalier, Seigneur de Rochereau, & de *Jeanne de Bray*, qu'il avoit époufée en 1366, fut Seigneur d'Outarville & de Montdéfir, & préfent, le 20 Novembre 1619, à l'inventaire de Galéas de Frétard fon père. Il laiffa d'*Efther de Prunelé*, fa première femme, fille de *Jofias*, Seigneur de Guillerval, en Beauce, & Baron de Caniel, en Normandie, & de *Sufanne de Saint-Pol-des-Emandants* :

1. Louis, qui fuit ;
2. Et Charlotte, Dame d'Outarville, mariée, en 1663, à *Hector de Broffet*, Chevalier, Seigneur d'Arconville.

Louis de Frétard, Chevalier, Seigneur de Rocheux, épousa, par contrat, préfent *Suteau*, Notaire à Boinville-la-Saint-Père, le 29 Septembre 1633, *Jacqueline de Croye*, dont deux filles :

1. N... Frétard, qui fut mariée à *N... Lallier*, Ecuyer, Seigneur de Noires-Pinay, dont la poftérité fubfifte ;
2. Et Jacqueline, née le 3 Novembre 1663, qui s'allia, par contrat paffé devant *Imbault*, Notaire à Prafville, le 6 Juillet 1693, avec *Pierre d'Adonville*, Chevalier, Seigneur de Vaux & Nangeville en partie, dont poftérité.

Les armes : *de gueules, fretté d'argent.*

FRETAT DE BOISSIEUX, Famille noble, de laquelle étoit Jean-Baptiste de Fretat, Marquis de Boissieux, en Auvergne, Comte de Beaumont, Seigneur de Puibaudry, Jonfac, Lorme, &c., mort le 7 Novembre 1709. Il avoit époufé *Thérèfe de Villars*, fœur du Maréchal-Duc *de Villars*, décédé à Turin en 1734, de laquelle il a eu pour fils aîné :

Louis de Fretat, Comte de Boissieux, d'abord Capitaine au Régiment de Lorraine, puis Colonel d'un nouveau Régiment d'Infanterie, ci-devant Tarnault, par commiffion du 16 Février 1707. Ce Régiment ayant été réformé en 1714, il eut, en 1716, celui des Landes ; fut fait Brigadier d'Infanterie le 1er Février 1719 ; nommé Ambaffadeur en Danemark, en Avril 1725, où il n'alla pas ; fucceffivement Maréchal-de-Camp le 10 Février 1734 ; fut bleffé au combat de Parme le 29 Juin ; fait Infpecteur d'Infanterie au mois de Juillet ; fe trouva au mois de Septembre à la bataille de Guaftalla, où il fut encore bleffé ; fit la campagne de 1735 en Italie ; eut, au commencement de 1738, le commandement des troupes du Roi envoyées dans l'Isle de Corfe, pour y pacifier les troubles ; fut fait Lieutenant-Général des Armées de Sa Majefté, le 24 Février même année (1738) ; & eft mort le 1er Février 1739. (Extrait du *Mercure* de Février 1739, pag. 392.)

Les armes : *d'azur, à deux rofes d'or en chef, & un croiffant d'argent en pointe.*

FRETEL, en Normandie, Election de Coutances : *d'azur, à trois écuffons d'or, frettés du champ, & bordés d'argent, à la bordure componée d'argent & de gueules de 16 pièces.*

FREVAL, Sieur de Frefnes & du Manoir, même Province, Election de Vire : *d'azur, au dextrochère gantelé d'argent, tenant un éprevier longé du même.*

FREVILLE, même Province, Election d'Argentan : *d'argent, à trois tréfles de gueules, pofés en fafce, & furmontés de trois dards de flèche du même, 1 & 2.*

FRÉVILLE. Antoine de Fréville, Seigneur de la Haye, Boutot & autres Lieux en Haute-Normandie, d'une ancienne Nobleffe militaire de cette Province, a époufé N... de la Houffaye, dont il a eu 23 enfans, 5 garçons & 18 filles. L'aîné de fes fils, après avoir quitté le fervice, a époufé N... *de Fréville de l'Orme*, fa coufine germaine, dont il a plufieurs enfans.

Cette Famille porte pour armes : *d'argent, à trois flèches d'azur en pal, la pointe en bas, tréflées auffi d'azur à l'autre bout.*

FRÉVOL (de), en Languedoc : Famille divifée en plufieurs branches :

De la première eft Jean-Bruno de Frévol de la Coste, Ecuyer, Seigneur de la Cofte, &c., né le 25 Janvier 1728, ancien Officier au Régiment de Condé, marié, le 17 Novembre 1750, à *Françoife Barrial*, dont il a eu :

1. François-Bruno, né le 14 Novembre 1751, entré au fervice ;
2. Charles-Siméon, né le 21 Juin 1758, Elève à l'Ecole-Royale-Militaire ;
3. Joseph-Scipion, né le 9 Juillet 1759 ;
4. César-François-Alexandre, né le 12 Août 1761, mort en 176... ;
5. Louis-Etienne, né le 2 Septembre 1765 ;
6. Marie-Françoise, née le 27 Juin 1754 ;
7. Marie-Thérèse, née le 1er Février 1757 ;
8. Et Madeleine-Agathe, né le 5 Février 1763.

De la feconde branche eft Jean Louis de Frévol, Ecuyer, Seigneur d'Aubignac, né le 15 Octobre 1705. Il a fervi dans les Gardes-du-Corps du Roi, & s'eft marié, par contrat du 12 Février 1733, avec *Marie-Anne-Jeanne du Puy*, dont il n'a pas d'enfans. Il a été maintenu dans fa nobleffe d'extraction, ainfi que Jacques-François & Jean-Joseph de Frévol, fes frères, & Jean-Baptiste de Frévol, fon coufin, par Arrêt de la Cour des Comptes, Aides & Finances de Montpellier du 17 Février 1753.

Jean-Baptiste de Frévol-d'Aubignac, Chef de la troifième branche, né le 8 Décembre 1718, a fervi dans les Gardes-du-Corps du Roi avec honneur dans les dernières guerres jufqu'en 1745. Il avoit époufé, le 14 Juillet de la même année, *Françoife de Romieu*, fille de *Vital*, & de *Jeanne de Borelly*, dont il a eu :

1. Louis-Antoine, né le 15 Mai 1749, entré au fervice ;
2. Louis-Joseph, né le 23 Avril 1758, Elève à l'Ecole-Royale-Militaire ;
3. Jean-Baptiste, né le 13 Juin 1762 ;
4. Charles-Auguste-François-Xavier, né le 4 Novembre 1763 ;
5. Et Henriette.

Les armes : *de gueules, à deux lions d'or affrontés, tenant une roue de même fur un mont auffi d'or.* (Voyez l'*Armorial génér. de France*, reg. VI.)

*FREYSINGEN & RATISBONNE, Evêché en Allemagne.

Clément, fils du feu Roi *Augufte* de Pologne, né le 28 Septembre 1739, a été élu Evêque de *Freyfingen* le 18 Avril 1763, & de Ratisbonne le 27 des mêmes mois & an.

L'Evêché de Freyfingen eft poffédé actuellement par *Louis-Jofeph*, Baron de *Welden*, né le 11 Mai 1727, élu le 23 Janvier 1769.

* FRÉZEAU ou FRÉZEL DE LA FRÉZELIÈRE, Maifon originaire d'Anjou, connue en France fous le nom *de la Frézelière*. Elle eft, dit un Mémoire forti du cabinet de feu Piganiol la Force, une des plus anciennes & des mieux alliées du Royaume, puifqu'elle remonte, par filiation fuivie & fans aucune méfalliance, jufqu'à l'an 1030. Elle fait encore la preuve de 64 quartiers tous nobles, ce que les plus grandes Maifons ne font qu'avec beaucoup de peine, même dans les pays où l'on fe méfallie le moins. La Maifon de Frézel ne s'eft pas feulement foutenue en France avec diftinction, elle s'eft encore beaucoup plus illuftrée en Ecoffe, où elle eft parvenue à la dignité de Pair du Royaume, il y a près de 500 ans. Cette branche, qui s'eft multipliée, eft aujourd'hui divifée en trois, favoir : celles de Milord *Lovat*, Milord *Saltun* & Milord *Muchils*, tous Pairs, & qui ont eu l'honneur de s'allier avec la Maifon Royale, & toujours avec les premières du Royaume.

Les anciens Seigneurs du nom de Frézel ont donné leur nom à la terre de *la Frézelière*, dont les aînés ont porté le furnom depuis plus de 500 ans. Le nom de Frézel a changé depuis quatre fiècles en celui de Frézeau, par

adouciffement de la Dialecte françoife, comme ceux de *Brichantel* & *Paloifel*, qu'on nomme aujourd'hui *Brichanteau* & *Paloifeau*, & plufieurs autres ; mais la poffeffion immémoriale de la Terre de *la Frézelière* eft une preuve inconteftable que c'eft la même Maifon.

Le nom de Frézel s'eft auffi changé depuis quelques fiècles en Ecoffe, en celui de Fraser, à caufe des différentes prononciations des langues ; mais l'acte de reconnoiffance que les deux aînés des branches de France & d'Ecoffe ont paffé enfemble à Paris le 9 Avril 1705, dans lequel ils ont rapporté chacun leur filiation, & lequel eft figné de plufieurs de leurs parens, ne permet pas de douter que tous les Frézel ne foient de la même Maifon.

I. René Frézel, le premier connu de ce nom, vivoit en 1030, comme il paroît par les donations que lui & plufieurs autres Seigneurs avoient faites à l'Abbaye de Notre-Dame des Noyers en Touraine, lefquelles furent confirmées par une Déclaration du Roi Robert, donnée à Orléans la même année. Il eut de fa femme, dont le nom eft inconnu :

1. René, qui fuit ;
2. Simon, qui paffa en Ecoffe, où il s'établit, & laiffa une poftérité illuftre & nombreufe ;
3. & 4. Et deux filles, l'une mariée au Seigneur *de Sainte-Maure*, & l'autre au Baron *de Marmande*, l'un des plus grands Seigneurs du Poitou.

II. René Frézel, II° du nom, vivoit en 1084. Il avoit époufé la fille de *Maurice le Gros*, Seigneur de la ville de la Haye en Touraine, dont :

III. René Frézel, III° du nom, lequel eut de fa femme, dont le nom eft ignoré :

IV. N... Frézel, qualifié Chevalier dans une Charte de l'Abbaye des Noyers en Touraine, qu'il figna l'an 1161.

V. N... Frézel, fon fils, auffi qualifié Chevalier, fit, à l'imitation de fon père, une donation à la même Abbaye. On ne fait point fon alliance ; mais il fut père de :

VI. Albéric Frézel, Chevalier, Seigneur de la Frézelière, qui vivoit en 1240. On tient que c'eft lui qui, ayant mérité l'honneur de la Chevalerie dans les Croifades, fut un des premiers Seigneurs à qui les Papes accordèrent des dîmes inféodées, pour les récompenfer des dépenfes qu'ils avoient faites au recouvrement de la Terre-Sainte. Ce qui eft certain, c'eft que fes defcendans ont toujours poffédé celle de la Paroiffe de Loigné en Anjou, où eft fituée la Terre de la Frézelière. Il laiffa de *Perrotulle*, fa femme, GEOFFROY, qui fuit, par lequel commence la généalogie de cette Maifon dans Moréri.

VII. GEOFFROY FRÉZEL, Chevalier, Seigneur de la Frézelière, vivoit en 1270, & fut père de

VIII. JEAN FRÉZEL, Chevalier, Seigneur de la Frézelière, lequel eft qualifié *Monfeigneur*, ainfi que fon père, dans deux hommages-liges qu'on lui fit le 31 Janvier 1300, & le Jeudi d'après la Fête de Saint-Vincent 1329. Moréri ne nomme point fa femme, mais le Mémoire, d'après lequel nous écrivons, marque que ce fut *Alix de Champagne*, de la branche des Comtes de *la Suҳe*, de laquelle il eut:

1. LUCAS, qui fuit;
2. Et RENAUD, lequel traita, pour fon partage, le 13 Mars 1365, avec JEAN FRÉZEL, fon neveu.

IX. LUCAS FRÉZEL, Chevalier, Seigneur de la Frézelière, eft nommé dans un acte du mois de Mars 1355, avec fon époufe *Guyotte de Morillan*, Dame dudit lieu & de Champagné. Leurs enfans furent:

1. JEAN, qui fuit;
2. Et MARGUERITE, mariée à *Robert le Vexel*, Seigneur de la Ronchière, auquel elle porta en dot 300 florins d'or, & 60 livres de rente en terre.

X. JEAN FRÉZEL, IIᵉ du nom, Seigneur de la Frézelière en 1363, eft qualifié *noble & puiffant Seigneur & Monfeigneur*, dans un hommage-lige qu'il reçut le Dimanche après la Fête de Saint-Marc 1377, & dans un autre hommage que lui rendit *Pierre Quatrebarbes*, Seigneur de la Rongère, le 28 Avril 1390. Il époufa, 1º *Marie Pointel*, Dame de la Pointelière & du Houffay, fœur de *Jeanne Pointel*, Dame de Bois-Dauphin; & 2ᵘ *Marie d'Arquenay*, nommée exécutrice dans fon teftament du 4 Octobre 1401, dont il n'eut point d'enfans. Ceux du premier lit furent:

1. LANCELOT, qui fuit;
2. N... FRÉZEAU, mariée à *Jean de Nouaut*;
3. MARIE, alliée, le 8 Décembre 1390, à *Guillaume Morin*, Seigneur de la Porte, fils de *Guillaume* & de *Marie d'Angennes*;
4. Et JEANNE.

XI. LANCELOT FRÉZEAU, Chevalier, Seigneur de la Frézelière, de Champagné & de la Buzardière, Gouverneur de Laval, place

fort confidérable, à caufe de la guerre, alors déclarée entre la France & l'Angleterre, & qui lui fut confiée par le Roi, pour la conferver à *Anne*, Dame de Laval & de Vitré, fa coufine. Il donna fon aveu de la Terre de la Frézelière à *Gilles Cholé*. Il époufa, 1º le 22 Novembre 1403 ou 1405, *Jeanne de Tubœuf*, Dame dudit lieu & de Villiers-Charlemagne; & 2º en 1430, *Marie Papin*, Dame de Chemiré & de Montejan, veuve de *Jean de Fefchal*, Chevalier, Seigneur de Thiré & de Bourgon, laquelle fe maria en troifièmes noces à *Guy de Laval*, Seigneur de Pommereux. Cette troifième alliance de *Marie Papin* n'eft point rapportée par Duchefne, dans la *Généalogie de la Maifon de Laval*, fuivant laquelle, *Guy de Laval*, Seigneur de Pommereux, mourut en 1430, laiffant veuve *Catherine Turpin de Criffé*, fa feconde femme, laquelle fe remaria avec *Guy de la Roche-Guyon*. LANCELOT FRÉZEAU n'eut des enfans que de fa première femme, favoir:

1. LANCELOT, qui fuit;
2. ISABELLE, Dame de la Volue, de Chaffenay, de Tubœuf & de Villiers-Charlemagne, époufe de *Jean Quatrebarbes*, Chevalier, Seigneur de la Rongère, Confeiller & Chambellan du Roi;
3. MARIE, femme de *Jacques du Tertre*, Seigneur du Pleffis-de-la-Jaille;
4. Et JEANNE, mariée, 1º le 25 Mai 1442, à *Jean Briand*, Seigneur de Brézé & de Saint-Brice; & 2º en 1460, à *Jean de Champagne*, Seigneur de la Motte-Forchat.

XII. LANCELOT FRÉZEAU, IIᵉ du nom, Seigneur de la Frézelière, de Champagné, de la Roche-Thibaud, &c., mérita, par fes belles actions, dès l'âge de 20 ans, l'honneur de la Chevalerie. Il eft qualifié *très-noble & très-puiffant Seigneur* & auffi *Monfeigneur*, dans un hommage-lige qu'on lui rendit le 10 Novembre de l'année fuivante. La dernière de fes fœurs, JEANNE, fe plaignant de n'avoir eu pour dot que 800 royaux d'or, au lieu qu'ISABELLE, fa fœur aînée, avoit eu 1000 vieux écus d'or, outre plufieurs fiefs & domaines, le fit condamner à lui faire un fupplément, par Sentence du Lieutenant du Bailli de Touraine à Chinon, rendue le 29 Juillet 1447. LANCELOT époufa 1º *Jeanne Bouju*, Dame de Poffons au Maine; & 2º *Anne Hay*, qui fe remaria à *Jacques du Chefne*, Seigneur du Parenau & de Miré. Du premier lit il eut:

1. René, qui fuit.

Et du fecond lit vinrent :

2. & 3. Ambroise & Gillès, le dernier, Seigneur de Champagné & de Miré, mort fans poftérité de fes deux femmes Renée du Chefne & Marquife le Moine ;

4. & 5. Anne & Catherine ;

6. Et Jeanne, mariée à Philippe de Charnacé, Seigneur dudit lieu & de Beauchêne en 1488.

XIII. René Frézeau, IVe du nom, Seigneur de la Frézelière, du Pleffis, de la Roche-Thibaud, &c., fervit avec la Nobleffe d'Anjou dans l'arrière-ban qui fut commandé, en 1471, par Guy de Laval, Seigneur de Loué, Sénéchal de cette Province. Il avoit époufé. 1° Jeanne le Sénéchal de Kercado, d'une ancienne Maifon de Bretagne ; & 2° Catherine Pierre, Dame du Châtelet. Il eut du premier lit :

1. Lancelot, qui fuit.

Et du fecond lit vinrent :

2. Jean, mort fans poftérité ;

3. Et Jeanne, mariée 1° à Antoine le Maire, Seigneur du Pleffis-au-Maire ; & 2° à Abel des Seillons, Seigneur de Sévigné, au fils duquel elle maria Catherine le Maire, fa fille du premier lit.

XIV. Lancelot Frézeau, IIIe du nom, Seigneur de la Frézelière, de Poffons, de la Gannetière, &c., époufa, le 10 Août 1489, Françoife de Bournan, fille de Charles de Bournan, Seigneur du Coudray, & de Marguerite de Valée, Dame de Montejan, dont :

XV. René Frézeau, Ve du nom, Chevalier, Seigneur de la Frézelière, de la Gannetière, &c., qui époufa, le 31 Mai 1524, Françoife Milet, fille de Thomas Milet, Seigneur du Châtelet au Maine, & de Marguerite de la Barre. Ses enfans furent :

1. Philippe, qui fuit ;

2. René, auteur de la branche des Seigneurs de la Gannetière, aujourd'hui Marquis de la Frézelière, rapportée ci-après.

XVI. Philippe Frézeau, Seigneur de la Frézelière & de la Roche-Thibaud, Chevalier de l'Ordre du Roi, Lieutenant-Général du Haut & Bas-Poitou, Gouverneur de Niort, & Capitaine de 100 hommes d'armes fous le règne de Charles IX, partagea, avec fon frère, les biens de leur père le 30 Octobre 1561. Ce fut lui qui défendit avec tant de bravoure & de fuccès, en 1574, la ville de

Carentan contre le Comte de Montgommery, Chef des Proteftans en Normandie. Le Roi Henri III, pour reconnoître fa valeur, le confirma dans la poffeffion de fes charges, auxquelles il ajouta, en 1581, celle de Gentilhomme ordinaire de fa Chambre, & en 1585 il renouvela fa commiffion, pour commander en Poitou, fous le Seigneur de Malicorne, avec la même autorité qu'il avoit eue fous le Comte du Lude. Il moufut en 1590, après avoir fignalé pendant toute fa vie fon attachement inviolable pour la religion Catholique. Il avoit époufé, le 31 Août 1560, Guyonne du Puy-de-Bacher, Dame d'Amailloux, veuve d'Amon Goulard, Seigneur de Marcé, & mère d'Hélène Goulard, femme de François de la Rochefoucauld, Baron de Montendre. Il eut pour enfans :

1. François, Seigneur de la Frézelière, Gentilhomme ordinaire de la Chambre du Roi, Capitaine d'une Compagnie de 200 hommes de pied, mort fans alliance ;

2. Et Jacques, qui fuit.

XVII. Jacques Frézeau, Chevalier, Seigneur de la Frézelière, d'Amailloux & de la Roche-Thibaud, &c., foutint parfaitement la réputation que fon père s'étoit acquife. Dès l'an 1589, il commanda, fous le nom de Seigneur d'Amailloux, les Compagnies de Chevaux-Légers & d'Arquebufiers, & eut enfuite une Compagnie de 50 hommes d'armes. Henri IV lui donna le commandement de la ville de Poitiers, avec une penfion de 3000 livres ; & en 1614, il eut une charge de Gentilhomme ordinaire de la Chambre ; reçut, en 1620, le Brevet de Maréchal-de-Camp, & mourut en 1626. Il avoit époufé, 1° le 5 Mai 1594, Sufanne Berruyer, Dame de Tafonneau en Touraine, fille de Pierre Berruyer, Seigneur de Courbalin, & de Françoife de la Voue ; & 2° Jacqueline de Menon, veuve de Jean de Savonnières, Seigneur de Saint-Germain, & fille de François de Menon, Seigneur de Turbilly, & d'Anne de la Trémoille. Du premier lit vinrent :

1. Isaac, qui fuit ;

2. Et Diane, femme, le 7 Avril 1620, d'Hippolyte de Linières, Seigneur de la Bourbelière & de la Rochette en Poitou.

XVIII. Isaac Frézeau, Chevalier, Marquis de la Frézelière, Seigneur d'Amailloux, & de Tafonneau, Maréchal-des-Camps & Armées du Roi, Capitaine d'une Compagnie

d'Ordonnance, Colonel du Régiment de Touraine; fe fignala par de grandes actions tant
fur terre que fur mer; mais furtout au fiège
de la Rochelle, où il commandoit un Vaiffeau, & dans la Valteline, où Henri, Duc de
Rohan, témoin de fa bravoure & de fa conduite, le jugea digne des plus grands emplois. Il fut tué, en 1639, au fiège de Hefdin,
dont le Gouvernement lui avoit été promis
en attendant de plus amples récompenfes; &
le Cardinal de Richelieu, qui fe connoiffoit
en mérite, lui avoit écrit une lettre le 4 Janvier de la même année, par laquelle il lui
marquoit, que Sa Majefté fatisfaite de fes fervices, devoit l'employer l'année fuivante du
côté de l'Efpagne. Il avoit époufé, en 1615,
Madeleine de Savonnières, fille de *Jean*,
Gentilhomme ordinaire de la Chambre du
Roi, & Meftre-de-Camp d'Infanterie, & de
Jacqueline de Menon. Cette Dame fe maria
en fecondes noces, au mois de Février 1642,
avec *René de Chaumejan*, Marquis de Fourilles, Grand-Maréchal-des-Logis de la Maifon du Roi. Elle eut du premier lit:

1. CHARLOTTE-MARIE, Dame de la Frézelière,
   mariée, le 18 Novembre 1648, à FRANÇOIS
   FRÉZEAU, fon coufin, Marquis de la Frézelière, rapporté à la branche fuivante;
2. Et ANNE, morte le 7 Mars 1705, âgée de
   72 ans, femme de *René Rouxel*, Baron de
   la Roche-Milay en Nivernois, Marquis de
   Saché en Touraine, fils de *René Rouxel*,
   Baron de Saché, & de *Marguerite de Montmorency*.

BRANCHE
des Seigneurs de la GANNETIÈRE, aujour-
d'hui Marquis de la FRÉZELIÈRE.

XVI. RENÉ FRÉZEAU, fecond fils de RENÉ,
V^e du nom, & de *Françoife Milet*, Seigneur
des Rochettes & de la Gannetière auprès du
Lude, d'Azay en Touraine & de Balou au
Maine, partagea avec PHILIPPE, fon frère aîné,
le 30 Octobre 1561, & fut nommé, avec lui,
exécuteur du teftament de *Françoife Milet*,
leur mère, le 10 Mars 1582, étant veuf de
Catherine de Couffard, Dame de Venuelles,
& de *Jacqueline Amenart*, fes deux premières
femmes; il époufa, 3º le 3 Septembre 1576,
Charlotte de la Grandière, veuve de *Charles
Pinart*, Seigneur des Roches, de Marfon, &
fille de *René*, Seigneur de Mont-Jouffray &
de Mons, & de *Marguerite de Sarcé*. Il mourut le 27 Mai 1614, à l'âge de 84 ans, fans

laiffer d'enfans du premier lit. Il eut du fecond:

1. CLAUDE, femme de *N..*, *d'Efcars*, Seigneur
   des Loges en Poitou.

Et du troifième lit vinrent:

2. JACQUES, qui fuit;
3. CHARLES, tué, en 1601, en Hongrie, où il
   fervoit fous M. de Mercœur;
4. RENÉE, mariée, le 6 Septembre 1602, à
   Charles Fouquet, Seigneur de Marcilly en
   Anjou;
5. Et ANNE, morte après l'an 1626, fans enfans de fon mariage avec *Charles de Mon-
   teclair*, Seigneur du Pleffis & de Torchebet
   au Maine.

XVII. JACQUES FRÉZEAU, Chevalier, Seigneur de la Gannetière, des Rochettes & de
Lublé, tefta le 24 Mai 1644. Il avoit époufé,
le 28 Septembre 1621, *Marguerite de Montmorency*, fille de *Pierre*, Seigneur de Lau-
reffe & d'Avaugour, Chevalier de l'Ordre du
Roi, Capitaine de 50 hommes, & Gouverneur du Perche & Château-du-Loir, & de
Sufanne de Rieux-Acérac, & laiffa:

1. RENÉ, Seigneur des Rochettes, mort fans
   alliance à 21 ans, étant Enfeigne dans le
   Régiment Royal;
2. FRANÇOIS, qui fuit;
3. Et CHARLES-FRANÇOIS, Seigneur de Lublé,
   Capitaine de Cavalerie au Régiment de
   Chappes, tué à la bataille de Lens en 1648.

XVIII. FRANÇOIS FRÉZEAU, Chevalier, Seigneur de la Gannetière, des Rochettes, de
Lublé, Marquis de la Frézelière & de Mons
en Loudunois, Baron de Laffé & du Bouchet
en Anjou, né le 10 Juin 1623, fucceffivement
Colonel du Régiment de Touraine, s'éleva
par fa valeur à la dignité de Maréchal-de-
Camp en 1677, & fut revêtu, l'année fuivante, de celle de Lieutenant-Général de l'Artillerie de France. Les fervices importans &
affidus qu'il rendit à l'Etat dans les fonctions
dangereufes de cette charge, tant en Flandre
qu'en Allemagne, engagèrent le Roi à lui
donner, en 1682, le Gouvernement de la ville
& des forts de Gravelines, & en 1684, celui
de la ville & des forêts de Salins. Il fut fait
Lieutenant-Général des Armées de S. M. en
1688, & mourut le 3 Mai 1702. Il avoit époufé, le 18 Novembre 1648, CHARLOTTE-MARIE
FRÉZEAU, fa coufine, morte le 30 Décembre
1700, âgée de 70 ans, fille aînée d'ISAAC FRÉ-
ZEAU, Chevalier, Marquis de la Frézelière, &

de *Madeleine de Savonnières*. Ils ont eu pour enfans :

1. ANTOINE-FRANÇOIS FRÉZEAU DE LA FRÉZE-LIÈRE, Chevalier de Malte & Colonel du Régiment de Touraine, mort des bleſſures qu'il avoit reçues au combat de Sénef en 1674 ;
2. JEAN, Chevalier de Malte & Colonel du Régiment de Touraine, tué, en 1677, au ſiège de Saint-Omer, après avoir fait les fonctions de Lieutenant-Général de l'Artillerie à la bataille de Caſſel, au gain de laquelle il contribua extrêmement, ſelon le témoignage même qu'en rendit au Marquis de la Frézelière, ſon père, MONSIEUR, frère unique du Roi ;
3. CHARLES-MADELON, né le 4 Septembre 1656, & reçu Page du Roi dans ſa Grande-Ecurie. Il ſervit dans l'Artillerie avec la même diſtinction que ſes frères, & renonça enſuite à tous les honneurs de ſa Maiſon, pour embraſſer l'Etat Eccléſiaſtique. Après avoir été pourvu de l'Abbaye de Saint-Sever de Coutances en 1690, il s'acquitta dignement des fonctions de Grand-Vicaire de Strasbourg en 1693, & fut nommé, la même année, à l'Evêché de la Rochelle, où il mourut le 4 Novembre 1702, après avoir rempli dans toute leur étendue, les devoirs les plus ſaints de l'Epiſcopat ;
4. ISAAC, tué au ſervice du Roi, en Allemagne, en 1673, à l'âge de 14 ans ;
5. JEAN-BAPTISTE-FRANÇOIS - ANGÉLIQUE, qui ſuit ;
6. MARIE-ANNE FRÉZEAU DE LA FRÉZELIÈRE, mariée, le 20 Octobre 1687, à *Georges-Henri de Maillé*, Marquis de la Tour-Landry & de Jalène ;
7. Et MARIE-CATHERINE, morte Religieuſe au Roncéray d'Angers.

XIX. JEAN-BAPTISTE-FRANÇOIS-ANGÉLIQUE FRÉZEAU, Chevalier, Marquis de la Frézelière, de Mons & de Germigny, Baron de Laſſé, &c., né le 17 Avril 1672, Lieutenant-Général des Armées du Roi, & premier Lieutenant-Général commandant l'Artillerie de France, mort le 19 Octobre 1712. Il avoit épouſé, le 11 Mars 1690, *Paule-Louiſe-Marie Briçonnet*, fille de *François-Bernard*, Marquis d'Oyſonville, Seigneur de Germigny, & de *Françoiſe le Prévoſt*, Dame d'Oyſonville, héritière de ſa Famille. De ce mariage ſont iſſus :

1. FRANÇOIS-ISAAC-LANCELOT, qui ſuit ;
2. GEORGES-HENRI, né le 17 Septembre 1694, reçu Chevalier de Malte au berceau, mort en 1701 ;

3. HILARION, né le 2 Décembre 1703, auſſi reçu Chevalier de Malte au berceau ;
4. Et FÉLICITÉ-PERPÉTUE, née le 6 Janvier 1691, Religieuſe à Hautes-Bruyères.

XX. FRANÇOIS-ISAAC-LANCELOT FRÉZEAU, Marquis de la Frézelière, né le 9 Octobre 1692, a épouſé *N.... de Boudeville*, nièce du Poëte *le Roy*, Chevalier de l'Ordre du Roi, dont eſt iſſue :

MARIE-MADELEINE DE LA FRÉZELIÈRE, mariée, le 14 Mars 1724, à *Nicolas Doublet*, III° du nom, Marquis de Perſan, &c., Maître des Requêtes & Intendant du Commerce, dont poſtérité.

Les armes : *burelé d'argent & de gueules de 10 pièces, à une cotice d'or brochante ſur le tout.* Supports : *deux lions d'or.* Cimier : *un lion naiſſant de même.*

* FREZIN, Seigneurie en Brabant, dans le Comté de Looz, qui fut érigée en *Baronnie* en 1592, puis en *Comté*, par Lettres de l'Archiduc ALBERT, du 20 Mars 1602, en faveur de *Charles de Gavre*, Comte de Beaurieux & du Saint-Empire, qui de ſa première femme *Marguerite*, Comteſſe *de la Marck*, eut *Charles de Gavre*, Comte de *Frezin* & du Saint-Empire, marié à *Françoiſe de Renty*. Leur fils aîné, *Pierre-Erneſt de Gavre*, eut *François-Dominique de Gavre*, Comte de *Frezin*, qui teſta à Madrid le 11 Novembre 1640. Après ſa mort les Comtés de *Frezin* & de Péer paſſèrent à Dom *Carlos de Gavre*, Baron de Hamal, Chevalier, Majordome de la Reine Douairière de CHARLES II, fils de Dom *Albert de Gavre*, Comte du Saint-Empire. Dom *Carlos*, qui ne prit point d'alliance, inſtitua pour ſon héritier univerſel des Comtés de *Frezin* & de Péer, ſon couſin, *Raze-François de Gavre*, Marquis d'Aiſeau, père du Prince de Gavre. Voyez GAVRE.

FRIBOIS, Famille de la Province de Normandie, Election de Falaiſe : *d'azur, à 3 faſces d'argent, ſurmontées de 6 roſes d'or, 3, 2 & 1.*

FRICHES-DORIA DE BRASSEUSE (DES). Cette Famille, dit le *Mercure de France* du mois de Juin 1746, pag. 195 & 196, eſt diſtinguée par ſon ancienneté, par ſes alliances & par ſes ſervices militaires. ANDRÉ-JOSEPH DES FRICHES-DORIA DE BRASseuse, dit le Marquis Doria, Seigneur de Cayeu, de l'Efquipée, de Cernoy, du Pleffis & de Bachimont, &c., Chevalier de Saint-Louis, ci-devant Capitaine de Cavalerie au Régiment de Fiennes, eft veuf, depuis le 18 Octobre 1723, de *Marie-Anne Colbert de Villacerf*. Il époufa, le 28 Avril 1746, *Per-rette-Françoife de Lefquen de la Villeme-neuft*, fille de *Jofeph de Lefquen*, Seigneur de la Villemeneuft en Bretagne, Brigadier des Armées du Roi, & Commandeur de l'Ordre de Saint-Louis, & de *Barbe-Margue-rite-Perrette de Garnier-de-Grandvilliers*.

André-Joseph des Friches-Doria eft fils de François des Friches-Doria de Brasseuse, Seigneur de Cayeu, dans l'Election de Mont-didier, & d'*Anne du Fos*, & petit-fils de François des Friches-Doria, Chevalier, Seigneur de Cayeu & de Cernoy, élevé Page de la Pe-tite-Ecurie du Roi, puis l'un des Ecuyers ordinaires de Sa Majefté, & d'*Anne de Mo-reuil-Caumefnil*, lequel François des Fri-ches fut inftitué héritier de la Terre de Cer-noy & autres lieux, par le teftament de Pierre Doria, fon oncle, Capitaine de la Galère de la Reine, mère du Roi, du 8 Juin 1630, à condition, pour lui & fes defcendans mâles, de porter le nom & les armes de la Maifon de Doria, l'une des quatre premières de l'Etat de Gênes. Voyez DORIA.

Les armes : *d'azur, à la bande d'argent, chargée de trois défenfes de fable, & de deux roues du fecond, n'ayant chacune que quatre rais*.

* FROGENT (SAINT-), Subdélégation de Bellême. La Baronnie de Saint-Frogent eft poffédée par M. l'Evêque de Séez, dont la Haute-Juftice relève uniquement de la Grand' Chambre du Parlement de Paris.

FROGER. C'eft une des anciennes No-bleffes de la Province de Normandie, atta-chée aux Comtes d'Alençon, & enfuite aux Ducs de Normandie, connue dès l'an 1100, laquelle, dans ce tems, a produit un Evêque de Séez, qui donna plufieurs revenus à l'Ab-baye de Sainte-Barbe en Auge. Elle étoit di-vifée en trois branches : l'une, connue fous le nom *du Mefnil*, qui s'eft éteinte par le décès d'un ancien militaire, dans le dernier fiècle 1600, aux environs de Falaife ; l'autre, con-nue fous le nom de *du Val*, a quitté la Pro-vince de Normandie il y a environ 200 ans,

pour aller habiter le pays d'Aunis. Elle y a fait fouche, & eft aujourd'hui connue fous les noms de *la Rigaudière* & de *l'Eguille*, dont nous parlerons ci-après ; la troifième eft con-nue fous le nom d'*Ignaucourt*, Paroiffe & Seigneurie en Picardie fous la Coutume de Montdidier : nous en parlerons auffi. Cette Famille a été maintenue dans fa Nobleffe en 1670, par un Arrêt du Confeil d'Etat du Roi, où il eft fait mention des précédentes recher-ches jufqu'en 1300, dans lefquelles elle l'a toujours juftifiée. Les donations faites par le Seigneur de Froger, Evêque de Séez, en 1100, à l'Abbaye de Sainte-Barbe en Auge, font rapportées dans Arthur du Mouftier, *Traité des droits honorifiques*, & dans *l'Hiftoire Eccléfiaftique* par l'Abbé Fleury. Ce Prélat, en 1158, étoit Confeiller d'Etat & Aumônier du Roi d'Angleterre. Ce fait eft rapporté dans *l'Hiftoire de Saint-Thomas*, Archevêque de Cantorbéry, contemporain du-dit Seigneur de Froger, par le Cardinal Ba-ronius, 1169, N° 4. Il l'eft encore dans une procédure de l'année 1670, entre le Seigneur Evêque de Séez de ce tems, & fon Théologal, à l'occafion d'un Mandement dudit Evêque, en date du 28 Mai 1665. Cette Famille, mal-gré fon ancienneté, par la perte de fes titres, caufée par les longues guerres entre la France & l'Angleterre, ne peut remonter fa filiation que jufqu'à l'an 1400, ainfi qu'il a été juftifié devant Raymond de Montfaut en 1463. Ainfi nous n'en commencerons la filiation fuivie qu'à

I. Louis de Froger, Ecuyer, vivant en 1400. Il eut de fa femme, dont on ignore le nom :

II. Jacques de Froger, Chevalier, Sei-gneur du Mefnil, marié, 1° en 1478, à *Olive de Gourfalleur* ; & 2° en 1496, à Jeanne de Froger, qui portoit les mêmes armes que lui, & par conféquent étoit fa parente. Il en eut :

1. Pierre, qui fuit ;
2. Nicolas, lequel fut marié & eut deux gar-çons :

    Philippe & Charles, morts fans pofté-rité.

3. Et Jean, qui eut auffi deux fils :

    Guillaume & Jean, Ecuyers, le dernier marié à *Jacqueline Thonaye*, dont il n'eut point d'enfans.

III. Pierre de Froger, Chevalier, Seigneur du Mefnil, eut de fon mariage, contracté en 1531, avec *Marie de Caillouey* :

1. Jacques, qui fuit;
2 Et Marie, alliée à *Pierre de Bellot*, Ecuyer, Seigneur de Caillonville.

IV. Jacques de Froger, IIᵉ du nom, Chevalier, Seigneur du Val, époufa, 1º en 1550, *Françoife de Berey*; 2º en 1572, *Françoife de Camproger*; & 3º en 1584, *Anne de Vivien*, de la Famille de la *Champagne-Vivien*, dont ceux de ce nom font Seigneurs de la Paroiffe de Plomb, proche d'Avranches, & plufieurs jufqu'aujourd'hui font Lieutenans-Généraux de cette ville. Jacques de Froger laiffa :

1. Pierre, qui fuit;
2. Jean-André, mort fans alliance;
3. Guillaume, auteur de la feconde branche rapportée ci-après;
4. Jacques, marié à *Jacqueline le Roy*, qui le rendit père de

Guillaume, allié à *Sufanne Robin*, dont un fils nommé

Guillaume, mort garçon.

5. & 6. Claude & Nicolas, ce dernier, auteur d'un rameau éteint au troifième degré.

V. Pierre de Froger, IIᵉ du nom, Chevalier, Seigneur d'Ignaucourt, fervit, par ordre du Roi, en 1616, dans l'arrière-ban à Pontorfon, en qualité de Lieutenant, fous la charge de M. de Montgommery, Capitaine-Commandant. Il époufa, en 1595, *Françoife d'Aumefnil*, fille de *Pierre*, Ecuyer, Seigneur de Bretteville, Lignières, Bois-d'Aulne, Coudeville, &c., & de *Marie d'Ofmond*. De ce mariage vinrent:

1. Michel, qui fuit;
2. Et Jacques, Ecuyer.

VI. Michel de Froger, Chevalier, Seigneur d'Ignaucourt, fut maintenu dans fa nobleffe par Arrêt du Confeil du 3 Mars 1670. Il époufa, en 1625, *Jeanne Dievavant*, laquelle avoit pour fœurs *Marie* & *Madeleine*, l'une mariée au Marquis *de Mailloc*, & l'autre au Marquis *de Franquetot*: c'eft de ce mariage qu'eft iffu, en ligne directe, le feu Maréchal Duc de Coigny. Michel eut pour enfans :

1. André, qui fuit;
2. Jean, Ecuyer;
3. Et Marie-Louife, morte fille.

VII. André de Froger, Ecuyer, Seigneur d'Ignaucourt, s'allia, en 1674, avec *Hélène du Vivier*, fille de *Henri*, Ecuyer, dont :

1. Jacques-Henri, qui fuit;
2. Michel-André, lequel paffa en Angleterre, où il fut tué dans une bataille, étant Officier dans le Génie;
3. Et Marie-Louife, femme de *Henri le Fanu*, Ecuyer, Seigneur de Bréville.

VIII. Jacques-Henri de Froger, Ecuyer, Seigneur de Cauvigny, a époufé, en 1701, *Catherine de Malfilaftre de la Hiaulle*, dont:

1. Jacques-Henri, qui fuit;
2. Gabriel, rapporté après fon aîné;
3. Et Barbe, mariée 1º à *Jean-Jacques Filleul*, Ecuyer, Seigneur de Berville près de Saint-Pierre-fur-Dive, dont elle a eu une fille; & 2º à *Jacques des Hayes*, dont auffi une fille.

IX. Jacques-Henri de Froger, IIᵉ du nom, Chevalier, Seigneur d'Ignaucourt, s'eft allié, en 1749, à *Marie-Anne le Héricy de la Morandière*, nièce de la femme de Gabriel, fon frère puîné. De ce mariage eft iffu :

Jacques-Henri-Alexandre, dit le Chevalier d'Ignaucourt, Garde de la Marine au Département de Rochefort, au mois de Mai 1767.

IX. Gabriel de Froger, Ecuyer, Seigneur de Cauvigny, a époufé, en 1725, *Marie de Héricy de la Morandière*, dont font iffus:

1. Gabriel-Jean-Charles, Ecuyer, Sieur du Défert;
2. Jacques-Louis, Ecuyer, Seigneur de Cauvigny;
3. Et Marie-Louife, non mariée.

BRANCHE
des Seigneurs de la Rigaudière *& de* l'Eguille, *établie au Pays d'Aunis.*

V. Guillaume de Froger, Ecuyer, fils puîné de Jacques, IIᵉ du nom, Seigneur du Val, eut de fa femme, dont le nom eft ignoré:

VI. André de Froger, Ecuyer, Lieutenant-Colonel d'un Régiment d'Infanterie, qui époufa, en 1669, *Judith Briffon*, & en eut :

1. Michel-Joseph, qui fuit;
2. André, rapporté après frère aîné;
3. Henri-André, Seigneur, Baron de Champagne, Chevalier de Saint-Louis, Commandant des Gardes-Côtes au Département de Marennes, marié à *Angélique de Morel de la Chebaudie*, dont:

Henri-Auguste, Ecuyer.

4. Et Louis-Honoré, ancien Lieutenant-Com-

mandant pour le Roi à Port-de-Paix, à Saint-Domingue, Chevalier de Saint-Louis, marié à *Marguerite Tifon d'Argence*, dont une fille.

VII. MICHEL-JOSEPH DE FROGER, Chevalier, Seigneur de l'Eguille, Lieutenant-Général des Armées navales, Commandeur & Grand' Croix de l'Ordre de Saint-Louis, & Commandant de la Marine à Rochefort en 1769, eſt mort à Angoulême le 5 Septembre 1772, âgé de 70 ans. Il avoit épouſé *Marie-Thé-rèſe de Gaudion*, dont :

 1. MICHEL-HENRI, Ecuyer, ci-devant Garde de la Marine, Enſeigne de Vaiſſeau en 1768 ;
 2. Et N.... DE FROGER, dit *le Chevalier de l'Eguille*, Garde de la Marine.

VII. ANDRÉ DE FROGER, Ecuyer, laiſſa de *Judith Enau*, ſon épouſe :

VIII. MICHEL-ANDRÉ DE FROGER, Ecuyer, Seigneur de la Rigaudière, Officier de Marine, qui a épouſé *N... de Baudouin de Laudonie*, dont eſt iſſu :

ANDRÉ DE FROGER, Seigneur de la Rigaudière, Chevalier de Saint-Louis, Capitaine des Vaiſſeaux de la Compagnie des Indes. Il eſt marié & a des filles. (Mémoire envoyé.)

 Les armes : *d'azur, au chevron d'or, ſurmonté d'une étoile du même, & accompagné de 3 dards ou flèches de gueules, 2 en chef, & 1 en pointe.* Supports : *deux lévriers de ſable colletés d'or; l'écu ſurmonté d'une couronne de Marquis.* Cimier : *un caſque de profil, orné de ſes lambrequins d'or, d'azur & de gueules.*

FROIDOUR (DE), Famille noble dont eſt ELISABETH DE FROIDOUR, mariée, près de Coucy-le-Château, à *Joſeph de la Fons*, Chevalier, Seigneur de Pont-Saint-Mard, Lieutenant au Régiment de Picardie, Major de Coucy, ſecond fils de *François de la Fons*, Chevalier, Seigneur de Saint-Algis, d'une Famille originaire de Picardie, & de *Marie Garipeaux.* Voyez FONS (DE LA).

 Les armes DE FROIDOUR ſont : *d'azur, à trois lions d'argent lampaſſés de gueules, 2 en chef, & 1 en pointe.*

FROISSARD, ancienne Nobleſſe du Comté de Bourgogne, connue dès l'an 1279, que vivoit noble homme ANTOINE FROISSARD, Ier du nom, Ecuyer, Seigneur de Belpaur. Voyez les preuves de *Louiſe-Antoinette-Gabrielle de Froiſſard-Broiſſia*, au Chapitre des Cha-

noineſſes de Pouſſay. On trouve auſſi de cette Famille PHILIBERT FROISSARD, Ier du nom, Ecuyer, qui vivoit en 1388, mais ſa filiation ſuivie ne commence qu'à

I. HUGUENIN FROISSARD, Ecuyer, Seigneur de Largillay, qui eut de ſa femme, dont on ignore le nom :

II. LOUIS FROISSARD, Ecuyer, qui épouſa, le 10 Juin 1427, *Marie de Belchemin*, Dame de la Ronce, de laquelle vint :

III. JEAN FROISSARD, Ecuyer, Seigneur de la Veſvre, lequel ſe maria, le 21 Août 1447, avec *Jeanne du Saix*, fille d'*Amé du Saix*, Ecuyer, dont il eut :

IV. ANTOINE FROISSARD, IIe du nom, Ecuyer, Seigneur de la Veſvre, marié, le 15 Avril 1485, à *Adriane du Saix*, fille d'*Humbert du Saix*, Seigneur de Barbarelles, Beaumont, & d'*Antoinette de Gletteins* (ces deux alliances avec la Maiſon *du Saix*, ſont citées dans l'*Hiſtoire de Breſſe & du Bugey de Guichénon*, pag. 360 & 366). Ils eurent :

 1. PHILIBERT, qui ſuit ;
 2. CLAUDE, lequel comparut au ban & arrière-ban du Bailliage d'Aval, du 20 Janvier 1552. Il n'eut qu'une fille :
  N... FROISSARD, mariée à noble *Benoît-Bertrand de Frontenay.*
 3. Et CATHERINE, alliée à noble homme *Bertrand de Frontenay.*

On trouve encore HUGUES FROISSARD, Célérier de la noble Abbaye de Beaume, qui vivoit en 1525.

V. PHILIBERT FROISSARD, IIe du nom, Ecuyer, épouſa *Antoinette Doiroz*, dont il eut :

 1. JACQUES, qui ſuit ;
 2. ANATOILE, auteur de la première branche de FROISSARD-BROISSIA, rapportée ci-après ;
 3. SIMON, Prêtre ;
 4. 5. & 6. Et trois autres Eccléſiaſtiques ou Religieux.

VI. JACQUES FROISSARD, Ecuyer, ſe maria avec *Guillemette de Servez*, fille de noble homme *Jean de Servez*, de laquelle vinrent :

 1. SIMON, qui ſuit ;
 2. 3. & 4. CLAUDE, ANATOILE & CATHERINE : ils partagèrent le 9 Février 1570.

VII. SIMON FROISSARD, Ecuyer, reprit de fief du Roi le 6 Juin 1588, fut premier de la Chambre des Comptes de Dôle en 1590, & avoit épouſé, le 20 Mars 1568, *Claudine d'Agay*, fille de noble homme *Jean d'Agay*, & de *Charlotte de Cizé*. Il en eut :

VIII. Philibert Froissard, IIIe du nom, Ecuyer, Seigneur de Berfaillin, Bouchaud, Villers - Robert, Seligney, &c., né à Dôle, Conseiller au Parlement de cette Ville, qui y mourut de la peste en 1636. Il avoit époufé, le 12 Février 1609, *Louife Aubert*, fille de noble *Guillaume Aubert*. Leurs enfans furent :

1. Philibert, qui fuit ;
2. N..., Capitaine de Cavalerie au fervice de Sa Majefté Catholique ;
3. Et Jeanne - Baptiste, mariée à *Claude-Laurent de Marenches*, Ecuyer, Vice-Préfident au Parlement de Dôle, Seigneur de Nenon, Champvans, &c.

IX. Philibert Froissard, IVe du nom, Ecuyer, Seigneur de Berfaillin, Bouchaud, Villers-Robert, Seligney, Roche, &c., né à Dôle, & mort à Berfaillin en 1704, avoit époufé, le 27 Septembre 1657, *Louife de Chaffagne* (d'une Maifon qui a fait preuve dans les Chapitres de Franche-Comté, ainfi qu'à celui de Remiremont, où *Louife de Chaffagne* a eu trois nièces Chanoineffes-Comteffes), fille de *François de Chaffagne*, Ecuyer, Seigneur de Chaffagne, Voires, Trépot, Talant, &c., & de *Madeleine de Montrichard*. De cette alliance fortirent :

1. Antoine-Ignace, qui fuit ;
2. Madeleine, mariée, le 12 Décembre 1675, à *Jean-Claude de Meynier*, Ecuyer, Seigneur de Publy ;
3. Louise, femme, le 3 Décembre 1680, de *Jean-François de Sagey*, Ecuyer, Seigneur de Naifey ;
4. & 5. Marguerite-Ursule & Françoise, la dernière, Carmélite à Dôle.

X. Antoine-Ignace de Froissard, Ecuyer, Seigneur de Berfaillin, Bouchaud, Villers-Robert, Seligney, Roche, Champrougier, Châtelay Chemenot, Villers-Serine, Pupillin, Arefches, l'Abbergement, &c., né à Dôle en 1666, & mort à Berfaillin, en 1746, fut Chevalier d'honneur en la Chambre & Cour des Comptes de Dôle. Il avoit époufé, 1° le 28 Juillet 1696, *Françoife-Bernardine de Dortans*, fille de *Jean-François de Dortans*, Seigneur de Bona, Châtonas, &c., & d'*Anne-Paule de Saint-Mauris* ; & 2° le 5 Août 1727, *Claudine-Thérèfe Pécauld*, fille de *Guillaume-Gabriel-François*, Ecuyer, Seigneur de Longevelle, Gouverneur d'Arbois, & de *Jeanne-Claude Bontemps*. Du premier lit font iffus :

1. Claude-François-Joseph-Ignace, qui fuit ;
2. Claude-François-Xavier, dit *le Chevalier de Berfaillin*, Seigneur de Champrougier, Châtelay & Chemenot, né en 1715. Il eft entré dans la Compagnie des Cadets-Gentilshommes de la Citadelle de Strasbourg, le 27 Mai 1731 ; Lieutenant au Régiment de Santerre le 22 Mai 1732 ; puis Capitaine dans le même Régiment le 2 Février 1744 ; a été incorporé dans celui de Béarn au mois de Mars 1749 ; créé Chevalier de Saint-Louis le 9 Juillet 1751 ; a fait les campagnes du Rhin des années 1733, 1734 & 1735 ; celles de 1741, 1742 & 1743, fur le Bas-Rhin, en Bohême & Bavière ; en Italie, celles de 1744, 1745, 1746, 1747, 1748 ; & celle de 1757, dans le tems que les Anglois ont tenté un débarquement fur les côtes de l'Aunis ; s'eft trouvé à tous les fièges & à toutes les affaires qui fe font paffées pendant ces 12 campagnes ; & a obtenu, en récompenfe de fes fervices, une penfion de retraite le 1er Février 1758 ;
3. 4. & 5. Catherine, Marguerite - Madeleine & Philiberte - Madeleine , toutes trois Chanoineffes - Comteffes de Neuville ;
6. Et Jeanne-Gabrielle-Ursule, à Dôle.

Du fecond lit font fortis :

7. Remy-Gabriel-Marguerite, Seigneur d'Arefches, l'Abbergement Pupillin, mort Sous-Lieutenant au Régiment des Gardes-Françoifes, après avoir fait plufieurs campagnes avec ce Corps ;
8. Et Catherine, mariée, le 1er Avril 1754, à *Pierre - François-Bruno*, Baron de *Racle*, & Seigneur de *Mercey*, Capitaine au Régiment Meftre-de-Camp-Général des Dragons, avec Brevet de Major, & Chevalier de Saint-Louis, dont eft iffu : *Gabriel-Philibert-Ignace-Remy-Boniface*, né le 17 Mai 1756 , Sous - Lieutenant au Régiment de Meftre-de-Camp-Général des Dragons, le 1er Mai 1771.

XI. Claude-François-Joseph-Ignace, né à Dôle en 1770, a été créé Marquis de Froissard de Bersaillin, par Lettres-Patentes du mois d'Août 1748, regiftrées au Parlement & à la Chambre des Comptes de Franche-Comté. Ces Lettres lui ont été accordées en confidération de l'ancienneté de fa nobleffe, de fes fervices, de ceux de fes ancêtres & de fes alliances. Il eft Seigneur de Berfaillin, Bouchaud, Villers-Robert, Seligney, Roche, Villers-Serine, d'Arefches, de l'Abbergement, Pupillin, &c., Chevalier d'honneur à la Chambre & Cour des Comptes de Dôle, Chevalier de Saint-Louis, & ancien Capitaine d'Infanterie au Régiment de Santerre. Il a commencé ses services dans la Compagnie des Cadets-Gentilshommes de la Citadelle de Strasbourg, le 1er Janvier 1727, où il est resté jusqu'en 1729; a obtenu ensuite l'Enseigne de la Colonelle au Régiment de Santerre, qu'il n'a quitté que pour passer à une Compagnie dans le même Régiment, en 1734, pendant le siège de Philippsbourg; a été créé Chevalier de Saint-Louis en 1746; & a fait toutes les campagnes jusqu'en 1748, qu'il a obtenu sa pension de retraite, s'étant trouvé aux sièges de Kell & de Philippsbourg, à l'attaque de Montalban, à celle de Doulcéaqua, & à toutes les différentes affaires qui se sont rencontrées tant sur le Rhin qu'en Westphalie, Bohême, Bavière, Comté de Nice, Piémont & Italie. Il a épousé, le 7 Mars 1737, Louise-Antoinette - Gabrielle de Froissard - de-Broissia, Chanoinesse du Chapitre de Poussay en Lorraine, fille de François de Froissard, Comte de Broissia-Ville, dont il sera parlé à la seconde branche des Froissard-Broissia, & de Marie-Françoise du Louverot, Dame dudit lieu, Baronne du Pin & de Pressia; dernière de sa Maison, qui entroit, depuis des siècles, dans tous les Chapitres de Franche-Comté & à Malte. Il a eu de son mariage:

1. Claude–Bernard–Flavien, qui suit;
2. Louis-Marguerite–Victorin, mort peu de tems après avoir payé son droit de passage de minorité de Chevalier de Malte, daté de Lyon le 6 Octobre 1751;
3. & 4. Claude–Françoise–Simone, & Marie-Bernardine-Justine, toutes deux Chanoinesses-Comtesses de Neuville.

XII. Claude-Bernard-Flavien, né à Dôle en 1739, Marquis de Froissard de Bersaillin, est entré, le 15 Mars 1756, à l'Ecole des Chevaux-Légers de la Garde ordinaire du Roi, a ensuite obtenu, le 25 Février 1758, un Enseigne à Drapeau dans les Gardes-Françoises; a passé, le 23 Décembre 1759, à un Enseigne à Pique; & le 1er Septembre 1760, à un Enseigne de Grenadiers. Il est actuellement Sous-Lieutenant dans le même Corps, du 28 Février 1762; a fait, avec les Gardes-Françoises, les campagnes de 1759, 1760, 1761 & 1762, tant en Flandre qu'en Westphalie, pendant lesquelles, étant aux Grenadiers, il a fait le siège de Meppen, s'est

trouvé à l'affaire de Schédingen, & à celle de Gruningen, & a obtenu la Croix de Saint-Louis en 1773. Il prouve 32 quartiers par ses quatrièmes aïeuls, tant paternels que maternels. Ceux du côté paternel font: Froissard, d'Agay, Aubert, Grivel, Chassagne, Saint-Mauris-Montbarey, Montrichard, Vaudrey-Saint-Remy, Dortans, la Baume-St.-Amour, Grolée, Montluel, Saint-Mauris-Falletans, Froissard-Broissia, Jacquinot-de-Goux & Fauche. Ceux du côté maternel font: Froissard-Broissia, Blanchod, du Moulin-Fauche, Poligny, Vaultravers, Oiselet, d'Orsans, du Louverot, de Villet, Rissé, de Candie, de Meyria, Grolée, d'Andelot-Pressia & de Hériot. Il se trouve aussi allié, par les Lettres-Patentes de Marquis accordées à son père, à la Maison de Bauffremont. Il a épousé, par contrat du 1er Avril 1763, Claude-Françoise-Gabrielle de Mailly, fille de Joseph- François-Michel-Gabriel-Raphaël de Mailly, Chevalier, Seigneur de Château-Renaud, Mons, Seugny, la Tournelle, Quintigny, &c., Président en la Chambre & Cour des Comptes de Dôle, & de Barbe-Marguerite Henrion-de-Franchevelle, dont:

1. Alexis-Louis-Florian, né le 10 Mars 1767;
2. Alexandre–Bernard-Pierre, né le 29 Juin 1769;
3. Françoise-Marguerite-Césarine, née le 27 Août 1764;
4. Et Alexandrine-Désirée-Melchiorine, née le 6 Janvier 1771, toutes deux Chanoinesses-Comtesses de Neuville en Bresse. Tous ces enfans sont nés à Dôle.

BRANCHE
de Froissard-Broissia.

VI. Anatoile Froissard, second fils de Philibert, IIe du nom, & d'Antoinette Doiroz, Seigneur de Broissia & de Frontenay, fut Président du Parlement d'Orange, & épousa, en 1532, Madeleine le Goux de la Berchère, fille de Philippe, Seigneur de la Berchère, & d'Anne Moreau. Il eut pour enfans:

1. Pierre, Chevalier, Seigneur de Broissia, Président du Parlement du Comté de Bourgogne à Dôle, le 6 Janvier 1576, & mort le 13 Janvier 1592, sans postérité;
2. & 3. Simon & Remy, Prêtres;
4. Jean, qui suit;
5. Et Jeanne, mariée à Nicolas Racle, premier en la Chambre des Comptes de Dôle.

VII. Jean Froissard, Chevalier, Seigneur

de Broiffia, Montagnat, Frontenay, &c., auffi premier Préfident du Parlement de Dôle, & Confeiller d'Etat de Sa Majefté Catholique en Flandre, reçu le 7 Novembre 1592, & mort le 3 Décembre 1595, avoit époufé, le 1ᵉʳ Juin 1572, *Claudine Blanchod*, Dame de Maizoz, fille de *Claude Blanchod*, & de *Claudine de Patornay*, dont:

1. CLAUDE, reçu comme Gentilhomme dans l'illuftre Chapitre de l'Eglife Métropolitaine de Befançon, & Prieur de Fay;
2. JEAN-SIMON, qui fuit;
3. CHARLOTTE, mariée à N... *de Saint-Mauris*, Seigneur d'Augerans;
4. MARIE-CHRISTINE, mariée à *Jean-Baptifte de Saint-Mauris-Falletans*;
5. ANNE, mariée à *Léonard de Mefmay*;
6. CLAUDINE, alliée à N... *Maffon*;
7. Et MADELEINE, Religieufe aux Bernardines de Dôle.

VIII. JEAN-SIMON FROISSARD, Chevalier, Seigneur de Broiffia, Montagnat, Molamboz, Châtenois, &c., Maître des Requêtes au Parlement de Dôle, fut créé Chevalier, par Lettres-Patentes de PHILIPPE, Roi d'Efpagne, datées de Madrid le 24 Mars 1629, enregiftrées au Parlement de Dôle le 31 Août de la même année. Il avoit époufé, le 24 Juin 1614, *Bonaventure du Moulin*, dont:

1. FRANÇOIS, qui fuit;
2. JEAN-IGNACE, Prêtre, reçu en qualité de Gentilhomme, au Chapitre Métropolitain de Befançon, Abbé de Charlieu, Prieur de Vaux, Fay & Laval, Chambrier du Pape INNOCENT XI, & Grand-Chantre en l'Eglife Métropolitaine de Befançon;
3. JEAN, dont il fera parlé à la troifième branche de *Broiffia*, rapportée ci-après;
4. Et BONAVENTURE, mariée à *Gérard de Rofières*, Seigneur de Sorans, Breurey, Theys & Avoye.

IX. FRANÇOIS FROISSARD, Seigneur de Broiffia, Montagnat, Noires, Annoire, Bretenières, &c., Major & Commandant au Régiment des Cuiraffiers Bourguignons, dans les Armées de Bifcaye & Catalogne, pour le fervice de Sa Majefté Catholique, époufa, le 22 Mai 1656, *Claudine-Caroline de Poligny*, fille de *Philibert de Poligny*, Chevalier, Seigneur de Velle, Noidans-le-Ferroux, Buceylès-Traves, &c., tué au fiège de Rey lors de la prife de la Franche-Comté, & de *Claude d'Oifelet*. Leurs enfans furent:

1. JEAN-CLAUDE-JOSEPH, qui fuit;

2. CHARLES-LOUIS, Chevalier de Malte, Commandeur de Salins, mort Major des Galères de la Religion dans un combat contre les Turcs;
3. PHILIBERT-BERNARD, auffi Chevalier de Malte, Commandeur de Salins & de Dôle;
4. JEAN-IGNACE-BONAVENTURE, Chanoine & Grand-Chantre au Chapitre Métropolitain de Befançon, Prieur de Vaux & Abbé de Sandras;
5. 6. & 7. JEAN, CHARLES-ETIENNE & HERMAN-FROY-GUILLAUME, tous trois Jéfuites, dont un eft mort aux Miffions de la Chine;
8. DENIS, Religieux Récollet;
9. CLAUDE-FRANÇOIS, Religieux Carme, mort de la pefte aux Miffions d'Alep en Syrie, en confeffant les peftiférés;
10. FRANÇOIS, Chevalier de Malte avant fon mariage, dont il fera parlé à la branche fuivante;
11. ANTOINETTE, mariée, le 12 Août 1697, à *Claude-Jofeph du Tartre*, Seigneur de Chilly & Larnod, Capitaine au Régiment de Tournon, Infanterie, qui fe trouva dans toutes les campagnes de guerres les plus vives de LOUIS XIV, entr'autres à la bataille de la Boyne en Irlande, & au fiège de Coni en Piémont, fous M. de Bulonde, où il reçut fur la brèche deux coups de feu, l'un au travers du corps, & l'autre au bras;
12. Et JEANNE-GABRIELLE, Religieufe à Gray.

X. JEAN-CLAUDE-JOSEPH DE FROISSARD, Marquis de Broiffia, par Lettres-Patentes du mois d'Oɛobre 1691, enregiftrées à Befançon & à Dôle, Seigneur de Broiffia, Montagnat, Noires, Neublans, Bretenières, Châtenois, &c., Chevalier d'honneur au Parlement de Befançon, & Chevalier de Saint-Georges du 16 Février 1682, leva en différens tems trois Compagnies de Cavalerie, & mourut à Neublans en 1750. Il avoit époufé, le 13 Février 1692, *Hilaire d'Albon-Saint-Forgeux*, fille de *Gafpard d'Albon*, Marquis de Saint-Forgeux, & de *Françoife Damas-Thianges*, dont pour fils unique:

XI. JOSEPH-IGNACE-FRANÇOIS DE FROISSARD, Marquis de Broiffia, Montagna-le-Templier, reçu à Saint-Georges en 1724, Seigneur de Neublans, Noires, Annoire, Villangrette, Beauchemin, Bretenières, Châtenois, Chavanne, Lieutenant-Colonel de Cavalerie du Régiment du Luc, aujourd'hui Royal-Picardie, Chevalier de Saint-Louis, & Chevalier d'honneur au Parlement de Befançon. Il a époufé, le 22 Août 1722, *Claude-Bonaventure de Bellot de Villette*, Chanoineffe non Profeſſe de Château-Chalon, fille de *Philibert-François de Bellot de Villette,* Seigneur d'Ollans, Larians, &c., & de GABRIELLE-FRANÇOISE DE FROISSARD-BROISSIA. Ils eurent :

1. MARIE-CHARLES-HILAIRE-FLAVIEN, qui ſuit ;
2. MARIE-JEANNE-GABRIELLE, Chanoineſſe de Pouſſay en Lorraine ;
3. & 4. AUGUSTINE-THÉRÈSE - GABRIELLE, & ALEXANDRINE-GABRIELLE-FÉLICIANE, Chanoineſſes de Château-Chalon ;
5. CLAIRE-MARGUERITE, Chanoineſſe de Lons-le-Saulnier ;
6. Et MARGUERITE-LÉONARDE-BONAVENTURE, Chanoineſſe non Profeſſe de Château-Chalon, mariée à *Jean de la Fage,* Vicomte de Cheylane, Seigneur de Fournols, Levers, Malvèſe, & de Châteauneuf, Lieutenant-Colonel du Régiment de Meſtre-de-Camp, Cavalerie, & Chevalier de Saint-Louis.

XII. MARIE-CHARLES - HILAIRE - FLAVIEN, Marquis de Broiſſia, né à Dôle le 21 Décembre 1746, Officier dans le Régiment du Roi, Infanterie, reçu Chevalier de Saint-Georges en 1764, a épouſé, le 15 Avril 1771, *Marie-Anne-Roſe-Jeanne-Thérèſe-Félicité Mairot de Mutigney,* fille de *Charles - Léonard-Proſper Mairot,* Seigneur de Mutigney, Dammartin, Champagney & de l'Abbergement, Capitaine de Cavalerie au Régiment de Talleyrand, & Chevalier de Saint-Louis, & de *Victoire-Louiſe,* née Baronne *de Ratky.*

SECONDE BRANCHE
de FROISSARD - BROISSIA.

X. FRANÇOIS DE FROISSARD, reçu Chevalier de Saint-Georges en 1701, Comte de Broiſſia-Ville, par Lettres-Patentes du mois de Mai 1739, fils puîné de FRANÇOIS, & de *Claudine-Caroline de Poligny,* a été d'abord Capitaine de Cavalerie dans le Régiment de Saint-Mauris, enſuite premier Capitaine dans celui de Saint-Germain-Beaupré. Il s'eſt trouvé dans les campagnes d'Italie, à la bataille de Staffarde en 1691, & à celle de Marſaille en 1693, ſous le Maréchal de Catinat ; à celle de Caſtano en 1705, & à celle de Calcinato en 1706, ſous M. de Vendôme, & eſt mort à Preſſia le 13 Avril 1759. Il étoit Chevalier de Malte quand il épouſa, le 12 Février 1705, *Marie-Françoiſe du Louverot,* héritière & dernière de ſa Maiſon, fille de *Claude-François du Louverot,* Baron du Pin, & de *Françoiſe de Meyria,* Baronne de Preſſia. De ce mariage il a eu :

Tome VIII.

1. LOUIS-EUCHER-HERMANFROY, qui ſuit ;
2. BERNARD-ANGÉLIQUE, Comte de Broiſſia-Ville, Seigneur de Velle, Noidans-le-Ferroux, Bucey-lès-Traves, Baron de Preſſia, &c., Chevalier de Malte en 1731. Il a été Lieutenant dans le Régiment de Rouergue, Infanterie, en 1733, Capitaine dans le même Régiment en 1742 ; eſt entré dans les Gardes-Françoiſes en 1745 ; s'eſt trouvé au ſiège de Kell en 1733, à celui de Philippsbourg en 1734, à celui de Fribourg en 1744 ; aux batailles de Rocoux & de Lawfeld ; & a fait toutes les campagnes d'Allemagne, de Flandre, de Bavière & de Bohême, depuis 1733 juſqu'en 1759, qu'il s'eſt retiré du ſervice ;
3. JEANNE-CLAUDINE, Chanoineſſe du Château-Chalon ;
4. Et LOUISE-ANTOINETTE-GABRIELLE DE FROISSARD DE BROISSIA, ci-devant Chanoineſſe de Pouſſay en Lorraine, mariée, le 7 Mars 1737, à CLAUDE-FRANÇOIS-JOSEPH-IGNACE, Marquis DE FROISSARD DE BERSAILLIN, mentionné au degré XI de la première branche.

XI. LOUIS-EUCHER-HERMANFROY DE FROISSARD, Comte de Broiſſia, Baron du Pin, d'abord Cornette, en 1733, dans le Régiment de Royal-Pologne, Capitaine, en 1748, dans celui aujourd'hui Royal-Picardie ; Chevalier de Saint-Louis en 1749, & Major de ce Régiment en 1758, eſt mort à Dôle le 23 Avril 1764. Il avoit épouſé *Jeanne - Alexis - Gabrielle-Ferdinande d'Eſterno,* fille de *Philippe Joſeph,* Comte d'*Eſterno,* ancien Capitaine de Dragons au Régiment de la Suze, & de *Gabrielle d'Arviſenet-de-Lavans,* dont il a laiſſé :

GABRIELLE - JOSÉPHINE - PHILIPPINE DE FROISSARD-DE-BROISSIA, Chanoineſſe de Château-Chalon.

TROISIÈME BRANCHE
de FROISSARD-DE-BROISSIA, éteinte.

IX. JEAN, Marquis DE FROISSARD-DE-BROISSIA, par Lettres-Patentes de 1697, troiſième fils de JEAN-SIMON, Chevalier, & de *Bonaventure du Moulin,* fut Seigneur de Bretenières & Maître des Requêtes. Il épouſa, le 9 Mai 1669, *Françoiſe-Thérèſe de Thon,* fille de *Jean-Baptiſte de Thon,* Seigneur de Rantechaux, Adam-lès-Vercel, Valdahon & Fontenelle, & de *Françoiſe-Marguerite de Culz,* dont il a eu :

1. JEAN-IGNACE-FRANÇOIS, Marquis DE FROISSARD-DE-BROISSIA, Chevalier d'honneur au

Q q

Parlement de Befançon, d'abord Colonel d'Infanterie, enfuite Lieutenant au Régiment des Gardes-Françoifes, puis Colonel d'un Régiment de Dragons de fon nom, & reçu Chevalier de Saint-Georges en 1700. Il a été tué au fiège de Valenciennes en 1711, fans avoir été marié. Son épitaphe fe voit dans une Eglife de cette Ville.

2. JEANNE-BONAVENTURE, mariée à *Philippe-Jofeph*, Marquis *de Falletans*, Seigneur de Bufy, Thieffrans, Capitaine de Cavalerie au fervice de Sa Majefté Catholique.

3. Et GABRIELLE, mariée à *Philibert-François*, Marquis *de Bellot-de-Villette*, Seigneur d'Ollans, Larians, Rofet, Capitaine de Dragons au Régiment de Grammont.

Il y a encore eu d'autres branches qui font éteintes, dont on ne parle pas, pour n'en avoir pas les titres.

Les armes : *d'azur, au cerf paffant d'or.*

FROLAND, en Normandie, Election de Valognes : *d'azur, à la fafce d'or, accompagnée en chef de deux rofes d'argent, & en pointe d'un croiffant du même.*

* FROLOIS, Terre & Baronnie du Duché de Bourgogne, dans le Bailliage de Châtillon, qui fut érigée en *Comté*, par Lettres du mois de Mai 1684, enregiftrées au Parlement & en la Chambre des Comptes de Dijon, en 1686, en faveur & en confidération des fervices de

PIERRE DU BAN, Seigneur de la Feuillée, de Frolois & de la Vannaire, Lieutenant-Général des Armées du Roi, Gouverneur de Dôle & de Châtillon-fur-Seine, Grand'Croix de l'Ordre de Saint-Louis, père, entr'autres enfans, par *Françoife de Bretel*, fa femme, d'ANTOINE DU BAN, Comte de Frolois, Seigneur de la Feuillée & de Valentigni, Meftre-de-Camp d'un Régiment de Cavalerie, marié, le 6 Février 1712, à *Hélène-Thérèfe de Sercey-de-Saint-Prix*, dont il a eu :

1. FRANÇOIS-HENRI DU BAN DE LA FEUILLÉE, né le 28 Janvier 1713 ;

2. Et EDME-CLAUDE DU BAN DE MEZIÈRES, né en 1714 (*Dictionnaire des Gaules*, tom. III, p. 519.) Voy. BAN-DE-LA-FEUILLÉE (DU).

FROLOIS ou FRELOIS, en Franche-Comté. C'eft une ancienne Nobleffe qui a tenu un des premiers rangs parmi les principales des deux Bourgognes. Nous en avons déjà parlé dans le tom. VII, de notre pre-

mière édition, pag. 515, d'après un Mémoire domeftique, qui dit qu'elle eft une des branches puînées de celle des anciens Ducs de Bourgogne de la première race ; ce qui eft prouvé tant par d'anciens Hiftoriens, que par la reconnoiffance publique qu'en ont fait, depuis des fiècles, les Empereurs d'Allemagne, les anciens Ducs d'Autriche, de Lorraine, de Bourgogne & de Savoie.

I. MILES DE FROLOIS, qu'on dit fils puîné de la Maifon de Bourgogne, fut témoin de la fondation de l'Abbaye de Cîteaux, faite par EUDES, premier Duc de Bourgogne en 1098. Il affifta, en 1106, à la confécration de l'Eglife de Dijon, faite par le Pape PASCAL, en préfence de HUGUES, IIᵉ du nom, Duc de Bourgogne. Duchefne lui donne pour frère, OTTEMOND DE FROLOIS, qui fe trouva à une grande affemblée, tenue en 1113, à Semur, avec plufieurs Prélats, Comtes & Chevaliers. MILES DE FROLOIS eut de *Jeanne de Berzé*, fon époufe :

1. MILES, qui fuit ;

2. Et FERRY, dit *de Ludres*, mari de *Méline d'Amance*, auteur d'une branche qui fubfifte en Lorraine.

II. MILES DE FROLOIS, IIᵉ du nom, figna une Charte de HUGUES II, Duc de Bourgogne, par laquelle ce HUGUES fit des dons à l'Abbaye de Saint-Etienne de Dijon en 1130. Suivant une Généalogie dreffée fur titres par Varain d'Audeul & le P. André, il eut pour fils :

III. MILES DE FROLOIS, IIIᵉ du nom, Chevalier, qui eut, fuivant la nouvelle *Hiftoire de Bourgogne*, par deux Bénédictins, pour enfans :

1. SIMON, qui fuit ;

2. Et ALIX, mariée à *Hugues de Mailly*, Chevalier.

IV. SIMON DE FROLOIS, Chevalier, vivant en 1200, fut père de

V. EUDES DE FROLOIS, qui affifta à un acte concernant l'Abbaye de Bithaine, dans lequel il paroît avant le Prince-Abbé de Lure & de tous les autres Abbés & Chevaliers, en date du mois de Mars 1222. Il fut Connétable de HUGUES IV, Duc de Bourgogne en 1234, & eut d'*Alix*, fa femme, fille de *Guy*, Seigneur *de Juilly*, & de *Perinette de Bar-fur-Seine* :

1. MILES, qui fuit ;

2. Et un autre MILES ou MILON, Abbé de Flavigny en 1205.

VI. Miles, IVᵉ du nom, Sire de Frolois, de Milly, de Villeberny, fit, en 1242, fous la médiation de Guy, Evêque d'Autun, un accommodement avec l'Abbé de Saint-Seine, & mourut en 1254, laiffant d'*Alix de Saint-Seine*, qu'il époufa en 1230, étant veuve de *Hugues de Vergy*, Seigneur de Beaumont, & fille de *Hugues*, Seigneur de *Saint-Seine-fur-Vingeanne*:

VII. Miles, Vᵉ du nom, Sire de Frolois, qui reprit le fief du Seigneur de Noyers en 1256. Ses enfans furent :

1. Eudes, qui vendit, en Décembre 1287, la moitié de la Terre de Villecomte, à Hugues d'Arc, Abbé de Saint-Bénigne de Dijon. Il eſt titré de *Monfeigneur*, par Robert, Duc de Bourgogne, dans fon codicille du mois de Décembre 1302, & mourut en 1308, laiſſant:

   Miles & Catherine mariée, à *Perrin*, fils de *Marceau de Mailly*, Seigneur de Longeault.

2. Miles, Chevalier, qui peut être le même dont parle Saint-Julien de Baleure, en 1282 & 1289, dans fon *Hiſtoire des Antiquités de Mâcon* (a);

3. Guy, Abbé de Savigny, mort en 1303 ;

4. Hugues, qui fuit ;

5. Et Jean, auteur de la feconde branche, rapportée ci-après.

VIII. Hugues de Frolois, Chevalier, Seigneur de Varincourt, Pouſſanges & Boyer, fut père, entr'autres enfans, de

IX. Pierre de Frolois, Chevalier, qui époufa *Alix de Portier*, fille de *Pierre de Portier*, Chevalier, des anciens Sires de Breſſe & de Baugé, qui ont tenu un rang conſidérable en Savoie. De ce mariage vint, pour

fecond fils : Hugues, qui fuit. Nous ignorons le nom de l'aîné.

X. Hugues de Frolois, IIᵉ du nom, adopta le nom de fa mère *Alix de Portier*, qu'il tranfmit à une longue poſtérité. Il eſt qualifié, par le Duc de Bourgogne, dans une Ordonnance qu'il lui envoya, datée du 15 Juin 1339, *fon amé & féal coufin*, M. Hugues de Portier, dit de Frolois. Il mourut jeune, & fa mort eſt confignée dans un Nécrologe du XIVᵉ fiècle, conçu en ces termes: *Obiit Hugo Porterii dictus de Frolois, ex profapiâ Ducum Burgundiæ.* Il laiſſa de *Jacquette de Duretal*, fa femme:

XI. Philibert de Portier, dit de Frolois, Iᵉʳ du nom, qui fe mit fous la protection d'Albert, Duc d'Autriche, fuivant un diplôme fcellé du grand fceau de ce Duc, en date du 7 Octobre 1387, qui rappelle la grandeur de fa Maifon. Il fut père de

XII. Thiébault de Portier, dit de Frolois, lequel époufa *Marguerite de Fauquières*, dont:

XIII. Hugues de Portier, dit de Frolois, titré de *coufin* par Philippe, Duc de Bourgogne, dans deux Lettres-Patentes de ce Prince, datées des mois d'Août 1420, & 11 Mars 1434. Il époufa *Jacquette de Vorteur*, & en eut:

XIV. Thiébault de Portier, dit de Frolois, père, entr'autres enfans de Guillaume, qui fuit. Un de fes puînés adopta les armes de fa mère, qui font celles des Ducs de Bourgogne.

XV. Guillaume de Portier, dit de Frolois, Chevalier, fut Ambaſſadeur, en 1528, 1529 & 1530, de l'Empereur Charles-Quint

(a) En parlant d'une fépulture, qui eſt dans l'Abbaye de Tournus, dans la Chapelle de Saint-Georges, il dit qu'il y a l'Image gravée d'une Dame en atours, telle que les Princeſſes le portent encore à préfent le jour de leurs noces ; & qu'autour de ladite tombe font gravés ces mots : *Ci-gît* Simonne de Bergé, *qui fut femme de Monfeigneur* de Frolois, *Chevalier, qui trépaſſa l'avant-veille de Saint-André, l'an 1327.* Et cet ancien auteur ajoute: *Et ledit Seigneur de* Frolois, *felon le langage de Bourgogne, étoit d'un puîné de la Maifon de* Bourgogne, *& en portoit les armes, fans autre différence que d'une dentelure autour du bord.*
Peut-être eſt-ce ce même Miles de Frolois dont a voulu parler Duchefne dans fon *Hiſtoire de la Maifon de Vergy*, en rapportant qu'il eut de *Jeanne de Vaux* (fans doute fa première fem-

me), une fille, héritière de *Frolois* & de Richecourt, mariée à *Hugues de Rignier*, Sénéchal de Bourgogne en 1359, & fœur d'Alix de Frolois, femme d'*Etienne*, Seigneur d'*Oifelet*, dont: *Etienne*, IIᵉ du nom, Sire & Baron d'*Oifelet*, époux de Marie de Frolois, Dame de Moulinet, qui en donna en 1402 fon dénombrement. C'eſt à l'occaſion de cette Marie de Frolois que Thomas Varin d'Audeul, Juge de la Vicomté de Befançon, Auteur célèbre du XVIIᵉ fiècle, dit dans les Manufcrits qu'il a laiſſés fur quelques Généalogies des Familles, que la Maifon de Frolois eſt iſſue des Ducs de Bourgogne, & porte pour armes: *bandé de 6 pièces d'or & d'azur, à la bordure engrêlée de gueules.*
Les Manufcrits de Varin d'Audeul, d'où cette Note eſt tirée, fe trouvent dans la Bibliothèque de M. le Préfident de Bourbonne de Dijon, nᵒ 253.

auprès de l'Empereur FERDINAND, son frère, & l'Archiduchesse MARGUERITE. Il eut de *Péronne d'Estival*, son épouse, PHILIBERT & LOUIS-PHILIBERT, qui suit. Il vint, avec ce second fils de Lons-le-Saulnier en Franche-Comté, se fixer à Salins dans la même Province, environ l'an 1532.

XVI. LOUIS-PHILIBERT DE PORTIER, dit DE FROLOIS, eut la protection de MAXIMILIEN II, Empereur des Romains, ce qui paroît par un diplôme signé de ce Prince, & scellé de son sceau en faveur des services que son frère & lui avoient rendus, & nommément en considération de leur haute naissance, tel que le porte l'extrait conservé dans les Archives de la Maison de PORTIER, dit DE FROLOIS. Il fut appelé aux Etats de Bourgogne, tenus en 1537 & 1556, par Lettres de l'Empereur CHARLES-QUINT. Il comparut, le 22 Janvier 1551, à l'arrière-ban des Gentilshommes du Bailliage de Lons-le-Saulnier, &c.; fut honoré de la confiance d'ELÉONORE, Archiduchesse d'Autriche, sœur de l'Empereur CHARLES-QUINT, comme on le voit par deux lettres de cette Princesse, écrites les 29 Juin & 3 Septembre 1556. Il eut des différends avec le Lieutenant de Roi de Dôle, dont *Marguerite*, Duchesse de Parme, Régente des Pays-Bas & de Bourgogne, prit connoissance, & les assoupit par une Ordonnance signée de sa main, & scellée du sceau royal le 6 Août 1563. Il eut entr'autres enfans:

XVII. CLAUDE-PHILIBERT DE PORTIER, dit DE FROLOIS, chargé, en 1575, de travailler à la *délimitation* de cette Province avec les Etats de Neufchâtel, convoqués en 1579, 1598 & 1606. Il fut l'ami de cœur de Charles de Lorraine, Duc de Guise, comme le témoigne une lettre, datée du 16 Novembre 1591. L'archiduc ALBERT le nomma pour assister, de sa part, à l'audition des Comptes des Salines de Salins. Il épousa, le 21 Novembre 1588, *Jeanne*, fille de *Jean Duprel*, de Salins, Ecuyer, & en eut:

1. PIERRE, Chevalier, Mestre-de-Camp d'Infanterie Bourgogne;
2. HUGUES;
3. Et LOUIS, qui suit.

Ce fut à l'intercession de ces trois frères que l'Empereur FERDINAND II accorda, le 25 Juillet 1625, la grâce à une criminelle qui avoit été condamnée à perdre la tête. On voit par des lettres de CHARLES IV, Duc de Lorraine,

adressées à LOUIS DE PORTIER, le 18 Juin 1634, & à HUGUES, son frère, le 20 Juillet 1650, qu'ils avoient l'un & l'autre une grande part à sa confiance.

XVIII. LOUIS DE PORTIER, dit DE FROLOIS, né le 7 Septembre 1606, fut convoqué aux Etats en 1632, 1654 & 1656. Ce fut à l'occasion d'une Requête de ce Seigneur que PHILIPPE IV, Roi d'Espagne, écrivit, le 12 Mars 1664, au Marquis d'Hyennes, Gouverneur-Général du Comté de Bourgogne, que, *considérant singulièrement la qualité, la naissance, les prérogatives & les services signalés des ancêtres de Messire* LOUIS DE PORTIER, *de Salins, dans son Comté de Bourgogne*, il est juste de lui accorder ce qu'il demande. Il se trouva à la tête des Seigneurs & Gentilshommes qui signèrent, en 1668, avec le Duc de Luxembourg, la capitulation de la ville de Salins. Rien ne caractérise davantage la grandeur de la Maison de *Portier de Frolois*, que l'attestation de la ville de Salins, qui, en 1674, rendit justice à la naissance & aux services de ce Seigneur & de ses ancêtres. Il épousa, le 16 Mars 1633, *Bonaventure*, fille de *Désiré Mathon*, Ecuyer, & de *Françoise Vornier*, dont pour enfans:

1. & 2. DÉSIRÉ & AIGLE-PIERRE;
3. Et PHILIBERT, qui suit.

XIX. PHILIBERT DE PORTIER DE FROLOIS, Seigneur de Saint-Georges, mort en 1718, a laissé de *Marie-Christine d'Orchamp*, son épouse:

1. LOUIS, Prêtre;
2. ETIENNE-ADRIEN, qui suit;
3. MARIE-JEANNE-FRANÇOISE;
4. Et FRANÇOISE-GABRIELLE, femme de *Philibert de Vançay-de-Conflans*, Lieutenant de Roi à Peccais.

XX. ETIENNE-ADRIEN DE PORTIER DE FROLOIS, Seigneur de Saint-Georges, a épousé, en 1725, *Jeanne-Christine Poly*, dont:

1. PIERRE-FRANÇOIS, qui suit;
2. & 3. PHILIBERT-FRANÇOIS-XAVIER & LOUIS DE PORTIER DE FROLOIS DE SAINT-GEORGES.

XXI. PIERRE-FRANÇOIS DE PORTIER DE FROLOIS-DE-SAINT-GEORGES a épousé, en 17...., *Marie-Jeanne-Françoise*, fille de feu *François Garnier*, Ecuyer, Seigneur de Partey, & de *Marie de Monier*.

Cette branche de PORTIER DE FROLOYS, depuis le degré X, porte pour armes: *écartelé, aux 1 & 4 de* BRESSE *ou* PORTIER *ancien, qui*

eft *d'argent, à la bande d'azur, accompa-*
gnée de 2 lionceaux de même ; aux 2 & 3 de
..... qui eft d'or, à la bande de fable, char-
gée de B B B d'or, fignifiant Bourgogne,
accompagnée de 2 clefs à l'antique de fable,
le tout chargé en cœur de l'écuffon de FRO-
LOIS, *qui eft bandé d'or & d'azur de 6 pièces,*
à la bordure engrêlée de gueules.

SECONDE BRANCHE.

VIII. JEAN, Sire DE FROLOIS, en 1296, cinquième fils de MILES, V^e du nom, Sire de
Frolois, fe reconnut Vaffal du Duc de Bourgogne pour Courcelles & Marigny. Il donna,
en Octobre 1298, au Duc ROBERT II, la Châtellenie de FROLOIS, en échange de Giffey-fur-
Ouche. Il eut pour enfans :

1. JEAN, qui fuit ;
2. GAUTIER, tige de la troifième branche, rapportée ci-après ;
3. Et ALIX, femme de *Jean de Courcelles,*
Maréchal de Bourgogne, à qui le Duc HU-
GUES V, fils aîné du Duc ROBERT, remit les
Terres ci-deffus énoncées, moyennant celles
de Pouilly, Bellenaut, Villers, & un droit
fur celle de Rouffillon, les reconnoiffant
tenir en fief du Duc, par acte du mois d'Octobre 1311. Cette ALIX DE FROLOIS paroît
avoir été fœur de MARGUERITE, veuve de
Guillaume de Buis, Seigneur de Sénecey
& de Villeneuve-en-Dombes en 1329, &
qui fut tutrice de *Guillaume de Buis,* fon
fils.

IX. JEAN DE FROLOIS, IIe du nom, parut
avec les Sires de Vienne, d'Antigny, Montaigu, Châtillon & autres Grands Seigneurs
de Bourgogne, dans le traité d'alliance qu'ils
firent à Vienne, en Novembre 1314, avec les
Seigneurs de Châteauvillain, Joinville, le
Comte de Joigny & le Sire de Dampierre-
Saint-Dizier. Il fe joignit auffi, la même année, avec GAUTIER DE FROLOIS, Sire de Rochefort, fon frère, aux Sires d'Antigny & de
Montaigu, tous iffus de la Maifon de Bourgogne, qui fe trouvent dans cet acte d'alliance, & il eft placé avec HENRI DE BOURGOGNE,
le Seigneur de Talmay, Pontaillier, de la
Maifon des Comtes de Champagne, le Vicomte de Meaux, de celle de Guines, iffue de
la Maifon de Saxe ; le Sire de Conflans de
Brienne, de celle des anciens Rois de Sicile
& de Jérufalem, & une infinité de Barons de
France & des deux Bourgognes. JEAN DE FRO-
LOIS fut préfent au contrat de mariage d'Eu-

DES IV, Duc de Bourgogne, avec JEANNE, fille
aînée de PHILIPPE, fils du Roi de France, Régent des Royaumes de France & de Navarre.
Il fut choifi par la Ducheffe AGNÈS DE FRAN-
CE, veuve de ROBERT, Duc de Bourgogne,
pour défendre les intérêts de JEANNE, fille du
Roi LOUIS X, & de *Marguerite de Bourgo-*
gne, à la Cour de France. Les lettres de la
Ducheffe font de 1316. Le Duc de Bourgogne lui donna, la même année, un droit fur
les marchés de Moulinet. Il fit hommage, n
1328, à Jean de Châlon, comme Evêque de
Langres, de ce qu'il tenoit en fief de lui. La
Chronique de Flandre apprend, qu'en 1340,
ce Seigneur DE FROLOIS accompagna à Saint-
Omer, le Duc de Bourgogne, dans la guerre
que ce Prince fit à ROBERT D'ARTOIS, Comte
de Beaumont-le-Roger. Enfin ce Prince, dans
fon teftament du 12 Octobre 1346, qualifie
de fes *amés* & *coufins* plufieurs Seigneurs,
nommément M. JEAN DE FROLOIS, Seigneur
de Moulinet, qu'il y avoit appelés pour témoins, les ayant requis d'y appofer leurs
fceaux comme ils le firent, & on y remarque
celui du Seigneur DE FROLOIS, portant l'em-
preinte des mêmes armes du Duc, favoir : *un*
écuffon bandé de fix pièces, à une bordure
engrêlée. Il fut encore témoin du mariage
de JEANNE DE BOURGOGNE, avec AMÉ, Comte
de Savoie, & préfent à la vérification du traité du 8 Juin 1348. Le Duc de Bourgogne
réunit, le 31 Décembre 134..., en fa faveur,
les Fiefs qu'ils poffédoient, fous un feul &
même hommage, favoir : Moulinet, Sauvigny, Montricaut, Pernos, Cuffey, la Colonne,
Sarrigny, Demigny, Gergy, Boüé, Chaurey,
Pouffanges, Montigny, Montfort, de Rougemont. Il eut d'*Ifabelle d'Arcey,* fon époufe :

1. GUY, qui fuit ;
2. JEAN, Religieux de Flavigny en 1357 ;
3. MARGUERITE, Dame de Châtillon en Bazois
& de Moulinet, qui reconnut tenir en Fief-
Lige, Moulinet, Sauvigny, Montricaut, Varincourt dépendans de Saumèfe, auffi la
Colonne, Gergy. Elle époufa en premières
noces *Simon de Châteauvillain,* Seigneur
de Baye, dont *Marie de Châteauvillain,*
femme, 1° en 1356, d'*Edouard,* Sire de
Beaujeu & de Dombes ; & 2° de *Guy,* fils
de *Guichard,* II° du nom, Seigneur de *Ja-*
ligny, la Ferté-Chandroffe, fouverain Maître-d'Hôtel du Roi, dans laquelle dignité
lui fuccéda LOUIS DE BOURBON, Comte de
Vendôme, neuvième aïeul du Roi LOUIS XV ;

4. Et JEANNE, mariée, en 1368, à AMÉ IV, Comte DE GENÈVE.

X. GUY DE FROLOIS, Seigneur d'Arcey & de Crugey, eſt rappelé avec GEOFFROY DE FROLOIS, dans le teſtament de *Hugues de Portier*, dit *de Frolois*, de 1350. Le Teſtateur ſe dit fils de feu PIERRE DE FROLOIS & d'*Alix de Portier*: le même Teſtateur y fait encore mention d'HUGUES DE FROLOIS, ſon aïeul, & de GEOFFROY & GUY DE FROLOIS, qu'il appelle ſes couſins. Il lègue à ceux-ci 200 florins de Florence, & 300 à MARIE DE FROLOIS, auſſi ſa couſine. Ce GUY DE FROLOIS étoit Chevalier-Banneret & Chef, le 3 Juillet 1359, d'une Compagnie de Gendarmes pour le Duc PHILIPPE; ce Prince l'appela enſuite dans ſon Conſeil. Il fut préſent au traité d'alliance qui ſe fit le 23 Juillet 1359, entre ce Souverain & le Roi de Navarre. Le Duc de Bourgogne le créa, le 29 Septembre de la même année, Capitaine ou Gouverneur-Général de Bourgogne. Il fut un des Généraux Bourguignons qui ſe trouvèrent, en 1364, à la bataille de Cocherel en Normandie. On ne voit pas qu'il ait eu poſtérité.

TROISIÈME BRANCHE.

IX. GAUTIER DE FROLOIS, Seigneur de Rochefort & de Saint-Germain en Breſſe, ſecond fils de JEAN Iᵉʳ, épouſa 1º *Marguerite*, fille de *Guy de Vienne*, & de *Marie de Toire-Villars*, qui lui apporta la moitié de la Seigneurie de l'Etoile, dont il fit hommage en 1324, & elle mourut le 8 Août 1388; & 2º *Jeanne d'Aſnel*. Il eut du premier lit:

1. HUGUETTE, femme de *Thomas de la Rochette*, Ecuyer;
2. MARIE;
3. JEANNE, femme, en premières noces, de *Girard de Theurey*, Chevalier; & en ſecondes, de *Guillaume de Neuville*, dit *le Moine*.

Et du ſecond lit vinrent:

4. HUGUES;
5. Et VAUTIER, qui ſuit.

X. VAUTIER DE FROLOIS-DE-SAINT-GERMAIN laiſſa un fils qui ſuit, dont la nouvelle hiſtoire de Bourgogne ne déſigne point le nom de baptême.

XI. N... DE FROLOIS fut, après ſon père, Seigneur de Saint-Germain. Ce fut à lui que HUGUETTE DE FROLOIS, ſa tante, céda, en 1407, tout ſon droit dans la troiſième partie de la Terre de Moulinet, ſituée en la Paroiſſe de Saint-Germain; ſans doute qu'il fut père de JEAN, qui ſuit;

Et MARIE, mère, par *Jean de Château-Morin*, de

AGNÈS, mariée, le 14 Janvier 1422, à *Bermond de Levis*.

XII. JEAN DE FROLOIS, Seigneur de Moulinet, donna ſon dénombrement en 1448. Nous ignorons s'il a été marié & s'il a eu poſtérité.

Les armes de FROLOIS, comme nous l'avons dit ci-devant, ſont: *bandé d'or & d'azur de 6 pièces, à la bordure engrêlée de gueules*.

FROMAGER: *d'azur, à 3 Dauphins d'or, 2 & 1; au chef couſu de gueules, chargé de 3 faſces d'or*.

FROMENT, noble & ancienne Famille, diviſée en trois branches principales, qui ont été honorées du titre de *Gentilhomme-Banneret*, dont la première établie dans le Bas-Languedoc, & décorée du titre de *Baron de Montaren & de Caſtille*, ſe croit deſcendre des anciens Seigneurs de FROMENTE, appelés dans les actes latins *Frumenti*. Quoi qu'il en ſoit, la première branche établie en Languedoc, tige de pluſieurs rameaux, & ſéparée de deux autres dont nous parlerons ci-après, ne remonte ſa filiation qu'à

I. GEORGES DE FROMENT, Ecuyer, qui eut pour fils:

II. VINCENT DE FROMENT, Iᵉʳ du nom, Ecuyer, auſſi originaire du Bugey. Il épouſa, par contrat du 12 Mars 1525, *Claude de Bourdeille*, de la ville d'Uzès, Dame de Montaren. L'acte eſt en latin, & a été viſé, en 1700, dans le Jugement de maintenue de nobleſſe de M. de Maupeou, Intendant de Poitou. De ce mariage vinrent:

1. JEAN, qui ſuit;
2. Et GABRIEL, Prévôt de l'Egliſe d'Uzès en 1547. Il ſignala ſon zèle pour la religion contre les nouveaux Sectaires, en quoi il fut ſecondé par ſon frère aîné.

III. JEAN DE FROMENT, Ecuyer, Baron de Montaren, perdit, par ſon grand zèle pour la religion, tous ſes biens, & fut contraint de ſe ſauver dans les Terres de la Prévôté d'Uzès, dont il fut Viguier. Il épouſa, le 20 Avril 1548, *Claude-Catherine d'Entraigues*, & en eut:

1. GABRIEL, qui ſuit;
2. PIERRE, rapporté après ſon aîné;

3. Et Vincent, qui eut un bras emporté d'un boulet de canon en préfence du Comte de Médavy, lequel lui fit avoir la Lieutenance de Roi d'Albi.

IV. Gabriel de Froment, Ecuyer, Gouverneur & Commandant pour les Rois Henri IV & Louis XIII, du Château de Saint-Siffret en 1621, eut entr'autres enfans de fa femme, dont on ignore le nom:

1. N... qui fuit;
2. Et Gabriel, Confeiller & Aumônier du Roi, Chanoine d'Uzès, & ancien Prieur de Baignols, qui vivoit en 1690.

V. N... de Froment, Ecuyer, eut entr'autres enfans:

VI. Gabriel de Froment, IIe du nom, Ecuyer, Seigneur d'Argilliers, de Vaquières & de Boiffet, Viguier de la Prévôté & du Chapitre d'Uzès, maintenu dans fa nobleffe par Arrêt de la Cour des Aides de Montpellier, du 22 Avril 1674. D'*Hélène de Pertuis*, fon époufe, de la ville d'Uzès, il eut pour fille unique:

Jeanne-Diane de Froment, Dame defdites Terres. Affiftée du Chanoine d'Uzès, fon grand-oncle, elle les porta en mariage à Gabriel de Froment, coufin iffu de germain de fon père, & Tréforier de France à la Rochelle, dont il fera parlé ci-après.

IV. Pierre de Froment, fecond fils de Jean & de *Claude-Catherine d'Entraigues*, né au Pont-Saint-Efprit, donna quittance à Gabriel, fon frère aîné, le 3 Mai 1604, & époufa, le 26 Mars 1605, *Anne-Claude le Pelletier*, dont:

1. Joseph, qui fuit;
2. Antoine, Prêtre, Docteur de Sorbonne, Chanoine & Doyen de l'Eglife Cathédrale de Luçon;
3. Et Gabriel, mort fans alliance.

V. Joseph de Froment, Ier du nom, Ecuyer, demeurant à Luçon, fut maintenu dans la qualité de Noble & d'Ecuyer par Arrêt de la Cour des Aides de Montpellier, du 4 Mars 1676, & mourut avant le 2 Avril 1685. Il avoit époufé, le 7 Février 1667, *Marie Rampillon*, qui vivoit en 1700, & fut auffi maintenue dans la poffeffion de fa nobleffe par Jugement de M. de Maupeou, avec fes enfans, favoir:

1. Gabriel, qui fuit;
2. Joseph, rapporté après la poftérité de fon aîné;

3. Antoine, Ecuyer, Seigneur de la Sauveris;
4. Pierre-Paul, Clerc tonfuré;
5. Et Marie, Religieufe à Luçon.

VI. Gabriel de Froment, IIIe du nom, Ecuyer, Tréforier de France à la Rochelle, fut maintenu dans fa nobleffe avec fes frères & fœurs par Jugemens des 30 Juillet 1700, 10 Septembre 1715, & le 7 Novembre de la même année, par autre Jugement rendu par M. de Lamoignon, Intendant de Montpellier. Il avoit époufé, par contrat du 13 Octobre 1692, Jeanne-Diane de Froment, Dame d'Argilliers, de Boiffet, de Vaquières, &c., fille de Gabriel II, mentionné ci-deffus degré VI. Elle mourut en 1743, laiffant pour enfans:

1. Gabriel, Ecuyer, Seigneur d'Argilliers, en faveur duquel cette Terre unie à celle de Caftille dans l'Uzège, avec autres Fiefs, fut érigée en *Baronnie*, par Lettres-Patentes du mois d'Avril 1748, enregiftrées au Parlement de Touloufe le 5 Juillet fuivant, à la Chambre des Comptes de Montpellier le 10 Septembre de la même année, & au Bureau des Finances de la même ville le 12 Juin 1749. Il avoit époufé, au mois de Novembre 1722, *Marie-Anne Chalmeton*, dont il n'eut point d'enfans;
2. Gabriel-Joseph, qui fuit;
3. Antoine, Chanoine & Prévôt de l'Eglife d'Uzès, connu fous le nom de l'Abbé d'Argilliers;
4. Charles, Prieur de Peyremale en 1768;
5. François, Ecuyer, Seigneur de Boiffet, Lieutenant de Cavalerie au Régiment de la Vieuville;
6. Marie-Hélène, alliée à *Louis-Simon de Roffel*, Ecuyer, Seigneur de Saint-Mamèt & de Saint-Quentin;
7. Et Elisabeth, non mariée & vivante en 1770.

VII. Gabriel-Joseph de Froment, Ecuyer, Seigneur de Vaquières, &c., a époufé, le 19 Novembre 1745, *Marie-Conftance de la Vergnè de Treffan de Montbazin* (ancienne Nobleffe qui a donné un Archevêque de Rouen & un Evêque de Soiffons), dont:

1. Gabriel-Joseph, né en 1747, appelé *le Baron d'Argilliers*, ci-devant Page du Roi en fa Grande-Ecurie, Sous-Lieutenant aux Gardes-Françoifes;
2. N... né en 1748;
3. Et Antoinette-Marie, né en 1750.

VI. Joseph de Froment, IIe du nom, Ecuyer, fecond fils de Joseph Ier, & de *Marie Rampillon*, fut Seigneur de la Molières, &

Lieutenant des Vaiſſeaux du Roi. Il mourut en 1728, & avoit épouſé, en 1711, *Renée Baraud*, fille de *Claude*, Ecuyer, Seigneur de Pugné, dont:

1. JOSEPH, Ecuyer, Seigneur de la Molières, Capitaine au Régiment Royal, Infanterie, & Chevalier de Saint-Louis ;

2. GABRIEL, Ecuyer, Seigneur de la Sauveris, Capitaine au même Régiment, & auſſi Chelier de Saint-Louis ;

3. Et JEANNE-MARIE, alliée, en 1755, à *N...*, *Barnod*, Ecuyer, Seigneur de la Rivière, des Granges, &c., Capitaine au Régiment d'Auvergne, Infanterie.

Les armes : *d'azur, à 3 épis d'or, 2 & 1.*

Comme nous n'avons point la jonction des deux autres branches, nous nous contenterons de dire que la ſeconde s'eſt établie en Pruſſe, où elle a embraſſé la R. P. R., & que le dernier de cette branche, qui vivoit en 1733, eſt mort Gouverneur de Neufchâtel pour le ſervice du Roi de Pruſſe.

TROISIÈME BRANCHE, établie en Dauphiné.

Cette branche a été honorée du titre de *Gentilhomme-Banneret*, par les Souverains Dauphins, avant que le Dauphiné eut paſſé à la France.

L'auteur de cette branche eſt noble ANTOINE DE FROMENT, mentionné ci-après, degré Ier. La rédaction de la filiation de cette branche a été faite ſur titres originaux & pièces juſtificatives qui nous ont été communiqués, notamment un Arrêt du Conſeil d'Etat du Roi, en date du 25 Janvier 1669, qui maintient & garde dans leur *nobleſſe* leſdits Sieurs DE FROMENT, & fait mention des titres repréſentés par eux, tels que

1. Les Lettres de confirmation de nobleſſe, données en 1607, par HENRI IV, à CLAUDE DE FROMENT, IIIe du nom, Ecuyer, Seigneur de Saillans, Doyen de l'Univerſité de Valence, regiſtrées au Parlement de Grenoble les 11 Juillet 1609 & 12 Août 1611.

2. Un renvoi de nobleſſe, par le Sieur de Chazé, Intendant de Dauphiné, Commiſſaire à ce départi, du 24 Octobre 1639.

3. Une Enquête faite à Valence au mois de Mars 1660, dépoſé dans les Archives de cette Ville, à la requête de PIERRE-ANDRÉ DE FROMENT, Maréchal-de-Bataille, pardevant le Lieutenant-Général de Valence & ſept témoins des trois Etats, qui dépoſent & atteſ-

tent l'ancienneté & la nobleſſe de cette Famille.

4. Un certificat du Duc de Leſdiguières, Pair de France, Gouverneur pour Sa Majeſté en Dauphiné, en date du 12 Décembre 1662, qui atteſte que PIERRE-ANDRÉ DE FROMENT a toujours été conſidéré & réputé pour *Gentilhomme d'ancienne Nobleſſe*, & qu'il étoit du nombre de ceux aſſemblés pour l'arrière-ban, & qui marchèrent au ſecours de Caſal, ſous les ordres des Maréchaux de Schomberg, de la Force & de Marillac.

5. Un Jugement & certificat de M. du Gué, Intendant de Dauphiné, Commiſſaire départi pour la recherche des titres de nobleſſe, en date du 21 Juillet 1668.

I. Noble ANTOINE DE FROMENT, qui vivoit à Valence ſous Humbert, Dauphin, à la fin du XIIIe ſiècle & au commencement du XIVe, fut inhumé dans l'Egliſe des Frères-Prêcheurs de cette Ville, dont il avoit été élu Conſul. De *Chriſtine des Adrets*, ſon épouſe, fille de *Jean des Adrets*, Baron de Beaumont, il eut :

II. ANTOINE DE FROMENT, IIe du nom, Sergent-Major & Commandant une bande de Lanſquenets ſous le Duc d'ANJOU, au combat d'Aymer en Guyenne. Il épouſa, par contrat paſſé en 1361, devant *Riquier*, Sous-Conſervateur des Notes de Valence, *Jacqueline de Nermand*, fille de noble *Jean de Nermand*, dont :

Louis, qui ſuit ;
Et GUILLELMINE.

III. LOUIS DE FROMENT, Ecuyer, fut Maréchal-de-Bataille ſous le Comte de Boukcamp, & le Maréchal de la Fayette, à la bataille de Baugé en Anjou en 1421 ; & épouſa, par contrat paſſé en 1426, devant *Joachim la Brugère*, Sous-Conſervateur des Notes de Valence, *Julienne de la Baſtie*, fille de noble *Gaſpard de la Baſtie*, & de Dame *Alexandrine de Lattier*, de laquelle il eut :

CLAUDE, qui ſuit ;
Et ELISABETH.

IV. CLAUDE DE FROMENT, Ier du nom, commanda une Bande de lances à la journée de Montlhéry en 1465, ſous Louis XI, & épouſa, par contrat paſſé en 1478, devant *Adam Soullier*, Garde-Note à Montélimar, *Iſabeau de Bauvio*, fille de noble *Ode de Bauvio*, Seigneur d'Eſſion, & de Dame *Chriſtine de Bergerac*. De ce mariage vint :

V. Claude de Froment, IIe du nom, E-cuyer, qui commanda une Compagnie à la surprise de Landriano au Milanois, & fut fait prisonnier, en 1523, à la bataille de Rebec-que, par le Général de Leve. Il épousa, par contrat passé en 1549, devant *Jacques Mé-rina*, Notaire à Nîmes, *Sébastienne de Marlemont*, fille de noble *Jérôme de Marlemont*, & de Dame *Catherine de Bercieux*. Leurs enfans furent :

> Alexandre-Bernard, Chambellan de Henri, Roi de Pologne, depuis Roi de France, sous le nom de Henri III ;
> Et Claude, qui suit.

VI. Claude de Froment, IIIe du nom, Ecuyer, Seigneur de Saillans, Doyen de l'U-niversité de Valence, Député de la Noblesse, empêcha, par l'éloquence de ses discours, pro-noncés en présence de toute la Noblesse as-semblée, & secondé du zèle d'André de Le-beron, Evêque de Valence, l'exercice public qu'on y vouloit introduire de la Religion prétendue Réformée ; & fut maintenu & con-firmé dans son *ancienne Noblesse*, par Let-tres-Patentes du Roi Henri IV, données en 1607. Il avoit épousé ; 1° en 1578, *Justine Michaille* ; 2° en 1580, *Louise Ralhet-de-Romans* ; & 3° par contrat passé en 1602, devant *Gilbert des Boues*, Sous-Conservateur des Notes à Valence, *Anne des Mottes-de-la-Griotterie*, fille de *Pierre des Mottes*, Ecuyer, Seigneur de la Griotterie & de Confolens. Du premier lit vint :

> 1. Gaspard, Doyen de l'Université de Valen-ce, père de
> > Claude, Conseiller au Parlement de Metz.

Du second lit il eut :

> 2. Antoine, premier Consul de Valence ;
> 3. Jean, Conseiller du Roi ;
> 4. Isabeau, mariée à *Simon de Fayet*, Sei-gneur de Rochemaure.

Et du troisième lit sortit :

> 5. Pierre-André, qui suit.

VII. Pierre-André de Froment, Ecuyer, Seigneur de Saillans, Laulavier, Bize & Poin-son, successivement Capitaine-Major du Ré-giment de Pierregourde, puis Major de Tor-tone, où il fut blessé en défendant la Place ; Major de Thionville & de Landrecies ; Capi-taine d'une Compagnie franche de 100 hom-mes d'armes ; Aide-des-Camps & Armées du Roi, & Maréchal-de-Bataille, arrêta, au Pont

Tome VIII.

de Stura, dans le Montferrat, l'avant-garde des ennemis, & donna le tems au Maréchal de Navailles d'arriver avec l'armée, d'où les ennemis furent repoussés. Il fut chargé par le Roi de veiller au bon ordre, police & dis-cipline de l'armée cantonnée en Lorraine, pendant l'hiver de 1665 ; fait ensuite Lieute-nant de Roi des Ville & Citadelle de Réthel & Maître-d'Hôtel du Roi. Il épousa, par con-trat passé à Paris, à l'Hôtel de Vitry, devant *Remond* & son Confrère, Notaires, en 1650, *Catherine de Certieux*, fille de *Nicolas*, Ecuyer, Seigneur de Bouqueval, Capitaine & Gouverneur des Ville & Château de Châ-teauvillain, & de Dame *Catherine de Guil-bon*, dont :

> Charles-Luc, qui suit ;
> Et Isabeau, Demoiselle d'honneur de la Reine de Pologne.

VIII. Charles-Luc de Froment, Cheva-lier, Seigneur de Bize, d'abord Mousquetai-re du Roi dans sa première Compagnie, fut appelé à l'arrière-ban, convoqué par ordre du Roi, par M. Larcher, Intendant de Champa-gne, en 1697 ; & épousa, par contrat passé de-vant *l'Encluse*, Notaire Royal à Chéseaux en 1672, *Gasparde de Carendeffez*, fille de *Jean de Carendeffez*, Ecuyer, Seigneur de Chaudenay & Fief de Montigny, & de Dame *Elisabeth Manivet-de-Lassaux*, dont :

> 1. François, Chevalier, Capitaine de Cavale-rie au Régiment d'Orléans, qui a laissé de son mariage avec *Gabrielle Turquet* :
> > Marie-Claude-Bernarde, mariée à *Phi-lippe Profillet*, Ecuyer, Seigneur de Dardenay.
> 2. Hubert, qui suit ;
> 3. & 4. Claudette-Marie & Anne.

IX. Hubert de Froment, Chevalier, Sei-gneur de Bize & de Chaudenay en partie, Cornette, puis Lieutenant de Cavalerie au Ré-giment d'Orléans, s'est trouvé aux batailles de Malplaquet & de Denain. Une longue maladie l'ayant obligé de quitter le service du Roi, il fut pensionné de Sa Majesté. Il a épou-sé, par contrat passé à Langres, devant *Col-lier* & *Thibault*, Notaires Royaux, en 1727, *Antoinette-Marguerite de la Marche*, fille de *Nicolas de la Marche*, Ecuyer, Seigneur de la Fortelle, & de Dame *Marguerite Gri-mon*, de laquelle sont issus :

> 1. Jacques-Marie, qui suit ;
> 2. Marie-Claude-Bernarde, mariée, en 1752,

& veuve, du 31 Juillet 1760, de *Jacques-Hugues Michel*, Ecuyer, Seigneur d'Attricourt & de Fayl-Billot, Chevalier de Saint-Louis, Capitaine d'Infanterie au Régiment de Rouergue, tué à la bataille de Varbourg, le 31 Juillet 1760 ;

3. & 4. ANTOINETTE-GABRIELLE & GENEVIÈVE, la dernière morte en 1772.

X. JACQUES-MARIE DE FROMENT, Chevalier, entré au Régiment de Rouergue en 1752, y a été fait Capitaine en 1759, Aide-Major en 1764, & Major du Régiment de Quercy, aujourd'hui Rohan-Soubife, le 18 Avril 1776. Il a épousé, par contrat passé à Langres devant *Aubert* & *Dubois*, Notaires de cette Ville, le 18 Décembre 1769, *Gabrielle Léaulté*, fille de *Jean Léaulté de Griffey*, Ecuyer, Seigneur de Vivey, & de Dame *Rofe-Gabrielle Seurot*, dont :

FRANÇOISE-MARIE-JUSTINE DE FROMENT, née le 4 Septembre 1770.

Cette branche porte pour armes : *de gueules, à un chevron d'argent, au chef d'azur, chargé de trois étoiles d'or, & en pointe trois épis de blé d'or, liés de même.*

De cette troisième branche est sorti un rameau établi à Lunel, qui subsiste dans :

CLAUDE DE FROMENT, Ecuyer, Seigneur de Saint-Paul, né à Aigues-Mortes le 2 Mars 1715, appelé *le Chevalier de* FROMENT, résidant à Touloufe en 1770. Il eft entré, en 1730, au Régiment de la Marine en qualité de Volontaire, avec lequel il a fait toutes les campagnes de Bohême, & s'eft trouvé à la bataille du Mein ; il a été fait Lieutenant à la création des Grenadiers dans le Régiment de Coïncy, Compagnie de Montpellier, avec lequel il s'eft trouvé à la bataille de Lawfeld ; il fut détaché la veille avec 40 Grenadiers pour aller reconnoître les ennemis ; s'eft trouvé au fiège de Berg-op-Zoom, avec ce même Régiment, où il a donné des preuves de fa valeur, dans les fix différentes fois qu'il fut de fervice à la fappe ; c'eft ce qui eft prouvé par le certificat qui lui en a été délivré à Toulon par ledit Sieur de Coincy, Maréchal-des-Camps & Armées du Roi, Commandant en cette Ville, & Colonel de ce Régiment, le 28 Juillet 1770. Il paffa, de ce Régiment, dans celui de Fleury, Infanterie ; a été fait Capitaine en 1750 ; & eft actuellement premier Factionnaire au Bataillon de la Côte de Montpellier en 1773, & Gouverneur pour le Roi de la ville de Frontignan. Il continue fes fervices dans les Recrues de Sa Majefté, au dépôt de Touloufe, en fa qualité de Capitaine, & eft marié.

* FROMENTE, Terre & ancienne Baronnie située en Bugey, fur la petite rivière d'Ains, Paroiffe de Neuville, qui a eu autrefois fes Seigneurs particuliers, auxquels elle a donné fon nom. Elle paffa fur la fin du XIIe fiècle, dans la Maifon de *Beauregard*, d'où elle entra dans celle de la *Baume*, dont elle fut le partage & le nom diftinctif d'une branche cadette de cette Maifon.

* FRONSAC, Bourg en Guyenne, avec titre de *Vicomté*, érigé en *Comté* au mois de Décembre 1551, puis en *Marquifat*, par Lettres du mois de Décembre 1555, en faveur d'*Antoine de Luftrac*, dont la fille unique, *Marguerite de Luftrac*, porta ce Marquifat à fon mari *Geoffroy*, Baron de *Caumont*. Leur fille, *Anne de Caumont*, époufa, en 1595, *François d'Orléans-Longueville*, Comte de Saint-Pol, créé Duc de *Fronfac*, & Pair de France, par Lettres de Janvier 1608, enregiftrées le 18 Février fuivant. Par fa mort cette Pairie fut éteinte le 7 Octobre 1631. Le Cardinal de Richelieu ayant acquis *Fronfac*, obtint du Roi la confirmation de l'érection en *Duché-Pairie* pour lui, fes hoirs mâles & femelles, par Lettres du mois de Juillet 1634, enregiftrées les 5 & 19 du même mois. Il donna enfuite ce Duché à fon neveu *Armand de Maillé*, Marquis de Brezé, Amiral de France, tué le 14 Juin 1646. Le Duché de *Fronfac* paffa à fa fœur *Claire-Clémence de Maillé*, femme de *Louis de Bourbon*, Prince de Condé, qui le céda depuis à *Armand-Jean de Vignerot du Pleffis*, Duc de Richelieu. Le fils du Duc de Richelieu porte le nom de Duc *de Fronfac*. Voyez PLESSIS-RICHELIEU.

Les armes des anciens Seigneurs de *Fronfac* étoient : *écartelé, aux 1 & 4* D'ORLÉANS-LONGUEVILLE ; *aux 2 & 3* DE BOURBON.

* FRONTEBOSC, Terre & Seigneurie du pays de Caux, mouvante de la Baronnie de Monville, membre dépendant du Comté de Tancarville, à laquelle eft annexé le patronage & préfentation à la grande portion du Bénéfice-Cure de Liméfy. Il paroît qu'elle a tiré fon nom de fa pofition, comme qui diroit le

front des bois, *Frons Lucorum, Frontebof-cum*, ou *Frontonis Boſcus.* En effet le Manoir ſeigneurial de FRONTEBOSC eſt ſitué à la tête des bois, au-deſſus de la vallée de Saffinbec. Il eſt probable qu'elle a donné ſon nom à l'ancienne & illuſtre Maiſon de FRONTEBOSC, éteinte, dont parle du Moulin, à la fin de ſon *Hiſtoire de Normandie*, & de laquelle étoit GUILLAUME DE FRONTEBOSC, Chevalier, qui préſenta, l'an 1246, à la Cure de Liméſy, comme Patron de cette Paroiſſe, à cauſe de ſon fief de FRONTEBOSC. Il eut pour fils :

JOURDAIN DE FRONTEBOSC, Chevalier, qui préſenta, l'an 1292, à la même Cure. Il gît aux Jacobins de Rouen, dont voici l'épitaphe : *hîc jacet Dominus* JORDANUS DE FRONTEBOS-CO, *Miles, qui deceſſit anno* 1292.

RAOUL ou ROBERT DE FRONTEBOSC, Chevalier, ſon fils, préſenta, l'an 1346, au même bénéfice. On lui croit pour filles :

1. JEANNE, qui épouſa *Jean de Roquemont*, avec lequel elle vivoit en 1392. Thomas le Vigneron, Ecuyer, Conſeiller en la Cour-Laye, (repréſentant Robin le Vigneron, auſſi Conſeiller en la Cour-Laye, & fils d'un autre Robin le Vigneron, Seigneur de Frontebofc, par acquiſition dudit *Jean de Roquemont*), vendit le premier lot de la Terre & Seigneurie de FRONTEBOSC, à Jean Gouel, Ecuyer, Conſeiller en la Cour-Laye, le 22 Novembre 1475 ;

2. ELISABETH, qui eut le ſecond lot de cette Terre, & fut mariée 1° à *Jean d'Enitot* ; & 2° à *Jean de la Louis* ou *la Louyer*, lequel préſenta à la Cure de Liméſy, l'an 1425, comme Seigneur de FRONTEBOSC. Du premier lit vinrent :

  1. *Robine d'Enitot*, morte ſans alliance ;
  2. Et *Marie d'Enitot*, mariée à *Robert le Poigneur*, Ier du nom, & mère de

    Robert le Poigneur, IIe du nom, Seigneur de FRONTEBOSC, comme héritier de *Robine d'Enitot*, ſa tante, & de *Marie*, ſa mère. Il préſenta à la Cure de Liméſy, en 1452, & vendit ſes deux parts dans la Terre de FRONTEBOSC, le 12 Août 1477, au même Jean Gouel, Ecuyer, ci-deſſus mentionné.

Du ſecond lit vinrent :

3. *Marguerite de la Louyer*, mariée à *Jean de Valléen*, leſquels vendirent leur tiers dans la Terre de FRONTEBOSC le 16 Février 1477, à Jean des Monts, Seigneur d'Eſtouteville, qui la reven-

dit audit Jean Gouel, par autre contrat du 29 Juillet de la même année. GUILLAUME TOUSTAIN, Seigneur de Honguemare, un des Chambellans du Roi LOUIS XII, fils de GUILLAUME TOUSTAIN, Ecuyer, Seigneur de Bétencourt, & de *Jacqueline Gouel*, hérita au droit de ſa mère, des deux parts dans la Terre de FRONTEBOSC, en 1506, & préſenta à la Cure de Liméſy, l'an 1509, *Guillaume de Croiſmare*, ſon parent.

3. Et MARGUERITE, qui épouſa *Jean de Bourbel*, Seigneur de Montpinçon.

François de Bourbel, Seigneur de Montpinçon, un de leurs deſcendans, vendit le troiſième lot de la Terre de FRONTEBOSC, à Guillaume de la Fontaine, duquel ADRIEN TOUSTAIN, fils dudit GUILLAUME, le retira par puiſſance de Fief, en 1550, en qualité de Seigneur de FRONTEBOSC, dont la poſtérité la poſſède encore préſentement ; de ſorte, qu'en 1773, elle eſt depuis près de trois ſiècles dans cette Famille, dont nous donnerons la généalogie, d'après les Ecrivains qui en ont parlé, & les titres ſur leſquels elle a été dreſſée par filiation ſuivie juſqu'à ce jour. Voy. TOUSTAIN DE FRONTEBOSC.

* FRONTENAY, Terre & Seigneurie dans le Comté de Bourgogne, érigée en *Marquiſat*, par Lettres du mois d'Août 1743, enregiſtrées à Beſançon & à Dôle, en faveur de *Laurent-Gabriel de Montrichard de Viſemal*, qui l'avoit eue de ſa mère, &, par ſucceſſion, de la Maiſon de *Viſemal*, éteinte. Le Marquis de *Frontenay* eſt de la Maiſon de *Montrichard*, qui tire ſon nom du Château de *Montrichard*, auprès de Miguette, que *Richard de Montrichard* vendit, en 1335, à Jean, Bâtard *de Châlon*. Le Marquis de *Frontenay* a été reçu, en 1720, dans la confrérie de Saint-Georges, dans laquelle *Henri de Montrichard* avoit été reçu en 1461 ; *Pierre*, en 1504 ; un autre *Pierre*, en 1532 ; *Claude*, en 1612, & *Philippe-Guillaume*, en 1632.

FRONTIN, en Normandie : Famille maintenue dans ſa Nobleſſe le 28 Juillet 1668, dont les armes ſont : *d'argent, au chevron de gueules, accompagné de trois tiges de houx, de trois feuilles chacune, de ſinople.* (Voyez l'*Hiſtoire de Rouen*, & le *Traité de la Nobleſſe*, par de la Roque, pag. 217.)

FROTIER, ancienne Nobleſſe du Poitou,

qui a donné un Grand-Ecuyer de France, dont il fera parlé ci-après. On trouve BERTRAND FROTIER, l'un des 29 Ecuyers de la Compagnie d'*Arnault Berail*, Sire de Seffac, Ecuyer-Banneret, en garnifon à la Ville & au Château de Najac en Roüergue, où cette Compagnie fit montre le 14 Janvier 1368. La Généalogie de cette Famille, rapportée dans l'*Hiftoire des Grands-Officiers de la Couronne*, tom. VIII, pag. 480, commence à

I. JEAN FROTIER, premier Ecuyer du Corps du Comte de Valois au mois de Juin 1393, lequel eft qualifié premier Sommeiller du Corps de ce Prince dans un don qui lui fut fait alors. Il étoit Seigneur de Melzéart & de Miféré, dont il fit hommage-lige au Duc de Berry, le 28 Décembre 1408. Il eut de *Jeanne Cléret*, fon époufe :

1. PIERRE, qui fuit ;
2. COLIN, auteur de la branche des Seigneurs de *la Meffelière*, rapportée ci-après ;
3. JEANNE, femme de *Jean de Fontenay*, Seigneur de Saint-Caffien ;
4. APERTE, mariée, en 1438, à *Guy*, Seigneur de la Touche.

II. PIERRE FROTIER, Seigneur de Melzéart & de Miféré, Vicomte de Montbas, Baron de Preuilly, d'Azay-le-Ferron & le Blanc en Berry, Ecuyer d'écurie du Roi, fuivit le parti du Roi CHARLES VII, alors Dauphin, contribua beaucoup à fa fortie de Paris, lorfque les Bourguignons s'emparèrent de cette ville en 1418, ce qui lui acquit la confiance & la faveur de ce Prince. Il fut un des Seigneurs qui foufcrivirent au traité du Ponceau, le 9 Juillet 1419, entre le Duc de Bourgogne & ce Prince, lequel pour l'attacher davantage à fa perfonne le fit premier Ecuyer de fon Corps & Grand-Maître de fon Ecurie. Ce Prince lui conféra encore la charge de Sénéchal de Poitou, avec la Capitainerie du Château de Poitiers. Il alla, par ordre du Roi, le 4 Avril 1459, d'Alençon en Bretagne, vers le Duc, & mourut peu après. Il eft enterré dans l'Abbaye de Preuilly, & avoit époufé, pendant qu'il étoit en faveur, vers l'an 1422, *Marguerite de Preuilly*, l'une des plus riches & plus nobles héritières de Touraine, fille de *Gilles*, Baron *de Preuilly*, d'Azay-le-Ferron, du Blanc en Berry & de beaucoup d'autres Terres confidérables qui reftèrent en partage à fon mari, & dont il prit enfuite la qualité, & de *Marguerite de Naillac*. Elle mourut le

12 Août 1445, & eft enterrée dans l'Abbaye de Preuilly. De ce mariage vint :

III. PRÉGENT FROTIER, Baron de Preuilly, Seigneur d'Azay-le-Ferron & du Blanc en Berry, Vicomte de Montbas, &c., qui fut Chambellan de RENÉ D'ANJOU, Roi de Sicile & de Naples en 1474, figna au teftament de ce Prince, & mourut en 1497. Il avoit époufé *Ifabeau de Billy*, Dame de Thuré, fille de *Hugues*, Seigneur de la Tour-Doire, & de *Jeanne Rouault*. Elle tefta avec fon mari le 22 Mai 1480. Leurs enfans furent :

1. FRANÇOIS, mort en 1489 ;
2. GRISEGONNELLE, qui fuit ;
3. PIERRE, Seigneur d'Azay-le-Ferron, marié à *Charlotte du Bois*, Dame de Fouffac en Poitou, qui vivoit encore en 1533, & étoit veuve & tutrice de fes enfans, favoir :

    JEAN, mort jeune ;

    ANTOINE, mort le 18 Janvier 1542, fans enfans ;

    MADELEINE, femme, 1° de *Gilles Ancelon*, Seigneur du Bois-Gillet ; & 2° de *Chriftophe du Geneft*, Seigneur de la Roche-Bellouin, avec lequel elle vivoit en 1559 ;

    Et RENÉE, alliée à *Raymond Hallebroche*, Gentilhomme Ecoffois.

4. JEANNE, femme, en 1495, après la mort de fa mère, de *Jean Taveau*, Baron de Mortemer ;
5. Et ISABEAU, mariée à *Guillaume de Varie*, Seigneur de l'Isle-Savary, duquel elle étoit veuve en 1543.

IV. GRISEGONNELLE FROTIER, Baron de Preuilly, Seigneur d'Azay-le-Ferron & du Blanc en Berry, époufa *Françoife d'Amboife*, fille de *Jean*, Seigneur de Buffy, & de *Catherine de Saint-Belin*. Elle refta veuve en 1502, & fe remaria à *François de Volvire*, Baron de Ruffec. Cette Dame étoit fœur de *Georges*, Cardinal d'*Amboife*, Archevêque de Rouen, nièce du Cardinal d'*Amboife*, Légat en France, & premier Miniftre du Roi Louis XII, & d'*Emery d'Amboife*, Grand-Maître de Rhodes, & coufine germaine de *Charles d'Amboife*, Seigneur de Chaumont, Grand-Maître, Maréchal & Amiral de France. Elle eut de fon premier mari :

V. JEAN FROTIER, Baron de Preuilly, Seigneur du Blanc en Berry, qui vendit, avant l'an 1530, fes Terres à Louis, Seigneur de Clermont-Gallerande, & mourut fans enfans de fon mariage avec *Louife de Reillac*, fille de *Bertrand de Reillac*, Vicomte de Brigueuil, Seigneur de Mérinville, & de *Renée de Brilhac*. Elle se remaria à *Gaspard de Chamborant*, Seigneur de la Clavière, & plaidoit, au mois de Juillet 1534, contre le Seigneur de Clermont-Gallerande, auquel son premier mari avoit vendu ses Terres.

Une généalogie manuscrite lui donne pour fille unique JEANNE FROTIER, laquelle épousa *Jean de Fontenay*, Seigneur de Saint-Caffien en Loudunois, dont vint *Anne de Fontenay*, Dame de Saint-Caffien, femme de *Pierre de Beauvau*, Seigneur de la Bessière.

BRANCHE
des Seigneurs de LA MESSELIÈRE.

II. COLIN FROTIER, second fils de JEAN, & de *Jeanne Cléret*, fut Seigneur de Chamousseau, de la Messelière, de Fougeré, de Queaux, de la Coste & de Baigneux. Il eut d'*Isabeau Dusseau*, sa femme, laquelle ne vivoit plus en 1447 :

1. GUY, Seigneur de la Messelière, &c., marié à *Jeanne de Maillé*, Dame d'Ampuré, avec laquelle il fonda le couvent de la Raillerie. Elle étoit veuve 1º d'*Amaury de Tigné*; & 2º de *Guillaume de Tucé*, & fille de *Jacques de Maillé*, Seigneur d'Ampuré & de *Marie Taveau*. Se voyant sans enfans ils firent donation de tous leurs biens à PRÉGENT FROTIER, leur cousin, s'en réservant l'usufruit. Guy mourut en 1484, & sa veuve eut procès contre ses héritiers ;
2. FLORIDAS, qui suit;
3. GUILLEMETTE, mariée, 1º par son frère aîné, le 21 Août 1447, à *Jean Leblond*, Seigneur de Ressonneau; & 2º en 1449, à *Gilles de Chauvigny* ;
4. Et GEOFFRIDE, femme, en 1482, d'*Antoine Gastet*, Seigneur de Pommoreau, avec lequel elle renonça, moyennant une somme, à tous les droits qu'ils pouvoient avoir en la succession du Seigneur de la Messelière.

III. FLORIDAS FROTIER étoit, avec ses deux sœurs, en 1447, sous la tutelle de son frère aîné, après la mort duquel il se porta son héritier; mais comme son esprit étoit affoibli il en laissa la poursuite à son fils GEOFFROY, qui suit. Il avoit épousé, le 26 Juin 1450, *Marguerite Beslon*, fille de *Guillaume Beslon*, Seigneur de Fougeré.

IV. GEOFFROY FROTIER, Seigneur de la Messelière, &c., eut la curatelle de son père, au nom duquel il comparut à la montre des Nobles de la Seigneurie de Loudun & de Mirebeau, qui fut faite à Loudun le 21 Décembre

1470. Après la mort de GUY FROTIER, son oncle, il se porta héritier, fit casser, par Arrêt, la donation faite à PRÉGENT FROTIER, Seigneur de Preuilly, avec lequel il traita sur tous les différends qu'ils avoient ; & par accord qui se fit le 21 Janvier 1489, les Seigneuries de la Messelière, de Chamousseau, de Fougeré & autres lui restèrent avec les autres biens qui avoient été acquis par son aïeul. On lui donne pour femme *Jeanne de Lezay-de-Lusignan*, dont :

1. CHARLES, qui suit ;
2. PIERRE, Chevalier de Rhodes ;
3. JACQUES, mort sans alliance ;
4. BRIAND, auteur de la branche des Seigneurs de *Fougeré*, rapportée ci-après ;
5. RAOUL, mort sans postérité ;
6. Et FOUCAULT, qui vivoit en 1543.

V. CHARLES FROTIER, Ecuyer, Seigneur de la Messelière, de Melzéart, de la Coste, &c., mort âgé de 80 ans, se marié le 18 Mars 1508, *Jeanne de Polignac*, fille de *Pierre*, Seigneur d'Escoyeux en Saintonge, & d'*Anne de Saint-Gelais*, dont :

1. FRANÇOIS, qui suit ;
2. & 3. BONAVENTURE & GASPARD, vivans en 1543.

VI. FRANÇOIS FROTIER, Seigneur de la Messelière, de Melzéart, &c., Capitaine de l'arrière-ban d'Angoumois en 1562, Chevalier de l'Ordre du Roi en 1568 ; Capitaine de 50 hommes d'armes en 1569; commandoit la même année en plusieurs places d'Angoumois, & mourut fort âgé en 1597. Il avoit épousé, le 10 Juin 1538, *Antoinette Goumard*, fille de *François*, Seigneur de Mézières, & de *Renée de Marans*. Leurs enfans furent :

1. PIERRE, qui suit ;
2. JEAN, Seigneur de la Rochette, allié à *Marie Angoumois* ;
3. LOUISE, femme de *N... Tison d'Argence*, Seigneur de la Vigerie en Saintonge ;
4. JEANNE, femme de *François de Faucon*, Seigneur de Saint-Pardoux ;
5. ADRIENNE, mariée 1º à *Jacques d'Archiac*, Seigneur d'Availles ; & 2º à *François de la Béraudière*, Seigneur de Villenon, Ecuyer de FRANÇOIS DE FRANCE, Duc d'Alençon ;
6. Et CATHERINE, mariée, le 9 Août 1574, à *Gabriel de Rechignevoisin*, Seigneur de Guron.

VII. PIERRE FROTIER, Seigneur de la Messelière, de la Coste & de Baigneux, Chevalier

de l'Ordre du Roi le 7 Février 1569, Gentilhomme ordinaire de sa Chambre, Enseigne de
la Compagnie de M. de Ruffec, Capitaine de
50 lances des Ordonnances du Roi, Enseigne
de la Compagnie de M. de Sanfac en 1574,
Gouverneur de Saintes la même année, puis
de la Ville & du Château de Poitiers; Commandant dans la ville de Niort, & Lieutenant de la Compagnie des Gendarmes du
Comte de Frissac en 1593. Il avoit épousé, le
15 Juin 1563, *Yolande le Voyer*, fille de
Jean, Seigneur de Paulmy, & de *Jeanne de
Gueffaut*, Dame d'Argenson, dont:

1. Gaspard, qui suit;
2. Jean, mort sans enfans;
3. Et René, Seigneur de Baigneux & de l'Escorcière en la Basse-Marche, marié à *Catherine Gourdeau* de laquelle il eut:

Pierre, Seigneur de l'Escorcière, Capitaine des Gardes du Duc de Verneuil,
mort sans alliance;
Et René, femme de *Simon de la Chauffée*, Seigneur de Chaumont en Poitou,
après la mort duquel elle se remaria à
Charles Frotier, Seigneur des Roches, son cousin.

VIII. Gaspard Frotier, Seigneur de la
Messelière & de Chamoussau, Mestre-de-
Camp d'Infanterie, Député de la Noblesse de
la Marche aux Etats-Généraux tenus en 1614,
Chevalier de l'Ordre du Roi & Gentilhomme
ordinaire de sa Chambre, rendit de grands
services au Roi Henri IV, en contenant les
Huguenots, & en s'opposant à leurs entreprises dans les Provinces de Poitou & de la
Marche. Pour cet effet, il leva des gens de
guerre qu'il entretint à ses dépens, ce qui con-
somma une partie de ses biens. Les lettres de
remercimens de ce Prince en font foi, & les
originaux en font gardés dans les archives du
Château de la Messelière. Il avoit épousé, le
31 Octobre 1588, *Elisabeth de la Rochefoucauld*, Dame de l'Espinay, fille de *Jean de
la Rochefoucauld-Bayers*, Seigneur de l'Espinay, & de *Jeanne de Volvire-Ruffec*. De
cette alliance vinrent:

1. Louis qui suit;
2. Jean, auteur de la branche des Seigneurs
de *Péray*, rapportée ci-après;
3. Benjamin, auteur de celle des Seigneurs de
la *Coste*, mentionnée ensuite;
4. Gaspard, Chevalier de Malte, qui fit ses
preuves le 27 Avril 1623, & étoit Commandeur de Nantes en 1642;

5. Renée, mariée, le 20 Février 1628, à *Robert de la Lande*, Seigneur de Saint-Etienne, Sous-Gouverneur de la personne du Roi;
6. Et Yolande, Religieuse à Tusson en Angoumois.

IX. Louis Frotier, Ecuyer, Seigneur de
la Messelière, de Chamoussau & de l'Espinay, élevé enfant d'honneur du Roi Louis
XIII, Gentilhomme ordinaire de la Chambre du Roi, épousa, le 20 Janvier 1619, *Esther de Chessé*, Dame d'Ingrande près de
Chatellerault, fille de *René de Chessé*, Seigneur d'Ingrande, Trésorier de France à Poitiers, & d'*Elisabeth Taveau-de-Mortemer*.
Il en eut:

1. Louis, qui suit;
2. François, Capitaine au Régiment du Cardinal Mazarin, tué au combat de Fribourg
en 1643;
3. Jean, Chanoine & Doyen de Poitiers, Prieur
de Saint-Leu-des-Châteigners, après avoir
été Capitaine au Régiment d'Estissac;
4. Charles, Seigneur des Roches-sur-Vienne,
Capitaine au Régiment de Grancey, marié
à Renée Frotier, sa cousine, Dame de Baigneux, dont:

Marie-Anne, femme, le 21 Septembre
1688, de *Jean de la Ramière*, Seigneur
de Puycharraud en Périgord.

5. Philippe, rapporté après la postérité de son
aîné;
6. Marie, femme de *Joseph de Raymond*, Seigneur des Brosses & de Prajons en la Basse
Marche;
7. & 8. Diane-Marie & Catherine, Religieuses à Tusson en Angoumois;
9. Et Esther, Religieuse au Dorat.

X. Louis Frotier, II° du nom, Ecuyer,
Seigneur de la Messelière & de Chamoussau,
Maréchal de Bataille, fut maintenu dans sa
noblesse par jugement de M. de Barentin, Intendant de Poitiers, le 31 Décembre 1667. Il
avoit épousé, le 5 Octobre 1655, *Anne Irland*,
fille & héritière de *Bonaventure Irland de
Lavau*, Seigneur de la Bussière & de Brion
près de Poitiers, Contrôleur-Général de la
Maison de la Reine, & de *Susanne Prévost
de la Bussière*. De ce mariage sortirent:

1. Bonaventure, qui suit;
2. Louis, Docteur en Théologie de la Faculté
de Paris en 1690, Prieur de Saint-Leu-des-
Châteigners au Perche, Doyen de St.-Hi-
laire de Poitiers, & Trésorier de St.-Hi-
laire-le-Grand en 1694, mort au mois de
Mai 1729;

3. CHARLES, Chevalier de Malte, Enfeigne de la Réale en 1682, Sous-Lieutenant en 1688, Lieutenant en 1690, Capitaine-Lieutenant le 19 Octobre 1706, & Capitaine le 23 Janvier 1713. Il a quitté l'Ordre de Malte, a été fait Chevalier de Saint-Louis au mois de Juin 1719, & eft mort en 1727 ;

4. Autre LOUIS, Lieutenant, puis Capitaine de Galères en 1708, mort en revenant de Livourne en 1730 ;

5. Autre CHARLES, Abbé de Charroux le 9 Avril 1689, Doyen de Saint-Hilaire-le-Grand, après fon frère, en 1708, & mort en 1730 ;

6. MARIE-ANNE, femme de Louis-Archambaud de Rechignevoifin, Seigneur de Guron, dont une fille, mariée à N... la Colotte, Seigneur de Marconnay, morte fans laiffer d'enfans, en 1725 ;

7. CATHERINE, Religieufe à l'Encloître ;

8. Et MARGUERITE, Religieufe à la Trinité de Poitiers.

XI. BONAVENTURE FROTIER, Seigneur & Marquis de la Meffelière, fut reçu Page de la Petite-Ecurie du Roi le 1er Janvier 1692, après avoir été Cadet & enfuite Exempt des Gardes-du-Corps du Roi, nommé Lieutenant des Gendarmes de Bourgogne le 31 du même mois ; Chevalier de Saint-Louis ; Brigadier de Cavalerie en Janvier 1702, bleffé à la bataille d'Hochftett au mois d'Août 1704, & conduit en Angleterre, nommé Maréchal-de-Camp au mois d'Octobre de la même année, & mourut à fa Terre de la Meffelière, le 14 Septembre 1711. Il s'étoit diftingué à la bataille de la Marfaille, donnée en Piémont en 1693, fous les ordres du Maréchal de Catinat ; il y commanda le corps de la Gendarmerie, qui, tant par fa valeur que par fa conduite & fes manœuvres, donna lieu à une victoire. Il avoit époufé, par contrat du 4 Juin 1698, paffé devant Boulanger, Notaire à Paris, Marie-Anne Foreft, fille de Pierre Foreft, Seigneur de Bellefontaine & de Puifeux, Confeiller au Parlement de Paris, & de Marie-Thérèfe Chéré. Elle étoit nièce de Jofeph Foreft, Brigadier des Armées du Roi, Chevalier de St.-Louis, ancien Capitaine au Régiment des Gardes-Françoifes, mort à Paris âgé de 75 ans, fans avoir été marié, & de N... Foreft d'Orgemont, auffi Capitaine au même Régiment, tué à la bataille de Ramillies en 1706. Cette Marie-Anne Foreft fe remaria, le 12 Février 1720, à N... de la Poype de Vertrieux, Exempt des Gardes-du-Corps du Roi dans la Compagnie de Charoft, mort fu-

bitément dans fes Terres en Poitou, le 15 Septembre 1736. Elle a eu de fon premier mariage :

1. BONAVENTURE-PAUL, qui fuit ;

2. LOUIS, dit le Chevalier de la Meffelière, né le 24 Avril 1710, Page de la Petite-Ecurie du Roi en 1727, Capitaine de Cavalerie dans le Régiment d'Harcourt, ci-devant Pons. Il a fervi, en 1744, dans l'Etat-Major de la Cavalerie de l'armée d'Allemagne, a eu le Brevet de Colonel en la même année, & la Croix de Saint-Louis après la bataille de Fontenoy, donnée en Flandre le 11 Mai 1745. Il a été fait Aide-Maréchal-Général-des-Logis de l'armée commandée par le Maréchal-Duc de Belle-Isle, en Provence & dans le Comté de Nice, où il s'eft rendu au mois de Mai 1747, & a été fait Brigadier des Armées du Roi à la promotion du mois de Décembre 1748. Le Duc d'Orléans l'a choifi pour un de fes Gentils-hommes, à 2000 livres de gages, au mois de Juin 1752. Il s'eft démis de la Compagnie de Cavalerie, en faveur de fon neveu le Comte de la Meffelière, & en Septembre 1755, de celle de Gentilhomme de M. le Duc d'Orléans ;

3. MARIE-ANNE, née le 20 Mars 1699, morte en bas âge ;

4. MARIE-ELISABETH, née le 27 Septembre 1700, mariée, le 27 Août 1727, à Jacques-Marin-Alexandre Pérochon, Comte de Bury, Meftre-de-Camp de Dragons réformés ;

5. Et ELISABETH, née en 1701, mariée avec Gabriel le Coigneux, Baron de la Roche-Turpin, Meftre-de-Camp d'un Régiment de Dragons, mort à fa terre de la Roche-Turpin en 1741, laiffant une fille née en Septembre 1739, & âgée de 8 ans en 1746.

XII. BONAVENTURE-PAUL FROTIER, Marquis de la Meffelière, né le 27 & baptifé le 30 Décembre 1701, reçu Page de la Petite-Ecurie du Roi en Juin 1718, n'a pas fuivi le fervice, s'eft retiré dans fes Terres en Poitou, & y eft mort en 1744. Il avoit époufé Catherine de Brilhac, morte au Château de la Meffelière en Poitou, le 20 Novembre 1745, dont :

XIII. LOUIS-MARIE-BONAVENTURE FROTIER DE LA MESSELIÈRE, né le 30 Septembre 1732, reçu Page de la Petite-Ecurie du Roi au mois d'Avril 1748. On ignore s'il eft marié.

X. PHILIPPE FROTIER, cinquième fils de LOUIS, Seigneur de la Meffelière, & d'Efther de Cheffé, Seigneur de l'Efcorcière, Capitaine de Vaiffeau, puis Colonel du Régiment d'Eftiffac, époufa, le 16 Juillet 1664, *Marie de Fleury*, fille de *René de Fleury*, Seigneur du Vert en Aunis, & de *Félicie Bardonnin*, dont :

1. LOUIS, qui fuit ;
2. FRANÇOIS, Chanoine de Saint-Hilaire de Poitiers en 1708 ;
3. 4. & 5. Et trois filles, Religieufes.

XI. LOUIS FROTIER, Seigneur de l'Efcorcière, mort en 1740, avoit époufé, le 6 Avril 1685, *Jeanne Falloix*, de laquelle il a eu :

1. LÉOPOLD-STANISLAS, qui fuit ;
2. 3. & 4. ANTOINETTE, MARIE-ANNE & MARIE.

XII. LÉOPOLD-STANISLAS FROTIER, Seigneur de l'Efcorcière, s'eft allié avec *Marie de Boifrillet*, dont trois garçons & deux filles. Le premier, né en 1725, étoit, en 1747, Cornette de Cavalerie dans le Régiment d'Orléans.

BRANCHE
des Seigneurs de PÉRAY.

IX. JEAN FROTIER, Seigneur de l'Efpinay, fecond fils de GASPARD, Seigneur de la Meffelière & de Chamouffeau, & d'*Elifabeth de la Rochefoucauld-Bayers*, fut Capitaine d'Infanterie dans le Régiment de Brouage. Il époufa 1º *Marie d'Authon*, Dame de Péray ; & 2º *Françoife Bérenger de Nantilly*. Du premier lit vinrent :

1. N..., mort fans alliance ;
2. GASPARD, qui fuit ;
3. JEAN, Seigneur de Lonlay en Saintonge, Moufquetaire du Roi en 1669, puis Capitaine au Régiment de Normandie, maintenu dans fa nobleffe par M. Begon, Intendant de la Rochelle, le 5 Janvier 1700. Il avoit époufé 1º *Hélène Guibert*, morte fans enfans ; & 2º *Catherine Couffin* ;
4. MARIE, femme de *René*, Seigneur de Saint-Léger & de la Sauffaye, près de la Rochelle, Capitaine de Cavalerie ;
5. Et CATHERINE, Religieufe à Fontevrault.

X. GASPARD FROTIER, Seigneur de Péray en Saintonge, époufa *Marie de Tallerand de Grignols*, dont :

1. JEAN, qui fuit ;
2. GASPARD, marié, le 16 Février 1708, à *Elifabeth du Fou* ;
3. PIERRE ;
4. FRANÇOIS, mort au fiège de Kaiferfwerth en 1701 ;
5. MARIE, femme d'*Armand du Souchay*, Seigneur de Villars ;

6. Et MADELEINE, qui n'étoit point mariée au mois de Septembre 1709.

XI. JEAN FROTIER, Seigneur de Péray, a époufé, le 22 Juillet 1700, *Jeanne-Bernarde Chevalier de la Frappiniere*, de laquelle font iffus :

1. FRANÇOIS ;
2. GASPARD, qui fuit ;
3. & 4. HÉLÈNE & ANNE-LOUISE-CHARLOTTE.

XII. GASPARD FROTIER, IIº du nom de fa branche, Seigneur de Péray, a été fait Aide-d'Artillerie des Vaiffeaux du Roi, à la promotion du 1er Janvier 1746. Nous ignorons s'il eft marié.

BRANCHE
des Seigneurs de LA COSTE.

IX. BENJAMIN FROTIER, troifième fils de GASPARD, & d'*Elifabeth de la Rochefoucauld-Bayers*, Seigneur de la Cofte, des Ouches & de Monchandy, mort âgé de 76 ans en 1689, avoit époufé, 1º le 9 Juillet 1637, *Catherine Courault*, fille de *Jean*, Seigneur de Pleuville ; & 2º *Marie Lévefque*, veuve de *Gabriel*, Seigneur de *la Barde*, & fille d'*Abraham Lévefque*. Il eut du premier lit :

1. LOUIS, qui fuit ;
2. SIMON, Seigneur de la Cofte & des Ouches, mort en 1704, laiffant de fon mariage, contracté au mois d'Août 1684, avec *Françoife du Bois*, fille de *François*, Seigneur de Badon en Languedoc :

   JOSEPH, né en 1692, Eccléfiaftique ;
   FRANÇOISE & LOUISE-FRANÇOISE, nées en 1685, mortes jeunes ;

3. Et CATHERINE, femme, le 11 Février 1672, de *Gafpard Guillaumet*, Seigneur de Levignac en Poitou.

X. LOUIS FROTIER, Seigneur de la Cofte, des Ouches, & de Monchandy, maintenu dans fa nobleffe avec fon père & fes coufins germains, par jugement de M. de Barentin, Intendant en Poitou, le 30 Décembre 1667, époufa, le 2 Août 1658, *Marie de la Barde* fille de *Gabriel de la Barde*, Seigneur d'Effé près de Mesle, & de *Marie Lévefque de Marconnay*, dont :

   BENJAMIN-LOUIS, qui fuit ;
   Et GABRIEL, Seigneur des Ouches, Lieutenant, puis Capitaine de Dragons, tué au fiège de Suze au mois de Décembre 1690, fans avoir été marié.

XI. BENJAMIN-LOUIS FROTIER, Seigneur de

la Coſte, de la Forêt-d'Eſſé, de Vaurion, de Champeaux, de la Châtellenie de Château-Garnier & de Monchandy, dit *le Comte de la Coſte-Meſſelière*, né le 18 Octobre 1668, d'abord Page du Duc du Maine, puis Capitaine des Chevaux-Légers, Lieutenant de Roi au gouvernement de Poitou, mort à Paris le 5 Septembre 1730, âgé de 64 ans, avoit épouſé, le 29 Mai 1695, *Eliſabeth-Olive de St.-Georges de Vérac*, fille d'*Olivier*, Marquis de Vérac, Chevalier des Ordres, & de *Madeleine le Cocq*. Elle eſt morte à Paris le 23 Avril 1756, âgée de 87 ans. Ils eurent :

1. BENJAMIN-LOUIS-MARIE, qui fuit ;
2. & 3. LOUIS-CONSTANT & ALCIDE ;
4. ELISABETH-OLIVE-LOUISE, mariée, en l'Egliſe de Saint-Sulpice à Paris, le 12 Août 1715, à *Samuel-Jacques Bernard*, né le 19 Mai 1686, Conſeiller au Parlement de Paris le 2 Mars 1707, puis Maître des Requêtes en Août 1710, Seigneur de Groſbois, Surintendant de la Maiſon de la Reine, Grand'Croix, Prévôt & Maître des Cérémonies de l'Ordre de Saint-Louis, fils de *Samuel Bernard*, Comte de Coubert, Conſeiller d'Etat, & de *Madeleine Clergeau*, ſa ſeconde femme ;
5. ANNE-GABRIELLE, mariée, au mois de Juillet 1723, à *François Perry*, Comte de Saint-Auvent ;
6. Et N... FROTIER, fille.

XII. BENJAMIN-LOUIS-MARIE FROTIER, dit *le Comte de la Coſte-Meſſelière*, Seigneur en partie de la Terre & Vidamé de Trilbardou, & de Meaux, né en 1699, reçu Cornette des Chevaux-Légers de la Garde du Roi au mois de Septembre 1719 ; Meſtre-de-Camp, Lieutenant de Roi au Haut-Poitou en 1727 ; Brigadier de ſes Armées en 1734 ; Maréchal-de-Camp en Février 1743 ; Lieutenant-Général le 1er Janvier 1748, a quitté le ſervice, & a été gratifié d'une penſion de 3000 livres. Il a épouſé, le 25 Novembre 1721, *Marie-Marguerite-Radégonde de Meſgrigny*, fille de *François-Romain-Luc de Meſgrigny*, Marquis de Bonnivet, Comte de Bélin, & de *Marguerite-Radégonde de Beſſay*, Comteſſe de Bélin, ſa ſeconde femme. Elle eſt morte le 28 Février 1739, âgée de 41 ans 1 jour. Elle étoit la ſeconde fille & héritière du Marquis de *Meſgrigny*, & avoit eu la Terre de Vivonne en Poitou, une partie du Vidamé de Meaux & la Seigneurie de Trilbardou. Ses enfans ſont :

1. N..., Marquis de la Coſte, Capitaine de Cavalerie en 1747, Cornette des Chevaux-Légers de la Garde en Mars 1748, lorſque ſon père quitta la Compagnie, dont il étoit Sous-Lieutenant ;
2. N..., dit *le Chevalier de la Coſte-Meſſelière*, Sous-Lieutenant au Régiment des Gardes-Françoiſes, tué à l'attaque de l'arrière-garde des Autrichiens qui repaſſoient le Rhin, le 23 Août 1744 ;
3. Et MARIE FROTIER.

BRANCHE
des Seigneurs DU FOUGERÉ.

V. BRIAND FROTIER, quatrième fils de GEOFFROY, Seigneur de la Meſſelière, & de *Jeanne de Lezay de Luſignan*, fut Seigneur du Fougeré, & eut de ſa femme, dont on ignore le nom :

VI. CHARLES FROTIER, Ecuyer, Seigneur du Fougeré, qui épouſa *N... de Noſſay de la Forge*, de laquelle vinrent :

CHARLES, qui ſuit ;
Et MARIE, morte ſans poſtérité.

VII. CHARLES FROTIER, Chevalier, Seigneur du Fougeré, Lieutenant de la Compagnie des Gendarmes du Seigneur de l'Isle-Rouhet, ſe maria avec *Marguerite Charpentier*, Dame & héritière des Teſſonnières & de Pouillé, fille de *N.... Charpentier*, Contrôleur de la Maiſon du Duc d'Orléans. Ses enfans furent :

1. GABRIEL, qui fuit ;
2. N... FROTIER, Ecuyer, Seigneur de Pouillé, mort ſans avoir été marié ;
3. CHARLES, Chevalier de Malte, tué dans un combat contre les Turcs ;
4. ANTOINE, tué en duel ;
5. JULES-MARIE, Chevalier de Malte ;
6. ANTOINE, mort jeune ;
7. JEANNE, mariée à *Claude Taveau*, Seigneur de la Tour-aux-Coignons, fils de *François Taveau*, Seigneur dudit lieu, & de *Renée Chaſteigner* ;
8. FRANÇOISE, épouſe d'*Emeric des Jardins*, Ecuyer ;
9. ANNE, alliée à *Nicolas Fonteneau*, Vice-Sénéchal de Civray ;
10. ISABELLE, femme de *Sébaſtien Taveau*, Seigneur du Tour ;
11. Et CHARLOTTE, femme de *Jacques de Vonne*, Seigneur des Jardins.

VIII. GABRIEL FROTIER, Chevalier, Seigneur du Fougeré, de Pouillé & des Teſſonnières, épouſa *Marguerite de Marans*, fille de *Jacques de Marans*, Seigneur de Saint-Marc en Poitou, dont :

1. FRANÇOISE, mariée à *Charles de la Tour*, Seigneur de Lavialle en Limoufin ;
2. Et GABRIELLE, morte fans avoir été mariée.

Les armes de FROTIER font : *d'argent, au pal de gueules, accofté de dix lofanges de même, cinq de chaque côté, pofées 2, 2 & 1*.

FROTTÉ, en Normandie, Généralité d'Alençon : ancienne Nobleffe, dont nous ne pouvons remonter la filiation qu'à

I. NICOLAS DE FROTTÉ, Ecuyer, qui vivoit dans le XIVᵉ fiècle, & avoit époufé *Marie de Bugenffis*, dont fortit :

II. JACQUES DE FROTTÉ, Ecuyer, marié à *Jacquette Séguier*, fille de noble *Pierre Séguier*, Préfident au Parlement de Paris, & de *Fleurie de la Broffe*. Il en eut :

III. JEAN DE FROTTÉ, Secrétaire & Contrôleur-Général des Finances des Roi & Reine de Navarre, qui acquit les Terres & Fiefs de Couterne, de Vieuxpont & du Ménil. Il avoit époufé, en 1536, *Jeanne le Coutelier*, fille de *Guillaume le Coutelier*, Sieur de Sey, & eut de fon mariage :

1. RENÉ, qui fuit ;
2. LÉON, Ecuyer, Sieur de Vieuxpont, mort fans enfans ;
3. FRANÇOIS, Ecuyer, Sieur du Ménil ;
4. Et JEAN, Ecuyer, Sieur de la Rimblière, auteur d'une branche cadette qui fubfifte aux enviCrons d'Alençon, & dont nous parlerons ci-après.

IV. RENÉ DE FROTTÉ, Capitaine d'une des Vieilles-Bandes, & Gentilhomme ordinaire de la Chambre du Duc d'Alençon, frère du Roi, mort en 1618, avoit époufé, en 1570, *Françoife Mandat*, fille de *Guillaume*, Ecuyer, Secrétaire des Roi & Reine de Navarre, & Maréchal-des-Logis du Corps. Elle mourut en 1613, âgée de 63 ans, laiffant :

1. BENJAMIN, qui fuit ;
2. MARIE, née en 1572, alliée en 1594 à *Guillaume Martin*, Ecuyer, Sieur de Belins, Vicomte d'Avranches ;
3. Et ANNE, née en 1573, mariée, en 1598, à *Jean du Barguet*, Ecuyer, Sieur du Bourg.

V. BENJAMIN DE FROTTÉ, né en 1571, Sieur de Sey, Gentilhomme fervant du Prince de Condé, époufa, en 1600, Demoifelle *Sufanne du Refuge*, fille de *Jean*, Chevalier, Baron de Gallardon & de Couefmes, & de *Claude*

de *Montgommery*. Elle mourut en 1615, & eut pour enfans :

1. GABRIEL, qui fuit ;
2. BENJAMIN, né en 1604, & mort en 1637. Il avoit époufé, 1° en 1635, *Catherine de Lourmeau*, fille du Sieur de *Lourmeau*, Ecuyer, & de *Catherine Goblin* ; & 2° *Sufanne de Mayern*, morte en 1652. Il eut quatre filles de l'un & de l'autre mariage ;
3. DANIEL, né en 1607, Ecuyer, Sieur de Préaux ;
4. CLAUDINE, née en 1611 ;
5. SUSANNE, née en 1612 ;
6. MADELEINE, née en 1613, & morte en bas âge ;
7. Et JUDITH, née en 1614.

VI. GABRIEL DE FROTTÉ, Ecuyer, Chevalier, Seigneur de Couterne, né en 1602, Capitaine au Régiment de Montgommery, & mort en 1671, avoit époufé, en 1635, à Verdun, 1° *Catherine de Rivetart*, fille de feu *Claude*, Ecuyer, Sieur dudit lieu, & de *Catherine de Waltrin*, morte en 1650 ; & 2° *Sufanne de Baillehache*, morte fans enfans, en 1696. Du premier lit il eut :

1. DANIEL, qui fuit ;
2. GABRIEL, né en 1639, Capitaine au Régiment de la Reine, mort à Nancy en 1675 ;
3. BENJAMIN, né en 1640, mort au berceau ;
4. RENÉ, né en 1642, mort âgé de dix ans ;
5. CHARLES, né en 1643, mort au berceau ;
6. Autre CHARLES, né en 1645, dont on ignore la poftérité ;
7. GATIEN, né en 1647, mort en 1669, au fervice à Douai en Flandre ;
8. Un autre BENJAMIN, né en 1648, mort en 1673 ;
9. Et CATHERINE, né en 1637, morte au berceau.

VII. DANIEL DE FROTTÉ, Ecuyer, Seigneur de Couterne, né en 1638, mort en 1668, avoit époufé, en 1663, *Madeleine de Calmenil*, fille de Meffire *Guyon de Calmenil*, Seigneur de Camenbert, & de *Louife de Francqueville*. De ce mariage vinrent :

1. GABRIEL, qui fuit ;
2. CHARLES, né en 1666, mort en 1690 ;
3. Et MADELEINE, née en 1667, morte fort âgée en 1759.

VIII. GABRIEL DE FROTTÉ, né en 1664, mort en 1731, avoit époufé, en 1687, Demoifelle *Madeleine Gardefoif*, morte en 1733, laiffant :

1. GABRIEL-CHARLES, qui fuit ;

2. Louise-Madeleine, mariée à *Frédéric Cof-
tard*, Ecuyer, Seigneur d'Ifs ;
3. Et Jeanne-Henriette.

IX. Gabriel-Charles de Frotté, né vers
l'an 1692, & mort en 1758, avoit épousé, en
1731, *Marie-Elifabeth de Beron*, morte en
1742, dont :

1. Charles - Gabriel - Daniel, non encore
marié ;
2. Frédéric-Louis, mort au berceau ;
3. Léonore-Marie, morte en 1749 ;
4. Et Louise-Jacqueline-Elisabeth, vivante
en 1769.

SECONDE BRANCHE.

IV. Jean de Frotté, quatrième fils de Jean
& de *Jeanne le Coutelier*, Ecuyer, Sieur de
la Rimblière, époufa *Efther Trouffard*, dont :
V. Josias de Frotté, Ecuyer, Sieur de
l'Etang, marié à *Ambroife le Provoft*. Il eût
pour fils :
VI. Jean de Frotté, Ecuyer, Sieur de la
Rimblière, qui époufa *Marthe du Perche*, de
laquelle vint :
VII. Samuel de Frotté, Sieur de la Rimblière, père par *Sufanne de Cleray*, fa femme,
de trois enfans, favoir :

1. Samuel, Ecuyer, Sieur de la Rimblière, marié, fans enfans ;
2. Pierre-Jean, marié à une Demoifelle de la
Pallu, dont un fils marié à une Demoifelle
de Clairambault, parente du feu Généalogifte des ordres du Roi ; & une fille non
mariée ;
3. Et Jacques, auffi marié, qui a des enfans.

Il y a encore les branches du Vieuxpont &
du Ménil, qui nous font entièrement incon-
nues.
Les armes de cette Famille font : *d'azur,
au chevron d'or, accompagné en chef de
deux molettes, & en pointe d'un befant d'argent*. (Généalogie dreffée fur un Mémoire de
famille qui nous a été communiqué.)

* FROULAY, Maifon originaire du Maine, illuftrée par un Maréchal de France, plufieurs Grands d'Efpagne, deux Evêques, &c.
La Terre de *Froulay*, dans le pays du Maine, eft l'une des Châtellenies les plus confidérables qui relèvent du Duché de Mayenne.
Ses premiers Seigneurs en ont donné le nom
à leur Famille, felon l'ancien ufage, & cette
Maifon qui la poffède encore préfentement,
eft par là véritablement de celles qu'on dit

être nobles de nom & d'armes. Elle s'eft confervée fans interruption jufqu'à nos jours,
dans la profeffion conftante de la Religion
Catholique, & dans un attachement inviolable au fervice du Roi ; ce qui a donné lieu à
la devife de cette Maifon, qui eft *pro Rege
& pro fide*. Ce qu'on a pu fauver de titres
après les défordres des guerres des Anglois,
dit Moréri, fait foi que :
I. Rolland, Seigneur de Froulay, vivant
vers l'an 1140, fut père de
Gervais, qui fuit ;
Et Guillaume, lequel avec fa femme, nommée
Ofanne, fit une donation à l'Abbaye de Savigny, près de Mayenne, en 1182, où l'on en
voit encore la Charte fcellée des armes de
Froulay.

II. Gervais, Seigneur de Froulay, fit plufieurs donations pieufes, particulièrement à
la fufdite Abbaye de Savigny, & vivoit en
1222.

III. Guillaume, Seigneur de Froulay, Chevalier, fuivant l'exemple de fes prédéceffeurs,
fignala fa piété par les biens qu'il fit à l'Abbaye de Fontaine-Daniel & à plufieurs autres
Eglifes, & fon zèle pour la Foi en fe croifant
en 1241. Il eut pour fils :

IV. Guillaume, IIe du nom, Seigneur de
Froulay, Chevalier, tué à la bataille de Blangy en 1317, & enterré dans la Paroiffe de
Coëfmes fous une tombe relevée, marquée
feulement d'un écu de fes armes & de fon
épée. Il avoit époufé *Jeanne des Planches*,
de la Maifon de *Lifcouët* en Bretagne, dont
vint :

V. Michel, Seigneur de Froulay, Monflaux, Gaftines, la Bafmegnée, &c., Chevalier, Gouverneur du Château de Pouancé. Il
s'allia, en 1371, à *Jeanne de la Ferrière*,
fille de *Jean de la Ferrière*, Chevalier, & de
Jeanne de Malemains, Seigneur & Dame de
Vautorte. Leurs enfans furent :

1. Ambroife, tué, fans enfans, en un combat
de 30 François contre 30 Anglois, à Argentan en Normandie, en 1436 ;
2. Guillaume, qui fuit ;
3. Raoulette, femme, en 1389, de *Guillaume
de Bois-Béranger*, Ecuyer ;
4. Et Marie, alliée, en 1401, à *Jean de Bo-
nillé*, Chevalier.

VI. Guillaume, IIIe du nom, Chevalier,
Seigneur de Froulay, Monflaux, Gaftines,
Beauchêne, la Bafmegnée, la Troufelaye, &c.,

eft le premier par qui l'on commence la Généalogie de cette Maifon, dans l'*Hiftoire des
Grands-Officiers de la Couronne*, imprimée
en 1712, tom. II, pag. 867, & tom. VII, pag.
668, imprimée en 1733. Il fervit le Roi
CHARLES VII, fous le Comte du Maine, contre les Anglois, & fut tué à la bataille de
Caftillon en 1453, laiffant de *Marguerite le
Sénéchal*, qu'il avoit époufée en 1442, fille
de *Guillaume le Sénéchal*, Seigneur de la
Sénéchaufflière & de la Vieuville, & de *Jeanne de la Houffaye* :

1. JEAN, Seigneur DE FROULAY, Chambéllan
   du Duc d'Alençon, qui l'inftitua Capitaine
   de Domfront, le 3 Septembre 1487. Il y
   fut confirmé le 19 Décembre 1494, par la
   Ducheffe d'Alençon, dont il étoit Maître-
   d'Hôtel, & mourut, fans enfans, au mois
   d'Octobre 1505, d'une fille de la Maifon *de
   Marbœuf*, après avoir tefté le 2 Août précédent;
2. MICHEL, qui s'attacha au Maréchal de Lo-
   héac, duquel il étoit homme d'armes en
   1473. Il fut Gouverneur de plufieurs places en Bretagne, Capitaine des Archers de
   la Garde de René, Duc d'Alençon; & n'eut
   point auffi d'enfans de *N...* fille & héritière
   de *Guyon Effirard*, Seigneur de la Pallue
   & de Bonvouloir;
3. AMBROISE, Seigneur de Saint-Denis-de-Gaftines, qui fut préfent au contrat de mariage
   de fon frère, & mourut, fans enfans d'une
   fille de la Maifon *de Châteaubriand*;
4. GUILLAUME, qui fuit;
5. MARIE, alliée au Seigneur *de Houffemagne*;
6. GUILLEMETTE, femme de *Jean de Marcillé*,
   Seigneur de Brilleaut.

Le P. Anfelme, tom. VII, lui donne encore pour fille :

7. SUSANNE, morte fans alliance.

VII. GUILLAUME DE FROULAY, IVe du nom,
Seigneur de Beauchêne, tué à la journée de
Caftillon contre les Anglois, avoit époufé, du
confentement de fon frère aîné, le 24 Février
1494, *Catherine de Chauvigné*, Dame de
Saint-Loup-du-Gaft, fœur de *Georges*, laquelle fe remaria, en 1511, à *Ambroife de
Megaudais*, Seigneur de l'Epinolière. Elle
eut de fon premier mari :

1. JEAN, qui fuit;
2. Et FRANÇOISE, femme de *Jacques d'Anthe-
   naife*, Seigneur du Frefne.

VIII. JEAN, Seigneur DE FROULAY, de Monflaux & de Saint-Denis-de-Gaftines, n'avoit

que fix mois quand fon père mourut. Il tranfigea le 24 Mars 1518, avec *Ambroife de
Megaudais*, fon beau-père, pour l'adminiftration de fa perfonne & de fes biens pendant
fa minorité; rendit foi & hommage de fes
terres mouvantes d'Ambrières, le 25 Janvier
1520, à Olivier Baraton, Seigneur de la Ro-
che-Baraton; traita l'année fuivante avec les
héritiers de GUILLEMETTE, fa tante, & le 19
Octobre 1531, avec *Jean de Megaudais*, fon
frère utérin, au fujet de la fucceffion de leur
mère; donna fon aveu au Duc de Guife, Seigneur de Mayenne, le 3 Juillet 1533, de fes
Seigneuries de Gaftines & de la Billaudière;
tefta le 23 Décembre 1535, & étoit mort en
1536. Il avoit époufé, par contrat du 13 Février 1517, *Catherine de Brée*, Dame de
Saint-Loup, fille de *Gilles*, Seigneur de
Fouilloux, & de *Claude de Fefchal*, dont:

1. LOUIS, qui fuit;
2. JEAN, Seigneur de Poillé;
3. GILLES, Eccléfiaftique;
   Et plufieurs filles Religieufes à l'Abbaye de
   Cordillon, auxquelles leur père fit quelques
   legs par fon teftament.

IX. LOUIS, Seigneur DE FROULAY, Monflaux, de Gaftines, &c., Chevalier de l'Ordre
du Roi, mineur en 1536, à la mort de fon
père, pour qui fa mère fit foi & hommage de
fa Terre de *Froulay*, tranfigea, le 25 Mai
1544, avec les enfans de FRANÇOISE DE FROU-
LAY, fa tante, fur la dot qui lui avoit été promife; partagea avec fes frères le 17 Avril
1553; fit hommage au Duc de Guife, Marquis de Mayenne, le 4 Août fuivant, des
Terres qu'il tenoit mouvantes de Mayenne,
& étoit mort le 25 Avril 1574. Il avoit époufé, le 17 Mars 1540, *Louife de la Vairie*,
fille de *Jean*, Seigneur de la Blotières, & de
Julienne de la Vairie, fa parente. Etant veuve elle tranfigea, le 25 Avril 1574, fur fes
conventions matrimoniales, avec fes enfans,
favoir:

1. ANDRÉ, qui fuit;
2. JEAN, Seigneur de Pouillé & du Pleffis en
   Comté, mort fans enfans;
3. JEANNE, femme, en 1566, de *René de Pinel*,
   Seigneur de Chaudebœuf en Bretagne;
4. Et N..., Religieufe à Rennes.

X. ANDRÉ, Seigneur DE FROULAY, de Monflaux, de Gaftines, &c., Chevalier de l'Ordre
du Roi, rendit hommage de fes Terres à René du Bellay, Seigneur de la Flotte, le 25

Août 1575. Il servit au voyage de Loudun, à la journée de Moncontour sous le Duc d'Anjou, & à la défaite des Reitres à Auneau en 1587; & servit aussi long-tems les Vénitiens, qui le firent Colonel-Général de leur Infanterie. Il obtint la Terre de Fouilloux, le 25 Août 1603, de la succession de *Lancelot de Brée*; partagea ses biens à ses enfans le 4 Novembre 1611; rendit foi & hommage, le 3 Août 1614, au Duc de Mayenne, des Terres de Gastines, de la Billehaudière & de Sirgioulise; fonda le Chapitre de Saint-Denis à Gastines; & fit plusieurs legs par son testament du 6 Mars 1616. Il avoit épousé, par contrat du 11 Juillet 1567, *Thomasse de la Ferrière*, fille aînée de *Jean*, Baron de Vernie, & de *Françoise*, Dame *de Raveton* & de *Tessé*. Il fut stipulé que les enfans venans de ce mariage prendroient le nom & les armes *de la Ferrière*, après le décès de ceux de *la Ferrière* sans hoirs, & cette Dame, par la mort de son frère unique, Gouverneur de Domfront, devint héritière des Baronnies de *Tessé*, de Vernie & d'Ambrières; & leurs descendans ont depuis ajouté à leur nom de FROULAY, celui i *de Tessé*. Leurs enfans furent:

1. RENÉ, qui suit;
2. Et MARIE DE FROULAY, dite *de la Ferrière*, Dame de Raveton, de Sommain, de Fouilloux, Montchevrier & de Poillé, alliée, en 1598, à *Urbain de Montecler*, Seigneur de Charné & de Launay, Lieutenant de la Compagnie d'Ordonnance du Maréchal *de Bois-Dauphin*.

XI. RENÉ, Sire DE FROULAY, Comte de Tessé, Baron de Vernie, d'Ambrières, Chevalier de l'Ordre du Roi, porta la Cornette blanche, en 1598, au voyage de Bretagne, pour la réduction de cette Province. Il transigea, le 29 Août 1600, avec *Urbain de Montecler*, son beau-frère, auquel il donna quelques Terres de la Maison de la Ferrière, en renonçant réciproquement aux conditions apposées au contrat de mariage de leur mère. Ce fut en sa faveur que la Terre de *Tessé* fut érigée en *Comté*. Il avoit épousé, par contrat passé à Chartres le 22 Juillet 1596, *Marie d'Escoubleau de Sourdis*, veuve de *Claude du Puy*, Baron de Vatan, & fille de *François d'Escoubleau de Sourdis*, Chevalier des Ordres, Gouverneur de Chartres & pays Chartrain, & d'*Isabeau Babou de la Bourdaisière*, dont:

1. RENÉ, qui suit;
2. FRANÇOIS, Baron d'Ambrières, mort Capitaine de Cavalerie au voyage de Savoie en 1627;
3. LOUIS, reçu Chevalier de Malte le 9 Décembre 1626, mort au voyage d'Allemagne en 1632;
4. CHARLES, tige de la branche des Comtes de *Froulay*, rapportée ci-après;
5. GABRIEL-PHILIPPE, Abbé de Sainte-Croix d'Angles, Doyen de Saint-Emilion près de Bordeaux, Prieur du Tertre en Bretagne & de la Juhez au Maine, nommé à l'Evêché d'Avranches en 1667, sacré le 20 Janvier 1669, & mort au mois de Mai 1689;
6. EMMANUEL, Chanoine & Comte de Lyon le 9 Juin 1645, Prieur de Saint-Etienne d'Arces en l'Isle-de-Ré, mort le 18 Avril 1698, à 80 an s;
7. FRANÇOISE, femme de *Gabriel Falaise*, Baron de la Ferrière, Lieutenant des Gardes-du-Corps, laquelle fonda les Religieux de Sainte-Marie du Mans, & mourut à Orléans, sans enfans, en 1663;
8. MARIE, Religieuse à Saint-Paul de Beauvais, puis Abbesse de la Sauffaye près de Paris;
9. MADELEINE, Religieuse à Beaumont près de Tours, ensuite Abbesse de Vignats, Diocèse de Séez;
10. Et ISABEAU, Religieuse Ursuline au Mans.

XII. RENÉ, Sire DE FROULAY, IIe du nom, Comte de Tessé, Baron d'Ambrières, de Vernie, &c., Chevalier, élevé enfant d'honneur de Louis XIII, fut ensuite Mestre-de-Camp de deux Régimens de son nom; puis premier Capitaine des dix Compagnies d'augmentation au Régiment des Gardes en 1635, dont il se démit, en 1639, en faveur de CHARLES, son frère, & Lieutenant-Général des Armées du Roi. Il épousa, par contrat du 7 Novembre 1638, *Madeleine de Beaumanoir*, Dame de Baugé, fille de *Henri de Beaumanoir*, Marquis de Lavardin, Baron de Tuffé, de Millesse, &c., Chevalier des Ordres du Roi, Gouverneur du Maine, & de *Marguerite de la Baume-Suze*. De ce mariage sortirent:

1. RENÉ, qui suit;
2. PHILIBERT-EMMANUEL, dit *le Chevalier de Tessé*, Baron d'Ambrières, d'abord Colonel de Dragons, Maréchal-de-Camp en 1696, Lieutenant-Général des Armées du Roi, & Gouverneur d'Ath en 1697. Il donna le fameux combat d'Akrem en Irlande; soutint le long siège de Limerick; ramena en France un corps de 20 mille Irlandois; &

mourut de dyſſenterie à Crémone, le 20 Août 1701;

3. MARIE, Abbeſſe d'Avranches;

4. MARGUERITE, nommée Abbeſſe de Vignats de Séez en Septembre 1708, morte en 1716;

5. GABRIELLE, Abbeſſe de la Trinité de Caen le 22 Avril 1696, morte en 1720;

6. EMMANUELLE, Religieuſe à la Viſitation du Mans;

7. Et MADELEINE, femme, au mois de Mars 1681, de *François de Gaultier*, Marquis de Chiffreville en Normandie.

XIII. RENÉ DE FROULAY, III° du nom, Comte de Teſſé, Baron d'Ambrières, de Châteauneuf, de Vernie, &c., fit ſes premières campagnes en 1669, 1672 & 1673; fut enſuite Colonel d'un Régiment de Dragons; commanda le corps de Dragons dans l'Armée d'Allemagne ſous le Maréchal de Créquy; ſervit avec ſuccès à la journée de Freſtrof, & le reſte de cette campagne, où le Prince de Saxe-Eiſenach fut défait; ſe trouva au ſiège de Fribourg; fut pourvu, en 1680, de la Lieutenance-Générale du pays du Maine; commanda en chef, en 1683, dans les Provinces de Languedoc & de Dauphiné; fut Meſtre-de-Camp-Général des Dragons en 1684; Maréchal-de-Camp en 1688; Chevalier des Ordres le 31 Décembre de la même année; commanda, en 1689, un Corps de troupes dans le Palatinat; fut pourvu du commandement d'Ypres en 1691; bleſſé dangereuſement à l'attaque de Veillane; eut le commandement ſur la frontière de Piémont & de Pignerol la même année; fut fait Lieutenant-Général & Colonel-Général des Dragons de France en 1692; contribua à la levée du Blocus de Pignerol & au gain de la victoire remportée à la Marſaille en 1693; fut chargé des Négociations pour le traité de la démolition de Caſal; de celle pour la paix conclue avec le Duc de Savoie en 1696, & du traité de mariage du Duc de Bourgogne avec la Princeſſe de Savoie; aſſiſta, muni des procurations du Roi & du Dauphin, à la cérémonie des fiançailles; reçut cette Princeſſe des mains du Duc de Savoie, ſon père; la conduiſit en France, & fut nommé ſon premier Ecuyer. En 1697, il ſe trouva au ſiège d'Ath, ſous le Maréchal de Catinat; accompagna PHILIPPE V, Roi d'Eſpagne, juſques ſur les frontières de ſon Royaume en 1701; ſervit ſous les ordres de ce Monarque au combat de San-Vitoria & à la bataille de Luzzara, donnée le

15 Août 1702, où il commandoit l'aîle droite; fut fait Maréchal de France le 14 Janvier 1703; paſſa en Eſpagne en 1704, où il fut mis en poſſeſſion des honneurs de la Grandeſſe; commanda le ſiège de Gibraltar, qu'il réduiſit en Blocus, & fut obligé de le lever; marcha au ſecours de la ville de Badajos, aſſiégée par les Portugais; en fit lever le ſiège le 16 Octobre 1705; partagea ſes troupes en 1706; & s'étant rendu maître de pluſieurs poſtes en Catalogne, remit ſous l'obéiſſance tout le pays juſqu'à Tortoſe; vint enſuite, ſous les ordres du Roi d'Eſpagne, former le ſiège de Barcelone, qu'il fut contraint de lever avec perte de canons; repaſſa en France en 1707, il eut le commandement de l'armée en Dauphiné & en Provence, pour s'oppoſer aux entrepriſes du Duc de Savoie & du Prince Eugène, qui furent obligés de lever le ſiège de Toulon. En 1708, il fut envoyé Ambaſſadeur extraordinaire à Rome & vers les Princes d'Italie, pour une ligue qui ne réuſſit pas; nommé Général des Galères en France, en 1712, après la mort du Duc de Vendôme, & Conſeiller du Conſeil de la Marine en Septembre 1715; ſe démit de la charge de Général des Galères en faveur du Chevalier d'ORLÉANS, au mois d'Août 1716; fut envoyé en Eſpagne pour affaires importantes à la fin de 1723; céda, avec l'agrément du Roi, à ſon fils, au mois d'Octobre 1724, la charge de premier Ecuyer de la Reine, qui lui avoit été donnée au mois d'Octobre précédent; fut revêtu du Collier de l'Ordre de la Toiſon-d'Or le 27 Février 1725, mourut aux Camaldules de Grosbois le 30 Mars ſuivant; & ſon corps fut porté & enterré dans l'Egliſe de Vernie au Maine. (Voyez ſon éloge dans Moréri.) Il avoit épouſé, par contrat du 10 Juin 1674, *Marie-Françoiſe Aubert*, Baronne d'Aunay près de Caen, morte le 30 Mars 1709, en ſon Château d'Aunay, fille unique d'*Antoine Aubert*, Baron d'Aunay, & de *Françoiſe de Villette*. Leurs enfans ſont :

1. RENÉ-MANS, qui ſuit;

2. RENÉ-LOUIS, Chanoine & Comte de Lyon, Abbé de Savigny le 11 Mai 1704, dont il ſe démit, en 1711, pour ſe marier. Il prit le nom de *Marquis de Teſſé*, & fut fait Capitaine des Gardes du Duc d'ORLÉANS, Régent, le 20 Octobre 1718, puis premier Gentilhomme de la Chambre du Duc de Bourbon, au mois d'Octobre 1729, dont il ſe démit en 1734. Il avoit épouſé, en Suiſſe,

en 1713, *Marie-Françoife de Caflan*, dont :

Un garçon, mort jeune ;

Et Marie-Françoise-Casimire, née au mois d'Août 1714, tenue fur les fonts par le Maréchal de Villeroy, & la Princeffe Sobieska, petite-fille de la Reine de Pologne, & mariée, le 4 Mars 1734, à *Charles-Michel-Gafpard de Saulx*, dit le Marquis de Tavannes, Colonel du Régiment d'Infanterie de Quercy, morte le 15 Août 1733, laiffant des enfans. Voy. SAULX-TAVANNES.

3. René-François, Chevalier de Malte, Abbé d'Aunay, Commandeur de la Commanderie de Schelip, & Colonel du Régiment de Teffé en 1703. Il a fervi dans les Moufquetaires, puis en Italie, où il apporta la nouvelle de la prife de Suze le 26 Juin 1704 ; étoit, en 1706, à la tête de fon Régiment au fiège de Turin ; a été Colonel du Régiment de la Couronne, puis de celui de Champagne en 1712 ; fait Lieutenant de Roi en Anjou ; Gouverneur de la Flèche en Novembre 1714 ; Brigadier le 1er Février 1719 ; s'eft démis de fon Régiment en Septembre 1731, & eft mort le 28 Mars 1734, au Château de Lavardin au Maine, dans fa 48e année ;

4. Marie-Françoise-Philiberte-Damarisse, femme 1º de *Guillaume Fouquet*, Marquis de la Varenne, Lieutenant-Général d'Anjou & Gouverneur de la Flèche ; & 2º en 1714, de *Jean-François de Bricqueville*, dit le Comte de la Luzerne, Seigneur d'Occaleu. Elle eft morte à Paris le 15 Janvier 1745, laiffant poftérité ;

5. Gabrielle, morte penfionnaire à la Trinité de Caen ;

6. Henriette-Marthe, mariée, le 25 Janvier 1698, à *Jean-Baptifte Colbert*, Comte de Maulévrier, Colonel du Régiment de Navarre, mort le 2 Avril 1706, âgé de 32 ans, & elle le 5 Juillet 1751, laiffant poftérité, & enterrée à Saint-Sulpice ;

7. Et Françoise-Gabrielle, Religieufe à la Trinité de Caen, nommée Abbeffe de Vignats en 1716, puis de la Trinité de Caen, après la mort de fa tante, en 1720 ; & décédée en 1729.

XIV. René-Mans de Froulay, Sire de Froulay, Comte de Teffé, Vicomte de Beaumont & de Frefnoy, Marquis de Lavardin & de Leffart, Baron d'Ambrières, de Châteauneuf & d'Aunay, Grand d'Efpagne, né le 11 Novembre 1681, Lieutenant-Général des Armées & au Gouvernement des pays du Maine, Perche & Laval en 1718, & Chevalier des

Ordres en 1728, a été d'abord Colonel du Régiment de la Reine, puis de celui de Saulx en 1703 ; bleffé, le 22 Mai de l'année précédente, à une fortie de la ville de Mantoue ; fervit depuis au fiège de Vérue en 1704 & 1705 ; fut fait Brigadier en 1707 ; Maréchal-de-Camp après la levée du fiège de Toulon, dont il apporta la nouvelle au Roi le 8 Mars 1718 ; premier Ecuyer de l'Infante-Reine, fur la démiffion de fon père, le 20 Octobre 1724, puis de la Reine en 1725 ; s'eft démis de fa charge de premier & Grand-Ecuyer de la Reine, au mois de Septembre 1735, en faveur du Marquis de Teffé, fon fils aîné, & eft mort au Mans le 22 Septembre 1746, âgé de 65 ans. Il avoit époufé, le 13 Avril 1706, *Marie-Elifabeth-Claude-Pétronille Bouchu*, fille unique d'*Etienne-Jean Bouchu*, Marquis de Leffart, Confeiller d'Etat, & d'*Elifabeth Rouillé de Meslay*. Elle eft morte à Paris le 9 Décembre 1733, âgée de 48 ans. De ce mariage font nés :

1. René-Marie, qui fuit ;

2. René-Anne, mort le 3 Juin 1716, âgé de 6 ans moins 22 jours ;

3. Elisabeth-René, né à Paris le 17 Août 1711, Chevalier de l'Ordre de Saint-Jean de Jérufalem, dit *le Chevalier de Teffé*. Il a fervi à l'âge de 24 ans, en 1734, Lieutenant de Vaiffeau, & eft mort le 21 Mai de la même année, au Château de Vernie au Maine ;

4. René-François, né en 1716, Seigneur de Pluviers, &c., auffi Chevalier de Malte, dit *le Chevalier de Froulay*, Capitaine de Dragons dans le Régiment Dauphin ; Colonel du Régiment Infanterie de Vermandois en 1740. Il a eu la jambe emportée d'un boulet de canon à la bataille de Plaifance en Italie, le 16 Juin 1746, & eft mort quelques jours après de cette bleffure. Il a fait fes deux neveux, fils de fon frère, légataires univerfels ; l'aîné pour la propriété, & le cadet pour l'ufufruit ;

5. N... morte à 17 ans, Penfionnaire au Couvent de Sainte-Elifabeth à Paris ;

6. Et Anne-Angélique-Renée, née le 19 Juillet 1712, mariée, le 26 Avril 1728, à *Gilles-Henri-Louis-Clair*, Marquis de Chavagnac en Auvergne, Capitaine des Vaiffeaux du Roi, dont elle eft reftée veuve en 1741.

XV. René-Marie de Froulay, né au mois de Mai 1707, Sire de Froulay, Marquis de Teffé & de Lavardin, &c., Grand d'Efpagne de la première claffe ; premier & Grand-Ecuyer de la Reine, fur la démiffion de fon père, au mois de Septembre 1735; Colonel du Régiment de la Reine en 1734; & avant Colonel de celui d'Infanterie de fon nom; fait Brigadier des Armées du Roi le 1er Janvier 1740; eft mort de fes bleffures à Prague le 3 Août 1742. Il avoit époufé, le 26 Octobre 1735, *Marie - Charlotte de Béthune*, née le 23 Août 1713, feconde fille de *Paul-François*, Duc de *Béthune-Charoft*, Pair de France, Capitaine des Gardes-du-Corps & Lieutenant - Général des Armées du Roi, & de *Julie - Chriftine-Régine-Georges d'Entraigues*. Elle a été nommée, en Novembre 1744, une des Dames du Palais de l'Infante d'Efpagne, future Dauphine de France; & après la mort de cette Princeffe, elle a paffé, en la même qualité, au fervice de feu Madame la Dauphine, mère de M. le Dauphin, dont:

1. René-Mans, qui fuit;
2. Armand-Elisabeth, né le 19 Février 1738, dit le *Comte de Froulay*; Chevalier de Malte, Capitaine dans Royal-Cravates, qui acheta le Guidon des Gendarmes de la Reine en 1761, & eft mort à 25 ans, fans alliance, le 11 Mars 1763;
3. Et N... de Froulay de Tessé, né en 1739, deftiné à l'état Eccléfiaftique.

XVI. René-Mans de Froulay, IIe du nom, né le 9 Octobre 1736, Comte de Teffé au Maine, Marquis de Lavardin, Seigneur Châtelain de Froulay, Vicomte d'Ambrières & de Vernie, Grand d'Efpagne, premier Ecuyer de feu la Reine, Colonel dans les Grenadiers de France le 30 Mai 1752; Meftre-de-Camp du Régiment Royal-Cravates en 1755; Lieutenant-Général au Gouvernement des Comtés du Maine, Perche & Laval, & Gouverneur particulier de la ville du Mans, Maréchal-de-Camp, nommé Chevalier des Ordres le 2 Février 1776, & reçu le 26 Mai fuivant; époufé, le 26 Juin 1755, dans l'Eglife paroiffiale de St.-Roch, *Adrienne-Catherine de Noailles*, née le 24 Décembre 1741, fille aînée de *Louis*, Duc d'Ayen, aujourd'hui Duc de Noailles, & de *Catherine-Françoife-Charlotte de Coffé-Briffac*; nous ignorons s'ils ont des enfans. (C'eft ce que nous favons fur l'état actuel de la branche aînée de cette Maifon, n'en ayant point reçu de Mémoire.)

BRANCHE
des Comtes de Froulay.

XII. Charles de Froulay, quatrième fils

de René, Ier du nom, & de *Catherine d'Efcoubleau de Sourdis*, nommé le *Comte de Froulay*, Seigneur de Monflaux, de Gaftines, de Launay, de Tremblay, de Sainte-Souline & du Vigneau; Chevalier des Ordres; Capitaine au Régiment des Gardes en 1639; Grand-Maréchal-des-Logis de l'Armée du Roi en 1650; honoré du Collier des Ordres en 1661; & mort à Paris le 26 Novembre 1671, âgé de 70 ans. Il avoit époufé, au Louvre, le 18 Avril 1636, *Angélique de Baudéan*, fille d'honneur de la Reine Anne d'Autriche, & fille puînée de *Charles de Baudéan de Parabère*, Comte de Neuillan, Gouverneur de Niort, & de *Françoife Tiraqueau*. Elle mourut le 3 Novembre 1678, laiffant:

1. Louis, Comte de Froulay, Grand-Maréchal-des-Logis de la Maifon du Roi après fon père, tué au combat de Confarbruck, près de Trèves, fans alliance, en 1675;
2. Philippe-Charles, qui fuit;
3. Autre Louis, Capitaine de Dragons, mort à Mons, le 10 Juillet 1691, des bleffures qu'il avoit reçues devant Hall;
4. Autre Louis, dit *le Commandeur de Froulay*, né le 8 Décembre 1665, Chevalier de Malte, reçu le 8 Décembre 1671, Prieur de Pertre en Bretagne, & Commandeur de Coulours près de Sens, Capitaine-Lieutenant de la Compagnie de l'Etendard des Galères en 1713, & mort le 4 Juillet 1730;
5. Pierre, auffi Chevalier de Malte, Commandeur d'Ivry-le-Temple, Colonel d'un Régiment d'Infanterie, mort le 12 Juillet 1718;
6. Marie-Thérèse, née en 1660, feconde femme, en premières noces, en 1693, de *Claude le Tonnelier de Breteuil*, Baron d'Ecouché, Confeiller au Parlement de Paris, mort le 17 Avril 1698, à 75 ans; & en fecondes, le 20 Avril 1716, de *René-François*, Marquis de *la Vieuville*, Chevalier d'honneur de la Reine Marie-Thérèse d'Autriche, & Gouverneur du Poitou, dont elle fut la troifième femme. Elle en refta veuve le 9 Juin 1719, & mourut à Paris le 19 Juin 1740;
7. Susanne, Abbeffe d'Avranches, morte en 1689;
8. Et Gabrielle-Anne, mariée, le 15 Avril 1697, à *Louis-Nicolas le Tonnelier de Breteuil*, Baron de Preuilly, Introducteur des Ambaffadeurs, mort le 24 Mars 1728, & elle le 4 Août 1740, dans la 70e année de fon âge, laiffant des enfans.

XIII. Philippe-Charles, Comte de Froulay & de Monflaux, Enfeigne des Gendar-mes de la Garde du Roi ; Lieutenant pour Sa Majefté ès-Provinces du Maine & Comté de Laval ; mort à Paris le 7 Mai 1697, âgé de 34 ans, & enterré à Saint-Euftache, avoit époufé, le 12 Février 1680, *Marie-Anne de Megaudais*, fille & héritière de *Bertrand de Megaudais*, Seigneur de Marolles, Confeil-ler en la Cour des Aides, & de *Catherine de Langan-Boisfévrier*. Elle eft morte dans une de fes Terres le 4 Septembre 1744, âgée de 85 ans. De ce mariage font nés :

1. CHARLES-FRANÇOIS, qui fuit ;
2. LOUIS-GABRIEL, né en 1694, Chevalier de Malte au Grand-Prieuré d'Aquitaine en 1710 ; Grand'Croix & Commandeur de l'Ordre ; nommé *le Bailly de Froulay*, Capitaine-Général des Efcadres de la Religion en 1728, pour fervir en 1729 & 1730, & continué dans la même chargé ès-années 1731 & 1732. Il a été nommé Commandeur de Nancy après fon premier Général, & de Chantereine après le fecond ; Ambaffadeur extraordinaire de la Religion en France en 1741 ; Commandeur de Nantes la même année, par droit d'anciennete, & de Som-mereufe en 1746 ; Miniftre Plénipotentiaire pour la dernière paix en 1741, & auprès du Roi de Pruffe en 1753 : il eft mort en 1766 ;
3. CHARLES-LOUIS, né en Novembre 1686, d'a-bord reçu Chanoine-Comte de Lyon en Mai 1715, nommé Aumônier du Roi, & Vicaire-Général de l'Archevêque de Nar-bonne en Juillet de la même année ; Abbé de Saint-Maur-fur-Loire, au Diocèfe d'An-gers, le 8 Janvier 1721 ; nommé Evêque du Mans le 17 Octobre 1723 ; facré le 25 Fé-vrier 1724 ; puis premier Aumônier de feu la Reine Douairière d'Efpagne, fœur du feu Duc d'Orléans, en Février 1725 ; & Abbé de Saint-Pierre-de-la-Couture, en remettant l'Abbaye de Saint-Maur, le 26 Novembre 1728 ;
4. EMMANUEL-CHARLES-THÉRÈSE, Comte de Lyon, Aumônier du Roi au mois de Jan-vier 1726 ; Grand-Vicaire de l'Archevêché de Rouen ; nommé Abbé Commendataire de Vallemont, Ordre de Saint-Benoît, Dio-cèfe de Rouen, le 26 Mai 1729, mort à Pa-ris le 1er Mai 1730, âgé de 33 ans ;
5. SUSANNE, morte ;
6. MARIE-ANNE ;
7. RENÉE-ANGÉLIQUE, Religieufe en l'Abbaye de la Trinité de Caen, puis nommée Abbeffe de Cordillon, Ordre de Saint-Benoît, Dio-cèfe de Bayeux, au mois de Novembre 1716 ;
8. Et MARIE-EMÉRITE-LOUISE.

XV. CHARLES-FRANÇOIS, Comte DE FROU-LAY & de Monflaux, Lieutenant de Roi ès-Provinces du Maine & Comté de Laval ; d'a-bord Major des Dragons de Senneterre en 1693 ; a été Colonel d'un Régiment d'Infan-terie de nouvelle levée, par commiffion du 21 Mai 1702, puis du Régiment Royal-Comtois ; Brigadier des Armées du Roi le 1er Février 1719 ; nommé, au mois de Décembre 1732, Ambaffadeur ordinaire de Sa Majefté auprès de la République de Venife, où il arriva le 25 Novembre 1733 ; Maréchal-de-Camp le 20 Février 1734 ; Lieutenant-Général des Ar-mées du Roi le 24 Février 1738 ; mort à Pa-ris le 21 Février 1744, âgé de 61 ans. Il avoit époufé, en Janvier 1713, *Marie-Anne-Jean-ne-Françoife Sauvaget des Claux*, fille & héritière de *Jean-Baptifte Sauvaget*, Sei-gneur des Claux, Meftre-de-Camp d'un Ré-giment de Cavalerie, Brigadier des Armées du Roi, tué à la levée du fiège de Turin en 1706, & de *Marie-Anne de Vifdelou de Bienaffis*. De ce mariage font iffus :

1. CHARLES-ELISABETH, qui fuit ;
2. & 3. Deux fils qui moururent penfionnaires au Collège des Jéfuites à Paris au mois de Juin 1743 ;
4. Et RENÉE-CHARLOTTE, née en 1715, mariée, le 18 Mars 1737, à *Louis Marie de Créquy*, Marquis de Hemont, cadet de la branche aînée de la Maifon de *Créquy*, mort le 26 Février 1741.

XV. CHARLES-ELISABETH DE FROULAY, dit le *Marquis de Froulay*, a eu le Régiment de Royal-Comtois, par la démiffion du Comte de Froulay, fon père, au mois de Mars 1734 ; a été fait Brigadier au mois de Février 1743 ; a eu le Régiment de Champagne en 1745, & a été créé Maréchal-de-Camp le 31 Octobre de la même année. & l'un des Menins de Monfeigneur le Dauphin. Il eft mort, âgé de 27 ans, à Tongres, le 11 Juillet 1747, de fes bleffures, reçues le 2 du même mois à la ba-taille de Lawfeld, fans laiffer de poftérité de fon mariage, contracté à Paris au mois de Mars 1745, avec *Gabrielle de la Mothe-Houdancourt*, fille unique de feu *Louis-Charles*, Marquis *de la Mothe-Houdan-court*, Lieutenant-Général des Armées du Roi, Chevalier des Ordres, Gouverneur de Salins en Franche-Comté, Maréchal de Fran-ce, & d'*Eftelle-Thérèfe de la Roche-Cour-bon*. Elle s'eft remariée, le 23 Février 1751, à *Charles-Joachim Rouault*, Marquis de Gamaches.

Les armes de la Maison de FROULAY font: *d'argent, au fautoir de gueules, endenté & bordé de fable.*

FRUGLAYE (DE LA), Famille originaire de Bretagne, de laquelle étoit FRANÇOIS-HYA- CINTHE DE FRUGLAYE DE KERVERT, Evêque de Tréguier, facré le 4 Mai 1732, & mort dans fon Diocèfe le 23 Décembre 1745, âgé d'en- viron 60 ans. (C'eft ce que nous en favons, n'ayant point reçu de Mémoire.)

Les armes: *d'argent, à un lion de fable, lampaffé & armé de gueules.*

FRY, en Normandie: Famille maintenue dans fa Nobleffe le 3 Février 1668. Il eft parlé, dans l'*Hiftoire de la ville de Rouen*, de PIERRE DE FRY, Confeiller-Général en la Cour des Aides de cette Ville, vivant ès-an- nées 1595 & 1597. Elle porte pour armes: *d'azur, au chevron d'or, accompagné en chef de deux étoiles, & d'une hure de fanglier en pointe, le tout d'or.*

FULCONIS, en Provence. LOUIS DE FUL- CONIS, Seigneur en partie du Puget, reçu Con- feiller en la Cour des Comptes de Provence le 18 Novembre 1675, époufa *Thérèfe de Franc*, & en eut:

1. JEAN-BAPTISTE-MARIUS, qui fuit;
2. FRANÇOIS-XAVIER, rapporté après fon aîné;
3. Et CLAUDE, Prieur de Vins.

JEAN-BAPTISTE-MARIUS DE FULCONIS, Co- Seigneur du Puget, pourvu de l'office de fon père, le 20 Mars 1700, époufa, en 1702, *Claire de Chaix*, de laquelle font iffus, en- tr'autres enfans:

1. LOUIS-FRANÇOIS-XAVIER, reçu en l'office de fes père & aïeul, le 1er Décembre 1733;
2. Et ALEXANDRE, Capitaine dans le Régiment de Nice, mort au fervice du Roi.

FRANÇOIS-XAVIER DE FULCONIS, fecond fils de Louis, & de *Thérèfe de Franc*, fervit dans la Marine, & fut enfuite Capitaine dans le Régiment de Luynes, Cavalerie. Ses fervices lui méritèrent la Croix de Saint-Louis, & une penfion du Roi. Il fut pourvu d'un office de Confeiller en la Cour des Comptes, Aides & Finances de Provence, le 6 Avril 1726, & avoit époufé, en 1710, *Nicole de Madroux*, de la ville de Vefoul, en Franche-Comté. De ce mariage font fortis:

1. FRANÇOIS, Capitaine des Vaiffeaux du Roi, au Département de Toulon, en 1757;
2. N... DE FULCONIS, mariée au village de Car- noules, à *Sauveur de Cuers-Cogolin*, ci- devant Officier de Vaiffeaux, & Chevalier de Saint-Louis;
3. Et N... DE FULCONIS, alliée à *N... de Mo- nier-Châteauvieux*.

Les armes: *de gueules, à un faucon d'or, perché fur un bâton d'argent. (Hiftoire hé- roïque de la Nobleffe de Provence*, tom. I, pag. 425.)

* FULDE ou FULDA ou FULD, en Al- lemagne. *Adalbert*, Baron de Walderfdorff, Prince, Abbé & Evêque, né le 9 Août 1697, élu le 17 Janvier 1757. Cette Abbaye a été érigée en Evêché en 1752, & eft poffédé par *Henri*, Baron de Bibra, né le 22 Août 1711, élu le 22 Octobre 1759.

FULIGNY, ancienne & illuftre Maifon. On voit dans l'Eglife de Fuligny le tombeau de FRANÇOIS DE FULIGNY, Chevalier Banneret.

GUILLAUME, Seigneur DE FULIGNY, vivant en 1387, fut bifaïeul de ROBERT DE FULIGNY, tué à la bataille de Ravenne, le 12 Avril 1512. Il avoit époufé *Jeanne de Fay*, dont il eut: MICHEL DE FULIGNY, qui fut père de

EDME, Seigneur DE FULIGNY, lequel de *Phi- lippe de Balidart*, fon époufe, laiffa:

NICOLAS, Seigneur DE FULIGNY, qui époufa *Marie de Damas*, dont vint:

JEAN-NICOLAS DE FULIGNY-DAMAS, fubftitué au nom de *Damas*, du chef de fa mère, lequel époufa, le 1er Février 1663, *Catherine-Char- lotte Pot de Rochechouart*, de laquelle font iffus:

1. JEAN DE FULIGNY-DAMAS, Comte & Grand- Cuftode de Saint-Jean de Lyon, Abbé de Savigny, mort au Château d'Agey en Bour- gogne, le 5 Avril 1761, à 85 ans;
2. Et HENRI-ANNE, qui fuit.

HENRI-ANNE DE FULIGNY-DAMAS, né en Mai 1669, Comte de Rochechouart, Baron de Cou- chey, de Marigny-fur-Ouche, d'Aubigny, Seigneur d'Agey, mort le 4 Février 1745, avoit époufé, en 1735, en fecondes nôces, *Marie-Gabrielle de Pont-de-Rennepont*, dont il a laiffé:

1. ANTOINE-ALEXANDRE-CÉSAR, appelé le *Mar- quis de Fuligny*, né le 17 Février 1736;
2. JEAN-BAPTISTE-FRANÇOIS-GABRIEL, Cheva- lier de Malte, né le 23 Septembre 1739;
3. Et CHARLOTTE-EUSTACHE-SOPHIE DE FULI-

GNY-DAMAS, née le 21 Décembre 1741, reçue Chanoineffe de Remiremont, en Février 1750.

Les armes: *d'or, à la croix cerclée de fable, chargée de 5 écuffons d'argent, bordés & engrêlés de gueules.*

FULQUE, Famille originaire de Valenfole, où elle a toujours tenu un rang des plus honorables, & aujourd'hui établie à Aix. Suivant l'auteur de l'*Hiftoire héroïque de la Nobleffe de Provence*, tom. I, pag. 425, elle a pour auteur.

ESPRIT FULQUE, qui fut pourvu d'un office de Secrétaire du Roi, Contrôleur près de la Chancellerie de la Cour des Comptes de Provence, le 21 Décembre 1714, acquit, en 1720, une partie de la Seigneurie de St.-Etienne-lès-Manofque, & la Terre & Marquifat d'Oraifon, qui comprend les lieux d'Oraifon, d'Entrevennes, du Caftellet & du Petit-Taillas. Il eft mort en 1732, revêtu de fa charge, laiffant de *Marie de Bovis*, fon époufe:

1. MATHIEU, qui fuit;
2. RAYMOND, vivant fans alliance en 1757;
3. Et JEAN-BAPTISTE, Prêtre.

MATHIEU DE FULQUE, Marquis d'Oraifon, Seigneur d'Entrevennes, du Caftelet, du Petit-Taillas & de St.-Etienne, a obtenu des Lettres de confirmation pour le Marquifat d'Oraifon, enregiftrées dans les différentes Cours du pays. Il a époufé, par contrat du 22 Décembre 1722, *Jeanne-Thérèfe de Robin*, fille de *Jean-Baptifte*, Comte de Robin & de Saint-Chalier, à qui Leurs Majeftés LOUIS XV & PHILIPPE V avoient fait des gratifications honorables, en récompenfe de fes fervices rendus aux Cours de France & d'Efpagne, par les traités dont il avoit été chargé. De ce mariage font iffus:

1. ESPRIT-MATHIEU-JEAN, Capitaine au Régiment du Roi, Infanterie, mort en 1756;
2. ALEXANDRE-NICOLAS-ESPRIT, qui fuit;
3. LOUIS, Enfeigne de Vaiffeaux au Département de Toulon;
4. HENRI, Garde de la Marine au Département;
Et plufieurs filles, dont l'aînée eft mariée avec *Jofeph de Martiny*, Seigneur de Saint-Jean-de-la-Sale, Confeiller au Parlement d'Aix, fils de *Pierre*, & de *N... de Thibaut-Tifaty*, fa feconde femme.

ALEXANDRE-NICOLAS-ESPRIT DE FULQUE, Marquis d'Oraifon, Seigneur de St.-Etienne

& autres lieux, étoit Capitaine, Aide-Major dans le Régiment de Penthièvre en 1757. Nous ignorons depuis ce tems s'il eft marié, faute de Mémoire.

Les armes: *de gueules, à une colonne coupée d'argent, fur laquelle eft un petit faucon, ayant les aîles éployées de même; au chef coufu d'azur, chargé de trois étoiles d'or.*

FUMÉE, en Touraine: Famille éteinte, qui a donné deux Gardes des Sceaux de France, un Evêque Comte de Beauvais, & remonte à

I. PIERRE FUMÉE, Receveur des deniers communs de la ville de Tours, vivant en 1448. Il eut fa femme, dont on ignore le nom:

1. ADAM, qui fuit;
2. JEAN, Contrôleur du grenier à fel de Perpignan, en 1464;
3. PIERRE, Confeiller-Clerc au Parlement, mort le 9 Avril 1476;
4. Et ROBINE, femme de *Jean du Chefneau*, Seigneur des Pruneaux & de Montrie.

II. ADAM FUMÉE, Chevalier, Seigneur des Roches, de Saint-Quentin & de Genillé, Médecin en l'Univerfité de Montpellier, fut choifi par CHARLES VII, pour être fon Médecin, & enfuite par LOUIS XI qui le pourvut d'un office de Maître des Requêtes le 12 Août 1464; fut envoyé en Bourgogne, au mois de Septembre 1479, pour affaires importantes & fecrètes que le Roi lui avoit commifes. CHARLES VIII le commit à la charge des Sceaux de France, après la mort de Guillaume de Rochefort. Comme il ne tenoit cette charge que par commiffion, il conferva toujours celle de Maître des Requêtes, & exerça l'une & l'autre jufqu'à fa mort, arrivée à Lyon au mois de Novembre 1494. Il avoit époufé 1° *Jeanne Pellorde*; & 2° *Thomine Ruzé*, veuve de *Jean Bourdelot*, fille de *Jean Ruzé*, Seigneur de Beaulieu, morte à Lyon 15 jours après fon mari. Du premier lit vinrent:

1. ADAM, qui fuit;
2. HARDOUIN, Chanoine de Paris, Abbé de Beaulieu, près des Loges, & Chambrier de l'Abbaye de Déols en 1500;
3. FRANÇOIS, auteur de la branche des Seigneurs *des Fourneaux*, qui n'a formé que quatre degrés. Il fut auffi Garde des Sceaux de France. Cette branche a fini à RENÉ, Chanoine de Tours;
4. JEANNE, mariée, à Paris le 17 Juillet 1493,

à *Pierre Bonin*, Ecuyer, Seigneur de Curpoé, Procureur-Général au Grand-Conseil;
5. MARGUERITE, femme, le 12 Septembre 1481,
de *Jean Goyet*, Seigneur de Montarnault,
Secrétaire du Roi.

Et du second lit sortirent:

6. LOUIS, mort sans enfans;
7. ANTOINE, Chanoine de Tours;
8. Et JEAN, aussi Chanoine de St.-Martin de
Tours.

III. ADAM FUMÉE, IIe du nom, Seigneur
des Roches, Conseiller au Parlement le 2 Novembre 1492; Maître des Requêtes le 9 Décembre 1494; assista au Lit de Justice tenu
par le Roi FRANÇOIS Ier au Parlement le 14
Juillet 1527. Il exerça sa charge de Maître
des Requêtes jusqu'au 16 Décembre 1536, &
avoit épousé *Catherine Bourdelot*, fille de
Jean, Seigneur du Plessis, Conseiller au Parlement, & de *Thomine Ruzé*, seconde femme
D'ADAM FUMÉE, Ier du nom, son père. Leurs
enfans furent:

1. MARTIN, qui suit;
2. ADAM, mort sans enfans;
3. ANTOINE, Conseiller au Parlement le 13
Novembre 1536, second Président au Parlement de Bretagne en 1563, pourvu d'une
charge de Maître des Requêtes des 13 de
nouvelle création le 29 Mars 1577, & enfin premier Président au Parlement de Bretagne. Il est auteur de la branche des Seigneurs de *Blandé*, qui n'a formé que cinq
degrés, & a fini à
Louis, Seigneur de *Bourdelles*, fils de
Louis FUMÉE, Seigneur de Bourdelles,
Baron de Laiguillon, Gentilhomme
de l'Hôtel du Roi de Navarre, Lieutenant de l'Amirauté de Guyenne, par
commission, & Gentilhomme de la
Chambre du Roi Henri III, par Lettres
du 10 Janvier 1578.
4. LOUIS, un des quatre Notaires de la Cour,
office qui lui fut donné en considération de
son mariage avec *Perrette Dupré*, par Lettres de LOUISE DE SAVOIE, mère de FRAN-
çois Ier, Régente en France en 1524;
5. HARDOUIN, Prieur de St.-Nicolas d'Auneau;
6. CATHERINE, femme de *N... Fromentières*,
Seigneur des Etangs;
7. LOUISE, alliée, 1° en 1518, à *Pierre Angenoust*, Lieutenant-Général de Troyes, puis
Conseiller au Parlement, mort le 21 Août
1528; & 2° à *François le Fèvre*, Seigneur
de Beaulieu, Avocat du Roi en la Chambre
des Comptes, duquel elle étoit veuve en
1538, & vivoit encore en 1542;

8. GAILLARDE, femme, le 2 Janvier 1523, de
Louis Trousseau, Ecuyer, Seigneur de
Chambon, &c. Elle étoit veuve en 1563, &
avoit la garde-noble de ses enfans en 1564.

IV. MARTIN FUMÉE, Seigneur des Roches,
Saint-Quentin, pourvu d'une charge de Conseiller-Laïc, par Lettres du 10 Mai 1519,
qu'il exerça jusqu'au 16 Décembre 1536, fut
installé en celle de Maître des Requêtes, jusqu'en 1562, qu'il mourut. Il avoit épousé
Martine d'Alès, fille de *François*, Seigneur
de la Roche-d'Alès, premier Médecin du
Roi, & de *Martine le Gantier*. Elle survécut
à son mari, & vivoit encore en 1574. De ce
mariage vinrent:

1. ADAM, Conseiller-Clerc au Parlement, puis
Conseiller-Laïc, le 28 Novembre 1547,
pourvu de la charge de Maître des Requêtes, où il ne fut installé qu'après la mort de
son père, en 1562. Il en jouit jusqu'au 17
Octobre 1574, qu'il mourut sans alliance;
2. ANTOINE, qui suit;
3. FRANÇOIS, Juge-Magistrat au Siège Présidial de Poitou, mort sans laisser d'enfans
de *Louise le Voyx*, fille de *Claude*, Conseiller au Parlement, & de *Catherine Vail-
lant-de-Guelis*;
4. NICOLAS, Seigneur de la Touche, Abbé de
la Couture, Chanoine de l'Eglise de Paris,
qui parvint à l'Evêché de Beauvais, dont il
fut Comte & Pair de France, par permuta-
tion avec le Cardinal de Bourbon, auquel
il céda son Abbaye. Il en prit possession, en
personne, le 14 Octobre 1576, & assista aux
Etats tenus à Blois au mois de Décembre
suivant. Il étoit Maître de la Chapelle du
Roi en 1587. N'ayant point voulu entrer
dans les intérêts de la Ligue, les troupes
de ce parti le forcèrent dans son Château
de la Bresle, & l'enlevèrent prisonnier le
29 Novembre 1590. Tout y fut pillé; on
lui tira du doigt son anneau Episcopal; on
lui prit jusqu'à sa Mître, & il fut conduit à
Noyon, dont il ne fut délivré qu'en payant
900 écus de rançon. Sorti de captivité, il
se retira à Mantes, puis à Chartres, où il
mourut le 3 Mars 1592. Son corps fut enterré dans sa Terre des Roches-Saint-Quentin;
5. 6. & 7. JACQUES, FRANÇOIS & PIERRE, morts
sans alliance;
8. CLAUDE, Conseiller au Parlement, par la
résignation D'ADAM son frère, dont il jouit
jusqu'en 1556;
9. MARTIN, Seigneur de Genillé & de Marly-
le-Châtel, Gentilhomme de la Chambre du
Duc d'Anjou, allié, en 1573, à *Marie Louet*,

fille de *Clément*, Maître des Requêtes, & de *Marguerite Querlavoine*, dont:

MADELEINE, femme de *Jean de Menou*, Seigneur de Bouffay, dont poftérité. Voy. MENOU.

10. & 11. MARIE & FRANÇOISE, dont les alliances font ignorées.

V. ANTOINE FUMÉE, Seigneur de Blandé & des Roches-Saint-Quentin, après la mort de fon frère aîné, Confeiller du Confeil-Privé du Roi, Chevalier de Saint-Michel, Envoyé en Ambaffade vers l'Empereur CHARLES-QUINT, & employé pour la pacification des troubles du Languedoc, fut pourvu de l'office de Maître des Requêtes à la place de fon frère, par Lettres du 4 Octobre 1574. Il l'exerça jufqu'au 15 Mai 1578, & il mourut en 1583. Il avoit époufé *Claude de Riants*, fille de *Denis de Riants*, Seigneur de Villenay-au-Perche, Préfident du Parlément, & de *Gabrielle Sapin*, dont:

1. MARTIN, qui fuit;
2. GUY, Seigneur de la Roche-au-Bain;
3. LOUIS, Chevalier de Malte;
4. CLAUDE, femme de *Jean de la Palu*, Seigneur de la Violaye au Perche, morte fans enfans;
5. MADELEINE, femme d'*Edmond Châteignier*, Seigneur d'Andonville;
6. GABRIELLE, Religieufe à Gerfy;
7. Et LOUISE, Religieufe à Fontaines.

VI. MARTIN FUMÉE, Seigneur des Roches-Saint-Quentin, Maître des Requêtes, par Lettres du 18 Février 1592, exerça cette charge jufqu'en 1605, qu'il la réfigna à Jean Amelot. Il avoit époufé, par contrat du 20 Juin 1588, *Madeleine de Crevant*, fille de *Louis*, Seigneur de Cingé, & de *Jacquette de Reilhac*, Dame de Brigueil, dont:

1. LOUIS, Seigneur des Roches-Saint-Quentin, Aumônier du Roi;
2. FRANÇOIS, qui fuit;
3. MARTIN, Chevalier de Malte, tué devant Gênes au combat des Galères de France contre celles d'Efpagne;
4. Autre FRANÇOIS, Gentilhomme de la Reine CATHERINE DE MÉDICIS;
5. JACQUELINE, Religieufe à Fontaines;
6. MARIE, femme de *René de Montbel*, Seigneur d'Ifeure & de Champéron;
7. Et MADELEINE, femme de *René de Menou*, Seigneur de Genillé, fils de *Jean de Menou*, Seigneur de Bouffay, & de MADELEINE FUMÉE, fa tante paternelle.

VII. FRANÇOIS FUMÉE, Seigneur des Roches-Saint-Quentin, Page de la Reine MARIE DE MÉDICIS, puis Enfeigne aux Gardes, & Meftre-de-Camp d'un Régiment de Cavalerie, fut tué devant Saint-Omer au fervice du Roi en 1638. Il avoit époufé *Charlotte de Vernou*, fille de *Louis*, Seigneur de la Rivière-Bonneuil, & de *Louife de Marans*. Elle fe remaria à *Louis de Cruffol*, fils d'*Emmanuel de Cruffol*, Duc d'Uzès, Pair de France, & de *Claude d'Ebrard de Saint-Sulpice*, fa première femme. Elle eut du premier lit:

1. JEAN-FRANÇOIS-ARMAND, Seigneur des Roches-Saint-Quentin, de Blandé, de la Roche-au-Bain, &c., Abbé de Conques, de Figeac & de Saint-Genoux, mort le 30 Janvier 1712, le dernier de fon nom, âgé de 82 ans;
2. Et ANGÉLIQUE-THÉRÈSE, Religieufe à Ste-Marie de Montargis. (*Hiftoire des Grands-Officiers de la Couronne*, tom. VI, pag. 420.)

Les armes: *d'azur, à 2 fafces d'or, accompagnées de 6 befans de même, 3 en chef, 2 en cœur & 1 en pointe.*

* FUMEL, Terre & Seigneurie, dite en Quercy, parce qu'elle a dépendu autrefois de cette Province à laquelle elle confine. C'eft une ancienne Baronnie dont les Seigneurs font connus dès le XIIIᵉ fiècle. BERTRAND DE FUMEL époufa *Bruniffente de la Barthe*, du chef de laquelle il étoit, en 1283, Vicomte de la Barthe, dont fa poftérité prit le nom.

PONS, Baron DE FUMEL, vivant en 1340, & qui tefta le 28 Août 1374, étoit le quatrième aïeul de FRANÇOIS Iᵉʳ, Baron DE FUMEL, Capitaine des Gardes de la Porte, Gouverneur de Marienbourg, Ambaffadeur vers SOLIMAN II, Empéreur Ottoman, & maffacré dans fon Château par les Religionnaires, le 25 Novembre 1561. Il fut père de

FRANÇOIS, qui fuit;
JOSEPH, auteur de la branche des Seigneurs de *Montaigu*, rapportée ci-après;
Et JEAN-JACQUES, auteur de celle des Seigneurs de *la Salle*, mentionnée en fon rang.

FRANÇOIS, IIᵉ du nom, Baron DE FUMEL, fut tué à la bataille de Coutras, & laiffa de *Jeanne de Caumont-Lauzun*, fon époufe:

CHARLES, Baron DE FUMEL, qui obtint du Roi HENRI IV l'érection de fa Baronnie en

Vicomté, & eut de fa femme *Anne de Mon-tefquieu de Sainte-Colombe* :

Louis, Vicomte DE FUMEL, marié à *Mar-guerite de Levis-Mirepoix*, de laquelle vint : FRANÇOIS-JOSEPH, Seigneur & Vicomte DE FUMEL, affaffiné à la Réole à l'âge de 28 ans. Il avoit époufé *Catherine d'Aulède*, fille du premier Préfident du Parlement de Bordeaux, dont :

Louis, Vicomte DE FUMEL, décédé le 10 Décembre 1749, laiffant de fon mariage avec *Catherine Thomas de Berthier*, fille & hé-ritière du premier Préfident du Parlement de Touloufe :

1. JEAN-FÉLIX-HENRI, né en 1717, facré, Evê-que de Lodève, à Vannes, le 25 Mai 1750;
2. JOSEPH, qui fuit;
3. GEORGES, dit *le Viçomte de Fumel*, ci-de-vant Major du Régiment de Berry, paffé aux Indes, qui y a fait les fonctions de Ma-jor-Général jufqu'à la prife de Pondichéry;
4. FRANÇOIS, dit *le Chevalier de Fumel*, Che-valier de Malte, qui a eu le Régiment de Cavalerie de fon nom après fon frère aîné, lequel, avec celui de Bourbon-Buffet, par Ordonnance du 1er Décembre 1761, a pris le nom de Royal-Picardie, & eft devenu le XIVe Régiment de Cavalerie;
5. MARGUERITE, mariée, le 11 Août 1750, avec *Alexandre de Cognac*, Comte de Gi-verfac, mort le 14 du même mois;
6. Et LAURE, Religieufe Maltoife, au Couvent de Saint-Dolus, en Quercy, nommée le 1er Janvier 1766, Abbeffe de Sauvebenifte, Or-dre de Cîteaux.

JOSEPH, Marquis DE FUMEL, Meftre-de-Camp du Régiment de Cavalerie de fon nom en 1748; enfuite du Régiment de Clermont, Prince, en 1759; fait Brigadier de Cavalerie le 10 Février de la même année; Maréchal-de-Camp le 25 Juillet 1762, & Commandeur de Saint-Louis, a époufé, en 1748, *Elifa-beth de Conty-d'Hargicourt*, dont des en-fans, & entr'autres :

MARIE-LOUISE-ELISABETH, née le 18 Juillet 1749.

BRANCHE
des Seigneurs de MONTAIGU.

JOSEPH DE FUMEL, fils puîné de FRANÇOIS, 1er du nom, Ambaffadeur à la Porte, marié, le 11 Janvier 1578, à *Armoife de Loumagne*, qui lui porta la Baronnie de Montaigu. Elle fut mère de

FRANÇOIS DE FUMEL, allié, le 17 Mai 1617, avec *Sylvie de Pons de la Cafe*, dont vint :

PIERRE-SYLVAIN DE FUMEL, Baron de Mon-taigu, qui époufa, en 1643, *Marie de Cieu-tat*, de laquelle vint :

ARNAUD DE FUMEL, Baron de Montaigu, qui époufa, en 1681, *Marie de Cieutat*, fa coufine germaine, mère, entr'autres enfans, de

PIERRE-SYLVAIN-ALEXANDRE DE FUMEL, Ba-ron de Montaigu, marié, en 1724, avec *Mar-guerite d'Aftorg*, héritière de la Seigneurie de Gratens & de la Vicomté de Cologne, dont font iffus un fils & deux filles, favoir :

1. JEAN-JOSEPH, qui fuit;
2. & 3. MARIE-LOUISE, & MARIE-MARGUERITE, filles en 1754.

JEAN-JOSEPH, Marquis DE FUMEL, Baron de Montaigu, &c., a époufé, le 21 Novembre 1753, au Château de Tombebœuf en Agé-nois, *Marie-Anne d'Abzac*, fille aînée de *Louis d'Abzac*, Marquis de Montriel, & de *Françoife d'Abzac*, fa coufine, forties toutes deux de la branche d'Abzac de Montaftruc, cadette de celle de la Douze.

BRANCHE
des Seigneurs de LA SALLE.

JEAN-JACQUES DE FUMEL, que nous croyons le troifième fils de FRANÇOIS, 1er du nom, Am-baffadeur à la Porte, eut pour defcendant :

BERNARD-SYLVAIN DE FUMEL, Sire de Ro-quebrune & de la Salle, qui a époufé *Anto-nette de Coudère*, & eut pour fils :

FRANÇOIS, Baron DE FUMEL, Meftre-de-Camp de Cavalerie, Chevalier de St.-Louis, Aide-Major des Gardes-du-Corps du Roi, qui s'eft marié, par contrat du 15 Janvier 1753, à *Louife-Madeleine-Adélaïde Aubre-lique de la Motte*, fille de feu *Philippe Aubre-lique de la Motte*, Ecuyer, Officier de la Gar-de-Robe du Roi, & *d'Anne-Cécile Defmay*. Leurs enfans font :

1. JOSEPH-MARIE, Baron DE FUMEL, né le 30 Septembre 1755;
2. Et ANNE-CÉCILE-FRANÇOISE-ALEXANDRINE, née le 20 Octobre 1753.

C'eft ce que nous pouvons dire de cette an-cienne Nobleffe, n'en ayant point reçu de Mémoire. Le Château de *Fumel* eft fur la petite rivière du Lot, & les armes font : *d'azur, à trois pointes d'or montantes*.

BRANCHE
des Seigneurs de MONTSÉGUR.

Les Seigneurs de Montfégur en Agénois,

connus depuis le XIe fiècle dans la *Gallia Chriſtiana*, l'*Hiſtoire du Languedoc*, les Chartes, les Coutumes du Pays, &c., y font dits dès ce tems de la plus ancienne & de la plus illuſtre nobleſſe, Chevaliers, Seigneurs des plus belles Terres du Quercy, de l'Agénois, & du Périgord, particulièrement de la Baronnie de *Montſégur*, qu'ils poſſèdent encore aujourd'hui, ſans aucune interruption depuis cette époque; ce qui a été prouvé, à une Chambre des Comptes, en 1666, & au Parlement de Bordeaux, en 1756, à l'occaſion d'un procès ſur les droits de ladite Terre & Baronnie, & de même au Généalogiſte des Ordres. Le chef de cette bande eſt

Henri, Marquis DE FUMEL, Chevalier, Barón de Montſégur, qui a épouſé *Charlotte de Bertin*, ſœur du Miniſtre d'Etat de ce nom, veuve depuis 1759, dont:

> Philibert, qui ſuit;
>
> Et Louis, Baron DE FUMEL, Chevalier de St.-Louis, Meſtre-de-Camp, Commandant le Régiment de Cavalerie de Monſeigneur le Comte d'Artois, non marié.

Philibert, Marquis DE FUMEL, Seigneur, Baron de Montſégur, Chevalier de Saint-Louis, Meſtre-de-Camp de Cavalerie, Enſeigne des Chevaux-Légers de la Garde du Roi, & Gentilhomme d'honneur de Monsieur, épouſa, 1° le 19 Février 1770, *Marie-Françoiſe d'Aldart*, fille du Baron d'*Aldart*, Chevalier de Saint-Louis, Capitaine aux Gardes-Françoiſes, & Baronnet d'Angleterre; & 2° le 6 Mai 1776, *Charlotte-Henriette du Tillet*, fille de Meſſire *Charles-Jean-Baptiſte du Tillet*, Baron de Chailly, Marquis de Villarceau, Comte de Serigny, &c., & de *Louiſe-Henriette d'Illiers-d'Entragues*. Du premier lit il n'a eu qu'une fille nommée

Charlotte-Marie-Françoiſe, vivante.

Et du ſecond lit ſont iſſus:

Henri-René, Chevalier;

Et Charlotte-Flavie, appelée *Mademoiſelle de Fumel*.

Cette branche porte pour armes: *d'or, à trois pointes ou fumées d'azur montantes, mouvantes de la pointe de l'écu.*

* FURSTENBERG, Ville d'Allemagne en Souabe, avec titre de *Principauté*, & autrefois *Comté*, ſituée dans la Forêt-Noire, au pays de Bor ou Baar. Elle a donné ſon nom à la Maiſon de Furstenberg, féconde en grands

hommes, faits Princes de l'Empire par les Empereurs, célèbres par leurs alliances, qui poſſèdent de grands biens dans la Souabe, le Landgraviat de Bor ou Baar, le Comté d'Heiligenberg, & celui de Werdenberg, &c. Ils ont leur ſépulture dans l'Abbaye des Religieuſes de Nidengen. Cette Maiſon remonte à Henri, Comte DE Furstenberg, vivant dans le IXe fiècle, & marié à *Agnès*, fille de Grégoire, élu Roi d'Ecoſſe en 875; mais la Généalogie n'en commence, dans Moréri, qu'à

I. Henri, Comte DE Furstenberg, né en 1405, mort en 1451, qui avoit épouſé 1° *Véronique*, fille de *Rodolphe*, Marquis *de Rothlein*; 2° *Anne*, Comteſſe *de Thengen*; & 3° *Eliſabeth*, fille de *Jean*, Comte *de Lupfen*, morte en 1456. Du premier lit il eut:

> 1. Fréderic, mort ſans enfans;
>
> 2. Jean, mort en 1443, laiſſant d'*Anne*, fille d'*Eberard*, Comte de *Kirchberg*:
>
>> Egon, qui floriſſoit en 1484, mort ſans être marié;
>>
>> Et Anne, mariée à *Froben*, Baron de *Stoffeln*.
>
> 3. Anne, mariée à *Conrad*, Comte de *Kirchberg*, morte en 1497.

Et du troiſième lit vint:

> 4. Conrad, qui ſuit.

II. Conrad, Comte DE Furstenberg, mort en 1464, avoit épouſé 1° *Eliſabeth*, Comteſſe de *Lupfen*; & 2° *Cunégonde*, fille de *Henri*, Comte de *Metſch*. De la première il eut:

> 1. Wolfgang, qui ſuit.

Et de la ſeconde vinrent:

> 2. Henri, Général de l'armée de l'Empereur Maximilien, envoyée contre les Suiſſes, tué, en 1499, à la journée de Schwartzwald, ſans avoir été marié;
>
> 3. Et Anne, mariée 1° à *Eberard*, Comte de *Sonnenberg*; & 2° à *Sigiſmond*, Baron de *Swarʒenberg*, &c.

III. Wolfgang, Comte DE Furstenberg, Landgrave de Bor, Chevalier de la Toiſon-d'Or, Conſeiller & Chambellan de l'Empereur Maximilien Ier, ſon Ambaſſadeur vers Philippe, Archiduc d'Autriche, Roi d'Eſpagne, ſon fils, duquel il fut Gouverneur & Compagnon inſéparable de tous ſes voyages, & Conſeiller tant de Guerre que de Police, mourut le 31 Octobre 1503. Il avoit épouſé *Eliſabeth*, fille d'*Othon*, Comte de *Solms*, morte en 1514, laiſſant:

1. Guillaume, mort en 1549, fans enfans de *Bonne*, fille de *Claude*, Comte *de Neubourg*. Il avoit fervi la France; mais le Cardinal Grandvelle l'attira dans le parti de l'Empereur Charles-Quint, & peu de tems après, en 1544, il alla bloquer Luxembourg avec 12000 hommes de fa nation, qu'il avoit levés; mais le Prince de Melfe qui s'approcha, lui fit lever bientôt ce blocus. Il fut pris la même année, fur les bords de la Marne, par un parti François, & ne put obtenir fa liberté, qu'en payant 30000 écus d'or; -

2. Frédéric, qui fuit;

3. Marguerite, mariée à *Jean-Jacques*, Baron *de Morsbourg* & de Béfort;

4. Claire-Anne, Religieufe;

5. Et Anne - Alexandrine, morte en 1581, époufe d'*Ulric*, Baron *de Rappolstein*.

IV. Frédéric, Comte de Furstenberg, Chevalier de la Toifon-d'Or, né en 1496, rendit de notables fervices à l'Empereur Maximilien, contre les Proteftans d'Allemagne, & mourut le 8 Mai 1559. Il avoit époufé *Anne*, fille & héritière de *Chriftophe*, Comte *de Heiligenberg* & de Werdenberg, morte en 1554, dont il eut:

1. Egon, mort en 1553, au fiège de Metz;

2. Wolfgang, tué en 1544;

3. Christophe, qui fuit;

4. Henri, lequel figna à la Diète de Spire, en 1570, avec Joachim, fon frère. Il époufa *Amélie*, fille de *Reinhard*, Comte *de Solms*, dont:

  Anne-Marie, époufe de *Chriftophe Truchfess de Waldburg;*

5. Joachim, dont la poftérité fera rapportée après celle de fon frère aîné;

6. Elisabeth, morte en 1553, femme de *Markard*, Comte *de Konigfegg;*

7. Euphrosine, Religieufe;

8. Anne, mariée à *Jean-Chriftophe de Galberflein*, morte en 1554;

9. Eléonore, alliée à *Philippe*, dit *le Jeune*, Comte *de Hanau*, morte en 1544;

10. Barbe, mariée à *Henri de Montfort;*

11. Jeanne, femme de *Guillaume Truchfess de Waldburg*, morte en 1589;

12. Et Ursule, alliée à *Claude*, Comte de *Corneubourg* & de Saint-Albin.

V. Christophe, Comte de Furstenberg, né en 1535, eut pour fon partage les biens de la Vallée, Kintfing & de Blomberg, dans le Landgraviat de Baar, & mourut en 1559. De *Barbe*, fille de *Hugues*, Comte *de Montfort*, il eut:

1. Vratislas, Confeiller de l'Empereur Rodolphe;

2. Albert, qui fuit;

3. Et Françoise-Hippolyte, mariée à *Léon-Burian Bercka*, Comte de Dauba & de Leipe, reftée veuve en 1627, & morte en 1644.

VI. Albert, Comte de Furstenberg, né en 1557, mort le 13 Septembre 1599, laiffa d'*Ifabelle*, fille de *Vratislas*, libre Baron de *Bernflein*, Grand-Chancelier de Bohême:

1. Christophe, qui fuit;

2. Emmanuel, mort à Prague;

3. Vratislas, Chevalier de la Toifon-d'Or, mort en 1631, ayant époufé 1° *Anne de Croy*, Ducheffe d'Arfchot; 2° *Lavinie*, Princeffe d'*Arenberg*; & 3° *Lavinie de Gonҳague*, fille de *Camille*, Comte de Novellare. Il laiffa du premier mariage:

  1. Albert II, Comte de Furstenberg, Lieutenant-Colonel d'Infanterie de l'Empereur, lequel ne voulant point recevoir de quartier aux environs de Hohentweil en Lorraine, où les Bavarois furent battus en 1641, aima mieux mourir l'épée à la main que de fe rendre;

  2. François-Vratislas;

  3. Eléonore, femme de *François-Guillaume*, Comte *de Hohen-Ems*, & de *Vadatz.*

Du fecond lit vint:

  4. Et *Albertine*, époufe du Comte *d'Ill.*

4. Anne-Polixène, mariée 1° à *Emmanuel-Gefwald*, Comte de *Compofa*, & Prince de Venofa; & 2° à *André-Mathieu d'Aquaviva*, Prince de Caferte: elle mourut le 31 Mai 1649;

5. Elisabeth, Religieufe à Vienne;

6. Et Anne-Marie, femme de *N... Popel de Lobkowitҳ.*

VII. Christophe, IIe du nom, Comte de Furstenberg, tué le 2 Janvier 1614, avoit époufé *Dorothée*, fille d'*Ottocare*, libre Baron de *Sternberg*, dont:

1. Vratislas, qui fuit;

2. Pierre-Othon;

3. Georges-Charles, né en 1626;

4. Frédéric-Rodolphe, auteur de la branche de *Stühlingen*, rapporté plus loin;

5. Et Elisabeth-Eusébie, mariée, en 1650, à *Frédéric*, Marquis de *Bade-Dourlach.*

VIII. Vratislas, Comte de Furstenberg, né en 1600, eut des biens paternels la Seigneurie de Blomberg & autres fitués dans le Landgraviat de Baar; mais par fes femmes il hérita des biens des Comtes de Helffenstein, parmi lesquels se trouvèrent les Seigneuries de Mœskirch & de Gundelfingen, avec le Château de Wildenstein, le Bourg de Haingein, & une troisième partie du Comté de Weisenstein. Il mourut en 1641, & avoit épousé 1º *Jeanne-Eléonore*, fille du Comte *Georges-Froben de Helffenstein*, & d'*Apollonie*, Comtesse *de Zimmern*, qui avoit apporté à son mari les biens ci-dessus mentionnés, morte en 1629; & 2º *Françoise-Charlotte*, fille du Comte *Rodolphe de Helffenstein*. Du premier lit naquirent :

1. FRANÇOIS-CHRISTOPHE, qui suit ;
2. FROBEN-MARIE, Sous-Doyen de Cologne, Chanoine de Strasbourg, Vice-Président du Conseil Aulique, Envoyé de l'Empereur auprès de divers Princes d'Allemagne, né en 1627, & mort le 7 Mai 1685;
3. JEAN-MAXIMILIEN, mort jeune ;
4. MARIE-ELÉONORE-DOROTHÉE, mariée à *Jean-Eusèbe*, Comte *de Fugger-Kirchheim*, dont elle resta veuve en 1672.

Et du second lit vinrent :

5. & 6. FERDINAND-GUILLAUME & RODOLPHE-MAXIMILIEN, morts jeunes ;
7. JEAN-MARTIN, nommé au Sacrement de confirmation FERDINAND-RODOLPHE, né en 1640, mort le 8 Septembre 1690, Chanoine de Cologne & de Strasbourg ;
8. Et FRANÇOISE, née en 1638, morte sans alliance.

IX. FRANÇOIS-CHRISTOPHE, Comte DE FURSTENBERG, né le 27 Mai 1625, mort le 22 Septembre 1671, avoit épousé *Marie-Thérèse d'Arenberg*, fille de *Philippe*, Duc d'Arschot, dont :

1. FRÉDÉRIC-CHRISTOPHE, né en 1662, tué au siège de Bude le 28 Juillet 1684 ;
2. FROBEN-FERDINAND, qui suit ;
3. CHARLES-EGON, Comte DE FURSTENBERG, Mœskirch, Lieutenant-Maréchal-de-Camp-Général pour l'Empereur, né en 1665, tué au combat de Friedlingen en Octobre 1702. Il avoit épousé, en 1699, *Marie-Françoise*, fille de *Ferdinand*, Prince *de Schwarzenberg*, de laquelle il a laissé :

   MARIE-ELÉONORE-AMÉLIE, née le 24 Novembre 1699 ;
   Et MARIE-ERNESTINE-AMÉLIE, née le 10 Décembre 1700.

4. PHILIPPE-CHARLES, né en 1667, Chanoine de Cologne, de Saltzbourg & de Strasbourg, Camérier secret du Pape, Evêque & Prince

de Lavant en Carinthie, mort le 14 Février 1718;
5. FRANÇOIS-ERNEST, mort enfant ;
6. Et MARIE-THÉRÈSE, Chanoinesse à Buchau, née en 1667.

X. FROBEN-FERDINAND, Comte DE FURSTENBERG, d'Heiligenberg & de Werdenberg, Landgrave de Baar, Baron de Gundelfingen, Seigneur de Hausen dans la Vallée de Kintsing, de Wildenstein & de Mœrskirch, naquit en 1664. Il étoit co-directeur du cercle de Souabe, & Conseiller d'Etat de l'Empereur. Il épousa, en 1690, *Marie-Thérèse-Félicité*, fille de *Jean-Louis*, Comte *de Sulz*, & d'*Eugénie-Marie Manderscheid*, sa seconde femme, dont il a eu :

MARIE-ANNE-THÉRÈSE, née le 9 Avril 1699.

BRANCHE de STUHLINGEN.

VIII. FRÉDÉRIC-RODOLPHE, Comte de FURSTENBERG, quatrième fils de CHRISTOPHE II, eut pour son partage les biens situés en la Vallée de Kintsing, & mourut le 25 Octobre 1655. Il avoit épousé, 1º en 1631, *Maximilienne*, fille de *Maximilien*, Comte *de Pappenheim*, morte en 1635; & 2º en 1636, *Anne-Madeleine*, fille de *Reinhard*, Comte *de Hanau*. Il eut du premier lit :

1. MAXIMILIEN-FRANÇOIS, qui suit.

Et du second lit vint :

2. MARIE-FRANÇOISE, épouse d'HERMAN-EGON DE FURSTENBERG, dont il sera parlé degré VIII de la seconde branche.

IX. MAXIMILIEN-FRANÇOIS, Comte DE FURSTENBERG, hérita de son aïeul maternel du Landgraviat de Stuhlingen, de la Seigneurie Hohenhoeven, & du bourg d'Engen. Il commanda long-tems les Carabiniers du cercle de Souabe; mais il se tua malheureusement à Strasbourg, en 1681, par sa précipitation à descendre un escalier, pour voir l'entrée du Roi de France. Il avoit épousé *Marie-Madeleine*, Baronne *de Bernhausen*, dont :

1. ANTOINE-MARIE-FRÉDÉRIC, né le 2 Août 1661, Chanoine d'Aichstaedt & de Cologne, qui ne retint des biens paternels que la ville de Neustadt, & la sixième partie du Landgraviat de Baar ;
2. PROSPER-FERDINAND, qui suit;
3. LÉOPOLD-MARQUARD, né le 7 Janvier 1666, tué au siège de Mayence en Septembre 1689;
4. Et ISABELLE-MADELEINE, mariée, en 1686,

à *Jean-Weikard-Michel-Venceslas*, Comte de *Sinzendorf*.

X. PROSPER-FERDINAND, Comte DE FUR-
STENBERG, d'Heiligenberg & de Werdenberg,
Landgrave de Baar & de Stühlingen, Seigneur
de Hohenhoeven, Haufen, Lifchau, Trackau
& de Kornhaus, Chambellan du Roi des Romains, né en 1662, fut tué au fiège de Landau
le 21 Novembre de l'année 1704. Il avoit
époufé, le 30 Novembre 1690, *Anne-Sophie*,
née le 23 Juillet 1674, fille de *Léopold-Guillaume*, Comte *de Königfegg-Rotenfels*, dont
il eut :

1. JOSEPH-GUILLAUME-ERNEST-EBERHARD, qui
   fuit ;
2. AUGUSTE ;
3. MARIE-JOSÈPHE-ANTOINETTE, née le 21
   Mars 1692, morte en Mars 1711 ;
4. MARIE-ÉLÉONORE, née en 1693 ;
5. Et MARIE-CHARLOTTE.

XI. JOSEPH-GUILLAUME-ERNEST-EBERHARD,
Comte DE FURSTENBERG, né le 12 Avril 1699,
fut fait Prince de l'Empire le 2 Décembre
1716. Il avoit époufé, le 11 Avril 1723, *Marie-Anne*, née le 22 Février 1707, fille de
Jean-Jofeph, Comte *de Waldftein*, dont il
eut :

1. JOSEPH-WENCESLAS, Prince DE FURSTEN-
   BERG, Chambellan actuel de Leurs Majeftés Impériales & Royales, né le 21 Mars
   1728, marié, le 21 Juillet 1748, avec *Marie-
   Jofèphe-Guillelmine*, Comteffe *de Truch-
   fess-Trauchbourg*, née le 30 Mars 1731,
   dont :
   1. JOSEPH-MARIE-BENOÎT-CHARLES, Prin-
      ce héréditaire DE FURSTENBERG, né le 9
      Janvier 1758, qui époufa *Marie-Thé-
      rèfe*, Princeffe de *la Tour & Taxis*,
      née le 28 Février 1755 ;
   2. CHARLES-ALEXANDRE, né le 11 Septem-
      bre 1760 ;
   3. CHARLES-JOACHIM, né le 31 Mars 1771,
      Colonel au fervice de l'Impératrice-
      Reine ;
   4. Et JOSÈPHE-MARIE-JEANNE, née le 15
      Novembre 1756.
2. CHARLES-EGON, qui fuit ;
3. MARIE-AUGUSTE, née le 16 Mars 1731 ;
4. MARIE-HENRIETTE, née le 31 Mars 1732 ;
5. MARIE-EMMANUELLE, née le 25 Décembre
   1733 ;
6. Et MARIE-THÉRÈSE, née le 4 Septembre
   1736, Religieufe à Prague.

XII. CHARLES-EGON, Comte DE FURSTEN-
BERG, Seigneur de Purglitz en Bohême, né le

7 Mai 1729, a époufé, le 25 Juin 1753, *Marie-Jofèphe*, Comteffe *de Sternberg*, née le
24 Juin 1735, dont :

1. PHILIPPE-MARIE-JOSEPH, né le 21 Octobre
   1755 ;
2. Et CHARLES-JOSEPH-ALOÏS, qui fuit.

XIII. CHARLES - JOSEPH - ALOÏS, Comte DE
FURSTENBERG, né le 26 Juin 1760, fut Général-Major au fervice du Comte de Souabe.

SECONDE BRANCHE.

V. JOACHIM, Comte DE FURSTENBERG, l'un
des fils de FRÉDÉRIC IV, né le 25 Février
1538, foufcrivit, avec HENRI, fon frère aîné, à
la Diète de Spire en 1570, eut pour fon partage le Comté d'Heiligenberg, avec les Seigneuries de Trochtelfingen & de Juguenau.
Il eut encore celle de Donauefchingen, après
la mort de HENRI, fon frère, & mourut en
1598. Il avoit époufé *Anne*, fille de *Froben-
Chriftophe*, Comte *de Zimmern*, morte en
1602, laiffant :

1. FRÉDÉRIC, qui fuit ;
2. FROBEN, mort en France à 26 ans, en 1591,
   fans avoir été marié ;
3. EGON, mort à Rome le 10 Août 1586, âgé
   de 16 ans ;
4. Et ANNE-CONSTANCE, mariée 1° à *Conrad
   de Bömmelberg*, & de Hockembourg ; & 2°
   à *Rodolphe*, dit le Vieux, Comte *de Helffenftein*, Wifenfteig ;
   Et onze autres enfans morts jeunes.

VI. FRÉDÉRIC V, Comte DE FURSTENBERG,
né le 3 Mai 1563, fut en grand crédit à la
Cour de l'Empereur MATHIAS ; & après y
avoir rempli les premières Charges, mourut
le 8 Avril 1617. Il avoit époufé 1° *Elifabeth*,
fille d'*Albicius*, Comte *de Sulz*, & de *Barbe*,
Comteffe *de Helffenftein*, morte le 24 Avril
1601 ; & 2° *Marie*, Comteffe d'*Arch*, veuve
de *Wolfgang Rumpff*, libre Baron de Weitra, morte le 5 Septembre 1607, dont il hérita de la Seigneurie de Weitra fur les confins
de la Bohême & de la Baffe-Autriche, quoiqu'il n'en eut point eu d'enfans. Du premier
lit vinrent :

1. GUILLAUME, né le 18 Novembre 1586, mort
   le 4 Février 1618, étant Préfident au Confeil Aulique, & âgé de 32 ans, fans enfans
   de *Polixène*, fille de *Chriftophe Popel*,
   Comte *de Lobkowitz* ;
2. JOACHIM-ALBICIUS, mort le 5 Mai 1617,
   âgé de 30 ans, fans avoir été marié ;
3. EGON, qui fuit ;

4. JACQUÉS-LOUIS, Grand-Maître de l'Artillerie Bavaroife, qui fit de grands exploits de guerre; il mourut à Lauenbourg le 13 Novembre 1626, n'ayant que 34 ans, & fut généralement regretté. D'*Eléonore*, fille de *Guillaume Schwendt*, Seigneur de Hohenlandsberg, il laiſſa :

    FRANÇOIS-CHARLES, Seigneur de Donaueſchingen, mort en 1698, âgé de 12 ans, ſans avoir été marié.

5. 6. & 7. Et trois filles mortes ſans alliances.

VII. EGON, Comte DE FURSTENBERG, né le 21 Mars 1588, ſervit long-tems avec éclat dans les Armées de l'Empereur, dont il commandoit les troupes en Italie durant la guerre de Mantoue. Il revint en Allemagne en 1631, & après pluſieurs exploits militaires, faits en Souabe, en Franconie & dans le Duché de Wurtemberg, il força l'Adminiſtrateur de ce Duché de renoncer à la ligue de Leipzig, & commanda, la même année, l'aîle gauche de l'armée Impériale à la bataille de Leipzig. Il mourut le 24 Août 1635, laiſſant d'*Anne-Marie*, fille de *Jean-Georges*, Prince de *Hohenzollern* :

  1. FERDINAND-FRÉDÉRIC-EGON, né le 6 Février 1623, & mort en 1676. Il avoit épouſé *Françoiſe-Eliſabeth*, Comteſſe de *Montrechier* en Lorraine, dont quatre enfans, ſavoir :

    1. MAXIMILIEN-JOSEPH, Comte DE FURSTENBERG, Colonel d'un Régiment d'Infanterie du Cercle de Souabe, tué au ſiège de Philippsbourg le 14 Août 1686, ſans enfans d'*Hélène-Marie de Kokorzewetz*, remariée au Comte *Erneſt de Waldſtein*;

    2. MARIE-THÉRÈSE, Chanoineſſe à Buchau;

    3. ELÉONORE, épouſe de *Jean-François*, Comte de *Bronckhorſt-Gronsfeld*;

    4. Et MARIE-FRANÇOISE, fille d'honneur de la Reine Douairière de Pologne, Ducheſſe de Lorraine.

  2. LÉOPOLD-LOUIS, né le 23 Juin 1624, tué à Dietenhoffen le 7 Juin 1639, dans ſa ſeizième année;

  3. FRANÇOIS-EGON, Prince DE FURSTENBERG, Evêque de Strasbourg, né le 27 Mai 1626, qui fut d'abord Grand-Doyen & Grand-Prévôt du Chapitre de Cologne; Prévôt de l'Eglife de Saint-Géréon dans la même ville; Grand-Prévôt de Hildesheim, Abbé & Prince de Stavelot, de Malmédy, de Mourbach, de Ludres, & l'un des principaux Miniſtres de l'Electeur de Cologne *Maximi-*

lien-Henri de Bavière, auquel il rendit de grands ſervices. Ce Prince fut élu Evêque de Strasbourg, dont il étoit Tréſorier, en 1663, après l'Archiduc LÉOPOLD, & dès les premières années de ſon Epiſcopat, il employa plus de 300000 écus pour retirer le Bailliage d'Ober-Kirch, & d'autres biens Eccléſiaſtiques dont les Luthériens s'étoient emparés. Il eut la ſatisfaction de voir rétablir la religion dans ſon Eglife & d'y faire les fonctions Epiſcopales ſous l'autorité de LOUIS XIV, ce qui étoit la plus forte paſſion qu'il eut jamais eue. Il mourut à Cologne le 1er Avril 1682, & y fut inhumé dans la Cathédrale. Son cœur fut porté dans ſon Eglife de Strasbourg;

  4. HERMAN-EGON, qui ſuit;

  5. GUILLAUME-EGON, Prince DE FURSTENBERG, né en 1629, d'abord Evêque de Metz, dont il ſe démit en 1668, puis Evêque de Strasbourg, le 8 Juin 1682, après la mort de ſon frère. Il ſuccéda à ſes dignités dans le Chapitre de Cologne, à la Prévôté de Saint-Géréon de la même ville, & à l'Abbaye de Stavelot. Sa Majeſté lui donna depuis les Abbayes de Gorze, de Saint-Evroult, de Saint-Vincent de Laon & de Barbeaux. Elle le nomma enſuite au Cardinalat, & le Pape INNOCENT XI confirma cette nomination le 2 Septembre 1686. Il en reçut le Chapeau du Roi le 2 Janvier ſuivant, fut auſſi Abbé de Saint-Germain-des-Prés, aſſiſta au Conclave pour l'élection d'ALEXANDRE VIII; fait Commandeur de l'Ordre du Saint-Eſprit le 2 Février 1694, & mourut dans ſon Abbaye à Paris le 10 Avril 1704, en ſa 75e année. (Voyez ſon article dans les Moréri.)

  6. ERNEST-EGON, tué le 4 Mai 1652, âgé de 21 ans;

  7. ELISABETH, née le 15 Juin 1621, mariée, en 1643, à *Ferdinand d'Aſpremont*, Comte de Reckheim, morte le 15 Septembre 1662;

  8. MARIE-FRANÇOISE, née le 6 Juin 1633, mariée, 1º le 9 Mai 1651, à *Wolfgang-Guillaume*, Comte Palatin, Duc de *Neubourg*, mort en 1653; & 2º à *Léopold-Guillaume*, Marquis de *Bade*, mort en 1670, & elle au mois de Mars 1702, âgée de 69 ans;

  9. Et ANNE-MARIE, née le 12 Septembre 1634, mariée, en 1651, à *Ferdinand-Charles*, Comte de *Lœwenſtein*, morte en Janvier 1705.

VIII. HERMAN EGON, né le 5 Novembre 1627, Comte, puis Prince DE FURSTENBERG, fut créé tel, lui à perpétuité, & ſes frères à vie, par l'Empereur en 1664. Après avoir été Chanoine de Cologne & de Ratisbonne, il

époufa fa coufine MARIE-FRANÇOISE DE FUR-
STENBERG, fille de FRÉDÉRIC-RODOLPHE DE FUR-
STENBERG, Landgrave de Stühlingen. Il fut en-
fuite Grand-Maître de la Maifon de *Maximi-
lien de Bavière*, Electeur, & fon principal
Miniftre, auffi bien que chef du Confeil de
l'Electeur de Cologne *Maximilien-Henri de
Bavière*. Il mourut le 10 Septembre 1674.
Leurs enfans furent :

1. ANTOINE-EGON, qui fuit ;
2. FÉLIX-EGON, Prince & Abbé de Ludres &
   de Mourbach, Co-Adjuteur du Cardinal,
   fon oncle, dans la Principauté & Abbaye
   de Stavelot, Grand-Maître & principal Miniftre de l'Electeur de Cologne *Maximilien-Henri de Bavière*, Chanoine de Cologne, de Strasbourg, de Spire & de Conftance, mort le 15 Mars 1686, en fa 40e année;
3. FERDINAND - MAXIMILIEN - GAÉTAN-JOSEPH-
   EGON, né le 24 Octobre 1661, Chanoine de
   Cologne & de Strasbourg, puis Brigadier
   dans les Armées de France, mort le 5 Mai
   1606 ;
4. EMMANUEL - FRANÇOIS-EGON, né le 2 Mars
   1663, Chanoine de Cologne & de Strasbourg, puis Colonel de deux Régimens au
   fervice de l'Empereur, tué à l'affaut de Belgrade le 6 Septembre 1686, fans laiffer d'enfans de *Catherine-Charlotte*, Comteffe *de
   Wallenrodt*, veuve de *François-Antoine*,
   Comte *de la Marck* ;
5. ANNE-ADÉLAÏDE, née en 1658, mariée, en
   1678, à *Eugène-Alexandre de la Tour*,
   Prince de Taxis, Général des Poftes de
   l'Empire & de Flandre, morte le 14 Novembre 1701 ;
6. Et MARIE-FRANÇOISE, alliée, le 9 Avril 1687,
   à *Guillaume-Hyacinthe*, Prince de *Naffau-
   Siégen*, morte le 17 Juin 1691.

IX. ANTOINE-EGON, Prince DE FURSTEN-
BERG, né le 3 Mai 1656, Comte de Heiligenberg & de Werdenberg, Landgrave de Baar,
Seigneur de Haufen dans la Vallée de Kintfing, de Weitra, Trochtelfingen, Gouverneur-
Général de l'Electorat de Saxe, mort le 10
Octobre 1716, avoit époufé, à Paris, le 23
Janvier 1677, *Marie de Ligny*, petite-nièce
du Chancelier *Séguier*, fille de *Jean de Ligny*, Chevalier, Seigneur de Grogneul, Saint-
Piat, Maître des Requêtes & Confeiller d'Etat,
& d'*Elifabeth Boyer*, fœur de la Ducheffe
de Noailles. Elle eft morte à Paris le 18 Août
1611, âgée de 55 ans, dont il n'a eu que deux
fils morts jeunes, & trois filles, favoir :

1. ANNE-MARIE-LOUISE, mariée à *Louis de
   Gand de Mérode*, Prince d'Ifenghien, morte
   le 16 Janvier 1706 ;
2. PHILIPPE-LOUISE, alliée, le 13 Mars 1704,
   à *Louis-Augufte*, Comte de *Lannoy* ;
3. Et MARIE-LOUISE-MAURICE, mariée, le 10
   Janvier 1708, à *Jean-Baptifte Colbert*, Marquis de Seignelay, mort le 26 Février 1712,
   à 28 ans, & elle le 16 Mars 1749, à 61 ans.
   (Voy. Imhoff, *Notitia Imperii*, & Moréri.)

Les armes de la Maifon de FURSTENBERG
font : *d'or, à l'aigle de gueules, becquée &
membrée d'azur, à la bordure ondée d'argent & d'azur; l'aigle chargée d'un écuffon;
écartelé, aux 1 & 4 d'argent, au gonfanon
de gueules, & aux 2 & 3 d'argent, à la barre
vivrée d'azur*. (P. Anfelme, *Hiftoire des
Grands-Officiers de la Couronne*, tom. IX,
p. 245.)

FURSTENBERG, Maifon noble & ancienne dans la Weftphalie, différente de la
précédente, dont une Bulle de l'Empereur
LÉOPOLD, du 26 Avril 1660, fait remonter
l'origine jufqu'au tems de CHARLEMAGNE.
LÉOPOLD créa *Barons libres* tous ceux de
cette Maifon. Elle a donné divers Confeillers,
des Electeurs de Mayence, de Cologne, &c.,
des Capitaines, grand nombre de Chanoines
dans les Eglifes de Trèves, Cologne, Spire,
Munfter; plufieurs Chevaliers & Commandeurs, tant de l'Ordre Teutonique, que de
celui de Livonie; un Grand-Maître dans
l'Ordre de Livonie, & plufieurs Prélats d'un
mérite fingulier. (Voy. Moréri.)

FUSÉE, en Gâtinois. GUILLAUME FUSÉE,
Seigneur de Gallodet, obtint, avec fon frère
JEAN, un Arrêt de la Cour des Aides, le 30
Août 1600, confirmatif de leur nobleffe. Il
fut Seigneur de Charmont, à caufe de fa femme *N.... de Charnay*, dont il eut entr'autres
enfans :

GUILLAUME DE FUSÉE, Ecuyer, Seigneur de
Charmont (*a*) près de Pithiviers, marié à
Louife de Cugnac, fille de *Paul*, Baron d'I-
monville, & d'*Anne Hurault*, dont des enfans. C'eft ce que nous favons fur cette Famille, qui porte : *d'azur, à trois fufées d'or,
rangées en face*.

_____

(*a*) Cette Terre de *Charmont*, acquife par feu
Meffire Barthélemy Rolland, Confeiller de Grand'
Chambre, mort en 1761, eft poffédée par fon fils,
ancien Préfident aux Requêtes du Palais.

*FUSSEY, Maison originaire du Duché de Bourgogne, où eſt encore aujourd'hui la Terre de ce nom, à quelques lieues de Beaune. Elle eſt une des plus anciennes de ce Duché, prouve ſa nobleſſe par ſes grandes alliances avec les Maiſons de *Bourbon* & de *Montmorency*, par des extraits tirés des regiſtres des Chapitres de Remiremont & de Pouſſay en Lorraine, & de celui de Saint-Claude en Comté, où de tout tems on a fait preuve de huit quartiers tant paternels que maternels, d'une bonne & ancienne Nobleſſe d'Epée ; des Archives de Malte, où l'on voit des Chevaliers du nom de Fussey, qui ont vécu il y a plus de 200 ans, & par pluſieurs contrats de mariage, teſtamens, Brevets de Souverains, repriſes de fiefs, partages faits en juſtice, & autres titres de Famille. Moréri en commence la Généalogie, d'après un Mémoire communiqué, à

I. Jean de Fussey, Ecuyer, fils d'un autre Jean, Ecuyer, Seigneur de Curcy & de Montamenne, qui épouſa, par contrat du 15 Juin 1526, *Déniſe de Villafans*, dont :

II. Jacques de Fussey, Ecuyer, Seigneur de Sarrigny, marié, 1° par contrat du 6 Mai 1496, à *Jeanne d'Inteville*, morte ſans enfans ; & 2° par contrat du 12 Janvier 1511, à *Jacqueline de Brancion*, de laquelle vint :

III. Charles de Fussey, Ecuyer, Seigneur de Mennevelle, de la Voix, de Sarrigny & de Notre-Dame-du-Chemin, qui épouſa, par contrat du 22 Décembre 1532, *Philiberte de Corcelles-Tenarre*, veuve de *Jean de Corcelles*. Ses enfans furent :

1. Jean, qui ſuit ;
2. Et Pierre, marié, en 1568, à *Jeanne Reigner de Montmoyen*, auteur de la branche de *Fuſſey-Serrigny* ou *Sarrigny*, dont nous ignorons la deſcendance.

IV. Jean de Fussey, Seigneur de Sarrigny, épouſa, par contrat du 28 Novembre 1554, *Françoiſe de Vaux-de-Meneſſaire*, & en eut :

V. Jacques de Fussey, II° du nom, allié, par contrat du 23 Avril 1593, à *Georgette de Chaugy de Rouſſillon*, dont :

VI. Vivant de Fussey, Baron de Meneſſaire & de la Mothe, qui épouſa, par contrat paſſé à Mirecourt en Lorraine, le 28 Novembre 1625, pardevant *la Fontaine*, Notaire, *Catherine-Thècle de Ligniville*, fille de *Gaſpard de Ligniville*, d'une des premières

Maiſons de Lorraine (voyez ce mot), & de *Renée d'Anglure*, petite-fille, par ſa mère, de *Henri*, & arrière-petite-fille de *Saladin d'Anglure*. Elle étoit alors Chanoineſſe d'Epinal, fut depuis Dame d'honneur d'Anne d'Autriche, Reine de France, & de la Ducheſſe *Nicole de Lorraine*. De ce mariage eſt iſſu :

VII. Nicolas de Fussey, Seigneur, Baron de Meneſſaire, marié, par contrat du 26 Janvier 1667, à *Marguerite de Coſſart d'Eſpiès*, fille de *Charles*, Marquis d'Eſpiès, Meſtre-de-Camp d'un Régiment de Cavalerie au ſervice de France, & Lieutenant-Général des Armées, dont :

1. Claude-Nicolas, qui ſuit ;
2. Et Charles, rapporté après ſon frère.

VIII. Claude-Nicolas de Fussey, Seigneur, Baron de Meneſſaire, a épouſé *Catherine-Simonne de Choiſeul-Meuſe*, dont :

Léopold de Fussey de Menessaire, Chambellan du feu Roi de Pologne, Duc de Lorraine & de Bar, marié, ſans enfans, à *N... de Saint-André*.

IX. Charles de Fussey, Seigneur, Baron de Melay, a épouſé, par contrat du 8 Septembre 1698, *Thérèſe de Ficquelmont*, de laquelle il a eu :

X. Nicolas de Fussey, Chambellan de Léopold, Duc de Lorraine & de Bar, Seigneur de Melay, marié, le 28 Octobre 1726, à *Gabrielle-Eliſabeth-Eugénie de Beauvau*.

La Maiſon de Fussey, par celle de *Ligniville*, eſt alliée à celle de *Montmorency* & à celle de *Bourbon-Condé*. On trouve un de Fussey, Chanoine de Saint-Claude en Franche-Comté, en 1555. Catherine & Henriette de Fussey, reçues & jurées-Dames de Pouſſay en 1692 ; & dans le *Catalogue des Chevaliers de Malte*, par l'Abbé de Vertot, Jean de Fussey, Chevalier, vivant en 1571, & Henri de Fussey, mort titulaire de la Commanderie de Nancy, & reçu Chevalier de Malte, en 1648. MM. de Fussey ont le titre & la qualité de Marquis, a eux accordée par les Brevets des Souverains, & reconnue par les Chambre des Comptes de Nancy & de Dôle, depuis Vivant de Fussey, marié à *Catherine-Thècle de Ligniville*, mentionnés ci-devant.

Les armes : *d'argent, à la faſce de gueules, accompagnée de ſix merlettes de ſable rangées en faſce, trois au-deſſus & trois au-deſſous.*

FYOT DE LA MARCHE, Noble & ancienne Famille du Duché de Bourgogne, qui eft maintenant partagée en deux branches, l'une des Seigneurs, à préfent Marquis de la Marche, & l'autre des Seigneurs de *Vaugimois*, aujourd'hui Marquis de *Mimeure*. Elle a donné, depuis fort long-tems, un grand nombre de Magiftrats recommandables au Parlement de Bourgogne, parmi lefquels il y a eu cinq Préfidens à Mortier de fuite, & de père en fils. N..... FYOT eut pour enfans :

1. GUILLAUME, qui vivoit en 1382, & avoit époufé *Odette de Janly*, d'une ancienne Famille du Duché de Bourgogne ;
2. JEAN, qui reprit de fief en 1385, avec *Guyette de Beleurgère*, fa femme, & *Poncette de Beleurgère*, fa belle-fœur, femme de *Guyot d'Efcorpfains*, Ecuyer, des Terres de Meilly, Cerçay & Thoify ;
3. Autre JEAN, qui fut Précepteur & Confeffeur de CHARLES, Dauphin de Viennois, depuis Roi de France, fous le nom de CHARLES VII, ainfi qu'il paroît par des Lettres-Patentes du Roi CHARLES VI, du 13 Décembre 1398, enregiftrées à la Chambre des Comptes de Paris ;
4. Et THIBAUT, qui fuit.

THIBAUT FYOT, fit hommage, au mois de Janvier 1396, à l'Abbé de Notre-Dame de Châtillon, des biens qu'il tenoit en fief de lui à Ampilly. Il eut pour fils :

I. GUILLAUME FYOT, IIe du nom, qui étoit, en 1431, l'un des quatre Maîtres-d'Hôtel de PHILIPPE-LE-BON, Duc de Bourgogne, comme il paroît par l'État de la Maifon de ce Prince de la même année.

II. EDME FYOT, Ier du nom, fut Secrétaire de PHILIPPE-LE-BON, Duc de Bourgogne, comme il eft juftifié par un Acte figné de lui en commandement, le 6 Avril 1432, où il reçoit la preftation de ferment d'un des Officiers du Duc. Il eut pour fils :

III. JEAN FYOT (a), Ier du nom, qui vivoit en 1468, comme il fe juftifie par des reprifes de Fief des anciens biens de la Famille & autres Actes de 1468 & 1469. Il mourut fort âgé en la Ville de Châtillon, après avoir

fuccédé en la Charge de fon beau-père. Il avoit époufé *Henriette le Lièvre*, fille de *Jean le Lièvre*, Ecuyer, Seigneur de Martrois, Confeiller du Duc de Bourgogne, & d'*Anne de Falletans*, Famille noble & ancienne du Comté de Bourgogne. Elle avoit pour frère *Philippe le Lièvre*, Maître en la Chambre des Comptes de Bourgogne, & pour fœur *Adrienne le Lièvre*, mariée à *Philibert Berbis*, Confeiller au Parlement de Bourgogne. De ce mariage font iffus :

1. JEAN, auteur de la branche des Seigneurs de la Marche, qui fuit ;
2. JACQUES, auteur de la feconde branche rapportée ci-après ;
3. Et PIERRE, Ier du nom, auteur de la branche des Seigneurs de Chevanney.

BRANCHE
des Seigneurs de LA MARCHE.

IV. JEAN FYOT, IIe du nom, Seigneur de la Marche, fils de JEAN, Ier du nom, & d'*Henriette le Lièvre*, laiffa :

1. JEAN, qui fuit ;
2. Et FRANÇOIS, Seigneur d'Arbois, qui, après avoir fervi le Roi HENRI IV dans la Gendarmerie, avoit été employé par ce Prince en plufieurs affaires importantes, & fut tué en combattant pour lui. Il n'a pas été marié.

V. JEAN FYOT, IIIe du nom, Seigneur d'Arbois, Montjay, Orain, &c., Confeiller au Parlement de Bourgogne, attaché à fon légitime Souverain, effuya de la part des Ligueurs, en haîne de fon zèle, une longue & rigoureufe prifon. Il avoit époufé *Gafparde de Montholon*, héritière d'une branche de la Maifon des deux Gardes des Sceaux de France de ce nom. De ce mariage naquirent :

1. PHILIPPE, qui fuit ;
2. Et MARGUERITE, mariée, en 1608, à *René de Lenoncourt*, de l'illuftre Maifon de ce nom, dont : *Françoife de Lenoncourt*, Dame de la Marche. Par la mort de cette dernière, la terre & le nom de la Marche ont paffé dans la branche aînée de la Famille FYOT.

VI. PHILIPPE FYOT, Seigneur de la Marche, d'Arbois, Montjay, &c., fecond Préfident du Parlement de Bourgogne, & Garde des Sceaux en la Chancellerie de cette Province, eut de *Claire Guillaume*, fa femme, entr'autres enfans :

1. JEAN, qui fuit ;

(a) La filiation depuis ce JEAN FYOT eft clairement connue pour fes prédéceffeurs. Au défaut des contrats de mariage, on ne s'eft appuyé que fur quelques extraits de teftamens, & fur d'anciens Mémoires de Famille, & fur la fucceffion des mêmes biens, dont les titres fe font confervés.

2. Et CLAUDE FYOT DE LA MARCHE, Comté de Bosjan, Abbé titulaire de l'Eglise Abbatiale & Collégiale de Saint-Etienne de Dijon, Conseiller d'Etat, & Conseiller d'honneur au Parlement de Bourgogne, ancien Aumônier du Roi, mort à Dijon le 27 Avril 1721, âgé de 91 ans, après avoir rebâti son Eglise, fait des fondations considérables dans son Chapitre, & rempli deux fois, avec la satisfaction générale, en qualité d'Elu & Député du Clergé des Etats de Bourgogne, les fonctions de premier Administrateur de cette Province, où la mémoire de ses vertus est encore en vénération. L'Eglise de Saint-Etienne, dont l'Abbé, Séculier de même que ses Chanoines, avoit *Jurisdiction quasi Episcopal*, sur presque toute la ville de Dijon, & sur différentes paroisses de la campagne, est à présent la Cathédrale de l'Evêché, érigé depuis quelques années, & démembré de celui de Langres. (Voy. la *Gallia Christiana*, & le *Supplément* de Moréri, de 1735.)

VII. JEAN FYOT DE LA MARCHE, Baron de Montpont, Président à Mortier au Parlement de Bourgogne, & Garde des Sceaux au même Parlement, avoit épousé *Anne de Valon*, dont:

    1. PHILIPPE, qui suit;
    2. Et FRANÇOIS FYOT DE LA MARCHE, Baron de Montpont, Conseiller au Parlement de Paris, Auteur de plusieurs Livres estimés dont les Titres sont rapportés dans le Supplément de Moréri de 1735, & dans celui de 1749. Il mourut à Paris en 1716, & fut enterré en l'Eglise de Saint-Benoît, où l'on voit son épitaphe. On en trouve encore trois autres pour différentes personnes de cette Maison, à Saint-Germain-l'Auxerrois, à Saint-André-des-Arcs, & à Saint-Roch.

VIII. PHILIPPE FYOT DE LA MARCHE, Comte de Bosjan, Baron de Montpont, Seigneur de Montjay, Président à Mortier & Garde des Sceaux au Parlement de Dijon, avoit épousé *Madeleine de Mucie*, fille de *Jacques*, Seigneur de Neuilly, Président à Mortier au même Parlement, dont il eut:

CLAUDE-PHILIBERT, qui suit;
JACQUES-PHILIPPE, Seigneur de Neuilly, Comte de Dracy-le-Fort, Conseiller, Garde des Sceaux honoraire au Parlement de Bourgogne, ci-devant Ministre Plénipotentiaire du Roi auprès de la République de Gênes, nommé, en 1761, à la place de premier Président du Parlement de Franche-Comté, vivant en 1773, qui a eu de son mariage, avec

Judith Thomas, d'une bonne Maison de Bourgogne, fille de *Nicolas*, Conseiller au Parlement de Dijon, issu de *Léonard Thomas*, Procureur-Général au même Parlement en 1557:

    1. JEAN, Comte de Dracy, marié, à *Judith Joly de Drambon*, héritière de la branche aînée de sa Famille, dont des enfans. La seconde branche de *Joly de Drambon* est éteinte depuis quelques années, en la personne du dernier Marquis de *Blaisy*, dont la Terre de ce nom étoit substituée à la troisième branche, qui est celle de MM. *Joly de Fleury*;
    2. Et MARIE-MADELEINE-JUDITH, épouse de *Pierre-François Alleman*, Marquis de Champier, Capitaine de Cavalerie, d'une ancienne & illustre Maison du Dauphiné, de laquelle étoit issu le célèbre *Louis Alleman*, dit *le Cardinal d'Arles*, qui fut d'abord Chanoine & Comte de Lyon, puis Evêque de Maguelonne, ensuite Archevêque d'Arles, Cardinal & Légat du Saint-Siège en Allemagne, béatifié, en 1527, par le Pape CLÉMENT VII, & depuis appelé *Saint-Louis d'Arles*.

Et PHILIPPE-CLAUDE, Seigneur de Clémencey, Lieutenant de Gendarmerie, qui est mort Lieutenant-Général des Armées du Roi en 1750.

IX. CLAUDE-PHILIBERT FYOT DE LA MARCHE, Comte de Bosjan, Baron de Montpont, &c., Seigneur de la Marche, Montjay, &c., fut reçu Président à Mortier au Parlement de Bourgogne en 1718, puis premier Président en 1745, mort en 1768. Il avoit épousé, en 1719, *Jeanne-Marguerite Baillet*, morte au mois de Juillet 1732, fille de *Lazare de Baillet*, Seigneur de Cressé, Président à Mortier au Parlement de Dijon, & de *Marthe de la Michodière*. Ses enfans furent:

    1. JEAN-PHILIPPE, qui suit;
    2. MARIE-MADELEINE-MÉLANIE, qui s'est alliée à *Jacques-Dominique Barberie*, Marquis de Courteilles, Conseiller d'Etat & au Conseil Royal, Intendant des Finances, & ci-devant Ambassadeur du Roi en Suisse. Voy. BARBERIE.
    3. Et SUSANNE-MARGUERITE, qui s'est mariée à *Antoine René de Voyer*, Marquis de Paulmy & d'Argenson, Ministre d'Etat, dont la fille unique a épousé le Duc de *Luxembourg-Montmorency*, Brigadier des Armées du Roi, & Colonel du Régiment de Hainaut. Voy. VOYER (DE).

X. JEAN - PHILIPPE FYOT DE LA MARCHE, Comte de Bosjan, Baron de Montpont, &c., Préfident à Mortier au Parlement de Dijon, a fuccédé à fon père dans la Dignité de premier Préfident du Parlement de Bourgogne.

SECONDE BRANCHE.

Seigneurs du VAUGIMOIS.

IV. JACQUES FYOT, Ier du nom, fut fait Commandant du Château de Châtillon-fur-Seine, par Lettres-Patentes, du 25 Mars 1520, regiftrées en la Chambre des Comptes, le 20 Novembre fuivant; par la fuite il fut Secrétaire du Roi, & traita, le 1er Novembre 1527 de la Charge de Greffier en Chef du Parlement de Dijon. Il mourut en 1528, & fa veuve fut élue tutrice de fes enfans mineurs, qui eurent pour Curateurs JEAN FYOT, IIe du nom, & PIERRE FYOT, Ier du nom, leurs oncles, fils de JEAN FYOT, Ier du nom, & d'Henriette le Lièvre. Il avoit époufé Marie de Macheco, dont il eut :

1. MARC, qui fuit;
2. & 3. MONGEOT & JACQUES.
4. 5. & 6. MARIE, GILLETTE, & autre MARIE FYOT.

V. MARC FYOT, Ecuyer, Seigneur de Villiers-le-Duc, de Vaugey, avoit époufé, 1º Jeanne de Montholon, fille de Guillaume de Montholon, Confeiller du Roi & fon Avocat-Général au Parlement de Dijon (defcendue de la tige de François de Montholon, Garde des Sceaux de France), & de Catherine Moiffon; & 2º Jeanne le Goux, dont il eut :

1. PIERRETTE, qui fut mariée du vivant de fon père, le 22 Septembre 1560, avec Bernard des Barres (a), Seigneur de Ruffey, Echirey & Bouffenois, Chevalier, Confeiller du Roi en fes Confeils, & fon Préfident à Mortier au Parlement de Bourgogne;
2. MARGUERITE, qui n'étoit âgée que de 18 ans lors de la mort de fon père, fut mariée, le 7 Juin 1572, avec Etienne Millet, Confeiller au Parlement de Bourgogne;
3. Et FRANÇOIS, qui fuit.

VI. FRANÇOIS FYOT, Seigneur du Fief de Fyot, de Baraing, de Vaugimois, de Couches, & de Bouffenois, Confeiller au Parlement de

---

(a) C'eft de ce mariage qu'eft defcendue Marie des Barres, mère du feu Marquis de Bauffremont, Chevalier de la Toifon-d'Or, de l'Ordre Militaire de Saint-Louis, & Brigadier des Armées du Roi de France.

Bourgogne, fut toujours fort affectionné & attaché au parti de nos Rois contre les Ligueurs. Il fervit courageufement le Roi HENRI IV, après que HENRI III eut été affaffiné, & allant pour le féliciter de fon avènement à la Couronne, & l'affurer de la fidélité de la Province, de la part de laquelle il étoit député, il fut fait prifonnier de guerre, avec ceux qui l'accompagnoient, près de Grayes en Gâtinois. Son crédit étoit fi confidérable qu'il s'engagea de plus de 200000 écus pour le fervice de Sa Majefté, laquelle, en récompenfe des fervices qu'Elle avoit reçus de lui, le gratifia d'un Office de Confeiller au Parlement de Bourgogne, le 31 Décembre 1592, dans lequel il fut reçu le 20 Novembre de l'année fuivante, le Parlement féant pour lors à Semur. Il fut choifi & nommé, après fon fecond mariage, par le Roi LOUIS XIII, pour être l'un des Commiffaires en la Chambre de Juftice qui fut créé pour la recherche des abus & malverfations commis dans le maniement des Finances; & en récompenfe des fervices qu'il rendit au Roi dans cette Commiffion & plufieurs autres, pendant 35 ans, qu'il avoit exercé fa charge de Confeiller, Sa Majefté le retint pour être l'un de fes Confeillers en fes Confeils d'Etat & Privé, dont Elle lui fit expédier le Brevet le 28 Décembre 1625. Il prêta le ferment requis le 31 dudit mois entre les mains d'Etienne d'Aligre pour lors Chancelier de France. FRANçois mourut en 1636 dans la 42e année de l'exercice de fa Charge de Confeiller, & Doyen de fa Compagnie. Il avoit époufé, 1º le 25 Janvier 1585, Catherine de Fayne, Dame de Vefurotte & de Couchey (d'une Famille très-diftinguée dans la Robe & dans l'Epée), fille de François de Fayne, Seigneur de Vefurotte, Confeiller au Parlement, & de Denife Filsjean; & 2º le 21 Juillet 1596, Chrétienne Morin, fille de feu Pierre Morin, Confeiller du Roi, & Maître ordinaire à la Chambre des Comptes, & d'Antoinette Viard. Du premier lit vinrent:

1. PHILIPPE, qui fut Prieur & Seigneur de Pelleau & Combertault, & Chanoine de la Sainte-Chapelle du Roi à Dijon;
2. MARC, qui fut pourvu, le 6 Février 1613, de la Charge de Secrétaire du Cabinet du Roi aux gages de 400 livres;
3. DENISE, qui fut mariée à Jean le Goux, Confeiller au Parlement;

4. ANNE, qui époufa *Claude Petit*, Seigneur de Courtivron, & de Breffe, Confeiller du Roi & Receveur-Général des Finances en Bourgogne ;

5. GILLETTE, qui fut Religieufe ;

6. CATHERINE, qui mourut fille.

Et du fecond lit naquirent :

7. PIERRE, qui fut Page de la Grande-Ecurie, & enfuite Ecuyer de main de la Reine, mort, en 1618, fans poftérité ;

8. JACQUES, qui fuit ;

9. ETIENNE, Seigneur de Villaines, qui fut auffi Confeiller du Roi, & Tréforier de France, en la Généralité de Bourgogne; il avoit époufé *Jeanne Prisques*, fille, alors mineure, de *Guillaume Prisques*, Seigneur de Serville & de la Tour-de-Ver, & de *Françoife-Burgat* ;

10. Et MARIE, qui fut mariée à *Pierre Baillet*, Confeiller du Roi, Tréforier en la Généralité de Bourgogne, qui, de cette Charge, paffa à celle de la Chambre des Comptes. Il étoit fils de feu *Jacques Baillet*, Ecuyer, Seigneur de Creffey, Confeiller au Parlement, & de *Jeanne Burgat*.

VII. JACQUES FYOT, IIe du nom, Seigneur du Fief de Fyot & de Vaugimois, fut d'abord pourvu, le 2 Février 1618, de la Charge d'E-cuyer de la Reine ANNE D'AUTRICHE, vacante par le décès de fon frère aîné, PIERRE FYOT ; il mourut Confeiller au Parlement de Dijon, & avoit époufé, le 16 Août 1622, *Odette Maffol*, fille de *Jean Maffol*, Seigneur de Marcilly-lès-Vitteaux, de Menades, & de Précy (fous Pierre Pertuis), Confeiller au Parlement, & de *Jofèphe Filsjean*. Ils eurent entr'autres enfans :

1. PHILIPPE, qui fuit;

2. CHARLES, qui fut Prieur & Seigneur de Vauclerc, par la réfignation que lui en fit PHILIPPE, fon frère aîné ;

3. CLAUDE, qui fe fit Religieux en l'Abbaye de Saint-Bénigne, où il mourut;

4. Et CHRISTINE, qui époufa GEORGES DE BER-BISEY, Seigneur de Prée, Confeiller au Parlement de Bourgogne, fils de *Guillaume de Berbifey*. Ces enfans furent mis fous la tutelle de leur mère.

VIII. PHILIPPE FYOT, Ecuyer, Seigneur de Vaugimois, fut fait, pendant fes études & exercices, Seigneur & Prieur Commanda-taire des Prieurés de Vauclerc & Saumaize, lefquels, par la fuite, il réfigna à fon frère CHARLES, comme il vient d'être dit. Il fut confirmé dans la poffeffion, jouiffance & droit

d'avoir entrée & voix délibérative dans l'Af-femblée générale de la Nobleffe aux Etats de la Province de Bourgogne ; & de jouir de tous droits, privilèges & immunités attri-bués à l'ancienne Nobleffe du Royaume, par Jugement, qui fut rendu par Meffieurs les Commiffaires députés par Sa Majefté pour la vérification des titres de Nobleffe, du 8 Fé-vrier 1660. Il mourut le 29 Juillet 1674. Il avoit époufé, le 13 Janvier 1657, *Marthe de Francini*, morte avant fon mari, d'une Fa-mille d'Italie très-diftinguée dans l'Epée, fille de *Henri de Francini*, Ecuyer & Gentil-homme de LOUIS DE BOURBON, Duc d'En-ghien. De ce mariage il eut trois enfans, favoir :

1. ANSELME-BERNARD, qui fuit ;

2. GUILLEMETTE, qui fe fit Religieufe aux Da-mes Urfulines de Dijon ;

3. Et CHRISTINE, qui fut mariée, le 23 Février 1677, par difpenfe de la Cour de Rome, avec BERNARD FYOT, fon oncle à la mode de Bourgogne, Seigneur de Trouhans & Fixey, Confeiller au Parlement, fils de feu BÉNIGNE-BERNARD, Seigneur defdits lieux, auffi Confeiller au Parlement, & de *Guil-lemette Maffol*.

IX. ANSELME-BERNARD FYOT, Chevalier, Seigneur de Vaugimois, de Menades, de Tha-roifeau, & autres lieux, Confeiller honoraire au Parlement de Bourgogne, Préfident aux Requêtes du Palais, contraĉta mariage, le 3 Juillet 1687, avec *Anne-Philippine de Valon*, Dame de Mimeure, Flavelières, Vonges, Bouffolles, Genlis & Véhey, fille de *Richard de Valon*, Chevalier, Marquis de Mimeure, &c., & de *Jeanne de Villiers*. De ce mariage font iffus :

1. RICHARD, qui fuit ;

2. CLAUDE FYOT DE VAUGIMOIS, Abbé de No-tre-Dame de Tronchet, Diocèfe de Dôle, Doĉteur de Sorbonne, Supérieur-Général du Séminaire de Saint-Irénée à Lyon, & Doĉteur en Théologie de la Faculté de Paris ;

3. MARIE-PRUDENCE, Religieufe Urfuline ;

4. Et JEANNE-LOUISE, Religieufe aux Dames du Refuge à Dijon.

X. RICHARD FYOT DE VAUGIMOIS, Ecuyer, Marquis de Mimeure, Seigneur de Tharoi-feau, a été Page de la Petite-Ecurie du Roi LOUIS XIV, Capitaine de Cavalerie dans le Régiment de Chevreufe-Luynes ; il a fuc-cédé au Marquifat & au nom de Mimeure, après la mort de fon oncle maternel, Lieutenant-Général des Armées du Roi, & l'un des 40 de l'Académie Françoife. Il a époufé *Anne - Catherine - Bernarde de Vienne - de - Commartin*, fille de *Louis de Vienne-de-Commartin*, Seigneur de Châteauneuf, & de *Marie de Comeau*, dont il eut :

CLAUDE, qui fuit.;

Et trois enfans, dont deux font morts.

XI. CLAUDE FYOT, Marquis de Mimeure, Seigneur de Genlis, s'eft marié, avec *Olympe Bernard-de-Saffenay*, d'une Maifon diftinguée en Bourgogne, dont des enfans.

Les armes de FYOT font : *écartelé, aux 1 & 4 d'azur, au chevron d'or, accompagné de 3 lofanges du même, 2 & 1 ; & aux 2 & 3 de fable, à trois bandes d'or.*

(Voyez Paillot, *Hiftoire du Parlement de Bourgogne*; continuation de cette Hiftoire, par Petitot; *Armorial général*, par Géliot; *Coutumes de Bourgogne*, avec les *Commentaires* de M. le Préfident Bouhier, Dijon 1717 & 1742; *Satyre Ménippée*; *Hiftoire des Grands-Officiers de la Couronne*, troifième édition, tom. II & VII; *le Palais de la Gloire*, par le père Anfelme, Paris 1664; *Gallia Chriftiana*, nouvelle édition, tom. IV; *Catalogue des Armoiries des Gentilshommes du Duché de Bourgogne*, Dijon 1760; *Tablet. Hiftoriq. & Généalog.*, part. V, pag. 95, 248, 431, part. VIII, pag. 165 ; *Tablet. de Thémis*, part. II, pag. 63; *Supplément* de Moréri, Paris 1735; autre *Supplément du Dictionn.* de Moréri, Paris 1749, où l'on a confondu M. FYOT DE VAUGIMOIS, Abbé de Notre-Dame du Tronchet, avec M. FYOT DE LA MARCHE, Abbé de Saint-Etienne de Dijon; *Biblioth. des Auteurs de Bourgogne*, par l'Abbé Papillon, Dijon 1742 ; *Regiftres des Chambres des Comptes de Paris & de Dijon.*)

DICTIONNAIRE

DE

LA NOBLESSE.

GAALON, Ecuyer, Sieur de la Meutte, du Pré, des Carreaux, &c., en la Province de Normandie, Election de Vire.

Il eſt parlé dans l'*Hiſt. de la Maiſon d'Harcourt*, p. 1550, de CHARLES GAALON, Seigneur des Carreaux, marié, en 1591, avec *Madeleine de Parfouru*.

Les armes : *de gueules, à trois rocs d'échiquier d'or, 2 & 1*.

GABARET. Voyez GAVARRET.

* GABASTON. C'eſt une des douze premières Baronnies du Béarn. Ce titre fut tranſporté ſur la Terre de *Suſmiou*, en faveur de *N.... de Meſpleẓ*. Le nom de *Suſmiou* fut changé dans la ſuite en celui de *Gabas*, petite Rivière dont cette Terre eſt arroſée. De cette Famille, la Baronnie de *Gabaſton* paſſa, par la voie de la ſaiſie-réelle, à *Marie de Partarieu*, fille de *Céſar de Partarieu*, Conſeiller, Sous-Doyen du Parlement de Navarre, & de *Marie de Saint-Cricq*, qui la porta à ſon mari *Guillaume de Faget*, premier Avocat-Général au Parlement de Navarre. Voyez FAGET.

* GABRIAC, ancienne & illuſtre Maiſon du Languedoc, qui a pris ſon nom de la Baronnie de GABRIAC, dans le Diocèſe de Mende.

LOUISE DE GABRIAC, héritière de cette Maiſon, porta en mariage cette Baronnie, le 2 Avril 1644, à *Barthélemy de Vallat*, Seigneur de Roquetaillade, Maréchal-des-Camps & Armées du Roi. Leur fille unique & héritière, *Judith de Vallat*, Dame de Gabriac, Saint-Martin-de-Cancelade, le Folaquier, &c., épouſa, le 26 Janvier 1662, *Jean-Louis de Montcalm*. Voyez MONTCALM.

V v ij

Il y a encore deux branches de la Maison de GABRIAC, anciens poffeffeurs de la Baronnie de ce nom :

L'une fubfifte dans la perfonne de N... DE GABRIAC, Seigneur en partie du Bourg Saint-Andéol en Vivarais, dont la fille unique a époufé *Henri de Faret*, dit *le Comte de Fournès*, Brigadier des Armées du Roi, ci-devant Meftre-de-Camp du Régiment du Roi, Cavalerie.

L'autre eft connue fous le nom de GABRIAC-SAINT-PAULET, & exifte en la perfonne de Jo-SEPH-FRANÇOIS-LOUIS, dit *le Baron* DE GA-BRIAC, Seigneur de Saint-Paulet en Langue-doc, marié à *Charlotte de Banes*.

* GABRIAC, Vicomté en Languedoc, qui a donné le nom à une branche cadette de la Maifon de *Roquefeuil*, & dont eft aujourd'hui poffeffeur *François de Roquefeuil*, dit *le Marquis de Roquefeuil*, Vicomte de Gabriac, &c. Voyez ROQUEFEUIL.

GABRIELI, Maifon originaire de Gabio, dans l'Ombrie, d'où font forties diverfes branches établies à Rome, à Venife, à Padoue, à Fano & ailleurs. Toutes ces branches font fécondes en hommes illuftres. On y compte des Cardinaux, des Evêques, des Magiftrats, & divers hommes de Lettres. GRATIEN GABRIELI étoit Evêque de Ferrare en 1070. ADON, Evêque de Plaifance en 1103. RODOLPHE, PIERRE & GABRIEL, Evêques de Gabio en 1059, 1326, 1377 ; & PAUL fut Evêque de Lucques en 1375. JULES GABRIELI, mort Evêque de Sabine le 31 Août 1677, avoit été créé Cardinal, en 1641, par le Pape URBAIN VIII. JEAN-MARIE GABRIELI, Général des Religieux de Saint-Bernard, auffi créé Cardinal par le Pape INNOCENT XI, le 14 Novembre 1699, mourut le 17 Septembre 1711, âgé de 55 ans. Voyez Moréri.

Il y a un Chevalier de ce nom à Paris, nous ignorons s'il eft de cette Famille.

GAC DE LANSALUT (LE), en Bretagne. L'*Hiftoire de la Province de Bretagne*, & les anciens regiftres de la Chambre des Comptes de Nantes, font mention d'un THOMAS LE GAC, Chevalier en 1268 ; il avoit accompagné les Ducs Pierre Mauclerc, & enfuite Jean Ier, fon fils, à la Terre-Sainte. (Voyez les *Preuves de la Nobleffe de Bretagne*, par le P. Lobineau, tom. II, pag. 410.) Le même Auteur, tom. II, pag. 616, parle de deux JEHAN LE GAC, en même tems Ecuyers du Corps du Duc Jean IV, en 1380. Ces emplois ne fe donnoient qu'à la Nobleffe la plus diftinguée par fa naiffance & fon courage, dit le même Ecrivain.

HENRI LE GAC étoit, en 1475, Infpecteur des montres de l'Evêché de Nantes, charge toujours remplie par la Nobleffe qualifiée, comme il paroît par les noms de ceux qui l'exerçoient en même tems, que ledit HENRI LE GAC.

GUILLAUME LE GAC, Sieur du Pleffix, eft cité au nombre des Gentilshommes qui défendirent la ville de Dinan pour la Ducheffe Anne en 1488, & qui en fignèrent la capitulation, &c. (Voyez D. Lobineau & d'Argentré, aux mots LE GAC.)

Lors de la réformation de la Nobleffe de Bretagne, en 1669 & 1670, plufieurs Familles établies dans différens quartiers de la Province, & portant toutes le même nom de LE GAC, fe préfentèrent à la Chambre Souveraine établie en Bretagne pour cet effet ; mais n'ayant pu fournir les pièces au foutien de leurs Généalogies, elles fe défiftèrent de leurs prétentions, ou en furent déboutées par différens Arrêts de ladite Chambre.

La feule Famille DE LANSALUT prouva, par pièces authentiques, la defcente d'YVON LE GAC, premier Seigneur de Lanfalut en 1438, lequel YVON defcendoit, par HENRI & JEHAN, de THOMAS LE GAC, Chevalier, ci-deffus nommé. Les preuves furent admifes & confirmées par deux Arrêts de la Chambre de la réformation : le premier, du 1er Juin 1670, rendu en faveur de JEAN-CLAUDE LE GAC, Sieur de Traouarn, alors enfant mineur, chef des nom & armes de fa Maifon ; & le fecond Arrêt, du 15 du même mois de Juin 1670, rendu en faveur de CLAUDE LE GAC, Sieur de Villeneuve ; OLIVIER LE GAC, Sieur de Lohennec ; FRANÇOIS LE GAC, Sieur de Kerhervé ; ROLLAND LE GAC, Sieur de Keranfors : tous quatre oncles germains dudit JEAN-CLAUDE, & par lequel ils furent maintenus dans leur qualité de *nobles d'ancienne extraction*, & dans tous les honneurs & prérogatives y attachés. (Voy. *la Réformation de la Nobleffe de Bretagne*.)

Comme les Familles qui s'étoient défiftées de la Nobleffe à la Réformation, & qui portoient le nom de LE GAC, continuoient d'en prendre les qualités, les Seigneurs de *Lanfalut* obtinrent, en 1690, des Lettres-Patentes enregistrées au Parlement de Bretagne, par lesquelles il fut permis à toutes les personnes de cette ancienne Nobleſſe d'ajouter le nom de *Lanſalut* à celui de LE GAC, pour les diſtinguer des autres, ce qu'elle a continué depuis.

Elle exiſte aujourd'hui en différens endroits de la Province de Bretagne, & eſt diviſée en quatre branches, ſavoir :

La première branche a pour chef JOSIAS-CLAUDE-MICHEL LE GAC DE LANSALUT, Seigneur dudit lieu, l'Isle-Crekan, Dourduff, Coëtilez, &c., né le 26 Juillet 1707, fils de YVES-GABRIEL, & de Dame *Jeanne-Judith de Kerléau*. Il a quatre ſœurs, & pour oncle : JEAN LE GAC DE LANSALUT, appelé *le Chevalier de Lanſalut*, ancien Officier de Dragons.

La ſeconde branche ſubſiſte dans PIERRE LE GAC DE LANSALUT, qui avoit épouſé *Françoiſe-Céleſte Cœuru*, Dame de Coëtilez, dont :

GABRIEL-LOUIS CLAUDE, qui ſuit ;

PIERRE-MARIE-FRANÇOIS, Lieutenant-Colonel du Régiment de Bourgogne, Chevalier de Saint-Louis, né le 25 Mars 1719, non marié & retiré du ſervice ;

Et trois ſœurs.

GABRIEL-LOUIS-CLAUDE LE GAC DE LANSALUT, Sieur de Traunevez, né le 20 Mai 1712, Chevalier de Saint-Louis, ancien Capitaine au Régiment de Nice, s'eſt marié, & a un fils, nommé

PIERRE LE GAC DE LANSALUT, qui eſt Officier au Régiment de Bourgogne, Infanterie.

La troiſième branche ſubſiſte dans PIERRE-LOUIS LE GAC DE LANSALUT, qui a épouſé 1° MARIE-FRANÇOISE FEGER, & 2° *Marie-Hyacinthe de Kerret*. Du premier lit vint :

PIERRE-LOUIS, qui ſuit.

Et du ſecond lit ſont iſſus :

ROLLAND-PIERRE, Sieur de la Villeneuve, né le 25 Avril 1734, Capitaine au Régiment de Penthièvre, Infanterie, qui s'eſt marié, le 12 Août 1771, à *Marie-Noël-Angélique Touzé de Grandille*, dont deux garçons, l'un né en 1772, & l'autre en 1774 ;

Et CÉSAR-FRANÇOIS DE LANSALUT, né le 29 Décembre 1736, Colonel des Troupes légères.

PIERRE-LOUIS LE GAC DE LANSALUT, Seigneur de Kerhervé, né le 6 Juillet 1728, eſt marié, & a des enfans des deux ſexes.

Et la quatrième branche ſubſiſte dans ROL-

LAND-MARIE LE GAC DE LANSALUT, Officier de la Marine, qui a épouſé 1° *Marie-Mauricette Cormier* ; & 2° *Françoiſe-Catherine du Ponthou*. Du premier lit ſont iſſus :

LOÜIS-ROSE-FRANÇOIS, qui ſuit ;

ROLLAND-MICHEL, Sieur de Trévinal, Capitaine au Régiment de Lyonnois, Infanterie, né le 23 Mai 1731 ;

FRANÇOIS-MARIE, Sieur de Tannouet, Officier dans le même Régiment, né le 27 Août 1740.

Et du ſecond lit vint :

RENÉ-MARIE, né le 17 Novembre 1741, Officier au Régiment Dauphin, Infanterie.

LOÜIS-ROSE-FRANÇOIS LE GAC DE LANSALUT, Seigneur de Servigné, né le 9 Mai 1728, Commandant les Gardes-Côtes de l'Evêché de Saint-Brieuc.

Les armes : *d'or, au lion de ſable, armé & lampaſſé de gueules*.

* GACÉ ou GACEY, Baronnie de la Subdélégation d'Orbec en Normandie, au pays d'Auge, érigée en *Comté* au mois de Juillet 1651, poſſédée par *Marie-Thomas-Auguſte*, Marquis *de Matignon*, à droit ſucceſſif de *Jean-Baptiſte*, Comte *de Matignon*, ſon frère, qui le poſſédoit comme fils & héritier de *Charles-Auguſte de Matignon*, auquel ſont attachés & réunis le fief de Chaumont, moitié du fief de la Faugeais, trois quarts du fief de Montfort, les fiefs de Cantel & de Bouttemont, & dont relèvent pluſieurs autres Fiefs qui s'étendent dans les Paroiſſes de Gacey, Montfort, Chaumont, Grandval, Réſenlieu, Coulmer, Croiſilles, la Chapelle-Montgenouil, Orgères, le Tilleul & Lignières, dont le Marquis *de Matignon* fait régir les droits. Voyez GOYON DE MATIGNON.

GADAGNE, Grande Maiſon originaire de Florence, & dont les armes ſont : *de gueules, à la croix dentelée d'or*. Une branche établie en France a porté, par une héritière, le nom & les armes de *Gadagne* à une branche des Seigneurs d'Hoſtun en Dauphiné, dont l'héritière a été *Charlotte-Louiſe d'Hoſtun de Gadagne*, Comteſſe de Verdun & de Bothéon, mariée, 1° au mois de Février 1704, à *François d'Hoſtun*, frère aîné du Comte de Tallard, appelé *le Marquis de la Baume*. *François* mourut le 20 Septembre de la même année, Brigadier de Cavalerie, Meſtre-de-Camp d'un Régiment de ſon nom, & ſans enfans. Cette Dame se maria, 2° en Septembre 1710, à *Renaud-Constant de Pons*, Guidon des Gendarmes de la Garde, chef des nom & armes de *Pons* en Saintonge, appelé *Marquis de Pons*, & père du Marquis *de Pons* d'aujourd'hui. Voyez HOSTUN & PONS.

Le Duc de Gadagne, Charles-Félix de Gallians, fut héritier de sa mère *Louise de Gadagne*, & le Pape Clément IX, en récompense de ses services, érigea en sa faveur la Baronnie de *Châteauneuf-Giraud-l'Ami* & ses dépendances dans le Comtat, en *Duché*, sous le nom de *Gadagne*, par Lettres du 30 Novembre 1669. Voyez GALLÉAN.

GADOIS, Famille noble d'extraction, maintenue dans sa noblesse, qu'elle a prouvée depuis 1549, par Arrêt du Conseil d'Etat du Roi, le 12 Septembre 1671, & par Sentence de l'Intendant de la Généralité d'Orléans, le 30 Janvier 1703. De cette famille étoit Michel de Gadois, Chevalier, Seigneur de la Mothe-Dadon, qui avoit épousé *Marie de Launay*, dont: Louise de Gadois, morte le 15 Mars 1726, qui épousa *Henri-Pierre-Alexandre du Motet*. Voyez MOTET (du).

GAESBEECK : *de sable, au lion d'argent, armé, lampassé & couronné d'or.*

GAGER (le), en Normandie, ancienne Noblesse, dans l'Election de Caen : *d'azur, au chevron d'or, accompagné de trois aiglettes au vol abaissé du même, 2 & 1.*

GAGNAT DE LA COURONNE. N....
Gagnat de la Couronne, Seigneur de Longny au Perche, Maître des Requêtes, s'est marié à N... *Varboy du Maist*, fille de la Dame Valdener.

GAGNE, en Bourgogne.

Barthélemy Gagne fut Procureur-Général au Parlement de Bourgogne en 1516. Il eut pour fils :

Barthélemy, II° du nom, pourvu de la même charge. Il fut père de

Jean, qui fut pourvu d'une charge de Conseiller au même Parlement en 1576. Son fils,

Nicolas Gagne, Seigneur de Périgny, étoit Trésorier-Général de France en Bourgogne & en Bresse. Celui-ci fut père de

Antoine-Bernard Gagne, Président à Mortier au même Parlement, lequel eut deux garçons :

Antoine, qui suit ;

Et Jean-Baptiste, rapporté après la postérité de son aîné.

Antoine Gagne, Conseiller au Parlement de Bourgogne, eut pour enfans :

1. Philibert-Bernard, qui suit ;
2. N... Gagne, Abbé de Châtillon & de Livry, Chanoine de l'Eglise de Paris, deux fois élu du Clergé aux Etats de Bourgogne, mort en 1756 ;
3. & 4. Deux filles, dont une Religieuse, & l'autre mariée à N.... le *Grand*, Comte de Saulon, Président à Mortier au Parlement de Bourgogne.

Philibert-Bernard Gagne, Président à Mortier audit Parlement de Bourgogne, appelé le *Président de Périgny*, a eu de son mariage avec *Jeanne-Marie-Thésut de Ragy* :

1. Antoine-Jean, qui suit ;
2. Un fils, Lieutenant aux Gardes-Françoises, tué à la bataille de Fontenoy ;
3. Une fille, Religieuse ;
4. Une autre, mariée à N... le *Goux*, Seigneur de Saint-Seine, Président à Mortier au même Parlement ;
5. Et Jeanne-Claude-Bernardine, mariée en secondes noces, le 18 Mars 1760, avec *Louis-Barnabé de Beaudéan*, Comte de Parabère, &c., dont postérité. Voy. BEAUDÉAN.

Antoine-Jean Gagne, Seigneur de Périgny, reçu Maître des Requêtes en 1738, a épousé *Anne-Louise de Lamoignon*, sœur du Président de *Lamoignon de Montrevaux*, dont il n'a eu qu'une fille, mariée à M. *de Trudaine de Montigny*, Intendant des Finances, morte, laissant un enfant décédé en 1760.

Jean-Baptiste Gagne, second fils d'Antoine-Bernard, Président à Mortier, fut Président à la Chambre des Comptes de Bourgogne & Bresse. Les enfans qu'il a eu de son mariage avec *N... Lenet*, sont :

1. Antoine-Bernard, ancien Doyen de l'Eglise de Dijon, & Abbé de Sainte-Marguerite ;
2. & 3. Deux garçons, morts jeunes ;
4. 5. & 6. Trois autres qui ont embrassé l'état Religieux, dont deux sont morts, & le troisième est Prieur des Chanoines réguliers de Saint-Eusèbe d'Auxerre ;
7. Amé, qui suit ;
8. Bénigne, mariée à *François*, Marquis *de Folin*, Seigneur de Villecomte ;
9. Et une fille, Religieuse.

Amé Gagne, Seigneur de Pouilly, Conseiller au Parlement de Bourgogne, mort en 1756, a laiffé pour fils unique :

JEAN-BAPTISTE GAGNE, Seigneur de Pouilly, Confeiller au même Parlement, qui n'étoit pas encore marié en 1761.

Les armes : *d'azur, à trois molettes d'éperon d'or*. Pour fupports : *deux licornes*. Pour devife : *recalcitrantem cogo.*

GAGNEBIEN ou GAINEBIEN, en Picardie, Famille noble, alliée à celle *de la Fons*, de la même Province. Elle porte pour armes : *d'azur, au chevron d'or, accompagné en chef de deux étoiles d'or, & en pointe d'une firène ayant un vifage de carnation, la queue écaillée d'or & d'azur, tenant d'une main de carnation une lampe allumée d'or.*

GAI ou GAY, Famille originaire de Gaète, au Royaume de Naples, & connue en Provence depuis le XVe fiècle.

I. ANTOINE DE GAI y fuivit avec fes oncles, le Roi RENÉ, & fixa d'abord fa réfidence à Nice, enfuite à l'ancienne ville de Glandevès, où il époufa, vers l'an 1450, *Marie de Colla*, qui hérita, par la mort de fon oncle HENRI, Prêtre, d'une portion du fief du Caftellet-les-Sauffes. Il en eut :

II. PASCAL DE GAI, qui rendit hommage à CHARLES D'ANJOU, IIIe du nom, Comte de Provence, le 26 Octobre 1480, du fief du Caftellet, au nom de fa femme *Marguerite de Cofte*, Dame en partie du Caftellet, laquelle fut confirmée par le Comte de Provence, dans tous les droits & privilèges à elle appartenant audit fief du Caftellet. De ce mariage vint :

III. PIERRE DE GAI, Co-Seigneur du Caftellet, qui époufa, le 17 Janvier 1501, par acte paffé devant *Guiberty*, Notaire à Entrevaux, *Catherine de Caftellane-d'Aluis*, fille d'*Elzéar de Caftellane*, Seigneur d'Aluis, & du Puget-Roftang, dont :

IV. LOUIS DE GAI, Ier du nom, Co-Seigneur du Caftellet, nommé Gouverneur, par Lettres du Comte de Tende, des villes de Guillaumes, Annot & leurs dépendances. FRANçois Ier, informé par le Comte de Tende, Sénéchal & Gouverneur de Provence, des fervices que LOUIS DE GAI lui avoit rendus dans la Province, lors de l'invafion de CHARLES-QUINT, notamment à la prife du Château de Sauze, & à la défenfe des Ville & Château de Guillaumes, par fes Lettres-Patentes expé-

diées à la Côte-Saint-André au mois d'Avril de l'an 1538, lui donna & inféoda les Château & Place de Sauze. Il fe maria, par acte du 27 Décembre 1539, paffé devant *Remufati*, Notaire à Guillaumes, avec *Louife de Dominici*, fille de *Jacques*, Co-Seigneur dudit Caftellet, & eut de fon mariage :

1. LOUIS, qui fuit ;
2. Et CHARLES.

V. LOUIS DE GAI, IIe du nom, Co-Seigneur du Caftellet, eut commiffion, le 18 Juillet 1574, de Jean de Pontevès, Comte de Carcès, Grand-Sénéchal & Lieutenant-Général pour le Roi en Provence, de lever une Compagnie de 200 hommes, entretenus par un nombre de Communautés de la Haute-Provence, dont il eut le commandement pendant les guerres de la Ligue, conjointement avec CHARLES, fon frère. Il fut auffi pourvu de la Capitainerie & du Commandement d'Entrevaux, par Brevet du Roi HENRI III, du 25 Septembre 1578. Il avoit époufé *Louife de Glandevès*, fille & co-héritière de *Jean de Glandevès*, Seigneur de Villevieille, dont :

VI. JEAN DE GAI, Co-Seigneur du Caftellet & de Villevieille, qui époufa, par contrat paffé le 1er Mars 1609, devant *Teftanier* & *Tripoul*, Notaires à Fayence & à Comps, *Diane de Pontevès*, fille de *Jacques*, Seigneur de Bargème. Ses enfans furent :

1. ANNIBAL, qui fuit ;
2. Et FRANÇOIS, mort fans alliance.

VII. ANNIBAL DE GAI, Co-Seigneur du Caftellet, Villevieille & Carros, époufa, par contrat paffé le 6 Février 1699, devant *Léon* & *Sauteron*, Notaires à Entrevaux & à Serenon, *Françoife de Reynaud*, fille de *Gafpard de Reynaud*, Seigneur de la Baftided'Efclapons, & de *Françoife de Rabaffe*, dont :

VIII. JOSEPH-ANTOINE DE GAI, Seigneur de la Baftide, de Villevieille & de Carros, qui s'allia avec *Jeanne-Marie de Jouffrey de Sainte-Cécile*, fille de *Pierre*, Chevalier, Seigneur de Sainte-Cécile, & de *Madeleine de Cabannes-Viens*. De ce mariage eft iffu :

IX. FRANÇOIS-AUGUSTE DE GAI, Seigneur de la Baftide, Villevieille & Carros, qui n'étoit pas encore marié en 1757.

Cette famille a été confirmée dans fa nobleffe par les Commiffaires du Roi, députés pour la vérification des titres en 1667.

Les armes : *d'azur, à la tour d'argent, ou-verte de gueules.* (Extrait de l'*Hiſtoire héroïque de la Nobleſſe de Provence*, tom. I, p. 427.)

GAIGNON DE VILAINES, Famille du Maine. JEAN DE GAIGNON, Seigneur de Vilaines, vivoit en 1465.

ÉTIENNE DE GAIGNON, Seigneur de Vilaines, étoit marié avec *Louiſe de Villers*, en 1507, & en eut :

FRANÇOIS DE GAIGNON, qui fut accordé, le 27 Février 1531, avec *Marie de Ternay*, fille de *Macé de Ternay*, en Vendômois, E-cuyer, & de *Jeanne de Rouſſard-la-Poiſſonnière*, dont :

FRANÇOIS DE GAIGNON, IIᵉ du nom, marié, le 21 Février 1569, avec *Claudine le Cornu la Courbe*, fille d'*Ambroiſe le Cornu*, Chevalier, Seigneur de Launay-Peloquin, & de *Madeleine de la Jaille*. Il en eut :

CLAUDE DE GAIGNON, &c., Gentilhomme ordinaire de la Chambre du Roi, accordé, du conſentement de *Nicolas le Cornu*, Evêque de Saintes, ſon oncle, le 10 Juin 1617, avec *Jeanne Raoul de la Guibourgère*, fille de *Guillaume*, Préſident en la Chambre des Comptes de Bretagne, dont :

LOUIS DE GAIGNON, accordé, le 29 Juin 1650, avec *Marie le Preſtre*, de laquelle il eut :

JACQUES DE GAIGNON, Seigneur de Vilaines, Lieutenant des Gardes-du-Corps, accordé, le 23 Décembre 1684, avec *Anne-Antoinette le Preſtre*, fille de *Nicolas*, Baron de Freſnay, & Préſident en la Cour des Aides de Paris. De ce mariage ſont nés pluſieurs enfans, dont l'un :

LOUIS DE GAIGNON, né en 1695, a été reçu Page du Roi en 1711, & eſt mort en 1712. Les armes : *d'hermines, à une croix de gueules.*

GAILHAC, en Languedoc. Ce nom eſt connu à Toulouſe dès le XIIIᵉ ſiècle.

ARNAUD DE GAILHAC étoit Capitoul de cette Ville en 1290 ;

BERNARD DE GAILHAC l'étoit en 1296, 1303 & 1308 ;

PIERRE DE GAILHAC l'étoit en 1300 ;

Un autre PIERRE DE GAILHAC l'étoit en 1363 ;

Un BERTRAND DE GAILHAC le fut depuis l'an 1412 juſqu'en 1444 ;

Et enfin un GUILLAUME DE GAILHAC l'étoit en 1455.

Voici la filiation ſuivie de cette Famille, prouvée par titres originaux :

I. BERNARD DE GAILHAC, Seigneur de Puy-Saint-Pierre, fut Capitoul de la ville de Toulouſe en 1502, & ne vivoit plus le 15 Juin 1547, jour auquel *Guiraude de la Gaimerie*, ſa veuve, fit un teſtament, par lequel elle voulut être enterrée au tombeau de ſon mari. Leurs enfans furent :

1. PIERRE, Seigneur de Puy-Saint-Pierre, qui rendit hommage de cette Terre au Roi, devant le Sénéchal de Toulouſe, le 2 Mai 1558. Il eut de *Conſtance de Benoiſt*, ſa femme :

    1. JACQUES, Seigneur de Puy-Saint-Pierre, marié avec *Jeanne de Mediaville*, dont vint :

        JEAN-GALBERT, Seigneur de Puy-St.-Pierre & de Gavidèche, mort à Toulouſe ſans poſtérité, le 16 Mars 1758.

    2. ARTUS, mort ſans enfans ;
    3. Et GUIRAUDE.

2. JACQUES, Chanoine de Saint-Sernin de Toulouſe, en 1547 ;
3. Autre PIERRE, qui ſuit ;
Et trois filles.

II. PIERRE DE GAILHAC, Commiſſaire des Guerres le 9 Avril 1594, mourut à Traverſy en Picardie, en 1597, revenant du ſiège d'Amiens. Il avoit épouſé, le 30 Septembre 1579, *Graſſende de Ribes*, fille de *Martin de Ribes*, & de *Marguerite de Paulartz*, dont :

1. PIERRE, qui ſuit ;
2. HENRI, Chanoine-Préſenteur de l'Egliſe de Béziers ;
3. HERCULE, Abbé de Saint-Aphrodiſe de la même ville de Béziers ;
4. Et JEAN, volontaire dans la Compagnie de M. de Montmorency, tué au ſiège de Fougères contre les Calviniſtes.

III. PIERRE DE GAILHAC, Seigneur de Cauſſiniojouls, teſta le 4 Août 1655, voulut être inhumé dans l'Egliſe Notre-Dame de Badonne, inſtitua pour héritiers univerſels, HERCULE DE GAILHAC, ſon frère, & *Anne de Caſtillon*, qu'il avoit épouſée le 12 Novembre 1629, fille de *Guillaume de Caſtillon*, Commiſſaire ordinaire des Guerres, & d'*Antoinette de Sartres*. PIERRE DE GAILHAC mourut quelques jours après avoir teſté, & ſon épouſe vivoit encore le 1er. Septembre 1676. Leurs enfans furent :

1. François, qui fuit ;
2. Jean, mort en bas âge ;
3. Jeanne, femme de Daniel Eftanyol, Ecuyer, dont elle étoit veuve le 1er Septembre 1676 ;
4. Cécile, mariée, le 8 Janvier 1661, avec Henri de Carion, Seigneur de Nifas ;
5. 6. 7. & 8. Marie, Gabrielle, Toinette & Isabeau, la dernière Religieufe.

IV. François de Gailhac, Seigneur de Cauffiniojouls, de Fenouillet, &c., recueillit toute la fucceffion de fon père & d'Hercule de Gailhac, fon oncle, par la ceffion que lui en fit, le 28 Octobre 1666, Anne de Caftillon, fa mère. Il rendit hommage, & donna un aveu & dénombrement de fa Terre de Cauffiniojouls à la Cour des Aides de Montpellier, le 9 Mai 1679. Il avoit tefté le 1er Septembre 1676, & mourut en 1680, laiffant de fon mariage avec Ifabeau du Pouget, fille de Gafpard du Pouget, & de Louife de Caffan, qu'il avoit époufée le 16 Avril 1672 :

1. Joseph-Jean-Baptiste, Seigneur de Cauffiniojouls, né en 1676, fait Lieutenant dans le Régiment de la Marine, Compagnie de Baucoroy, le 5 Mars 1694. Il fut maintenu dans fa nobleffe avec Henri-Guillaume, fon frère, par jugement fouverain de M. de Lamoignon, Intendant de la Province, le 1er Août 1697, vendit, en 1707, fa Terre de Cauffiniojouls à Henri de Carion-de-Nifas, fon coufin, & mourut en 1710 ;
2. Henri-Guillaume, qui fuit ;
3. & 4. Louise & Anne ;
5. Et Gabrielle, laquelle étoit veuve, le 19 Février 1716, de Charles de Pradines, Ecuyer, Seigneur de Poupian.

V. Henri-Guillaume de Gailhac, Seigneur & Baron de Pailhès, né en Juillet 1677, fut fait, le 26 Mai 1704, Capitaine d'une Compagnie dans le Régiment de Thiérache, Infanterie, Aide-Major dans le même Régiment, le 1er Janvier 1706, & Capitaine d'une autre Compagnie audit Régiment, le 23 Juillet 1712. Il acheta, le 8 Juillet de la même année, de Jofeph-Guillaume Bonnet de Maureillan, la Terre & Baronnie de Pailhès, au Diocèfe de Béziers, & mourut le 19 Juillet 1767. Il avoit époufé, par contrat du 19 Février 1716, Elifabeth d'Olivier de la Gardie, fille de Jean d'Olivier de la Gardie, & d'Elifabeth de Trémolet, dont :

1. Jean-Roch, mort jeune ;

Tome VIII.

2. Antoine-François, qui fuit ;
3. Et Gabrielle-Josèphe, née le 19 Mars 1722, mariée, le 12 Juin 1746, avec Charles de Fournas de la Broffe, Seigneur de Fabrezan, de Trouillas & de Villerouge, ancien Lieutenant au Régiment de la Marine, établi à Narbonne.

VI. Antoine-François de Gailhac, Seigneur & Baron de Pailhès, né le 1er Juin 1731, reçu Page du Roi dans fa Petite-Ecurie, le 8 Février 1745, eut l'honneur d'accompagner Sa Majefté, en Flandre, aux deux campagnes de 1746 & 1747. Il a été premier Page de feu M. le Dauphin en 1748, & premier Page du Roi l'année fuivante ; a eu un Enfeigne à Drapeau dans le Régiment des Gardes-Françoifes, le 25 Janvier 1750 ; a été fait Sous-Lieutenant le 25 Septembre 1757 ; Sous-Aide-Major du même Régiment le 2 Mai 1760 ; Chevalier de Saint-Louis le 13 Mai de la même année ; Envoyé de la Nobleffe pour la Baronnie d'Ambres, aux Etats affemblés à Montpellier, le 26 Janvier 1764, où il a fait fes preuves de nobleffe ; a été nommé Lieutenant dans le Régiment des Gardes-Françoifes, le 11 Janvier 1767, y a obtenu un aide-majorité le 5 Mars 1769 ; & le Roi lui a accordé, le 6 Mai 1770, un Brevet de Colonel d'Infanterie, & le 17 Mai 1772, une penfion de 1000 livres fur le Tréfor-Royal.

Les armes : d'azur, à la comète à 16 rais, d'or, caudée du même. Devife : elle guide pour l'honneur. Cimier : un coq de gueules. Elles fe voient dans le Capitole de Touloufe, en l'Eglife de Saint-Etienne, au tombeau d'un Gailhac, Prévôt de cette Eglife, en 1330, vis-à-vis la porte du Cloître ; & la fépulture de cette famille eft dans le Cloître de Saint-Sernin, vis-à-vis Notre-Dame-de-Bonne-Nouvelle.

GAILLARBOIS DE MARCOUVILLE, en Normandie.

Guillaume, Seigneur de Gaillarbois, avoit époufé, au commencement du XIVe fiècle, la fille aînée de Pierre de Poiffy, & de Marie de Varennes.

Guillaume de Gaillarbois, Ecuyer, reçut de Henri V, Roi d'Angleterre, le 4 Avril 1430, les biens qui avoient appartenu à Amon de Falaife, & à Nicole de la Motte, fa femme.

Nicolas de Gaillarbois fut homme d'ar-

W w

mes de la Compagnie de Monseigneur d'Enghien, montre faite à Fismes le 27 Avril 1555.

JEAN DE GAILLARBOIS DE MARCOUVILLE fut reçu Chevalier de Malte de minorité en 1530.

Et HENRI DE GAILLARBOIS, Comte de Marcouville, Chevalier de Saint-Louis, est mort à Paris en Octobre 1773. (*Gazette de France* de la même année.)

C'est ce que nous savons de cette Famille, dont il est parlé dans l'*Histoire de la Maison d'Harcourt*, pag. 264, & dans l'*Histoire de Malte*, par l'Abbé de Vertot.

Les armes: *d'argent, à 6 tourteaux de sable, 3, 2 & 1.*

GAILLARD DE BELLAFFAIRE, Famille fort ancienne en Provence, rapportée dans l'*Histoire héroïque de la Noblesse de Provence*, tom. I, pag. 435, & dont la filiation remonte à

I. PIERRE DE GAILLARD, père de

II. GAILLARD DE GAILLARD, qui fit hommage de la Terre de Bellaffaire, au Roi ROBERT, Comte de Provence, le 7 Décembre 1309. Il acquit une portion de cette Terre par acte du 4 Février 1335, & eut pour fils:

III. GUILLAUME DE GAILLARD, Seigneur de Bellaffaire, qui vivoit aux années 1342 & 1350. De lui naquirent:

1. JEAN, qui suit;
2. Et LOUIS, dont on ignore la destinée.

IV. JEAN DE GAILLARD, Seigneur de Bellaffaire, fut père de

V. FRANÇOIS DE GAILLARD, lequel eut pour enfans:

1. ANTOINE, qui suit;
2. & 3. GUILLEMETTE & GIZELLE, lesquelles donnèrent quittance de leurs droits à leur frère ANTOINE, aux années 1468 & 1470.

VI. ANTOINE DE GAILLARD, Seigneur de Bellaffaire, testa le 31 Décembre 1470, en faveur de LOUIS, qui suit, & de BARTHÉLEMY, son autre fils.

VII. LOUIS DE GAILLARD, Seigneur de Bellaffaire, fut père de

VIII. ANTOINE DE GAILLARD, IIᵉ du nom, Seigneur de Bellaffaire, qui fit diverses acquisitions audit lieu le 3 Novembre 1508, & donna la moitié de ses biens à son fils:

IX. ALBERT DE GAILLARD, Iᵉʳ du nom, qui s'allia, le 9 Novembre 1545, à *Marguerite de Rousset*, & testa le 1ᵉʳ Mai 1579, en faveur de

X. JEAN DE GAILLARD, IIᵉ du nom, Seigneur de Bellaffaire, Gigors, Bayons & du Sauze. Il épousa, par contrat du 12 Décembre 1587, *Marguerite de Forbin - Gardanne*, testa en faveur de ses deux fils, ALBERT, qui suit, & FRANÇOIS, rapporté ci-après; & fit légataires ses autres enfans au nombre de quatre.

XI. ALBERT DE GAILLARD, IIᵉ du nom, Seigneur de Bayons, Lieutenant-Colonel du Régiment de Malissy, & Gouverneur de Valence, épousa *Philippie de Bonne*, de laquelle vint:

XII. JEAN - ETIENNE DE GAILLARD, marié à *Alix de Viennois*, des anciens Dauphins. De cette alliance font issus:

1. FRANÇOIS, décédé, ne laissant de sa femme qu'une fille;
2. JOSEPH, Lieutenant-Colonel du Régiment de la Marche, ancien Lieutenant de Roi à Furnes, vivant sans alliance;
3. IGNACE, mort Capitaine de Grenadiers au Régiment de Flandre;
4. PIERRE, Seigneur de Bayons, Chevalier de Saint-Louis, lequel, après avoir servi pendant 50 ans dans la Cavalerie, s'est retiré à cause de ses infirmités, & vivoit sans alliance en 1757;
5. Et CHARLES, Aide - Major du Régiment de la Marine, Infanterie, tué au siège de Barcelone en 1705.

XI. FRANÇOIS DE GAILLARD, Seigneur de Bellaffaire, second fils de JEAN, & de *Marguerite de Forbin - Gardanne*, épousa *Isabeau de Bonne*, fille de *Jean de Bonne*, Baron de Vitrolles, Gouverneur de l'Ambrunois, de laquelle il laissa:

1. JEAN, qui suit;
2. FRANÇOIS, reçu Chevalier de Malte en 1658;
3. Et N... DE GAILLARD, Brigadier des Armées du Roi, mort en Espagne, où il avoit été envoyé par Louis XIV, avec un détachement de François pendant la guerre de 1700.

XII. JEAN DE GAILLARD, IIIᵉ du nom, Seigneur de Bellaffaire & de Gigors, se maria avec *Jeanne de Virail*, fille de *Palamède*, Seigneur de la Vallée & en partie de Vaumeilh, Lieutenant de Roi au Gouvernement de la Ville, Citadelle & Viguerie de Sisteron, & de *Marie de Bonfils*. De cette alliance il eut un fils, mort sans postérité, & quelques filles.

Les armes: *fascé d'or & d'azur de 6 pièces, au chef cousu de gueules, chargé de 3 roses d'argent.*

GAILLARD DE BOENCOURT, en Picardie : Famille maintenue dans sa noblesse, par jugement des Commissaires généraux, du 20 Avril 1698, divisée en deux branches qui subsistent, l'une dans les enfans de Louis-Joseph Gaillard, Ecuyer, Seigneur de Boencourt, marié, en 1732, à *Angélique d'Auberville-sur-Yère* ; l'autre dans les enfans de Louis Gaillard, Seigneur de Courcelles, Lieutenant des Maréchaux de France au département du Comté & Bailliage de Clermont en Beauvoisis. (Voyez l'*Armorial général de France*, reg. III, part. I.)

Les armes : *d'azur, au chevron d'argent, accompagné de trois croix pattées du même, posées 2 en chef & 1 en pointe.*

GAILLARD DE LONGJUMEAU, en Provence.

I. Mathurin de Gaillard, Seigneur de Villemourans-lès-Blois, y vivoit vers l'an 1430, & épousa, par contrat du 30 Janvier 1450, *Jeanne de Calipaux*, dont :

1. Michel, qui suit ;
2. Mathurin, père de
  Michel, Conseiller-Clerc au Parlement de Paris, Trésorier de la Sainte-Chapelle de Bourges ;
  Jacques, Abbé de Bourgmoyen, mort en 1521 ;
  Marguerite, épouse du Sieur *de Massé Bailliet ;*
  Et Jeanne, mariée avec *Bernard Prévôt*, Seigneur de Saint-Cyr.
3. Jean, homme d'armes dans la Compagnie d'Ordonnance du Comte de Penthièvre, marié avec *Jacqueline de Beauvilliers*, des Ducs de Saint-Aignan, Dame de Villemanches, de laquelle il eut :
  Marie, qui épousa *Etienne de Morvilliers,* Procureur-Général du Roi à Blois, Seigneur de Crozemont.

II. Michel de Gaillard fut favori du Roi Louis XI, son Maître-d'Hôtel, seul Receveur-Général de ses Finances, Général des Galéasses de France, par Brevet de l'an 1480, Conseiller au Parlement de Paris en 1484, Conseiller au Grand-Conseil le 24 Septembre 1485 ; Trésorier de la Sainte-Chapelle de Bourges, Chevalier du Duc d'Orléans, Seigneur de Longjumeau, de Chilly & du Faget. Il épousa : 1° *Marguerite Berthelot*, fille de *Jean Berthelot*, Maître de la Chambre aux deniers de Marie d'Anjou, Reine de France ;

& 2° *Marguerite Bourdin*, fille de *Jean Bourdin*, seul Receveur-Général des Finances de France, morte le 19 Septembre 1507. Du premier lit naquit :

1. Péronnelle, mariée avec *Louis de Vassé*, Seigneur de la Harpinière, Bailli de Meulan.

Et du second lit vinrent :

2. Michel, qui suit ;
3. Et Michelle, mariée avec *Florimond Robertet*, premier Secrétaire d'Etat, mort en 1557.

III. Michel de Gaillard, II° du nom, Seigneur de Chilly & de Longjumeau, Chevalier & Pannetier du Roi François Ier, épousa, par contrat du 10 Février 1512, au Château d'Amboise, où étoit la Cour, *Souveraine d'Angoulême de Valois*, fille naturelle de *Charles d'Orléans*, Comte d'Angoulême, père de François Ier & de Demoiselle *Jeanne le Conte*. Elle fut légitimée à Dijon par ce Prince en 1521. Elle mourut le 26 Février 1551, & lui étoit décédé le 4 Juillet 1535. De leur mariage sortirent :

1. Michel, qui suit ;
2. Denis, Ecuyer, Seigneur de Longjumeau & de la ville de Puteaux-sur-Seine, qui fit donation de la Terre de Puteaux à Gilles de Gaillard, dont il sera parlé ci-après ;
3. Et Anne, femme de *Thomas de Balzac*, Seigneur de Montaigu.

IV. Michel de Gaillard, III° du nom, Seigneur de Longjumeau, & de Chilly, épousa *Louise de Sains*, fille de *Jean* Baron de Marigny, & de *Bernarde de Salazar*, dont il eut :

1. Michel, qui suit ;
2. Jean, Baron de Coucy ;
3. Bernarde, épouse de *Jean de Montmorency*, dont elle eut treize enfans, qui ont fait les branches puînées de Montmorency-Bours, qui existent dans la Duchesse *de Boufflers*, ses frères & oncles ;
4. Charlotte, qui a épousé, en 1570, *Nicolas d'Aumale*, Seigneur d'Haucourt, &c., dont des enfans. Voy. AUMALE ;
5. & 6. Et deux autres filles mariées dans les Maisons de Picot & de *Grailly-Chalette*.

V. Michel de Gaillard, IV° du nom, Seigneur de Longjumeau & du Faget, épousa *Claudine de la Fayette-Saint-Roman*, petite-fille du Maréchal de ce nom, de laquelle il eut :

VI. Gilles de Gaillard, Ier du nom, marié, par contrat du 28 Novembre 1554, avec *Catherine le Coigneux*. Ses enfans furent :

1. GILLES, qui fuit ;
2. JEAN, rapporté après la poftérité de fon aîné ;
3. JACQUES, Aumônier du Roi HENRI III. Il fut préfent au contrat de mariage de fon frère aîné.

VII. GILLES DE GAILLARD, IIe du nom, Seigneur de Longjumeau, Grand-Secrétaire d'HENRI III, époufa, en l'an 1575, *Marie de Charron*, iffue des Seigneurs de Cartery. Il en eut :

VIII. PIERRE DE GAILLARD, qui, en 1595, fe retira en Provence, où il acquit la Terre de Ventabren, en conféquence du don de preftation que lui en fit le Roi, pour les bons & utiles fervices de fes ancêtres. Il fut Tréforier-Général des Etats de la Province; député deux fois auprès du Roi par eux, dont il obtint la confirmation de fes privilèges; Contrôleur-Général des Guerres, & Commiffaire Ordonnateur Général de toutes les troupes de la Province. Il époufa, en 1619, *Marquife de Villages*, fille de *Céfar de Villages*, de la ville de Marfeille, & de *Madeleine de Covet*, fortie des Marquis de Marignane. De ce mariage naquirent :

1. CÉSAR, qui fuit ;
2. FRANÇOIS, reçu Chevalier de Malte en 1642 ;
3. PIERRE, Chanoine du Chapitre de Saint-Victor-lès-Marfeille ;
4. JEAN, Evêque d'Apt, depuis l'an 1673 jufqu'en 1735. Moréri, qui connoiffoit fon mérite & fes vertus, le prit pour fon *Mécène*, & lui dédia fon Dictionnaire ;
5. MARGUERITE, mariée à *Jean-Baptifte de Guérin*, Baron de Caftellet, Préfident en la Cour des Comptes de Provence ;
6. Et MADELEINE, Dame d'honneur de la Reine, époufe du feu Roi LOUIS XIV, & Sous-Gouvernante des Enfans de France, favoir : les Ducs de Bourgogne, de Berry, & celui d'Anjou, depuis Roi d'Efpagne, fous le nom de PHILIPPE V. Elle époufa *Gafpard de Garronde-Venel*, d'abord Confeiller du Roi en la Cour du Parlement de Provence, enfuite Confeiller d'Etat, dont elle n'eut point d'enfans. Sa Majefté accorda en fa faveur, & en confidération des fervices de fes ancêtres, toutes les glacières de Provence qui lui appartenoient, & à la Maifon de GAILLARD à perpétuité de mâle en mâle, par Lettres-Patentes du mois d'Août 1692. Ce droit fut enfuite acquis par la Province, pour la fomme de 300000 livres. Le Roi écrivit à ce fujet une lettre à M. d'Oppède, premier Préfident au Parlement d'Aix, qui marque le cas que Sa Majefté faifoit de Madame DE

GAILLARD-VENEL, & le défir qu'il avoit que ladite Dame jouît de façon ou d'autre, de la grâce qu'elle lui avoit accordée par un rembourfement proportionné au revenu, &c. Cette Lettre eft imprimée dans le Recueil que M. Rofe a donné de celles de LOUIS XIV. On en trouve une adreffée à Madame *de Venel*, remplie de bonté & de politeffe, pag. 33. *Je vous charge par cette Lettre* (ajoute le Roi, dans la première Lettre écrite à M. d'Oppède), *que je vous écris de ma propre main, de faire, en mon nom, foit dans l'affemblée des Communautés, ou dans votre Compagnie, toutes les diligences qui feront néceffaires pour cet effet.*

IX. CÉSAR DE GAILLARD, Seigneur de Ventabren & de la Bourdonnière, Baron de Saint-Eftève & d'Auriac, vendit à la Province, en l'année 1656, la charge de Contrôleur-Général des Guerres, de fon père, pour la fomme de 280000 liv. Il fut reçu Confeiller du Roi en la Cour du Parlement de Provence, en 1649, & eut de *Marguerite de Gérente*, fon époufe, fœur du Marquis de Senas :

X. PIERRE DE GAILLARD, IIe du nom, Seigneur de Ventabren, de la Bouiffe, d'Aurlac, de Beaurecueil, de la Bourdonnière, Allons, Baron de Saint-Eftève, commandant un Efcadron de Dragons du Régiment de la Reine, marié, par contrat du 17 Juin 1703 (*Jofeph Graffeau*, Notaire d'Aix), avec *Anne-Marguerite de Gantès*, Dame de Valbonnette, fille puînée de *Jean-François de Gantès*, Procureur-Général au Parlement, Seigneur de Valbonnette. Elle eft morte à Aix en Provence, le 29 Septembre 1765, âgée de 85 ans, & eft enterrée au caveau de *Gaillard* à leur Chapelle de Saint-Jean-Baptifte, dans l'Eglife des PP. Saint-François de l'Obfervance de ladite ville. Leurs enfans font :

1. PIERRE-JOSEPH-LAURENT, qui fuit ;
2. LOUIS-HENRI, reçu Chevalier de Juftice de l'Ordre de Malte, le 9 Mars 1736, Gouverneur de l'Isle de Goze en 1742, & nommé pour préfenter les faucons au Roi en 1753. Il a époufé, le 26 Octobre 1762, *Roffoline de Glandèvès*, Comteffe de Pourrières. Le Grand-Maître lui a permis de continuer de porter la Croix de Malte ;
3. Et POLIXÈNE, Religieufe aux Grandes-Urfulines à Aix.

XI. PIERRE-JOSEPH-LAURENT DE GAILLARD DE LONGJUMEAU, Seigneur de Ventabren, de la Bourdonnière & de Valbonnette, a exercé un Office de Confeiller du Roi en la Cour des

Comptes de Provence, depuis l'an 1732, a été un des Commissaires en 1754, pour être mis à la tête du corps de la Noblesse, & est mort depuis quelques années.

SECONDE BRANCHE.

VII. JEAN DE GAILLARD, second fils de GILLES, & de *Catherine le Coigneux*, passa aussi en Provence, où il fut de même pourvu, en 1587, d'un office de Contrôleur-Général des Guerres. Il fut ensuite Receveur-Général des Décimes & des Finances du pays. Il fit son testament en 1624, & avoit épousé, par contrat passé le 28 Janvier 1588, *Louise d'Arbaud*, fille d'*Honoré d'Arbaud*, Seigneur de Bargemont, &c., dont il eut :

1. JOSEPH, qui suit ;
2. GILLES, Seigneur de la Motte-Lussan, Chevalier de l'Ordre de Saint-Michel, marié, le 7 Mai 1639, avec *Catherine de Colla*, fille du Seigneur de la Madeleine, premier Président au Sénat d'Orange, de laquelle il n'eut point d'enfans ;
3. N... DE GAILLARD, mariée à *Nicolas du Chêne*, Conseiller au Parlement ;
4. Et CLAUDINE, mariée à *Pierre de Guiran*, Seigneur de la Brillanne, Conseiller en la Cour des Comptes.

VIII. JOSEPH DE GAILLARD, reçu Conseiller en la Cour des Comptes, l'an 1622, & en celle du Parlement en 1631, fut pourvu d'un office de Président à Mortier, créé en sa faveur en 1638, & mourut avant sa réception. Il laissa de son mariage, contracté en 1626, avec *Anne Grimaldi*, Dame de Moissac, fille de *Gaspard*, Marquis de Régusse :

1. SAUVEUR, qui suit ;
2. PIERRE, rapporté après son frère aîné ;
3. Et MARQUISE, mariée avec *François de Foresta-Collongues*, Conseiller au Parlement.

IX. SAUVEUR DE GAILLARD, Receveur-Général des Décimes de Provence, & Conseiller d'Etat en 1661, fit alliance, par contrat du 24 Février 1648, avec *Blanche de Boyer*, fille de *Jean-Baptiste de Boyer*, issu des Seigneurs d'Eguilles, Doyen du Parlement, & de *Claire de Garron*, dont il eut :

1. GASPARD, qui suit ;
2. VINCENT-SAUVEUR, mort Grand-Prieur de Provence, au Grand-Prieuré de Saint-Gilles, Commandeur d'Aix, & premier Grand' Croix de l'Ordre de Malte ;
3. & 4. JEAN-AUGUSTIN & JEAN-BAPTISTE, Chevaliers de Malte ;

5. Et une fille mariée avec *Annibal de Lombard*, Seigneur de Saint-Benoît.

X. GASPARD DE GAILLARD, reçu Président en la Cour des Comptes de Provence en l'année 1697, épousa *Thérèse d'Agoult*, fille de *Joseph d'Agoult*, Marquis d'Ollières, & de *N... de Glandevès-Mirabeau*, dont :

1. AUGUSTE, qui suit ;
2. Et ELISABETH, mariée, en 1713, avec *Jean de Forbin-Gardanne*.

XI. AUGUSTE DE GAILLARD, Conseiller en la Cour des Comptes en 1715, a épousé *N... d'Astouaud*, fille de *Balthazar d'Astouaud*, Marquis de Murs, Seigneur de Romanil, & de *N... de Cros*, de laquelle il a eu :

1. AUGUSTE, reçu Conseiller en la Cour des Comptes, en 1757, & marié avec *N... de Ricard*, morte sans enfans ;
2. & 3. DOMINIQUE-GASPARD & CHRYSOSTÔME, reçus Chevaliers de Malte en 1732 & 1736, tous les deux Commandeurs, l'un de la ville de Valence, & nommé Général des Galères de Malte ; & l'autre de Poilleval ;
4. & 5. Deux filles Religieuses au Monastère des Grandes-Ursulines à Aix.

TROISIÈME BRANCHE.

IX. PIERRE DE GAILLARD, second fils de JOSEPH, Conseiller au Parlement, & d'*Anne Grimaldi de Régusse*, s'établit à Marseille. Il fut Capitaine d'une des Galères du Roi, &. épousa la fille de *Pierre de Raffelis*, Seigneur de Roquesante, Conseiller au Parlement, & d'*Hélène de Cardebas de Bot*, Dame de Grambois, dont :

1. GABRIEL, qui suit ;
2. MADELEINE, qui a épousé *François de Félix*, Ecuyer, fils de *Michel*, & de *Françoise de Gantès*, dont postérité. Voy. FÉLIX ;
3. Et une fille, mariée dans la Maison de *Ricard*.

X. GABRIEL DE GAILLARD, Lieutenant des Galères du Roi, a eu de son mariage avec *Marquise de Comps* :

1. PIERRE, qui suit ;
2. Et JEAN-JACQUES, mort Chevalier de Malte, & Enseigne des Vaisseaux du Roi.

XI. PIERRE DE GAILLARD, IIIe du nom, Enseigne des Galères du Roi, a épousé *Elisabeth du Mont*, dont :

Trois garçons.

Les armes : *écartelé, au* 1 d'ORLÉANS-D'AN-

GOULÊME, qui eſt *d'azur, à trois fleurs-de-lis d'or, au lambel d'argent, à la barre de même, périe en abyme; au 2 de* VILLAGES, *qui eſt d'argent, à un double delta ou deux triangles entrelacés l'un dans l'autre, de ſable, enfermant un cœur de gueules; au 3 de* GÉRENTE-SENAS, *qui eſt d'or, au ſautoir de gueules; au 4 de* GANTÈS, *qui eſt d'azur, au chef, émanché de quatre pièces d'or. Et ſur le tout de* GAILLARD DE LONGJUMEAU, *qui eſt d'argent, ſemé de trèfles de ſinople, à deux T de gueules en chef, & deux perroquets auſſi de ſinople, affrontés au-deſſous.*

Conſultez ſur cette Famille *l'Epitre dédicatoire de la première édition du Dictionnaire de* Moréri *de* 1674; MM. de Sainte-Marthe, *Hiſt. de France,* livre XVI, chap. 2, p. 740. Ducheſne, *Hiſt. de Montmorency,* livre VI, chap. 4. La *Juriſprudentia heroica;* les lettres de LOUIS XIV, par Roſe, tom. I, lettre 6, p. 14, & lettre 19, p. 33, *à Madame* DE VENEL DE GAILLARD; l'abbé Robert, Maynier, le Laboureur, &c. (Extrait de la première édition de notre Dictionnaire, tom. V, p. 179 & ſuiv. d'après un Mémoire alors envoyé.) On peut encore conſulter ſur cette Famille *l'Hiſtoire héroïque de la Nobleſſe de Provence,* tom. I, p. 429.

GAILLARD D'HELLIMER (DU), au Pays Meſſin.

GEORGES DU GAILLARD, Seigneur d'Hellimer, Tieffenbach & Acrebach, fils de GEORGES DU GAILLARD, Capitaine-Châtelain d'Albeſtroff, & de *Diane de Beauffort,* fut créé *Baron de l'Empire,* par Diplôme de l'Empereur FERDINAND, en date du 12 Novembre 1629, en conſidération de ſa nobleſſe reconnue ancienne de 300 ans dans l'Evêché de Metz, & de ſes bons ſervices. Il avoit épouſé *Gertrude,* fille de *Céſar de Hoffelize,* Seigneur d'Oberſing, Hoëville & Bourthecourt, voué du Val-de-Vaxy, & *d'Iſabeau de Fournier,* Dame vouée des Ville & Comté de Toul. Il en eut:

1. GEORGES-BENJAMIN, qui ſuit;
2. ALIX, première femme de *François de Gourcy,* Seigneur de Charey, Gouverneur de Wildſtein pour le Duc CHARLES IV;
3. ELISABETH, mariée 1° à *Antoine de la Chauſſée;* & 2° à *Regnaut de Gourcy de Charey;*
4. GABRIELLE-GERTRUDE, alliée à *Chrétien d'Anglure,* Seigneur de Chambray;

5. Et ANNE-DIANE, femme de *Jean Dunem,* Capitaine de Cavalerie.

GEORGES-BENJAMIN, Baron DU GAILLARD & de l'Empire, Seigneur d'Hellimer, Tieffenbach & Acrebach, épouſa, en 1662, *Marie-Charlotte de Bouzey,* fille de *Charles,* Gouverneur de Bouquenom & de Saverdem, & *d'Eliſabeth de Streff de Laufenſtein,* de laquelle vint:

FRANÇOIS-JULIEN, Baron DU GAILLARD & de l'Empire, Seigneur d'Hellimer, qui, de ſa femme *N... de Monnot,* fille de *N... de Monnot,* Gouverneur de Hombourg, & *d'Anne du Bourg,* laiſſa:

CLAUDE, Baron DU GAILLARD & de l'Empire, dit le Baron d'Hellimer, Capitaine d'Infanterie au Régiment de Lafond, qui a épouſé *Marie-Anne de Rouſſelot-d'Hédival,* fille *d'Alexis,* dit le Baron d'Hédival, Seigneur dudit lieu, Vroncourt, Frémery & Morville, Chambellan du Duc LÉOPOLD, & de *Marie-Anne de Beauffort.* De ce mariage il y a des enfans. (Extrait du *Dictionnaire des Gaules,* tom. III, p. 540.)

• GAILLON, en Vexin François, Bailliage & Comté de Meulan: Terre & Seigneurie avec haute, moyenne & baſſe Juſtice, qui appartient, ainſi que les Terres & Seigneuries de Teſſancourt & Huanville, depuis environ 300 ans, à la Maiſon de *Vion,* qui les poſſède encore aujourd'hui. Voyez VION.

GAILLON: *de gueules, à trois lionceaux d'or.*

* GAILLONNIÈRE (DE LA), nom d'une Terre poſſédée par la Famille de GRANDIN, en Normandie. Voyez ce mot.

GAIN (DE) ou GAING. C'eſt une des plus anciennes Nobleſſes du Limouſin. Elle a fait ſes preuves dans beaucoup de Chapitres nobles, comme à Miremont, à Saint-Claude, à Lyon & chez le Généalogiſte des Ordres du Roi & le Juge d'armes de France. Son origine, dit un Mémoire dreſſé ſur titres qu'on nous a fourni, remonte juſqu'à l'époque où les ſurnoms ſont demeurés héréditaires dans les Familles. Elle paroît décorée, dès le XIe ſiècle, du titre de *Chevalier,* dont ceux de ce nom ont été revêtus, tant que ce titre a été le prix des ſervices & de la valeur. Elle prouve une filiation de près de 600 ans, & joint à cet avantage celui d'avoir contracté les plus

illuftres alliances & de ne s'être jamais mé-
falliée.

Le premier de ce nom que l'on connoiffe
eft Guy de Gain, l'un des bienfaiteurs de l'E-
glife Cathédrale de Limoges en 1056.

On trouve enfuite, vers l'an 1100, Guy de
Gain, Chevalier, qui fit donation à l'Abbaye
de la Règle, de tout ce qu'il poffédoit au lieu
de Pouzol.

En 1120, Aimery de Gain, Chevalier, fonda une rente fur tous fes biens en faveur de
l'Abbaye de la Règle, de Limoges, pour l'anniverfaire de la Dame *Samargarie*, fa mère.

En 1198, Gérard de Gain, Chevalier, fonda pareillement un anniverfaire au même
Couvent pour l'âme de *Mabille*, Abbeffe de
la Règle.

I. C'eft à Aimery de Gain, Chevalier, qui
vivoit en 1215, que la filiation de cette Maifon commence. Il fut choifi pour arbitre par
le Chapitre de Saint-Etienne de Limoges,
dont il fut auffi l'un des bienfaiteurs. Il eut
de fa femme, dont on ignore le nom :

1. Ademard, qui fuit ;
2. Et Guy, Grand-Chantre du même Chapitre, où il fonda un anniverfaire pour fes
père & mère ; il mourut en 1230.

II. Ademard de Gain fit, en 1245, une pareille fondation dans le même Chapitre, &
avec *Amicie de Chamborant*, fon époufe,
une autre fondation d'hommes à l'Abbaye de
Bénévent. Ils eurent pour fils unique :

III. Aimery de Gain, IIe du nom, Chevalier, qui reçut une reconnoiffance de l'un de
fes tenanciers l'an 1260. Il tefta à Limoges
en 1272, & dans fon teftament il donne à fa
mère la qualité de *Dame*, qui ne s'employoit,
à cette époque, que pour les femmes de Chevalier. De lui vinrent :

IV. Aimery de Gain, IIIe du nom, Chevalier, qui fcella, en 1291, un acte de vente fait
à Limoges d'un fceau chargé des mêmes armes que MM. *de Gain* portent aujourd'hui.
Il vivoit encore en 1329, & eut, entr'autres
enfans :

1. Aimery, qui fuit ;
2. & 3. Deux filles, l'une mariée à *N..... de
Gouffier du Vigean*, Chevalier ; l'autre à
Guy de Broglie, auffi Chevalier.

V. Aimery de Gain, IVe du nom, Chevalier, qui rendit de grands fervices au Roi Philippe de Valois, dans fes guerres contre les
Anglois, ainfi que ce Prince s'en explique

lui-même dans des lettres de 1339. Il eut de
fon mariage avec *Jeanne de Laftours*, d'une
ancienne Maifon des Princes & Barons de
Laftours en Limoufin :

VI. Jean de Gain, Chevalier, qui devint
Seigneur de Linars par la donation que *N...
de Gouffier de Laftours*, fon oncle maternel,
auffi Chevalier, lui fit de cette Terre en 1354,
& depuis cette époque, la Terre de Linars
n'eft point fortie de la Maifon de Gain ; &
c'eft dans la perfonne de ce *Gouffier de Laftours*, que s'éteignit la Maifon de ce nom.
Jean de Gain laiffa d'*Ifabelle d'Aix*, fa feconde femme :

VII. Aimery de Gain, Ve du nom, Chevalier, Baron de Linars, qualifié *noble & puiffant*, lequel fervoit en 1405. Il avoit époufé,
avant l'an 1410, *Luce de Teinière*, dont :

1. Jean, qui fuit ;
2. Et Jacques, Damoifeau, qui fervit fucceffivement fous les Maréchaux de Xaintrailles
& d'Armagnac, dans les guerres de Charles VII. Il mourut Gouverneur d'Exideuil,
avant l'an 1471.

VIII. Jean de Gain, IIe du nom, noble &
puiffant Seigneur, Baron de Linars, époufa,
en 1419, *Catherine de Neuville*, de l'ancienne
Maifon de ce nom, Dame d'Oradour & de
Neuville. Ses enfans furent :

1. Bertrand, Chevalier, Seigneur de Plaigne,
marié, en 1456, à *Elide*, fille de noble &
puiffant Seigneur *Amarefc de Senaret*, Chevalier, Comte du Château de Montferrand ;
2. Louis, Damoifeau, marié à *Catherine de
Pierre-Buffière* ;
3. Jacques, qui fuit ;
4. Et une fille, alliée dans la Maifon de *Com-
born*.

IX. Jacques de Gain, Chevalier, puiffant
Seigneur, Baron de Linars, fervit dans fa
jeuneffe en qualité d'homme d'armes dans
la Compagnie de Caumont d'Amboife. Il devint Capitaine de 50 hommes d'armes en
1475, & mourut avant 1518, laiffant entr'autres enfans de *Marguerite de Peffel*,
fon époufe :

X. Pierre de Gain, Chevalier, haut &
puiffant Seigneur, Baron de Linars, mort
avant fon père. Il avoit époufé, en 1502, *Antoinette de Bonneval*, fille d'*Antoine*, Chevalier, Seigneur de Bonneval, Capitaine de
50 hommes d'armes, & de *Marguerite de
Foix*, coufine du IIe au IVe degré de Cathe-

rine de Foix, Reine de Navarre, bifaïeule du Roi Henri IV. Par ce mariage MM, *de Gain* ont l'honneur d'être alliés à Sa Majefté Louis XV, du XI° au XII° degré. Pierre de Gain eut pour fils :

XI. Charles de Gain, Chevalier, noble & puiffant Seigneur, Baron de Linars, Chambellan du Roi, Sénéchal du Périgord. Il réfigna cet office, en 1543, à *Armand de Gontaut de Biron*, depuis Maréchal de France, fon coufin iffu de germain. Il fe maria avec *Ifabeau d'Aubuffon*, d'une branche puînée de cette Maifon, fille de noble & puiffant Seigneur *François d'Aubuffon*, Seigneur de Beauregard, & d'*Anne d'Abʒac de la Douʒe*, dont :

XII. Foucaud de Gain, Chevalier, Baron de Linars, Confeiller du Roi en tous fes Confeils d'Etat & Privé, Chevalier de fon Ordre, qualifié fon *coufin* dans des lettres de la Chancellerie de Bordeaux. Il mourut en 1579, & avoit époufé 1° *Antoinette de Pons, de Mirabeau*, coufine germaine d'*Antoine*, Sire de Pons, Chevalier des Ordres du Roi, fille de *Catherine de Biron*, & petite-fille de *Madeleine de Rochechouart - Mortemart*; & 2° *Renée de Bermondet*, fille de *Georges*, Vicomte de Bermondet. Du premier lit vinrent :

1. Jacob, Chevalier, Baron de Linars, qui préparoit, en 1589, fon équipage de guerre pour le fervice du Roi Henri IV, à fon avènement au Trône ;
2. Elie, qui fuit.

Et du fecond lit il eut :

3. Charles, auteur de la branche des Seigneurs de *Montagnac*, rapportée ci-après.

XIII. Elie de Gain, Chevalier, noble & puiffant Seigneur, Baron de Linars, Gentilhomme ordinaire de la Chambre du Roi, Capitaine d'une Compagnie de Chevaux - Légers, fit hommage à Sa Majefté, en 1610, de fa Terre de Linars, & laiffa de *Claude de la Guiche*, fon époufe, fille de haut & puiffant Seigneur *Claude de la Guiche*, Chevalier de l'Ordre du Roi, Capitaine de 50 hommes d'armes, & de *Sufanne des Serpents* :

XIV. Jean-Louis de Gain, Chevalier, haut & puiffant Seigneur, Baron de Linars, Seigneur de Tourdonnet, Capitaine de 50 hommes d'armes, Meftre-de-Camp d'un Régiment de Cavalerie, Confeiller du Roi en tous fes Confeils d'Etat & Privé, Maréchal de fes Camps & Armées, tué à la bataille de la Marfée, en 1641, en combattant dans l'Armée Royale. Il eut de fon mariage avec *Jeanne de la Vergne*, Dame de Tourdonnet :

1. Charles, qui fuit ;
2. Et Claude, mariée à *Philibert de Jouffineau*, Chevalier, Seigneur de Fayat.

XV. Charles de Gain, Chevalier, haut & puiffant Seigneur, Marquis de Linars, Confeiller du Roi en tous fes Confeils d'Etat & Privé, Maréchal-de-Camp de fes Armées, commanda, en 1644, le ban de la Nobleffe, & époufa, en 1662, *Marie-Anne de Ferrières*, fille d'*Antoine-Jean de Ferrières*, Marquis de Sauvebœuf, premier Baron du Limoufin, Gouverneur du Château du Ha, Lieutenant-Général des Armées du Roi, & nommé Chevalier de fes Ordres, & de *Claude de Rofier*. Ils avoient pour bifaïeule *Marie de Noailles*, fille d'*Antoine de Noailles*, Gentilhomme ordinaire de la Chambre du Roi, &c., & de *Jeanne de Gontaut* ; & pour grand'mère *Claude d'Efcars* fille de *François*, Comte d'*Efcars*, Capitaine de 50 hommes d'armes, Confeiller du Roi en tous fes Confeils d'Etat & Privé, &c., & de *Claude de Bauffremont*. Charles de Gain eut pour fils :

XVI. Charles-François de Gain, Chevalier, haut & puiffant Seigneur, Marquis de Linars, Capitaine d'une Compagnie de 50 Chevaux-Légers, qui eut de fon mariage avec *Marie-Anne de la Baume de Forfat*, fille de *François*, Comte de la Baume, & de *N... de Pierre-Buffière* :

1. Annet-Charles, qui fuit ;
2. Claude-Annet, auteur de la branche des Seigneurs d'*Anval*, rapporté après la poftérité de fon frère ;
3. François, Comte de Linars, Maréchal-des-Camps & Armées du Roi, mort au Château d'Anval, Paroiffe de Chamberet, Diocèfe de Tulle, le 4. Mars 1773, dans la 61° année de fon âge ;
4. N... Religieufe à l'Abbaye des Aloix à Limoges ;
5. Et N... de Gain, mariée au Marquis de *Bofredon*.

XVII. Annet-Charles de Gain, Chevalier, Marquis de Linars, reçu Page du Roi en fa Petite-Ecurie en 1709, avoit époufé, en 1723, *Anne Pery*, fille d'*Ifaac Pery*, Chevalier, Marquis de Montmoreau, & d'*Anne de Rochechouart-Ponville*. De ce mariage vinrent :

1. ISAAC, qui fuit ;
2. JEAN, Chevalier de Linars, Capitaine de Dragons au Régiment de Lanan, & Chevalier de Malte ;
3. Et PIERRE DE GAIN DE LINARS, Comte de Lyon, Abbé de Sandras, & Vicaire-Général du Diocèfe d'Arles.

XVIII. ISAAC DE GAIN, Marquis de Linars, ancien Capitaine de Cavalerie & Chevalier de Saint-Louis, a épousé 1º *N... Chapelle de Jumilhac-Saint-Jean*, nièce de M. l'Archevêque d'Arles ; & 2º en 1769, *N... de Livenne de Mouchaude.*

BRANCHE
des Seigneurs D'ANVAL.

XVII. CLAUDE-ANNET DE GAIN, Chevalier, Baron d'Anval, fecond fils de CHARLES-FRANÇOIS, & de *Marie-Anne de la Baume de Forfat*, Capitaine d'Infanterie au Régiment d'Enghien, & Chevalier de Saint-Louis, fit fon teftament en 1750. Il avoit épousé, en 1741, *Marie de Bort de Pierrefitte*, dont :

1. JACQUES, qui fuit ;
2. CHARLES-MARIE, Chanoine de Saint-Claude, & reçu Comte de Lyon ;
3. Et JOSEPH, Chevalier de Malte & Officier dans le Régiment de Dragons du Roi.

XVIII. JACQUES DE GAIN, Chevalier, titré Baron d'Anval, a épousé, en 1768, *N... d'Uffel de Châteauvert.*

BRANCHE
des Seigneurs de MONTAGNAC.

XIII. CHARLES DE GAIN, titré Baron de Plaigne, fils de FOUCAUD, Chevalier, Baron de Linars, & de *Renée de Bermondet*, fa feconde femme, Chevalier de l'Ordre du Roi, & Gentilhomme ordinaire de fa Chambre, époufa, en 1606, *Marie de Montagnac*, qui étoit alors fous la garde & tutelle de *Jeanne de Maulmont*, Vicomteffe de Canillac-Montboiffier, fa tante. Elle étoit fille unique & héritière de *Jean*, haut & puiffant Seigneur, Baron *de Montagnac*, qui, à la follicitation des habitans de la ville de Tulle, dans le tems des guerres que leur fit le Vicomte de Turenne en 1585, marcha à la tête de fes vaffaux & amis contre l'armée du Vicomte, repouffa fes gens jufqu'à Brives, & délivra la ville de Tulle de leur vexation. Il fut Capitaine de 50 hommes d'armes, Chambellan du Roi, Gentilhomme ordinaire de fa Chambre,

Chevalier de fon Ordre, & qualifié fon *coufin* dans plufieurs lettres que le Roi CHARLES VIII lui écrivit. Il eut pour femme *Jeanne de Beinac*, Dame de Montbas. *Marie de Montagnac*, leur fille, étant reftée veuve, fe remaria à *Antoine de Chabannes*, fils du Marquis de Curton, Chevalier des Ordres du Roi. Elle eut de fon premier mari :

XIV. JEAN-LOUIS DE GAIN, Chevalier, Marquis de Montagnac, Meftre-de-Camp d'un Régiment d'Infanterie de fon nom. LOUIS XIV le récompenfa de fa valeur. Il vit fix de fes fils au fervice, & mourut vers l'an 1680. Il avoit épousé 1º *Gabrielle de Foucauld-de-Saint-Germain-Beaupré*, fœur de *Louis*, Comte d'Ognon, Maréchal de France ; 2º *Françoife de Caumont de Bourfolle*, de la Maifon de *Caumont-la-Force*, fille du Seigneur de Bourfolle, Baron de Berbiguières, Confeiller du Roi en tous fes Confeils d'Etat & Privé, Capitaine de 50 hommes d'armes, & de *Gabrielle d'Orléans* ; & 3º *Jeanne de Leftrange de Magnac*, fille du Baron de Magnac, & d'*Anne d'Arfeuille*. Il eut du premier lit grand nombre d'enfans, entr'autres :

1. CHARLES, marié à *Anne de Pompadour*, laquelle, reftée veuve, fe remaria à *Françcois de Salignac de la Motte-Fénélon* ;
2. FRANÇOIS, marié 1º à *Camille du Buiffon de Bournaçel* ; & 2º à *Gabrielle de Sainte-Feyre* ;
3. JEAN, nommé *le Baron de Montagnac*, qui eut deux filles, l'une mariée au Seigneur de Lantillac, Baron de Gimel, & l'autre au Marquis *de Saint-Maixent* ;
4. Une fille, mariée au Seigneur *de Saraçin*, Marquis de Banfon de Baffignac.

Et du fecond lit vinrent :

5. GÉRARD, qui fuit ;
6. Et HENRI, auteur des Seigneurs d'*Orgon*, lequel eut pour femme, *Anne de Carbonnières*, dont vint :

JEAN, marié à *Anne de Leyonnie*, de laquelle eft iffu :

JEAN-BAPTISTE, Chevalier, Seigneur d'Orgon, actuellement marié à Mademoifelle *de Montal.*

XV. GÉRARD DE GAIN, Chevalier, Marquis de Montagnac, Seigneur de la Chapelle, Baron de Rofiers, Capitaine dans le Régiment du Roi, a laiffé de *Françoife de Meginhac*, fon époufe :

XVI. JOSEPH DE GAIN, Chevalier, Marquis

de Montagnac, Baron de Rofiers, allié, en 1702, à *Marguerite de Meillars de la Verniole*, la dernière de fa maifon, qui étoit ancienne dans le Limoufin. De ce mariage font nés :

1. HENRI-JOSEPH, qui fuit ;
2. XAVIER, qui embraffa l'état Eccléfiaftique, & mourut jeune ainfi que fon frère ;

Et cinq filles : la première, appelée Mademoifelle *de Montagnac*, mariée à Meffire *Jofeph Raimont de Bonnet ;* la feconde, appelée Mademoifelle *de Rofiers*, mariée à Meffire *Dubois-du-Mont-de-Margeride ;* elles n'ont point eu de poftérité ; les trois autres appelées Mefdemoifelles *de Gain,* de *la Beffe,* de *la Chapelle,* non mariées, demeurent au Château de Montagnac.

XVII. HENRI-JOSEPH DE GAIN, Marquis de Montagnac, a fervi dans le Régiment de l'Isle-de-France, & s'eft marié, en 1740, à *Léonarde le Groing,* d'une ancienne Maifon de Berry, rapportée dans le P. Anfelme, *Hiftoire des Grands-Officiers de la Couronne,* dont :

1. ███-MARIE, Marquis de Montagnac, E-ier du Roi en fa Grande-Ecurie ;
2. ███NÇOIS, Grand-Vicaire du Diocèfe de Reims, & Aumônier du Roi ;
3. JEAN-LÉONARD, appelé *le Chevalier de Montagnac,* commandant des Ecuries de M. le Comte de Provence ;
4. MARIE-JOSEPH, titré *Comte de Gain,* Officier au Régiment de Noailles, Cavalerie ;
5. JULIE, appelée *Mademoifelle de Montagnac,* mariée au Vicomte de Chaunac ;
6. Et GASPARDE, appelée *Mademoifelle de Rofiers,* élevée à Saint-Cyr, actuellement au Château de Montagnac.

De cette Famille étoit MARIE-MADELEINE DE GAING DES COUTARDIÈRES, née le 6 Octobre 1683, du mariage de FLORIMOND DE GAING, Ecuyer, Seigneur des Coutardières, & de *Marie-Charlotte Ferrand,* reçue à Saint-Cyr, au mois de Septembre 1693, après avoir prouvé qu'elle defcendoit au Ve degré de GABRIEL DE GAING, lequel étoit Seigneur d'Oradour-fur-Glane, au Diocèfe de Limoges, qui avoit époufé, en 1520, *Jeanne de Mortemer.*

Les armes : *d'azur, à trois bandes d'or.*

GAJOT, Famille originaire de Lambefc, qui a pour tige :

I. MARTIN GAJOT, compté parmi les Nobles de cette Ville en 1529. Il y époufa, par con-

trat du 3 Août de la même année, *Louife d'Almaffe,* & fit un codicille en 1572. De fon mariage vint :

II. JEAN GAJOT, allié, le 13 Avril 1574, avec *Jeanne d'Arquier,* dont il eut :

III. ETIENNE GAJOT, Confeiller & Médecin ordinaire du Roi, qui époufa, par contrat paffé le 12 Décembre 1599, *Anne de Cadenet,* fille de *Pierre,* & *d'Honorée de Roux de Beauvezer,* de laquelle fortit :

IV. GASPARD DE GAJOT, Docteur en Médecine, Seigneur de Montfleury & de Salet, arrière-fiefs de la Baronnie de Lambefc. Il fut maintenu dans fa qualité de Noble & d'Ecuyer par les Commiffaires députés par le Roi, pour la vérification des titres de nobleffe, le 8 Avril 1669. D'*Elifabeth de Barrière,* fon époufe, il eut deux fils, en faveur defquels il fit fon teftament (reçu par *Pagy,* Notaire à Lambefc), le 14 Mai 1681, favoir :

PIERRE, dont les deux fils firent tige ;
Et ETIENNE, qui fuit, dont la branche eft la feule fubfiftante.

V. ETIENNE DE GAJOT fervit en qualité d'Officier au Régiment de Provence, & époufa *Madeleine de George-d'Ollières-de-Huminy,* le 10 Septembre 1686 (*Juge,* Notaire de Marfeille). Il inftitua héritier, par fon teftament du 3 Février 1689 (*Pagy,* Notaire à Lambefc), JEAN, qui fuit.

VI. JEAN DE GAJOT, Seigneur de Montfleury, fut déchargé de l'amende des faux Nobles, & maintenu dans fa nobleffe, par ordonnance de M. le Bret, Intendant de Provence, le 20 Juillet 1706. Il fut premier Conful de la ville de Lambefc, en 1735, & député pour affifter, de la part de la Nobleffe, aux comptes du Pays. Il avoit époufé, par contrat du 8 Juillet 1715 (*Durand,* Notaire à Lambefc), *Henriette Ventre-du-Plan,* de laquelle font iffus :

1. FRANÇOIS-JOSEPH, né le 29 Avril 1716, ancien Capitaine d'Infanterie, non marié en 1757 ;
2. JOSEPH-ETIENNE, fervant la même année dans la Maifon du Roi, avec commiffion de Capitaine de Cavalerie ;

Et quatre filles.

Les armes : *d'argent, au citronnier de finople fruité de trois citrons d'or ; au chef d'azur, chargé de 3 étoiles d'or.* (Extrait de l'*Hiftoire héroïque de la Nobleffe de Provence,* tom. I, pag. 435.)

en la Cour des Aides du Parlement de Bordeaux, le 30 Décembre de la même année, au regiſtre des chartes. Ces Lettres portent, qu'il ſervit en 1625, dans les troupes qui agiſſoient en la Province de Guyenne, ſous les ordres du Duc du Maine, contre ceux de la Religion prétendue réformée, qui ſuſcitoient alors quantité de troubles & de révoltes dans le Royaume, durant leſquels il fut fait priſonnier, & conduit à Montauban, après avoir été dangereuſement bleſſé en une occaſion de guerre; qu'ayant été mis en liberté par l'échange fait de ſa perſonne, contre d'autres priſonniers, il continua de ſervir dans les mêmes troupes avec un courage extraordinaire; qu'en 1628, étant Officier dans le Régiment de Luſignan, il ſervit dans l'armée du Duc de Mantoue, commandée par le Marquis d'Uxelles, & reçut pluſieurs bleſſures conſidérables au combat donné devant Saint-Pierre, en Piémont; qu'en 1636, devenu Capitaine dans ce même Régiment, il ſe trouva à la priſe du Fort de Sainte-Barbe, près de Saint-Jean-de-Luz, ſous les ordres du Comte de Grammont, où, ayant fait une action importante, il contribua à la réduction de la place; il y reçut auſſi diverſes bleſſures conſidérables. Cette action ſi glorieuſe a fait mériter, à ſon nom, de trouver place dans les faſtes militaires du Royaume; depuis, pluſieurs places ayant été attaquées, il ſe trouva aux ſièges d'icelles, & à diverſes batailles & occaſions de guerre, où en ſe ſignalant, il donna des preuves de ſa valeur & de ſon expérience. Enfin, ſes bleſſures ne lui permettant plus de continuer ſes ſervices, ſes deux fils aînés, qui embraſſèrent la profeſſion des armes, firent voir le même zèle & la même fidélité, & ſe diſtinguèrent dans les occaſions de guerre qui ſe ſont préſentées, &c. Il eut pour enfans:

1. ETIENNE, qui ſuit;
2. GUILLAUME, tige de la branche des GALIBERT DE SAINT-AVIT, établie à Aiguillon, en Agénois, rapportée ci-après;
3. Et ANTOINE, auteur de la branche des GALIBERT, établie à Monclar, mentionnée enſuite.

ETIENNE DE GALIBERT-DE-BERNOU, Ecuyer, le même dont il eſt fait mention dans les Lettres de Nobleſſe, ſe trouva en Candie, lorſqu'on y envoya un Corps de Troupes pour la défenſe de cette place contre les Turcs, &

y fut dangereuſement bleſſé. De retour en France, il continua de ſervir avec le même cœur & le même courage, & fut fait Brigadier de la ſeconde Compagnie des Mouſquetaires du Roi. Il eut deux enfans:

1. ANTOINE, qui ſuit;
2. Et BARTHÉLEMY, mort ſans poſtérité.

ANTOINE DE GALIBERT, Ecuyer, Seigneur de Feugüerolles, Major du Régiment de Lafont, s'eſt marié, & ſa poſtérité va s'éteindre dans la Demoiſelle DE GALIBERT-DE-BERNOU, vivante ſans enfans de ſon mariage avec N..... de la Tour, Ecuyer.

BRANCHE
de GALIBERT-SAINT-AVIT, établie à Aiguillon, en Agénois.

GUILLAUME DE GALIBERT, Ecuyer (ſecond fils d'ANTOINE, Capitaine au Régiment de Luſignan), né en 1590, Officier audit Régiment, tué au ſiège de Valenciennes avoit épouſé, le 7 Novembre 1607, Jeanne Malgras, fille de François Malgras, & de Suſanne Paſſelaygue, dont:

ETIENNE DE GALIBERT, Ecuyer, né le 2 Mars 1608, marié le 3 Décembre 1629, à Marthe Meteau, héritière de Saint-Avit, fille de Daniel Meteau, & de Dame Jacqueline Brienne. Il en eut:

JEAN DE GALIBERT-SAINT-AVIT, Ecuyer, né le 11 Juin 1631, d'abord Mouſquetaire du Roi dans ſa première Compagnie, enſuite Major au Régiment du Prince-Royal, en Portugal, qui épouſa, le 28 Avril 1692, Marie du Gaſquet, fille de Thomas du Gaſquet, Ecuyer, & de Jeanne de Merignac. De ce mariage eſt iſſu:

ETIENNE DE GALIBERT-SAINT-AVIT, Ecuyer, né le 20 Janvier 1695, vivant encore en 1779, qui a épouſé, le 4 Janvier 1724, Marie-Françoiſe de Taſtes, fille de Guillaume de Taſtes, Ecuyer, Sieur de la Barthe, & de Jeanne Duniagou. Leurs enfans ſont:

1. THOMAS-MATHURIN, qui ſuit;
2. JOSEPH, mort âgé de ſix ans;
3. MARGUERITE, mariée, en 1760, à Joſeph-Boudon Raignac-de-la-Combe, Ecuyer, ancien Capitaine au Régiment de Mailly, Infanterie, & Chevalier de Saint-Louis;
4. MARIE-MARGUERITE-THOMASSIN, non encore mariée;
5. ANNE, Religieuſe Urſuline à Port-Sainte-Marie;

6. & 7. Autre Marguerite, appelée Mademoiselle *de Saint-Avit*; & Marie-Angélique, non mariées.

Thomas-Mathurin de Galibert-Saint-Avit, Ecuyer, né le 8 Novembre 1729, Chevalier de Saint-Louis, & Brigadier des Armées du Roi, a été succeffivement Sous-Lieutenant au Régiment de Montboiffier, en 1746, Lieutenant en pied, en 1747, Capitaine à la fuite du Régiment de Clermont-Tonnerre, Cavalerie, en 1758, Capitaine d'une Compagnie de 100 hommes d'Infanterie, attachés au Régiment de Turpin, Huffards, en 1760, fait Chevalier de Saint-Louis, la même année, après 14 ans de fervices, pour une action d'éclat où il fut bleffé; Capitaine à la fuite des Huffards de Chamborant en 1761, Lieutenant-Colonel d'Infanterie, en 1769, & Brigadier des Armées du Roi, en 1772. Il s'eft trouvé pendant les Campagnes de 1746, 1747 & 1748, aux fiéges des Forts de Santvliet, Lillo, Berg-op-Zoom, à l'attaque de Woorde, à l'affaire qui fe paffa à la rentrée de l'armée dans Anvers, où fut tué M. de Kermelet, le 27 Novembre 1747; à l'attaque d'un Convoi, du 2 Mars 1748, près de Berg-op-Zoom, où le Comte de Vaux fut fait prifonnier. Réformé en 1749, il paffa aux Indes en 1754, fervit à Saint-Domingue dans les Troupes du pays; s'embarqua comme Volontaire en 1757, fur l'Efcadre du Comte de Beauffremont, allant à Saint-Domingue, fur le vaiffeau l'*Eveillé*, qui combattit & prit corps-à-corps, en préfence de toute l'Efcadre, le vaiffeau de guerre Anglois *le Greenowits*. Sa fermeté lui mérita d'aller amariner la prife, il débarqua au Cap-François, joignit, fix femaines après, l'Efcadre de M. de Kierfaint; fe trouva au combat donné le 14 Octobre 1757, fur les côtes de Saint-Domingue, où il fut bleffé, & après fa guérifon, M. de Kierfaint le pria de s'embarquer fur la flûte du Roi, *Loutarde*, montée par le Capitaine Pinguet, qui, avec tout l'équipage, eut l'honnêteté d'écrire au Miniftre que le Sieur de Galibert avoit beaucoup contribué, par fon activité, à fauver ce vaiffeau du Roi, dans deux combats qu'ils eurent à foutenir contre les Corfaires Anglois, étant alors féparés de l'Efcadre par un gros brouillard, en 1758. La Cour l'envoya, avec le Comte de Montazet, à l'armée de l'Impératrice-Reine, où ils furent tous deux confidérablement bleffés à la ba-

taille de Hochkirch, en Luface, le 14 Octobre de la même année. Sa bonne conduite à la bataille de Maxem, fous Drefde, donnée les 29 & 30 Novembre 1759, lui mérita l'honneur d'être choifi par le Maréchal Daun, pour aller à Verfailles porter au Roi, & à la Famille Royale, la première nouvelle de la victoire de cette journée, avec la prife de 18000 Pruffiens. Il a fait les campagnes de 1760 & 1761, dans les Chaffeurs à pied, & dans les Huffards de Turpin; & s'eft trouvé, durant ces deux campagnes, à toutes les affaires qui s'y font paffées. Il a été réformé en 1762, fait Lieutenant-Colonel d'Infanterie en 1769, pour aller avec le Marquis de Chauvelin, en Corfe, & arrivé à Toulon, il reçut une lettre du Miniftre, qui lui annonçoit fa promotion à la Majorité & à l'Infpection générale de Pondichéry, lui enjoignant de revenir à Paris; mais à fon retour, il eut le chagrin de voir que les projets du Duc de Praslin n'eurent pas leur exécution. En 1771, il a été envoyé à la confédération de Bar, en Pologne, avec le Baron de Vioménil; il y fut fait Gouverneur de la Citadelle de Landskron, dans les monts Krapacks, dont il fortit à la tête de l'élite de fa garnifon, pour fe jeter dans le château de Cracovie. Les difficultés qu'il y rencontra, & qu'il furmonta, avec la part qu'il prit à fa défenfe, lui ont mérité d'être fait Brigadier des Armées du Roi, grâce que la circonftance a rendue auffi éclatante, qu'elle lui a été glorieufe; & dont il n'eut la première nouvelle que deux ans après, au retour de fa captivité, où il avoit été conduit fur les extrêmités des frontières des Ruffes, qui l'avoient forcé de capituler, faute de vivres, après quatre-vingt-fept jours de tranchée ouverte. Il a époufé, le 20 Octobre 1777, *Elifabeth-Urfule de la Borde-de-la-Caffagne*, fille de *Louis-Martial de la Borde*, Ecuyer, Seigneur de la Caffagne, ancien Officier d'Infanterie, & de Dame *Marie-Rofe de Taftes-de-la-Barthe*, dont il n'a pas encore d'enfans.

BRANCHE
de Galibert *établie à Monclar, en Agénois.*

Antoine de Galibert, Ecuyer, troifième fils d'Antoine, l'anobli, né en 1602, époufa, en 1653, *Madeleine de Breton-du-Roufery*, dont entr'autres enfans:

. 1. Etienne, Prêtre ;
2. Jean, Ecuyer, Capitaine de Cavalerie, &
Chevalier de Saint-Louis ;
3. Et Antoine, qui fuit.

Antoine de Galibert, Ecuyer, né en 1663,
Capitaine d'Infanterie, a épousé, le 9 Octo-
bre 1709, *Anne de Carrié*, de la ville de
Montaftruc, en Agénois, de laquelle eft iffu :

François de Galibert, Ecuyer, né en 1710,
marié, le 7 Octobre 1732, à *Catherine Ar-
baud-de-Tombebœuf*, dont font iffus :

1. Bernard, Curé de Sérignac, en Agénois ;
2. Raymond, qui fuit ;
3. Et Marie, Religieufe Carmélite, à Agen.

Raymond de Galibert, Ecuyer, né en 1736,
élevé au Collège Royal de Périgord, établi à
Toulouse, par Brevet du Roi, du 26 Octobre
1752, a épousé, le 20 Janvier 1762, *Marie
de Glory*, de Monclar, en Agénois, dont il
a quatre garçons & trois filles, tous vivans,
favoir :

1. Martial, Ecuyer, né en 1764 ;
2. 3. & 4. Jean, Bernard, & François-Ar-
mand ;
5. 6. & 7. Marie, Jeanne-Victoire, & Marguerite-Henriette.

Les armes : *d'hermines, à une fafce d'azur,
chargée d'une aigle à deux têtes d'or, les
aîles éployées, accofée de deux lions d'argent, paffans & affrontés.*

GALICE, en Provence : Famille qui a
pour tige Nicolas de Galice, Conſeiller en
la Cour des Comptes d'Aix, mort Doyen en
1572, & qui fubfifte dans Joseph-François
de Galice, Seigneur d'Aumont & de Bede-
jun, Doyen du Parlement d'Aix, qui n'a
point d'enfans de *Louife de Gueydan*, son
épouse. (Voyez l'*Hiftoire héroïque de la Nobleffe de Provence*, tom. I, pag. 438.)

Les armes : *de gueules, au coq d'argent,
au chef coufu d'azur, chargé de trois étoiles d'or.*

GALILÉE. Les Princes de Galilée étoient
iffus des Rois de Chypre, qui eux-mêmes
defcendoient des Ducs de Guyenne. Henri
de Chypre, Prince de Galilée, fixième fils de
Jacques Ier, Roi de Chypre, auteur de ces
Princes, fut apanagé de la Principauté de la
Galilée dans la Paleftine. Sa poftérité finit à
Phœbus de Chypre, Seigneur de Pfimofophe,
mort en 1521 ou environ, dans l'Isle de Chypre, âgé de 28 ans.

* GALISSONNIÈRE, en Bretagne : Seigneurie érigée en *Marquifat*, par Lettres du
mois de Septembre 1658, enregiftrées le 9
Décembre 1659, en faveur de *Jacques Bar-
rin*, Maître des Requêtes de l'Hôtel du Roi,
duquel defcend le Marquis de *la Galiffôn-
nière*, Chef d'Efcadre & Commandant-Général de la Nouvelle-France.

GALITZIN. Un Mémoire généalogique
de cette Maifon & quatre Tables généalogiques imprimés à Francfort & à Leipzig en
1767, nous ont été remis, de la part du Prince de *Galitzin*, par un homme célèbre dans
la République des Lettres, pour être inférés
dans ce Dictionnaire.

Ce Mémoire dit que quoique cette Maifon
tire fon origine d'une race étrangère, elle
peut & doit cependant être comptée parmi les
premières de la Ruffie, où elle s'eft tranfportée depuis plufieurs fiècles, & s'y eft diftinguée par fon zèle & fes fervices. L'Auteur dit,
en entrant dans les détails de la filiation le
plus complètement qu'il lui a été poffible, que,
s'il s'y trouve quelques lacunes, on doit l'ex-
cufer, d'autant plus que ces lacunes font très-
difficiles à éviter dans ces fortes d'ouvrages,
furtout quand des Maifons forment autant de
branches que celle-ci. Il eft bon, ajoute-t-il,
de remarquer que les noms qui fe terminent
en *witch*, & qui font fréquens dans cette
Généalogie, comme dans toutes celles de la
même Nation, dénotent ceux des pères des
perſonnes qui les portent. Par exemple, Démétrius Michaïlowitch Galitzin, fignifie Démétrius Galitzin, fils de Michel. Cette dénomination en Ruffie eft un terme de diftinction dans les Familles, & la politeffe exige
qu'en appelant un homme par fon nom de
baptême, on y ajoute celui du père. Cela tient
lieu du mot *Monfieur*, dont on fe fert dans
d'autres pays, comme en France. L'auteur
fait encore obferver que les Généalogies Ruffes ne font ordinairement pas mention des
femmes, fi ce n'eft pour des faits d'importance, & lorfqu'il s'agit d'indiquer une grande
liaifon qui jette du luftre fur la Famille.

La Maifon des Princes de Galitzin eft iffue
des anciens Grands-Ducs de Lithuanie : ce
n'eft pas par Korbuth, fils d'Olgierd, comme
on le croit communément, mais par Mari-
mond, fils de

I. Gedimin, Grand-Duc de Lithuanie, qui

mourut, felon les Annales Ruffes, en 1341. Les Hiftoriens Polonois reculent fa mort de 13 ans. Il faut d'autant moins ajouter foi à leur affertion, qu'ils marquent que ce Duc fut tué d'un coup de feu au fiège d'une ville appartenant aux Chevaliers Teutoniques; car il eft décidé, qu'en 1328, la poudre à canon n'étoit pas encore en ufage, & que ces Chevaliers ne pouvoient s'en fervir qu'en 1341. On donne à ce GEDIMIN pour fils :

II. NARIMOND, qui obtint, en 1331, de la République de Novogorod, dont l'Archevêque étoit détenu prifonnier en Lithuanie, des poffeffions confidérables, pour racheter fon Archevêque. Les villes de Ladoga & d'Orechow, autrement Orechek, aujourd'hui Schluffelbourg, la Carélie entière, & la moitié de l'Ingrie, conftituoient ce beau patrimoine. Il eft vraifemblable, dit le Mémoire, malgré le filence des Annales à cet égard, que NARIMOND poffédoit ces Terres à titre de feudataire, à charge de défendre les frontières contre les Suédois & les Chevaliers Teutoniques. Il mourut en 1366. Pour combiner les différentes Annales, il faut établir pour fils de NARIMOND :

III. ALEXANDRE, qui fut inftallé à Novogorod, à la place de fon père, en 1333. Il réfida 5 ans à Orechow, & las des troubles qui agitoient continuellement la République, retourna chez fon père, après la mort duquel il eut, en 1366, l'adminiftration de la Podolie. CASIMIR-LE-GRAND, Roi de Pologne, lui confia encore celle de la Volhynie. Il eut pour fils :

IV. PATRICE, Prince de Svenigorod, ville exiftante alors en Volhynie, & qui apparemment étoit fon apanage; il arriva à Novogorod en 1397, & fut reçu avec les honneurs dus à fon rang. En 1408, il prit fervice à Mofcou, chez le Grand-Duc BASILE Dmitriewitch. Selon le livre de généalogie, confervé dans les Archives de l'Empire, PATRICE eut trois fils, favoir :

   1. THÉODORE, duquel defcendent les Princes de Chowansky ;
   2. GEORGES, qui fuit ;
   3. Et ALEXANDRE, duquel defcendent les Koretzky, qui fe font établis en Pologne.

V. Suivant l'autorité que nous venons de citer, le Prince GEORGES eut pour femme ANNE, fœur du Grand-Duc BASILE Bafilewitch l'Aveugle. De ce mariage vint :

VI. BASILE Georgiewitch, Boyarin auprès du Grand-Duc JEAN Bafilewitch. Il eft à remarquer que Boyarin étoit la première dignité ou charge d'Etat, à laquelle on ne parvenoit que felon le mérite & par degrès. Celle qui y touchoit le plus près, étoit la charge d'Ocolnitfchei, ou de Miniftre d'Etat, & de Confeiller privé actuel. BASILE eut deux fils :

   JEAN, furnommé Boulgak, qui fuit ;
   Et DANIEL, furnommé Schtchena, duquel defcendoient les Princes de Schtfchenatew, dont la Famille eft éteinte. On trouve ici la première trace des furnoms introduits dans les Familles, & qui, dans leur origine, n'étoient, à ce qu'il paroît, que des fobriquets.

VII. Le Prince JEAN, furnommé Boulgak, & qu'on nommoit déjà Boulgakof, laiffa deux fils :

   MICHEL, nommé GOLITZA, qui fuit ;
   Et ANDRÉ, nommé KOURAKA, duquel defcendent les Princes de Kourakin, dont nous ne parlerons point ainfi que des Princes de Chowansky.

PREMIÈRE BRANCHE
des Princes de GALITZIN.

VIII. Le Prince MICHEL GOLITZA, auteur de la Maifon de GALITZIN, n'eut qu'un feul fils, qui fuit :

IX. GEORGES Michailowitch GALITZIN, Ocolnitfchei ou Miniftre d'Etat & Confeiller privé actuel, puis Boyarin fous le Grand-Duc BASILE Iwanowitch, laiffa deux fils :

   JEAN, qui fuit ,
   Et BASILE, Commandant des troupes fous le Grand-Duc JEAN Bafilewitch. Ce dernier fut père de
      BASILE Bafilewitch GALITZIN, célèbre dans l'hiftoire par la couronne qui lui fut deftinée après que le faux DÉMÉTRIUS fut chaffé du trône, & par la prifon qu'il fouffrit en Pologne. Il fut envoyé en Ambaffade au Roi SIGISMOND, pour régler les conditions auxquelles le Prince ULADISLAS devoit fe foumettre pour fuccéder au trône de Ruffie, & mourut fans laiffer d'enfans.

X. Le Prince JEAN Georgiewitch GALITZIN, Commandant des troupes, & Boyarin auprès du Grand-Duc JEAN Bafilewitch, eut deux fils & une fille, favoir :

   1. JEAN, Boyarin fous Boris Godunow, & mort fans enfans ;

2. André, qui fuit ;

3. Et Eudoxie, mariée à *Alexandre Nikitich Romanow*, frère du grand homme qui a donné au monde le Czar Michel Fedorowitch. Elle mourut le 1ᵉʳ Août 1597.

XI. Le Prince André Iwanowitch Galitzin, aussi Boyarin sous Boris Godunow, fut père de

Jean, Boyarin sous le Czar Michel Fedorowitch ;
Et André, qui fuit.

XII. André Andréewitch Galitzin, aussi Boyarin sous le même Czar, laissa :

1. Basile, qui fuit ;
2. Jean, auteur de la seconde branche, rapportée ci-après ;
3. Alexis, tige de la troisième, mentionnée ensuite ;
4. Et Michel, chef de la huitième, dont il sera parlé en son rang.

XIII. Suivant le livre de Généalogie ci-devant cité, le Prince Basile Andréewitch Galitzin, Boyarin sous le Czar Alexis Michailowitch, n'eut qu'un fils nommé

Basile, qui fuit ;
Et Irène, mariée au Prince *Georges* Petrowitch *Troubetskoï*, de qui sont issus les Princes de ce nom. Mais on trouve dans d'autres Mémoires qu'en 1672, a vécu un Prince Jean Basilewitch Galitzin, qui étoit Boyarin, & dont l'épouse *Juliane* Iwanowna a porté au baptême le Czarewitch Pierre Alexiowitch. Ce Prince étoit sans doute le fils aîné de Basile Andréewitch, & est apparemment mort sans enfans.

XIV. Basile Basilewitch, appelé communément *le grand* Galitzin, parvint à la dignité de Boyarin dès le commencement du règne du Czar Théodore Alexiowitch, & eut, en 1676, le commandement de l'armée en Ukraine. Ce fut lui qui conseilla au Czar Théodore, d'abroger les privilèges fondés sur le rang des Familles nobles. Il en vint à bout en 1682, dans une grande assemblée des Etats, où toutes les Familles furent déclarées égales pour faire mieux observer la subordination en tems de guerre. Lorsque, dans la même année, les Czars Jean & Pierre parvinrent à la Couronne, avec la participation de la Princesse Sophie, il eut la direction des Affaires Etrangères ; eut le sceau & fut Grand-Chancelier, quoiqu'il n'en portoit pas le nom. On établit pendant son ministère une correspondance réglée avec presque toutes les Cours de l'Europe. Son chef-d'œuvre fut la paix éternelle conclue avec la Pologne en 1686, suivie de l'alliance contre les Turcs, entre les Cours de Russie, de Vienne, de Pologne & la République de Venise. Les deux expéditions infructueuses contre la Crimée, & son trop grand attachement aux intérêts du Czar Jean & de la Princesse Sophie, le perdirent dans l'esprit de Pierre I ; il fut exilé en 1689, eut tous ses biens confisqués, & mourut en 1713, à Pinesch-koiwolok, dans le Gouvernement d'Arkhangel, âgé de près de 80 ans. Il avoit épousé *Théodosie*, fille du Prince *Basile Dolgorouky* dont il eut :

1. Alexis, qui fuit ;
2. Et Michel, lequel servit dans la flotte de Russie après son retour de l'exil. Il fut marié avec *Tatiane* Stepanowna, de la Famille de *Negelow*.

XV. Alexis Basilewitch Galitzin fut Boyarin avant son exil avec son père : après sa mort il eut la permission de revenir à Moscou, ainsi que son frère. Ses fils furent :

1. Michel, qui fuit ;
2. Et Basile, Capitaine d'un Vaisseau de guerre, mort le 14 Mars 1737. Il avoit épousé *Anne*, décédée en 1746, fille du Prince *Michel* Jakowlewitch Lobanow-Rostowsky. De ce mariage sont sortis un fils & une fille, savoir :

Michel, aussi décédé, dont la femme, vivante en 1773, est fille de feu l'Amiral *Alexandre* Iwanowitch *Golowin* ;
Et Tatiane.

XVI. Michel Alexiowitch Galitzin a servi dans la flotte de Russie, & vivant en 1773, âgé de plus de 70 ans, s'est marié avec *Marthe* Maxinowna, de la Maison *de Chwostow*. Il en a eu :

1. Nicolas, né en 1724, mort en 1754, âgé environ de 30 ans ;
2. André, Officier dans la Marine ;
3. Hélène, morte épouse du Comte *Alexis* Petrowitch *Apraxin* ;
4. 5. & 6. Barbe, Anne & Hélène.

SECONDE BRANCHE.

XIII. Le Prince Jean Andréewitch Galitzin, frère de Basile, Boyarin sous le Czar Alexis Michailowitch, eut trois fils & une fille, savoir :

1. André, qui fuit ;

2. & 3. Jean & Jean, *le cadet*, Boyarin fous la régence des Czars Jean & Pierre, & de la Princeffe Sophie ;

4. Et Marie, époufe du Prince *Grégoire Fedorowitch Dolgorouky*.

XIV. André Iwanowitch Galitzin fut, comme fes frères, Boyarin fous la régence des Czars Jean & Pierre, & de la Princeffe Sophie. Il époufa *Pélagie*, fille de *Démétri Strogonof*, dont vint :

XV. Jean Andréewitch Galitzin, qui de fon mariage laiffa :

XVI. Alexandre Iwanowitch Galitzin, lequel prit pour femme *Stephainde*, fille de *Mathieu Rgewsky*, laquelle étant devenue veuve, époufa, en fecondes noces, le Prince de Géorgie, *Nicolas* Semenowitch. Du Prince Alexandre, fon premier mari, elle eut un fils nommé

Nicolas, mort le dernier de cette branche.

TROISIÈME BRANCHE.

XIII. Le Prince Alexis Andréewitch Galitzin, Ier du nom, fecond frère de Basile, Boyarin fous le Czar Alexis Michailowitch, eut de la Princeffe *Marie*, fille du Prince *Fedor Chilkow*, fon époufe, fix fils :

1. Démétrius, mort fans enfans ;
2. Boris, qui fuit ;
3. Jacques, auffi mort fans enfans ;
4. Jean, auteur de la fixième branche, rapportée ci-après ;
5. Pierre, né en 1660, & connu par fon Ambaffade à la Cour de Vienne, depuis 1700 jufqu'en 1705. De retour en Ruffie, ce Prince eut le Gouvernement d'Arkhangel, de Riga & de Kiev, où il mourut en 1722. Il avoit époufé 1° *Anaftafie* Iwanowna, Princeffe de *Worotinski*, dont il n'a point eu d'enfans ; 2° *Darie Lukischna*, fille de *Lucas* Fedorowitch *Leponnow*, de laquelle il a eu plufieurs enfans ; & 3° *Elifabeth*, fille d'*Iwan* Alexiowitch *Mouffin Ponfchkin*. Le Prince Pierre Alexiowitch Galitzin a laiffé quatre fils & trois filles, que nous allons rapporter felon l'ordre de leur naiffance, favoir :
 1. Basile Petrowitch, né le 7 Avril 1682, marié à *Natalie* Martemianowna *Narifchkin*, dont il a eu :
  Darie, née le 7 Septembre 1705, morte le 13 Novembre 1762, mariée 1° au Prince *Dadiaude Géorgie* ; & 2° à *Démétrius* Iwanowitch

Kotfchetow, Confeiller d'Etat actuel, & ci-devant Maître de Police ; Et Jean, né en 1712.

2. Irène, née le 3 Mai 1700, mariée, en 1716, au Prince *Sergius* Petrowitch *Dolgorouky*, Confeiller privé, & Chevalier de l'Ordre de Sainte-Anne. Elle eft morte le 28 Novembre 1751 ;

3. Nicolas Petrowitch, né en 1708, mort le 10 Février 1734 ;

4. Proscovie, morte le 4 Décembre 1755, femme de *Pierre* Iwanowitch *Soltykof*, Confeiller privé & Gouverneur à Novogorod ;

5. Alexis Petrowitch, né en 1710, mort le 4 Mai 1748 ;

6. Alexandre, né le 14 Août 1720, marié à *Maure* Alexcewna *Plefchtfchéew* : il eft mort le 19 Mai 1753 ;

7. Et Elisabeth, née le 14 Février 1721, morte le 18 Février 1763, époufe du Prince *Alexandre* Alexandrowitch *Menchikof*, Lieutenant-Général, Major aux Gardes, Chevalier des Ordres de Saint-Alexandre & de Sainte-Anne, décédé en 1764 ;

6. Et Fedor-Théodore Alexiowitch, né en 1668, Infpecteur de l'Amirauté & de la conftruction des vaiffeaux à Saint-Pétersbourg, mort à Mofcou le 22 Décembre 1736. Il avoit époufé *Irène*, fille du Prince *Jacques Lobanow-Roftowsky*, dont il a eu quatre filles, favoir :

 Marie, époufe du Prince *Paul* Nicolaewitch *Scherbatow* ;
 Irène, veuve de *Pierre Nikitich Chitrow*, Veneur de la Cour ;
 Agrippine, aveugle ;
 Et Proscovie, mariée à *Pierre* Andréewitch *Tolftoï*, Colonel de l'Artillerie.

XIV. Le Prince Boris Alexiowitch Galitzin, né le 20 Juillet 1641, Grand-Echanfon, puis Boyarin fous la régence des deux Czars & de la Princeffe Sophie, eut, au commencement de ce fiècle, le Gouvernement de Cafan & d'Aftracan. Il fut chargé de l'éducation de Pierre Ier, dont il étoit Gouverneur, & auquel il s'attacha particulièrement, nonobftant le grand danger qu'il courut dans les premiers troubles. Il le fauva de plufieurs périls, & le guérit, fuivant *Strahlemberg*, de fa peur extraordinaire pour l'eau ; mais cette anecdote eft fort incertaine & n'eft rapportée que par ce feul Auteur. Ce Prince eftimoit beaucoup les favans & l'étoit lui-même, parlant très-bien le grec & le latin. La protection qu'il accordoit aux fciences, attira beaucoup d'étrangers en Ruffie. Il mourut le 18 Octobre 1713, au Couvent de Frolifchtfcheva, ayant embraffé, quelques mois auparavant, l'état Monacal. Ce Prince avoit époufé *Marie* Fedorowna, née le 24 Mars 1657, de la Famille de *Chworoſtinin*, morte le 13 Octobre 1723, laiffant:

1. ALEXIS, qui fuit;
2. BASILE, auteur de la quatrième branche, rapportée ci-après;
3. SERGIUS, tige de la cinquième, mentionnée en fon rang;
4. EUDOXIE, morte fans alliance;
5. ANASTASIE, mariée au Prince *André* Michailowitch *Romadanowsky*;
6. MARIE, époufe du Prince *Pierre* Michailowitch *Tfcherkasky*, frère du Grand-Chancelier de ce nom;
7. MARTHE, mariée au Prince *Alexandre* Beckewitch *Tfcherkasky*, Capitaine aux Gardes. Elle a eu le malheur de fe noyer dans le Volga, en retournant d'Aftracan, où elle avoit accompagné fon époux envoyé en Ambaffade vers les différens Etats de la Boukharie. Il fut tué à Khiva en 1716;
8. AGRIPPINE, femme du Prince *Michel* Iwanowitch *Chowansky*;
9. Et ANNE, alliée au Prince *Alexandre Nikitich Proforowsky*, Capitaine-Lieutenant d'un Vaiffeau de guerre.

XV. ALEXIS Borifowitch GALITZIN, IIᵉ du nom, né le 4 Février 1671, fervit dans les troupes, où il devint Colonel, & eft mort le 4 Mars 1713, laiffant d'*Anne*, Iwanowna, de la Famille de *Soukin*, qu'il avoit époufée en 1684, & décédée le 7 Octobre 1738:

1. SERGIUS, qui fuit;
2. JACQUES Alexiowitch, né le 11 Mars 1697, Capitaine-Lieutenant aux Gardes, mort le 1ᵉʳ Mars 1749, veuf d'*Hélène*, née le 20 Mai 1695, fille du Comte *Pierre* Matweewitch *Apraxin*, Général. Elle eft décédée le 30 Mai 1736, ayant eu:
   1. PIERRE Jacowlewitch, né en 1719, Major aux Gardes à Cheval, & Chevalier de l'Ordre de Sainte-Anne, allié avec *Marie* Semenowna *de Plefchéew*, dont: HÉLÈNE, MARTHE, CATHERINE, ANNE & ELISABETH.
   2. ALEXANDRE, né le 30 Mai 1729, Colonel, marié, le 11 Novembre 1750, à *Darie* Petrowna *Ifmaïlow*, née le 4 Mars 1729, morte le 12 Janvier 1766, laiffant:

JACQUES Alexandrowitch, né le 1 Juin 1753.

3. ANNE, née en 1718, femme de *Nicolas* Petrowitch *Soltykof*, Confeiller privé;
4. Et NATALIE, née en 1731, mariée à *Sergius* Bafilewitch *Scheremetow*, Capitaine aux Gardes.

3. JEAN Alexiowitch, né le 26 Août 1712, Sous-Lieutenant aux Gardes, mort, en 1739, à Conftantinople, où il étoit allé en qualité de Cavalier d'Ambaffade avec le Général Comte *Rumantzow*;
4. MARIE, morte en 1752, époufe de *Bafile* Fedorowitch *Soltykof*, Confeiller privé actuel, Adjudant-Général de l'Impératrice ANNE, & Grand-Maître de Police;
5. CATHERINE, née le 20 Janvier 1698, morte fille le 21 Avril 1761;
6. Et NATALIE Alexiówna, mariée à *Pierre* Michaïlowitch *Soltykof*, Confeiller privé.

XVI. SERGIUS Alexiowitch GALITZIN, né le 16 Octobre 1692, Confeiller privé & Gouverneur de Mofcou, mort le 19 Septembre 1758, avoit époufé *Anaftafie* Wafiliewna, de la Famille de *Talatfchanow*, décédée le 20 Septembre 1756. Leurs enfans font:

1. NICOLAS, qui fuit;
2. ALEXIS, rapporté après fon frère;
3. NATALIE, née le 30 Juillet 1715, mariée, en 1744, au Prince *Nicolas* Alexiowitch *Dolgorouky*, Brigadier, & morte le 13 Novembre 1755;
4. CATHERINE, née le 4 Décembre 1719, morte en 1750, femme de *Sergius* Naoumowitch *Sinawin*, Chambellan;
5. ANNE, née le 20 Avril 1731;
6. Et TATIANE, née le 2 Août 1736, mariée à *Pierre* Wolodimerowitch *Scheremetow*, Capitaine-Lieutenant aux Gardes.

XVII. NICOLAS Sergiewitch GALITZIN, né le 27 Avril 1712, Capitaine aux Gardes, a époufé 1º *Marie* Iwanowna, Princeffe *de Boratinsky*, morte en 1746; 2º *Catherine* Michailowna, de la Famille de *Bobrifchtfchef-Poufchtfchin*, décédée le 24 Août 1750; & 3º en 1761, *Alexandre* Alexandrowna, de la Famille de *Chitrow*. Il n'a eu d'enfans que du fecond lit, favoir:

1. SERGIUS, né le 9 Janvier 1753;
2. MICHEL, né le 19 Juin 1756;
3. Et MARIE, née le 3 Mars 1755.

XVII. ALEXIS Sergiewitch GALITZIN, IIIᵉ du nom, frère de NICOLAS, né le 27 Février 1723, Colonel, eft mort le 13 Août 1765, laiffant d'*Anne* Iwanowna *de Bibikoff*, née le 2 Décembre 1730, qu'il avoit époufée le 12 Juillet 1749 :

1. SERGIUS, né le 2 Février 1756 ;
2. BORIS, né le 7 Septembre 1758 ;
3. JACQUES, né le 1ᵉʳ Avril 1763 ;
4. BARBE, née le 2 Avril 1750 ;
5. ANASTASIE, née le 13 Mai 1751 ;
6. Et NATALIE, née le 13 Juin 1757.

QUATRIÈME BRANCHE.

XV. BASILE Borifowitch GALITZIN, frère d'ALEXIS, IIᵉ du nom, né en 1681, mort le 4 Août 1710, avoit époufé, 1° en 1702, *Anne* Alexiowna, née en 1680, de la Famille *de Rgewski*, morte en 1705 ; & 2° en 1707, *Catherine* Grigoriewna, de la Famille *de Saborowski*, née en 1688, morte le même jour que fon mari. Ils furent écrafés avec plufieurs autres perfonnes de diftinction par l'écroulement de la Maifon du Prince *Jacques* Iwanowitch *Mofalski*, où ils étoient à dîner. Du premier lit font fortis :

1. MICHEL, qui fuit ;
2. BORIS, rapporté après fon aîné.

Et du fecond lit vinrent :

3. DÉMÉTRIUS, mentionné enfuite ;
4. Et BASILE, né en 1710, mort Major d'un Régiment d'Infanterie.

XVI. MICHEL Bafilewitch GALITZIN, né le 25 Septembre 1703, Chambellan de l'Impératrice ELISABETH, & Chevalier de l'Ordre de Sainte-Anne, mort le 13 Janvier 1749, avoit époufé, le 3 Mai 1726, *Eudoxie*, née le 15 Février 1703, fille du Prince *Michel* Georgiewitch *Scherbatow*, Général-Major & Gouverneur à Arkhangel, dont :

1. GEORGES, né le 15 Février 1728, mort jeune ;
2. NICOLAS, né le 10 Mai 1729, Brigadier ;
3. ALEXANDRE, né le 22 Août 1730, Lieutenant aux Gardes ;
4. BASILE, qui fuit ;
5. MICHEL, né le 12 Février 1735, Lieutenant-Colonel ;
6. NIKITA, né en 1731, mort ;
7. DÉMÉTRIUS, né en 1738, auffi mort ;
8. CATHERINE, né en 1732, morte ;
9. ANNE, née le 18 Novembre 1733, décédée le 21 Juin 1755, femme du Prince *Michel* Iwanowitch *Dolgorouky*, Officier aux Gardes ;
10. Et EUDOXIE, née le 3 Mai 1736.

XVII. BASILE Michailowitch GALITZIN, né

le 25 Décembre 1731, Capitaine-Lieutenant aux Gardes, a époufé, le 26 Juillet 1754, *Marie*, née le 14 Janvier 1735, fille d'*Alexis* Danilowitch *Tatifcheff*, Chambellan, Grand-Maître de Police & Chevalier de l'Ordre de Saint-Alexandre. Leurs enfans font :

1. MICHEL, né le 16 Août 1759 ;
2. DÉMÉTRIUS, né le 2 Décembre 1760 ;
3. BORIS, né le 28 Avril 1762 ;
4. NICOLAS, né le 11 Septembre 1763 ;
5. EUDOXIE, née le 23 Juin 1755 ;
6. ANASTASIE, née le 29 Mai 1756, & morte la même année ;
7. CATHERINE, née le 30 Mai 1757, décédée le 25 Avril 1760 ;
8. ANNE, née le 13 Juin 1758 ;
9. BARBE, née le 14 Novembre 1764 ;
10. Et NATALIE, née le 20 Mai 1766.

XVI. BORIS Bafilewitch GALITZIN (iffu d'*Anne* Alexiowna *Rgewski*, première femme de BASILE), né le 24 Juin 1705, d'abord Grand-Maître de l'Artillerie pour la Marine, puis Commiffaire-Général de la Guerre, & enfin Amiral, avec permiffion de fe retirer du fervice, s'eft marié, en 1726, avec *Sophie*, fille de *Jean* Tichonowitch *Strefchuew*, morte en 1739. Il en a eu :

1. BASILE, né le 27 Juillet 1729, Chambellan de l'Impératrice, marié, le 4 Février 1754, à la Comteffe *Barbe*, fille du Comte *Pierre* Semenowitch *Soltykof*, Général-Feld-Maréchal, Sénateur & Chevalier des Ordres de Saint-André & de Saint-Alexandre ;
2. WOLODIMER, né le 10 Juin 1731, Colonel, qui a époufé, le 30 Octobre 1766, la Comteffe *Natalie*, fille du Comte *Pierre* Grigoriewitch *Tfchernitfcheff*, Confeiller privé actuel ;
3. ALEXIS, né le 30 Juin 1732, Colonel ;
4. MICHEL, né en 1733, mort ;
5. JEAN, né le 10 Juillet 1736, Lieutenant-Colonel ;
6. NATALIE, née le 12 Août 1728, morte le 27 Janvier 1733 ;
7. ANNE, née le 19 Juillet 1730, mariée, le 2 Novembre 1748, au Comte *Pierre* Alexiowitch *Apraxin*, dont elle eft veuve ;
8. HÉLÈNE, née en 1734, morte ;
9. Et ALEXANDRE, née le 12 Janvier 1735, époufe du Baron *Grégoire* Nicolaewitch *Strogonof*, Chambellan.

XVI. DÉMÉTRIUS Bafilewitch GALITZIN, fils aîné de *Catherine* Grigoriewna *Saborowski*, feconde femme de BASILE, fon père, né le 31 Janvier 1708, Colonel, a époufé, le 10 Février

1745, *Catherine* Kirillowna *de Matouschkin*, fille du Général de ce nom, dont il a eu :

1. ALEXIS, né le 29 Août 1747, mort en 1751 ;
2. MICHEL, né le 10 Septembre 1748 ;
3. BORIS, né le 20 Août 1749, décédé en 1751 ;
4. DÉMÉTRIUS, né le 11 Novembre 1750 ;
5. BASILE, né le 7 Janvier 1752 ;
6. Et ANNE, née le 20 Octobre 1753, morte le 1ᵉʳ Août 1754.

CINQUIÈME BRANCHE.

XV. SERGIUS, Borisowitch GALITZIN, second frère d'ALEXIS, IIᵉ du nom, né le 28 Septembre 1688, Conseiller d'Etat, mort le 7 Septembre 1758, avoit épousé, 1° en 1707, la Comtesse *Proscovie*, né le 7 Octobre 1687, & morte le 10 Janvier 1720, fille du Comte *Fedor* Alexiowitch *Golowin*, Grand-Chancelier ; & 2° en 1722, *Marie* Alexandrowna, née le 17 Janvier 1698, de la famille de *Miloslawsky*. Du premier lit il a eu :

1. SMARAGDE, né le 3 Mars 1709, tué le 10 Février 1736, dans la campagne de Crimée, par méprise, par un soldat qui le servoit ;
2. JACQUES, né le 12 Mars 1712, mort au corps des Cadets le 13 Septembre 1733 ;
3. ALEXIS, né le 22 Février 1713, Conseiller de Collège, marié, le 31 Janvier 1746, à la Princesse *Anne* Sergeewna *Dolgorouky*, dont

     BORIS, né en 1748, mort le 28 Mai 1754 ;
     Et ANASTASIE, née le 11 Septembre 1749 ;

4. FEDOR, qui suit ;
5. BORIS, rapporté après son frère ;
6. MARIE, née en 1710, morte ;
7. ANNE, née en 1711, veuve de *Michel* Fedorowitch *Argamakow*, Capitaine aux Gardes, mort en 1764.

Et du second lit vinrent :

8. PIERRE, né le 5 Juin 1724, mort le 22 Janvier 1752 ;
9. & 10. ALEXANDRE, mort, & BORIS, Capitaine aux Gardes ;
11. Et BASILE, Lieutenant aux Gardes, marié à *Barbe*, Petrowna *Boutourlin*.

XVI. FEDOR Sergiewitch GALITZIN, né le 14 Août 1714, Conseiller de Collège, s'est marié, le 12 Septembre 1744, avec la Comtesse *Anne*, fille du Comte *Grégoire* Petrowitch *Tschernitscheff*, Général en chef, de laquelle il a :

1. SERGIUS, né le 20 Août 1748 ;
2. Et PIERRE, né le 9 Juin 1755.

XVI. BORIS Sergiewitch GALITZIN, frère de FEDOR, né le 17 Mars 1715, Major dans l'armée, est mort le 14 Septembre 1761, laissant de la Princesse *Natalie* Alexandrowna *Dolgorouky*, née le 24 Août 1729, qu'il avoit épousée le 2 Février 1745, dix enfans, savoir :

1. SERGIUS, né le 14 Mars 1749 ;
2. ALEXANDRE, né le 21 Avril 1751 ;
3. PIERRE, né le 6 Décembre 1755 ;
4. CATHERINE, née le 13 Février 1748, mariée, le 4 Juin 1766, à *Alexis* Iwanowitch *Soltykof*, Lieutenant-Colonel ;
5. NATALIE, née le 3 Mars 1750 ;
6. ANASTASIE, née le 15 Août 1752 ;
7. PROSCOVIE, née le 13 Octobre 1753 ;
8. ELISABETH, née le 5 Septembre 1754 ;
9. MARIE, née le 22 Avril 1757 ;
10. Et BARBE, née le 22 Août 1758.

SIXIÈME BRANCHE.

XIV. JEAN Alexiowitch GALITZIN, né le 11 Novembre 1657, quatrième fils du Prince ALEXIS, Iᵉʳ du nom, & de la Princesse *Marie* Fedorowna *Chilkow*, fut Chambellan du Czar *Jean* Alexiowitch, si on ne se trompe point en expliquant ainsi le titre de Spalnik, dont il étoit revêtu. Il a passé le reste de ses jours en retraite, & est mort le 17 Avril 1729. Ce Prince a laissé de son mariage avec *Anastasie*, fille du Prince *Pierre* Iwanowitch *Prosorowsky*, Gouverneur du Czar *Jean*, deux fils, savoir :

     FEDOR-THÉODORE, qui suit ;
     Et ALEXIS, rapporté après la postérité de son aîné.

XV. FEDOR-THÉODORE Iwanowitch GALITZIN, né en 1700, Général-Major & Chevalier de l'Ordre de Sainte-Anne, décédé le 4 Octobre 1759, avoit épousé, 1° en 1725, *Anne*, fille du Grand-Chancelier *Lew* Kirilloowitch *Narischkin*, morte en 1727 ; & 2° en 1728, *Anne* Petrowna *Ismailow*, née en 1712, décédée le 2 Juin 1749. Du second lit sont issus :

1. NICOLAS, qui suit ;
2. JEAN, né le 4 Janvier 1731, Général-Major, Chevalier de l'Ordre de Sainte-Anne, marié, le 28 Juillet 1751, à *Anastasie* Andréewna *Sabourow*, née le 22 Octobre 1734, & morte le 10 Mars 1754 ;
3. PAUL, mentionné ci-après ;

4. Boris, né le 24 Juillet 1738, Officier aux Gardes à Cheval, mort le 15 Novembre 1755;
5. Pierre, né le 9 Juin 1742, Colonel;
6. Eudoxie, née le 3 Août 1734, mariée, le 26 Février 1755, avec *Alexandre* Iwanowitch *Boltin*, Brigadier;
7. Et Anne, née le 10 Juin 1744, alliée, le 26 Janvier 1763, à *Sergius* Alexandrowitch *Bredichin*, Gentilhomme de la Chambre de l'Impératrice.

XVI. Nicolas Fedorowitch Galitzin, né le 2 Décembre 1728, Lieutenant-Général, s'est marié, le 8 Octobre 1749, à *Proscovie* Iwanowna *Schouvaloff*, née le 10 Octobre 1734, dont:

1. Fedor, né le 7 Avril 1751;
2. Jean, né le 15 Avril 1759;
3. Et Barbe, née le 12 Février 1766.

XVII. Paul Fedorowitch Galitzin, second frère de Nicolas, né le 24 Février 1733, Capitaine-Lieutenant aux Gardes, a épousé, le 22 Février 1758, *Catherine* Michailowna *Tschebyschew*, née le 22 Octobre 1743. Leurs enfans sont:

1. Alexandre, né le 15 Avril 1766;
2. Et Anne, née le 17 Mai 1759.

SEPTIÈME BRANCHE.

XV. Alexis Iwanowitch Galitzin, né en 1706, d'*Anastasie* Petrowna *Prosorowsky*, femme de Jean, son père, est mort en 1739. Il avoit épousé, le 18 Avril 1728, la Princesse *Darie* Wasiliewna, née le 16 Mai 1711, fille du Prince *Basile* Iwanowitch *Gagarin*, de laquelle sont sortis:

1. Jean, qui suit;
2. Pierre, rapporté après son aîné;
3. Fedor, mentionné ensuite;
4. Alexis, né le 4 Avril 1733. Il a servi dans les Gardes & à l'armée, & à pris son congé en qualité de Lieutenant-Colonel;
5. Démétrius, né le 7 Septembre 1734, Gentilhomme de la Chambre de l'Impératrice, & Ministre Plénipotentiaire à la Cour de France depuis 1763; Envoyé extraordinaire à la Haye, en 1769, & Chambellan de l'Impératrice en 1771;
6. Et Catherine, née le 8 Mars 1735, mariée, en 1757, à *Jean* Sergiewitch *Golowin*, Conseiller de Collège.

XVI. Jean Alexiowitch Galitzin, né le 9 Février 1729, a servi dans les Cuirassiers jus-

qu'au grade de Major, & a pris son congé en qualité de Lieutenant-Colonel. Il a épousé, le 16 Mai 1763, *Proscovie* Stepanowna *Lapoukhin*, née le 14 Septembre 1734. De ce mariage il existe un fils, nommé

Alexis, né le 12 Mai 1765.

XVI. Pierre Alexiowitch Galitzin, né le 3 Mai 1731, frère de Jean, est Chambellan de l'Impératrice, & Major dans les Gardes d'Ismailow. Il s'est marié, en 1752, avec *Catherine* Fedorowna, Comtesse d'*Apraxin*, dont un fils:

Alexis, né en 1754.

XVI. Fedor Alexiowitch Galitzin (second frère de Jean), né le 24 Avril 1732, Capitaine aux Gardes à Cheval, a épousé, le 15 Juillet 1754, Anne, née en 1738, fille du Prince *Jacques* Petrowitch *Schakowsky*, Conseiller privé actuel, Sénateur, Chevalier des Ordres de St.-André & de St.-Alexandre. Il en a un fils:

Alexandre, né le 19 Août 1760.

HUITIÈME BRANCHE.

XIII. Le Prince Michel Andréewitch Galitzin, né en 1640, troisième frère du Prince Basile, fut comme lui Boyarin, sous le Czar Alexis, Michailowitch, & mourut le 25 Septembre 1688. Il avoit épousé, en 1663, *Proscovie* *Nikitischna*, de la Maison de *Kastirew*, née le 8 Octobre 1645, & morte le 1er Novembre 1715, laissant:

1. Démétrius, qui suit;
2. Michel, tige de la neuvième branche, rapportée ci-après;
3. Pierre, né le 11 Juin 1682, Lieutenant-Général des Armées, & Lieutenant-Colonel des Gardes Preobrasensky, mort le 21 Janvier 1722. Il servit avec beaucoup de distinction dans la grande guerre contre la Suède, eut un commandement en Pologne, & fut fort aimé de l'Empereur, à cause de son honnêteté & de sa probité. Il s'étoit marié avec la Princesse *Théodosie*, fille du Boyarin, Prince *Wolodimer* Démétriewitch *Dolgorouky*;
4. Michel, le cadet, auteur de la dixième branche, dont il sera parlé en son rang;
5. Sophie, née en 1682, morte fille le 2 Juin 1703;
6. Marie, dite l'aînée, décédée le 30 Avril 1728, femme du Prince *Alexis* Petrowitch *Chowansky*;

7. Et MARIE, dite *la cadette*, alliée à un Prince *Proforowsky*.

XIV. DÉMÉTRIUS Michailowitch GALITZIN, né en 1665, homme d'un grand efprit & de beaucoup de fermeté, fut employé par l'Empereur, PIERRE *le Grand*, dans plufieurs affaires importantes, Confeiller privé actuel, Chevalier de l'Ordre de St.-André, Sénateur & Membre du premier Confeil-Privé d'Etat, où il eut une très-grande influence. A la mort de PIERRE II, il fut un des premiers moteurs de l'élévation de la Princeffe ANNE, Ducheffe Douairière de Courlande, à l'Empire, fous de certaines conditions, par lefquelles la Nobleffe fe ftipula des privilèges; & reftreignit en général le pouvoir de l'autorité fouveraine. Les mêmes articles, acceptés à Mittau, & annullés enfuite à Mofcou, furent la feule caufe de fa difgrace. Il eft mort en exil à Schluffelbourg, au mois d'Avril 1738, & avoit époufé *Anne*, fille du Prince *Jacques Nikititch Odouewsky*, Boyarin, morte le 18 Octobre 1708. De ce mariage il a eu:

1. SERGIUS, né le 10 Juin 1696, envoyé en 1723, par PIERRE Ier, en qualité de Miniftre Plénipotentiaire en Efpagne, où il refta jufqu'en 1726. Il fut fait, en 1728, Chambellan par PIERRE II, & Chevalier de l'Ordre de Saint-Alexandre; alla à Berlin en 1729, comme Envoyé extraordinaire, y demeura jufqu'en 1731, & en 1734 envoyé Ambaffadeur en Perfe. De retour en 1737, il eut le Gouvernement de Cafan, où il fut tué d'un coup de foudre, le 1er Juillet 1738, en fe promenant aux environs de la ville. Il s'étoit marié, en 1722, avec *Profcovie*, fille de *Jean* Iwanowitch *Narifchkin*, décédée fans enfans en 1723;
2. ALEXIS, qui fuit;
3. Et ANASTASIE, née le 15 Octobre 1698, morte en 1742, femme du Prince *Conftantin* Démétriewitch *Cantémir*, fils du Hofpodar de Moldavie, Capitaine aux Gardes, décédé le 12 Janvier 1747.

XV. ALEXIS Démétriewitch GALITZIN, né le 16 Août 1697, Confeiller privé actuel, Sénateur, Chevalier des Ordres de Saint-André & de Saint-Alexandre, a obtenu la permiffion de fe retirer du fervice en 1763. Il a époufé, 1° *Irène*, fille du Prince *André* Jacowlewitch *Chilkow*, morte fans enfans; & 2° en 1726, *Agrippine*, née le 8 Juin 1709, fille de *Bafile* Fedorowitch *Soltykof*, de laquelle font iffus:

1. NICOLAS, né le 16 Décembre 1751;
2. BARBE, née le 4 Mai 1745, mariée, le 8 Mars 1766, à *Jean* Gregoriewitch *Naumow*, Officier aux Gardes;
3. Et ANNE, née le 28 Octobre 1746.

NEUVIÈME BRANCHE.

XIV. MICHEL Michailowitch GALITZIN, (frère de DÉMÉTRIUS), né le 1er Novembre 1674, fut illuftre par fon mérite & fes rares talens pour la guerre. De Gentilhomme de la Chambre (*Komnatnoi Stolnik*), titre qu'il portoit en confidération de fa naiffance, il entra, en 1687, comme fimple foldat au Régiment des Gardes Semenowsky, imitant en cela fon Souverain, avec qui il fervit en camarade, & eut par-là l'avantage de lui faire connoître fon zèle; fut Enfeigne en 1694, affifta, l'année d'après, au premier fiège d'Afow, où fa bravoure, dans un affaut, lui mérita le grade de Lieutenant; fut en 1696, au fecond fiège & à la prife de cette ville; eut part, en 1698, à la victoire remportée fur les Strélitz, près du couvent de Wolskrefensky; accompagna, en 1699, l'Empereur dans l'expédition navale fur le Palus-Meotides; eut, en 1706, une Compagnie dans le même Régiment des Gardes, & fut au premier fiège de Narva, où il fe diftingua par fa valeur, & infpira à fon Régiment un courage au-deffus des autres troupes; fut fait Major & Lieutenant-Colonel en 1701; fe diftingua encore, en 1702, dans l'affaut de Schluffelbourg, ce qui engagea l'Empereur à lui conférer le titre de Colonel des Gardes Semenowsky (*honneur arrivé à lui feul*); la dignité de Colonel des Régimens des Gardes étant réfervée au Souverain. Si fa modeftie en fut bleffée, & s'il aima mieux fe contenter du titre de Lieutenant-Colonel, l'Empereur, en avançant auffi d'un grade à l'autre, reprit à la vérité le titre de Colonel. Ce fait eft confirmé par un Diplôme de l'Impératrice CATHERINE, de l'année 1725; il y eft marqué en termes exprès, que pour l'affaut & la prife de Schluffelbourg, il fut déclaré Colonel du Régiment des Gardes Semenowsky. En 1703, il fut à la prife de Nienfchantz, & à la fondation de Saint-Péterfbourg, & en 1704, à la prife de Narva; commanda cette année une Brigade en Pologne; affifta à la prife de Mittau, & fut à Grodno, lorfque les Suédois attaquèrent cette ville; fait Général-Major en 1706, il mena les troupes Ruffes de Grodno en Ukraine, féjourna quelque tems à Kiow, & paffa avec un Corps d'armée en Pologne; remporta, le 29 Août 1708, avec huit bataillons de Gardes & trente efcadrons de Cavalerie, commandés par le Général Pflug, la victoire de Dobre (village fitué fur la petite rivière Tfchernaia-nap), contre les Suédois, & reçut à cette oc-cafion le Cordon de Saint-André, l'unique fois qu'il fut conféré à un Général-Major. La bataille de Lefno, gagnée le 28 Septembre fuivant fur Lowenhaupt, lui valut le grade de Lieutenant-Général, & le portrait de l'Empereur, garni de diamans. Ce fut à la même occafion, que ce Prince lui donnant pleine liberté de lui demander ce qu'il vou-droit, il lui répondit : *de voir rentrer en grâce de Votre Majefté, le Général.....,* le-quel avoit été dégradé, à caufe de l'affaire de Hólowzin, & fur l'amitié duquel il ne pou-voit pas faire trop de fonds. L'Empereur l'ad-mira, lui accorda fa demande, & lui fit pré-fent de plufieurs Terres. Il repaffa, le prin-tems après, en Pologne, gagna quelques avan-tages fur le Général Craffau & le Starofte Bo-brovisky, défit Sapieha en remportant plu-fieurs étendards, & fe trouva, le 28 Juin 1709, à la fameufe bataille de Pultava, qui décida du fort de la Ruffie & de la Suède. C'eft à lui que les débris de l'armée Suédoife fe rendi-rent trois jours après la bataille, par accord, à Perewolotfchua, quoique le Prince Men-chikof, Commandant en chef, en eut toute la gloire. Après avoir commandé les Galères, qui facilitèrent, en 1710, la prife de Wibourg, il défendit, en 1711, l'Ukraine contre les Co-faques Saporochiens, révoltés & foutenus par des Tartares de Crimée; accompagna enfuite l'Empereur dans l'expédition du Prouth, l'u-nique affaire où fa fageffe & fon courage de-vinrent inutiles, & fut employé en Finlan-de, depuis 1712 jufqu'en 1721. A la paix de Nyftadt, l'action de Wafa, du 9 Février 1714, lui mérita la dignité de Général en chef. La même année, il fut à la bataille navale d'An-gout, où la flotte Ruffe prit fur la flotte Sué-doife une Frégate, fix Galères & trois autres Bâtimens. Dans une autre action navale, près de l'Isle Greenham, arrivée le 27 Juillet 1720, il prit, ayant le commandement en chef, 4 Frégates Suédoifes, & en reçut des diftinc-tions particulières. La defcente fur la côte de la Suède, qu'il fit faire au mois de Mai 1721,

par le Lieutenant-Général Lacy, fut l'ac-compliffement de fes efforts pour ramener la paix, conclue le 30 Août de la même année. Il avoit eu en Finlande le commandement en chef dès 1714, & l'avoit toute conquife jufqu'aux frontières de la Laponie; de forte que, fuivant le ftyle des anciens Romains, on auroit pu, à jufte titre, l'appeler le *Finlan-dois*; mais il étoit plus glorieux pour lui d'a-voir mérité le titre de *Père* & de *Bienfai-teur*, qui, vu fon humanité & fa juftice, lui a été accordé par tous les habitans des pays conquis. L'Empereur, partant pour l'expé-dition de la Perfe, lui confia le commande-ment général de Saint-Pétersbourg. Après le retour de la Cour, en 1723, il eut celui de toutes les troupes en Ukraine; & pendant qu'il y étoit, c'eft-à-dire en 1725, l'Impéra-trice CATHERINE le déclara Feld-Maréchal, & lui fit expédier, en confirmation des dona-tions que PIERRE *le Grand* lui avoit faites, le Diplôme dont nous avons ci-devant parlé : il dépofe tout ce qu'on vient de dire à fa louan-ge. C'eft le titre le moins fufpect que l'on puiffe alléguer. PIERRE II le rappela de l'U-kraine en 1728, & le fit Préfident du Con-feil de Guerre, Sénateur & Membre du pre-mier Confeil privé de l'Etat, dignités dans lefquelles il finit fa carrière, le 10 Décembre 1730, fincèrement regretté de tous ceux qui l'avoient connu. MICHEL GALITZIN avoit épou-fé, 1º en 1693, *Eudoxie*, née le 18 Février 1674, & morte le 25 Août 1713, fille de *Jean Fedorowitch Boutourlin*; & 2º en 1716, *Tatiane*, née le 2 Janvier 1697, fille du Prince *Boris* Iwanowitch *Kourakin*, cé-lèbre par fes Ambaffades. Elle eft décédée le 7 Mai 1757. L'Impératrice ANNE l'avoit dé-clarée, dès 1731, Grande-Maîtreffe de fa Cour, dignité qu'elle a confervée auffi auprès de l'Impératrice ELISABETH. Du premier lit il eut :

1. FEDOR, né en 1696, mort en 1697;
2. PIERRE, né le 30 Décembre 1702, Cham-bellan en 1729, Chevalier de l'Ordre de Saint-Alexandre en 1744, premier Ecuyer, Lieutenant-Général en 1752, mort le 19 Avril 1760. Il s'étoit marié, le 6 Novembre 1745, avec *Catherine*, Dame d'honneur de l'Impératrice ELISABETH, fille du Général-Major *Alexis* Philippowitch, de la noble Maifon *de Kar* ou *Ker*, en Ecoffe;
3. PROSCOVIE, née le 27 Septembre 1695, morte le 21 Novembre 1719, femme du Prince *Alexis* Michailowitch *Dolgorouky*;

4. NATALIE, née le 20 Août 1698;

5. ANNE, née le 8 Décembre 1699, mariée, en 1726, avec le Comte *Alexandre* Borifo-witch *Boutourlin*, Feld-Maréchal, Séna-teur & Chevalier des Ordres de Ruffie. Elle eft morte le 21 Novembre 1728;

6. ANNE, dite la *cadette*, née le 20 Octobre 1701, alliée, en 1727, avec *Léon* Bafile-witch *Ifmaïlow*, Lieutenant-Général, Lieu-tenant-Colonel des Gardes & Chevalier de l'Ordre de Saint-Alexandre. Elle en eft ref-tée veuve en 1739, & eft morte le 25 Dé-cembre 1749;

7. SOPHIE, née le 16 Juillet 1713, mariée, en 1730, au Comte *Pierre* Iwanowitch *Golo-win*, petit-fils du Grand-Chancelier de ce nom, mort en 1756.

Et du fecond lit vinrent :

8. ALEXANDRE, né le 17 Novembre 1718, d'a-bord Capitaine aux Gardes, puis Chambel-lan de l'Impératrice, & Miniftre accrédité près le cercle de la Baffe-Saxe ; Lieutenant-Général des armées en 1744; Général en chef en 1757, Chevalier des Ordres de Ruf-fie, & Feld-Maréchal en 1769, pour avoir fait la plus glorieufe campagne poffible contre les Turcs. Il a époufé, en 1747, *Da-rie*, fille du Prince *Alexis* Matweewitch *Gagarin*;

9. DÉMÉTRIUS, né le 15 Mai 1721, Capitaine aux Gardes, puis Chambellan de l'Impéra-trice en 1754, Lieutenant-Général des Ar-mées en 1762, Ambaffadeur à la Cour de Vienne en 1763, & Chevalier des Ordres de Saint-Alexandre & de Sainte-Anne, ma-rié, le 6 Novembre 1751, à la Princeffe *Ca-therine*, née le 4 Novembre 1720, Dame d'honneur de l'Impératrice, & fille du Prin-ce *Démétrius Cantémir*, Hofpodar de la Valachie. Elle eft morte le 2 Novembre 1761;

10. BORIS, né en 1723, décédé en 1726 ;

11. NICOLAS, né le 2 Janvier 1727, Maréchal de la Cour, & Chevalier de l'Ordre de Sainte-Anne, qui s'eft allié, en 1753, avec *Cathe-rine*, fille de l'Amiral *Alexandre* Iwano-witch *Golowin*. De ce mariage il a eu deux filles :

BARBE, née le 21 Juillet 1762 ;
Et CATHERINE, née en 1764.

12. ANDRÉ, qui fuit ;

13. MARIE, née le 18 Février 1716, mariée, en 1742, au Prince *Jean* Andréewitch *Profo-rowski*, Général en chef;

14. MARTHE, née le 19 Février 1720, alliée, en 1747, au Prince *Sergius* Fedorowitch *Cho-wanski*, Lieutenant-Général, & Chevalier de l'Ordre de Sainte-Anne. Elle eft décédée en 1749;

Tome VIII.

15. PROSCOVIE, née & morte en 1722;

16. CATHERINE, née le 15 Septembre 1724, ma-riée, en 1748, au Comte *Pierre* Alexan-drowitch *Romanʒow*, Général en chef, & Chevalier des Ordres de Ruffie ;

17. Et ELISABETH, née en 1725, morte en 1726.

XV. ANDRÉ Michailowitch GALITZIN, né le 15 Août 1728, Général-Major, a époufé, le 13 Février 1764, *Elifabeth*, née le 27 Avril 1742, fille du Prince *Boris* Gregoriewitch *Jouffupow*, Confeiller privé actuel, Sénateur & Chevalier des Ordres de Ruffie. Leurs en-fans font :

1. MICHEL, né le 25 Janvier 1765;
2. Et BORIS, né le 15 Mai 1766.

DIXIÈME BRANCHE.

XIV. MICHEL Michailowitch GALITZIN, le cadet (troifième frère de DÉMÉTRIUS), né le 11 Novembre 1685, s'appliqua, dès fa jeuneffe, à la Marine; quitta fa patrie en 1708, & paffa plufieurs années en Hollande & en Angle-terre. De retour en 1716, il fut fait Lieute-nant de Vaiffeau, puis Capitaine, & en 1727 Chef d'Efcadre ; en 1728, Sénateur & Con-feiller privé d'Etat; fut envoyé, à la mort de PIERRE II, de la part du Confeil & des Grands de l'Empire, comme fecond Plénipotentiaire à Mittau, pour offrir la Couronne à la Du-cheffe ANNE ; Préfident du Collège de Juftice en 1730; Commiffaire-Général de Guerre pour la flotte, & Membre de l'Amirauté en 1732 ; eut, en 1734, lors de la guerre avec la Porte, le commandement de la Flotille for-mée à Voronèje, pour être employée fur le *Don*, & la Mer Noire; eut, en 1740, le Gou-vernement d'Aftracan, & revint à Mofcou à la mort de l'Impératrice ANNE; reçut, en 1744, l'Ordre de Saint-Alexandre, & s'ac-quitta des fonctions de Grand-Ambaffadeur en Perfe, depuis 1745 jufqu'en 1748. Pen-dant cette miffion, il fut fait Confeiller privé actuel & Amiral, en même tems qu'il reçut le Cordon de l'Ordre de Saint-André, & Pré-fident du Collège de l'Amirauté peu après, en 1750. Lorfque l'Impératrice partit en 1753, pour Mofcou, elle lui confia le com-mandement général de Saint-Pétersbourg en fon abfence. En 1756, il devint Grand-Ami-ral; fe démit de toutes fes charges en 1762, fous l'Empereur PIERRE III ; mais il les re-prit la même année, à l'avènement de l'Im-pératrice CATHERINE II au trône. Son grand

A a a

âge l'obligea de les quitter une feconde fois en 1763. Il eft mort le 23 Mai 1764, ayant eu la fatisfaction de fe voir fuccéder dans l'importante charge de Grand-Amiral & de Préfident du Collège de l'Amirauté, par le Grand-Duc, fucceffeur au trône, & a paffé fa vie au fervice de fept Souverains. Il avoit époufé, 1° *Marie*, fille de *Démétrius* Iwanowitch *Golowin*, morte fans enfans en 1721; & 2° le 26 Janvier 1722, *Tatiane*, née le 26 Décembre 1702, fille de *Cyrille* Alexiowitch *Narifchkin*, morte le 22 Juin 1757, ayant eu :

1. ALEXANDRE, né le 6 Novembre 1723, Chevalier d'Ambaffade en Hollande dès 1742, Confeiller de légation jufqu'en 1749, qu'il a été envoyé de la part de fa Cour à celle de France; Miniftre Plénipotentiaire à la Cour d'Angleterre, depuis 1755 jufqu'en 1762; Chambellan de l'Impératrice en 1757; Chevalier de l'Ordre de l'Aigle Blanc de Pologne en 1758; Vice-Chancelier, Confeiller privé & Chevalier de l'Ordre de Saint-Alexandre le 9 Juin 1762, & Confeiller privé actuel le 22 Septembre 1764;
2. SERGIUS, né le 10 Juin 1728, Chambellan de l'Impératrice;
3. MICHEL, qui fuit;

4. DÉMÉTRIUS, né le 21 Décembre 1736, Colonel, retiré du fervice;
5. PIERRE, rapporté après fon aîné;
6. CATHERINE, née le 2 Décembre 1725, morte le 11 Janvier 1744;
7. ANASTASIE, née le 11 Septembre 1729, mariée, le 15 Novembre 1758, à *Nicolas* Artemiewitch *Sagriesky*, Major aux Gardes;
8. Et ELISABETH, née le 12 Mars 1730.

XV. MICHEL Michailowitch GALITZIN, II° du nom de fa branche, né le 18 Juillet 1731, Chambellan de l'Impératrice, a époufé, le 25 Septembre 1757, *Anne*, fille du Baron *Alexandre* Gregoriewitch *de Strogonof*, Confeiller privé, dont font iffus :

1. DÉMÉTRIUS, né le 26 Août 1758;
2. MICHEL, né le 15 Février 1766, mort la même année;
3. CATHERINE née le 15 Janvier 1763;
4. Et ANASTASIE, née le 14 Août 1764.

XV. PIERRE Michailowitch GALITZIN (frère de MICHEL II), né le 15 Décembre 1738, Colonel de Cavalerie, s'eft marié, le 28 Juillet 1763, avec *Catherine*, fille du Prince *Alexandre* Michailowitch *Dolgorouky*. Leurs enfans font :

1. MICHEL, né le 30 Août 1764;
2. Et CATHERINE, née le 8 Février 1766.

Avant de finir cette Généalogie, il eft effentiel de remarquer que la Maifon de GALITZIN eft alliée, non-feulement aux Souverains de Ruffie, mais encore en quelque manière aux premières Maifons Souveraines de l'Europe. C'eft ce qu'on va voir dans la Table Généalogique fuivante:

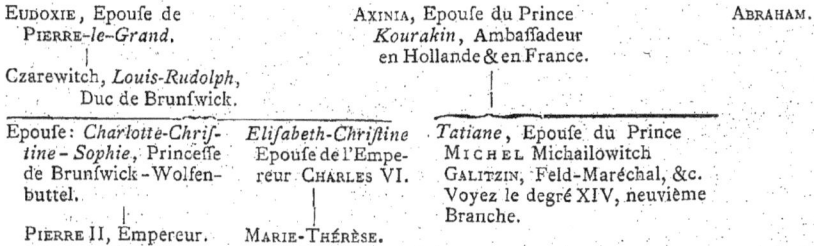

EUDOXIE, Epoufe de PIERRE-*le-Grand*.	AXINIA, Epoufe du Prince *Kourakin*, Ambaffadeur en Hollande & en France.	ABRAHAM.
Czarewitch, *Louis-Rudolph*, Duc de Brunfwick.		
Epoufe: *Charlotte-Chriftine - Sophie*, Princeffe de Brunfwick - Wolfenbuttel. / *Elifabeth-Chriftine* Epoufe de l'Empereur CHARLES VI.	*Tatiane*, Epoufe du Prince MICHEL Michailowitch GALITZIN, Feld-Maréchal, &c. Voyez le degré XIV, neuvième Branche.	
PIERRE II, Empereur. MARIE-THÉRÈSE.		

Quant aux Souverains de Ruffie, cette alliance eft encore conftatée par d'autres endroits. La mère de PIERRE *le Grand* étoit une *Narifchkin*, dont la famille, ainfi que celle des *Romanow*, qui a fourni une longue fuite de Souverains à la Ruffie, font très-étroitement liées avec la Maifon de GALITZIN, comme on a pu le voir par les détails précédens. (Généalogie rédigée d'après le Mémoire fait & figné par M. Théodor Lapoukin.)

GALLAND. PIERRE-EDME GALLAND, Seigneur de la Baronnie d'Eftrépagny, en Normandie, & de Changy en Gâtinois, Confeiller du Roi, Maître ordinaire de fa Chambre des Comptes de Paris, a eu d'*Elifabeth Boullet*, fa femme, pour fille unique, GABRIELLE-ELISABETH GALLAND, née en 1731, & mariée, le 17 Mars 1752, avec *Michel-Jacques Turgot*, Marquis de Soufmon, Préfident au Parlement de Paris. Voyez TURGOT.

Les armes : *d'azur, au chevron d'or, accompagné de trois roses de même, 2 & 1, & en chef d'un croissant d'argent.*

GALLAND, en Normandie : *d'azur, au chevron d'or, accompagné de trois glands, feuillés & renversés du même.*

* GALLARDON, au pays Chartrain : Terre & Seigneurie érigée en *Marquisat*, par Lettres du mois de Février 1655, enregistrées au Parlement au mois de Juin suivant, en faveur de *Noël de Bullion*, Conseiller d'honneur au Parlement de Paris, Greffier & Commandeur des Ordres du Roi en Juin 1643. Voyez BULLION.

GALLARGUES, branche cadette de la Maison *de Rochemore*, qui a commencé à *Louis de Rochemore*, troisième fils de *François*, & de *Madeleine de Bozène*; il testa en 1626. Cette branche subsiste dans *Anne-Joachim-Annibal de Rochemore*. Voyez ROCHEMORE.

GALLATIN, Maison ancienne, originaire de Savoie, divisée en quatre branches :

Le chef de la première est BARTHÉLEMY DE GALLATIN, ancien Lieutenant-Colonel titulaire des Grenadiers, Gardes à cheval au service de Sa Majesté Britannique, retiré avec pension, résidant à Brompton, près de Londres; il a épousé la fille d'un Colonel Anglois, dont il ne reste plus de postérité; il a pour cousin germain PAUL-MICHEL DE GALLATIN, Conseiller d'Etat à Genève, marié à *Isabelle de Jaussaud*, veuve de *N... de Bugnac*, Baron de Tarabel, fille de *N... de Jaussaud*, Lieutenant-Colonel d'Infanterie dans le Régiment Suisse d'Aubonne, dont il eut : *N...* DE GALLATIN, de très-près parente à la Maison *d'Usson*, Marquis de Bonnac, alliée aux anciens Comtes de Foix; & à la branche de *Gontaud-Biron*, Duc de Biron; cette Demoiselle DE GALLATIN, héritière de son nom, à Genève, a eu de son mariage deux fils & une fille en bas âge.

Le chef de la seconde branche est GASPARD-GABRIEL, Baron DE GALLATIN, Lieutenant de Grenadiers dans le Régiment Royal-Deux-Ponts, actuellement en Amérique avec son Régiment, sous les ordres de M. de Rochambeau; il a pour frère :

N... Baron DE GALLATIN, Sous-Lieutenant au Régiment Suisse de Waldner, au service de France.

Rameau de cette seconde branche : JEAN-LOUIS, Comte DE GALLATIN, cousin germain du précédent, Colonel d'Infanterie au service de France, Chambellan du Prince Palatin, Duc régnant de Deux-Ponts, avoit pour frère JACQUES DE GALLATIN, tué au combat de Varbourg; il a épousé *Suzanne-Elisabeth Sellon*, fille de *Jean-François Sellon*, Ministre de la République de Genève, auprès du feu Roi LOUIS XV, dont il a :

1. AIMÉ ou AMÉDÉE-JEAN-LOUIS, Comte de GALLATIN, né le 16 Mai 1768;
2. Et CAMILLE DE GALLATIN, né en 1767.

PIERRE, dit *le Chevalier de Gallatin*, frère du Comte JEAN-LOUIS, ci-dessus mentionné, né le 23 Mars 1753, est entré en 1770 au service de la Hollande, dans le Régiment des Gardes-Suisses, & a obtenu le Drapeau de la Compagnie du Prince Stathouder; il a actuellement rang de Capitaine audit service.

Le chef de la troisième branche est ABRAM DE GALLATIN, *de Prégny*. Il a résigné les places qu'il occupoit dans le Gouvernement de la République de Genève, & s'est retiré à Prégny, dans le Pays de Gex, sur ses domaines, & il est membre des Etats de sa Province.

ALBERT-ALPHONSE DE GALLATIN, son petit-fils, le seul rejeton de cette branche, sert actuellement dans l'Armée du Général Wasinghton, pour les Insurgens, en Amérique.

Le chef de la quatrième branche est GABRIEL DE GALLATIN-MONCHOISY, né le 28 Mai 1764, Sous-Lieutenant de la Compagnie de son nom, au Régiment Suisse d'Aubonne, que feu son père avoit commandé. Il est le neuvième qui ait servi dans ce Régiment. Il a trois sœurs non mariées.

Cousin germain du père du Baron GABRIEL DE GALLATIN, ci-dessus JEAN, Baron de GALLATIN, Lieutenant-Colonel au Régiment Suisse d'Aubonne, Chevalier de l'Ordre du Mérite, fils de FRANÇOIS DE GALLATIN, qui fut tué au siège d'Ostende, & de Dame *Elisabeth Bégon*, d'une Famille françoise, originaire de Blois, a eu l'honneur d'être présenté au Roi régnant, & à la Famille Royale, en 1776, à Fontainebleau, & de monter dans les carrosses, & de chasser avec Sa Majesté le 14 Avril 1777. Il a pour sœur JEANNE-LOUISE-CATHERINE DE GALLATIN, mariée à *Marc-Samuel-François de Constant-de-Rebecque*, Chevalier, fils du feu Baron

Samuel de Conſtant-de-Rebecque, dit le Baron de Conſtant, Général au ſervice de Hollande, & Gouverneur de Bois-le-Duc, & frère de David-Louis, Baron de Conſtant-de-Rebecque, Maréchal-des-Camps & Armées du Roi de France. Le Chevalier-Major de Conſtant-de-Rebecque eſt retiré du ſervice de Hollande, & a un fils.

Les armes de GALLATIN ſont: *d'aʒur, à la faſce d'argent, accompagnée de trois beſans d'or, 2 en chef & 1 en pointe.*

GALLÉAN, Maiſon originaire de Toſcane, où elle a poſſédé de grands biens & de grandes charges. Elle en ſortit dans les premiers troubles du pays, & vint, ſous la conduite de Raymond-Théodore, s'établir à Gênes. Dans les Chartes les plus anciennes, concernant cette Maiſon, qui ſe trouvent aux Archives des villes de Vintimille & de Gênes, on donne indifféremment les noms de GALLIANI ou GALLEANO, GALLIENI ou GALLIENO, à ceux de cette Famille. Cette variété de noms ſe perpétua dans les branches qui paſſèrent à Nice & en Piémont. Elle paroît même s'être conſervée dans celle qui, l'an 1352, vint s'établir à Avignon. Les actes, depuis cette époque juſqu'à la fin du XVIe ſiècle, en ſont une preuve. Ce fut vers ce tems que, ſoit par corruption, ſoit pour franciſer leur nom, on commença à les appeler GALLÉAN, & c'eſt ſous cette dénomination fixe qu'on les connoît depuis près de deux ſiècles, tant en Italie qu'en France. Comme nous nous ſommes propoſés dans cet abrégé de ne traiter que des faits conſtatés, nous y allons donner ſeulement une idée de l'établiſſement de cette race en Italie, de ſes principales illuſtrations, & de ſon état actuel à Gênes & à Nice, & nous n'entrerons dans les détails ſuivis de la filiation, que pour ce qui concerne les branches établis au Comté d'Avignon.

I. SIMON GALLIANO eſt le premier dont on ait connoiſſance par des preuves authentiques. Il eſt inconteſtable, dit un Mémoire, que les aïeux de SIMON ſe tranſplantèrent de Bordeaux à Vintimille vers l'an 1000, & peu après à Gênes, & il y a quelqu'apparence que c'eſt de leur origine Françoiſe que ceux de cette Maiſon qui vinrent en Italie prirent le ſurnom de *Galliani*, lequel devint dans la ſuite leur nom propre. SIMON GALLIANO avoit un établiſſement à Vintimille, & y jouiſſoit,

dès l'an 1122, des droits & honneurs des anciens Citoyens. Il fut élu cette même année l'un des huit Nobles, que la ville choiſiſſoit annuellement dans les 50 premières familles pour commander dans le pays. Il laiſſa:

II. INIGO GALLIANI ou GALLEANO, qui fut auſſi, en 1198, l'un des premiers auxquels on accorda ce poſte diſtingué. Il eut trois fils, qui formèrent trois branches, qu'il ne faut pas confondre avec les *Gallean-Doria*, iſſus des *Gallean* de Nice, dont il ſera fait mention ci-après:

1. JEAN, auteur de la branche établie à Gênes, de laquelle ſont ſortis pluſieurs rameaux, dont l'un s'eſt éteint depuis plus de deux ſiècles, illuſtré par des poſtes éminens; & un autre, qui, ſous AUGUSTIN GALLÉANO, en 1528, fut aggrégé dans la Maiſon *de Fieſque*, dont il a adopté le nom & les armes. Il ſubſiſte encore avec ſplendeur ſous le nom de *Fieſque*, ainſi que celui des GALLÉAN-DORIA. Cette branche ſubſiſte dans N.... DE GALLÉANO, qui eut pour enfans:

  1. JEAN-THOMAS (a), Patricien Gênois, & Gouverneur de Porto-Venere, en 1761, qui eut pour enfans:

    1. JOSEPH, Noble Gênois;
    2. FRANÇOIS, Officier dans les troupes de la République;
    3. PIERRE, employé dans le Militaire;
    4. & 5. ANGE & JEAN;
    6. Et ANNE-MARIE, qui n'étoit point mariée en 1765.

  2. JOSEPH, Patricien Gênois, qui a un fils, nommé ANTOINE;

  3. FRANÇOIS, qui n'a qu'un ſeul enfant, nommé DOMATO, employé dans les affaires du Gouvernement.

  4. JEAN-LUCAS, Patricien Gênois;

  5. ALEXANDRE, dont les fils:

    CAMILLE & CHARLES, ſervant à Naples, Capitaines de Cavalerie.

  6. ANGE, mort, laiſſant:

    1. GEORGES, Patricien Gênois;
    2. Et PATRICIO, Officier ſur les Galères de la République.

  7. Et INNOCENT, qui a deux fils:

    1. JOSEPH, qui eſt employé dans les affaires du Gouvernement;

(a). Il a encore deux couſins au quatrième degré, dont l'un, appelé DOMINIQUE, a fixé ſon domicile à Porto-Venere; l'autre, nommé AUGUSTIN, a ſon frère Vicaire pour la Séréniſſime République à la Spezza, & à trois enfans mâles. *(Note des Editeurs.)*

2. Et PIERRE, Religieux de Saint-François-de-Paul.

2. CHARLES, auteur de la feconde branche, qui fut tranfportée, en 1199, à Corgné, en latin *Urbs Corgnati*, ville fur l'Orca dans le Canavez en Piémont, & dans la Jurifdiction de Valpergue ; il en fera fait mention dans la fuite ;

3. Et THÉODORE, qui fuit.

III. THÉODORE GALLIANI, troifième fils d'I-NIGO, fut s'établir à Nice, & eft auteur de la troifième branche ; fa mémoire y eft gardée par une charte du 9 des Calendes d'Août, ou 23 Juillet de l'an 1205, confervée jufqu'à préfent dans les Papiers Publics de la Ville de Nice, où il eft qualifié *nobilis & generofis Miles*. La même charte fait auffi mention d'OCTAVE, Chevalier du Temple, frère de THÉODORE. Il eut pour fils.

IV. BOZIO GALLIANI, Généraliffime des troupes de Milan, qui laiffa :

V. HUMBERT GALLIANI, qui époufa *Jacquèline d'Auria*, dont il eut : JACQUES, rapporté ci-après, & une fille, veuve en 1345, de *Bermond*, Seigneur de Maille en Savoie. On apprend auffi, par l'acte de partage, gardé dans la Maifon de GALLÉAN, que le 4 Juin de l'année 1349, fept frères, fils de HUMBERT, & de *Jacqueline d'Auria*, petits-fils de BOZIO GALLIANI, Généraliffime des troupes de Milan, & arrière-petits-fils de THÉODORE, portoient les noms d'ANTOINE-LOUIS, de JEAN, de CLAUDE, de MICHEL-MARIE, d'ARNAUD, de BARTHÉLEMY & de GABRIEL ; & qu'ils quittèrent leur patrie pour aller habiter divers Etats. Les deux feuls dont il ne refte jufqu'à préfent (1761) une connoiffance certaine, font : ANTOINE-LOUIS, qui paffa en Piémont, & peu après au Comtat-Venaiffin, auteur de la branche des Seigneurs de *Védènes*, & depuis Barons des *Iffards* & Marquis de *Salernes*, &c., rapportée ci-après. Et JEAN, Chevalier de Rhodes, qui mourut en 1368 ou 1369, à la Terre-Sainte. Les cinq autres frères fe difperfèrent en différens pays, où ils ont donné, à ce que l'on affure, naiffance à divers rameaux.

VI. JACQUES GALLIANI, fils aîné de HUMBERT, s'établit à Nice, & y fit poftérité. Un acte de l'an 1347, & le traité de partage, dont on vient de parler, en font mention, ainfi que de fon fils FRANÇOIS, avec les qualifications de *nobiliffimus Miles & Domicellus*.

Des branches formées à Nice par la poftérité de JACQUES, deux fe font éteintes dans ce fiècle : celle des *Galléan*, Comtes d'Utelles & du Reveft, Seigneurs de Châteauneuf, eft fondue dans la branche des *Galléan*, Comtes d'Aferos, de Todon & de Tourrettes. Ces Comtés & ces Terres font fitués dans les Comtés de Nice & de Beuil. Le dernier Comte de GALLÉAN d'ASEROS a eu deux femmes. De la première il a laiffé THÉRÈSE, mariée à *Jean-Paul-Auguftin de Lafcaris*, Comte de Peilhe ; de la feconde, MADELEINE, femme de *Charles-François Thaon-de-Revel*, Comte de Saint-André ; & AGNÈS, mariée, en 1762, à *N.... Avogrado* ou *Avogadro*, Comte de la Mothe à Verceil.

La Maifon de GALLÉAN n'eft plus repréfentée aujourd'hui à Nice que par les Seigneurs de Châteauneuf, fief qu'elle poffède depuis près de 4 fiècles (1428). Ils font iffus des Comtes d'Aferos. Le chef eft JEAN-BAPTISTE-CAJETAN DE GALLÉAN, Comte de Châteauneuf, né en 1706, qui, de *Louife de Peyre*, fon époufe, a eu :

1. JOSEPH, né en 1741 ;
2. CÉSAR, né en 1749 ;
3. ANDRÉ, né en 1750 ;
4. VICTOR, né en 1752 ;
5. Et MARIE-CATHERINE, née en 1742.

Il ne refte d'une autre branche cadette, iffue de celle de Châteauneuf, & qui poffède une partie de cette Seigneurie, que deux filles, favoir :

CAMILLE DE GALLÉAN, fille d'ANTOINE-FRANÇOIS, Comte DE GALLÉAN, premier Aide-de-Camp du Roi de Sardaigne, Colonel d'Infanterie, & Commandeur de l'Ordre de St.-Maurice & de Saint-Lazare, mort en 1754 ; mariée, en 1761, à N.... de Rabbiers, Seigneur de la Baulme & de Château-Redon en Provence ;

Et THÉRÈSE DE GALLÉAN, Religieufe Auguftine à Albe.

Ces divers rameaux ont produit nombre de gens illuftres, tels que RAPHAEL GALLIANI, Chambellan, Confeiller, premier Ecuyer & Ambaffadeur extraordinaire de *Blanche de Montferrat*, Ducheffe & Régente de Savoie, pour fon fils *Jean-Amé*, à l'effet de traiter de la paix avec FERDINAND, Roi de Caftille & d'Aragon ; ce qui eut lieu le 25 Mars 1493. ERASME, Chevalier de l'Ordre de St.-Maurice & de St.-Lazare, Grand-Ecuyer, en 1475, de MARGUERITE DE BOURBON, première femme de PHILIPPE, dit *Sans Terre*, Duc de Savoie &

Vice-Amiral des Galères du Duc Philibert. Prosper, Préfident de la Chambre Ducale de Turin en 1490. Jean, Grand'Croix de l'Ordre de St.-Maurice & de St.-Lazare, qui époufa *Nicolette Doria*, & fut agrégé, en 1528, dans la Maifon de *Doria* de Gênes, avec Oppicius ou Hospitius, & Erasme de Gallean, IIᵉ du nom, lequel fut l'un des Lieutenans de l'Empereur Charles V, en Italie, Chevalier de l'Ordre de Saint-Jacques, & Gouverneur de la ville & Comté de Nice en 1544. La poftérité de Jean, d'Oppicius & d'Erasme fe fixa à Gênes, fous le nom de *Doria*. Ulysse, Gouverneur de la Principauté d'Oneille. Marcel, Marquis de Prier, Commandeur de l'Ordre de Saint-Jacques, infcrit au Livre d'Or de Gênes en 1616. Louis, Chevalier de Saint-Jean de Jérufalem, Chef de l'Efcadre de Sardaigne au fervice d'Efpagne en 1592, tué dans un combat naval. André, Grand'Croix de l'Ordre de Saint-Maurice & de Saint-Lazare, Lieutenant-Général des Galères de Savoie. Jean-Baptiste, Confeiller d'Etat, Gouverneur de Nice, & Ambaffadeur du Duc Charles-Emmanuel, dit *le Grand*, en diverfes Cours, mort en 1601, défigné Chevalier de l'Ordre de l'Annonciade, pour la promotion qui eut lieu le 2 Février fuivant. Jean-Baptiste, premier Gentilhomme de la Chambre du Duc de Savoie. Octavien, Chevalier de Malte, Commandant-Général du Comté de Nice. Louis, Commandeur de Malte, tué au fervice de la Religion en 1610, à la journée des Lonfquereanes en Barbarie. Jean-Jérôme, Commandeur de l'Ordre de Saint-Jean de Jérufalem en 1616. Lazare-Marcel, Grand'-Croix & Grand-Commandeur du même Ordre, & Grand-Prieur de Touloufe; & beaucoup d'autres, que les bornes de cet abrégé nous obligent de paffer fous filence.

Les principales Maifons dans lefquelles les *Galléan* de Nice ont pris des alliances depuis la féparation des branches en 1449, font celles de *Roccamaura*, par le mariage de Jacques Galliani, IIᵉ du nom, fils de François, & petit-fils de Jacques I. Il continua la lignée à Nice, lors de la difperfion de fes frères, avec *Honorade de Roccamaura*, Dame de Châteauneuf, héritière de fa Maifon en 1428; de Barthélemi avec *Marthe de Cofte*, fon époufe; de Raphael avec *Luchinette de Bufque*: c'eft de Léonard, leur fecond fils, & de *Catherine Valeti*, mariés

en 1539, que defcendent les Comtes de *Galléan de Châteauneuf* d'aujourd'hui; de Lazare avec *Jeannette Cappelli* ou de *Cappeu*; de Marc-Antoine, Général en Efpagne, avec *Apollonie Doria de Dolce-Aqua*; de Marcel avec *Anne-Thérèfe de Lafcaris de Vintimille*; d'André avec *Laure Doria de Dolce-Aqua*; d'un autre Lazare avec *Dorothée Bruni-Monaldo*; de Jean-Baptiste avec *Hiéronime Provane*; de Louis avec *Françoife Cappelli* ou de *Cappeu*; d'un autre Jean-Baptiste avec *Marguerite de Grimaldi-Bueil*, héritière de Tourrettes & du Reveft; de César avec *Marguerite de Lafcaris-Vintimille-Caftellar*; de Dominique avec *Anne-Marie de Marchefan-Coarafa*; d'André avec *Sufanne de Grimaldi*; & de Louis avec *Marie de Grimaldi d'Antibes*.

Quelques Demoifelles de la Maifon de Galléan fe font alliées en différens tems à celles de *Bartelli*, *Vicci*, *Portanier*, *Sainte-Marguerite*, &c.

Il y a quelques familles diftinguées dans l'Etat de Gênes & en Piémont, & deux établies aux Royaumes de Naples & de Sicile, dont l'une porte le nom de *Gagliano*; l'autre eft venue d'Almanza dans la Nouvelle-Caftille en Efpagne, & s'eft tranfplantée en partie à Milan. Il y en a d'autres en Portugal, en Lorraine, & autres contrées qui portent les noms de *Galliani* ou de *Galléan*. Elles prétendent la plupart tirer leur origine de ceux des fept frères qui quittèrent Nice en 1349; mais quelque probables que foient ces defcendances, comme elles n'ont point été juftifiées, on n'entre dans aucun détail à leur fujet.

BRANCHE des Galléan, *Seigneurs de* Védènes, *& depuis Barons des* Issards *& Marquis de* Salernes, *éteinte, en 1704, dans celle des* Galléan-Castellet.

VI. Antoine-Louis Galliani, Chevalier, fils de Humbert Galliani, & de *Jacqueline d'Auria*, quitta Nice le 3 Juin 1349, & fe tira à Corgné, près d'Ivrée en Piémont, où la feconde branche venue de Gênes s'étoit fixée dès la fin du XIIᵉ fiècle, par Charles Galliano, comme nous l'avons ci-devant dit, & avoit exercé des emplois confidérables, tant en Savoie que dans le refte de l'Italie. Il en époufa l'unique héritière dans la perfonne de Claire Galliane, fille de Bernard Galliani,

Seigneur en partie de Corgné, par héritage de son aïeul de la Maison de *Silvefchi* & de *Sanchette*, le 7 Mars 1350. Cette CLAIRE GAL-LIANE defcendoit au VIe degré de SIMON GAL-LIANO. Deux ans après leur mariage, les troubles du pays, occafionnés par les Guelphes & les Gibelins, les déterminèrent à s'éloigner de Corgné. Ils choifirent le féjour d'Avignon, attirés par la magnificence des Papes qui y réfidoient alors. ANTOINE-LOUIS GALLIANI, peu après fon arrivée, y fit l'acquifition d'une partie de la Seigneurie de Védènes dans le Comtat, & en rendit hommage au Pape CLÉMENT VI au Pont-de-Sorgues, le 6 Mai 1352. GRÉGOIRE XI ayant transféré le Saint-Siège à Rome en 1376, ANTOINE-LOUIS GALLIANI fe retira à Corgné, où il mourut dans un âge très-avancé, ne laiffant pour enfant connu que

VII. PIERRE ou PETRINO GALLIANI, Chevalier, Seigneur en partie de Corgné & de Védènes, qui fut fe fixer à Avignon. Il avoit époufé, le 11 Juillet 1399, à Pignerol (*Saniero Raburelli* & *Barthélemy Ollica*, Notaires), *Antoinette Capponi*, d'une illuftre Maifon de Florence, établie anciennement à Pignerol, fille de *Jordan Capponi*, Chevalier, & de *Delphine*. Ceux des enfans de PIERRE GALLIANI qui lui furvécurent, partagèrent fes biens le 18 Mars 1460. Il eut :

1. ANTOINE, qui fuit ;
2. CLAUDE, rapporté après fon frère aîné ;
3. JEAN, Protonotaire du St.-Siège, & Garde des Sceaux du Pape CALIXTE III, en 1457 ;
4. BARTHÉLEMY, Ecuyer du Roi CHARLES VII, en 1442, & Lieutenant en 1475, de la Compagnie d'hommes d'armes de Jean de Bourgogne, Duc de Nevers. Il vivoit encore en 1498 ;
5. GABRIEL, mort en 1506, à Turin, fans alliance, âgé de près de 100 ans, après avoir été Chambellan fucceffivement des Ducs de Savoie, LOUIS-AMÉ IX, PHILIBERT Ier, CHARLES Ier, CHARLES-JEAN-AMÉ, PHILIPPE II, & PHILIBERT II. Il n'eut qu'un fils naturel nommé
   GALÉAS, mort Chevalier du Saint-Sépulcre.
6. BALTHAZAR, Chevalier de Rhodes au Grand-Prieuré de Saint-Gilles, tenu à Montfrin en Languedoc, en 1446, mort à Pignerol ;
7. BLANCHE, mariée, en 1423, à *Antoine Ortigoni*, Général des troupes du St.-Siège ;
8. GILLETTE, femme, en 1429, de *Balthazar Spiafani*, vulgairement appelé *Spifame*,

Seigneur en partie de Caumont dans le Comtat ;
9. MARIE-ANNE alliée, en 1435, à *François Malafpina*, qui, étant premier Conful de la ville d'Avignon en 1465, fut nommé Ambaffadeur du pays, vers le Pape PAUL III ;
10. FRANÇOISE, mariée, en 1446, à *Barthélemy de Moneti*, Gouverneur du Palais d'Avignon ;
11. Et BÉATRIX, femme, le 7 Février 1454, de *François*, Seigneur de *Genas*, en Dauphiné, premier Préfident de cette Province, Confeiller au Confeil privé du Roi LOUIS XI, & l'un des quatre Généraux des Finances de France.

VIII. ANTOINE GALLIANI, Co-Seigneur de Védènes après la mort de fon père, avoit été créé, le 7 Octobre 1444, par le Pape EUGÈNE IV, Comte Palatin de Saint-Jean-de-Latran ; & le 13 Juin 1468, il fut élu premier Conful de la ville d'Avignon. Il avoit époufé, le 1er Août 1441 (*Jacques Giraldi*, Notaire), *Marguerite Buzaffi*, d'une très-grande Maifon, originaire d'Efpagne, fille de *Thomas Buzaffi*, Chevalier, & de *Ricarde*, dont :

1. THOMAS, Co-Seigneur de Védènes, Comte Palatin de Saint-Jean-de-Latran, mort non marié vers l'an 1514 ;
2. JEAN, auffi Co-Seigneur de Védènes, Comte Palatin de Saint-Jean-de-Latran, Ecuyer du Duc de Savoie CHARLES III, en 1510. Sa mère le fubftitua aux nom & armes de *Buzaffi* ou *Buraffi*. Il avoit époufé, vers l'an 1485, *Anne de Sadone*, dont il n'eut point de fucceffeur. THOMAS & JEAN GALLIANI, de Nice, tranfigèrent, le 11 Février 1512, avec RAPHAEL-CLAUDE & JEAN GALLIANI, de Nice, arrière-petits-fils de JACQUES Ier, frère aîné d'ANTOINE-LOUIS, & coufin de THOMAS & de JEAN au quatrième degré, au fujet de quelques prétentions qu'ils avoient encore dans le Comté de Nice, & de deux grands vaiffeaux nommés *Sainte-Marie* & *Saint-Raphaël*, qu'ils avoient fait conftruire, & avec lefquels ils piratoient en commun ;
3. Et FRANÇOISE, mariée, le 11 Juillet 1481, à *Dragonet Gerardi*, Seigneur d'Aubret au Comtat-Venaiffin.

VIII. CLAUDE GALLIANI, Chevalier, fecond fils de PIERRE, & d'*Antoinette Capponi*, acquit auffi une partie de la Seigneurie de Védènes, qui fut réunie à l'autre à la mort de JEAN fon neveu. Il avoit époufé, le 15 Juillet 1459 (*Jacques Giraldi*, Notaire), *Annette de Camino (a)* ou *du Chemin,* Baronne des Iffards & de Courtines en Languedoc, fille de *Colin de Camino,* dont la Maifon étoit originaire de Trévife, capitale du Trévifan dans l'Etat de Venife, Baron des Iffards & de Courtines en Languedoc, Seigneur de Vaucelles en Bretagne, Maître-d'Hôtel, Confeiller au Confeil Privé du Roi Louis XI, & de *Jeanne d'Andonne* ou *d'Andonnette.* De ce mariage vinrent :

1. Louis, Seigneur de Védènes, Baron des Iffards & de Courtines, qui fe fit, à la mort de fa femme, c'eft-à-dire vers l'an1497, Religieux de l'Obfervance à Avignon. Il s'allia le 21 Octobre 1484, à *Marie de Luetz,* fille d'*Antoine de Luetz,* Seigneur d'Aramon en Languedoc, & de *Perrette de Sarrats,* dont :

   Annette, morte fans alliance.

2. Thomas, qui fuit ;
3. Balthazar, Chevalier de Rhodes en 1479;
4. Charles, Protonotaire du St.-Siège Apoftolique, Prieur de Noguères en 1499, de Montefilino en 1501, de Banon & de Saint-Jean d'Aulnay, & Chanoine de l'Eglife de St.-Agricol à Avignon en 1502. Ces quatres frères firent, le 4 Octobre 1496 (*Etienne Verneti,* Notaire), le partage des Baronies & Seigneuries de Védènes, des Iffards, de Courtines, de Châteauneuf & d'autres biens fitués dans les terroirs de Gigognans, d'Entraigues, Pont-de-Sorgues, & de grandes poffeffions dans le territoire d'Avignon. Ils avoient fait l'hommage de leurs domaines au Pape Sixte IV en 1478, & au Roi de France Charles VIII, le 26 Juillet 1484;
5. Et Jeanne, mariée, le 29 Décembre 1482, à *Olivier de Seytrés,* Seigneur de Caumont & de Verquières dans le Comtat.

IX. Thomas Galliani, Chevalier, Seigneur de Védènes, Baron des Iffards & de Courtines, ayant furvécu à fes frères, réunit tous les biens en fa perfonne. Il époufa, le 18 Janvier 1502 (*Jean Lorimi,* Notaire), *Annette* ou *Amielle. Mayaudi,* fille de *François Mayaudi,* Seigneur d'Eguilles, d'Entraigues, & d'une partie de Védènes, dans le Comtat,

dont Thomas Galliani lui avoit fait la vente en 1499, & de *Jeanne de Caftaing.* Ils eurent pour enfans :

1. François, Seigneur en entier de Védènes & d'Eguilles, Baron des Iffards & de Courtines, Chevalier de l'Ordre de Saint-Michel en 1568, par le Roi Charles IX; premier Conful d'Avignon en 1534, 1535 & 1564; Viguier de Sa Sainteté en 1549 & 1556; veuf, fans enfans, dès l'an 1530, de *Lucrèce de Clermont-Lodève,* qu'il avoit époufée 1526;
2. Louis, qui fuit ;
3. Thomas-Pierre, Chevalier de Rhodes, tué par les Infidèles, au mois d'Août 1532, à Coron, dans la Morée, infcrit dans le Martyrologe de l'Ordre (*b*);
4. Louise, mariée, le 26 Mars 1530, à *Louis de Combes,* Baron de Barjac & de Sabran en Languedoc ;
5. Françoise, alliée, 1° le 9 Mars 1535, à *Louis de Merles,* Seigneur de Beauchamp au Comtat-Venaiffin, depuis Ambaffadeur vers le Pape Paul III en 1538, pour le pays d'Avignon; & 2° le 27 Février 1552, à *Laurent d'Arpajon,* Vicomte de Lautrec en Albigeois, Baron de Rochefort, de Lers, de Montfrin & de Montredon en Languedoc;
6. Et Richarde, femme, en 1537, de *Laurent du Rouffet,* Gouverneur & Châtelain de Cavaillon pour le Pape, & de Courthezon pour le Prince d'Orange.

Thomas Galliani eut encore pour fils naturel :

Michel, mort, vers 1550, Général au fervice de Jean III, Roi de Portugal.

X. Louis Galliani devint, par la mort de François, fon frère aîné, Seigneur de Védènes & d'Éguilles, Baron des Iffards & de Courtines. Il étoit Seigneur de Saint-Savournin ou Saint-Saturnin, par l'acquifition qu'il en fit en 1535. Il en rendit hommage au Pape Paul III, le 27 Mars 1536 (*Pierre Forlivio,* Notaire); fut premier Conful d'Avignon en 1540, 1541 & 1562; créé Chevalier de l'Ordre de Saint-Michel en France, en 1548, par le Roi Henri II; Gouverneur du Palais A-

---

(*a*) *Aldobrandini,* IIIe du nom, Marquis *d'Eft* & de Ferrare, mort en Novembre 1601, avoit époufé *Béatrix de Camino,* veuve d'un fils naturel d'*Albert de Lafcala,* fille de *Richard de Camino,* & bifaïeule d'*Annette.* Voyez Imhoff, *Hift. gén. d'Italie & d'Efpagne,* édit. in-fol. tom. II, page 56. Nuremberg 1701.

(*b*) Dans l'*Hiftoire de Saint-Jean de Jérufalem* par J. Baudoin, fol. 1643, p. 319, liv. XI, après le détail du fiège de Coron, on trouve ces mots : *Et y demeura, entr'autres Nicolas de Sainxes,* & Pierre des Iffards, *Chevaliers fort connus.*

poftolique; Commandant & Capitaine-Général de la ville d'Avignon en 1544, lors du décès du Cardinal *de Clermont-Lodève*, Légat; & avoit été chargé de deux ambaffades du pays, l'une vers le nouveau Pape PAUL III en 1534, & l'autre vers le Roi FRANÇOIS Ier en 1536. Il époufa, le 15 Juin 1535 (*Louis Gauthery*, Notaire), *Blanche de Tholon* ou *Tollon-Sainte-Jalle*, coufine germaine de *Didier de Tholon-Sainte-Jalle*, élu Grand-Maître de Malte le 17 Novembre 1535, fille de *Pierre de Tholon-Sainte-Jalle*, Seigneur de la Laupie en Dauphiné, & de *Louife de Caritat-Condorcet*. De ce mariage vinrent:

1. MELCHIOR, qui fuit;
2. BALTHAZAR, auteur de la branche des *Galleans-Védènes*, depuis *Ducs de Gadagne*, rapportée ci-après. Ces deux frères partagèrent, le 20 Février 1573 (*Barrecy*, Notaire), les biens de LOUIS, leur père. MELCHIOR eut les Baronnies des Iffards & de Courtines, & BALTHAZAR, eut Védènes, Eguilles & Saint-Savournin;
3. ANTOINE, reçu, l'an 1592, Chevalier de Saint-Jean de Jérufalem;
4. ANNE, mariée, le 10 Novembre 1555, à *Pierre du Puy*, Seigneur de la Roche, & Baron de Rochefort en Dauphiné;
5. ANTOINETTE, femme, en 1558, de *Guillaume de Volghuet* ou *Vogué*, Seigneur de Roche-Colombe en Vivarais, depuis Chevalier de l'Ordre de Saint-Michel;
6. Et LOUISE, alliée, le 12 Janvier 1582, à *François*, Seigneur de Geys, Grand-Bailli du Vivarais.

LOUIS GALLIANI eut encore pour fille naturelle:

ANNETTE, mariée, en 1592, à *Gabriel*, Seigneur de Poinfard en Languedoc.

XI. MELCHIOR DE GALLIENS, Baron des Iffards & de Courtines, obtint du Roi HENRI III la Seigneurie des Angles en Languedoc le 1er Mars 1588. Quoique celle de Saint-Savournin fut tombée en partage à fon frère BALTHAZAR, il continua cependant d'en porter le nom. Le Roi CHARLES IX le décora, le 26 Septembre 1570, du Collier de l'Ordre de Saint-Michel, & il fut reçu folennellement le 7 Décembre fuivant. Il fut nommé, en 1571, Commandant d'un Régiment d'Infanterie au fervice du Saint-Siège; & le 10 Mars de la même année, Chevalier de l'Ordre de la Milice dorée à Rome, par le Pape PIE V; premier Conful d'Avignon en 1575 & 1580; &

enfin Grand-Maître de l'Artillerie par le Pape GRÉGOIRE XIII, le 8 Juin 1580. Il avoit époufé, le 16 Janvier 1566 (*Louis Barrier*, Notaire), *Madeleine de Berton-Crillon*, fœur du brave *Crillon*, fille de *Gilles de Berton*, Baron de Crillon, & Seigneur de Saint-Jean-le-Vaffoux dans le Comtat, & de *Jeanne de Grillet-Briffac*. Leurs enfans furent:

1. GEORGES, Baron des Iffards & de Courtines, Seigneur des Angles, Capitaine de 200 Chevaux-Légers le 7 Janvier 1590, & de 100 Arquebufiers à Cheval au fervice de HENRI le Grand, le 14 Octobre 1595; Chambellan ordinaire de Sa Majefté en 1596; Chevalier de fon Ordre le 22 Mars 1600; Ambaffadeur de l'Etat d'Avignon auprès du Pape CLÉMENT VIII, l'an 1598; Viguier de Sa Sainteté à Avignon en 1600 & 1604; mort fans avoir été marié;
2. TORQUAT, Gentilhomme ordinaire de la Chambre du Roi CHARLES IX en 1585, qui vécut fans alliance;
3. FRANÇOIS, qui fuit;
4. CLAUDE, reçu Chevalier de Saint-Jean de Jérufalem en 1592;
5. JOSEPH, reçu, en 1596, Chevalier de Malte;
6. LOUIS, reçu, même année, depuis Commandeur de Caubins & de Mourlans, & Grand'Croix de l'Ordre;
7. LUCRÈCE, mariée, en 1582, à *Gilles de Fortia*, Seigneur d'Urban & en partie de Caderouffe dans le Comtat;
8. CATHERINE, femme, le 27 Novembre 1584, de *Paul de Péruffis*, Baron de Lauris, & Seigneur du Pujet en Provence, Gentilhomme de la Chambre du Roi;
9. MARGUERITE, époufe, le 10 Février 1592, de *Balthazar de Pontevès*, Vicomte de Pontevès & de Sainte-Catherine en Provence;
10. Et ISABELLE, mariée, en 1603, à *François de Damians*, Seigneur de Vernègues en Provence.

XII. FRANÇOIS DE GALLIANS, Baron des Iffards & de Courtines, Seigneur des Angles, fut Gentilhomme de la Chambre du Roi HENRI IV le 4 Juin 1596; Gouverneur, Viguier de la ville de Marfeille le 7 Janvier 1621; premier Conful de la ville d'Avignon aux années 1585, 1612, 1618, 1631 & 1637, & Viguier de Sa Sainteté en 1614. Il époufa, le 17 Janvier 1607 (*Louis Silveftre*, Notaire), *Lucrèce de Miftral de Mondragon*, fille de *Paul de Miftral*, Seigneur de Doms en Dauphiné, de Barbentane & d'Arboux en Provence, Baron de Crozes, & Prince titulaire de Mondragon dans la même Province, Commandant de deux Régimens d'Infanterie & d'un de Cavalerie au service de France, & de *Sylvie de Brancas d'Oise*. Ils eurent une nombreuse postérité, savoir :

1. FRANÇOIS-CHARLES, Baron des Issards & de Courtines, Seigneur des Angles, Commandant de 100 hommes de pied, mort en 1630, sans alliance ;
2. LOUIS, qui suit ;
3. PAUL-MARIE, mort en bas âge ;
4. CLAUDE-CHARLES, reçu Chevalier de Malte en 1632. Il fut Capitaine des Gardes du Pape URBAIN VIII en 1643 ; nommé, le 6 Octobre 1652, premier Gentilhomme de la Chambre de *Henri de Lorraine*, Duc de Guise, dont il avoit l'honneur d'être cousin au IVᵉ degré, par *Jean de Joyeuse*, bisaïeul de *Catherine de Joyeuse*, Duchesse de Guise, mère de ce Prince, & bisaïeul pareillement de *Lucrèce de Mistral de Mondragon*. (On conserve dans la Maison de GALLÉAN plusieurs lettres de *Henri de Lorraine*, Duc de Guise, du Prince, son père, de *Catherine de Joyeuse*, sa mère; avec le titre de *cousin, parent, allié*, &c.) Il avoit été joindre le Duc de Guise à son expédition malheureuse à Naples, & fut seul conduit prisonnier avec lui au Château de Gaète le 17 Avril 1648, & à celui de Ségovie en Espagne en 1649. Depuis, quoiqu'il eut fait ses vœux dans l'Ordre de Malte, dès l'an 1644, à Rome entre les mains du Cardinal Barberini, neveu, Grand-Prieur de Rome, il en fut relevé, en 1660, par le Pape INNOCENT X, qui le créa *Comte*. Il épousa, la même année, *Louise-Marie-Madeleine de Conceyl*, fille de *François de Conceyl*, Seigneur de Saint-Romans & de Terrenave en Languedoc, & de *Claire-Madeleine de Bouliers*, dont il n'eut point d'enfans. Il fut, en 1661, Viguier du Pape à Avignon ;
5. HENRI, reçu Chevalier de Malte en 1641 ;
6. ANNE-SYLVIE, mariée, en 1626, à *Léon de Valbelle*, Seigneur de Meyrargues en Provence ;
7. MARGUERITE, femme, en 1631, de *Jean-Baptiste de Doni*, Marquis de Beauchamp, Seigneur de Goult & de la Verrière en Provence ;
8. 9. 10. 11. & 12. CATHERINE, MADELEINE, GABRIELLE, ISABELLE & DIANE, toutes Religieuses ;

Et cinq autres filles mortes en bas âge.

XIII. LOUIS DE GALLÉAN, Baron des Issards & de Courtines, Seigneur des Angles, reçu Chevalier de Malte en 1629, fut fait Chevalier d'honneur de l'Ordre par le Grand-Maître Antoine de Paulo, le 2 Avril 1630; Colonel d'un Régiment d'Infanterie de son nom en France en 1641 ; Viguier de Sa Sainteté en 1646 ; premier Consul d'Avignon en 1649 & 1657, & épousa, le 22 Octobre 1639 (*Claude Fayard*, Notaire), *Marguerite de Pontevès-Buoux*, Dame de Salernes en Provence, du chef de sa mère. Elle étoit fille unique d'*Ange de Pontevès*, Sire de Buoux & Baron de Saint-Martin-de-Castillon en Provence, Commandant d'un Régiment d'Infanterie, & d'*Honorée de Castellane*, Dame de Salernes, sa première femme. LOUIS XIV érigea, par Lettres-Patentes du mois de Mars 1653, vérifiées & enregistrées, en 1664, au Parlement & à la Chambre des Comptes d'Aix, la Sirie de *Salernes* en *Marquisat*, pour les successeurs mâles & femelles de LOUIS DE GALLÉAN. Ses enfans furent :

1. FRÉDÉRIC, mort à l'âge d'un an;
2. FRANÇOIS, qui suit;
3. MARGUERITE, mariée, le 4 Février 1665, à *Henri-Palamède de Forbin*, Seigneur de la Fare & de Sainte-Croix en Provence;
4. Et LUCRÈCE-GABRIELLE, épouse, le 28 Mars 1668, de CHARLES-FRANÇOIS DE GALLÉAN, Marquis du Castellet, son cousin au IVᵉ degré.

XIV. FRANÇOIS DE GALLÉAN, Baron des Issards & de Courtines, Seigneur des Angles, Sire & Marquis de Salernes, Chevalier de Malte au berceau, substitué au nom & aux armes de Castellane-Salernes, par clause du testament de *Honorée de Castellane*, & par celui de sa mère du 4 Décembre 1651 (*Esprit Fayard*, Notaire), fut Aide-de-Camp de LOUIS XIV le 20 Avril 1672; successivement Capitaine d'une Compagnie de Chevaux-Légers le 1ᵉʳ Mars 1674; Mestre-de-Camp d'un Régiment de Cavalerie de son nom le 24 Avril 1675 ; & Colonel de celui de Languedoc, le 25 Mars 1676. Le Prince de Conti, FRANÇOIS-LOUIS DE BOURBON, lui vendit, vers le 1ᵉʳ Août 1698, le titre de Comté qui étoit sur la ville d'Alais en Languedoc, avec l'entrée aux Etats de la Province de Languedoc, pour le prix de 100000 livres: ce titre devoit être mis sur la Terre des Issards; mais cette vente n'eut point d'exécution. Il avoit épousé, le 26 ou 29 Décembre 1666 (*Etienne Milhet*, Notaire), après avoir obtenu, le 19 Novembre précédent, les

dispenses de consanguinité au IV° degré, MA-
RIE-ISABELLE DE GALLÉAN-VÉDÈNES, fille de
LOUIS DE GALLÉAN, Baron de Védènes, & de
Jeanne-Marie-Benoîte de Séguins-Vassieux,
dont il n'eut point de postérité. A la mort de.
FRANÇOIS, arrivée en 1704, CHARLES-FÉLIX-
HYACINTHE DE GALLÉAN, second fils de LU-
CRÈCE-GABRIELLE, sa sœur cadette, & de
CHARLES-FRANÇOIS DE GALLÉAN, Marquis du
Castellet, hérita, comme on le verra ci-après
plus amplement, de tous les biens de la pre-
mière branche des Issards, à l'exception d'une
partie de la Baronnie des Issards, qui échut à
MARGUERITE, sœur aînée de FRANÇOIS, mariée
à *Henri-Palamède de Forbin-Sainte-Croix*,
dont la postérité en jouit encore.

FRANÇOIS DE GALLÉAN laissa une fille légitimée nommée

THÉRÈSE, mariée, en 169..., à *N... de Montclar*, Conseiller à la Cour des Aides de
Montpellier.

SECONDE BRANCHE

des GALLÉAN, *Barons de* VÉDÈNES, &
depuis Ducs de GADAGNE.

XI. BALTHAZAR DE GALLIENS, Baron de Védènes, Seigneur d'Eguilles & de Saint-Savournin, second fils de LOUIS GALLIANI, Seigneur de Védènes & des Issards, & de *Blanche de Tholon-Sainte-Jalle*, Conseiller d'E-
pée du Roi HENRI III, en ses Conseils d'Etat
& Privé, le 4 Mars 1575, & Chevalier de
l'Ordre de Saint-Michel, le 13 Avril même
année; fut aussi Chevalier de celui de la Milice dorée par le Pape GRÉGOIRE XIII, le 13
Novembre suivant; premier Conful de la
ville d'Avignon en 1588; Viguier du Pape en
1597, & Gouverneur de Séguret & de Sablet
dans le Comtat. Il épousa, le 2 Janvier 1571
(*Barrier* & *Aubert*, Notaires), *Emilie* ou
Mille de Berton-Crillon, autre sœur du brave *Crillon*, & fille de *Gilles de Berton*, Baron de Crillon, & Seigneur de Saint-Jean-le-
Vassoux dans le Comtat, & de *Jeanne de
Grillet-Brissac*. Leurs enfans furent :

1. GEORGES, qui suit;
2. LOUIS, Chevalier de Malte en 1612;
3. JEAN-VINCENT, auteur de la branche des
Seigneurs *du Castellet*, depuis Barons *des
Issards* & Marquis *de Salernes*, Ducs de
Galléan; Princes Romains & de l'Empire,
rapportée ci-après;
4. CHARLES, reçu Chevalier de Malte en 1596;
5. MADELEINE, mariée, en 159..., à *Alexan-

dre de Robin*, Seigneur de Graveson & en
partie de Barbentane en Provence;
6. Et RICHARDE, épouse, en 1602, de *Louis*,
Seigneur *de Pomard*, à Avignon.

XII. GEORGES DE GALLIANS, Baron de Védènes, Seigneur d'Eguilles & de Saint-Savournin, fut créé Chevalier de l'Ordre de St.-
Michel, en 1595, par le Roi HENRI IV, & élu
premier Conful d'Avignon en 1620, l'année
de sa mort; il avoit épousé, le 19 Janvier
1548 (*Rolland*, Notaire), *Louise Guadagni*
ou *de Gadagne*, fille de *Thomas de Gadagne*, Baron de Beauregard en Lyonnois, &
Chevalier de l'Ordre de Saint-Michel, & d'*Hilaire de Marconnay*. Il en eut :

1. CHARLES, Baron de Védènes, Seigneur d'E-
guilles & de Saint-Savournin, mort sans
enfans d'*Isabelle de Bérard*, qu'il avoit
épousée le 13 Octobre 1641, fille de *Laurent de Bérard-Labeau*, Baron de Maclas
en Forez, & de *Louise de Nourry*;
2. LOUIS, qui suit;
3. GUILLAUME, reçu, en 1623, Chanoine ou
Comte de l'Eglise de Saint-Jean de Lyon,
& en 1624, Capitaine de Chevaux-Légers
au service de France;
4. CHARLES-FÉLIX, Duc de GADAGNE, d'abord
Officier dans le Régiment des Galères, ensuite Capitaine, & peu après Mestre-de-
Camp du Régiment de la Marine en 1645;
& d'un Régiment de Cavalerie de son nom
en 1646; Maréchal-de-Camp du Roi de
France en 1652; Gouverneur de Brouage,
des Isles d'Oléron & de Ré, des villes de
la Rochelle, de Dôle & de Pont-à-Mouffon le 2 Août 1853, & de Roses le 12 Février 1655, & Lieutenant-Général des Armées en 1651. Il commanda le Corps de
bataille à la journée des Dunes près de
Dunkerque, sous le Vicomte de Turenne,
le 14 Juin 1658; fut Lieutenant-Général de
la Province de Berry le 16 Mars 1661; &
Capitaine-Général en 1664, lors de l'expédition de Gigery en Afrique. Il fut héritier de sa mère, & le Pape CLÉMENT IX
érigea, en sa faveur, la Baronnie de *Châteauneuf-Giraud-l'Ami*, & ses dépendances dans le Comtat, en Duché, le 30 Novembre 1669, sous le nom de *Gadagne*. Il
étoit aussi Conseiller du Roi en tous ses
Conseils d'Etat & Privé, Gouverneur du
pays d'Aunis le 20 Avril 1673; quitta, en
1675, le service de Louis XIV, pour quelques mécontentemens, à la veille de recevoir
le bâton de Maréchal de France. Il passa chez
les Vénitiens en qualité de Généralissime des
troupes de la République, par traité du 26

Janvier 1689, entre l'Ambaffadeur de Ve-nife en France, Pierre Venier & lui; prit les places de Naples, de Malvoifie, de la Valone en 1689 & 1690, &c., & remporta d'autres avantages confidérables en Grèce & dans l'Archipel contre les Turcs. Il mou-rut à 80 ans, le 6 Janvier 1700, fans pofté-rité de *Jeanne Gravé*, fille de *Jean Gravé*, Seigneur de Launay en Bretagne, Préfi-dent de la Chambre des Comptes en cette Province, & de *Bernardine Ferré*, fa pre-mière femme ;

5. JEAN-VINCENT, Commandant du Régiment de la Marine, bleffé, en 1674, au combat de Senef;

6. GABRIEL-MARIE, Capitaine au Régiment de Normandie en 1674;

7. HILAIRE-MARIE, alliée, vers 1640, à *Ulyffe*, Comte *de Montauto-Montauti* en Tofcane ;

8. FRANÇOISE, mariée, le 6 Septembre 1633, à *Antoine de Lopes* ou *Lopis*, Seigneur de la Fare dans le Comtat, & élu de la Nobleffe de cette Province ;

9. ARMANDE, Abbeffe de Saint-Sauveur à Beaucaire;

10. EMILIE, Demoifelle d'honneur de la Reine MARIE DE MÉDICIS, dont elle avoit célui d'être alliée par fa mère en 1638, & depuis Religieufe Carmélite à Paris;

11. Et DIANE, Carmélite à Saint-Denis en France.

XIII. LOUIS DE GALLÉAN, Baron de Védè-nes, Seigneur d'Eguilles & de Saint-Savour-nin; d'abord Chevalier de Malte en 1620; premier Conful d'Avignon en 1656 & 1664, avoit époufé, le 3 Octobre 1641 *(G. Barniol*, Notaire), *Jeanne-Marie-Benoîte de Séguins-Vaffieux*, fille de *Gabriel-Marie de Séguins*, Seigneur de Vaffieux & en partie de Venaf-que & de Saint-Didier dans le Comtat, Gen-tilhomme ordinaire de la Chambre du Roi & Chevalier de fon Ordre, & d'*Ifabelle de Gin*. De ce mariage vinrent :

1. JOSEPH-FRANÇOIS, qui fuit ;

2. CHARLES FÉLIX, marié, fans enfans, avec *N... de Mottet*, d'une Maifon noble de Ta-rafcon ;

3. LOUIS-ALPHONSE, reçu Chevalier de Saint-Jean de Jérufalem en 1661 ;

4. Et MARIE-ISABELLE, femme, le 26 Décembre 1666, de FRANÇOIS DE GALLÉAN, Baron des Iffards, Marquis de Salernes, le dernier de la première branche.

XIV. JOSEPH-FRANÇOIS DE GALLÉAN, Baron de Védènes, Seigneur d'Eguilles, de Saint-Savournin & de la Roque-fur-Pernes dans le Comtat, époufa, le 17 Septembre 1671 (*Milhet*, Notaire), *Ifabelle de Galliffet*, fille de *Jacques Jofeph*, Seigneur de Galliffet au Comtat-Venaiffin, & d'*Anne de Salvaney*, dont :

1. PIERRE-FRANÇOIS, qui fuit ;

2. Et JEANNE-MARIE, alliée, en 17..., avec *Jo-feph-Gafpard de Conceyl*, Seigneur de Saint-Romans en Languedoc.

XV. PIERRE-FRANÇOIS DE GALLÉAN, Baron de Védènes, Seigneur & Marquis d'Eguilles, Seigneur de Saint-Savournin & de la Roque-fur-Pernes, devenu fecond Duc de Gadagne en 1718, par héritage de la veuve de CHAR-LES-FÉLIX DE GALLÉAN, fon grand-oncle pa-ternel, fut Capitaine au Régiment de Cava-lerie du Commiffaire-Général en France, & époufa, le 10 Juin 1703 *(Jaume*, Notaire), *Louife d'Amanzé*, fille de *Louis*, Comte d'*A-manzé*, Seigneur de Prizy, Comble & les Cer-téaux en Bourgogne, Confeiller du Roi en tous fes Confeils, premier Lieutenant-Géné-ral au Gouvernement du Duché de Bourgo-gne, Gouverneur de Bourbon-Lancy, & de *Marie de Falconis*. De ce mariage font iffus :

1. JOSEPH-LOUIS-MARIE, qui fuit ;

2. JOSEPH-GASPARD, dit le *Comte de Galléan*, Capitaine des Vaiffeaux du Roi en 1751;

3. CHARLES-FÉLIX, reçu, le 11 Octobre 1710, Chevalier de Malte, Enfeigne des Galères de France le 15 Avril 1730, Commandeur de Burgaud en Guyenne en 1761 ;

4. CHARLES-FÉLIX-JEAN, d'abord Officier au Régiment de Rouergue, puis Vicaire-Géné-ral des Diocèfes de Cambrai, d'Auxerre, & de Gap, mort en 1761;

5. Et ANNE-CHARLOTTE, mariée, le 15 Février 1744, à *Jean-Baptifte-Marie-Achille de Grille*, Marquis d'Eftoublon en Provence.

XVI. JOSEPH-LOUIS-MARIE DE GALLÉAN, troifième Duc de Gadagne, Baron de Védè-nes, Marquis d'Eguilles, Seigneur de Saint-Savournin, né le 8 Juillet 1704, fut député de la ville d'Avignon au Roi LOUIS XV en 1739. Il a été Meftre-de-Camp de Cavalerie au fervice de France, & auparavant Guidon en 1729, & puis Sous-Lieutenant des Gen-darmes de Sa Majefté. Il a époufé, le 7 Sep-bre 1749 (*Mazeti*, Notaire), *Charlotte-Ga-brielle-Françoife de Fortia*, fille de *Gaf-pard*, IIe du nom, Marquis de Montréal en Dauphiné & de Saint-Tronquet au Comtat-

Venaiffin, & de *Marie-Anne de Fortia-Chailly*. De ce mariage il a eu :

1. CHARLES-LOUIS, mort en bas âge ;
2. JEAN-BAPTISTE-LOUIS-THOMAS, né le 25 Octobre 1756 ;
3. MARIE-JOSEPH-GASPARD, né le 19 Août 1758, reçu Chevalier de Malte le 19 Juillet 1759 ;
4. CHARLES-MARIE-FÉLIX, né le 5 Octobre 1761, reçu Chevalier de Malte le 19 Janvier 1762 ;
5. MARIE-LOUISE-GABRIELLE-FRANÇOISE, née le 7 Septembre 1750 ;
6. ANNE-LOUISE, née le 24 Juillet 1752 ;
7. MARIE-HÉLÈNE-ALEXIS, née le 18 Décembre 1755 ;
8. Et ELISABETH-PAULINE, née le 3 Avril 1760.

TROISIÈME BRANCHE

des GALLÉAN, *Seigneurs du* CASTELLET, *de* CADARACHE, *depuis Barons des* ISSARDS, *Marquis de* SALERNES, *Ducs de* GALLÉAN, *Princes Romains & du Saint-Empire*.

XII. JEAN-VINCENT DE GALLIANI, Gentilhomme de la Chambre du Roi Louis XIII, troifième fils de BALTHAZAR, Baron de Védènes, &c., & d'*Emilie* ou *Mille de Berton-Crillon*, fut premier Conful d'Avignon aux années 1616 & 1625, & Viguier de Sa Sainteté en 1622 & 1632. Il avoit époufé, le 4 Octobre 1605. (*Expilly*, Notaire), *Ifabelle de Guilhem*, Dame du Caftellet au Comtat, & de Cadarache en Provence, fille unique de *Pierre*, Seigneur du Caftellet, Gentilhomme de la Chambre du Roi, Capitaine d'une Compagnie de Chevaux-Légers, & de *Madeleine de Paniffe*, de laquelle il eut :

1. FRANÇOIS, qui fuit ;
2. POMPÉE, Chevalier de Malte en 1621 ;
3. HENRI, auffi Chevalier de Malte en 1623 ;
4. MELCHIOR, qui quitta l'état Eccléfiaftique pour être Officier dans les troupes de France, & dont le mariage avec *Jeanne de Garcin* fut contefté, quoiqu'il en eût eu des enfans, tous morts dans les Ordres facrés. Il fut premier Conful d'Avignon en 1672 ;
5. CHARLES-FÉLIX, Eccléfiaftique, mort jeune ;
6. FRANÇOISE, Religieufe à l'Abbaye de Saint-Laurent à Avignon ;
7. ANNE, mariée, le 7 Janvier 1631, à *André de Montaigu*, Seigneur de Tailliades & de la Palud au Comtat-Venaiffin ;
8. Et MARIE, Religieufe à l'Abbaye de Sainte-Catherine à Avignon.

XIII. FRANÇOIS DE GALLÉAN, Seigneur du Caftellet & de Cadarache, premier Conful d'Avignon en 1652, Viguier du Pape en 1639, 1642 & 1645, fubftitué aux nom & armes de Paniffe, par claufe de la donation de *Henri de Paniffe*, coufin de fa mère, du 20 Juillet 1645, s'allia, le 4 Juin 1612 (*François Fort*, Notaire), à *Jeanne de Vivet*, fille de *Pons*, Seigneur de Montclus en Languedoc, & de *Jeanne des Ifnards*, dont :

1. CHARLES-FRANÇOIS, qui fuit ;
2. Louis, reçu Chevalier de Malte en 1664 ;
3. FRANÇOIS-CHARLES, mort Capitaine dans le Régiment de Vermandois ;
4. Et MARIE, morte Religieufe Novice au Couvent de Notre-Dame à Avignon ;

XIV. CHARLES-FRANÇOIS DE GALLÉAN, Seigneur du Caftellet & de Cadarache, premier Conful d'Avignon en 16.., & Viguier en 1696 & 1703, époufa, par contrat du 28 Mars 1668 (*Antoine Fort*, Notaire), LUCRÈCE-GABRIELLE DE GALLÉAN DES ISSARDS, fille de Louis, Marquis des Iffards & de Salernes, & de *Marguerite de Pontevès Buoux*. Il a eu pour enfans :

1. CHARLES-NOEL, qui fuit ;
2. CHARLES-FÉLIX-HYACINTHE, devenu, en 1704, Marquis de Salernes, Baron des Iffards, Seigneur de Courtines & des Angles, par héritage de FRANÇOIS DE GALLÉAN, le dernier de la première branche, frère de fa mère. Il fut nommé Colonel d'un Régiment d'Infanterie de fon nom, au fervice de France, le 5 Juillet 1702, s'y diftingua la même année dans Landau, affiégé par le Roi des Romains ; fut fait Brigadier en 1708, & mourut en 1719, n'ayant eu qu'un fils, décédé peu de mois après fa naiffance, de fon mariage, contracté le 18 Novembre 1706 (*Clignet & Renard*, Notaires à Paris), avec *Ifabelle-Julie de Lannion*, fille de *Pierre*, Vicomte de Rennes, Baron de Maleftroit, Baron & Pair de la Province de Bretagne, Lieutenant-Général des Armées de France, Gouverneur des villes de Saint-Malo & de Vannes, & de *Françoife Efchallard-de-la-Marck* ;
3. PIERRE-AUGUSTE, mort enfant ;
4. JEANNE, mariée, 1° le 15 Février 1686, à *François de Paniffe de Pazzis*, Marquis d'Aubignan, Seigneur des Baumettes & de Loriol, au Comtat-Venaiffin ; & 2° le 16 Février 1693, à *Alexandre-Paul-Antoine Tonduti*, Marquis de Blauvac dans le Comtat ; de ce dernier elle eut poftérité. Voyez TONDUTI ;

5. MARIE-ELISABETH, morte au berceau ; .

6. CHARLOTTE , Religieufe au Monaftère de Sainte-Praxède en 1686;

7. MARIE-JEANNE-FRANÇOISE , Religieufe aux Dames Auguftines en 1704 ;

8. Et JEANNE-MARIE-ROSE, Carmélite en 1706, toutes à Avignon.

XV. CHARLES-NOËL DE GALLÉAN, Baron des Iffards & de Courtines, devenu, en 1719, Sire & Marquis de Salernes, & Seigneur des Angles, après la mort de fon frère puîné, & en qualité de Marquis de Salernes, fubftitué aux nom & armes de Caftellane, Seigneur du Caftellet, premier Conful d'Avignon en 1721, Viguier de Sa Sainteté aux années 1710 & 1714, Syndic & premier Procureur de la Province & de la Nobleffe de Provence en 17..., époufa, le 15 Décembre 1714 (Charles Olivier, Notaire), Geneviève-Catherine de Raffélis-de-Soiffans, fille de Pierre-Dominique, Marquis de Soiffans & de Saint-Sauveur, Seigneur de Villard dans le Haut-Dauphiné, Capitaine d'une des Galères de Sa Majefté, Gouverneur de la ville de Buix , Chevalier de l'Ordre de Saint-Maurice & de Saint-Lazare en Savoie, & de Geneviève-Arnoult de Vaucreffon, dont :

1. N... DE GALLÉAN, mort au berceau ;

2. CHARLES-HYACINTHE, qui fuit ;

3. GENEVIÈVE-CHARLOTTE, morte enfant ;

4. MARIE-ELISABETH, Religieufe à l'Abbaye de Saint-Laurent d'Avignon, en 1732;

5. Et MARIE-MARGUERITE, femme, le 31 Janvier 1741, d'André de Fougaffe, Comte de la Baftie, Seigneur d'Entrechaux au Comtat-Venaiffin, & Grand-Maître de l'Artillerie du Saint-Siège à Avignon.

XVI. CHARLES-HYACINTHE DE GALLÉAN, Baron des Iffards & de Courtines, Sire & Marquis de Salernes, Comte du Caftellet, Seigneur des Angles, fubftitué aux nom & armes de Caftellane, né le 12 Avril 1716, Syndic & premier Procureur de la Province & de la nobleffe de Provence en 1744; nommé Ambaffadeur extraordinaire & Plénipotentiaire de Sa Majefté Louis XV, auprès du Roi & de la République de Pologne le 24 Mai 1746, a fait fon entrée publique à Varfovie le 2 Octobre fuivant; a été nommé Chevalier de l'Ordre de l'Aigle-Blanc de Pologne par le Roi AUGUSTE III, le 6 Novembre même année, jour de la demande de la Princeffe MARIE-JOSÈPHE, feconde fille du Roi de Pologne, Electeur de Saxe, pour LOUIS, Dauphin

de France, mariage qu'il eut l'honneur de conclure le 9 Février 1747; reçu Chevalier de l'Ordre de l'Aigle-Blanc le 23 Décembre 1746; revêtu de l'habit à brevet en France le 3 Juillet 1747; nommé cette année au chapeau de Cardinal, par le même Roi AUGUSTE, mais fans exécution; Ambaffadeur extraordinaire de France à la Cour de Turin, le 1er Novembre 1751; Confeiller d'Etat d'Epée le 26 Avril 1754, & eft mort à Avignon le 18 Août fuivant, à la veille d'être décoré de l'Ordre du Saint-Efprit. Il eft enterré dans la Chapelle que PIERRE GALLIANI fit bâtir dans l'Eglife de Saint-Pierre, l'an 1415, & où repofent tous fes aïeux. Il avoit époufé, le 29 Novembre 1731 (Abel Fellon, Notaire), Madeleine-Yolande-Adélaïde-Charlotte-Félicité de Forbin-la-Barben, morte le 5 Janvier 1743, fille de Gafpard Palamède de Forbin, marquis de la Barben en Provence & de Pont-à-Mouffon en Lorraine, Seigneur de la Goy & de Sicé en Provence, Meftre-de-Camp d'un Régiment de Cavalerie de fon nom, & de Marie-Yolande de Moufliers. De ce mariage il n'a eu qu'un fils qui fuit :

XVII. CHARLES-HYACINTHE-ANTOINE DE GALLÉAN, Baron des Iffards & de Courtines, Sire & marquis de Salernes, Comte du Caftellet, Seigneur des Angles, fubftitué aux nom & armes de Caftellane, né le 18 Septembre 1737, Colonel dans le corps des Grenadiers de France le 2 Février 1756; créé Duc par Bulles du Pape BENOÎT XIV, du 15 Janvier 1757, pour lui & fes fucceffeurs mâles, enregiftrées à Rome, après avoir prêté ferment le 8 Mars 1757, à la Chambre Apoftolique d'Avignon, le 1er Avril fuivant, & à celle de Carpentras le 6 Avril 1759; Chevalier d'honneur de l'Ordre de Saint-Jean & du Saint-Sépulcre de Jérufalem, par Lettres-Patentes du Grand-Maître Don Emmanuel Pinto, & de tout le Confeil de l'Ordre, du 24 Septembre 1757, enregiftrées à Malte le même jour, & à Avignon le 4 Avril 1759 ; Commandeur de l'Ordre de Saint-Maurice & de Saint-Lazare par le Roi de Sardaigne, CHARLES-EMMANUEL, le 19 Octobre 1757, & reçu le 31 du même mois; créé Prince Romain avec toute fa defcendance mafculine, par Diplôme du Pape CLÉMENT XIII, du 14 Décembre 1759, enregiftré à Rome, après le ferment prêté le 17 Mars 1760, & à la Chambre d'Avignon, dès le 9 Janvier précédent; nommé Chevalier, Prince de l'Ordre de St.-Hubert au Palatinat du Rhin, par l'Electeur Charles - Philippe-Théodore, le 2 Février 1759, & reçu le 2 Février 1760; déclaré Grand-Maître de la Cour & de la Maison de l'Electeur-Palatin, & l'un de ses Conseillers intimes d'Etat actuel, le 11 Mars 1761; Chevalier de l'Ordre de l'Aigle-Blanc de Pologne, par le Roi Auguste III, le 25 Avril 1761, & reçu le 3 Août suivant; créé Prince du Saint-Empire Romain avec tous ses descendans des deux sexes, par l'Empereur François Ier, avec le Prédicat d'*Illustrissimi, dilectionis & consanguinei charissimi,* droit d'*Incolatûs* dans tout l'Empire, concession d'un cimier bannière des blasons purs de l'Empire, par Diplôme du 15 Septembre 1761, enregistré à la Chambre de Vienne en Autriche le même jour, à la Chambre Vicariale de Manheim le 3 Décembre de cette année, & suivi d'enregistrement solennel à la Chambre Impériale de Wetzlar le 29 Mars 1762; créé Palatin héréditaire de l'Empire, *Major sacri Cæsarei Palatii Comes,* avec droit de créer des Nobles, tant personnels qu'héréditaires des deux sexes, d'y faire des Comtes du Palais de l'Empereur mineur, des Notaires, légitimer des bâtards, donner des blasons, avec ses descendans mâles de chef en chef, par Diplôme de l'Electeur-Palatin, comme Archi-Palatin du Saint-Empire, enregistré le même jour, 3 Avril 1762, à la Chancellerie Palatine, aux Académies de Nismes en 1757, de Béziers, des Arcades de Rome & de Milan même année, de Florence & de Leipzig en 1758, de Cortonnes & d'Arras en 1761. Le Prince de Galléan a épousé, le 1er Septembre 1758 (*Bonnet & Pastour*, Notaires), *Marie-Françoise-Henriette Trémoletti-de-Montpezat,* née le 29 Mai 1739; revêtue de l'Ordre de la Croix-Etoilée de Sa Majesté l'Impératrice-Reine de Hongrie & de Bohême, le 3 Mai 1762, fille de *Jean-Joseph-Paul-Antoine Trémoletti,* Duc de Montpezat, Marquis de Montpezat-lès-Uzès, Seigneur de Laval & de Largillier en Languedoc, Baron de Montmaur en Dauphiné, & en cette qualité l'un des quatre premiers Barons de la Province; Lieutenant de Roi de celle du Languedoc, Chevalier d'honneur de l'Ordre de Malte, & de *Marie-Justine-Espérance d'Agoult-Montmaur,* Baronne

de Piegon, Mérindol & Rochebrune en Dauphiné. De ce mariage le Prince de Galléan n'a eu, jusqu'en 1765, que trois filles, savoir :

1. Charlotte - Théodorine - Elisabeth - Auguste-Henriette-Blanche-Sylvie, née le 3 Juin 1760, tenue sur les Fonts de Baptême par Charles-Théodore, Electeur-Palatin, & Elisabeth-Auguste, Electrice-Palatine, morte le 26 Mai 1761;
2. Antoinette-Frédérique-Marie-Yolande-Aurore-Camille-Mélanie-Elvire-Eugénie-Clémentine, née le 6 Mai 1761, tenue sur les Fonts de Baptême par Frédéric, Prince Royal de Pologne, & Electoral de Saxe, & Antoinette de Bavière, Princesse Royale de Pologne & Electorale de Saxe, créée Princesse de l'Empire, avec son père, le 15 Septembre 1761;
3. Cornélie-Henriette - Sophie-Hortense-Louise-Gabrielle, Princesse de Galléan, née le 24 Mars 1763, tenue par le Duc & la Duchesse de Gadagne.

(Voyez Uberto Foglieta, *Historiæ Genuensium;* Pietro Bizarro, *Annales Genuenses;* Roccatagliata, *Hist. de l'Etat de Gênes;* Franconus, *des 28 familles de Gênes; Annales de Gênes,* par Barthélemy Senarega; *Histoire de Milan,* de Guy Macalorti; *Nobiliaire de Piémont & de Savoie; Corona Reale di Savoya,* di M. della Chieza; *la Toscane Françoise,* par Tristan l'Hermite de Souliers; *Histoire Italienne de la Ville d'Avignon & du Comtat-Venaissin,* par le Père Sébastien Fantoni Castrucci; *Histoire de la Noblesse du Comtat-Venaissin,* par l'Abbé Pithon-Curt; *Histoire des Guerres du Comté Venaissin,* par Louis de Peruzzis; *Chronique de Provence,* de César Nostradamus; *Nobiliaire de Provence,* par l'Abbé Robert; *Critique manuscrite de ce Nobiliaire,* par Mouvant, Archiviste de la Chambre des Comptes d'Aix; *Histoire héroïque & universelle de la Noblesse de Provence; Martyrologe de Malte,* de Goussancourt; *Histoire de Malte,* de Vertot; *Archives du Grand-Prieuré de Saint-Gilles, & des Chambres de Gênes, Nice, Turin, Vintimille, Rome, Avignon & Carpentras; Traité de la Noblesse,* par le P. Ménestrier; *Histoire Généalogique Italienne des Maisons nobles d'Italie,* du Père Eugène Gamurrini; & l'*Histoire de France,* de Pélisson.

La Maison de Galléan porte pour armes: *d'argent, à une bande de sable remplie d'or, accompagnée de 2 rofes de gueules.* Cimier: *un lion d'or.* Devife: *Ab obice fævior ibit.* Cri de guerre: SEMPER MAGIS. (*Mémoire envoyé* par le Prince de GALLÉAN, Grand-Maître de la Maifon du Prince Electeur-Palatin, &c., & déjà imprimé dans le tom. VII de la première édition de ce *Dictionnaire.*

GALLERANDE. Voyez CLERMONT, en Anjou.

GALLERY, Famille de Normandie, élection de Domfront, qui porte: *de gueules, à une épée d'argent en pal, garnie d'or, accoftée de deux croix de Lorraine du même.*

* GALLES, Principautéd'Angleterre, dans la partie occidentale du Royaume, qui avoit fes Princes particuliers; mais depuis que le pays fut foumis aux Anglois, fous HENRI III, les fils aînés de leurs Rois ont porté le titre de *Prince de Galles.* EDOUARD III, fils du même Roi HENRI III, eft le premier qui l'ait eu.

◊ GALLET-DE-VALLIÈRES, ancienne Nobleffe établie à Hermeville, Bailliage de Montivilliers, en Caux, maintenu dans fa Nobleffe, fur fes titres communiqués, par Sentence de l'Election de Paris, du 14 Juillet 1634, & enfuite à la Cour-des-Aides, par Arrêt intervenu le 8 Août 1635. Cette Famille noble, remonte par filiation fuivie, à

I. LOUIS DE GALLET, Ier du nom, qui fut Seigneur du fief de la Hulline, fitué en la Paroiffe de Triel, ce qui eft prouvé par le contrat original, paffé devant *Antoine Guyon,* Notaire en la Châtellenie de Poiffy, le 20 Novembre 1420. Il eut pour enfans:

1. LOUIS, qui fuit;
2. Et GUÉRIN, Ecuyer, dont on ignore la deftinée.

II. LOUIS DE GALLET, IIe du nom, Ecuyer, Seigneur du Fay, Paroiffe d'Andrefy, Ambaffadeur en Angleterre, eut pour enfans:

1. RAOUL, qui fuit;
2. SIMON, Seigneur de Saint-Suplix en Caux, nous ignorons fa poftérité;
3. RAOULIN, qui eut deux garçons, nommés JACQUES-GUÉRIN & PIERRE, Ecuyers, ce qui eft juftifié par deux contrats de mariage, l'un du 3 Mars 1542; l'autre du 21 Avril 1561. Suivant le contrat du 3

Mars 1542, JACQUES-GUÉRIN fut convoqué aux Etats qui devoient fe tenir à Pontoife en 1577.

4. LOUIS, Seigneur en partie du Fay, qui rendit hommage de ladite terre, le 22 Août 1746, ce qui eft encore prouvé par deux contrats des 11 Octobre 1487 & 23 Avril 1489, & nous lifons dans un fragment de Généalogie imprimée de ce tems qu'il eut un Office dans l'Election de Paris;
5. Et JEAN, auteur de la cinquième branche, rapportée ci-après.

III. RAOUL DE GALLET, fils aîné de LOUIS II, Ecuyer, Seigneur de la Hulline, & autres lieux, eft connu par les contrats de partage qu'il paffa avec fes frères, les 11 Novembre 1487, 19 Octobre 1488, 6 Mai 1497, devant *Antoine Guyon,* l'aîné, Notaire en la Châtellenie de Poiffy. Ses enfans furent:

1. LOUIS, qui fuit;
2. Et MATHIEU, Ecuyer, qualifié Seigneur de la Hulline & de Triel, dans deux contrats, l'un du 10 Octobre 1518, l'autre du 20 Août 1540. Il eft auteur d'une branche dont la poftérité eft éteinte.

IV. LOUIS DE GALLET, IIIe du nom, Ecuyer, Seigneur du Fay, fut député, comme noble, deux fois aux Etats convoqués à Pontoife: la première, le 4 Février 1577, & la feconde, le 24 Juillet 1614. Il eut pour enfans:

1. & 2. JACQUES & GUILLAUME;
3. Et NICOLAS, qui fuit.

V. NICOLAS DE GALLET, Seigneur de Bellefontaine, Paroiffe de Jouy-le-Moutier, Diocèfe de Paris, époufa, le 3 Octobre 1563, *Louife de Saint-Quentin,* dont il eut:

1. GUILLAUME, qui fuit;
2. CHARLES, marié, par contrat paffé devant *Pierron & Théveny,* Notaires à Paris, le 16 Septembre 1598, à *Marie Boucher,* laquelle devenue veuve, obtint une maintenue de nobleffe, pour elle & fes trois enfans, qui furent:

    1. ANTOINE, Ecuyer, Seigneur de Vallons;
    2. SIMON, Ecuyer, Seigneur de Saint-Suplix, en Caux;
    3. Et CHARLES, Ecuyer, tué au fiège de Cafal.

3. Et LOUIS, marié, par contrat paffé le 27 Septembre 1671, devant *Paul le Vaffeur,* Notaire à Pontoife, avec *Antoinette Cof-*

fard, dont il eut trois garçons, tous morts fans poftérité, favoir :

CHARLES, né à Jouy-le-Moutier, Diocèfe de Paris, le 14 Octobre 1601 ;
LOUIS-FRANÇOIS, mort à l'armée du Rhin ;
Et ANTOINE, Seigneur de Vallons.

VI. GUILLAUME DE GALLET, IIe du nom, Ecuyer, Seigneur de Bellefontaine, fecond fils de NICOLAS, époufa, par contrat paffé devant *Paul le Vaffeur*, Notaire à Pontoife, *Gérarde Coffard*, fille de *Nicolas Coffard*, Ecuyer, Seigneur de Han, Paroiffe d'Eragny, Election de Pontoife, dont :

1. BARTHÉLEMY, qui fuit ;
2. Et CATHERINE, mariée, par contrat paffé devant *Hippolyte Turpin*, Notaire à Pontoife, le 23 Mai 1583, à *Nicolas d'Andrieu*, Ecuyer, Seigneur de Guitrancourt, près de Mantes.

VII. BARTHÉLEMY DE GALLET, Ecuyer, Seigneur de Bellefontaine, partagea avec fa fœur, par acte paffé devant *Gilbert Parlleur*, Notaire à Meulan, le 25 Février 1594, les biens de fes père & mère, & époufa, par contrat du 9 Novembre 1598, paffé devant *Martin de Marines*, Notaire à Andrezy, *Antoinette David*, dont :

1. CLAUDE, qui fuit ;
2. Et LOUISE, mariée avec Meffire *Claude de Chauveau*, Ecuyer, établie à Paris.

VIII. CLAUDE DE GALLET, Ecuyer, Seigneur du Clos, époufa, par contrat paffé devant *Ildevert de Marines*, Notaire à Andrezy, près de Poiffy, le 8 Janvier 1629, *Marie de Noyon*, fille & héritière de Meffire *Pierre de Noyon*, Ecuyer, Seigneur de Vallières, Paroiffe de Vaudancourt, en Vexin, & d'*Anne de Ranceau*; lequel CLAUDE DE GALLET, comme héritier de fon beau-père, de la terre de Vallières, eft le premier qui ait joint le nom de Vallières au fien. De fon mariage font iffus :

1. JEAN, qui fuit ;
2. Et LOUISE, femme de N..... *de Marquemont*, Ecuyer, qui demeuroit, en fon vivant, à la Terre de Parmes, près de Magny.

IX. JEAN DE GALLET, Ier du nom, Ecuyer, Seigneur de Vallières, Soyols, Grand-Friche & Bellefontaine, obtint de M. de la Galiffonnière, Intendant de Rouen, nommé par Sa Majefté, pour la recherche de la Nobleffe, une maintenue, pour lui & pour les fiens, datée du 3 Juin 1667. Il mourut à Triel, en 1707,

& avoit époufé, par contrat paffé devant *Louis Michel*, Notaire Royal à Triel, le 8 Octobre 1653, *Avoye Guéroult*, morte à Triel, vers l'an 1705, fille mineure de Meffire *François Guéroult*, Seigneur de la Bonnière, du Boifroger, & autres lieux, Maître des Requêtes & Préfident, Prévôt-Royal de Triel, & de *Marie Thiboult*. De leur mariage font iffus :

LOUIS-CHARLES, qui fuit ;
Et deux filles, l'une femme de N... *de Lumeau*, Chevalier, Seigneur de Douinville, près de Meulan ; l'autre, femme en premières noces du Seigneur de Gondrecourt, & en fecondes, de M. *de Saint-Lambert*.

X. LOUIS-CHARLES DE GALLET, Chevalier, Seigneur de Vallières, & autres lieux, mourut à Boury, près de Gifors, en 1737, & avoit époufé, par contrat paffé, le 2 Février 1695, devant *Hector le Marié*, Notaire Royal, au Comté de Chaumont, en Vexin, *Marie Louvel*, morte à Boury, le 24 Mai 1744, fille de Meffire *François Louvel*, Ecuyer, Sieur des Mottes, & de *Marguerite Defchamps*; par fon mariage, les Terres d'Hermeville & de Saint-Vigor, en Caux, font entrées dans la Famille de GALLET-DE-VALLIÈRES. Les enfans iffus de ce mariage font :

1. PIERRE, qui fuit ;
2. JEAN, rapporté après fon frère aîné ;
3. Et HENRI-CHARLES-ELÉONOR, né à Boury, vers l'an 1709, Prêtre & Curé de Montréal, en Canada.

XI. PIERRE DE GALLET-DE-VALLIÈRES, Chevalier, Seigneur d'Hermeville, Saint-Vigor, & autres lieux, né à Ecrainville, en Caux, en Août 1696, ancien Capitaine au Régiment du Roi, Infanterie, & Chevalier de Saint-Louis, héritier, comme aîné, fuivant la coutume du Pays de Caux, depuis 1757, des Terres d'Hermeville & de Saint-Vigor, vécut garçon, & eft mort le 1er Avril 1782.

XI. JEAN DE GALLET, fecond fils de LOUIS-CHARLES DE GALLET, & de *Marie Louvel*, & frère puîné de PIERRE, ci-deffus rapporté, né à Boury, près de Gifors, le 23 Août 1707, mort à Château d'Hermeville, en Caux, le 27 Décembre 1778, fut marié deux fois : 1o à N... *de Louvain*, morte à Boury, fans enfans; 2o par acte fous feing privé, le 5 Novembre 1758, à *Marie-Agnès de Marle*, fille aînée de *Pierre de Marle*, Chevalier, Seigneur de Fours, en Vexin, & de *Marie-Agnès-Da* niel de Boisdennemetz, auſſi morte à Fours, près de Gifors, en 1777; leur acte de mariage a été inventorié après leur décès, par Friquet, Notaire, à Criquetot-Leſneval, en Caux, & contrôlé à Montivilliers, le 23 Juin 1779. Ils ont laiſſé de leur mariage :

1. CHARLES-FRANÇOIS, mort ſans poſtérité, en Septembre 1782;
2. PIERRE-ELÉONOR, appelé le Chevalier de VALLIÈRES, né à Boury, le 29 Janvier 1766, Sous-Lieutenant au Régiment Colonel-Général, Infanterie ;
3. Et MARIE-AGNÈS-SOPHIE, née à Boury, le 26 Août 1760, mariée, en 1780, à N..... de Bannoge, Chevalier, Seigneur d'Offeville & du Tot, en Caux.

CINQUIÈME BRANCHE.

III. JEAN DE GALLET, Ve du nom, dernier fils de Louis, IIe du nom, fut Seigneur de Teſſacq & du fief de Gallet en Saintonge ; il eut pour fils :

IV. LOUIS DE GALLET, Ve du nom, Seigneur des mêmes Terres que ſon père, qui eut quatre garçons, ſavoir :

1. 2. & 3. LOUIS, JEAN & HÉLIE, dont deux ſont morts ſans poſtérité ;
4. Et JACQUES, qui ſuit.

V. JACQUES DE GALLET, duquel eſt ſorti autre

VI. JACQUES DE GALLET, Ecuyer, Conſeiller au Préſidial de Saintes, qui eut pour enfant :

VII. SAMUEL DE GALLET, Ecuyer, Avocat du Roi au Préſidial de Saintes, lequel eut un fils nommé

VIII. RENÉ DE GALLET, dont nous ignorons la poſtérité.

Cette cinquième branche des Seigneurs de GALLET ſe juſtifie, par les faits produits, le 15 Décembre 1634, en la Cour des Aides, par l'Arrêt de ladite Cour contradictoire avec le Procureur-Général, & les Habitans des lieux, intervenus, le 28 Avril 1635, par lequel ladite Cour a maintenu leſdits Seigneurs de GALLET, dans leurs titres de Nobleſſe ancienne, & en poſſeſſion de tous les privilèges & exemptions, attribués aux anciens Nobles de France, car ceux de ce nom ſont, de tems immémorial, appelés, reconnus, jugés véritables Ecuyers & Gentilshommes, par titres, contrats de mariage, Arrêts, Sentences, & par l'atteſtation des Habitans des Paroiſſes d'An-

dreſy, Triel, Boury & autres, & auſſi par les Commiſſaires, nommés par Sa Majeſté pour la recherche des uſurpateurs de la Nobleſſe.

(Généalogie dreſſée ſur les titres originaux communiquées, & ſur un Mémoire en forme d'arbre Généalogique, fourni en Décembre 1779.)

La famille de GALLET-DE-VALLIÈRES porte pour armes : écartelé, aux 1 & 4 d'azur, à un gallet ou tourteau d'or ; au 2 d'argent, à la bande d'azur, accompagnée de deux croiſettes de même, qui eſt GUÉROULT DE BONNIÈRES ; & au 3, parti d'argent ou de gueules, faſcé de 8 pièces, qui eſt BOULAINVILLIERS.

GALLIAN ou GALIAN, en Dauphiné : d'azur, au coq d'or, tenant à ſon bec un ſerpent d'argent, & perché ſur un lion couché ou abattu, d'or, lampaſſé, armé & vilené de gueules ; le coq auſſi becqué, crêté, armé, barbé & onglé de gueules.

GALLIFFET. Cette Famille, dont l'origine ſe perd dans l'obſcurité des tems, remonte au XIIIe ſiècle par une filiation authentiquement prouvée.

Elle étoit dès-lors diſtinguée dans l'ordre de la Nobleſſe du Dauphiné & de Savoie. Les commandemens dont elle y fut honorée, ſes alliances, les fiefs nobles qu'elle poſſédoit, celui de la Galliffetière auquel elle a donné ſon nom, & dont on ne connoît pas l'origine, & les fondations dont elle a le patronage, juſtifieroient d'une ancienneté bien plus reculée, ſans la perte qu'elle a faite de ſes plus anciens titres pendant les troubles de la Ligue. Cette perte eſt prouvée par une enquête faite par le Parlement de Dauphiné le 1er Juillet 1609, dans laquelle le Procureur-Général eſt en qualité, auſſi bien que les Procureurs du pays & le Syndic des Villages. On trouve les GALLIFFET dans toutes les montres des Gentilshommes du Graiſivaudan & du Dauphiné, dans les levées des bans & arriere-bans dans tous les états des Nobles ; & entr'autres il y a deux GALLIFFETI, en 1347, dans le Terrier des reconnoiſſances paſſées par les Nobles de la Châtellenie de Voiron. On trouve encore les GALLIFFET dans les états des Nobles donnés par les Conſuls des lieux où ils habitoient, pour jouir des exemptions attribuées à l'ancienne Nobleſſe.

Cette Famille, qui a donné 4 Préfidens au Parlement de Provence, des Gouverneurs de Places, un Chef d'Efcadre, & un nombre confidérable d'Officiers fur terre & fur mer, s'eft divifée en plufieurs branches, tant en Provence qu'au pays d'Aunis, Isle-de-France, Orléanois & Savoie. Celle établie en Provence en 1614, y a fait fes preuves dans l'Ordre de Malte peu de tems après, pour la réception de quantité de Chevaliers, & entr'autres des Chevaliers de *Meyran-d'Ubaye*, le 23 Juillet 1649, petit-fils de MARIE DE GALLIFFET; d'*Eyguières*, le 28 Octobre 1666, auffi petit-fils de ladite MARIE; d'*Autry*, de *Baumettes*, de *Gadagne*, de *Gaillard*, &c., toutes lefquelles preuves ont été vérifiées dans celles de PAUL-ALEXANDRE DE GALLIFFET, faites le 26 Mars 1741, par fes Commiffaires, qui déclarent qu'à leurs époques les titres de ladite MARIE DE GALLIFFET, fille d'ALEXANDRE, Ier du nom, ont été trouvés bons & valables, ainfi qu'ils l'ont vérifié dans lefdites preuves.

Elle a fait encore fes preuves avec plus d'authenticité en 1695, pour GABRIEL DE GALLIFFET, à la réception duquel un Commandeur s'oppofa, non fur le fondement du défaut d'ancienneté de Nobleffe, mais parce qu'il prétendoit que cette branche, établie en Provence, avoit une tache qui n'eft connue que dans cette Province. Ses preuves furent faites contradictoirement, avec ce Commandeur, par des Commiffaires qui firent celles de toutes les alliances contractées en Provence, & il en réfulta un décret de la langue de Provence, rendu unanimement le 26 Avril 1695, qui déclare *la nobleffe de ladite Famille de* GALLIFFET *être plus que fuffifamment prouvée pour entrer à* Malte. Les mêmes preuves y ont été admifes, en 1741, pour la réception de PAUL-ALEXANDRE DE GALLIFFET.

Quoiqu'il foit prouvé par un hommage rendu au Duc de Savoie en 1447 (dont il fera parlé ci-après), que le père & les aïeux de JEANDE GALLIFFET, qui vivoit en 1380, étoient, ainfi que lui, Seigneurs de Savoiroux, par ces énonciations, *feudum antiquum paternum & avitum*, on n'a cependant encore pu prouver la filiation que depuis le même.

I. JEAN DE GALLIFFET, qualifié *noble* & *Damoifeau*, dans un acte de reconnoiffance, paffé le 15 Septembre 1424, en faveur de JACQUES, fon fils, pour des domaines fitués dans le terroir de Savoyroux, confervé aux Archives de la Chambre des Comptes de Turin. Il mourut avant 1420, & avoit époufé *Jeanne de Miftral*, fille d'*Eimard de Miftral*, qualifié Damoifeau. On ne connoît d'autres enfans que

II. JACQUES DE GALLIFFET, Ier du nom, Seigneur de Savoyroux & de Bruiffonne, qui eft qualifié, dans la reconnoiffance ci-deffus, *noble fils* de *noble* JEAN DE GALLIFFET, Damoifeau. Il fut nommé, en 1428, Commandant du Château de Voyron, fuivant une Ordonnance de Mathieu de Foix, Gouverneur du Dauphiné, dépofée dans la caiffe des Regiftres du Graifivaudan, & confervée aux Archives de la Chambre des Comptes de Grenoble, laquelle chargeoit Antoine Grimaud, aliàs Bergue, de nommer pour Commandant à cette place un Gentilhomme. C'eft à cette occafion que les armes de GALLIFFET furent mifes fur la porte de ce Commandant, & y font reftées jufqu'à l'entière deftruction de ce Château, arrivée depuis environ 40 ans, ainfi qu'il appert par une Enquête dreffée pour conftater ce fait comme chofe notoire. JACQUES DE GALLIFFET fit fon teftament le 17 Mars 1445, reçu par *Pierre Pochalis*, Notaire, par lequel il inftitue pour héritière fa femme, & fubftitue la Terre de Savoyroux à AMÉDÉE DE GALLIFFET, fon fils aîné. Il étoit mort avant 1447, & avoit époufé noble *Jeanne d'Yfe*, fille de Meffire *Dion d'Yfe*, & de *Huguette de Bauvoir*. Sa veuve paffa, le 2 Juin 1447, procuration, reçue par *Guigon Tarditi*, Notaire de Grenoble, à noble Nicod de Maniffiac, pour prêter, en fon nom, hommage au Duc de Savoie, des fiefs & arrière-fiefs nobles, provenant de la fucceffion de fon mari. Cet hommage, prêté le 22 Juin, eft dépofé aux Archives de la Chambre des Comptes de Turin, au protocole de Divone, n° 98, fol. 139. C'eft dans cet hommage que le fief de Savoyroux eft déclaré noble, ancien & provenant du père & des aïeux de JACQUES DE GALLIFFET, qui eut pour fils :

AMÉDÉE, qui fuit;

Et PIERRE, rapporté après fon frère.

III. AMÉDÉE DE GALLIFFET, à qui la Terre de Savoyroux étoit fubftituée, en prêta hommage le 4 Février 1465. Il eft qualifié *noble fils* de *noble* JACQUES, icelui fils de noble JEAN, & de *Jeanne de Miftral*, fille d'*Eimard de Miftral*, Damoifeau. On ne connoît de la poftérité d'AMÉDÉE que noble

PIERRE, qui prêta hommage du Château de Ceffens le 4 Mars 1505. Cette branche eſt éteinte depuis plus de 200 ans.

III. PIERRE DE GALLIFFET, ſecond fils de JACQUES, & de *Jeanne d'Yſe*, qualifié *Ecuyer*, & *noble*, dans le teſtament de ſon père, & dans des Actes des 15 Mai 1435 & 1474, ſe maria en Dauphiné, & laiſſa :

GEORGES, qui ſuit ;
Et JACQUES, duquel on ne connoît de deſcendant que

PHILIBERT, qui eſt qualifié *noble* dans pluſieurs actes des années 1484, 1496, 1515 & 1517.

IV. GEORGES DE GALLIFFET acquit, conjointement avec JACQUES, ſon frère, un domaine conſidérable à *Entre-deux-Guiers*, & le Duc de Savoie leur fit remiſe des droits de lods & ventes, par l'inveſtiture qu'il leur en donna le 2 Septembre 1517. GEORGES eut pour enfans :

1. GUILLAUME, qui ſuit ;
2. JEAN, mort ſans poſtérité ;
3. Et MICHEL. Ils ſont qualifiés *nobles* & *meſſires*, dans des Actes de 1489, 1490 & 1496, & fils de feu GEORGES. MICHEL DE GALLIFFET eut des enfans que l'on ne connoît pas ; mais il paroît, par un acte de 1531, qu'une de ſes filles,

N... DE GALLIFFET, porta dans la Maiſon de N... *Berger*, Seigneur des Abrets, le fief de *la Galliffetière*. Une fille de la Famille de ce *Berger*, éteinte, porta depuis ce fief dans celle de *Beaumont*, de laquelle il a paſſé par ſucceſſion au Comte d'Angeville, qui le poſſède. En 1515, noble MICHEL DE GALLIFFET reconnut à Antoine de Maugiron, des ſervices & rentes, & ledit *de Maugiron* acquit ces rentes, acte reçu par *Humbert*, Notaire à Vienne.

V. GUILLAUME DE GALLIFFET épouſa *Jeanne de Louat*, fille de noble *Guillaume de Louat*, Seigneur de la Maiſon-Forte, dont vinrent :

1. GEORGES, qui ſuit ;
2. JEAN, lequel eut un fils naturel, nommé ANDRÉ.
3. JACQUES, auteur de la troiſième branche rapportée ci-après ;
4. Et JEANNE, mariée, en 1518, à *Jean Durand*, d'une ancienne Famille du Dauphiné.

VI. GEORGES DE GALLIFFET, IIe du nom, Ecuyer, né en 1486, ſe trouve inſcrit dans le rôle de l'arrière-ban perſonnel de 1513, pour

un des Officiers. Il comparut, avec ſes frères, le 15 Juin 1524, parmi les Gentilshommes du Dauphiné, à la montre faite en la ville de Romans ; fonda avec JACQUES, ſon frère, en 1527, dans l'Egliſe de Saint-Laurent-du-Pont, une Chapelle, ſous le titre de la Sainte-Trinité & du Saint-Eſprit ; fut Capitaine de Saint-Laurent-du-Pont, par commiſſion du 11 Mars 1532, & de la Marché d'Entremont ; ſe démit de cette dernière place le 27 Avril 1543, en faveur de GEORGEON ou GEORGES DE GALLIFFET, ſon cinquième fils ; ſe trouve inſcrit auſſi avec ſes frères dans le rôle des Nobles de Saint-Laurent-du-Pont en 1549, fait par ordre du Parlement, & mourut avant le 27 Juillet 1557. Il avoit épouſé, par contrat du 4 Octobre 1507, noble *Françoiſe de Monteil* (de la Maiſon de *Monteil-Adhémar*), fille de feu *Mathieu de Monteil*, Seigneur du Port-d'Auzon, & de noble *Louiſe de Gruel du Saix*, ſa veuve. De ce mariage ſortirent :

1. ANDRÉ, Chanoine de la Sainte-Chapelle de Chambéry, mort en 1566 ;
2. JACQUES, qui ſuit ;
3. CLAUDE, lequel ſervit dans la Compagnie du Connétable de Montmorency, & fut enſuite Capitaine de St.-Laurent-du-Pont, ſur la démiſſion de ſon père, du 15 Décembre 1555 ;
4. GUILLAUME, mort ſans enfans ;
5. GEORGEON ou GEORGES, Capitaine de la Marche d'Entremont, par démiſſion de ſon père, ainſi qu'il a été ci-deſſus énoncé ;
6. GODET, dit auſſi CLAUDE DE GALLIFFET, Ecuyer, marié à *Jeanne de Berlaudet*, des Etats de Savoie : il mourut en 1665, laiſſant, ſous la tutelle de ſa veuve, trois enfans, dont les deux derniers nommèrent, conjointement avec leur mère, la même année, un titulaire à la Chapelle de la Ste.-Trinité, fondée dans l'Egliſe de St.-Laurent-du-Pont. De ces trois enfans :

PHILIBERT & CLAUDE moururent au ſervice ſans alliance ;
Et ANDRÉ, dit *Berlaudet*, qui leur ſurvécut, fut Capitaine en 1586 ; il eut une jambe caſſée au ſervice du Roi en Italie en 1630 ; fut maintenu dans ſa nobleſſe d'extraction avec ſon fils, par Ordonnance de Jacques Talon, Intendant de Lyonnois, Provence & Dauphiné, du 15 Septembre 1635 ; & mourut en 1640. Il avoit épouſé, en 1586, *Françoiſe de Gauteron*, dont il eut :

CHARLES, Seigneur de la Vocatière, eſtropié du bras & de la main gau-

GAL

che dans la guerre d'Italie en 1640, & mort en 1656, fans enfans de *Anne de Gallien*, qu'il avoit époufée en 1628, fille de *Laurent de Gallien*, Seigneur de Tavernière, & de *Catherine de Grimaud*.

7. JANTON, l'un des 100 Gentilshommes de HENRI II, mort fans enfans en 1559;

8. BARBE, mariée dans la Maifon de *Beffon* en Vafonnaige;

9. Et ISABEAU, alliée dans la Maifon de *Giraude* ou *Girande*.

VII. JACQUES DE GALLIFFET, IIᵉ du nom, fut s'établir à Avignon, où il époufa *Antoinette Paillet*, de laquelle il eût :

ALEXANDRE, qui fuit;
Et FRANÇOIS, mort fans enfans.

VIII. ALEXANDRE DE GALLIFFET, Iᵉʳ du nom, fut employé par les Rois CHARLES IX & HENRI III, à des négociations importantes, & chargé du commandement & de la conduite de plufieurs Compagnies de leurs troupes, ainfi qu'il confte des paffeports à lui donnés par CHARLES IX, au mois de Décembre 1573, pour venir vers lui au fujet d'affaires importantes à fon fervice, & du 20 Septembre 1569; auffi envoyé à cet effet, par la miffion du 9 Novembre 1579, pour affaires importantes auprès de HENRI III; & les commiffions à lui données les 12 Janvier 1581 & 29 Janvier 1589, pour commander plufieurs Compagnies. Il fut encore chargé, cette dernière année, de traiter de la paix avec le Duc de Savoie, & avoit époufé, par contrat du 10 Avril 1565, *Madeleine Ferret*, fille de feu noble *Pierre Ferret*, & de *Marie Paffard*. Leurs enfans furent :

1. ALEXANDRE, qui fuit;

2. JACQUES-JOSEPH, qualifié *illuftre Seigneur*, marié, le 14 Juillet 1624, à *Anne de Salvancy*, fille de *Jean*, Gentilhomme d'Avignon, & d'*Ifabeau de Bernard de Lagnes*, dont :

　1. Un fils puîné, qui s'eft marié & a laiffé : N... DE GALLIFFET, lequel n'eut point de poftérité.

　2. ISABELLE, mariée à Avignon, en 1671, avec *Jofeph-François de Galliens* ou *Galléan*, Seigneur de Védènes, dont eft defcendu le Duc de Gadagne.

　3. Et MARIE-LUCRÈCE, auffi mariée à Avignon à *Jean-Baptifte Ifoard de Salvan*, Seigneur de Chénerilles.

3. PIERRE, mort fans enfans;

4. JEAN, Religieux Céleftin;

5. ALBIN, Jéfuite, lequel fit, en 1626, donation de fes biens en faveur d'ALEXANDRE, fon frère aîné.

6. MARIE, alliée, le 20 Janvier 1599, avec *Claude d'Aiguières*, dont le petit-fils fut reçu Chevalier de Malte en 1641;

7. ANTOINETTE, mariée, la même année, avec *Pierre d'Urre*, Seigneur de Molans;

8. Et ISABEAU, femme, le 8 Avril 1608, d'*Antoine de Faure*, Seigneur de Saint-Marcel d'Ardèche.

IX. ALEXANDRE DE GALLIFFET, IIᵉ du nom, qualifié *haut & puiffant Seigneur*, Seigneur d'Honon, Terre dans le Comtat-Venaiffin, qui a pris le nom de Galliffet, & du Tholonnet en Provence, fut reçu Préfident au Parlement d'Aix en 1614, ayant eu de fon beau-père en dot, entr'autres chofes, fa charge de Préfident. Il fut député du Parlement auprès du Roi en 1632 & 1640, contribua à la prife fur les Efpagnols des Ifles de Saint-Honorat & de Sainte-Marguerite, par les fecours qu'il donna au Comte d'*Harcourt*, tant en argent qu'en hommes, lequel s'en empara par ces moyens en 1637; obtint, par Brevet du 20 Février 1639, la préférence pour la première charge de Préfident à Mortier; fut fait enfuite Confeiller d'Etat par Lettres du 28 Février 1648, & mourut en 1668. Il avoit époufé, par contrat du 7 Février 1614, *Lucrèce de Trichaud*, fille de *Pierre de Trichaud*, Seigneur de Saint-Martin, Thorame, les Siéyes, Préfident au Parlement de Provence, & de feue *Hélionne de Carbonnel*. De ce mariage vinrent :

1. PIERRE, qui fuit;

2. JACQUES, auteur de la feconde branche rapportée ci-après;

3. JEAN-BAPTISTE, mort fans alliance;

4. & 5. Deux filles, Religieufes de la Vifitation;

6. THÉRÈSE, mariée, le 15 Février 1643, avec *Henri de Clapiers de Séguiran*, Seigneur de Vauvenargues.

X. PIERRE DE GALLIFFET, Seigneur d'Honon ou de Galliffet & de Caffin, fe maria, le 20 Août 1644, avec *Marguerite de Bonfils*, fille de *Pierre de Bonfils*, Ecuyer, & de *Blanche de Durand*, & mourut le 28 Novembre 1690. Il fut enterré à *Galliffet*, dans la Chapelle du Château, fous le titre de Notre-Dame-de-Grâce, où l'a été pareillement fa femme en 1698. Ils ont laiffé pour enfans :

1. ALEXANDRE, qui fuit;

2. Joseph, qualifié *noble & illuſtre Seigneur*, d'abord Lieutenant dans le Régiment de Picardie, enſuite Capitaine dans celui de Champagne, & après Capitaine d'une Compagnie franche de la Marine ; puis Commandant dans l'Isle de la Tortue. Il fut, le 16 Mai 1698, Gouverneur pour le Roi de l'Isle de Sainte-Croix, & Commandant des Colonies Françoiſes au quartier du Cap & côte de St.-Domingue ; fit ſon teſtament à Léogane le 23 Mai 1702, par lequel il ordonne que tous les biens qu'il avoit, tant en Amérique qu'en Europe, fuſſent vendus pour en acquérir, du prix, des terres dans le Comtat-Venaiſſin, en Provence ou en Dauphiné, leſquelles il ſubſtitua aux aînés de la Famille de Galliffet, deſcendus de mâle en mâle de Pierre, ſon père, & à leur défaut, aux aînés mâles deſcendus de Jacques de Galliffet, ſon oncle, à l'excluſion des filles, & mourut à Paris le 26 Mai 1706 ;

3. François, qualifié *noble & illuſtre Meſſire & Chevalier*, Seigneur de Caffin, Officier de Marine le 22 Avril 1695, Major pour le Roi de la ville de Québec le 17 Mai 1698 ; Lieutenant de Roi des Ville & Château de Montréal le 25 Mai 1702 ; & Gouverneur de la Colonie des Trois-Rivières le 8 Février 17.... Il avoit épouſé, à Québec, le 8 Janvier 1697, *Marie-Catherine Aubert*, fille aînée de *Charles Aubert*, Ecuyer, Seigneur de la Cheſnaye, Conſeiller au Conſeil ſouverain de Léogane, & de *Marie-Angélique Denys*, dont il a eu :

    1. Charles-François, Chevalier de Saint-Louis, Capitaine au Régiment des Gardes-Françoiſes, mort le 12 Décembre 1748, âgé de 52 ans ;

    2. Et Marie, morte en Juin 1765, ſans alliance.

4. Philippe, mentionné après la poſtérité de ſon frère aîné ;

5. Blanche, mariée, le 24 Octobre 1667, à noble *Gaſpard de Badier*, Seigneur de Roquebrune ;

6. & 7. Lucrèce & Marie, mortes ſans alliance ;

8. Et Isabeau, Religieuſe Urſuline à Valréas.

XI. Alexandre de Galliffet, III° du nom, qualifié *illuſtre Seigneur, Meſſire & Chevalier*, Seigneur d'Honon ou de Galliffet, d'abord Capitaine au Régiment de Picardie, & depuis Lieutenant des Vaiſſeaux du Roi, épouſa, 1° le 11 Février 1688, *Roſe de Bérenger*, fille de *Pierre de Bérenger*, Baron de Violles, Seigneur de Beauſain, Pipet, &c., & de Dame *Louiſe de Langes de Mont-*

mirail ; & 2° le 5 Février 1690, *Madeleine de Bonot*, fille de noble *Louis de Bonot*, & d'*Iſabeau de Digoine*. Par ſon teſtament du 21 Avril 1717, il augmenta de 200000 livres la ſubſtitution faite par Joseph, ſon frère, & eſt mort le 14 Mai 1719, laiſſant de ſon ſecond mariage un fils qui ſuit :

XII. Louis-François de Galliffet, né le 1er Février 1695, qualifié *très-haut & très-puiſſant Seigneur*, Prince de Martigues, Marquis de Galliffet, de Buoux & de Salernes en Provence, Baron de Berre & de Lançon, Seigneur d'Iſtres, Entreſſen, Saint-Mitre & Châteauvieux auſſi en Provence, de Marcilly, Villiers-aux-Corneilles, la Celle, Fontaine-Denis, Miſſy, Leurey, les Caves, Eſclavolle, Potangis, Lavaut, Port-Sainte-Marie, Culoiſon & Mornay en Champagne, ſervit d'abord dans la première Compagnie des Mouſquetaires du Roi, & étoit, le 5 Février 1721, Enſeigne aux Gardes-Françoiſes. Il épouſa, le 1er Mai 1730, *Marie-Deniſe-Eliſabeth Pucelle*, fille unique d'*Omer Pucelle*, Seigneur d'Orgemont, de Dercy, &c., Maréchal-des-Camps & Armées du Roi, Chevalier de Saint-Louis, & de Dame *Deniſe Talon*. Elle eſt morte en 1761.

XI. Philippe de Galliffet, quatrième fils de Pierre, & de *Marguerite de Bonfils*, qualifié *noble & illuſtre Meſſire & Chevalier*, Seigneur de Grandzay & du Rivau, Capitaine d'une Compagnie franche de la Marine, & Lieutenant des Maréchaux de France au pays d'Aunis, étoit Lieutenant des Vaiſſeaux du Roi, lorſqu'il épouſa, le 15 Juillet 1709, *Marie-Marguerite-Suſanne Huet*, fille de feu *Amateur Huet*, Seigneur du Rivau & de Grandzay, Capitaine des Vaiſſeaux du Roi, & de Dame *Suſanne-Henriette Béraudin*. Elle eſt morte le 26 Mars 1740, laiſſant :

    1. Philippe-Christophe-Amateur, qui ſuit ;

    2. Louis-Gabriel, Prêtre, Docteur de Sorbonne, Seigneur de la Fontaine, nommé, en Octobre 1742, à l'Abbaye de Saint-Chéron ; Grand-Vicaire du Diocèſe d'Aix en 1744, & nommé, en Juin 1755, à l'Abbaye de Fontaine-Daniel ;

    3. Et Paul-Alexandre, Capitaine dans le Régiment de la Couronne, & Chevalier de Malte, mort en 1741.

XII. Philippe-Christophe-Amateur de Galliffet, né le 30 Décembre 1711, qualifié *haut & puiſſant Seigneur*, Baron de Dampierre, Seigneur de Grandzay, Rocheroux, Verguier, &c., Capitaine au Régiment du Roi le 2 Mai 1740; Meftre-de-Camp de celui de la Reine, Cavalerie, le 4 Janvier 1744; Brigadier des Armées du Roi le 1er Janvier 1748; Infpecteur-Général de Cavalerie & de Dragons en 1756; Lieutenant- Général au Gouvernement de Bourgogne pour le Mâconnois; Gouverneur de la Ville de Mâcon & du Mâconnois; & Maréchal-de-Camp en Février 1759, eft mort à Caftel le 12 Août fuivant. Il avoit époufé, le 22 Janvier 1756, *Marie de Lévis*, fille de *Marc-Antoine de Lévis*, Baron de Lugny, Seigneur de Charnifay, Arfeuilles, Orcilly, Poufement, &c., & de *Marie-Françoife de Gélas de Leberon*, Dame d'Upie, de Barcelone & de Saint-Georges-des-Péranches. Il en a eu deux filles, favoir :

MARIE-LOUISE, née le 28 Octobre 1756, alliée, avec difpenfe de Rome, le 9 Avril 1772, à LOUIS-FRANÇOIS-ALEXANDRE DE GALLIFFET, fon coufin au IVe degré;

Et MARIE-ANTOINETTE, née le 26 Octobre 1757.

SECONDE BRANCHE.

X. JACQUES DE GALLIFFET, Seigneur du Tholonnet, de Montbijoux & les Siéyes, fecond fils d'ALEXANDRE II, & de *Lucrèce de Trichaud*, fervoit dans les troupes du Roi le 8 Juillet 1647. Il fut reçu dans la charge de Confeiller du Roi en fes Confeils, Préfident au Parlement de Provence, qu'avoit fon père, le 16 Décembre fuivant; jouiffoit d'une grande confidération dans la Province & dans fa Compagnie; & fut député plufieurs fois par elle auprès du Roi. Le Parlement ayant délibéré de lever des troupes en 1649, contre le Comte d'Alais, Gouverneur de la Province, il leva un Régiment fous le nom de fa Terre du Tholonnet. On voit par plufieurs lettres qu'il reçut de GASTON DE FRANCE, frère du Roi Louis XIII, combien il en étoit eftimé & confidéré. Il mourut en 1694, & avoit époufé, 1° le 8 Juillet 1647, *Lucrèce de Ballon*, fille d'*André de Ballon*, Confeiller au Parlement de Provence; & 2° le 20 Août 1656, *Marguerite d'Auguftine*, veuve d'*Antoine de Villages*, & fille de feu *Marc-Antoine d'Auguftine*, Seigneur de Septèmes, Gouverneur de Marfeille, Maréchal de bataille, & de *Françoife de Vento*. Il eut du premier lit:

1. JEANNETON, morte en 1667.

Et du fecond lit vinrent:

2. ALEXANDRE, reçu dans la charge de Préfident de fon père le 7 Décembre 1683, mort fans enfans, en 1714;

3. GABRIEL, lequel fit fes preuves pour l'Ordre de Malte. Elles furent déclarées, par décret, de la langue de Provence, du 26 Avril 1695, plus que fuffifantes pour y être reçu;

4. JOSEPH, affiftant, en 1722, du Général des Jéfuites à Rome, & mort en 1750;

5. SIMON, deftiné à l'état Eccléfiaftique;

6. NICOLAS, qui fuit;

7. SUSANNE, mariée, en 1685, à *Jean de Dons*, Seigneur du Lys, Confeiller en la Cour des Comptes, Aides & Finances de Provence;

8. CHRÉTIENNE, femme, en 1700, d'*Honoré d'Aymar*, Seigneur de Pierrerue;

9. MARIE-DOROTHÉE, Religieufe Bénédictine à l'Abbaye de la Selle, & enfuite au Prieuré du Chambon en Gévaudan, dont fa nièce eft Abbeffe;

10. ELISABETH, Religieufe de l'Abbaye de Saint-Barthélemy à Aix;

11. Et THÉRÈSE, morte fans alliance.

XI. NICOLAS DE GALLIFFET, qualifié *haut & puiffant Seigneur*, Seigneur du Tholonnet & de Montbijoux, après avoir d'abord fervi fur terre, eft enfuite entré dans la Marine, où il s'acquit la réputation d'un des plus braves & meilleurs Officiers de Sa Majefté, par la quantité de campagnes qu'il a faites, & de combats qu'il a livrés aux ennemis de l'Etat, d'où il eft forti toujours victorieux, avec des prifes confidérables, & fouvent avec des Vaiffeaux inférieurs; entr'autres, en 1732, commandant la Frégate *la Flore*, montée de 20 pièces de canon, il prit, après un combat de 4 heures, un vaiffeau fous *Pavillon Impérial*, armé en courfe & monté de 40 canons. Il a paffé par tous les grades, & après avoir été nommé Chef-d'Efcadre des Armées Navales, par provifions du 15 Décembre 1744, il eft mort en 1745. Il avoit époufé, en Mars 1707, *Eléonore de Boéry*, fille de *Thomas de Boéry*, & de *Marguerite de Macadré*, dont il a eu:

1. SIMON-ALEXANDRE-JEAN, qui fuit;

2. LOUIS, Seigneur de la Cour, de Grigneville & de la Popinière, Cornette de la Compagnie Meftre-de-Camp du Régiment de Cavalerie de la Reine le 15 Septembre 1743; Capitaine de Cavalerie au même Régiment le 20 Décembre 1745; Major le 8 Décem-

bre 1753; Chevalier de Saint-Louis le 28 Avril 1758, & gratifié de plufieurs penfions, en confidération de fes fervices & des blef-fures qu'il a reçues. Il s'eft retiré du fervice en 1759, & a époufé, le 29 Avril 1765, *Anne-Marguerite de Sonnande*, fille de *Jean-Pafcal*, Capitaine des troupes natio-nales en Canada, & de *Marguerite le Ver-rier*, dont:

Louise, née le 15 Mars 1766.

3. Marguerite, Abbeffe du Chambon;

4. & 5. Susanne & Lucrèce, mortes en bas âge;

6. Marie-Dorothée, femme, en 1737, de *Ma-rie-Antoine de Moricaud*, Seigneur de So-leilhas;

7. Madeleine, morte en bas âge;

8. Elisabeth, Abbeffe de Gourjean, à Cler-mont-Lodève;

9. Dorothée, morte en bas âge;

10. Gabrielle, morte Religieufe à l'Abbaye de Saint-Barthélemy à Aix;

11. Polixène, morte Religieufe Urfuline à Per-tuis;

12. Hélène, morte Religieufe au même Mo-naftère;

13. Et Louise, morte en bas âge.

XII. Simon-Alexandre-Jean de Galliffet, qualifié *haut & puiffant Seigneur*, Chevalier, Seigneur du Tholonnet & de Montbijoux, né le 22 Juin 1716, Confeiller du Roi en fes Confeils, Préfident au Parlement de Proven-ce, député trois fois par fa Compagnie auprès du Roi, a époufé, le 16 Juillet 1740, *Made-leine de Léotard d'Entrages*, fille de feu *Louis-Jacques de Léotard d'Entrages*, Con-feiller au Parlement de Provence, & de *Ma-deleine de Calaman*. De ce mariage il a eu:

1. Alexandre, né le 8 Juillet 1742, mort la même année;

2. Joseph-Louis-Alexandre, né le 25 Février 1745, mort le 6 Mai de la même année;

3. Louis-François-Alexandre, qui fuit;

4. Et Marie-Madeleine, née le 3 Mai 1741, alliée, par contrat du 28 Novembre 1763, avec *Jean-Louis-Martin d'Arlatan*, Mar-quis de la Roche, Baron de Lauris, Sei-gneur de Beaumont, &c., Confeiller au Par-lement de Provence.

XIII. Louis-François-Alexandre de Gal-liffet, né le 17 Mai 1748, qualifié *haut & puiffant Seigneur*, Chevalier, Seigneur du Tholonnet & de Montbijoux, Capitaine de Dragons au Régiment Dauphin, a été pourvu par le Roi d'une Cornette de la feconde Com-pagnie des Moufquetaires de fa Garde, le 14

Mars 1773, & Meftre-de-Camp de Cavalerie. Il a époufé, le 9 Avril 1772, Marie-Louise de Galliffet, morte le 5 Avril 1776, fa cou-fine au IVᵉ degré, avec difpenfe de la Cour de Rome, fille de Philippe-Christophe-Ama-teur de Galliffet, & de *Marie de Lévis*, dont:

Louis-Marie-Alexandre-Irénée, né le 11 Jan-vier 1774.

TROISIEME BRANCHE.

VI. Jacques de Galliffet, troifième fils de Guillaume, & de *Jeanne de Louat*, né en 1489, fe trouve infcrit avec la qualité de Châ-telain de Miribel, dans un rôle des Nobles de Saint-Laurent-du-Pont, fait en 1549, par ordre du Parlement du Dauphiné, & mourut âgé en 1565. Il avoit époufé, le 19 Janvier 1539, *Guigonne de Dorgeoife*, du lieu de Voiron, fille des feu *Jean*, & de *Jeanne Boyègne*, dont:

1. Bonaventure, Seigneur de la Pipardière, né le 23 Janvier 1540, marié, en 1581, à *Ennemonde de Grimaud*, fille de *Jean*, Sei-gneur de Fidelières. Il tefta en 1603, & mourut en 1609, laiffant:

Pierre, Alexandre & Jacques, tous trois morts fans poftérité.

2. Pierre, mort fans enfans en 1565;

3. Et Janton, qui fuit.

VII. Janton de Galliffet, né le 2 Février 1547, & mort en 1628, avoit époufé, le 14 Février 1578, *Adrienne de la Place*, fille de *Jean de la Place*, Ecuyer, Capitaine-Châte-lain d'Elphinal-de-Corpt, & de *Guigonne de Beaufort*, laiffant:

1. Noël, qui fut maintenu dans fa nobleffe d'extraction, conjointement avec Jacques de Galliffet, Seigneur de la Pipardière, & Charles, Seigneur de la Vocatière en 1641, & par la Cour-des-Aides de Dau-phiné en 1646. Il époufa, en 1628, *Clau-dine de Corbeau*, fille de noble *Aubert*, dont vint un fils:

Pierre, qualifié *illuftre Seigneur*, lequel fervit dans la guerre d'Italie; fut Gou-verneur, pour le Roi d'Efpagne, du Château de Saint-Hofpice; tefta le 28 Novembre 1692, & inftitua héritier Jean de Galliffet, fon coufin germain.

2. Edme, lequel fervit dans les troupes du Duc de Savoie, qui, par Brevet donné à Rivoli le 31 Décembre 1621, augmenta fes appoin-

temens, en confidération de fes agréables fervices, & pour lui donner le moyen de les continuer à l'avenir conformément à fa naiffance ;

3. Et MELCHIOR, qui fuit.

VIII. MELCHIOR DE GALLIFFET mourut en 1775, & avoit époufé, le 22 Août 1633, Louife de Corbeau de Lanfray, fille de feu Zacharie, & de Gabrielle Codurier. Il eut de fon mariage :

1. PIERRE, Religieux ;
2. JEAN, qui fuit ;
3. Et CLAUDE, mort en 1688.

IX. JEAN DE GALLIFFET, qualifié illuftre Seigneur, Seigneur de Brun, fe maria, le 22 Janvier 1675, à Anne-Marie des Malliez, fille de feu noble Jérôme, dont :

1. PIERRE, qui fuit ;
2. JOSEPH, dont la poftérité fera rapportée après celle de fon aîné ;
3. Et DENISE.

X. PIERRE DE GALLIFFET a époufé, en 1691, Jeanne-Françoife Godon ou Goddon, fille de Charles, & en a eu :

1. JEAN, né en 1699, qui fervoit au mois de Janvier 1727, dans le Régiment de Tallard ; fut enfuite Capitaine dans celui de Montferrat, & depuis Capitaine des Fufiliers du Roi de Sardaigne ;
2. CLAUDE, Prêtre ;
3. Autre CLAUDE, Capitaine d'Infanterie au fervice de Sardaigne ;
4. ANTOINE, Prêtre ;
5. JOACHIM, qui fuit ;
6. Et THÉRÈSE.

XI. JOACHIM DE GALLIFFET a époufé, le 10 Octobre 1745, Jeanne de Corbeau de Lanfray, fille de Jofeph, Seigneur de Morand en Savoie, de Millieu & de Monftéroux en Dauphiné, & de Madeleine de Chaftellier, dont font iffus :

1. PIERRE, né le 28 Mars 1748, Lieutenant au Régiment de la Sarre ;
2. JOSEPH-MARIE, né le 21 Septembre 1751, Garde de la Marine au Département de Toulon ;
3. MARIE-THÉRÈSE, née le 2 Octobre 1746, morte au mois de Septembre 1747 ;
4. Et ANNE-MARIE, née le 4 Octobre 1750.

X. JOSEPH DE GALLIFFET, fecond fils de JEAN, & d'Anne-Marie des Malliez, Major-Commandant du Château d'If, a époufé, le 5 Mai 1739, Claire du Broca, fille de feu Jean-Baptifte, Capitaine de haut-bord, &

Chef d'Efcadre au fervice du Roi d'Efpagne, & de Claire Silvy, dont :

XI. LOUIS-FRANÇOIS DE GALLIFFET, né le 11 Avril 1745, qui a d'abord fervi dans le Corps des Grenadiers de France, & eft actuellement Capitaine de Cavalerie au Régiment de Royal-Lorraine. Nous ignorons s'il eft marié.

Cette Famille, dont il eft parlé dans l'Armorial général de France, reg. V, part. I, porte pour armes : de gueules, à un chevron d'argent, accompagné de 3 trèfles d'or, 2 en chef & 1 en pointe.

GALLO DE SALAMANCA, Famille noble originaire de Caftille.

FRANÇOIS GALLO DE SALAMANCA, Bourguemeftre d'Anvers, époufa Marie Daems, dont il eut :

ANTOINE GALLO DE SALAMANCA, en faveur duquel la Seigneurie de Dion-le-Mont, dans le Brabant, fut érigée en Comté en 1665. Il eut pour fils :

JEAN GALLO DE SALAMANCA, Baron de Noirmont, Seigneur de Louvrange, &c., qui lui a fuccédé dans le Comté de Dion-le-Mont. C'eft ce que nous favons de cette Famille.

GALLOIS (DE), Famille établie en Provence. PIERRE DE GALLOIS, Seigneur de la Tour en Foret, avoit époufé Anne le Gendre-de-Saint-Aubin, dont il eut :

JEAN-BAPTISTE DE GALLOIS, Chevalier, Seigneur de la Tour, Vicomte de Glené, qui fut Intendant de Poitou, puis de Bretagne en 1728, & de Provence en 1734, & premier Préfident du Parlement d'Aix en 1735, & eft mort le 7 Mars 1747. De Jeanne-Charlotte du Pré-de-la-Grange, qu'il avoit époufée le 24 Août 1712, morte le 31 Juillet 1762, âgée de 74 ans, fœur du Confeiller de ce nom, aïeul maternel de la Comteffe d'Ayen, il a eu entr'autres enfans :

CHARLES-JEAN-BAPTISTE DE GALLOIS, Chevalier, Vicomte de Glené, Seigneur de la Tour, Chézelles & Dompierre, né le 12 Mars 1715, Confeiller au Parlement de Provence en Août 1735, Maître des Requêtes le 7 Août 1738, reçu au Grand-Confeil le 10 Septembre fuivant, & Préfident le 18 Mai 1740 ; Intendant de Provence en 1744, & premier Préfident du Parlement d'Aix en 1747. Il a époufé, le 26 Février 1748, Marie-Madeleine d'Aligre, née le 27 Août 1731, fille d'Etienne-*Claude d'Aligre*, fecond Préfident du Parlement de Paris, & de *Marie-Louife-Adélaïde-Durey-de-Vieuxcourt*, fa première femme, dont une fille :

N... DE GALLOIS, mariée, le 20 Avril 1769, à N... *Camus de Pontcarré de Viarmes*, Confeiller au Parlement de Paris.

Les armes : *de fable, au fautoir d'or.*

GALLOPE. NICOLAS GALLOPE, Confeiller au Grand-Confeil, & enfuite au Parlement de Paris le 3 Juin 1575, portoit pour armes : *d'argent, à la fafce de gueules, chargée d'une rofe d'argent, accompagnée de trois grappes de raifin d'azur, & à la bordure engrêlée de gueules.*

GALLUCCI. Voyez HOPITAL.

GALON. Voyez GAALON.

GALVAING, en Dauphiné : *de fable, au coq d'or, crêté, barbé, becqué & éperonné de gueules, foulant un raifin d'argent, dégouttant de gueules.*

GAMA, Maifon illuftre de Portugal, qui a produit de grands hommes.

ALVARE-ANNES DA GAMA étoit établi à Olivença, dans la Province d'Alentejo en Portugal, au tems d'ALPHONSE III, & fe diftingua, lui & fon fils, dans la conquête du Royaume d'Algarve. Il fut père de

JEAN-ALVARE DA GAMA;

Et BARTHÉLEMIE DA GAMA, qui époufa *Etienne Cogominho.*

ALVARE-ANNES DA GAMA fe trouva à la bataille de Salado. Il avoit époufé *Marie-Eftèves Barreto*, dont vint :

ETIENNE VAS DA GAMA, qui fervit le Roi FERDINAND. (C'eft par celui-ci que Moréri commence la filiation de cette Maifon.)

Le dernier mâle de la branche aînée eft DON CHRISTOPHE DA GAMA (fecond fils de FRANÇOIS-LOUIS-BALTHAZAR, fixième Comte de Vidigueira, & fecond Marquis de Niza, & de Dona *Béatrix de Vilhena*, fa feconde femme, fille de D. *Vafco Mafcarenhas*, premier Comte d'Obidos, Général d'Armée, Vice-Roi des Indes & du Bréfil), qui fut d'abord deftiné à l'Eglife, & Chanoine de la Cathédrale de Lisbonne. Il époufa depuis : 1° Dona *Philippine Coutinho*, fille & héritière de D. *François Mafcarenhas*, Gouverneur de Madera, Grand-Ecuyer de la Reine MARIE-FRANÇOISE DE SAVOIE-NEMOURS, & de *Marie-So-*

phie de Neubourg (iffu de D. *Jean Mafcarenhas*, troifième Comte de Santa-Cruz), & de Dona *Jeanne Coutinho*, Dame d'Almoural, héritière de cette Maifon; & 2° Dona *Marianne de Lancaftro*, fille de D. *Simon de Vafconcellos de Soufa*. Du premier lit il a eu D. *François Coutinho*, mort en bas âge; & du fecond lit eft iffue Dona *Marie da Porte de Lancaftro*, mariée 1° à D. *Antoine de Lancaftro*, fils de *Rodrigue de Lancaftro*, Commandeur de Coruche, mort fans poftérité; & 2° à D. *Antoine de Saldantra d'Albuquerque*, duquel elle n'avoit pas d'enfans en 1740.

La branche de *Portugal-Gama*, qui eft la cadette, a pour auteur D. FRANÇOIS DE GAMA, fecond Comte de Vidigueira, qui a été Commandeur de Fronteira dans l'Ordre d'Avis, & un des chefs du Confeil des Finances du tems du Roi JEAN III, & Grand-Ecuyer du Prince JEAN, fils du Roi. Sa poftérité a fini à Dona MARIE-MADELEINE DE PORTUGAL, époufe de *Bernard de Vafconcellos de Soufa*, fils puîné de *Louis de Vafconcellos de Soufa*, Comte de Caftello Melhor, qui a été Colonel d'Infanterie, & Gouverneur de la Tour d'Outam. Leurs enfans ont pris le nom de *Portugal da Gama.* (Voyez Moréri.)

* GAMACHES, dans le Vexin-François : Terre & Seigneurie avec un ancien Château, qui a paffé dans la Maifon de *Châtillon*, par le mariage de BLANCHE DE GAMACHES, fille du Grand-Veneur de France, avec *Jean*, Seigneur de *Châtillon*, fils puîné de *Gaucher*, & de *Jeanne de Caffinel*, fa première femme. Elle eft entrée dans celle de *Roncherolles-Pont-Saint-Pierre*, par l'alliance de *Marguerite de Châtillon*, avec *Pierre de Roncherolles*; & eft aujourd'hui poffédée par M. de Baumanoir, ancien Capitaine de Dragons, fils de l'acquéreur.

Le nom de GAMACHES eft ancien : Belleforêt, au règne de CLOTAIRE, parle d'un PROTAT DE GAMACHES, Romain de nation, dit-il, que la Reine BRUNEHAUT, femme du Roi SIGEBERT, fit Maire du Palais de THÉODORIC, Roi d'Orléans, fon fils. Il fut affafiné à la Riffy, jouant aux dames dans la tente du Roi avec fon Médecin. Ce fait eft rapporté par l'Abbé Vély dans fon *Hiftoire de France.*

Dans un Recueil de pièces originales, dépofées tant à la Bibliothèque du Roi, qu'aux

Archives du Prieuré de Saint-Martin-des-Champs & ailleurs, & dont on a délivré des extraits à M. le Comte DE GAMACHES, fignés de M. Bignon, Bibliothécaire du Roi (père de celui d'aujourd'hui), & du Bibliothécaire du Prieuré de Saint-Martin-des-Champs; lefquelles pièces originales ont auffi été communiquées à M. le Préfident d'Hozier, Juge d'armes de France, qui en a donné fon certificat: dans ce recueil, dis-je, de ces pièces authentiques qui nous a été fourni, l'on voit les fervices fans nombre que ceux de la Maifon de GAMACHES ont rendus à l'Etat dans les tems les plus reculés, & les gratifications & récompenfes qu'ils ont reçues de nos Rois.

Le Poëte Guillaume Brifto, dans fon ouvrage intitulé *Philippidos*, liv. 10, pag. 360, qui vivoit fous le règne de PHILIPPE-AUGUSTE, en parlant de la bataille de Bouvines, met au nombre de ceux qui s'y fignalèrent THOMAS DE GAMACHES avec *Gautier de Châtillon* & *Mathieu de Montmorency*. Ce THOMAS DE GAMACHES, héritier de Saint-Valéry, Seigneur de divers Villages, & ayant en fa poffeffion plufieurs Châteaux, menoit à la guerre, dit l'Auteur ci-deffus cité, 50 Chevaliers & 2000 de fes vaffaux, tous braves hommes, courageux & vaillans; & JEAN DE GAMACHES, fon frère, Seigneur de Rouvray en Normandie, fervoit avec lui : ils étoient tous deux proche du Roi en *fon Efcadron* ou *Cornette Blanche*.

Dans la defcription de la Haute-Normandie & l'Hiftoire de cette Province, on trouve un Seigneur de GAMACHES, Bailli de Rouen; un Sire DE GAMACHES, qui, avec quelques troupes, attaque les Anglois, les bat & leur fait lever le fiège de Rouen; plufieurs Seigneurs du nom DE GAMACHES qui font tués dans un combat; parmi nombre de Gentilshommes Normands qui défendirent la ville de Metz, eft un GAMACHES; & dans les liftes des Familles Normandes qui poffédoient des Fiefs militaires dans les XIIe & XIIIe fiècles, eft un GODEFROY DE GAMACHES, quatrième fils de MATHIEU.

Ce MATHIEU DE GAMACHES avoit pour mère *Euphémie de Talmontiers*, laquelle donna, avec lui, à l'Abbaye de Saint-Germer de Flay, une forêt.

II. ROBERT DE GAMACHES, Chevalier, un des fils de MATHIEU, reçut, le 13 Juillet 1355, fur les gages deffervis & à deffervir, pour lui

& deux Ecuyers de fa Compagnie, 60 livres parifis, pour les droits de Connétable de Normandie. PHILIPPE V accorda à ROBERT DE GAMACHES la garde du Château des Arches. Ses provifions font du 14 Mai 1317. Il fut marié 1° à *Erambure*; & 2° à *N... de Luzarches*, de laquelle naquit GALEHAUT. On croit qu'il eut du premier lit GUILLAUME. (Un plus long détail nous meneroit trop loin, & nous allons fuivre la filiation de cette Maifon par GUILLAUME, qu'on croit fils de ROBERT, & d'*Erambure*, fa première femme, d'après l'*Hiftoire des Grands-Officiers de la Couronne*, tom. VIII, p. 690 & fuiv. au chapitre des Grands-Veneurs de France, où l'on trouve la généalogie de GAMACHES, qu'il ne faut pas confondre avec celle de ROUAULT-GAMACHES, dont nous parlerons en fon lieu.)

III. GUILLAUME DE GAMACHES, Ier du nom, fervit en l'Oft de Breteuil, avec 9 Ecuyers, au mois de Juillet 1356, fous l'Amiral de Vienne. Il mourut vers l'an 1400, auquel tems fut vendue une rente à prendre fur fa fucceffion. Il avoit époufé *Marie de Fefcamp*, fille de *Louis*, Seigneur de Mainneville, & d'*Ifabelle de Rouvray*, laquelle fe remaria, le 19 Février 1404, à *Jean l'Efglantier*, dit *Tartarin*, Chevalier, avec lequel elle fit convenir les parens & amis de fes enfans mineurs, pour leur élire un tuteur. Du premier lit elle eut:

1. GUILLAUME, qui fuit;
2. PIERRE, Tréforier de Notre-Dame d'Ecouis, mort le jour de St.-Jacques & de St.-Chriftophe, en 1443;
3. JEAN, Seigneur DE GAMACHES après fon frère aîné, & de Rozemont à caufe de fa femme, Maître-d'Hôtel du Roi, de la Reine & du Dauphin. On trouve une quittance de lui du 27 Mars 1432, où il eft qualifié Chevalier, Confeiller, Chambellan du Roi. Son fceau eft *écartelé*, *aux 1 & 4 DE GAMACHES*; & *aux 2 & 3 des fafces ondées*. Il mourut fans enfans de fon mariage avec *Ifabeau*, aliàs *Françoife de Lignières*, fille de *Godemar de Lignières*, dit *le jeune*, & d'*Agnès Trouffeau*;
4. PHILIPPE, Abbé de Saint-Faron de Meaux en 1420, qui défendit courageufement cette ville affiégée par les Anglois & y demeura prifonnier. Il fut depuis Abbé de St.-Denis en 1443, jufqu'à fa mort arrivée le 8 Janvier 1463. C'eft lui qui a compilé la Chronique de France, appelée communément *la Chronique de Saint-Denis*;

5. GILLES, dont la poſtérité fera rapportée après ſon frère aîné ;

6. LOUIS, qui vivoit en 1423, mort ſans alliance ;

7. Autre PIERRE, qualifié Ecuyer, Capitaine du Château de Saint-Jean-d'Angély & du Pont-de-Saintes, dans une quittance qu'il donna le 8 Mai 1431, de 60 livres tournois, que le Roi avoit ordonnées à ſa mère & à lui pour leur penſion de l'année. Il en donna une autre le 8 Octobre 1443, pour la même penſion ;

8. JEANNE, qui ne fut point mariée ;

9. ISABELLE, femme du Seigneur de la Forêt ;

10. MARGUERITE, mariée, 1º en 1444, à Jacob le Bel ; & 2º à Renaud de Céry ;

11. Et CHARLOTTE, qui vivoit en 1447, avec Guillaume de Calleville, Chevalier.

IV. GUILLAUME, Seigneur DE GAMACHES, IIᵉ du nom, étoit encore ſous la tutelle de Raoul de Feſcamp, ſon oncle, avec ſes frères & ſœurs en 1404. Il ſervit, en 1410, ſous le Comte de la Marche, dans l'armée du Roi, levée contre pluſieurs Seigneurs qui s'étoient ligués, & fut reçu devant Paris, avec 19 Ecuyers de ſa Compagnie. Ayant ſu s'inſinuer dans les bonnes grâces du Roi, il fut pourvu, le 26 Décembre de la même année, de la charge de Maître-Veneur & Gouverneur de la Vénerie, que poſſédoit Robert de Franconville. Il en prêta ſerment le 22 Janvier ſuivant, & en fit les fonctions juſqu'en 1413. Il fut fait priſonnier à la bataille d'Azincourt en 1415, & en conſidération de ſes ſervices, le Roi lui fit une gratification le 30 Avril 1415, & le 3 Août ſuivant il l'inſtitua Bailli de Rouen ; & le 21 Juillet 1418, Capitaine de la ville de Compiègne, où il reſta juſqu'au 18 Juin 1422. Lorſque les Anglois ſe furent rendus maîtres de la ville de Paris, il fut une ſeconde fois déſappointé de ſa charge de Maître-Veneur & de Gouverneur de la Vénerie, à cauſe qu'il tenoit le parti du Dauphin ; & fait encore priſonnier à la bataille de Cravant en 1423. Le Roi CHARLES VII, en 1424, pour le récompenſer des pertes qu'il avoit faites, lui donna la charge de Grand-Maître & Réformateur des Eaux & Forêts du Royaume, qu'il exerçoit encore en 1428. Il eut de Marguerite de Corbie, ſon épouſe, nièce d'Arnaud de Corbie, Chancelier de France :

1. BLANCHE, mariée, en 1439, à Jean, Seigneur de Châtillon, & de la Ferté en Ponthieu, veuf de Béatrix de Nantouillet, & fils puîné de Gaucher de Châtillon, Seigneur de Troſſy, & de Jeanne de Caſſinel, ſa pre-

mière femme, Cette BLANCHE DE GAMACHES, qualifiée Demoiſelle de la Reine, dans une quittance qu'elle donna le 24 Juillet 1447, épouſa, en ſecondes noces, Louis de Châlon, Prince d'Orange, duquel elle ſe diſoit veuve en 1463. Elle mourut le 14 Mai 1474, & fut enterrée dans l'Egliſe de Notre-Dame d'Ecouis, où l'on voit ſa ſépulture ;

2. Et JACQUELINE, femme de Brunel, Seigneur de Longchamp.

IV. GILLES DE GAMACHES, cinquième fils de GUILLAUME, Iᵉʳ du nom, & de Marie de Feſcamp, tué à la bataille de Verneuil en 1424, combattant contre Vilfort, chef de l'armée Angloiſe (comme il eſt dit au vol. II, des Chroniques d'Enguerrand de Monſtrelet, & dans l'Hiſtoire de la Maiſon de Mailly, p. 79), donna dans toutes les occaſions des preuves de ſa valeur & de ſon courage. Il fut du nombre des 16 Chevaliers & Ecuyers de nom & d'armes, qui accompagnèrent Jean, Duc de Bourgogne, dans un tournois fait à Paris le 1ᵉʳ Janvier 1414. Dans un extrait des livres des Comptes en parchemin, gardé dans le cabinet des Archives de Saint-Martin-des-Champs, il eſt qualifié Chevalier, Chambellan du Roi. A la bataille de Cravant, gagnée par les Anglois, où plus de 1500 de nos braves Officiers périrent, il fut du nombre de ceux qui furent faits priſonniers avec le Comte de Ventadour, Stuart, Xaintrailles, &c. CHARLES VII lui donna pluſieurs Terres & Domaines ſitués en Berry & en Bourbonnois, par Lettres données à Bourges le 16 Novembre 1423. L'original de ces lettres ſe trouve au tréſor du Marquiſat de Bélâbre en Berry. Suivant l'hiſtoire de CHARLES VII, à la bataille de Verneuil, donnée en 1424, où périrent 5000 hommes de nos troupes & une multitude preſqu'incroyable de Gentilshommes François, GILLES DE GAMACHES fut du nombre. Il avoit épouſé Blanche d'Aumont, veuve de Jacques le Brun, Seigneur de Palaiſeau, & fille de Pierre, IIº du nom, dit le Hutin, Sire d'Aumont, Porte-Oriflamme de France, & de Jeanne de Mello, ſa troiſième femme. Voyez AUMONT. Le P. Anſelme ne lui donne qu'un fils, nommé GUILLAUME ; mais il en eut trois, ſavoir :

1. LOUIS, qui ſuccéda aux charges de ſon père, & ne laiſſa qu'une fille ;

2. JEAN, Chevalier, Conſeiller, Maître-d'Hôtel du Roi & de la Reine, comme il eſt prouvé par pluſieurs pièces originales, dépoſées

tant à la Bibliothèque du Roi, que dans les Archives du cabinet du Prieuré de Saint-Martin-des-Champs, dont nous avons vu des copies légalisées. Il alla s'établir dans le Nivernois, fut Seigneur de la Terre de Rozémont & de la Guierche, &c., & n'eut point d'enfans de son mariage avec *François de Lignières*, seule & héritière de sa Maison. Ils sont enterrés l'un & l'autre dans l'Eglise de Saint-Cyr de Nevers, à laquelle ils donnèrent quantité de beaux ornemens & de biens, où ils firent une très-belle fondation ;

3. Et Guillaume, qui suit.

V. Guillaume de Gamaches, IIIᵉ du nom, Capitaine des Francs-Archers des retenues du pays de Berry & de Sologne, est nommé, dans l'*Histoire de France* par Villaret, continuateur de l'Abbé Vély, au règne de Charles VII, tom. xvi, année 1452, parmi l'élite de la Noblesse françoise, avec Coëtivy, Chabannes, de Bueil, Penthièvre, Beaumont, Montauban, &c., qui se trouvèrent au terrible combat de Châtillon ; & le même Auteur, parlant du siège de Paris, dit qu'on vit l'Evêque d'Evreux plusieurs fois monter la garde à la tête de la Compagnie des hommes d'armes de Gamaches. Ce Guillaume tint le frein de la Haquenée de la fille du Roi d'Ecosse, lorsqu'elle fit son entrée à Tours pour épouser le Dauphin, depuis Louis XI. Il rendit foi & hommage de la Terre & Seigneurie de Laurois & de Suris-ès-Bois, le 10 Février 1460, à Charles de Bourgogne, Comte de Nevers, Baron de Donzy & Seigneur d'Argent. Ces deux Terres lui vinrent de *Philiberte Foucault*, qu'il avoit épousée en 1449. De ce mariage il eut pour fils unique, ainsi qu'il est constaté par la Généalogie & le certificat de M. d'Hozier, Juge d'armes de France :

VI. Jean de Gamaches, Vicomte de Remon, Seigneur de Sury-ès-Bois, qui fut gratifié des Rois, ainsi que ses ancêtres. Il eut la survivance de la charge de Maître-d'Hôtel du Roi, dont étoit revêtu Jean de Gamaches, son oncle, comme il est prouvé par dix pièces authentiques & originales, qui sont les unes des Ordonnances pour le payement de ses appointemens, & les autres des quittances de sa part. Il fut, le 18 Janvier 1419, Echanson de Charles, fils de France, Régent du Royaume, & Dauphin de Viennois. Il épousa, en 1490, *Marguerite de Saint-Quintin de Blet*, Dame de Quincampoix, Paroisse de Jussy. Elle

étoit veuve en 1525. De ce mariage vinrent :

1. Adrien, qui suit ;
2. Catelin, Seigneur de Sury-ès-Bois, lequel fut présent à la réduction de la Coûtume de Berry en 1539. Il avoit partagé avec son frère le 20 Janvier 1531, & eut d'*Antoinette Bongards*, sa femme, fille de *Guillaume Bongards*, Seigneur de la Ferté-d'Husseau & de Dorsières :

　　Quatre fils morts jeunes ;
　　Et Marguerite, femme de *François de la Verne*, Seigneur de Vauvrille.
3. Hippolyte, mariée à *Pierre de Loron*, Seigneur de Dommery ;
4. Et Jeanne, alliée, le 30 Octobre 1526, à *Gabriel de Fontenay*, Seigneur de l'Espinière.

VII. Adrien de Gamaches, Seigneur de Laurois, de Jussy, de Quincampoix, Vicomte de Remond, fit hommage des Terres de Quincampoix & de Jussy le 19 Mars 1519, & de la Vicomté de Remond, au nom de sa mère, le 13 Janvier 1538, ce qu'il réitéra le 24 Février 1554. A son contrat de mariage, où il est qualifié *noble homme, Ecuyer*, Seigneur de Laurois, de Jussy & Vicomte de Remond, assista *Marguerite de Saint-Quintin de Blet*, sa mère. Il avoit épousé, par contrat du 17 Juillet 1525, *Jeanne Pellorde*, Dame d'Orrouer, ou Ouroüer, fille de feu noble homme *François Pellorde*, & de Dame *Marguerite de Corquilleroy*. Leurs enfans furent :

1. François, qui suit ;
2. Jean, Prieur de Saint-Ursin ;
3. Philibert, Seigneur de Sury, mort sans alliance ;
4. René, Seigneur d'Ouroüer, marié à *Catherine d'Assigny*, laquelle épousa, en secondes noces, le 26 Février 1591, *Claude de la Verne*, Seigneur de Vauyrille. Elle eut de son premier mari :

　　François, Seigneur d'Ouroüer, Lieutenant de Roi en la Citadelle de Metz & en celle de Calais, lequel eut de *N..... de Launay*, son épouse :

　　　　Anne, Dame d'Ouroüer, mariée à *Hubert Grivel*, Seigneur de Grossouvres & de Pessclières.
5. Madeleine, femme, en 1555, d'*Antoine Estevard*, Seigneur de la Grange ;
6. Et Anne, Religieuse à Saint-Laurent de Bourges.

VIII. François de Gamaches, Chevalier de l'Ordre du Roi, Seigneur de Jussy, de Quincampoix, Vicomte de Remond, l'un des 100

Gentilshommes de la Maifon du Roi en 1568, fut comblé d'honneur & des bienfaits du Roi, & s'en rendit digne en fuivant l'exemple de fes ancêtres. Il tranfigea, le 11 Mars 1559, avec fa mère & fes frères, fur le partage des biens de fon père; il reçut une lettre datée du 24 Septembre 1569, du Roi, qui le prioit & enjoignoit de garder fa maifon de Juffy fous fon obéiffance; & une autre, en date du 20 Septembre 1576, pour fe trouver à l'affemblée des Etats-Généraux, convoqués pour le mois de Novembre de la même année; il tefta le 24 Novembre 1579, & avoit époufé, par contrat du 10 Octobre 1550, *Philippe du Puy-Vatan*, fille de noble homme *Georges du Puy*, Seigneur du Coudray-Monnin, Pannetier ordinaire du Roi. Ses enfans furent:

1. GEORGES, qui fuit;
2. CLAUDE, mariée à *Jean de Culant*, Seigneur de Brécy, veuf d'*Anne Aiguirande*, & fils de *Charles de Culant*, Baron de Mirebeau, & de *Gabrielle d'Apchier*, fa première femme;
3. JEANNE, femme de *Geoffroy de la Chaffagne*;
4. Et MADELEINE, mariée au Seigneur de *Montefpedon* en Auvergne (a).

IX. GEORGES DE GAMACHES, Seigneur de Juffy, Quincampoix, Vicomte de Remond, Baron de Châteaumeillant, &c., eft qualifié, dans plufieurs Lettres de HENRI III, d'*Ecuyer* de fon Ecurie, *Gentilhomme* ordinaire de fa Chambre, & *Chevalier* de fon Ordre, donna tant de preuves de fon courage & de fa valeur, qu'il fut gratifié, récompenfé & de plus honoré par des Lettres que lui écrivit HENRI III, au fujet de la bleffure qu'il reçut au fiège de la ville d'Iffoire en 1577. C'eft ce qui eft mentionné dans la généalogie délivrée par le Juge d'armes de France, & dans d'autres pièces originales dont on a tiré des extraits. Il fut Gouverneur d'Iffoudun, & nommé à l'Ordre du Saint-Efprit, l'information de fa vie, de fes mœurs & de religion ayant été faite par François Godard, Vicaire-Général de l'Archevêque de Bourges, le 3 Décembre 1608, en conféquence d'une commiffion donnée à Fontainebleau le 5 Juin 1604, par HENRI IV.

(a) Le Recueil de pièces de M. le Comte DE GAMACHES donne à FRANÇOIS DE GAMACHES deux garçons, RENÉ, Seigneur d'Ourouër, & JEAN, Prieur de Saint-Urfin. Le P. Anfelme les fait enfans d'ADRIEN.

Il tefta le 6 Octobre 1624, & avoit époufé, en 1567, *Anne des Guerres*, fille de *Charles des Guerres*, Seigneur d'Efery, & de *Marguerite Briffart*, dont:

1. CHARLES, Vicomte de Châteaumeillant, Seigneur de la Fougerolles, marié 1º à *Eléonore de Montaigne*, morte en 1616, fille de *Michel de Montaigne*, auteur des *Effais* qui portent fon nom, & de *Françoife de Chaffaigne*; & 2º à *Anne de Gresly*. Il eut du premier lit:

MARIE, morte en 1682. Elle avoit été alliée, le 13 Mars 1627, à *Louis de Lur*, Seigneur d'Uza, Baron de Fargues, mort en 1696, dont deux filles mariées.

Et du fecond lit vint:

JEAN-FRÉDÉRIC, Vicomte de Châteaumeillant & de la Fougerolles, qui vendit Châteaumeillant & mourut fans enfans de fes deux femmes, favoir: *Aimée de Gaucourt*, fille de *Jacques*, Seigneur de Cluis; & *Marie-Françoife de Montmorin de Montaret*, fille de *Gilbert de Montmorin*, Seigneur de Montaret, & d'*Anne d'Oifilier*.

2. CLAUDE, qui fuit;
3. LOUISE, femme de *Louis de Couhé de Lufignem*, Seigneur de l'Isle-Savary;
4. CLAUDE, Abbeffe de Notre-Dame de Nevers;
5. Et ANNE, Religieufe au même Monaftère.

X. CLAUDE DE GAMACHES, Seigneur de Juffy, Quincampoix, Vicomte de Remond, revêtu des mêmes emplois que fes ancêtres, fe fignala en diverfes occafions pour le bien de l'Etat, & eut, du Roi LOUIS XIII, la commiffion de lever & mettre fur pied une Compagnie de Chevaux-Légers, dont il eut le commandement par Lettre du 22 Mai 1621. Il fe rendit à Senlis avec les Officiers & Cavaliers de fa Compagnie par ordre du Duc DE BOURBON, du 24 Janvier 1636, pour partir avec fa troupe, quand il en feroit requis. Il rendit hommage au Roi, au Bureau des Finances de Bourges, pour fes Terres de Juffy & de Quincampoix, le 7 Septembre 1644. Il tefta le 30 Novembre 1680, & difpofa de fes biens en faveur de fes enfans. Il avoit époufé, 1º par contrat du 9 Octobre 1626, *Marie Genton*, Dame de Coudron, fille de *Claude*, Seigneur de Coudron, & de *Marthe de Calonne*; & 2º *Renée de Tollède*, fille d'*Edme de Tollède*, Seigneur du Bois-Sire-Amé, & de *Claude Ragueau*. Du premier lit vinrent:

1. CLAUDE, qui fuit;

2. CHARLES, Seigneur de Coudron, lequel n'a point laiffé d'enfans d'*Antoinette-Noël de Dampierre*, fon époufe ;
3. ANDRÉ, mort fans alliance ;
4. MARIE, Religieufe à Jarcy ;
5. MARTHE, Religieufe à Nevers ;
6. JEANNE.

Et du fecond lit il eut :

7. ANNE, rapporté après la poftérité de fon aîné ;
8. Et CHARLES-FRANÇOIS, Seigneur d'Amezy en Nivernois, mort fans poftérité.

XI. CLAUDE DE GAMACHES, IIe du nom, Seigneur de Juffy, Quincampoix, Vicomte de Remond, &c., fut Capitaine de Cavalerie au Régiment de Condé, & commanda la Nobleffe du Berry, convoquée pour le ban & arrière-ban. Sa commiffion de Capitaine eft du 20 Mai 1652, & on voit, par les états des fommes qui furent payées aux Officiers, commandans les Compagnies du ban de la Province de Berry, pour trois mois de fervices qu'ils rendirent pendant l'année 1674, que CLAUDE DE GAMACHES, Comte de Remond, Commandant-Général de la Nobleffe de Berry, fut payé à raifon de 600 livres par mois. Il époufa, par contrat du 13 Avril 1655, paffé devant *Parque* & *Langlois*, Notaires au Châtelet de Paris, *Catherine Nixier*, veuve de *François de Vignolles*, Chevalier, Seigneur de Hautbourg, & fille de *Balthazar Nixier*, Bailli de Saint-Amand en Berry, Seigneur de Genetais & de Verdine, & de *N... de Berthelou*. Leurs enfans furent :

1. CLAUDE, mort jeune ;
2. & 3. BALTHAZAR & PHILIPPE-FRANÇOIS, élevés Pages de la Grande-Ecurie du Roi, & décédés fans enfans. L'aîné vendit la Terre de Coudron au Marquis de l'Hôpital ;
4. LÉONORE, femme de *Henri*, Seigneur de *Bigny* en Bourbonnois ;
5. ANNE, mariée à *Charles de Gauville*, Seigneur d'Acoux & d'Argent, près de Gien en Berry, Capitaine au Régiment du Roi, Dragons. Voyez GAUVILLE.

XI. ANNE, Marquis DE GAMACHES, Vicomte de Remond, fils aîné de CLAUDE, Ier du nom, & de *Renée de Tollède*, fa feconde femme, obtint, le 9 Août 1692, une Ordonnance des Commiffaires-Généraux députés fur le fait des armoiries pour les fiennes & celles de fa femme, & leurs armoiries furent enregiftrées à l'*Armorial général*, dans le regiftre coté *Berry*, en conféquence du payement des

droits réglés par le tarif & Arrêt du Confeil ; en foi de quoi Charles d'Hozier, Confeiller du Roi, Garde de l'*Armorial général de France*, en délivra le brevet à ANNE DE GAMACHES, le 11 Septembre 1697. Il fut nommé, le 4 Mai 1693, par Gabriel de Razilly, Chevalier, Marquis dudit lieu, Lieutenant-Général pour le Roi en Touraine, pour aller fervir au ban & arrière-ban de cette Province ; & auffi Capitaine en fecond d'un Efcadron de Cavalerie, fous les ordres de M. de Vauban, Lieutenant-Général des Armées du Roi, Commandant pour Sa Majefté en Baffe-Bretagne. Il avoit époufé, en 1683, par difpenfe de Rome, *Jeanne-Thérèfe de Couhé de Lufignem*, fa coufine au troifième degré. Le recueil de pièces qu'on nous a fourni, ne lui donne qu'un feul fils, nommé CHARLES, qui fuit ; mais nous trouvons en note marginale écrite à la main par feu le Préfident de Noinville, fur le tom. VIII, des *Grands-Officiers de la Couronne*, à l'article d'ANNE DE GAMACHES, qu'il eut deux fils :

> CLAUDE, mort fans poftérité ;
> Et RENÉ, Vicomte de Remond, allié avec *Marie-Françoife d'Orfanne*, dont il eut fix enfans.

XII. CHARLES, Marquis DE GAMACHES, Comte de Remond, Lugny, Sanceaux, Coqueblande, Baron de Moulins-Porcher, Chalinoy, Lefnoys, &c., Capitaine de Cavalerie, a époufé 1º *Jeanne-Anne Reglet* ; & 2º par contrat paffé à Montluçon, en 1732, *Marie-Françoife-Alexandre de Beauffon*, fille de feu Meffire *Gilbert-Alexandre de Beauffon*, Chevalier, Seigneur de Fougerolles, le Péage & Origny, Capitaine de Vaiffeau du Roi, & de *Madeleine Eroys*. Du fecond lit eft iffu :

XIII. DENIS-MICHEL-ELÉONOR, Comte de GAMACHES, Seigneur des mêmes Terres que fon père, ancien Officier de Gendarmerie, Chevalier de Saint-Louis, & admis à monter dans les caroffes du Roi. Il s'eft marié, le 7 Septembre 1773, à *Hélène-Elifabeth Sorin*. Les armes : *d'argent, au chef d'azur.*

* GAMACHES. C'eft un bourg de Picardie en Vimeux, fur la rivière de Brefle, entre Dieppe & Abbeville. On y voit un ancien Château, bâti par les Princes du fang Royal de la branche de Dreux. C'eft une des plus belles antiquités de la Province de Picardie.

Ænor de Saint-Valéry porta Gamaches,

en 1270, en mariage à *Robert*, IIIᵉ du nom, Comte de *Dreux*, trifaïeul de *Jeanne de Dreux*, qui devint héritière de Dreux, de Gamaches, &c., & époufa *Louis*, Vicomte de *Thouars*. Leur fille, *Péronnelle*, étant veuve d'*Amaury*, Seigneur de *Craon*, époufa *Clément Rouault*, dit *Triftan*, qui fut, par cette alliance, un des plus grands Seigneurs du Royaume, & prit la qualité de Comte de Dreux. Il tefta le 15 Mars 1390, & laiffa *Gamaches*, dont *Péronnelle* lui avoit fait donation, à *Gilles*, fils d'*André Rouault*, Seigneur de Boifmenart. Voyez ROUAULT.

* GAMBAIS, dans le Mantois : Terre & Seigneurie, l'une des cinq Châtellenies qui compofoient autrefois le Comté de Montfort, revenu à la Couronne par le mariage d'*Anne de Bretagne* avec le Roi Louis XII. Elle fut aliénée en 1581, à titre de rachat perpétuel, au Sieur *Jean Griffon*, qui la vendit, en 1582, à *Anne de Bray*, veuve du Sieur *Grandru*. Celle-ci l'ayant poffédée quelques années, la revendit à *Joachim de Bellengreville*, Grand-Prévoft de l'Hôtel du Roi, qui époufa *Claudine de Maricourt*, veuve de *Nicolas Rouault de Thiembronne*, Iᵉʳ du nom.

Après la mort de *Joachim de Bellengreville*, fans enfans, *Aloph de Rouault*, Baron de Thiembronne & de Gamaches, eut Neuville & Gambais par licitation avec les héritiers collatéraux de fon beau-frère. GAMBAIS fut retiré par le Domaine & adjugé de nouveau au même Baron de Thiembronne, le 10 Mai 1625. Après fa mort, ces deux Fiefs furent décrétés fur fa fucceffion & adjugés, par Sentence des Requêtes du Palais, le 10 Septembre 1642, à Antoine de Bordeaux, Ambaffadeur en Angleterre, & Préfident au Grand-Confeil. Quelque tems après GAMBAIS fut retiré de fes mains, comme domaine engagé & compris au nombre des Terres cédées au Duc de Bouillon, en échange de la Principauté de Sédan, par contrat du 20 Mars 1651.

Le Sieur de Bordeaux, qui étoit reftée propriétaire de la Terre de Neuville, racheta, en 1660, du Duc de Bouillon la Châtellenie de GAMBAIS. Après fa mort, ces deux Terres furent décrétées fur fes héritiers, & adjugées, le 30 Juillet 1670, à *Jean-Baptifte Vallot*, en faveur duquel elles furent érigées en *Marquifat*, pour ne former qu'un corps de fief de dignité, fous le titre de *Marquifat de Neuville*, par Lettres-Patentes du 12 Juillet 1672. En 1690, celui-ci vendit le *Marquifat de Neuville* à *François de Nyert*, premier Valet-de-Chambre ordinaire du Roi Louis XIV, duquel il obtint de nouvelles Lettres-Patentes du 26 Janvier 1692, par lefquelles, le titre de *Marquifat de Neuville* fut changé en celui de GAMBAIS. Le motif de ce changement de nom fut que la Terre de GAMBAIS eft plus noble que celle de Neuville, qui en eft éloignée d'un tiers de lieue Sud ; la première relevant nuement de la Couronne, la feconde étant dans la mouvance du Comté de Montfort, qui fut cédé, en 1690, au Duc de Luynes, en échange du Duché de Chevreufe. Le Sieur *de Nyert* augmenta la glèbe de fon *Marquifat*, confiftant principalement dans les trois Paroiffes de Gambais, Condé & Efauteville, & y réunit, entr'autres, la Seigneurie & le Moulin d'Olivet, qu'il avoit acquis, en 1692, de Louis-Charles-François de Barthomier. Voyez NYERT.

GAMEVILLE. Maifon très-ancienne en Lauraguais, connue dès les XIIᵉ & XIIIᵉ fiècles, & mife, par M. de la Faille, au rang de celles qui ont illuftré le Capitoulat de Touloufe. Elle poffédoit les Terres de Saint-Orens, Puginier, Montpapou, &c., & s'eft alliée aux *Lo-Vilière*, aux *Génibroufe*, aux *Fieubet* de Touloufe, aux *Sévérac*, &c.

De JEAN DE GAMEVILLE, Seigneur de Puginier dans le dernier fiècle, vint :

MAURICE, Seigneur de Linaret & de Bajofre, qui époufa *Charlotte d'Auriol*, des anciens Seigneurs de Montagut & Peirens. Sa poftérité a fini, foit par deux héritières alliées à Touloufe, foit par JEANNE DE GAMEVILLE, mariée à N... *de Martin*, qui eut pour fa dot la Terre de Bajofre, encore poffédée par fes defcendans mâles.

GAMIN. HENRI GAMIN époufa *Adrienne de Creil*, morte le 8 Juin 1626, à Paris, dont :

ELISABETH, mariée à *Jérôme de Hacqueville*, mort premier Préfident du Parlement de Paris.

* GANACHE (LA), Seigneurie érigée en *Marquifat*, par Lettres du mois de Décembre 1652, enregiftrées au Parlement & en la Chambre des Comptes les 10 Mai & 16 Juin 1653, en faveur de *Henri de Guénégaud*, Secrétaire d'Etat. Voyez GUÉNÉGAUD.

GANAY, ancienne Nobleſſe établie en Bourgogne, qui a donné un premier Préſident au Parlement de Paris & un Chancelier de France. Elle remonte, ſelon du Cheſne, en ſon *Hiſtoire des Chanceliers*, à GIRARD, par lequel Moréri en commence la Généalogie.

I. GIRARD DE GANAY, qui vivoit en l'an 1300, eſt qualifié *Chevalier* dans l'inventaire manuſcrit des titres de la Maiſon de Nevers. Il eut de ſa femme, dont on ignore le nom :

II. GUILLAUME DE GANAY, qualifié *Ecuyer* dans le même inventaire, & fils de GIRARD DE GANAY, Chevalier, qui rendit aveu pour ſa Maiſon de Corray l'an 1335, & fut père de :

III. JEAN DE GANAY, Chevalier, demeurant à Decze-ſur-Loire, qui rendit aveu, l'an 1376, pour la Grange de Chaumont, au nom d'*Odette*, ſa femme, de laquelle vinrent :

1. JEAN qui ſuit;
2. Et ANDRÉ, mort ſans alliance.

IV. JEAN DE GANAY, IIe du nom, rendit aveu l'an 1406 pour la Terre de Chaumont, & la moitié de celle de Chaſſenay en Nivernois, au nom de *Sibylle de Saint-Pètre*, ſa femme. Leurs enfans furent :

1. GUICHARD, qui ſuit ;
2. JEAN, Chanoine de l'Egliſe d'Autun ;
3. Et GUY, auteur de la troiſième branche, dont il ſera parlé ci-après.

V. GUICHARD DE GANAY, Seigneur de Savigny, eſt le premier dont le P. Anſelme faſſe mention. Il fut Licencié ès-Lois, Conſeiller & Auditeur des Cauſes d'Appeaux du Duché de Bourgogne en 1401; Envoyé, en 1420, par la Ducheſſe de Bourgogne, vers-la Comteſſe de Nevers ; créé Conſeiller de la Chambre du Conſeil de PHILIPPE *le Bon*, Duc de Bourgogne, lors de ſon établiſſement, le 24 Juillet 1422, en prêta ſerment le 18 Août ſuivant ; fut retenu Juge du Pays & Comté de Charollois, par Lettres données à Châtilem le 28 Janvier 1423, & mourut en 1424. Des Mémoires, dit le P. Anſelme, portent qu'il étoit fils de JEAN DE GANAY, Seigneur de Savigny, qu'il avoit acquis, au mois de Février 1381, de Colombe Gruac, qu'il fut Conſeiller du Comte d'Armagnac & de Charollois en 1397. GUICHARD DE GANAY avoit épouſé, par contrat du 1er Juin 1410, *Guillemette Banchereau*, fille de *Guillaume*, Capitaine de Paray-le-Monial. Elle ſe remaria avec *Jean*

de Martigny, Ecuyer, & vivoit encore le 28 Mai 1455. De ſon premier mari elle eut :

1. NICOLAS, qui ſuit ;
2. JEAN, auteur de la ſeconde branche, rapportée ci-après ;
3. GUILLAUME DE GANAY, Seigneur de la Tour, de Savigny, de Belmont & de Montauglan, nommé dans le partage de ſes frères & ſœurs du 15 Avril 1441 , & dans un échange du 28 Mai 1455; Conſeiller du Duc de Bourgogne, & ſon Avocat à Paris; fut retenu, par le Roi LOUIS XI, à ſon avènement à la Couronne, pour ſon Avocat au Parlement, par Lettres du 8 Septembre 1461, charge qu'il exerça juſqu'à ſa mort. Il fut commis, au mois de Février 1477, pour recevoir au nom du Roi l'inveſtiture du Comté de Boulogne, fit ſon teſtament le 23 Avril 1479, & mourut en Juillet 1483. Son fils fit apporter ſon corps dans l'Egliſe de Saint-Merry. Il avoit épouſé *Catherine Rapioult*, qui lui ſurvécut. Des Mémoires lui donnent pour femme *Marie de Montigny*, fille de *N... de Montigny*, Seigneur de Montigny-le-Comte en Nivernois, & font mention d'un hommage rendu pour la Terre de Belmont, le 23 Décembre 1451. Il eut pour enfans :

1. JEAN, Chevalier, Seigneur de Perſan (Terre qu'il acquit avec ſa femme, de Jean de Vienne, Seigneur de Liſtenois, le 20 Mars 1490, & dont il fit hommage le 14 Octobre 1498), de la Buſſière près de Gien, Belmont & Montauglan, dont on voit encore le nom en lettres d'or dans la Chapelle qu'il fit bâtir, & qu'il fonda dans l'Egliſe de St.-Merry à Paris, au bas d'un ancien tableau à la Moſaïque, qui repréſente la Sainte Vierge, où il eſt écrit : *Dominus Joannes* DE GANAY, *Præſidens Pariſienſis, primus adduxit de Italiâ Pariſium hoc opus Moſaicum*. Il fut d'abord Avocat au Parlement en 1478, puis Conſeiller en la Cour des Généraux des Aides le 30 Octobre 1481, & reçu quatrième Préſident au Parlement le 27 Juin 1490. Ce fut par ſon ſage conſeil que le Roi CHARLES VIII donna un heureux commencement à ſes conquêtes de Naples, où il accompagna ce Prince, qui le choiſit, avec le Sire de la Trémoille, pour aller faire entendre ſes intentions au Pape. N'ayant pas eu d'abord le ſuccès qu'il attendoit, il obtint, dans une conférence de députation, l'entrée triomphante du Roi dans Rome, & enſuite dans tout le Royaume de Na-

ples, où il fut établi Chancelier. Il revint avec le Roi, & après l'heureufe victoire de Fornoue, il fut du nombre de ceux employés pour traiter de la paix avec le Duc de Milan & les autres Princes d'Italie. Le Roi Louis XII l'honora, en 1505, de la charge de premier Préfident du Parlement de Paris, & deux ans après de celle de Chancelier de France, vacante par le décès de Guy de Rochefort, par Lettres données à Blois le 31 Janvier 1507, vérifiées le 9 Mars fuivant. Il affifta en cette qualité à l'acte du ferment fait par le Roi en 1508, pour l'obfervation du Traité de Cambrai, & mourut à Blois avant le mois de Juin 1512, d'où fon corps fut apporté à Paris, & enterré, le 4 du même mois, dans fa Chapelle en l'Eglife de St.-Merry. Il avoit époufé, avant 1481, *Jeanne Boilefve*, Dame de Chauvry & de la Baffe-Forêt de Montmorency, fille de *Mefmin Boilefve*, Général des Finances, & de *Marguerite de Louviers*. Elle furvécut à fon mari, dont elle n'eut point d'enfans, & fit hommage le 2 Mars 1512, de la Seigneurie de Perfan;

2. GERMAIN, Chanoine de Bourges, Doyen de Beauvais, Confeiller-Clerc au Parlement de Paris, reçu le 13 Juillet 1485, Evêque de Cahors en 1509, qui fit, comme héritier de fon frère, hommage de la Seigneurie de Perfan le 18 Juin 1512, & fut Evêque d'Orléans en 1514. Il en fit le ferment de fidélité le 29 Juillet de la même année, & mourut le 8 Mars 1520;

3. PHILIPPE, mariée à *Nicolas Tucleu*, Seigneur de Cély;

4. ANTOINETTE, morte en Septembre 1522, femme de *Pierre Barthomier*, Seigneur d'Olivet, Auditeur des Comptes à Paris;

5. DENISE, morte fans alliance;

6. PERRETTE, veuve, le 8 Juin 1493, de *Jean Guillart*, Auditeur des Comptes;

7. Et BLAISE, veuve, en 1521, de *Bertrand Regnier*, auffi Auditeur des Comptes. Elle donna aveu & dénombrement du fief *Jean-Jouel*, comme héritière du Chancelier, le 3 Septembre même année.

4. JEANNETTE, mariée à *Henri de la Foreft*, en Nivernois, fuivant le partage du 15 Avril 1441;

5. ALIX, laquelle eut pour partage, de l'an 1441, la Maifon de Soche, rue de la Maifon-Dieu à Charolles. Son alliance eft ignorée. Elle fit un don à CLAUDE DE GANAY fon neveu, le 25 Janvier 1484;

6. MARIOTE, ou MARGUERITE, laquelle étoit mariée à *Philbert Chopart*, de la ville de Nevers, fuivant le partage du 15 Avril 1441;

7. Et MARIE DE GANAY, alliée en 1441, à Autun en Bourgogne, avec *Etienne de Montholon*. Elle fut mère de *François de Montholon*, Seigneur de Vivier, Garde des Sceaux de France.

VI. NICOLAS DE GANAY partagea, le 15 Avril 1441, avec fes frères & fœurs. Il eft qualifié dans une Généalogie, dit le P. Anfelme, Licencié ès-Lois, Seigneur d'Azy & de Mancray en Berry, où il fe retira; fut Echevin de Bourges en 1474, & Confeiller au Parlement de Bordeaux. Il y a lieu de croire, ajoute-t-il, qu'il y a eu plufieurs NICOLAS. On donne à celui-ci le fils qui fuit, & felon François du Chefne, pag. 556, il étoit fils de PIERRE & père de JEANNE DE GANAY. Il portoit pour armes, fuivant la Thaumaffière, *Hift. de Berry*, pag. 1644 : *de gueules, à trois chevrons renverfés d'or; au chef d'azur, chargé de trois étoiles d'argent.*

VII. PIERRE DE GANAY, Seigneur d'Azy, Bailli de Berry, vivoit le 21 Novembre 1490. Il eut de *Renaude Burdelot*, fon époufe :

1. NICOLAS, qui fuit;

2. Et MARIE, femme de *Jean Salat*, Seigneur de Viry & de Nuifement, Préfident au Parlement de Bordeaux en 1506, Maître des Requêtes & Ambaffadeur vers le Roi d'Ecoffe en 1508. Il fe remaria à *Françoife Rat*, veuve de *Philbert Babou*.

VIII. NICOLAS DE GANAY, IIe du nom, Seigneur d'Azy, de Mancray & de Corbeil, élu Maire de Bourges en 1532, Docteur en Droit, fut pourvu d'un des quatre offices de Confeiller au Grand-Confeil nouvellement créés, puis Confeiller honoraire le 6 Juillet 1553, & mourut en 1554. Il avoit époufé *Marie Brinon*, dont :

1. N... DE GANAY, duquel on ignore la poftérité;

2. JEANNE, Dame d'Azy & de Corbeil en Berry, mariée à *Henri le Maréchal*, Seigneur de Corbeil, Maire de Bourges, Général des Finances en Berry;

3. Et MARIE, alliée avec *Martin de Fradet*, Seigneur de Pigny, Maître des Requêtes de la Reine de Navarre, Ducheffe de Berry. (Cette branche fubfifte dans la perfonne de N... DE GANAY, âgé de 30 ans en 1755, dit le feu Préfident Durey de Noinville.)

NICOLAS DE GANAY, IIᵉ du nom, eut encore de *Marie Muſſion*, ſa maîtreſſe, pour fils naturel :

NICOLAS, bâtard de GANAY, Procureur au Siège Préſidial de Bourges, qui obtint des Lettres de légitimation au mois de Juillet 1570, & étoit âgé de 28 ans en 1571. Il épouſa *Marie Sauſſeron*, âgée de 25 ans, fille de *Guillaume*, Procureur - Fiſcal de la Juſtice de Saint-Palais, & de *Marie Guimonet*, dont vint :

MARIE, née vers 1571, baptiſée à Saint-Pierre-le-Guillart. (C'eſt ce que nous ſavons ſur cette branche, n'ayant point reçu de Mémoire.)

SECONDE BRANCHE.

VI. JEAN DE GANAY, ſecond fils de GUICHARD, & de *Guillemette Banchereau*, partagea avec ſes frères & ſœurs le 15 Avril 1441, fit un échange avec GUILLAUME, ſon frère, le 28 Mai 1455, & lui céda la Seigneurie de Savigny, Paroiſſe de Champlecy. Il eſt qualifié *noble homme, Damoiſeau & Bourgeois* de Charolles, dans un acte du 5 Septembre 1466; & dans un autre du Mercredi après la fête de St.-Blaiſe de la même année, *noble homme, Damoiſeau, Seigneur de la Veſvre-ſur-Arroux*. Il vivoit encore le 5 Mai 1473, & ſa femme, *Jeannette de Charolles*, étoit veuve en 1474. Ses enfans furent :

1. CLAUDE, qui ſuit;
2. Et CATHERINE, vivante en 1474.

VII. CLAUDE DE GANAY, Seigneur de la Veſvre, tranſigea à l'occaſion d'une maiſon à Charolles, le Jeudi 29 Mai 1476, & fit un échange, par contrat paſſé à Paris le 7 Juillet 1484, avec JEAN DE GANAY, ſon couſin germain, depuis Chancelier de France, dans lequel ils rappellent leurs pères & aïeuls. Sa tante, ALIX DE GANAY, lui avoit fait une donation le 25 Janvier précédent. *Guillaume de Martigny*, fils de *Jean* & de *Guillemette Banchereau*, ſon aïeule, lui fit don, le 26 Février 1488, du droit de nommer & préſenter à la Chapelle de Saint-Etienne dans l'Egliſe de Saint-Nizier de Charolles, lieu de la ſépulture de ceux du nom de GANAY, *de toute ancienneté*. Il vivoit encore le 8 Juin 1498, & avoit épouſé, par contrat paſſé à Charolles le 2 Avril 1486, *Deniſe Couroy*, fille d'*Antoine*, & de *Marguerite de Montaguillon*. Elle en étoit veuve le 23 Août 1505. De ce mariage vinrent :

1. FRANÇOIS, qui ſuit;
2. LOUIS, Religieux & Grand-Prieur de l'Abbaye d'Ainay, après la mort duquel ſon frère aîné acheta de l'Abbé les droits de la ſucceſſion, le 13 Février 1526;
3. ANTOINE, Licencié ès-Loix, Seigneur en partie de la Veſvre, qui fit donation de tous ſes biens à FRANÇOIS, ſon frère, & s'en réſerva l'uſufruit, par acte paſſé à Charolles le 26 Avril 1518. Il eſt qualifié *Seigneur du Biay & du Sachaut*, dans une quittance qu'il donna, le 12 Novembre même année, aux deux frères de ſa femme, & à VÉRONNE & EDOUARDE DE GANAY, ſes ſœurs. On lui donne pour femme *Eliſabeth de Ferrières*, fille de *Jean*, qu'il épouſa, par contrat du 2 Juillet 1539, du conſentement de *Jacques de Ferrières*, Ecuyer : c'étoit apparemment, dit le P. Anſelme, ſa ſeconde femme ;
4. LOUISE, mariée à *Denis Geoffroy*, Seigneur du Petit-Bois, lequel aſſiſta à l'acte de tutelle des enfans de FRANÇOIS DE GANAY, ſon beau-frère, le 3 Décembre 1550;
5. JEANNE, femme, par contrat du 2 Février 1513, de *Jean Thiard*, Ecuyer, Seigneur de Marchiſeul, lequel aſſiſta & conſentit au contrat de mariage de FRANÇOIS DE GANAY, ſon beau-frère, le 16 Août 1523. Il tranſigea avec lui pour les ſucceſſions de ſes frères & ſœurs, le 14 Mars 1528, & fut Lieutenant-Général au Bailliage du Mâconnois en 1514;
6. VÉRONNE, mariée & morte ſans enfans, avant le 14 Mars 1528;
7. Et EDOUARDE, morte en 1557.

VIII. FRANÇOIS DE GANAY, Seigneur de la Veſvre, des Bomblais & de Tremblay, tranſigea pour lui, ſon frère & ſes deux ſœurs, le 29 Février 1520, avec *Nicole de Montholon*, Conſeiller du Roi, Lieutenant en la Chancellerie de Bourgogne, *François & Jean de Montholon*, ſes frères, petits-fils de MARIE DE GANAY. Il acquit, le 13 Février 1526, les droits de la ſucceſſion de LOUIS DE GANAY, ſon frère; & le Roi FRANÇOIS Iᵉʳ le nomma, le 18 Novembre 1541, Lieutenant au Bailliage de Charollois, dont il prêta ſerment au Parlement de Bourgogne, le 12 Janvier 1542. Il fut auſſi pourvu de la même charge par l'Empereur CHARLES-QUINT, Comte de Charollois, le 25 Juin 1545, ce que le Roi HENRI II confirma le 22 Septembre 1548. Il mourut le 17 Octobre 1550, & avoit épouſé, par contrat du 16 Août 1523, *Philiberte de Loiſie*, fille de *Jean*, Avocat & Conſeiller du Roi au Parlement de Dijon, laquelle fut nommée, le 13 Décembre 1550, tutrice de fes enfans, favoir :

1. JEAN, qui fuit ;
2. CLAUDE, Seigneur de la Vefvre & de Fontenay, qualifié, dans une Généalogie manufcrite, Lieutenant-Général en Charollois. Il fit faire, en fon nom & en celui de fes frères, le 10 Juillet 1561, une Enquête qui remonte leurs ancêtres à GUICHARD DE GANAY, & partagea avec fon frère aîné le 30 Décembre 1606. On lui donne, pour première femme *N... de Chifferet;* pour feconde *N... Laurens,* & pour enfans deux filles, favoir :

FRANÇOISE, femme de *Philibert-Emmanuel Dormont,* Seigneur de Fontenay, Lieutenant au Bailliage de Charollois ;

Et CATHERINE, mariée à *Denis Girard,* Seigneur de Lavaux, de la Vefvre-fur-Arroux & de Sefmoulins-fur-Aubin, Lieutenant-Général au Bailliage de Charollois.

3. FRANÇOIS, que des Mémoires difent avoir été Lieutenant à Cuffery, où il fe maria ;
4. MARIE, femme, par contrat du 1er Septembre 1557, d'*Antoine Maltefte,* Lieutenant-Général au Bailliage de Charollois ;
5. EMERIE, alliée à *Jean de Cez* ou *Decez;*
6. Et JACQUELINE, mariée à *François d'Agonneau,* Avocat du Roi.

IX. JEAN DE GANAY, Seigneur de la Vefvre, partagea avec fes frères le 4 Février 1565, fit un fecond partage avec CLAUDE, fon frère, le 30 Décembre 1606, & obtint, le 13 Décembre 1613, des Lettres de relief de nobleffe, dans lefquelles il rapporte fes ancêtres & la branche de JEAN DE GANAY, Chancelier de France, & les remonte jufqu'à GUICHARD DE GANAY, en 1422. Dans l'acte de partage de fes enfans, du 19 Septembre 1613, il eft qualifié Lieutenant-Général au Bailliage du Comté de Charollois. Il avoit époufé, 1° le 13 Novembre 1566, *Jeanne de Presle,* fille de *Jacques,* Confeiller du Roi, Maître des Eaux & Forêts du Bailliage de Dijon, & de *Jacquette Frouaille;* & 2° le 8 Août 1574, *Marguerite de Nat,* veuve de *Claude le Lièvre,* Sieur de Martrois. Du premier lit vinrent :

1. JACQUES, partagé par fon père, le 19 Septembre 1613, nommé Procureur-Fifcal au Comté de Charollois le 15 Février 1622. On lui donne pour enfans cinq filles, favoir :

MARGUERITE, femme de *Jean de Grandylan,* Lieutenant-Criminel à Charolles ;

MARIE, alliée à *Hector de la Place,* Seigneur de Fournie, Enfeigne des Gendarmes du Prince de Condé ;

CATHERINE, mariée à *N... de Pefora,* Avocat à Charolles ;

Et deux autres, Religieufes.

2. GUICHARD, mentionné dans le partage de fon père.

Et du fecond lit fortirent :

3. CLAUDE, qui fuit ;
4. Et PIERRE, Seigneur de Montaguillon, Enfeigne d'Infanterie dans le Régiment de du Bourg. Il fervit pendant les troubles au fiège d'Amiens & au voyage de Savoie, & étoit mort en 1605.

X. CLAUDE DE GANAY, Seigneur de Fautronne, eut pour fon partage la maifon où il demeuroit avec fon père à Charolles, le domaine de la Vernelle, les Seigneuries de Fautronne, de Seul, ce qu'il avoit de la Seigneurie au village de Monceau, Paroiffe d'Ouldry, la Seigneurie de Montaguillon, Paroiffe de Génelard, dont il fit l'acquifition le 3 Novembre 1621. Il fut pourvu de la charge de Tréforier de France & Général des Finances en Bourgogne & Breffe, le 2 Juin 1628, & mourut le 23 Juin 1633. Il avoit époufé, par contrat du 10 Septembre 1605, *Marie Catherine,* fille de *Guy,* Seigneur de Chevannes, Confeiller au Parlement de Bourgogne, & de *Marie David.* Elle affifta au contrat de mariage de fon fils aîné, le 28 Août 1636, tefta le 3 Octobre 1663, & choifit fa fépulture dans l'Eglife de Saint-Nizier. Elle eut pour enfans :

1. JEAN-DAVID, qui fuit ;
2. 3. & 4. CLAUDE, GUY & NICOLAS, dont on ignore la deftinée ;
5. FRANÇOIS, Ecuyer, Seigneur de Génelard en 1650, lequel affifta aux Etats de Bourgogne ;
6. PIERRE, Religieux à Saint-Bénigne de Dijon ;
7. GASPARD, Seigneur de Montaguillon, Capitaine au Régiment de Conti, qui tefta le 13 Novembre 1650, inftitua fon héritier univerfel FRANÇOIS, fon frère, & élut fa fépulture dans la Chapelle DE GANAY, en l'Eglife de Saint-Nizier de Charolles ;
8. & 9. FORTUNE & CLAUDE.

XI. JEAN-DAVID DE GANAY, Ecuyer, Seigneur de Montaguillon, de Laugère & de Génelard, pourvu de la charge de Tréforier de France par le décès de fon père, le 23 Juin 1633, obtint, avec fes frères, de nouvelles

Lettres de relief de Nobleſſe, dans leſquelles il rappelle celles qu'avoient obtenues CLAUDE DE GANAY, ſon père, & JACQUES, ſon oncle, en 1615. Ces dernières furent regiſtrées au Parlement de Dijon, *pour en jouir par les Impétrans, comme nobles & iſſus de noble race, & leur poſtérité,* ſuivant l'Arrêt du 9 Juillet 1642, rendu à la Chambre des Comptes de Bourgogne, le 13 Août de la même année, & au Bailliage de Charollois le 15 Novembre 1643. Il fut élu tuteur de ſes enfans en 1652, après la mort de ſa femme; il teſta le 30 Août 1653, élut ſa ſépulture dans la Chapelle de Notre-Dame de l'Egliſe des Cordeliers de Dijon; légua à ETIENNE ſon fils unique, 30000 livres ſur ſon Office de Tréſorier de France, ſes livres & armes; mourut le 21 Novembre 1661, & fut enterré à Saint-Nizier de Charolles. Il avoit épouſé, par contrat du 28 Août 1636, *Catherine Pérard,* décédée avant 1652, fille *d'Etienne,* Maître des Comptes à Dijon, & de *Claude Bretagne.* Elle fut enterrée dans la Chapelle de Saint-Etienne de Charolles. Leurs enfans furent:

1. ETIENNE, qui ſuit;
2. MARIE, léguée par préciput au teſtament de ſon père, de 15000 livres, & alliée, par contrat du 21 Novembre 1661, avec *Charles de Damas,* Comte de Marcilly, fils *d'Antoine,* & de *Madeleine Remont.* Elle étoit veuve en 1713;
3. CLAUDE, femme de *Jean-Léonor Noblet,* Chevalier, Seigneur de Chênelette, morte au Château de Chênelette en Beaujolois, le 15 Juillet 1722, âgée d'environ 80 ans, & ſon mari étoit alors âgé de plus de 86 ans;
4. & 5. CATHERINE & PERRETTE, vivantes en 1663.

XII. ETIENNE DE GANAY, Ecuyer, Seigneur de Montaguillon, de Génelard, de Laugère, de Fautronne & de Seul, inſtitué héritier par *Marie Catherine,* ſon aïeule, le 3 Octobre 1663, eut entrée aux Etats de Bourgogne dans la Chambre de la Nobleſſe en 1671, 1674, 1676, 1679 & 1685; fut nommé Maréchal-des-Logis de la Nobleſſe de Charollois, le 4 Septembre 1674; ſervit ſous le Maréchal de Turenne; commanda la Nobleſſe de Charollois en 1689; fut nommé, en 1690, pour commander l'arrière-ban de la même Nobleſſe, & eut pour concurrent le Comte de Buſſeuil-Saint-Fremin. L'affaire fut por-

tée devant les Maréchaux de France, qui condamnèrent le Comte de *Saint-Fremin,* le 1er Avril de la même année (1690), à lui faire excuſe, & à 1400 livres de dépens. Il avoit produit devant M. Bouchu, Intendant de Bourgogne, en 1668, ſes titres de nobleſſe, qui remontent à GUICHARD DE GANAY ſous les Ducs de Bourgogne, &, ſur le refus de les lui rendre, le dépoſitaire fut condamné par corps à la reſtitution par le même Intendant, le 15 Décembre 1674. Il fut déchargé des francs-fiefs par les Elus des Etats de Bourgogne, le 8 Juin 1694, & maintenu dans ſa nobleſſe par M. Ferrand, Intendant de la Province, le 23 Février 1699. Dans cette production il remonte à GIRARD DE GANAY, vivant en 1300. Il avoit épouſé, par contrat du 3 Août 1671, *Jacqueline Bernard de Monteſſus,* morte en 1707, fille de *Melchior,* Ecuyer, Seigneur de Monteſſus, de Ballore & de Bellefond, Gouverneur des ville & château de Beaune, Gentilhomme ordinaire de la Chambre du Roi, & de *Jacqueline de Thiard.* De ce mariage ſortirent:

1. PIERRE, Enſeigne au Régiment de Piémont, tué à la bataille de Nerwinde en 1693;
2. MELCHIOR, majeur en 1710, & mort ſans alliance;
3. ETIENNE, qui ſuit;
4. CATHERINE, majeure en 1710;
5. Et MARIE, femme, lors du partage de la ſucceſſion de ſa mère, le 4 Avril 1710, de *Robert de Servinges,* Chevalier, Seigneur de Sévelinges.

XIII. ETIENNE DE GANAY, IIe du nom, Seigneur de Bellefond, mineur, lors du partage de la ſucceſſion de ſa mère, eut la Terre de Bellefond, dont ſon père ſe réſerva l'uſufruit juſqu'à ſa majorité ou ſon mariage, & fut déchargé des francs-fiefs par M. de la Briffe, Intendant de Bourgogne, le 28 Novembre 1723. Il a été Cornette au Régiment de Biſſy, Cavalerie, en 1703, Capitaine en 1707, Major en 1714, & Meſtre-de-Camp de Cavalerie en 1721. Il a épouſé, par contrat du 13 Avril 1713, *Anne-Marie de Truchis,* fille de *Pierre,* Ecuyer, Seigneur de Lais, & de *Charlotte Cointot,* dont:

1. N...., qui ſuit;
2. 3. & 4. NICOLE-ETIENNETTE, MARIE-FRANÇOISE & CATHERINE-GUILLEMETTE, vivantes en 1729.

XIV. N... DE GANAY, Seigneur de Belle-

fond, dit le Marquis de Ganay, Colonel en
fecond au Régiment d'Infanterie de Forez,
Chevalier de Saint-Louis, a obtenu du Roi,
le 25 Mai 1752, le Gouvernement de la ville
d'Autun en Bourgogne. Il a fervi dans l'E-
tat-Major de l'armée, & dans celle commandée par le Maréchal Duc de Richelieu, pour
la conquête de l'Isle de Minorque, achevée le
28 Juin 1756, par la prife du Fort-Saint-
Philippe, en qualité d'Aide du Maréchal-
Général-des-Logis de l'armée. Nous ignorons
fa poftérité, faute de Mémoire, & n'ayant pu
fuivre pour cette Généalogie que l'Hiftoire
des Grands-Officiers de la Couronne, tom.
VII, pag. 442 & fuiv.

TROISIÈME BRANCHE.

V. Guy de Ganay, Seigneur de Chaffenay,
troifième fils de Jean, IIe du nom, & de Sibylle de Saint-Pètre, fut attiré par Guichard, fon frère aîné, au fervice du Duc de
Bourgogne, & fut pris par les Gens du Roi
Charles VII. Il en obtint rémiffion en 1433,
à condition qu'il ne porteroit plus les armes
pour ce Duc, & s'établit à Autun en Bourgogne, où Marie de Ganay, fa nièce, avoit
époufé Etienne de Montholon. Il y a formé
une branche, laquelle a produit des gens illuftres, & fubfifte encore dans Jérôme de Ganay, Chevalier, Seigneur de Leraut, ancien
Capitaine au Régiment Dauphin, qui a époufé, 1º le 25 Novembre 1674, Lazare du Bourg,
fille de Meffire François, & de Jeanne Bou-
dot ; 2º & en 1711, Anne Vêtu. Du premier
lit il eut :

　1. Nicolas, qui fuit.

　Et du fecond lit vint :

　2. Et Jacques-Antoine-François-Xavier, né
　　le 12 Mai 1713, Marquis de Ganay, Sei-
　　gneur de Lerault, Brigadier des Armées du
　　Roi, & Gouverneur d'Autun.

VI. Nicolas de Ganay, Chevalier, Seigneur
en partie de Véfigneux, de Marault & de Lufigny, ancien Capitaine au Régiment Dauphin,
reçu le 20 Mars 1744 Chevalier d'honneur
en la Chambre des Comptes de Bourgogne
& de Breffe, époufa Jeanne Sallonier, fille
de Guillaume, Ecuyer, Seigneur du Pavillon,
& de Jeanne-Marie Pelet, dont :

　1. Paul-Louis de Ganay, né en 1723, Sei-
　　gneur en partie de Vifigneux, Chevalier de
　　Saint-Louis, Capitaine au Régiment de
　　Lorraine ;

　2. Guillaume-Lazare, Comte de Ganay, né
　　en 1725, Seigneur de Lufigny, de Gram-
　　mont, & en partie de Vifigneux, reçu le 10
　　Février 1751 Chevalier d'honneur en la
　　Chambre des Comptes de Bourgogne & de
　　Breffe, ancien Lieutenant au Régiment
　　de Gâtinois, marié, en 1756, à Louife-
　　Henriette de Meun-de-la-Ferté ;

　3. Et Nicolas, né en 1732, Seigneur en partie
　　de Vifigneux, Lieutenant au Régiment de
　　Rouérgue. C'eft ce que nous favons fur
　　cette branche, d'après Moréri.

　Les armes, felon le P. Anfelme, font : d'argent, à la fafce de gueules, chargée de 3
rofes d'or, 1 & 2, accoftées de 2 coquilles de
même.

　Le Chancelier de Ganay, parce qu'il avoit
été Chancelier de Naples, mit dans fes armes
une aigle défarmée de fable, fur la fafce de
gueules. Elles font ainfi dans fa Chapelle de
Saint-Merry à Paris. Suivant feu le Préfident Durey de Noinville, MM. de Ganay
portent à préfent dans leurs armes l'aigle défarmée de fable, au-deffus de la fafce.

　GANAY, autre Maifon : d'or, à l'aigle
mornée de fable.

　GAND. La Généalogie de cette Maifon,
une des plus anciennes, des plus puiffantes
& des plus illuftres des Pays-Bas, fe trouve
imprimée dans Moréri ; mais comme par mé-
prife il a été dit dans la Généalogie de la Maifon de Mailly, imprimée en 1757, première
partie, pag. 129, que le Maréchal Prince d'I-
fenghien & le Comte de Middelbourg, fon
frère, étoient alors les feuls de leur Maifon,
& que cette affertion, contre laquelle ces Seigneurs ont réclamé dans le tems, pourroit,
par la confidération que cet Ouvrage mérite
d'ailleurs, donner de l'incertitude fur la branche du Comte de Gand & du Chevalier de
Gand, fon frère, on a cru qu'il étoit important de la prévenir, en donnant, dans le Mercure de France, du mois de Mars 1769, p.
226 & fuiv., un Tableau abrégé de l'état ancien & actuel de la Maifon de Gand, d'après
André du Chefne, qui en a compofé la Généalogie, imprimée en 1631, avec celles des Comtes de Guines, & d'après les titres poftérieurs
à cette époque. L'Auteur de cette Généalogie,
inférée dans le Mercure, donne pour chef de
cette Maifon Lambert, Châtelain ou Burgrave
de Gand, rapporté plus bas ; mais on lit dans
Moréri qu'elle doit fon établiffement en Flan-

dre à l'Empereur OTHON Iᵉʳ, furnommé *le Grand*, fils de HENRI *l'Oifeleur*. Ce Prince fit bâtir, en l'an 949, le Château de GAND dans un fonds appartenant au Monaftère de Saint-Bavon ; on l'appela le *Château-Neuf* ou le *Château* d'OTHON, pour le diftinguer de celui qui avoit été édifié ou rétabli plufieurs fiècles auparavant par JULES-CÉSAR. Ce Château fut mis fous la direction, non pas de *Châtelain*, mais de *Comte* ; on y annexa pour Domaine quatre Villes & leurs dépendances, favoir : Affenède, Bocholt, Axel & Hulft, qu'on appelle aujourd'hui les *quatre Métiers*, avec tout le pays de Waës, le Comté d'Aloft, la Seigneurie de Termonde & celle de Bornhem.

I. Le premier Comte qui y fut établi par cet Empereur fut WICHMANNUS, qui defcendoit de l'ancienne Maifon de Saxe. Le frère de ce Comte, nommé HÉRIMANNUS, fut mieux traité par cet Empereur, qui le fit Duc de la Baffe-Saxe. ARNOUL *le Vieux*, Comte de Flandre, confirma à ce Comte la donation du Château, des Villes & dépendances ci-deffus marqués, & on trouve dans Witikind (livre des *Geftes des Saxons*), ce bel éloge du Comte WICHMANNUS, que c'étoit un homme puiffant, courageux, magnanime, grand guerrier, & d'une fi haute fcience, que fes fujets le regardoient comme un homme furnaturel. Il époufa *Lietgarde*, fille d'ARNOUL, dit *le Vieux*, Comte de Flandre, dont :

1. THÉODORIC, qui fuit ;
2. Et WICHMAN, furnommé *le Jeune*. Ces deux Seigneurs commandèrent l'armée des Saxons, fous leur oncle HÉRIMANNUS, contre les François du Comté de Mayence. WICHMAN fut tué comme il abandonnoit l'armée Saxone pour paffer dans celle des François.

II. THÉODORIC eut le Comté du nouveau Château de GAND après la mort de fon père, & donna, en 977, à l'Abbaye de Saint-Pierre de Gand, le village de Keyhem près de Dixmude. *Hildegarde*, fa femme, fille de THÉODORIC, IIIᵉ du nom, Comte de Hollande, & ARNOUL, fon fils, qui fuit, foufcrivirent à cette donation.

III. ARNOUL, à qui Sigebert donne auffi le nom de GAND, fut tué, felon cet auteur, par les Frifons, dans le tems qu'il vouloit prendre la ville de Staveren, pour fon grand-père maternel le Comte de Hollande. Il avoit fuccédé à THÉODORIC, fon père, au Comté de Gand, & époufa *Lietgarde de Clèves*, ce qui eft juftifié par les Archives de Saint-Pierre de Gand, & par la donation de l'Eglife de Materne, qu'il fit à ce Monaftère en 998. Ses enfans furent :

1. THÉODORIC, qui fuit ;
2. Et ADALBERT, de qui font defcendus les Comtes d'*Aloft*, ce qui paroît par les lettres de cette donation.

IV. THÉODORIC, Comte DE GAND, pour venger la mort d'ARNOUL, fon père, ravagea toute la Frife par le fer & le feu, & remporta, en 1018, une victoire fignalée fur l'armée Impériale, près du vieux confluent des rivières de Wahal & de la Meufe. Il eut de fon époufe, fille du Comte *de Lufignan*, pour fils unique, LAMBERT, qui fuit, & par lequel commence la Généalogie de cette Maifon, inférée dans le *Mercure* de Mars 1769, ci-devant cité.

V. LAMBERT, Châtelain ou Burgrave DE GAND, Avoué des Abbayes de Saint-Bavon & de Saint-Pierre de Gand, vivant au commencement du XIᵉ fiècle, fut défait & tué auprès de Tournay, par l'Empereur HENRI III, comme il vouloit repouffer ce Prince hors des frontières du pays avec les troupes Flamandes qu'il commandoit en chef ; ce qui arriva en l'année 1053, felon Meyer ; mais le Chronographe de Saint-Bavon, & Sigebert, difent que fa mort n'arriva qu'en 1054. Ses enfans furent :

1. FOLCARDUS, qui fuit ;
2. Et REGNOTUS, lequel s'établit en Angleterre & fut chef de la Maifon des *Talbot*.

VI. FOLCARDUS, Châtelain DE GAND, depuis 1058 jufqu'en 1073, qu'il décéda, avoit époufé *Landrade*, fille de *Balderic*, Comte de Louvain, de laquelle il eut :

VII. LAMBERT, IIᵉ du nom, Châtelain DE GAND, mort vers l'an 1088. Il avoit eu pour femme *Mathilde*, fille de *Guillaume*, Châtelain de Saint-Omer, dont vint entr'autres enfans :

VIII. WENEMAR, Châtelain DE GAND, Seigneur de Bornhem, &c., que Lambert d'Ardres, Hiftorien de plus de 500 ans, qui écrivoit fous PHILIPPE-AUGUSTE, qualifie *illuftre*, par la fplendeur de fon extraction, *vir viribus inclitus & genere*. Il époufa 1º *Lietgarde*, morte fans enfans en 1101 ; & 2º vers l'an 1106, *Ghisle de Guines*, fille de *Baudouin*, & fœur de *Manaffès*, Comte de Guines. En mémoire de fa première femme, il fonda un

Monaſtère de Chanoines Réguliers, dans la ville de Bornhem, en l'honneur de Notre-Dame. Cette fondation fut confirmée par Ma-naſſès, Evêque de Cambrai, le 2 Octobre 1101. Le Pape Pascal II, dans une Bulle de l'an 1105, le nomme fondateur de cette Egliſe de Bornhem. Il mourut en 1138, & laiſſa de ſa ſeconde femme, entr'autres enfans :

IX. Arnoul de Gand, IIe du nom, devenu Comte de Guines, du chef de ſa mère, qui quitta le nom & les armes de Gand, pour prendre ceux de Guines. Dès qu'il fut en poſ-ſeſſion de ce Comté, tous les Barons & Che-valiers qui en relevoient, lui prêtèrent la foi & hommage. Ce Seigneur étoit fort puiſſant, & dans les actes qu'il paſſoit il prenoit la qua-lité d'Arnoul, par la grâce de Dieu, Comte de Guines. Il fit de grands biens aux Egliſes de Therouenne, de Saint-Martin, de Claire-marais,&c., ès-années 1150 & 1151, & mourut en 1169, laiſſant de Mahaud ou Mathilde de Saint-Omer, fille du Châtelain de Saint-Omer, entr'autres enfans :

1. Baudouin, qui ſuit;
2. Et Siger, auteur de la branche des Châte-lains de Gand, rapportée ci-après.

X. Baudouin, Comte de Guines, mort en 1205, avoit épouſé Chriſtine d'Ardres, & en eut :

XI. Arnoul, IIIe du nom, Comte de Gui-nes, Seigneur d'Ardres, qui combattit pour le Roi Philippe-Auguste, à la bataille de Bou-vines en 1214, & laiſſa de Béatrix, Châte-laine de Bourbourg :

XII. Baudouin, IIe du nom, Comte de Gui-nes, Seigneur d'Ardres & Châtelain de Bour-bourg, mort en 1244. Il fut père de

XIII. Arnoul, IVe du nom, Comte de Gui-nes, Seigneur d'Ardres, vivant en 1282 ; il épouſa Alix, ſœur d'Enguerrand VI, Sire de Coucy. De cette alliance vinrent :

1. Baudouin, qui ſuit;
2. Et Enguerrand, rapporté après ſon frère aîné.

XIV. Baudouin de Guines, IIIe du nom, Châtelain de Bourbourg, Seigneur d'Ardres, &c., mourut vers l'an 1293, & n'eut que deux filles, dont l'aînée, nommée Jeanne, Com-teſſe de Guines, fut mariée, en 1295, à Jean de Brienne, Comte d'Eu. Voy. BRIENNE.

XIV. Enguerrand de Guines, ſecond fils d'Arnoul, Comte de Guines, & d'Alix de Coucy, devint Sire de Coucy, après la mort

d'Enguerrand, ſon oncle maternel, arrivée en 1310, & forma la ſeconde race des Sires de Coucy. Il épouſa Chrétienne de Bailleul, nièce de Jean de Bailleul, Roi d'Ecoſſe, & en eut :

XV. Guillaume, Sire de Coucy, de Marle, de la Fère, &c., mort en 1335, laiſſant d'Iſa-beau de Châtillon-Saint-Pol :

XVI. Guillaume, IIe du nom, Sire de Cou-cy, &c., marié, en 1337, à Catherine, fille aînée de Léopold Ier, Duc d'Autriche, dont :

XVII. Enguerrand, IIe du nom, Sire de Coucy, Comte de Soiſſons, de Marle & de Bedfort, mort en 1397, le dernier de ſa bran-che. Il avoit épouſé 1° Isabelle, fille d'E-douard III, Roi d'Angleterre ; & 2° Iſabelle, fille de Jean, Duc de Lorraine. De la pre-mière vinrent :

1. Marie, Comteſſe de Soiſſons, & Dame de Coucy, alliée avec Henri, fils de Robert, Duc de Bar, & de Marie de France, fille du Roi Jean ;
2. Philippe, femme de Robert de Veer, Duc d'Irlande.

Et de la ſeconde ſortit :

3. Isabelle de Coucy, mariée avec Philippe de Bourgogne, Comte de Nevers, couſin du Roi Charles VI. (Voyez à la Généalogie de Coucy, tom. VI, col. 281 & ſuiv., la ſe-conde race des Sires de Coucy-Guines, de la Maiſon de Gand, & iſſue par les femmes de la Maiſon de Coucy.)

BRANCHE
des Châtelains de Gand, de la Maiſon de Gand.

X. Siger de Gand & de Guines, Seigneur de Bornhem, ſecond fils d'Arnoul, IIe du nom, & de Mahaud de Saint-Omer, pro-priétaire de la Châtellenie de Gand & de la ville de Bornhem, reprit le nom de Gand que ſon père avoit quitté, & ſe qualifia par la grâce de Dieu, Châtelain de Gand, dans un acte de l'an 1190. Il fit de grands biens aux Egliſes, & eut de Pétronille de Cour-tray, ſon épouſe, fille de Roger, Châtelain de Courtray :

1. N..., mort ſans poſtérité ;
2. Et Siger, qui ſuit.

XI. Siger de Gand, IIe du nom, Châtelain de Gand, Seigneur de Bornhem, de Saint-Jean-Stéene & de Houdain, fut employé avec

Jean de Néelle, Châtelain de Bruges, au maniement des affaires de Flandre pendant la minorité des fils de BAUDOUIN, Empereur de Conftantinople, & par une Charte datée de l'an 1210. L'on voit qu'alors il affifta PHILIPPE, Marquis de Namur, frère de cet Empereur, tant dans le gouvernement du pays que pour établir FERDINAND DE PORTUGAL, dans le Comté de Flandre, époux de JEANNE, fille de l'Empereur BAUDOUIN. Il s'obligea auffi, & promit, au nom dudit FERDINAND, à PHILIPPE-AUGUSTE, Roi de France, qu'il ne manqueroit pas de rendre bon & fidèle fervice à Sa Majefté, & il fe conftitua *pleige* pour l'obfervation du traité fait entr'eux, par lequel FERDINAND & la Comteffe JEANNE, fon époufe, cédèrent à LOUIS, fils aîné de PHILIPPE-AUGUSTE, les villes de Saint-Omer & d'Aire; ce qui fe voit par deux lettres, l'une paffée à Paris au mois de Janvier 1211, fcellée du propre fceau de SIGER, Châtelain DE GAND; & l'autre paffée entre Lens & le Pont-à-Vendin, au mois de Février fuivant, fous le nom du Prince LOUIS DE FRANCE. Mais SIGER DE GAND fut fi maltraité de FERDINAND, qu'il fut obligé de fe retirer au pays d'Artois, auprès de LOUIS DE FRANCE, qui en étoit fouverain Seigneur, d'où il ne retourna en Flandre qu'après la bataille de Bouvines, où FERDINAND fut fait prifonnier, & qu'après le traité fait par la Comteffe JEANNE, pour la délivrance de fon mari; il y fut ftipulé que SIGER DE GAND feroit rétabli dans toutes les Villes, Châteaux & Terres à lui appartenant. Il mourut en 1227, & avoit époufé *Béatrix*, Dame *de Houdain* (dit Meyer, liv. 8, de fes *Annales*), dont il eut:

1. HUGUES, qui fuit;
2. SIGER;
3. GÉRARD, furnommé *le Diable*;
4. ROGER, chef de la Maifon de *Claërhout*;
5. GAUTIER, Archidiacre d'Arras;
6. GUILLAUME, furnommé *le Frifon*;
7. & 8. FERRAND & BERNARD.

XII. HUGUES, Ier du nom, Châtelain DE GAND, Seigneur de Bornhem, de Saint-Jean-Steène, de Houdain, &c., vendit, fuivant un acte de la Chambre des Comptes de Dijon, en 1228, avec *Ode de Champagne* ou *Champlitte*, fon époufe, qui defcendoit des Comtes de Champagne, à Guillaume de Vergy, frère d'Alix, Ducheffe de Bourgogne, la ville & les appartenances de Champlitte, pour la fom-

Tome VIII.

me de 7200 livres parifis. Il eut un grand différend contre Ferdinand, Comte de Flandre, & fe mit en état de lui réfifter par la force des armes, fe confiant dans les fecours de fes frères, parens, amis & alliés; mais avant qu'on en vint aux actes d'hoftilité, il y eut un accord fait entr'eux, dans la ville de Gand, au mois de Juin 1229, par lequel HUGUES s'obligea dans la fuite, que lui & fes frères, ne feroient point la guerre au Comte de Flandre, tant qu'il les traiteroit fuivant les loix & les jugemens de la Cour de Flandre. Il fit beaucoup de biens aux Eglifes, exempta fes hommes de fiefs du pays de Waës, de toutes tailles & exactions, promettant de ne les plus mettre à la taille, eux ni leurs fucceffeurs, finon pour la nouvelle Chevalerie de fon fils aîné, pour le mariage de fa première fille & pour la rançon de fa perfonne, s'il arrivoit qu'il fût pris en faifant la guerre pour fon Prince, dont l'acte fut paffé au mois de Mai 1232. Ses enfans furent:

1. HUGUES, qui fuit;
2. GAUTIER, auteur de la branche des Seigneurs de *Saint-Jean-Steène*, laquelle a depuis retenu le furnom de *Villain*, rapportée ci-après;
3. SIGER, marié, en Champagne, à *Alix de St.-Sépulcre* & de Chanlot;
4. JEAN, furnommé *le Bourguignon*;
5. PHILIPPE;
6. Et GUILLAUME, Doyen de l'Eglife de Saint-Pierre de Lille.

XIII. HUGUES, IIe du nom, Châtelain DE GAND, après fon père, fut un des principaux Seigneurs de Flandre, qui, l'an 1244, promirent d'obferver le traité de paix fait, entre SAINT LOUIS, Roi de France, & Thomas de Savoie, Comte de Flandre. Il décéda vers l'an 1265, laiffant de *Marie de Gavre*, qu'il avoit époufée en 1241:

XIV. HUGUES, IIIe du nom, Châtelain DE GAND, qui fut allié avec *Marie de Reux*, dont il n'eut que deux filles, l'aînée nommée

MARIE, Châtelaine de GAND, & héritière de fon père, qui vivoit en 1303, époufa, vers l'an 1280, *Gérard*, Seigneur de Sotteghem, iffu de la Maifon d'*Enghien*, & lui porta en dot la Châtellenie de *Gand*, qui paffa depuis dans la Maifon de *Melun*.

BRANCHE
des Seigneurs de SAINT-JEAN-STEÈNE, &c.

XIII. GAUTIER DE GAND, Seigneur de Saint-

Jean-Steène, fecond fils de Hugues, Iᵉʳ du nom, & d'*Ode de Champagne*, prit le furnom de *Villain*, en làtin *Villanus*, & eft ainfi qualifié dans une Charte, qu'il accorda à l'Abbaye de Saint-Pierre de Gand en 1254, & même en plufieurs autres actes. Ce furnom devint héréditaire à fes defcendans, comme celui de *Dauphin* dans les Maifons des Comtes de Viennois & de Clermont en Auvergne. Il mourut peu avant l'an 1260, laiffant d'A-*vezoëte*, fon époufe (que Lindanus & Sueyro ont écrit être iffue de la Maifon de *Malfède*):

XIV. Alexandre de Gand, dit *Villain*, Seigneur de Saint-Jean-Steène, qui confirma une donation à l'Abbaye de Bodelo, par acte de l'an 1279, fcellé de fon fceau, où il eft reprefenté à cheval, tenant de la main droite une épée haute, & de la gauche un bouclier aux armes de la Maifon de Gand, *brifées d'un lambel de 5 pièces*. Il mourut vers l'an 1280, ayant eu d'*Ifabeau d'Axel*, fon époufe:

1. Gautier, qui fuit;
2. Et Jourdain, rapporté après fon aîné.

XV. Gautier de Gand, dit *Villain*, IIᵉ du nom, Seigneur de Saint-Jean-Steène, devint avoué de Tamife par fon alliance avec *Adelife de Tamife*; il y a des Lettres de l'année 1306, par lefquelles fa veuve fonda une Chapelle en l'Eglife de Tamife, pour le repos de fon âme, du confentement de Jean, dit *Villain*, fon fils. Ses autres enfans furent:

Philippe, Hector, Gérard, tous les quatre morts fans poftérité;

Et Elisabeth, mariée avec *Louis de Malfède*, laquelle fut mère de *Marie de Malfède*, alliée avec Jean de Gand, dont il fera parlé ci-après au XVIIᵉ degré.

XV. Jourdain de Gand, dit *Villain*, Seigneur de Saint-Jean-Steène, fecond fils d'A-lexandre, & d'*Ifabeau d'Axel*, eft mentionné dans un titre de l'an 1299, & dans le Nécrologe de l'Abbaye de Beaupré-lès-Grammont. Les Hiftoriographes ne nomment point fa femme, mais il eut deux fils:

1. Wolfard, mort fans poftérité;
2. Et Gautier, qui fuit.

XVI. Gautier de Gand, dit *Villain*, IIIᵉ du nom, Seigneur de Saint-Jean-Steène, de Bouchout, &c., époufa, vers l'an 1330, N... *de Mortagne*, & mourut en 1339, laiffant:

1. Jean, qui fuit;
2. Et Hector.

XVII. Jean de Gand, dit *Villain*, Seigneur de Bouchout, poffeda divers biens à Nieuweland, à Crubéque, aux Quatre-Métiers & ailleurs. Il devint chef de la Maifon de Gand, par la mort de Philippe & de Gérard de Gand, Seigneurs de Saint-Jean-Steène, enfans de Gautier, IIᵉ du nom. On voit, par un Regiftre des Fiefs de Flandre, dreffé en 1365, que Jean de Gand, dit *Villain*, vivoit encore alors; car il y eft qualifié en termes exprès, fils de Gautier de Gand, IIIᵉ du nom, dit *Villain*. Il époufa 1º *Marie de Malfède*, fa coufine; & 2º *Claire de Mirabel*. Il eut du premier lit:

1. Jean, qui fuit;
2. Philippe-Wolfard;
3. Une fille.

Et du fecond lit vinrent:

4. Un garçon, auffi nommé Jean.

XVIII. Jean de Gand, dit *Villain*, IIᵉ du nom, Seigneur de Saint-Jean-Steène, fut Avoué de Tamife, Chevalier & Confeiller du Comte de Flandre. Froiffart parle de lui avec éloge en divers endroits de fes *Chroniques*. En 1379, il rapporte que les Gantois ayant attaqué le Comte de Flandre dans Termonde, Jean de Gand fut un des principaux Seigneurs, qui le défendirent courageufement contre leurs efforts; puis décrivant la bataille, que le Comte de Flandre gagna fur eux au commencement de l'année 1381, il met Jean de Gand au nombre de ceux qui l'y accompagnèrent & y firent bien leur devoir. Ce même Jean rendit auffi de grands fervices à Richard II, Roi d'Angletrre, qui lui accorda pour récompenfe 100 marcs de fterlings de penfion à prendre fur fon Echiquier, par Lettres expédiées à Weftminfter, la troifième année de fon règne. Froiffart, Pierre Doudegerft & Jacques Meyer, difent encore que ce Jean de Gand, dit *Villain*, affifta au traité de paix fait en 1385, entre Philippe de France, Duc de Bourgogne & Comte de Flandre, par fa femme, d'une part, & les Gantois de l'autre. Il figna ce traité avec Hugues de Melun, Seigneur d'Antoing, Châtelain de Gand, & autres Seigneurs. Il laiffa de *Marguerite Brifetefte*, qu'il avoit époufée en 1369:

1. Jean, qui fuit;
2. Et Roger.

XIX. Jean de Gand, dit *Villain*, IIIᵉ du nom, Seigneur de Saint-Jean-Steène, de

Huyffe, Avoué de Tamife, Chevalier & Chambellan de Philippe Ier, Duc de Bourgogne, paya, le 16 Juillet 1397, à ce Duc, en qualité de Comte de Flandre, les droits feigneuriaux pour les quatre Métiers d'Affenède, Bocholt, Axel & Hulft, à lui échus par la mort de Jean, IIe du nom, fon père. Il fervit glorieufement Jean Ier, Duc de Bourgogne, dans la guerre qu'il fit aux Liégeois en 1405, & fut exempt de l'aide impofé pour le rachat du Comte de Nevers pris par les Turcs, par Lettres de l'année 1398, où fa defcendance des Châtelains de Gand eft rappelée. Il eut de fon époufe *Marguerite de Gavre*, fille d'*Arnould*, Chevalier, Seigneur de Liedekerke & de Raffenghien, & de *Marguerite de Bergen-op-Zoom* :

   1. Adrien, qui fuit;
   2. & 3. Hector & Philippe.

  XX. Adrien de Gand, dit *Villain*, Ier du nom, Seigneur de Saint-Jean-Steène, de Liedekerke, de Raffenghien, Avoué de Tamife, Patron & Collateur des offices & bénéfices d'Affenède, &c., Chevalier & Chambellan de *Jean* Ier, Duc de Bourgogne, accompagna, en 1421, Philippe II, Duc de Bourgogne, lorfqu'il paffa en France pour venger la mort de fon père, qui avoit été affaffiné fur le Pont de Montereau en 1419. Il accorda à Pierre Henri, Prêtre du pays de Zélande, la Chapelle de St.-Jean, fituée à Moerkerke, avec toutes fes dépendances, pour y conftruire un nouveau Couvent des Religieux de Sainte-Croix. Par le décès des parens de fa mère fans poftérité, les Terres de la Maifon de *Gavre* entrèrent dans la fienne en 1447, favoir Raffenghien, Liedekerke, Lieuve, la Vicomté de Lombeke, Saint-Amand, Bafferode & autres. Il fut Gouverneur de Dendermonde, mourut en 1449, & fut enterré à Tamife. Il avoit époufé *Joffine de Praet*, dite *de Moerkerke*, dont :

   1. Martin, qui fuit;
   2. Collard;
  Et deux filles.

  XXI. Martin de Gand, dit *Villain*, Seigneur de Raffenghien, de Saint-Jean-Steène, & Avoué de Tamife, fut Chevalier & Confeiller de Philippe le *Bon*, Duc de Bourgogne. Les Gantois, s'étant révoltés contre ce Duc, fe faifirent, entr'autres fortereffes, de celle d'Arques, près de Tamife fur l'Efcaut,

& les ennemis de Martin de Gand, Seigneur de cette place, ayant infinué fauffement à ce Prince qu'il y avoit introduit les Gantois, il le crut, en fut très-irrité, & confifqua le Château d'Arques & la Terre de Tamife; mais Martin de Gand en ayant appelé au Parlement de Paris, il obtint Arrêt à fon profit le 28 Août 1456. Il fit le voyage de Jérufalem avec 10 hommes de fuite à cheval en 1458, & Philippe le *Bon* lui donna des Lettres de recommandation pour tous les Princes & Souverains, chez lefquels il devoit paffer, afin qu'il en fut reçu favorablement. A fon retour dans le Royaume de Chypre, Charlotte, Reine de Jérufalem, de Chypre & d'Arménie, le reçut avec de grands honneurs, lui conféra fon Ordre Royal de l'Epée, avec le pouvoir de le donner à deux Gentilshommes qui fuffent au moins Chevaliers. C'eft ce qui fe voit par les Lettres datées de Nicofie, Capitale du Royaume de Chypre, le 3 Juillet 1459. Après fon retour, favoir en 1462, il tranfigea avec Collard, fon frère, touchant la fucceffion des biens de leurs père & mère. La Terre de Liedekerke avec la Vicomté de Lombeke, échurent, par le partage qu'ils firent, audit Collard, à condition que fi lui ou fes defcendans venoient à les aliéner, ledit Martin & fes defcendans auroient le quart du prix de ces Terres à chaque aliénation. Il mourut en 1465, fut enterré en l'Eglife de Wachtebeke, au milieu du Chœur, & eut d'*Antoinette de Mafmines*, fon époufe :

   1. Adrien, qui fuit;
   2. & 3. Jossine & Gertrude.

  XXII. Adrien de Gand, dit *Villain*, IIe du nom, Chevalier, Seigneur de Raffenghien, de Saint-Jean-Steène, &c., fut Confeiller & Chambellan de Maximilien, Archiduc d'Autriche, & premier Commiffaire au renouvellement des Lois de Flandre. Il y a une Lettre de Charles, Duc de Bourgogne, qui le qualifie fils de Meffire Martin *Villain*, *Chevalier*. C'eft une Déclaration donnée au Grand-Confeil de Malines le 8 Janvier 1476, par laquelle le Duc le maintient dans la poffeffion & faifine de conférer les Eglifes & Bénéfices fpirituels d'Affenède-Métier, ainfi que fon père & fes prédéceffeurs en avoient paifiblement joui & ufé. L'Archiduc Maximilien faifoit grand cas de lui. Il le retint au nombre de fes Confeillers & Chambellans, &

fur la réfolution prife par les trois Membres du Comté de Flandre, de lever une armée de 150 mille hommes pour la défenfe du pays, il le déclara Général des troupes qui feroient levées au quartier de Gand; de laquelle Charge il fit ferment entre fes mains le 19 Février 1480. Il le pourvut, deux ans après, de la charge de premier Commiffaire au renouvellement des Lois de Flandre, & en 1483, le Pape SIXTE IV lui adreffa un Bref, en date du 10 Décembre de la même année, comme à un des plus puiffans Seigneurs & un des plus pieux du Pays, pour lui recommander de favorifer fa Bulle & provifion de l'Evêché de Tournay, que ce Pape avoit conféré à Jean Mouiffart, natif de Flandre. L'attachement d'ADRIEN DE GAND, pour l'Archiduc MAXIMILIEN & pour le Prince PHILIPPE, fon fils, fuivant les *Mémoires* d'Olivier de la Marche, liv. 2, chap. 14, lui coûta la vie. Cet Auteur rapporte que Philippe de Clèves, Seigneur de Raveftein, le fit affaffiner, parce qu'il tenoit le parti de MAXIMILIEN D'AUTRICHE, Roi des Romains, & de fon fils, qui étoit fon Prince naturel & légitime. Cette mort arriva le 12 Juin 1490. Il avoit époufé, avant 1486, *Marie de Cuinghien*, autrement dite *de Courtray*, fille & héritière de *Jean*, Seigneur de Hem, de Sailly, de Lomme, &c. dont :

1. ADRIEN, qui fuit;
2. Et une fille.

XXIII. ADRIEN DE GAND, dit *Villain*, IIIᵉ du nom, Seigneur de Raffenghien, de Saint-Jean-Steène, de Calken, Wetteren, Vice-Amiral de Flandre, naquit pofthume au Château de Lomme près de Lille, le 14 Septembre 1490. Philippe de Clèves, Seigneur de Raveftein, envoya plufieurs Députés vers les tuteurs de ce jeune ADRIEN, pour traiter des réparations qu'il lui devoit pour la mort de fon père. La réparation fut réglée par les grands Seigneurs du pays, fes parens, favoir que le Seigneur de Raveftein déclareroit qu'il étoit fâché, de tout fon cœur, de l'homicide commis en la perfonne dudit Seigneur de Raffenghien, dont il demanderoit humblement pardon, & protefteroit qu'au cas il ne feroit arrivé, jamais il n'arriveroit, & en figne du déplaifir qu'il en avoit, il s'obligeroit de faire dire & célébrer perpétuellement un Anniverfaire pour la mémoire de fon âme, à pareil jour qu'il étoit mort; qu'il fon-

deroit une Meffe quotidienne & perpétuelle à femblables fins, en telle Eglife qu'il plairoit auxdits tuteurs, parents & amis du défunt, & du pupille, fon fils; & qu'il feroit ou feroit faire deux pélerinages en leur honneur, l'un à Saint-Pierre & Saint-Paul de Rome, & l'autre à Saint-Jacques en Galice; à quoi Philippe de Clèves, Seigneur de Raveftein, fe foumit, & l'acte en fut paffé le 21 Mars 1492. ADRIEN DE GAND, dit *Villain*, IIIᵉ du nom, parvenu en majorité, époufa, en 1525, *Marguerite de Saveles*, Dame d'*Ifenghien* ou *de Stavele*, fuivant Moréri, par laquelle les Terres d'*Ifenghien*, d'*Emelghem*, de *Haverskerque*, d'*Eftaires* & autres, font entrées dans la Maifon DE GAND. Quoique jeune, il fut honorablement employé dans les guerres d'Italie, par l'Empereur MAXIMILIEN, & eut, en qualité de Vice-Amiral fous Adolphe de Bourgogne, Amiral de la Mer de Flandre, la conduite des Vaiffeaux que les Etats du Pays équipèrent pour le fervice de leur Prince. Il mourut, à la fleur de fon âge, vers la fin de l'an 1532, laiffant :

1. ADOLPHE, mort fans poftérité;
2. MAXIMILIEN, qui fuit;
Et quatre filles, deux légitimes & deux naturelles.

XXIV. MAXIMILIEN DE GAND, dit *Villain*, Comte d'Ifenghien, Baron de Raffenghien, franc Seigneur de Saint-Jean-Steène, Seigneur de Calken, de Lichtervelde, de Wetteren, de Hem, Lomme, Sailly, Foreft, &c., Collateur héréditaire des offices & Bénéfices d'Affenède, haut & fouverain Bailli des villes d'Aloft & de Grammont en 1561, Gouverneur de Lille, Douai & Orchies en 1566; Confeiller d'Etat de PHILIPPE II, Roi d'Efpagne, en Mars 1576; Chef des Finances de ce Prince aux Pays-Bas, au mois d'Avril même année, premier Commiffaire au renouvellement des Lois de Flandre; Chef d'une troupe de 1200 hommes de pied pour le fervice de S. M. C., obtint d'elle l'érection de la Baronnie, Pairie & Seigneurie d'Ifenghien en *Comté*, par Lettres-Patentes expédiées à Lisbonne, en Portugal, le 19 Mai 1582, & enregiftrées en la Chambre des Comptes de Lille le 30 Mars 1583. Dans ces Lettres, PHILIPPE II exalte beaucoup la vertu, la haute naiffance, le mérite de MAXIMILIEN, & de fes ancêtres, les Vicomtes DE GAND. Il fonda dans la ville de Lille les Ecoles, où l'on inftruit les jeunes gens en la foi Catholique, & mourut en 1588. Il avoit épousé *Philippe de Jauche,* furnommée *de Maftaing,* Dame de Mafmines & de Weftrem, dont il eut entr'autres enfans :

1. JACQUES-PHILIPPE, qui fuit ;
2. GILBERT, tige de la branche des Marquis de *Hem,* rapportée ci-après ;
3. LAMORAL ;
4. PHILIPPE-MAXIMILIEN, Evêque de Tournay, mort en odeur de fainteté ;
5. PAUL.

XXV. JACQUES-PHILIPPE DE GAND, dit *Villain,* Comte d'Ifenghien, Baron de Raffenghien, franc Seigneur de Saint-Jean-Steène, &c., fut Confeiller d'Etat de l'Archiduc AL-BERT, Souverain des Pays-Bas, dont il prêta ferment le 19 Septembre 1603, & mourut le 5 Janvier 1628. Il avoit épousé, 1º le 2 Février 1586, *Odilie* ou *Odille de Claerhout,* fœur de *Lamoral,* Baron de Maldegem, fille de *Jacques,* Baron de Maldegem, & d'*Anne de Merode;* & 2º en 1596, *Ifabeau de Berghes,* fille de *Ferry,* Chevalier, Seigneur de Gremberghem. Du premier lit vinrent :

1. PHILIPPE-LAMORAL, qui fuit ;
2. FRANÇOIS, Chapelain, Major des Archiducs, Prévôt de Saint-Pierre de Lille, & Chanoine de Saint-Lambert de Liège ;
3. ADRIEN, Chanoine & Chancelier en l'Eglife Cathédrale de Tournai.

Et du fecond lit il eut :

4. GUILLAUME ;
5. Et une fille.

XXVI. PHILIPPE-LAMORAL DE GAND, dit *Villain,* Comte d'Ifenghien, &c., fouverain Bailli des Villes, Pays & Comté d'Aloft, Gouverneur des Villes & Châtellenies de Lille, Douai & Orchies, Meftre-de-Camp d'un terce de 3200 hommes; nommé, en 1630, Chevalier de la Toifon-d'Or, un an avant fa mort, & non revêtu de cette dignité, mourut à Lille, à la fleur de fon âge, le 6 Janvier 1631. Il avoit épousé, le 9 Octobre 1611, *Marguerite-Ifabelle de Merode,* fille de *Philippe,* Seigneur & Comte de Middelbourg, & de *Jeanne de Montmorency.* Leurs enfans furent :

1. MAXIMILIEN, mort jeune & fans poftérité ;
2. PHILIPPE-BALTHAZAR, qui fuit;
3. LOUIS, Meftre-de-Camp d'un Régiment Wallon, mort à Barcelone ;

4. ISABELLE-CLAIRE, mariée à *Philippe-Emmanuel de Croy,* Comte de Solre, Chevalier de la Toifon-d'Or ;
5. MARIE-MADELEINE, alliée 1º à *Ferdinand-Philippe de Merode,* Marquis de Wefterloo; & 2º à *Albert de Croy,* Comte de Meghem, Gouverneur de Namur ;
6. Et MARIE-ALBERTINE, femme de *Guillaume de Merode,* Marquis de Deinfe.

XXVII. PHILIPPE-BALTHAZAR, ou, fuivant Moréri, BALTHAZAR-PHILIPPE DE GAND, Comte, puis Prince d'Ifenghien & de Mafmines, Comte de Middelbourg & d'Oignies, Vicomte des Ville & Châtellenie d'Ypres, Baron de Raffenghien, de Croifilles, de Glajon, Seigneur des villes de Lannoy, Woëften & Charleroy, Gentilhomme de la Chambre de PHILIPPE IV, Roi d'Efpagne, qui le fit Chevalier de l'Ordre de la Toifon-d'Or, Gouverneur du Duché de Gueldres & Comté de Zutphen, obtint de ce Monarque, pour lui & fes hoirs, le 1er Août 1652, des Lettres-Patentes portant érection en *Principauté* de fa Terre & Seigneurie de *Mafmines,* à laquelle plufieurs de fes Terres du pays d'Aloft & de Termonde furent annexées. Par les Lettres-Patentes d'érection, le Roi reconnut que cette Maifon eft defcendue des anciens Ducs de Saxe, qui ont fait en ce pays la tige des Comtes, Princes & Châtelains de Gand & d'Aloft. Le même Monarque le fit Général de la Cavalerie dans fes Armées d'Eftramadure, contre le Portugal. Il époufa, en Efpagne, Dona *Louife Henriquez de Sarmiento-Salvatierra,* & en eut :

1. JEAN-ALPHONSE, qui fuit ;
2. CHARLES-FRANÇOIS ;
3. MARIE-THÉRÈSE, alliée à *Louis de Melun,* Marquis de Richebourg, Chevalier de la Toifon-d'Or, Gouverneur & Grand-Bailli de Mons, & du Pays & Comté de Hainaut ;
4. ELÉONORE, femme de *N... de Jauche,* Comte de Maftaing ;
5. ISABELLE, mariée à Don *Ferdinand de Tolède,* Marquis de Valparaifo ;
6. Et LOUISE, époufe de Don *Alonzo de Solis-Oforio,* Duc de Montelliano, Comte de Saldana, Grand d'Efpagne. Ce Prince a été Doyen de tout l'Ordre de la Toifon-d'Or, & l'a conféré plufieurs fois à divers Princes & Seigneurs.

XXVIII. JEAN-ALPHONSE DE GAND, Prince d'Ifenghien & de Mafmines, Comte du Saint-Empire, de Middelbourg, d'Oignies & de

Vianden, Vicomte des Ville & Châtellenie d'Ypres, de Wahagnies & de Ledringhem, libre Baron de Frentz, de Raffenghien, de Croifilles, de Glajon, Seigneur des villes de Lannoy, Woeften, Charleroy, &c., né à Bruxelles le 13 Juillet 1655, mourut à Verfailles le 6 Mai 1687. Il avoit époufé, le 10 Février 1677, *Marie-Thérèfe de Crevant-d'Humières*, fille aînée de *Louis*, Duc d'Humières, Pair, Maréchal & Grand-Maître de l'Artillerie de France, Chevalier des Ordres du Roi, Gouverneur de Flandre, &c., & de *Louife-Antoinette-Thérèfe de la Châtre*, dont :

1. Louis, qui fuit ;
2. ALEXANDRE-MAXIMILIEN-BALTHAZAR-DOMINIQUE, Comte de Middelbourg, rapporté après fon frère aîné ;
3. MARIE-LOUISE, morte fans alliance, le 21 Septembre 1714 ;
4. Et LOUISE.

XXIX. LOUIS DE GAND-DE-MERODE-DE-MONTMORENCY, Prince d'Ifenghien & de Mafmines, Comte du Saint-Empire, de Vianden, de Middelbourg, de Merode, d'Oignies, Vicomte des Villes & Châtellenie d'Ypres, libre Baron de Frentz, de Raffenghien, &c., Seigneur des villes de Lannoy, de Woeften, de Charleroy, de Meun-fur-Yèvre, & autres Terres que fes pères & aïeux avoient fucceffivement acquifes par de célèbres alliances, né à Lille le 16 juillet 1678, fut fait Colonel d'un Régiment d'Infanterie en 1697, Brigadier le 2 Avril 1703, fervant alors en Allemagne, où il fe trouva le 20 Septembre fuivant à la bataille d'Hochftett, nommé Maréchal-de-Camp le 20 Mars 1709, & défigné en même tems pour être employé en cette qualité dans l'armée de Flandre, où il continua de fervir jufqu'à la paix d'Utrecht ; fut créé, le 8 Mars 1718, Lieutenant-Général des Armées du Roi, & prépofé, le 2 Février 1724, pour être Chevalier des Ordres de Sa Majefté, dont il reçut la Croix & le Collier le 5 Juin fuivant. Il obtint, au mois d'Août de la même année, la Lieutenance-Générale d'Artois; eut, au mois de Septembre 1725, le Gouvernement d'Arras; fut nommé, au mois d'Avril 1734, pour fervir en qualité de Lieutenant-Général dans l'armée d'Allemagne, fit la campagne de 1735 dans le même pays; a été fait Maréchal de France le 11 Février 1741, & eft mort à Paris le 16 Juin 1767, âgé de 89 ans,

& le dernier mâle de fa branche. Il avoit époufé, 1° le 19 Octobre 1700, *Anne-Marie-Louife*, Princeffe de *Furftenberg*, morte le 17 Janvier 1706, fille d'*Antoine-Egon*, Prince de *Furftenberg* & de l'Empire, Comte de Heiligenberg, de Werdenberg, Landgrave de Baar, &c., Gouverneur-Général de l'Electorat de Saxe; 2° le 19 Mars 1713, *Marie-Louife-Charlotte Pot-de-Rhodes*, morte en couches le 8 Janvier 1715, dans fa 21ᵉ année, fille unique de *Charles*, Marquis de Rhodes, Grand-Maître des Cérémonies de France, & d'*Anne-Marie-Thérèfe de Simiane-Gordes*; & 3° le 16 Avril 1720, *Marguerite-Camille Grimaldi*, fille d'*Antoine*, Prince de Monaco, Duc de Valentinois, Pair de France, & de *Marie de Lorraine d'Armagnac*. Le feu Maréchal Prince d'*Ifenghien* n'a point laiffé d'enfans de fes trois mariages.

XXIX. ALEXANDRE-MAXIMILIEN-BALTHAZAR-DOMINIQUE DE GAND-VILLAIN-DE-MERODE-DE-MONTMORENCY, Comte de Middelbourg, Marquis de Lincelles, Blaitrans & Seillière, Baron de Glajon & Châtelineau, Seigneur d'Arlay, Mouron, &c., appelé le *Comte de Merode*, frère cadet du feu Maréchal Prince d'*Ifenghien*, né le 2 Janvier 1683, d'abord fait Colonel du Régiment de la Marine, Brigadier d'Infanterie le 1ᵉʳ Février 1719, Maréchal-de-Camp le 20 Février 1734; Gouverneur de Bouchain depuis 1724, eft mort le 30 décembre 1758. Il avoit époufé, le 10 Août 1733, *Pauline-Louife-Marguerite de la Rochefoucauld-de-Roye*, née le 22 Février 1717, & morte le 10 Novembre 1773, fille unique de feu *Barthélemy*, appelé le *Marquis de la Rochefoucauld*, l'un des oncles du feu Cardinal de ce nom. Voyez RO-CHEFOUCAULD (LA). De ce mariage font forties deux filles :

1. ELISABETH-PAULINE DE GAND, Princeffe d'Ifenghien & de Mafmines, &c., née le 20 Octobre 1737, mariée, le 11 Janvier 1755, à *Louis-Léon-Félicité de Brancas*, Comte de Lauraguais, fils de *Louis*, Duc de Brancas, Pair de France, Chevalier de la Toifon-d'Or, Lieutenant-Général des Armées du Roi, & d'*Adélaïde-Geneviève-Félicité d'O*, dont des enfans. Voyez BRANCAS;
2. Et LOUISE-PAULINE DE GAND-de-Merode-de-Montmorency-d'Ifenghien, née Princeffe de Mafmines le 17 Avril 1747, morte le 16 Septembre 1771, au Château de Liancourt, dans la 24ᵉ année de fon âge. Elle

avoit époufé, le 13 Décembre 1762, *Louis-Alexandre*, Duc *de la Rochefoucauld* & de la Roche-Guyon, Pair de France, Colonel du Régiment de la Sarre, fils de *Jean-Baptifte-Frédéric de la Rochefoucauld*, Duc d'Enville, Lieutenant-Général des Armées du Roi, & de *Marie-Louife Nicole*, fille aînée du Duc *de la Rochefoucauld*, Pair de France. ·

BRANCHE

des Seigneurs, *puis Marquis de* HEM, *Barons de* SAILLY, *Vicomtes de* FO-RÊT, &c.

XXV. GILBERT-DE GAND, dit *Villain*, fecond fils de MAXIMILIEN, Comte d'Ifenghien, & de *Philippe de Jauche*, dite *de Maftaing*, eut en partage les Seigneuries de Hem, de Sailly & de Foret. De *Marie-Françoife de Wif-focq*, Dame de Dringham, qu'il avoit époufée en 1612, il eut :

1. JACQUES, qui fuit ;
2. GILBERT, Chevalier de l'Ordre de Cala-trava ;
3. & 4. Deux autres fils, Chanoines à Lille ;
5. & 6. Et deux filles, Chanoineffes, l'une à Mons & l'autre à Nivelles.

XXVI. JACQUES DE GAND, dit *Villain*, obtint, en 1660, de PHILIPPE IV, Roi d'Efpagne, des Lettres d'érection de fa Terre de Hem en *Marquifat*, & mourut au mois d'Octobre 1674, laiffant de *Michelle de Varennes*, fon époufe, fille de *Jean*, Seigneur du Petit-Villerfval, & de *Jeanne de Lannoy*, entr'autres enfans :

1. MAXIMILIEN, Marquis de Hem, mort le 27 Juin 1676, fans poftérité ;
2. FRANÇOIS-GILBERT, qui fuit ;
3. ISABELLE-CLAIRE, mariée, en 1663, à *Maximilien-Ferdinand de Bellefourrière*, Baron d'Isbergues ;
4. Et MARIE-ANNE-MICHELLE, femme, en 1664, de *Michel-Jérôme-Philippe du Châtelet*, Comte de Blangerval.

XXVII. FRANÇOIS-GILBERT DE GAND, dit *Villain*, Marquis de Hem, après fon frère, époufa, en 1672, *Marie-Anne de Lannoy-d'Efpléchin*, dont vinrent fept enfans:

L'aîné, MICHEL-MAXIMILIEN, mourut en 1721, fans poftérité de deux alliances qu'il avoit contractées; la première avec *Marguerite-Charlotte de Bergues*, veuve du Comte de Bailleul; & la feconde avec *Marie-An-*

toinette-Jofephe de Robles, Comteffe d'Hannapes ;

Le troifième enfant, FRANÇOIS-GILBERT, Chanoine de Tournay & Sous-Diacre, devint Marquis de Hem par la mort de fon frère aîné, & mourut en 1727;

Le cinquième, JACQUES-IGNACE-PHILIPPE, auffi Marquis de Hem depuis 1727, eft mort fans alliance en 1740;

Et le fixième fut FRANÇOIS-DOMINIQUE, qui fuit.

XXVIII. FRANÇOIS-DOMINIQUE DE GAND, dit *Villain*, Général-Major des Armées de l'Empereur, CHARLES VI, Gouverneur d'Oftende, mort en 1737. Il avoit époufé *Marie-Bonne l'Allemand*, veuve de *N... de Rada*, Commandant de Nieuport, & Gouverneur de Stewens-Hubert, dont :

1. JEAN-GUILLAUME-FRANÇOIS-MARIE, qui fuit ;
2. Et CHARLES-EUGÈNE-PHILIPPE, Major du Régiment de Prié, mort à l'armée de Lu-face en 1758, laiffant de *Marie-Agnès de Franckén* :

EMMANUEL-CHARLES-FRANÇOIS, actuellement Capitaine dans le Régiment de Deinfe, au fervice de l'Impératrice-Reine.

XXIX. JEAN-GUILLAUME-FRANÇOIS-MARIE DE GAND, dit *Villain*, fut Marquis de Hem, par la mort de fon oncle JACQUES-IGNACE-PHILIPPE DE GAND, & Baron de Sailly, Vicomte de Forêt, Seigneur de Mauberbier. Il étoit né à Bruxelles le 20 Août 1709, fut Page de l'Archiducheffe MARIE-ELISABETH, puis Capitaine dans le Régiment de Prié, au fervice de l'Impératrice-Reine de Hongrie, & mourut en 17... Il avoit époufé, 1° le 23 Janvier 1738, *Marie-Anne de Raes*, morte le 27 Février 1746, fille de *N... de Raes*, Major de la ville d'Oftende ; & 2° le 30 Avril 1748, *Angélique-Louife des Foffez*, Dame de Pottes, Vicomteffe des Grand & Petit-Rouy, fille de *Louis*, Capitaine d'Infanterie au fervice du Roi. Du premier lit eft née :

1. ANNE-MARIE-JULIE-CAROLINE, appelée *Mademoifelle de Gand*.

Et du fecond font iffus :

2. GUILLAUME LOUIS CAMILLE, Marquis de Hem, Seigneur de Lannoy, Lomme, &c., appelé le *Comte de Gand*, chef des noms & armes de fa Maifon, par la mort du Maréchal Prince d'Ifenghien, né le 26 Août 1751,

actuellement Mousquetaire du Roi dans sa première Compagnie ;

3. FRANÇOIS-CHARLES-GABRIEL, appelé le Chevalier de Gand, né le 27 Décembre 1752, aussi Mousquetaire dans la même Compagnie ;

4. Et MARIE-LOUISE-ANGÉLIQUE, mariée, en 1764, à Henri-Louis-Marie Jacops, Seigneur d'Aigremont, d'Hailly, Lompré, &c.

Les armes de cette Maison sont : de sable, au chef d'argent, l'écu accompagné de deux quatorze en chiffre Romain, dont on ne sait pas bien l'origine, dit Moréri d'après Lindanus, qui croit que ces deux XIV, procèdent de ce qu'il y a eu de cette Maison 6 Comtes de Gand, 8 Comtes d'Alost, dont nous n'avons pas donné la Généalogie, faute de Mémoire, & outre cela 14 Châtelains de Gand. (Voyez les Antiquités de la Noblesse de Flandre, par l'Espinoy, pag. 152 & suiv.)

GAND, en Champagne, Famille qui porte : d'azur, au chef d'argent, chargé de 3 merlettes de sable.

GANDILLE. Voy. GRANDILLE D'OUDEAUVILLE.

* GANGES, Terre, Seigneurie & Baronnie qui donne entrée aux Etats de Languedoc. Après avoir été dans la Maison de Pierrefort, elle passa dans celle de Saint-Etienne, d'où elle est entrée dans celle de Vissec de la Tude, par le mariage, en 1629, de Jeanne de Saint-Etienne, Baronne de Ganges, avec Jean Pons de Vissec de la Tude, Gouverneur pour le Roi du Fort de Saint-André de Villeneuve-lès-Avignon. Les descendans de ce dernier possèdent aujourd'hui cette Baronnie. Voyez VISSEC DE LA TUDE.

GANIARE, Famille noble de Bourgogne, établie à Beaune, de laquelle étoient anciennement les Seigneurs de Puligny & Mypont au Bailliage de Beaune, & ceux de Bévy, Collonges, Messanges & Ternant en partie, Bailliage de Nuits, ainsi qu'il est justifié par titres. Elle est alliée avec distinction, tant dans sa Province, que dans les Parlemens de Dijon & de Paris.

VIVANT GANIARE, Ecuyer, Seigneur de la Mothe-lès-Beaune & la Mothe-Neuilly, avoit épousé Madeleine de Salins. (Voyez SALINS LA TOUR), dont il a eu :

JEAN-BAPTISTE GANIARE, Ecuyer, Seigneur de la Mothe-lès-Beaune, de la Mothe-Neuilly, ci-devant des Paroisses de Baissey, la Cour, & Jourfanvaux, & des hameaux de Chancelay & la Chapelle-de-Rouvray, chef de la seule branche qui subsiste en Bourgogne, mort à Beaune le 20 Janvier 1768, âgé de 77 ans. De son mariage avec Pétronille l'Eschenault, il a eu un grand nombre d'enfans dont il n'est resté que :

CLAUDE-ALEXANDRE, qui suit ;

Et JEANNE-LOUISE-THÉODULE GANIARE DE LA MOTHE, née le 12 Septembre 1726, mariée, par contrat passé devant Simonot, Notaire à Beaune, au mois de Février 1744, à Jean-Baptiste-François de Blancheton, Chevalier, Comte de la Rochepot, Baron de Meursault & de Saint-Romain, Seigneur de Monceau, &c., frère de Jacques-Philibert de Blancheton, Seigneur de Chevry & Vaux, Maître des Requêtes. Voy. BLANCHETON-DE-ROCHEPOT.

CLAUDE-ALEXANDRE GANIARE DE BAISSEY, Ecuyer, Seigneur de Baissey, la Cour, Chancelay, Jourfanvaux, la Chapelle, &c., né le 28 Mars 1719, a épousé, par acte passé devant Marie, Notaire à Beaune, le 27 Août 1744, Anne-Philiberte de Lesval de Saint-Martin, dernière héritière de la branche établie en Bourgogne, fille de feu Sylvestre de Lesval, Ecuyer, Seigneur de Saint-Martin, & d'Anne Brunet de Bussy, de la branche des Brunet de Paris. De ce mariage est issu :

JEAN-BAPTISTE-ANNE-GENEVIÈVE GANIARE DE LESVAL de Jourfanvaux, né le 3 Janvier 1748, reçu sur ses preuves faites & le certificat du Généalogiste des Ordres, Chevau-Léger de la Garde du Roi le 19 Décembre 1766. Voyez LESVAL.

Cette famille porte : écartelé, aux 1 & 4 de gueules, à la foi d'argent ; aux 2 & 3 de SALINS, qui est : d'azur, à la Tour crénelée d'or. Les armes de GANIARE ont été confirmées par Ordonnance des Commissaires Généraux du Conseil, du 19 Décembre 1698, rôle de Besançon à Dôle, reg. 1, N° 102, & celles de SALINS se trouvent dans l'Armorial de Louvain Geliot, & dans le Nobiliaire de Franche-Comité de Dunod. (Mémoire envoyé.)

GANTES, en Provence & en Artois. Nous avons déjà parlé de cette ancienne Noblesse dans le tom. V de notre première Edition, sous le titre de Dictionnaire Généalogique,

&c., & ce que nous allons dire ici eft fuivant un fecond Mémoire, dreffé en partie d'après plufieurs Hiftoriens, & fur les preuves faites tant pour les Pages, les Chevaux-Légers de la Garde du Roi, que pour monter dans les Caroffes de Sa Majefté, &c. Ce fecond Mémoire en remonte la filiation à

I. BERTRAND DE GANTÈS, Chevalier, qui époufa, dans le Royaume de Naples, noble *Béatrix d'Alagonia*, des Comtes de Policaftro, qu'il amena en Provence l'an 1250, & fuivit, en 1264, CHARLES D'ANJOU, à la conquête de ce Royaume. Il eut pour fils:

II. HUGUES DE GANTÈS, qualifié *Damoifeau & Chevalier*, marié, l'an 1285, à noble *Mabille de Laincel*, fille de *Lambert*, IIIe du nom, Chevalier, Seigneur de Linçel, Saint-Martin & Ranacas. De cette alliance vint:

III. GUILLAUME DE GANTÈS, Chevalier, qualifié *noble & vaillant Seigneur*, qui époufa, en Italie, l'an 1315, noble *Jeanne de Bécaris*, dont il eut:

1. JEAN, qui fuit;
2. Et CHARLES DE GANTÈS, Chevalier de l'Ordre de Saint-Jean de Jérufalem, alors à Rhodes, & mort Commandeur de l'Ordre en 1386.

IV. JEAN DE GANTÈS, titré *noble Seigneur, Chevalier*, demeurant dans la Ville de Cuers, en Provence, leva à fes dépens des troupes, qu'il conduifit à l'Armée affemblée en 1374, par les Etats de Provence, contre les brigands appelés *Tufchins*, & il fut nommé Général en fecond de cette armée, fous le Général Jean Simeonis, avec lequel il partagea la gloire de la défaite entière des *Tufchins*; il fut l'un des Généraux des armées de JEANNE, Reine de Naples, de Sicile & de Jérufalem, Comteffe de Provence; fit fon teftament le 10 Août 1362, reçu par *Pafcalis de Buco*, Notaire public en Provence, & confervé aux Archives du Collège des Notaires Royaux d'Aix; mourut le 4 Juillet 1389, & fut enterré dans la principale Chapelle de l'Eglife paroiffiale de Cuers, où l'on voit fes armes. L'*Hiftoire des hommes illuftres*, par l'Abbé l'Avocat, tom. I, pag. 570, édition de 1760; *celle de la principale Nobleffe de Provence*, pag. 137; l'*Hiftoire héroïque de cette Nobleffe*, & autres du Royaume, font mention de lui avec éloge. Il avoit époufé, en 1346, *Catherine de Lauris*, fille de *Bertrand*, Chevalier, & de *Louife de Barras*. Leurs enfans furent:

Tome VIII.

1. JACQUES, qui fuit;
2. Et CHARLES, Chevalier, mort fans alliance.

V. JACQUES DE GANTÈS, Chevalier, inftitué héritier général & univerfel par le teftament de fon père, mourut âgé de 86 ans, & fe maria, en 1378, avec noble *Louife de Gombert*, fille de *Jacques*, Chevalier, Seigneur de Dromont, de Saint-Geniez & de la Vallée, dont:

VI. JEAN DE GANTÈS, IIe du nom, Chevalier, Seigneur de Villebon, qui époufa, par contrat du 19 Septembre 1405, paffé à Draguignan en Provence, devant *Jacques Augeri*, Notaire public, *Marie de Caftellane*, fille de noble & magnifique Seigneur *Florent*, Chevalier, Seigneur & Baron d'Allemagne, & de noble Dame *Florife de Blacas*. De ce mariage naquirent:

1. PIERRE, qui fuit;
2. Et FLORENT, Chevalier, tué à la bataille de Nancy en 1477.

VII. PIERRE DE GANTÈS eft qualifié *noble & agrégé Seigneur*, dans fon contrat de mariage avec fa première femme; dans celui de MARGUERITE, fa fille; dans des preuves de Rhodes & de Malte des Seigneurs de *Lauris*; dans un acte du 1er Mai 1471, dépofé aux Archives du Roi à Aix, fol. 182, régiftre Jubaffia; dans un autre du 22 Juin 1475, reçu par *Pierre Béringuier*, Notaire de Brignoles; & dans fon teftament reçu le 2 Mars 1482, par *Antoine Maximin*, Notaire de la même ville. Il époufa, 1° par contrat paffé le 3 Mars 1434, devant *Jacques Martini*, Notaire d'Aix, noble *Louife de Cuers*, fille d'*Antoine*; & 2° environ l'an 1470, *Honorate d'Amici*, d'une ancienne Famille d'Italie, éteinte depuis plus d'un fiècle. Elle eft inhumée avec fon mari à Cuers. Du premier lit fortirent:

1. JEAN, qui fuit;
2. BERNARDIN, Bailli & Gouverneur de la ville de Brignoles pour les Rois LOUIS XII & FRANÇOIS Ier. Il reçut, en cette qualité, foi & hommage au nom du Roi, fait & porté par *Jean-Efprit Ayfredy*, le 2 Octobre 1522, préfenté par *Honoré Maximin*, Notaire dudit lieu;
3. PIERRE, Religieux Dominicain à St.-Maximin, mort Vicaire de la Sainte-Baume, en odeur de piété;
4. HÉLIONNE, morte peu de tems après fon mariage avec *Jean de Benaud*, Chevalier, Seigneur de Villeneuve, Diocèfe de Clermont en Auvergne, Chambellan de Charles du Maine, Duc d'Anjou, Comte de Pro-

vence. Il fe remaria avec *Catherine de Villeneuve de Trans* ;

5. CATHERINE, qui étoit femme, le 2 Mars 1482,
d'*Emmanuel de Vintimille de Lafcaris*;

6. ANTOINETTE, alliée avec *Artus de Cormis*,
IIᵉ du nom, Baron & Syndic de la ville
d'Aix ;

7. MARGUERITE, mariée, par contrat paffé à
Lambefc, le 21 Mai 1469, devant *Hérin-
guier Gazéty*, Notaire dudit lieu, avec *Jou-
venceau - Frédéric*, Seigneur *de Lauris*,
Chevalier, Co-Seigneur de la ville de Lambefc, fils d'*Elzéar*, Chevalier, Seigneur de
Mallemort, Diocèfe d'Aix. Elle en eut douze
enfans, entr'autres fept Chevaliers de l'Ordre de Saint-Jean de Jérufalem, dit *de Rhodes*. Voyez LAURIS & FORBIN. Ladite
Dame MARGUERITE DE GANTÈS paroît en
qualité de troifième aïeule dans les preuves de Malte de *Claude de Lauris-Tailla-
des*, reçu le 18 Février 1584;

8. LOUISE, morte fans alliance en 1482 ;

9. Et DOUCE, morte Religieufe.

VIII. JEAN DE GANTÈS, IIIᵉ du nom, Chevalier, Gouverneur pour les Rois Louis XII
& François Iᵉʳ, des côtes de Saint-Tropez,
d'Hyères & de Toulon, époufa, en 1472,
Ifabelle de Raiffon, fille de noble *Honoré*,
morte avant fon mari ; ce qui appert par une
tranfaction paffée le 5 Décembre 1506, devant *Marc Salvatoris*, Notaire de Toulon,
entre ledit JEAN DE GANTÈS & les co-héritiers
de feu fon époufe. Il mourut *ab inteftat*, &
eut pour enfans :

1. ESPRIT, Chevalier, tué dans un combat de
guerre civile, les armes à la main, pour le
fervice du Roi & de fa patrie ;

2. & 3. JACQUES & LOUIS-BERNARD, auffi tués
dans le même combat. Ces trois frères, mineurs en 1506, avoient levé des milices &
des troupes à leurs dépens. Le combat qui
fe donna à la plaine de Manofque fut vif
contre les troupes de la Maifon de Bau-
dument, oppofées au Roi de France, du
tems des divifions de Provence, & deux de
cette Maifon y périrent ;

4. JEAN-FRANÇOIS, Chevalier, Capitaine des
Vaiffeaux du Roi, tué près des côtes de
Portugal, dans un combat naval contre les
Efpagnols, où il fe diftingua beaucoup en
s'avançant dans la mêlée pour le foutenir ;
ce qui favorifa la retraite de la flotte Françoife ;

5. PIERRE, qui fuit ;

6. Et JOSEPH, Commandant d'une Compagnie
d'Infanterie, mort à l'âge de 22 ans.

IX. PIERRE DE GANTÈS, IIᵉ du nom, eft qualifié *noble & généreux Seigneur*, dans fon
contrat de mariage paffé à Aix, devant *Laurent Pellety*, Notaire dudit lieu, le 18 Septembre 1540, avec *Anne-Marguerite de Forbin*, fille de *Claude*, Chevalier, & de *Hélionne de Meyran*. Il avoit époufé en fecondes noces *Françoife de Bus*, d'une ancienne
Maifon du Comtat d'Avignon. Il eut du premier lit :

1. JACQUES, qui fuit ;

2. LOUIS, Chanoine de l'Eglife Cathédrale de
Marfeille, & Vicaire-Général de l'Evêque de
cette ville. Il fit fon teftament le 26 Juillet
1635, reçu par *Béringuier*, Notaire de Brignoles, & un verbal le 13 Septembre 1642.

Et du fecond lit vinrent :

3. FRANÇOIS - LOUIS, Commandant dans les
troupes en Provence, durant les guerres
civiles, mort fans alliance à Marfeille, lequel, par fon teftament du 9 Juillet 1645,
légua une fomme de 27000 livres à FRAN-
ÇOIS DE GANTÈS, fon neveu, Seigneur de
Valbonnette ;

4. JEAN, Chanoine & Doyen de l'Eglife Cathédrale de Marfeille ;

5. THÉRÈSE, mariée à *François de Raffilis*,
morte fans enfans, qui laiffa tout fon bien
à FRANÇOIS DE GANTÈS, Seigneur de Valbonnette, & le fubftitua à fes defcendans,
par fon teftament du 7 Juin 1622 ;

6. CATHERINE, époufe de *Gafton de Ruzé de
Beaulieu*, Officier des Galères du Roi à Marfeille ;

7. LOUISE, femme de *Pierre de Caux*, Ecuyer,
& Officier des Galères ;

8. Et ANNE, qui a époufé *Jean de Léotaud*, E-
cuyer.

X. JACQUES DE GANTÈS, IIᵉ du nom, Chevalier, Seigneur de Valbonnette, verfé dans
les Langues Orientales & Européennes, fut
chargé de la conduite de la pompe funèbre
de François de Lorraine, Duc de Guife, Lieutenant-Général pour le Roi en Provence, &
fut député pour fecourir Aix, & s'oppofer,
conjointement avec le Baron d'Oppède, aux
entreprifes des ennemis de l'Etat, lors de la
contagion en 1630, mourut à Aix le 12 Juin
1631, en veillant à la garde de cette ville. Il
avoit époufé, par contrat du 28 Décembre
1581, paffé à Aix, devant *Raymont Chavi-
not*, Notaire, *Françoife de Roberti*, fille de
feu *Rodolphe*, d'une ancienne Famille venue
du Piémont en Provence, & de feu *Catherine de Fabry-Fabrègues*, dont :

1. François, qui fuit ;
2. Louis, Prêtre, Protonotaire du Saint-Siège Apoftolique, & Chanoine de l'Eglife Cathédrale de Marfeille, Député de fa ville à Rome, auprès du Pape, avec une lettre du Roi à Sa Sainteté & une à fon Ambaffadeur, datées du 17 Février 1644, pour demander la canonifation de feu Jean-Baptifte Gault, leur Evêque ; fit fon teftament le 23 Octobre 1660, reçu à Marfeille par *Rampal*, Notaire, & enregiftré le 23 Octobre 1664, par lequel il veut être enterré à la Major ; fait hériter le Chapitre de cette Eglife, & mourut en Octobre 1664. (Voyez l'*Hiftoire de Marfeille*, par Ruffi, pag. 40, tom. II, il y en eft fait mention.)
3. Et Laurence, morte fille à Brignoles.

XI. François de Gantès, Chevalier, Seigneur de Valbonnette, Confeiller du Roi en tous fes Confeils d'Etat & Privé, fon Procureur-Général au Parlement de Provence, par Provifions & Lettres-Patentes du 16 Mai 1634 ; le Roi, en récompenfe de fon mérite & de fon zèle pour fon fervice, le gratifia d'une penfion ; le Parlement l'employa dans les affaires de la plus grande importance ; il fut député, en 1635, à Marfeille, lors de la rupture de la paix avec l'Efpagne, pour mettre cette ville hors de furprife, & y donner tous les ordres néceffaires à fa garde ; il régla les différends de la Cour du Parlement d'Aix avec les Officiers de la Chambre des Requêtes de la création de 1634. Il fut député pour dreffer le procès-verbal de plaintes des dévaftations, maffacres, incendies & voleries, faites par les troupes du Duc d'Angoulême, Comte d'Alais, Gouverneur de Provence, qui fut rappelé de fon Gouvernement. Suivant une lettre, du 10 Octobre 1662, de M. le Tellier, Miniftre, écrite par ordre de Louis XIV, il fut chargé de s'emparer d'Avignon & du Comtat-Venaiffin ; ce qui fut exécuté, & donna fes conclufions au Parlement pour qu'ils fuffent réunis au Domaine de la Couronne. Il fut encore député Plénipotentiaire de S. M. à Pont-de-Beauvoifin, pour traiter de la paix en Juillet 1663, fuivant Honoré Bouche, dans fon *Hiftoire chronologique de Provence*, tom. II, pag. 1069 ; fonda un Prieuré & une Chapelle aux Frères-Prêcheurs à Aix, fous le titre de Saint-Jofeph, dont l'aîné de fes defcendans eft titulaire, ce qui fe prouve par trois actes dépofés au Secrétariat d'Aix, en date des 4, 5 & 12 Juillet 1670 ; exerça pendant 40

ans la charge de Procureur-Général, & fit fon teftament le 28 Décembre 1675, reçu par *de Citrany*, Notaire d'Aix ; y mourut le 15 Mars 1679, & eft enterré au caveau de fa Famille, dans l'Eglife des Dominicains de cette ville, dite *les Prêcheurs*, au pied du maître-autel, du côté de l'Epître, où font les armes de Gantès. Il avoit époufé, par contrat paffé le 24 Septembre 1634, devant *Philippe Beaufort*, Notaire d'Aix, *Jeanne de Crofe de Lincel*, fille d'*Antoine*, Seigneur de Lincel, Saint-Martin, & de *Marguerite de Guiran-la-Brillanne*. Elle fit fon teftament le 25 Janvier 1681, reçu par *de Citrany*, Notaire, mourut le 2 Février fuivant, & eft enterrée auprès de fon mari. Leurs enfans furent :

1. Jean-François, qui fuit ;
2. 3. 4. 5. & 6. Et cinq autres garçons, morts en bas âge ;
7. Michel, auteur de la branche des Seigneurs d'*Ablainfvelle*, rapportée ci-après ;
8. Françoise, mariée, par contrat paffé le 19 Juillet 1661, devant *de Citrany*, Notaire d'Aix, avec *Michel de Félix*, Chevalier, fils de *Martin*, & de *Marguerite d'Albert-Effars*. Elle eft décédée le 2 Mai 1707, à Aix, & eft enterrée dans l'Eglife des Prêcheurs, au caveau de *Félix*. Voyez FÉLIX ;
9. Et Gabrielle, femme, le 2 Décembre 1663, par contrat reçu par ledit *de Citrany*, Notaire, de *François de Vétéris*, Seigneur du Reveft & de Puymichel, fils de *Melchior*, Seigneur defdits lieux, & de *Marie du Périer*. La coufine germaine du Seigneur de *Vétéris*, fils de la Dame de Gantès, nommée *Françoife de Vétéris*, s'eft mariée, en 1722, avec *Charles-Elifabeth de Coëtlogon*, Chevalier, Seigneur de Romilly, petit-neveu du Maréchal de *Coëtlogon*, Chevalier des Ordres.

XII. Jean-François de Gantès, Chevalier, Seigneur de Valbonnette, Confeiller du Roi en tous fes Confeils d'Etat & Privé, fon Procureur-Général au Parlement de Provence, fut reçu dans cette charge le 20 Juin 1674, fur la démiffion de fon père, mourut le 11 Mars 1703, & eft enterré au caveau de Gantès, à Aix. Il avoit époufé, par contrat paffé le 6 Juillet 1671, devant *Jofeph d'Arbes*, Notaire de cette ville, *Gabrielle de Clapiers de Séguiran*, fille de *Henri*, Chevalier, Seigneur, Marquis de Vauvenargues, Seigneur de Claps, Meftre-de-Camp de Cavalerie, & de *Thérèfe de Galliffet du Tholonnet*. Elle fit fon teftament, reçu le 22 Avril 1712, par *Jofeph Ma-*

gnant, Notaire de Brignoles, y eſt décédée le 23 dudit mois, âgée de 65 ans, & y eſt enterrée au caveau de GANTÈS. De ce mariage vinrent:

1. JEAN-FRANÇOIS, mort à Aix le 18 Juillet 1679;
2. LOUIS-HENRI, qui ſuit;
3. JOSEPH, né à Aix le 4 Octobre 1685, décédé le 1er Février 1686;
4. MAURICE, né à Aix le 17 Février 1687, mort jeune;
5. 6. 7. Trois garçons, morts en bas âge;
8. THÉRÈSE, décédée à Brignolles, âgée de 60 ans, le 25 Août 1731, femme, par contrat paſſé le 19 Novembre 1698, devant *Graf-foau*, Notaire d'Aix, de *Balthaʒar-Louis de Ferrier*, Chevalier, Seigneur d'Auribeau & de Saint-Julien, alors veuve de *Roſe de Caſtellane de Saint-Juers*, & fils de *Madelon de Ferrier*, Chevalier, Seigneur deſdits lieux; & de *Suſanne de Villeneuve-Tour-rettes-Vence*. Voyez FERRIER D'AURI-BEAU;
9. MARGUERITE, morte à Aix le 19 Août 1682;
10. ANNE-MARGUERITE, mariée, par contrat du 17 Juin 1703, paſſé devant *Joſeph Graffoau*, Notaire d'Aix, avec *Pierre de Gaillard de Longjumeau*, IIe du nom, Chevalier, Baron de Saint-Eſtève, Seigneur de Ventabren, de la Bouiſſe, &c., fils de *Céſar*, Chevalier, Seigneur deſdits lieux, & de *Marguerite de Jarente* ou *Gérente*, ſœur du Marquis de *Sénas*. Elle eſt décédée à Aix le 29 Septembre 1765, âgée de 85 ans, & y eſt enterrée au caveau de *Gaillard*, dans leur Chapelle de Saint-Jean-Baptiſte, en l'Egliſe des P. St.-François de l'Obſervance. Voy. GAIL-LARD DE LONGJUMEAU;
11. POLIXÈNE, née à Aix le 7 Juin 1684, où elle eſt morte le 31 Mai 1741, & enterrée le 1er Juin ſuivant, dans le chœur de la Madeleine d'Aix, auprès de ſon mari. Elle a été Dame de Compagnie de MADAME, mère du Régent, peu de tems avant le décès de cette Princeſſe, & avoit épouſé *Joſeph d'Iſnard*, Chevalier, Seigneur d'Eſclapon, fils de *Pierre*, IIIe du nom, Chevalier, Seigneur des Deux-Frères, &c., & d'*Anne d'Orſière*. Voyez ISNARD;
12. AGNÈS-GABRIELLE, née à Aix, le 28 Janvier 1683, morte Religieuſe en 1753, au ſecond Monaſtère des Urſulines d'Aix;
13. Et ANNE-MADELEINE, née le 21 Juillet 1688, morte en 1718, Religieuſe Carmélite à Aix.

XIII. LOUIS-HENRI DE GANTÈS, Chevalier, né à Aix le 19 Mai 1678, Seigneur de Valbonnette, teſta le 3 Avril 1717, & mourut à Brignoles le 19 Février 1743. Il avoit épouſé, 1° par contrat paſſé le 20 Avril 1703, devant *Soſſin*, Notaire de Marſeille, *Marie-Thérèſe*

d'Oraiſon, morte à Brignoles le 14 Mai 1715, âgée de 32 ans, fille de *Pierre*, Chevalier, Seigneur de Beaulieu, & d'*Anne de Laſcours*; & 2° *Suſanne de Creſtian*, morte à Brignoles en Avril 1761. Du premier lit ſont ſortis:

1. PIERRE-HENRI-ANNE, qui ſuit;
2. JEAN-FRANÇOIS, né le 5 Novembre 1705, mort jeune;
3. MICHEL-MARC-ANTOINE, né le 20 Août 1709, mort au berceau le 4 Octobre de la même année;
4. THÉRÈSE-FÉLICITÉ, morte à Brignoles ſans alliance.

Et du ſecond lit vinrent:

5. JEAN-FRANÇOIS, Enſeigne des Vaiſſeaux du Roi au Département de Toulon en 1753, qui fut employé, en Mars 1756, ſur la Frégate *la Junon*, de l'Eſcadre de M. de la Galiſſonnière, au combat naval donné près de Minorque; fut encore employé à la fin de la même année à l'attaque de Port-Mahon, où il fut bleſſé à la jambe, & fut fait Lieutenant des Vaiſſeaux du Roi au Département de Toulon, de la promotion d'Avril 1757; il fut bleſſé à la cuiſſe cette année-là, étant monté ſur *le Tonnant*, commandé par M. de Letenduère, au combat naval qui ſe donna contre les Anglois; il le fut encore à la cuiſſe gauche, étant ſur le Vaiſſeau *le Centaure*, qui combattit, pendant ſept heures, ſous les ordres du Comte de Sabran, le 17 Août 1759; nommé Chevalier de Saint-Louis en 1770, & Capitaine des Vaiſſeaux du Roi en 1772;
6. LOUIS-JACQUES, Eccléſiaſtique, Prieur de Saint-Joſeph en Provence, mort le 15 Juin 1753, à Avignon, au Séminaire de Sainte-Garde;
7. & 8. Deux garçons, morts au berceau;
9. ANNE-EUPHROSINE, Religieuſe Urſuline à Brignoles, décédée le 2 Avril 1747;
10. URSULE-MARGUERITE, née le 21 Octobre 1718, auſſi Religieuſe Urſuline à Brignoles en 1759;
11. ANNE-CLAIRE;

Et ſix filles, mortes jeunes.

XIV. PIERRE-HENRI-ANNE DE GANTÈS, Chevalier, né à Aix le 26 Juillet 1704, premier Enſeigne des Galères du Roi à Marſeille, & Chevalier de Saint-Louis le 1er Mai 1744, a été députe au nom de la Nobleſſe de Provence, en 1751, pour être préſent au compte dudit pays. Il a épouſé, le 16 Janvier 1744, *Marie-Roſe-Jeanne de Roux de Beauveʒer*, Dame de Beauveʒer & de Lamanon, morte le 14 Juillet 1767, fille de *François*, Chevalier,

Seigneur defdits lieux, & de *Rofe de Ber-nardy*, des Vicomtes *de Valernes*. Elle eft morte à Brignoles le 14 Juillet 1767, & eft enterrée dans la Paroiffe de cette ville. Elle étoit nièce de M. *de Molèges*, Maréchal-des-Camps & Armées du Roi, décédé à Arles en 1748, & petite-nièce de M. *de Roux de Beauvezer*, auffi Maréchal-des-Camps, chargé du pouvoir de commander la Cavalerie dans toutes les armées où il s'eft trouvé en France, tué dans un combat en Allemagne en 1671. Leurs enfans furent :

1. JOSEPH-HENRI-FRANÇOIS, qui fuit ;
2. PIERRE-ETIENNE-CONSTANTIN, né à Brignoles le 4 Mai 1749, où il eft décédé le 6 Octobre 1752 ;
3. LOUIS-JEAN-BAPTISTE-CÉSAR, auffi né à Brignoles le 21 Juillet 1750, mort le 26 Octobre 1754 ;
4. PIERRE-AIMÉ-HILARION, né audit lieu le 26 Octobre 1760, Garde de la Marine de Sa Majefté ;
5. MARIE-MARTHE-THÉRÈSE-ROSE, née le 23 Septembre 1745, & mariée, à Brignoles le 14 Janvier 1765, avec *François-Barthélemy-Cafimir de Pelliffier*, Ecuyer, fils de *Jean-Barthélemy*, & de feu *Marthe de Venerofi de Pifciolini*, des Comtes de Trédo ;
6. Et MARIE-JOSÈPHE-BÉNIGNE-CLAIRE-ADÉLAÏDE, née à Brignoles le 19 Mars 1757.

XV. JOSEPH-HENRI-FRANÇOIS DE GANTÈS, Chevalier, né à Brignoles le 21 Juin 1747, entra dans la Marine en qualité de Volontaire fur le Vaiffeau *le Fier*, le 10 Octobre 1763 ; il a été Garde de la Marine le 1er Octobre 1764, puis Garde du Pavillon Amiral au Département de Toulon, Enfeigne des Vaiffeaux du Roi, en Mars 1772, & Lieutenant des Vaiffeaux du Roi au Département de Toulon en 1779.

BRANCHE
des *Seigneurs* D'ABLAINSVELLE, de REBECQUE, de FONCQUEVILLERS, de SAINT-MARCQ, &c.

XII. MICHEL DE GANTÈS, Chevalier, fils puîné de FRANÇOIS, Chevalier, Seigneur de Valbonnette, & de *Jeanne de Crofe de Lincel*, après avoir fervi dans la première Compagnie des Moufquetaires de la Garde du Roi, depuis le 1er Janvier 1680, jufqu'au 9 Octobre 1683, où il a fait trois campagnes, Sa Majefté lui donna une commiffion pour lever une Compagnie de Chevaux-Légers, le 20

dudit mois, laquelle fut incorporée dans le Régiment Royal-Cravates, par Lettres de Paffe du 19 Janvier 1684. Il fe trouva à plufieurs actions & batailles fanglantes, notamment à celle de Fleurus en 1690, où il fut bleffé. Par délibération des Confeil & Communauté d'Aix ; il en fut élu Conful ; & Procureur par celle des Gens des trois Etats de Provence en 1694, fur le vu de fes anciens titres, repréfentés long-tems avant l'époque fixée par la Déclaration du Roi ; il fut maintenu dans fon ancienne nobleffe par Jugement de M. le Bret, premier Préfident & Intendant de Provence, du 9 Mars 1702. Il fit fon teftament le 5 Mai 1727, reçu par *Vaugier*, Notaire d'Aix, où il mourut le 12 Avril 1728, & eft inhumé aux Dominicains dans le caveau de fes ancêtres. Il avoit époufé, par contrat paffé à Aire en Artois le 26 Août 1687, devant *Antoine Hanicot*, & *François Martel*, Notaires Royaux, célébration le lendemain en l'Eglife Collégiale de Saint-Pierre d'Aire, *Jeanne-Hyacinthe-Ignace de Hannedouche* morte à Aix le 25 Décembre 1741, où elle eft inhumée dans l'Eglife paroiffiale de la Madeleine. Elle étoit fille de *Jean-Robert de Hannedouche*, Chevalier, Seigneur de Rebecque, &c., & de *Marie-Marguerite de Wavrans*, laquelle étant veuve, fe remaria à *Michel de la Tour-Batty*, Chevalier. Le feu Seigneur de Rebecque, premier époux de ladite Dame *de Wavrans*, étoit oncle de *Marie de Hannedouche*, Dame de Haguerue, femme de Don *Emicio d'Omallun*, Baron de Gléan, Pair & Milord du Royaume d'Irlande, Chevalier de l'Ordre d'Alcantara, & Gentilhomme de la Chambre de l'Empereur. MICHEL DE GANTÈS a laiffé pour enfans :

1. MICHEL-IGNACE, qui fuit ;
2. JEAN-CHARLES, baptifé le 13 Juillet 1692, à Saint-Pierre d'Aire en Artois, mort fans alliance ;
3. BALTHAZAR-LOUIS, né à Aix le 8 Janvier 1701, marié, le 4 Juin 1743, à *Laurence de Lombardy*, fille de feu *François* & de *Claire-Hélène de Bellon-Sainte-Marguerite*. Voyez LOMBARDY.
4. JEAN-FRANÇOIS, appelé *le Marquis* DE GANTÈS, Commandeur de l'Ordre de Saint-Louis, Lieutenant-Général des Armées du Roi, né à Aix le 19 Janvier 1703. Il entra au fervice le 6 Décembre 1719, d'abord Capitaine dans le Régiment de Provence, enfuite Commandant des Volontaires de

Gantès, Chevalier de Saint-Louis; il s'eſt trouvé au ſiège de Philippsbourg en 1734; fut bleſſé en 1743 d'un coup de feu qui lui caſſa une côte, du côté droit, ſur le bord de l'Iſer, où il défendoit, avec une troupe de Grenadiers, le Pont, près d'Ingelfingen, y fit une réſiſtance de plus de 4 heures, pour s'oppoſer au paſſage des ennemis; eut, le 19 Juillet 1744, la tête des Grenadiers, forma celle de l'attaque de la redoute de Pierrelongue, & des retranchemens ſur le Château-Dauphin; &, après 5 heures d'un feu des plus vifs & des plus opiniâtres, il entra le premier dans l'ouvrage par une embraſure gauche de batterie, y reçut un coup de feu derrière la tête, & un coup de hache à la jambe gauche; fut fait Commandant dudit Château-Dauphin par le Prince de Conti, avec 600 liv. de penſion de Sa Majeſté ſur l'Ordre de Saint-Louis, dont il étoit Chevalier, & 400 livres d'augmentation ſur le même Ordre, en 1746; il attaqua, la même année, avec l'Infanterie du Corps de ſon nom, l'épée à la main, l'ouvrage à corne qui couvroit le Pont ſur le Tanaro, à portée de Caſal-Bayano, emporta cet ouvrage, après 2 heures d'une attaque des plus vives de 800 hommes des ennemis qui le défendoient, & y fut bleſſé dangereuſement d'un coup de feu qui lui caſſa l'épaule gauche. Le 13 Septembre 1747, le Général, Comte de Brawne, qui commandoit 8000 hommes, l'attaqua au point du jour à l'Arche, frontière de Piémont; mais il tint ferme toute la journée, obligea ce Comte de ſe retirer, fit 200 priſonniers dans la retraite de ce Général, lui tua & bleſſa plus de 300 hommes ſur le col de l'Argentière. Il fut nommé Brigadier des Armées du Roi le 1er Janvier 1748. Au mois de Mai 1750, il eſcorta, par ordre de la Cour, depuis Siſteron en Provence juſqu'à la frontière de Piémont, l'Infante d'Eſpagne, qui alloit épouſer le Duc de Savoie; fut fait Maréchal-de-Camp le 10 Février 1759, commanda en cette qualité aux années 1760, 1761 & 1762, à l'armée du Haut-Rhin, dans les Principautés de Marbourg & de Dillenburg, de la Ville & Forterſeſſe de Gieſſen, & fut bleſſé le 16 Juillet 1761, à l'affaire de Filinghauſen ſur le Haut-Rhin, de deux coups de feu, l'un à la tête, & l'autre au bras droit. En 1762, ayant le commandement de Marbourg, il y fut attaqué par un détachement de 7000 hommes, aux ordres du Lord Conway, qui fit ouvrir la tranchée devant la place, & qui, malgré 40 pièces d'artillerie qu'ils tirèrent pendant quatre jours, fut obligé d'en lever

le ſiège, le 1er Septembre même année; & la paix étant conclue le 20 Décembre ſuivant, il remit Marbourg à la garniſon Heſſoiſe. Il a été fait Lieutenant-Général des Armées du Roi le 25 Juillet 1762, & Commandeur de l'Ordre de Saint-Louis, en Décembre 1771. Il a épouſé, le 22 Septembre 1750, *Charlotte-Baptiſtine de Pontevès-Gien*, morte le 3 Avril 1776, fille d'*Elzéar*, Chevalier, Seigneur, Marquis de *Pontevès-Gien*, Commandant pour le Roi audit lieu, Iſles & Forts en dépendans, & de *Baptiſtine-Claire de Monyer-Châteaudeuil*; dont il n'a point d'enfans. Elle a été préſentée au Roi, à feu la Reine & à la Famille Royale, le 31 Mai 1764, par la Marquiſe de Caſtellane, & a été nommée Dame d'honneur de feu S. A. S. Mademoiſelle de Sens, le 21 Novembre 1764. Elle a encore été préſentée, en cette qualité, à LL. MM. & à la Famille Royale, par la Princeſſe de Conty, le 31 Décembre ſuivant;

5. JOSEPH-MICHEL, né à Aix le 3 Août 1704, où il eſt décédé ſans alliance le 6 Février 1727;

6. HENRI-GABRIEL, né le 11 Décembre 1710, mort au berceau;

7. JEANNE-FRANÇOISE, née le 17 Août 1693, morte ſans alliance;

8. PIERRETTE-SIXTE-THÉRÈSE, née le 29 Juin 1694, & morte le 8 Juillet de la même année;

9. MARIE-MADELEINE, née le 25 Février 1696, décédée le 18 Juillet ſuivant;

10. CATHERINE-HYACINTHE, née le 8 Mai 1698, mariée, par contrat paſſé le 2 Octobre 1720, à *Jean d'Allard*, Ecuyer, Seigneur de Néoules, de Fongagou & de la Bataillière, fils d'*André*, Seigneur deſdits lieux. Elle eſt morte au Château de Néoules, le 24 Mai 1748, & eſt inhumée dans l'Egliſe dudit lieu;

11. THÉRÈSE-GABRIELLE, née le 7 Juin 1699, & morte le 29 du même mois;

12. FÉLICITÉ, née le 27 Juillet 1709, décédée ſans alliance;

Et dix autres enfans, tant garçons que filles, morts en bas âge;

XIII. MICHEL-IGNACE DE GANTÈS, Chevalier, Seigneur d'Ablainſvelle, de Rebecque, de Foncquevillers, de Saint-Marcq, de la Paſtourelle, d'Héringuel, né à Aire en Artois le 4 Décembre 1688, ayant été attaqué par le Procureur du Roi de l'Election d'Arras, pour prouver ſa nobleſſe, produiſit ſes titres, fut déclaré par les Elus de cette Election, le 11 Août 1727, *Noble & iſſu de noble Race,*

& qu'il jouiroit des privilèges des anciens Gentilshommes du pays d'Artois. Ses titres, avec ses armes, furent enregistrés dans l'Armorial de cette Election. Il est mort le 10 Décembre 1752, à Foncquevillers, où l'on voit son tombeau, au milieu du chœur de l'Eglise, élevé, le 18 Décembre 1753, par les soins de ROBERT-ANTOINE, son fils puîné. Il avoit épousé, le 7 Janvier 1723, *Jeanne-Elisabeth de Leval-de-la-Marche*, Dame de la Tour, morte le 13 Juillet 1749, veuve de *Louis-Ernest de Marbais*, Ecuyer, Seigneur de Vervalle, & fille de *Jacques*, Chevalier, Seigneur de la Marche, &c., & de *Jeanne de Leval*. De ce mariage sont sortis :

1. FRANÇOIS-MICHEL-BERNARD, qui suit ;
2. ROBERT-ANTOINE, dit *le Chevalier* DE GANTÈS, Seigneur de Foncquevillers, d'Héringuel, de Framecourt & de la Pastourelle en partie, Gouverneur de Saintes, le 28 Décembre 1766, en survivance du Duc d'Uzès, & Chevalier de Saint-Louis. Il est entré dans la Compagnie des Chevaux-Légers de la Garde du Roi, sur ses preuves de noblesse faites devant M. Clairambault, le 18 Octobre 1742 ; s'est trouvé aux batailles de Fontenoy, de Rocoux & de Lawfeld ; a fait les campagnes de Flandre & d'Allemagne, jusqu'à la fin de 1747 ; est entré, en qualité de Capitaine de Cavalerie, à la suite des Volontaires DE GANTÈS, le 19 Mars 1748 ; a servi en cette qualité sur les frontières de Piémont & de Savoie, jusqu'au 1er Mars 1758 ; a été nommé Capitaine en pied de 70 hommes, dont 40 d'Infanterie & 30 de Dragons, au Régiment des Volontaires du Dauphiné, ci-devant GANTÈS ; a commandé les troupes qui étoient à Amnebourg, pays de Mayence, en Mai 1759, pendant que se donnoit la bataille de Minden ; a marché ensuite avec les Dragons de son Régiment pour garder les retranchemens de Bergkirkin, & favoriser la retraite des troupes commandées par le Duc de Briffac, Lieutenant-Général, & aujourd'hui Maréchal de France ; s'est trouvé à l'arrière-garde de la retraite du Maréchal de Contades, qui dura 11 jours ; commanda le second Escadron de son Régiment, avec lequel il tint ferme contre un corps considérable d'ennemis, près d'Eimbeck ; passa, le 3 Septembre 1761, la Lippe, près de Hersfeld, à une lieue d'Orften, à la tête du premier Escadron, qui chargea, des premiers, 200 Grenadiers de Cheiter, Hanovriens, faits prisonniers, & leur canon pris. Le 4

Juillet 1762, il fit, avec son avant-garde, 40 Cavaliers du même Cheiter prisonniers, & l'Officier qui les commandoit. Enfin, s'étant trouvé le 30 Août suivant à la bataille de Johannisberg, gagnée par le Prince de Condé, près de la Tour de Nohem, il fit l'avant-garde prisonnière, avec un Piquet de Dragons de son Régiment, favorisa la retraite de deux bataillons de Grenadiers-Royaux, après que la Brigade de Boisgelin eut repoussé les Hanovriens. Il a été nommé Ecuyer de main de feu la Reine, le 7 Juin 1753 ; sur ses preuves faites par feu M. d'Hozier, Juge d'armes de France, père de MM. d'Hozier d'aujourd'hui, & vit sans alliance en 1772 ;

3. JEANNE-ELISABETH-ISBERGUE, née le 14 Novembre 1724, morte à Arras le 28 Mai 1727 ;
4. Et JEANNE-CATHERINE, née le 24 Novembre 1727, & morte le 3 Décembre suivant.

XIV. FRANÇOIS-MICHEL-BERNARD DE GANTÈS, Chevalier, Seigneur d'Ablainsvelle, de Rebecque, de Foncqviillers, de Saint-Marcq, de la Pastourelle, a épousé, par contrat passé le 19 Avril 1749, devant *Boutemy & Cocquel*, Notaires Royaux d'Arras, *Marguerite-Thérèse-Françoise du Pont*, sœur de Madame *de Fiennes*, belle-fille du Commandant de la Citadelle de Strasbourg, dont :

1. FRANÇOIS-IGNACE-MARIE, qui suit ;
2. CHARLES-JOSEPH, dit *de Rebecque*, né le 24 Février 1751, mort le 1er Mai 1759 ;
3. JEAN-BAPTISTE-FRANÇOIS, né le 26 Juin 1755, mort le 6 Juillet suivant ;
4. FRANÇOIS-ERNEST-BALTHAZAR, né le 15 Janvier 1757, mort en Mai 1759 ;
5. JEAN-FRANÇOIS-JOSEPH, né à Ablainsvelle le 29 Juin 1763, entré au Collège des Quatre-Nations, en Janvier 1776, sur les preuves de sa noblesse ;
6. LOUIS-HENRI-ROSSOLIN, né le 24 Janvier 1767, Page de la Chambre du Roi du 1er Janvier 1778 ;
7. & 8. ROSALIE-FRANÇOISE-ADÉLAÏDE & CHARLOTTE-THÉRÈSE-VICTOIRE, nées le 10 Octobre 1753 ; la dernière morte le 20, & la première le 22 du même mois ;
9. ANNE-FRANÇOISE-SOUVERAINE, née le 6 Août 1758, décédée le 3 Février 1759 ;
10. ANNE-MARGUERITE-FRANÇOISE, née le 29 Janvier 1760, morte le 9 Octobre 1761 ;
11. CHARLOTTE-JOSÈPHE-SCHOLASTIQUE, née le 21 Février 1761, dont la preuve de noblesse a été produite à M. le Président d'Hozier, qui a donné son certificat le 2 Août 1770 ;
12. MARIE-MARGUERITE, née le 28 Mars 1762 ;

13. Et CLOTILDE-GERTRUDE-PIERRETTE-FRAN-
ÇOISE-CHARLOTTE, née le 22 Octobre 1765.
Tous ces enfans font nés au Château d'A-
blainfvelle.

XV. FRANÇOIS-IGNACE-MARIE DE GANTÈS,
dit de Foncquevillers, Chevalier, Seigneur
d'Ablainfvelle, né au Château d'Ablainfvelle
en Artois, le 25 Janvier 1750; entré Page de
la Chambre du Roi le 1er Janvier 1763, fur le
certificat de fes preuves faites, daté du 13 Décembre 1762, où il y a une filiation prouvée
de plus de 300 ans, enfuite Sous-Lieutenant
de Cavalerie au Régiment de Royal-Pologne,
par Brevet du 30 Décembre 1766, eft Capitaine au même Régiment. Il a épousé, à Lille
en Flandre, le 14 Octobre 1777, Marie-Fran-
çoife-Thérèfe de Petitpas-de-Walle, fille de
Charles-Hippolyte, Chevalier, Seigneur de
Walle, de la Potennerie, &c., ancien Officier
des Gardes Wallones au fervice du Roi d'Efpagne.

Il eft parlé de la Maison de GANTÈS dans
l'Hiftoire de la Ville d'Aix, en Provence,
pag. 562, où les armes de GANTÈS font buri-
nées, & dans une ancienne Hiftoire écrite en
Gaulois. Voyez encore l'Hiftoire de la principale Nobleffe de Provence, par Meynier;
le Nobiliaire de Provence, par l'Abbé Robert; l'Hiftoire de la Nobleffe du Comtat-
Venaiffin; le Supplément du Dictionnaire de
Moréri, ou la nouv. édit. de 1759; les Tablettes hiftor., généal. & chronol., parties
VI & VII, & l'Hiftoire Héroïque de la nobleffe de Provence, par Artefeuil.

Cette maison a fait des alliances avec celles
de Bécaris, Lauris, Barras, Gombert, Caftellane, Cuers, Amici, Benault, Vintimille,
Cornis, Forbin, Raiffon, Meyran, de Bus,
Raffélis, Ruzé de Beaulieu, de Caux, Léotaud, Roberty, Fabri de Fabrègues, de
Crofe de Lincel, Guiran, Félix, Vétéris,
Clapiers, Galliffet, Ferrier, Gaillard, Ifnard, Oraifon, Lafcours, Roux, Bernardy,
Hannedouche, Wavrans, Lombardy, Pontevès, Monyer, Allard, de Léval, &c.

Les armes, telles qu'on les voit dans l'Armorial de l'Election d'Arras en Artois, font:
d'azur, au chef émanché d'or de 4 pièces;
l'écu fommé d'une couronne de Marquis.
Supports: deux lions au naturel; ou l'écu
timbré d'un cafque d'argent, mis de front,
fermé feulement de 6 grilles d'or, & affez
ouvert, & foutenu à dextre par la Pruden-

ce, tenant de la main gauche un miroir ova-
le, avec un manche d'argent, dans lequel
elle fe regarde, ayant un ferpent tortillé au
bras droit, qu'elle empoigne de la main
droite, un peu au deffous de la tête; & à féneftre par la Juftice, tenant de la main droite une épée nue d'argent, garnie d'or, la
pointe en bas, & de la main gauche des ba-
lances d'or en équilibre: l'une & l'autre ha-
billées d'or, & enveloppées d'une draperie
d'azur, & ayant la tête nue & la poitrine découverte. Cimier: un lion accroupi au naturel, pofé de front.

Voici quelques-uns du nom de GANTÈS que
les branches de Brignoles en Provence, &
d'Arras en Artois, ne reconnoiffent pas pour
être des leur, favoir:

1. N... DE GANTÈS, Confeiller du Roi au Parlement de Touloufe le 10 Octobre 1633;
2. MICHEL DE GANTÈS, Prieur-Commendatai-
re du Prieuré régulier de Saint-Victor-lès-
Villehaute en Provence, le 26 Février 1678;
3. N... DE GANTÈS, premier Aumônier du Duc
de Savoie en 1707, lors du fiège de Toulon
par ce Prince;
4. Et FRANÇOIS DE GANTÈS, marié à une Dame
de Bus, d'Avignon.

GARABY (DE) Ecuyer, Sieur de l'Isle en
Normandie, Election de Valognes, Famille
dont il eft parlé dans l'Hiftoire de la Maison
d'Harcourt, par la Roque, & dont M. Huet
fait mention dans fes Antiquités de la ville
de Caen.

BERNARD DE GARABY ayant époufé, en 1614,
Françoife de Pierrepont, fe fit autorifer par
Lettres-Patentes de 1622, à joindre le furnom de Pierrepont, à celui de GARABY. Il eft
ainfi devenu le chef d'une branche que l'on
nomme GARABY-PIERREPONT, & qui porte
pour armes: d'azur, à 3 pals d'or; au chef
coufu de gueules, qui eft de PIERREPONT, à
un lion d'argent, brochant fur le tout, qui
eft de GARABY.

GARADEUR, Famille établie en Beaujolois, qui remonte à JEAN DE GARADEUR, Seigneur de l'Eclufe, vivant en 1438, avec Jeanne de Lannion, fon époufe. C'eft ce que nous
en favons, n'ayant point reçu de Mémoire.
Les armes: d'azur, à deux croiffans ados-
fés d'argent.

GARANCIÈRES, en Normandie, Election de Domfront: Famille maintenue dans fa Nobleffe le 9 Avril 1666, dont les armes font: *de gueules, à trois chevrons d'or.*

La Roque, d'après le Catalogue qui fe trouve à la fin de l'*Hiftoire de Normandie*, par Dumoulin, dit que cette Famille s'eft divifée en deux branches, & que le Sire de GARANCIÈRES, chef du nom & des armes, portoit comme ci-deffus. JEAN DE GARANCIÈRES brifoit *d'une molette d'argent.* GUY DE GARANCIÈRES, dit *le Baveux*, portoit: *de gueules, à trois chevrons d'argent.* Depuis ce temslà cette Famille a retenu le nom de *le Baveux*, qui n'étoit pour lors qu'un fobriquet, dit l'*Hiftoire de la Maifon d'Harcourt*, p. 1127.

JEAN DE GARANCIÈRES eft nommé parmi les Chevaliers & les Ecuyers qui fervoient l'Etat en 1288.

PIERRE DE GARANCIÈRES, Chevalier, vivoit en 1337.

JEAN, Sire DE GARANCIÈRES & de Fauguernon, Chambellan du Roi, avoit époufé *Marie Bertrand*, dont il eut:

PIERRE, Ecuyer, mineur en 1341.

JEAN DE GARANCIÈRES, Chevalier, étoit Maître des Eaux & Forêts aux Terres du Roi de Navarre en 1384.

YON, Seigneur DE GARANCIÈRES, eut pour fille JEANNE, Dame de Villarceaux, femme de *Jean*, Sire de *la Ferté-Frefnel*, qui vendirent la Terre de Villarceaux à *Jacques de Trie*, Seigneur de Roulleboife, père de *Jeanne de Trie*, femme de *Martin de Pillavoine*, auquel elle a porté la Seigneurie de *Villarceaux.*

JEAN DE GARANCIÈRES époufa *Jeanne de Villers*, dont il eut MARIE, mariée à *Tugdval de Karmoifiey*, dit *le Bourgeois*, Ecuyer d'Ecurie du Roi en 1441, (Voyez fur cette Famille la Roque, *Hiftoire de la Maifon d'Harcourt*, p. 1117, 1127 & fuiv.)

GARCEVAL (DE), en Rouergue: *d'azur, à quatre rochers d'or, avec une couronne de Comte.* Supports: *deux fauvages.*

GARCIN, Famille originaire d'Avignon, qui defcend de

HUGUES DE GARCIN, Grand-Sénéchal de Provence, vivant en 1253, du tems que Béatrix de Savoie, veuve de Raymond Bérenger, gouvernoit cette Province; c'eft ce dont fait mention Noftradamus. On ne peut prou

ver cette defcendance depuis ce tems jufqu'au XVe fiècle, à caufe des incendies & des guerres des Huguenots, qui faccagèrent & brûlèrent bien des Villes & Villages du Comtat d'Avignon, où cette Famille s'étoit établie après avoir refté en Provence.

Noble JEAN DE GARCIN, Ier du nom, époufa *Ifabeau de Joanne* ou *Joannis*, ce qui fe voit par le contrat de mariage de fon fils. Il en eut:

1. THÉODORE, qui fuit;
2. JEANNE, mariée avec *Claude de Chazali;*
3. Et CATHERINE, femme de *Pierre du Barroulx.*

THÉODORE DE GARCIN, Ier du nom, époufa *Catherine de Beaux*, fille de noble *Antoine de Beaux*, Seigneur de Roix, & de *Catherine de Rodes*, par contrat paffé devant *Théodore Joannis*, Notaire d'Avignon, le 7 Octobre 1576. Leurs enfans furent entr'autres:

1. JEAN, qui fuit;
2. ISABEAU, mariée avec noble *Gafpard de Furrel;*
3. Et DELPHINE, femme de *Sébaftien de Pomerio.*

JEAN DE GARCIN, IIe du nom, Juge ordinaire de la ville d'Avignon, & Profeffeur perpétuel de l'ancienne Univerfité, époufa, par contrat paffé le 27 Novembre 1606, devant *Colin Fache*, Notaire d'Avignon, *Anne de Nicolaï*, fille de noble homme *Marc de Nicolaï*, de la même Famille que MM. *de Nicolaï*, premiers Préfidens de la Chambre des Comptes de Paris, & d'*Ifabeau de Ribert*, dont:

1. LOUIS, qui fuit;
2. THÉODORE, auteur de la feconde branche rapportée ci-après;
3. JEANNE, mariée, le 27 Janvier 1640, avec noble *Melchior de Galiens* ou *Galléan*, ce qui paroît par les Regiftres de la Paroiffe de Bourg-Saint-Andéol, & l'atteftation du Curé, fignée *Liozu;*

Et autres enfans non dénommés.

LOUIS DE GARCIN, élu Primicier & Recteur de l'ancienne Univerfité d'Avignon fut revêtu de la charge d'Avocat-Général de fa Sainteté. En 1649, la pefte étant dans Avignon, le Vice-Légat le députa comme fon Commiffaire-Général par tout le Comtat-Venaiffin, en lui attribuant toute fon autorité, comme il appert par le Diplôme dudit jour. Il époufa, le 2 Décembre 1631, par contrat passé devant *Barthélemy Ruffi*, Notaire d'Avignon, *N...* de *Tulle*, & en eut:

FRANÇOIS DE GARCIN, Profeſſeur de l'Univerſité d'Avignon, qui, le 8 Février 1671, eut l'honneur de rendre ſes hommages au Pape CLÉMENT X, en qualité de Député de la Légation d'Avignon. Il fut choiſi pour la même Ambaſſade auprès du Pape INNOCENT XII, qui en diſpenſa la Ville; fut encore élu Primicier de l'Univerſité, & épouſa, par contrat paſſé le 19 Août 1662, devant *Barbantane*, Notaire, *Gabrielle de Chabert*, dont pluſieurs garçons & filles, entr'autres :

1. JOSEPH-MELCHIOR, qui ſuit;
2. MICHEL-DOMINIQUE, Auditeur de la Rote d'Avignon, élu deux fois Primicier;
3. JOSEPH-DOMINIQUE, Conſulteur du Saint-Office, & élu deux fois Primicier de l'Univerſité, qui, en cette qualité, eut l'honneur, en 1716, de préſenter à Sa Majeſté Britannique le reſpect profond de cette Univerſité, & qui, en 1718, eut encore l'honneur d'être député par le Pape CLÉMENT XI, vers le feu Roi LOUIS XV en minorité, le Duc D'ORLÉANS, Régent du Royaume, & la ville d'Avignon. Il fut encore député depuis de la même Ville pour aller prêter hommage au Pape.

JOSEPH-MELCHIOR DE GARCIN, Profeſſeur de l'Univerſité & Conſulteur du Saint-Office, épouſa, par contrat paſſé devant *Joſeph Blanqui de Boigneux*, le 26 Février 1708, *Charlotte de Méri*, dont :

JOSEPH-MARIE-PIERRE DE LUXEMBOURG-DE-GARCIN, mort ſans poſtérité;
Et AMABLE, mariée à noble *Gabriel de Parrelles*, dont une fille, mariée au Marquis des *Achars-de-Sainte-Colombe*.

SECONDE BRANCHE.

THÉODORE DE GARCIN, IIe du nom, ſecond fils de JEAN, IIe du nom, & d'*Anne de Nicolaï*, épouſa, le 22 Mars 1636, *Jeanne de Meyronnet*, fille de *Jean de Meyronnet*, & de *Fleurette de Louancy*, comme il conſte par les Regiſtres de la Paroiſſe de Saint-Pierre d'Avignon. De ce mariage vinrent :

JOSEPH-PAUL, qui ſuit;
Et CATHERINE, mariée, par contrat paſſé le 27 Août 1664, devant *Chanuel*, Notaire d'Avignon, à *Antoine-Balthaʒar des Laurents*. Voyez LAURENTS (DES).

JOSEPH-PAUL DE GARCIN s'eſt marié, en 1674, avec *Marie-Laurence de Ferrier-de-Montal*, de la même Famille que *Saint-Vincent de Ferrier*, & de *Françoiſe de Bailiers*. Il en eut :

JOSEPH-ANTOINE, qui ſuit;
Et MADELEINE, mariée à *Jean-Baptiſte de Capau*, ancien Capitaine d'Infanterie.

JOSEPH-ANTOINE DE GARCIN épouſa, le 12 Septembre 1703, par contrat paſſé devant *Roche de Roubion*, noble *N... de Fayard*, fille de *Jean-François de Fayard*, & de *Juſtine de Crouſnilhon*, dont :

1. PAUL-JOSEPH-ANTOINE, qui ſuit;
2. JEAN-BAPTISTE-PANCRACE, rapporté après ſon aîné;
3. JOSEPH, mort ſans poſtérité;
4. LOUISE, mariée à *Gabriel de Liouʒe*;
5. Et MARIE-LAURENCE, Religieuſe.

PAUL-JOSEPH-ANTOINE DE GARCIN a épouſé, en 1741, *N... de Parelli*, fille de *Michel*, ancien Capitaine d'Infanterie, & de Demoiſelle *N...*, par contrat paſſé devant *Noſmaud*, Notaire de Lille, dont deux filles :

N... DE GARCIN, mariée à Orange, avec *N... de Bonfils*, ancien Capitaine d'Infanterie & Chevalier de Saint-Louis;
Et AMABLE, mariée, le 5 Mai 1764, à *Joſeph-Pierre de Méri*, Comte de la Canorgue, Conſeiller au Parlement d'Aix.

JEAN-BAPTISTE-PANCRACE DE GARCIN, frère cadet du Préſident, a épouſé, le 5 Août 1754, *Anne-Honorée d'Athenoux*, fille de noble *François d'Athenoux*, ancien Capitaine d'Infanterie, & de Milady *de Fervaques*, de la même Famille du Général *Fervaques*, qui ſe démit du Généralat lorſque les Anglois réſolurent de faire couper la tête à CHARLES Ier, Roi d'Angleterre. (Cette Famille eſt connue dans l'*Hiſtoire des Révolutions d'Angleterre*.) De ce mariage, dont le contrat n'a été paſſé que le 15 Août 1754, devant *Alègre*, Notaire de l'Isle, eſt iſſu :

ESPRIT-FRANÇOIS-PAUL-JOSEPH DE GARCIN, né le 18 Mai 1755, entré au ſervice de la Marine en Mars 1770.

Les armes : *d'aʒur, au chevron d'or, accompagné en pointe d'une écreviſſe d'argent.* Supports : *deux lions.*

GARCIN DE CHATELARD, en Dauphiné : *écartelé, d'or & d'aʒur, à la faſce d'argent, brochante fur le tout, & chargée de 3 molettes de fable.*

GARCIN DE SAINT-GERMAIN, en Dauphiné : *d'or, à la bande de gueules* (aliàs *de fable*), *chargée de 3 têtes de loups-cerviers d'argent.*

GARD (DU), ancienne Nobleffe originaire de Picardie, connue depuis plus de 500 ans.

I. SIMON DU GARD, vivant en 1230, eft l'auteur connu de toute la defcendance dont nous allons parler. On le prouve par le procès-verbal des titres originaux produits, en 1699, par FRANÇOIS DU GARD, Seigneur de Longpré, & qui font actuellement entre les mains du Chevalier DU GARD, Ecuyer du Roi, Directeur de l'Académie Royale ou Ecole d'Équitation au manège des Tuileries à Paris. Il eft le chef de nom & d'armes de fa Famille. SIMON DU GARD fut Mayeur d'Amiens en 1284. (C'eft ce que nous apprend l'Hiftoire des antiquités de cette ville, par la Morlière, édition de 1627. On y voit qu'on n'accordoit anciennement cette dignité qu'à la diftinction du mérite, joint à la naiffance.) On lui donne pour fils :

II. NICOLAS DU GARD, vivant vers 1270, & il eft prouvé par le procès-verbal des titres originaux produits par le Seigneur de Longpré, qu'il étoit fils de SIMON. Il fut Seigneur de Mervilliers, près de Rumigny en 1293. Les Lettres portant l'acquifition de cette Terre, fous la date du mois de Juillet de ladite année, font énoncées dans une Sentence de maintenue, fignée Rochepin, avec paraphe, rendue le 1er Juin 1580, par le Bailli d'Amiens, en faveur de CHRISTOPHE DU GARD, Seigneur de Suzenneville. Il eft fait mention de NICOLAS DU GARD dans le *Nobiliaire de Picardie,* par Haudicquer de Blancourt, juftifié, conformément aux Jugemens rendus en faveur des Nobles de la Province, tant par les Arrêts du Confeil & de la Cour des Aides, que par les Ordonnances des Intendans, édition de 1693, où eft rapportée la Généalogie de cette Famille.

III. PIERRE DU GARD eft juftifié fils de NICOLAS par les Lettres portant les relief, foi & hommage de la Terre & Seigneurie de Mervilliers, faits & donnés par ledit PIERRE au Seigneur de Rumigny, en Juin 1306, lefquelles Lettres font énoncées dans la Sentence de maintenue, de même que le dénombre-

ment de la Terre de Sotteville, donné en Mai 1315, & d'autres Lettres du 15 Décembre 1350, portant l'acquifition faite par ledit PIERRE, d'aucunes Terres, fifes à Heubécourt, près de Mervilliers. Il eut pour fils :

IV. JEAN DU GARD, prouvé fils de PIERRE, par les Lettres d'acquifition qu'il fit en Octobre 1370, & Avril 1375, de la Terre & Seigneurie de Maucreux, relevante du Roi. Il étoit, en 1372, Seigneur de Frefneville, Mervilliers, Longpré & Sotteville. Il fut élu Mayeur d'Amiens en 1358, dans la crife de l'irruption des Navarrois, pendant la prifon du Roi JEAN. Il fut de nouveau élu Mayeur en 1372 & 1375, ce qui eft avéré par le *Nobiliaire de Picardie,* & l'*Hiftoire des antiquités d'Amiens,* où il eft qualifié d'*Ecuyer* & de *Sire*; & où fes armes font blafonnées telles que fes defcendans les portent aujourd'hui, & que nous donnerons à la fin de cette Généalogie. Il mourut vers l'an 1380. Le nom de fa femme n'eft pas connu, mais il en eut :

V. JACQUES DU GARD, qui eft défigné fils de JEAN, dans des Lettres-Patentes, données en préfence du Duc de Bourgogne, le 26 Avril 1388, où le Roi CHARLES VI le confirma dans fa nobleffe. Il étoit alors Seigneur de Frefneville, Mervilliers, Maucreux, Sotteville & Longpré. Il fut Confeiller au Parlement de Paris en 1400, Maître des Requêtes de l'Hôtel en 1417, & mourut vers l'an 1420. Il eft fait mention de lui dans le *Nobiliaire de Picardie,* & l'*Hiftoire des Maîtres des Requêtes,* par Blanchard. Il s'étoit allié, vers l'an 1360, à *Philippine de Hangard,* dont :

1. COLLARD, qui fit l'acquifition des Terres fituées à Marchel-le-Cave, par Lettres du 23 Avril 1380, énoncées dans la maintenue de nobleffe; il eft mort fans alliance;

2. JEAN, qui fuit;

3. Et PIERRE, auteur de la branche de *Maucreux,* rapportée ci-après.

VI. JEAN DU GARD, IIe du nom, Seigneur de Frefneville, Mervilliers, Maucreux & Sotteville (la Coutume de Picardie ne laiffant aux cadets qu'un quint des biens nobles), fut Confeiller au Parlement de Paris en 1418, & donna la Terre de Maucreux à PIERRE, fon puîné, le 29 Mars 1438. Il eft fait mention de lui dans le *Nobiliaire de Picardie,* & les *Regiftres du Parlement,* qui font à la Bibliothèque de Saint-Victor de Paris. Il eut de fa femme, dont on ignore le nom :

1. Thibaut, qui fuit;
2. Nicolas, mentionné dans la Sentence de maintenue, marié à *Thibaude de Beaupeingne*, dont il n'eut qu'une fille, nommée Jeanne, morte fans alliance.
3. Et Colée. (La Généalogie vérifiée par les Elus d'Amiens en 1540, rapportée dans le procès-verbal des titres originaux, produits par le Seigneur de Longpré, & la Sentence de maintenue, conftatent cette filiation avec fes alliances.)

VII. Thibaut du Gard, Seigneur de Fref-neville, Mervilliers & Sotteville, tefta le 21 Octobre 1473. Il avoit époufé *Guillemette de Wailly*, fille de *Gilles de Wailly*, & de *Jeanne de Verneuil*, dont :

1. Jean, qui fuit;
2. Et Catherine, femme de *Jacques d'Ypres*.

VIII. Jean du Gard, IIIe du nom, dit *petit Gard*, Seigneur de Frefneville, Mervilliers & Sotteville, étoit mort en 1504. Il avoit époufé, en 1480, *Eléonore du Caurel*, & en eut :

1. Jean, Seigneur de Frefneville, Mervilliers, Saulchoy & Sotteville, qui s'allia, le 29 Avril 1504, avec *Antoinette Père-Dieu*, fille de Jean, & d'*Ifabeau de Béry*, dont il n'eut point d'enfans. Il eft fait mention de lui dans la Sentence de maintenue;
2. Et Robert, qui fuit.

IX. Robert du Gard, Seigneur de Frefne-ville, Mervilliers, Saulchoy & Sotteville, après Jean, fon frère aîné, fut Mayeur d'Amiens en 1515, & vivoit encore en 1536. Il avoit épou-fé *Perronne le Foreftier*, dont :

1. Robert-Pierre, dit *de Frefneville* (connu fous le nom feul de Pierre, dans quelques Généalogies), qui a donné lieu à l'établiffe-ment de la branche de *la Chaux* & d'*Efchichens* en Suiffe, dont on parlera ci-après. Il céda fon droit d'aîneffe à Jean, fon puîné, vint de Picardie en Suiffe vers l'an 1530, & y poffeda la Commanderie de la Chaux, de l'Ordre de Saint-Jean de Jérufalem près de Coffoney, dans le Bailliage de Morges, au Pays de Vaud, que LL. EE. de Berne lui inféodèrent pour 2500 écus d'or au fo-leil, du coin de France, le 25 Août 1540, après la conquête de ce Pays. Cette inféo-dation à Robert-Pierre eft rapportée dans les *Fragmens hiftoriques de Berne*, édi-tion de 1737. L'inveftiture par le Bailli de Morges, avec l'hommage qu'il fit, eft du 29 dudit Août. Il époufa *Philippine d'Hault*,

dont il n'eut qu'une fille, nommée Catherine du Gard, dite *de Frefneville*, morte avant lui, en 1560, fans enfans de *Hugues de Gingins*, Seigneur de Ferney, fils de *François*, Baron du Châtelard, & de *Louife de Tavel*. Robert-Pierre fe voyant ainfi fans poftérité, appela à fa fucceffion fes quatre neveux, fils de fon frère Jean, l'un après l'autre, en commençant par l'aîné, fous la condition de venir réfider à Berne; & à leur refus de remplir cette condition, il inftitua pour héritiers LL. EE. dudit Berne, à la charge d'employer fes biens à marier de pauvres filles & à entretenir de pauvres écoliers. Son teftament eft du 19 Octobre 1568, & fa corroboration, fcellée du grand fceau de la République, eft du 3 Novembre. Il mourut le même mois au Château de la Chaux, & fut inhumé à l'Eglife de Saint-Michel, auprès de fa fille Catherine;

2. Jean, qui fuit;
3. Antoine, mort fans alliance;
4. Et Guillaume, Religieux Bénédictin & Prieur de Saint-Nicolas de Regny.

La filiation de ce IXe degré fe prouve par plufieurs actes, fpécialement par des Lettres données le 13 Mars 1515, par ledit Robert, Mayeur d'Amiens, énoncées dans la Sentence de maintenue. Elle eft encore conftatée par les Lettres de partage defdits Jean & Robert, frères, ci-devant mentionnés, paffées à Amiens le 14 Août 1504, fignées avec paraphés *Virtu* & *Caneffon*.

X. Jean du Gard, IVe du nom, prit poffef-fion, quoique puîné, des Terres & Fiefs, fon frère Robert-Pierre lui ayant cédé fon droit d'aîneffe. Il fut Seigneur de Frefneville, Mer-villiers, Saulchoy, Tilloloy-en-Vimeu, Ber-ny & Sotteville; Mayeur d'Amiens en 1543 & 1546; Lieutenant-Général en ladite ville, & Maître des Requêtes de Navarre. Son tefta-ment eft du 8 Avril 1565, & il mourut peu après. Il eft fait mention de lui dans la Sen-tence de maintenue de nobleffe, les *Antiqui-tés d'Amiens* & le *Nobiliaire de Picardie*. Il avoit époufé, par contrat du 8 Octobre 1533, *Catherine le Fèvre-de-Caumartin*, fille de *Jean le Fèvre*, Seigneur de Caumar-tin, Villers & Neuville, Général des Finances, & de *Colaye de Bigant*, fa première femme. Voyez FEVRE-DE-CAUMARTIN (le). De ce mariage vinrent :

1. Guillaume, Religieux Bénédictin à Saint-Pierre de Corbie, & Prieur de Vendeuil;
2. Jean, qui fuit;

3. Christophe, auteur de la branche des Seigneurs de *Suzenneville* & de *Longpré*, rapportée ci-après ;

4. Claude, tige de celle des Seigneurs de *Berny* & *du Roioy*, aussi mentionnée ci-après ;

5. Antoine, Religieux Bénédictin à St.-Pierre de Corbie, & Prévôt de Cérify, qui fut présent au contrat de mariage d'Antoine, son neveu ;

6. Robert, auteur de la branche des Seigneurs de *la Chaux* & d'*Eschichens* en Suisse, mentionnée en son rang ;

7. Charlotte, Religieuse à Longpré, près d'Abbeville ;

8. Madeleine, Religieuse à Variville, près de Clermont en Beauvoisis ;

9. Anne, femme de *Guillaume le Grand*, Seigneur d'Arquerres & de Coisy, près d'Amiens ;

10. Et Antoinette, mariée à *Philippe d'Ardres*, Seigneur de Seuquerolles.

XI. Jean du Gard, V⁰ du nom, Seigneur de Fresneville, Mervilliers, Saulchoy, Tilloloy & autres lieux, servit dans sa jeunesse, & se trouva aux batailles de Saint-Quentin, de Saint-Denis & de Moncontour. Il fut Sénéchal & Gouverneur du Ponthieu, & eut un Arrêt de maintenue des Commissaires ordonnés par le Roi au trésor à Paris, sur le fait des francs-fiefs & nouveaux acquêts, en date du 2 Mai 1581 ; il étoit mort en 1590. Son mariage avoit été arrêté dès le 29 Décembre 1566, & il épousa, par contrat passé le 9 Avril 1567, devant *Farnette* & *Jean Vaucquet*, Notaires à Amiens, *Jeanne de Fontaines*, fille de *Raoul*, Seigneur de Ramburelles, & de *Françoise de Baconel* ; à ce contrat de mariage furent présens : *Nicolas de Fontaines*, Ecuyer, Seigneur d'Estrujeux ; Frère *Baugeois de Fontaines*, Commandeur de Merlan ; *Adrien de Rune*, Ecuyer, Seigneur du Heaulme, & *Marie de Baconel*, sa femme, oncles & tante de l'épouse. De ce mariage vint :

XII. Antoine du Gard, Seigneur de Fresneville, Mervilliers, Saulchoy, Tilloloy, Méricourt-sur-Somme & autres lieux, qui vivoit en 1628, & avoit épousé, par contrat passé le 9 Janvier 1591, devant *Rudel*, Notaire à Corbie, *Charlotte d'Aumale*, fille de *Nicolas*, Comte d'Aumale, Baron de Chignole, Seigneur d'Haucourt, Gentilhomme ordinaire de la Chambre du Roi, Chambellan du Prince de Condé, & de *Charlotte de Gaillard de Longjumeau*. Voyez AUMALE, &

GAILLARD DE LONGJUMEAU. De ce mariage vinrent :

1. Charles, Seigneur de Méricourt, Fresneville, Mervilliers, Saulchoy, Tilloloy, &c., vivant en 1641, & mort sans alliance ;

2. Et Madeleine, qui suit.

XIII. Madeleine du Gard, Dame & héritière de Méricourt, Fresneville, Mervilliers, Saulchoy, Tilloloy, &c., porta ses Terres & tous les biens de sa branche, dans la Maison *le Fournier-de-Wargemont*, par son mariage, dont le contrat fut passé à Abbeville le 11 Février 1628, avec *Aimar le Fournier*, Seigneur de Wargemont, &c., fils d'*Antoine*, Seigneur desdits lieux, & de *Marie de Boubers*, Dame de Ribeaucourt, dont postérité. Voyez FOURNIER-DE-WARGEMONT (le), & MONTMORENCY.

BRANCHE
des Seigneurs de Suzenneville
& de Longpré.

XI. Christophe du Gard, troisième fils de Jean, IV⁰ du nom, Seigneur de Suzenneville, servit dans sa jeunesse, & se trouva aux batailles de Saint-Denis & de Moncontour avec Jean du Gard, son frère, Sénéchal du Ponthieu. C'est en sa faveur que le Bailli d'Amiens rendit, le 1ᵉʳ Juin 1580, la Sentence de maintenue de noblesse dont on a souvent parlé. Il vivoit en 1591, avec sa femme *Barbe Vilain*, fille d'*Adrien*, Seigneur de Quiry, & de *Marie de May*, qu'il avoit épousée, le 21 Mars 1567, par contrat passé devant *Antoine de Laye* & *Antoine Lescot*, Notaires à Breteuil. Ses enfans furent :

1. Jean, qui suit ;

2. Et Claire, mariée à *Balthazar de Fay*, Seigneur de Cauchy.

XII. Jean du Gard, Seigneur de Suzenneville, &c., mort en 1616, avoit épousé, par contrat passé le 22 Décembre 1591, pardevant *Antoine Castelet* & *Philippe le Buteux*, Notaires Royaux à Amiens, *Françoise le Picard*, fille de *Jacques*, Seigneur de Sonvilliers, & de *Jeanne de Sacquespée-Selincourt*. De ce mariage vinrent :

1. Antoine, qui suit ;

2. Philippe, mort au siège de Montauban en 1621, sans avoir été marié ;

3. Jean, Seigneur de Campsart, allié à *Elisabeth de Sarcus*, dont il n'eut point d'enfans : il faisoit, en 1693, sa résidence à Boue ;

Au catalogue Lṁ³

4. François, mort au retour du fiège d'Arras en 1640, fans alliance ;

5. Henri, dit *le Chevalier* du Gard, chef de la branche des Seigneurs de *Trémemont*, rapportée ci-après ;

6. Marie, femme de *Charles de Sarcus*, Seigneur du Petit-Sailly & de Vaux, près de Corbie ;

7. Et Barbe, mariée à *François Hannique*, Seigneur de Ronquerolles & du Hamelet.

XIII. Antoine du Gard, Seigneur de Suzenneville, & Capitaine au Régiment de Brazeux, mort en 1683, avoit époufé *Marie de Louvencourt-Blangy*, Dame de Longpré, fille de *Martin de Louvencourt*, Seigneur de Blangy & de Longpré, & de *Marguerite le Couvreur*, dont :

1. François, qui fuit ;

2. Antoine, Seigneur de la Vafforerie, marié, vers l'an 1673, à *Anne-Madeleine de Vaudricourt*. Il vivoit encore en 1693, & eut deux enfans :

> Jean, né en 1675, qui fut Seigneur de la Vafforerie ; il étoit, en 1698, Moufquetaire du Roi dans fa première Compagnie, a été Chevalier de Saint-Louis, & eft mort fans alliance ;
>
> Et Isabelle-Blanche, née en 1678, qui vivoit en 1698.

3. Henri, dit le *Chevalier de Longpré*, Seigneur de Brennerel, qui vivoit en 1698, & eft mort fans alliance ;

4. 5. 6. & 7. Marguerite, Jeanne, Marie & Agnès, vivantes en 1693.

XIV. François du Gard, Seigneur de Suzenneville, de Longpré, & de trois fiefs fitués à Warvillers, Capitaine d'Infanterie, puis Ecuyer du Roi, chef d'une de fes Académies d'Equitation à Paris, époufa, vers l'an 1670, *Marie-Anne des Groux*, fille unique, Dame de la Loutinière en Touraine, & du fief Baudouin-lès-Auteuil, près de Paris, morte à Auteuil, dans un âge très-avancé, le 21 Décembre 1740. De ce mariage font iffus :

1. François, qui fuit ;

2. Jacques, né en 1678, Seigneur de Suzenneville, lequel vivoit en 1698, & eft mort fans alliance ;

3. Marie-Anne, dite de *Longpré*, qui faifoit fa réfidence, en 1479, à Auteuil, où elle eft morte ;

4. 5. & 6. Jeanne, Marie & Madeleine, vivantes en 1698, & mortes Religieufes à l'Abbaye de Saint-Paul-lès-Beauvais.

XV. François du Gard, IIe du nom, né en 1672, Seigneur de Longpré, Suzenneville, la Loutinière, & des fiefs de Warvillers & d'Auteuil, a été Ecuyer du Roi & Chef d'Académie ou d'Ecole d'Equitation à Paris. Il époufa, le 26 Mai 1716, *Charlotte Varice de Vallières*, dont il n'a point eu d'enfans, & qui lui a furvécu. Se voyant le dernier mâle de fa branche, il mit fes Terres & fes autres biens à fond perdu, quelques années avant fa mort, arrivée à Paris le 2 Avril 1743, & annoncée dans le *Mercure de France*.

BRANCHE
des Seigneurs de Trémemont.

XIII. Henri du Gard, dit le *Chevalier du Gard*, cinquième fils de Jean, & de *Françoife le Picard*, Ecuyer du Roi & Chef d'une des Ecoles d'Equitation à Paris, mort en 1650, avoit époufé, par contrat paffé devant *le Roy*, Notaire au Châtelet de Paris, le 11 Juin 1646, *Elifabeth Dollet*, Dame de Trémemont, fille de *Charles*, Seigneur de la Tour & de Trémemont, & de *Claudine de Mornac*. De ce mariage vinrent :

1. Charles-Henri, qui fuit ;

2. Léon-Bonaventure, dont la poftérité fera rapportée après celle de fon aîné ;

3. Jean-Alexandre, Seigneur de Bienval, Ecuyer de M. le Duc de Bourbon, & Chevalier de l'Ordre de Saint-Lazare. Il vivoit en 1698, & eut de fon époufe *Jeanne Chevalier* :

> Antoine, Enfeigne de Vaiffeau en 1698, mort fans alliance ;
>
> Louis, Abbé, vivant en 1698 ;
>
> Et Marie-Jeanne, née en 1690, mariée à *N...*, Marquis *de Thore*.

4. Antoine, Ecuyer du Roi, & Chef d'une des Ecoles d'Equitation à Paris, mort en 1698. Il avoit époufé *Lucrèce de Certieux*, dont il a eu une fille, née en 1686, & mariée à *N... de Montarfy*;

5. Thérèse, Religieufe Carmélite à Troyes en Champagne, vivante en 1693 ;

6. Et Marie, femme de *Louis le Bel*, Seigneur de Maricourt & de la Bretonnière, dont elle a eu deux fils, Chevaliers de Malte. Elle vivoit auffi en 1693. Tous les enfans de ce degré font mentionnés, ainfi que leur père, dans le *Nobiliaire de Picardie*.

XIV. Charles-Henri du Gard, Seigneur de Trémemont, Bienval & autres lieux, époufa, le 24 Août 1673, *Marie Chartier*, fille de *René*, & de *Marie le Noir*. Il vivoit en 1698, & a eu de son mariage :

1. Charles-Louis, Chanoine de l'Eglise Métropolitaine de Paris en 1749;
2. Pierre, qui suit;
3. Paul-Antoine, Seigneur de Trémemont, Chevalier de Saint-Louis, Gendarme de la Garde en 1749. Il n'a point contracté d'alliance;
4. Et Françoise-Michelle, mariée, le 5 Mai 1718, à *Pierre Marin*, Officier de la première Compagnie des Mousquetaires, fils du premier Président du Parlement d'Aix. Elle est morte à Paris en Février 1748.

XV. Pierre du Gard, Seigneur de Bienval & autres lieux, qui faisoit, en 1749, sa résidence à Sains, a épousé, le 26 Novembre 1726, *Agnès le Fort*, fille de *Jacques*, Seigneur de Belloy & de Roty, & d'*Agnès*, fille du Président *Petyst*, dont :

1. Pierre-Jacques, né en 1729, qui a embrassé l'état Ecclésiastique;
2. Louis, qui suit;
3. Et Agnès-Marie-Charlotte, née en Octobre 1727, mariée, en Septembre 1751, à *Jean-Baptiste-Martin de Parent*, Seigneur de Bois-Renaut & de Nédencourt.

XVI. Louis, dit *le Chevalier* du Gard, né en 1731, Seigneur de Bienval, Trémemont & autres lieux, Mousquetaire du Roi dans sa première Compagnie en 1746, puis Chevalier de Saint-Louis & Ecuyer du Roi, aujourd'hui Chef de l'Ecole d'Equitation au manège des Tuileries à Paris, est marié, & a des enfans.

XIV. Léon-Bonaventure du Gard, second fils de Henri, & d'*Elisabeth Dollet*, Seigneur de la Tour, qui vivoit en 1698, Ecuyer de M. le Prince de Conti, puis de la Grande-Ecurie du Roi, & Chef d'une des Ecoles d'Equitation à Paris, a épousé 1° *Marie Dollet*; & 2° *Marie-Thérèse Huguet*. Du premier lit il eut :

1. Jean, Page, en 1698, de M. le Prince de Conti;
2. Elisabeth, née en 1683, vivante en 1698, & morte Religieuse.

Et du second lit vinrent :

3. Jean-Léon-Bonaventure, né en 1700, Ecuyer de la Grande-Ecurie du Roi, puis Chef d'une des Ecoles d'Equitation à Paris, où il est mort, sans alliance, le 12 Août 1746, âgé de 46 ans. Le *Mercure de France*, du mois d'Août, p. 213, en fait mention;

4. Henri, Ecuyer de la Grande-Ecurie du Roi, puis associé à l'Académie de son frère aîné; il est mort, sans postérité, quelques années avant lui;
5. Jacques-Philippe, dit *le Chevalier* du Gard, élevé Page de la Reine d'Espagne, née Princesse d'Orléans, puis Ecuyer du Roi, & Chef d'une des Ecoles d'Equitation à Paris, après ses frères, en 1746;
6. Antoine-Guillaume, Abbé en 1749;
7. N... du Gard, mariée à *N... de Mouillé*;
8. Et Marie-Thérèse, vivante en 1749, alliée à *N... Dillon*, Chevalier de Saint-Louis, dont elle n'a point eu d'enfans.

BRANCHE
des Seigneurs de Berny *& du* Rozoy.

XI. Claude du Gard, quatrième fils de Jean, IVe du nom, & de *Catherine le Fèvre-de-Caumartin*, né vers l'an 1540, Seigneur de Berny, qui vivoit en 1580, & est rapporté dans la Sentence de maintenue. Le *Nobiliaire de Picardie* en fait mention, ainsi que de ses enfans. Il épousa, vers l'an 1568, *Charlotte Vilain*, fille d'*Aubert*, Seigneur de Quiry, dont :

1. 2. 3. & 4. Adrien, Aubert, Claude & Antoine, morts sans alliance;
5. Charles, qui suit;
6. Henri, rapporté après son frère aîné;
7. Et Charlotte, mariée à *Charles Lorfèvre*, Seigneur de Quesnel & de Flers en partie.

XII. Charles du Gard, Seigneur de Berny & de Luzières, s'allia avec *Anne de Fay*, de laquelle il eut :

XIII. Charles du Gard, IIe du nom, Seigneur de Berny & de Luzières, qui mourut avant 1693, sans enfans de *Marguerite de Saint-Lot*, son épouse.

XII. Henri du Gard, sixième fils de Claude, & de *Charlotte Vilain*, Seigneur du Rozoy & Capitaine de Cavalerie, eut de son mariage contracté avec *Geneviève Moucquet* :

1. François, Seigneur du Rozoy, mort avant 1693, comme il appert par le *Nobiliaire de Picardie*. Il avoit épousé *Marie de Rély*, dont il n'eut point d'enfans;
2. Charles, qui suit;
3. & 4. Timoléon & Alexandre, décédés sans alliance;
5. Et Madeleine, femme, sans enfans, de *François Fournel*, homme d'armes des Ordonnances du Roi. Elle étoit veuve en 1600, & est mentionnée dans le *Nobiliaire de Picardie*.

XIII. Charles du Gard, IIIe du nom, Seigneur du Rozoy après son frère aîné, vivoit en 1693. Il a eu de *Louise de Fraisse*, son épouse :

1. Charles-Samson, qui suit ;
2. & 3. Pierre & Louise, morts en bas âge.

XIV. Charles-Samson du Gard, Seigneur de Rozoy, fut marié deux fois. On ignore le nom de ses femmes ; mais il eut de la première une fille, & de la seconde un garçon, âgé de 14 ans en 1749.

BRANCHE
des Seigneurs de la Chaux *&* d'Eschichens, *établie au pays de Vaud, Canton de Berne en Suisse.*

XI. Robert du Gard, dit *de Fresneville*, né en 1552, sixième fils de Jean, IVe du nom, & de *Catherine le Fèvre-de-Caumartin*, n'avoit que 17 ans lorsqu'il vint de Picardie en Suisse recueillir la succession de Robert-Pierre, dit *de Fresneville*, son oncle, Seigneur de la Commanderie de la Chaux au pays de Vaud, & étoit accompagné de Pierre du Bois, frère & Procureur de Jean du Bois, son tuteur. La mise en possession des biens de son oncle lui fut expédiée par le Bailli de Morges, au Château de la Chaux, le 10 Décembre 1569, & le traité, concernant cette succession, fut fait à la Chaux le 13 du même mois, entre ledit Robert & Jean du Gard, son frère, Gouverneur & Sénéchal du Ponthieu. Robert du Gard fit son testament le 7 Février 1621, & mourut au Château de la Chaux le 5 Avril suivant ; il est inhumé dans la Chapelle de Saint-Michel, où l'on voit son tombeau & celui de sa première femme, avec leurs épitaphes. Il avoit épousé, 1° en 1575, *Françoise de Gingins*, morte le 28 Septembre 1604, fille de *Michel-Cathelin de Gingins*, Baron de Divonne, Seigneur de Cornens & Moiry, & de *Susanne d'Estavayé*; & 2° par contrat passé à Moudon dans la maison d'*Estavayé*, le 3 Octobre 1606, *Benoîte de Blonnay*, fille de *Jean-Michel*, Seigneur & Baron de Blonnay, du Châtelard, de Saint-Légier & autres lieux, & de *Jeanne de Joffrey*. Il n'eut point d'enfans de cette seconde femme, au contrat de laquelle assistèrent *nobles & puissans Seigneurs Joseph de Gingins*, Baron de la Sarraz, *Joseph d'Estavayé*, Co-Seigneur dudit lieu, *Philippe d'Es-*

tavayé, Seigneur de Molondin, *Claude de Gumoens*, Seigneur de Gorrevod, *Pierre de Gingins*, Seigneur de Cornens, &c. Du premier lit vinrent :

1. Antoine, qui suit ;
2. Pierre, Seigneur de la Chaux, né en 1581, mort le 14 Mai 1656 ; il avoit épousé, en 1613, *Elisabeth de Sinarclens*, veuve de *François de Martines*, Seigneur de Pailly, & fille de *François de Sinarclens*, Seigneur du Rosey, Co-Seigneur de Grandcy, Dullin & Perroy, & de *Georgette d'Alinges*, de laquelle il ne laissa que
   Anne, Dame de la Chaux, mariée, par contrat passé au Château de ce nom, le 20 Novembre 1647, à *Daniel de Chandieu*, Seigneur de Grivilly, auquel elle porta la Terre de la Chaux, fils d'*Isaïe de Chandieu*, Seigneur de Chabottes, & de *Marie de Dortans*, Dame de l'Isle.
3. Jean, Seigneur de Croze près de Cossoney, né en 1596, mort le 4 Avril 1631. Le traité de partage de ces trois frères, stipulé au Château de la Chaux, est du 31 Décembre 1621 ;
4. Susanne, qui devint héritière de la Seigneurie de Croze, par le décès de son frère Jean. Elle la porta dans une autre Famille ;
5. Et Claudine.

XII. Antoine du Gard, né en 1578, d'abord Seigneur de Croze, dépendance de la Commanderie de la Chaux, qu'il céda ensuite à Jean, son frère, acquit, conjointement avec sa femme, la Terre d'Eschichens-sur-Morges, par acte d'échange du 3 Mai 1610, & mourut en Mai 1643. Il avoit épousé, par contrat arrêté le 9 Décembre 1607, & stipulé au Château d'Eschichens, le 19 Juillet 1620, *Marthe de Coucaut*, fille de *Bernard*, Seigneur d'Estoy & du Villard-Bourgogne, & de *Louise de Dortans*. Elle testa le 21 Mai 1642, & décéda le 26 Février 1650, laissant :

1. Théodore, qui suit ;
2. 3. & 4. Trois filles, dont une, nommée Dorothée, née le 20 Mai 1612, s'allia, en Juillet 1640, avec *Jean Polier*, Co-Seigneur de Brétigny, Saint-Barthélemy & de Gumoensle-Châtel, fille de *Jacques Polier*, Seigneur de Bottens & de Brétigny, Co-Seigneur de Gumoens-le-Châtel, & de *Françoise de Loys*.

XIII. Théodore du Gard, Ier du nom, Seigneur d'Eschichens, né au Château de ce nom le 12 Décembre 1620, y mourut en Septembre 1678. Il avoit époufé, par contrat du 23 Mars 1650, *Elifabeth de Gingins*, fille de *Jean-François de Gingins*, IIe du nom, Seigneur dudit lieu, Ormier, Pompaples & Chevilly, & de *Jeanne de Praroman*, dont huit fils & fix filles, entr'autres :

1. Gabriel, qui fuit;
2. Louis, né au Château d'Efchichens le 7 Décembre 1658, mort Page de la Landgrave de Heffe-Caffel, le 14 Octobre 1676, & enterré dans l'Eglife des Frères - Mineurs de la ville de Caffel;
3. Et Marc-Philippe, auffi né au Château d'Efchichens, le 31 Juillet 1663, qui entra jeune au fervice de l'Empereur, d'où il paffa à celui du Roi de France, & fut Officier-Major au Régiment de *Reynault*, Suiffe. Après la réforme de ce Corps, en 1697, il revint à Efchichens, où il eft mort le 27 Mars 1749.

XIV. Gabriel du Gard, Seigneur d'Efchichens, le feul des enfans de Théodore qui ait eu poftérité, né au Château de ce nom, le 30 Avril 1656, tefta le 14 Mars 1714, & mourut audit Château le 15 Septembre 1718. Il avoit époufé, par contrat du 6 Décembre 1699, *Sara de Sauffure*, décédée à Efchichens le 14 Décembre 1749, ayant tefté le 19 Novembre précédent, fille de *Marc-Antoine de Sauffure*, Seigneur de Morrens, & de *Jeanne de Wulliermin*, petite-fille, du côté paternel, d'*Elie de Sauffure*, Seigneur de Morrens, & de *Sara de Bourlamaque*, &, du côté maternel, de *Gabriel de Wulliermin*, Seigneur de Monnaz, & de *Françoife de Châlon*. De ce mariage font iffus :

1. Marc-Gabriel, mort au berceau;
2. Théodore, qui fuit;
3. 4. & 5. Et trois filles.

XV. Théodore du Gard, IIe du nom, Seigneur d'Efchichens, né au Château de ce nom le 12 Février 1703, Lieutenant des Vaiffeaux le 27 Février 1741, Capitaine de cette troupe le 8 Février 1747, Colonel des Dragons du Pays de Vaud le 14 Mars 1768, a époufé, par contrat paffé au Château de Morges le 5 Août 1726, *Salomé de Buren*, fille de *Philippe-Albert*, Baron *de Buren*, Bailli de Morges, & d'*Elifabeth de Diesbach*; cette dernière étoit fille de *Nicolas*, Baron de *Diesbach*, Général des Bernois, & de *Salomé de Watteville*, petite-fille, du côté paternel, de *Jean-Rodolphe de Diesbach*, & de *Marie de May*; du côté maternel, de *Samuel de*

Watteville, & de *Marguerite d'Erlach*. *Philippe-Albert de Buren*, beau-père de Théodore du Gard, étoit fils d'*Albert de Buren*, Capitaine aux Gardes-Suiffes en France, & de *Bénigne de Loys*; petit-fils, du côté paternel, de *David de Buren*, Seigneur de Sefftigen, & de *Marguerite de Bonfletten*, Baronne de Vaumarcus; du côté maternel, de *Jean-Philippe de Loys*, Seigneur de Villardins, Vidame de Moudon, & d'*Etiennaz de Lavigny*, Dame dudit lieu. Du mariage de Théodore du Gard, avec *Salomé de Buren*, font fortis deux fils & deux filles, dont il ne refte que Marc-Théodore, qui fuit, les autres étant morts jeunes.

XVI. Marc-Théodore du Gard, né au Château d'Efchichens le 26 Octobre 1727, Enfeigne à Drapeau aux Gardes-Suiffes en France, le 11 Septembre 1746, Enfeigne à Pique le 9 Avril 1747, puis Capitaine de Cavalerie au Régiment du Prince de Naffau, le 27 Avril 1761, a perdu fa troupe en 1763 par la réforme, & vit fans alliance au Château d'Efchichens en 1773.

BRANCHE
de Maucreux *en Picardie, éteinte.*

VI. Pierre du Gard, troifième fils de Jacques, & de *Philippine de Hangard*, fut Seigneur de Maucreux, par la donation que Jean, fon frère aîné, lui fit de cette Terre le 29 Mars 1438, & de Longpré, qui lui échut en partage. Il eft mentionné dans le *Nobiliaire de Picardie* & dans la Sentence de maintenue, où il eft auffi parlé de la donation qui lui fut faite de la Terre de Maucreux. Il eut de fa femme, dont on ignore le nom :

VII. Jean du Gard, Seigneur de Maucreux & de Longpré, auffi mentionné dans la Sentence de maintenue de nobleffe. Il époufa *Nicole de Tronville-le-Normand*, dont :

VIII. Jean du Gard, IIe du nom, Seigneur de Maucreux & de Longpré, qui s'allia avec *Marie de Saiffeval*, fille de *Nicolas*, Seigneur de Marcouville, & en eut :

1. Pierre, qui fuit;
2. Et Claire, femme de *Jean de Glify*, Seigneur de Bertangles.

IX. Pierre du Gard, Seigneur de Maucreux & de Longpré, mentionné comme fes prédéceffeurs, dans les *Antiquités d'Amiens* & la Sentence de maintenue de nobleffe, fut

Mayeur d'Amiens en 1520 & 1523, & eut de fon époufe, *Jeanne de May*,

1. PIERRE, qui fuit;
2. Et JEAN, mort fans alliance.

X. PIERRE DU GARD, IIe du nom, Seigneur de Maucreux, de Longpré & de Foffe-Bleuet, étoit Prévôt de Beauvoifis & Mayeur d'Amiens en 1560. Il mourut avant 1580, & avoit époufé *Jacquette Aux - Coufteaux*; dont :

1. PIERRE, qui fuit;
2. Et MARIE, femme d'*Adrien d'Ainval*, Seigneur de Pronier-le-Val, & mère de *Marie d'Ainval*, héritière de cette branche de *Maucreux*, éteinte au XIe degré dans fon frère.

XI. PIERRE DU GARD, IIIe du nom, Seigneur de Maucreux, de Longpré, de Foffe-Bleuet, du Bois-d'Eftrées & de Mandé, fe voyant fans enfans de fon mariage avec *Hélène de Louvencourt*, fit une donation entre-vifs de fes cinq Terres, à *Marie d'Ainval*, fa nièce, le 14 janvier 1588.

Les armes : *d'azur, à 3 jars ou canettes d'argent, becquées & membrées de gueules, 2 & 1. Cimier : un jar naiffant d'argent, becqué de gueules, les aîles éployées.* Supports: *deux lions d'or, lampaffés de gueules.* (Voyez fur cette ancienne Famille les ouvrages cités dans cette Généalogie, qui font les *Antiquités d'Amiens*, par la Morlière; le *Nobiliaire de Picardie*, par Haudicquer de Blancourt; l'*Hiftoire des Maîtres des Requêtes*, par François Blanchard; les *Fragmens hiftoriques de Berne*; les Archives, Regiftres & Titres domeftiques fur lefquels ce Mémoire a été dreffé.)

GARDANNE, Terre & Seigneurie, qui a donné le nom à une branche de la Maifon de *Forbin*. Elle a pour auteur JACQUES DE FORBIN, frère puîné du *grand Palamède*, Gouverneur & Sénéchal de Provence, duquel il acquit la Seigneurie de *Gardanne* le 11 Septembre 1482. Voyez FORBIN.

*GARDE (LA), en Dauphiné : Terre & Seigneurie au Diocèfe de Saint-Papoul-Trois-Châteaux, érigée en *Marquifat*, par Lettres du mois de Septembre 1646, enregiftrées en la Chambre des Comptes de Grenoble le 3 Novembre 1647, en faveur de *Louis Efcalin des Aimars*, auquel fuccéda fon frère *Antoine*,

mort Gouverneur de Furnes le 7 Août 1713. Ils defcendoient l'un & l'autre du fameux Capitaine *Paulin*, Baron de *la Garde*.

*GARDE (LA), autre Seigneurie confidérable, fituée près de Graffe en Provence, portée en mariage par *Claudine*, fille & héritière de *Louis de Glandevès*, à fon mari *Gafpard de Thomas*, Préfident au Parlement de Provence, qui obtint l'érection de la Terre de *la Garde* en *Marquifat*, par Lettres du mois de Juin 1690, regiftrées au Parlement de Provence, le 12 Mars 1691. Son fils *Henri* étant mort fans enfans, *Jofeph-Charles de Marck-Paniffe*, Confeiller au Parlement de Provence en 1731, a été fon héritier, du chef de fa mère, fœur de *Henri*.

GARDE - DE - CHAMBONAS. N'ayant point reçu de Mémoire fur cette ancienne Famille, nous ne pouvons que répéter ici ce que nous en avons déjà dit tom. II de notre première Edition, p. 173, d'après d'autres Auteurs.

HENRI DE LA GARDE, defcendu au cinquième degré de GILBERT DE LA GARDE, Chevalier, eut de fon mariage, contracté avec *Gabrielle de Châteauneuf* :

GAUCELIN DE LA GARDE, qui a époufé *Philippe de Molette*, dont :

PIERRE DE LA GARDE, que *Catherine Fraiffinet*, fon époufe, rendit père de :

RAYMOND DE LA GARDE, qui eut de *Catherine de Carteville* :

BAPTISTE DE LA GARDE, qui époufa *Simonne d'Hérail*, fille du Vicomte de Brézis, & en eut pour fils :

NOEL DE LA GARDE, qui, par *Louife de Chafel*, fut père de :

HENRI DE LA GARDE, qui eut de *Gabrielle de Molette de Morangiès* :

ANTOINE DE LA GARDE, Chevalier, Seigneur de Chambonas, qui s'eft marié à *Charlotte de la Baume-de-Suze*, dont il a eu entr'autres enfans :

1. LOUIS-FRANÇOIS, Seigneur de Chambonas, Lieutenant de Roi en Languedoc, mort fans poftérité, en faveur duquel la Seigneurie de *Chambonas*, en Bas-Languedoc, fut érigée en *Marquifat*, par Lettres du mois d'Avril 1683, enregiftrées au Parlement & en la Chambre des Comptes du Languedoc;
2. CHARLES, qui fut Comte de Saint-Thomé, s'établit en Bourgogne, & mourut en 1686,

laiffant de fa femme, *Marie-Victoire de Rochefort-d'Ailly*,

N... DE LA GARDE, dit *le Comte de Saint-Thomé*, qui, de fa feconde femme, *N... de Montmorillon*, a pour fils :

HECTOR-ANTOINE-DOMINIQUE, appelé *le Comte de Chambonas*, Enfeigne dans les Gardes-Françoifes, qui a époufé, le 11 Mars 1751, *Marie-Madeleine-Louife de Dienne-de-Chayladet*, riche héritière d'Auvergne, née le 20 Septembre 1729.

Et N...DE LA GARDE, Prévôt du Chapitre de Brioude.

3. Et HENRI-JOSEPH, dit *le Comte de Chambonas*, Baron des Etats, & Lieutenant-Capitaine aux Gardes-Françoifes, qui fut fait, en 1706, premier Gentilhomme de la Chambre du Duc du Maine, & mourut le 31 Août 1739, âgé de 84 ans. Il avoit époufé, le 5 Avril 1695, *Marie-Charlotte de Fontanges-d'Auberoque*, morte le 7 Juillet 1738, âgée de 68 ans, dont :

SCIPION-LOUIS-JOSEPH DE LA GARDE, Marquis de Chambonas, Baron de Saint-Félix & des Etats de Languedoc, Lieutenant de Roi de cette Province, Brigadier des Armées du Roi en 1744, ancien Colonel du Régiment d'Eu, & Lieutenant de Roi en Normandie, mort le 23 Février 1765, qui a époufé 1º.*Claire-Marie*, Princeffe *de Ligne* ; & 2º N.... *de Grimoard de Beauvoir du Roure*, fille de *Louis-Claude-Scipion*, IVe du nom, Comte du Roure, Lieutenant-Général des Armées du Roi, & de *Marie-Antoinette-Victoire de Gontaut-Biron*. Du premier lit il a eu :

MELCHIOR-CHARLES-SCIPION, mort le 7 Juillet 1732, âgé de 8 ans.

Et du fecond lit vinrent :

Deux garçons, dont un, appelé le *Marquis de Chambonas*, a époufé, par contrat figné du feu Roi & de la Famille Royale, le 26 Avril 1774, N.... *de l'Efpinaffe de Langeac*. (*Gazette de France* de 1774.)

Les armes : *d'azur, au chef d'argent.*

GARDE-CHASSIGNY (LA) : *de gueules, à la bande d'argent.*

GARDE DE CLÉRON (LA) : *écartelé, aux 1 & 4 de gueules, à la fafce d'argent, chargée de 3 rofes du champ ; aux 2 & 3 d'azur, au bœuf ailé d'or ; fur le tout échiqueté d'or & de gueules,*

GARDE DE VINS : *d'azur, au rocher d'argent, fommé d'une tour du même, & accofté d'une étoile d'or.*

GARDEUR (LE), en Normandie, Election de Caen : Famille, qui porte pour armes : *de gueules, au lion d'argent, armé & lampaffé d'or, tenant une croix latine recroifetée du même.*

GARDIE (LA), Famille noble & ancienne du Haut-Languedoc, au Diocèfe de Caftres. CHARLES DE LA GARDIE-SAINT-LAURENS époufa *Catherine de Citon d'Efpine*, dont :

GUILLAUMETTE-MARIE-ANNE DE LA GARDIE, la dernière de fon nom, mariée, par contrat du 10 Juillet 1679, à *Pierre de David*, Seigneur de Beauregard, baptifé le 12 Janvier 1651, dont poftérité. Voyez DAVID.

BRANCHE
établie en Suède.

Elle a de grandes illuftrations & remonte à PONTUS DE LA GARDIE, qui s'établit en Suède fous le règne d'ERIC II, en 1565, & devint beaucoup plus puiffant en 1568, fous celui de JEAN III, qui le fit Grand-Maître de fa Maifon & Grand-Maréchal des Armées de Suède ; il y époufa, en Janvier 1580, une fille naturelle de JEAN III, Roi de Suède, & fa poftérité y fubfifte encore avec éclat dans les Comtes DE LA GARDIE.

GARDIN (DU), en Normandie, Election de Valognes, qui porte : *d'azur, à l'aigle d'argent, becquée & membrée d'or, adextrée d'un foleil du même.*

GARDOUCH. Voyez VARAGNE.

GARGES. Nous avons déjà parlé de cette ancienne Nobleffe, tom. VII de la première Edition de cet Ouvrage, & en voici la Généalogie extraite en grande partie de Moréri, tom. V, Edition de 1759, d'après un *Mémoire envoyé* par M. l'Abbé DE GARGES, Chanoine de Beauvais. Elle eft recommandable par fes fervices militaires. Sa filiation eft fuivie depuis RAOUL, qui vint d'Ecoffe s'établir en France dans le XIVe fiècle. C'eft une tradition dans la Famille, que ce RAOUL étoit d'extraction Royale. On trouve en effet plufieurs titres dans le Cabinet Généalogique des Ordres du Roi, où il eft nommé *Parent des Rois d'Ecoffe*, & d'autres où il eft dit qu'il defcendoit de ces Princes. Ses armes, que fes defcendans portent encore aujourd'hui, étoient: *d'or, au lion armé & lampaffé de gueules.* Ce font les mêmes que portoient anciennement les Rois d'Ecoffe (comme le remarque Palliot, dans fon *Armorial,* pag. 45), avant que leur union avec la France leur eut fait ajouter le *double trefcheur fleuré & contre-fleuré.*

I. RAOUL DE GARGES (*a*) acheta, par contrat

(*a*) La Chenaye - Desbois, dans fon *Dictionnaire,* prem. édit., tom. VII, pag. 248, parle d'un GUILLAUME DE GARGES, Chevalier, Seigneur de Garges, près de Saint-Denis, qui vivoit fous PHILIPPE-AUGUSTE, vers 1180, époque à laquelle il fit l'acquifition de la Terre & Seigneurie de *Garges,* par contrat paffé fous le Scel de Saint-Denis, d'où cette Terre relève ; il en prit le nom, qu'il a tranfmis à fa poftérité. La Chenaye-Desbois commence la filiation de cette Maifon à ce GUILLAUME DE GARGES, qui eut de fa femme 4 enfans, qui font:

1. JEAN, Ecuyer, Seigneur de Garges, qui étoit Seigneur d'un Fief fur les dimes de Fontenay, dont il fit hommage, en 1228, à Guillaume, Evêque de Paris, ainfi que pour un autre Fief que Mathieu de Villers devoit tenir de lui à Epiers (l'Abbé Lebœuf, *Hift. des Envir. de Paris,* art. *Garges,* pag. 405; art. *Fontenay,* tom. V, pag. 383 ; art. *Roiffy,* pag. 443). Conjointement avec *Sédille,* fa femme, il vendit, en 1250, à la Maifon de Sainte-Geneviève de Paris, un fixième de la dîme de Roiffy; les garants de cette vente furent trois Chevaliers: Hugues de Bruyères, Mathieu des Loges, & PIERRE DE GARGES, frère de JEAN (Chart. de Sainte-Geneviève, pag. 292). Il devoit, en 1271, fervice au Roi durant 25 jours;
2. PIERRE, Chevalier en 1247, qui devoit fervice au Roi, en 1254, durant 5 jours (de la Roque, *Traité de la Nobleffe,* pag. 60) ;
3. PHILIPPE, Chevalier en 1227, & *Emeline,* fa femme dont on ne voit pas de poftérité, qui cédèrent à l'Abbaye de Saint-Denis les Fiefs qu'ils avoient à Garges, moyennant une redévance dont *Emeline,* devenue veuve, fe laffa, & fit un Echange avec cette Abbaye, en 1231, comme il eft dit plus amplement dans le Chart. de St.-Denis, fol. 355, & l'Abbé Lebœuf;
4. Et RAOUL, qui céda, en 1237, avec *Mabille,* fa femme, à l'Abbaye de St.-Denis, moyennant 12 livr., le droit qu'ils y avoient de recevoir le jour de St.-Denis, un porc & demi, quatre oies, huit poules, cinquante pains & cinquante bouteilles de vin (Chart. de Saint Denis, fol. 226). Il fonda, à Garges, un Fief du nom de *Raoul,* confiftant en Prés & Moulins.

(Note des Editeurs.)

---

paffé fous le fcel de Saint-Denis, l'an 1377, la Terre de *Garges,* près Goneffe, dont il prit fon furnom, qu'il a tranfmis dans fa Famille, avec cette Terre qu'elle a poffédée long-tems. Il rendit des fervices importans à la France fous le règne de CHARLES V. Ce fut lui qui défendit fi vaillamment la ville de Creil contre les Anglois, qu'il les obligea d'en lever le fiège, quoiqu'il fût réduit à la dernière extrémité avec la Nobleffe Françoife qu'il y commandoit vers l'an 1380 ; le Roi, en récompenfe de fes fervices, comme il eft marqué dans les Regiftres de la Chambre des Comptes de Paris, le dota d'une Viguerie Royale. Il eut de *Mabille,* fa femme :

II. RÉGNAULT, Chevalier, Seigneur de GARGES & de Tiverny, qui fut marié à *Jeanne de Mereffe* ou *de la Mereffe,* dont le père poffédoit des terres confidérables. Il en eut:

1. JEAN, qui fuit;
2. ETIENNETTE, mariée, en 1448, à *Gilles de Gaudechart,* Ecuyer, Seigneur de Gaudechart, Villotran & Méfanguy ;
3. Et MARIE, mariée, en 1449, à *Guy Thibault,* Chevalier, Seigneur de Cery, près de Compiègne, dont le père *Jean Thibault de Cery,* fut en grand crédit, & eut part aux affaires de l'Etat fous Philippe de Valois.

III. JEAN, Chevalier, Seigneur de GARGES, de Tiverny & de Pifeaux, fervit très-fidèlement le Roi CHARLES VII. HENRI V, Roi d'Angleterre, lorfqu'il fut maître de Paris en 1423, donna à Girault Defguais l'Hôtel, cens & rentes appartenant à JEAN DE GARGES abfent, qui tenoit le parti de CHARLES VII, & enfin les héritages, rentes & Juftice que les enfans de JEAN avoient à Garges; il fonda, à perpétuité, en la Paroiffe de Garges, une Meffe baffe que l'on acquitte tous les ans le 1er Août, pour lui & fa femme. Il avoit époufé *Perrette de Certain,* dont il eut:

1. JEAN, qui fuit;
2. PIERRE, auteur d'une branche éteinte, Seigneur de GARGES, Tiverny & Pifeaux, Capitaine de Chantilly, allié à *Marie de Saint-Benoît,* fœur puînée de la femme de fon frère aîné. Il en eut:
   1. FRANÇOIS, qui fut tué à la bataille de Dreux ;
   2. ANNE ou LOUIS, Seigneur de GARGES & de Tiverny, Gouverneur du Château de Creil, qui époufa *Marie de Templeux,* Dame de Piffeleu en Picardie, dont il eut:

ANTOINETTE, qui, vers l'an 1570, vendit la Terre & Seigneurie de *Garges*, ayant réfervé pour fa Famille le droit de porter le nom de cette Terre, & époufa le Seigneur d'*Hafeville* en Picardie;

Et CHARLOTTE, Dame de Lingueville, mariée, en 1599, à *Pierre de Billy*, Seigneur d'Antilly.

3. Et GUILLAUME, qui fut Seigneur de Pifeaux & du Coulombier, près de Marlou. Il époufa *Madeleine de Colate*, fille de *N... de Colate*, Seigneur de Verfailles, de laquelle il eut:

MARIE, morte jeune;

Et MADELEINE, Dame du Coulombier, &c., mariée, avec difpenfe, à *Jean le Caron*, Seigneur de Damery & d'Anchy, fon coufin.

3. Et CHARLES, Gouverneur de Fère-en-Tardenois, mort garçon en 1551, & enterré aux Cordeliers de Senlis dans la Chapelle de la Conception, où fe voyoit encore fa tombe en 1750.

IV. JEAN DE GARGES, IIe du nom, Seigneur de Macquelines, Villers-Saint-Geneft, Frefnoy-les-Gomberies, & du Fief du Dongeonde-Levignem, fit, conjointement avec fon frère PIERRE, le 16 Juin 1528, un partage en forme de tranfaction, pour le partage des biens de leurs époufes; les Terres de Macquelines, Villers-Saint-Geneft, Frefnoy-les-Gomberies, & le Fief du Dongeon-de-Levignem, fitués près de Crefpy-en-Valois, échurent à JEAN; & les Terres de Garges, de Pifeaux & de Tiverny, qui étoient les biens de la Famille, reftèrent à PIERRE, le puîné. JEAN avoit époufé *Michelle de Saint-Benoît*, fille de *Michel* & de *Marguerite Apollo*, & en eut:

1. ANTOINE, mort fans enfans, de fon époufe *Jeanne de Rouilly*, fille de *Nicolas*, Seigneur de Condé-en-Brie;

2. FRANÇOIS, qui fuit;

3. Autre FRANÇOIS, dit *le jeune*, auteur de la branche des Seigneurs de *Villers-Saint-Geneft*, rapportée ci-après;

4. HENRI, tige de la branche des Seigneurs d'*Ormoy*, dite *de Villers*, mentionnée en fon rang;

5. Et MARGUERITE, morte fans poftérité.

V. FRANÇOIS DE GARGES, Seigneur de Macquelines, Chevalier de l'Ordre du Roi, & Lieutenant-Commandant la Compagnie de Thoré, époufa *Gabrielle de la Grange*, fille

de *Jean de la Grange*, Seigneur de Dracy, proche d'Auxerre, & de *Françoife de Morvilliers-Mefmillons*. Il en eut 18 enfans, entr'autres:

1. EDME, qui fuit;

2. GUILLAUME, Chevalier de Malte en 1576;

3. GEORGES, Seigneur de Baffon, Capitaine de 200 hommes d'Infanterie Allemande, tué dans la guerre de Savoie en 1617, fans avoir été marié;

4. CHARLES, Seigneur de Villemorin, marié à *Jeanne de Blondeau*, fille de *N... de Blondeau*, Seigneur de Beauregard en Bretagne, dont:

JEANNE;

Et HENRI, Capitaine dans Arbouville, tué en Allemagne, fans laiffer d'enfans de *Marie Pichot*, fon époufe.

5. FRANÇOIS, tué fur les Galères de Venife;

6. PHILIPPE, Lieutenant aux Gardes-Françoifes, qui n'eut point de poftérité de fa femme, fille du premier Préfident de Metz;

7. SIDOINE, mariée à *François de Cofterel*, Seigneur de Bonneuil-en-Valois;

8. LÉONORE, alliée 1° à *Charles de Sapinaud*, Seigneur de Bayolles en Poitou; & 2° à *Léon de Polignac*, Seigneur de Coyeux, &c., en Saintonge, Lieutenant de Roi de cette Province;

9. CHARLOTTE, mariée 1° à *Pépin de Bonnouvrier*, Seigneur de Talmont-fur-Gironde, Capitaine aux Gardes, Gouverneur des ville & citadelle de Metz; & 2° à *François de Montmorency-Foffeufe*;

10. LOUISE, Abbeffe de la Madeleine de Metz;

11. Et MADELEINE, Religieufe à Caen.

VI. EDME DE GARGES, Seigneur de Macquelines, Guidon des Gendarmes de Thoré, puis Capitaine des Chevaux-Légers, époufa, par contrat du 8 Novembre 1596, *Françoife d'Anftrude*, Dame de Cathufe & des Grand & Petit-Beaulieu, fille de *David d'Anftrude*, Capitaine de la Garde Ecoffoife du Roi, & de *Renée du Pleffis*. De ce mariage vinrent:

1. ANNE, Seigneur de Macquelines, Lieutenant des Chevaux-Légers du Sieur de Rouville, mort garçon;

2. Et YOLANDE, mariée à *N... du Helloy*, Seigneur de Maucomble, au Vexin-François.

BRANCHE

des Seigneurs de VILLERS-SAINT-GENEST.

V. FRANÇOIS DE GARGES, dit *le jeune*, troi-

fième fils de JEAN II, Seigneur de Macquelines, & de *Michelle de Saint-Benoît*, fut Seigneur de Villers-Saint-Geneft & de Frefnoy-
les-Gomberies. Il époufa *Anne de Perthuis*,
fille de *N.... de Perthuis*, Seigneur de Vof-
feaux & de Chambly en Beauvoifis, & d'*Antoinette de Cambot*, dont :

1. JEAN, qui fuit;
2. CHRISTOPHE, reçu en 1584, Chevalier de
   Malte, & à 26 ans Commandeur de la Bra-
   gue en Brabant, & depuis de Moify en Valois;
3. GEORGES, auteur de la branche des Seigneurs
   de *Noroy*, rapportée ci-après;
4. NICOLAS, tige de la branche des Seigneurs
   de *Frefnoy-les-Gomberies*, & de *Corbin*,
   mentionnée enfuite;
5. MARGUERITE, mariée 1° à *Regnault Coignet*, Seigneur de Champiard, près de Melun; & 2° à *N...*, Seigneur *de la Barre*,
   près de Meaux;
6. ANNE, femme 1° de *Pierre de Gomer*, Seigneur de Luzancy; & 2° de *N... de Buffy*,
   Seigneur d'Ogny, près de Reims;
7. CHARLOTTE, Religieufe au Parc-aux-Dames en Valois;
8. Et MICHELLE, Religieufe à Collinances en
   Valois.

VI. JEAN DE GARGES, Seigneur de Villers-
Saint-Geneft, Ecuyer ordinaire & Guidon
des Gendarmes de la Reine-Mère, MARIE DE
MÉDICIS, qu'il accompagna dans fon exil &
fes malheurs, époufa 1° *Renée de Gaillarbois*, fille de *Philippe de Gaillarbois-de-Mar-
couville*, Seigneur dudit lieu, & de *Charlotte
de Champluifant*; & 2° *Anne de Béthencourt de Carency*, fille de *Philippe de Béthencourt*, Seigneur de Carency en Artois, &
de *Catherine de Daman*, fille du Chancelier
de Brabant. Du premier lit vinrent :

1. JEAN, mort Page de la Reine MARIE DE MÉ-
   DICIS;
2. FRANÇOIS, premier Capitaine du Régiment
   de Piémont, tué en Hollande en 1665, fans
   avoir été marié;
3. PHILIPPE, mariée à *René de Moreuil*, Seigneur de Saint-Cyr, au Vexin-François.

Et du fecond lit fortirent :

4. HENRI, qui fuit;
5. MARIE-CHARLOTTE, Religieufe au Parc-
   aux-Dames;
6. Et ANNE-CÉCILE, mariée à *N...*, Comte
   d'*Effern*, en Flandre.

VII. HENRI DE GARGES, Seigneur de Villers-Saint-Geneft, époufa 1° *Adrienne de

Hermant, fille de *N...*, de *Hermant*, Seigneur de Louâtre, Grand-Maifon & Saint-
Pierre-Aile, & d'*Anne d'Hanfton*; & 2° *Marie-Anne de Bargas y Manchouca*, fille de
Don *Jean de Bargas*, Lieutenant-Colonel
du Régiment de Pimentel, Efpagnol, & de
Dame *Jeanne-Thérèfe Febvrier*, petite-fille
d'un Chancelier de Brabant, dont il n'eut
qu'un fils, nommé PHILIPPE, mort dans l'enfance. Les enfans qu'il eut de fon premier
mariage furent :

1. CHARLES-HENRI, Prêtre de l'Oratoire, mort
   Prieur de Raray;
2. MARIE-ANTOINETTE, alliée 1° à *Jouffre-
   Nicolas de Chabrignac*, Seigneur de Condé, Capitaine dans Royal-Allemand, puis
   dans les Carabiniers, dont elle a eu quatre
   enfans, qui font les héritiers de cette branche de *Villers-Saint-Geneft*; & 2° à *Ferdinand des Androuins*, dont elle n'a pas
   eu d'enfans;
3. AGNÈS, Religieufe à Mouchy, près de Compiègne;
4. Et GABRIELLE, Religieufe au même Monaftère.

BRANCHE
des Seigneurs de NOROY.

VI. GEORGES DE GARGES, troifième fils de
FRANÇOIS, & d'*Anne de Perthuis*, Seigneur
de la Villeneuve & de Noroy, fut tué au fiège
de Négrepeliffe, commandant l'artillerie. Il
avoit époufé *Efther de Rouy*, dont il eut :

1. CHRISTOPHE, reçu, en 1617, Chevalier de
   Malte, Capitaine de Vaiffeau, tué dans un
   combat naval contre les Rochelois, où il
   fe diftingua beaucoup;
2. ANTOINE, Chanoine à Metz;
3. MICHEL, qui fuit;
4. CHARLES, mentionné après fon frère;
5. N... DE GARGES, Seigneur de Cernoy en
   Picardie;
6. ANNE, qui n'a pas été mariée;
7. HÉLÈNE, Religieufe à la Ferté-Milon;
8. MADELEINE, Religieufe au même endroit;
9. MARIE, morte fille;

Et d'autres enfans morts en bas âge.

VII. MICHEL DE GARGES, Seigneur de Noroy & de Vignoles, époufa *Michelle d'Hanfton*, fille du Seigneur de Louâtre, de laquelle
fortit :

VIII. HUGUES DE GARGES, Seigneur de Noroy, Capitaine de Dragons dans Sainfandoux,

marié à *Louiſe-Renée du Bois*, fille de *N....
du Bois*, Seigneur de Villers-lès-Arquery,
près de Clermont en Beauvoiſis. Il en a eu :

1. HuGues, Capitaine au Régiment de Bretagne, tué en Italie ;
2. Marie-Françoise, morte fille;
3. Louise-Elisabeth, née le 16 Octobre 1676,
mariée à *N... d'Harzillemont ;*
4. Michelle-Henriette, morte jeune ; .
Et autres enfans auſſi morts jeunes.

VII. Charles de Garges, quatrième fils
de Georges, Seigneur de Noroy, & d'*Eſther
de Rouy*, fut Seigneur d'Hartennes, près de
Soiſſons, & époula *Madeleine de Hédouville*,
Dame de Sainte-Geneviève en Thiérache. Ses
enfans furent :

1. Jacques, qui ſuit ;
2. François, mort jeune au Collège de Laon
à Paris ;
3. Madeleine, mariée à *Ferdinand de l'Aage ;*
4. Charlotte, qui n'a point pris d'alliance ;
5. & 6. Anne & Marie, Religieuſes à Auchy-
le-Châtel; .
7. & 8. Et deux filles, nommées Geneviève,
mortes jeunes.

VIII. Jacques de Garges, Seigneur d'Hartennes, commandant un bataillon au Régiment de Normandie, époula *Catherine d'Arcry*, Dame de Cartheray, dont il eut deux
filles, qui n'ont pas laiſſé de poſtérité.

*BRANCHE
des Seigneurs de* Fresnoy-les-Gombe-
ries *et de* Corbin.

VI. Nicolas de Garges, Seigneur de Frefnoy-les-Gomberies & de Corbin, quatrième
fils de François, Seigneur de Villers-Saint-
Geneſt, & de Freſnoy-les-Gomberies, &
d'*Anne de Perthuis*, fut Gouverneur de La-
gny-ſur-Marne. Il époula 1° *Rachel de
Meaux*, fille de *N.... de Meaux*; & 2° en
1622, *Mérode Bodin*. Il eut du premier lit :

1. & 2. François & Louis, tués au ſiège de
Montauban ;
3. Jean, Prieur de Courtry en Gâtinois ;
4. Antoine, mort jeune ;
5. Autre François, Prieur de Vivier-Crefa en
Saintonge, puis Capucin ;
6. Jean, tué, en 1638, près de Jametz en Lorraine, en un combat contre les Croates ;
7. Philippe, mort jeune ;
8. Henri, qui ſuit ;
9. Claire, époule de *N... de Mauregard*,
Lieutenant-Colonel d'Infanterie ;

10. Marie, Religieuſe à Champ-Benoît près de
Provins; . .
11. Et Marguerite, Religieuſe à Lagny.

VII. Henri de Garges, Seigneur de Corbin, Gouverneur de Lagny, ſe maria avec
Eliſabeth le Clerc, dont il eut : . .

1. Henri, Major du Régiment de Champagne, tué en Allemagne ;
2. & 3. Charlotte & Anne, Religieuſes aux
Urſulines de Crépy ;
4. Elisabeth, mariée à *Jean de Melun*, Seigneur de Brumetz;
5. Et Marie, morte jeune. . .

BRANCHE

*des Seigneurs d'*Ormoy, *dite de* Villers,
*la ſeule ſubſiſtante aujourd'hui, toutes les
autres étant éteintes.*

V. Henri de Garges, quatrième fils de
Jean, IIe du nom, & de *Michelle de Saint-
Benoît*, n'ayant eu aucunes Terres de ſa Famille, mais de l'argent par ſon partage fait
avec ſes frères & ſœurs, par contrat paſſé à
Crépy-en-Valois, le 31 Octobre 1565, acheta
les Terres d'Ormoy, Villers & Villeneuve-
Emmy-les-Champs proche de Crépy, & con-
tiguës à celles de ſes frères. Il fut d'abord
Gentilhomme ſervant du Duc d'Anjou, par
Brevet du 5 Août 1568, *pour récompenſe*, dit
ce Prince, *de ſes bons ſervices militaires*, &
en conſidération de la nobleſſe de ſon extraction. Il fut enſuite Gentilhomme ordinaire des
Rois Charles IX, Henri III & Henri IV, ſervant à la vénerie, comme on le voit par les
Lettres-Patentes du Roi Henri III, en date
du 14 Février 1587, qui exemptent de toutes
contributions ledit Henri de Garges, à cauſe
de ſes ſervices de 30 campagnes, & du long
tems qu'il avoit été Gentilhomme ordinaire
de ſa Maiſon. Il avoit époulé *Françoiſe de
Sébouville*, veuve d'*Antoine de Champluiſant*
Chevalier, Seigneur d'Ormont, près de Paris,
& Gentilhomme de la Maiſon du Roi, fille
de *Rolland de Sébouville*, Chevalier, Seigneur de Vignery, Saint-Giroult, &c., & de
Marie de Vion, dont il eut :

1. Pierre, qui ſuit ;
2. François, mort jeune ;
3. Marguerite, non mariée ;
4. Marie, morte jeune ;
5. Et Madeleine, alliée ſans enfans, 1° à *Anne de Broſſart*, Seigneur de la Tillaye &
de Brégy ; & 2° à *Chriſtophe de Paris*, Seigneur de Mondrival.

VI. Pierre de Garges, Chevalier, Seigneur d'Ormoy, Villers & Villeneuve, Capitaine d'une Compagnie de 200 hommes de pied, au Régiment de Fleſſan, rendit de grands ſervices à nos Rois, & notamment à Henri IV, au ſiège d'Amiens. Ce Monarque, plein d'eſtime pour ſa valeur, lui donna pluſieurs récompenſes. En 1617, le Roi lui donna un brevet de retenue de Capitaine de Chevaux-Légers, pour avoir remis à Sa Majeſté le Château de Pierrefont, dans lequel il commandoit; ce brevet eſt ſigné : Louis, & contre-ſigné *Richelieu*. Par contrat du 3 Mars 1601, il épouſa *Philippe de Pellevé*, nièce du fameux Cardinal de ce nom, fille de *Charles*, Chevalier de l'Ordre du Roi, Gentilhomme ordinaire de ſa Chambre, & de Dame *Françoiſe d'Aſſy*, Dame de Tourny. Ses enfans furent :

1. Antoine, qui ſuit;
2. & 3. Charles & François, morts jeunes;
4. Renée-Marie, Religieuſe à l'Abbaye de Moncel, près de Pont-Sainte-Maxence, morte Abbeſſe de Champ-Benoît-lès-Provins;
5. Anne, mariée à *Charles de Poulain*, Seigneur de Groslay & de Boiſſy au Vexin, dont elle n'a point eu d'enfans;
6. Philippe, mariée à *Anne de Meaux*, Seigneur de Douy, dont beaucoup d'enfans, la plupart tués au ſervice;
7. Et Françoise, morte jeune.

VII. Antoine de Garges, Chevalier, Seigneur d'Ormoy, Villers, Villeneuve & Rouville, ſervit comme Officier d'Infanterie au Régiment d'Eſtrées, fit bâtir le Château d'Ormoy, où l'on voit, dans l'Egliſe, ſa tombe & celle de ſa femme; après avoir quitté le ſervice, il épouſa à Compiègne, par contrat du 6 Août 1647, *Madeleine de Sacqueſpée*, fille de *François*, Marquis de Théſy près d'Amiens (deſcendu des anciens Seigneurs de Dixmude), & de *Jeanne de Chambly-Monthenault*, dont ſortirent :

1. Bernard-Antoine, qui ſuit;
2. 3. & 4. François, René & Philippe, morts jeunes;
5. François, Aide-Major au Régiment de Piémont, tué, en 1696, à la défenſe de Maëſtricht, ſans avoir été marié;
6. Henri, reçu Chevalier de Saint-Lazare le 15 Février 1686, appelé *le Chevalier d'Ormoy*, Capitaine au Régiment de Piémont & Ingénieur, tué à l'âge de 22 ans, à la bataille de Nerwinde; c'étoit un des plus

braves Officiers, & un excellent Ingénieur; il fut regretté du Maréchal de Vauban qui l'eſtimoit beaucoup. Louis XIV l'avoit déjà gratifié d'une penſion de 600 livres;
7. Marie-Anne, morte jeune;
8. Marie-Jeanne, morte Religieuſe Cordelière à Grandvilliers en Picardie;
9. Marie-Madeleine, morte jeune, à Péronne, chez Madame *de Parthenay*, ſa tante;
10. Marie-Anne, d'abord nommée Chanoineſſe d'Epinal en Lorraine, après avoir fait ſes preuves de 16 quartiers, puis mariée à *Jacques-Emmanuel de la Granché*, Ecuyer, Seigneur d'Arpentigny, en Brie, &c., Préſident au Préſidial de Crépy. Deux de ſes petits-fils ſervirent, en 1759, dans les Chevaux-Légers de la Garde ordinaire du Roi;
11. Marie-Angélique, morte Religieuſe à Montdidier;
Et ſept autres enfans morts en bas âge.

VIII. Bernard-Antoine de Garges, Chevalier, Seigneur d'Ormoy, Villers, Villeneuve & Rouville, Capitaine au Régiment de Piémont, vendit, le 17 Septembre 1709, les Terres d'Ormoy & de Villeneuve, poſſédée aujourd'hui par le Prince de Condé. Il mourut âgé de 64 ans, & fut enterré le 25 Août 1712. Il avoit épouſé, par contrat du 21 Février 1685, *Marie-Gabrielle de Barenton*, morte en ſa 79e année, le 30 mars 1746, à Crépy-en-Valois, fille d'*Adolphe*, allié à la Maiſon de *Geſvres*, Seigneur de Condran, & de *Marie de Longueil-des-Maiſons*, dont il a eu entr'autres enfans :

1. René-Bernard, Seigneur de Villers, Capitaine d'Infanterie au Régiment de Louvigny, & Chevalier de Saint-Louis, marié, le 5 Avril 1722, à *Marie-Anne de Bargas*, veuve de Henri de Garges, Seigneur de Villers-Saint-Geneſt, mentionné au degré VII de la ſeconde branche; morte, ſans enfans, à Beauvais le 30 Mars 1747;
2. Jean-Valentin, qui ſuit;
3. & 4. Nicolas & Antoine, morts jeunes;
5. Marie-Madeleine, née le 17 Décembre 1685, appelée *Mademoiſelle d'Ormoy*, élevée à Saint-Cyr, où elle fut reçue en Décembre 1697;
6. Adrienne-Clotilde, Religieuſe aux Dames de la Viſitation à Compiègne, dont elle a été Supérieure en 1756;
7. Marie-Anne-Gabrielle, mariée, par contrat du 22 Décembre 1745, à *Charles-Antoine de Billy*, Chevalier, Seigneur d'Antilly, &c., Chevalier d'honneur au Préſidial de Crépy, ſon parent, mort en Mai 1763;

8. Henriette-Antoinette, née le 15 Octobre 1704, reçue à Saint-Cyr en 1713;
9. Et Gabrielle-Valentine, morte jeune.

IX. Jean-Valentin de Garges, Chevalier, Seigneur de Villers en partie, d'abord reçu Chevalier de l'Ordre de Malte en 1710, servit Officier dans le Régiment Royal-Artillerie, & est mort le 8 Novembre 1755. Il quitta l'Ordre de Malte pour époufer, le 2 Septembre 1733, Geneviève-Françoise de Morin, fille de François, Ecuyer, Seigneur de la Haye en Normandie, Chevalier de Saint-Louis, Sous-Brigadier des Gardes-du-Corps du Roi, & de Cécile Feuillette, dont font issus:

1. René-Marie-Agathe, Seigneur en partie de Villers, nommé en 1754, âgé de 17 ans, Chanoine de Gerberoy; enfuite en 1758, Chanoine de la Cathédrale de Beauvais, les deux fois nommé par le Cardinal de Gefvres, Evêque & Comte de Beauvais, fon parent;
2. Valentin-Jean, qui fuit;
3. Et N... de Garges, morte en naissant.

X. Valentin-Jean de Garges, Seigneur en partie de Villers, Lieutenant au Régiment d'Angoumois, en 1760; fait prisonnier par les Anglois avec un tiers de fon Régiment à la hauteur du Cap du Finistère le 2 Mars 1762; conduit à l'Isle des Barbades, d'où il est revenu; a débarqué à la Rochelle le 25 Septembre 1762, & s'est rembarqué en Mars 1763 pour le Port-au-Prince, ainsi que plusieurs autres Régimens.

Les Auteurs qui parlent de cette ancienne Noblesse font: le Laboureur, art. de la Pompe funèbre de M. de Montmorency; Inventaire de Serres, de 1613, 2 vol., à Rouen; art. du fiège de Creil par les Anglois; Histoire des Grands-Officiers de la Couronne, aux art. Montmorency, Pellevé, Billy; Histoire de Malte de l'Abbé de Vertot; Nobiliaire de Picardie, pag. 235; Trophées d'Armes héraldiques, pag. 75; de Bur, Général d'Armes d'Ecoffe; Leroy, Belleforest; Histoire des Environs de Paris, par l'Abbé Lebeuf, art. Garges, Fontenay, Roissy, &c.; Armorial génér. de France, aux art. Montmorency, Pellevé, Billy & Anstrude; les Chroniques de Monstrelet; Histoire de l'Abbaye de Saint-Denis, par le Père Félibien, in-fol.; pag. 253, 427; Faucher, Alain Chartier, Monstrelet, Bozio, Moréri, édit. de 1759; Chart. Ep. Par. Regium., fol. 99; Chart.

de Sainte-Geneviève de Paris, fol. 260, pag. 292; Chart. de Sancti... Regium, fol. 355, pag. 226; Tab. B. Mariæ Devalle; Sauval, tom. III, pag. 325 & 328; la Roque, Traité de la Nobleffe, pag. 60.

Les armes comme ci-devant.

GARIBAL (de). N... de Garibal, mort en 1620, eut de Catherine de Prohengues, fon époufe:

Jean de Garibal, Baron de Saint-Sulpice, Conseiller au Parlement de Grenoble le 28 Novembre 1637, puis de Touloufe le 9 Mai 1639; Maître des Requêtes le 14 Mars 1644, & Préfident au Grand-Conseil en 1653. Il eut permission de défunir l'Office de Maître des Requêtes de celui de Préfident le 18 Février 1664, regiftrée le 5 Mars, & mourut le 17 Juillet 1667. Il avoit époufé Jeanne Berthier, fille de Jean Berthier, Seigneur de Saint-Geniès, premier Préfident du Parlement de Touloufe, & d'Eléonore Desplas de Graniague. Elle mourut le 14 Février 1647, laissant:

1. Jean-Louis, Baron de Saint-Sulpice, mort le 10 Juin 1674, fans alliance, & inhumé à Saint-Germain-l'Auxerrois;
2. Et Gabrielle, mariée avec Gabriel-Nicolas, Seigneur de la Reynie, Maître des Requêtes, & premier Lieutenant-Général de Police de Paris, mort le 24 Juin 1709, à 84 ans.

Les armes: d'azur, au coq d'or, pofé fur un rocher d'argent, accompagné de trois étoiles de même en chef.

GARIN, Famille de Normandie, maintenue dans fa Nobleffe le 30 Janvier 1668, dont les armes font: de gueules, à trois coquilles d'or, 2 & 1.

Caradas Garin étoit Avocat du Roi aux Echiquiers de l'an 1464, 1465 & fuivans.

Jean Garin, Conseiller aux Requêtes du Parlement de Rouen en 1544, portoit: de gueules, à deux coquilles d'or en chef, & un cœur auffi d'or en pointe.

GARIPEAUX: d'azur, au chevron d'or, accompagné de 3 étoiles du même, 2 en chef & 1 en pointe.

GARLANDE. Cette Maifon éteinte, originaire de la Province de Brie, tiroit fon nom de la Terre de Garlande, qui eft une portion de celle de la Houffaye. Elle a formé deux branches, & a donné trois Sénéchaux, un Chancelier Evêque de Beauvais, un Bouteillier de France, & deux Evêques d'Orléans.

GUILLAUME, Ier du nom, Seigneur DE GARLANDE en Brie, de Livry, & de Gournay-fur-Marne, du chef d'*Eustache de Montlhéry*, fa mère, vivoit fous PHILIPPE Ier & Geoffroy, Evêque de Paris. Il eut d'*Agnès de Refpy*:

1. GILBERT, dit *Payen*, qui fit le voyage de la Terre-Sainte avec Godefroy, Duc de Bouillon, en 1096, & fe diftingua particulièrement au fiège de Nicée, où il eft mal appelé GAUTIER, par Albert d'Aix, liv. 2, & par Guillaume de Tyr, liv. 2 & 4;

2. ANSEAU ou ANSEL, Seigneur de Gournay-fur-Marne, qui fut élevé à la dignité de Sénéchal de France après le mois de Juillet 1108, & depuis fut un des principaux Miniftres de Louis *le Gros*. Il fuivit ce Monarque dans toutes les guerres qu'il entreprit contre les Seigneurs qui s'érigeoient en tyrans dans leurs Châteaux, & fut tué, en 1118, d'un coup de lance, par Hugues, Ier du nom, Seigneur du Puifet en Beauce, pendant le troifième fiège du Château du Puifet. Son corps fut enterré dans l'Eglife du Prieuré de Gournay. Il avoit époufé *N... de Montlhéry*, fille de *Guy de Montlhéry*, dit *le Rouge*, Comte de Rochefort, Sénéchal de France, & d'*Elifabeth*, Dame de Crécy, dont il eut:

Agnès, Comteffe de Rochefort, Dame de Gournay & de Gometz, mariée, 1° en 1120, à *Amaury*, IIIe du nom, Seigneur de Montfort-l'Amaury, veuf de *Richilde de Hainaut*, & fils de *Simon*, Ier du nom, Seigneur de Montfort, & d'*Agnès d'Evreux*; & 2° à ROBERT DE FRANCE, Comte de Dreux, cinquième fils de Louis VI, dit *le Gros*, Roi de France, & d'*Adélaïs*. Elle mourut l'an 1143.

3. GUILLAUME, IIe du nom, Sire de GARLANDE, Seigneur de Livry, fait Sénéchal de France après la mort de fon frère ANSEAU, en 1118, fut Général de l'armée du Roi au combat de Brenneville en Normandie, en 1119; préfent à la dédicace de l'Abbaye de Marigny près d'Etampes, faite par le Pape CALIXTE II, en 1120; mourut peu de tems après, & fut enterré au Prieuré de Gournay. Il fut père de:

MANASSÈS, qui fut facré Evêque d'Orléans en 1146, & auquel HUGUES DE GARLANDE, fon neveu, fuccéda; il élut fa fépulture dans le milieu du Chapitre de l'Abbaye de Saint-Euverte;

Et GUILLAUME, IIIe du nom, qui fonda, en 1186, avec *Idoine de Trie*, fa femme, l'Abbaye de Livry, pour le falut de leurs âmes, & pour le repos de celles de leurs enfans; fa poftérité s'eft éteinte au Ve degré dans la perfonne de:

GUILLAUME, V^e du nom, Seigneur de Livry, qui de fon mariage, en 1195, avec *Alix de Châtillon*, Dame de Clichy-la-Garenne, fille de *Guy*, IIe du nom, Seigneur de Châtillon-fur-Marne, & d'*Alix de Dreux*, n'eut que trois filles.

4. ETIENNE DE GARLANDE, qui fut Evêque de Beauvais vers l'an 1100, fuivant Yves, Evêque de Chartres, qui s'oppofa à fon élection; depuis il fut Doyen de Saint-Aignan d'Orléans & devint Archidiacre de Paris; mais il n'en fut pas Evêque, comme quelques auteurs l'ont avancé, dit Moréri. Il fut fait Chancelier de France avant 1106, & Sénéchal après la mort de fon frère, retenant toujours la charge de Chancelier qu'il avoit encore en 1126. Il fe retira à Orléans en 1137, y fit facrer, en fa préfence, fon neveu MANASSÈS DE GARLANDE, Evêque de cette ville en 1146; mourut le 14 Janvier 1150, & fut enterré en l'Eglife du Prieuré de Gournay;

5. GILBERT DE GARLANDE, dit *le Jeune*, Bouteillier de France, qui foufcrivit plufieurs Chartes données en faveur des Eglifes de Saint-Aignan d'Orléans, de Notre-Dame de Paris, des Abbayes de Saint-Denis & de Thiron, & du Prieuré de Saint-Martin-des-Champs, ès-années 1114, 1119, 1120, 1121, 1122, & de Saint-Leu de Serans en 1126. Il eft auteur de la feconde branche, dite *des Seigneurs de Tournehem & de Poffeffe*. Il eut pour fils:

Guy, qui acheta la Terre de Tournehem de Guy, Seigneur de Tournehem, lorfqu'il alla en la Terre-Sainte en 1147. Sa poftérité s'eft éteinte au IXe degré dans

JEAN, Seigneur de Tournehem, qui vivoit encore en 1336, n'ayant point eu d'enfans d'*Agnès*, fille de *Marie*, Dame de Parigny.

6. Et une fille. (Voyez l'*Hiftoire des Grands-Officiers de la Couronne*, tom. VI, pag. 31 & fuiv., & Moréri.).

Cette Maifon a pris des alliances avec les Familles de *Rochefort, Montfort, Crécy, Senlis, Montmorency, Châtillon, Roucy, Allonville, du Monceau, Barville* & *Boffi-Rouville*.

Un JEAN DE GARLANDE, qui fut Evêque de Chartres en 1297, & eſt mort en 1314, étoit de cette Maiſon.

Les armes : *d'or, à deux faſces de gueules.*

* GARNERANS, Terre & Seigneurie, avec titre de Comté, dans la Principauté de Dombes, Diocèſe de Lyon, laquelle a été poſſédée par la Maiſon de *la Guiche-Sévignon.* Elle l'eſt actuellement par la Famille de *Cachet,* l'une de celles qui ont le mieux mérité de la Patrie, & qui continuent de lui rendre les ſervices les plus utiles, dit l'Auteur du *Dictionnaire des Gaules,* tom. III, pag. 556. Cette Terre a été érigée en *Comté,* par Lettres enregiſtrées en la Cour Souveraine de Dombes le 2 Août 1764, par LOUIS-AUGUSTE, Prince Souverain de Dombes, Duc du Maine & d'Aumale. La Famille de CACHET, ſuivant l'Auteur ci-deſſus cité, eſt originaire de la Province de Breſſe, & vint s'établir dans celle de Dombes vers le milieu du XVᵉ ſiècle.

CLAUDE DE CACHET épouſa, en 1585, *Humberte de Pierrevive,* d'une branche de la Maiſon de *Pierrevive* en Piémont, établie en France, & alliée à celle de *Gondi.* De ce mariage vint :

BENOÎT DE CACHET, qui exerça la charge de Procureur de S. A. R. au Bailliage de Dombes, & GASTON DE FRANCE lui donna des Lettres de Subſtitut du Procureur-Général au Parlement de Dombes ; Anne-Marie-Louiſe de Montpenſier, fille de GASTON DE FRANCE, lui accorda une grâce des plus diſtinguées. Il avoit épouſé, en 1620, *Eléonore de Trélon,* & en eut :

CLAUDE DE CACHET, Ecuyer, Comte DE GARNERANS, Seigneur de Balmont, Conſeiller au Parlement de Dombes & au Préſidial de Lyon, qui fut échevin de cette ville, & Intendant de la Souveraineté de Dombes. Il ſe maria, en 1650, avec *Jeanne Hannecard-de-Florendal,* dont :

BENOÎT DE CACHET DE MONTEZAN, Chevalier, Comte de Garneraus, Seigneur de Balmont, premier Préſident au Parlement de Dombes, Prévôt des Marchands & Commandant de la ville de Lyon, qui eut de ſon mariage, contracté, en 1684, avec *Marguerite d'Aſſier :*

1. CLAUDE, qui ſuit ;
2. Et LOUIS DE CACHET DE MONTEZAN, qui a été premier Préſident du Parlement, & Intendant de la Souveraineté de Dombes. Il

s'eſt allié à *Marie-Madeleine-Eliſabeth Garcin de Guilleranche,* dont il n'a point d'enfans.

CLAUDE DE CACHET DE GARNERANS, Chevalier, Comte de Garnerans, Seigneur de Balmont, a épouſé, en 1713, *Marianne Sabot,* de laquelle il a eu :

JEAN-BENOÎT DE CACHET, Chevalier, Comte de Garnerans, Seigneur de Reyrieux, premier Préſident au Parlement de Dombes, Intendant de cette Souveraineté, qui s'eſt allié, en 1744, à *Marianne Jannon,* dont :

LOUIS DE CACHET DE MONTEZAN, Chevalier, Comte de Garnerans, qui n'étoit pas encore marié en 1764.

GARNIER, en Dauphiné : Famille noble, dont on vient de nous faire paſſer un procès-verbal, dreſſé ſur les titres, qui nous apprend que PIERRE & HENRI DE GARNIER, ſans doute père & fils, avoient été reconnus nobles à la réunion des feux en 1473, & qu'ils avoient été compris aux rôles de l'arrière-ban des années 1472, 1513 & 1524.

HENRI DE GARNIER, Ecuyer, épouſa *Ginette de Bonvelon,* dont il eut :

CLAUDE DE GARNIER, Ecuyer, marié à *Iſabeau de Bocſoʒel,* fille de *Hugues,* laquelle, devenue veuve, teſta le 5 Décembre 1563, en faveur de JEAN, qui ſuit.

On trouve JULIEN, HENRI & BARBE DE GARNIER, celle-ci femme de *Philippe de Corſant,* qui obtinrent, le 5 Juin 1556, un Arrêt du Parlement de Dauphiné en parchemin, en forme authentique, dument ſcellé de cire rouge, contre les Conſuls de Genas, par lequel ils furent définitivement maintenus dans leur nobleſſe ; & cet Arrêt ordonna qu'ils fuſſent rayés des rôles, avec défenſe de les y comprendre à l'avenir, & que les ſommes & impoſitions qu'ils avoient payées, leur fuſſent rendues, avec dépens, dommages & intérêts.

JEAN DE GARNIER, Ecuyer, épouſa, le 12 Février 1547, *Catherine de Rigaud,* fille de *Claude,* Ecuyer, Seigneur de la Maiſon-Forte de Séʒeſin, & de *N... de Virieu.* Il teſta le 26 Novembre 1559, légua ſa femme, & inſtitua pour héritier, ſon fils, qui ſuit :

PHILIBERT DE GARNIER, Ecuyer, ſervit ſous HENRI III. On conſerve une Lettre que ce Prince lui écrivit le 19 Juillet 1575, par laquelle il le remercie de s'être dignement comporté à la défaite des ennemis en Dauphiné, & le prie de lui continuer ses bons services. Il testa le 22 Janvier 1607, légua son épouse, & institua pour héritier son fils aîné. Il avoit épousé, le 19 Août 1576, *Antoinette de Vachon*, fille de *Claude*, & de *Louise de Costaing*, dont:

1. François, qui suit;
2. Annibal, lequel fit ses preuves pour être reçu Chanoine au Chapitre de Saint-Pierre de Vienne, & elles furent admises le 20 Avril 1587;
3. Et Jacques, qui fit aussi sa preuve de noblesse pour être reçu Chanoine de Saint-Chef à Vienne, le 17 Novembre 1596. Ce procès-verbal de preuves, que l'on conserve en original, est signé des Doyen & Chanoines de Saint-Chef. Il est aussi signé en marge par M. du Gué, Intendant du Dauphiné, & Commissaire député par le Roi pour la recherche de la Noblesse.

François de Garnier, Ecuyer, obtint, le 30 Avril 1640, un Arrêt de la Cour des Aides du Dauphiné, séante à Vienne, contre les Consuls de Saint-Laurent, Muret & Anthon, qui le maintint dans la possession de sa noblesse, & défendit auxdits Consuls de le comprendre dans leurs rôles, pour raison des héritages rôturiers par lui acquis; & sur ses titres aussi produits & énoncés dans l'Ordonnance de M. de la Guette, Intendant de la Province, & Juge pour la vérification des titres de noblesse, il fut maintenu au rang des anciens Nobles du Dauphiné. Il épousa, le 14 Avril 1614, *Perronne de la Poype*, fille d'*Abel de la Poype*, Seigneur, Baron de Serrières, Corsant, Tossieu, &c., & de *Marie de Loras*, dont:

1. Jacques, qui suit;
2. Et Abel, Chanoine-Infirmier de l'Eglise de Saint-Pierre de Vienne.

Jacques de Garnier, Ecuyer, déclaré noble le 6 Juillet 1668, par un certificat de M. du Gué, Intendant du Dauphiné, Commissaire pour la recherche & vérification des titres de noblesse, donna, le 19 Février 1675, sa déclaration, pour s'excuser de marcher à l'arrière-ban, vu son grand âge, ses infirmités, ses blessures & les services de son fils. Il avoit épousé, le 13 Juin 1651, de l'avis & du consentement d'Abel de Garnier, son frère, *Françoise de Basemont*, fille de *Louis*, Seigneur de Fiencès, Saint-Esgrene, Pomeissieu, Mont-Saint-Martin & la Barre, & d'*Eléonore-Esme de Saint-Julin*. Il testa le 7 Mars 1685, & institua pour héritier universel, Gabriel son fils aîné, qui suit; légua Louis, François & Joseph, ses trois autres fils, Chanoines des Eglises de Saint-Pierre de Vienne, & de Saint-Chef; Il légua aussi Anne de Garnier, sa fille, femme de *Joseph de Grolée*, & mère des Chevaliers & Commandeurs de *Grolée*.

Gabriel de Garnier, Chevalier, Seigneur de ses Maisons-Fortes de Saint-Laurent, Pont-Evêque & autres lieux, fut déchargé le 28 Janvier 1701, par Ordonnance de M. Bouchu, Intendant du Dauphiné, de l'assignation à lui donnée, & maintenu dans les rang, titres & privilèges des Nobles du Royaume. Il testa le 26 Août 1705, institua pour héritières universelles ses deux filles aînées, & légua la troisième, nommée Catherine. Il avoit épousé, le 28 Octobre 1696, *Louise de Loras*, & en eut:

1. Marie-Frédérique, qui épousa N..... de Loras-de-Saix;
2. Pétronille, qui fut femme de N... de *Boissat*, dont le fils a épousé N... de *Chapelle-de-Jumilhac*, nièce de M. *Bertin*, Ministre;
3. Et Catherine, qui fut mariée, le 25 Mai 1712, à *Benoît de Mont-d'Or*, Chevalier, Seigneur d'Hoirieux, de Saint-Laurent-de-Vaux, &c., sixième fils de *Jean de Mont-d'Or*, IVe du nom, & de *Juste-Diane-Madeleine de Sallemar*, duquel elle n'a laissé que des filles. Voyez MONT-D'OR.

Les armes de Garnier sont: *d'azur, au chevron d'argent, accompagné en chef de 2 étoiles d'or.*

GARNIER, Famille de laquelle étoit Robert Garnier, né en 1545, à la Ferté-Bernard, au Maine, d'abord Conseiller au Présidial du Mans, ensuite Lieutenant-Criminel au même siège, pourvu d'une charge de Conseiller au Grand-Conseil en 1587. Il mourut au Mans en 1601, âgé de 56 ans, & fut un célèbre poète tragique de son tems. Ses ouvrages furent imprimés in-12 en 1582. Il avoit épousé *Françoise Hubert*, qui étoit aussi versée dans la poésie françoise. Il en laissa des enfans, entr'autres:

Diane Garnier, femme de *François le Gras*, Seigneur du Luart.

GARNIER, autre Famille dont étoit

FRANÇOIS - GALIER GARNIER, Conſeiller au Grand-Conſeil le 12 Novembre 1619, qui eut pour fils :

JACQUES GARNIER, Seigneur de Saint-Surin, Conſeiller au Grand-Conſeil, après lui, le 26 Novembre 1653.

Les armes : *d'azur, au chevron d'or, chargé d'un croiſſant de gueules, & accompagné d'une ou de 3 étoiles d'or.*

GARNIER. PIERRE GARNIER, Seigneur de Montereau, fut reçu Conſeiller au Grand-Conſeil le 25 Juin 1646, & Grand-Rapporteur en la Chancéllerie de France. Il eut pour fils :

MATHIEU GARNIER, Seigneur de Montereau, Préſident au Parlement de Metz le 13 Août 1674, mort le 17 Novembre 1704. Il avoit épouſé *Marie-Anne Tronſon,* Dame de Chaumontel, morte le 21 Septembre 1733, à 89 ans, fille d'*Ennemond,* Maître-d'Hôtel du Roi, Tréſorier de France à Orléans, & d'*Anne Boyer,* dont :

MARIE-ANNE GARNIER, alliée à *Etienne Canaye,* Seigneur des Roches & de Grand-Font, Conſeiller au Parlement de Paris le 20 Avril 1689.

Les armes : *d'azur, à 3 roſes d'argent, feuillées & tigées du même, 2 & 1.*

GARNIER. Cette Famille, ſuivant l'*Hiſtoire héroïque de la Nobleſſe de Provence,* tom. I, pag. 452 & ſuiv., a pour auteur :

I. GEORGES GARNIER, de la ville de Digne, qui épouſa, en 1469, *Marguerite de Saint-Marcel,* fille de *Louis,* Seigneur de Vauſerre en Dauphiné. De ce mariage il eut :

1. LOUIS, qui ſuit ;
2. Et MARGUERITE, mariée, par contrat paſſé le 29 Décembre 1493, avec noble *Pierre Tuffet,* de la ville de Digne.

II. LOUIS DE GARNIER, Docteur en Droit, ſe retira à Aix, où il fut reçu Conſeiller au Parlement, l'an 1524. Il épouſa *Marguerite de Clapiers-Pierrefeu,* laquelle ſe remaria, le 16 Février 1535, avec *Honoré de Laugier,* Seigneur de Châteaudouble. Elle eut de ſon premier mari :

III. JEAN DE GARNIER, Seigneur de Torrenc, qui fut reçu ſecond Préſident en la Chambre des Comptes, l'an 1552, & teſta le 20 Avril 1582, devant *Darbès,* Notaire. Il avoit épou

ſé, 1° le 2 Octobre 1547, *Bernardine de Gaufridy,* Dame de la Galinière ; & 2° par contrat du 1ᵉʳ Septembre 1561, *Catherine de Poitevin,* Dame de Masblanc. Du premier lit vinrent :

1. MARC-ANTOINE, chef des Seigneurs de *Montfuron,* dont la branche eſt éteinte ;
2. CHARLES, qui ſuit ;
3. Et N... DE GARNIER, mariée à *Boniface de Bermond,* Seigneur de Pennafort, Conſeiller au Parlement.

IV. CHARLES DE GARNIER ſe maria, par contrat du 20 Avril 1582, reçu par *Darbès,* Notaire à Aix, avec *Madeleine de Ruffan,* fille de noble *Céſar,* Seigneur en partie de Roufſet, & de *Béatrix de Macédonia,* dont :

1. MARC-ANTOINE, qui ſuit ;
2. Et MARGUERITE, femme, en 1609, de noble *Gaſpard de Joannis,* Seigneur de la Brillanne.

V. MARC-ANTOINE DE GARNIER, Seigneur de Rouſſet & de la Galinière, Syndic de la Nobleſſe, épouſa noble *Iſabeau d'Aſtouaud,* fille d'*Aimar,* Baron de Murs, & de *Melchione de Baſchi-de-Saint-Eſtève,* dont il eut :

1. GASPARD, qui ſuit ;
2. JEAN-AUGUSTIN, Chevalier de Malte en 1625, mort Commandeur de Nice ;
3. Et MADELEINE, alliée, le 19 Novembre 1640, avec noble *Annibal de Farges,* Seigneur de Rouſſet, en partie.

VI. GASPARD DE GARNIER-DE-RUSSAN, Seigneur de Rouſſet & de la Galinière, élu ſecond Conſul d'Aix en 1645, épouſa, contrat reçu par *Gazel,* Notaire, le 15 Décembre 1631, *Anne de Rémuſat,* Dame de Saint-Antonin & de Bayle, de laquelle il eut : .

LOUIS, qui ſuit ;
Et trois Chevaliers de Malte.

VII. LOUIS DE GARNIER-DE-RUSSAN, Seigneur de Saint-Antonin, de Bayle, Rouſſet & de la Galinière, s'allia à *Thérèſe de Garnier,* des Seigneurs de Julhians & de Fonblanque, dont il laiſſa :

GASPARD, qui ſuit ;
Et pluſieurs filles.

VIII. GASPARD DE GARNIER, IIᵉ du nom, Seigneur de Saint-Antonin, épouſa *Anne de Treſſemanes-Brunet,* ſœur de l'Evêque de

Glandevès, dont font iſſus pluſieurs enfans mâles, entr'autres :

Deux Chevaliers de Malte ;
Et deux filles, dont une eſt mariée à noble *Ferdinand de Gaſſendi*, Seigneur de Campagne, Chevalier de Saint–Louis, & Brigadier des Armées du Roi.

Les armes : *d'argent, à trois chevrons de gueules, au chef couſu d'or.*

GARNIER, Famille éteinte, qui étoit établie à Marſeille, où elle joüiſſoit des privilèges accordés aux Nobles dans le XVe ſiècle. Elle portoit pour armes : *d'azur, au chevron d'or, accompagné de 3 étoiles d'argent, 2 & 1 ; au chef couſu de ſinople, chargé de deux bandes d'argent, accoſtées de 9 beſans du même, 3 au milieu & 3 après chaque bande.*

GARNIER. Cette Famille, différente des précédentes, tire ſon origine de la ville de Toulon.

I. BALTHAZAR DE GARNIER, qui fut premier Conſul en 1469, & eut pour enfans :

Louis, qui ſuit ;
Et ELZÉAR, qui entra dans l'Ordre des Frères-Prêcheurs ; il fut Prieur-Royal du Couvent de Saint-Maximin, & Confeſſeur ordinaire de RENÉ & de CHARLES D'ANJOU, Comtes de Provence.

II. LOUIS DE GARNIER épouſa *Jeanne de Clapiers*, ſœur de noble *Etienne*, de laquelle il eut :

HONORÉ, qui ſe retira à Malte, où il fit tige ;
Et PIERRE, qui ſuit.

III. PIERRE DE GARNIER, en conſidération des ſervices du P. GARNIER, ſon oncle, obtint, avec ſon frère, du Roi RENÉ, le privilège de poſſéder un demi-feu de bien au terroir de Toulon, & la même quantité à celui de Signe, ſans payer de taille. Les Lettres-Patentes de ce privilège furent données à Saint-Remy le 16 Juin 1476, & confirmées en 1482 & 1485. Il teſta en 1505 (*Boiſſony*, Notaire), & laiſſa de *Jeanne de Motet*, ſon épouſe :

IV. GASPARD DE GARNIER, qui teſta le 26 Novembre 1569. Il avoit épouſé *Honorée de Valbelle*, fille d'*Honoré*, & d'*Alayone d'Arţaquy*, dont :

V. MELCHIOR DE GARNIER, marié, le 19 Juin 1550, à *Madeleine de la Cépède*, fille de noble *François*, dont :

1. HERCULE, auteur de la branche des Seigneurs de *Julhians*, qui ſuit ;
2. Et JEAN, tige de la branche des Seigneurs de *Fonblanque*, rapportée ci-après.

VI. HERCULE DE GARNIER s'allia, le 12 Décembre 1583, avec *Hippolyte de Candolle*, Dame en partie du lieu de Julhians, dont :

VII. GASPARD DE GARNIER, IIe du nom, Seigneur de Julhians, marié, le 26 Avril 1617, avec *Jeanne Dedons*, fille de *Pierre*, Seigneur de Mimet, Conſeiller au Parlement de Provence, & de *Chrétienne d'Arbaud-de-Rognac*. Il en eut :

VIII. HERCULE DE GARNIER, IIe du nom, Seigneur de Julhians, qui épouſa, par contrat du 8 Novembre 1654, *Marquiſe de Félix de la Reynarde*, dont :

1. PIERRE, qui ſuit ;
2. SURLÉON, Chevalier de Malte en 1690, mort Commandeur de cet Ordre ;
3. N... DE GARNIER, mariée à *Honoré de Raſcas*, IIe du nom, Seigneur du Canet ;
4. Et une fille, mariée dans la Maiſon de *Ricard de Bregançon.*

IX. PIERRE DE GARNIER, IIe du nom, Seigneur de Julhians & de Saint-André, s'allia avec *Eliſabeth de Demandols-Châteauvieux*, & a laiſſé :

X. PIERRE-HERCULE DE GARNIER, Seigneur de Julhians & de Saint-André, qui a épouſé *Dorothée-Théréſe des Rollands*, fille de *Jean-Joſeph-François*, Seigneur de Reillannette, & de *Marie-Théréſe de Brancas-Céréſte*, dont il n'a eu que :

N... DE GARNIER, Religieuſe au Monaſtère de la Miſéricorde d'Aix ;
DOROTHÉE-THÉRÈSE-ANTOINETTE, mariée avec *François-Hilaire-Ange-Auguſte de Boyer*, Seigneur de Bandols ;
Et N... DE GARNIER, qui n'étoit pas mariée en 1757.

BRANCHE
des Seigneurs de FONBLANQUE.

VI. JEAN DE GARNIER, ſecond fils de MELCHIOR & de *Madeleine de la Cépède*, épouſa *Cornélie de Candolle*, Dame en partie de Julhians, dont :

VII. MELCHIOR DE GARNIER, marié, le 19 Novembre 1618, à *Marguerite de Beauſſier*, fille de *Joſeph*, Ecuyer, & de *Marthe de Peyrane*. Il en eut :

VIII. Esprit de Garnier, Seigneur de Fonblanque, qui s'allia, par contrat du 11 Février 1667, avec *Elifabeth-Angélique de Caſtillon*, Dame en partie du Caſtellet, fille de *Jean* & de *Véronique de Caſtellane-Maʒaugues*, dont entr'autres enfans:

1. Jean, qui fuit;
2. Et Pierre, reçu Chevalier de Malte en 1695.

IX. Jean de Garnier, IIᵉ du nom, Seigneur de Fonblanque, époufa, par contrat paſſé à Ollioules le 23 Juin 1697, *Anne-Thérèfe de Petra*, fille de feu *Honoré*, & *d'Anne de Cambe-d'Orves*, dont:

X. Louis-Clair de Garnier, Seigneur de Fonblanque, Sénéchal de Brignoles, qui s'eſt marié, par contrat du 28 Mai 1738, à *Anne-Catherine de Bourguignon-la-Mure*, fille de *Céfar de Bourguignon-de-Beſſière*, Seigneur de la Mure, & de *Marguerite d'Arnaud*. Nous ignorons s'il en a poſtérité.

Les armes: *de gueules, à la tour carrée d'argent, poſée fur un rocher du même, ouverte & maçonnée de fable, ſommée d'une tourelle, comblée d'un toit en dos d'âne, auſſi d'argent, maçonnée de fable.*

GARNIER, quatrième Famille de même nom en Provence, dont étoit:

François Garnier, originaire de Marfeille, qui fut pourvu d'une charge de Secrétaire du Roi, près le Parlement de Provence, le 12 Août 1713. Il mourut fans poſtérité en 1727, revêtu de cet office. Ses coufins, Pierre & François Garnier, héritèrent de fes biens. Ce dernier reçut les provifions de fa charge le 29 Novembre 1728, &, après avoir obtenu des Lettres de vétéran, il la céda à fon frère Pierre, qui en fut pourvu le 17 Octobre 1750. Celui-ci eſt mort dans l'exercice de ladite charge en 1754, laiſſant de fa femme, dont on ignore le nom:

1. François-Xavier Garnier, qui fuccéda à fon office le 15 Juillet de la même année;
2. Etienne-Gautier, marié avec N... de Mouſtiers;
3. Un autre fils, dont on ignore la deſtinée;
4. Et une fille, mariée à *Louis-Antoine d'Albiſſy*, du lieu de Caſſis, où cette Famille de Garnier fait fa demeure.

Les armes: *d'argent, à 3 roſeaux de finople, iſſant d'une rivière; au chef de gueules, chargé d'un foleil d'or.*

GARNIER DES GARETS, autre Famille noble dont il eſt parlé dans l'*Amorial génér. de France*, tom. I, part. II, p. 254. Elle remonte, fuivant les preuves faites devant le Juge d'armes de France, à François Garnier, Seigneur des Garets, marié, en 1526, avec *Emeraude de Tournéon*.

Cette Famille porte pour armes: *d'or, au chevron d'aʒur, accompagné en chef de deux rencontres de bœuf de gueules, poſées de front, & en pointe d'une étoile auſſi de gueules; au chef d'aʒur, chargé de trois molettes d'éperon d'or.*

GARNIER DE GRENOBLE: *de gueules à la licorne paſſant d'argent; au chef d'or, chargé de 3 rofes d'argent.*

GARNIER DE SALINS: *d'aʒur, au chevron d'or, accompagné de 3 molettes du même.*

GARNIER DE TOULONJON: *écartelé, aux 1 & 4 de gueules, à 3 faſces ondées d'or; aux 2 & 3 de gueules, à 3 jumelles d'argent.*

GARRAULT, Seigneur de Blainville en Normandie, Election de Verneuil. Nous trouvons un Jean de Garrault, Seigneur de Villemoy, Confeiller au Parlement de Bretagne le 12 Février 1557, Confeiller au Grand-Confeil le 29 Octobre 1574, & Confeiller honoraire le 22 Août 1578, qui portoit: *d'aʒur, femé d'étoiles d'or; au lion du même, brochant fur le tout.* Ce font les mêmes armes que celles de Garrault, Seigneur de Blainville, ce qui fait préfumer qu'il étoit de la même Famille.

* GARRAVET, Terre & Baronnie fituée dans le Bas-Comminges, Diocèfe de Lombez, qui relève immédiatement du Roi, & forme une Paroiſſe & une Cure. Elle a été acquife, en 1738, par *Jean-Bertrand Adoue de Sailhas*. Son petit-fils *Jean-Baptiſte*, Baron dudit lieu, a la haute, moyenne & baſſe Juſtice, dans toute l'étendue de cette Terre, qui eſt confidérable. Quatre Confuls, un Juge, un Lieutenant-Procureur de la Jurifdiction, un Greffier & Baili font nommés par lui pour exercer la Juſtice en fon nom. Les appels des Sentences de fon Juge vont directement au Sénéchal de Touloufe. Le Baron de *Garravet* y poſſède des biens immenfes, en partie no-

bles, des rentes feigneuriales confidérables, bannalités, chaffe, pêche, & autres droits utiles & honorifiques.

La Terre de *Garravet* eft la plus ancienne Baronnie du Comté de Comminges. Elle fut titrée *Baronnie* dans l'hommage rendu à *Bernard, par la grâce de Dieu,* Comte Souverain de Comminges, par Arnaud-Guilhem de Belmont, fon Gendarme, reçu par *Villeneuve,* Notaire de Toulouse, le 4 Septembre 1302. Dans cet hommage eft l'énonciation de la vente de cette Terre titrée *Baronnie,* confentie par ledit Bernard, Comte de Comminges. Ceux qui ont poffédé cette *Baronnie,* avant qu'elle foit entrée dans la Maifon de *Sailhas,* font : 1º le Comte de Comminges ; 2º noble Arnaud-Guilhem de Belmont, à qui il la vendit ; 3º noble Bertrand d'Aulin ; 4º noble Bernard d'Ornézan ; 5º noble François d'Efparbès ; 6º & noble Bernard de la Barthe. Elle a été de tout tems poffédée par la Nobleffe. On lit aux *Preuves* des *Annales de Toulouse,* par la Faille, année 1271 : *Nomina Baronum militum & Nobilium de monte Guifcardo, videlicet Guillelmus de Garraveto,* & il eft prouvé, par les titres de cette Terre, que ce *Guillaume* étoit, en 1271, Baron de Garravet. Voy. ADOUE DE SAILHAS.